LIBRO DE CONCORDIA

Las Confesiones
de la Iglesia
Evangélica Luterana

LIBRO DE CONCORDIA

Las Confesiones
de la Iglesia
Evangélica Luterana

Editor: Dr. Andrés A. Meléndez

EDITORIAL CONCORDIA • SAINT LOUIS

Los signatarios del *Libro de Concordia* (1580) hicieron conocida su intención de «hacer y seguir haciendo todo lo que sea útil y provechoso al crecimiento y extensión de la alabanza y gloria de Dios y a la extensión de su palabra única, que pueda traer salvación, para la tranquilidad y paz de nuestras escuelas e iglesias cristianas y para el necesario consuelo e instrucción de las pobres y mal aconsejadas conciencias» (Prefacio, p. 12). En fidelidad a estas metas expresadas en los escritos confesionales luteranos, y como mayordomos responsables de las verdades que ellos contienen, cristianos luteranos lo han encontrado «útil y provechoso» traducir estos escritos en el idioma de la gente. Dándole gracias a Dios, nosotros nos regocijamos en esta publicación del *Libro de Concordia* en español. Rogamos que nuestro Dios eterno, el Padre de nuestro Señor Jesucristo, conceda la gracia de su Espíritu Santo a todos los que ahora pueden leer en su propio idioma la hermosa exposición del evangelio bíblico presentado en estas páginas.

Ralph A. Bohlmann
Presidente
La Iglesia Luterana—Sínodo de Misuri

El idioma español se une a una lista creciente de idiomas en el mundo en que el *Libro de Concordia* ha sido traducido. ¡Y que bendición! Dondequiera que la gente de habla española viva, ahora podrán leer esos escritos que han hecho y mantienen a la Iglesia Luterana como una fuerte iglesia confesional.

La Junta de Misiones de La Iglesia Luterana—Sínodo de Misuri ha tenido el agrado de haber jugado un papel mayor en la publicación de esta obra. De todas las personas que participaron en el traducir y retraducir, el redactar y redactar de nuevo, corregir y corregir de nuevo, uno merece reconocimiento y gracias—el coordinador del proyecto, el Reverendo Carlos Puig. Su paciencia y cuidadosa coordinación fueron las que trajeron este proyecto monumental a su terminación.

Es mi oración que la enseñanza sencilla, clara y bíblica contenida en este *Libro de Concordia* conceda ricas bendiciones a todos los que lo lean.

Edward A. Westcott, Jr.
Director Ejecutivo
La Junta de Misiones

Fue como a mediados de 1984 que el Reverendo Carlos H. Puig, en aquel entonces Secretario de Ministerios Hispanos de nuestra Iglesia Luterana—Sínodo de Misuri, se dirigió al infrascrito con la solicitud de iniciar la preparación del *Libro de Concordia* en español. Inmediatamente se emprendió la delicada tarea. Pero la demora en entregar las asignaciones y compilar y revisar las traducciones ya existentes y coordinar otros factores contribuyeron a la tardanza en entregar el manuscrito a la imprenta. Al lograr empero lo anhelado grande fue el gozo. Para ello es justo reconocer los grandes esfuerzos del Reverendo Puig y del Profesor Erico Sexauer de nuestro Seminario Concordia de Buenos Aires. Es propio mencionar el hecho de que entre los contribuyentes a este libro se hallan teólogos de los cuerpos mayores del luteranismo en las Américas.

La comisión editorial de este libro expresa su gratitud a Fortress Press por el uso de las breves introducciones a los diferentes símbolos que se hallan en la traducción hecha al inglés por el Doctor Theodore G. Tappert. Igualmente a Editorial Paidós, de Buenos Aires, por el Catecismo Menor, el Catecismo Mayor y los Artículos de Esmalcalda, del tomo V de las *Obras de Martín Lutero*. Y a La Asociación Ediciones La Aurora, también de Buenos Aires, por el permiso concedido, como única distribuidora de los diez tomos de las *Obras de Martín Lutero*, para incluir en nuestro libro los símbolos ya citados. Y por último, a los editores del *Livro de Concórdia* en portugués por las notas al pie de las páginas, del traductor, el Dr. Arnaldo Schüler. Las notas fueron traducidas del portugués al español por el profesor Erico Sexauer.

Nos complacemos en mencionar, en orden alfabético, a los traductores de este tomo:

Juan Berndt	Federico Lange
Evaristo Falcó Esteve	Andrés A. Meléndez
Manuel Gutiérrez–Marín	Erico Sexauer
Roberto T. Hoeferkamp	Manuel Vallejo Díaz

Las citas bíblicas han sido extraídas de la *Santa Biblia*, antigua versión de Casiodoro de Reina (1569), revisada por Cipriano de Valera (1602), revisión de 1960.

Explicación de las abreviaturas en este libro:

BSLK	Die Bekenntnisschriften der evangelisch–lutherischen Kirche, edición Göttingen, 1967
BSRK	Die Bekenntnisschriften der reformierten Kirche
CA	Confessión de Augsburgo
Confutatio	Confutatio Pontificia
CR	Corpus Reformatorum
CSEL	Corpus scriptorum ecclesiasticorum latinorum
Decl. Sól.	Declaración Sólida de la Fórmula de Concordia
Decr. Grat.	Decretum Gratiani
Decr. Greg.	Decretum Gregoriani
FC	Fórmula de Concordia
H.	Delante de una fecha significa «hacia» (alrededor de)
MSG	Migne, Patrologia, Graeca
MSL	Migne, Patrologia, Latina
WA	Edición Weimar de las Obras de Lutero

Andrés A. Meléndez
Editor

CONTENIDO

CONCORDIA

La Cristiana, Reiterada y Unánime Confesión
de la Doctrina de Fe
de los Electores, Príncipes y Estados
que Se Subscriben y que Abrazan
la Confesión de Augsburgo
y de Sus Teólogos,
Juntos con la Declaración Añadida,
Firmemente Cimentada en la Palabra de Dios
Como la única Norma,
de Varios Artículos Sobre los Cuales
Disención y Contienda Surgieron
Después de la Bendita Muerte de Martín Lutero,
Preparado Para Su Publicación
por el Acuerdo Unánime
y el Mandato de los Antes Mencionados
Electores, Príncipes y Estados
Para la Instrucción y Amonestación
de Sus Tierras, Iglesias, Escuelas y Descendientes.

1580

PREFACIO[1]

Nosotros, los abajo nombrados electores, príncipes y estados del Sacro Imperio Romano Germánico, adherentes a la Confesión de Augsburgo, conforme a la condición y dignidad de cada cual brindamos nuestro debido servicio, amistad, deferente saludo y buena voluntad, así como también nuestra más respetuosa, humilde y voluntariosa disposición a todos y cada uno de los que lean este escrito nuestro, y al mismo tiempo les hacemos saber:

Es un sobresaliente favor de Dios que él en estos últimos días de este mundo pasajero haya dispuesto, según su inefable amor, gracia y misericordia, que la luz pura, inmutable y genuina de su evangelio y de su palabra, únicos medios que pueden traer salvación hayan vuelto a aparecer e iluminar clara y puramente a nuestra amada patria, la nación alemana, disipando la superstición y las tinieblas papales. Y por esta razón se preparó una nueva confesión extraída de las Escrituras divinas, proféticas y apostólicas. Fue presentada en alemán y en latín por nuestros muy piadosos y cristianos predecesores al entonces Emperador Carlos V, de grata memoria, en la dieta de Augsburgo en el año 1530, en presencia de todos los estados del imperio, y publicada y promulgada en toda la cristiandad a lo largo y ancho del mundo.

Subsecuentemente, muchas iglesias y escuelas aceptaron y defendieron esta confesión como el símbolo vigente en nuestros días de su fe en los principales artículos en controversia, en particular los referentes al papado y a toda índole de sectas. Y sin controversia o duda se refirieron y remitieron a ella como a la interpretación cristiana y unánime de todos ellos. Se refirieron y apelaron a la doctrina que ella contiene, pues sabían que era respaldada por los firmes testimonios de la Sagrada Escritura, y aprobada por los antiguos y aceptados símbolos, reconociendo así la doctrina como el único y perpetuo consenso en que la iglesia universal y ortodoxa se ha basado, que ha reafirmado repetidas veces, y por la cual ha luchado contra múltiples herejías y errores.

Es por todos conocido que poco después de la muerte del muy distinguido y piadoso Dr. Martín Lutero ocurrieron en nuestra tan querida patria alemana muchos acontecimientos peligrosos y disturbios penosos. En medio de esta angustiosa situación, y en medio de la desorganización del gobierno constituido, el enemigo de la humanidad astutamente empezó a sembrar las semillas

---

1. De 1578 a 1580, este prefacio fue remodelado varias veces. Entre el 25 de febrero y el 1º de marzo de 1580, Jacobus Andreae y Martín Chemnitz le dieron forma definitiva, en el monasterio de Bergen, cerca de Magdeburgo.

de doctrina falsa y de la discordia y a causar divisiones destructoras y escandalosas en las iglesias y en las escuelas con el propósito de adulterar la doctrina pura de la palabra de Dios, destruir el lazo del amor y de la armonía cristiana e impedir así y demorar sensiblemente el curso del santo evangelio. Todos también saben cómo los enemigos de la verdad divina aprovecharon esta circunstancia para desacreditar a nuestras escuelas y a nuestras iglesias para así encubrir sus propios errores, desviar a las pobres y errantes conciencias para que no conozcan la doctrina evangélica pura, hacerlas más sumisas al yugo papal, e incluso hacerlas abrazar otras corrupciones[2] que están en pugna con la palabra de Dios. Nada más grato podría haber acontecido—y así lo imploramos y pedimos al Todopoderoso—que tanto nuestras iglesias como nuestras escuelas hubieran sido conservadas en la doctrina pura de la palabra de Dios y en la deseable y fortalecedora unanimidad de pensamiento, tal como existía en vida del Dr. Lutero. Sin embargo, así como pasó en el tiempo en que estaban aún vivos, a saber, que falsos profetas introdujeron falsas enseñanzas en las iglesias en que los apóstoles mismos[3] habían sembrado la palabra pura de Dios, asimismo sucedió que falsos maestros se infiltraron en nuestras iglesias por causa de nuestros propios pecados y la impenitencia y el pecado de un mundo desagradecido.

Conscientes de la tarea que Dios nos ha encomendado y que nosotros desempeñamos, no hemos cesado de esforzarnos por combatir con diligencia las doctrinas falsas que han penetrado en nuestras tierras y en nuestros territorios y que lo siguen haciendo con suma insistencia; hacemos esto a fin de que nuestros súbditos sean preservados de desviarse del camino recto de la verdad divina que antes habían aceptado y confesado.

Teniendo en cuenta este propósito, nuestros dignos predecesores y también algunos de nosotros decidimos, a base del memorándum aceptado en Francfort del Meno en una reunión de los electores[4] en el año 1558, reunirnos en asamblea general para discutir amplia y amigablemente diferentes asuntos que nuestros adversarios habían estado interpretando en detrimento nuestro y de nuestras iglesias y escuelas.

Más tarde nuestros venerables predecesores y algunos de nosotros nos

---

2. Especialmente errores sacramentarios, zuinglianos y calvinistas.

3. Cf. 2 Ti.4:3,4; 1 Jn.4:1; 2 P.2:1.

4. En febrero y marzo de 1558, los príncipes electores (*Kurfürsten*) se reunieron para designar emperador a Fernando I, hermano de Carlos V, quien había abdicado a principios de aquel año.

reunimos en Naumburgo[5] de Turingia. En esa ocasión consideramos repetidamente la Confesión de Augsburgo, la cual había sido presentada a Carlos V en la gran asamblea imperial en Augsburgo en 1530, y otra vez nos suscribimos unánimemente a esa confesión cristiana, basada en el testimonio de la verdad infalible de las Sagradas Escrituras para legar de esta manera a nuestra posteridad una defensa contra toda doctrina impura, falsa y contraria a la palabra de Dios. Hicimos esto a fin de testificar y manifestar ante su excelentísima Majestad Imperial Romana y ante todo el mundo, que no era en modo alguno nuestra disposición e intención adoptar, defender o diseminar una doctrina diferente o nueva. Al contrario, nos propusimos defender, con la ayuda divina, la misma verdad profesada en la Confesión de Augsburgo en el año 1530, abrigando así la esperanza de que los adversarios de nuestra doctrina evangélica pura se abstuvieran de formular cargos y acusaciones contra nosotros, y de que estimulara a otras personas sinceras a investigar con la mayor seriedad la verdad de la doctrina divina, como la única que trae salvación y eterna bienaventuranza al alma, sin necesidad de más argumentos y disensiones.

No obstante todo ello, para nuestro profundo pesar, se nos informó que esta declaración nuestra y la repetición de aquella confesión nuestra, muy poco fueron tomadas en cuenta por nuestros adversarios, y que ni nosotros ni nuestras iglesias nos libramos de las calumnias que se habían propagado. Además, que las cosas que hemos hecho con la mejor intención y el más serio propósito, fueron recibidas por los adversarios de la verdadera religión de modo tal que nos inculpan de no estar seguros de la confesión de fe y de haberla alterado tanto que ni nosotros ni nuestros teólogos sabían qué versión de la Confesión de Augsburgo fue entregada originalmente al emperador.

---

5. La asamblea estuvo reunida del 20 de enero al 1º de febrero de 1561. Los electores Federico III del Palatinado y Augusto de Sajonia querían firmar la *Confessio Augustana variata* de 1540 (de Melanchton), argumentando que ésta excluía explícitamente la transubstanciación. Los demás (el Duque Cristóbal de Wurtemberg, el Duque Juan Federico de Sajonia, el Landgrave Felipe de Hesse, y el Conde palatino Wolfgang de Zweibrücken) dieron preferencia a la Confesión de Augsburgo de 1530. David Chytraaus, invitado a la reunión por el Duque Ulrico, abogaba por la suscripción a los Artículos de Esmalcalda, además de la *Confessio Augustana invariata*. Al final se llegó a un acuerdo que incluía los siguientes documentos: el texto alemán de la Confesión de Augsburgo de 1530–31, Wittenberg, a solicitud del Elector Federico III; la edición latina de 1531; un prefacio, bosquejado por los dos electores y dirigido al emperador; además, rechazo de la transubstanciación. El prefacio se adhiere a la Confesión de Augsburgo de 1530, mantiene la edición alterada de 1540 (la cual—así dice el prefacio—repite la Confesión de Augsburgo inalterada en una forma algo más imponente y minuciosa, y la explica e incrementa a base de las Sagradas Escrituras), y reitera la confesión de la Apología. Firmaron este acuerdo: los dos electores, el Landgrave Felipe de Hesse, el Duque Cristóbal de Wurtemberg, el Margrave Carlos de Baden, los margraves Juan y Jorge Federico de Brandeburgo por medio de sus tutores, el Conde palatino Wolfgang, la Pomerania, Anhalt y Henneberg. Los duques Juan Federico de Sajonia y Ulrico de Wurtemberg se negaron a firmar. Siguieron su ejemplo ante todo la Baja Sajonia y las ciudades marítimas.

Debido a estas falsas acusaciones de los adversarios, muchos corazones piadosos fueron aterrorizados y alejados de nuestras iglesias y escuelas, de la
doctrina, la fe y la confesión. Además, a todas estas desventajas hay que
añadir que bajo el manto de la Confesión de Augsburgo se introdujeron en
nuestras iglesias y escuelas otras enseñanzas que estaban en pugna con la
institución del santo sacramento del cuerpo y la sangre de Cristo.

Cuando algunos teólogos piadosos,[6] amantes de la paz y eruditos, se
dieron cuenta de todo esto, concluyeron que para contrarrestar estas calumnias
y disensiones religiosas, que constantemente seguían aumentando, no había
mejor manera que rechazarlas y condenarlas, basándose en la palabra de Dios,
y exponer la verdad divina en la forma más clara posible. De este modo se
podía tapar la boca de los adversarios, mediante sólido razonamiento, y brindar
a los corazones simples y piadosos una clara y correcta explicación y guía a
fin de que supieran cómo debían conducirse en estas disensiones y, ayudados
por la gracia divina, evitar en lo futuro estas corrupciones doctrinales.

Al principio, dichos teólogos comunicaron los unos a los otros clara y
correctamente, en extensos escritos basados en la palabra de Dios, la manera
cómo las antedichas diferencias ofensivas se podían resolver y dar por ter-
minadas sin alteración alguna de la verdad divina. De esta manera se podía
abolir y hacer desaparecer el pretexto y fundamento que los adversarios buscaban. Por fin, consideraron los artículos en controversia, los examinaron,
evaluaron y explicaron en el temor de Dios y redactaron un documento en
que expusieron cómo se debían resolver de una manera cristiana las diferencias
que habían surgido.

Cuando se nos informó del piadoso propósito de los teólogos, no sólo
lo aprobamos sino que juzgamos que debíamos estimularlo con el mayor fervor
y celo por razón del oficio y el deber que Dios nos había encomendado.

Por consiguiente, nosotros, el elector de Sajonia, etc., con el consejo y
respaldo de algunos de nuestros hermanos en la fe, convocamos a varios
teólogos prominentes, confiables, hábiles y doctos a que se reunieran en
Torgau en el año 1576 con el propósito de fomentar la armonía entre los
maestros de la iglesia. Con un espíritu eminentemente cristiano, dichos teólogos discutieron los unos con los otros los artículos en controversia que se
acaban de mencionar. Por fin, después de invocar al todopoderoso Dios, y
para su alabanza y gloria, tras madura reflexión y diligentes esfuerzos, com-
pilaron en forma ordenada, por la gracia singular del Espíritu Santo, todo lo

---

6. Andreae, Chemnitz y otros.

pertinente y necesario al fin que se perseguía, y formaron este libro.[7] Más tarde fue enviado a un buen número de electores, príncipes y estados adherentes a la Confesión de Augsburgo con la solicitud de que ellos y sus principales teólogos lo leyeran con toda seriedad y celo cristiano, lo estudiaran en todas sus fases, expresaran su pensar y sus críticas por escrito, y nos enviaran su concienzudo parecer sin reserva alguna en cuanto a los pormenores. Después de recibidas las opiniones solicitadas, hallamos que ellas contenían muchas sugerencias cristianas, necesarias y útiles respecto de la manera cómo la auténtica doctrina cristiana, expuesta en la explicación que se les había enviado, podría ser fortalecida por la palabra de Dios y protegida contra toda clase de malentendidos perniciosos a fin de que en lo futuro no se ocultara en ella ninguna doctrina incorrecta, y que en cambio se pudiera transmitir también a nuestra posteridad. A base de todas estas consideraciones, y como resultado final de las mismas, se compuso la Fórmula de Concordia cristiana, tal como aquí la presentamos.

Y por cuanto hasta esta fecha no todos nosotros hemos tenido la oportunidad de dar nuestro parecer por razón de ciertas circunstancias especiales, como sucedió también en otros estados fuera de los nuestros, algunos de nosotros hicimos que este documento se leyera artículo por artículo a cada teólogo, ministro y burgomaestre en nuestras tierras y territorios, y que se considerara diligente y seriamente la doctrina que el mismo contiene.

Habiéndose dado cuenta de que, en efecto, la explicación de los artículos en controversia estaba en acuerdo total tanto con la palabra de Dios como con la Confesión de Augsburgo, las personas a quienes se les había presentado en la forma que acaba de indicarse arriba, testificaron con gozo y con gratitud hacia Dios todopoderoso, espontáneamente y con la debida consideración, que aceptaban y aprobaban este *Libro de Concordia* y se suscribían al mismo como la correcta interpretación de la Confesión de Augsburgo, cosa que afirmaron públicamente con sus corazones, labios y manos. Por consiguiente, este acuerdo se llamará y por siempre será la armoniosa y concordante confesión no sólo de algunos de nuestros teólogos en particular, sino en general de todos los que en nuestras tierras y territorios ejercen el ministerio y magisterio en las iglesias y escuelas.

Sin embargo, el ya mencionado y bien intencionado consenso a que llegaron nuestros predecesores y nosotros mismos en Francfort del Meno y

---

7. El «Libro de Torgau». Andreae hizo un resumen de la obra, el así llamado «Epítome». Esta condensación, más la «Declaración Sólida», recibieron el nombre de *Formula concordiae bipartita*. La asamblea, presidida por Andreae, estuvo reunida en el castillo de Hartenberg, del 9 de abril al 7 de junio de 1576. Los demás participantes fueron: Martín Chemnitz, David Chyträus, Andrés Musculus, Nicolás Selnecker, Cristóbal Cornerus, Gaspar Heyderich, Pablo Crell, Maximiliano Mörlin, Wolfgang Harder, Daniel Graaser, Nicolás Jagenteufel, Juan Cornicaelius, Juan Schütz (Sagittarius), Martín Mirus, Jorge Listenius y Pedro Glaser.

en Naumburgo no logró alcanzar el fin que se tenía en vista con ese acuerdo cristiano. Más aún: algunos trataron de extraer de él la confirmación de su doctrina falsa, aunque nunca pasó por nuestros pensamientos y corazones el deseo de introducir, encubrir, apoyar o confirmar alguna doctrina nueva, falsa o errónea o alejarnos en lo más mínimo de la Confesión de Augsburgo según fue entregada en 1530. Los que participamos de las discusiones en Naumburgo nos reservamos el derecho, y así lo declaramos, de proporcionar detalles adicionales con respecto a nuestra Confesión en caso de ser atacada por alguien, o si en cualquier momento se hiciere necesario hacerlo. De acuerdo con esto, expusimos y reiteramos en este *Libro de Concordia* nuestro consenso unánime y la declaración definitiva de lo que creemos y confesamos.

A más de esto, para impedir que persona alguna quede perturbada por estos infundados alegatos de nuestros adversarios, a saber, de que aun nosotros carecemos de certeza acerca de cuál es la verdadera y genuina Confesión de Augsburgo, y para que nuestros contemporáneos y las generaciones venideras obtengan una información clara y concluyente en cuanto a qué confesión cristiana nos hemos adherido y remitido en forma permanente, nosotros y las iglesias y escuelas de nuestras tierras en lo que sigue nos proponemos atenernos entera y únicamente, en fidelidad a la pura e inmutable verdad de la palabra de Dios, a la primera Confesión de Augsburgo que fue presentada al Emperador Carlos V mismo en el año 1530 en la gran Dieta Imperial en Augsburgo. Dicha confesión se halla en los archivos de nuestros piadosos predicadores, quienes personalmente la habían entregado al Emperador Carlos V en aquella dieta imperial. Más tarde, la misma fue comparada con la mayor diligencia por personas capacitadas, con el ejemplar que se entregó al emperador y que permaneció bajo la custodia del Sacro Imperio,[8] y de la cual tanto la edición en latín como la edición en alemán fueron de idéntico contenido. Por la misma razón hemos solicitado que la Confesión de Augsburgo entregada en aquel entonces se incorporara en el *Libro de Concordia* que sigue a continuación, a fin de que todos queden enterados de que hemos decidido no tolerar en nuestras tierras, iglesias y escuelas ninguna otra doctrina que la que fue aprobada en Augsburgo en 1530 por los electores, príncipes y estados del imperio. Procuramos, además, con la ayuda de la gracia de Dios, retener esta confesión hasta nuestro último suspiro, y comparecer ante el tribunal de nuestro Señor Jesucristo con corazones y conciencias libres de temor y llenas de gozo. También abrigamos la esperanza de que nuestros adversarios de aquí en adelante desistan de levantar contra nosotros y nuestras iglesias las ominosas acusaciones de que carecemos de certidumbre en lo que

---

8. El documento guardado en los archivos de Maguncia con que los luteranos cotejaron sus copias no era el original.

respecta a nuestra fe, y de que por esta razón estamos fraguando nuevas confesiones casi cada año o cada mes.

En cuanto a la segunda edición de la Confesión de Augsburgo, de la que se hizo mención en las discusiones en Naumburgo, nos consta a nosotros y a todos en general, y a nadie se le oculta, que con las palabras de esta otra edición, algunos han tratado de encubrir su error respecto de la santa cena, al igual que alguna otra doctrina falsa, y en sus escritos públicos han tratado de instilar estas falsedades en la mente de la gente sencilla, a pesar de que esta doctrina queda claramente rechazada en la confesión entregada en Augsburgo, con la cual de hecho se puede comprobar una doctrina muy diferente. Por lo tanto, hemos decidido con este documento testificar y afirmar públicamente que ni antes ni ahora ni nunca jamás deseamos defender, excusar o aprobar como concorde con la doctrina evangélica ninguna enseñanza falsa y espuria que trate de cobijarse con la mencionada segunda edición de la Confesión de Augsburgo, ya que nunca entendimos o aceptamos la segunda edición en un sentido diferente del expresado en la primera Confesión de Augsburgo, tal como fue presentada. Por otra parte, tampoco es nuestra intención rechazar o condenar ninguno de los demás escritos útiles del maestro Felipe Melanchton o de Brenz o de Urbano Rhegius o de Juan Bugenhagen de Pomerania y otros, siempre que estén de acuerdo con la norma que se ha expuesto en el *Libro de Concordia*.

Consta que algunos teólogos, y entre ellos Lutero mismo, al tratar el tema de la santa cena, contra su propia voluntad se vieron envueltos por los adversarios en una discusión acerca de la unión personal de las dos naturalezas en Cristo.[9] Frente a este hecho, nuestros teólogos testifican en el *Libro de Concordia* y conforme a la norma de la santa doctrina que dicho Libro contiene, que tanto según nuestra constante convicción como según la convicción expresada por el libro, los cristianos deben ser conducidos a tratar la santa cena a base de un único fundamento, a saber, las palabras de la institución del testamento de Cristo. Ésta es la manera más segura y constructiva de hacerlo en cuanto a lo que atañe al laico común, pues éste no puede entender esta discusión. Pero cuando los adversarios atacan nuestra simple fe o las claras palabras del testamento de Cristo y las consideran impías, como si ellas contradijeran los artículos de nuestro credo cristiano, particularmente los que se refieren a la encarnación del Hijo de Dios, a su ascensión y a su sentarse

---

9. Hesse, Anhalt, el Palatinado y otros objetaron la referencia (que ellos encontraron en la Fórmula de Concordia) a la ubicuidad como fundamento adicional de la presencia real de Cristo en la santa cena. En cambio, los teólogos de la Sajonia electoral y de Brandeburgo electoral declararon que la Fórmula de Concordia expresamente considera como fundamento las palabras de la institución, y que sólo se vio obligada a hablar de la persona de Cristo a causa de la interpretación errónea de las palabras de la institución por parte de zuinglianos y calvinistas.

a la diestra de la omnipotencia y majestad de Dios, y por ende las tildan de falsas e incorrectas, debemos demostrar e indicar mediante una explicación correcta de los artículos de nuestro credo cristiano que nuestro entendimiento de las palabras de Cristo según se describen arriba no contradice estos artículos.

Con respecto a las frases y el modo de hablar que se emplea con referencia a la majestad de la naturaleza humana en la persona de Cristo y su exaltación, y con el objeto de hacer desaparecer todo malentendido y escándalo, ya que el término «abstracto» ha sido usado con acepciones diversas por quienes enseñan en las escuelas y en las iglesias, nuestros teólogos declaran con palabras expresas y sencillas lo siguiente: Esta majestad divina no se atribuye en modo alguno a la naturaleza humana de Cristo fuera de la unión personal, ni tampoco se afirma ni por asomo que en la unión personal se halle esta majestad intrínseca, esencial, formal, habitual y subjetivamente (para usar los términos escolásticos),[10] como si en algún lugar o tiempo se enseñara que la naturaleza divina y la humana, juntamente con sus respectivas propiedades, estén mezcladas, y la naturaleza humana según su esencia y sus propiedades esté al nivel de la naturaleza divina y así quede anulada por completo. Al contrario, según los maestros de la iglesia antigua, todo ocurre por razón de la unión personal, lo cual es un misterio inescrutable.

Con respecto a las condenaciones, censuras y rechazos de doctrina falsa, en particular la relacionada con el artículo que trata de la santa cena: Todo esto tiene que ser expuesto en forma explícita y clara en esta explicación y concertación de los artículos en controversia, a fin de que todos sepan que deben precaverse de estas doctrinas falsas. Hay también muchas otras razones por las cuales estas condenaciones de ningún modo se pueden pasar por alto. Sin embargo, no es nuestro propósito ni nuestra intención condenar a aquellas personas que yerran por su falta de entendimiento[11] ni a las que, aunque equivocadas, no blasfeman de la verdad de la palabra divina, ni mucho menos a iglesias enteras dentro del Sacro Imperio Romano Germánico o fuera de

---

10. Tilemann Hesshusius hace moción de que se eliminen los términos *essentialitir, formaliter, habitualiter, subiective* por ser «vocablos sórdidos y obscuros, amén de innecesarios y obsoletos, de los teólogos escolásticos», que ni uno entre cien párrocos entiende. Dice que la doctrina y la confesión se pueden exponer y explicar en forma del todo satisfactoria «con buenas e inteligibles palabras alemanas». Los duques Julio y Ulrico expresan el deseo de que se haga una enmienda en este sentido.

11. Los teólogos de la Universidad de Helmstedt habían opinado que no se podía obviar la condenación de personas, ya que doctrina falsa y maestros falsos eran dos factores inseparables. Tilemann Hesshusius afirma que Mateo 7 se aplica también a los descarriados, no obstante la diferencia entre «engañadores obstinados» e «ingenuos» descarriados. Hasta llega a sostener que el amor a «personas engañadas» es inoportuno cuando se trata de cuestiones de fe.

él.[12] Antes bien, nuestras expresiones de crítica y condenación van dirigidas sólo contra las doctrinas falsas y engañosas y sus obstinados y blasfemos proponentes. A éstos de ningún modo deseamos tolerar en nuestros territorios, iglesias y escuelas, ya que estas enseñanzas son contrarias a la clara palabra de Dios y no pueden coexistir con ella. Es necesario, además, que las personas piadosas sean puestas sobre aviso respecto a tales enseñanzas. Pues no hay la menor duda de que aun en las iglesias que hasta ahora no han estado de acuerdo con nosotros, se hallan muchas personas piadosas y sinceras. Estas personas siguen su propio camino en la simplicidad de sus corazones, no entienden estos asuntos ni tampoco se gozan en las blasfemias vertidas contra la santa cena, tal como ésta se celebra en nuestras iglesias conforme a la institución de Cristo y según nosotros la enseñamos de común acuerdo fundándonos en las palabras de su testamento mismo. También abrigamos la esperanza de que cuando estas personas reciban la correcta instrucción en esta doctrina, arribarán, con la ayuda del Espíritu Santo, a la verdad infalible de la palabra de Dios y se unirán a nosotros y a nuestras iglesias y escuelas. En consecuencia, es la responsabilidad de todos los teólogos y ministros de la iglesia alertar que su alma corre serio peligro, para evitar así que un ciego induzca al error a otro ciego. Por consiguiente, mediante este escrito nuestro deseamos testificar ante el todopoderoso Dios y toda la iglesia que estamos muy lejos de querer ocasionar, por este acuerdo nuestro, molestias y persecuciones a pobres y atribulados cristianos. Pues así como el amor cristiano nos lleva a compadecernos de ellos, asimismo detestamos en lo más hondo de nuestro corazón el furor de sus perseguidores. No queremos en modo alguno tener parte en este derramamiento de sangre. No hay duda alguna de que habrán de dar cuenta de sus actos.

Como queda dicho, en estos asuntos nuestra intención siempre apuntó a que en nuestras tierras, territorios, escuelas e iglesias no se proclame ni se exponga sino la doctrina que está fundada en la palabra de Dios y contenida en la Confesión de Augsburgo y su Apología, debidamente entendidas, y a que no se le permita la entrada a doctrina contraria a éstas. Con este propósito se inició, se propuso y se llevó a cabo el actual acuerdo. Por lo tanto, ante el todopoderoso Dios y toda la cristiandad declaramos y testificamos una vez más que con la explicación de los artículos en controversia que aquí presen-

---

12. En su parecer en cuanto al Prefacio, los teólogos pomeranos habían señalado que era preciso tomar en consideración el hecho de que «la Reina de Inglaterra (Isabel I) y el Rey de Navarra (más tarde Enrique IV, Rey de Francia), habían solicitado insistentemente, en sus propios nombres y en los de sus correligionarios de las iglesias de Francia, España, Inglaterra, los Países Bajos y Suiza, que no se les condenase a ellos y a los suyos», sino que primeramente se les diese la oportunidad de ser escuchados en la medida de lo necesario, en una conferencia general en Alemania. Cf. *Die Bekenntnisschriften der evangelisch–lutherischen Kirche* (BSLK), p. 756, nota 2.

tamos y repetimos no hemos hecho ninguna confesión diferente de la que previamente fue entregada en Augsburgo en el año 1530 al Emperador Carlos V, de grata memoria. Al contrario, hemos dirigido nuestras iglesias y escuelas a las Sagradas Escrituras y a los credos, y después a la ya mencionada Confesión de Augsburgo. Especialmente es nuestro ardiente deseo que los jóvenes que están siendo formados para servir en las iglesias y en las escuelas sean instruidos fiel y diligentemente a fin de que la doctrina pura y la confesión de fe puedan ser propagadas entre nuestra posteridad con la ayuda del Espíritu Santo hasta el glorioso advenimiento de nuestro único Redentor y Salvador Jesucristo.

Y ya que tal es el caso, y ya que por gracia del Espíritu Santo, en nuestro corazón y nuestra conciencia de cristianos estamos seguros de nuestra confesión y fe basadas en el fundamento de las Escrituras divinas, proféticas y apostólicas, la más aguda y urgente necesidad exige que, ante la invasión de tantos errores, tantos escándalos irritantes y disensiones y cismas de largos años, se produzca una explicación y conciliación cristiana de todas las disputas que han surgido. Tal explicación debe estar fundada enteramente en la palabra de Dios para que la doctrina pura se pueda reconocer y distinguir de la doctrina adulterada y así se les ponga freno a las personas de espíritu agitado y pendencioso que no quieren someterse a ninguna norma de doctrina pura en su insano afán de promover controversias escandalosas y de establecer y defender errores horribles, lo que no puede llevar sino a que por fin la doctrina correcta sea enteramente obscurecida y echada a perder, y sólo se transmitan a la posteridad opiniones inciertas y dudosas e imaginaciones y puntos de vista disputables. A todo esto hay que agregar el hecho de que, en conformidad con el mandato que Dios nos ha dado y por razón del cargo que desempeñamos, y considerando el bienestar temporal nuestro y de nuestros súbditos, debemos hacer y seguir haciendo todo lo que sea útil y provechoso al crecimiento y extensión de la alabanza y gloria de Dios y a la extensión de su palabra única, que pueda traer salvación, para la tranquilidad y paz de nuestras escuelas e iglesias cristianas y para el necesario consuelo e instrucción de las pobres y mal aconsejadas conciencias. Estamos plenamente convencidos, además, de que muchas personas sinceras, de todas las clases sociales, están ansiosas de que se realice esta saludable obra del acuerdo cristiano. Y por cuanto ya desde el principio de nuestras tentativas por llegar a un acuerdo cristiano, nuestra inclinación o intención no fue, ni tampoco lo es actualmente, mantener oculta esta empresa de la concordia, lejos de la vista de todos, o poner la luz de la verdad divina debajo de un almud o de una mesa, no debemos suspender o posponer por más tiempo su impresión y publicación. No abrigamos la menor duda de que todas las personas piadosas que tienen un amor sincero por la verdad divina y por un acuerdo cristiano y agradable a Dios, su unirán a nosotros en este muy saludable y necesario esfuerzo cristiano, y no permitirán interferencia alguna en esta causa en pro de la gloria de Dios y el bienestar de todos, tanto eterno como temporal.

Y por fin, deseamos repetir una vez más que no es nuestra intención fabricar algo nuevo por medio de este acuerdo ni alejarnos en modo alguno, ya sea en cuanto a contenido como forma, de la verdad divina que nuestros predecesores y nosotros hemos aceptado y confesado en lo pasado, pues nuestro acuerdo se basa en las Escrituras proféticas y apostólicas y está condensado en los tres credos, como también en la Confesión de Augsburgo, entregada en el año 1530 al Emperador Carlos V, de muy grata memoria, en la subsiguiente Apología, en los Artículos de Esmalcalda y en los Catecismos Mayor y Menor del ilustrísimo Dr. Lutero. Al contrario, nuestro propósito es permanecer unánimes, por la gracia del Espíritu Santo, en esta confesión de fe y examinar todas las controversias religiosas y sus explicaciones por medio de ella. Además, es nuestra intención llevar una vida de genuina paz y armonía con los demás electores y estados del Sacro Imperio Romano Germánico y también con otros potentados cristianos, según los estatutos que rigen en este imperio y los tratados especiales que hemos concertado con ellos, y brindar a todos el correspondiente afecto, servicio y amistad.

Asimismo estamos dispuestos a cooperar en lo futuro los unos con los otros en la prosecución de este esfuerzo por establecer la concordia en nuestros territorios, visitando diligentemente las iglesias y escuelas, supervisando las publicaciones y otros medios saludables. Si las controversias actuales acerca de nuestra religión continúan o se presentan otras, nos ocuparemos en que se resuelvan en forma debida antes de que se extiendan peligrosamente, para que así se prevenga toda clase de escándalo. En testimonio de ello, unánimemente y de todo corazón firmamos este documento y adherimos nuestros sellos personales.

Luis, Conde palatino del Rin, elector
Augusto, Duque de Sajonia, elector
Juan Jorge, Margrave de Brandeburgo, elector
Joaquín Federico, Margrave de Brandeburgo, administrador del arzobispado de Magdeburgo
Juan, Obispo de Meissen
Eberhard, Obispo de Lübeck, administrador del arzobispado de Verden
Felipe Luis, Conde palatino
Federico Guillermo, Duque, firma su tutor
Juan de Sajonia, Duque, firma su tutor
Juan Casimiro, Duque, firma su tutor
Juan Ernesto, Duque, firma su tutor

Jorge Federico, Margrave de Brandeburgo
Julio, Duque de Brunswick y Lüneburgo
Otto, Duque de Brunswick y Lüneburgo
Enrique, el Joven, Duque de Brunswick y Lüneburgo
Guillermo, el Joven, Duque de Brunswick y Lüneburgo
Wolf, Duque de Brunswick y Lüneburgo
Ulrico, Duque de Mecklenburgo
Juan y Sigismundo Augusto, Duques de Mecklenburgo, firman sus
    tutores
Luis, Duque de Wurtemberg
Ernesto y Santiago, Margraves de Baden, firma su tutor
Jorge Ernesto, Conde y Señor de Henneberg
Federico, Conde de Wurtemberg y Monbéliard
Juan Günther, Conde de Schwarzburgo
Guillermo, Conde de Schwarzburgo
Alberto, Conde de Schwarzburgo
Emich, Conde de Leiningen
Felipe, Conde de Hanau
Godofredo, Conde de Oettingen
Jorge, Conde y Señor de Castel
Enrique, Conde y Señor de Castel
Juan Hoyer, Conde de Mansfeld
Bruno, Conde de Mansfeld
Hoyer Cristóbal, Conde de Mansfeld
Pedro Ernesto, el Joven, Conde de Mansfeld
Cristóbal, Conde de Mansfeld
Otto, Conde de Hoya y Berghausen
Juan, Conde de Oldenburgo y Delmenhorst
Alberto Jorge, Conde de Stolberg
Wolf Ernesto, Conde de Stolberg
Luis, Conde de Gleichen
Carlos, Conde de Gleichen
Ernesto, Conde de Reinstein
Bodo, Conde de Reinstein
Luis, Conde de Löwenstein
Enrique, Barón de Limpburg, Semperfrei
Jorge, Barón de Schönburg
Wolf, Barón de Schönburg
Anarck Federico, Barón de Wildenfels
Burgomaestre y Concejo de la ciudad de Lübeck
Burgomaestre y Concejo de la ciudad de Münster en San Georgental

El Concejo de la ciudad de Goslar
Burgomaestre y Concejo de la ciudad de Ulm
Burgomaestre y Concejo de la ciudad de Esslingen
El Concejo de la ciudad de Reutlingen
Burgomaestre y Concejo de la ciudad de Nördlingen
Burgomaestre y Concejo de Rothenbur del Tauber
Burgomaestre y Concejo de la ciudad de Schwäbisch-Hall
Burgomaestre y Concejo de la ciudad de Heilbronn
Burgomaestre y Concejo de la ciudad de Hemmingen
Burgomaestre y Concejo de la ciudad de Lindau
Burgomaestre y Concejo de la ciudad de Schweinfurt
El Concejo de la ciudad de Donawerda
Tesorero y Concejo de la ciudad de Regensburgo (Ratisbona)
Burgomaestre y Concejo de la ciudad de Wimpfen
Burgomaestre y Concejo de la ciudad de Giengen
Burgomaestre y Concejo de la ciudad de Bopfingen
Burgomaestre y Concejo de la ciudad de Aalen
Burgomaestre y Concejo de la ciudad de Kaufbeuren
Burgomaestre y Concejo de la ciudad de Issna
Burgomaestre y Concejo de la ciudad de Kempten
El Concejo de la ciudad de Hamburgo
El Concejo de la ciudad de Gotinga
El Concejo de la ciudad de Brunswick
Burgomaestre y Concejo de la ciudad de Lüneburgo
Burgomaestre y Concejo de la ciudad de Leutkirch
Toda la Administración de la ciudad de Hildesheim
Burgomaestre y Concejo de la ciudad de Hamelin
Burgomaestre y Concejo de la ciudad de Hannover
El Concejo de Mühlhausen
El Concejo de Erfurt
El Concejo de la ciudad de Einbeck
El Concejo de la ciudad de Northeim

I
LOS TRES SÍMBOLOS PRINCIPALES

CREDOS DE LA FE CRISTIANA
QUE SE USAN COMÚNMENTE EN LA IGLESIA
INTRODUCCIÓN

*Uno o más de los tres credos antiguos intitulados «los tres símbolos católicos o ecuménicos» en el texto latino del **Libro de Concordia** se citan o se mencionan en cada una de las Confesiones Luteranas. Con frecuencia se citan para sostener que la enseñanza luterana actual es idéntica a la enseñanza antigua y así refutar la acusación de innovación doctrinal. Fue, pues, natural que cuando el **Libro de Concordia** fue publicado en 1580, estos símbolos de la iglesia antigua fueran incorporados en el mismo comienzo del libro. También fue natural que ellos fueran reproducidos en la forma en que son usados actualmente.*

El texto del Credo Apostólico, según lo tenemos actualmente, data del siglo ocho. Sin embargo, es una revisión del que lleva el nombre de «Antiguo Credo Romano», que ya se usaba generalmente en el occidente en el siglo tres. Tras el Antiguo Credo Romano, a su vez, había varias formulaciones de credos que revelaban su relación a formas fundamentales halladas en el Nuevo Testamento mismo. Aunque el Credo Apostólico según lo tenemos ahora no procede de los apóstoles, sus raíces son apostólicas.

*Una variedad mayor de formulaciones de credos apareció en el oriente que en el occidente. Cuando el Concilio de Nicea (325 d. de J.C.) rechazó la enseñanza de Arrio, expresó su punto de vista adoptando uno de los símbolos orientales actuales e insertándole algunas frases antiarrianas. En el Concilio de Constantinopla (381) se hicieron algunos cambios menores en este Credo Niceno, según lo llamamos aún, y fue reafirmado en el Concilio de Calcedonia (451). En el siglo nueve se insertó por primera vez en el occidente el **filioque** en el tercer artículo («y el Hijo»), y se convirtió en materia de discusión entre el oriente y el occidente particularmente en el siglo once.*

El Credo de Atanasio es de origen incierto. Lo que sí es cierto es que no fue escrito por Atanasio, el gran teólogo del siglo cuatro. Algunos opinan que fue preparado en su tiempo, aunque parece ser más probable que data del siglo cinco o del seis y es de origen occidental.

I. EL CREDO APOSTÓLICO

Creo en Dios Padre todopoderoso, Creador del cielo y de la tierra.

Y en Jesucristo, su único Hijo, nuestro Señor, que fue concebido por obra del Espíritu Santo; nació de la virgen María; padeció bajo el poder de Poncio Pilato; fue crucificado, muerto y sepultado; descendió a los infiernos, al tercer día resucitó de entre los muertos; subió a los cielos, y está sentado a la diestra de Dios Padre todopoderoso, y desde allí ha de venir a juzgar a los vivos y a los muertos.

Creo en el Espíritu Santo; la santa iglesia cristiana;[1] la comunión de los santos;[2] la remisión de los pecados; la resurrección de la carne; y la vida perdurable. Amén.[3]

II. EL CREDO NICENO[4]

Creo[5] en un solo Dios, Padre todopoderoso, Creador del cielo y de la tierra y de todo lo visible e invisible.

Y creo en un solo Señor Jesucristo, Hijo unigénito de Dios, engendrado del Padre antes de todos los siglos, Dios de Dios, luz de luz, verdadero Dios de verdadero Dios, engendrado y no hecho, consubstancial al Padre, y por quien todas las cosas fueron hechas; el cual, por amor de nosotros y por nuestra salvación, descendió del cielo y, encarnado en la virgen María por el Espíritu Santo, fue hecho hombre; y fue crucificado también por nosotros bajo el poder de Poncio Pilato. Padeció y fue sepultado, y resucitó al tercer día según las Escrituras; y ascendió a los cielos, y está sentado a la diestra

---

1. Texto alemán: *christliche Kirche*. Ya desde el siglo XV se acostumbraba traducir *ecclesia catholica* con *iglesia cristiana*.

2. Respecto de *sanctorum communio* vid. *Catecismo Menor*, Credo, nota 31.

3. La forma primitiva del Credo Apostólico es el antiguo símbolo bautismal romano. Damos a continuación el texto latino de dicho símbolo tal como aparece en BSLK, pág. 21, y nuestra traducción: *Credo in deum patrem omnipotentem. Et in Christum Jesum filium eius unicum, dominum nostrum, que natus est de spiritu sancto et Maria virgine, que sub Pontio Pilato crucifixus est et sepultus, tertia die resurrexit e mortius, ascendit in coelos, sedet ad dexteram patris, unde venturus est iudicare vivos et mortuos. Et in spiritum sanctum, sanctam ecclesiam, remissionem peccatorum, carnis resurrectionem.* («Creo en Dios Padre omnipotente. Y en Cristo Jesús, su Hijo único, Señor nuestro, que nació del Espíritu Santo y de la virgen María, que fue crucificado bajo Poncio Pilato y sepultado, al tercer día resucitó de [entre] los muertos, subió a los cielos, está sentado a la diestra del Padre, desde donde vendrá a juzgar a los vivos y a los muertos. Y en el Espíritu Santo, la santa iglesia, la remisión de los pecados, la resurrección de la carne».) Acerca del término *unicum*, traducción del griego *monogené*, Hans Leitzmann observa (*Symbolstudien*, en: *Zeitschrift für die neutestamentliche Wissenschaft*, vol. 21, 1922, pág. 5) que *unigenitum* sería más exacto. El mismo autor dice (íbid.) en cuanto a *de spiritu*, traducción del griego *ek pnéumatos*, que una traducción más literal sería *e spiritu* o también *a spiritu*. La distinción «fue concebido por (obra del) Espíritu» y «nació de la virgen María» data del siglo IV.

4. Se trata, en realidad, de una revisión del Credo Niceno.

5. En el original griego: *pisteúomen*, creemos.

del Padre y vendrá otra vez en gloria a juzgar a los vivos y a los muertos, y su reino no tendrá fin.

Y creo en el Espíritu Santo, Señor y Dador de vida, que procede del Padre y del Hijo, que con el Padre y el Hijo juntamente es adorado y glorificado, que habló por medio de los profetas. Y creo en una santa iglesia cristiana y apostólica. Confieso que hay un solo bautismo para la remisión de los pecados; y espero la resurrección de los muertos y la vida del mundo venidero.[6] Amén.

III. EL CREDO DE ATANASIO
ESCRITO CONTRA LOS ARRIANOS[7]

Todo el que quiere ser salvo, antes que todo es necesario que tenga la verdadera fe cristiana.[8]   **1**

Y si alguno no la guardare íntegra e inviolada, es indudable que perecerá eternamente.   **2**

Y la verdadera fe cristiana es ésta, que veneremos a un solo Dios en la Trinidad, y a la Trinidad en la unidad; no confundiendo las personas, ni dividiendo la substancia.   **3**
4

Una es la persona del Padre, otra la del Hijo, otra la del Espíritu Santo.   **5**

Pero una sola es la divinidad del Padre, y del Hijo, y del Espíritu Santo; igual es la gloria, y coeterna la majestad.   **6**

Cual el Padre, tal el Hijo, tal el Espíritu Santo.   **7**

Increado el Padre, increado el Hijo, increado el Espíritu Santo.   **8**

El Padre es inmenso, el Hijo es inmenso, el Espíritu Santo es inmenso.   **9**

El Padre es eterno, el Hijo es eterno, el Espíritu Santo es eterno.   **10**

Sin embargo, no son tres eternos, sino un eterno.   **11**

Como tampoco son tres increados, ni tres inmensos, sino un increado y un inmenso.   **12**

Igualmente, el Padre es todopoderoso, el Hijo es todopoderoso, el Espíritu Santo es todopoderoso.   **13**

Sin embargo, no son tres todopoderosos, sino un todopoderoso.   **14**

Así que el Padre es Dios, el Hijo es Dios, el Espíritu Santo es Dios.   **15**

Sin embargo, no son tres dioses, sino un solo Dios.   **16**

6. Debido a las discusiones respecto de lo acertado o no acertado que es hablar de «otro mundo» en lugar de «transformación del mundo», lo más indicado parece ser traducir el *venturi saeculi* del texto latino con un literal «siglo venidero». El texto griego, que es el original, tiene *tou méllontos aionos*.

7. Título en alemán: «La tercera Confesión o símbolo se denomina 'de San Atanasio', quien lo compuso en contra de los herejes llamados arrianos, y reza así . . .». De hecho, el origen del Credo de Atanasio es incierto. Lo que se sabe es que no fue escrito por Atanasio.

8. Texto alemán: *cristiana*. Aquí y en todos los demás pasajes donde el texto latino tiene *católica*, el alemán tiene *cristiana*.

17   Asimismo, el Padre es Señor, el Hijo es Señor, el Espíritu Santo es Señor.

18   Sin embargo, no son tres señores, sino un solo Señor. Porque, así como somos compelidos por la verdad cristiana a confesar a cada una de las tres personas, por sí misma, Dios y Señor:

19   Así nos prohíbe la religión cristiana decir que son tres dioses y tres señores.

20   El Padre no fue hecho por nadie, ni creado, ni engendrado.

21   El Hijo es del Padre solamente; ni hecho, ni creado, sino engendrado.

22   El Espíritu Santo es del Padre y del Hijo; ni hecho, ni creado, ni engendrado, sino procedente.

23   Así que es un Padre, no tres padres; un Hijo, no tres hijos; un Espíritu Santo, no tres espíritus santos.

24   Y en esta Trinidad ninguno es primero o postrero; ninguno mayor o menor; sino que todas las tres personas son coeternas juntamente y coiguales;

25   Así que en todas las cosas, como queda dicho, debe ser venerada la Trinidad en la unidad, y la unidad en la Trinidad.

26   Quien, pues, quiere ser salvo, debe pensar así de la Trinidad.

27   Además, es necesario para la salvación que se crea también fielmente la encarnación de nuestro Señor Jesucristo.

28   Esta es, pues, la fe verdadera, que creamos y confesemos que nuestro Señor Jesucristo, el Hijo de Dios, es Dios y hombre;

29   Dios de la substancia del Padre, engendrado antes de los siglos; y hombre de la substancia de su madre, nacido en el tiempo;

30   Perfecto Dios y perfecto hombre, subsistiendo de alma racional y de carne humana;

31   Igual al Padre según la divinidad, menor que el Padre según la humanidad;

32   Quien, aunque es Dios y hombre, sin embargo no son dos, sino un solo Cristo;

33   Uno, empero, no por la conversión de la divinidad en carne, sino por la asunción de la humanidad en Dios;

34   Absolutamente uno, no por la confusión de la substancia, sino por la unidad de la persona.

35   Porque como el alma racional y la carne es un hombre, así Dios y el hombre es un Cristo;

36   Quien padeció por nuestra salvación; descendió al infierno, al tercer día resucitó de los muertos;

37   Subió al cielo; está sentado a la diestra de Dios Padre todopoderoso; De donde ha de venir para juzgar a los vivos y a los muertos;

En cuya venida todos los hombres han de resucitar con sus cuerpos; y   **38**
han de dar cuenta de sus propias obras.

Los que hicieron bien, irán a la vida eterna; pero los que hicieron mal,   **39**
al fuego eterno.

Esta es la verdadera fe cristiana; que si alguno no la creyere firme y   **40**
fielmente, no podrá ser salvo.

II

LA CONFESIÓN DE AUGSBURGO

INTRODUCCIÓN

Con fecha 21 de enero de 1530 el Emperador Carlos V convocó una dieta imperial para reunirse el siguiente mes de abril en Augsburgo, Alemania. El emperador necesitaba un frente unido en sus campañas militares contra los turcos, y esto parecía exigir que se terminara la discordia religiosa que había ocurrido como resultado de la Reforma. En consecuencia, invitó a los príncipes y representantes de las ciudades libres en el imperio para discutir las diferencias religiosas en la próxima dieta en esperanza de resolverlas y restablecer la unidad. En respuesta a esta invitación, el elector de Sajonia pidió a los teólogos de Wittenberg que prepararan un documento que expusiera sus creencias y prácticas en las iglesias de su tierra. Ya que una exposición de sus doctrinas por el nombre de los Artículos de Schwabach, había sido preparada en el verano de 1529, todo lo que parecía ser necesario ahora era una declaración adicional respecto a los cambios en la práctica que se habían hecho en las iglesias en Sajonia. Tal declaración fue preparada por lo tanto por los teólogos de Wittenberg, y ya que había sido aprobada en una asamblea en Torgau a fines de marzo de 1530, por lo regular se hace referencia a ella como los Artículos de Torgau.

Juntamente con otros documentos, los Artículos de Schwabach y los de Torgau fueron llevados a Augsburgo. Allí se decidió formular una declaración luterana común, más bien que una simple declaración sajona, de la declaración que había de ser presentada al emperador. Las circunstancias también exigían que se explicara claramente en la declaración que los luteranos no se debían agrupar con todos los demás grupos que se oponían a Roma, y otras consideraciones sugerían el deseo de recalcar los puntos en que estaban de acuerdo con Roma y no las diferencias que existían con ella. Todos estos factores desempeñaron un papel importante en la determinación del carácter del documento que acababa de preparar Felipe Melanchton. Los Artículos de Schwabach llegaron a ser el fundamento principal de la primera parte y los Artículos de Torgau llegaron a ser el fundamento de la segunda parte de la Confesión de Augsburgo. Lutero, quien no estuvo presente en Augsburgo, fue consultado por medio de correspondencia, pero se hicieron revisiones y enmiendas aun en vísperas de la presentación oficial al emperador el 25 de junio de 1530. Firmada por siete príncipes y los representantes de las ciudades libres, la confesión inmediatamente logró singular importancia como una declaración pública de fe.

Conforme a las instrucciones del emperador, los textos de la confesión fueron preparados tanto en alemán como en latín. Pero la lectura ante la dieta fue hecha del texto en alemán, el cual, por consiguiente, debe ser considerado como más oficial. Desafortunadamente ni el texto en alemán ni el texto en latín existen en la forma en que fueron presentados. Sin embargo, se han hallado más de cincuenta copias que datan del año 1530, inclusive borradores que representan diferentes fases de la preparación antes del 25 de junio al igual que copias con una variedad de nuevos cambios en fraseología hechos después del 25 de junio. Estas versiones han pasado por mucho estudio crítico de parte de muchos doctos, y se ha reconstruido un texto en alemán y en latín que es muy semejante a los documentos presentados al emperador y hasta se identifican con ellos. Por esta razón en algunas traducciones se presentan los dos textos. En la presente hemos optado por presentar sólo la traducción del texto en alemán.

LA CONFESIÓN DE AUGSBURGO

Confesión de Fe Presentada en Augsburgo
por ciertos Príncipes y Ciudades a
Su Majestad Imperial Carlos V
en el Año 1530

**«Hablaré de tus testimonios delante de
los reyes, y no me avergonzaré»,**

Salmo 119:46

PREFACIO

1   Ilustrísimo, poderosísimo e invencible Emperador, clementísimo Señor:
Hace poco tiempo Vuestra Majestad Imperial se dignó convocar aquí
mismo, en Augsburgo, una dieta general, especificando expresamente las
cuestiones referentes al turco, enemigo hereditario del nombre cristiano y del
nuestro, y qué hacer para resistirle eficazmente con una ayuda perseverante.

2   También deliberaría sobre el modo de tratar las diferencias en la santa fe y
en la religión cristiana. Se dedicaría igualmente a escuchar, comprender y
examinar entre nosotros, con caridad y bondad, las opiniones, pareceres y

3   sentimientos de cada uno. Se esforzaría en conciliar las opiniones y reducirlas
a una sola verdad cristiana, eliminando todo aquello que, de una u otra parte,[1]
hubiera sido interpretado o tratado incorrectamente, para obligar a adoptar y

4   observar por todos nosotros una sola y verdadera religión. Y, así como estamos

5   y combatimos todos bajo un solo Cristo,[2] así también vivamos todos en una
sola comunión, en una sola iglesia y en una sola concordia. Y nosotros,
elector y príncipes infrascritos, así como nuestros familiares, habiendo sido
convocados con los demás electores, príncipes y estados,[3] nos pusimos en
camino, de tal modo que, sin gloriarnos por ello, hemos llegado aquí entre
los primeros.[4]

Además, Vuestra Majestad Imperial—a fin de obedecer con toda sumisión al edicto de Vuestra Majestad Imperial, que hemos mencionado—se ha

---

1. El texto latino: En los escritos de una u otra parte.

2. Aquí se reproduce el lenguaje usado por el auto de comparecencia imperial.

3. La dieta, o asambleas parlamentarias del imperio, consistían en siete príncipes que se
llamaban «electores» de los demás príncipes y de los representantes de las ciudades libres.

4. El elector de Sajonia y el Langrave Felipe de Hesse llegaron a Augsburgo antes del
emperador.

dignado expresar[5] en conformidad con el recordado edicto, con la más grande diligencia y de modo verbal, a todos los electores, príncipes y estados el deseo de que, en lo concerniente las cuestiones de la fe, cada uno, en virtud de la **6** convocatoria de Vuestra Majestad Imperial, antes mencionada, pusiera por escrito, en alemán y en latín, y se lo hiciera llegar como respuesta, sus opiniones, pareceres y sentimientos sobre estos errores, diferencias y abusos.

En consecuencia, después de haber reflexionado y celebrado consejo, se ex- **7** puso el último miércoles a Vuestra Majestad Imperial que, por nuestra parte, estamos dispuestos a entregar hoy, viernes,[6] nuestra declaración en ale- mán y en latín, según la proposición de Vuestra Majestad Imperial. Por este **8** motivo, y para obedecer con toda sumisión a Vuestra Majestad Imperial, nosotros presentamos solemnemente y entregamos la confesión de fe de nues- tros párrocos y de nuestros predicadores, que es su enseñanza y también nuestra fe, tal como ellos la predican, la enseñan y la observan, en conformidad con las Sagradas Escrituras y en la forma en que ellos la enseñan en nuestros países, principados, ciudades y territorios.

En completa sumisión a Vuestra Majestad Imperial, nuestro Señor muy **9** clemente, nosotros estamos dispuestos—si los otros electores, príncipes y estados entregan también ellos ahora una doble declaración, escrita en latín **10** y en alemán, de sus sentimientos y opiniones—a ocuparnos satisfactoriamente con sus queridos príncipes y los estados acerca de los caminos apropiados y convenientes, y ponernos de acuerdo sobre ellos, en la medida que lo permita la equidad. Intentando que, por ambos lados, en cuanto a partes, nuestras declaraciones escritas puedan ser tratadas con caridad y bondad en lo que dejan de desear y en lo que dividen, y que estas diferencias puedan ser reducidas a una sola y verdadera religión, así como nosotros estamos y com- **11** batimos todos bajo un solo Cristo a quien tenemos el deber de confesar. Todo esto, según el tenor del edicto de Vuestra Majestad Imperial, mencionado más de una vez, y según la verdad divina, en tanto que nosotros invocamos a Dios todopoderoso, con gran humildad, pidiéndole nos otorgue esta gracia. Amén.

Pero si, por respecto a nuestros señores y amigos, particularmente los **12** electores, los príncipes y los estados de la otra parte, no hubiera ni progreso ni resultado en estos debates, en el sentido de la convocatoria de Vuestra **13** Majestad Imperial—es decir, el modo de actuar entre nosotros, con caridad y bondad—al menos, por nuestra parte, nada faltará que pueda contribuir a la concordia cristiana, tal como se puede hacer con la ayuda de Dios y un

---

5. En la apertura de la dieta en junio 20 de 1530.
6. Ya casi al fin de la dieta la presentación se pospuso del viernes (24 de junio) al sábado (25 de junio).

14   buena conciencia. De esto Vuestra Majestad Imperial, así como nuestros amigos ya mencionados, los electores, príncipes y estados, y todo el que ama la religión cristiana y se enfrenta a estas cuestiones, se dignarán darse cuenta de buena gana y suficientemente, conociendo la confesión siguiente de nuestra fe y la de los nuestros.

15   Precedentemente,[7] Vuestra Majestad Imperial se dignó dar a entender a los electores, a los príncipes y a los estados del imperio, especialmente me-

16   diante una instrucción leída públicamente en la dieta habida en Espira, el año 1526, que, por los motivos en ella indicados, Vuestra Majestad Imperial no tenía intenciones de tomar decisiones en asuntos concernientes a nuestra santa fe, sino, por el contrario, insistir diligentemente que el papa ordenara a la celebración de un concilio.

17   Hace un año, en la última dieta de Espira, por medio de una instrucción

18   escrita, Vuestra Majestad Imperial hizo anunciar a los electores, príncipes y estados mediante el lugarteniente de su Majestad Imperial, el rey de Bohemia y de Hungría, etc., así como el orador de Vuestra Majestad Imperial y por comisarios señalados, que Vuestra Majestad Imperial había examinado el parecer del gobernador, del presidente y de los consejeros de la regencia imperial, así como el de los delegados de los electores, de los príncipes y de los estados ausentes, reunidos en la dieta convocada en Ratisbona,[8] parecer

19   referente al concilio general, y que Vuestra Majestad juzgó igualmente útil que este concilio se celebrara. Por otra parte, como los asuntos entre Vuestra Majestad Imperial y el papa se encaminaban hacia un buen entendimiento cristiano,[9] y Vuestra Majestad Imperial estaba seguro de que el papa no rechazaría tener el concilio general, Vuestra Majestad Imperial, por su clemencia, estaba dispuesto a actuar en adelante de tal modo que el papa con-

20   sintiera, de acuerdo con Vuestra Majestad Imperial, en convocar lo antes posible este concilio general, y que nada impediría su ejecución.

21   En consecuencia, completamente sumisos a Vuestra Majestad Imperial y, además, en el caso antes mencionado,[10] nosotros nos ofrecemos a ir a un concilio general, libre y cristiano. En todas las dietas que Vuestra Majestad Imperial ha celebrado en el imperio durante su reinado, los electores, los príncipes y los estados han concluido la celebración del concilio, por altos y

22   ponderados motivos. A este concilio general habíamos apelado también nosotros precedentemente, así como a Vuestra Majestad Imperial, en la forma y

---

7. El texto latino añade: no sólo una vez, sino muchas veces.

8. La asistencia fue pobre y poco se logró en la Dieta de Ratisbona en 1527.

9. La paz de Barcelona (1529) fue seguida de una alianza (1529) y la coronación del emperador en febrero de 1530.

10. El texto latino: «Si el resultado fuese tal que estas diferencias entre nosotros y el otro lado no se resolviesen amigablemente».

costumbre del derecho, por razón de estas muy importantes cuestiones. Nos- **23**
otros permanecemos todavía interesados en esta problemática y aceptamos
este modo de actuar u otro posterior. (Siempre que estas cuestiones, que nos
dividen, sean comprendidas con caridad y bondad, según las palabras de
Vuestra Majestad Imperial, y examinadas y solucionadas en la perspectiva
de la unidad cristiana.) Esto es lo que nosotros testimoniamos y protestamos
públicamente. Y he aquí la confesión de fe que es la nuestra y la de los **24**
nuestros, como sigue a continuación, distinguiendo artículo por artículo.

I. DIOS[11]

En primer lugar, se enseña y se sostiene unánimemente, de acuerdo con **1**
el decreto del Concilio de Nicea,[12] que hay una sola esencia divina, la que
se llama Dios y verdaderamente es Dios. Sin embargo, hay tres personas en **2**
la misma esencia divina, igualmente poderosas y eternas: Dios Padre, Dios
Hijo, Dios Espíritu Santo. Todas las tres son una esencia divina, eterna, sin **3**
división, sin fin, de inmenso poder, sabiduría y bondad, un Creador y Con-
servador de todas las cosas visibles e invisibles. Con la palabra *persona* no **4**
se entiende una parte ni una cualidad en otro, sino lo que subsiste por sí
mismo, tal como los padres han empleado la palabra en esta materia.[13]

Por lo tanto, se rechazan todas las herejías contrarias a este artículo, **5**
tales como la de los maniqueos,[14] que afirmaron dos dioses, uno malo y otro
bueno; también las de los valentinianos,[15] los arrianos,[16] los eunomianos,[17]
los mahometanos[18] y todos sus similares. También la de los samosatenses, **6**
antiguos[19] y modernos,[20] que sostienen que sólo hay una persona y aseveran

---

11. Los títulos de algunos artículos de la Confesión fueron insertados en el año 1533 y
después.

12. Vid. la introducción histórica al Credo Niceno.

13. Este significado de persona se dirige contra el modalismo, según el cual las tres personas
sólo son «modos» por los cuales se manifiesta la esencia divina.

14. Los maniqueos constituían una secta fundada por Manes en Persia en el tercer siglo
después de Cristo. Enseñaban un dualismo drástico.

15. Los valentinianos eran gnósticos del segundo siglo d. de J.C. Enseñaban que hay
treinta eones o dioses y que las personas de la Trinidad son emanaciones de tales eones.

16. Los arrianos eran seguidores de la doctrina de Arrio, fallecido en 336 d. de J.C. Arrio
enseñó que el Hijo de Dios es una criatura y que «había un tiempo en que él (el Hijo) no existía».

17. Los eunomianos eran los secuaces de Eunomio, obispo de Cizico en Misia, durante
el cuarto siglo d. de J.C. Representaban un arrianismo estricto y radical.

18. Como es sabido, los mahometanos (musulmanes) recalcan drásticamente la unidad de
Dios y niegan la Trinidad. Los reformadores del siglo XVI con frecuencia se referían al islamismo
en términos de una herejía antitrinitaria.

19. Los samosatenses eran los discípulos de Pablo de Samosata, Obispo de Antioquía, en
el tercer siglo d. de J.C. Pablo enseñó que el hombre Jesús era inspirado por el logos (Verbo)

sofísticamente que las otras dos, el Verbo y el Espíritu Santo, no son necesariamente personas distintas, sino que el Verbo significa la palabra externa o la voz, y que el Espíritu Santo es una energía engendrada en los seres creados.

II. EL PECADO ORIGINAL

1 Además, se enseña entre nosotros que desde la caída de Adán todos los hombres que nacen según la naturaleza se conciben y nacen en pecado. Esto es, todos desde el seno de la madre están llenos de malos deseos e inclinaciones y por naturaleza no pueden tener verdadero temor de Dios ni verdadera fe en

2 él. Además, esta enfermedad innata y pecado hereditario es verdaderamente pecado y condena bajo la ira eterna de Dios a todos aquellos que no nacen de nuevo por el bautismo y el Espíritu Santo.

3 Al respecto se rechaza a los pelagianos[21] y otros[22] que niegan que el pecado hereditario sea pecado, porque consideran que la naturaleza se hace justa mediante poderes naturales, en menoscabo de los sufrimientos y el mérito de Cristo.

III. EL HIJO DE DIOS

1 Asimismo se enseña que Dios el Hijo se hizo hombre, habiendo nacido de la inmaculada virgen María, y que las dos naturalezas, la divina y la

2 humana, están tan inseparablemente unidas en una persona[23] de modo que

3 son un solo Cristo, el cual es verdadero Dios y verdadero hombre, que realmente nació, padeció, fue crucificado, muerto y sepultado con el fin de ser un sacrificio, no sólo por el pecado hereditario, sino también por todos los

4 demás pecados[24] y expiar la ira de Dios. El mismo Cristo descendió al infierno, al tercer día resucitó verdaderamente de los muertos, ascendió al cielo y está sentado a la diestra de Dios, a fin de reinar eternamente y tener dominio sobre

5 todas las criaturas; y a fin de santificar, purificar, fortalecer y consolar mediante el Espíritu Santo a todos los que en él creen, proporcionándoles la vida y toda suerte de dones y bienes y defendiéndolos y protegiéndolos contra el

---

impersonal y que existía en cierta unidad con Dios. Tal unidad, sin embargo, era sólo de carácter moral.

20. Los «samosatenses modernos» eran espiritualistas antitrinitarios del siglo XVI. Entre ellos figuraban Juan Campanus y Hans Denck.

21. Los pelagianos eran los seguidores de Pelagio, quien a principios del siglo V negó el pecado original y enseñó que el hombre puede salvarse usando su libre albedrío, auxiliado por la gracia divina.

22. Según los reformadores del siglo XVI, tanto los teólogos escolásticos (como Tomás de Aquino y Duns Escoto) como Zuinglio enseñaban conforme a la doctrina pelagiana.

23. De acuerdo con la formulación adoptada por el concilio de Calcedonia en 451.

24. Vid. Art. XXIV.

diablo y el pecado. El mismo Señor Cristo finalmente vendrá de modo visible **6** para juzgar a los vivos y a los muertos, etc., de acuerdo con el Credo Apostólico.

IV. LA JUSTIFICACIÓN

Además, se enseña que no podemos lograr el perdón del pecado y la **1** justicia delante de Dios mediante nuestro mérito, obra y satisfacción, sino **2** que obtenemos el perdón del pecado y llegamos a ser justos delante de Dios por gracia, por causa de Cristo mediante la fe, si creemos que Cristo padeció por nosotros y que por su causa se nos perdona el pecado y se nos conceden la justicia y la vida eterna. Pues Dios ha de considerar e imputar esta fe como **3** justicia delante de sí mismo, como San Pablo dice a los romanos en los capítulos 3 y 4.

V. EL OFICIO DE LA PREDICACIÓN

Para conseguir esta fe, Dios ha instituido el oficio de la predicación,[25] **1** es decir, ha dado el evangelio y los sacramentos. Por medio de éstos, como **2** por instrumentos, él otorga el Espíritu Santo, quien obra la fe, donde y cuando le place, en quienes oyen el evangelio. Éste enseña que tenemos un Dios **3** lleno de gracia por el mérito de Cristo, y no por el nuestro, si así lo creemos.

Se condena a los anabaptistas y otros que enseñan que sin la palabra **4** externa del evangelio obtenemos el Espíritu Santo por disposición, pensamientos y obras propias.[26]

VI. LA NUEVA OBEDIENCIA

Se enseña también que tal fe debe producir buenos frutos y buenas obras **1** y que se deben realizar toda clase de buenas obras que Dios haya ordenado,[27] por causa de Dios. Sin embargo, no debemos fiarnos en tales obras para merecer la gracia ante Dios. Pues recibimos el perdón del pecado y la justicia **2** mediante la fe en Cristo, como él mismo dice: «Cuando hayáis hecho todo esto, decid: Siervos inútiles somos» (Lc. 17:10). Así enseñan también los **3** padres, pues Ambrosio afirma: «Así lo ha constituido Dios, que quien cree

---

25. El texto de este artículo muestra que los reformadores no concebían el «oficio de la predicación» o el «ministerio» en términos clericales.

26. El nombre «anabaptista» comprende a numerosos y diversos sectarios de la época de la Reforma, que enseñaban que los niños no deben bautizarse hasta que lleguen a la edad de la razón. En este artículo, empero, se hace referencia a sus tendencias «espiritualistas», según las cuales el Espíritu Santo desciende sobre los hombres sin hacer uso de medios externos. Para recibir el Espíritu, según ellos, le es necesario al hombre «vaciarse». Tales enseñanzas eran propagadas por hombres como Sebastián Franck, Gaspar Schwenkfeld y Tomás Münzer.

27. Contra las obras no ordenadas por Dios que se detallan abajo en Art. XX, 3 y Art. XXVI, 2.

en Cristo sea salvo y tenga el perdón de los pecados no por obra, sino sólo por la fe y sin mérito».[28]

VII. LA IGLESIA

1 Se enseña también que habrá de existir y permanecer para siempre una santa iglesia cristiana, que es la asamblea de todos los creyentes, entre los cuales se predica genuinamente el evangelio y se administran los santos sacramentos de acuerdo con el evangelio.

2 Para la verdadera unidad de la iglesia cristiana es suficiente que se predique unánimemente el evangelio conforme a una concepción genuina de él

3 y que los sacramentos se administren de acuerdo a la palabra divina. Y no es necesario para la verdadera unidad de la iglesia cristiana que en todas partes

4 se celebren de modo uniforme ceremonias de institución humana. Como Pablo dice a los efesios en 4:4–5: «Un cuerpo y un Espíritu, como fuisteis llamados en una misma esperanza de vuestra vocación; un Señor, una fe, un bautismo».

VIII. ¿QUÉ ES LA IGLESIA?

1 Además, si bien la iglesia cristiana verdaderamente no es otra cosa que

2 la asamblea de todos los creyentes y santos, sin embargo, ya que en esta vida muchos cristianos falsos, hipócritas y aun pecadores manifiestos permanecen entre los piadosos, los sacramentos son igualmente eficaces, aun cuando los sacerdotes que los administran sean impíos. Es como Cristo mismo indica: «En la cátedra de Moisés se sientan los fariseos», etc. (Mt. 23:2).

3 Por consiguiente, se condena a los donatistas[29] y a todos los demás que enseñan de manera diferente.

IX. EL BAUTISMO

1 Respecto al bautismo se enseña que es necesario, que por medio de él

2 se ofrece la gracia, y que deben bautizarse también los niños, los cuales mediante tal bautismo son encomendados a Dios y llegan a serle aceptados.

3 Por este motivo se rechaza a los anabaptistas, que enseñan que el bautismo de párvulos es ilícito.

X. LA SANTA CENA

1 Respecto a la cena del Señor se enseña que el verdadero cuerpo y la verdadera sangre de Cristo están realmente presentes en la cena bajo las

---

28. En la época de la Reforma estas palabras se atribuían a Ambrosio, obispo de Milán (339–397 d. de J.C.). Ahora sabemos que forman parte del comentario sobre 1 Corintios 1:4 escrito por «Ambrosiaster», el nombre dado por Erasmo al autor desconocido de comentarios latinos sobre las trece epístolas de Pablo.

29. Los donatistas eran un grupo riguroso de la iglesia africana a principios del siglo IV. Negaban la validez del ministerio de los obispos que habían apostatado en la persecución de Diocleciano.

especies[30] de pan y vino y que se distribuyen y se reciben allí. Por lo tanto, **2**
se rechaza la enseñanza contraria.

XI. LA CONFESIÓN

Respecto a la confesión se enseña que la absolución privada debe con- **1**
servarse en la iglesia y que no debe caer en desuso, si bien en la confesión **2**
no es necesario relatar todas las transgresiones y pecados, por cuanto esto es
imposible. Salmo 19:12: «Los errores, ¿quién los entenderá?»[31]

XII. EL ARREPENTIMIENTO

Respecto del arrepentimiento se enseña que quienes han pecado después **1**
del bautismo pueden obtener el perdón de los pecados toda·vez que se arrepien- **2**
tan y que la iglesia no debe negarles la absolución. Propiamente dicho, el **3**
verdadero arrepentimiento no es otra cosa que contrición y dolor o terror a **4**
causa del pecado y, sin embargo, a la vez creer en el evangelio y la absolución, **5**
es decir, que el pecado ha sido perdonado y que por Cristo se ha obtenido la
gracia. Esta fe, a su vez consuela el corazón y lo apacigua. Después deben **6**
seguir la corrección y el abandono del pecado, pues éstos deben ser los frutos
del arrepentimiento de que habla Juan en Mateo 3:8: «Haced frutos dignos
de arrepentimiento».

Se rechaza a los que enseñan que quienes una vez se convirtieron ya no **7**
pueden caer.[32]

Por otro lado se rechaza también a los novacianos,[33] que negaban la **8**
absolución a los que habían pecado después del bautismo.

También se rechaza a los que enseñan que no se obtiene el perdón de **9**
los pecados por la fe, sino mediante nuestra reparación.

XIII. EL USO DE LOS SACRAMENTOS

En cuanto al uso de los sacramentos se enseña que éstos fueron instituidos **1**
no sólo como distintivos para conocer exteriormente a los cristianos, sino que
son señales y testimonios de la voluntad divina hacia nosotros para despertar
y fortalecer nuestra fe. Por esta razón los sacramentos exigen fe y se emplean **2**
debidamente cuando se reciben con fe y se fortalece de ese modo la fe.

---

30. La *Confutatio* de los teólogos romanos entendió que este artículo enseñaba la tran-substanciación, la cual no obstante era negada por Melanchton.

31. El Concilio Laterano de 1215, en el capítulo 21, exige la confesión de todos los pecados. La doctrina de la Confesión de Augsburgo respecto a la confesión se condenó en el Concilio de Trento, sesión XIV, can. 7. Compárese el Art. XXV abajo.

32. Así enseñó, por ejemplo, Hans Denck.

33. Grupo riguroso en Roma de mediados del siglo III que negaba la readmisión a la iglesia de quienes habían cometido pecados graves.

XIV. GOBIERNO ECLESIÁSTICO

Respecto al gobierno eclesiástico se enseña que nadie debe enseñar públicamente en la iglesia ni predicar ni administrar los sacramentos sin llamamiento legítimo.

XV. RITOS ECLESIÁSTICOS

1   De los ritos eclesiásticos de origen humano se enseña que se observen los que puedan realizarse sin pecado y que sirvan para mantener la paz y el buen orden en la iglesia, como ciertas celebraciones, fiestas[34] y cosas semejantes. 2 Sin embargo, se alecciona no gravar a las conciencias con esto, como si tales cosas fueran necesarias para la salvación. 3 Sobre esta materia se enseña que todas las ordenanzas y tradiciones instituidas por los hombres con el fin de aplacar a Dios y merecer la gracia son contrarias al evangelio 4 y a la doctrina acerca de la fe en Cristo. Por consiguiente, los votos monásticos y otras tradiciones relacionadas con la distinción de las comidas, los días,[35] etc., por medio de las cuales se intenta merecer la gracia y hacer satisfacción por los pecados, son inútiles y contrarias al evangelio.

XVI. EL ESTADO Y EL GOBIERNO CIVIL

1   Respecto al estado y al gobierno civil se enseña que toda autoridad en el mundo, todo gobierno ordenado y las leyes fueron creados e instituidos 2 por Dios para el buen orden. Se enseña que los cristianos, sin incurrir en pecado, pueden tomar parte en el gobierno y en el oficio de príncipes y jueces; asimismo, decidir y sentenciar según las leyes imperiales y otras leyes vigentes, castigar con la espada a los malhechores, tomar parte en guerras justas, prestar servicio militar, comprar y vender, prestar juramento cuando se exija, tener propiedad, contraer matrimonio, etc.

3   Al respecto se condena a los anabaptistas, que enseñan que ninguna de las cosas susodichas es cristiana.[36]

4   Se condena también a aquellos que enseñan que la perfección cristiana consiste en abandonar corporalmente casa y hogar, esposa e hijos y prescindir de las cosas ya mencionadas.[37] Al contrario, la verdadera perfección consiste

---

34. Para el año 1530 muchas fiestas de los santos habían sido abolidas entre los adherentes de la reforma de Lutero, y la mayor parte de los días de los apóstoles habían sido transferidos a los domingos siguientes; no obstante, muchas de las fiestas del año eclesiástico se retuvieron.

35. Los días de ayuno prescriptos por la iglesia de Roma.

36. Entre los anabaptistas había, de hecho, diferencias de opinión respecto al estado, el matrimonio, el comercio, etc., pero algunos de ellos sí adoptaron la postura negativa que aquí se describe.

37. El monasticismo, y también algunos anabaptistas, encarnaron esta idea de la perfección cristiana. Vid. también el Artículo XXVII abajo.

sólo en genuino temor de Dios y auténtica fe en él. El evangelio no enseña una justicia externa ni temporal, sino un ser y justicia interiores y eternos del corazón. El evangelio no destruye el gobierno secular, el estado y el matri-monio. Al contrario, su intento es que todo esto se considere como verdadero orden divino y que cada uno, de acuerdo con su vocación, manifieste en estos estados el amor cristiano y verdaderas obras buenas. Por consiguiente, los cristianos están obligados a someterse a la autoridad civil y obedecer sus mandamientos y leyes en todo lo que pueda hacerse sin pecado. Pero si el mandato de la autoridad civil no puede acatarse sin pecado, se debe obedecer a Dios antes que a los hombres (Hch. 5:29).

XVII. EL RETORNO DE CRISTO PARA EL JUICIO

También se enseña que nuestro Señor Jesucristo vendrá en el día postrero para juzgar y que resucitará a todos los muertos. Dará a los creyentes y electos vida y gozo eternos, pero a los hombres impíos y a los demonios los condenará al infierno y al castigo eterno.

Consiguientemente, se rechaza a los anabaptistas, que enseñan que los demonios y los hombres condenados no sufrirán pena y tormento eternos.[38]

Asimismo se rechazan algunas doctrinas judaicas, y que actualmente aparecen, las cuales enseñan que, antes de la resurrección de los muertos, sólo los santos y piadosos ocuparán un reino mundano y aniquilarán a todos los impíos.[39]

XVIII. EL LIBRE ALBEDRÍO

Se enseña también que el hombre tiene, hasta cierto punto, el libre albedrío que lo capacita para llevar una vida exteriormente honrada y para escoger entre las cosas que entiende la razón. Pero sin la gracia, ayuda u obra del Espíritu Santo el hombre no puede agradar a Dios, temer a Dios de corazón, creer, ni arrancar de su corazón los malos deseos innatos. Esto sucede por obra del Espíritu Santo, quien es dado mediante la palabra de Dios. Pablo dice en 1 Corintios 2:14: «El hombre natural no percibe las cosas que son del Espíritu de Dios».

Para que se pueda apreciar que en esto no se enseña nada nuevo, se citan a continuación del tercer libro del *Hipognosticon* las palabras claras de Agustín acerca del libre albedrío:«Confesamos que en todos los hombres existe un libre albedrío, porque todos tienen por naturaleza entendimiento y razón innatas. Esto no quiere decir que sean capaces de hacer algo para con Dios,

---

38. Melchior Rinck y Hans Denck sostuvieron esta posición.

39. El ex–anabaptista Agustín Bader de Augsburgo, que fue ejecutado en Stuttgart el 30 de marzo de 1530, fue incitado por Hans Hut y algunos judíos de Worms a esperar el advenimiento del milenio durante la Pascua de Resurrección de 1530.

por ejemplo: Amar de corazón y temer a Dios. Al contrario, sólo en cuanto a las obras externas de esta vida tienen la libertad de escoger lo bueno o lo 5 malo. Con 'lo bueno' quiero decir que la naturaleza humana puede decidir si trabajará en el campo o no, si comerá o beberá o visitará a un amigo o no, si se pondrá o quitará el vestido, si edificará casa, tomará esposa, si se ocupará 6 en algún oficio o si hará cualquier cosa similar que sea útil y buena. No obstante, todo esto no existe ni subsiste sin Dios, sino que todo procede de 7 él y se realiza por él. En cambio, el hombre puede por elección propia emprender algo malo, como por ejemplo arrodillarse ante un ídolo, cometer homicidio, etc.»

XIX. LA CAUSA DEL PECADO

Sobre la causa del pecado se enseña entre nosotros que, si bien Dios omnipotente ha creado y sostiene toda la naturaleza, sin embargo, la voluntad pervertida—es decir, la del diablo y de todos los impíos—produce el pecado en todos los malos y en quienes desprecian a Dios. Esta voluntad, tan pronto como Dios ha quitado la mano, se vuelve de Dios al mal, como Cristo dice en Juan 8:44: «El diablo habla mentira de lo suyo».[40]

XX. LA FE Y LAS BUENAS OBRAS

1 Se acusa falsamente a los nuestros de prohibir las buenas obras. Pues 2 sus escritos acerca de los Diez Mandamientos y otros escritos ponen de manifiesto que han proporcionado buenas y útiles exposiciones y exhortaciones 3 respecto a las profesiones y obras verdaderamente cristianas. Acerca de esto se enseñó poco anteriormente; al contrario, mayormente se recalcaban en todos los sermones obras pueriles e innecesarias, como el rezo del rosario, el culto a los santos, el monacato, peregrinaciones, ayunos, fiestas, cofradías, etc. 4 Nuestros adversarios ya no alaban tales obras innecesarias con tanta exagera-5 ción como antes. Además, han aprendido ahora a hablar de la fe, sobre la 6 cual en tiempos pasados no predicaban absolutamente nada. Ahora enseñan que no somos justificados ante Dios solamente por las obras, sino que añaden 7 a ello la fe en Cristo. Dicen que la fe y las obras nos hacen justos delante de Dios. Tal enseñanza posiblemente proporcione algo más de consuelo que la enseñanza de que confíe únicamente en las obras.

8 Ya que la doctrina de la fe, que es la principal de la existencia cristiana, dejó de recalcarse por tanto tiempo (como es forzoso admitir), y sólo se predicaba en todas partes la doctrina de las obras, los nuestros han enseñado lo siguiente respecto a estas cosas:

---

40. Este artículo es una respuesta a la No. 86 de las 404 Tesis de Eck (ver la introducción histórica), en la cual atacó a Melanchton la enseñanza de que Dios es el autor de todo cuanto sucede, sea bueno o sea malo.

Primeramente, nuestras obras no pueden reconciliarnos con Dios ni mere- 9
cer la gracia, sino que esto sucede sólo mediante la fe al creer que se nos
perdonan los pecados por causa de Cristo, quien sólo es el mediador que
reconcilia al Padre. Ahora bien, quien piense realizar esto mediante las obras 10
y merecer la gracia, desprecia a Cristo y busca su propio camino a Dios en
contra del evangelio.

Sobre esta enseñanza acerca de la fe discurre Pablo abierta y claramente 11
en muchos textos, especialmente en Efesios 2:8: «Por gracia sois salvos por
medio de la fe; y esto no de vosotros, pues es don de Dios; no por obras,
para que nadie se gloríe», etc.

Y que con esto no se introduce ninguna interpretación nueva se puede 12
demostrar con los escritos de Agustín, quien trata este asunto esmeradamente 13
y enseña que por medio de la fe en Cristo obtenemos la gracia y somos 14
justificados delante de Dios y no mediante las obras, como pone de manifiesto
todo su libro intitulado *El Espíritu y la Letra*.[41]

Si bien es cierto que esta doctrina es muy despreciada entre personas 15
que no han sido puestas a prueba, no obstante, es harto consolatoria y benéfica
para las conciencias tímidas y aterrorizadas. Porque la conciencia no puede
hallar paz y sosiego por medio de las obras, sino sólo por la fe que se persuade
con seguridad de que a causa de Cristo tiene un Dios lleno de gracia, como 16
Pablo dice en Romanos 5:1: «Justificados, pues, por la fe, tenemos paz para
con Dios».

En tiempos pasados no se enseñaba este consuelo en los sermones; al 17
contrario, las pobres conciencias eran estimuladas a apoyarse en sus propias
obras, de modo que emprendían obras de diversas clases. La conciencia im- 18
pulsó a algunos a entrar en los monasterios con la esperanza de merecer la
gracia por medio de la vida monástica. Otros idearon otras obras con el fin 19
de merecer la gracia y hacer satisfacción por los pecados. Muchos de ellos 20
experimentaron que no se lograba la paz por estos medios. Por lo tanto, era
necesario predicar y recalcar diligentemente esta doctrina de la fe en Cristo
para que los hombres supieran que se consigue la gracia de Dios únicamente
por la fe y sin el mérito propio.

Se enseña también que en este contexto no se trata de aquella fe que 21
también los diablos y los impíos tienen (Stg. 2:19), los cuales también creen
la historia de que Cristo sufrió y resucitó de los muertos. Al contrario, se
trata de la verdadera fe que cree que mediante Cristo obtenemos la gracia y
el perdón del pecado.

Ahora bien, el que sabe que por medio de Cristo tiene un Dios lleno de 22
gracia, éste conoce a Dios, le invoca y no vive sin Dios a semejanza de los

---

41. *De spiritu et litera*, 19, 34.

23 paganos. Pues el diablo y los incrédulos no creen en este artículo del perdón del pecado; por consiguiente, son hostiles a Dios, no pueden invocarle y nada bueno esperan de él. Por lo tanto, la Escritura se refiere a la fe, como acabamos de indicar, pero no llama fe al conocimiento que poseen el diablo y los hombres impíos. En Hebreos 11:1 se enseña que la fe no consiste solamente en conocer los relatos, sino en tener la confidente certeza de que Dios cumplirá con sus

24 promesas. También Agustín nos recuerda que debemos entender que en la Escritura la palabra «fe» significa la confianza en Dios, la certeza de que él nos da su gracia, y no sólo el conocimiento de los sucesos históricos que también poseen los diablos.[42]

25 Además, se enseña que las buenas obras deben realizarse necesariamente, no con el objeto de que uno confíe en ellas para merecer la gracia; sino que

26 han de hacerse por causa de Dios y para alabanza de él. La fe se apodera

27 siempre sólo de la gracia y del perdón del pecado. Y ya que mediante la fe se concede el Espíritu Santo, también se capacita el corazón para hacer buenas

28 obras. Pues antes de creer, mientras no tiene el Espíritu Santo, el corazón es

29 demasiado débil. Además, está bajo el poder del diablo, que impulsa a la

30 pobre naturaleza humana a cometer muchos pecados. Esto lo vemos en el caso de los filósofos quienes se propusieron vivir honrada e irreprochable-mente. Sin embargo, no pudieron llevarlo a cabo, sino que cayeron en muchos

31 graves pecados manifiestos. Así acontece cuando el hombre no tiene la ver-dadera fe ni el Espíritu Santo y se gobierna sólo con sus propias fuerzas humanas.

32 Por consiguiente, no se le ha de recriminar a esta doctrina de la fe que prohíba las buenas obras; al contrario, antes bien ha de ser alabada por enseñar que se deben hacer buenas obras y por ofrecer la ayuda con la cual realizarlas.

33 Porque fuera de la fe y aparte de Cristo la naturaleza y el poder humanos son

34 demasiado débiles como para hacer buenas obras, invocar a Dios, tener pa-ciencia en medio del sufrimiento, amar al prójimo, llevar a cabo con diligencia los oficios que han sido ordenados, ser obediente, evitar los malos deseos,

35 etc. Tales grandes y genuinas obras no pueden hacerse sin la ayuda de Cristo,

36 como él mismo dice en Juan 15:5: «Separados de mí nada podéis hacer».

XXI. EL CULTO DE LOS SANTOS

1 Respecto al culto de los santos los nuestros enseñan que se ha de tener memoria de los santos para fortalecer nuestra fe viendo cómo ellos recibieron la gracia y cómo fueron ayudados mediante la fe. Además, debemos seguir el ejemplo de sus buenas obras, cada cual de acuerdo con su vocación. Su

---

42. *Tract. in Ep. Joh. ad Parth.* (Homilías sobre la Epístola de Juan a los Partios), X, 2. Seudo–Agustín, *De cognitione verae vitae, 37.*

Majestad Imperial, al hacer guerra contra los turcos, puede seguir provechosa y píamente el ejemplo de David, ya que ambos desempeñan el oficio real, que exige la defensa y la protección de sus súbditos. Pero no se puede de- **2** mostrar con la Escritura que se deba invocar a los santos e implorar su ayuda. «Hay un solo Dios y un solo mediador entre Dios y los hombres, Jesucristo hombre» (1 Ti. 2:5). Él es el único salvador y el único sumo sacerdote, propiciador e intercesor ante Dios (Ro. 8:34). Y sólo él ha prometido oír nuestra oración. De acuerdo con la Escritura, el culto divino más excelso es **3** buscar e invocar de corazón a este mismo Jesucristo en toda necesidad y **4** angustia: «Si alguno hubiere pecado, abogado tenemos para con el Padre, a Jesúcristo el justo», etc. (1 Jn. 2:1).

Esta es casi la suma de la doctrina que se predica y se enseña en nuestras **1** iglesias para instruir cristianamente y consolar a las conciencias y para mejorar a los creyentes. No quisiéramos poner en sumo peligro nuestras propias almas y conciencias delante de Dios por el abuso del nombre o la palabra divina, ni deseamos legar a nuestros hijos y descendientes otra doctrina que no con- cuerde con la palabra divina pura y la verdad cristiana. Puesto que esta doctrina está claramente fundamentada en la Sagrada Escritura y no es contraria a la iglesia cristiana universal, tampoco a la iglesia romana, hasta donde su en- señanza se refleja en los escritos de los Padres, opinamos que nuestros ad- versarios no pueden estar en desacuerdo con nosotros en cuanto a los artículos arriba expuestos. Por lo tanto, quienes seproponen apartar, rechazar y evitar a los nuestros como herejes, actúan despiadada y precipitadamente y contra toda unidad y amor cristiano; y lo hacen sin fundamento sólido en el man- damiento divino o en la Escritura. En realidad, la disensión y la disputa se **2** refieren mayormente a ciertas tradiciones y abusos. Ya que no hay nada infundado o defectuoso en los artículos principales, siendo esta nuestra confe- sión piadosa y cristiana, los obispos en toda justicia deberían mostrarse más tolerantes, aunque nos faltara algo respecto a la tradición; si bien, esperamos exponer razones bien fundadas por las que se han modificado entre nosotros algunas tradiciones y abusos.

ARTÍCULOS EN CONTROVERSIA, DONDE SE DETALLAN LOS ABUSOS QUE HAN SIDO CORREGIDOS

Respecto a los artículos de fe, nada se enseña en nuestras iglesias con- trariamente a la Sagrada Escritura o a la iglesia cristiana universal. Solamente se han corregido algunos abusos, los cuales en parte se han introducido con el correr del tiempo, y en parte han sido impuestos por la fuerza. En vista de ello, nos vemos precisados a reseñar tales abusos y señalar el motivo por el cual se ha tolerado una modificación en estos casos. Así Vuestra Majestad Imperial podrá darse cuenta de que en este asunto no se ha actuado de manera anticristiana o frívola, sino que hemos sido impulsados a permitir tales cambios por el mandamiento de Dios, el cual con razón se ha de tener en más alta estima que toda costumbre humana.

XXII. LAS DOS ESPECIES EN EL SACRAMENTO

1   Entre nosotros se dan a los laicos ambas especies del sacramento porque éste es un mandamiento y una orden clara de Cristo: «Bebed de ella todos»
2   (Mt. 26:27). En este texto, con palabras claras, Cristo manda respecto al cáliz que todos beban de él.

3   Para que nadie ponga en duda estas palabras ni las interprete como referentes sólo a los sacerdotes, Pablo indica en 1 Co. 11:20 y sigtes. que
4   toda la asamblea de la iglesia en Corinto usó de ambas especies. Este uso permaneció por mucho tiempo en la iglesia, como se puede demostrar con
5   los relatos y con los escritos de los Padres.[43] Cipriano menciona en muchos
6   pasajes que en su época el cáliz se daba a los laicos.[44] San Jerónimo dice que los sacerdotes que administran el sacramento distribuyen al pueblo la sangre
7   de Cristo.[45] El papa Gelasio mismo ordenó que no se dividiera el sacramento
8   (*Distinct.* 2, «Sobre la consagración», capítulo *Comperimus*).[46] No se encuentra en ninguna parte canon alguno que ordene la recepción de una sola
9   especie. Nadie puede saber tampoco cuándo o por quién se haya introducido esta costumbre de recibir una sola especie, aunque el cardenal Cusano men-
10   ciona cuándo se aprobó esta usanza.[47] Es obvio que tal costumbre, introducida contra el mandamiento de Dios y también contra los antiguos cánones, no es
11   legítima. Por lo tanto, no es justo agobiar las conciencias de quienes desean celebrar el santo sacramento de acuerdo con la institución de Cristo ni obli-
12   garlos a actuar contra la ordenanza de nuestro Señor Cristo. Además, puesto que la división del sacramento es contraria a la institución de Cristo, se suprime entre nosotros la acostumbrada procesión en la cual se carga el sacramento.[48]

---

43. En occidente se daba el cáliz a los laicos generalmente hasta el siglo XIII.

44. Cipriano, Epístola 57.

45. *Comentario sobre Sofonías*, cap. 3.

46. Del *Decretum Gratiani* (*Decr. Grat.*), Parte III, *De consecratione*, dist. 2, cap. 12. El *Decretum* de Graciano apareció alrededor de 1150. Contiene una enorme colección de textos patrísticos, decretos conciliares y declaraciones papales. Más tarde llegó a constituir la primera parte del *Corpus Ivris Canonici*.

47. Nicolás de Cusa (1401–1464), teólogo y filósofo, en su Epístola III a los bohemios dice que la supresión del cáliz se remonta al Cuarto Concilio Laterano de 1215.

48. Se refiere a la procesión de la fiesta de *Corpus Christi*. Los príncipes evangélicos se negaron a tomar parte en la procesión de *Corpus Christi* efectuada en Augsburgo el 16 de junio de 1530.

XXIII. EL MATRIMONIO DE LOS SACERDOTES

Se ha hecho oír en todo el mundo, entre toda clase de personas, ya de 1
posición elevada, ya humilde, una muy fuerte queja con respecto a la gran
inmoralidad y la vida desenfrenada de los sacerdotes que no podían permanecer
continentes y que con sus vicios tan abominables habían llegado al
colmo. Para evitar tanto y tan terrible escándalo, adulterio y otras formas de 2
lascivia, algunos de nuestros sacerdotes han contraído matrimonio. Estos aducen
como motivo que los impulsó la gran angustia de su conciencia, ya que
la Escritura afirma claramente que el matrimonio fue ordenado por Dios el 3
Señor para evitar la impureza, como dice Pablo: «A causa de las fornicaciones,
cada uno tenga su propia mujer» (1 Co. 7:2); asimismo, «Mejor es casarse
que estarse quemando» (1 Co. 7:9). Y al decir Cristo en Mateo 19:11: «No 4
todos son capaces de recibir esto», el mismo Cristo (y seguramente conocía
la naturaleza humana) indica que pocos tienen el don de la continencia. «Varón
y hembra [Dios] los creó» (Gn. 1:27). La experiencia ha demostrado con 5
sobrada claridad si el hombre, por sus propias fuerzas y facultades, sin don
y gracia especiales de Dios, por propio empeño y voto, puede mejorar o
cambiar la creación de Dios, quien es la suprema majestad. ¿Qué clase de
vida buena, honesta y casta, qué conducta cristiana, honrosa y recta ha resultado
de ello? Ha quedado de manifiesto que en la hora de la muerte muchos
han sufrido en su conciencia horrible y espantosa inquietud y tormento, cosa
que muchos han admitido ellos mismos. Ya que la palabra y el mandamiento 6
de Dios no pueden ser alterados por ningún voto o ley humana, los sacerdotes 7
y otros clérigos se han casado movidos por estos y otros motivos y razones.

También se puede comprobar por los relatos y por los escritos de los 8
Padres que en la iglesia cristiana de antaño los sacerdotes y diáconos acostumbraban
casarse. Por eso dice Pablo en 1 Timoteo 3:3: «Es necesario que 9
el obispo sea irreprensible, marido de una sola mujer». Y no fue sino hace 10
apenas cuatrocientos años que los sacerdotes en tierras germánicas fueron
despojados con violencia del matrimonio y obligados a tomar el voto de
castidad.[49] Y fue tan generalizada y vehemente la oposición que un arzobispo
de Maguncia,[50] el cual había promulgado el nuevo edicto papal al respecto,
por poco fue muerto en una insurrección de todo el sacerdocio. La misma
prohibición desde el principio fue puesta en práctica tan precipitada y desmañadamente
que el papa no sólo prohibió a los sacerdotes el matrimonio

---

49. Si bien la necesidad del celibato clerical se recalcó y se practicó en siglos anteriores,
no fue sino hasta fines del siglo XI que se hizo cumplir en general bajo el papa Gregorio VII.
Todavía en el siglo XII la mayor parte de los sacerdotes de alemania vivían en matrimonio.

50. Sigfrido de Maguncia en los sínodos de Erfurt y Maguncia en 1075, según los anales
de Lambert von Hersfeld.

11 futuro, sino que disolvió los matrimonios de quienes habían estado casados por mucho tiempo, lo cual no sólo es contrario a todo derecho divino, natural y secular, sino que también es diametralmente opuesto a los cánones que los mismos papas habían formulado y a los concilios más célebres.[51]

Asimismo muchas personas encumbradas, piadosas y entendidas han exteriorizado la opinión de que este celibato forzado y el despojamiento del matrimonio, que Dios mismo instituyó y dejó al arbitrio de cada uno, jamás ocasionó nada bueno, sino al contrario ha dado origen a muchos vicios graves y mucho escándalo. También uno de los mismos papas, Pío XII, como lo demuestra su biografía, dijo repetidas veces e hizo escribir que quizás haya razones que veden el matrimonio a los clérigos, pero hay muchas razones más poderosas, importantes y categóricas para permitirles nuevamente la libertad de casarse. No cabe duda de que el papa Pío, como hombre inteligente y sabio, hizo esta aseveración tras mucha reflexión.

12 Por lo tanto, en sumisión a Vuestra Majestad Imperial, estamos confiados de que Vuestra Majestad, como emperador cristiano e ilustre, se dignará tener presente que en estos días postreros de los cuales habla la Escritura, el mundo se vuelve peor y los hombres se hacen siempre más débiles y frágiles.

Por consiguiente, es muy necesario, provechoso y cristiano comprender este hecho para que la prohibición del matrimonio no ocasione la introducción

13 en tierras alemanas de inmoralidad y vicios más vergonzosos. Nadie puede disponer ni modificar tales cosas con más sapiencia o mejor que Dios mismo, quien instituyó el matrimonio para prestar auxilio a la debilidad humana y evitar la inmoralidad.

14 También los antiguos cánones dicen que a veces es necesario suavizar y disminuir la dureza y el rigor, a causa de la debilidad humana para precaver y evitar el escándalo.[52]

Esto sería por cierto cristiano y necesario. ¿Cómo puede ser una desventaja para toda la iglesia cristiana el matrimonio de los sacerdotes y religiosos, especialmente el matrimonio de los pastores y otros que deben servir

15 a la iglesia? En lo futuro habrá escasez de sacerdotes y pastores si esta dura prohibición del matrimonio permanece en pie.

16 El matrimonio de los sacerdotes y clérigos está fundamentado en la palabra y el mandato divinos. Además, la historia demuestra que los sacerdotes contrajeron matrimonio y que el voto de castidad ha ocasionado tanto escándalo espantoso y anticristiano, tanto adulterio, inmoralidad horrible y vicio abominable que hasta algunos hombres honrados entre el clero de catedral y

---

51. *Decr. Grat.*, parte I, dist. 82, caps. 2–5; también dist. 84, cap. 4. El Concilio de Nicea se negó a exigir el celibato. Sócrates, *Historia ecclesiastica*, I, 11.
52. *Decr. Grat.*, parte I, dist. 34, cap. 7; parte II, cap. 1, q. 7, c. 5.

algunos cortesanos de Roma lo han admitido con frecuencia y han aseverado quejosamente que el predominio abominable de tal vicio entre el clero provocaría la cólera de Dios. En vista de esto, es lamentable que el matrimonio cristiano no sólo haya sido prohibido, sino que en algunos lugares se le haya castigado muy precipitadamente, como si se tratara de un gran crimen, y todo   17
esto a pesar de que en la Sagrada Escritura Dios ordenó tener en gran estima el matrimonio. El matrimonio también se ensalza en el derecho imperial y   18
en todas las monarquías donde ha habido leyes y justicia. Sólo en nuestra   19
época se empieza a martirizar a la gente inocente únicamente a causa del matrimonio, especialmente a los sacerdotes, con los cuales debiera guardarse más consideración que con otros. Esto acontece no sólo contrariamente al derecho divino sino también al derecho canónico. En 1 Timoteo 4:13 el apóstol   20
Pablo llama doctrina de demonios a la enseñanza que prohíbe el matrimonio. Cristo mismo dice en Juan 8:44 que el diablo fue asesino desde el principio. Estos dos textos concuerdan bien, porque necesariamente es doctrina de de-   21
monios lo que prohíbe el matrimonio y se atreve a mantener tal doctrina mediante el derramamiento de sangre. Pero así como ninguna ley humana   22
puede abolir o alterar el mandamiento de Dios, tampoco ningún voto lo puede alterar. Por lo tanto, San Cipriano aconseja que se casen las mujeres que no guardan la castidad prometida; así dice en su epístola undécima: «Pero si no   23
quieren o no pueden conservar la castidad, es mejor casarse que caer en el fuego por causa de sus deseos, cuidándose muy bien de no hacer tropezar a los hermanos y hermanas».[53]

Además, todos los cánones usan de mucha lenidad y equidad para con   24
aquellos que en su juventud hicieron voto, y lo cierto es que la mayor parte de los sacerdotes y los monjes en su juventud ingresaron en ese estado por ignorancia.[54]

XXIV. LA MISA

Se acusa a los nuestros sin razón de haber abolido la misa.[55] Es manifiesto   1
(lo decimos sin jactancia) que la misa se celebra con mayor reverencia y seriedad entre nosotros que entre los oponentes. Asimismo, se instruye al   2
pueblo con frecuencia y con suma diligencia acerca del propósito de la institución del santo sacramento y respecto a su uso; es decir, que debe usarse con el fin de consolar las conciencias angustiadas. Así se atrae al pueblo a la comunión y a la misa. Al mismo tiempo, también se imparte instrucción en cuanto a otras doctrinas falsas acerca del sacramento. Además, en las cere-   3

---

53. Cipriano, *Epístolas*, 62, 2 (Migne). De acuerdo con la enumeración de Erasmo, *Ep. lib.* I, 11.
54. *Decr. Grat.*, parte II, cap. 20, q. 1, c. 5, 7, 9, 10, 14, 15.
55. Por ejemplo, por Juan Eck, artículos 269–278 de sus 404 Tesis.

monias públicas de la misa no se ha introducido ningún cambio manifiesto, excepto que en algunas partes se entonen himnos alemanes, junto con los cánticos latinos, para instruir y aleccionar al pueblo, ya que el propósito principal de todas las ceremonias debe ser que el pueblo aprenda lo que necesite saber de Cristo.

4 Se ha abusado de la misa de muchas maneras en tiempos pasados. Todo el mundo sabe que se ha hecho de la misa una especie de feria, que las misas se compraban y se vendían y se celebraban en todas las iglesias mayormente para lucrar. Estos abusos fueron criticados repetidas veces por hombres eruditos y piadosos, también antes de nuestra época.[56] Nuestros predicadores

5 han hablado de estas cosas y se ha recordado a los sacerdotes la grave responsabilidad que debe pesar sobre cada cristiano, es decir, que quien use del sacramento indignamente es culpable del cuerpo y de la sangre de Cristo

6 (1 Co. 11:27). Por consiguiente, tales misas votivas, que hasta ahora se han celebrado por fuerza y con fines de lucro y por interés de las prebendas, han sido suspendidas en nuestras iglesias.

7 Al mismo tiempo se ha repudiado el error abominable según el cual se enseñaba que nuestro Señor Cristo por su muerte hizo satisfacción sólo por el pecado original e instituyó la misa como un sacrificio por los demás peca-

8 dos, estableciendo así a la misa como sacrificio por los vivos y los muertos

9 para quitar el pecado y aplacar a Dios.[57] De ahí se llegó a debatir si una misa celebrada por muchos vale tanto como una celebrada por un solo individuo. El gran número incontable de misas celebradas por muchos vale tanto como una celebrada por un solo individuo. El número incontable de misas tiene su origen en el deseo de obtener de Dios por medio de esta obra todo lo que uno necesita, al paso que se ha echado al olvido la fe en Cristo y el verdadero culto a Dios.

10 Por esta razón, como sin duda lo exigía la necesidad, se ha dado instrucción para que nuestro pueblo tuviera conocimiento del uso debido del sacra-

11 mento. En primer lugar, la Escritura indica en muchos lugares que no hay sacrificio alguno por el pecado original y otros pecados fuera de la única

12 muerte de Cristo. Porque está escrito en la Epístola a los Hebreos que Cristo se sacrificó a sí mismo una sola vez y así hizo satisfacción por todos los pecados (Hch. 10:10, 14). En realidad es una innovación inaudita en la doctrina eclesiástica que la muerte de Cristo expía únicamente el pecado original y no los demás pecados. Por lo tanto, es de esperarse que todos entenderán que tal error no se ha reprobado sin causa justificada.

13 En segundo lugar, San Pablo enseña que obtenemos la gracia ante Dios

---

56. P. ej., Nicolás de Cusa, Juan Taulero, Gerson y Gabriel Biel.

57. Pascasio Radberto, *De corpore et sanguine Domini* (Migne, Series Latina, 120, 1293s).

por la fe y no mediante las obras. Manifiestamente contrario a esta doctrina 14
es el abuso de la misa según el cual se supone que la gracia se consigue
mediante esta obra. Además, es bien sabido que se emplea la misa con el fin
de borrar el pecado y obtener de Dios la gracia y toda suerte de beneficios.
El sacerdote cree hacer esto no sólo por sí mismo, sino también por todo el
mundo y por otros, tanto vivos como muertos.

En tercer lugar, el santo sacramento no fue instituido para hacer de él 15
un sacrificio por el pecado—porque este sacrificio ya se ha realizado—sino
con el fin de despertar nuestra fe y de consolar nuestras conciencias, al darnos
cuenta mediante el sacramento de que la gracia y el perdón del pecado nos
han sido prometidos por Cristo. Por esta razón este sacramento exige fe y sin
fe se usa en vano.

Puesto que la misa no es un sacrificio para quitar los pecados de otros, 16
vivos o muertos, sino que debe ser una comunión en la cual el sacerdote y
otros reciben el sacramento para sí, nuestra costumbre es que en los días de
fiesta y en otras ocasiones cuando hay comulgantes presentes, se celebra la
misa, para que comulguen quienes lo deseen. De modo que la misa se conserva 17
entre nosotros en su debido uso, de la misma manera como se celebró antiguamente en la iglesia y como se puede comprobar en la Primera Epístola de
San Pablo a los Corintios, cap. 11:20 y sigtes., y en los escritos de muchos
Padres. Por ejemplo, Crisóstomo refiere cómo el sacerdote a diario estaba 18
delante del altar, invitando a algunos a comulgar, pero prohibiéndoselo a
otros.[58] Los antiguos cánones indican que uno solo celebraba el oficio y daba 19
la comunión a los demás sacerdotes y diáconos, porque así rezan las palabras 20
del canon de Nicea: «Los diáconos en su orden deberán recibir, después que
los sacerdotes, el sacramento de manos del obispo o del sacerdote».[59]

De manera que no se ha introducido innovación alguna que no existiera 21
en la iglesia de antaño, tampoco se ha hecho cambio alguno en las ceremonias 22
públicas de la misa, salvo que se han suprimido las misas innecesarias que
se celebraban, quizás a manera de abuso, al lado de la misa parroquial. Por
consiguiente, en toda justicia, esta manera de celebrar la misa no deberá
condenarse como herética y anticristiana. Antiguamente, aun en los templos
grandes frecuentados por mucha gente, no secelebraban misas diarias ni en
los días cuando concurría la gente, ya que la Historia Tripartita en el libro 9
indica que en Alejandría los miércoles y los viernes se leía e interpretaba la
Escritura, y por lo demás se celebraban todos los oficios sin la misa.[60]

---

58. Citado libremente según Crisóstomo, Homilía 3 en *Epístola a los Efesios*, cap. 1.
Véase también Homilía 17 en *Epístola a los Hebreos*, cap. 10.

59. Canon 18 del Concilio de Nicea.

60. La *Historia Ecclesiastica Tripartita*, escrita por el monje romano Casiodoro (c. 485–
c. 580), fue el manual principal de historia eclesiástica usado en el Medievo tardío; en este lugar
se da una cita de Sócrates, *Historia Ecclesiastica*, V, 22.

XXV. LA CONFESIÓN

1 La confesión no ha sido abolida por parte de los predicadores de nuestro lado. Se conserva entre nosotros la costumbre de no ofrecer el sacramento a

2 quienes con antelación no hayan sido oídos y absueltos. A la vez se enseña diligentemente al pueblo que la palabra de la absolución es consoladora y que

3 ha de tenerse en gran estima. No es la voz o la palabra del hombre que la pronuncia, sino la palabra de Dios, quien perdona el pecado, ya que la ab-

4 solución se pronuncia en lugar de Dios y por mandato de él. Se instruye con mucha diligencia que este mandato y poder de las llaves es muy consolador y necesario para las conciencias aterrorizadas. También enseñamos que Dios ordena creer en esta absolución como si fuera su voz que resuena desde el cielo y que debemos consolarnos gozosamente en base de la absolución,

5 sabiendo que mediante tal fe obtenemos el perdón de los pecados. En épocas anteriores los predicadores que daban mucha instrucción sobre la confesión no mencionaban ni una sola palabra respecto a estas enseñanzas necesarias; al contrario, sólo martirizaban las conciencias exigiendo largas enumeraciones de pecados, satisfacciones, indulgencias, peregrinaciones y cosas similares.

6 Muchos de nuestros adversarios mismos reconocen que nosotros hemos escrito y tratado del verdadero arrepentimiento cristiano de una manera más conveniente que solía hacerse antes.

7 Respecto a la confesión se enseña que no se ha de obligar a nadie a

8 enumerar los pecados detalladamente. Tal cosa es imposible, como el salmo dice: «Los errores, ¿quién los entenderá?» (Sal. 19:12). También Jeremías dice: «El corazón del hombre es tan perverso que es imposible escrudiñarlo» (Jer. 17:9). La desgraciada naturaleza humana se ha sumido tan hondamente

9 en los pecados que no los puede ver ni conocer todos. Si fuéramos absueltos solamente de aquellos pecados que podemos enumerar, poca ayuda recibi-

10 ríamos. Por este motivo no es necesario obligar a la gente a enumerar los pecados en forma detallada. Los Padres opinaron de la misma manera; por

11 ejemplo, en Dist. I, *De poenitentia* se citan las palabras de Crisóstomo: «No digo que debas exponerte públicamente ni que te denuncies ni admitas tu culpa en presencia de otro, sino obedece al profeta que dice: 'Revela al Señor tu camino'.[61] Por tanto, en tu oración confiésate a Dios el Señor, el verdadero juez; no manifiestes tu pecado con la boca sino en tu conciencia».[62] De estas palabras se desprende claramente que Crisóstomo no obliga a enumerar los

12 pecados en detalle. También la nota marginal sobre *De poenitentia*, Dist. 5 enseña que la confesión no fue ordenada por la Escritura, sino instituida por

---

61. Salmo 37:5, según la traducción de la Vulgata.
62. *Decr. Grat.*, parte II, cap. 33, q. 3, *De poenitentia*, dist. I. cap. 87, 4. La cita se toma de Crisóstomo, Homilía 31 en su *Epístola a los Hebreos*.

la iglesia.[63] No obstante, nuestros predicadores enseñan diligentemente que 13
por el consuelo de las conciencias angustiadas y por algunos otros motivos,
debe retenerse la confesión a causa de la absolución, la cual es el punto principal y la parte primordial de la confesión.

XXVI. LA DISTINCIÓN DE LAS COMIDAS

Anteriormente se enseñó, se predicó y se escribió que la distinción de 1
las comidas y tradiciones similares instituidas por los hombres sirven para 2
merecer la gracia y hacer satisfacción por los pecados.[64] Por este motivo se
inventaron a diario nuevos ayunos, nuevas ceremonias, nuevas órdenes y
cosas similares, insistiendo en ellas con vehemencia y severidad, como si
tales asuntos constituyeran actos necesarios de culto, mediante los cuales, si
se observan, se podía merecer la gracia, y que, de no observarlos, se incu-
rriría en grave pecado. Esto ha dado origen a muchos errores perjudiciales 3
en la iglesia.

En primer lugar, así se oscurecieron la gracia de Cristo y la doctrina 4
acerca de la fe, que el evangelio nos propone con mucha seriedad, insistiendo con firmeza en que el mérito de Cristo se debe tener en alta estima, y que
la fe en Cristo ha de colocarse muy por encima de toda obra humana. Por 5
esta razón, San Pablo combatió enérgicamente contra la ley de Moisés y la
tradición humana, para que aprendamos que ante Dios no nos hacemos justos mediante nuestras obras, sino sólo por la fe en Cristo y que obtenemos la
gracia por causa de él. Tal doctrina ha desaparecido casi del todo por haberse 6
enseñado que debemos ganarnos la gracia mediante ayunos prescriptos, la
distinción entre las comidas, el uso de ciertas vestiduras, etc.

En segundo lugar, tales tradiciones también han oscurecido el man- 7
damiento de Dios, porque ellas se han colocado muy por encima del mandamiento divino. Se consideraba que la vida cristiana consistía únicamente 8
en lo siguiente: quien guardaba las fiestas, quien rezaba, quien ayunaba,
quien se vestía de determinada manera, se suponía que llevaba una vida
espiritual y cristiana. Por otro lado, otras buenas obras necesarias se consi- 9
deraban como profanas y no espirituales, es decir, las obras que cada cual
está obligado a desempeñar según su vocación: por ejemplo, que el padre de
familia trabaje para sostener a su esposa e hijos y educarlos en el temor de
Dios, que la madre tenga hijos y los cuide, que un príncipe y los magistrados gobiernen un país, etc. Tales obras ordenadas por Dios, según se alegaba, constituían 10
una vida profana e imperfecta; pero las tradiciones tenían la reputación apara-

---

63. Glosa sobre *Decr. Grat.*, De poenitentia, 5, 1.
64. Vid. Tomás de Aquino, *Summa theologica*, II, 2, q. 147, a, 1, c.

tosa de que sólo ellas constituían obras santas y perfectas. Por este motivo nunca se dejó de inventar tales tradiciones.

11 En tercer lugar, tales tradiciones han resultado una carga onerosa para las conciencias. No era posible guardar todas las tradiciones; y no obstante,

12 el pueblo tenía la opinión de que ellas constituían un culto necesario. Gerson[65] escribe que debido a ello muchos cayeron en la desesperación y que algunos hasta se suicidaron porque no oyeron nada del consuelo de la gracia de Cristo.

13 Se observa cómo se confundieron las conciencias en los sumistas[66] y teólogos, los cuales se propusieron coleccionar las tradiciones y buscar cierta mitigación,

14 para ayudar a las conciencias, y sin embargo, estuvieron tan ocupados en este asunto que entretanto quedó marginada toda saludable doctrina cristiana acerca de cosas más necesarias: por ejemplo, la fe, el consuelo en duras tentaciones

15 y cosas similares. También muchas personas piadosas y eruditas se quejaron con vehemencia de que tales tradiciones ocasionaran tantas riñas en la iglesia que a la gente piadosa se le impedía llegar al conocimiento verdadero de Cristo. Gerson y algunos otros se quejaron amargamente sobre esto.[67] En

16 efecto también Agustín expresó su desagrado porque se oprimían las conciencias con tantas tradiciones. Por este motivo enseñó él que no se les debe considerar como cosas necesarias.[68]

17 Por lo tanto, los nuestros han aleccionado respecto de estos asuntos, no

18 por frivolidad o desprecio del poder eclesiástico, sino que una urgencia muy grande los ha impulsado a llamar la atención sobre los susodichos errores, que han surgido por una interpretación equivocada de la tradición. El evangelio

19 obligaba a recalcar en la iglesia la doctrina de la fe, la cual sin embargo no puede entenderse cuando se opina que la gracia se merece mediante obras de elección propia.

20 A este respecto se ha enseñado que no es posible, mediante el cumplimiento de tradiciones inventadas por los hombres, merecer la gracia o reconciliar a Dios o hacer satisfacción por el pecado, y por esta razón no se

21 deberá hacer de tales tradiciones un acto de culto necesario. Para ello, se citan al respecto pruebas de la Escritura. En Mateo 15:9 Cristo excusa a los apóstoles cuando no observaron las tradiciones acostumbradas y dice al respecto: «En

22 vano me honran con mandamientos de hombres». Ya que Cristo lo llama un servicio vano, éste no puede ser necesario. Poco después agrega: «Lo que entra en la boca no contamina al hombre» (15:11). También Pablo dice en

---

65. Juan Gerson, teólogo francés, *doctor christianissimus*, 1363–1429. Este aserto no puede hallarse textualmente en sus escritos.

66. Autores de manuales de casuística para el uso de los confesores.

67. Gerson, *De vita spirituali animae*, lectio 2.

68. Agustín, Epístola 54 a Januario, 2, 2.

Romanos 14:17: «El reino de los cielos no es comida ni bebida». En Colo- 23
senses 2:16 dice: «Nadie os juzgue respecto a comida, bebida, el sábado,» 24
etc. En Hechos 15:10 y sigte. dice Pedro: «¿Por qué tentáis a Dios, poniendo 25
sobre la cerviz de los discípulos un yugo que ni nuestros padres ni nosotros
hemos podido llevar? Antes creemos que por la gracia de nuestro Señor 26
Jesucristo seremos salvos, de igual modo que ellos». En este texto Pedro 27
prohíbe oprimir a las conciencias con más ceremonias externas, ya sean de
Moisés, o de otros. En 1 Timoteo 4:1, 3 las prohibiciones de comida, ma- 28
trimonio, etc., se llaman doctrinas de demonios. Porque es diametralmente
contrario al evangelio instituir o realizar tales obras con el fin de ganar el
perdón del pecado, o como si nadie pudiese ser cristiano sin realizar tales
actos de culto.

A los nuestros se les acusa de prohibir, al igual que Joviniano,[69] la 29
mortificación de la carne y la disciplina, pero se verá de sus escritos que es 30
todo lo contrario; pues siempre han enseñado que los cristianos tienen la 31
obligación de sufrir bajo la santa cruz, que es la verdadera y sincera mortificación y no la fingida.

Al mismo tiempo se enseña que toda persona está obligada a disciplinarse 32
con ejercicios corporales como el ayuno y otras obras, de modo que no dé
lugar al pecado, pero no para merecer la gracia por medio de tales cosas.
Estos ejercicios corporales no deben realizarse sólo en ciertos días fijos, sino 33
constantemente. De esto habla Cristo en Lucas 21:3: «Guardaos de que vues- 34
tros corazones no se carguen de glotonería». También dice: «Los demonios 35
no son echados sino mediante ayuno y oración» (Mr. 9:29). Pablo dice que 36
castiga su cuerpo y lo sujeta a obeciencia(1 Co. 9:27); así indica que la
mortificación no debe hacerse para merecer la gracia, sino para disciplinar al 37
cuerpo de modo que no impida lo que cada cual está obligado a hacer según
su vocación. Así el ayuno no se rechaza; lo que sí se reprueba es que se haya 38
convertido en un acto de culto necesario, limitado a ciertos días y a ciertas
comidas, con la consiguiente confusión de conciencias.

Además, nosotros celebramos muchas ceremonias y tradiciones; por 39
ejemplo, el orden de la misa y otros cánticos, fiestas, etc., las cuales sirven 40
para mantener el orden en la iglesia. Pero al mismo tiempo se instruye al
pueblo en el sentido de que tal culto externo no hace que el hombre sea
aceptable ante Dios, y que se debe actuar sin agobiar a la conciencia, de
modo que si se omiten tales actos sin dar ofensas, no se incurre en pecado.
Los Padres antiguos también sostuvieron esta libertad frente a las ceremonias 41

---

69. Joviniano, asceta romano, no censuró «la mortificación y la disciplina» (así lo repre-
sentaron los escritos calumniosos de Jerónimo), sino que desde el año 385 combatió la enseñanza
monástica relacionada con los méritos y las etapas de la perfección ética.

42 externas. En el Oriente se celebraba la Pascua de la Resurrección en fecha distinta que en Roma.[70] Cuando algunos quisieron dar a esta diferencia el
43 carácter de un cisma, otros les advirtieron que no es necesario mantener la uniformidad en tales costumbres. Ireneo dice lo siguiente: «La falta de uniformidad en los ayunos no destruye la unidad de la fe».[71] También en el Dist. 12 está escrito que dicha falta de uniformidad en las ordenanzas humanas no es contraria a la unidad de la cristiandad.[72] La Historia Tripartita en el libro 9 recoge muchas costumbres eclesiásticas disímiles y enuncia una sentencia cristiana muy útil: «La intención de los apóstoles no fue instituir días de fiesta, sino enseñar la fe y el amor».[73]

XXVII. LOS VOTOS MONÁSTICOS

1 Al hablar de los votos monásticos se hace necesario, en primer lugar, tener presentes las condiciones de los monasterios y el hecho de que en ellos sucedían muchas cosas a diario, no sólo contra la palabra de Dios, sino también
2 contra el derecho papal. En el tiempo de San Agustín la vida monástica era voluntaria; después, cuando se corrompieron la verdadera disciplina y la enseñanza, se inventaron los votos monásticos y con ello se propuso establecer nuevamente la disciplina como por medio de una cárcel.[74]

3 Además de los votos se impusieron muchas otras exigencias, y mediante
4 tales lazos y cargas se oprimió a muchos aun antes de que llegaran a una edad conveniente.[75]

5 También muchas personas adoptaron la vida monástica por ignorancia, porque si bien no eran demasiado jóvenes, no habían medido ni entendido
6 suficientemente su capacidad. Todas ellas, habiendo sido enredadas de esta manera, fueron obligadas a permanecer en estas ataduras, a pesar de que aun
7 el derecho papal libera a muchos.[76] La práctica fue más estricta en los conventos de mujeres que en los de los hombres, aun cuando debió haberse

---

70. En Asia Menor coincidía con la Pascua judía (el 14 de Nisan), el día de la luna llena después del equinoccio de primavera; pero en Roma (como ya antes en Palestina y Egipto) se celebraba el domingo después de esa fecha.

71. Eusebio, *Historia Ecclesiastica*, V, 24, 13.

72. *Decr. Grat.*, I, dist. 12, cap. 10.

73. Casiodoro, *Historia ecclesiastica tripartita*, IX, 38, de acuerdo con Sócrates, *Historia ecclesiastica*, V, 22.

74. Antes que se impusiera la Regla Benedictina durante los siglos VII y VIII, había en Occidente una variedad de reglas monásticas. Originalmente fue posible retirarse de la vida monástica.

75. En el Medievo temprano era común y corriente la dedicación de los niños a la vida monástica por parte de sus padres y era permitida por el derecho canónico (*Decr. Grat.*, II, C. 20, q. 1, c. 5). Desde el siglo XII la costumbre empezó a ir en desmedro, y fue prohibida definitivamente por el Concilio de Trento, sesión XXV, *De reg.*, cap. 15.

76. Vid. arriba, Art. XXIII, secc. 10.

mostrado más consideración a las mujeres por pertenecer al sexo débil. La **8** misma severidad y rigidez desagradó a mucha gente piadosa en tiempos pasados, porque bien pudieron observar que se encerraba tanto a muchachos como a muchachas en los monasterios para lograr su manutención corporal. También pudieron advertir que tal procedimiento acarreaba malos resultados y ocasionaba mucho escándalo y muchas dificultades para las conciencias. Mucha gente se quejó de que en un asunto tan importante los cánones ni **9** siquiera fueran tomados en cuenta. Además, se formó un concepto tan exa- **10** gerado de los votos monásticos que muchos monjes con un poco de entendimiento manifestaron su desagrado abiertamente.

Se sostenía que los votos monásticos eran iguales al bautismo y que **11** mediante la vida monástica se merecía el perdón del pecado y la justificación ante Dios.[77] Además de que se merecía la justicia y la piedad mediante la **12** vida monástica, agregaban que por medio de tal vida se guardaban los «preceptos» y los «consejos» del evangelio,[78] de modo que así se alababan los votos monásticos más que el bautismo. Se sostenía también que mediante la **13** vida monástica se conseguía más mérito que por medio de todos los demás estados de vida ordenados por Dios, como los de pastor y predicador, de gobernador, príncipe, señor y de otros similares, todos los cuales sirven en su vocación conforme al mandamiento, palabra y precepto de Dios y sin santidad inventada. Ninguna de estas cosas puede negarse, ya que se en- **14** cuentran en sus propios libros.

Además, quien así queda atrapado al entrar en el monasterio aprende **15** poco acerca de Cristo. Antaño había en los monasterios escuelas de Sagrada Escritura y de otras artes útiles a la iglesia cristiana, para que de ellas salieran pastores y obispos. Pero ahora los monasterios tienen un aspecto muy diferente. En tiempos pasados la gente se congregaba en la vida monástica con **16** el fin de aprender la Escritura. Ahora sostienen que la vida monástica es de tal índole que mediante ella se obtiene la gracia de Dios y la justicia delante de él. De hecho dicen que es un estado de perfección.[79] Así la colocan muy por encima de los otros estados que Dios ha ordenado. Todo esto se aduce **17** sin ningún deseo de calumniar, para que se pueda percibir y entender mejor cómo los nuestros enseñan y predican.

En primer lugar, se enseña entre nosotros, respecto a quienes desean **18**

---

77. En el Medievo era corriente la comparación entre la profesión monástica y el bautismo; p. ej., Tomás de Aquino, *Summa theologica*, II, 2, q. 189, a. 3 ad 3.

78. Los teólogos medievales hicieron la distinción entre los «preceptos del evangelio», que son necesarios para la salvación, y los «consejos del evangelio», los cuales no son obligatorios pero hacen que se logre la salvación «mejor y más rápidamente». Vid., p. ej., Bonaventura,*Breviloquium*, V, 9; Tomás de Aquino, *op. cit.*, II, 1, q. 108, art. 4.

79. Sobre el monacato como el «estado de perfección», vid. Tomás de Aquino, *op. cit.*, II, 2, q. 186, a, 1, c.

casarse, que todos los que no están preparados para la vida célibe tienen el poder y están en todo su derecho de casarse, ya que los votos no pueden

19 anular la ordenanza y el mandamiento divinos. El mandamiento de Dios reza así en 1 Corintios 7:2: «A causa de las fornicaciones, cada uno tenga su propia

20 mujer, y cada una tenga su propio marido». No sólo el mandamiento divino, sino también la creación y ordenanza divinas compelen e impulsan al matrimonio a todos los que no han recibido el carisma de la virginidad mediante una obra especial de Dios, conforme a esta palabra de Dios mismo en Génesis 2:18: «No es bueno que el hombre esté solo; le haremos ayuda idónea para él».

21 Ahora bien, ¿qué es lo que puede oponerse a esto? Por mucho que se alabe y ensalce el voto y la obligación, no obstante es imposible lograr por

22 fuerza que el mandamiento divino quede invalidado. Los eruditos dicen que los votos contraídos contra el derecho papal son inválidos.[80] ¡Cuánto menos deben obligar y tener vigencia y validez si se contraen contra el mandamiento de Dios!

23 Si la obligación de los votos fuera tan rígida que no pudiese existir ningún motivo para anularlos, entonces los papas no habrían podido conceder dispensaciones de los votos; porque ningún hombre tiene la facultad de anular

24 la obligación que tenga su origen en el derecho divino. Por eso, los papas han considerado acertadamente en el caso de tal obligación que se debe usar lenidad; y con frecuencia han concedido dispensas, como en el caso del Rey

25 de Aragón[81] y en muchos otros. Si se han concedido dispensas para mantener intereses temporales, con mucha más razón se deberá dispensar por causa de la necesidad de las almas.

26 Por consiguiente, ¿por qué insiste la oposición tan categóricamente en que deben guardarse los votos, sin investigar de antemano si el voto ha

27 conservado su índole? Pues el voto debe abarcar lo que es posible, y ser voluntario y ajeno a coacción.[82] Pero, bien se sabe hasta qué punto la castidad

28 perpetua está dentro de la capacidad humana. Además han sido pocos, tanto hombres como mujeres, quienes por sí mismos, voluntaria y deliberadamente, han hecho el voto monástico. Antes de que lleguen al uso debido de la razón, se les persuade a hacer el voto monástico, y a veces hasta se les obliga a

29 fuerza. Por lo tanto, no es justo que se dispute sobre la obligación del voto con tanta precipitación y vehemencia, en vista de que todos reconocen que

---

80. *Decr. Grat.*, parte II, cap. 20, q. 4, c. 2 dice que un voto contraído por un monje sin el consentimiento de su abad es inválido.

81. Ramiro II, un monje, fue dispensado de sus votos después de la muerte de su hermano que no tenía hijos, para que ascendiera al trono.

82. Tomás de Aquino, *op. cit.*, II, 2, q. 88, art. 1, 8.

el contraer un voto involuntariamente y sin la debida deliberación es contrario a la naturaleza misma del voto.

Algunos cánones y el derecho papal invalidan el voto contraído antes de **30** los quince años.[83] Consideran que antes de alcanzar esa edad una persona no posee suficiente comprensión como para decidir sobre el estado en que vivirá **31** durante toda su vida. Otro canon concede aún más años a la debilidad humana, prohibiendo contraer el voto monástico antes de cumplir los dieciocho años.[84] Así, pues, la mayoría tiene razón y justificación para salir de los monasterios, **32** porque la mayor parte entró en ellos durante la niñez, antes de llegar a tal edad.

Por último, aun cuando se pudiera censurar el rompimiento del voto **33** monástico, no se podría concluir de ello que debiera anularse el matrimonio de quienes lo rompieron. San Agustín dice en pregunta 27, capítulo I de su **34** escrito *Nuptiarum* que tal matrimonio no debe anularse.[85] Ahora bien, la autoridad de San Agustín en la iglesia cristiana no es de poca monta, si bien es cierto que posteriormente otros opinaron de modo distinto que él.

Aunque el mandamiento de Dios respecto al estado de matrimonio libra **35** y exime a muchos de los votos monásticos, los nuestros aducen aun más motivos en favor de su nulidad e invalidez. Todo acto de culto instituido y elegido por los hombres sin mandato y precepto divino para obtener la justicia y la gracia de Dios se opone a Dios, al santo evangelio y al precepto divino. Cristo mismo dice en Mateo 15:9: «En vano me honran con mandamientos de hombres». También San Pablo enseña en todas partes que no se debe **36** buscar la justicia en nuestros preceptos ni en actos de culto ideados por los hombres, sino que la justicia y la piedad ante Dios provienen de la fe y la confianza al creer que Dios nos recibe en su gracia por causa de su único Hijo Cristo. Es evidente que los monjes han enseñado y predicado que la **37** espiritualidad inventada satisface por los pecados y obtiene la gracia y la justicia de Dios.[86] Ahora bien, ¿no significa esto minimizar la gloria y la magnitud de la gracia de Cristo y negar la justicia de la fe? De esto se sigue **38** que tales votos acostumbrados eran actos de culto equivocados y falsos. Por **39** lo tanto, no son obligatorios, porque un voto impío y contraído contra el mandato de Dios es nulo. También los cánones enseñan que el juramento no debe ser un lazo de pecado.[87]

San Pablo dice en Gálatas 5:4: «De Cristo os desligasteis, los que por **40**

83. *Decr. Grat.*, parte II, C. 20, q. 1, c. 10.
84. *Ibidem*, cap. 5.
85. Agustín, *De bono viduitatis*, cap. 9, según *Decr. Grat.*, parte II, C. 27, q. 1, c. 41.
86. Vid. la referencia a Tomás de Aquino que se da arriba en Art. XXVII, nota 4.
87. *Decr. Grat.*, II, C. 22, q. 4, c. 22; pero en esta cita no se habla de votos monásticos.

41   la ley os justificáis; de la gracia habéis caído». Por consiguiente, los que desean justificarse mediante los votos también se han desligado de Cristo y

42   caen de la gracia de Dios. Los tales despojan a Cristo de su honor, quien solo justifica, y se lo dan a sus votos y a su vida monástica.

43   Tampoco se puede negar que los monjes han enseñado y predicado que por medio de sus votos, su vida monástica y su conducta eran justificados y merecían el perdón de los pecados. En efecto, han inventado cosas aún más ineptas y absurdas, diciendo que hacían partícipes a otros de sus buenas obras.

44   Si uno quisiera recalcar y censurar todo esto con aspereza, ¡cuántas cosas podrían traerse a colación, cosas de las cuales los monjes mismos ahora se

45   avergüenzan y quisieran no haber hecho! Además de todo esto, han persuadido al pueblo de que este inventado estado espiritual de las órdenes constituye la

46   perfección cristiana. Esto ciertamente es alabar las obras con el fin de obtener

47   la justificación por ellas. Ahora bien, no es un leve escándalo en la iglesia cristiana proponer al pueblo tal acto de culto que los hombres han inventado sin el mandamiento de Dios y enseñar que tal acto hace que los hombres aparezcan ante Dios como piadosos y justos. La justicia de la fe, la cual debe recalcarse ante todo en la iglesia cristiana, se oscurece cuando los ojos del pueblo son deslumbrados con esta extraña religiosidad angelical y con la afectación falsa de pobreza, humildad y castidad.

48   Además, se oscurecen los mandamientos de Dios y el verdadero culto de Dios cuando el pueblo oye que solamente los monjes se encuentran en estado de perfección. Pues la perfección cristiana consiste en temer a Dios de corazón y con sinceridad, y no obstante tener una íntima confianza y fe en que por causa de Cristo tenemos un Dios lleno de gracia y de misericordia, que podemos y debemos pedir a Dios lo que nos hace falta y esperar confiadamente de él ayuda en toda tribulación, cada uno de acuerdo con su vocación y condición. Consiste también en que realicemos buenas obras diligentemente

49   y en que atendamos a nuestro oficio. En esto consiste la verdadera perfección y el verdadero culto a Dios, y no en pedir limosna ni en usar capuchas de

50   color negro o gris, etc. Pero el pueblo común deduce una opinión mucho más perjudicial de la falsa alabanza que se hace de la vida monástica, al oír que

51   se alaba desmesuradamente el estado célibe. De ello resulta que vive en el

52   matrimonio con conciencia intranquila. Cuando el hombre común oye que sólo los mendigos deben ser contados como perfectos, no puede saber que

53   se le permite tener posesiones y negociar con ellas sin pecado. Cuando el pueblo oye que no vengarse es solamente un consejo,[88] resulta que algunos

54   opinan que no es pecado vengarse fuera del ejercicio de su oficio. Algunos

---

88. Es decir, un «consejo evangélico»; vid. arriba Art. XXVII, secc. 5.

opinan que no corresponde a los cristianos, ni aun al gobierno, castigar el mal.

Se leen muchos casos de hombres que abandonaron a esposa e hijos, e 55 incluso su oficio civil, y se recluyeron en un monasterio. Según dijeron, esto 56 es huir del mundo y buscar una vida más agradable a Dios que la de otras personas. Y no podían tampoco saber que es necesario servir a Dios observando los mandamientos que él ha dado y no guardando los mandamientos inventados por los hombres. Un estado de vida bueno y perfecto es el que se 57 apoya en el mandamiento de Dios, pero es pernicioso el estado de vida que no tenga de su lado el mandamiento divino. Fue necesario impartir al pueblo 58 instrucción apropiada respecto a tales asuntos.

En otro tiempo Gerson también censuró el error de los monjes respecto 59 a la perfección, indicando que en esa época era una novedad decir que la vida monástica constituyese un estado de perfección.[89]

Muchísimas opiniones y errores impíos se relacionan con los votos mo- 60 násticos: se alega que nos hacen justos y piadosos ante Dios, que constituyen la perfección cristiana, que mediante la vida monástica se guardan tanto los consejos como los mandamientos del evangelio y que ella produce las obras de supererogación[90] que no estamos obligados a rendir a Dios. Puesto que 61 todo esto es falso, vano e inventado, los votos monásticos son nulos e inválidos.

XXVIII. LA POTESTAD DE LOS OBISPOS

En tiempos pasados se escribieron muchas y diversas cosas acerca del 1 poder de los obispos. Algunos han confundido impropiamente el poder de los obispos y el poder de la espada temporal. Tal confusión caótica trajo como 2 consecuencia muy grandes guerras, tumultos e insurrecciones, porque los obispos, con el pretexto del poder otorgado a ellos por Cristo, no solamente han introducido nuevos actos de culto, y mediante la reservación de algunos casos[91] y el empleo violento del entredicho, han oprimido a las conciencias, sino que se han atrevido a poner y deponer, a su antojo, a emperadores y reyes.[92] Desde hace mucho tiempo personas eruditas y temerosas de Dios 3 dentro de la cristiandad han censurado tales desafueros. Por este motivo nuestros teólogos, para consuelo de las conciencias se han visto obligados a ex- 4 poner la distinción entre el poder espiritual y el poder y la autoridad

89. Gerson se dirigió a menudo contra el concepto del «estado de perfección», vid. p. ej., *De consiliis evangelicis et statu perfectionis, Opera*, II, 680.

90. Acciones ejecutadas, además de las obras que cada cristiano debe hacer.

91. Casos de pecados cuya absolución quedaba reservada al papa o a los obispos.

92. Gregorio VII, *Dictatus papae*, 12: «*Quod illi liceat imperatores deponere*». Bonifacio VIII, bula *Unam Sanctam*.

temporales. Los nuestros han enseñado que a causa del mandamiento de Dios se deben honrar con toda reverencia ambos poderes y autoridades y que deben estimarse como los dos dones divinos más nobles en este mundo.

5 Nuestros teólogos enseñan que, de acuerdo con el evangelio, el poder de las llaves o de los obispos es un poder y mandato divino de predicar el

6 evangelio, de perdonar y retener los pecados y de distribuir y administrar los sacramentos, porque Cristo envió a los apóstoles con el siguiente encargo: «Como me envió el Padre, así también yo os envío. Recibid el Espíritu Santo. A quienes remitiereis los pecados, les son remitidos; y a quienes se los retuviereis, les son retenidos» (Jn. 20:21-23).

7 Este mismo poder de las llaves o de los obispos se practica y se realiza únicamente mediante la enseñanza y la predicación de la palabra de Dios y la administración de los sacramentos a muchas personas o individualmente, según el encargo de cada uno. De esta manera no se otorgan cosas corporales sino cosas y bienes eternos, a saber, la justicia eterna, el Espíritu Santo y la

8 vida eterna. Estos bienes no pueden obtenerse sino por el ministerio de la predicación y la administración de los santos sacramentos, porque San Pablo dice: El evangelio «es poder de Dios para salvación a todo aquel que cree»

9 (Ro. 1:16). Ya que el poder de la iglesia o de los obispos proporciona bienes eternos y se emplea y se ejerce sólo por el ministerio de la predicación, de

10 ninguna manera estorba al gobierno ni a la autoridad temporal. Esta tiene que ver con cosas muy distintas del evangelio; el poder temporal no protege el alma, sino que mediante la espada y penas temporales protege el cuerpo y los bienes contra la violencia externa.

11 Por esta razón las dos autoridades, la espiritual y la temporal, no deben confundirse ni mezclarse, pues el poder espiritual tiene su mandato de predicar

12 el evangelio y de administrar los sacramentos. Por lo tanto, no debe usurpar otras funciones; no debe poner ni deponer a los reyes; no debe anular o socavar la ley civil y la obediencia al gobierno; no debe hacer ni prescribir a la autoridad temporal leyes relacionadas con asuntos profanos, tal como Cristo

13 mismo dijo: «Mi reino no es de este mundo» (Jn. 18:36); también: «¿Quién

14 me ha puesto sobre vosotros como juez?» (Lc. 12:14). San Pablo dice en

15 Filemón 3:20: «Nuestra ciudadanía está en los cielos», y en 2 Corintios 10:4–

16 5 dice: «Las armas de nuestra milicia no son carnales, sino poderosas en Dios para la destrucción de fortalezas y de toda altivez que se levanta contra el conocimiento de Dios».

17 De este modo nuestros teólogos distinguen las funciones de las dos autoridades y poderes, mandando que se les estime como los más altos dones de Dios en este mundo.

18 En los casos en que los obispos tienen la autoridad temporal y el poder de la espada, no los tienen como obispos por derecho divino, sino por derecho

humano e imperial, otorgados por los emperadores romanos y los reyes para la administración temporal de sus bienes, cosa que nada tiene que ver con el ministerio del evangelio.

Por consiguiente, el ministerio de los obispos, según el derecho divino, **19** consiste en predicar el evangelio, perdonar los pecados, juzgar la doctrina, rechazar la doctrina contraria al evangelio y excluir de la congregación cristiana a los impíos cuya conducta impía sea manifiesta, sin usar del poder humano, sino sólo por la palabra de Dios. Por esta razón los párrocos y las **20** iglesias tienen la obligación de obedecer a los obispos, de acuerdo con la palabra de Cristo en Lucas 10:16: «El que a vosotros oye, a mí me oye». Pero cuando los obispos enseñen, ordenen o instituyan algo contrario al evan- **21** gelio, en tales casos tenemos el mandamiento de Dios de no obedecerlos, en Mateo 7:15: «Guardaos de los falsos profetas». San Pablo dice en Gálatas **22** 1:8: «Mas si aun nosotros, o un ángel del cielo, os anunciare otro evangelio **23** diferente del que os hemos anunciado, sea anatema». También dice en 2 **24** Corintios 13:8: «Nada podemos contra la verdad, sino por la verdad». Más adelante dice: «Conforme a la autoridad que el Señor me ha dado para edificación, y no para destrucción» (2 Co. 13:10). Así también ordena el derecho **25** eclesiástico II, pregunta 7, en los capítulos titulados «Sacerdotes» y «Ovejas».[93]

También San Agustín escribe en la epístola contra Petiliano que ni si- **26** quiera se debe seguir a los obispos debidamente elegidos cuando yerren o cuando enseñen u ordenen algo contrario a la Escritura divina.[94]

Cualquier otro poder y autoridad judicial que tengan los obispos como, **27** por ejemplo, en asuntos de matrimonio o de los diezmos,[95] lo poseen por derecho humano. Pero cuando los ordinarios[96] son negligentes en tal función, los príncipes están obligados, ya sea voluntariamente, ya sea a regañadientes, a administrar la justicia en favor de sus súbditos por causa de la paz y para evitar la discordia y los disturbios en sus territorios.

Además, se disputa sobre si los obispos tienen la autoridad de introducir **28** ceremonias en la iglesia y de establecer reglas concernientes a comidas, días de fiesta y las distintas órdenes de clérigos. Los que conceden esta autoridad **29** a los obispos citan la palabra de Cristo en Juan 16:12–13: «Aún tengo muchas cosas que deciros, pero ahora no las podéis sobrellevar. Pero cuando venga

93. *Decr. Grat.*, parte II, q. 7, c. 8, 13.
94. Agustín, *De unitate ecclesiae*, 11, 28.
95. Desde el Medievo temprano se exigió el pago a la iglesia de la décima parte de los ingresos globales provenientes de las cosechas y las industrias.
96. Los obispos.

30 el Espíritu de verdad, él os guiará a toda la verdad».[97] Además, citan el ejemplo
31 de Hechos 15:20, 29, en donde se prohibió la sangre y lo ahogado. También
se aduce el hecho de que el sábado se convirtió en el domingo—en contra
de los Diez Mandamientos, según dicen. Ningún ejemplo se cita y recalca
tanto como el de la mutación del sábado, queriendo demostrar con ello que
la autoridad de la iglesia es grande, ya que ha dispensado de los Diez Mandamientos y ha alterado algo en ellos.[98]

32 Sobre esta cuestión los nuestros enseñan que los obispos no tienen la
autoridad de instituir y establecer nada contra el evangelio, como queda expuesto arriba y como el derecho eclesiástico enseña a través de toda la Dis-
33 tinción 9.[99] Es manifiestamente contrario al mandamiento y la palabra de Dios
convertir opiniones humanas en leyes o exigir que mediante tales leyes se
haga satisfacción por los pecados para conseguir la gracia, pues se denigra
34 la gloria del mérito de Cristo cuando nos proponemos merecer la gracia me-
35 diante tales ordenanzas. También es manifiesto que a causa de esta opinión
dentro de la cristiandad, las ordenanzas humanas se han multiplicado infinita-
mente, pero la doctrina sobre la fe y la justicia de la fe casi se ha suprimido.
A diario se han prescrito nuevos días de fiesta y nuevos ayunos y se han
instituido nuevas ceremonias y nuevos honores tributados a los santos, todo
con el fin de merecer de Dios la gracia y todo bien.

36 Quienes instituyen ordenanzas humanas también obran contra el mandamiento de Dios al hacer que el pecado sea cosa de comidas, ciertos días y
cosas similares y al oprimir a la cristiandad con la esclavitud de la ley. Actúan
como si los cristianos, para merecer la gracia, tuvieran que celebrar tales actos
de culto como si fuesen iguales al culto levítico, arguyendo, según escriben
algunos, que Dios ordenó a los apóstoles y los obispos que los instituyeran.
37 Es de suponer que algunos obispos fueron engañados con el ejemplo de la
38 ley de Moisés. De ahí surgieron innumerables ordenanzas: por ejemplo que
es pecado mortal hacer trabajo manual en los días de fiesta, aun sin dar ofensa
a otros; que es pecado mortal dejar de rezar las siete horas canónicas; que
algunas comidas manchan la conciencia; que el ayuno es una obra mediante
la cual Dios es reconciliado; que no se puede perdonar el pecado en un caso
reservado, a menos que lo conceda el que lo reservó, y esto a pesar de que
el derecho eclesiástico no habla de la reservación de la culpa, sino sólo de
la reservación de las penas eclesiásticas.[100]

---

97. Juan Eck citó este texto en sus *Loci theologici contra Lutero y otros enemigos de la iglesia.*
98. Tomás de Aquino, *op. cit.*, II, q. 122, a. 4 ad 4.
99. *Decr. Grat.*, I, dist. 9, c. 8ss.
100. Vid. arriba, Art. XXVIII, secc.1.

¿De dónde tienen los obispos el derecho y la autoridad de imponer a la cristiandad tales exigencias, enredando así las conciencias? En Hechos 15:10 San Pedro prohíbe poner el yugo sobre la cerviz de los apóstoles. Y San Pablo dice a los corintios que a ellos se les ha dado el poder de edificar y no de destruir (2 Co. 10:8 y 13:10). ¿Por qué multiplican los pecados mediante tales exigencias? **39**

Pero hay textos claros de la Escritura divina que prohíben estipular tales exigencias para merecer la gracia de Dios o como necesarias para la salvación. Pablo dice en Colosenses 2:15-17: «Por tanto, nadie os juzgue en comida o en bebida, o en cuanto a días de fiesta, luna nueva o sábados, todo lo cual es sombra de lo que ha de venir; pero el cuerpo es de Cristo». También: «Pues si habéis muerto con Cristo en cuanto a los rudimentos del mundo, ¿por qué, como si vivieseis en el mundo, os sometéis a preceptos tales como: No toques eso, no comas ni bebas eso, no manejes eso? Todas estas cosas se destruyen con el uso, con mandamientos y doctrinas de hombres y tienen una apariencia de sabiduría» (Col. 2:20-23). También en Tito 1:14 San Pablo claramente prohíbe atender a fábulas judaicas y a mandamientos de hombres que se apartan de la verdad. **40 41 42 43**

En Mateo 15:14 Cristo mismo dice de aquellos que urgen a los hombres a cumplir mandamientos humanos: «Dejadlos; son ciegos guías de ciegos». Él repudia semejante servicio divino y dice: «Toda planta que no plantó mi Padre celestial, será desarraigada» (Mt. 15:13). **44 45**

Si, pues, los obispos tienen autoridad de oprimir a las iglesias con innumerables exigencias y de enredar a las conciencias, ¿por qué prohíbe la Escritura divina tan a menudo el hacer y obedecer los reglamentos humanos? ¿Por qué los llama doctrinas de demonios? (1 Ti. 4:1). ¿Habrá hecho en vano el Espíritu Santo toda esta amonestación? **46**

Puesto que son contrarios al evangelio tales reglamentos, instituidos como necesarios para aplacar a Dios y merecer la gracia, de ninguna manera incumbe a los obispos imponer tales actos de culto. Es necesario retener en la cristiandad la doctrina de la libertad cristiana, es decir, que la servidumbre a la ley no es necesaria para la justificación, como Pablo escribe en Gálatas 5:1: «Estad, pues, firmes en la libertad con que Cristo nos hizo libres, y no estéis otra vez sujetos al yugo de esclavitud». Pues es preciso preservar el artículo principal del evangelio, de que obtenemos la gracia de Dios por la fe en Cristo sin nuestro mérito y que no la merecemos mediante actos de culto establecidos por los hombres. **47 48 49**

¿Qué se ha de decir, pues, del domingo y de otras ordenanzas eclesiásticas y ceremonias similares? Los nuestros contestan[101] que los obispos o los pas- **50**

---

101. Respuesta al ataque de Juan Eck en sus 404 Tesis (nos. 177-179), alegando que los evangélicos enseñaban falsamente respecto al día del Señor.

tores pueden establecer ritos para que todo se haga con orden en la iglesia, pero no con el fin de obtener la gracia divina, no hacer satisfacción por el pecado ni atar las conciencias con la idea de que tales actos de culto sean necesarios y que sea pecado omitirlos cuando esto se hace sin dar ofensa.

51 Así, San Pablo, escribiendo a los corintios (1 Co. 11:5), ordenó que las mujeres cubrieran su cabeza en la asamblea, también que los predicadores no hablaran todos al mismo tiempo en la asamblea, sino en orden, uno por uno (1 Co. 14:23–31).

52 Conviene a la congregación cristiana ceñirse a tales ordenanzas a causa del amor y la paz y en estos asuntos prestar obediencia a los obispos y pastores, reteniéndolas en cuanto se pueda sin dar ofensa al otro, para que no haya

53 ningún desorden ni conducta desenfrenada en la iglesia. Pero esta obediencia debe prestarse de tal manera que no se opriman las conciencias, sosteniendo que tales cosas son necesarias para la salvación y considerando que se comete pecado al omitirlas sin dar ofensa a los demás. Nadie diría, por ejemplo, que la mujer peca al salir descubierta, si con ello no ofende a los demás.

54 Lo mismo sucede con la observancia del domingo, de la Pascua de
55 Resurrección, de Pentecostés y las demás fiestas y ritos. Están muy equivocados quienes consideran que la observación del domingo es institución
56 necesaria en lugar del sábado, ya que la Sagrada Escritura ha abolido el sábado y enseña que desde la revelación del evangelio todas las ceremonias de la ley
57 antigua pueden ser omitidas. Sin embargo, debido a la necesidad de estipular cierto día para que el pueblo sepa cuándo congregarse, la iglesia cristiana ha designado el domingo para ese fin; y se ha complacido y agradado en introducir este cambio para dar al pueblo un ejemplo de la libertad cristiana y para que se sepa que no es necesaria la observancia del sábado ni la de ningún otro día.

58 Hay muchas discusiones impropias[102] acerca de la mutación de la ley, de las ceremonias del Nuevo Testamento y del cambio del sábado, todas las cuales han surgido de la opinión errónea y equivocada de que en la cristiandad es necesario tener un culto igual al levítico o al judío, como si Cristo hubiese ordenado a los apóstoles y obispos inventar nuevas ceremonias que fuesen
59 necesarias para la salvación. Estos errores se introdujeron en la cristiandad cuando ya no se enseñaba la justicia de la fe ni se predicaba con claridad y
60 pureza. Algunos disputan respecto al domingo, diciendo que es necesario observarlo, si bien no por derecho divino, sin embargo casi como si fuera de derecho divino. Prescriben qué clase y qué cantidad de trabajo se puede hacer
61 en días de fiesta. Pero, ¿qué son tales discusiones sino ataduras para las conciencias? Porque, aun cuando se propongan mitigar y temperar las ordenan-

---

102. P. ej., Tomás de Aquino, *op. cit.*, II, 1, q. 103.

zas humanas, no puede haber mitigación[103] alguna mientras persista la idea de que son necesarias. Y esta opinión tiene que persistir mientras no se sepa nada de la justicia de la fe ni de la libertad cristiana.

Los apóstoles ordenaron abstenerse de sangre y de lo ahogado. Pero, ¿quién lo cumple ahora? Sin embargo, los que no lo cumplen no cometen pecado, ya que los mismos apóstoles no quisieron cargar a las conciencias con tal servidumbre, sino que decretaron tal prohibición por un tiempo para evitar escándalo. En relación a esta ordenanza es necesario fijarse en el artículo principal de la doctrina cristiana, el cual no es abrogado por este decreto.[104]

Casi ninguno de los antiguos cánones se observa al pie de la letra, y a diario desaparecen muchos de los mismos reglamentos, aun entre aquellos que con más celo los guardan. No es posible aconsejar ni ayudar a las conciencias en los casos donde no se conceda esta mitigación: Que se reconozca que tales reglas no han de ser consideradas como necesarias y que su omisión no es perjudicial a las conciencias.

Los obispos, no obstante, podrían mantener fácilmente en pie la obediencia si no insistieran en la observancia de las reglas que no pueden guardarse sin pecado. Pero ahora administran el santo sacramento bajo una especie y prohíben la administración de las dos especies. También prohíben el matrimonio a los clérigos y no aceptan para el ministerio a nadie a menos que jure con anterioridad no predicar esta doctrina, aunque no cabe duda de que está de acuerdo con el santo evangelio. Nuestras iglesias no desean que los obispos restauren la paz y la unidad en menoscabo de su honra y dignidad, si bien es cierto que en casos de necesidad correspondería a los obispos hacerlo. Solamente piden que los obispos aflojen algunas cargas injustas, las cuales en tiempos pasados no existían en la iglesia y se aceptaron contra el uso de la iglesia cristiana universal. Quizás al principio hubo cierta razón para su introducción, pero ya no se adaptan a nuestros tiempos. En innegable que algunos reglamentos fueron aceptados debido a la falta de comprensión. Por lo tanto, los obispos deberían tener la bondad de mitigar dichas reglas, ya que tales cambios en nada perjudican el mantenimiento de la unidad de la iglesia cristiana. Muchas reglas inventadas por los hombres han caído en desuso con el correr del tiempo y ya no son obligatorias, como lo testifica el mismo derecho papal[105].

Pero si no es posible lograr la concesión de mitigar y abolir aquellas reglas humanas que no pueden guardarse sin pecado, entonces nos vemos

---

103. En el original, *epikeia*. Vid. arriba,Art. XXVI, secc.4.

104. El llamado «decreto apostólico» de Hechos 15:23-29.

105. P. ej., los cánones penitenciales de la iglesia antigua, que regulaban la penitencia pública, cedieron al sacramento de la penitencia, al desarrollarse éste en el Medievo temprano.

obligados a seguir la regla apostólica que nos ordena obedecer a Dios antes que a los hombres (Hch. 5:29).

73 San Pedro prohíbe a los obispos ejercer el dominio, como si tuviesen la autoridad de obligar a las iglesias a cumplir su voluntad (1 P. 5:2 y sigte.).

74 Ahora no se trata de cómo se les puede restar a los obispos su autoridad, sino que pedimos y deseamos que no obliguen a nuestras conciencias a pecar. Pero si no quieren acceder a esto y desprecian nuestra petición, que ellos vean cómo rendirán cuenta de ello a Dios, ya que por su obstinación dan ocasión a cisma y división, cosa que justamente deberían ayudar a evitar.

CONCLUSIÓN

1 Estos son los artículos principales que se han considerado como controversiales. Aunque se hubieran podido aducir muchos más abusos y errores, no obstante, para evitar la prolijidad y ociosidad, hemos traído a colación sólo los principales. Los demás pueden juzgarse fácilmente a la luz de éstos.

2 En tiempos pasados hubo muchas quejas sobre las indulgencias, las peregrinaciones y el abuso de la excomunión. También los párrocos sostuvieron interminables riñas con los monjes sobre el derecho de oír las confesiones, sobre los entierros, las predicaciones en ocasiones especiales y otros asuntos

3 innumerables. Hemos pasado por alto todo esto discretamente y por el bien común, para que salieran a relucir aún más los asuntos principales en esta

4 cuestión. No debe pensarse que nada se haya hablado o aducido por odio o

5 por el deseo de injuriar. Sólo se han enumerado los puntos que hemos considerado necesario aducir y traer a colación, para que se pueda entender más claramente que entre nosotros nada, ni en cuestión de doctrina ni de ceremonias, ha sido aceptado que esté en pugna con la Sagrada Escritura o con la iglesia cristiana universal. Es evidente y manifiesto que con toda diligencia y con la ayuda de Dios (no queremos gloriarnos) nos hemos precavido de que ninguna doctrina nueva o impía nunca se introduzca e irrumpa en nuestras iglesias y gane la primacía en ellas.

6 De acuerdo con el edicto, hemos deseado entregar los susodichos artí-

7 culos, haciendo constar cuál es nuestra confesión y nuestra doctrina. Si alguien encontrara que falta algo en ellos, estamos listos para dar más información con base en la Sagrada Escritura divina.

Somos los súbditos obedientes de Vuestra Majestad Imperial:
Juan, Duque de Sajonia, elector
Jorge, Margrave de Brandeburgo
Ernesto, Duque de Lüneburgo
Felipe, Langrave de Hesse
Juan Federico, Duque de Sajonia

Francisco, Duque de Lüneburgo
Wolfgang, Príncipe de Anhalt
El Burgomaestre y el Consejo de Nuremberg
El Burgomaestre y el Consejo de Reutlingen

III
APOLOGÍA
DE LA CONFESIÓN DE AUGSBURGO

INTRODUCCIÓN

El auto de comparecencia de Carlos V a la dieta que había de celebrarse en Augsburgo en 1530 pedía una declaración de fe no sólo de los representantes de las ciudades libres que se llamaban a sí mismas evangélicas, sino también de las que permanecían leales a Roma (vid. Introducción a la Confesión de Augsburgo). En vez de eso, dos días después de haber sido leída la Confesión de Augsburgo en la dieta, los representantes de Roma decidieron preparar una respuesta al documento luterano y una refutación del mismo. Esta tarea fue encomendada a una comisión de teólogos encabezada por el legado papal. Al darse cuenta de que el primer escrito de ella resultó inadecuado, se propuso una declaración más breve, ingeniosa y conciliadora, y ésta era la «Refutación Romana», la que fue leída públicamente ante la dieta el 3 de agosto en la misma sala en que había sido leída previamente la Confesión de Augsburgo. El emperador luego exigió que los evangélicos reconocieran que su posición había sido refutada, y hasta que así lo hicieran no podían obtener copia de la Refutación.

A pesar de esta desventaja, los partidarios de la Confesión de Augsburgo decidieron preparar una respuesta a la Refutación Romana a base de notas tomadas durante la lectura pública de ésta. La preparación de ella fue encomendada a Felipe Melanchton. Dilató la respuesta el hecho de que Melanchton tuvo que participar durante el mes de agosto en una serie de conferencias con teólogos romanos en las que trató de reconciliar las diferencias que existían entre un grupo y el otro. Sin embargo, la primera composición de la Apología de la Confesión de Augsburgo estuvo lista para ser presentada el 22 de septiembre. El emperador rehusó el documento.

En su viaje de vuelta a Wittenberg, Melanchton empezó a revisar y ampliar la Apología, y siguió elaborándola por espacio de varios meses, ayudado por fin con el recibo de una copia de la Refutación, probablemente enviada desde Nuremberg. En su forma más amplia la Apología fue publicada a fines de abril o a principios de mayo de 1531. Considerada al comienzo como una publicación particular de Melanchton, llegó a ser una confesión oficial de fe cuando fue firmada, juntamente con la Confesión de Augsburgo, en Esmalcalda en 1537 (ver Introducción a los Artículos de Esmalcalda). Es importante como comentario contemporáneo de la Confesión de Augsburgo.

III

APOLOGÍA DE LA CONFESIÓN DE AUGSBURGO

Prefacio

Felipe Melanchton al lector: Salud.

1 Después de haberse leído en público la Confesión de nuestros príncipes, algunos teólogos y monjes elaboraron una Refutación[1] de nuestra obra. Habiendo dispuesto Su Majestad Imperial que dicha Refutación se leyese también en la asamblea de los príncipes, exigió a nuestros príncipes que diesen su asentimiento a la misma.

2 Sin embargo, enterados los nuestros de que se habían rechazado muchos artículos de los que no podían abjurar sin agravio de su conciencia, solicitaron que se les mostrase un ejemplar de la Refutación, para poder examinar lo que habían condenado los adversarios y rebatir sus argumentos.

En un asunto de tanta importancia tocante a la religión y a la instrucción de las conciencias, suponían que los adversarios exhibirían su documento sin titubeos.

Sin embargo, los nuestros no pudieron conseguirlo sino bajo unas condiciones de sumo riesgo que no podían aceptar.[2]

3 Iniciáronse entonces negociaciones de paz, y en ellas se puso de manifiesto que los nuestros no esquivaban ningún contratiempo, por penoso que fuera, siempre que no agravara su conciencia.

4 Pero los adversarios insistían obstinadamente en que aprobáramos abusos y errores manifiestos. Como no nos fue posible hacerlo, Su Majestad Imperial pidió de nuevo a nuestros príncipes que aceptaran la Refutación, a lo que

---

1. Dirigidos por el legado papal Campegio, participaron en la elaboración de la *Confutatio Pontificia* cerca de viente teólogos, entre los que se destacaron Eck, Faber, Cochläus, Dietenberger y Wimpina.

2. Ya de antemano—el día 5 de agosto—el emperador recusó una respuesta escrita de los luteranos, y exigió una colación con los antiguos padres ortodoxos a base de la *Refutación*. Además puso como condiciones que los luteranos no entregaran la *Refutación* en manos de otras personas ni imprimieran su Confesión, ni tampoco la respuesta pontificia.

éstos se negaron. ¿Cómo iban a dar su aprobación, en materia de religión, a un documento sin haberlo examinado? Además se habían enterado de la condenación de algunos artículos respecto de los cuales no podían asentir a la opinión de los adversarios sin violentar la propia conciencia.

Entre tanto, nos habían encomendado[3] a mí y a otros que preparásemos una apología de la Confesión, para exponer ante Su Majestad Imperial las causas por las cuales no habíamos aceptado la Refutación, y para rebatir las objeciones de los adversarios. En efecto, durante la lectura pública de la Refutación, algunos de los nuestros habían tomado nota de los puntos principales de sus argumentos.[4] Finalmente, hicieron llegar esta Apología a Su Majestad Imperial, para que supiese que por razones de extrema importancia y gravedad nos era imposible aceptar la Refutación. Pero Su Majestad Imperial se negó a recibir el documento que se le presentó.

Posteriormente, se publicó cierto decreto en el que los adversarios se jactan de haber refutado nuestra Confesión por medio de las Escrituras.

Aquí tienes, pues, estimado lector, nuestra Apología, en la cual verás, por una parte, lo que dictaminaron los adversarios (pues lo referimos de buena fe), y por la otra que, lejos de haber derribado nuestros argumentos por medio de las Escrituras, han condenado algunos artículos en franca oposición a la clara Escritura del Espíritu Santo.

Aun cuando al principio emprendimos la composición de la Apología deliberando unos con otros, yo añadí algunas cosas mientras se estaba imprimiendo. Hago, pues, declaración de mi nombre, para que nadie se queje de que el libro se publicó en forma anónima.

En estas controversias siempre he tenido por costumbre conservar, en la medida de lo posible, las tradicionales formulaciones doctrinales, para que haya mayor probabilidad de llegar a un acuerdo. También ahora procedo de manera más o menos igual, aunque tendría razones suficientes para apartar a nuestros contemporáneos aún más de las opiniones de los adversarios.

Sin embargo, nuestros adversarios llevan la discusión de un modo tal que no parecen buscar ni la verdad ni la concordia, sino más bien chuparnos la sangre.

Ahora bien: He escrito con la mayor moderación posible. Si alguna expresión parece demasiado fuerte, advierto de antemano que pleiteo con los teólogos y monjes que han redactado la Refutación, y no con el emperador o con los príncipes, a quienes respeto como es debido. Pero hace poco vi la Refutación, y pude notar que está escrita en términos tan insidiosos y calumniosos, que en algunos lugares podría engañar aun a los lectores cautos.

5

6

7

8

9

10

11

12

13

14

---

3. Los príncipes luteranos.
4. Ante todo, el humanista nuremberguense Joaquín Camerario, amigo de Melanchton.

15 Sin embargo, no he discutido todos sus sofismas porque sería un trabajo interminable; en cambio, he reunido las cuestiones principales, para que conste ante todas las naciones nuestro testimonio, es decir, lo que pensamos, en
16 forma correcta y fiel al Señor, acerca del evangelio de Cristo. No nos agrada la discordia, ni tampoco ignoramos el peligro que corremos, porque bien sabemos hasta dónde llega la saña y el odio en que arden nuestros adversarios. Pero no podemos echar a un lado la verdad manifiesta y tan necesaria para la iglesia.

Creemos, pues, que el arrostrar dificultades y peligros por la gloria de Cristo y el bien de la iglesia es un deber que no puede eludirse. Esperamos que Dios aprobará nuestra conducta, y abrigamos la esperanza de que el juicio de la posteridad acerca de nosotros sea más ecuánime.

17 Es sabido también que muchos temas de la doctrina cristiana, cuya pervivencia en la iglesia es de la mayor importancia, han sido ya puestos de manifiesto y aclarados por nuestros teólogos; no es preciso recordar aquí las opiniones peligrosas bajo las cuales yacían enterrados en los escritos de los monjes, de los canonistas y de los teólogos sofistas.

18 Tenemos las declaraciones públicas de muchas personas de bien que dan gracias a Dios por el gran beneficio de que en muchos puntos necesarios, las enseñanzas de nuestra Confesión son mejores que las que por doquier pueden leerse en las obras de nuestros adversarios.

19 Encomendaremos, pues, nuestra causa a Cristo, pues él ha de juzgar en su día estas controversias, y le pedimos que se apiade de las iglesias afligidas y dispersas, y las haga volver a una piadosa y perpetua concordia.

APOLOGÍA DE LA CONFESIÓN

Artículo I. Dios

1 Nuestros adversarios aprueban el artículo primero de nuestra Confesión,[5] en el que declaramos creer y enseñar que hay una sola esencia divina, indivisa, etc., y que, no obstante, hay tres personas distintas de la misma esencia divina
2 y coeternas, el Padre, el Hijo, y el Espíritu Santo. Siempre hemos enseñado y defendido este artículo, y pensamos que cuenta con testimonios bíblicos seguros y firmes que no pueden derribarse. Asimismo persistimos en afirmar

---

5. Esto es, de la Confesión de Augsburgo. Dice la *Confutatio Pontifici*, Corpus Reformatorum 27, columnas 84 a 85: *In primis cum articulo primo confiteantur unitatem essentiae divinae in tribus personis iuxta Nicaeni concilii decretum; eorum confessio acceptanda est, eo, quod per omnia ad normam fidei et cum Romana concordat ecclesia.* («Especialmente por cuanto en el artículo primero confiesan la unidad de la esencia divina en tres personas, de acuerdo con el decreto del Concilio de Nicea, la Confesión de ellos debe ser aceptada, puesto que concuerda enteramente con la norma de la fe y la Iglesia Romana».)

que quienes opinan de otro modo son idólatras, están fuera de la iglesia de Cristo, y hacen agravio a Dios.

Artículo II. El Pecado Original

Nuestros adversarios aprueban el artículo segundo, «El Pecado Original», pero de tal manera, que censuran la definición de pecado original que nosotros dimos incidentalmente.[6] Y ya aquí, en el comienzo mismo, Su Majestad Imperial se dará cuenta inmediatamente de que a quienes han escrito la Refutación les ha faltado no sólo un criterio sano, sino también la buena fe. Porque mientras nosotros quisimos, sencillamente y como de paso, enumerar los temas que comprende el pecado original, ellos pervierten con sus mañas, valiéndose de una interpretación malintencionada, una proposición que en sí no tiene nada de impropia. Razonan así: «No tener temor de Dios, no tener fe, es culpa actual». Niegan, por tanto, que sea culpa original.

1

Es lo suficientemente claro que semejantes sutilezas han nacido en las escuelas teológicas, y no en el consejo del emperador. Pero aunque este sofisma puede refutarse con suma facilidad, pedimos que se examine primero el texto alemán de la Confesión, para que sepan todas las personas de bien que no hemos enseñado ningún absurdo en este asunto, y para que se nos absuelva de la sospecha de haber introducido innovaciones. Pues allí está escrito: «Se enseña, además, que desde la caída de Adán, todos los hombres que nacen de la manera natural, son concebidos y nacen en pecado, es decir, que todos, desde el seno de su madre, están llenos de malos deseos y de malas inclinaciones, y que por naturaleza no pueden tener verdadero temor de Dios, ni verdadera fe en Dios».[7] Este pasaje atestigua que a los nacidos según la naturaleza carnal, nosotros les negamos no sólo los actos, sino también la capacidad o los dones de producir temor y confianza para con Dios. Decimos,

2

3

---

6. De paso: *obiter*. Texto alemán: *So wir doch zufällig allein des Orts davon geredt* («A pesar de que en aquel mismo pasaje nos hemos referido a ello en forma incidental»). *Confutación*, CR 27, col. 88: *At declaratio articuli, quod peccatum originis sit, quod nascantur homines sine metu Dei, sine fiducia erga Deum, esto omnino reiicienda, cum sit cuilibet Christiano manifestum, esse sine metu Dei, sine fiducia erga Deum, potius esse culpam actualem adulti, quam noxam infantis recens nati, qui usu rationis adhuc non pollet, velut Dominus ad Mosen ait: Tui parvuli, qui hodie boni et mali ignorant distantiam. Deut. 1. Sed et ea reiicitur declaratio, qua vitium originis concupiscentiam dicunt, si ita concupiscentiam volunt esse peccatum, quod etiam post baptismum remaneat peccatum in puero.* («Pero la declaración del artículo de que 'pecado original' significa que los hombres nacen sin temor a Dios a sin confianza en Dios, debe ser rechazada de plano, pues todo cristiano sabe perfectamente que el ser sin temor a Dios y sin confianza en Dios es una culpa concreta del adulto antes que falta del infante recién nacido que todavía no puede hacer uso de la razón, como dice el Señor a Moisés: 'Tus hijitos que no saben hoy la diferencia que hay entre lo bueno y lo malo', Dt. 1. Pero también hay que rechazar su declaración de que el pecado original es la 'concupiscencia', si con 'concupiscencia' quieren entender un pecado que permanece como pecado aun en el niño después del bautismo».)

7. Confesión de Augsburgo II, 1.

en efecto, que los nacidos en estas condiciones tienen concupiscencia, y no pueden por sí mismos llegar a un verdadero temor y una verdadera confianza para con Dios. ¿Qué hay de reprensible en esto? Entendemos que con esto aparecemos suficientemente justificados a los ojos de los hombres de buena fe. Porque en este sentido, la versión en latín de nuestra Confesión niega a la naturaleza—aun la de los niños pequeños—la capacidad o sea los dones y la fuerza para tener temor y confianza en Dios, y a los adultos les niega incluso los actos correspondientes. Así que, al mencionar la concupiscencia, no sólo nos referimos a los actos o frutos, sino a la continua inclinación de la naturaleza. Más adelante mostraremos en forma más detallada que nuestra explicación concuerda con la definición corriente y antigua. Pero primero debemos aclarar qué nos indujo a emplear precisamente estas palabras en este lugar. En sus altas escuelas, nuestros adversarios reconocen que lo material,[8]

4   como ellos dicen, del pecado original es la concupiscencia.[9] Por tanto, al redactar la definición, no se debía omitir este hecho, sobre todo en tiempos como los nuestros en que muchos filosofan sobre este asunto de un modo muy poco religioso.

5   Algunos, en efecto, aseguran que el pecado original no es una depravación o corrupción de la naturaleza del hombre, sino tan sólo una servidumbre o condición de mortalidad que padecen los descendientes de Adán, no por depravación propia alguna, sino por culpa ajena. Añaden, además, que a nadie se le condena a muerte eterna por el pecado original, así como de la esclava nacen esclavas, que padecen esta condición no por la depravación de

6   su naturaleza, sino por la desgraciada situación de su madre. Para manifestar que esta opinión impía nos desagrada, mencionamos la concupiscencia, y con la mejor intención la calificamos de enfermedad, diciendo que la naturaleza humana nace depravada y viciosa.

7   Y no sólo nos hemos servido del vocablo concupiscencia, respecto del pecado original sino que dijimos también: Falta el temor de Dios y la fe. Y

---

8. Justus Jonas: *Die Materien oder Materiale*. H. G. Pöhlmann, *Apología*, p. 39: «Inhalt». J. Pelikan, en *Tappert*, p. 101: *material element*. En la Apología II, 35, Justus Jonas traduce: *das Material*.

9. Cf. Tomás de Aquino, *Summa Theologiae*, 1a2ae, quaestio 82, articulus 3: *Inordinatio autem aliarum virium animae praecipue in hoc attenditur quod inordinate convertuntur ad bonum commutabile; quae quidem inordinatio communi nomine potest dici «concupiscentia». Et ita peccatum originale materialiter quidem est concupiscentia, formaliter vero est defectus originalis justitiae.* («El desorden empero de las demás fuerzas del alma se nota ante todo en el hecho de que se vuelven desordenadamente hacia el bien mutable; dicho desorden se puede designar con el nombre común de 'concupiscencia'. Materialmente, pues, el pecado original es concupiscencia, formalmente, en cambio, es carencia de la justicia original».) J. A. Möhler (Symbolik, libro I, parte I, cap. II, párr. 5, pág. 61) explica el término *materialiter* en este texto con *der Erscheinung nach* (Erscheinung des Wesens), («según la apariencia de la esencia») y *formaliter* con *dem Wesen nach* («según la esencia»).

esto lo añadimos con el siguiente propósito: Los doctores escolásticos atenúan la gravedad del pecado original, porque no entienden lo suficiente la definición del pecado original que recibieron de los Padres. Sostienen que el *fomes*,[10] es una cualidad del cuerpo, e, ineptos como son por costumbre, se preguntan si esta inclinación se contrajo por contagio de la fruta prohibida, o por el aliento de la serpiente, y si se agrava con los medicamentos.[11] Con tales cuestiones han escamoteado el asunto principal, y así, cuando hablan del pecado original, pasan por alto faltas más graves de la naturaleza humana, a saber, no conocer a Dios, no temer a Dios ni confiar en él, odiar el juicio de Dios, huir del Dios que juzga, estallar en ira contra Dios, desesperar de la gracia, poner la confianza en las cosas del presente, etc. Estas enfermedades, que tanto pugnan con la ley de Dios, los escolásticos no las advierten. Es más: Conceden a la naturaleza humana fuerzas intactas para amar a Dios sobre todas las cosas, y cumplir los mandamientos divinos en cuanto al acto exterior en sí (lat.: *quoad substantiam actuum*), y no ven que se contradicen en lo que afirman. Porque, el poder amar a Dios sobre todas las cosas, por las propias fuerzas, y cumplir los mandamientos de Dios, ¿qué es esto sino estar en posesión de una justicia original? Si la naturaleza humana dispone de fuerzas tan grandes como para amar a Dios sobre todas las cosas, como lo afirman los escolásticos con tanta osadía, ¿en qué consistirá entonces el pecado original? ¿Y a qué viene la gracia de Cristo, si nosotros podemos llegar a ser justos mediante nuestra propia justicia? ¿Qué necesidad hay del Espíritu Santo, si las fuerzas humanas son capaces, por sí solas, de amar a Dios sobre todas las cosas y cumplir los mandamientos divinos? ¿Quién no ve cuán torpemente razonan nuestros adversarios? Reconocen las enfermedades más leves de la naturaleza del hombre, y no reconocen enfermedades mucho más graves, que la Escritura menciona por doquier, y que son objeto de las continuas quejas de los profetas, es decir, la seguridad carnal, el desprecio de Dios, el odio hacia Dios y otros vicios semejantes que nos son innatos. Después de que los escolásticos habían mezclado la doctrina cristiana con la filosofía de la perfección de la naturaleza, concediendo más de lo razonable al libre albedrío y a los actos provocados por éste, y después de haber afirmado que los hombres son justificados ante Dios en virtud de la justicia filosófica o civil, respecto de la cual también nosotros admitimos que está sujeta a la razón, y que de algún modo está en nuestro poder—después de todo esto ya no alcanzaron a

10. *Fomes*, usado como sinónimo de *concupiscentia*. Cf. p.ej. Pedro Lombardo, *Sent.* lib. II d.30, 7, MSL 192, 722. Texto alemán: *fomes oder böse Neigung* (fomes o inclinación mala). *Diccionario Durvan de la Lengua Española*: Fomes, (lat. *fomes*) m. Causa que excita y promueve una cosa.

11. Respecto de *pomum* o *flatus serpentis* vid. p.ej. Gabriel Biel, In sent. I. II d 30 a 3 dub. 2.

13   ver la inmundicia interior inherente a la naturaleza humana. Pues acerca de ésta no nos podemos formar un juicio sino a base de la palabra de Dios, a la cual los escolásticos recurren muy raras veces en sus discusiones.

14   Estas fueron las razones por qué en la descripción del pecado original, hicimos mención de la concupiscencia y por qué negamos a las fuerzas naturales del hombre la capacidad de temer a Dios y confiar en él. Porque quisimos dar a entender que el pecado original lleva consigo también estas enfermedades: El ignorar a Dios y despreciarlo, el no temer a Dios ni confiar en él, y el no poder amar a Dios. Estos son los vicios principales de la naturaleza humana que atentan sobre todo contra la primera tabla del Decálogo.

15   Con eso tampoco hemos dicho nada nuevo. Bien entendida, la antigua definición[12] dice precisamente lo mismo cuando declara que el pecado original es la carencia de justicia original. ¿Y qué es la justicia? A ese respecto, los escolásticos discuten ardorosamente sobre cuestiones dialécticas, pero no nos

16   explican qué es la justicia original. Lo cierto es que en las Escrituras, el concepto justicia abarca no sólo la segunda tabla del Decálogo, sino también la primera, que contiene preceptos en cuanto al temor de Dios, la fe, el amor

17   de Dios. Así pues, la justicia original debería incluir no sólo una equilibrada proporción de cualidades físicas, sino también los dones siguientes: Conocimiento más seguro de Dios,[13] temor de Dios, confianza en Dios, o al menos

18   la disposición correcta y el poder de hacer estas cosas. Y esto lo asevera la Escritura al decir que el hombre fue creado a imagen y semejanza de Dios (Gn. 1:27). ¿Qué significa esto sino que el hombre fue dotado de una sabiduría y una justicia que aprehendían a Dios, y en las que Dios se reflejaba, es decir, que le fueron concedidos al hombre los siguientes dones: Conocimiento de

19   Dios, temor de Dios, confianza en Dios y cosas semejantes? Porque así es como interpretan esta semejanza con Dios Ireneo[14] y Ambrosio.[15] Este último,

---

12. Texto alemán: *Die alten Scholastici . . . sagen* («Los antiguos escolásticos dicen . . .»).

13. La traducción al alemán de Justus Jonas no toma en consideración el comparativo *certiorem: Ein helles Licht im Herzen, Gott un sein Werk zu erkennen* («Una clara luz en el corazón para conocer a Dios y su obra»). Tampoco la traducción de Bente-Dau (*Concordia Triglotta*, p. 109) da mayor importancia a ese comparativo, pues le concede sólo un valor intensivo, (valor que, en efecto, tiene en determinadas construcciones, como *aliquem certiorem facere de aliqua re*): «a quite certain knowledge of God». J. Pelikan (*Tappert*, p. 102): «a surer knowledge of God». Este texto de Melanchton es de importancia particular en el debate en torno de la *notitia Dei naturalis* en las Confesiones luteranas (Vid. p.ej. Edmund Schlink, *Theologie der lutherischen Bekenntnisschriften*, 2. ed., 1946, pág. 83).

14. Oriundo de Asia Menor. En su juventud fue discípulo de Policarpo. Segundo obispo de Lyon, Galia, a partir de 177 ó 178. M. en el año 202. Se lo considera el teólogo más destacado del siglo II. Su obra principal son los cinco libros *Adversus Haereses* (Migne, *Patrologia Graeca* 7, pp. 433–1224), una de las fuentes más valiosas para el estudio de las sectas gnósticas. Respecto de la referencia hecha por Melanchton cf. *Adversus Haereses* V, 11, 2 (Ed. Harvey, vol. II, p. 349. Migne, SG 7, 1151).

15. N. en Tréveris, Galia, de una familia perteneciente a la nobleza romana. M. en Milán, 397. Obispo de Milán de 374 a 395. Uno de los más eminentes Padres de los primeros siglos.

además de abundar en detalles a ese respecto, agrega la siguiente declaración: «Por tanto, el alma en que Dios no está constantemente, no es un alma conforme a la imagen divina».[16] Y Pablo, en sus Epístolas a los Efesios 5:9, **20** y Colosenses 3:10, muestra que la imagen de Dios es conocimiento de Dios, justicia y verdad. Lombardo por su parte no tiene reparos en decir que la **21** justicia original es la semejanza misma de Dios, que fue grabada en el hombre por Dios.[17] Estamos citando opiniones de los antiguos que en nada menoscaban **22** la interpretación que hace Agustín respecto de imagen.[18]

Por lo tanto, cuando la definición antigua dice que el pecado es la carencia **23** de la justicia, no sólo les niega la virtud de la obediencia a las facultades inferiores del hombre, sino que le niega también el conocimiento de Dios, la confianza en Dios, el temor y el amor de Dios, o, por cierto, el poder de hacer estas cosas. Pues los mismos teólogos enseñan en sus escuelas que estos afectos no se producen sino mediante ciertos dones, y con el auxilio de la gracia. Para un correcto entendimiento, nosotros llamamos a estos dones: Conocimiento de Dios, temor de Dios, y confianza en Dios. De esto se desprende con toda claridad que la definición antigua dice exactamente lo que decimos nosotros, cuando negamos[19] el temor de Dios y la confianza en Dios, es decir, no sólo los actos, sino también los dones y el poder para producirlos.

El mismo carácter tiene la definición que se encuentra en las obras de **24** Agustín, el cual suele definir el pecado original como «concupiscencia».[20]

---

16. *Hexaemeron* VI, 8, 45. MSL 14, 260A. CSEL 32, 1, p. 236, 17: *Non est ergo ad imaginem Dei (anima) in qua Deus semper est?*

17. Pedro Lombardo, *Sententiarum libri quattuor*, II dist. 16 c.4 (MSL 192, 684): *Factus est ergo homo secundum animam ad imaginem et similitudinem non patris vel filii vel spiritus sancti, sed totius trinitatis. Ita et secundum animam dicitur homo esse imago Dei, quia imago Dei in eo est.* («Por lo tanto, en lo que a su alma se refiere, el hombre está hecho a imagen y semejanza no del Padre ni del Hijo ni del Espíritu Santo, sino de la Trinidad entera. Así es también según su alma, el hombre es llamado imagen de Dios, por cuanto la imagen de Dios está en él».) Pedro Lombardo, el *Magister sententiarum* (aprox. 1100 a 1160), célebre obispo de París. Sus *Sententiarum libri IV*, un prototipo de las «sumas» medievales (F. C. Copleston, *Medieval Philosophy*, Harper Torchbooks, 1961, p. 58) componen una colección, con análisis y comparaciones, de las *sententiae patrum*, en especial de San Agustín. La obra llegó a ser «el texto clásico de la enseñanza oficial, la norma y estímulo al mismo tiempo de los estudios sagrados de los teólogos de los períodos siguientes hasta fines del siglo XVI» (Martín Grabmann, *Historia de la Teología Católica*, Espasa–Calpe, S.A., Madrid, 1946, trad. española de D. Gutiérrez, p. 52). También Lutero, al iniciar su actividad docente, dictó clases sobre las sentencias de este famoso manual de dogmática. Desde 1971 se pueden consultar los textos de los primeros dos libros (Dios y las criaturas) en una magnífica edición crítica (3º) de los franciscanos de Quaracchi: *Magistri Petri Lombardi Sententiae in IV Libris Distinctae*, Ed. Collegii S. Bonaventurae ad Claras Aquas, Grottaferrata, Roma.

18. Agustín, *De trinitate* XII, 7, 12, 14, MSL 44, 1003, 1 048, 1051.

19. Con respecto al hombre natural.

20. Agustín, *De nuptiis et concupiscentia* I. 24, 27. MSL 44, 429, CSEL, 42, 240, 2 ss. *Contra Julianum* II, 9, 31 ss. MSL 44, 694.

Pues según él, cuando se perdió la justicia, ocupó su lugar la concupiscencia. Porque como la naturaleza enferma no puede temer a Dios ni amar a Dios, ni creer en Dios, busca y ama lo que es de la carne. El juicio de Dios lo desprecia con un vano sentimiento de seguridad, o lo odia aterrorizada. Así es como Agustín incluye a la vez el defecto y el hábito vicioso que le sucedió.

25 Porque la concupiscencia es no sólo una corrupción de las cualidades del cuerpo, sino un depravado cambio de orientación de las facultades superiores a las cosas carnales. No se dan cuenta de lo que dicen quienes atribuyen al hombre una concupiscencia que el Espíritu Santo aún no ha destruido por completo, y a la vez un amor a Dios sobre todas las cosas.

26 Teníamos razón, pues, al exponer los dos aspectos o defectos en nuestra descripción del pecado original: Por una parte, no poder creer en Dios, no poder temer a Dios ni amar a Dios, y por la otra, tener una concupiscencia que busca las cosas carnales, contrariamente la palabra de Dios, esto es, que apetece no sólo los deleites del cuerpo, sino sabiduría y justicia carnales, y

27 confía en estos bienes despreciando a Dios. Y no sólo los antiguos, sino también los modernos, al menos los más prudentes de entre ellos, enseñan que todas estas cosas constituyen el verdadero pecado original: Los defectos que he enumerado, y la concupiscencia. Tomás dice: «El pecado original comprende la privación de la justicia original, y con ello una disposición desordenada de las partes del alma, por lo que es no sólo una privación, sino

28 un hábito corrupto».[21] Y Buenaventura: «Cuando se pregunta qué es pecado original, la respuesta correcta es que es una concupiscencia no refrenada.

---

21. Tomás de Aquino, *Summa Theologiae*, 1a 2ae., q.82, a.1, ad 1) *Ad primum ergo dicendum quod, sicut aegritudo corporalis habet aliquid de privatione, inquantum tollitur aequalitas sanitatis, et aliquid habet positive, scilicet ipsos humores inordinate dispositos, ita etiam peccatum originale habet privationem originalis justitiae, et cum hoc inordinatam dispositionem partium animae. Unde non est privatio pura, sed est quidam habitus corruptus.* («Por lo tanto, respecto del punto primero debe decirse que así como en una enfermedad física hay algo de privación, por aquello de que queda deshecho el equilibrio de la salud, y también algo de positivo, a saber, los humores dispuestos desordenadamente, así también hay en el pecado original una privación de la justicia original, y con ello una disposición desordenada de las partes del alma. De ahí resulta que no sea una simple privación, sino un hábito corrupto».) Las *partes animae* (partes del alma) son los poderes (*potentiae*) del alma. Transcribimos el texto íntegro para ayudar al lector que tal vez se asombre ante el hecho de que en la traducción alemana de Justus Jonas de este pasaje se atribuyan a Tomás de Aquino las palabras *aliquid positivum*: «*Derhalben ist es, sagt er, nicht allien eitel lauter Mangel, sondern auch aliquid positivum*» («Por eso, dice él [T. de A.] no es una mera carencia, sino también *aliquid positivum*»). De un período sintáctico en que se expresa una comparación, Melanchton citó sólo la parte que sigue a *ita*. Justus Jonas agregó algunas palabras del *sicut*. Por ende, sería erróneo concluir que de acuerdo con el pensamiento de Tomás de Aquino, el pecado original añade alguna cualidad positiva a la naturaleza del hombre. Ese *aliquid positivum* de Tomás de Aquino designa el estado en que la pérdida de la justicia original deja a la naturaleza. Por su carácter de oposición a la justicia original, el pecado original es simple privación, por la cual aquel bien *totaliter est ablatum* (cf. *Summa Theologiae*, 1a.2ae., 85, 1); por su carácter de oposición a la naturaleza perfeccionada por aquel bien, el pecado original es la condición inarmónica de los poderes del alma descrita como *quidam habitus corruptus*.

Igualmente correcto es responder que es la carencia de la justicia debida. Porque en cada una de estas respuestas va incluida la otra».[22] Del mismo parecer es Hugo, al decir que el pecado original es ignorancia en la mente y concupiscencia en la carne.[23] Porque con esto quiere dar a entender que cuando nacemos, traemos con nosotros ignorancia de Dios, incredulidad, desconfianza, desprecio y odio hacia Dios. En efecto, todo esto lo incluye al hablar de ignorancia. Y estas opiniones concuerdan también con las Escrituras. Pablo a veces habla expresamente de un defecto, como en 1 Corintios 2:14: «Pero el hombre natural no percibe las cosas que son del Espíritu de Dios». Y en otro lugar, Romanos 7:5, habla de la concupiscencia «que obraba en nuestros miembros llevando fruto para muerte». Podríamos citar muchos pasajes más referentes a los dos aspectos, pero en un asunto tan claro ninguna necesidad hay de testimonios. Y el lector entendido podrá juzgar con facilidad que el estar sin temor de Dios y sin fe son más que culpas actuales. Son defectos perdurables en la naturaleza que no ha sido renovada.

Así pues, acerca del pecado original nada pensamos que sea ajeno a la Escritura o a la iglesia universal, sino que devolvemos su sentido original y sacamos a la luz gravísimas sentencias de la Escritura y de los Padres, enterradas por las sofísticas polémicas de teólogos modernos. Pues del asunto mismo se desprende claramente que dichos teólogos no han captado lo que quisieron dar a entender los Padres al hablar del defecto. Sin embargo, el conocimiento del pecado original es imprescindible. No se puede comprender la magnitud de la gracia de Cristo sino después de conocidas nuestras enfermedades. Toda la justicia del hombre es mera hipocresía delante de Dios, si no reconocemos que por naturaleza, el corazón carece de amor, de temor y de confianza en Dios. Por eso dice el profeta Jeremías 31:19 «Después que reconocí mi falta, herí mi muslo».[24] Y también Salmo 116:11: «Y dije en mi apresuramiento: Todo hombre es mentiroso», esto es, cuando no piensa rectamente acerca de Dios.

Nuestros adversarios fustigan aquí también a Lutero, porque escribió: El

29

30

31

32

33

34

35

---

22. Buenaventura, *In Sent.* lib.II, dist.30 q.un.art. 2c. Buenaventura falleció en 1274. Doctor Seraficus, Príncipe de la Mística, una de las grandes figuras de la teología y filosofía del siglo XIII. Se lo llamó el segundo fundador de la Orden Franciscana. El *Comentario a las Sentencias*, fuente de la cita de Melanchton, es la obra principal de Buenaventura. Su *Breviloquium* tiene fama de ser el mejor compendio de dogmática de la Edad Media.

23. Hugo de San Víctor, (fallecido en 1141; apellidado *alter Augustinus*), *De sacramentis* I, 7, c.28. MSL 176, 299 A.

24. Jer. 31:19. En la Apología: *Postquam ostendisti mihi, percussi femur meum.* («Después de que me lo mostraste, herí mi muslo».) *Percussi femur* es traducción literal del hebreo, donde la expresión significa «demostrar arrepentimiento», «arrepentirse».

pecado original permanece después del bautismo.[25] Y añaden que este artículo fue condenado con toda razón por León X.[26] Pero Su Majestad Imperial encontrará en este punto una calumnia manifiesta. Pues nuestros adversarios saben en qué sentido quiso Lutero que se entendiese su observación de que el pecado original permanece después del bautismo. Siempre escribió que el bautismo quita la culpabilidad[27] del pecado original, aunque lo material del pecado, como lo llaman ellos, la concupiscencia, permanezca. Acerca de lo material añadió, además, que el Espíritu Santo dado por medio del bautismo, empieza a mortificar la concupiscencia,[28] y crea nuevos impulsos en el hombre. Del mismo modo habla Agustín[29] cuando dice: «En el bautismo se perdona el pecado, no de modo que ya no exista, sino de modo que ya no es imputado».[30] Aquí confiesa abiertamente que el pecado existe, es decir, que per-

36

---

25. Segunda de las tesis expuestas por Lutero en Leipzig: *In puero post baptismum peccatum remanens negare, hoc est Paulum et Christum semel conculcare* («Negar que el pecado permanece en el niño aun después de su bautismo, significa pisotear a Pablo y a Cristo simultáneamente»). WA II, 160. Cf. *Confutatio* (CR 27, 88): *Iam pridem enim damnati sunt a sede apostolica duo articulo Martini Lutheri . . . de peccato remanente in puero post baptismum* («Pues mucho ha que fueron condenados por la Sede Apostólica dos artículos de Martín Lutero . . . referentes al pecado que subsiste en la criatura después del bautismo»).

26. La segunda sentencia de los *Errores Martini Lutheri* de la bula *Exsurge Domine*, del 15 de junio de 1520. Cf. Denzinger–Schönmetzer, *Enchiridion Symbolorum*, ed. de 1965, número 1452.

27. *Reatus*. En el latín eclesiástico, se designa con este término la idea de culpa, deuda. Cf. Vulgata Ex. 32:35: *Percussit ergo Dominus populum pro reato vituli, quem fecerat Aaron.* («Hirió pues Jehová al pueblo por causa de su culpa en cuanto al becerro que había hecho Aarón»). Dt. 21:8: *Et suferetur ab eis reatus sanguinis* («Y se quitará de ellos la culpa de la sangre»).

28. BSLK (p. 154, nota 2) remite a las notas marginales de Lutero a Pedro Lombardo (WA IX, 74, 18 y siguientes; 75, 16 y siguientes) y agrega que a esa altura, Lutero todavía era de la opinión de que la concupiscencia *no* es el pecado original propiamente dicho, puesto que no es abolida en el bautismo, sino *poena originalis peccati*. Urs Baumann (*Erbsünde?* p. 54) hace referencia además a una palabra de Lutero en el comentario a la Carta a los Romanos (WA 56, 314): *Quia aperta causa humilitatis est, quod peccatum in nobis manet, sed 'non dominatur nobis', quia subiectum est spiritui, ut ipse destruat ipsum, quod prius regnavit super ipsum* («En efecto: Un motivo muy concreto para observar la debida humildad es el hecho de que el pecado permanece en nosotros, aunque sin 'enseñorearse de nosotros' [Ro. 6:14] por cuanto está sujeto al espíritu, para que éste destruya el pecado que antes lo tenía bajo su poder», trad. de *Obras de Martín Lutero*, Ed. La Aurora, Buenos Aires 1985, vol. X p. 213).

29. Respecto de esta cita de Agustín cf. p.ej. Ernst Kinder, *Die Erbsünde*, 81–83; Holsten Fagerberg, *A New Look at the Lutheran Confessions*, 141–143, Urs Baumann, *Erbsünde?*, p. 54.

30. *De nupt. et concup.* I, 25. MSL 44, 530. En el texto a que se refiere la Apología, Agustín escribe: . . . *dimitti concupiscentiam carnis in Baptismo, non ut non sit, sed ut in peccatum non imputetur. Quamvis autem reatu suo jam soluto, manet tamen, donec sanetur omnis infirmitas nostra proficiente renovatione interioris hominis de die in diem, cum exterior induerit incorruptionem* («En el bautismo, la concupiscencia de la carne es remitida [perdonada], no de modo que deje de existir, sino de manera que ya no es inputada como pecado. Pues si bien ya ha quedado absuelta como culpa, sin embargo sigue existiendo, hasta que sea sanada toda flaqueza nuestra a medida que progrese día a día la renovación del hombre interior, cuando el hombre exterior fuere revestido de incorrupción»).

manece, aunque no nos sea cargado en la cuenta. Y esta opinión agradó tanto a los que vinieron después, que hasta fue mencionada en los decretos. Agustín dice asimismo en su escrito contra Juliano: «Esta ley, que está en los miembros, ha sido anulada por la regeneración espiritual, y permanece en la carne mortal. Ha sido anulada, porque la falta quedó absuelta por el sacramento, por el cual los fieles vuelven a nacer de nuevo; pero permanece porque genera deseos contra los cuales luchan los fieles».[31] Nuestros adversarios saben que **37** tal es el pensamiento y la enseñanza de Lutero, pero como no pueden rebatir el asunto en sí, pervierten sus palabras, para dejar mal parado con este artificio a un hombre inocente.

Afirman, sin embargo, que la concupiscencia es castigo, y no pecado. Lutero insiste en que es pecado. Hemos dicho antes que Agustín define el **38** pecado original diciendo que es concupiscencia. Si esta opinión tiene algo de impropia pídanle cuentas a Agustín. Además, Pablo dice, (Ro. 7:7) «Tampoco **39** conociera la concupiscencia, (codicia) si la ley no dijera: No codiciarás». Y asimismo: «Veo otra ley en mis miembros, que se rebela contra la ley de mi mente y que me lleva cautivo a la ley del pecado que está en mis miembros», v. 23. Ningún sofisma puede echar por tierra estos testimonios. A la con- **40** cupiscencia la llaman claramente pecado, que sin embargo no se imputa a quienes están en Cristo, aunque por naturaleza sea cosa digna de muerte cuando no es perdonado. Así piensan los Padres, sin disputa alguna. Porque **41** Agustín, en una larga discusión, rechaza la opinión de los que creían que la concupiscencia que habita en el hombre no era vicio, sino *adiáphoron*, (ἀδιάφορον)[32] una cosa indiferente, del mismo modo como el color del cuerpo[33] o la mala salud son *adiáphora* (ἀδιάφορα).[34]

Si nuestros adversarios insisten en que el fomes, o la mala inclinación, **42** es *adiáphoron* (ἀδιάφορον), o indiferente, se hallarán en completo desacuerdo, no sólo con muchos pasajes de la Escritura, sino con toda la iglesia. Porque aun cuando no se llegase a un perfecto consenso en estas materias, ¿quién se atrevió jamás a decir que son *adiáphora* (ἀδιάφορα), o cosas indiferentes, el dudar de la ira de Dios, de la gracia de Dios, del Verbo de

---

31. *Contra Julianum* II, 3. MSL 44, 675.

32. Texto alemán: *Weder gut noch bös* («ni bueno ni malo»). H. G. Pöhlmann, *Apología*, p. 44: *Wertneutral* («axiológicamente neutro»). Vid. Fórmula de Concordia, Epítome, X, título: *Adiaphora oder Mitteldinge*. Texto en latín: *Adiaphora seu res mediae et indiffrentes*. Acerca del término *Mittelding* («cosa indiferente»), Lorenz Wunderlich comenta: « . . . *perhaps the most descriptive and the most adequate of all the equivalents for adiaphora*» («quizás el más gráfico y más adecuado de todos los términos usados como equivalentes de 'adiaforía'»). («Adiaphora», en *The Abiding Word*, ed. por Teodoro Laetsch, vol. 2, p. 686, St. Louis, 1947.)

33. *Corporis color*. Texto alemán: *schwarzen oder weissen Leib haben* («tener un cuerpo negro o blanco».)

34. P.ej. *Contra Julianum* IV, 9 ss., MSL 44, 740 ss.

Dios, airarse contra los juicios de Dios, indignarse cuando Dios no hace cesar de inmediato las aflicciones, estallar en lamentos porque los impíos gozan de mejor fortuna que los buenos, dejarse llevar por la ira, la lujuria, la ambición de gloria, de riquezas, etc.? Y consta que estas cosas, los hombres piadosos las reconocen como defectos que ellos mismos tienen, como lo evidencian los salmos y los profetas. Los teólogos escolásticos empero adujeron a este respecto sentencias totalmente improcedentes, tomadas de la filosofía: Que a causa de las pasiones no somos ni buenos ni malos, ni dignos de alabanza ni de vituperio; y además, que nada es pecado si no es un acto deliberado. Estas opiniones se referían, entre los filósofos, no a la justicia ante Dios, sino al juicio civil. Con la misma imprudencia añaden asimismo otras opiniones, como la de que la naturaleza no es mala. Esto no lo censuramos cuando se dice en su lugar debido; pero no es correcto distorsionarlo para desvirtuar el pecado original. Y sin embargo, estas opiniones se encuentran en las obras de los escolásticos, quienes intempestivamente entremezclan con el evangelio la doctrina filosófica o civil referente a la ética. Y estas cosas no sólo se discutían en las escuelas, sino que desde las escuelas, como suele suceder, se las llevaba al pueblo. Y tales creencias eran las que predominaban, y alentaban la confianza en las fuerzas humanas, impidiendo así el conocimiento de la gracia de Cristo. Por eso, Lutero, queriendo poner en claro la magnitud del pecado original y de la humana flaqueza, enseñó que los residuos del pecado original no son por su naturaleza *adiáphora* (ἀδιάφορα) en el hombre, sino que necesitan de la gracia de Cristo, para que no sean imputadas, así como del Espíritu Santo, para que sean mortificadas.

Aunque los escolásticos desvirtúan ambas cosas, el pecado y la pena, al declarar que el hombre puede cumplir por sus propias fuerzas los mandamientos de Dios, en el libro del Génesis se describe de modo distinto la pena impuesta al pecado original. Allí, la naturaleza humana, es sujetada no sólo a la muerte y a otros males corporales, sino incluso al reino del demonio. En Génesis 3:15, se proclama esta terrible sentencia: «Pondré enemistad entre tí y la mujer, y entre tu simiente y la simiente suya». Los defectos y la concupiscencia son castigos y pecados: La muerte, los demás males corporales y la tiranía del diablo son propiamente castigos. Pues la naturaleza humana ha sido entregada en servidumbre y esclavizada por el diablo, y éste la enloquece con opiniones impías y errores, y la impele a todo tipo de pecados. Y así como el diablo no puede ser vencido sino con el auxilio de Cristo, así tampoco podemos nosotros, por nuestras propias fuerzas, librarnos de esta esclavitud. La misma historia del mundo nos muestra cuán grande es el poder del reino satánico. Lleno está el mundo de blasfemias contra Dios, y de opiniones contrarias de la verdad divina, y con estos lazos el demonio tiene enredados a los que son sabios y justos a los ojos del mundo. En otros se manifiestan vicios aún más groseros. Por tanto, como nos fue dado Cristo para que quitase de nosotros estos pecados y castigos, y destruyese el reino del diablo y la muerte, no podemos valorar los beneficios de Cristo si no comprendemos antes nuestros males. Por eso nuestros predicadores enseñaron estas cosas con sumo cuidado, y no trasmitieron nada nuevo, sino que pusieron en primer lugar la Santa Escritura y las aserciones de los santos Padres.

Estimamos que lo dicho bastará para que Su Majestad Imperial se percate 51 de los pueriles y áridos sofismas con que nuestros adversarios han deformado nuestro artículo. Sabemos, en efecto, que nuestro modo de pensar es correcto, y que nos hallamos en conformidad con la iglesia universal de Cristo. Pero si nuestros adversarios renuevan esta controversia, no habrán de faltar entre nosotros quienes les respondan y salgan en defensa de la verdad. Porque en este asunto, gran parte de nuestros adversarios no entienden lo que dicen. A menudo afirman cosas contradictorias, y no exponen de manera correcta y lógica ni la forma del pecado original, ni lo que ellos llaman los defectos. Sin embargo, no fue nuestra intención hacer en este lugar un análisis demasiado agudo de sus discusiones. Pensamos que debíamos limitarnos a exponer, con palabras de uso corriente y conocidas por todos, el parecer de los santos Padres, que es también el parecer nuestro.

Artículo III. Cristo

Nuestros adversarios aprueban el artículo tercero,[35] en el que declaramos 1 que hay dos naturalezas en Cristo, a saber, una naturaleza humana, asumida por el Verbo en la unidad de su persona, y que este mismo Cristo padeció y murió para reconciliar al Padre con nosotros, y que resucitó para gobernar, justificar y santificar a los creyentes, etc., de acuerdo con el Credo Apostólico y el Credo Niceno.

Artículo IV. La Justificación

En cuanto al artículo cuarto, quinto, sexto, y también en el vigésimo, 1 nuestros adversarios nos condenan porque enseñamos que los hombres obtienen remisión de pecados, no por sus propios méritos, sino por gracia por la fe en Cristo. Pues condenan ambas cosas: Nuestra negación de que los hombres obtienen remisión de pecados por sus méritos propios, y nuestra afirmación de que son justificados por la fe en Cristo.[36] Como en esta con- 2

---

35. Cf. *Confutatio*, CR 27, 90 sigte.
36. *Confutatio*, CR 27, col. 93: *Nam si quis intenderet improbare merita hominum, quae per assistentiam gratiae divinae fiunt: plus assentiret Manichaeis, quam ecclesiae catholicae. Omnino enim sacris literis adversatur negare meritoria opera nostra.* («Pues si alguien intentara restar valor a los méritos de los hombres que son adquiridos mediante la asistencia de la gracia divina, estaría más de acuerdo con los maniqueos que con la iglesia católica. En efecto: Es totalmente contrario a las Sagradas Escrituras negar el carácter meritorio de nuestras obras».)

troversia se plantea la cuestión principal de la doctrina cristiana, cuestión que, bien entendida, esclarece y acrecienta el honor de Cristo y lleva a las conciencias piadosas el tan necesario consuelo en medida abundantísima, pedimos a Su Majestad Imperial que nos escuche con clemencia en un asunto de tanta importancia. Pues nuestros adversarios, dado que no entienden lo que es la remisión de pecados, ni la fe, ni la gracia, ni la justificación, tergiversan miserablemente esta cuestión, obscurecen la gloria y los beneficios de Cristo y privan a las conciencias piadosas de los consuelos que se ofrecen en Cristo.

4   Mas para poder confirmar la posición de nuestra Confesión y desvirtuar los argumentos que nos oponen nuestros adversarios, deben tratarse primero ciertas cuestiones, a fin de que se puedan conocer las fuentes de uno y otro género de doctrina, es decir, la de nuestros adversarios y la nuestra propia.

5   Toda la Escritura debe dividirse en estos dos temas principales: La ley y las promesas. En efecto, a veces presenta la ley, y otras veces presenta la promesa referente a Cristo, en las siguientes dos modalidades: Cuando promete que Cristo ha de venir, y asegura por mediación suya remisión de pecados, justificación y vida eterna, o cuando en el evangelio, el Cristo ya venido promete remisión de pecados, justificación y vida eterna. Llamamos ley en esta controversia a los Diez Mandamientos del Decálogo, dondequiera que se lean en la Escritura. Nada decimos por el momento de las ceremonias y leyes judiciales de Moisés.

7   De estos dos temas, nuestros adversarios escogen la ley, porque por naturaleza, la razón humana posee cierto entendimiento de la ley (pues tiene el mismo juicio escrita por Dios[37] en la mente), y por la ley buscan remisión de pecados y justificación. Mas el Decálogo requiere no sólo las obras exteriores de la así llamada justicia civil, que de algún modo, la razón es capaz de producir, sino que requiere también otras cosas, que sobrepasan en mucho las facultades de la razón, a saber: Temer, amar e invocar a Dios verdaderamente, estar realmente convencido de que Dios nos oye, y esperar la ayuda de Dios en la muerte y en todas nuestras aflicciones. Finalmente, requiere obediencia a Dios, en la muerte y en todas las aflicciones, para que no huyamos de ellas y las rechacemos cuando Dios nos las impone.

9   A ese respecto, los escolásticos, siguiendo a los filósofos, enseñan tan sólo una justicia de la razón, o sea, obras de la justicia civil, y añaden que la razón sola, sin el Espíritu Santo, puede amar a Dios sobre todas las cosas.

Confutatio, CR 27, col. 99: *Quod vero in eodem articulo iustificationem soli fidei tribuunt, ex diazmetro pugnat cum evangelica veritate, opera no excludente.* («Pero que en el mismo artículo (sexto) atribuyan la justificación a la fe sola, está en oposición diametral al evangelio de la verdad, el cual no excluye las obras».)

37. O: Por acción (providencia, comunicación) divina, por el cielo, divinamente, etc. En el original: *divinitus*. Errónea la trad. en la ed. de Tappert: Apología, p. 108 *naturally*.

Porque mientras el alma humana vive en paz y calma, y no siente la ira o el juicio de Dios, puede imaginar que desea amar a Dios, que desea hacer el bien por amor a Dios. Así es como enseñan que los hombres obtienen remisión de pecados, haciendo lo que esté de su parte, esto es, cuando la razón, doliéndose del pecado, provoca el acto de amar a Dios,[38] u obra el bien por causa de Dios. Y ya que esta creencia halaga por naturaleza a los hombres, originó e incrementó en la iglesia muchos ritos, como los votos monásticos, los abusos de la misa, y como consecuencia de esta creencia, unos se han dedicado a inventar tales ritos y observancias, y otros, tales otros, y para alimentar y aumentar la confianza en semejantes obras han declarado que Dios necesariamente concede la gracia a quien así actúa, no por necesidad de coacción, sino de inmutabilidad.

Hay en esta creencia muchos errores grandes y perniciosos que sería prolijo enumerar. Piense el prudente lector tan sólo en esto: Si ésta es la justicia cristiana, ¿qué diferencia hay entre la filosofía y la doctrina de Cristo? Si obtenemos remisión de pecados por medio de esos actos que nosotros mismos provocamos, ¿de qué provecho nos es Cristo? Si podemos justificarnos por nuestra razón, y por las obras de nuestra razón, ¿qué necesidad tenemos de Cristo o de la regeneración? A causa de estas opiniones la discusión ha llegado al extremo de que muchos hacen burla de nosotros, porque enseñamos que es preciso buscar una justificación distinta de la mera justificación filosófica. Nos hemos enterado de que algunos, dejando a un lado el evangelio, en vez de dar un sermón han explicado la ética de Aristóteles. Y no andaban tan errados, si es verdad lo que defienden como tal nuestros adversarios. Pues Aristóteles trató el tema de la ética civil de una manera tan erudita que no se podría pedir nada mejor al respecto. Vemos que circulan libros en los que se comparan palabras de Cristo con sentencias de Sócrates, de Zenón y de otros, como si Cristo hubiese venido al mundo a promulgar leyes por medio de las cuales pudiéramos merecer remisión de pecados, y no la tuviésemos por su gracia y por los méritos de él. Por tanto, si en este punto aceptamos la doctrina de nuestros adversarios según la cual nos hacemos acreedores a la remisión de pecados y la justificación por las obras de nuestra razón, ya no habrá ninguna diferencia entre la justicia filosófica, ciertamente farisaica, y la justicia cristiana.

Verdad es que nuestros adversarios, para no pasar por alto completamente a Cristo, exigen el conocimiento de la historia de Cristo, y admiten que por su mérito se nos ha infundido cierto hábito, o como ellos dicen, *prima gratia*, una primera gracia, que consideran como una inclinación a amar a Dios con más fervor. Sin embargo, muy poco es lo que atribuyen a este hábito, porque

---

38. Texto lat.: *Eliciat actum dilectionis Dei.* Cf. Nota 130.

piensan que los actos de la voluntad siguen siendo de la misma especie antes y después de recibido dicho hábito. Su idea es que la voluntad puede amar a Dios, pero que este hábito la mueve a hacerlo con más fervor. Y exigen que este «hábito primero» lo merezcamos mediante merecimientos, precedentes,[39] y luego merezcamos por medio de las obras de la ley un aumento

18 del mismo y vida eterna. De este modo entierran a Cristo, para que los hombres no se valgan de él como de un mediador, ni piensen que por causa de él reciben en forma gratuita remisión de pecados y reconciliación, sino por el contrario, sueñen con que por medio de su propio cumplimiento de la ley merecen perdón de pecados, y que por medio de este mismo cumplimiento de la ley son considerados justos delante de Dios, pero la verdad es que nunca se satisface a la ley, por cuanto la razón no ejecuta sino ciertos actos civiles, sin temer a Dios, y sin creer que Dios se fija en lo que ella hace. Por mucho que hablen de ese hábito, ni puede haber en los hombres amor de Dios sin la justicia de la fe, ni puede entenderse lo que es amor de Dios.

19 La distinción que inventan entre el mérito de congruo y mérito de condigno[40] es tan sólo una artimaña para no dar la impresión de que siguen abiertamente a Pelagio. Porque si Dios concede la gracia necesariamente por

---

39. Respecto de la posibilidad de merecer *de congruo* la gracia primera: Gabriel Biel, *Epitome et collectorium ex Occamo circa quatuor sententiarum Libros, lib. II, distinctio 27, quaestio unica, quarta conclusio* (K) (Tübingen 1501, reimpresión inalterada Frankfurt/Main 1965: *Anima obicia remotione ac bono motu in deum ex arbitrii libertate elicito primam gratiam mereri potest de congruo. Probatur quia actum facientis quod in se est deus acceptat ad tribuendam gratiam primam: no ex debito iustitiae, sed ex sua liberalitate.* («Removido el impedimento, y despertado, por la libertad del albedrío, un movimiento bueno en dirección hacia Dios, el alma puede merecer de congruo la gracia primera. Esto queda probado por cuanto Dios acepta el acto del hombre que hace lo que está en él, para concederle la gracia primera—no como algo que Dios debe al hombre por la justicia de éste, sino por su liberalidad divina».) Respecto de «merito de congruo» véase la nota siguiente.

40. *Meritum congrui et meritum condigni.* Mérito de congruo: «Billigkeitsverdienst», o «Angemessenheitsverdienst», *«merit of fitness».* Dicc. *Durvan de la Lengua Española:* «Merecimiento de las buenas obras sobrenaturales ejercitadas por el que está en pecado mortal, y que, aunque no pueden darle derecho a la gloria, por faltarle la gracia, suelen servir de congruencia para que Dios misericordiosamente le confiera auxilios para poder salir del estado en que se halla».—Gabriel Biel dice que es un mérito otorgado no como recompensa debida al que hace lo justo, sino por pura liberalidad: *Meritum de congruo est sactus libere elicitus acceptatus ad aliguid retribuendum con ex debito iustitiae, sed ex sola acceptantis liberalitate* (In Sent. lib. II, dist. 27, art. 1, not. 3, D, *Epitome et collectorium ex Occamo circa quatuor sententiarum Libros*, Tübingen, 1501. *Meritum condigni*, o *de condigno* es mérito debido, mérito a que el hombre tiene derecho ante Dios en vista de sus obras. (*Dicc. Durvan de la Lengua Española:* «Merecimiento de las obras sobrenaturales realizadas por el que está en gracia de Dios».) Buenaventura distingue entre *meritum congrui, meritum digni* y *meritum condigni: Meritum congrui est quando peccator facit, quod in se est et por se. Meritum digni, quando iustus facit pro alio. Meritum condigni, quando isutus operatur pro se ipso, quia ad hoc ordinatur gratia de condigno* (In Sent. I d 41. a. 1. qu. 1., BSLK, 163, nota 1). («Mérito de congruo: Cuando el pecador hace lo que esté de su parte, y en su propio beneficio; mérito digno, cuando el justo hace algo en favor de otro; mérito de condigno, cuando el justo obra en favor de él mismo, pues para esto se le concede la gracia de condigno».)

el mérito de congruo, ya no es mérito de congruo sino de condigno. Pero no saben lo que dicen. Sostienen, sin fundamento válido, que una vez que existe ese hábito del amor, el hombre es capaz de hacer méritos de condigno. Pero por otra parte quieren que dudemos de que tal hábito verdaderamente existe. ¿Cómo pueden saber entonces si merecen algo de congruo o de condigno? Pero todo este asunto ha sido inventado por hombres ociosos, que no saben cómo es el proceso de la remisión de pecados, ni cómo es desbaratada en nosotros la confianza en nuestras obras cuando se trata del juicio de Dios o de los temores de nuestra conciencia. Hipócritas seguros de sí mismos, siempre piensan que merecen de condigno, esté presente aquel hábito o no esté presente, porque por naturaleza, los hombres confían en su propia justicia. Pero las conciencias atemorizadas vacilan y dudan, y luego buscan y acumulan otras obras distintas para tranquilizarse. Nunca creen que merecen de condigno, y caen en desesperación a menos que oigan, además de la doctrina de la ley, el evangelio de la remisión gratuita de los pecados y de la justicia de la fe.

De esta manera, nuestros adversarios no enseñan más que la justicia de la razón, que es ciertamente la justicia de la ley, y a ésta la contemplan como los judíos contemplaban la faz velada de Moisés, y en los hipócritas seguros de sí mismos, que piensan poder satisfacer a la ley, excitan la presunción y la confianza vana en las obras y el desprecio de la gracia de Cristo. Y por otra parte llevan a la desesperación a las conciencias atemorizadas, las cuales, produciendo obras dudando del valor de las mismas, nunca pueden hacer experiencia de lo que es la fe y de cuán grande es su eficacia, terminando así por desesperarse del todo.

En lo que a nosotros se refiere, nuestra opinión acerca de la justicia de la razón es ésta: Dios la requiere, y por este mandamiento de Dios han de hacerse necesariamente las obras buenas que ordena el Decálogo, como dice Pablo, Gálatas 3:24: «La ley ha sido nuestro ayo»; y asimismo, 1 Timoteo 1:9: «La ley fue dada para los transgresores». Dios quiere sujetar a los [hombres] carnales[41] a esa disciplina civil, y para mantenerla les ha dado leyes, conocimiento, doctrina, magistrados y penas. En cierto modo, la razón puede producir esta justicia por sus propias fuerzas, si bien fracasa amenudo por su flaqueza natural, y el diablo la incita a cometer delitos manifiestos. Mas a pesar de que de buena gana tributamos a esta justicia de la razón las alabanzas que merece—la naturaleza corrompida no tiene otro bien mayor que éste, y con razón dice Aristóteles que: «Ni el lucero vespertino ni el matutino es más

41. *Carnales.* Justus Jonas: «Große Sunden» (pecados groseros).

hermoso que la justicia»[42]—y que Dios aun la honra con recompensas físicas, aun así no debe ser ensalzada en perjuicio de Cristo.

25   Falso es, pues, que por nuestras obras merecemos perdón de pecados.

26   Falso es, asimismo, que los hombres son considerados justos delante de Dios en virtud de la justicia de la razón.

27   Falso es también que la razón puede por sus propias fuerzas amar a Dios sobre todas las cosas y cumplir la ley de Dios, es decir, temer de veras a Dios, creer realmente que Dios escucha nuestra oración, desear obedecer a Dios en la muerte y en todo cuanto él dispone, no apetecer bienes ajenos, etc., aunque la razón sí puede cumplir obras pertenecientes a la justicia civil.

28   Falso y ofensivo para Cristo es asimismo pretender que no pecan los hombres que cumplen los mandamientos de Dios sin poseer el don de la gracia.

29   Para confirmar nuestra aserción, tenemos testimonios, no sólo en las Escrituras, sino en los Padres. En su extensísima disputa contra los pelagianos, Agustín insiste en que la gracia no se consigue por nuestros propios méritos. Y en su obra «De la naturaleza y de la gracia» dice: «Si la capacidad natural, por medio del libre albedrío, es suficiente tanto para saber cómo se ha de vivir, como para vivir rectamente, Cristo murió en vano, y resulta inútil el

30 escándalo de la cruz. ¿Cómo no habría de levantar aquí también la voz mía? La levantaré, y con cristiano dolor los increparé, diciendo: 'Os habéis desligado de Cristo, pues os habéis justificado por medio de la naturaleza,[43] y habéis caído de la gracia' (Gál. 5:4; cf. 2:21). Porque ignorando la justicia de Dios, y procurando establecer la vuestra propia, no os sujetáis a la justicia de Dios. Porque así como Cristo es el fin de la ley, así también Cristo es el Salvador de la viciosa naturaleza humana, para justificación de todo aquel que cree (Ro. 10:3-4)».[44]

31   Y en Juan 8:36 leemos: «Si el Hijo os libertare, seréis verdaderamente libres». Así que por medio de la razón, no podemos libertarnos de nuestros pecados, ni conseguir perdón de pecados. Y en Juan 3:5 está escrito: «El que no naciere otra vez de agua y del Espíritu, no puede entrar en el reino de Dios». Luego si es necesario nacer otra vez del Espíritu Santo, la justicia de

32 la razón no nos justifica ante Dios, y no cumple la ley. Romanos 3:23: «Todos están destituidos de la gloria de Dios», esto es, carecen de la sabiduría y de la justicia de Dios, la cual conoce y glorifica a Dios. Asimismo, Romanos 8:7-8: «Los designios de la carne son enemistad contra Dios; porque no se

---

42. *Ética, a Nicomaco* V, 3, II.

43. *Qui in natura iustificamini*. Vulgata: *Qui in lege iustificamini*. Versión R–V, rev. 1960, Gá. 5:4: De Cristo os desligasteis, los que por la ley os justificáis; de la gracia habéis caído.

44. *De natura et gratia* 40, 47. MSL 44, 270. CSEL 60, 268, 9.

sujetan a la ley de Dios, ni tampoco pueden; y los que viven según la carne no pueden agradar a Dios». Estos testimonios son tan claros, que no necesitan de un entendedor agudo, sino de un oyente atento, para decirlo con Agustín cuando trata del asunto.[45] Si los designios de la carne son enemistad contra Dios, es seguro que la carne no ama a Dios: Si no pueden sujetarse a la ley de Dios, tampoco pueden amar a Dios. Si los designios de la carne son enemistad contra Dios, la carne peca incluso cuando hacemos las obras exteriores de la justicia civil. Si no pueden sujetarse a la ley de Dios, de seguro pecan, aun cuando tengan en su haber obras excelentes y dignas de alabanza según la opinión humana. Nuestros adversarios se fijan sólo en los preceptos de la segunda tabla de la ley, los cuales se refieren a la justicia civil, que la razón entiende. Y contentándose con esta justicia, piensan que cumplen la ley de Dios. Y entretanto no se fijan en la primera tabla, que nos manda amar a Dios, estar profundamente convencidos de que el pecado suscita la ira de Dios, temer a Dios de veras, tener la plena certeza de que Dios escucha nuestra oración. Pero sin el Espíritu Santo el alma humana, sintiéndose segura, desprecia el juicio de Dios, o, al ser castigada, huye de Dios y le odia cuando él ejecuta su juicio. Por tanto, no obedece a la primera tabla. Y como el desprecio de Dios, la duda en cuanto a la palabra de Dios y sus amenazas y promesas están profundamente arraigados en la naturaleza humana, los hombres pecan verdaderamente, aun cuando hacen buenas obras sin el Espíritu Santo, porque las hacen con el corazón impío, según aquello de que «Todo lo que no proviene de fe, es pecado» (Ro. 14:23). Porque los tales obran con desprecio de Dios, como Epicuro, que se niega a creer que Dios cuida de él, tiene sus ojos puestos en él, y le escucha.[46] Este desprecio desvirtúa todas las obras que parecen virtuosas, porque Dios juzga los corazones.

Por último, nuestros adversarios escriben, con asombrosa imprudencia, que los hombres, sujetos a eterna ira, se hacen merecedores de la remisión de pecados por un acto de amor provocado por el hombre mismo,[47] cuando en realidad es imposible amar a Dios a menos que antes se aprehenda, mediante la fe, la remisión de pecados. Pues el corazón humano que verdaderamente sabe que Dios está airado, no puede amar a Dios, si Dios no se le manifiesta aplacado. Mientras él nos inspira temor, y parece arrojarnos a la muerte eterna, la naturaleza humana no puede cobrar aliento para amar al Dios airado que juzga y castiga. Es fácil para los hombres ociosos inventar estos sueños en

33

34

35

36

37

---

45. *De gratia et libero arbitrio* 8, 19. MSL 44, 892.

46. Cicerón, *De Legibus* I, 7, 21 s. Epicuro, filósofo griego (341–277 a. de C.). Según él, los dioses no se hacen cargo de gobernar al mundo.

47. Cf. Nota 130.

cuanto al amor, y pensar que un culpable de pecado mortal[48] puede amar a Dios sobre todas las cosas, porque no saben lo que es la ira o el juicio de Dios. Pero en momentos de angustia y en el ardor de la lucha, la conciencia experimenta la vanidad de esas especulaciones filosóficas. Pablo dice: «La

38   ley produce ira» (Ro. 4:15). No dice que por la ley, los hombres consiguen perdón de pecados. Pues la ley siempre acusa a las conciencias y las llena de terror. Por lo tanto no justifica, porque la conciencia, aterrorizada por la ley, huye del juicio de Dios. Yerran, pues, quienes confían en merecer perdón

39   de pecados por la ley, y mediante sus porpias obras. Baste lo dicho en cuanto a la justicia de la razón o de la ley que enseñan nuestros adversarios. Pues un poco más adelante, cuando expongamos nuestro parecer respecto de la justicia de la fe, el tema mismo nos obligará a citar otros testimonios más que también contribuirán a desbaratar los errores de nuestros adversarios que acabamos de examinar.

40   Como los hombres no pueden por sus propias fuerzas cumplir la ley de Dios, y como están sumidos en el pecado y son culpables de eterna ira y muerte, no podemos ser librados del pecado ni ser justificados por la ley; antes bien la promesa de remisión de pecados y de justificación nos ha sido dada por causa de Cristo, entregado por nosotros para expiar los pecados del

41   mundo, y puesto como mediador y propiciador. Y esta promesa no está condicionada por nuestros méritos, sino que ofrece, gratuitamente remisión de pecados y justificación, como lo dice Pablo (Ro. 11:6): «Si por obras, ya no es gracia», y en otro lugar (Ro. 3:21): «Aparte de la ley, se ha manifestado la justicia de Dios, esto es, la remisión de pecados se ofrece de gracia». La

42   reconciliación tampoco depende de nuestros méritos. Porque si la remisión de pecados dependiese de nuestros méritos, y la reconciliación dependiese de la ley, no tendría ningún valor. Porque como no cumplimos la ley, se seguiría que tampoco la promesa de reconciliación jamás se haría efectiva para nosotros. Así argumenta Pablo, Romanos 4:14: «Porque si los que son de la ley son los herederos, vana resulta la fe, y anulada la promesa». Porque si la promesa estuviese supeditada a nuestros méritos y a la ley, seguiríase que la promesa es inútil puesto que no cumplimos nunca la ley.

43   Pero como la justificación se obtiene por la promesa gratuita, síguese que no podemos justificarnos a nosotros mismos. De otro modo, ¿qué necesidad habría de promesa? Y como la promesa no puede aprehenderse sin la fe, el evangelio, que es propiamente la promesa del perdón de pecados y

---

48. En cuanto a *peccata mortalia*, *peccata contra conscientiam*, y *peccatum regnans* (seu dominans) en Melanchton (y en su ilustre discípulo Chemnitz) vid. el ricamente documentado análisis crítico de Gottfried Noth titulado «*Peccata contra conscientiam*», en *Gedenkschrift für D. Werner Elert*, editada por Friedrich Hübner junto con Wilhelm Maurer y Ernst Kinder, Berlín, 1955, pp. 211–219.

de justificación por medio de Cristo, proclama la justificación por la fe en Cristo, cosa que la ley no enseña. Y tampoco es ésta la justicia de la ley. La ley requiere de nosotros nuestras obras y nuestra perfección. Pero la promesa nos ofrece a quienes estamos oprimidos por el pecado y la muerte, la reconciliación gratuita por medio de Cristo, que se consigue, no por las obras, sino por la fe sola. Esta fe no ofrece a Dios nuestra confianza en méritos propios, sino solamente la confianza en la promesa o en la misericordia prometida en Cristo. Así pues, esta fe especial, por la que cada uno cree que le son perdonados los pecados por causa de Cristo, y que Dios ha quedado aplacado y nos es propicio por causa de Cristo—esta fe es la que consigue remisión de pecados y nos hace justos. Y como en nuestro arrepentimiento, es decir, en nuestros terrores, esta fe nos consuela y levanta nuestros corazones, también nos regenera y hace que llegue a nosotros el Espíritu Santo, para que luego podamos cumplir la ley de Dios, esto es, amar a Dios, temerlo de verdad, estar convencidos de que Dios escucha nuestra oración, obedecer a Dios en todas nuestras aflicciones; y además mortifica nuestra concupiscencia, etc. Así pues, la fe que recibe gratuitamente el perdón de los pecados, no opone a la ira de Dios nuestros méritos o nuestro amor, sino que le opone a Cristo, el mediador y propiciador. Esta fe es un conocimiento verdadero de Cristo, se vale de los beneficios de Cristo, regenera los corazones y precede al cumplimiento de la ley. Y sin embargo, sobre esta fe no hay escrita ni una sílaba en todo lo que enseñan nuestros adversarios. Es por esto que los censuramos porque sólo enseñan la justicia de la ley, y no enseñan la justicia del evangelio, que proclama la justificación por la fe en Cristo.

44

45

46

47

¿QUÉ ES UNA FE QUE JUSTIFICA?

Nuestros adversarios se imaginan que la fe es sólo un conocimiento de la historia, y por eso enseñan que puede coexistir con el pecado mortal. Nada dicen, por lo tanto, de esa fe por la cual, como tantas veces repite Pablo, los hombres son justificados, dado que los que son tenidos por justos ante Dios, no andan en pecado mortal. Pero aquella fe que justifica no es sólo un conocimiento de la historia, es asentir a la promesa de Dios en la cual se ofrece por gracia, por causa de Cristo, la remisión de pecados y justificación.[49] Y

48

---

49. Melanchton, *Loci* de 1521, p. 167 ss. Kolde 4º ed. *Werke II*, 1 (1952), 91 ss. En su libro *Melanchthon neben Luther* (subtítulo: *Studien zur Gestalt der Rechtfertigungslehre zwischen 1528 und 1537*) 1965, Luther–Verlag, Witten, p. 98, Martín Greschat observa que esta definición de *fides* en la Apología de Melanchton se corresponde enteramente con la explicación que hace Lutero de Gálatas 2:16. Dice Lutero (WA XL 1, 228, 12 ss.): *Fides non est aliqua otiosa qualitas in corde, quod fides Christiana possit consistere in peccato mortali, donec accedat charitas quae vivificet; sed si vera, est quaedam fiducia cordis et firmitas assensus quo apprehendo Christum* («La fe no es cierta cualidad ociosa en el corazón, de modo que la fe cristiana pueda existir aun en un estado de pecado mortal hasta que se haga presente el amor que vivifica; antes bien, si es una fe verdadera, es una confianza arraigada en el corazón y una firme aceptación con que aprehendo a Cristo».)

para que nadie llegue a creer que es sólo un conocimiento, volvemos a repetir: Es desear y aceptar la promesa del perdón de pecados y de la justificación.

49   Fácilmente puede verse la diferencia que existe entre esta fe y la justicia de la ley. La fe es una latría[50] que recibe los beneficios ofrecidos por Dios; la justicia de la ley es una latría que ofrece a Dios nuestros propios méritos. Con una fe tal es que Dios quiere que se le adore, o sea: Que aceptemos de él todo cuanto nos promete y ofrece.

50   Que la fe significa no sólo conocimiento de la historia, sino esta otra fe que da crédito a la promesa, lo atestigua claramente Pablo cuando dice (Ro. 4:16): «Por tanto, [la justicia] es por la fe, para que la promesa sea firme». Su pensamiento es pues, que la promesa no puede recibirse sino por la fe. Por eso establece una correlación entre promesa y fe y liga la una con la

51   otra.[51] Por otra parte, resultará fácil entender lo que es la fe, si consideramos el Credo, donde figura con toda claridad este artículo: La remisión de pecados. No es, pues, suficiente creer que Cristo nació, padeció y resucitó, sino que es preciso añadir el mencionado artículo, que constituye la causa final de la historia: La remisión de pecados. Y con este artículo hay que relacionar los demás, a saber, que se nos concede perdón de pecados por causa de Cristo,

52   y no en virtud de nuestros méritos. ¿Qué necesidad había de que Cristo fuera entregado por nuestros pecados, si nuestros méritos son capaces de expiar nuestros pecados?

53   Por ende, todas las veces que hablamos de la fe que justifica, ha de entenderse que concurren en ella estos tres factores: La promesa, que se hace gratuitamente, los méritos de Cristo como precio, y la propiciación. La promesa se recibe por la fe. Lo de «gratuitamente» excluye nuestros méritos, y

54   significa que el beneficio es ofrecido sólo por misericordia. Los méritos de Cristo constituyen el precio, porque es menester que haya una propiciación segura y eficaz por nuestros pecados. La Escritura apela con frecuencia a la misericordia.[52] Y los santos Padres dicen a menudo que somos salvos por

55   misericordia. Cuantas veces, pues, se hace mención de la misericordia, ha de entenderse que allí se requiere la fe que acepta la promesa de misericordia.

50. Culto, adoración que sólo se debe a Dios. Cf. Romanos 9:4; 12:1.

51. *Quare inter se correlative comparat et connectit promissionem et fidem.* Texto alemán: *Da heftet und verbindet Paulus die zwei also zusammen, das, wo Verheissung ist, da muss auch Glaube sein usw. und wiederum 'correlative', wo Verheissung is, da fordert Gott auchGlauben.* («Ahí Pablo liga estrechamente las dos cosas, de tal manera que donde hay promesa, debe haber también fe, etc., y por otra parte, correlativamente, donde hay promesa, Dios también requiere fe».) En el segundo miembro, Justus Jonas probablemente quiso escribir: Donde se requiere fe, allí debe haber también promesa.

52. Texto alemán: *Die ganze Schrift, altes und neues Testaments, wenn sie Gott und Glauben redet, braucht viel dieses Worts: Güte, Bermherzigkeit, 'misericordia'.* («La Escritura entera, tanto del Antiguo Testamento como del Nuevo, al hablar de Dios y de la fe, emplea frecuentemente esta palabra: Bondad, misericordia».)

E insistimos, cuantas veces hablamos de la fe, queremos que se entienda su objeto,[53] a saber, la misericordia prometida. La fe no justifica o salva porque de por sí sea una obra digna, sino tan sólo porque acepta la misericordia prometida. Y este culto, esta latría, se ensalza a cada paso en los Profetas y en los Salmos; la ley en cambio no enseña la remisión gratuita de los pecados. Pero los Padres conocían la promesa referente a Cristo, y sabían que Dios deseaba perdonar los pecados por medio de Cristo. Y así, comprendiendo que Cristo era el precio que hubo que pagar por nuestros pecados, sabían que nuestras obras no eran precio para un bien tan grande. Por eso aceptaban por la fe la misericordia gratuita y la remisión de pecados, tal como hacen los santos en el Nuevo Testamento. A esto se refieren las frecuentes declaraciones acerca de la misericordia y de la fe en los Salmos y en los Profetas, como ésta (Sal. 130:3 y sig.): «Si mirares a los pecados, ¿quién, oh Señor, podrá mantenerse?» Aquí David confiesa sus pecados, y no alega los méritos propios. Y añade: «Pero en ti hay perdón». Con esto fortalece su ánimo mediante la confianza en la misericordia de Dios, y cita la promesa: «En su palabra he esperado. Mi alma esperó a Jehová», es decir: Como has prometido perdón de pecados, me sustento con esta tu promesa. Así pues, también los padres eran justificados, no por la ley, sino por la promesa y la fe. Y es sorprendente que nuestros adversarios debiliten la fe de este modo, pese a que ven que por doquier se la ensalza como el culto principal, como p.ej. en el Salmo 50:15: «Invócame en el día de la angustia, y yo te libraré». Así es como Dios quiere que se le conozca y que se le adore, a saber, que aceptemos los beneficios que él nos ofrece, y los recibamos por causa de su misericordia, y no en virtud de nuestros méritos. Este es el mayor consuelo en todas las tribulaciones. Y estos consuelos, nuestros adversarios los anulan cuando debilitan y vituperan a la fe, y sólo enseñan que el trato de los hombres con Dios se hace por medio de sus propias obras y sus propios méritos.

LA FE EN CRISTO JUSTIFICA

Primero, para que nadie piense que hablamos del inoperante conocimiento de la historia, diremos cómo se obtiene la fe. Después, mostraremos tanto el modo cómo esa fe justifica, como también la forma en que debemos entender esto, y rebatiremos las objeciones de nuestros adversarios. En el último capítulo de Lucas (24:47), Cristo nos manda predicar en su nombre el arrepentimiento y la remisión de pecados. Pues el evangelio convence a todos los hombres de que están bajo el pecado, de que todos son merecedores de eterna ira y muerte, y ofrece, a causa de Cristo, remisión de pecados y justificación que recibe aquel que cree. La predicación del arrepentimiento

---

53. Es decir, el objeto de la fe.

que nos acusa, estremece las conciencias con auténticos y graves terrores. En estos terrores, los corazones tienen que ser nuevamente consolados. Y lo serán si creen en la promesa de Cristo, a saber, que por causa de él conseguimos perdón de pecados. Esta fe, que en estos terrores nos inspira ánimo y consuelo, consigue remisión de pecados, justifica y vivifica. Porque este consuelo es

63 una vida nueva y espiritual. Estas cosas son claras y manifiestas; pueden ser entendidas por las personas piadosas, y tienen el apoyo de los testimonios de la iglesia. En los escritos de nuestros adversarios no hay ningún pasaje en que se diga cómo se nos concede el Espíritu Santo. Hablan de que los sacramentos confieren el Espíritu Santo «ex opere operato»,[54] sin necesidad de un impulso bueno por parte de quien los recibe, como si el don del Espíritu Santo fuese cosa vana.

64 Pero como hablamos de una fe que no es un pensamiento ocioso, sino que libra de la muerte y origina en los corazones una vida nueva, y que es obra del Espíritu Santo, esa fe no puede coexistir con el pecado mortal, sino que lleva buenos frutos en todo tiempo en que está presente, como diremos

65 más adelante. ¿Puede decirse algo más claro y más sencillo en cuanto a la conversión del impío o el modo en que se efectúa su regeneración? En un tan grande ejército de escritores, muéstrennos un solo comentario a las Sentencias[55] que diga algo acerca del modo en que se efectúa la regeneración.

66 Cuando hablan del «hábito del amor», imaginan que los hombres se lo merecen por medio de sus obras, tal como lo enseñan en nuestros días los anabaptistas,

67 pero no enseñan que se consigue por la palabra. Mas con Dios no se puede tratar ni se le puede aprehender sino por vía de la palabra. Por tanto, la justificación se hace por la palabra, como lo dice Pablo (Ro. 1:16): «El evangelio es poder de Dios para salvación a todo aquel que cree». Y asimismo (Ro. 10:17): «La fe es por el oír». Esto nos permite sacar la conclusión de que la fe justifica, porque si la justificación se efectúa sólo por la palabra, y la palabra sólo se aprehende por la fe, se sigue que la fe justifica. Pero hay

68 otras razones, aún más poderosas. Lo que dijimos hasta aquí era para demostrar el modo cómo se efectúa la regeneración, y para que se pudiera entender de qué clase de fe estamos hablando.

69 Demostraremos ahora que la fe justifica. En primer lugar, es preciso advertir a los lectores lo siguiente: Así como hay que mantener la afirmación de que Cristo es mediador, así también hay que mantener la de que la fe justifica. En efecto, ¿cómo puede ser Cristo nuestro mediador, si en materia de justificación no acudimos a sus oficios como tal, si no creemos que por

---

54. En virtud de la obra realizada.

55. *Sententiarum libri IV*, la afamada dogmática de Pedro Lombardo, profusamente comentada a fines de la Edad Media. Vid. nota 16 en Apología II.

causa de él somos tenidos por justos? Creer empero es esto: Confiar en los méritos de Cristo, o sea, que por causa de él Dios quiere reconciliarse con nosotros. Y así como hay que sostener que además de la ley, es indispensable la promesa de Cristo, así también hay que sostener que la fe justifica. Porque la ley no enseña una remisión gratuita de los pecados; además no se puede cumplir sin antes haber recibido el Espíritu Santo. Es, pues, preciso sostener que la promesa de Cristo es indispensable. Pero ésta no la podemos aceptar sino por la fe. Por tanto, quienes niegan que la fe justifica, no enseñan más que la ley, y han anulado tanto el evangelio como a Cristo.

Pero cuando se dice que la fe justifica, algunos tal vez entienden que se habla del principio, es decir, que la fe es el comienzo de la justificación, o una preparación para la justificación, de modo que no sería la fe lo que nos hace aceptos a Dios, sino las obras que le siguen, y fantasean que se alaba tanto a la fe por cuanto se la considera el principio.[56] Pues el principio ejerce una influencia poderosísima, y como suele decirse «ἀρχή ἥμισυ παντός», el principio es la mitad del todo,[57]como si se dijera que la gramática hace doctores en todas las artes, porque prepara para las demás artes, aunque cuando uno llega a artesano es por su propio arte. No es ésta nuestra idea acerca de la fe, sino que sostenemos que somos considerados justos o aceptos a Dios propia y verdaderamente por la fe misma, por causa de Cristo. Y ya que «ser justificados» significa «ser transformados de injustos en justos» o «ser re-generados», significa también «ser declarados o considerados justos». La Escritura usa tanto la una como la otra manera de expresarse. Por tanto, queremos dejar sentado en primer lugar que la fe sola transforma al injusto en un justo, es decir, obtiene remisión de pecados.[58]

70

71

72

---

56. Cf. Concilio de Trento, Sess. VI, capit. 8 (texto latino de Denzinger–Schönmetzer, *Enchiridion Symbolorum*, ed. de 1965, número 1532): *Cum vero Apostolus dicit, iustificari hominem 'per fidem', et 'gratis', ea verba in eo sensu intelligenda sunt, quem perpetuum Ecclesiae catholicae consensus tenuit et expressit, ut scilicet per fidem ideo iustificari dicamur, quia 'fides est humanae salutis initium', fundamentum et radis omnis iustificationis, 'sine qua impossibile est placere Deo' et ad filiorum eius consortium pervenire.* («Por lo tanto, cuando el Apóstol dice que el hombre es justificado 'por la fe' y 'gratuitamente', estas palabras deben entenderse en el sentido que el consenso perpetuo de la iglesia católica mantuvo y expresó, o sea: Decimos que somos justificados por medio de la fe por cuanto 'la fe es el comienzo de la salvación del hombre, el fundamento y la raíz de toda justificación, sin la cual es imposible agradar a Dios y llegar a formar parte de la compañía de sus hijos'».) El *Enchiridion* de Denzinger–Schönmetzer tiene la siguiente nota remisiva (*initium*): *Fulgentius Rusp., «De fide lb. ad petrum, prolog, párr. 1 (PL 65, 671 / PL 40, 753 [= Ps. Aug.].»* Resulta que las palabras del texto tridentino *fides est humanae salutis initium* son un breve compendio de la dogmática *De fide ad Petrum sive de regula verae fidei liber unus*, del africano Fulgencio, obispo de Ruspe (507–533). Dicho compendio fue de mucho uso en la Edad Media, porque se creía que era de la pluma de Agustín. Erasmo demostró que Agustín no es el autor (cf. Migne, PL 40, 751–752, *Admonitio*).

57. Platón, *leg.* 6.

58. Vid. Apología IV, 78; Fórmula de Concordia, Decl. Sól. III, 18 ss. Vid. también literatura en BSLK 158, nota 2. Hans Engelland (*Melanchton, Glauben und Handeln*, München,

73   A algunos les molesta la palabra SOLA, aun cuando Pablo dice (Ro.
3:28): «Concluimos, pues que el hombre es justificado por fe sin las obras».
Asimismo (Ef. 2:8-9): «Es don de Dios, no de vosotros, no por obras, para
que nadie se gloríe». Y en Romanos 3:24: «Son justificados gratuitamente».
Si no les agrada el término excluyente SOLA, eliminen también de los pasajes
de Pablo las palabras: «Gratuitamente», «no por obras», «es don», etc. Porque
también estos vocablos son excluyentes. En cambio, lo que sí excluimos es
la idea del mérito. No excluimos la palabra o los sacramentos, como nos
acusan calumniosamente nuestros adversarios. Pues ya hemos dicho que la
fe tiene su origen en la palabra, y le otorgamos máxima distinción al ministerio
74   de la palabra. También el amor y las obras deben seguir a la fe. Por tanto,
no las excluimos como que no le siguieran. Lo que sí queda excluida en la
justificación es la confianza en nuestro amor y en nuestras obras como factores
meritorios. Y esto lo demostraremos con toda claridad.

OBTENEMOS REMISIÓN DE PECADOS POR LA SOLA FE EN CRISTO

75   Estimamos que hasta nuestros adversarios reconocen que en la justificación es necesario primero el perdón de pecados. Todos, en efecto, estamos
bajo el pecado. Y por eso razonamos así:—
76   Obtener remisión de pecados es ser justificados, de acuerdo con el texto
(Sal. 32:1): «Bienaventurado aquel cuya transgresión ha sido perdonada». Por
77   la sola fe en Cristo conseguimos remisión de pecados, no por medio del amor,
ni por causa del amor ni por las obras, si bien el amor sigue a la fe. Por
78   tanto, somos justificados por la fe sola, con el entendimiento de que «justificación» es la transformación de un hombre injusto en un justo, es decir, ser
regenerado.
79   De esta manera se puede aclarar sin dificultad la premisa menor,[59] si
sabemos cómo se consigue remisión de pecados. Nuestros adversarios se
entregan a discusiones enteramente triviales acerca de si la remisión de pecados y la infusión de la gracia constituyen una sola transformación. Y como
hombres inexpertos que son, no tienen respuesta que dar. En lo que respecta
a la remisión de pecados, es preciso que en nuestros corazones sean vencidos
los terrores del pecado y de la muerte eterna, como lo afirma Pablo (1 Co.
15:56 y sigte.): «El aguijón de la muerte es el pecado, y el poder del pecado,
la ley. Mas gracias sean dadas a Dios, que nos da la victoria por medio de
nuestro Señor Jesucristo». Quiere decir: El pecado llena a las conciencias de

1931, p. 541, nota 18) dedica 27 páginas (541–568) a los debates en torno de la cuestión planteada
en Apología IV, 72.
59. De Duns Escoto y sus seguidores.

terror, y esto ocurre por causa de la ley, que nos muestra la ira de Dios contra el pecado; pero por Cristo seremos vencedores. ¿De qué modo? Por la fe, cuando cobramos ánimo por nuestra confianza en la misericordia prometida a causa de Cristo. Y de este modo aportamos la prueba para la premisa menor: La ira de Dios no puede aplacarse si le oponemos nuestras obras, porque Cristo nos ha sido propuesto como propiciador, para que por su mediación, el Padre sea reconciliado con nosotros. Pero no podemos aprehender a Cristo como mediador sino por la fe. Por tanto, conseguimos remisión de pecados sólo por la fe, cuando levantamos nuestros corazones por nuestra confianza en la misericordia prometida a causa de Cristo. Asimismo dice Pablo, en Romanos 5:2: «Por él (Cristo) también tenemos entrada al Padre», y añade: «Por la fe». Luego somos reconciliados con el Padre, y conseguimos remisión de pecados, cuando levantamos nuestros corazones por nuestra confianza en la misericordia prometida por causa de Cristo.[60] Nuestros adversarios entienden que Cristo es mediador y propiciador por haber merecido el «hábito del amor»; pero no dicen que ahora debemos acudir a este mediador, sino que después de haber sepultado a Cristo por completo, se vienen con que tenemos entrada al Padre por nuestras propias obras, que por ellas merecemos ese hábito del amor, y que por ese amor nos acercamos después a Dios. ¿No es esto, por ventura, sepultar a Cristo por completo y anular toda la doctrina de la fe? Por el contrario, Pablo enseña que tenemos entrada al Padre, esto es, reconciliación por medio de Cristo. Y para mostrar cómo se produce esto, añade que tenemos entrada al Padre por la fe. Así, pues, conseguimos remisión de pecados por la fe, a causa de Cristo. A la ira de Dios no le podemos oponer nuestro amor y nuestras obras.

Segundo: Es cierto que los pecados son perdonados a causa de Cristo, el propiciador. (Ro. 3:25): «A él (Cristo) Dios puso como propiciación». Pablo añade empero: «Por la fe». Nos beneficiamos, por tanto, con este propiciador, cuando por la fe aprehendemos la misericordia prometida en él, y la oponemos a la ira y al juicio de Dios. Y en el mismo sentido está escrito en Hebreos 4:14, 16: «Por tanto, teniendo un gran sumo sacerdote, etc., acerquémonos confiadamente». El apóstol nos manda, pues, que nos acerquemos a Dios, no confiados en nuestros méritos, sino poniendo nuestra confianza en Cristo, el sumo sacerdote. Lo que el apóstol requiere es, por lo tanto, que tengamos fe.

Tercero. En Hechos 10:43, Pedro dice: «De éste dan testimonio todos los profetas, que todos los que en él creyeren, recibirán perdón de pecados

60. Cf. Melanchton, *Loci communes* de 1521, *Melanchthons Werke*, ed. de R. Stupperich, II, p. 92: *Est itaque fides non aliud nisi fiducia misericordiae promissae in Christo* («Así, pues, la fe no es otra cosa sino la confianza en la misericordia que nos ha sido prometida en Cristo».)

por su nombre». ¿Pudo hablar con mayor claridad? El perdón de pecados, dice, lo recibimos por su nombre, esto es, por causa de Cristo. Luego no es por nuestros méritos, contrición, atrición,[61] amor, culto u obras. Y añade: «Todos los que en él creyeren». Requiere, entonces, la fe. Pues no podemos aprehender el nombre de Cristo sino por la fe. Habla, además, de la opinión unánime de todos los profetas. Esto es, en verdad, alegar la autoridad de la iglesia. Mas este tema lo hemos de volver a tratar al hablar del arrepentimiento.[62]

84   Cuarto. La remisión de pecados es algo que se nos promete por causa de Cristo. Por tanto, no puede ser recibida más que por la fe sola. Porque la promesa puede recibirse únicamente por la fe sola. Romanos 4:16: «Por tanto es por la fe, para que sea firme la promesa, conforme a la gracia».[63] Como si dijera: Si la cosa dependiese de nuestros méritos, la promesa sería incierta e inútil, porque nunca podríamos determinar cuándo habíamos merecido lo suficiente. Esto lo pueden entender fácilmente las conciencias experimentadas. Por eso dice Pablo en Gálatas 3:22: «Mas Dios[64] lo encerró todo bajo pecado, para que la promesa que es por la fe en Jesucristo fuese dada a los creyentes». Aquí el apóstol anula nuestro mérito, porque dice que todos somos culpables, y encerrados bajo pecado; y después añade que la promesa, a saber, de remisión y justificación, «es dada», y declara cómo puede ser recibida, es decir, por la fe. Este razonamiento, extraído de la naturaleza de la promesa, es para Pablo el más importante, y se repite muchas veces. Y no es posible inventar o imaginar razonamiento alguno con que se pueda derribar este ar-

85 gumento de Pablo. Por tanto, no toleren los corazones sinceros que se los aparte de la aserción de que solamente por la fe conseguimos perdón, por causa de Cristo. En ella tienen consuelo seguro y firme contra los terrores del pecado, contra la muerte eterna y contra todas las puertas del infierno.

86   Por tanto, como por la fe sola obtenemos perdón de pecados y recibimos el Espíritu Santo, la fe sola justifica, porque los reconciliados son considerados

---

61. Según la teología católica romana, la *attritio*, llamada también *timor servilis*, es una etapa inicial, imperfecta aún, de la contrición, que por lo común nace de la consideración de lo torpe que es el pecado, o del temor al infierno y a los castigos. Cf. Concilio de Trento, Sess. XIV, cap. 4, Denzinger–Schönmetzer, *Enchiridion Symbolorum*, ed. de 1965, No. 1678: *Illam vero contritionem imperfectam, quae attritio dicitur, quoniam vel ex turpitudinis peccati consideratione vel ex gehennae et poenarum metu communiter concipitur* . . . La contrición en cambio es un arrepentimiento cabal, un dolor profundo por haber ofendido a Dios, y tiene su raíz en el temor de Dios. En cuanto a la teoría escolástica de *contritio* y *attritio*, Ernst Wolf (BSLK, p. 440, nota 1) remite a O. Scheel, Martin Luther II (1930), 288 s y Herzog–Hauck, *Realencyklopädie für protestantische Theologie und Kirche*, 3 ed. XVII, 714.

62. Vid. artículo XII, párr. 66.

63. Ro. 4:16. Reina-Valera, rev. 1960: «Por tanto, es por fe, para que sea por gracia, a fin de que la promesa sea firme. . .»

64. Gá. 3:22. Reina-Valera: «Mas la Escritura lo encerró. . .»

justos e hijos de Dios, no por razón de su propia pureza, sino por misericordia, a causa de Cristo, con tal que aprehendan por la fe esta misericordia. Por eso, la Escritura declara, (Ro. 3:26), que «Dios justifica al que es de la fe de Jesús». Agreguemos entonces los testimonios que dicen claramente que la fe es esa misma justicia por la cual somos justificados ante Dios, a saber no porque sea obra digna de por sí, sino porque recibe o acepta la promesa por la cual Dios asegura que por causa de Cristo quiere ser propicio a quienes en él creen, o porque la fe sabe que «Cristo nos ha sido hecho por Dios sabiduría, justificación, santificación y redención», (1 Co. 1:30).

En la Carta a los Romanos, Pablo pone este tema en un lugar destacado, **87** y afirma que somos justificados gratuitamente por la fe, todos los que creemos que Dios se ha reconciliado con nosotros por causa de Cristo. Esta proposición, que encierra el punto capital de toda la controversia, la presenta en el capítulo 3, vers. 26: «Concluimos, pues, que el hombre es justificado por fe sin las obras de la ley». Nuestros adversarios interpretan el pasaje como referencia a las ceremonias levíticas. Pero Pablo no habla sólo de ceremonias, sino de la ley entera. Más abajo, en efecto (Ro. 7:7), cita el mandamiento del Decálogo: «No codiciarás». Si las obras de la ley moral mereciesen perdón de pecados y justificación, no habría ninguna necesidad de Cristo, ni de la promesa, y caerían por tierra cuantos razonamientos hace Pablo sobre la promesa. Estaría equivocado también al escribir a los efesios (Ef. 2:8): «Porque por gracia sois salvos por medio de la fe; y esto no de vosotros, pues es don de Dios». Además, Pablo menciona también a Abraham y a David (Ro. 4:1, 6). Éstos empero habían recibido mandamiento de Dios acerca de la circuncisión. Entonces, si había alguna obra que justificaba, necesariamente también las obras de aquel entonces debían hacerlo, ya que contaban con un mandato. Pero Agustín dice acertadamente que Pablo habla de la ley entera, en aquella discusión suya tan datallada en la obra «Acerca del Espíritu y la Letra», donde termina con estas palabras: «Consideradas, pues, estas materias, y tratadas hasta donde nos lo han permitido las fuerzas que el Señor se ha dignado concedernos, deducimos que el hombre no se justifica por los preceptos de una vida recta, sino por la fe en Jesucristo».[65]

Y para que no pensemos que la sentencia de que la fe justifica se le **88** escapó a Pablo por descuido, la defiende y confirma mediante una larga exposición en el capítulo cuarto de la Carta a los Romanos, y la repite después en todas las demás cartas. Dice así en Romanos 4:4–5: «Pero al que obra, no se le cuenta el salario como gracia, sino como deuda. Mas al que no obra, **89** sino cree en aquel que justifica al impío, su fe le es contada por justicia». Aquí dice claramente que la fe misma es contada por justicia. La fe es, pues,

---

65. *De spiritu et litera* 13, 22. MSL 44, 2 214 s.; CSEL 60, 176, 13.

aquella cosa de la cual Dios declara que es «justicia», añadiendo que «es contada» gratuitamente, y negando que podría ser contada gratuitamente si fuese un salario adeudado por las obras. Por eso excluye también el mérito de las obras de la ley moral. Porque si a éstas se debiese como paga la justificación ante Dios, no se contaría por justicia la fe independientemente de las obras. Y luego prosigue (Ro. 4:9): «Porque decimos que a Abraham le fue contada la fe por justicia». En el capítulo 5:1, dice: «Justificados, pues, por la fe, tenemos paz para con Dios», esto es, tenemos conciencias tranquilas y alegres delante de Dios. Romanos 10:10: «Porque con el corazón se cree para justicia». Aquí declara que la fe es justicia del corazón. En Gálatas 2:16 escribe: «Nosotros también hemos creído en Jesucristo, para ser justificados por la fe de Cristo, y no por las obras de la ley». Y en Efesios 2:8: «Porque por gracia sois salvos por medio de la fe; y esto no de vosotros, pues es don de Dios; no por obras, para que nadie se gloríe».

Juan, capítulo 1:12–13: «A todos los que le recibieron, a los que creen en su nombre, les dio potestad de ser hechos hijos de Dios, los cuales no son engendrados de sangre, ni de voluntad de carne, ni de voluntad de varón, sino de Dios». Juan 3:14–15: «Y como Moisés levantó la serpiente en el desierto, así es necesario que el Hijo del hombre sea levantado, para que todo aquel que en él cree, no se pierda». Y asimismo en el versículo 17: «Porque no envió Dios a su Hijo al mundo para condenar al mundo, sino para que el mundo sea salvo por él. El que en él cree no es condenado».

Hechos 13:38–39: «Sabed, pues, esto, varones hermanos: Que por medio de él se os anuncia perdón de pecados; y que de todo aquello de que por la ley de Moisés no pudisteis ser justificados, en él es justificado todo aquel que cree». ¿Pudo hablarse con mayor claridad del oficio de Cristo y de la justificación? La ley, dice, no justificaba. Por eso nos ha sido dado Cristo, para que creamos que somos justificados por causa de él. En términos inequívocos le niega a la ley el poder de justificar. Luego somos considerados justos por causa de Cristo, si creemos que Dios se ha reconciliado con nosotros por causa de Cristo. Hechos 4:11–12: «Este Jesús es la piedra reprobada por vosotros los edificadores, la cual ha venido a ser cabeza de ángulo. Y en ningún otro hay salvación; porque no hay otro nombre bajo el cielo, dado a los hombres, en que podamos ser salvos». Pero el nombre de Cristo se aprehende sólo por la fe. Por tanto, somos salvos por la confianza en el nombre de Cristo, y no por la confianza en nuestras obras. Porque «nombre» significa aquí la causa que se alega, por la que se alcanza la salvación. Y alegar el nombre de Cristo es confiar en el nombre de Cristo como en la causa o precio por el que somos salvos. Hechos 15:9: «Purificando por la fe sus corazones».

Por tanto, la fe de que hablan los apóstoles no es un conocimiento inoperante, sino un factor real que recibe el Espíritu Santo y que nos convierte en justos.

Habacuc 2:4: «Mas el justo por su fe vivirá». Aquí, el profeta dice, en **100** primer lugar, que los hombres son justos por la fe, mediante la cual creen que Dios les es propicio, y añade que esta misma fe vivifica, porque produce en el corazón paz, gozo y vida eterna.

Isaías 53:11: «Por su conocimiento justificará mi siervo justo a mu- **101** chos».[66] Pero ¿qué es conocer a Cristo, sino conocer los beneficios[67] de Cristo y las promesas que ha derramado sobre el mundo en su evangelio? Conocer estos beneficios es propia y verdaderamente creer en Cristo, creer que las promesas que ha hecho Dios por causa de Cristo las cumplirá con toda seguridad.

Pero la Escritura está llena de testimonios semejantes, ya que unas veces **102** se refiere a la ley, y otras a las promesas acerca de Cristo, del perdón de pecados y de recibir ese perdón en forma gratuita, a causa de Cristo.

También en los Padres se encuentran testimonios similares. Ambrosio **103** dice en su carta a Ireneo:[68] «Además, el mundo fue sujetado a él por la ley, porque, según la prescripción de la ley, todos son culpados, y ninguno es justificado por las obras de la ley; esto es así porque el pecado se manifiesta por la ley, pero la culpa no queda aminorada en modo alguno. Parecía que la ley era perjudicial, pues los hacía pecadores a todos, pero cuando vino el Señor Jesús, les perdonó a todos ese pecado que nadie podía evitar, y borró con el derramamiento de su sangre la escritura que nos condenaba».[69] Esto es lo que dice al apóstol: «Abundó el pecado por medio de la ley; sobreabundó empero la gracia por medio de Jesús».[70] Porque habiendo quedado sujeto el mundo entero, Jesús quitó el pecado de todo el mundo, como lo atestiguó Juan Bautista diciendo (Jn. 1:29): «He aquí el Cordero de Dios, que quita el pecado del mundo». Por tanto, nadie se gloríe en las obras, porque nadie es justificado por lo que ha hecho. Mas el que es justo, lo es por haber recibido una dádiva, porque ha sido justificado después del bautismo.[71] La fe es, pues, la que liberta por la sangre de Cristo, porque «bienaventurado aquel cuya

---

66. Is. 53:11. En el original: *Notitia eius iustificabit multos*. Texto alemán: *Sein Erkenntnis wird viel gerecht machen*. («El conocimiento del mismo hará justos, o justificará, a muchos».) Algunas versiones (entre ellas, la Biblia de Jerusalén) tienen «sufrimientos» en lugar de «conocimiento», de acuerdo con un manuscrito hebreo.

67. Melanchton, *Loci communes* de 1521: *Hoc est Christum cognoscere, beneficia eius cognoscere* («Conocer a Cristo es conocer los beneficios que nos vienen de Cristo»); p. 65 Kolde, *Werke* II, 1, del año 1952, 7, 10.

68. Ep. 73 MSL 16, 1307 s.

69. Col. 2:14. En el original *chirographum*.

70. Cita algo libre de Ro. 5:20.

71. *Post lavacrum. Concordia Triglotta*, p. 151: «After the laver». J. Pelikan, en *Tappert*, p. 122: «After being washed». *Post* puede traducirse también con «desde», como en *post hominum memoriam*, «desde tiempos inmemoriales».

104   transgresión ha sido perdonada, y cubierto su pecado» (Sal. 32:1).—Estas
son palabras de Ambrosio, claro apoyo de nuestra posición: Él hace una
separación entre justificación y obras, y afirma que la fe nos hace libres por
105   la sangre de Cristo. Reúnanse en un montón todos los sentenciarios que se
adornan con títulos altisonantes—pues a unos los llaman angélicos, a otros
sutiles, y a otros irrefutables[72]—todos ellos, leídos y releídos, no contribuyen
al entendimiento de Pablo tanto como esta sola sentencia de Ambrosio.

106   Con el mismo objeto, Agustín escribe muchas cosas contra los pelagianos. En su obra titulada «Acerca del Espíritu y la Letra», dice así: «La justicia
de la ley—a saber, que el que la cumple, tendrá vida en ella—seguramente
fue puesta ante nuestros ojos con la intención de que cada cual, habiendo
reconocido su debilidad, y conciliando al Dios Justificador—no por su porpia
fuerza, o por la letra de la ley, lo cual es imposible, sino por la fe—llegue
a alcanzar esa justicia, la haga realidad, y viva en ella. Una obra buena en
el sentido de que quien la hace, tiene vida en ella—una obra tal no existe
sino en el hombre justificado. La justificación empero se alcanza por la fe».[73]
Aquí, Agustín dice claramente que al Justificador se le aplaca por la fe, y
que la justificación se consigue por la fe. Y casi a renglón seguido: «Por la
ley tememos a Dios; por la fe esperamos en Dios. Pero a los que temen el
castigo, la gracia les queda escondida. Si el alma sufre al estar bajo este temor
etc., refúgiese mediante la fe en la misericordia de Dios, para que él conceda
lo que él ordene.[74] Aquí, Agustín enseña que los corazones son aterrorizados
por la ley, pero consolados por la fe. Y nos enseña además que antes de tratar
de cumplir la ley procuremos aprehender por la fe la misericordia. Más adelante citaremos algunos pasajes más.

107   Es cosa verdaderamente extraña que a nuestros adversarios no los inmuten

---

72. Tomás de Aquino, Doctor Angelicus; Duns Escoto, Doctor Sibtilis; Alejandro de Hales,
Doctor Irrefragabilis.

73. *Ideo quippe proponitur iustitia legis, quod qui fecerit eam, vivet in illa, ut cum quisque
infirmitatem suam cognoverit, non per suas vires neque per literam ipsius legis, quod fieri non
potest, sed per fidem concilians iustificatorem perveniat et faciat et vivat in ea. Opus rectum,
quod qui fecerit, vivet in eo, non fit nisi in iustificato, Iustificatio autem ex fide impetratur*
(BSLK, p. 182). Justus Jonas (loc. cit.) traduce: «*Darum wird uns das Gesetz und seine Gerechtigkeit fürgehalten, dass, wer sie thut, dadurch lebe, und dass ein jeder, so er sein Sch-
wachheit erkennet, zu Gott, welcher allein gerecht macht, komme, nicht durch sein eigen Kraafte
noch durch des Gesetzes, welchen wir nicht erfüllen können, sondern durch den
Glauben. Ein recht gut Werk kan niemands thun, denn der zuvor selbst gerecht, fromm und gut
sei; Gerechtigkeit aber erlangen wir allein durch den Glauben*». («Por esto se lleva a nuestro
conocimiento la ley y su justicia, a fin de que el cumplidor de la misma obtenga la vida, y a
fin de que todo hombre, al darse cuenta de su propia debilidad, se dirija hacia Dios, el único
que puede hacernos justos, no por las propias fuerzas del hombre ni mediante la letra de la ley,
que no somos capaces de cumplir, sino por medio de la fe. Nadie puede hacer una obra verdaderamente buena a menos que él mismo ya sea una persona justa, recta y buena. La justicia
empero la alcanzamos sólo por medio de la fe».)

74. *De spiritu el litera* 29, 51. MSL 44, 232/2; CSEL 60; 207, 4 y 208, 5.

para nada los tantos pasajes de la Escritura que atribuyen claramente la justificación a la fe, y con igual claridad la niegan a las obras. ¿Creerán que
todos estos son vanas y excesivas repeticiones? ¿Pensarán que se descuidó el   108
Espíritu Santo, sirviéndose de estas expresiones a la ligera? También han
inventado un sofisma con el que las soslayan. Dicen que estos pasajes se   109
refieren a una *fides formata*[75], es decir, no atribuyen la justificación a la fe,
excepto con vistas al amor. Es más: La justificación no la atribuyen en absoluto
a la fe, sino sola y exclusivamente al amor, porque sueñan que la fe puede
coexistir con el pecado mortal.[76] ¿Hasta dónde los lleva esto sino hasta una   110
nueva abdicación de la promesa y un regreso a la ley? Si la fe consigue
remisión de pecados por causa del amor, el perdón de pecados siempre quedará
en la incertidumbre, porque nunca amamos tanto cuanto debemos: Es más,
no amamos sino cuando nuestros corazones se hallan firmemente convencidos
de que nos ha sido concedida la remisión de pecados. Y así, nuestros adversarios, al requerir confianza en el propio amor para la remisión de pecados
y la justificación, anulan por completo el evangelio de la remisión gratuita
de pecados, aunque ese amor no lo pueden practicar ni entender, a no ser
que crean que la remisión de pecados se consigue gratuitamente.

También nosotros decimos que el amor debe seguir a la fe, como lo   111
declara Pablo (Gá. 5:6): En Cristo Jesús ni la circuncisión vale algo, ni la
incircuncisión, sino la fe que obra por el amor». Mas no por eso se ha de   112
creer que por la confianza en ese amor, o por causa de ese amor, conseguimos
perdón de pecados y reconciliación, así como tampoco conseguimos perdón
de pecados por otras obras «que siguen», sino por la fe sola; en efecto: Sólo
por la fe propiamente dicha se consigue remisión de pecados, porque la promesa no se puede recibir sino por la fe. Ahora bien: La fe propiamente dicha   113
es la que acepta la promesa; y de esta fe se nos habla en la Escritura. Y por   114
cuanto obtiene remisión de pecados y nos reconcilia con Dios, por esa fe
somos considerados justos a causa de Cristo, antes de que tengamos amor o

---

75. *Dicunt de fide formata accipi debere.* H. G. Pöhlmann, (*Apologie* p. 65) toma «justificación» como sujeto de *accipi debere*, y traduce: «*Sie sagen, die Rechtfertigung müsse vom
geformten Glauben empfangen werden*» («Dicen que la justificación tiene que ser recibida por
medio de la fe formada»). Entendemos sin embargo que la interpretación correcta de *accipi
debere* es la de Justus Jonas (BSLK, p. 183): «*sind zu verstehen*» (deben ser entendidos, i. e.
los textos). *Fides formata*, es decir, *fides caritate formata* («la fe formada por el amor», «Glaube
durch die Liebe gestaltet» o «geformt», «faith fashioned by love») la fe que es viva a base del
amor, la fe que obra impulsada por el amor (cf. Vulgata Gá. 5:6: *fides quae per caritatem
operatur*), y que se diferencia de la *fides informis* por el hecho de que esta última es una fe
carente de amor. Cf. Tomás de Aquino, *Summa Theologiae*, II, 1. q. 113, a. 4 ad 1, donde dice
que el impulso de la fe no es perfecto a menos que ésta esté formada por el amor, y que por lo
tanto, en la justificación del impío existe, simultáneamente con el impulso de la fe, también el
impulso del amor (*Motus fidei non est perfectus, nisi sit caritate formatus, unde simul in iustificatione impii cum motu fidei est etiam motus caritatis*).

76. Contra la doctrina de la *fides informis*. Vid. también la nota anterior, *fides formata*.

115 cumplamos la ley, aunque el amor necesariamente tiene que aparecer en consecuencia. Y por cierto, esta fe no es un conocimiento estéril, ni puede coexistir con el pecado mortal, sino que es obra del Espíritu Santo por la que somos libertados de la muerte, y por la que son animadas y vivificadas las

116 mentes aterrorizadas. Y como esta fe sola consigue remisión de pecados y nos hace aceptos a Dios, y hace que llegue a nosotros el Espíritu Santo, más correcto sería llamarla «gracia que le hace a uno acepto a Dios»,[77] y no darle el nombre del efecto que sigue, es decir, «amor».

117 A fin de arrojar mayor claridad sobre este asunto, hasta aquí hemos demostrado, con suficiente abundancia de testimonios de la Escritura, y con argumentos extraídos de la misma, que por la fe sola obtenemos remisión de pecados a causa de Cristo, y que por la fe sola somos justificados, esto es,

118 que somos transformados de injustos en justos o regenerados. Fácil es apreciar, entonces, cuán necesario es el conocimiento de esta fe, porque sólo ella nos da la comprensión cabal del oficio de Cristo, sólo por ella conseguimos los beneficios de Cristo, sólo ella lleva consuelo seguro y firme a los corazones

119 piadosos. Y es de máxima importancia que en la iglesia se mantenga viva una doctrina en la cual las personas piadosas pueden fundar una esperanza segura de salvación. Pues nuestros adversarios aconsejan mal a los hombres cuando les mandan dudar de que puedan conseguir remisión de pecados. ¿De dónde sacarán fuerzas en la hora de la muerte quienes nada han oído de esta

120 fe y creen que deben dudar de la remisión de pecados? Por otra parte, es necesario mantener en la iglesia el evangelio de Cristo, esto es, la promesa de que por causa de Cristo, los pecados son perdonados gratuitamente. Aniquilan por completo este evangelio quienes nada enseñan acerca de esta fe de que hablamos. Y son precisamente los escolásticos los que no dicen una

121 sola palabra en cuanto a esta fe. A ellos siguen nuestros adversarios, con su rechazo de esta fe. Y no ven que, al rechazarla, anulan por completo la promesa de la remisión gratuita de los pecados y de la justicia de Cristo.

El Amor y el Cumplimiento de la Ley

122 A este respecto, nuestros adversarios nos hacen la siguiente objeción: «Si quieres entrar en la vida, guarda los mandamientos», (Mt. 19:17). Y también: «Los hacedores de la ley serán justificados», (Ro. 2:13), y muchas otras cosas semejantes acerca de la ley y las obras. Pero antes de contestar a estas objeciones, tenemos que aclarar lo que nosotros creemos acerca del amor y del cumplimiento de la ley.

123 En el profeta Jeremías está escrito (31:33): «Daré mi ley en su mente, y la escribiré en su corazón». Y en Romanos 3:31, Pablo dice: «¿Luego por

---

77. *Gratia gratum faciens.*

la fe invalidamos la ley? En ninguna manera, sino que confirmamos la ley». Y Cristo dice (Mt. 19:17): «Si quieres entrar en la vida, guarda los mandamientos». Asimismo (1 Co. 13:3): «Si no tengo amor, de nada me sirve». Estos pasajes, y otros semejantes, nos hacen ver la necesidad de que la ley **124** tenga un comienzo en nosotros y se cumpla cada vez mejor. Pero nosotros hablamos, no de ceremonias, sino de la ley que nos da prescripciones acerca de los impulsos de nuestro corazón, esto es, hablamos del Decálogo. Pues **125** como la fe trae hacia nosotros al Espíritu Santo y origina nueva vida en nuestros corazones, necesariamente produce también impulsos espirituales en nuestros corazones. Lo que son estos impulsos nos lo muestra el profeta cuando dice (Jr. 31:33): «Daré mi ley en su mente». Por tanto, después de haber sido justificados por la fe y haber nacido de nuevo en ella, empezamos a temer y amar a Dios, pedir su ayuda y poner nuestra esperanza en ella, darle gracias y alabanzas, y obedecerle en las aflicciones. Empezamos también a amar a nuestro prójimo, porque nuestros corazones tienen impulsos espirituales y santos.

Esto no puede verificarse sino después de que hayamos sido justificados **126** por la fe, y después de que el Espíritu Santo que recibimos nos haya hecho nacer de nuevo. Primero, porque la ley no se puede cumplir sin Cristo, como tampoco se puede cumplir la ley sin el Espíritu Santo. Pero el Espíritu Santo **127** se consigue por la fe, según la sentencia de Pablo en Gálatas 3:14: «A fin de que por la fe recibiésemos la promesa del Espíritu». Por otra parte, ¿cómo **128** puede el corazón humano amar a Dios cuando tiene conciencia de que Dios está terriblemente airado y nos castiga con calamidades temporales y perpetuas? Porque la ley siempre nos acusa, siempre nos presenta a un Dios airado. Por ende no podemos amar a Dios sino cuando por la fe aprehendemos su misericordia. Así es como al fin Dios puede convertirse en objeto de nuestro **129** amor.

Así, pues, aunque las obras de la justicia civil, esto es, las obras exteriores **130** de la ley, se pueden cumplir hasta cierto punto sin Cristo y sin el Espíritu Santo, de lo que acabamos de decir se desprende claramente que las obras que pertenecen propiamente a la ley divina, es decir, los afectos del corazón para con Dios que se nos ordenan en la primera tabla del Decálogo, no se pueden realizar sin el Espíritu Santo. Pero nuestros adversarios son teólogos **131** muy amables: Ponen sus ojos en la segunda tabla del Decálogo y en las obras de una honestidad exterior[78] y no se ocupan para nada de la primera, como si de ningún modo viniera al caso, o sólo exigen observancias exteriores. A la ley que es eterna, y que está muy por encima del sentido y del entendimiento

---

78. *Politica opera*, es decir, las obras exteriores, las obras hechas con relación al prójimo.

de todas las criaturas: «Amarás a Jehová tu Dios de todo tu corazón» (Dt. 6:5), no la toman en cuenta en absoluto.

132   Pero Cristo nos ha sido dado precisamente para que por causa de él consigamos remisión de pecados y recibamos el Espíritu Santo que engendra en nosotros una vida nueva y eterna y eterna justicia. Por esta razón, la ley no se puede cumplir verdaderamente hasta que se haya recibido el Espíritu Santo por medio de la fe. Por eso dice Pablo (Ro. 3:31) que «por la fe no invalidamos la ley, sino que la confirmamos». Porque la ley sólo se puede

133   cumplir cabalmente cuando interviene el Espíritu Santo. De ahí las palabras de Pablo en 2 Corintios 3:15 y sigte., que el velo que cubría la faz de Moisés no puede quitarse sino por la fe en Cristo, por la cual se recibe el Espíritu Santo. Dice así, en efecto: «Y aun hasta el día de hoy, cuando se lee a Moisés, el velo está puesto sobre el corazón de ellos. Pero cuando se conviertan al Señor, el velo se quitará. Porque el Señor es el Espíritu; y donde está el

134   Espíritu del Señor, allí hay libertad». El «velo» significa para Pablo la opinión humana acerca de toda la ley, el Decálogo y las leyes ceremoniales, esto es, la opinión de los hipócritas de que con las obras exteriores y civiles se satisface a la ley de Dios, y que los sacrificios y cultos «ex opere operato»[79] justifican

135   delante de Dios. Este velo es quitado de nuestra faz, es decir, se nos libra de ese error cuando Dios hace ver a nuestros corazones nuestra inmundicia y la magnitud de nuestro pecado. Entonces es que nos damos cuenta por primera vez de cuán lejos estamos del cumplimiento de la ley, y nos damos cuenta también de que la carne, muy confiada y ociosa, no teme a Dios, ni está convencida de que Dios tiene cuidado de nosotros, sino que piensa que los hombres nacen y mueren porque ése es su destino. Entonces experimentamos que no creemos que Dios nos perdona y nos escucha. Una vez que hemos oído el evangelio y cuando mediante la fe somos fortalecidos por la remisión de pecados, recibimos el Espíritu Santo, para que ya podamos tener pensamientos acertados en cuanto a Dios, temerle, creer en él, etc. De aquí se deduce que la ley no se puede cumplir sin Cristo y sin el Espíritu Santo.

136   Declaramos, por lo tanto que es necesario que la ley comience su obra en nosotros, y que después la vayamos cumpliendo cada vez más. Incluimos a la vez estas dos cosas: Los impulsos espirituales y las buenas obras exteriores. Es falsa, pues, la calumnia de nuestros adversarios de que nuestros partidarios no enseñan las buenas obras; la verdad es que no sólo las exigen,

137   sino que muestran cómo se las puede practicar. El resultado mismo convence a los hipócritas, que tratan de cumplir la ley por sus propias fuerzas, de que

138   no pueden llevar a cabo lo que pretenden. Porque la naturaleza humana es demasiado débil como para resistir por sus fuerzas al diablo, que mantiene

---

79. Véase Nota 54.

cautivos a cuantos no son liberados por la fe. Contra el diablo se necesita el 139
poder de Cristo, es decir: Necesitamos de su poder para que, sabiendo que
por causa de Cristo, Dios nos oye y nos da supromesa, pidamos la dirección
y el apoyo del Espíritu Santo, a fin de que no erremos, siendo objeto del
engaño, ni cedamos al impulso de emprender algo en contra de la voluntad
de Dios. Así lo enseña el Salmo 68:18: «Cautivaste la cautividad, tomaste
dones para los hombres». Porque Cristo venció al diablo, y nos dio la promesa
y el Espíritu Santo, para que con el auxilio divino venzamos también nosotros.
Y en 1 Juan 3:8 se nos dice: «Para esto apareció el Hijo de Dios, para deshacer
las obras del diablo». Por otra parte, no sólo enseñamos cómo se puede cumplir 140
la ley, sino también cómo le agrada a Dios si hacemos algo,—no porque
estamos satisfaciendo a la ley, sino porque estamos en Cristo, como diremos
poco después. Consta, pues, que nosotros exigimos buenas obras. Es más: 141
Añadimos también que es imposible separar de la fe el amor de Dios, por
pequeño que sea, porque por medio de Cristo se llega al Padre, y una vez
aceptado el perdón de pecados, estamos seguros de que Dios es el Dios
nuestro, es decir, de que Dios cuida de nosotros. En consecuencia le invocamos, le damos gracias, le tememos y amamos, como nos lo enseña Juan
en su primera carta, (4:19): «Nosotros le amamos a él porque él nos amó
primero», esto es, porque entregó por nosotros a su Hijo y nos perdonó
nuestros pecados. Esto es lo que se quiere indicar con la frase: La fe precede
y el amor sigue. Además, la fe de que hablamos existe en el arrepentimiento, 142
es decir, se concibe en los terrores de la conciencia que siente la ira de Dios
contra nuestros pecados, busca remisión de pecados y ser liberada del pecado.
Y en tales terrores y en las demás aflicciones, esta fe debe crecer y fortalecerse.
Por esa razón, no puede existir en quienes viven según la carne, se deleitan 143
en sus malos deseos y les dan curso. Por eso dice Pablo (Ro. 8:1): «Ahora,
pues, ninguna condenación hay para los que están en Cristo Jesús, los que
no andan conforme a la carne, sino conforme al Espíritu». Y luego (Ro. 8:12):
«Deudores somos, no a la carne, para que vivamos conforme a la carne;
porque si vivís conforme a la carne, moriréis: Mas si por el Espíritu hacéis
morir las obras de la carne, viviréis». De ahí que la fe que acepta el perdón 144
de pecados con un corazón aterrado, y que huye del pecado, no puede permanecer en quienes siguen sus malos deseos, ni coexiste con el pecado mortal.

De estos efectos de la fe, nuestros adversarios escogen uno, a saber, el 145
amor, y enseñan que el amor justifica.[80] Así resulta evidente que sólo enseñan
la ley. No enseñan primero que se consigue remisión de pecados por la fe.

---

80. *Confutatio*, CR 27, col. 100: *Proinde non admittitur, quod tam saepe fidei tribuunt
iustificationem, cum id pertineat ad gratiam et caritatem.* («Por esto no podemos admitir que
[los adversarios] con tanta frecuencia atribuyan la justificación a la fe, ya que pertenece a la
gracia y al amor»).

No hablan de Cristo como mediador, ni de que Dios nos es propicio por causa de Cristo, sino que dicen que lo es por causa de nuestro amor. No explican,

146 sin embargo, de qué amor se trata, ni podrían tampoco explicarlo. Declaran que cumplen la ley, cuando en realidad, esta gloria se debe a Cristo, y al juicio de Dios le oponen la confianza en sus propias obras, pues afirman que de condigno[81] merecen gloria y vida eterna. Esta confianza es sencillamente impía y vana. Porque en esta vida no podemos cumplir la ley en forma satisfactoria, pues la naturaleza carnal no cesa de producir malos afectos, aunque a ellos se resista el Espíritu que está en nosotros.

147 Quizás alguno preguntará: Ya que también nosotros reconocemos que el amor es obra del Espíritu Santo, y reconocemos además que «amor» equivale a «justicia», puesto que es cumplimiento de la ley, ¿por qué no enseñamos que el amor justifica? A esto se ha de responder: Primero, que es cierto que no conseguimos perdón de pecados por medio del amor, ni a causa de nuestro

148 amor, sino a causa de Cristo, por la fe sola. La fe sola, que tiene los ojos puestos en la promesa, y por eso sabe que se debe dar por cierto que Dios perdona, siendo que Cristo no ha muerto en vano, etc.,—esa fe sola vence

149 los terrores del pecado y de la muerte. Si alguno duda de que le son perdonados sus pecados, hace agravio a Cristo, pues imagina que su pecado es más poderoso o eficaz que la muerte y la promesa de Cristo, contrariamente a lo que dice Pablo (Ro. 5:20): «Mas cuando el pecado abundó, sobreabundó la

150 gracia», es decir, la misericordia es más grande que el pecado. Si alguno piensa que consigue perdón de pecados por cuanto tiene amor, igualmente hace agravio a Cristo, y al afrontarse con el juicio de Dios verá que es impía y vana la confianza en su propia justicia. Luego es necesario que la reconciliación y justificación las basemos en la fe. Y así como no conseguimos

151 remisión de pecados por medio de otras virtudes de la ley, o por causa de ellas, a saber, por causa de la paciencia, la castidad, la obediencia a las autoridades, etc., y no obstante es preciso practicarlas, así tampoco conseguimos remisión de pecados por causa de nuestro amor hacia Dios, aun cuando

152 es necesario que lo practiquemos. Por otra parte, es conocida la figura del lenguaje que consiste en que a veces, con la misma palabra comprendemos «por sinécdoque»[82] la causa y los efectos. Así, en Lucas 7:47, Cristo dice:

---

81. BSLK (p. 189, nota 1) remite a Buenaventura, *Breviloquium* V. 2. (*In sent.* II d. 27 a 2 q. 3).

82. Del griego *Syn.* + *ekdékhomai*, recibir juntamente. Ret.: Tropo consistente en extender, restringir o alterar la significación de las palabras, tomando el todo por la parte, o viceversa (*Dicc. Durvan de la Lengua Española*). La retórica antigua hacía una distinción entre esta figura retórica y la metonimia. Según la definición actual de ésta (Metonimia = Tropo consistente en designar una cosa con el nombre de otra, tomando el efecto por la causa o viceversa, el continente por el contenido, el autor por sus obras, etc., op. cit.), la figura de lenguaje a que se refiere Melanchton es más bien una metonimia.

«Sus muchos pecados le son perdonados, porque amó mucho». Y Cristo se explica a sí mismo cuando añade, (v. 50): «Tu fe te ha salvado». Cristo no quería decir, por tanto, que aquella mujer había merecido remisión de pecados por su obra de amor. Por eso dice claramente: «Tu fe te ha salvado». Pero **153** la fe es la que aprehende en forma gratuita la promesa de misericordia por causa de la palabra de Dios. Si alguno dice que esto no es fe, desconoce en absoluto lo que es la fe. El relato mismo que se nos presenta en este pasaje nos muestra a qué se llama amor. La mujer vino con la creencia de que Cristo **154** era la persona junto a la cual había que buscar remisión de pecados. Este es el culto máximo que se puede rendir a Cristo. Ninguna cosa mayor le podría haber atribuido. Esto era en verdad reconocer al Mesías, buscar en él remisión de pecados. Por cierto, pensar así de Cristo, adorarle así, abrazarle así, es creer de verdad. Pero Cristo se sirvió de la palabra *amor*, no para con la mujer, sino contra el fariseo, porque estaba contrastando todo el acto de adoración del fariseo con todo el acto de adoración de aquella mujer. Recrimina al fariseo, por cuanto éste no había reconocido en él al Mesías, aunque le había prestado todos aquellos servicios de cortesía exterior debidos a un huésped y a un varón importante y santo. En cambio, ensalza a la mujerzuela[83] y alaba el culto que ésta le rinde, los ungüentos, las lágrimas, etc., todo lo cual eran señales de fe, y además una especie de confesión, a saber: Que ella buscaba en Cristo remisión de pecados. Sublime ejemplo, por cierto, que no sin motivo impulsó a Cristo a censurar al fariseo, varón sabio y honesto, pero no creyente. Le reprueba su impiedad, y le amonesta con el ejemplo de la mujerzuela, para indicarle lo vergonzoso que era para él, doctor de la ley, no creer, no reconocer al Mesías, no buscar en él remisión de pecados ni salvación, mientras que aquella ignorante mujer cree en Dios. Así pues, Cristo **155** alaba aquí el culto de adoración en su totalidad, como se hace muchas veces en las Escrituras cuando con una palabra se abarcan muchas cosas. Más adelante hablaremos de ella con mayor extensión al tratar pasajes similares, como (Lc. 11:44): «Dad limosna; y entonces todo os será limpio». No es sólo limosna lo que requiere el Señor, sino también justicia de la fe. En este sentido dice aquí: «Sus muchos pecados le son perdonados, porque amó mucho», esto es, porque me adoró verdaderamente con fe, y con los ejercicios y las señales de la fe; es decir, Cristo abarca aquí el culto entero rendido por aquella mujer. Y a la par, enseña que propiamente el perdón de pecados se consigue por la fe, aunque el amor, la confesión y otros frutos buenos deben seguir a la fe. No quiere, por lo tanto, que los frutos sean el precio, la propiciación por la cual se consigue el perdón de pecados que nos reconcilia con Dios.

---

83. *Mulierculam*, mujer pequeña; simple mujer; prostituta. El contexto admite cualquiera de las acepciones indicadas.

156 Estamos tratando un gran asunto de suma importancia: El honor de Cristo, y la pregunta acerca de dónde pueden las buenas almas buscar consuelo seguro

157 y firme: Si deben depositar su confianza en Cristo o en nuestras obras. Porque si la debemos depositar en nuestras obras, quitamos a Cristo su honor de mediador y propiciador. Y más allá de ello veremos, en el juicio de Dios, que esta confianza es vana, y que con ella las conciencias caen en la desesperación. Porque si la remisión de pecados y la reconciliación no se producen gratuitamente, por causa de Cristo, sino por causa de nuestro amor, ninguno conseguirá remisión de pecados a menos que cumpla toda la ley, porque la

158 ley no justifica, sólo puede acusarnos. Por consiguiente: Dado que la justificación es reconciliación por causa de Cristo, resulta patente que somos justificados por la fe, porque está fuera de toda duda que conseguimos perdón de pecados por la fe sola.

Respondamos ahora a la objeción que mencionamos en un párrafo an-

159 terior.[84] Nuestros adversarios tienen razón al pensar que el amor es el cumplimiento de la ley, y que el acatamiento a la ley ciertamente es justicia, pero se equivocan con su idea de que somos justificados por la ley. En efecto: Como no somos justificados por la ley, sino que conseguimos remisión de pecados y reconciliación por la fe, por causa de Cristo, y no por causa del amor o del cumplimiento de la ley, se sigue necesariamente que somos justificados por la fe en Cristo.

160 Por otra parte, el cumplimiento de la ley, o acatamiento a la ley, es en verdad justicia cuando es perfecto, pero en nosotros es escaso y defectuoso.

161 Por eso no puede agradar ni ser acepto por sí solo. Pues, si de lo antedicho resulta evidente que la justificación implica no sólo el comienzo de la renovación, sino una reconciliación que trae como consecuencia también la aceptación, no obstante, ahora se podrá ver con mucha mayor claridad que este cumplimiento incipiente de la ley no justifica, porque sólo es acepto por causa de la fe. Ni tampoco se debe confiar en que por nuestra propia perfección y cumplimiento de la ley seamos considerados justos ante Dios en lugar de serlo por causa de Cristo.

162 En primer lugar, porque aun después de que hemos sido renovados, Cristo no deja de ser el mediador. Y yerran quienes se figuran que él mereció sólo la primera gracia, y que después nosotros agradamos a Dios por nuestro

163 cumplimiento de la ley, y merecemos vida eterna.[85] Cristo sigue siendo el mediador, y debemos de creer firmemente que por causa de él tenemos un

---

84. Vid. arriba, Apología IV, 147.

85. Observa Heinrich Bornkamm (BSLK, p. 193, nota 1) que también Tomás de Aquino sostiene que el hombre no puede merecer la *prima gratia*, *Summa Theologiae* II, 1. q. 114. a. 5 c); lo que sí puede merecer, de condigno, es el *augmentum gratiae* y la vida eterna (a. 8 y 3).

Dios reconciliado, pese a nuestra indignidad. Esto lo enseña claramente Pablo al decir (1 Co. 4:4): «Aunque de nada tengo mala conciencia, no por eso soy justificado». Es que el apóstol sabe que es justificado por la fe por causa de Cristo, según el pasaje: «Bienaventurado aquel cuya transgresión ha sido perdonada», (Sal. 32:1; Ro. 4:7). Este perdón empero se consigue siempre por la fe. Del mismo modo, la imputación de la justicia del evangelio proviene de la promesa. Por tanto, siempre se recibe por la fe, y siempre se ha de creer firmemente que somos considerados justos por la fe, por causa de Cristo. Si los que han nacido de nuevo luego tuvieran que pensar que serán aceptos **164** por causa del cumplimiento de la ley, ¿cuándo la conciencia podría estar segura de que agrada a Dios, dado que nunca satisfacemos a la ley? Por eso, **165** siempre se ha de recurrir a la promesa, en ella se ha de apoyar nuestra flaqueza, y se ha de creer que somos considerados justos por causa de Cristo, quien está sentado a la diestra de Dios, el que también intercede por nosotros (Ro. 8:34). A este sumo sacerdote injuria quien se cree ya justo y acepto por causa de su propio cumplimiento de la ley, y no por causa de la promesa de Cristo. Es incomprensible cómo un hombre puede imaginarse ser justo ante Dios, si excluye a Cristo, el mediador y propiciador.

Además, ¿qué necesidad hay de larga discusión? Toda la Escritura, toda **166** la iglesia proclama que no se puede satisfacer a la ley. Por tanto, no puede agradar ese cumplimiento incipiente de la ley por sí mismo, sino sólo por causa de la fe en Cristo. De otro modo, la ley siempre nos acusa. Porque ¿quién ama o teme a Dios en un grado suficiente? ¿Quién lleva con paciencia **167** suficiente las aflicciones impuestas por Dios? ¿Quién no se pregunta a menudo si son los designios de Dios, o si es la casualidad lo que rige el destino de los hombres? ¿Quién no duda frecuentemente de que Dios le oye? ¿Quién no siente muchas veces amargura al ver que los impíos gozan de mejor fortuna que los piadosos, y que los piadosos son oprimidos por los impíos? ¿Quién vive a la altura de su vocación?[86] ¿Quién ama al prójimo como a sí mismo? ¿A quién no incita la concupiscencia? Por eso dice Pablo (Ro. 7:19): «No **168** hago el bien que quiero, sino el mal que no quiero, eso hago». Y asimismo (en el v. 25): «Con la mente sirvo a la ley de Dios, mas con la carne a la ley del pecado». Aquí proclama sin rodeos que sirve a la ley del pecado. Y David dice (Sal. 143:2): «No entres en juicio con tu siervo, porque no se justificará delante de ti ningún ser humano». Aquí, hasta un siervo de Dios ruega que no se haga juicio. Asimismo (Sal. 32:2): «Bienaventurado el hombre a quien Jehová no culpa de iniquidad». Por ende, en nuestra flaqueza siempre se halla

---

86. *Vocationi*, en el sentido de «Beruf» tal como lo emplea Melanchton en el texto alemán de la Confesión de Augsburgo, artículos 16, 26 y 27. Justus Jonas: *Wer ist, der seinem Beruf recht gnugtut?* («¿Quién vive realmente a la altura de su vocación?»).

presente el pecado que podría ser imputado, de lo que se habla poco después (v. 6): «Por eso orará a ti todo santo», lo que demuestra que incluso los santos
169 tienen necesidad de pedir perdón de pecados. Más que ciegos son los que creen que los malos afectos de la carne no son pecado. De ellos dice Pablo (Gá. 5:17): «El deseo de la carne es contra el Espíritu, y el del Espíritu es
170 contra la carne». La carne desconfía de Dios y confía en las cosas presentes, busca auxilios humanos en la calamidad, aun contra la voluntad de Dios, huye de las aflicciones que debiera soportar a causa del mandata divino, duda de la misericordia de Dios, etc. Contra estos afectos lucha el Espíritu Santo en los corazones, para reprimirlos y mortificarlos, y para provocar nuevos
171 impulsos espirituales. Pero más adelante aduciremos otros testimonios más sobre este asunto, aunque están a la vista por doquier, no sólo en las Escrituras, sino también en los escritos de los santos Padres.
172 Bien dice Agustín: «Todos los mandamientos de Dios se cumplen cuando queda perdonado todo cuanto no se ha hecho».[87] Él insiste, pues, en la necesidad de la fe aun en las obras buenas, para que creamos que agradamos a Dios por causa de Cristo, y que las obras de por sí no merecen el agrado
173 de Dios. Y en su escrito contra los pelagianos, Jerónimo dice: «Somos pues justos cuando nos confesamos pecadores, y cuando nuestra justicia se funda
174 no en nuestro mérito, sino en la misericordia de Dios».[88] Por consiguiente, es necesario que en ese cumplimiento incipiente de la ley haya fe, que nos da la certeza de que por causa de Cristo tenemos un Dios reconciliado. Porque, como ya hemos dicho repetidas veces, la misericordia no puede ser aprehen-
175 dida sino por la fe. Por tanto, cuando Pablo dice (Ro. 3:31): «La ley es confirmada por la fe», no sólo es preciso entender que por la fe los que han nacido de nuevo reciben el Espíritu Santo, y tienen impulsos que están de acuerdo con la ley de Dios, sino que importa mucho más añadir además que tenemos que ser conscientes de que estamos muy lejos de la perfección exigida
176 por la ley. No cabe, pues, concluir que somos considerados justos ante Dios por causa de nuestro cumplimiento de la ley, sino que se ha de buscar justificación en otra parte para que la conciencia encuentre sosiego. Porque no somos justos ante Dios entre tanto que, huyendo de su juicio, le provocamos
177 a ira. Lo que debemos creer es, pues, lo siguiente: Reconciliados por la fe, a causa de Cristo, somos considerados justos, no por causa de la ley o de nuestras obras, sino porque este cumplimiento incipiente de la ley es acepto por virtud de la fe, y por esta fe no nos es imputado lo que nos falta en cuanto al cumplimiento de la ley, aunque al pensar en nuestra impureza nos llenemos
178 de terror. Ahora bien: Si la justificación se ha de buscar en otra parte, se

---

87. *Retractationes* I 19, 3. MSL 32, 615. CSEL 36, p. 90, 1º.
88. *Dial. adv. Pelagianos* I, 13. MSL 23, 527. D.

sigue que nuestro amor y nuestras obras no nos justifican. Muy por encima de nuestra pureza, e incluso muy por encima de la ley debe colocarse la muerte y la satisfacción de Cristo, que nos han sido dadas, para que creamos firmemente que tenemos un Dios propicio por causa de esa satisfacción, y no por virtud de nuestro cumplimiento de la ley.

Esto lo enseña Pablo en Gálatas 3:13 al decir: «Cristo nos redimió de la **179** maldición de la ley, hecho por nosotros maldición», o sea, la ley condena a todos los hombres, pero Cristo, quien siendo sin pecado sufrió el castigo del pecado y fue hecho víctima por nosotros, quitó a la ley el derecho de acusar y condenar a los que creen en él, porque él hizo propiciación por ellos, a raíz de la cual ellos son ahora considerados justos. Pero una vez considerados justos, la ley no puede acusarlos o condenarlos, aun cuando en realidad no hayan satisfecho a la ley.[89] En el mismo sentido, Pablo escribe a los colosenses (2:10): «En Cristo estáis completos», como si dijera: Aunque estáis todavía muy lejos de la perfección exigida por la ley, no os condenan los remanentes del pecado, porque por causa de Cristo tenemos reconciliación cierta y firme, si creéis, aunque el pecado está adherido a vuestra carne.

Siempre debe tenerse presente la promesa de que Dios, en virtud de esta **180** misma promesa, quiere ser propicio y quiere justificar, no por causa de la ley o de nuestras obras, sino por causa de Cristo. En esta promesa, las conciencias temerosas deben buscar reconciliación y justificación, y a esta promesa deben atenerse y creer firmemente que Dios les es propicio por causa de Cristo y de su promesa. Así pues, la conciencia jamás puede ser apaciguada por las obras, sino sólo por la promesa.

Por tanto, si la justificación y la paz de conciencia se deben buscar en **181** otra parte, y no en el amor ni en las obras, el amor y las obras no justifican, aunque son virtudes y «justicias» de la ley, en cuanto que son el cumplimiento de la ley. Pero esta justicia imperfecta de la ley no es acepta a Dios sino en virtud de la fe. Por lo tanto, no justifica, esto es, no reconcilia, ni regenera, ni por sí nos hace aceptos ante Dios.

De todo esto se infiere que ante Dios somos justificados por la fe sola, **182** porque por la fe sola conseguimos perdón de pecados y reconciliación, por causa de Cristo, pues la reconciliación o la justificación es algo que nos ha sido prometido por causa de Cristo, no de la ley. Así, pues, dicha justificación se recibe por la fe sola, aunque después de habernos sido concedido el Espíritu Santo sigue también el cumplimiento de la ley.

---

89. Esta frase fue omitida a partir de la edición de 1531 de la Confesión de Augsburgo y de la Apología en latín.

RESPUESTA A LOS ARGUMENTOS DE NUESTROS ADVERSARIOS

183   Conocidos empero los fundamentos de esta discusión, es decir, la diferencia que hay entre la ley, y las promesas o el evangelio, será fácil desvirtuar los argumentos que nuestros adversarios nos oponen. Pues ellos citan pasajes sobre la ley y las obras, pero omiten los pasajes que se refieren a las

184   promesas. Puede responderse globalmente a todos los pasajes referentes a la ley, diciendo que la ley no se puede cumplir sin Cristo, y que si se hacen obras «civiles» exteriores sin Cristo, éstas no agradan a Dios. De ahí que cuando se recomiendan las obras, es preciso añadir que se requiere fe, que estas obras se recomiendan a causa de la fe, y que son frutos y testimonios de la fe. Las causas ambiguas y peligrosas originan numerosas y diversas

185   soluciones. Es muy acertado lo que dice el antiguo poeta: «Ὁ δ᾽ἄδικος λόγος νοσῶν ἐν αὑτῷ φάρμακων δεῖται σοφῶν».[90] Pero en las causas buenas y firmes, una o dos explicaciones, extraídas de las fuentes, corrigen todo lo que parece ofensivo. Y esto es lo que ocurre en nuestra causa. Porque la regla que acabo de citar explica todos los pasajes que se aducen sobre la ley y las

186   obras. Reconocemos, en efecto, que la Escritura habla unas veces de la ley, y otras del evangelio o promesa gratuita de remisión de pecados por causa de Cristo. Pero nuestros adversarios lisa y llanamente anulan la promesa gratuita al negar que la fe justifica, y al enseñar que en virtud de nuestro amor y de nuestras obras conseguimos perdón de pecados y reconciliación.

187   Si la remisión de pecados depende de la condición de nuestras obras será
188   absolutamente incierta, y la promesa quedará abolida. Por eso[91] remitimos a las mentes piadosas a la consideración de las promesas, y enseñamos lo que se debe saber acerca de la remisión gratuita de pecados, y de la reconciliación que se efectúa mediante la fe en Cristo. Y después añadimos también la doctrina de la ley. Y es preciso aplicar un discernimiento correcto[92] al tratar estas materias, como dice Pablo (2 Ti. 2:15). Tenemos que ver bien qué atribuye la Escritura a la ley, y qué atribuye a las promesas. Porque al ensalzar las obras, lo hace de una manera tal que no anula la promesa gratuita.

189   En efecto: Las obras deben hacerse por causa del mandato de Dios para ejercitar la fe, y a causa de la confesión y la acción de gracias. Por estas

---

90. «La palabra injusta, enferma en sí misma, exige remedios sabios», Eurípides, *Phoenissae*, v. 474 s.

91. Gerhard Ebeling (*Wort und Glaube*, vol. I, Tubinga, 1967, 3º ed., p. 55, nota 22, y p. 58) observa que en forma alusiva («*andeutungsweise*»), Melanchton enseña también el *tertius usus legis* en la Apología, y que sería posible demostrar que ya en la Apología toca de paso («streift») la idea de un uso tal. A los efectos de comprobarlo, remite a lo que viene expuesto a partir de IV, 188.

92. Texto alemán: *Recht schneiden und teilen*, 2 Ti. 2:15.

razones, necesariamente deben hacerse buenas obras. Y aunque se hacen en la carne, que todavía no está absolutamente regenerada y retarda los impulsos del Espíritu Santo y añade algo de su inmundicia, son no obstante obras santas por causa de la fe, y son divinas, sacrificios y actos que pertenecen al gobierno de Cristo, quien así manifiesta su reino a este mundo. Porque con ellas, él santifica los corazones y reprime al diablo, y a los efectos de mantener el evangelio entre los hombres, opone públicamente al reino del diablo la confesión de los santos, y manifiesta su poder en nuestra flaqueza. Los peligros, trabajos y predicaciones del apóstol Pablo, de Atanasio,[93] de Agustín y de otros maestros de la iglesia semejantes a ellos, son obras santas, son verdaderos sacrificios aceptos a Dios, batallas de Cristo con las cuales él rechazó al diablo y le alejó de los que creyeron. Obras santas son también los arduos esfuerzos, trabajos de David en sus guerras y en el gobierno de su país, verdaderos sacrificios, batallas de Dios para defender contra el diablo al pueblo que poseía la palabra de Dios, para que en el mundo no se extinguiese por completo el conocimiento de Dios. Lo mismo pensamos de cada buena obra en particular, así en las vocaciones más humildes como en la vida privada. Por medio de ellas, Cristo vence al diablo como cuando los de Corinto daban limosnas (1 Co. 16:1); aquello era una obra santa, un sacrificio, y una batalla de Cristo contra el diablo, que se empeña en que nada se haga en alabanza de Dios. Vituperar obras como la confesión de la doctrina, las aflicciones, los servicios de caridad, la mortificación de la carne, sería ciertamente vituperar el gobierno exterior de Cristo entre los hombres. Y en lo que a esto se refiere, agregamos también algo respecto de las recompensas y del mérito. Enseñamos que a las obras de los fieles les han sido asignadas y prometidas ciertas recompensas. Enseñamos que las buenas obras son meritorias, no para conseguir remisión de pecados, gracia o justificación (pues éstas tan sólo las conseguimos por la fe), sino para otras recompensas materiales y espirituales, en esta vida y después de ella, porque Pablo dice (1 Co. 3:8): «Cada uno recibirá su recompensa conforme a su labor». A labores distintas corresponderán recompensas distintas. Pero el perdón de pecados es semejante e igual para todos, del mismo modo que Cristo es uno, y es ofrecido gratuitamente a cuantos creen que les son perdonados sus pecados por causa de él. Así, pues, se consigue la remisión de pecados y la justificación, sólo por la fe y no en virtud de obra alguna, como se ve por los terrores de la conciencia, pues a la ira de Dios no pueden oponerse obras nuestras de ningún género, como Pablo dice claramente (Ro. 5:1): «Justificados, pues, por la fe, tenemos

190

191

192

193

194

195

---

93. Alr. de 295 d. de C.—373. Nació cerca de Alejandría. En 325 acompañó a su obispo Alejandro al Concilio de Nicea, donde le sirvió de secretario. En 328 sucedió a Alejandro en la sede episcopal de Alejandría. Su vida fue sumamente agitada, como principal defensor de la doctrina nicena que era. Cinco veces lo depusieron de su cargo y lo enviaran al exilio.

196 paz para con Dios por medio de nuestro Señor Jesucristo: Por quien también tenemos entrada por la fe», etc. Y como la fe nos hace hijos de Dios, nos hace también coherederos de Cristo. Luego: Como no es por nuestras obras que nos hacemos merecedores de la justificación por la cual somos hechos hijos de Dios y coherederos de Cristo, tampoco merecemos por causa de ellas la vida eterna. Pero la fe sí la consigue, porque la fe justifica reconciliándonos con Dios. De ahí que la vida eterna sea algo a que son acreedores los justi-ficados, según aquel pasaje (Ro. 8:30): «A los que justificó, a éstos también

197 glorificó». Pablo nos recomienda respetar el mandamiento de honrar a nuestros padres con la mención de la recompensa que se añade a dicho mandamiento (Ef. 6:2), pero no quiere decir con ello que la obediencia a los padres nos justifique ante los ojos de Dios; antes bien, una vez que los justificados

198 practiquen esa obediencia, ésta merece otras grandes recompensas. Sin em-bargo, Dios ejercita a los santos de varias maneras, y a menudo se hace esperar con su recompensa a la justicia practicada mediante las obras, para que aprendan a no confiar en esa justicia propia, y a buscar más la voluntad de Dios que las recompensas, como se ve en Job, en Cristo y en otros santos. Esto nos lo enseñan muchos salmos, que nos consuelan de la felicidad de los impíos, p.ej. el Salmo 37:1: «No tengas envidia». Y Cristo dice (Mt. 5:10): «Bienaventurados los que padecen persecución por causa de la justicia, porque

199 de ellos es el reino de los cielos». Sin duda estas alabanzas de las obras
200 mueven a los fieles a obrar el bien. Al mismo tiempo se proclama la doctrina del arrepentimiento, en contra de los impíos que obran el mal, y se manifiesta

201 la ira con que Dios amenaza a cuantos no se arrepienten. Así pues, ensalzamos y requerimos las buenas obras, y aducimos muchas razones por las cuales deben practicarse.[94]

Lo mismo enseña Pablo acerca de las obras cuando dice (Ro. 4:9 y sig.) que Abraham recibió la circuncisión, pero no para ser justificado por esa obra, pues por su fe ya había conseguido ser considerado justo. Pero se le añadió la circuncisión, para que tuviese escrita en su cuerpo una señal como adver-tencia permanente de ejercitar la fe, confesar su fe delante de los demás, y,

202 mediante su testimonio, invitar también a otros a creer. Por la fe Abel ofreció a Dios más excelente sacrificio (He. 11:4). Y como era justo por su fe, el sacrificio que hizo agradó a Dios. No en el sentido de que por medio de esta obra haya obtenido remisión de pecados y gracia, sino por cuanto ejerció su propia fe y la manifestó a los demás, invitándolos a que también ellos creyeran.

203 Aunque así es como las buenas obras deben seguir a la fe, de un modo muy distinto se sirven de ellas los hombres que no pueden creer ni tener en su corazón la certeza de que son perdonados gratuitamente, por causa de

---

94. Cf. artículo XX en la Confesión de Augsburgo y en la Apología.

Cristo, que gratuitamente, por causa de Cristo, tienen un Dios que les es propicio. Al ver las obras de los santos, estas personas juzgan muy humanamente que los santos consiguieron la remisión de pecados y la gracia por medio de estas obras. Y por eso las imitan, y piensan que por obras de esta índole consiguen el perdón de pecados y la gracia, y piensan además que con estas obras aplacan la ira de Dios y logran que en virtud de ellas sean considerados justos. Condenamos esta opinión impía acerca de la doctrina de las **204** obras. Primero, porque obscurece la gloria de Cristo, por cuanto los hombres proponen a Dios estas obras como precio y propiciación. Con esto se tributa a nuestras obras un honor que le corresponde únicamente a Cristo. En segundo lugar, las conciencias no encuentran, sin embargo paz en estas obras, sino que, acumulando obras y más obras cuando las asaltan serios temores, terminan por desesperar, porque no hallan ninguna obra que sea suficientemente pura. La ley siempre acusa y produce enojo. Y en tercer lugar, los que confían en sus obras, nunca llegan a conocer de veras a Dios. Pues llenos de ira, huyen del Dios que los juzga y aflige, y jamás creen que son escuchados por él. Pero la fe nos hace ver la presencia de Dios cuando nos da la seguridad **205** de que Dios perdona y escucha gratuitamente.

Pero esta opinión impía acerca de las obras es algo que ha existido siempre **206** en el mundo. Los gentiles tenían sus sacrificios, como legado recibido de los padres. Imitaban las obras de éstos, pero sin tener su fe, sino que pensaban que aquellas obras eran la propiciación y el precio por causa de los cuales Dios se reconciliaría con ellos. El pueblo de Israel imitaba los sacrificios en **207** la creencia de que por causa de ellos aplacarían a Dios «*ex opere operato*», por así decirlo. Ante esta situación es notable la vehemencia con que los profetas increpan al pueblo. Salmo 50:8: «No te reprenderé por tus sacrificios», y Jeremías 7:22: «Porque no hablé yo con vuestros padres . . . acerca de holocaustos». Pasajes como éstos, condenan, no ya las obras, por cierto ordenadas por Dios como ejercicios exteriores de aquel pueblo, sino que condenan la impía convicción de aquellos hombres que por medio de aquellas obras podían aplacar la ira de Dios, en prescindencia de la fe. Y como ninguna **208** obra es capaz de apaciguar la conciencia, se inventan obras nuevas, al margen de los mandamientos de Dios. El pueblo de Israel había visto a los profetas presentar sacrificios en lugares altos (1 S. 9:12, 13; 1 R. 18:20 y sigte.). Además, los ejemplos de los santos influyen en gran manera en los ánimos, de modo que la gente abriga la esperanza de que también ellos, con obras similares, alcanzarán la gracia, tal como la alcanzaron aquellos santos. Por eso el pueblo empezó con admirable celo a imitar esta obra del sacrificio, para merecer por medio de ella la remisión de pecados, la gracia y la justicia. Pero si los profetas habían sacrificado en lugares altos, no era para conseguir mediante aquellas obras el perdón de pecados y la gracia, sino porque en

209 aquellos lugares instruían al pueblo, y por tanto daban desde allí testimonio de su fe. El pueblo había oído que Abraham había inmolado a su hijo (Gn. 22). Por eso también ellos sacrificaron a sus hijos (Lv. 20:2 y sigtes.; 2 R. 23:10; Jer. 7:31; 19:5; 23:35) con la intención de aplacar a Dios por medio de una obra por demás cruel y difícil. Pero cuando Abraham inmoló a su hijo, no lo hizo con la idea de que su obra era precio y propiciación en virtud

210 de los cuales sería tenido por justo. Y así fue instituida en la iglesia la cena del Señor, para que por el recuerdo de las promesas de Cristo que esta señal nos trae a la memoria, se confirmase en nosotros la fe, confesásemos públicamente nuestra fe, y proclamásemos los beneficios de Cristo, como dice Pablo (1 Co. 11:26): «Todas las veces que comiereis este pan, y bebiereis esta copa, la muerte del Señor anunciáis hasta que él venga». Pero nuestros adversarios insisten en que la Misa es una obra que justifica «ex opere operato», y quita el carácter culposo[95] de la culpa y de la pena en aquellos para quienes se celebra. Así, en efecto, escribe Gabriel Biel.[96]

211 Antonio,[97] Bernardo,[98] Domingo,[99] Francisco,[100] y otros santos Padres, eligieron un determinado género de vida, para dedicarse, ya al estudio, ya a otros ejercicios útiles. Ellos no obstante, creían que eran considerados justos y que Dios les era propicio por la fe, a causa de Cristo, no en virtud de esos ejercicios. Pero después, la multitud imitó no la fe de estos Padres, sino antes bien, sin tener la fe de ellos, imitó sus ejemplos, para merecer por medio de aquellas obras la remisión de pecados, la gracia y la justicia; en cambio no creyó que estos beneficios los recibían gratuitamente, a causa de Cristo, el

212 propiciador. Y esto es lo que el mundo piensa acerca de todas las obras: Que son una propiciación con la que se aplaca a Dios, y el precio en virtud del cual hemos de ser considerados justos. No cree esa multitud que Cristo es el propiciador, no cree que por la fe logramos gratuitamente ser considerados justos por causa de Cristo. Y como las obras no pueden devolver la paz a la conciencia, de tanto en tanto se buscan otras, se crean cultos nuevos, nuevos votos, nuevos monacatos, al margen de lo ordenado por Dios, para encontrar alguna obra lo suficientemente importante como para que se la pueda oponer

---

95. *Reatum.* Vid. Apología II, 35, nota 26.

96. *Expos. canonis missae lect.* 26:81.

97. H. de 250–350 d. de C. Nació en Egipto. Se le considera el padre del monasticismo.

98. Bernardo de Claraval, 1090–1153, *Doctor Mellifluus*, llamado «el segundo fundador de la orden de los cistercienses» y considerado el último de los santos padres. Lutero lo tenía en alta estima.

99. Santo Domingo (Domingo de Guzmán), 1170–1221, español, fundador de la orden monástica que lleva su nombre.

100. San Francisco de Asís, 1181/82–1226, fundador de la orden mendicante de los minoritas o franciscanos, de la segunda orden (la de las clarisas) y de la tercera orden. Es uno de los ascetas y místicos más admirados de todos los tiempos.

a la ira y al juicio de Dios. Estas opiniones impías acerca de las obras las 213
defienden nuestros adversarios en abierta oposición a lo que dicen las Escrituras. Pero pensar que nuestras obras sean propiciación, que merezcan la
remisión de pecados y la gracia, que por causa de ellas seamos tenidos por
justos ante Dios, ¿qué es sino quitar a Cristo su honor de mediador y propiciador? Así pues, aunque creemos y enseñamos que las buenas obras se 214
tienen que hacer necesariamente (pues a la fe le debe seguir el cumplimiento
incipiente de la ley), tributamos a Cristo el honor que le corresponde. Creemos
y enseñamos que somos considerados justos ante Dios por la fe, por causa
de Cristo; que no somos considerados justos por causa de nuestras obras, sin
Cristo como mediador; que nuestras obras no nos hacen merecer la remisión
de pecados, la gracia y la justicia; que no podemos oponer nuestras obras a
la ira y al juicio de Dios; que las obras no pueden vencer los terrores del
pecado, sino que por la fe sola logramos vencerlos, y que tan sólo el Cristo
mediador debe ser opuesto, por la fe, a la ira y al juicio de Dios. Si alguno 215
piensa de otro modo, no tributa a Cristo el honor que se le debe, porque
Cristo ha sido puesto como propiciación para que por él tengamos entrada al
Padre. Ahora empero hablamos de la justicia mediante la cual tratamos con 216
Dios, no con los hombres, justicia por la que conseguimos la gracia y la paz
de la conciencia. No puede apaciguarse a la conciencia ante Dios sino por la 217
fe sola, que nos da la certeza de que Dios ha sido reconciliado con nosotros
por causa de Cristo, según aquella afirmación (Ro. 5:1): «Justificados, pues,
por la fe, tenemos paz para con Dios», porque la justificación no es otra cosa
que un beneficio prometido sólo gratuitamente, por causa de Cristo, y por
eso siempre se consigue ante Dios por la fe sola.

Responderemos, pues, ahora a los pasajes citados por nuestros 218
adversarios[101] con el propósito de probar que somos justificados por el amor
y por las obras. Uno de estos pasajes es 1 Corintios 13:2: «Si tuviese toda la
fe, etc., y no tengo amor, nada soy». Con un jactancioso aire de triunfo dicen: 219
Aquí Pablo proclama a toda la iglesia que la fe sola no justifica. Pero la
respuesta es fácil, en vista de lo que acabamos de mostrar en cuanto a nuestro
parecer respecto del amor y de las obras. Este pasaje de Pablo exige el amor.
También nosotros lo exigimos. En efecto, hemos dicho antes que necesariamente debe existir en nosotros una renovación y un cumplimiento incipiente
de la ley, según aquello de que «daré mi ley en su mente» (Jer. 31:33). Si
alguno rechaza el amor, tampoco puede conservar la fe, por grande que fuese,
por cuanto no retiene al Espíritu Santo. Tampoco enseña Pablo en este pasaje 220
el modo cómo se efectúa la justificación, sino que escribe a personas que ya
han sido justificadas, y que han de ser exhortadas a que lleven buenos frutos

---

101. En la *Confutatio Pontificia*. Vid. *Corpus Reformatorum*, 27, col. 100.

221   y no pierdan el Espíritu Santo. Por otra parte, nuestros adversarios proceden muy aviesamente: Citan este único texto en que Pablo se expresa acerca de los frutos, pero omiten muchísimos otros pasajes en que habla en forma metódica del modo como se produce la justificación. Además, en otros pasajes que tratan de la fe, los adversarios siempre añaden una corrección, diciendo que hay que interpretarlos como refiriéndose a la *fides formata*.[102] Pero no añaden la corrección de que se necesita una fe que está convencida de que somos tenidos por justos a causa de Cristo el propiciador. Así es como nuestros adversarios excluyen a Cristo de la justificación, y sólo enseñan la justicia de la ley. Pero volvamos a Pablo.

     Nada puede deducirse de este texto sino que el amor es necesario. Y
222   esto lo confesamos. Así como que es necesario no robar. Pero no razonará correctamente el que quisiera añadir a esta lo siguiente: «Es necesario no robar, luego no robar justifica». Porque la justificación no es la aprobación de una obra en particular, sino la aprobación de toda la persona. Por consiguiente, ninguna mella nos hace este pasaje de Pablo. Lo que pasa es que nuestros adversarios debieran abstenerse de hacer agregados según les venga en gana. Porque Pablo no dice que el amor justifica, sino que dice: «Nada soy», esto es, que la fe se extingue, por grande que haya sido. No dice que el amor vence los terrores del pecado y de la muerte, ni que podemos oponer nuestro amor al juicio y a la ira de Dios, ni que nuestro amor satisface a la ley de Dios, ni que tenemos entrada a Dios por nuestro amor sin Cristo el propiciador, ni que por medio de nuestro amor conseguimos el prometido perdón de pecados. Nada de esto dice Pablo. No se le ocurre pensar, por tanto, que el amor justifica; al contrario, somos justificados sólo cuando aprehendemos a Cristo el propiciador, y creemos que Dios nos es propicio por causa de Cristo. No se debe soñar con una justificación que deja a un lado a Cristo el propiciador.

223   Bien pueden nuestros adversarios anular la promesa en cuanto a Cristo y derogar el evangelio, si en verdad no necesitamos a Cristo, si con nuestro amor podemos vencer a la muerte, y si con él tenemos entrada a Dios sin
224   Cristo el propiciador. Nuestros adversarios corrompen muchos pasajes, porque introducen en ellos sus propias opiniones en lugar de extraer de los mismos el verdadero sentido que tienen. ¿Qué inconveniente hay en este texto, si dejamos a un lado la interpretación que en él entretejen nuestros adversarios,

---

102. *Confutatio Pontificia* en cuanto al art. V de la Confesión de Augsurgo (CR 27, col. 97): *Quod autem fidei mentionem hic faciunt, eatenum admittitur, quatenus de fide non sola (ut aliqui male docent), sed quae per dilectionem operatur (ut apostolus recte docet Gal. V), intelligitur.* («Pero el que mencionen aquí la fe, se puede aceptar, siempre que con ello entiendan no la fe solamente [como algunos enseñan en forma errada], sino la fe que obra por medio del amor [conforme a la enseñanza correcta del Apóstol en Gá. 5].)—Respecto de *fides formata* vid. Apología IV, 109, nota 75.

sin entender qué es justificación ni cómo se efectúa? Antes de ser justificados, los corintios habían recibido muchos dones excelentes. En los comienzos eran muy fervorosos, como suele suceder. Después empezaron a surgir rivalidades entre ellos, como lo da a entender Pablo, y también empezaron a sentir cierto hastío hacia los buenos maestros. Por eso Pablo los increpa, recordándoles los deberes del amor. Y aunque éstos son necesarios, sería no obstante una tontería soñar con que las obras de la segunda tabla de la ley, que se refieren a nuestros deberes para con los hombres, y no propiamente para con Dios— que estas obras pueden justificarnos ante Dios. Pero en materia de justificación tenemos que habérnoslas directamente con Dios, es cuestión de aplacar su ira, hay que apaciguar la conciencia delante de Dios. Y ninguna de estas cosas se consigue por medio de las obras de la segunda tabla de la ley.

Sin embargo, nos objetan que el amor está puesto por encima de la fe **225** y la esperanza.[103] Porque Pablo dice (1 Co. 13:13): «El mayor de ellos es el amor». Es lógico pensar, pues—según ellos—que la máxima y principal virtud justifica. Sin embargo, en este pasaje Pablo habla específicamente del amor al prójimo, y da a entender que el amor es la mayor de las virtudes, porque es la que más frutos lleva. La fe y la esperanza tienen que ver sólo con Dios. **226** El amor en cambio tiene infinitos deberes hacia fuera, hacia los hombres. No obstante, estamos del todo de acuerdo con nuestros adversarios en que el amor a Dios y al prójimo es la virtud máxima, ya que el primero y más grande mandamiento dice (Mt. 22:37): «Amarás al Señor tu Dios». Pero ¿cómo pueden deducir de esto que el amor justifica? La mayor de las virtudes, dicen, **227** justifica. Falso, así como no justifica la ley máxima o primera, así tampoco justifica la máxima virtud de la ley. La que justifica es aquella virtud que aprehende a Cristo, la que nos comunica los méritos de Cristo, la que nos hace partícipes de la gracia y paz de Dios. Y esta virtud es precisamente la fe. Pues, como se ha dicho muchas veces, la fe es no sólo un conocimiento, sino mucho más: Es querer recibir o aprehender los beneficios que se ofrecen en la promesa relacionada con Cristo. Esta obediencia a Dios, es decir, desear **228** recibir la promesa ofrecida, no es menos un servir a Dios, una latría, que el amor. Dios quiere que creamos en él, que recibamos sus bendiciones, y eso es lo que él llama un culto verdadero.

Por otra parte, nuestros adversarios atribuyen la justificación al amor, **229** dado que por doquier enseñan y exigen la justificación de la ley. No podemos negar, en efecto, que el amor es la obra suprema de la ley. Y la sabiduría humana fija su vista en la ley y busca en ella la justicia. Por eso es que también los doctores escolásticos, hombres grandes e ingeniosos, la consideran como la obra mayor de la ley, y atribuyen a esta obra la justificación. Mas engañados

103. En la *Confutatio Pontificia*. Cf. CR 27, col. 100.

por la sabiduría humana, no vieron el rostro descubierto de Moisés sino el velado, (2 Co 3:12 y sigtes.), tal como los fariseos, los filósofos, y los
230 mahometanos. Pero nosotros predicamos la locura del evangelio, en el cual se nos ha revelado otra justificación, a saber, que por causa de Cristo el propiciador somos considerados justos, si creemos que Dios está reconciliado con nosotros por causa de Cristo. Y no ignoramos cómo esta doctrina repugna al sentir de la razón y de la ley. Ni ignoramos que la doctrina de la ley acerca del amor tiene un aspecto mucho más atrayente. Porque es sabiduría. Pero no nos avergonzamos de la locura del evangelio. La defenderemos por causa de la gloria de Cristo, y le pedimos a él que nos ayude con su Espíritu Santo para que podamos poner bien en claro esta verdad y hacerla conocer a todos.

231 En su Refutación,[104] nuestros adversarios citaron en contra de nosotros también el pasaje de Colosenses (3:14): «El amor es el vínculo perfecto». De aquí deducen que el amor justifica, porque hace perfectos a los hombres. Aunque enrespuesta a esto podrían decirse muchas cosas acerca de la perfección, nos limitaremos a exponer simplemente el pensamiento de Pablo. Es cierto que Pablo habló del amor al prójimo. Pero esto no nos debe hacer pensar que Pablo atribuye la justificación o perfección delante de Dios más bien a las obras de la segunda tabla de la ley en vez de atribuirlas a las de la primera. Si el amor hace perfectos a los hombres, ninguna necesidad hay de Cristo el propiciador. Porque la fe aprehende sólo a Cristo el propiciador. Esto empero dista muchísimo del pensar de Pablo, el cual jamás tolera que
232 se excluya a Cristo el propiciador. Se refiere, por tanto, no a la perfección personal, sino a la integridad general de la iglesia. Por eso dice que el amor es vínculo o ligadura, para indicar que está hablando de la necesidad de vincular o ligar entre sí a los numerosos miembros de la iglesia. Porque así como en todas las familias y en todas las comunidades es preciso fomentar la concordia mediante la reciprocidad de los servicios, y no se puede conservar la tranquilidad a menos que los hombres pasen por alto y se perdonen ciertas faltas, así Pablo ordena que haya en la iglesia un amor que mantenga la concordia, que tolere, donde fuere preciso, la conducta un tanto desapacible de los hermanos, y que se disimulen errores leves para que la iglesia no se divida en cismas, y de los cismas surjan odios, facciones y herejías.

233 Es, en efecto, inevitable que se quebrante la concordia cuando los obispos imponen a su grey cargas demasiado pesadas, y no toman en cuenta la flaqueza de su gente. Y también nacen discordias cuando los fieles juzgan con excesiva severidad la conducta de sus maestros, o les toman aversión por algunas faltas leves; pues entonces se pondrán a buscar otro género de doctrina, y otros
234 maestros. Por el contrario, la perfección, esto es, la integridad de la iglesia

---

104. Cf. *Confutatio Pontificia*, CR 27, col. 100.

se conserva cuando los fuertes toleran a los débiles, cuando los miembros de la grey toman con calma algunas cosas que los incomodan en la conducta de sus maestros, cuando los obispos perdonan algunas faltas debidas a la flaqueza del pueblo cristiano. De estos preceptos de equidad están llenos los libros de **235** todos los sabios, para que en el transcurso de esta vida nos perdonemos muchas faltas en bien de la tranquilidad común. Y de estas cosas habla también Pablo, aquí y en otros pasajes. Por tanto, nuestros adversarios actúan con imprudencia cuando del vocablo «perfección» deducen que el amor justifica,[105] cuando de hecho, Pablo habla de la integridad y tranquilidad común. Y tal es como Ambrosio interpreta este pasaje: «Así como se dice que el edificio es perfecto o íntegro, cuando todas sus partes están adecuadamente ensambladas entre sí».[106] Vergüenza debiera darles a nuestros adversarios proclamar con tanta **236** insistencia un amor que nunca practican. ¿Qué están haciendo en nuestros días? Arrasan las iglesias, emiten leyes que parecen estar escritas con sangre y las proponen al emperador, nuestro clementísimo príncipe, para que las promulgue, y matan cruelmente a sacerdotes y a otros hombres de bien si éstos dan a entender de buen modo que no aprueban del todo algún abuso manifiesto. Esto no concuerda con sus panegíricos del amor, porque si nuestros adversarios lo tuviesen en cuenta, reinaría la tranquilidad en las iglesias y la paz en la nación. Y esos tumultos se acallarían si nuestros adversarios no insistiesen con tanta acrimonia en tradiciones inútiles para la piedad, muchas de las cuales ni ellos observan, aunque las defienden con tanta vehemencia. A sí mismos se perdonan fácilmente, pero no a los demás, como aquel de quien dijo el poeta: «Yo a mí mismo me perdono, dice Menio».[107] Todo esto está muy lejos de los encomios del amor que nos citan aquí de la **237** carta de Pablo, y que ellos entienden tan bien como las paredes entienden las palabras que devuelven.

También citan este pasaje de Pedro (1 P. 4:8): «El amor cubrirá multitud **238** de pecados».[108] Es evidente que también Pedro habla del amor al prójimo, porque relaciona este pasaje con el mandamiento que ordena a los hombres amarse mutuamente. Y en verdad, a ningún apóstol se le podría haber ocurrido sostener que nuestro amor vence al pecado y a la muerte, que el amor es propiciación por causa de la cual Dios se reconcilia con nosotros dejando a un lado a Cristo el mediador, ni que el amor es justificación sin Cristo el mediador. Pues de existir un amor de esta índole, sería justicia de la ley, y

---

105. Cf. *Confutatio Pontificia*, CR 27, col. 100 y sigte.

106. No es posible verificar la cita. El texto no se halla en el Ambrosiaster.

107. Horacio, *Satirae* I, 3, 23. En la edición príncipe de la Apología figura erróneamente *Maevius* en lugar de *Maenius*.

108. El texto en cuestión no aparece en la *Confutatio*, sino p.ej. en Herborn, *Enchiridion* II; *Corpus Catholicorum* XII, p. 21, 12.

239 no del evangelio que nos promete reconciliación y justicia, si creemos que por causa de Cristo el propiciador somos reconciliados con el Padre y recibimos como regalo los méritos de Cristo. Por eso Pedro nos manda poco antes (1 P. 2:4, 5) que nos acerquemos a Cristo, que seamos edificados en Cristo. Y añade (1 P. 2:4, 6): «Y el que creyere en él, no será avergonzado». Nuestro amor no nos libra de la confusión cuando Dios nos juzga y convence del pecado. Pero la fe en Cristo nos liberta de estos temores, porque sabemos que por causa de Cristo somos perdonados.

240 Por otra parte, este pasaje acerca del amor está tomado de los Proverbios (10:12), donde la antítesis muestra claramente cómo debe entenderse: «El odio despierta rencillas; pero el amor cubrirá todas las faltas». Aquí se enseña exactamente lo mismo que en aquel pasaje de la carta de Pablo a los colosenses, donde dice que si surgen disensiones, deben mitigarse y apaciguarse **241** con equidad y dulzura (Col. 3:13). Las disensiones, dice, acrecientan los odios, y muchas veces vemos que de ofensas insignificantes resultan las más grandes tragedias. Leves disensiones hubo entre César y Pompeyo, y si ambos hubiesen cedido un poco, no habría estallado la guerra civil. Pero como el uno y el otro se dejaron llevar por su odio, una bagatela derivó en gravísimos disturbios. Y muchas herejías surgieron en la iglesia sólo por el odio de los **242** doctores. Por tanto, cuando el apóstol dice: «El amor cubrirá multitud de pecados», se refiere no a delitos propios sino a los ajenos, pecados ajenos, pecados entre un hombre y otro, o sea: Aunque se produzcan ofensas, el amor disimula, perdona, cede, y no procede siempre con el máximo rigor de la ley, por tanto, lo que Pedro quiere decir no es que el amor merece la remisión de pecados ante Dios, lo cual sería propiciación con exclusión de Cristo el mediador, ni que el amor regenera y justifica, sino que el amor no es fastidioso para con los demás, no es áspero, intratable, antes bien disimula algunas faltas de los amigos, y soporta con buen ánimo la conducta de los demás, aun la más grosera, como lo ordena el dicho popular: «La conducta del amigo co-**243** nocerás, pero no la odiarás».[109] Y no fue sin motivo que los apóstoles hablaron tantas veces sobre este deber del amor, que los filósofos llaman ἐπιείκεια, es decir, suavidad.[110] Porque esta virtud es necesaria para conservar la concordia pública, que no puede durar si los pastores y las iglesias no pasan por alto y se perdonan mutuamente muchas cosas.

244 Citan además un pasaje de Santiago, (Stg. 2:24): «Vosotros veis, pues, que el hombre es justificado por las obras, y no solamente por la fe»,[111] y

---

109. Porfirio, sobre Horacio, *Satirae* I 3, 32. Otto *Sprichwaarter der Raamer*, p. 22.

110. En español tenemos la palabra *epiqueya*. *Dicc. Durvan de la Lengua Española*: «E., (gr. epieikeia, equidad). Interpretación moderada y prudente de la ley». H. G.Pöhlmann, *Apología*, p. 86: *Milde*. Cf. Confesión de Augsburgo, XXVI, 14.

111. Cf. *Confutatio Pontificia*, CR 27, col. 98.

piensan que no hay otro pasaje más opuesto a nuestra afirmación que éste. Pero la respuesta es fácil y llana. Si nuestros adversarios no ponen a este pasaje el remiendo de sus propias opiniones sobre los méritos de las obras, las palabras de Santiago no presentan ninguna dificultad. Pero dondequiera que se mencionan las obras, nuestros adversarios añaden sus opiniones impías, diciendo que por las buenas obras merecemos la remisión de los pecados, que las buenas obras son la propiciación y el precio por causa de los cuales Dios se reconcilia con nosotros, que las buenas obras vencen los terrores del pecado y de la muerte, que las buenas obras son aceptas a Dios a causa de su calidad de buenas, y que no necesitan de la misericordia ni de Cristo el propiciador. Nada de esto tenía en mente Santiago, aunque nuestros adversarios defiendan todo ello amparándose en el pasaje mencionado.

Por consiguiente, lo primero que tenemos que considerar es que este pasaje ataca más la posición de nuestros adversarios que la nuestra. En efecto: Nuestros adversarios declaran que el hombre se justifica por el amor y por las obras. Y nada dicen de la fe por la que aprehendemos a Cristo el propiciador. Es más: La condenan, y no sólo la condenan en sus sentencias y en sus escritos, sino que se empeñan en borrarla de la iglesia por la espada y los tormentos. ¡Cuánto mejor es lo que enseña Santiago, quien no omite la fe, no antepone el amor a la fe, sino que mantiene en plena vigencia a la fe, para que Cristo el propiciador no sea excluido de la justificación! Lo mismo hace Pablo: Cuando nos da la suma de la vida cristiana, incluye la fe y el amor, 1 Timoteo 1:5: «Pues el propósito de este mandamiento es el amor nacido de corazón limpio, y de buena conciencia, y de fe no fingida». **245**

En segundo lugar, todo el contexto demuestra que aquí se habla de las obras que siguen a la fe, como manifestación de que la fe no es muerta, sino viva y eficaz en el corazón. Por consiguiente, Santiago no piensa que por las buenas obras merecemos el perdón de pecados y la gracia. Porque habla de las obras de los justificados, que ya están reconciliados, que son aceptos, y que ya han conseguido remisión de pecados. Yerran por tanto nuestros adversarios al inferir que Santiago declara que por las buenas obras merecemos el perdón de pecados y la gracia, y que por nuestras obras tenemos entrada a Dios, sin Cristo el propiciador. **246**

En tercer lugar, cuando Santiago habló poco antes acerca de la regeneración, dijo que ésta se efectúa por el evangelio. Éstas son sus palabras (Stg. 1:18): «Él, de su voluntad, nos hizo nacer por la palabra de verdad, para que seamos primicias de sus criaturas». Cuando dice que por el evangelio nacemos de nuevo, infiere que hemos nacido de nuevo y hemos sido justificados por la fe. Porque la promesa de Cristo se aprehende sólo por la fe, cuando a esta fe la oponemos a los terrores del pecado y de la muerte. Por tanto, Santiago no piensa que nacemos de nuevo por nuestras obras. **247**

248   De esto se desprende claramente que Santiago no nos contradice, pues cuando censuró las mentes perezosas y seguras de sí mismas, que soñaban que tenían fe, no teniéndola, hizo una distinción entre la fe muerta y la fe

249   viva. Dice que es muerta la fe que no produce buenas obras, y dice que es viva la que las produce. Además, nosotros hemos mostrado ya muchas veces a qué llamamos fe. Porque no hablamos del conocimiento inoperante, que

250   posee también el diablo, sino de la fe que resiste a los terrores de la conciencia, y que levanta y consuela a los corazones atemorizados. Y una fe como ésta no es cosa fácil de poseer, como sueñan nuestros adversarios, ni es un poder humano. Antes bien, es un poder divino por el que somos vivificados, y por el que vencemos al diablo y a la muerte. Pablo dice a los colosenses (Col. 2:12) que la fe es eficaz por el poder de Dios, y que vence a la muerte: «Fuisteis resucitados con él, mediante la fe en el poder de Dios». Dado que esta fe es nueva vida, necesariamente produce nuevos impulsos y obras. Por eso Santiago tiene razón al negar que somos justificados por una fe sin obras.

251   Mas cuando dice que somos justificados por la fe y por las obras, por cierto no afirma con ello que nacemos de nuevo por las obras. Ni dice tampoco que en parte, Cristo es el propiciador, y que en parte, nuestras obras son la propiciación. Tampoco describe aquí el modo cómo se produce la justificación, sino que describe cómo son los justos, una vez que han sido justificados

252   y regenerados. Y «ser justificado» no significa aquí «ser transformado de impío en justo», sino ser declarado justo según el uso forense, como lo expresa también este pasaje: «Los hacedores de la ley serán justificados» (Ro. 2:13). Por tanto, así como las palabras: «Los hacedores de la ley serán justificados», no contienen nada de inconveniente tampoco lo contienen, creemos, las palabras de Santiago: «El hombre es justificado por las obras, y no solamente por la fe», porque lo cierto es que son justificados los hombres que tienen fe y buenas obras. Porque, como hemos dicho, las buenas obras de los santos son justicia, y son aceptas por virtud de la fe. Las obras que recomienda Santiago son sólo las que hace la fe, como lo afirma al hablar de Abraham (Stg. 2:22): «La fe actuó juntamente con sus obras». En este sentido se dice: «Los hacedores de la ley son justificados», esto es: Son declarados justos los que de corazón creen en Dios, y después llevan buenos frutos que son aceptos por

253   causa de la fe, y que son, por tanto, cumplimiento de la ley. Estas cosas, dichas así sencillamente, nada tienen de malo, pero nuestros adversarios las tergiversan y les agregan sus propias opiniones impías. Pues de lo que escribe Santiago no se sigue que las obras merecen remisión de pecados, ni que regeneran los corazones, ni que tienen carácter de propiciatorias, ni que son aceptas sin Cristo como propiciador, ni que no necesitan al Cristo propiciador. Santiago no dice nada de esto, y sin embargo, nuestros adversarios desvergonzadamente deducen todo esto de sus palabras.

Se citan contra nosotros también algunos otros pasajes referentes de las **254**
obras:[112] Lucas 6:37: «Perdonad, y seréis perdonados». Isaías 58:7, 9: «Parte
tu pan con el hambriento; entonces invocarás y te oirá Jehová». Daniel 4:27:
«Redime tus pecados con limosnas».[113] Mateo 5:3: «Bienaventurados los pobres en espíritu: Porque de ellos es el reino de los cielos». Y asimismo el
versículo 7: «Bienaventurados los misericordiosos: Porque ellos alcanzarán **255**
misericordia». Estos pasajes tampoco ofrecerían dificultad alguna si nuestros
adversarios las dejaran tal como están. Porque encierran dos enseñanzas: Una
es la predicación de la ley o del arrepentimiento, que acusa a quienes obran
mal, y ordena hacer el bien; y la otra es la promesa que se añade. Pero no
se añade que los pecados son perdonados sin fe, o que las obras mismas son
propiciación. Ahora bien: En la predicación de la ley siempre es preciso que **256**
se entiendan estas dos enseñanzas: Que la ley no la podemos cumplir a menos
que hayamos nacido de nuevo por la fe en Cristo, como Cristo mismo dice
(Jn. 15:5): «Separados de mí nada podéis hacer». Y para que se puedan
producir en la mayor medida posible ciertas obras exteriores,[114] se ha de tener
presente esta sentencia general que sirve de interpretación a la ley entera:
«Sin fe es imposible agradar a Dios», y se ha de mantener el evangelio que
proclama que por Cristo tenemos entrada al Padre (He. 11:6; Ro. 5:2). Es
pues evidente que no somos justificados por la ley. De lo contrario, si la sola **257**
predicación de la ley fuese suficiente, ¿qué necesidad tendríamos de Cristo
y del evangelio? Igualmente, en la predicación del arrepentimiento no es
suficiente la predicación de la ley, o de la palabra que convence de pecado,
porque la ley obra la ira, tan sólo acusa, tan sólo atemoriza las conciencias,
porque las conciencias nunca hallan paz a menos que oigan la palabra de Dios
en la cual se les promete claramente perdón de pecados. Por eso es necesario
añadir el evangelio que proclama que por causa de Cristo son perdonados los
pecados, y que por la fe en Cristo conseguimos remisión de pecados. Si

---

112. Cf. *Confutatio Pontificia*, CR 27, col. 93 y sigtes.

113. Trad. conforme al original: *Peccata tua elemosynis redime* (como en la Vulgata
Clementina). Texto alemán: *Deine Sünde laase mit Gerechtigkeit und deine Ubertretung mit
almusen gegen den Armen.* («Redime tus pecados con justicia, y tus transgresiones con limosnas
al indigente».) Reina–Valera rev. 1960 (Dn. 4:27): «Tus pecados redime con justicia, y tus
iniquidades haciendo misericordias para con oprimidos». Cf. Apología, IV, 262. Hay quienes
sugieren como traducción posible: «Expía tus pecados», en vista del hecho de que el verbo
veterotestamentario usado en el original se deriva un sustantivo arameo que significa 'salvación',
'redención'».

114. *Et ut maxime possint quaedam externa opera fieri.* F. Bente y W. H. T. Dau,
(*Concordia Triglotta*, p. 193: «And though some external works can certainly be done». J.
Pelikan, en *Tappert*, p. 144: «Though men can at most do certain outward works». H. G.
Pöhlmann, *Apologia Confessionis Augustanae*, p. 89: «*Und damit bestimmte äussere Werke
möglichst häufig vollbracht werden können*». («Y para que se pueda producir la mayor cantidad
posible de ciertas obras exteriormente buenas».) Justus Jonas no traduce estas palabras.

nuestros adversarios excluyen de la predicación del arrepentimiento el evangelio de Cristo, con razón se les debe tener por blasfemadores contra Cristo.

258   Así pues, cuando Isaías, en el capítulo 1 (16-18), predica el arrepentimiento: «Dejad de hacer lo malo: Aprended a hacer el bien; buscad el juicio, restituid al agraviado, haced justicia al huérfano, amparad a la viuda. Venid luego, dice Jehová, y estemos a cuenta: Si vuestros pecados fueren como la grana, como la nieve serán emblanquecidos», el profeta nos mueve al arrepentimiento, y añade la promesa.

Pero sería una necedad si en este pasaje nos fijásemos en estas dos obras solamente: Restituir al agraviado, y hacer justicia al huérfano. Porque dice al principio: «Dejad de hacer lo malo, con lo que censura la dureza de corazón y muestra la necesidad de tener fe». Tampoco dice el profeta que por aquellas obras de restituir al agraviado y hacer justicia al huérfano, se pueda merecer remisión de pecados *ex opere operato*, sino que insiste en estas obras como necesarias en la nueva vida. Pero al mismo tiempo deja bien en claro que la remisión de pecados se recibe por la fe, y por eso se añade la promesa. Así

259 es como hay que entender todos los pasajes semejantes. Cristo predica el arrepentimiento cuando dice: «Perdonad», y añade la promesa: «Y seréis perdonados», (Lc. 6:37). Con esto empero no afirma que cuando perdonamos, merecemos remisión de pecados *ex opere operato*, como dicen, sino que exige una vida nueva, que ciertamente es necesaria. No deja de señalar, sin embargo, que la remisión de pecados se consigue por la fe. Y cuando Isaías dice (Is. 58:7): «Parte tu pan con el hambriento», también exige vida nueva. Tampoco aquí, el profeta se refiere a una obra sola, sino que se refiere al arrepentimiento como un todo; como lo indica el texto; mas al mismo tiempo, quiere decir

260 que la remisión de pecados se obtiene por la fe. Porque hay una verdad segura—todas las puertas del infierno no prevalecerán contra ella—y es que en la predicación del arrepentimiento no basta la predicación de la ley, porque la ley produce ira y siempre acusa. Hay que añadir la predicación del evangelio, que dice que conseguimos remisión de pecados por la fe si creemos que nuestros pecados nos son perdonados por causa de Cristo. De lo contrario, ¿qué necesidad tenemos del evangelio ni de Cristo? Esta verdad siempre se debe tener presente, para oponerla a quienes, habiendo desechado a Cristo y anulado el evangelio, tergiversan maliciosamente las Escrituras con sus ideas humanas de que compramos la remisión de nuestros pecados con nuestras obras.

261   Asimismo, en el sermón de Daniel (Dn. 4:24, 27), hay que buscar[115] la fe. Porque Daniel no quería que el rey tan sólo diese limosna, sino que incluye

---

115. Bente y Dau, en *Concordia Triglotta*, p. 195, y J. Pelikan, en *Tappert*, p. 145: «faith is required». En el original, *fides requirenda est*. Gerundio, y *requirere* en el sentido de «buscar».

el arrepentimiento entero cuando dice: «Redime tus pecados con limosnas»,[116] esto es, redime tus pecados por medio de un cambio en el corazón y en las obras. Pero con esto también se exige la fe. Y Daniel le da al rey un largo sermón acerca del culto del Dios único de Israel, y lo convierte moviéndole, no sólo a que dé limosnas, sino mucho más a que tenga fe. Tenemos, en efecto, esa excelente confesión del rey acerca del Dios de Israel: «No hay Dios que pueda librar como éste»,(Dn. 3:29). Así, pues, hay dos partes en el sermón de Daniel. Una parte es la que da el mandamiento sobre la nueva vida y las obras de esta nueva vida. En la otra parte, Daniel promete al rey el perdón de los pecados. Y esta promesa de la remisión de pecados no es predicación de la ley, sino una palabra verdaderamente profética y evangélica, la cual Daniel quería que el rey la recibiese por la fe. Porque Daniel sabía   **262** que la remisión de pecados en Cristo había sido prometida no sólo a los israelitas, sino a todas las naciones. De no ser así, no habría podido ofrecer al rey el perdón de los pecados. Es que si el hombre no cuenta con una palabra segura de Dios, no es capaz de pensar—menos aún cuando le aterra su pecado—que Dios tiene la voluntad de dejar de airarse. Y en su propia lengua, las palabras de Daniel se refieren aún más claramente a todo el arrepentimiento, y expresan aún más claramente la promesa: «Redime tus pecados con justicia, y tus iniquidades con misericordias para con los pobres» (Dn. 4:27). Esto es una prescripción en cuanto al arrepentimiento en su totalidad. Se manda al rey que llegue a ser justo, y acto seguido, que obre el bien, defendiendo a los pobres contra injurias y ultrajes como es el deber de un rey. La justicia empero es la fe en el corazón. Y los pecados son redimidos, en efecto,   **263** por el arrepentimiento, es decir se quita la obligación o el carácter culposo porque Dios perdona a los que se arrepienten, como está escrito en Ezequiel 18:21, 22. Y tampoco se ha de inferir de esto que Dios perdona a causa de las obras subsecuentes, o a causa de las limosnas, sino que perdona en virtud de su promesa a quienes aprehenden la promesa. Y no la aprehenden sino quienes creen en verdad y vencen por la fe al pecado y a la muerte. Éstos, que han nacido de nuevo, deben llevar frutos dignos de arrepentimiento, como dice Juan Bautista en Mateo 3:8. Por eso se añade la promesa: «He aquí, habrá curación para tus delitos».[117] Jerónimo añade aquí una partícula dubi-   **264** tativa improcedente,[118] y en sus comentarios[119] sostiene, con imprudencia aún mayor que la remisión de pecados es incierta. Pero nosotros recordaremos

116. Vid. Apología IV, 254, nota 113.

117. Dn. 4:24 (27), conforme al texto de Melanchton: *Ecce erit sanatio delictorum tuorum.* Justus Jonas: *Deine Sunde werden geheilet* («Tus pecados serán sanados»).

118. Jerónimo traduce en Dn. 4:24 (27): *Forsitan ignoscet delictis tuis* («Quizás te perdonará tus delitos»).

119. Respecto de su comentario sobre Dn. 4:27 vid. MSL 25, 517A.

que el evangelio promete con seguridad la remisión de pecados. Y sería simplemente anular el evangelio negar que la remisión de pecados se debe prometer como algo cierto. Dejamos de lado, pues, lo que dice Jerónimo en este pasaje. El caso es que hasta en la misma palabra «redimir» se manifiesta la promesa. Ella indica que el perdón de pecados es posible, que los pecados se pueden redimir, esto es, que puede ser quitada la obligación o el carácter culposo, y aplacada la ira de Dios. Pero nuestros adversarios, pasando siempre por alto las promesas, se fijan sólo en los preceptos, y añaden la idea humana de que el perdón se consigue por causa de las obras, aunque el texto no dice esto, sino que al contrario exige la fe. Porque dondequiera que hay promesa, se exige la fe. No se puede recibir la promesa sino por la fe.

265 Es verdad que las obras les entran a los hombres por los ojos. Por naturaleza, la razón humana las admira, y como no alcanza a percibir sino las obras, no entiende ni tiene en cuenta la fe. Por eso sueña que las obras merecen perdón de pecados y justifican. Esta opinión acerca de la ley es inherente a los ánimos de los hombres por naturaleza, y no pueden desecharla **266** hasta que son enseñados desde lo alto. Pero debemos alejar nuestra mente de estas opiniones carnales y encaminarla hacia a la palabra de Dios. Vemos que se nos ha ofrecido el evangelio y la promesa de Cristo. Por tanto, cuando se predica la ley, cuando se predican las obras, no debemos rechazar la promesa de Cristo. Al contrario, ésta la debemos aprehender primero, a fin de que podamos obrar el bien, y para que nuestras obras puedan agradar a Dios, como lo dice Cristo (Jn. 15:5): «Separados de mí nada podéis hacer». Por tanto, si Daniel hubiera usado estas palabras: «Redime tus pecados por medio del arrepentimiento», nuestros adversarios habrían pasado por alto este pasaje. Pero como al parecer expresó este mismo pensamiento con otras palabras, nuestros adversarios las tuercen en menoscabo de la doctrina de la gracia y de la fe—y esto que Daniel tenía tanto empeño en incluir la fe. **267** Entonces, nuestra respuesta a la cita de Daniel es la siguiente: Con predicar el arrepentimiento, Daniel da una enseñanza no sólo en cuanto a las obras, sino también en cuanto a la fe, como lo confirma la historia misma en su contexto.

En segundo lugar, como Daniel menciona claramente, la promesa por fuerza require también la fe que cree que los pecados son perdonados gratuitamente por Dios. Por lo tanto, aunque al hablar del arrepentimiento, Daniel menciona las obras, no por eso afirma que con estas obras merecemos la remisión de los pecados. Pues Daniel habla no sólo de la remisión del arrepentimiento—porque en vano se buscará remisión del arrepentimiento, si **268** antes el corazón no aprehende la remisión de la culpa. Por otra parte, si nuestros adversarios tan sólo entienden que Daniel habla de la remisión de la pena, nada hay en contra nuestra en este pasaje, porque ellos tendrán que confesar necesariamente que primero viene la remisión de los pecados y la justificación gratuita. Además, también concedemos que las penas con que se nos castiga se mitigan con nuestras oraciones y buenas obras, y al fin con nuestro arrepentimiento completo, según lo dicho en 1 Corintios 11:31: «Si nos examinásemos a nosotros mismos, no seríamos juzgados». Y en Jeremías 15:19: «Si te convirtieres, yo te restauraré». Y en Zacarías 1:3: «Volveos a mí, y yo me volveré a vosotros». Y además, en el Salmo 50:15: «Invócame en el día de la angustia».

Rentengamos, por tanto, esta regla en todas nuestras alabanzas de las obras, y en la predicación de la ley: Nadie puede cumplir la ley sin Cristo, como él mismo lo dice: «Separados de mí nada podéis hacer» (Jn. 15:5). Y también aquella otra: «Sin fe es imposible agradar a Dios» (He. 11:6). Pues no cabe la menor duda: La doctrina de la ley no pretende anular el evangelio, ni eliminar a Cristo el propiciador. Y malditos sean los fariseos, adversarios nuestros, que con su interpretación de la ley atribuyen la gloria de Cristo a las obras, a saber, que son éstas el factor de propiciación, y que merecen remisión de pecados. Síguese, pues, que al ensalzar las obras, siempre hay que hacerlo con el entendimiento expreso de que son aceptas por causa de la fe, porque sin Cristo el propiciador las obras no son aceptas. Por él tenemos entrada a Dios (Ro. 5:2), y no por las obras, sin él como mediador. Luego, cuando se dice en Mateo 19:7: «Si quieres entrar en la vida, guarda los mandamientos», debemos entender que no se pueden guardar los mandamientos sin Cristo, y que el cumplirlos sin Cristo no agrada a Dios. Así, en el Decálogo mismo, en el primer mandamiento (Éx. 20:6): «Y hago misericordia a millares,[120] a los que me aman y guardan mis mandamientos», se añade a la ley una promesa muy grande. Pero a esta ley no se la puede cumplir sin Cristo. Porque siempre acusa a la conciencia, que no satisface a la ley, razón por la cual huye atemorizada del juicio y del castigo de la ley. «Pues la ley produce ira» (Ro. 4:15). En cambio, esa conciencia cumple la ley cuando oye que por causa de Cristo somos reconciliados con Dios, aun cuando no podemos satisfacer a la ley. Cuando por medio de esta fe se aprehende a Cristo el mediador, el corazón se tranquiliza, y empieza a amar a Dios y a cumplir la ley, y sabe que ya agrada a Dios a causa de Cristo el mediador, aun cuando este cumplimiento incipiente de la ley esté muy lejos de la perfección y sea todavía muy impuro. El mismo criterio debe tenerse también en cuanto a la predicación del arrepentimiento. Porque si bien los escolásticos, en su enseñanza del arrepentimiento, no dijeron absolutamente nada acerca de la fe, estimamos sin embargo que ninguno de nuestros adversarios sea tan insensato como para negar que la absolución es una palabra del evangelio.

269

270

271

---

120. *A millares*, i.e. mil generaciones.

Además, la absolución debe recibirse por fe, para que levante a la conciencia atemorizada.

272 Por consiguiente: Como la doctrina del arrepentimiento no sólo manda hacer obras nuevas, sino que promete también remisión de pecados, necesariamente require la fe. Porque la remisión de pecados no se consigue sino por la fe. Por tanto, en estos pasajes que hablan del arrepentimiento siempre debe entenderse que se requiren no sólo las obras, sino la fe, como en este texto de Mateo 6:14: «Si perdonáis[121] a los hombres sus ofensas, os perdonará también a vosotros vuestro Padre celestial». Aquí se exige la obra y se añade la promesa de remisión de pecados, que no se consigue en virtud de la obra,

273 sino por causa de Cristo, por la fe. Y lo mismo afirma la Escritura en muchos otros pasajes. Hechos 10:43: «De éste dan testimonio todos los profetas, que todos los que en él creyeren, recibirán perdón de pecados por su nombre». 1 Juan 2:12: «Vuestros pecados os han sido perdonados por su nombre». Efesios 1:7: «En él tenemos redención por su sangre, el perdón de pecados, según las riquezas de su gracia». Pero, ¿qué necesidad hay de enumerar

274 testimonios? La voz auténtica y propia del evangelio dice que el perdón de los pecados lo conseguimos no en virtud de obras, sino por causa de Cristo, por la fe. Esta es la voz del evangelio que nuestros adversarios tratan de sofocar, tergiversando los pasajes que contienen la doctrina de la ley o de las obras. Es cierto que en la doctrina del arrepetimiento se requieren obras, porque ciertamente se require una vida nueva. Pero aquí, nuestros adversarios añaden, en forma totalmente errada, que por medio de tales obras merecemos

275 perdón de pecados o justificación. Y, sin embargo, Cristo muchas veces conecta la promesa del perdón de pecados con las buenas obras, pero no porque quiera dar a entender que las buenas obras sean propiciación—en realidad, siguen a la reconciliación—sino por dos razones. Una es porque forzosamente deben seguir los buenos frutos. Por eso advierte que si los buenos frutos no siguen, ello es indicio de hipocresía y falso arrepentimiento. La otra razón es porque necesitamos señales exteriores[122] de una promesa tan grande,

276 porque una conciencia llena de temor necesita de múltiple consuelo. Así como el bautismo y la santa cena son señales que continuamente amonestan, levantan y fortalecen a las conciencias temerosas, para que con mayor firmeza crean

---

121. Lutero observa, en una nota marginal en un ejemplar de la edición príncipe: *Non possumus remittere, nisi pris remissum sit nobis et missus sit nobis spiritus sanctus. Sonst heissts vergeben, aber nit vergessen.* («No podemos perdonar a menos que se nos haya perdonado primero, y se nos haya enviado el Espíritu Santo. De otra manera valdrá aquello de 'perdonar, pero no olvidar'».)

122. Lutero, en una nota marginal en un ejemplar de la edición príncipe que le había enviado Melanchton: *Immo interna, cum cor nostrum non coarguit nos, scimus quod filii Dei simus.* («En verdad, [más que señales exteriores necesitamos señales] interiores, pues cuando nuestro corazón no nos acusa, sabemos que somos hijos de Dios».)

que los pecados les son perdonados, así también está escrita y representada esta misma promesa en las buenas obras, para que estas obras nos amonesten a que creamos con mayor firmeza. Los que no llevan buenos frutos, no se sienten estimulados a creer, sino que desprecian las promesas. Los piadosos empero se aferran a ellas, y se gozan de tener señales y testimonios de una promesa tan grande. Por eso se ejercitan en esas señales y testimonios. Por tanto, así como la cena del Señor no justifica *ex opere operato*, sin la fe, así tampoco las limosnas justifican *ex opere operato* sin la fe.

De la misma manera debe interpretarse el discurso de Tobías, capítulo 4:11:[123] «La limosna libra de todo pecado y de la muerte». No diremos que es una hipérbole, aunque así debiera entenderse, para no restarle honores a Cristo, pues es prerrogativa suya el librar del pecado y de la muerte. Pero tenemos que volver a la ya mencionada regla de que la doctrina de la ley sin Cristo no aprovecha. De modo que las limosnas que agradan a Dios son las que siguen a la reconciliación y justificación, no las que les preceden. Por esto es que libran del pecado y de la muerte, pero no *ex opere operato*. Antes bien, así como hemos dicho antes, que es preciso incluir la fe y los frutos al hablar acerca del arrepentimiento, así debemos decir también aquí, al hablar de la limosna, que lo que salva es aquella vida nueva, tomada en conjunto. También las limosnas son ejercicios de la fe que consigue perdón de pecados, que vence a la muerte al ejercitarse más y más y al cobrar fuerzas con esos ejercicios. Concedemos también que las limosnas merecen muchos beneficios de Dios, y que mitigan las penas, puesto que nos hacen acreedores a que seamos defendidos en los peligros del pecado y de la muerte, como hemos dicho antes respecto del arrepentimiento como un todo. Examinando en conjunto el discurso de Tobías, se ve que antes de las limosnas requiere la fe: «Acuérdate del Señor tu Dios todos los días de tu vida» (v. 4). Y después: «En todo tiempo bendice a Dios, y pídele que dirija tus caminos» (v. 20). Pero esto es propio de la fe de que hablamos, la cual cree que Dios le es propicio por causa de su misericordia, y quiere ser justificada, santificada y gobernada por Dios. Pero nuestros adversarios, personas encantadoras, entresacan frases mutiladas para engañar a los ignorantes. Y después les añaden

277

278

279

280

---

123. *Sic et Tobiae concio cap. 4 accipi debet*. Justus Jonas: *Auch ziehen sie an ein Spruch aus Tobia*. («Citan además un pasaje de Tobías»). Citado en la *Confutatio Pontificia* respecto del artículo XX de la Confesión de Augsburgo. Cf. CR 27, col. 122. El pasaje en cuestión es Tobías 4:11. El libro de Tobías es uno de los *sepharim hitsonim* («libros de fuera»), i.e., no pertenecientes al canon hebreo. Entre los protestantes se lo considera apócrifo. Los católicos lo llaman deuterocanónico, lo que significa que sólo fue aceptado después de un período de incertidumbre. El Concilio de Trento reafirmó la canonicidad del libro (cf. sesión cuarta, decreto sobre las Escrituras canónicas). El texto tanto en la Apología como en la Vulgata Clementina reza: *Eleemosyna (Vulg.: elemosyna) ab omni peccato et a morte liberat*.

algo de sus propias ideas. Por eso deben exigirse los pasajes íntegros,[124] ya que, según el precepto general, sería una arrogancia si, en caso de que se nos propusiese una parte pequeña de la ley, entráramos a juzgar o replicar sin examinar en forma exhaustiva toda la ley. Además, los pasajes citados íntegramente, las más de las veces llevan consigo su propia interpretación.

281 Se cita también en forma mutilada este pasaje de Lucas (Lc. 11:41): «Dad limosna; y entonces todo os será limpio».[125] Nuestros adversarios son unos perfectos sordos. ¡Tantas veces ya hemos dicho que a la predicación de la ley hay que añadirle el evangelio de Cristo, por causa del cual son aceptas las buenas obras! Pero ellos, excluyendo a Cristo, enseñan por doquier que

282 la justificación la merecemos por las obras de la ley. Citado íntegramente, este pasaje demostrará que se requiere la fe. Cristo increpa a los fariseos que se creen purificados ante Dios, esto es, justificados por sus frecuentes abluciones. Tal es el caso de un papa, no sé cuál, que dice que el agua rociada junto con sal santifica al pueblo y lo limpia; y la glosa añade que lo limpia de los pecados veniales.[126] De este tipo eran también las opiniones de los fariseos censuradas por Cristo. A este fingido purgamiento, él opone una doble limpieza, una interior y otra exterior. Les manda que sean limpios por dentro, y acerca de la limpieza externa añade: «Dad limosna de lo que tenéis,[127]

283 y entonces todo os será limpio». Nuestros adversarios no aplican correctamente la partícula colectiva «todo», porque Cristo añade a uno y otro miembro de la frase esta conclusión: Todo os será limpio si fuereis limpios por dentro, y exteriormente diereis limosna. Con esto da a entender que la limpieza exterior debe consistir en las obras mandadas por Dios, y no en la observancia de tradiciones humanas, como lo eran en aquel entonces las mencionadas abluciones, y como lo son ahora la diaria aspersión con agua, las vestiduras de los frailes, la discriminación en las comidas y otras ostentaciones semejantes. Pero nuestros adversarios desvirtúan el sentido de la frase, trasladando

284 sofísticamente la partícula colectiva a una sola parte: Todo os será limpio si hubiereis dado limosnas. Sin embargo, Pedro dice (Hch. 15:9): «Sus corazones son purificados con la fe». Por tanto, si se examina el pasaje entero, ofrece un sentido acorde con el resto de la Escritura: Si los corazones están limpios, y por añadidura se agregan exteriormente las limosnas, esto es, todas las obras de caridad, estarán limpios los corazones enteros, y no sólo por dentro, sino también por fuera. Al fin de cuentas, ¿por qué no presentan el discurso en

---

124. *Integri loci.* H. G. Pöhlmann, *Apología*, p. 95: *vorurteilslose Stellen* («pasajes exentos de prejuicios»).

125. CR 27, 122.

126. Pseudo–Alejandro I, *Decretum Gratianum III, De consecratione*, d. III c 20.

127. Lat.: *superest*, «sobra». Versión Reina–Valera: «Dad limosna de lo que tenéis».

forma coherente? Muchas son las partes de la reprensión: En unas hay preceptos en cuanto a la fe, y en otras los hay en cuanto a las obras. Y no es propio de un lector sincero escoger sólo los preceptos acerca de las obras, omitiendo los que se refieren a la fe.

Por último cabe advertir a los lectores que los adversarios aconsejan **285** pésimamente a las conciencias cuando les enseñan que por medio de las obras se merece el perdón de los pecados; porque la conciencia que calcula con la remisión mediante obras, no puede saber con certeza qué obra satisface a Dios. Por eso vive en permanente angustia, y de continuo escoge otras obras, otras formas de culto a Dios, hasta que cae en desesperación total. Este proceso se halla descrito en Romanos 4:14 y sigte., donde Pablo demuestra que la promesa de justicia no se obtiene en virtud de nuestras obras, pues nunca podemos saber a ciencia cierta si tenemos un Dios aplacado. Pues la ley siempre acusa. De esta suerte, la promesa sería vana e incierta. Por lo tanto, el apóstol concluye que aquella promesa de perdón de pecados y justicia se recibe por fe, no a causa de las obras. Este es el sentido verdadero, liso y llano de las palabras de Pablo, que ofrecen un grandísimo consuelo a las conciencias piadosas, y hacen resaltar la gloria de Cristo, quien nos fue dado precisamente para esto: Para que por medio de él tengamos gracia, justicia y paz.

Hasta aquí hemos analizado los pasajes principales que nuestros adver- **286** sarios citan contra nosotros para demostrar que la fe no justifica y que merecemos la remisión de pecados y la gracia por nuestras obras. Pero esperamos que con esto hemos demostrado a las conciencias piadosas con suficiente claridad que estos pasajes no se oponen a lo que nosotros sostenemos, que nuestros adversarios tuercen las Escrituras para acomodarlas a sus opiniones, que citan la mayor parte de los pasajes en forma mutilada, que omitiendo textos clarísimos acerca de la fe, tan sólo escogen de las Escrituras textos acerca de las obras, incluso alterándolos, que por doquier añaden ciertas opiniones humanas sin relación con las palabras de la Escritura, y que enseñan la ley de una manera tal que dan por tierra con el evangelio acerca de Cristo. En efecto, toda la doctrina de nuestros adversarios fue tomada en parte de la **287** razón humana, y en parte es doctrina de la ley, y no del evangelio. En definitiva, presentan dos maneras de justificación: Una, derivada de la razón, y otra, derivada de la ley, no del evangelio o de la promesa de Cristo.

La primera manera de justificarse consiste para ellos en enseñar que los **288** hombres consiguen la gracia tanto de congruo como de condigno.[128] Esto es lo que enseña la razón, porque la razón, al no ver la inmundicia del corazón,

---

128. Acerca de «mérito de congruo» y «mérito de condigno» vid. Apología IV, 19, nota 40. Tanto como, en lat. *tum–tum*, puede traducirse también con «ora–ora».

piensa que aplaca a Dios si obra bien. Y es por esto que en situaciones de grave peligro, los hombres inventan de continuo otras obras, otros tipos de culto para contrarrestar los terrores de la conciencia. Los gentiles y los israelitas ofrecieron sacrificios humanos y se sometieron a otras obras durísimas para aplacar la ira de Dios. Inventáronse después los monacatos, y éstos rivalizaron entre sí en la crueldad de sus observancias para luchar contra los terrores de la conciencia, y contra la ira de Dios. Como esta manera de justificación se acomoda a la razón humana, y como gira enteramente en torno de obras exteriores, resulta inteligible, y hasta cierto punto también practicable. Y en este sentido tergiversaron los canonistas las ordenanzas eclesiásticas por ellos mal entendidas, que fueron establecidas por los Padres con un propósito muy distinto, a saber, no para que por aquellas obras tratásemos de obtener justicia, sino para que hubiese cierto orden en la iglesia, para tranquilidad entre los hombres. En este sentido tergiversaron también los sacramentos, y principalmente la misa, por medio de la cual buscan justicia, gracia y salvación *ex opere operato.*

289   La otra manera de justificarse la trasmitieron los teólogos escolásticos, al enseñar que somos justificados por medio de cierto hábito que nos ha sido infundido por Dios, a saber, el hábito del amor, y que ayudados por este hábito, cumplimos la ley de Dios interior y exteriormente, y que este cumplimiento de la ley es digno de la gracia y la vida eterna.[129] A todas luces, esta doctrina es doctrina de la ley. Porque es verdad que la ley dice (Dt. 6:5): «Amarás a Jehová tu Dios, etc.» y (Lv. 19:18): «Amarás a tu prójimo». El amor es, pues, cumplimiento de la ley.

290   Pero es fácil para el hombre cristiano formarse un juicio acerca de estas dos maneras de justificarse, porque como ambas excluyen a Cristo, ambas deben ser rechazadas. En la primera, que enseña que nuestras obras son propiciación por nuestros pecados, la impiedad salta a la vista. La segunda tiene muchos inconvenientes. No nos enseña que recurramos a los beneficios de Cristo cuando nacemos de nuevo. No enseña que la justificación es el perdón de los pecados. No enseña que obtenemos remisión de pecados antes de amar, sino que se viene con que debemos provocar un acto de amor[130] por

---

129. Heinrich Bormkamm (BSLK, p. 217, nota 2) remite a Tomás de Aquino, *Summa Theologiae* II, 1. q. 114a. 3., y observa que de acuerdo con Tomás, el mérito es en ese caso «de congruo»: *secundum excellentiam suae [hominis] virtutis* y «de condigno»: *secundum quod procedit ex gratia spiritus sancti* («según lo que procede de la gracia del Espíritu Santo») ibid. 3, c.

130. *Eliciamus,* de *e* + *lacere,* «sacar, arrancar, producir, despertar» y otras acepciones afines. En el original: *quod eliciamus actum dilectionis.* H. G. Pöhlmann, *Apología,* p. 97: *dass wir die Verwirklichung der Liebe herauslocken* («que provoquemos en nuestro interior la concreción del amor»). Bente-Dau, *Triglotta,* p. 203: *«that we rouse in ourselves the act of love»* («que despertemos en nosotros el acto de amor»). J. Pelikan, en *Tappert,* p. 151: *«that we produce an act of love»* («que produzcamos un acto de amor»).

131

medio del cual mereceríamos entonces perdón de pecados. Tampoco enseña que por la fe en Cristo se vencen los terrores del pecado y de la muerte. En cambio, inventa una serie de cosas: Que los hombres se acercan a Dios por su propio cumplimiento de la ley, sin Cristo el propiciador; además, que este mismo cumplimiento de la ley, sin Cristo el propiciador, es justicia digna de gracia y de vida eterna, cuando en realidad, aun los santos apenas si alcanzan un defectuoso y débil cumplimiento de la ley.

Pero si alguno se pone a pensar que el evangelio no puede haber sido **291** predicado al mundo en vano, que no puede haber sido en vano que Cristo fuera prometido y presentado, que naciera, padeciera y resucitara, entenderá sin dificultad alguna que no somos justificados por la razón o por la ley. Por tanto, en lo que a la justificación se refiere nos vemos obligados a disentir de nuestros adversarios. Porque el evangelio nos presenta otra manera de justificación. El evangelio nos impele a recurrir a Cristo para obtener la justificación, nos enseña que por él tenemos entrada a Dios, por la fe; nos enseña que a ese Cristo mediador y propiciador debemos oponerlo a la ira de Dios; nos enseña que por la fe en Cristo se consiguen el perdón de pecados y la reconciliación, y se vencen los terrores del pecado y de la muerte. Así lo dice también Pablo. La justicia no proviene de la ley sino de la promesa **292** y en ésta, el Padre ha prometido que quiere perdonarnos, que quiere reconciliarse con nosotros por causa de Cristo. Pero esta promesa tan sólo se recibe por la fe, como lo afirma Pablo en Romanos 4:13. Esta fe sola consigue remisión de pecados, justifica y regenera. Y después siguen el amor y los demás frutos buenos. Esto es, por consiguiente, lo que enseñamos, que el hombre es justificado—como ya hemos dicho antes[131]—cuando la conciencia atemorizada por la predicación del arrepentimiento, es levantada[132] y confía en tener un Dios aplacado por causa de Cristo. Tal fe le es contada por justicia ante Dios, Romanos 4:3, 5. Y cuando el corazón es levantado de esta manera, **293** y vivificado por la fe, recibe el Espíritu Santo, que nos renueva de modo que podamos cumplir la ley, amar a Dios y su palabra, obedecer a Dios en nuestras aflicciones, ser castos, amar al prójimo, etc. Y aunque estas obras todavía distan mucho de tener la perfección exigida por la ley, sin embargo agradan por causa de la fe, que hace que seamos considerados justos por cuanto creemos que por causa de Cristo tenemos un Dios propicio. Estas cosas son claras y concuerdan con el evangelio; el que está en su juicio, las entenderá. Partiendo de esta base, fácil es comprender la razón por qué atribuimos la **294** justificación a la fe, y no al amor, aunque el amor sigue a la fe por cuanto

131. Vid. IV, sección 69 y sigtes.

132. Cabe también esta otra traducción: «Cuando la conciencia atemorizada es levantada por la predicación del arrepentimiento, y confía . . . ». Así, Arnaldo Schüler en *Livro de Concordia*, pág. 158.

el amor es cumplimento de la ley. Pero Pablo enseña que somos justificados no por la ley, sino por la promesa, que sólo por fe se acepta. Y tampoco tenemos entrada a Dios sino mediante Cristo el mediador, ni conseguimos perdón de pecados en virtud de nuestro amor, sino por causa de Cristo. No

295 podemos amar a un Dios airado, y la ley siempre nos acusa, siempre nos muestra a Dios airado. Por tanto, en primer término es necesario que por la fe aprehendamos la promesa de que por causa de Cristo, el Padre está aplacado y nos perdona. Después es cuando empezamos a cumplir la ley. Haciendo

296 caso omiso de lo que diga la razón humana y de lo que dice Moisés, debemos poner nuestros ojos en Cristo, y creer que Cristo nos ha sido dado para que por causa de él seamos considerados justos. Mientras vivamos en la carne, jamás podremos satisfacer a la ley. Por tanto, somos tenidos por justos no en virtud de la ley, sino por causa de Cristo, porque si creemos en él, se nos

297 conceden sus méritos. Por consiguiente, si uno tuvo en cuenta estos fundamentos: Que no somos justificados por la ley—pues la naturaleza humana no puede cumplir la ley de Dios, no puede amar a Dios—sino que somos justificados por la promesa que nos asegura que por causa de Cristo tenemos reconciliación, justicia y vida eterna, el tal no tendrá dificultad en entender que la justificación se ha de atribuir necesariamente a la fe, basta recordar lo siguiente: Que no fue en vano que Cristo haya sido prometido y propuesto, y que haya nacido, padecido y resucitado; que no fue vana la promesa de la gracia en Cristo, hecha ya desde el principio del mundo, sin contar con la ley y fuera de ella; y que esta promesa ha de ser aceptada por la fe, como dice Juan: «El que no cree a Dios, le ha hecho mentiroso, porque no ha creído en el testimonio que Dios ha dado acerca de su Hijo. Y éste es el testimonio: Que Dios nos ha dado vida eterna; y esta vida está en su Hijo. El que tiene al Hijo, tiene la vida: El que no tiene al Hijo de Dios, no tiene la vida» (1 Jn. 5:10–12). Y Cristo dice (Jn. 8:36): «Si el Hijo os libertare, seréis verdaderamente libres». Y Pablo afirma (Ro. 5:2): «Por él tenemos entrada a Dios», y añade: «Por la fe». Así pues, por la fe en Cristo se recibe la promesa de remisión de pecados y la justicia. No somos justificados ante Dios ni por la razón ni por la ley.

298 Estas cosas son tan manifiestas y tan claras, que nos sorprende que sea tanta la manía de nuestros adversarios como para ponerlas en duda. Es una prueba irrefutable: Si somos justificados ante Dios no a base de la ley, sino a base de la promesa, necesariamente se ha de atribuir la justificación a la fe. ¿Qué puede oponerse a esta prueba, a no ser que se quiera anular todo el

299 evangelio y al Cristo entero? La gloria de Cristo brilla más cuando enseñamos que nos valemos de él como mediador y propiciador. Las conciencias piadosas ven que en esta doctrina se les propone abundantísimo consuelo, es decir, que deben creer y estar firmemente convencidas de que tienen un Padre aplacado por causa de Cristo, y no en virtud de nuestras propias obras justas, y que no obstante Cristo nos ayuda a que podamos cumplir también la ley. Estos bienes tan grandes, nuestros adversarios se los quitan a la iglesia cuando se empeñan en condenar y suprimir la justicia de la fe. ¡Cuiden, pues, todos los corazones sinceros, de no asentir a lo que impíamente aconsejan nuestros adversarios! En lo que enseñan acerca de la justificación, no se hace mención de Cristo, ni de cómo debemos escudarnos en él contra la ira de Dios, como si de veras pudiésemos vencer la ira de Dios con nuestro propio amor, o amar a un Dios airado. Y además de esto dejan a las conciencias en la incertidumbre. Porque si han de creer que tienen un Dios aplacado porque le aman, porque cumplen la ley, es inevitable que siempre les queden dudas acerca de si Dios realmente está aplacado ya que, o no sienten ese amor que nuestros adversarios dicen tener, o están convencidos de que es un amor demasiado pequeño, y aun mucho más a menudo sienten una verdadera ira contra el juicio de Dios, que oprime a la naturaleza humana con muchos males terribles, con las miserias de esta vida, con los terrores de la ira eterna, etc. ¿Cuándo hallará reposo, cuándo se aquietará la conciencia? ¿Cuándo amará a Dios en medio de estas dudas y temores? ¿Qué es entonces esta doctrina de la ley sino una doctrina de desesperación? ¡Venga cualquiera de entre nuestros adversarios e instrúyanos acerca de este amor, y díganos cómo él mismo ama a Dios! No entienden absolutamente nada de lo que dicen. Tan sólo repiten la palabra «amor» sin comprender su significado, como lo hacen las paredes con el eco. Tan confusa y obscura es su doctrina, que no sólo transfiere la gloria de Cristo a las obras humanas, sino que lleva a las conciencias a la presunción o a la desesperación. En cambio, la enseñanza nuestra—así lo esperamos—las mentes piadosas la entenderán fácilmente, y confiamos en que nuestra doctrina llevará a las conciencias atormentadas un piadoso y saludable consuelo. Pues cuando nuestros adversarios dicen en son de mofa que muchos impíos, y hasta los demonios también creen, volvemos a lo que ya hemos dicho muchas veces, que nos referimos a la fe en Cristo, esto es, a la fe en la remisión de pecados, a la fe que verdaderamente y de corazón asiente a la promesa de la gracia. Y esto no se consigue sino con una ardua lucha en los corazones humanos. Los hombres de entendimiento sano pueden juzgar fácilmente que una fe que está segura de que Dios tiene cuidado de nosotros, que nos perdona, que nos escucha, es cosa sobrenatural, porque el espíritu humano de por sí nada semejante a esto puede pensar referente a Dios. Por tanto, esta fe de que hablamos no puede existir ni en los impíos ni en los demonios.

Por otra parte, si algún sofista piensa que la justicia es cosa que radica en la voluntad, razón por la cual no se la puede atribuir a la fe, puesto que la fe es cosa que radica en el intelecto, la respuesta es fácil, porque en sus escuelas, ellos también reconocen que la voluntad da al intelecto la orden de que reciba la palabra de Dios.[133] Nosotros lo decimos con mayor claridad: Así como los terrores del pecado y de la muerte no son meros pensamientos del intelecto, sino también horribles impulsos de la voluntad que huye del juicio de Dios, así también la fe no es un mero conocimiento en el intelecto, sino también confianza en la voluntad, esto es desear y recibir lo que se ofrece

305 en la promesa, a saber, la reconciliación y el perdón de pecados. Así es como la Escritura usa el término «fe» como lo comprueba este pasaje de Pablo (Ro. 5:1): «Justificados, pues, por la fe, tenemos paz para con Dios». Pero «justificar», significa, en este pasaje, según el uso forense, absolver al reo y declararlo justo, pero en virtud de una justicia ajena, a saber, la de Cristo; y

306 esta justicia ajena nos es comunicada por la fe. Por consiguiente: Dado que en este pasaje nuestra justicia es la imputación de una justicia ajena, es preciso hablar aquí de la «justicia» de una manera distinta, no como cuando en el terreno de la filosofía o en el foro hacemos indagaciones en cuanto a la justicia de nuestra propia obra. Ésta sí reside en la voluntad. Por eso dice Pablo en 1 Corintios 1:30: «Mas por él estáis vosotros en Cristo Jesús, el cual nos ha sido hecho por Dios sabiduría, justificación, santificación, y redención», y en 2 Corintios 5:21: «Al que no conoció pecado, por nosotros lo hizo pecado,

307 para que nosotros fuésemos hechos justicia de Dios en él». Pero como la justicia de Cristo nos es concedida por la fe, la fe es justicia en nosotros por imputación, quiere decir, es aquello por lo cual somos hechos aceptos ante Dios, por causa de la imputación y disposición de Dios, como lo expresa

308 Pablo (Ro. 4:3, 5): «La fe le es contada por justicia». Pero a causa de ciertas personas tardas en comprender, tendremos que usar un lenguaje tecnológico: La fe es, hablando propiamente, justicia, porque es obediencia al evangelio. Pues es evidente que la obediencia a la orden de un superior es de veras una especie de justicia distributiva. Y esa obediencia al evangelio es imputada como justicia de un modo tal que sólo por ella—ya que por ella aprehendemos a Cristo el propiciador—son aceptas las buenas obras o la obediencia a la ley. Porque tampoco a la ley satisfacemos, pero esto nos es perdonado por causa de Cristo, como dice Pablo (Ro. 8:1): «Ahora, pues, ninguna condenación hay para los que están en Cristo Jesús, etc.». Esta fe da a Dios su

309 honor, le da lo que es suyo, porque obedece recibiendo las promesas. Así lo dice también Pablo, en Romanos 4:20: «Tampoco dudó, por incredulidad, de la promesa de Dios, sino que se fortaleció en fe, dando gloria a Dios». Y

310 así, el culto y la latría del evangelio es recibir los bienes de Dios; el culto de la ley en cambio es ofrecer y presentar a Dios nuestros propios bienes. Pero

---

133. Cf. Tomás de Aquino, *Summa Theologiae* II, 1. q. 56 a 3. C. (cit. en BSLK, p. 219, nota 2): *Movetur enim intellectus ad assentiendum iis, quae sunt fidei, ex imperio voluntatis, nullus enim credit nisi volens* («Pues el intelecto es impulsado a asentir a las cosas que son de la fe, por imperio de su voluntad; en efecto, nadie cree sino queriendo»).

nosotros no podemos ofrecer nada a Dios antes de haber sido reconciliados con él, y haber nacido de nuevo. De ahí que este pasaje resulte tan consolador, pues el culto más preciado que conoce el evangelio es desear recibir de Dios el perdón de pecados, la gracia y la justicia. De este culto dice Cristo en Juan 6:40: «Ésta es la voluntad del que me ha enviado: Que todo aquel que ve al Hijo, y cree en él, tenga vida eterna». Y el Padre dice (Mt. 17:5): «Éste es mi Hijo amado, en quien tengo complacencia; a él oíd». Nuestros adversarios 311 hablan de la obediencia a la ley, pero no dicen nada respecto de la obediencia al evangelio; pero la verdad es que no podemos obedecer a la ley si antes no nacemos de nuevo por el evangelio, ya que tampoco podemos amar a Dios sin antes haber recibido la remisión de nuestros pecados. En efecto: Mientras 312 sentimos que Dios está airado contra nosotros, la naturaleza humana huye de la ira y del juicio de Dios. En caso de que alguien use del siguiente sofisma: Si la fe es la que *desea* lo que se nos ofrece en la promesa, parece que se confunden los hábitos, es decir, la fe y la esperanza, porque la fe es la que *espera* las cosas prometidas—le responderemos que en realidad, estos dos afectos no pueden separarse de la manera como lo hacen en las escuelas mediante sus vanas especulaciones. Porque también en Hebreos 11:1: Se define a la fe como «la certeza de lo que se espera». Si a pesar de esto, alguno quiere que se hagan distinciones, diremos que el objeto de la esperanza es, propiamente, el acontecimiento futuro, y que la fe se relaciona con las cosas presentes y futuras y recibe en el presente el perdón de pecados que se ofreció en la promesa.

Por todo lo dicho, esperamos que se podrá entender, con suficiente 313 claridad no sólo qué es la fe, sino también que nos vemos constreñidos a creer que por la fe somos justificados, reconciliados, regenerados—si es que de veras queremos enseñar la justicia del evangelio, y no la justicia de la ley. Porque quienes enseñan que somos justificados por el amor, enseñan la justicia de la ley, y no que debemos valernos de Cristo el mediador. Y está a la vista 314 que los terrores del pecado y de la muerte los vencemos no por el amor, sino por la fe, y que a la ira de Dios no le podemos oponer nuestro amor, o nuestro cumplimiento de la ley, porque Pablo dice (Ro. 5:2): «Por Cristo tenemos entrada a Dios por la fe». Si insistimos tanto en este pasaje, lo hacemos en bien de la claridad; porque nos muestra a la perfección dónde está el problema, y examinado con diligencia, puede enseñarnos mucho sobre toda esta cuestión, y consolar a los corazones sinceros. Por eso conviene tenerlo siempre a mano y a la vista, no sólo para que lo podamos oponer a la doctrina de nuestros adversarios, que enseñan que se tiene entrada a Dios no por la fe, sino por el amor y por los méritos propios, sin Cristo el mediador, sino también para que podamos cobrar ánimo en nuestros temores y ejercitar nuestra fe. Queda 315 claro también que sin la ayuda de Cristo no podemos cumplir la ley, como él mismo lo dice (en Juan 15:5): «Separados de mí nada podéis hacer». Por tanto, antes de cumplir la ley es necesario que los corazones nazcan de nuevo.

316   A base de todo esto se podrá entender también la razón por qué rechazamos la doctrina de nuestros adversarios acerca del mérito de condigno.[134] Nos resulta muy fácil la decisión: Es porque ellos no hacen mención de la fe, ni de que por la fe somos gratos a Dios, por causa de Cristo, sino que imaginan que las buenas obras, hechas con ayuda de aquel hábito del amor, son una justicia digna que de por sí agrada a Dios, digna también de obtener

317 la vida eterna, sin necesidad de un Cristo mediador. ¿Qué es esto sino transferir la gloria de Cristo a nuestras obras y declarar que somos gratos a Dios por causa de nuestras obras, y no por causa de Cristo? Pero esto también es quitarle a Cristo la gloria de mediador—a él que lo es por siempre, y no sólo al principio de la justificación. Y Pablo dice (en Gá. 2:17), si el que ha sido justificado en Cristo, tiene la necesidad de buscar después justicia en otra parte, da a entender con ello que Cristo es ministro de pecado, es decir, que

318 no justifica plenamente. Es del todo absurdo lo que enseñan nuestros adversarios, a saber, que las buenas obras merecen la gracia de condigno—como si en realidad, una vez comenzada la justificación, y en caso de que la conciencia se aterrorice, como suele acontecer, la gracia se tuviera que buscar por medio de una buena obra, y no por la fe en Cristo.

319   Segundo: La doctrina de nuestros adversarios deja indecisas a las conciencias indecisas, de manera que nunca pueden llegar a tranquilizarse, porque la ley nos acusa siempre, aun con respecto a las obras buenas. Porque siempre el deseo de la carne es contra el Espíritu (Gá. 5:17). ¿Cómo podrá entonces la conciencia tener paz sin la fe, si piensa que ahora tiene que agradar a Dios no por causa de Cristo, sino en virtud de la obra propia? ¿Qué obra encontrará de la que pueda tener la convicción de que es digna de vida eterna—si es que

320 la esperanza realmente debe basarse en los méritos? Contra estas dudas, Pablo dice (Ro. 5:1): «Justificados pues por la fe, tenemos paz», y por cierto, debemos estar seguros de que por causa de Cristo se nos da justicia y vida eterna. Y con respecto a Abraham, el apóstol dice (Ro. 4:18): «Él creyó en esperanza contra esperanza».[135]

321   Tercero: ¿Cómo puede saber la conciencia cuándo una obra fue hecha bajo el estímulo de ese hábito, a fin de que pueda estar segura de que merece la gracia de condigno? Pero esa misma distinción de que los hombres se hacen merecedores ya sea de congruo, ya sea de condigno, sólo la inventaron para eludir las Escrituras, porque como hemos dicho antes,[136] la intención del que

---

134. Vid. Apología IV, 146, nota 81, (resp. Buenaventura).
135. *Contra spem in spem credidit.*
136. Cf. Apología IV, 19, 146 y 288.

hace la obra no distingue entre géneros de méritos, aunque los hipócritas confían simple y despreocupadamente en que sus obras son dignas y que por causa de ellas se los tiene por justos. Por el contrario, las conciencias atemorizadas dudan de todas las obras, y por esto siempre están buscando otras. Porque merecer de congruo no es sino dudar, y practicar obras sin tener fe, hasta caer en la desesperación. En una palabra: Todo cuanto nuestros adversarios enseñan a este respecto está lleno de errores y de peligros.

Cuarto: Toda la iglesia declara que la vida eterna se consigue por misericordia. En su obra *Acerca de la gracia y del libre albedrío*, Agustín dice, al mencionar las obras de los santos hechas después de la justificación: «Dios nos guía a la vida eterna, no por nuestros méritos, sino por su misericordia».[137] Y en sus *Confesiones*, lib. IX, exclama: «¡Ay de la vida de los hombres, por digna de alabanza que sea, si al juzgarla se deja de lado la misericordia!»[138] Dice también Cipriano, en su tratado acerca del Padrenuestro: «Para que nadie se jacte a sí mismo de inocente, y exaltándose a sí mismo, caiga en perdición más profunda, se instruye y enseña que el hombre peca todos los días, prueba de lo cual es que se le manda orar todos los días por sus pecados».[139] Pero el asunto es conocido, y tiene muchos y muy claros testimonios en la Escritura y en los Padres de la iglesia, los cuales nos aseguran a una voz que aunque tengamos buenas obras, necesitamos en ellas de misericordia. Con esta misericordia ante los ojos, la fe nos anima y nos consuela. Por lo tanto, es una enseñanza muy errónea la de nuestros adversarios, cuando al ensalzar los méritos, no añaden nada en cuanto a la fe que aprehende la misericordia. Porque así como dijimos antes que la promesa y la fe son correlativas, y que no se aprehende la promesa sino por la fe, así también decimos ahora que la misericordia prometida requiere correlativamente la fe, y no puede aprehenderse sino por la fe. Con toda razón censuramos, pues, la doctrina del mérito de condigno, pues nada enseña de la fe que justifica, y obscurece la gloria y el oficio de Cristo como mediador. Y no se crea que estamos introduciendo innovaciones en esta materia, pues los Padres han enseñado muy claramente a la iglesia que incluso en las buenas obras necesitamos de misericordia.

Es éste un punto, al que la Escritura se refiere muchas veces. En el Salmo 143:2 dice: «No entres en juicio con tu siervo; porque no será justificado delante de ti ningún ser humano».[140] Con estas palabras, David niega terminantemente la gloria de la justicia a todos los hombres, aun a los santos y siervos de Dios, si Dios, en vez de perdonar, juzga y acusa a los corazones.

322
323
324
325
326

---

137. *De gratia el libero arbitrio* 9:21.
138. *Confessiones* IX, 13.
139. *De oratione dom.* 22, MSL 4, 552 B. CSEL III, 1, p. 283, 18.
140. Lat.: *iustificabitur*, será justificado. Versión Reina-Valera: «se justificará».

Porque cuando en otros pasajesDavid se gloría de su justicia, es porque habla de su lucha contra los perseguidores de la palabra de Dios, y no de su pureza personal, sino que ruega que se defienda la causa y la gloria de Dios, como en el Salmo 7:8: «Júzgame, oh Jehová, conforme a mi justicia, y conforme a mi integridad». Y asimismo, Salmo 130:3: «Si mirares a los pecados, ¿quién, oh Señor, podrá mantenerse?» Con esto quiere decir que nadie puede salir

327 airoso del juicio de Dios, si Dios mira nuestros pecados. En Job 9:28 leemos: «Me turban todos mis dolores», y en el versículo 30: «Aunque me lave con aguas de nieve, y limpie mis manos con la limpieza misma, aun me hundirás en el hoyo». Otros textos son: Proverbios 20:9: «¿Quién podrá decir: Yo he

328 limpiado mi corazón, limpio estoy de mi pecado?» 1 Juan 1:8: «Si decimos que no tenemos pecado, nos engañamos a nosotros mismos, y la verdad no está en nosotros». En la Oración del Señor, los santos piden remisión de pecados. Así que hasta los santos tienen pecados. En Números 14:18 se afirma:

329 «El inocente no será inocente».[141] Y en Deuteronomio 4:24: «Jehová tu Dios es fuego consumidor». Y Zacarías dice también, 2:13: «Calle toda carne delante de Jehová». E Isaías 40:6: «Toda carne es hierba, y toda su gloria como flor del campo. La hierba se seca, y la flor se marchita; porque el viento de Jehová sopló en ella»; es decir, la carne y la justicia de la carne no pueden

330 soportar el juicio de Dios. Y Jonás dice, 2:8: «Siguen vanidades ilusorias los que su misericordia abandonan», esto es, toda confianza es vana, menos la confianza en la misericordia. La misericordia nos libera; nuestros propios

331 méritos, nuestros propios esfuerzos en cambio no nos liberan. Por eso dice también Daniel en su oración, 9:18 y sigtes., «No elevamos nuestros ruegos ante ti confiados en nuestras justicias, sino en tus muchas misericordias. Oye, Señor; oh Señor, perdona; presta oído, Señor, y hazlo; no tardes, por amor de ti mismo, Dios mío: Porque tu nombre es invocado sobre tu ciudad y sobre tu pueblo». Así nos enseña Daniel a aprehender la misericordia al hacer nuestra oración, esto es, a confiar en la misericordia de Dios, y no en nuestros propios

332 méritos delante de Dios. Nos preguntamos asombrados, qué hacen nuestros adversarios cuando oran, si es que estos hombres profanos jamás le piden algo a Dios. Si declaran que son dignos por tener amor y buenas obras, y si piden la gracia como algo que se les debe, oran exactamente como el fariseo en Lucas 18:11, que dice: «No soy como los otros hombres». Quien ora de este modo, apoyándose en su propia justicia y no en la misericordia de Dios,[142] hace agravio a Cristo, el cual, como sumo sacerdote intercede por nosotros.

333 Y la oración «se apoya en la misericordia de Dios», cuando creemos que por

---

141. Trad. literal del latín: *Et innocens non erit innocens*. Comp. Versión Reina–Valera: «De ningún modo tendrá por inocente al culpable».

142. El texto latino de 1584 dice: *Qui sic petit gratiam, nec nititur misericordia Dei . . .* («Quien así aspira a la gracia, y no se apoya en la misericordia de Dios . . .»).

causa de Cristo, nuestro sumo sacerdote, somos escuchados, como él mismo lo dice (en Jn. 14:13): «Todo lo que pidiereis al Padre en mi nombre, lo haré». «En mi nombre», dice, porque sin este sumo sacerdote no tenemos entrada al Padre.

Aquí también viene al caso la declaración de Cristo, Lucas 17:10: «Cuando hayáis hecho todo lo que os ha sido ordenado, decid: Siervos inútiles somos». Estas palabras dicen claramente que Dios salva por misericordia y por causa de su promesa, y no que debe hacerlo en virtud de la dignidad de nuestras obras. Pero nuestros adversarios juegan aquí en forma extraña con las palabras de Cristo. Primero hacen un *antistréphon*[143] y lo vuelven contra nosotros. Según ellos, con mucha más razón se puede decir: «Si lo creyereis todo, decid: Siervos inútiles somos». Y a renglón seguido añaden que las obras son inútiles para Dios, pero no para nosotros.[144] ¡Ved cómo deleita a nuestros adversarios la diversión pueril de la sofistería![145] Aun cuando estas necedades son indignas de refutación, contestaremos con pocas palabras. El *antistréphon* es vicioso. Primero, porque se engañan nuestros adversarios con respecto a la palabra «fe». Si «fe» significara para nosotros ese conocimiento de la historia que tienen también los impíos, y hasta los demonios, sería correcto el razonamiento de nuestros adversarios en cuanto a la inutilidad de la fe, cuando dicen: «Cuando hayáis creído todo, decid: Siervos inútiles somos». Pero nosotros no hablamos del conocimiento de la historia, sino de la confianza en la promesa y en la misericordia de Dios. Y con esta misma confianza en la promesa reconocemos que somos siervos inútiles. Es más: Esta confesión misma de que nuestras obras son indignas, es la voz misma de la fe, como se deduce del pasaje de Daniel 9:18 que acabamos de citar: «No elevamos nuestros ruegos ante ti confiados en nuestras justicias», etc.

334

335

336

337

---

143. *Antistréphon* = argumento que se puede redargüir (Dicc. de la Lengua Latina, por L. Macchi, Pbro. S. (ed. «Apis», Rosario, Arg.).

144. CR 27, col. 101: *Nam si factores inutiles dici debent, quanto magis his, qui solum credunt, dicere convenit: Si credideritis omnia, dicite, servi inutiles sumus. Non ergo haec vox Christi extollit fidem sino operibus, sed docet, quod opera nostra nihil utilitatis Deo afferunt, quod operibus nostris nemo potest inflari, quod opera nostra comparata divinis praemiis, nulla sunt et nihil.* («Pues si a los que practican [buenas obras] se los ha de llamar inútiles, cuánto más propio será decir a los que solamente creen: Cuando hayáis creído todo, decid: Siervos inútiles somos. Por lo tanto, esta palabra de Cristo no destaca el valor de una fe sin obras, sino que enseña que nuestras obras no le reportan ninguna utilidad a Dios, que ninguno de nosotros puede gloriarse de sus obras, y que nuestras obras comparadas con la recompensa divina, nada son y nada valen».) En la forma más elaborada de la *Confutatio* (cf. *Die Konfutation des Augsburgischen Bekenntnisses, ihre erste Gestalt und ihre geschichte,* Johannes Ficker, Leipzig, 1891, p. 31:11) se hallan las palabras: *Nihil enim utilitatis Deo afferunt opera nostra, sed nobis; utilia nobis sunt opera.* («Pues nuestras obras no le reportan ninguna utilidad a Dios, pero a nosotros sí; para nosotros las obras son útiles».)

145. *Videte, quam delectet adversarios puerile studium sophistices.* Bente–Dau, (*Triglotta,* p. 215): «El estudio pueril de la sofística» (*the puerile study of sophistry*). J. Pelikan (en *Tappert,* p. 159): «Esta sofística pueril» (*this childish sophistry*).

338 Pues la fe salva porque aprehende la misericordia o la promesa de gracia, aunque nuestras obras sean indignas. Y en este sentido, para nada nos perjudica el *antistréphon* que hacen, diciendo: «Cuando lo hayáis creído todo, decid: Siervos inútiles somos», a saber, porque nuestras obras son indignas. Nosotros enseñamos, como lo hace toda la iglesia, que somos salvos por

339 misericordia. Y si quisieran razonar a base de una comparación: «Cuando hayas hecho todo, no confíes en tus obras», luego: «Cuando hayas creído todo, no confíes en la promesa divina», tendríamos que responder: Esto es incoherente.[146] Porque los dos términos no pueden ser más disímiles. Disímiles son las causas, disímiles son también los objetos de la confianza en la proposición anterior y en la posterior. La «confianza» en la proposición anterior es la confianza en nuestras obras, y la «confianza» en la proposición posterior es la confianza en la promesa divina. Pero Cristo condena la confianza en nuestras obras; la confianza en su promesa en cambio no la condena. No quiere que desesperemos de la misericordia y de la gracia de Dios. Rechaza nuestras obras como indignas, pero no rechaza la promesa que ofrece gra-

340 tuitamente la misericordia. Excelente es lo que dice Ambrosio a este respecto: «Es preciso reconocer la gracia, pero no se debe ignorar la naturaleza».[147] Se

341 ha de confiar en la promesa de la gracia, no en nuestra naturaleza. Pero nuestros adversarios siguen su costumbre: Los pasajes que favorecen a la fe las vuelven en contra de la doctrina de la fe. Pero devolvamos a sus escuelas

342 estas sutilezas. Es una puerilidad patente aquella interpretación suya: «Los siervos son inútiles porque sus obras son inútiles para Dios, aunque para nosotros son útiles». Pero—podrá objetarse—[148]Cristo habla de la utilidad que hace que Dios nos adeude su gracia. No es aquí el lugar para hablar de lo útil o de lo inútil. «Siervos inútiles» significa «siervos cuyo servicio es insuficiente», porque nadie teme a Dios tanto, ni le ama tanto, ni cree tanto en

343 él como debiera. Pero no nos detengamos más en estas estériles cavilaciones de nuestros adversarios, pues los hombres prudentes ya verán lo que hay que

146. En su traducción un tanto parafraseante, Justus Jonas añade a esta invectiva erudita del original una explicación muy al estilo de la polémica robusta de aquella época: «Tenemos que dar a estos asnos burdos un ejemplo burdo: No se puede hacer una deducción como ésa: El centavo no vale nada, así que el gulden tampoco vale nada. Del mismo modo, así como el gulden es de valor mucho más elevado y una moneda mucho más fuerte que el centavo, así ha de entenderse también que la fe es mucho más elevada y más fuerte que la obra. No que la fe tenga ese valor a causa de su carácter meritorio; su valor radica en que confía en la promesa y la misericordia de Dios. La fe es fuerte no por meritoria, sino por causa de la promesa divina». (Cf. el original alemán en BSLK, pp. 225–226).

147. *Expos. evang. sec.* Luc. VIII, 32.

148. Lat. *At Christus de ea uilitate loquitur . . . .* Al traducir el *at* («pero») del original con 'Pero–podrá' objetarse seguimos el proceder de A. Schüler en el *Livro de Concordia*, pág. 167, donde en la Nota 381 figura la acertada observación (que aquí presentamos traducida al español): «*At* puede iniciar oraciones en que el autor cita objeciones hechas, o menciona posibles objeciones».

pensar de ellas cuando se les saque a relucir. Nuestros adversarios encuentran resquicios aun en las palabras más claras y evidentes. Pero a nadie se le puede escapar que en este pasaje se reprueba la confianza en nuestras obras.

Mantegamos, pues, lo que la iglesia confiesa, a saber, que somos salvos **344** por misericordia. Y para que nadie piense que la esperanza será incierta si hemos de ser salvos por misericordia, y si no hay nada que distinga a quienes consiguen salvación de quienes no se salvan, tenemos que dar una respuesta satisfactoria. Parece que movidos por este argumento, los escolásticos buscaron lo del «mérito de condigno». Porque este razonamiento puede influir **345** mucho en la mente humana. Por tanto responderemos con pocas palabras. Precisamente para que la esperanza sea cierta, y para que haya una diferencia anterior entre los que alcanzan la salvación y los que no la alcanzan, es menester sostener que nos salvamos por misericordia. Esto, dicho así a secas, parece absurdo. Porque en los tribunales y en los juicios humanos, lo cierto es el derecho y la deuda y lo incierto la misericordia. Pero el caso es distinto cuando se trata del juicio de Dios. Porque aquí la misericordia se funda en una promesa cierta y clara, y en un mandamiento de Dios. Porque el evangelio es propiamente el mandamiento que nos ordena creer que Dios nos es propicio por causa de Cristo. «Porque no envió Dios a su Hijo al mundo para condenar al mundo, sino para que el mundo sea salvo por él. El que en él cree, no es condenado», etc. (Jn. 3:17–18). Por tanto, cuantas veces se habla de mise- **346** ricordia, hay que añadir la fe en la promesa. Y esta fe engendra una esperanza cierta, porque se apoya en la palabra y en el mandamiento de Dios. Si la esperanza se apoyase en las obras, entonces sí sería incierta, porque las obras no pueden tranquilizar la conciencia, como en lo que antecede ya se ha dicho muchas veces. Y esta fe es la que establece la diferencia entre los que obtienen **347** la salvación y los que no la obtienen. Es la fe la que establece la diferencia entre los dignos y los indignos, porque la vida eterna ha sido prometida a los justificados, y la fe es la que justifica.

Pero aquí nuestros adversarios volverán a levantar la voz, diciendo que **348** no hay ninguna necesidad de obras buenas, si éstas no merecen la vida eterna. Pero estas calumnias las hemos refutado ya antes. Claro que debemos practicar el bien. Decimos que a los justificados les ha sido prometida la vida eterna. Pero los que andan por los caminos de la carne, no retienen ni la fe ni la justicia. Somos justificados precisamente para esto: Para que, siendo justos, empecemos a obrar el bien y a obedecer la ley de Dios. Somos regenerados **349** y recibimos el Espíritu Santo precisamente para este fin: Para que la nueva vida produzca nuevos frutos, nuevos afectos, temor y amor de Dios, odio a la concupiscencia, etc. Esta fe de que hablamos nace en el arrepentimiento, **350** y debe confirmarse y crecer en las buenas obras, en las tentaciones y en los peligros, a fin de que tengamos en nosotros una certeza siempre mayor de que por causa de Cristo, Dios tiene cuidado de nosotros, nos perdona, nos escucha. Estas cosas no se aprenden sino a fuerza de grandes y frecuentes luchas. ¡Cuántas veces nos sacude la conciencia, cuántas veces nos sume en la desesperación al hacernos ver los pecados, viejos o nuevos, o la inmundicia de nuestra naturaleza! Esta escritura[149] no se borra sino con un duro

351
batallar, donde la experiencia nos manifiesta qué cosa más difícil es la fe. Y cuando en medio de nuestros terrores se nos infunde aliento y recibimos consuelo, crecen al mismo tiempo otros impulsos espirituales: El conocimiento de Dios, el temor de Dios, la esperanza, y el amor de Dios, y somos renovados, como dice Pablo, hasta el conocimiento pleno de Dios (Col. 3:10), y, mirando la gloria del Señor, somos transformados en la misma imagen (2 Co. 3:18), es decir, recibimos el verdadero conocimiento de Dios para temerle verdaderamente, creer verdaderamente que él tiene cuidado de

352
nosotros y nos escucha. Esta regeneración es, por decirlo así, el comienzo de la vida eterna, como dice Pablo (Ro. 8:10): «Si Cristo está en vosotros, el

353
cuerpo en verdad está muerto mas el espíritu vive», etc., y «Seremos revestidos, pues así seremos hallados vestidos, y no desnudos» (2 Co. 5:2, 3). De esto, el lector de buena fe puede deducir que nosotros exigimos con gran insistencia las obras buenas, pues enseñamos que esta fe nace en el arrepentimiento, y continuamente debe crecer en el arrepentimiento. En esto consiste para nosotros la perfección cristiana y espiritual: En que crezcan simultáneamente el arrepentimiento, y en el arrepentimiento, la fe. Esto es para la gente piadosa más fácil de entender que lo que enseñan nuestros

354
adversarios sobre la contemplación o la perfección. Mas así como la justificación es cosa concerniente a la fe, así también es cosa concerniente a la fe la vida eterna. Y Pedro dice en (1 P. 1:9): «Obteniendo el fin de vuestra fe, que es la salvación de vuestras almas». En efecto, nuestros adversarios confiesan que los justificados son hijos de Dios y coherederos de Cristo.

355
Después las obras, por ser agradables a Dios por causa de la fe, merecen otros premios materiales y espirituales. Porque habrá diferencias en la gloria de los santos.

356
Pero a esto, los adversarios replican en alta voz que la vida eterna es llamada una recompensa, y que por tanto es necesario que se la merezca de condigno, por las buenas obras. Responderemos breve y claramente. En Romanos 6:23, Pablo llama «dádiva» a la vida eterna, pues por la justicia que nos fue dada por causa de Cristo, somos hechos a la vez hijos de Dios y coherederos de Cristo, como dice Juan (3:36): «El que cree en el Hijo, tiene vida eterna». También Agustín dice, y siguiendo en sus pasos, muchos otros dijeron: Dios corona en nosotros sus dones.[150] Y en otro pasaje en efecto,

---

149. Lat. *chirographum* cf. Col. 2:14.
150. *De gratia et libero arbitrio* VI, 9, 15. MSL 44, 890.

está escrito: «Vuestro galardón es grande en los cielos» (Lc. 6:23). Si a nuestros adversarios les parece que estos pasajes se contradicen, explíquenlos como puedan. Sin embargo, son jueces muy poco equitativos, porque omiten la palabra «dádiva», y omiten también las fuentes de toda esta cuestión. Y se lanzan sobre la palabra «dádiva» y la interpretan de un modo pésimo, no sólo en contra de la Escritura, sino en contra del uso idiomático. De aquí deducen que, como a la vida eterna se le llamó una «recompensa», nuestras obras son tales que deben ser el precio por el que se nos ha de conceder vida eterna. Son, por consiguiente, dignas de la gracia y de la vida eterna, y no necesitan de misericordia, o de Cristo el mediador, o de la fe. Por cierto, una lógica[151] enteramente nueva: Oímos la palabra «recompensa»; luego no hay necesidad alguna de Cristo el mediador, ni de la fe que tiene entrada a Dios por causa de Cristo y no por causa de nuestras obras. ¿Quién no ve que todo esto son anacolutos?[152] Nosotros no disputamos acerca de la palabra «recompensa». Disputamos acerca de si las buenas obras son de por sí dignas de obtener la gracia y de la vida eterna, o si son aceptas tan sólo en virtud de la fe que aprehende a Cristo el mediador. Nuestros adversarios no sólo consideran a las obras dignas de la gracia y de la vida eterna, sino que imaginan también poseer méritos de sobra, que pueden conferir a otros y con ellos justificar a estos otros, como cuando los frailes venden a otros los méritos de sus órdenes. Estos portentos los acumulan a la manera de Crisipo,[153] con sólo haber escuchado la palabra «recompensa»: ¿«Recompensa» se llama? ¡pues entonces—piensan—tenemos obras que son el precio por el que se nos debe una recompensa! Por consiguiente, nuestras obras son aceptas por sí solas, y no por causa de Cristo el mediador. Y como uno tiene más méritos que otro, alguno los tiene que tener de sobra. Entonces, los que hicieron estos méritos, pueden donárselos a otros. Espera, lector: Aún no hemos llegado al final de este sorites sofístico.[154] Es preciso añadir todavía ciertos sacramentos a esta donación: A los muertos se les viste con una cogulla,[155] etc. Semejantes acumulaciones hicieron que el beneficio de Cristo y la justicia de la fe quedaran prácticamente obscurecidos.

357
358
359
360
361

---

151. En el original: *dialectica*.

152. Anacoluto = inconsecuencia en el régimen o en la construcción de una cláusula.

153. Filósofo griego del siglo III a. de C., uno de los tres representantes principales del así llamado estoicismo antiguo. Se dice que fue un argumentador brillante (sus controversias le valieron el título de *columna de la stoa*), pero de estilo intrincado en que se amontonaban indiscriminadamente razones y citas.

154. *Sorites*—Raciocinio compuesto de muchas proposiciones encadenadas, de modo que el predicado de cada una pasa a ser sujeto de la siguiente, hasta que en la conclusión se une el sujeto de la primera con el predicado de la última (*Dicc. Durvan de la Lengua Española*).

155. En la Edad Media era frecuente que cuando se sepultaba a una persona, se la vestía con el hábito de alguna orden.

144

362   Pero nuestra intención no es desatar una vana logomaquia[156] sobre el término «recompensa». Si nuestros adversarios están dispuestos a admitir que somos considerados justos por la fe, por causa de Cristo, y que las buenas obras son a su vez aceptas a Dios en virtud de la fe, ya no nos pelearemos mucho por el término «recompensa». Nosotros confesamos que la vida eterna es una recompensa, porque es algo que se debe a causa de una promesa, y no en virtud de nuestros méritos. En efecto, la justificación es algo que se ha prometido, y ya hemos demostrado antes que es propiamente un don de Dios. Y a este don va unida la promesa de la vida eterna, según el texto (Ro.

363   8:30): «A los que justificó, a éstos también glorificó». Aquí viene al caso lo que dice Pablo (2 Ti. 4:8): «Me está guardada la corona de justicia, la cual

364   me dará el Señor, juez justo». Luego: Es en virtud de la promesa que se les debe la corona a los que han sido justificados. Y es menester que los santos conozcan esta promesa, no para que obren en provecho propio, puesto que deben obrar para la gloria de Dios; antes bien, para que no desesperen en las aflicciones, es preciso que conozcan la voluntad de Dios, el cual quiere ayudarlos, libertarlos y guardarlos. Es verdad, sin embargo, que los perfectos oyen la mención de las penas y de los premios de *una* manera, y los débiles la oyen de otra manera, porque los débiles obran con miras a su propio interés.

365   No obstante, la predicación acerca de los premios y de los castigos es necesaria. En la predicación acerca de los castigos se muestra la ira de Dios, razón por la cual pertenece a la predicación del arrepentimiento. En la predicación acerca de los premios en cambio se manifiesta la gracia de Dios. Y así como la Escritura, al hacer mención de las buenas obras incluye muchas veces la fe—pues quiere unir la justicia del corazón con los frutos—así a veces, junto con otros premios, nos ofrece también la gracia, como en Isaías 58:8 y sigte., y con mucha frecuencia en otros pasajes de los Profetas. Insistimos asimismo en lo que ya hemos afirmado a menudo, a saber, que si bien la justificación y la vida eterna pertenecen al campo de la fe, las buenas obras merecen otras recompensas materiales y espirituales, así como también

366   distintos grados de premios, según aquello de que «cada uno recibirá su recompensa conforme a su labor». Porque la justicia del evangelio, que gira en torno de la promesa de la gracia, recibe gratuitamente la justificación y la vivificación. Pero el cumplimiento de la ley, que sigue a la fe, gira en torno de la ley, en la que se ofrece una recompensa, no gratuitamente, sino por nuestras obras, como algo que se adeuda. Pero los que merecen esto, han sido justificados antes de cumplir la ley. Así, pues, primero han sido trasladados al reino de su amado Hijo, como dice Pablo (Col. 1:13 y Ro. 8:17),

---

156. *Logomaquia* = Discusión en que se atiende a la palabra y no al fondo del asunto que se trata (*Dicc. Durvan de la Lengua Española*).

y hechos coherederos de Cristo. Pero nuestros adversarios, en cuanto se habla **367** del mérito, inmediatamente trasladan el asunto: De los demás premios pasan a la justificación, cuando en realidad, el evangelio ofrece la justificación en forma gratuita, por causa de los méritos de Cristo, y no por medio de nuestros méritos, y los méritos de Cristo empero se nos comunican por la fe. Por otra parte, las obras y las aflicciones merecen, no la justificación, sino otras recompensas distintas, como se ve en los pasajes en que se ofrece una recompensa a las obras: «El que siembra escasamente, también segará escasamente: Y el que siembra generosamente, generosamente también segará», (2 Co. 9:6). Aquí, la medida de la recompensa resulta claramente proporcional a la medida de la obra. «Honra a tu padre y a tu madre, para que tus días se alarguen en la tierra», (Éx. 20:12). También aquí, la ley ofrece una recompensa a una obra determinada. Por tanto, aunque el cumplimiento de la ley **368** merece recompensa—porque la recompensa corresponde propiamente a la ley—conviene sin embargo, que nos acordemos del evangelio, que ofrece la justificación gratuitamente, por causa de Cristo. No cumplimos ni podemos cumplir la ley sin antes haber sido reconciliados con Dios, justificados y nacidos de nuevo. Ni tampoco, y agradaría a Dios este cumplimiento de la ley, si no fuésemos aceptos en virtud de la fe. Y por cuanto los hombres son aceptos en virtud de la fe, este cumplimiento incipiente de la ley es del agrado de Dios y recibe recompensa en esta vida y después de ella. Respecto del **369** término «recompensa» se podrían decir aquí muchas cosas más, relacionadas con la naturaleza de la ley pero por lo extenso del tema, la explicación quedará para otra oportunidad.

Sin embargo, nuestros adversarios siguen insistiendo[157] en que las buenas **370** obras merecen propiamente la vida eterna, pues Pablo dice en Romanos 2:6: «Dios pagará a cada uno conforme a sus obras». Y, asimismo, en el versículo 10: «Pero gloria y honra y paz a todo el que hace lo bueno». Juan 5:29: «Los que hicieron lo bueno, saldrán a resurrección de vida». Mateo 25:35: «Tuve hambre y me disteis de comer», etc. En estos pasajes, y en todos los pasajes **371** semejantes en que las Escrituras ensalzan las obras, es necesario que entendamos no sólo las obras exteriores, sino también la fe del corazón, porque la Escritura no habla de la hipocresía, sino de la justicia del corazón con sus frutos. Cuantas veces se hace mención de la ley y de las obras, se ha de saber **372** que no debe quedar excluido Cristo el mediador. Porque él es el fin de la ley, y él mismo dice, (en Jn. 15:5): «Separados de mí nada podéis hacer». Esta es la norma, como ya queda dicho,[158] según la cual se deben examinar todos los pasajes referentes a las obras. Por tal razón, cuando vida eterna se

---

157. Cf. *Confutatio Pontificia*, CR 27, col. 100.
158. Cf. Apología IV, 256, 266 y 315.

146

le concede a las obras, se le concede a los justificados, porque los hombres pueden obrar el bien sólo si están justificados, si son guiados por el Espíritu de Cristo; y las buenas obras son aceptas sólo por mediación de Cristo, y como frutos de la fe, según el pasaje (de He. 11:6): «Sin fe es imposible

373 agradar a Dios». Cuando Pablo dice: «Pagará a cada uno conforme a sus obras» (Ro. 2:6), debe entenderse, no sólo la obra exterior, sino la justicia o injusticia en su totalidad. Lo mismo vale para este otro texto (Ro. 2:10): «Gloria a todo el que hace lo bueno», es decir, al justificado. «Me disteis de comer» (Mt. 25:35) se cita como fruto y testimonio de la justicia del corazón y de la fe, luego, la vida eterna es una recompensa otorgada a la justicia. De

374 este modo, la Escritura combina la justicia del corazón con sus frutos. Y muchas veces nombra los frutos, para que los inexpertos lo entiendan mejor, y para dejar en claro que se exige nueva vida y regeneración, y no hipocresía. La regeneración empero se consigue por la fe, en el arrepentimiento.

375 Ninguna persona que esté en su juicio cabal puede juzgar de otra manera, ni nosotros buscamos aquí sutilezas inútiles para hacer una separación entre los frutos y la justicia del corazón, si nuestros adversarios admitieran tan sólo que los frutos son aceptos por causa de la fe, y por Cristo el mediador, y que

376 no son de por sí dignos de gracia y de vida eterna. Porque lo que censuramos en la doctrina de nuestros adversarios, es que por medio de estos pasajes de la Escritura, interpretados al modo filosófico o judaico, anulan la justicia de la fe, y excluyen a Cristo el mediador. De estos pasajes, ellos deducen que las obras merecen la gracia, ya sea de congruo o de condigno, a saber cuando interviene nuestro amor, o sea: Que estas obras justifican, y como son justicia,

377 son dignas de vida eterna. Este error manifiestamente anula la justicia de la fe, la cual cree que tenemos entrada a Dios por causa de Cristo, no de las obras nuestras, y que cree que por nuestro sumo sacerdote y mediador Cristo somos llevados al Padre y tenemos un Padre reconciliado, como ya lo hemos dicho y en forma suficientemente detallada. Y esta doctrina de la justicia de la fe jamás debe descuidarla la iglesia de Cristo, porque sin ella no se puede tener una idea clara del oficio de Cristo, y lo que queda de la doctrina de la justificación no será más que doctrina de la ley. Es imperiosamente necesario, pues, que mantengamos el evangelio y la doctrina de la promesa dada por causa de Cristo.

378 No es, por tanto, cosa deleznable la que nos mueve a pleitear en esta materia con nuestros adversarios. No buscamos vanas sutilezas cuando censuramos a quienes enseñan que la vida eterna se merece por las obras, dejando

379 de lado la fe que aprehende a Cristo el mediador. Porque acerca de esta fe, que cree que el Padre nos es propicio por causa de Cristo, no se encuentra ni una sílaba en los escolásticos. Por doquier tropezamos con su idea de que somos aceptos, justos, en virtud de nuestras obras, hechas a base de la razón, o ciertamente, por inclinación de ese amor de que nos hablan. Y no obstante, **380** tienen algunos dichos, o máximas, por así decirlo, de los doctores antiguos, que al interpretarlos los desfiguran. En sus escuelas, se discute largamente **381** el tema de que las buenas obras son aceptas por causa de la gracia, y que debemos confiar en la gracia de Dios. Pero interpretan la gracia como el hábito que nos hace amar a Dios, como si en verdad los antiguos hubieran dicho que debemos confiar en nuestro amor, cuando sabemos por experiencia lo mezquino e inmundo que es. Y lo extraño es cómo pueden mandar que se confíe en el amor, cuando por otra parte enseñan que no saben si este amor está presente o no.[159] ¿Por qué no hablan aquí de la gracia que es la misericordia de Dios para con nosotros? Cuantas veces hablan de ella, debieran añadir la fe. Porque la promesa de misericordia, de reconciliación, de amor de Dios para con nosotros no se aprehende sino por la fe. Y en este sentido tendrían razón al decir que se ha de confiar en la gracia, y que las buenas obras son aceptas por causa de la gracia, puesto que la fe es la que aprehende la gracia. También de esto debaten en sus escuelas: De que nuestras obras buenas tienen **382** valor en virtud de la pasión de Cristo. Muy bien dicho. ¿Pero, por qué no agregan nada en cuanto a la fe? Porque Cristo es propiciación por la fe, como dice Pablo (Ro. 3:25). Cuando por la fe se reaniman las conciencias temerosas, y se dan cuenta de que nuestros pecados han sido borrados por la muerte de Cristo, y de que Dios está reconciliado con nosotros por causa de la pasión de Cristo, entonces es cuando de verdad nos es provechosa la pasión de Cristo. Pero si se omite la doctrina acerca de la fe, en vano se dice que las obras tienen valor en virtud de la pasión de Cristo. Corrompen también muchos **383** otros pasajes en sus escuelas, por no enseñar la justicia de la fe, y por entender la «fe» sólo como un conocimiento de la historia o de los dogmas,[160] no como esa virtud que aprehende la promesa de gracia y de justicia y que vivifica los corazones en los terrores del pecado y la muerte. Cuando Pablo dice (Ro. **384** 10:10): «Con el corazón se cree para justicia pero con la boca se confiesa para salvación», nos parece que nuestros adversarios tendrán que reconocer aquí que la confesión no justifica *ex opere operato*, sino tan sólo por causa de la fe del corazón. Si Pablo dice que la confesión salva, lo hace para mostrar qué clase de fe es la que obtiene la vida eterna, a saber: La fe firme y eficaz. Pero no es firme la fe que no se manifiesta mediante la confesión. Y así, las **385**

---

159. BSLK, p. 232, nota 1, remite a BSLK, p. 184, nota 1, donde se transcribe un texto en el cual Gabriel Biel dice que «el hombre no puede tener la evidencia concreta de que realmente está haciendo 'lo que hay en él' (en la medida de sus posibilidades), y que no podemos saber con clara evidencia si amamos a Dios más que a todas las cosas»: *Homo non potest evidenter scire, se facere quod in se est . . . non tamen evidenter scire possumus illam circumstantiam: super omnia.* (Gabriel Biel, *In sent.* II, d. 27 q. un. a. 3 dub 5 Q.)

160. *Fides informis* en contraste con *fides caritate formata*. Resp. de «fe informe» y «fe formada por el amor» vid. Apol. IV, 109, nota 75.

demás obras buenas son agradables a Dios por causa de la fe, como se expresa también en las oraciones de la iglesia, de que «todas las cosas sean aceptas por causa de Cristo». Así también lo piden todo «por causa de Cristo». Pues es por todos conocido que al final de las oraciones siempre se añade: «Por

386 nuestro Señor Jesucristo». Concluimos, pues, que por fe somos justificados ante Dios, reconciliados con Dios y regenerados—por esa fe que en el arrepentimiento aprehende la promesa de gracia, y vivifica de verdad a la mente aterrorizada, y confía plenamente en que Dios está reconciliado con nosotros, y nos es propicio por causa de Cristo. «Mediante esta fe», dice Pedro (1 P. 1:5), «somos guardados para alcanzar la salvación que está pre-

387 parada para ser manifestada». El conocimiento de esta fe es necesario a los cristianos, y trae consigo consuelo abundantísimo en todas las aflicciones, y nos hace comprender en forma cabal el oficio de Cristo, porque quienes niegan que los hombres son justificados por la fe, niegan que Cristo es el mediador y propiciador, y niegan también la promesa de la gracia y el evangelio. En lo concerniente a la justificación, sólo enseñan la doctrina de la razón o de

388 la ley. Nosotros mostramos, hasta donde pudimos hacerlo en este lugar, el origen de esta controversia y expusimos las objeciones de nuestros adversarios. Los hombres de bien fácilmente podrán discernir cuál es el estado de las cosas, con sólo recordar, cada vez que se cita un pasaje acerca del amor o de las obras, que la ley no se cumple sin Cristo, y que somos justificados no a base de la ley, sino a base del evangelio, es decir, por la promesa de gracia

389 que se nos hace por causa de Cristo. Y esperamos que esta discusión, aunque breve, sea de utilidad para los hombres de bien, para confirmar su fe, y para dar instrucción y consuelo a su conciencia. Porque sabemos que lo que hemos dicho está en pleno acuerdo con las escrituras proféticas y apostólicas, con los santos Padres, Ambrosio, Agustín y muchos otros, y con toda la iglesia de Cristo, la cual confiesa sin asomo de duda que Cristo es el propiciador y el justificador.

390 Tampoco se ha de pensar precipitadamente que la Iglesia Romana está de acuerdo con todo lo que el papa, o los cardenales, o los obispos, o algunos teólogos o frailes aprueban. Porque consta que los altos dignatarios de la iglesia se interesan más en su propio poder y dominio que en el evangelio de Cristo. Y es cosa sabida que muchos son manifiestamente epicúreos. Y consta también que los teólogos han mezclado la doctrina de Cristo con una cantidad

391 más que suficiente de elementos filosóficos. La autoridad de estos teólogos no debe considerarse tan grande como para que no sea lícito disentir de sus opiniones en punto alguno, pues se encuentra en ellos un buen número de errores manifiestos, como aquel que por nuestras fuerzas naturales solas podemos amar a Dios sobre todas las cosas.[161] Este dogma, aunque es abier-

---

161. Cf. BSLK, p. 184, nota 1; p. 74, nota 1; p. 149, nota 1.

tamente falso, ocasionó otros muchos errores.[162] En efecto, lo rechazan por doquier las Escrituras, los santos Padres y el juicio de todos los hombres piadosos. Por lo cual, aunque los pontífices o teólogos y frailes enseñaron al pueblo de la iglesia a buscar remisión de pecados, gracia y justicia por medio de nuestras obras, y asimismo cultos nuevos que obscurecieron el oficio de Cristo e hicieron de Cristo un mero legislador, y no un propiciador y justificador —no obstante, siempre perduró entre algunas personas piadosas el conocimiento de Cristo. Además, la Escritura ya anunció que llegaría un tiempo en que la justicia de la fe sería obscurecida de este modo por las tradiciones humanas y la doctrina de las obras. Así, Pablo se lamenta muchas veces de que hasta en su tiempo había quienes en vez de enseñar la justicia de la fe, enseñaban que los hombres se reconciliaban con Dios y eran justificados no por la fe, por causa de Cristo, sino por sus propias obras y cultos propios. Porque por naturaleza, los hombres piensan que Dios debe ser aplacado por las obras. Ni puede la razón ver otra justicia sino la justicia de la ley tal como se la entiende en el ámbito civil. Por eso siempre hubo en el mundo quienes enseñaban sólo esta justicia carnal, con exclusión de la justicia de la fe, y también en lo futuro siempre los habrá. Lo mismo aconteció en el pueblo de Israel. La mayoría del pueblo creía que conseguía perdón de pecados por sus obras, y acumulaba sacrificios y actos cultuales. Contrariamente a ésta, los profetas condenaban esta opinión y enseñaban la justicia de la fe. Y lo que ocurrió en el pueblo de Israel es ejemplo de lo que habría de ocurrir en la iglesia. Ha de advertirse, por tanto, a esa multitud de adversarios que condenan nuestra doctrina, que se abstengan de perturbar a las mentes piadosas. No es difícil formarse un juicio acerca del espíritu que los anima: Han condenado en algunos artículos una verdad tan clara y tan patente, que su impiedad ha quedado a la vista de todo el mundo. Pues también la bula de León X[163] condenó un artículo de máxima necesidad, que todos los cristianos debieran mantener y creer, a saber, que debemos confiar en que somos absueltos no en virtud de nuestro arrepentimiento, sino por causa de la palabra de Cristo (Mt. 16:19): «Todo lo que atares», etc.[164] Y ahora, en esta asamblea,[165] los autores de la Refutación condenaron con palabras muy claras el artículo en que dijimos que la fe es parte del arrepentimiento, y que por ella conseguimos remisión de pecados y vencemos los terrores del pecado, que-

392

393

394

395

396

397

398

---

162. Otra traducción posible: Este dogma ocasionó muchos otros errores, puesto que es manifiestamente falso. En el original: *cum sit manifeste falsum.*

163. *Errores Lutheri*, bula *Exsurge Domine*, del 15 de junio de 1520.

164. Original (Vulgata Clementina): *Quodcumque iigaveris,* todo cuanto ligares, o: Cualquier cosa que hayas ligado.

165. En la Dieta de Augsburgo, 1530.

dando así apaciguada la conciencia.[166] ¿Quién no ve, sin embargo, que este artículo, que proclama que por la fe conseguimos remisión de pecados, es la más pura verdad, certísima, y de máxima necesidad para todos los cristianos? ¿Quién de entre la posteridad toda, al enterarse de que esta doctrina fue condenada, podrá pensar que los autores de esta condena tuvieron conocimiento alguno de Cristo?

399　　El espíritu de nuestros adversarios puede juzgarse asimismo por la crueldad inaudita con que, según consta, han procedido hasta el presente contra muchos hombres intachables. Hemos oído en esta asamblea que cierto reverendo padre, cuando se estaban vertiendo opiniones acerca de nuestra Confesión, dijo en pleno Senado del Imperio que a juicio de él, la resolución útil sería que a la Confesión que nosotros habíamos presentado escrita con tinta, se le diese una respuesta escrita con sangre.

　　¿Qué observación más cruel podría haber hecho Fálaris?[167] Por eso, muchos príncipes pensaron que semejante manera de expresarse era indigna de

400　　aquella asamblea. Por tal razón, aunque nuestros adversarios reivindican para sí mismos el nombre de iglesia, nosotros sabemos sin embargo que la iglesia de Cristo se halla entre los que enseñan el evangelio de Cristo, y no entre los que defienden opiniones impías en contra del evangelio, como lo dice el Señor (Juan 10:27): «Mis ovejas oyen mi voz». Y Agustín dice: «La cuestión es saber dónde está la iglesia». ¿Qué podemos hacer? ¿Hemos de buscarla en nuestras palabras, o en las palabras de su Cabeza, nuestro Señor Jesucristo? Pienso que debemos buscarla en las palabras de aquel que es la Verdad y que mejor conoce a su cuerpo.[168] No nos perturben, por tanto, los juicios de nuestros adversarios, ya que lo que ellos defienden son opiniones humanas, contrarias al evangelio, contrarias a la autoridad de los santos Padres que han dejado sus escritos a la iglesia, y contrarias al testimonio de los corazones piadosos.

Artículos VII y VIII. La Iglesia

1　　Condenaron asimismo el artículo séptimo de nuestra Confesión, en el que declaramos que la iglesia es la congregación de los santos.[169] Añadieron

---

166. *Confutatio*, respecto del artículo XII. CR 27, 110 y sigte.

167. Tirano de Agrigento, Sicilia, siglo VI a. de C. La posteridad perpetuó su memoria como prototipo del hombre cruel.

168. *Ep. ad cath. contra Donatistas* (De unitate ecclesiae) VI 15, 2. MSL 43, 392. CSEL 52, 232, 23 y sigtes.

169. *Confutatio* (CR 27, 102 y sigte.): *Septimus confessionis articulus, quo affirmatur, ecclesiam congregationem esse sanctorum, non potest citra fidei praeiudicium admitti, si per hoc segregentur ab ecclesia mali et peccatores.* («El artículo séptimo de la Confesión, en el cual se afirma que la iglesia es la congregación de los santos, no puede aceptarse sin perjuicio para la fe, si es que mediante esta definición se quiere dar por marginados de la iglesia a los malos y pecadores».)

una extensa exposición en que decían que los malos no han de ser separados de la iglesia, pues Juan el Bautista comparó a la iglesia a una era en la que son amontonados juntos el trigo y la paja (Mt. 3:12), y Cristo la comparó a la red, que echada en el mar, recoge de toda clase de peces (Mt. 13:47), etc. Es verdad lo que se dice, que no hay remedio contra la mordedura del calumniador. Por circunspecto que sea lo que uno diga—la calumnia es algo inevitable. Fue por esta razón que nosotros añadimos el artículo octavo,[170] para que nadie pensara que separábamos a los malos e hipócritas de la comunidad exterior de la iglesia, o que les negábamos eficacia de los sacramentos administrados por hombres malos o hipócritas. Por eso no hay necesidad aquí de larga defensa contra esta calumnia. El artículo octavo basta para justificarnos. Admitimos, en efecto, que en esta vida hay hipócritas y malos mezclados con el pueblo que constituye la iglesia, e incluso son miembros de ella, según la comunidad exterior determinada por señales de la iglesia, es decir, la palabra, la profesión y los sacramentos, sobre todo si no han sido excomulgados. Admitimos asimismo que los sacramentos no dejan de ser eficaces porque sean administrados por hombres malos: Es más, podemos hacer uso correcto de los sacramentos administrados por hombres malos. Porque también Pablo declara (2 Ts. 2:4) que el anticristo se sentará en el templo de Dios, esto es, gobernará la iglesia y desempeñará cargos en ella. Pero la iglesia no es sólo una comunidad que se caracteriza por ciertos factores exteriores y ritos, como otros gobiernos, sino que es sobre todo la comunidad de la fe y del Espíritu Santo en los corazones, aunque posee señales exteriores para que se la pueda conocer: La doctrina pura del evangelio, y la administración de los sacramentos conforme al evangelio de Cristo. Esta sola es la iglesia que se llama cuerpo de Cristo, cuerpo al cual Cristo renueva con su Espíritu, lo santifica y lo gobierna, como afirma Pablo en Efesios 1:22 y sigte., al decir: «Y lo dio (a Cristo) por cabeza sobre todas las cosas a la iglesia, la cual es su cuerpo, la plenitud de Aquel que todo lo llena en todo». Por tanto, aquellos en quienes no se evidencia para nada la obra de Cristo, no son miembros de Cristo. Y aun nuestros adversarios reconocen que los malos son miembros muertos de la iglesia.[171] Nos asombra, por tanto, que rechacen la descripción nuestra, que habla de los miembros vivos. Por otra parte, con esto no dijimos nada nuevo. Pablo definió a la iglesia exactamente de la misma manera, Efesios 5:25 y sigte., diciendo que debe ser purificada, para que sea santa. A esto el apóstol añade las señales exteriores: La palabra

---

170. De la Confesión de Augsburgo.

171. La *Confutatio* (CR 27, col. 103) dice que los malos son la 'paja' en aquel dicho de Juan el Bautista (Mt. 3:12): *Quid autem paleae significant, nisi malos, sicut triticum bonos?* («¿Qué significa empero la 'paja' sino 'los hombres malos', así como el 'trigo' significa 'los hombres buenos'?»)

y los sacramentos. Porque dice así: «Cristo amó a la iglesia, y se entregó a sí mismo por ella, para santificarla habiéndola purificado en el lavamiento del agua por la palabra, a fin de presentársela a sí mismo, una iglesia gloriosa, que no tuviese mancha ni arruga ni cosa semejante sino que fuese santa y sin mancha». En nuestra Confesión hicimos figurar este texto casi palabra por palabra. Esta es también la definición de la iglesia que se nos da en el artículo del Símbolo[172] que nos ordena creer que es «una iglesia santa y católica».

8 Pero los impíos no son iglesia santa. Y lo que sigue: «La comunión de los santos», parece haber sido añadido para explicar qué significa la iglesia, a saber, la congregación de los santos que tienen entre sí la comunidad de un mismo evangelio o doctrina, y de un mismo Espíritu Santo que renueva sus corazones, los santifica y los gobierna.

9 Este artículo[173] fue propuesto por un motivo ineludible. Vemos un sinfín de peligros que amenazan con arruinar a la iglesia. Y en la iglesia misma es infinita la muchedumbre de impíos que la oprimen. Por lo cual, para que no desesperemos, sino que sepamos que a pesar de todo, la iglesia habrá de perdurar, y para que sepamos también que por grande que sea la multitud de impíos, la iglesia existe y Cristo le concede lo que le prometió—perdonar sus pecados, escucharla, concederle el Espíritu Santo—para que sepamos todo

10 esto, aquel artículo del Símbolo nos da este rico consuelo. Y dice «iglesia católica» para que entendamos que la iglesia no es un conjunto, con determinados caracteres exteriores, de ciertas naciones, sino antes bien el conjunto de hombres esparcidos por todo el mundo que están acordes en cuanto al evangelio y que poseen el mismo Cristo, el mismo Espíritu Santo y los mismos sacramentos, ora tengan las mismas tradiciones humanas, ora las

11 tengan distintas. Y hay una glosa en los Decretos que dice que la iglesia en un sentido amplio abarca a buenos y malos, también dice que los malos son miembros sólo nominales pero no reales de la iglesia, mientras que los buenos son miembros tanto reales como nominales.[174] También en los escritos de los Padres se pueden leer muchas afirmaciones en este sentido. Jerónimo dice: «Por lo tanto, al pecador que está manchado con alguna inmundicia, no se le puede llamar miembro de la iglesia de Cristo, ni puede decirse de él que está sujeto a Cristo».[175]

12 Así pues, aunque haya hombres hipócritas y malos que son miembros de esta iglesia verdadera según los ritos exteriores, sin embargo, cuando se da una definición de la iglesia, es necesario definir a aquella que es el cuerpo

---

172. El símbolo (Credo) Apostólico.

173. El artículo «una santa iglesia católica» (= universal) en el Credo Apostólico.

174. *Decretum Gratiani* II C. 33. q. 3. D. 1. de *poenitencia*, c. 70. Vid. glosa en BSLK, p. 236, nota 1.

175. Pseudo-Jerónimo, *In ep. ad Eph.* 5, 24. MSL 26, 531 C.

vivo de Cristo, a aquella que es iglesia de nombre y de hecho. Las causas son muchas. Porque es menester saber qué es ante todo lo que nos hace miembros, y miembros vivos, de la iglesia. Si definimos la iglesia tan sólo como un régimen exterior de buenos y malos, los hombres no entenderán que el reino de Cristo es la justicia del corazón y don del Espíritu Santo, sino que creerán que es sólo la observancia exterior de ciertos cultos y ritos. Además, ¿qué diferencia habría entre el pueblo de la ley[176] y la iglesia, si esta última es sólo un régimen exterior? Pero Pablo hace una clara distinción entre la iglesia y el pueblo de la ley, diciendo que la iglesia es un pueblo espiritual, es decir, un pueblo que se distingue de los gentiles no por ciertos ritos civiles, sino porque es el verdadero pueblo de Dios, regenerado por el Espíritu Santo. En el pueblo de la ley, aparte de las promesas acerca de Cristo, también la descendencia carnal tenía promesas de beneficios materiales, del reino, etc. Y por causa de estas promesas, también los malos se llamaban pueblo de Dios, porque Dios había separado esta semilla carnal de las demás naciones por ciertas ordenanzas y promesas referentes a cosas exteriores, y, no obstante, aquellos malos no eran del agrado de Dios. Pero el evangelio nos brinda no la sombra de las cosas eternas, sino las cosas eternas mismas, el Espíritu Santo y la justicia por la que somos justos ante Dios.

Por tanto, según el evangelio son pueblo de Dios sólo aquellos que reciben esta promesa del Espíritu. Además, esta iglesia es el reino de Cristo, a diferencia del reino del diablo. Pues la verdad es que los impíos están bajo la potestad del diablo, y son miembros de su reino, como lo enseña Pablo en Efesios 2:2, cuando dice que el diablo «ahora obra en los hijos de desobediencia». Y Cristo dice a los fariseos, que por cierto estaban unidos exteriormente a la iglesia, es decir, a los santos del pueblo de la ley, pues desempeñaban funciones gubernamentales, sacrificaban y enseñaban: Vosotros—dice—sois de vuestro padre el diablo, (Jn. 8:44). Por tanto, la iglesia que en verdad es el reino de Cristo, es propiamente la congregación de los santos. Porque los impíos son gobernados por el diablo, son cautivos suyos, y no son gobernados por el Espíritu de Cristo.

Pero, ¿qué necesidad hay de palabras en cosa tan manifiesta? Si la iglesia, que en verdad es el reino de Cristo, se distingue del reino del diablo, se sigue necesariamente que los impíos, como que están en el reino del diablo, no son la iglesia, aunque en esta vida, por no haberse manifestado aún el reino de Cristo, estén mezclados a la iglesia y desempeñen cargos en la misma. Ni tampoco son los impíos el reino de Cristo por no haberse producido aún la

13

14

15

16

17

18

---

176. El pueblo de Israel.

manifestación de este reino.[177] Porque el reino de Cristo siempre es aquel al cual él vivifica con su Espíritu, ora sea un reino revelado, ora esté cubierto por la cruz—así como el Cristo glorificado de ahora es el mismo que el Cristo afligido de antes. Con esto concuerdan las parábolas de Cristo: Él dice claramente en Mateo 13:38: «La buena semilla son los hijos del reino, y la cizaña son los hijos del malo». El campo, dice, es el mundo, y no la iglesia. Así también Juan el Bautista, hablando de toda aquella gente de raza judía, dice que la verdadera iglesia será separada de ese pueblo. Por tanto, este pasaje va más en contra de nuestros adversarios que en su favor, porque pone de manifiesto que el pueblo verdadero y espiritual debe ser separado del pueblo carnal. Y Cristo habla de la apariencia exterior de la iglesia cuando dice (Mt. 13:47): «El reino de los cielos es semejante a una red, y también a diez vírgenes», y enseña en tono de advertencia que la iglesia está cubierta de una multitud de malos, a fin de que este escándalo no ofenda a los piadosos, y además para que sepamos que la palabra y los sacramentos son eficaces aunque sean administrados por los malos. Pero con ello también nos enseña que aquellos impíos, a pesar de tener participación en las señales exteriores, no son el verdadero reino de Cristo, ni miembros de Cristo. Porque son miembros del reino del diablo. Y no es que nosotros soñemos con una república platónica, como algunos nos calumnian impíamente, sino que decimos que esta iglesia existe, y que la constituyen los verdaderos creyentes y justos esparcidos por todo el orbe. Y añadimos sus señales: La doctrina pura del evangelio y los sacramentos. Y esta iglesia es propiamente «columna de la verdad», (1 Ti. 3:15). Guarda, en efecto, el evangelio puro y, como Pablo dice (1 Co. 3:12), el «fundamento», esto es, el verdadero conocimiento de Cristo y la fe. Es verdad que entre ellos hay muchos débiles que sobre el fundamento edifican hojarasca perecedera, esto es, opiniones inútiles: Sin embargo, como éstas no derriban el fundamento, ora se les perdona, ora se les enmienda. Y los escritos de los santos Padres dan testimonio de que a veces, aun ellos mismos edificaron hojarasca sobre el fundamento—hojarasca que, sin embargo, no destruyó del todo su fe. Pero las más de las opiniones que nuestros adversarios defienden, dan por tierra con la fe, como cuando condenan el artículo sobre el perdón de pecados, en el cual decimos que este perdón se recibe por medio de la fe. Asimismo cometen un error manifiesto y pernicioso al enseñar que los hombres merecen perdón de pecados por amor hacia Dios, antes de haber obtenido la gracia. Porque también esto es quitar el fundamento, que es Cristo.

19

20

21

---

177. *Nec propterea impii sunt regnum Christi, quia revelatio nondum facta est* («No por el hecho de que la revelación todavía no se haya concretado, los impíos son el reino de Cristo [o: Parte del reino de Cristo]».) Justus Jonas: *Und die Gottlosen sind darum mittler Zeit nicht ein Stück des Reiches Christi, weil es noch nicht offenbart ist* («No por el hecho de que el reino de Cristo todavía no haya sido revelado, los impíos son entre tanto parte del mismo»).

Además, ¿qué necesidad hay de la fe, si los sacramentos justifican *ex opere operato*, sin impulso bueno de parte de quien los recibe? Mas así como la **22** iglesia tiene la promesa de que siempre tendrá en su medio al Espíritu Santo, así también tiene las advertencias de que siempre habrá doctores impíos y lobos. La iglesia verdadera empero es la que tiene al Espíritu Santo. Los lobos en cambio y los malos doctores, aunque causen estragos en la iglesia, no son el reino de Cristo propiamente dicho. Así lo afirma también Lira cuando dice: «La iglesia no consiste en los hombres que son miembros de la misma por razón de la potestad eclesiástica o secular, pues está visto que muchos príncipes y sumos pontífices y otros de rango inferior apostataron de la fe. Por consiguiente, la iglesia consiste en aquellas personas que conocen y confiesan correctamente la fe y la verdad».[178] ¿Hemos dicho nosotros en nuestra Confesión algo distinto de lo que aquí dice Lira?

Pero tal vez desean nuestros adversarios que se defina a la iglesia de **23** esta manera: La monarquía exterior suprema de todo el orbe, en la cual es preciso que el pontífice romano tenga un poder irrestricto, que nadie debe discutir o juzgar, de establecer artículos de fe, suprimir de las Escrituras lo que se le antoje, instituir cultos y sacrificios, promulgar las leyes que quisiere, otorgar dispensa y liberación a su entera discreción, de cualquier tipo de leyes, ya sean divinas, canónicas o civiles—un poder, al fin, del cual el emperador y todos los reyes reciben su autoridad y el derecho de ejercer su reinado según el mandato de Cristo. Porque como el Padre ha sujetado a Cristo todas las cosas, forzosamente debe entenderse que este derecho se ha transferido al papa. Por consiguiente, es necesario que el papa sea señor de todo el orbe, de todos los reinos del mundo, de todo lo que existe en el orden privado y público, y que tenga pleno poder tanto en el ámbito espiritual como en el temporal, y además, ambas espadas, la espiritual y la temporal. Y esta de- **24** finición, no de la iglesia de Cristo, sino del reino del papa, tiene por autores, no sólo a los canonistas, sino también a Daniel, en el capítulo 11:36-39.

Si definiéramos a la iglesia de este modo, tal vez tendríamos jueces más **25** equitativos. Porque hay muchas cosas escritas en forma inmoderada e impía, acerca de la potestad del pontífice romano, cosas por causa de las cuales jamás se declaró culpable a nadie. Sólo a nosotros se nos fustiga, porque predicamos acerca del beneficio que nos llega de Cristo, y declaramos que por la fe en Cristo conseguimos perdón de pecados, y no por los ritos inventados por el

---

178. Nicolás de Lira, *Postilla super Matth. 16:10.* Nicolás de Lira, *Doctor planus et utilis*, nació en 1265 (?) y murió en 1340; franciscano, autor de comentarios bíblicos y de otras obras. Lutero lo elogió repetidas veces por la claridad con que presentó el sentido literal de las Escrituras en su obra *Postillae perpetuae in Vetus et Novum Testamentum (Postilla litteralis)*. En otro comentario, *Moralitates (Postilla mystica seu moralis)*, Nicolás de Lira sigue el sentido místico, o típico.

26 papa. Además, Cristo, los profetas y los apóstoles definen a la iglesia de Cristo de un modo que difiere muchísimo de lo que acaba de decirse respecto

27 del reino del papa. Y no se debe transferir a los pontífices romanos lo que sólo es aplicable a la iglesia verdadera, a saber, que son columnas de la verdad y que no yerran. Pues ¿cuántos de entre ellos tienen cuidado del evangelio o lo juzgan digno de ser leído? Muchos incluso se mofan abiertamente de todas las religiones, o si aprueban algo, aprueban aquello que se acomoda a la razón humana, y piensan que lo demás son fábulas y cosas semejantes a las tragedias

28 de los poetas. Por eso nosotros consideramos, de acuerdo con las Escrituras, que la iglesia propiamente dicha es la congregación de los santos, que de veras creen el evangelio de Cristo y tienen el Espíritu Santo. Pero reconocemos también que en esta vida, junto con los santos se hallan mezclados hipócritas y malos, asociados a las señales exteriores, que igualmente son miembros de la iglesia a raíz de dicha asociación, y por ello ocupan cargos en la iglesia. Y no pierden eficacia los sacramentos al ser administrados por indignos, pues éstos, por haber sido llamados por la iglesia, no representan a su propia persona sino a la persona de Cristo, tal como él mismo lo dice: «El que a vosotros oye, a mí me oye» (Lc. 10:16). Por tanto, cuando administran la palabra de Cristo y los sacramentos, lo hacen como representantes de Cristo y en su lugar. Esto es lo que nos enseñan aquellas palabras de Cristo, para que no nos escandalicemos por la indignidad de los ministros.

29 Pero sobre este asunto ya hablamos con suficiente claridad en la Confesión cuando condenamos a los donatistas[179] y wiclefistas,[180] quienes pensaban que cometían un pecado las personas que recibían los sacramentos de manos de hombres que eran miembros indignos de la iglesia. Por el momento, lo dicho en aquella ocasión nos parecía defensa suficiente de la definición de la iglesia que acabamos de presentar. Y como a la iglesia propiamente dicha se le llama cuerpo de Cristo, no vemos cómo se podría hacer de ella una definición diferente de la que hemos hecho nosotros. Porque consta que los impíos pertenecen al reino y al cuerpo del diablo, pues el diablo impele a los impíos y los tiene cautivos. Estas cosas son de claridad más que meridiana, pero si nuestros adversarios persisten en sus críticas calumniosas al respecto, no vacilaremos en contestar con más argumentos.

---

179. Secta rigorista del siglo IV fundada por Donato, obispo de Cartago. Se denominaban a sí mismos 'la iglesia de los santos' y únicos herederos de los apóstoles, y hacían depender la validez de los sacramentos, y funciones como la ordenación al sacerdocio, de la santidad de quien los administrase.

180. En el artículo VIII no se menciona a los wiclefistas. La *Confutatio* (CR 27, col. 105) dice: *Quam haeresin [la de los donatistas y de los antiguos origenistas] postea waldenses et pauperes de Lugduno resuscitarunt: quod deinde Johannes Wickleff in Anglia et Johannes Huss in Bohemia secuti sunt.* («Herejía ésta que más tarde resucitaron los valdenses y los Pobres Lugdunenses. Después la siguieron Juan Wiclif en Inglaterra y Juan Huss en Bohemia».)

También condenan nuestros adversarios la parte del artículo séptimo en **30**
que dijimos que para la verdadera unidad de la iglesia es suficiente con que
haya un consenso en cuanto a la doctrina del evangelio y la administración
de los sacramentos, y que no es necesario que en todas partes se tengan las
mismas tradiciones humanas, o ritos, o ceremonias instituidas por los hombres. A este respecto hacen una distinción entre los ritos de uso general y los
particulares, y aprueban nuestro artículo con el entendimiento de que se refiere
a los ritos particulares; no lo aceptan, en cambio, en lo relativo a ritos de uso **31**
general.[181] No llegamos a entender suficientemente qué quieren decir nuestros
adversarios. Nosotros hablamos de la unidad verdadera, es decir, de la unidad
espiritual, sin la cual no puede haber fe en el corazón o justicia del corazón
ante Dios. Y respecto de esta unidad decimos que no es necesaria la uniformidad en cuanto a ritos humanos, ya sea de uso general o particulares, porque
la justicia de la fe no es una justicia supeditada a ciertas tradiciones, como
lo era la justicia de la ley que estaba supeditada a las ceremonias mosaicas,
porque la justicia del corazón es algo que vivifica los corazones. A esta
vivificación nada aportan las tradiciones humanas, generales o particulares,
que por su parte tampoco son efectos del Espíritu Santo, como lo son en
cambio la castidad, la paciencia, el temor de Dios, el amor al prójimo y las
obras de caridad.

Y tampoco fueron causas fútiles las que nos indujeron a incluir este **32**
artículo. Porque consta que se han deslizado en la iglesia muchas opiniones
necias en cuanto a las tradiciones. Hubo quienes pensaban que las tradiciones
humanas eran formas de culto necesarias para merecer la justificación. Y
después se pusieron a discutir acerca del por qué de esa gran variedad de ritos
con que se adora a Dios, como si esas observancias fuesen en realidad formas
de adoración, y no tan sólo ordenanzas exteriores relacionadas con el régimen
civil, que nada tienen que ver con la justicia del corazón o culto a Dios, y
que además suelen sufrir cambios, a veces por casualidad, y otras veces por
ciertas razones probables. Por causa de estas tradiciones ocurrió también que
unas iglesias excomulgaron a otras, como por causa de la observancia de la
Pascua, los íconos y otras cosas semejantes,[182] lo cual indujo a los inexpertos

---

181. *Confutatio*, CR 27, col. 104: *Laudantur [los príncipes luteranos] et in eo, quod
existimant, rituum varietatem non dissecare fidei unitatem, si de specialibus ritibus loquantur.
Nam sic unaquaeque provincia insuo sensu abundat, ait Hieronymus. Quod si hanc confessionis
partem ad universales ecclesiae ritus extenderent: et hoc prorsus reiiceretur . . .* («Merecen
aprobación también al juzgar que la variedad de los ritos no destruye la unidad de la fe, siempre
que hablen de ritos especiales. Pues de esta manera, cada provincia se enriquece en su propio
sentido. Pero si esta parte de la Confesión la hacen extensiva a los ritos de uso general en la
iglesia, hay que rechazarlos de plano también en esto . . .»).

182. Cf. la controversia pascual a fines de siglo II, en que la iglesia de Roma excomulgó
a los cristianos de Asia Menor; la controversia iconoclasta, en que el Sínodo Laterano (769)
condenó al Sínodo de Constantinopla (754); el cisma de Focio (863–900), y ante todo, la excomunión definitiva de la iglesia griega mediante la bula de León IX, en 1054.

a pensar que la fe o la justicia del corazón ante Dios no podían existir sin estas observancias. Andan por ahí muchos escritos ineptos de los sumistas[183] y de otros sobre esta materia.

33   Pero así como la distinta duración de los días y las noches no atenta contra la unidad de la iglesia, así también creemos que la verdadera unidad de la iglesia no sufre daño alguno por los ritos dispares establecidos por los hombres—lo cual no quita que nos agrade que por causa de la tranquilidad se observen los ritos que cuentan con la aprobación universal. Así también en las iglesias nuestras observamos de buena voluntad el orden de la misa, el día del Señor y las demás fiestas solemnes. Y de muy buen grado incluimos las útiles ordenanzas de tiempos antiguos, sobre todo cuando contienen material que se puede aprovechar para disciplinar e instruir al pueblo y a los

34   jóvenes inexpertos. Pero no discutimos aquí acerca de si conviene guardar estas prácticas en bien de la tranquilidad o de la utilidad material. Se trata de otra cosa. En efecto, se trata de saber si la observancia de las tradiciones humanas es un culto necesario para alcanzar la justicia ante Dios. Esto es lo que tenemos que decidir en nuestra controversia. Y una vez que lo hayamos decidido, podremos juzgar si para la verdadera unidad de la iglesia es necesario que en todas partes haya tradiciones humanas iguales. Porque si las tradiciones humanas no son un culto necesario para conseguir la justicia ante Dios, se sigue que pueden ser justos e hijos de Dios aun aquellos que no tienen las tradiciones aceptadas en otro lugar. Si por ejemplo el vestirse al estilo alemán no es un culto divino necesario para la justicia ante Dios, se sigue de ello que pueden ser hombres justos e hijos de Dios e iglesia de Cristo, aun aquellos que se visten no al estilo alemán sino al estilo francés.

35   Esto lo enseña Pablo claramente en su carta a los colosenses donde dice (cap. 2:16, 17): «Por tanto, nadie os juzgue en comida o en bebida, o en cuanto a días de fiesta, luna nueva o días de reposo, todo lo cual es sombra de lo que ha de venir; pero el cuerpo es de Cristo». Asimismo (versículos 20, 23): «Pues si habéis muerto con Cristo en cuanto a los rudimentos del mundo, ¿por qué, como si vivieseis en el mundo, os sometéis a preceptos tales como: No manejes, ni gustes, ni aun toques, (en conformidad a mandamientos y doctrinas de hombres) cosas que todas se destruyen con el uso? Tales cosas tienen a la verdad cierta reputación de sabiduría en culto volun-

36   tario, y humildad». Con esto se quiere decir: Considerando que la justicia del corazón es algo espiritual que vivifica los corazones; considerando que es un hecho cierto que las tradiciones humanas no vivifican los corazones, ni son efectos del Espíritu Santo, como los son el amor al prójimo, la castidad, etc.,

---

183. Autores de los manuales casuísticos de confesión, a partir de la *Summa de casibus conscientiae* de Raimundo de Pennaforte, a mediados del siglo XIII.

ni tampoco instrumentos por medio de los cuales Dios impulsa a los corazones a creer, como lo son la palabra y los sacramentos divinamente establecidos, sino al contrario, usanzas que nada tienen que ver con el corazón, y que se destruyen con el uso: Considerando todo esto, no se debe pensar que tales cosas sean necesarias para la justicia ante Dios. Igual significado tiene lo que se dice en Romanos 14:17: «El reino de Dios no es comida ni bebida, sino justicia, paz y gozo en el Espíritu Santo». Pero no hay necesidad de multiplicar **37** testimonios pues se les encuentra por doquier en la Escritura, y en los últimos artículos de nuestra Confesión hemos reunido un buen número de ellos. Además, el punto decisivo de esta controversia pronto lo tendremos que repetir más adelante, a saber, si las tradiciones humanas son un culto necesario para la justicia ante Dios. Entonces entraremos en más detalles respecto de esta materia.

Nuestros adversarios dicen que las tradiciones universales deben guar- **38** darse porque se las supone transmitidas por los apóstoles.[184] ¡Oh hombres religiosos! ¡Quieren conservar los ritos tomados de los apóstoles, pero la doctrina de los apóstoles no la quieren guardar! Nuestro juicio acerca de estos **39** ritos debe ser el mismo que expresaron los apóstoles mismos en sus escritos. Porque los apóstoles no querían que nosotros pensáramos que somos justificados por esos ritos, ni que esos ritos son necesarios para la justicia ante Dios. Los apóstoles no quisieron imponer semejante carga a las conciencias. No quisieron relacionar la justicia y el pecado con la observancia de prescripciones en cuanto a días, comidas y otras cosas semejantes. Es más: Tales **40** opiniones, Pablo las califica de «doctrinas de demonios» (1 Ti. 4:1). Es preciso, pues recurrir a los mismos escritos de los apóstoles para conocer su voluntad y su consejo; no es suficiente alegar su ejemplo. Observaban ciertos días, pero no porque esta observancia fuera necesaria para la justificación, sino para que el pueblo supiera cuándo había que reunirse. Observaban también algunos otros ritos, como el orden de las lecciones bíblicas en sus reuniones públicas. Como suele suceder, el pueblo conservaba también algunas cosas de las costumbres de sus padres, cosas que los apóstoles acomodaron, con ligeras modificaciones, a la historia del evangelio, como la Pascua y Pentecostés, para transmitir a la posteridad el recuerdo de aquellos hechos de máxima importancia no sólo mediante la enseñanza, sino también con estos ejemplos. Mas si estas cosas fueron transmitidas como necesarias para la **41**

---

184. *Confutatio*, CR 27, col. 104: *Ab omnibus enim fidelibus universales ritus observandos esse, pulchre S. Augustinus ad Januarium, cuius testimonio et ipsi utuntur, docet. Praesumendum enim sit, illos ritus ab apostolis dimanasse.* («Pues los ritos universales deben ser observados por todos los fieles, como bien lo expresó Agustín—de cuyo testimonio ellos mismos hacen uso—en su instrucción a Januario. Pues ha de suponerse que dichos ritos emanaron de los propios apóstoles».)

justificación, ¿por qué más tarde los obispos introdujeron en ellas tantos cambios? Si eran de derecho divino, no era lícito cambiarlas por autoridad

42 humana. Antes del Concilio de Nicea, algunos celebraban la Pascua en una fecha, otros en otra fecha distinta, sin que esta falta de uniformidad dañara a la fe. Después, se hizo un cómputo para evitar que la Pascua nuestra coincidiera con la Pascua judía. Y sin embargo, los apóstoles habían ordenado que las iglesias observaran la Pascua junto con los hermanos convertidos del judaísmo. Por eso, después del Concilio de Nicea, algunos pueblos siguieron conservando pertinazmente la costumbre de quedarse con la fecha judaica. Pero con aquel mandato, los apóstoles no quisieron imponer a las iglesias una obligación, como lo acreditan las mismas palabras del decreto. Lo que se ordena en dicho decreto es que nadie se preocupe si los hermanos, en su observación de la Pascua, se equivocan en la computación de la fecha. Las palabras del decreto se encuentran en Epifanio: «No os pongáis a hacer cálculos, sino celebradla cuando lo hagan vuestros hermanos de la circuncisión; celebradla a un mismo tiempo con ellos, y aunque pudieran haberse equivocado, no sea ello un motivo de preocupación para vosotros».[185] Epifanio escribe que éstas son palabras de los apóstoles en un decreto acerca de la Pascua. Por dichas palabras, el lector avisado fácilmente se convencerá de que al prohibir que alguno se preocupe por posibles errores de cálculo, los apóstoles quisieron sacar de la mente del pueblo esa tonta idea acerca de la necesidad de un tiempo determinado para la celebración de la Pascua. Por

43 otra parte, en Oriente hubo algunos llamados audianos,[186] según el nombre del autor del dogma, que interpretaron este decreto de los apóstoles en el sentido de que la Pascua debía celebrarse con los judíos. Al refutarlos, Epifanio[187] alaba el decreto, y dice que no contiene nada que difiera de la fe o la regla eclesiástica; y además reprende a los audianos por su entendimiento equivocado del decreto, y lo interpreta tal como lo interpretamos nosotros, o sea que los apóstoles no quisieron imponer la fecha en que debía observarse la Pascua; antes bien, en vista de que algunos hermanos renombrados de entre los judíos se habían convertido y guardaban su costumbre, los apóstoles de-

44 searon que los demás siguieran su ejemplo en bien de la concordia. Y con su agregado de que un posible error en el cálculo no debía ser motivo para

---

185. *Panarion haer.* 70, 10. III.

186. *Audianos* se llamó a los seguidores de Audi, diácono ascético del siglo IV en las vecindades de Edesa, Macedonia occidental. Audi censuró el espíritu mundanal de la iglesia y del clero. Maltratado por sus adversarios, se apartó de la iglesia de Edesa y se constituyó en obispo de comunidades monásticas en suburbios y lugares desiertos, desde Antioquía a Arabia y Mesopotamia. Fue exiliado por Constantino.

187. *Panarion haer.* 70, 10.

preocuparse, advirtieron sabiamente al lector que ellos no anulaban la libertad evangélica ni imponían una obligación a las conciencias.

Se pueden reunir muchos otros datos históricos de la misma índole, que 45 ponen de manifiesto que la disparidad de observancias no daña a la unidad de la fe. Pero, ¿para qué seguir discutiendo? Nuestros adversarios no entienden en absoluto qué es la justicia de la fe ni qué es el reino de Cristo, si piensan que es necesaria la igualdad de las observancias en las comidas, los días, la vestimenta y cosas semejantes para las cuales no hay ningún mandamiento de Dios. Pero ¡ved a estos hombres religiosos, nuestros adversarios! Exigen, 46 para la unidad de la iglesia, igualdad en las tradiciones humanas, cuando ellos mismos han cambiado lo que Cristo ordenó en cuanto al uso de la santa cena, que antes ciertamente fue una ordenación universal. Si las ordenaciones universales son necesarias, ¿por qué cambian ellos la ordenación de la cena de Cristo, que no es una ordenación humana, sino divina? Pero más adelante habremos de volver algunas veces más sobre toda esta controversia.[188]

Fue aprobado todo el artículo octavo,[189] en el que declaramos que los 47 hipócritas y los malos están mezclados en la iglesia, y que los sacramentos son eficaces aunque sean administrados por ministros indignos, dado que los ministros actúan en lugar de Cristo, y no a título personal, según aquello de que «El que a vosotros oye, a mí me oye» (Lc. 10:16). Es preciso apartarse 48 de los maestros impíos, pues éstos ya no actúan en lugar de Cristo, sino que son anticristos. Y Cristo dice (Mt. 7:15): «Guardaos de los falsos profetas». Y Pablo (Gá. 1:9): «Si alguno os predica un evangelio diferente, sea anatema».

Por otra parte, en sus parábolas sobre la iglesia Cristo nos advirtió que, 49 al ser escandalizados por los vicios privados ya sea de los sacerdotes o del pueblo, no provocáramos cismas,[190] como lo hicieron en forma criminal los donatistas.[191] A aquellos empero que originaron cismas, con su negación de 50 que a los sacerdotes les es lícito tener posesiones o propiedades, directamente los tenemos por sediciosos. Porque tener propiedad es una disposición civil. Y es lícito a los cristianos usar de las disposiciones civiles, así como usan del aire, de la luz, de la comida y de la bebida. Porque así como las cosas de la naturaleza y los movimientos inmutables de los astros son verdaderamente disposiciones de Dios, y son conservadas por Dios, así también los

---

188. Vid. art. XXII.

189. *Confutatio*, CR 27, col. 105: *Octavus vero articulus confessionis de ministris ecclesiae malis et hypocritis, quod eorum malitia sacramentis et verbo non obsit, acceptatur cum sancta romana ecclesia.* («El octavo artículo de la Confesión empero, que trata de los ministros eclesiásticos malos e hipócritas, diciendo que la maldad de los tales no afecta la validez de los sacramentos y de la palabra, lo aceptamos junto con la Iglesia Romana».)

190. Mt. 13:24–30; 36–43; 47–50.

191. Respecto de los donatistas vid. nota 179.

gobiernos legítimos son verdaderamente disposiciones de Dios, y son defendidos y conservados por Dios contra el diablo.

Artículo IX. El Bautismo

1   Fue aprobado el artículo noveno,[192] en el que confesamos que el bautismo es necesario para la salvación, que los niños han de ser bautizados, y que el bautismo de los niños no es vano, sino necesario y eficaz para la salvación.

2   Y como entre nosotros se predica con diligencia el evangelio genuino, por gracia de Dios obtenemos de ello también este fruto: Que en nuestras iglesias no apareciera anabaptista alguno, porque mediante la palabra de Dios, nuestro pueblo tiene con qué defenderse contra la impía y sediciosa facción de esos ladrones. Y así como condenamos muchos otros errores de los anabaptistas, así también condenamos el que consiste en afirmar que el bautismo de los niños es inútil. Porque está fuera de toda duda que la promesa de salvación abarca también a los niños. Mas no abarca a quienes están fuera de la iglesia de Cristo, donde no existen ni la palabra ni los sacramentos, porque Cristo regenera por medio de la palabra y los sacramentos.[193] Por tanto, es necesario bautizar a los niños, para que se les aplique la promesa de salvación, conforme al mandato de Cristo (Mt. 28:19): «Bautizad a todas las naciones». Y así como a todos se les ofrece la salvación, así también se les ofrece a todos el bautismo: A los varones, a las mujeres, a los niños, a los pequeñuelos. Síguese, pues, claramente que a los pequeñuelos hay que bautizarlos, porque con el bautismo se ofrece la salvación.

3   En segundo lugar, es evidente que Dios aprueba el bautismo de los niños. Por tanto, es impía la manera de pensar de los anabaptistas cuando condenan el bautismo de los niños. Que Dios aprueba el bautismo de los niños, queda demostrado por el hecho de que Dios da el Espíritu Santo a los así bautizados. Porque si este bautismo fuese vano, a ninguno le sería dado el Espíritu Santo, ninguno sería salvo, y finalmente, no existiría ninguna iglesia. Esta sola razón ya puede dar firmeza suficiente a los corazones buenos y piadosos contra las impías y fanáticas opiniones de los anabaptistas.

---

192. *Confutatio*, CR 27, col. 105: *«Nonus articulus de baptismo, quod sit necessarius ad salutem, et quod pueri sint baptizandi, probatur et acceptatur. Recteque damnant Anabaptistas . . .»* («El artículo noveno, referente al bautismo, donde se dice que el bautismo es necesario para la salvación y que debe bautizarse a los niños, lo aprobamos y aceptamos. Y con mucho acierto condenan a los anabaptistas . . . »).

193. Texto en lat. de la *Concordia Triglotta* (p. 244): *Quia regnum Christi tantum cum Verbo et sacramentis existit* («Porque el reino de Cristo sólo existe en unión con la palabra y los sacramentos»). Coincide con esto la traducción de Justus Jonas (BSLK, p. 247): *Denn das Reich Christi ist nirgend, denn wo das Wort Gottes und die Sakramente sind* («Pues el reino de Cristo no está sino allí donde están la palabra de Dios y los sacramentos»).

Articulo X. La Santa Cena

Quedó aprobado el artículo décimo,[194] en el que confesamos creer que en la cena del Señor están verdadera y substancialmente presentes el cuerpo y la sangre de Cristo, y que verdaderamente son ofrecidos con las especies visibles del pan y del vino a quienes reciben el sacramento. Esta posición la defendemos constantemente después de haber investigado y discutido este asunto con toda diligencia. Pues por cuanto Pablo dice (1 Co. 10:16), que el pan es la comunión del cuerpo de Cristo, etc., resultaría, en caso de que el cuerpo del Señor no estuviera verdaderamente presente, que el pan no es la comunión del cuerpo, sino tan sólo del espíritu de Cristo. Y sabemos a ciencia cierta que no es sólo la Iglesia Romana la que afirma la presencia corporal de Cristo; lo mismo cree ahora y creyó antiguamente la Iglesia Griega. Lo demuestra el canon de la Misa que está en uso entre ellos. Allí, el sacerdote ruega con palabras claras y expresas que, al transformarse el pan, se transforme en el cuerpo de Cristo. Y el escritor Vulgario, a nuestro entender ningún tonto, dice claramente que el pan no es tan sólo una figura, sino que de veras se transforma en carne.[195] Y hay una extensa exposición de Cirilo sobre Juan, cap. 15, en la que enseña que en la santa cena, Cristo nos es ofrecido corporalmente. Esto es lo que dice: «Sin embargo, no negamos que somos unidos espiritualmente a Cristo mediante una fe verdadera y un amor sincero. Pero que no tengamos ninguna clase de comunicación con él según la carne, esto lo negamos rotundamente y decimos que esto es desde todo punto de vista ajeno a las Escrituras divinas. Porque, ¿quién puso jamás en dudas que Cristo

1

2

3

---

194. *Confutatio*, CR 27, col. 106 y sigte.: *Decimus articulus in verbis nihil offendit, quia fatentur, in eucharistia post consecrationem legitime factam corpus et sanguinem Christi substantialiter et vere adesse, si modo credant, sub qualibet specie integrum Christum adesse, ut non minus si sanguis Christi sub specie panis per concomitantiam, quam est sub specie vini, et e diverso . . . Adiicitur unum tanquam ad illius confessionis articulum valde necessarium ut credant ecclesiae potius quam aliternonnullis male docentibus omnipotenti verbo Dei in consecratione eucharistiae substantiam panis in corpus Christi mutari. Ita enim in concilio generali diffinitum est.* («Tal como suenan las palabras, el artículo décimo no tiene nada de lesivo [para la doctrina de la Iglesia Romana]. En efecto: Ellos confiesan que en la eucaristía después de la consagración legítimamente hecha, el cuerpo y la sangre de Cristo están presentes sustancial y verdaderamente—siempre que crean que el Cristo íntegro está presenta bajo cualquiera de las dos espacies, de modo que la sangre de Cristo está presente bajo la especie del pan, por concomitancia, no menos que bajo la especie del vino, y viceversa. Por otra parte, hemos de añadir a este artículo de la confesión algo muy necesario, a saber, que crean a la iglesia—antes que a cualquiera que enseña perniciosos errores—que por la omnipotente palabra de Dios, en la consagración de la eucaristía la substancia del pan es mudada en el cuerpo de Cristo. Pues así quedó definido en el concilio general».) El concilio general mencionado es el Concilio Lateranense de 1215 (IV. Concilio de Letrán).

195. Teofilacto, siglo XI, arzobispo de Acrida, Bulgaria (de ahí «Vulgarius»), y teólogo destacado de la iglesia bizantina. *Comm. in ev. Marci* 14, 22, MSG 123, 649D. Melanchton ya citó este texto en un escrito contra los teólogos suizos. Lo de *scriptor ut nobis videtur non stultus* («es autor que no nos parece nada tonto») va dirigido contra la réplica de Ecolampadio.

también en este sentido es una vid, y nosotros los sarmientos, que de ella obtenemos vida para nosotros? Oye lo que dice Pablo (1 Cor. 10:17 y Gá. 3:28): 'Todos somos un cuerpo en Cristo', porque 'aunque somos muchos, somos no obstante uno en él. Pues todos participamos de un solo pan'. ¿Acaso Pablo piensa que es desconocida para nosotros la virtud de la bendición mística? Y como esta bendición pues está en nosotros, ¿no hará también que Cristo habite en nosotros corporalmente por medio de la comunicación de la carne de Cristo?» Y poco después añade: «Se ha de considerar, pues, que Cristo está en nosotros, no sólo por un hábito al que llamamos amor sino también por participación natural»,[196] etc. Citamos estos pasajes, no para entablar una discusión sobre el asunto, pues Su Majestad Imperial no desaprueba este artículo, sino para que cuantos leyeren estas cosas vean con claridad aún mayor que nosotros defendemos la doctrina aceptada en toda la iglesia: Que en la cena del Señor están presentes verdadera y substancialmente el cuerpo y la sangre de Cristo y que son ofrecidos verdaderamente con las especies del pan y del vino. Y hablamos de la presencia del Cristo viviente; pues sabemos que «la muerte no se enseñorea más de él», (Ro. 6:9).

Artículo XI. La Confesión

Aprobaron también el artículo undécimo,[197] en el que hablamos de la necesidad de que en la iglesia se siga conservando la absolución. Pero en lo tocante a la confesión añaden una enmienda, a saber, que ha de observarse la constitución *Omnis utriusque*,[198] que prescribe que se haga confesión anualmente y que, si bien no es posible enumerar todos los pecados, se ponga empeño en reunir la mayor cantidad posible, para confesar al menos los que se recuerdan.[199] De todo este artículo volveremos a hablar un poco más ade-

---

196. Cirilo de Alejandría, fallecido en 444. Patriarca de Alejandría. *In Joh. lib.* X, 2, MSG 74, 341 A/B.D.

197. *Confutatio Pontificia*, CR 27, col. 107: *Quod articulo undecimo fatentur, absolutionem privatam in ecclesia retenendam esse cum confessione, tanquam catholicum et fidei nostrae consentaneum acceptatur, quia firmatur verbo Christi absolutio.* («Que en el artículo undécimo confiesen que la iglesia debe mantener en vigencia la absolución privada en adición a la confesión: Esto lo aceptamos como católico y en consonancia con nuestra fe, porque la absolución se basa en la palabra de Cristo».)

198. Concilio Lateranense de 1215, canon 21. *Decr. Greg. IX,* lib. V, tit. 38, c. 12.

199. *Confutatio,* CR 27, col. 108 y sigte.: *Duo tamen hic exigenda ab eis sunt. Unum, ut confessionem observari faciant ab subditis annuam, iuxta constitutionem C. Omnis utriusque, de poenitentia et remissione, et communem ecclesiae consuetudinem. Alterum, ut per concionatores fideliter admoneri faciant subditos suos, quatenus confessuri, licet omnia peccata sua singulatim renunciare non possint, diligenti tamen examine conscientiae suae facto, delictorum suorum confessionem integram faciant, omnium scilicet, quae sibi in eiusmodi discussione in memoriam venerint. Super aliis vero oblitis, et quae mentem nostram subterfugiunt, licet in genere confessionem facere, et dicere com Psalmista, Psal. XVIII.: Ab occultis meis munda me, Domine!* («Dos cosas hay, sin embargo, que se les deben exigir a este respecto: Una: Que hagan que sus súbditos observen una confesión anual, tal como lo fija el canon *Omnis utriusque* en

lante, y con más detalles, cuando demos nuestro parecer en cuanto al arrepentimiento en general. Es sabido que nosotros hemos aclarado y explicado el beneficio de la absolución y el poder de las llaves de tal modo que muchas conciencias afligidas han obtenido consuelo por nuestra doctrina, al enterarse de que Dios nos ordena, e incluso la misma palabra del evangelio nos dice, que creamos en la absolución y estemos seguros de que por causa de Cristo se nos concede gratuitamente perdón de pecados, y sepamos que por esta fe realmente somos reconciliados con Dios. Esta doctrina ha dado ánimo a muchos corazones y mentes piadosos, y fue lo que al principio le reportó a Lutero una altísima estima por parte de todos los hombres de bien, por cuanto en dicha doctrina se les abre a las conciencias una segura y firme consolación. Porque anteriormente, toda la fuerza de la absolución había estado aniquilada por las doctrinas de las obras, ya que los sofistas y los frailes nada enseñaban de la fe ni del perdón gratuito.

Por otra parte, en lo referente a la periodicidad, es cierto que en nuestras iglesias hay muchos que usan de los sacramentos, de la absolución y de la cena del Señor muchas veces al año. Y los que instruyen a la gente en cuanto a la dignidad y los frutos de los sacramentos, lo hacen con la intención de invitar al pueblo a que usen de los sacramentos con mucha frecuencia. Pues sobre este tema hay muchas cosas escritas por los nuestros de un modo tal que los hombres sinceros de entre nuestros adversarios sin duda las han de aprobar y alabar. Además se amenaza con la excomunión a los que viven en pecados groseros y a los que desprecian los sacramentos. Y tal proceder obedece tanto a lo que dice el evangelio (Mt. 18:12) como a lo que dicen los antiguos cánones. Pero no se prescribe un tiempo determinado, porque no todos se hallan en la condición debida al mismo tiempo. Es más: Si todos se presentasen al sacramente en un mismo tiempo, no se los podría escuchar ni instruir ordenadamente. Y ni los antiguos cánones ni los Padres establecen un tiempo determinado. El canon respectivo no dice más que esto: «Si entran algunos en la iglesia de Dios y se advierte que no comulgan nunca, se los exhortará a que, si no comulgan, se alleguen al arrepentimiento. Si comulgan,

cuanto al arrepentimiento y la remisión, y según la costumbre común de la iglesia. La otra: Que hagan que sus predicadores amonesten fielmente a sus súbditos en el sentido de que al ir a confesarse, aunque no puedan enumerar sus pecados uno por uno, no obstante, una vez practicado un examen diligente de su conciencia, hagan una confesión completa de todas sus faltas, es decir, de todas las que durante tal examen les vengan a la memoria. En cuanto a los demás pecados en cambio, aquellos que olvidamos y que se nos han escapado de la mente, se permite hacer una confesión general, y decir con el Salmista, Salmo 18: '¡Límpiame, Señor, de los pecados que me son ocultos!'») El salmo a que se refiere la *Confutatio* es el Sal. 19:12.

no se los rechace.[200] Si no lo hicieren, que se abstengan».[201] Cristo dice que los que comen indignamente, juicio comen para sí (1 Co. 11:29). Por eso, a los que no están debidamente preparados, los pastores no los obligan a que hagan uso de los sacramentos.

6   Al instruir a los hombres acerca de la enumeración de los pecados en la confesión, se cuida de no echar un lazo a su conciencia. Aunque es útil acostumbrar a los inexpertos a que enumeren algunas cosas, a fin de que se los pueda enseñar con mayor facilidad, lo que ahora discutimos es: Qué es necesario por ley divina. No era preciso que nuestros adversarios nos recordaran la constitución *Omnis utriusque*,[202] que no nos es desconocida. Lo que tenían que hacer era demostrar, a base de la ley divina, que la enumeración

7 de los pecados es necesaria para conseguir el perdón. La iglesia entera a través de toda Europa sabe qué lazos impuso a las conciencias el párrafo de la constitución que manda confesar todos los pecados. Sin embargo, lo que dice el texto en sí no es tan gravoso como lo que le añadieron los sumistas,[203] que traen a colación también las circunstancias de los pecados. ¡Qué laberintos, cuántas torturas para los corazones más nobles! Porque a los licenciosos y

8 profanos les eran del todo indiferentes estos instrumentos de terror. ¡Y qué tragedias provocó posteriormente la cuestión del confesor personal entre los pastores y hermanos, que entonces ya no eran de ningún modo hermanos, ya que se peleaban entre ellos por el dominio en materia de confesiones. Esto nos lleva a la convicción de que la enumeración de los pecados no es una necesidad exigida por el derecho divino. Y en esto están de acuerdo con nosotros el Panormitano[204] y otros muchos jurisconsultos eruditos. No queremos imponer una obligación a la conciencia de los nuestros por aquella constitución *Omnis utriusque*, de la cual pensamos lo mismo que pensamos de las demás tradiciones humanas, a saber, que no son prácticas de culto necesarias para conseguir la justificación. Y esta constitución prescribe algo imposible: Que confesemos todos nuestros pecados. Pero es evidente que los

---

200. I.e., de la penitencia. Bente–Dau, *Concordia Triglotta*, p. 251: *If they commune, let them not be expelled.* J. Pelikan, en *Tappert*, p. 181: *If they commune, let them not be permanently expelled.* Justus Jonas: *So sie aber wollen für Christen gehalten sein, sollen sie nicht allzeit davon halten* («Pero si quieren que se los tenga por cristianos, no deben abstenerse en forma permanente»). En el original: *Si communicant, non semper abstineant.*

201. I.e., absténganse de tomar la cena del Señor. En el original: *abstineant.* Bente–Dau, *Triglotta*, p. 251: *let them be excommunicated.* J. Pelikan, en *Tappert*, p. 181: *let them be expelled.* Justus Jonas no traduce las últimas dos oraciones del canon citado. *Conc. Tolet. 400. can. 13. Dec. Grat. III. De consecr. d.2. c.20.*

202. Vid. nota 198.

203. Vid. nota 183.

204. Nicolás de Tudeschis, arzobispo de Palermo (lat. Panormus), fallecido en 1445.

más de nuestros pecados no los recordamos ni los entendemos, según lo dicho (en el Sal. 19:12): «¿Quién podrá entender sus propios errores?»

Los pastores que en realidad son buenos pastores ya sabrán hasta qué **9** punto conviene examinar a los inexpertos. Pero de ninguna manera queremos ni podemos aprobar aquella tortura practicada por los sumistas, la cual, sin embargo, sería menos intolerable si añadieran una sola palabra acerca de la fe que consuela y anima a las conciencias. Respecto de esta fe empero, que consigue perdón de pecados, no hay una sola sílaba en esa cantidad enorme de constituciones, glosas, sumas[205] y cartas confesionales. En ninguna parte se lee allí algo acerca de Cristo. Tan sólo se leen listas de pecados. Y la mayor parte se refiere a pecados contra las tradiciones humanas, y éstos son precisamente los que menos importancia tienen. Esta doctrina ha llevado a **10** muchos corazones piadosos a la desesperación, al no poder tranquilizarse, pues pensaban que la enumeración de pecados era obligatoria por ley divina, aunque sabían por experiencia que semejante enumeración es imposible. Pero existen otros defectos no menores en la doctrina de nuestros adversarios acerca del arrepentimiento. Los examinaremos de inmediato al tratar este tema.

Artículo XII. El Arrepentimiento

Del artículo duodécimo aprueban la primera parte, en la que declaramos **1** que los que han caído en pecados después del bautismo, pueden conseguir perdón de los mismos en cualquier tiempo, y todas las veces que se conviertan. Condenan, sin embargo, la segunda parte, en la que decimos que partes del arrepentimiento son la contrición y la fe. No admiten que sea la fe la segunda parte del arrepentimiento.[206] ¿Qué haremos aquí, Carlos, Emperador invic- **2** tísimo? La palabra misma del evangelio proclama que por la fe conseguimos

---

205. *Summae* = los manuales de confesión. Vid. Nota 183.

206. *Confutatio*, CR 27, col. 109, y sigtes.: *Quod autem articulo XII. confitentur, lapsis contingere posse remissionem peccatorum, quocunque tempore convertantur, et ecclesiam debere redeuntibus absolutionem impertiri, commendatur . . . AT altera huius articuli pars omnino reiicitur. Nam, cum duas tribuant duntaxat poenitentiae partes, adversantur toti universali ecclesiae, quae usque ab Apostolorum tempore tenuit et credidit, tres esse poenitentiae partes, contritionem, confessionem, et satisfactionem . . . Haec igitur articuli pars nequaquam admitti potest; sicut nec ea, quae asserit, fidem esse alteram partem poenitenciae, cum omnibus notum sit, fidem praeviam esse poenitentiae: nisi enim quis crediderit, non poenitebit.* («Es de alabar, empero, lo que confiesan en el artículo XII, a saber, que los caídos pueden obtener perdón de pecados, en cualquier momento en que se conviertan, y que la iglesia tiene el deber de impartir la absolución a los que se volvieren de su mal camino. . . . Pero la segunda parte de este artículo debe rechazarse de plano. Pues al atribuirle al arreptentimiento [*poenitentia*] dos partes solamente, se ponen en oposición a la iglesia universal entera, que ya desde el tiempo de los apóstoles viene sosteniendo y creyendo que las partes del arrepentimiento son tres: La contrición, la confesión, y la satisfacción . . . Por lo tanto, esta parte del artículo no se puede admitir de ningún modo, ni tampoco aquella otra donde se afirma que la fe es la segunda parte del arrepentimiento, cuando todo el mundo sabe que la fe precede al arrepentimiento. En efecto, a menos que una persona crea, no se arrepentirá».)

perdón de pecados. Y esta palabra del evangelio la condenan esos autores de la Refutación. Por lo tanto, nosotros no podemos de ningún modo estar de acuerdo con este documento. No podemos condenar la palabra del evangelio, tan saludable y tan consoladora. Negar que por la fe conseguimos perdón de pecados, ¿qué es sino hacer agravio a la sangre y a la muerte de Cristo? Te rogamos, pues, Carlos, Emperador invictísimo, que nos oigas y trates de entendernos con paciencia y diligentemente en esta materia tan importante que encierra el punto capital del evangelio, el verdadero conocimiento de Cristo, el verdadero culto a Dios. Pues todos los hombres de bien podrán constatar que sobre todo en este asunto, nosotros enseñamos cosas verdaderas, piadosas, saludables y necesarias a toda la iglesia de Cristo. A base de los escritos de los nuestros se podrán dar cuenta de que se ha arrojado mucha luz sobre el evangelio, y se han enmendado muchos errores perniciosos, bajo los cuales anteriormente había quedado sepultada la doctrina del arrepentimiento mediante las opiniones de los escolásticos y canonistas.

4   Antes de pasar a la defensa de nuestra posición es preciso adelantar lo siguiente: Todos los hombres de bien de todos los órdenes, incluso del orden de los teólogos, sin duda reconocerán que antes de que aparecieran los escritos de Lutero, la doctrina del arrepentimiento era en extremo confusa. Están a la vista los libros de los sentenciarios, en los cuales hay un sinnúmero de cuestiones que ningún teólogo jamás pudo explicar satisfactoriamente. El pueblo no podía entender la cosa en su conjunto, ni ver qué era la necesidad primordial en el arrepentimiento, ni tampoco saber dónde había que buscar la paz de la conciencia. ¡Preséntese ante nosotros cualquiera de nuestros adversarios, y díganos cuándo es que se recibe el perdón de los pecados! ¡Santo Dios, cuán enormes son las tinieblas! Dudan de si es en la contrición o en la atrición donde se efectúa el perdón de los pecados.[207] Si se consigue por causa de la contrición, ¿qué necesidad hay de absolución, y qué hacer del poder de las llaves si el pecado ya está perdonado? Esto les causa aun mucho más dolor de cabeza,[208] con el resultado de que menguan, impíamente, el poder de las llaves. Otros sueñan que por el poder de las llaves no se perdona la culpa, sino que se cambian las penas eternas en temporales. Y así, este tan salutífero poder vendría a ser un ministerio no de la vida y del Espíritu, sino tan sólo de la ira y de los castigos. Otros, sobre todo los más cautos, son de la idea de que por el poder de las llaves los pecados son perdonados ante la iglesia, mas no ante Dios. Pero también éste es un error pernicioso. Porque si el poder de las llaves no nos consuela ante Dios, ¿qué

---

207. Respecto de «atrición» y «contrición» vid. Apología IV, 83, nota 61.

208. En el original: *Hic vero multo magis etiam sudant* («Aquí empero sudan aún mucho más»).

es, finalmente, lo que puede llevar paz a la conciencia? Pero el asunto se complica mucho más aún. Enseñan que por la contrición conseguimos la gracia. Si en este contexto, alguien preguntara por qué Saúl, Judas y otros semejantes no consiguieron la gracia, aun cuando se hallaban terriblemente contritos, habría que responderle: Fue por la fe y el evangelio, Judas no creyó, porque no levantó su ánimo con el evangelio y la promesa de Cristo. Porque la fe es lo que hace diferentes la contrición de Judas y la de Pedro. Pero nuestros adversarios llevan la cuestión al terreno de la ley, y responden: Fue porque Judas no amó a Dios, sino que temió el castigo. ¿Cuándo, sin embargo, podrá una conciencia aterrorizada, sobre todo en esos momentos de terror verdaderamente serio y grave como los que se describen en los salmos y en los profetas y que sin duda experimentan las personas que de verdad se convierten—cuándo podrá esta conciencia juzgar si teme a Dios por causa de Dios mismo o si le teme porque está huyendo de las penas eternas? Estas grandes conmociones pueden distinguirse con letras y palabras, pero en la realidad no se distinguen de la manera como sueñan esos afables sofistas. Apelamos aquí al criterio de todos los hombres buenos y sabios. Reconocerán sin duda que estas discusiones que existen entre nuestros adversarios son por demás confusas e intrincadas. Y, no obstante, se trata del asunto más importante, del tema principal del evangelio: Del perdón de los pecados. Todo lo que los adversarios enseñan acerca de estas cuestiones que acabamos de examinar, está plagado de errores e hipocresía, y obscurece el beneficio de Cristo, el poder de las llaves y la justicia de la fe.

Esto es lo que ocurre en la primera etapa.[209] Pero, ¿qué pasa cuando se llega a la confesión? ¡Cuánto trabajo con esa infinita enumeración de los pecados, que sin embargo, en su mayor parte se limita a pecados contra tradiciones humanas! Y para poder atormentar aún más a las conciencias sinceras, se vienen con el cuento de que esta enumeración debe hacerse por ley divina. Y mientras exigen esta enumeración so pretexto de que es de derecho divino, hablan con indiferencia de la absolución, que sí es de derecho

8

9

10

11

12

---

209. O sea, en la contrición. De acuerdo con la doctrina católica romana, los actos del *penitente* (del que se arrepiente) son tres: Contrición, confesión, y satisfacción. Concilio de Florencia, 1438–1445, *Decretum pro Armenis*, Denzinger, 699; Concilio de Trento, Denzinger, 896. Es un tanto ambigua la formulación en BSLK, p. 255, nota 1: *Die drei Akte des Buss– Sakraments: 'contritio, confessio, satisfactio'* («Los tres actos del sacramento del arrepentimiento: Contrición, confesión, satisfacción»). Igualmente se prestan a equívocos las palabras con que Leif Grane (*Die confessio Agustana*, Vandehoeck & Ruprecht, Göttingen, 1970, p. 100) se refiere a los tres actos del penitente: *Die Dreiteilung des Sakraments* («La tripartición del sacramento»). La contrición, la confesión y la satisfacción no son «los tres actos del sacramento del arrepentimiento [a: Penitencia] ni tampoco una «tripartición del sacramento»; no obstante, los tres actos del penitente, también llamados «partes del arrepentimiento», y que constituyen la *cuasi–materia* (Trid., Denz. 896, 914) de ese sacramento, cuya forma es la absolución, uno de los elementos constitutivos esenciales del sacramento del arrepentimiento.

divino. Quieren hacer creer que el sacramento mismo confiere la gracia *ex opere operato*, sin necesidad de un impulso bueno por parte del que lo usa. De la fe que aprehende la absolución y consuela la conciencia no hacen mención alguna. Esto es, en verdad, lo que se suele llamar retirarse antes de la celebración de los misterios.[210]

13   Resta la tercera etapa: La de las satisfacciones. Este empero es el tema en que las discusiones son más confusas que nunca. Sostienen—equivocadamente—que las penas eternas se transforman en penas del purgatorio, y declaran que parte de ellas se perdona por el poder de las llaves y parte tiene

14   que redimirse mediante las satisfacciones. Añaden algo más: Que las satisfacciones tienen que ser obras de supererogación; y éstas las hacen consistir en las observancias más necias, como peregrinaciones, rosarios y otras prác-

15   ticas semejantes para las que no hay ningún mandamiento de Dios. Y ya que redimen del purgatorio con satisfacciones, acto seguido han inventado el arte de redimir de las satisfacciones, arte que ha resultado muy lucrativo. Porque venden indulgencias, y las interpretan como que redimen de las satisfacciones. Esta ganancia proviene no sólo de los vivos, sino en medida mucho más amplia aún de los muertos.[211] Y las satisfacciones de los muertos las redimen no sólo con las indulgencias, sino también con el sacrificio de la Misa.[212] En

16   fin, lo de las satisfacciones es un asunto interminable. Y entre estos escándalos (pues no podemos enumerarlos todos) y estas doctrinas de demonios, yace enterrada la doctrina acerca de la justicia de la fe en Cristo y del beneficio de Cristo. De ahí que todos los hombres de bien entenderán que fue por motivos muy útiles y piadosos que se censuró la doctrina de los sofistas y de los canonistas acerca del arrepentimiento. Porque los dogmas que a continuación enumeramos son evidentemente falsos, y ajenos, no sólo a las Sagradas Escrituras, sino también a los Padres de la iglesia. Dicen que:

17   1. Por las buenas obras, hechas aun sin que estemos en la gracia, merecemos la gracia a base de un pacto divino.

18   2. Merecemos la gracia por medio de la atrición.

19   3. Para borrar el pecado basta con que se odie el pecado.

20   4. Conseguimos remisión de pecados por medio de la contrición, y no por la fe en Cristo.

---

210. En la iglesia antigua, los catecúmenos se retiraban del oficio divino antes de que comenzara la celebración de la eucaristía.

211. *Ex vivis, ex mortuis* puede significar «en beneficio de». Así es como interpreta este pasaje H. G. Pöhlmann (*Apología*, p. 135: *kommt sugute*, «va en beneficio de»).

212. Doctrina declarada por el II Concilio Ecuménico de Lyon, 1274 (cf. Denzinger, 856) y repetida en el Concilio Ecuménico de Florencia, 1439. (Cf. *Decreto para los Griegos*, Denzinger, 1304). Y el 2 de diciembre de 1563, el Concilio de Trento se expidió en el sentido de que las almas que se hallan en el purgatorio son auxiliadas por los sufragios de los fieles, y en especial por el sacrificio de la misa (cf. *Decreto sobre el Purgatorio*, Denzinger, 1820).

5. El poder de las llaves es eficaz para conseguir remisión de pecados, no ante Dios, pero sí ante la iglesia. **21**

6. Por el poder de las llaves no se perdonan los pecados ante Dios, sino que dicho poder ha sido instituido a los efectos de cambiar las penas eternas en penas temporales, para imponer a las conciencias ciertas satisfacciones, y para establecer nuevos cultos y someter a las conciencias a estas satisfacciones y cultos. **22**

7. La enumeración de los pecados en la confesión, tal como la interpretan nuestros adversarios, es necesaria por derecho divino. **23**

8. Las satisfacciones canónicas son necesarias para redimir la pena del purgatorio, o provechosas como compensación para borrar la culpa. Así, en efecto, lo entienden los inexpertos. **24**

9. Por la recepción del sacramento del arrepentimiento se obtiene la gracia *ex opere operato*, sin impulso bueno del que lo recibe, esto es, sin la fe en Cristo. **25**

10. Con el poder de las llaves, las almas son liberadas del purgatorio por medio de indulgencias. **26**

11. En casos reservados,[213] debe reservarse no sólo la pena canónica, sino también la culpa en aquel que se convierte de verdad. **27**

Así, pues, para sacar a las conciencias piadosas de estos laberintos de los sofistas, nosotros señalamos dos partes en el arrepentimiento, a saber, la contrición y la fe. Si alguno quiere añadir como tercera parte los frutos del arrepentimiento, es decir, el cambio de toda la vida y las costumbres para mejor, no nos opondremos a ello. De la contrición eliminamos esas ociosas e infinitas disputas sobre cuándo nos arrepentimos por amor a Dios, y cuándo por temor al castigo. Decimos, en cambio, que la contrición consiste en los temores reales de la conciencia que siente que Dios está airado por el pecado, y que se duele de haber pecado. Y esta contrición se produce al ser reprobados los pecados por la palabra de Dios, porque la suma de la predicación del evangelio consiste en convencer de pecado y ofrecer, por causa de Cristo la remisión de pecados, la justicia, el Espíritu Santo y la vida eterna, y que, como hombres nacidos de nuevo, hagamos el bien. Así es como Cristo resume el mensaje del evangelio al decir en el último capítulo de Lucas, versículo 47: «Que se predicase en su nombre el arrepentimiento y el perdón de pecados en todas las naciones». Y de estos terrores habla la Escritura p.ej. en el Salmo 38:4, 8: «Mis iniquidades se han agravado sobre mi cabeza; como carga pesada se han agravado sobre mí . . . Estoy debilitado y molido en gran manera; gimo a causa de la conmoción de mi corazón». Y Salmo 6:2-3: «Ten mise- **28 29 30 31**

---

213. *In reservatione casuum*. Justus Jonas: *Reservatfällen*. «Casos reservados» son los pecados que pueden ser absueltos sólo por el obispo o por el papa (*Casus papales et episcopales*).

ricordia de mí, oh Jehová, porque estoy enfermo; sáname, oh Jehová, porque mis huesos se estremecen. Mi alma también está muy turbada; y tú, Jehová, ¿hasta cuándo?» Asimismo, Isaías 38:10, 13: «Yo dije: En la mitad de mis días iré a las puertas de Seol; . . . Contaba yo hasta la mañana. Como un

32 león molió todos mis huesos». En estos terrores, la conciencia siente la ira de Dios contra el pecado, sentimiento que ignoran los hombres que andan despreocupadamente por los caminos de la carne. La conciencia piadosa empero ve claramente la bajeza del pecado y se duele en serio de haber pecado; entre tanto, huye también de la ira de Dios, porque la naturaleza humana no

33 puede afrontar esta ira si no la sostiene la palabra de Dios. Así dice Pablo

34 (Gá. 2:19): «Por la ley soy muerto para la ley». Porque la ley no hace más que acusar y atemorizar las conciencias. Frente a estos terrores, nuestros adversarios nada dicen acerca de la fe; sólo hablan de la palabra que convence de pecado. Pero ésta, dicha así a secas, es doctrina de la ley, y no del evangelio. Dicen que por estos dolores y estos terrores los hombres merecen la gracia, con tal que amen a Dios. Pero, ¿cómo podrán los hombres amar a Dios cuando están verdaderamente aterrados y cuando sienten la terrible ira de Dios, que no se puede explicar con palabra humana? Quienes a los así aterrorizados sólo les muestran la ley, ¿qué otra cosa les enseñan sino a caer en desesperación?

35 Por tanto, nosotros añadimos como segunda parte del arrepentimiento, la fe en Cristo. Decimos que en estos terrores debe presentárseles a las conciencias el evangelio de Cristo, en el que se promete gratuitamente remisión de pecados por causa de Cristo. Deben creer que por causa de Cristo sus

36 pecados les son perdonados gratuitamente. Esta fe levanta, sustenta y vivifica a los contritos, según la aseveración (en Ro. 5:1): «Justificados pues por la fe tenemos paz». Esta fe obtiene la remisión de los pecados. Esta fe nos hace justos ante Dios, como lo asegura el mismo texto (Ro. 5:1): «Justificados por la fe». Esta fe muestra en qué se diferencian la contrición de Judas y la de Pedro, la de Saúl y la de David. La contrición de Judas y la de Saúl no es de provecho alguno, porque no va con ella esa fe que aprehende el perdón de pecados, que nos es dado por causa de Cristo. La contrición de David en cambio y la de Pedro es de aprovecho, porque a ella va unida la fe que

37 aprehende el perdón de pecados, que nos es dado por causa de Cristo. Y el amor no está presente hasta que no esté hecha la reconciliación por la fe. Porque la ley no se puede cumplir sin Cristo, según lo que está escrito (Ro. 5:2): «Por Cristo tenemos entrada a Dios». Y esta fe va creciendo paulatinamente, y lucha durante toda la vida con el pecado, para vencer al pecado y a la muerte. Por lo demás, a la fe sigue el amor, como hemos dicho antes.

38 Y así queda definido claramente qué es el temor filial: Es un pavor que va unido con la fe, esto es, donde la fe consuela y sustenta al corazón temeroso.

Hay temor servil, en cambio, donde no hay fe que sustente al temeroso corazón.

Por otra parte, el poder de las llaves administra y presenta el evangelio **39** por medio de la absolución, que es la verdadera voz del evangelio. Y así, incluimos también la absolución cuando hablamos de la fe, porque «la fe es por el oír», como dice Pablo (Ro. 10:17). Porque una vez oído el evangelio y oída la absolución, la conciencia se anima y recibe consuelo. Y por cuanto **40** Dios de veras vivifica por medio de la palabra, las llaves verdaderamente perdonan los pecados ante Dios, tal como reza el texto (Lc. 10:16): «El que a vosotros oye, a mí me oye». Por eso se ha de creer a la voz del que absuelve como a una voz que resuena desde el cielo. Y la absolución puede llamarse **41** propiamente sacramento del arrepentimiento, como lo hacen también los teó- logos escolásticos más eruditos. Mientras tanto, esta fe, al estar expuesta a **42** tentaciones, es fortalecida de muchas maneras con las declaraciones del evan- gelio y con el uso de los sacramentos. Porque éstas son señales del Nuevo Testamento, es decir, señales de remisión de pecados. Por ende, que ofrecen remisión de pecados, como lo dicen claramente las palabras de la cena del Señor (Mt. 26:26, 28): «Esto es mi cuerpo que es entregado por vosotros . . . Esto es mi sangre del nuevo pacto», etc. Y así, la fe es despertada y confirmada por la absolución, al oír el evangelio, y por el uso de los sacramentos, para que no sucumba mientras lucha con los terrores del pecado y de la muerte. Este concepto en cuanto al arrepentimiento es claro y evidente, aumenta la **43** dignidad del poder de las llaves y de los sacramentos, saca a luz el beneficio de Cristo, y nos enseña a acudir a Cristo, el mediador y propiciador.

Pero como la Refutación nos condena porque hacemos constar el **44** arrepentimiento de estas dos partes, es preciso demostrar que también la escritura habla de estas dos partes como de las principales en el arrepentimiento o la conversión del impío. Porque Cristo dice en Mateo 11:28: «Venid a mí todos los que estáis trabajados y cargados, y yo os haré descansar». Aquí hay dos partes. El trabajo y la carga significan la contrición, el pavor y los terrores del pecado y de la muerte. Venir a Cristo es creer que por causa de él son perdonados los pecados; cuando creemos, nuestros corazones son vivificados por el Espíritu Santo, por medio de la palabra de Cristo. Éstas son, pues, las **45** dos partes principales: La contrición y la fe. Y en Marcos 1:15, Cristo dice: «Arrepentíos, y creed en el evangelio», o sea: En la primera parte de la frase nos convence de pecado, y en la última nos consuela y nos muestra la remisión de pecados. Porque creer el evangelio no es tener esa fe general que tienen también los demonios (Stg. 2:18), sino que es propiamente creer en la remisión de pecados que nos es dada por causa de Cristo. Ésta, en efecto, es la fe de que se habla en el evangelio. Como se ve, también aquí aparecen juntas las dos partes: La contrición, cuando se convence de pecado, y la fe, cuando se dice: «Creed en el evangelio». Y si alguno dice que Cristo incluye también aquí los frutos del arrepentimiento, o de toda una vida nueva, no se lo discutiremos. Porque nos basta con que se nombren como partes principales la contrición y la fe. Cuando Pablo describe la conversión o renovación, casi siempre menciona estas dos partes: La mortificación y la vivificación, como en Colosenses 2:11: «En él también fuisteis circuncidados con circuncisión no hecha a mano, al echar de vosotros el cuerpo pecaminoso carnal». Y después, (versículo 12): «En el cual (bautismo) fuisteis también resucitados mediante la fe en el poder de Dios». Aquí hay dos partes. Una es la expulsión del cuerpo pecaminoso, la otra es la resurrección por la fe. Y estas palabras: Mortificación, vivificación, expulsión del cuerpo pecaminoso, resurrección, no han de entenderse en sentido platónico, como una mutación fingida, sino que la mortificación significa los terrores verdaderos, cuales son los de los moribundos, terrores que la naturaleza no podría soportar si no fuese fortalecida por la fe. Y así, se llama aquí expulsión del cuerpo pecaminoso a lo que nosotros comúnmente llamamos contrición, porque en esos dolores es expurgada la concupiscencia natural. Y la vivificación debe entenderse, no como una imaginación platónica, sino como consolación que de verdad sustenta a la vida que parece escapársenos en la contrición. De modo que aquí hay dos partes: La contrición y la fe. Y como la conciencia no puede sosegarse sino por la fe, por eso la fe sola vivifica, conforme a lo dicho (Hab. 2:4 y Ro. 1:17): «El justo por la fe vivirá».

Y después, en Colosenses 2:14, se dice que Cristo «anuló el acta de los decretos que había contra nosotros». Nuevamente hallamos estas dos partes: El acta de los decretos, y la anulación de la misma. El acta es la conciencia, que nos acusa y nos condena. Ciertamente, la ley es la palabra que acusa y condena los pecados. Por tanto, la voz que clama: «Pequé contra Jehová», como confiesa David (2 S. 12:13), es el acta. Mas los hombres impíos y convencidos de su propia perfección no lanzan esta queja en serio. Porque no ven, no leen escrita en su corazón esta sentencia de la ley. Esta sentencia se percibe en los dolores y terrores verdaderos. El acta es, entonces, la contrición misma que nos condena. Anular el acta es quitar de en medio la sentencia por la que declaramos que vamos a ser condenados, y grabar en nuestro corazón la sentencia por la cual tenemos la certeza de que hemos sido librados de aquella condenación. La fe es, por lo tanto, esta sentencia nueva que anula la anterior y devuelve al corazón la paz y la vida.

Sin embargo, ¿qué necesidad hay de citar muchos testimonios cuando los hay tan claros en cualquier parte de las Escrituras? Salmo 118:18: «Me castigó gravemente JAH, mas no me entregó a la muerte». Sal. 119:28: «Se deshace mi alma de ansiedad, susténtame según tu palabra». Aquí, en el primer miembro está contenida la contrición, y en el segundo se describe claramente cómo en la contrición se nos hace revivir, a saber, por la palabra de Dios que ofrece la gracia. Esto sustenta y vivifica los corazones. Y 1 **50** Samuel 2:6: «Jehová mata, y él da vida, él hace descender al Seol, y hace subir».[214] De estos pasajes, el uno apunta a la contrición, y el otro a la fe. Isaías 28:21: «Jehová se enojará, para hacer su obra. Extraña es su obra, para **51** que haga su operación propia».[215] «Extraña» se llama aquí la obra de Dios cuando llena de terror, porque la obra propia de Dios es vivificar y consolar. Pero, se dice, si aterroriza, es para dar lugar al consuelo y a la vivificación, porque los corazones seguros de sí mismos y que no experimentan la ira de Dios sienten repugnancia a la consolación. De este modo suele la Escritura **52** unir estas dos partes, los terrores y la consolación, para enseñar que estos dos son los factores principales en el arrepentimiento: La contrición, y la fe que consuela y justifica. No vemos cómo la naturaleza del arrepentimiento puede explicarse con mayor claridad y sencillez.

Éstas son, en efecto, las dos obras principales de Dios en los hombres: **53** Aterrorizar, y justificar y vivificar a los aterrorizados. En estas dos obras se divide la Escritura entera. Una parte es la ley, que revela, reprueba, y condena los pecados. La otra parte es el evangelio, esto es, la promesa de gracia dada en Cristo, y esta promesa se repite constantemente en toda la Escritura. Primero la recibió Adán, y luego los patriarcas. Más tarde la aclararon los profetas. Y al fin fue predicada y manifestada por Cristo entre los judíos, y difundida en todo el mundo por los apóstoles. Porque mediante la fe en esta **54** promesa fueron justificados todos los santos, y no en virtud de sus atriciones o contriciones.[216] Por su parte, también los ejemplos que acabamos de men- **55** cionar revelan estas dos partes. Adán, después de haber pecado, es reprobado y se llena de terror: Ésta fue la contrición. Después, Dios le promete la gracia: Le habla de la simiente futura que destruirá el reino del diablo, la muerte y el pecado: Allí le ofrece remisión de pecados. Éstas son las partes principales. Porque aun cuando después se añade la pena, esta pena no merece remisión de pecados. Sobre esta clase de penas hablaremos un poco más adelante.

Asimismo David es reprobado por Natán, y, aterrorizado, dice (2 Sam. **56**

---

214. 1 S. 2:6. *Deducit ad infernos et reducit.* Melanchton indica *1 Reyes 2*, porque cita de acuerdo con la Vulgata (y la Septuaginta), donde 1 y 2 Samuel figuran como 1 y 2 Reyes.

215. Traducción directa del original: *Dominus irascetur, ut faciat opus suum. Alienum est opus eius, ut operetur opus suum.* Versión Reina-Valera rev. 1960: «Jehová . . . se enojará; para hacer su obra, su extraña obra, y para hacer su operación, su extraña operación». H. G. Pöhlmann (*Apología*, p. 140) traduce la expresión «*ut faciat opus suum*» con «*wenn er sein Werk wirkt*» (= cuando hace su obra). La construcción latina permite esta interpretación; no obstante, Melanchton evidentemente la entiende como oración final, como se puede ver en la Apología, XII, 158. Así lo hace también el texto alemán: *dass er sein Werk tue* («a fin de que haga su obra»).

216. Respecto de «atrición» y «contrición» vid. Apología IV, 83, nota 61.

12:13): «Pequé contra Jehová». Ésta es la contrición. Después escucha la absolución: «También Jehová ha remitido tu pecado; no morirás». Esta voz alienta a David, y por la fe lo sustenta, y justifica y lo vivifica. También aquí

57 se añade un castigo, pero este castigo no merece remisión de pecados. Ni tampoco se añaden siempre penas especiales, pero estas dos partes siempre deben existir en el arrepentimiento: Contrición y fe. Véase Lucas 7:37, 38: La mujer pecadora viene a Cristo llorando. En estas lágrimas se reconoce la contrición.

Después escucha la absolución: «Tus pecados te son perdonados. . . . Tu fe te ha salvado, vé en paz» (v. 48, 50). Ésta es la segunda parte del

58 arrepentimiento: La fe que la levanta y la sustenta. Todo esto les hace ver a los piadosos lectores que nosotros incluimos en el arrepentimiento lo que es propio de la conversión o regeneración y remisión del pecado. Los frutos dignos de arrepentimiento y las penas son cosas que siguen a la regeneración y remisión del pecado. Por eso mencionamos estas dos partes, para destacar lo más posible la fe que requerimos en el arrepentimiento. Y lo que es la fe que predica el evangelio, se entiende tanto mejor cuando se la contrapone a

59 la contrición y a la mortificación. Pero como nuestros adversarios condenan expresamente nuestra aserción de que los hombres consiguen remisión de pecados por la fe, añadiremos algunas pruebas que permitirán entender que la remisión de pecados se consigue no *ex opere operato*, en virtud de la contrición,[217] sino por esa fe especial por la que cada cual cree que sus pecados le son perdonados. Porque en la lucha con nuestros adversarios, este artículo es importantísimo, y pensamos que su conocimiento es de máxima necesidad para a todos los cristianos. Pero como sobre este mismo asunto parece que hemos dicho lo suficiente en oportunidad de hablar acerca de la justificación, seremos aquí más breves. En efecto: Existe una conexión muy estrecha entre estas dos doctrinas: La del arrepentimiento y la de la justificación.

60 Cuando nuestros adversarios hablan de la fe y dicen que la fe precede al arrepentimiento, no entienden con ello la fe que justifica, sino esa clase de fe que de una manera general cree que Dios existe, que a los impíos los aguarda un castigo, etc. Pero nosotros requerimos, además de esta clase de fe, que toda persona crea que sus pecados han sido perdonados. De esta fe especial es de la que discutimos, y la oponemos a la idea de que se debe confiar, no en la promesa de Cristo, sino en el *opus operatum* de la contrición, de la confesión, de las satisfacciones, etc. Esta fe, que sigue a los terrores, lo hace de modo tal que vence estos terrores y deja apaciguada a la conciencia. Esta fe, decimos, es la que justifica y regenera, pues libra de los terrores y

---

217. Justus Jonas: *ex opere operato oder durch das getae Wer durch Reuoder Leid usw.* («*ex opere operato* o mediante la obra hecha, mediante contrición o dolor»).

lleva paz, gozo, y vida nueva al corazón. Sostenemos que esta fe es verdaderamente necesaria para la remisión de pecados, y por eso la hacemos figurar entre las partes del arrepentimiento. Y lo mismo sostiene la iglesia de Cristo, aunque nuestros adversarios levanten su voz en contra.

Nuestra primera pregunta a los adversarios es si recibir la absolución es parte del arrepentimiento, o no lo es. Si por su conocida sutileza en establecer diferencias separan la absolución de la confesión, no vemos de qué puede servir una confesión sin absolución. En cambio, si no hacen una separación entre confesar los pecados y recibir la absolución, necesariamente han de creer que la fe es parte del arrepentimiento, pues la absolución no se recibe sino por la fe. Y que la absolución no se recibe sino por la fe puede probarse con lo que Pablo enseña en Romanos 4:16, que la promesa no puede ser recibida sino por la fe. Pero la absolución es la promesa de remisión de pecados. Por tanto, necesariamente requiere la fe. No vemos tampoco cómo se puede afirmar que recibe la absolución quien no la aprueba. ¿Qué es «no aprobar la absolución» sino achacar a Dios una mentira? Si el corazón duda, es porque piensa que las cosas que Dios promete son inciertas y vanas. Por eso está escrito en 1 Juan 5:10: «El que no cree a Dios, le ha hecho mentiroso, porque no ha creído en el testimonio que Dios ha dado acerca de su Hijo».

En segundo lugar, queremos pensar con nuestros adversarios que la remisión de pecados es parte del arrepentimiento, o fin, o para usar la terminología de ellos, *terminus ad quem*.[218] Luego, es correcto añadir a las partes del arrepentimiento aquello por lo cual se recibe perdón de pecados. Porque es una verdad incontestable, aunque nos contradigan todas las puertas del infierno, que la remisión de pecados no puede conseguirse sino por la fe que cree que los pecados son perdonados por causa de Cristo, según aquella afirmación en Romanos 3:25: «A quien Dios puso como propiciación por medio de la fe en su sangre». Asimismo, Romanos 5:2: «Por quien también tenemos entrada por la fe a esta gracia, etc.». Porque una conciencia aterrorizada no puede oponer a la ira de Dios ni nuestras obras ni nuestro amor, sino que sólo se tranquiliza cuando aprehende a Cristo el mediador, y cree en las promesas que nos fueron dadas por causa de él. Quienes sueñan que los corazones pueden ser apaciguados sin la fe en Cristo, no entienden lo que es remisión de pecados ni cómo se consigue. Pedro cita un pasaje de Isaías (49:23): «El que creyere en él, no será avergonzado» (1 P. 2:6). Es necesario, pues, que sean avergonzados los hipócritas, quienes confían en obtener remisión de pecados en virtud de sus obras, y no por causa de Cristo. Pedro dice además, en Hechos 10:43: «De éste dan testimonio todos los profetas, que todos los que en él creyeren, recibirán perdón de pecados por su nombre».

61

62

63

64

65

---

218. Término, meta. Tomás de Aquino, *Summa Theologiae*, II 1. q. 113 a 6o.

No pudo haber hablado con mayor claridad cuando dice: «Por su nombre,» y añade: «Todos los que en él creyeren». Por tanto, el perdón de pecados lo recibimos sólo por el nombre de Cristo, esto es, por causa de Cristo, y no en virtud de nuestros méritos y obras, sean cuales fueren. Y esto ocurre cuando creemos que se nos perdonan nuestros pecados por causa de Cristo.

66   Nuestros adversarios gritan a voz en cuello que ellos son la iglesia, y que ellos son los que se atienen al consenso de la iglesia. Pero Pedro, en esta nuestra causa, también alude al consenso de la iglesia cuando dice: «De éste dan testimonio todos los profetas, que todos los que en él creyeren, recibirán perdón de pecados por su nombre», etc. (Hch. 10:43). No cabe duda de que hay que considerar el consenso de los profetas como consenso de la iglesia universal. Ni al papa ni a la iglesia les concedemos el poder de decretar algo

67 en contra de este consenso de los profetas. Pero la bula de León condena abiertamente este artículo acerca de la remisión de pecados,[219] y lo mismo hacen nuestros adversarios en su Refutación. Esto nos demuestra que hay que pensar de la iglesia de esos hombres que no sólo desaprueban mediante decretos la doctrina de que conseguimos remisión de pecados por la fe, y no en virtud de nuestras obras, sino por causa de Cristo, sino que incluso mandan destruir esta doctrina por la fuerza y por la espada, y aniquilar con todo género de crueldad a la buena gente que la siguen.

68   Sin embargo, se respaldan en autores de gran renombre, en Duns Escoto,[220] Gabriel Biel[221] y otros semejantes, en sentencias de los padres, que citan truncadas en sus decretos. Si es por la cantidad de testimonios, por cierto se llevarán la palma. Infinita es, en efecto, la multitud de escritores que con increíble incompetencia comentan las Sentencias,[222] y que como conjurados defienden esas ficciones sobre el mérito de la atrición, de las obras y de otras cosas que hemos enumerado antes.

69   Pero para que nadie se deje impresionar por lo que opina aquella multitud, diremos que no pesan mucho los testimonios de los escritores más bien recientes, pues lo que escribieron, no fue producto de su propia pluma, sino que se limitaron a compilar ideas de sus antecesores y pasarlas de unos libros a otros. No aportaron ningún criterio propio, sino que como jueces pedá-

---

219. León X, bula *Exsurge Domine*, 1520.

220. Johanes Duns Scotus (1265/6–1308). Teólogo y filósofo franciscano nacido en Escocia. Su capacidad para descubrir diferencias sutiles le valió el título de *Doctor Subtilis*.

221. Gabriel Biel (1420–1495). Ocamista alemán. Último sentenciario medieval. Sus escritos figuran entre las primeras obras de teología leídas por Lutero.

222. Las *Sentencias* de Pedro Lombardo.

neos,[223] ratificaron tácitamente los errores—que ellos ni siguiera entendieron—de los escritores anteriores a ellos. Así que, no vacilemos nosotros en **70** oponer a cuantas legiones de sentenciarios que hubiere esa palabra de Pedro, que aduce el consenso de los profetas. A este sermón de Pedro se añade **71** asimismo el testimonio del Espíritu Santo. Porque el texto dice así (Hch. 10:44): «Mientras aún hablaba Pedro estas palabras, el Espíritu Santo cayó sobre todos los que oían el discurso». Sepan por tanto las conciencias piadosas **72** que el mandamiento de Dios es: Creer que consiguen perdón gratuitamente, por causa de Cristo, y no en virtud de nuestras obras. Y con este mandamiento de Dios manténganse firmes contra la desesperación y contra los terrores del pecado y de la muerte. Y sepan además que lo mismo creyeron todos los **73** santos que hubo en la iglesia desde el principio del mundo. Porque Pedro aduce claramente el consenso de los profetas, y los escritos de los apóstoles atestiguan que éstos creían lo mismo. Y no faltan tampoco testimonios de los Padres. Bernardo dice lo mismo con palabras que no tienen nada de obscuras: «Es menester creer ante todo que no puedes conseguir perdón de pecados sino por la indulgencia de Dios, pero luego debes añadir que crees también esto: Que por él te son perdonados los pecados. Este es el testimonio que da el Espíritu Santo en tu corazón, diciendo: Tus pecados te son perdonados. Porque el apóstol juzga que el hombre es justificado gratuitamente por la fe».[224] Estas palabras de Bernardo explican y apoyan admirablemente nuestra **74** posición. Pues no sólo exige que creamos de un modo general que los pecados son perdonados por la misericordia divina, sino que manda añadir una fe especial, por la que debemos creer que los pecados, nos son perdonados también a nosotros mismos. Y además enseña cómo logramos estar seguros de la remisión de pecados, a saber, cuando los corazones cobran aliento por la fe, y hallan paz y tranquilidad por medio del Espíritu Santo. ¿Qué más quieren nuestros adversarios? ¿Se atreverán todavía a negar que por la fe conseguimos perdón de pecados, o que la fe es parte del arrepentimiento?

En tercer lugar, nuestros adversarios dicen que el perdón de pecado se **75** produce de la manera siguiente: El hombre que siente atrición o contrición, provoca dentro de sí mismo el acto de amor a Dios,[225] y por medio de este

---

223. *Ut pedanei senatores*. Melanchton usa *pedanei senatores* en lugar de *pedarii senatores* (*pedarius* = caballero romano que tenía derecho de entrar en el senado, *Dicc. de la LenguaLatina* por L. Macchi). En castellano tenemos el *juez pedáneo* = «especie de juez de paz entre los romanos» (*Dicc. Larousse Ilustr.*), «magistrado inferior que, entre los romanos, sólo conocía de las causas leves, y no tenía tribunal, sino que oía de pie (de ahí *pedaneus*) y decidía de plano» (*Dicc. Enciclop. Hispano–Americano*). «Senadores pedáneos» eran aquellos cuyos nombres aún no habían sido asentados en el registro senatorial, y que por esto no tenían voto propio, sino que solamente podían dar su asentimiento al voto de otros.

224. Bernardo de Claraval, *Sermo in festo b. Mariae virg*. I, 1. MSL 183, 383 A.

225. Vid. Apología IV, 290, nota 130.

acto merece perdón de pecados. Esto no es sino enseñar la ley, con destrucción del evangelio y abolición de la promesa de Cristo. Pues no hablan más que de la ley y de nuestras obras, por cuanto la ley exige amor. Además, enseñan a confiar en que conseguimos perdón de pecados en virtud de la contrición y del amor. ¿Qué es esto, sino poner la confianza en nuestras obras, y no en la palabra y en la promesa de Dios respecto de Cristo? Porque si la ley es suficiente para obtener perdón de pecados, ¿qué necesidad hay del evangelio, qué necesidad hay de Cristo, si logramos la remisión de pecados en virtud de nuestra obra? Nosotros, por el contrario, apartamos a las conciencias de la ley y las llevamos al evangelio; las apartamos de la confianza en sus propias obras y las llevamos a la confianza en la promesa y en Cristo, porque el evangelio pone ante nuestros ojos a Cristo y nos promete el perdón gratuito de los pecados por causa de él. Mediante esta promesa nos ordena creer que somos reconciliados con el Padre por causa de Cristo, y no en virtud de nuestra contrición o de nuestro amor. Porque no hay más mediador o propiciador que Cristo. No podemos cumplir la ley sin antes haber sido reconciliados por Cristo. Y aunque hagamos alguna obra buena, debemos creer sin embargo que no es en virtud de esas obras que obtenemos el perdón de pecados, sino por causa de Cristo, el mediador y propiciador.

77   Es a todas luces una ofensa a Cristo y una abrogación del evangelio pensar que conseguimos remisión de pecados de la ley o por otra vía que no sea la fe en Cristo. Esta cuestión ya la tratamos al hablar de la justificación, al especificar por qué razón creemos que los hombres son justificados por la fe, y no por el amor.[226]

78   Así, pues, cuando nuestros adversarios enseñan que los hombres consiguen perdón de pecados por su contrición y su amor, y cuando los instan a que confíen en esta contrición y en este amor, no hacen más que presentar la doctrina de la ley, y mal entendida, por cierto. Les pasa como a los judíos, que contemplaban la faz velada de Moisés (2 Co. 3:13). Supongamos que en realidad existan ese amor y esas obras: Ni el amor ni las obras pueden ser propiciación por el pecado. Ni tampoco sirven para que se los pueda oponer a la ira y al juicio de Dios, según aquel dicho (Sal. 143:2): «No entres en juicio con tu siervo; porque no se justificará delante de ti ningún ser humano». No debe transferirse a nuestras obras el honor de Cristo.

79   Éstas son las razones por qué Pablo sostiene que no somos justificados por la ley, y por qué opone a la ley la promesa del perdón de los pecados que nos es otorgado por causa de Cristo, y además, por qué enseña que conseguimos perdón de pecados gratuitamente, por la fe, por causa de Cristo. Pablo nos lleva de la ley a esta promesa. Nos manda poner los ojos en esta

---

226. Véase Art. IV, Justificación, párrafos 61-74.

promesa, que resultaría vana si somos justificados por la ley antes que por medio de la promesa, o si conseguimos perdón de pecados en virtud de nuestra propia justicia. Pero está fuera de toda duda que el motivo por el cual nos ha sido dada la promesa y por qué Cristo ha sido entregado por nosotros, es porque no podemos cumplir la ley. Por consiguiente es necesario que seamos reconciliados por la promesa antes de que podamos cumplir la ley. Pero la promesa se recibe tan sólo por la fe. Por tanto, es necesario que los contritos aprehendan por la fe la promesa de remisión de pecados que les es ofrecida por causa de Cristo, y que estén seguros de que gratuitamente, por causa de Cristo, tienen un Padre reconciliado. Éste es el sentido del pasaje de Pablo, Romanos 4:16: «Por tanto es por fe, para que sea por gracia, a fin de que la promesa sea firme». Y Gálatas 3:22: «Mas la Escritura lo encerró todo bajo pecado, para que la promesa que es por la fe en Jesucristo fuese dada a los creyentes», es decir, todos están bajo el pecado; y la única posibilidad que tienen de ser liberados es si por la fe aprehenden la promesa del perdón de los pecados. Por consiguiente: Antes de cumplir la ley, es preciso que mediante la fe recibamos remisión de pecados, aunque como ya se dijo, a la fe la sigue el amor, porque los que han nacido de nuevo reciben el Espíritu Santo, y por eso empiezan a cumplir la ley.

Podríamos citar muchos otros testimonios más; pero están a la vista en las Escrituras para cualquier lector piadoso. Tampoco quisiéramos ser demasiado prolijos, a fin de que se pueda ver más fácilmente cuál es la cuestión. Además, nadie podrá dudar de que lo que defendemos, es el pensamiento de Pablo, a saber, que por la fe conseguimos perdón de pecados, por causa de Cristo, y que por la fe debemos oponer a la ira de Dios a Cristo el mediador, y no nuestras obras. No se turben los corazones piadosos si nuestros adversarios falsean el pensar de Pablo. Nada se dice de una manera tan sencilla que no pueda torcerse con una argumentación falaz. Nosotros sabemos que lo que expusimos, es la verdadera y genuina interpretación de Pablo. Y sabemos que esta interpretación nuestra proporciona a las conciencias piadosas un gran consuelo, sin el cual nadie puede permanecer en pie ante el juicio de Dios.

Hay que rechazar, por tanto, las opiniones farisaicas de nuestros adversarios de que no conseguimos el perdón de los pecados mediante la fe, sino que es necesario merecerlo mediante nuestro amor y nuestras obras; y que debemos oponer a la ira de Dios nuestro amor y nuestras obras. Esa es doctrina de la ley, y no del evangelio. Imagina que antes de ser reconciliado con Dios por medio de Cristo, el hombre es justificado por la ley—lo que está en abierta contradicción a lo que Cristo dice (Jn. 15:5): «Separados de mí nada podéis hacer», y además: «Yo soy la vid, vosotros los pámpanos». Nuestros adversarios empero se imaginan que somos pámpanos no de Cristo, sino de Moisés.

Porque quieren ser justificados por la ley, y ofrecer nuestro amor y nuestras obras a Dios antes de ser reconciliados con Dios por Cristo, antes de ser pámpanos de Cristo. Pablo, por el contrario, sostiene que la ley no puede cumplirse sin Cristo. Por eso, para que por la fe seamos reconciliados con Dios por medio de Cristo, lo primero tiene que ser la aceptación de la promesa,

87 no el cumplimiento de la ley. Pensamos que esto es lo suficientemente claro para las conciencias piadosas. Y por todo esto comprenderán por qué hemos declarado que los hombres son justificados por la fe, y no por el amor: Porque es preciso que opongamos a la ira de Dios no nuestro amor o nuestras obras, ni la confianza en nuestro amor o en nuestras obras, sino a Cristo el mediador. Es preciso aprehender la promesa del perdón de pecados antes de poder cumplir la ley.

88 Por último, ¿cuándo quedará apaciguada la conciencia si conseguimos perdón de pecados porque amamos a Dios o cumplimos la ley? La ley siempre nos acusará, porque nunca satisfacemos a la ley de Dios. Dice Pablo (Ro. 4:15): «La ley produce ira». Refiriéndose al arrepentimiento, Crisóstomo se pregunta cómo podemos estar seguros de que los pecados nos han sido perdonados.[227] La misma pregunta se hacen nuestros adversarios en sus sentencias. Pero no se hallará respuesta ni podrán las conciencias tranquilizarse a menos que sepan esto: Es orden de Dios, y es el mensaje mismo del evangelio, que las conciencias tengan la plena certeza de que los pecados son perdonados gratuitamente, por causa de Cristo, y que no duden de que les son perdonados realmente. Si alguno duda, tacha de mentirosa a la promesa divina, como dice San Juan (1 Jn. 5:10). Nosotros enseñamos que esta certeza de la fe es la que se requiere en el evangelio. Nuestros adversarios dejan a las conciencias

89 sumidas en incertidumbre y dudas. Porque las conciencias no pueden hacer ningún acto dictado por la fe si continuamente dudan de que consiguen remisión de pecados. ¿Cómo pueden en esta duda invocar a Dios, o sentirse seguras de que Dios las oye? Así, su vida entera será una vida sin Dios y sin verdadero culto a Dios. Esto es lo que Pablo dice (Ro. 14:23): «Todo lo que no proviene de fe, es pecado». Y como esta duda nunca los abandona, nunca conocen qué es la fe. Y así sucede que finalmente caen en la desesperación. Tal es la doctrina de nuestros adversarios, doctrina de la ley, abrogación del

90 evangelio, doctrina de la desesperación—pues bien: Sometemos gustosamente al juicio de todos los hombres de bien esta cuestión del arrepentimiento— que no tiene nada de obscuro—para que decidan quiénes son los que dan a las conciencias una enseñanza más piadosa y útil: Nosotros o nuestros adversarios. Por cierto, estas disputas en la iglesia no son de nuestro agrado; y si no tuviéramos razones de mucho peso e insoslayables para disentir de

---

227. *Ad Theod. laps.* I, 5 y sigtes. MSG 47, 282 y sigte.

nuestros adversarios, de muy buena gana permaneceríamos callados. Pero como condenan una verdad tan manifiesta, sería deshonesto que nos desentendiéramos de una cuestión que no es una cuestión nuestra en particular, sino la de Cristo y de la iglesia.

Dimos las razones por qué pusimos en el arrepentimiento estas dos partes: Contrición y fe. Y lo hicimos tanto más gustosamente por cuanto respecto del arrepentimiento se publican muchas expresiones de los escritos de los Padres, citadas en forma incompleta, expresiones que nuestros adversarios interpretan torcidamente para obscurecer la fe. Tales son: «Arrepentimiento es llorar los males pasados, y no reincidir en acciones que haya que lamentar».[228] Y asimismo: «Arrepentimiento es cierta venganza del que se duele, y que castiga en sí lo que le pesa haber cometido».[229] En estas expresiones no se hace mención alguna de la fe. Y cuando se interpretan en las escuelas, tampoco se añade nada sobre la fe. Por eso nosotros la incluimos entre las partes del arrepentimiento, para posibilitar así un entendimiento más cabal de la doctrina de la fe. Porque las expresiones que requieren contrición u obras buenas y no hacen mención alguna de la fe justificadora son peligrosas, como lo demuestra la experiencia misma. Y hay sobradas razones para pedir mayor prudencia a quienes han compilado estos montones de sentencias y decretos. Porque como los Padres hablan en un pasaje de una de las partes del arrepentimiento, y en otro pasaje de otra, no de una sola sino de ambas, de la contrición y de la fe, habría sido provechoso hacer una selección de estos dichos para luego combinarlos.

Tertuliano,[230] por ejemplo, hace una observación excelente al comentar aquel juramento que se halla en el libro del profeta Ezequiel (33:11): «Vivo yo, dice Jehová el Señor, que no quiero la muerte del impío, sino que se vuelva el impío de su camino, y que viva». Con su juramento «No quiero la muerte del impío», Dios muestra que él exige la fe, a fin de que creamos en su juramento y estemos convencidos de que él realmente nos perdona. Ya de por sí, la autoridad de las promesas divinas debiera ser para nosotros muy grande. Pero esta promesa incluso fue respaldada por un juramento. Por tanto, si alguien no está convencido de que se le perdona, niega que el juramento de Dios es veraz. Imposible imaginarse una blasfemia más atroz. He aquí lo

91

92

93

94

---

228. *Decr. Grat.* II, C. 33. q. 3. *De poen.* d. 3. c. 1. Ambrosio, *Serm.* 25, 1. MSL 17, 677A.

229. *Decr. Grat.* II, C. 33. q. 3. *De poen.* d. 3. c. 4. Pseudo–Augustinus, *De vera et falsa poenitentia* 19. 35. MSL 40. 1129.

230. Quintus Septimius Florens Tertullianus, nacido en Cartago h. 155/160, muerte h. 240/250 d. de C. La mayoría de los autores modernos se inclinan a creer que le corresponde a Tertuliano, y no a Minucio Félix, el título de primer autor cristiano que escribió en latín. Es opinión general que la obra *Apologeticus pro Cristianis seu Apologeticum* es el más importante de sus numerosos escritos.

que dice Tertuliano: «Dios invita con un premio, y hasta con un juramento a que se acepte la salvación. Y al decir 'Vivo yo' desea que se le crea. ¡Bienaventurados aquellos en cuyo favor Dios hace un juramento! ¡Desdichados de nosotros, si no creemos al Señor ni aun cuando jura!»[231] Y se ha de saber aquí que esta fe debe tener la firme convicción de que Dios nos perdona gratuitamente, por causa de Cristo, y por causa de su promesa, y no en virtud de nuestras obras, contrición, confesión o satisfacciones. Pues si la fe se apoya en estas obras, al instante se vuelve incierta, porque la conciencia temerosa ve que estas obras son indignas. Digno de admiración es por ende lo que dice Ambrosio refiriéndose al arrepentimiento: «Luego nos corresponde creer ambas cosas: Que debemos arrepentirnos, y que se nos debe conceder perdón; este perdón empero hemos de esperarlo como proveniente de la fe; la fe, en efecto, lo consigue por una promesa certificada».[232] Y asimismo: «La fe es la que cubre nuestros pecados». Por tanto, en los escritos de los Padres hay declaraciones no sólo acerca de la contrición y de las obras, sino también acerca de la fe. Pero como nuestros adversarios no entienden ni la naturaleza del arrepentimiento, ni el lenguaje de los Padres, extraen pasajes que hablan de un aspecto del arrepentimiento, es decir, de las obras, pero lo que se dice en otros pasajes en cuanto a la fe, lo pasan por alto, porque no lo entienden.

LA CONFESIÓN Y LA SATISFACCIÓN

Los hombres de bien fácilmente se podrán dar cuenta de lo importante que es guardar la verdadera doctrina acerca de las ya mencionadas partes del arrepentimiento, esto es, la contrición y la fe. Por eso, nuestro mayor interés siempre estuvo centrado en aclarar estos asuntos, y poco fue lo que hemos dicho hasta ahora acerca de la confesión y de las satisfacciones. Porque también nosotros conservamos la confesión, sobre todo a causa de la absolución, la cual es la palabra de Dios que el poder de las llaves pronuncia, por autoridad divina, en cuanto a los individuos. Por eso sería un acto impío quitar de la iglesia la absolución privada. Y si hay quienes desprecian la absolución privada, es porque no entienden qué es el perdón de pecados, ni qué es el poder de las llaves. Por otra parte, al referirnos a la enumeración de los pecados en la confesión, ya hemos dicho antes que no consideramos que tal enumeración sea necesaria por ley divina. Porque la objeción de algunos de que el juez debe conocer la causa antes de pronunciar la sentencia, no viene aquí al caso, porque el ministerio de la absolución es beneficio o gracia, y no juicio

231. Tertuliano, *De poenitentia* 4. MSL 1, 1234 A. CSEL 76; 149, 29.

232. *De poenitentia adv. Novatianos* II, 9. MSL 16, 538 A. «Como por una promesa certificada», en lat. *tamquam ex syngrapha. Syngrapha* es lo que hoy día llamamos un «pagaré».

o ley. Por consiguiente, los que ministren en la iglesia tienen la orden de perdonar los pecados, pero no tienen la orden de hacer investigaciones respecto de pecados ocultos. Y en realidad, ellos absuelven también de pecados que no recordamos. Por lo tanto, siendo la absolución la voz del evangelio que perdona pecados y consuela a las conciencias, no requiere el conocimiento judicial.[233]

Es ridículo relacionar con este asunto la advertencia de Salomón (Pr. 27:23): «Considera atentamente el aspecto de tus ovejas».[234] Salomón no dice nada acerca de la confesión, sino que da una orden en cuanto al manejo de sus bienes al padre de familia: Que haga uso de lo suyo y no toque lo ajeno. Además le ordena tener buen cuidado de su propiedad, evitando, sin embargo, que el afán de aumentar sus riquezas, que podría apoderarse de su ánimo, lo induzca a descuidar el temor de Dios, o la fe, o la palabra de Dios. Pero nuestros adversarios, por medio de una maravillosa metamorfosis, transforman los pasajes de la Escritura hasta hacerlos decir cualquier cosa. Aquí, «considerar» significa para ellos «escuchar confesiones», el «aspecto» no es la relación con lo exterior, sino los arcanos de la conciencia, y las «ovejas» representan a los hombres. Muy bella interpretación, por cierto, y digna de estos despreciadores de lo que debe ser el verdadero afán de la elocuencia. Por otra parte, si a título de comparación, alguien quisiera trasladar al pastor de la iglesia un precepto dado a un padre de familia, lógicamente deberá interpretar el «aspecto» como referencia a la relación con lo exterior. Esta comparación cuadrará mejor.

Pero dejemos esto. En los Salmos se menciona algunas veces la confesión, como p.ej. en el Salmo 32:5: «Confesaré, dije, contra mí mis transgresiones a Jehová; y tú perdonaste la maldad de mi pecado». Esta confesión del pecado, que se hace a Dios, es la contrición misma. Porque cuando se hace una confesión a Dios, es necesario hacerla de corazón, no sólo de palabra, como lo hacen los comediantes en el escenario. Tal confesión es, por lo tanto, la contrición, en la que sintiendo la ira de Dios, confesamos que Dios tiene toda la razón para estar airado, y no puede ser aplacado por nuestras obras, pero que buscamos misericordia a causa de la promesa de Dios. De tal índole es la confesión siguiente (Sal. 51:4): «Contra ti, contra ti solo he pecado, para que seas reconocido justo y venzas cuando seas juzgado».[235] Esto es: Confieso que soy pecador, que merezco eterna ira, y que no puedo oponer a tu ira mis obras justas o mis méritos. Por eso declaro que tú eres justo cuando

104

105

106

107

108

---

233. *Non requirit cognitionem*, i.e. de los pecados.

234. En el original lat.: *Diligenter cognosce vultum pecoris* tui. Versión Reina–Valera: «Sé diligente en conocer el estado de tus ovejas».

235. Traducción directa del original en latín.

nos condenas y castigas. Declaro que tú vences cuando los hipócritas te juzgan diciendo que eres injusto, tú que los castigas, o que condenas a los hombres a pesar de los méritos que han hecho.[236] Es más: No podemos oponer nuestros méritos a tu juicio, pero seremos justificados si tú nos justificas, si tú nos

109 consideras justos por tu misericordia. Tal vez alguno cite asimismo a Santiago (5:16): «Confesaos vuestras ofensas unos a otros». Pero aquí no se habla de la confesión que se ha de hacer a los sacerdotes, sino en forma general, de la reconciliación de los hermanos entre sí; pues ordena que la confesión sea mutua.

110 Además, nuestros adversarios condenarán a muchos doctores que gozan de la más vasta aceptación si arguyen que la enumeración de los pecados en la confesión es necesaria por ley divina. Porque aun cuando aprobamos la confesión y juzgamos que algún tipo de examen es útil para que se pueda instruir mejor a la gente, el asunto ha de tratarse con moderación, a fin de que no se les echen a las conciencias lazos, porque nunca estarán tranquilas si piensan que no pueden conseguir perdón de pecados si no hacen esa es-

111 crupulosa enumeración. Es del todo falso lo que nuestros adversarios afir-maron en su Refutación: Que una confesión íntegra es necesaria para la salvación.[237] Porque esto es imposible. ¡Y en qué redes envuelven a las con-ciencias cuando requieren una confesión íntegra! Porque ¿cuándo estará segura

112 la conciencia de que su confesión es íntegra? Los autores eclesiásticos[238] mencionan la confesión, pero no hablan de esta enumeración de los delitos ocultos, sino del rito del arrepentimiento público. Pues como los incursos en una falta, o los pecadores notorios no eran aceptados sin determinadas satis-facciones, hacían su confesión ante los ancianos, para que les fuesen prescritas las satisfacciones según la gravedad de sus delitos. Pero todo este asunto no tenía ninguna similitud con la enumeración de que estamos hablando. Aquella confesión se hacía, no porque sin ella no pudiera haber perdón de pecados ante Dios, sino porque no se podían prescribir las satisfacciones sin antes

---

236. *Bene meritos*. Justus Jonas: *Ich gebe dir recht, obwohl die Heuchler dich richten, du seiest unrecht, dass du ihren Verdienst und gute Werke nicht ansiehest.* («Te doy la razón, a pesar de que los hipócritas te tildan de injusto porque no tomas en consideración su mérito y sus buenas obras».) El sentido del original es: Los hipócritas consideran injusto a Dios que condena a los que tienen méritos. Justus Jonas está en lo correcto con su interpretación del *bene meritos*.

237. *Confessio integra*. Justus Jonas: *Eine ganze reine Beicht* («una confesión total, limpia» en trad. literal). El texto de la *Confutatio* a que se refiere Melanchton en este pasaje no es el indicado en *Tappert* (p. 198, nota 2) sino el siguiente (CR 27, 159–160): *Quare admonendi sunt, cum confessio integra nedum sit ad salutem necessaria, sed etiam nervus exsistat christianae disciplinae et totius obedientiae, ut ecclesiae orthodoxae conformentur.* («Por tal razón, siendo la confesión íntegra no sólo necesaria para la salvación, sino la médula misma de la disciplina cristiana y de la obediencia entera, se los debe amonestar a que se ajusten a la iglesia ortodoxa».) Los que deben ser amonestados son los príncipes y las ciudades.

238. Justus Jonas traduce: *Die Väter* (los Padres).

conocer el género del delito. Porque a delitos distintos correspondían distintos cánones.[239]

Y de aquel rito del arrepentimiento público nos ha quedado el vocablo «satisfacción». Pues los santos Padres no querían recibir a los incursos en una falta o a los pecadores notorios a menos que se hubiera conocido y visto previamente su arrepentimiento, en cuanto esto fuese posible. Y según parece, hubo muchos motivos para ello. Castigar a los caídos podía servir de ejemplo, como lo advierte una glosa en los Decretos,[240] y además era indecoroso admitir inmediatamente en la comunión a pecadores notorios. Pero hace ya mucho tiempo que estas costumbres cayeron en desuso. Y no hay por qué restaurarlas, pues no son necesarias para conseguir perdón de pecados ante Dios. Tampoco creyeron los Padres que los hombres merecían perdón de pecados por medio de costumbres u obras de esta índole. Pero lo cierto es que esas ceremonias suelen engañar a los inexpertos y hacerlos creer que por medio de estas obras merecen remisión de pecados ante Dios. Mas si alguno piensa así, piensa a la manera de los judíos o los gentiles. Porque también los gentiles tenían ciertas expiaciones de los delitos por medio de las cuales pensaban reconciliarse con Dios. Pero ahora, aun cuando aquella costumbre cayó en desuso, nos queda el vocablo «satisfacción», y un remanente de la costumbre de prescribir en la confesión ciertas satisfacciones que califican de «obras no debidas». Nosotros las llamamos satisfacciones canónicas. El concepto que tenemos de ellas es el mismo que tenemos de la enumeración: Que las satisfacciones canónicas no son necesarias por ley divina para el perdón de pecados; ni tampoco fueron necesarias por ley divina para obtener el perdón de pecados aquellas ceremonias antiguas de las satisfacciones en el arrepentimiento público. Se ha de conservar pues la doctrina acerca de la fe, es decir, que conseguimos remisión de pecados por la fe, por causa de Cristo, y no en virtud de obras nuestras que preceden o que siguen. El motivo primordial por qué discutimos acerca de las satisfacciones, fue impedir que se las use para obscurecer la justicia de la fe, y evitar que los hombres piensen que en virtud de estas obras consiguen remisión de pecados. Contribuyen a mantener este error las muchas sentencias que se discuten en las escuelas, como la de afirmar, al definir la satisfacción, que ésta se hace para aplacar el desagrado divino.

Sin embargo, nuestros adversarios reconocen que las satisfacciones no aprovechan para obtener el perdón de la culpa. Pero imaginan que sí aprovechan para redimir de las penas del purgatorio o de otro tipo de penas distintas. Y así, enseñan que en la remisión del pecado, Dios perdona la culpa,

113

114

115

116

117

118

239. Los cánones penitenciales. Vid. p. ej. Herzog–Hauck, *Realencyklopädie für protestantische Theologie und Kirche*, 3º ed., III, 581 y sigtes.

240. Glosa al *Decretum Gratiani* II. C. 24. q. 3. c. 18.

y que sin embargo, como incumbe a la justicia divina castigar el pecado, conmuta la pena eterna en pena temporal. Añaden luego que parte de esta pena temporal se perdona por el poder de las llaves, y que el resto se redime por las satisfacciones. Pero ¿parte de qué penas se perdona por el poder de las llaves? Esto no queda en claro, a menos que digan que se perdona parte de las penas del purgatorio. En tal caso se seguiría que las satisfacciones sólo son penas que redimen del purgatorio. Y estas satisfacciones, dicen, tienen valor aunque sean hechas por quienes están viviendo en pecado mortal, como si el desagrado divino pudiera aplacarse por los que están en pecado mortal.

119' Todo esto es un invento de creación reciente, no respaldado ni por la autoridad de la escritura ni por la de los antiguos autores eclesiásticos. Ni siquiera

120 Lombardo[241] habla de este modo respecto de las satisfacciones. Los escolásticos llegaron a enterarse de la existencia de satisfacciones en la iglesia, pero no se dieron cuenta de que aquellos espectáculos[242] habían sido instituidos, ya a modo de escarmiento, ya para poner a prueba a quienes deseaban ser aceptados por la iglesia. No vieron, en suma, que era una cuestión de disciplina y un asunto absolutamente secular. Por eso se les ocurrió la idea supersticiosa de que dichas satisfacciones tenían valor no sólo como medida disciplinaria en presencia de la iglesia, sino también como medio de reconciliarse con Dios. Y así como en otros aspectos hicieron a menudo una mezcolanza desafortunada de las cosas espirituales y civiles, así lo hicieron también con las

121 satisfacciones. Pero una glosa de los cánones atestigua en más de un lugar que estas observancias fueron instituidas para bien de la disciplina de la iglesia.[243]

122 Fijémonos empero en cómo tratan de fundamentar su invento en aquella Refutación que con descarada insistencia presentaron a Su Majestad Imperial. Citan muchos pasajes de las Escrituras para engañar a los inexpertos, como si se pudiera invocar la autoridad de las Escrituras en una cuestión que aun en tiempo de Lombardo era desconocida. Estas son las sentencias que alegan: «Haced, pues, frutos dignos de arrepentimiento» (Mt. 3:8; Mr. 1:15). Y asimismo: «Presentad vuestros miembros para servir a la justicia» (Ro. 6:19). Alegan que también Cristo predica el arrepentimiento (Mt. 4:17): «Arrepentíos», y ordena a los apóstoles hacer lo mismo (Lc. 24:47). Pedro predica el arrepentimiento en Hechos 2:38. Citan después ciertos de los Padres y algunos cánones, y concluyen: No se deben abolir en la iglesia las satisfacciones, contra las palabras expresas del Evangelio y contra los decretos de los concilios y de los Padres; y aun los absueltos por el sacerdote deben cumplir la co-

---

241. Pedro Lombardo, *Sent.* IV. d. 14–19. MSL 92, 868 y sigtes.
242. Los espectáculos de las penitencias públicas.
243. Glosa al *Decr. Grat.* II. C. 23. q. 4. c. 18. 19.

rrespondiente penitencia que se les impuso, según la declaración de Pablo (Tit. 2:14): «Cristo se dio a sí mismo por nosotros para redimirnos de toda iniquidad y purificar para sí un pueblo propio, celoso de buenas obras».

¡Dios haga caer perdición sobre estos sofistas impíos, que tan perversamente tratan de aplicar la palabra de Dios a sus vanísimos sueños! ¿A qué hombre de bien no lo sublevará un proceder tan indigno? Cristo dice: «Arrepentíos», y los apóstoles predicaron el arrepentimiento: Luego las penas eternas se compensan con las penas del purgatorio; luego las satisfacciones redimen de las penas del purgatorio; luego el poder de las llaves tiene órdenes de perdonar parte de las penas del purgatorio; luego las satisfacciones redimen de las penas del purgatorio. ¿Quién enseñó a estos asnos semejante lógica? Esto no es lógica, ni sofística, sino sicofántica.[244] Alegan el dicho: «Arrepentíos», para que los inexpertos al oírlo citar en contra de nosotros, lleguen a pensar que nosotros abolimos el arrepentimiento por completo. Con estas artimañas se empeñan en desviar los ánimos y encender los odios, para que los inexpertos levanten su voz en coro contra nosotros, exigiendo que se quite de en medio a esos herejes tan apestosos que desaprueban el arrepentimiento. **123**

Pero esperamos que entre gente de bien, estas calumnias habrán de surtir poco efecto. Dios no soportará por mucho tiempo tamaña desvergüenza y malicia. Y cuidó muy mal de su dignidad el pontífice romano al servirse de tales patronos, pues encomienda una cuestión de la mayor importancia al juicio de estos sofistas. Porque ante el hecho de que nosotros abarcamos en nuestra Confesión la casi totalidad de la doctrina cristiana, debieron haberse nombrado, para sentenciar sobre materias y asuntos tan grandes, tan numerosos y tan variados, jueces cuya fe y doctrina fuese más probada que la de los sofistas que compusieron la Refutación. Y a ti, Campegio,[245] te correspondía tomar providencias, según tu gran saber, para evitar que en cuestiones de tanta importancia, aquella gente escribiera cosas que en nuestros tiempos o en tiempos venideros pudieran menoscabar el prestigio de la Sede Romana. Si la Sede Romana considera justo que todas las naciones la reconozcan por maestra de la fe, debe poner especial empeño en que sean hombres doctos e íntegros quienes dictaminen en materia de religión. ¿Qué pensará el mundo si se publica alguna vez el escrito de nuestros adversarios?[246] ¿Qué pensará la posteridad de estos juicios calumniosos? Tú sabes, Campegio, que éstos son los tiempos postreros, para los cuales Cristo anunció que la religión correría serio peligro. Tú, que debieras estar sentado en el atalaya, por así **124** **125** **126**

---

244. *Sycophantica*: ludibrio, bellaquería, mentira, calumnia. Justus Jonas: *sondern es sind Bubenstück* («sino que son bribonadas»). Cf. Apología, VII y VIII, 2.
245. Cardenal Lorenzo Campeggio (1464–1539), legado papal.
246. La *Confutatio* sólo se publicó en 1573.

decirlo, y gobernar los asuntos religiosos, debías usar estos tiempos de especial prudencia y diligencia. Son muchas las señales amenazantes que anuncian grandes alteraciones en el estado romano si no tomáis las precauciones **127** del caso. Te equivocas, si piensas que las iglesias se pueden tener a raya tan sólo por la fuerza y por las armas. Los hombres piden que se los instruya en materia de religión. ¿Cuántos crees que hay, no sólo en Alemania, sino también en Inglaterra, en España, en Francia, en Italia, e incluso en la misma ciudad de Roma que, al ver que surgieron controversias sobre asuntos importantísimos empiezan a dudar acá y acullá y se indignan en sus adentros, porque ven que os negáis a examinar y juzgar debidamente asuntos de tanto peso; que no sacáis de sus dudas a las conciencias vacilantes; que tan sólo **128** pedís que se nos oprima y aniquile por las armas? Son muchos los hombres de bien para quienes esta duda es más cruel que la muerte. No ponderas suficientemente la importancia que tiene la religión si piensas que los hombres de bien se preocupan sin motivo cuando empiezan a dudar[247] de algún dogma. Y esta duda no puede sino engendrar el odio más acerbo contra aquellos que en vez de sanar las conciencias, se empeñan en obstaculizar lo **129** más posible toda aclaración. No vamos a decir aquí que debéis temer el juicio de Dios; pues los obispos piensan que esto tiene fácil remedio, a saber: Ya que ellos tienen en su poder las llaves, pueden abrirse el cielo en el momento en que lo deseen. Hablamos de los juicios de los hombres y de los deseos silenciosos de todas las naciones, que hoy día piden—no cabe duda al respecto—que se examinen y se resuelvan estas materias de una manera tal que los buenos corazones sean sanados y liberados de la incertidumbre. Lo que ocurrirá si estallan estos odios contra vosotros, tu sabiduría te permite imaginarlo fácilmente. Mas por este beneficio[248] podréis aseguraros el apoyo de todas las naciones, porque todos los hombres sanos piensan que el be- **130** neficio más importante y el mayor es sanar las conciencias que dudan. Esto no lo decimos porque dudemos de nuestra Confesión. Sabemos que es verdadera, buena y útil para las conciencias piadosas. Pero es de suponer que hay mucha gente en diversos lugares que tienen dudas acerca de cuestiones de mucho peso, y sin embargo no tienen la posibilidad de oír a doctores que puedan aliviar sus conciencias.

131 Pero volvamos a nuestro tema. Las Escrituras citadas por nuestros adversarios no se refieren absolutamente para nada a las satisfacciones canónicas y a las opiniones de los escolásticos, porque es evidente que éstas son de reciente data. Por tanto, es una abierta falsificación de las Escrituras si las adaptan para favorecer sus opiniones. Nosotros decimos que al arrepenti-

---

247. O: disputar, litigar, discutir; en lat. *ambigere*.

248. El beneficio de responder a las inquietudes de la gente en materia de religión, etc.

miento, esto es, a la conversión o regeneración, deben seguir frutos dignos y buenas obras; y no puede haber conversión o contrición verdadera donde no siguen mortificaciones de la carne y buenos frutos. Los verdaderos terrores y dolores del alma no toleran que el cuerpo se entregue a los placeres sensuales; y la verdadera fe no es ingrata para con Dios, ni desprecia los mandamientos divinos. Finalmente, no existe arrepentimiento interior si no se manifiesta también exteriormente con mortificaciones de la carne. Y declaramos que **132** esto es lo que quiere decir Juan con su exhortación: «Haced, pues, frutos dignos de arrepentimiento»,[249] y Pablo con sus palabras (en Ro. 6:19): «Presentad vuestros miembros para servir a la justicia», y en otro pasaje (Ro. 12:1): «Presentad vuestros cuerpos en sacrificio vivo», etc. Y cuando Cristo dice (Mt. 4:17): «Arrepentíos», es seguro que se refiere a todo el arrepentimiento, a vida renovada y sus frutos; no habla de esas satisfacciones hipócritas que en opinión de los escolásticos tienen valor para compensar la pena del purgatorio y otras penas incluso cuando se hacen por quienes están en pecado mortal.

Podríamos seguir reuniendo muchos argumentos para mostrar que estos **133** pasajes de la Escritura no tienen nada que ver con las satisfacciones de los escolásticos. Ellos piensan que las satisfacciones son obras no obligatorias, pero la Escritura requiere en estos pasajes obras obligatorias. Porque la palabra de Cristo: «Arrepentíos», es una orden. Nuestros adversarios escriben además **134** que si la persona que se confiesa se niega a cargar con las satisfacciones, no peca; antes bien, estas penas las pagará en el purgatorio. Sin embargo, los pasajes siguientes son, sin duda alguna, mandamientos que se refieren a esta vida presente: «Arrepentíos»; «Haced pues frutos dignos de arrepentimiento»; «Presentad vuestros miembros para servir a la justicia». Por eso no se los debe malinterpretar como referencias a las satisfacciones; porque estas satisfacciones se pueden recusar, pero los mandamientos de Dios no se pueden recusar. En tercer lugar, las indulgencias remiten esas satisfacciones, como **135** lo enseña el capítulo *Quum ex eo, de poenitentiis et remissione*.[250] Pero las indulgencias no nos libran de los mandamientos: «Arrepentíos»; «Haced pues frutos dignos de arrepentimiento». Está visto, pues, que aquí se hace una malintencionada aplicación de estos pasajes de la Escritura a las satisfacciones canónicas. Pero ¡atención a lo que sigue! Si las penas del purgatorio son **136** satisfacciones o satispasiones,[251] o si las satisfacciones son redención de las penas del purgatorio, ¿acaso estos pasajes ordenan también que se castigue

---

249. Juan el Bautista. Mt. 3:8.

250. «En cuanto a las penitencias y remisiones» *Decr. Greg.* IX. lib. V. tit. 38. *De poenitentiis et remissionibus* c. 14.

251. *Satispassiones*, sufrimientos que tienen el carácter de suficientes para redimir faltas.

a las almas en el purgatorio? Como esto es lo que inevitablemente se ha de deducir de las opiniones de nuestros adversarios, habrá que interpretar estos pasajes de este otro modo: «Haced pues frutos dignos de arrepentimiento»; «Arrepentíos», querrá decir: «Sufrid las penas del purgatorio después de esta

137 vida». Pero nos resulta tedioso reunir más argumentos para refutar estas necedades de nuestros adversarios. Porque es evidente que la Escritura habla de obras debidas, de la vida nueva en toda su dimensión y no de estas observancias de obras no debidas a que se refieren nuestros adversarios. Y, sin embargo, con semejantes inventos defienden las órdenes monásticas, la venta de misas y un sinfín de observancias, como si realmente fuesen obras que satisfacen, si no por la culpa, al menos por la pena.

138 Dado que los textos bíblicos citados no dicen que las penas eternas han de compensarse por obras no obligatorias, es una temeridad de nuestros adversarios el afirmar que con estas penas se compensan las satisfacciones canónicas. Tampoco es cierto que el poder de las llaves tenga la orden de conmutar pena alguna, o de perdonar parte de las penas. ¿Dónde se leen estas cosas en la Escritura? Cuando Cristo dice (Mt. 18:18): «Todo lo que desatéis», etc., él está hablando de la remisión del pecado. Esto es, perdonado el pecado, queda destruida la muerte eterna y restaurada la vida eterna. Con el «Todo lo que atéis», etc., no se habla de imponer penas; sino de retener los pecados

139 de los que no se convierten. La declaración de Lombardo, en cambio, sobre la parte de las penas que ha de ser perdonada, está relacionada con las penas canónicas: Parte de éstas eran perdonadas por los pastores. Por tanto, aunque estamos convencidos de que el arrepentimiento debe producir buenos frutos por causa de la gloria y el mandamiento de Dios—y los buenos frutos, como ayunos verdaderos, oraciones verdaderas, limosnas verdaderas, etc., tienen mandamiento de Dios—sin embargo, jamás hallaremos en las Sagradas Escrituras texto alguno que diga que las penas eternas no se perdonan sino por causa de la pena del purgatorio o de las por satisfacciones canónicas, esto es, en virtud de ciertas obras no obligatorias, o que el poder de las llaves tiene el mandamiento de conmutar las penas o de perdonar parte de ellas. Esto era lo que tenían que demostrar nuestros adversarios.

140 Además, la muerte de Cristo es no sólo satisfacción por la culpa, sino también por la muerte eterna, según aquel texto (Os. 13:1): «Oh muerte, yo seré tu muerte». ¡Qué monstruosidad es, entonces, afirmar que la satisfacción de Cristo redime de la culpa, y que nuestras penas redimen de la muerte eterna! ¡Como si la expresión: «Seré tu muerte» se refiriese no a Cristo, sino a nuestras obras, y ciertamente no a las obras ordenadas por Dios, sino a las observancias inoperantes inventadas por los hombres! Y por éstas, dicen, queda abolida la muerte, aunque se hagan estando la persona en pecado mortal.

141 No puede imaginarse el dolor con que mencionamos estos absurdos de nuestros

adversarios. Quien los analiza, no puede menos que llenarse de indignación ante estas doctrinas de demonios que el diablo ha derramado en la iglesia para dar por tierra con el conocimiento de la ley y del evangelio, del arrepentimiento, de la regeneración y de los beneficios de Cristo. Porque acerca de **142** la ley dicen así: «Condescendiendo con nuestra debilidad, Dios fijó al hombre la medida de las cosas a las cuales tiene que atenerse, o sea, la observancia de los preceptos, a fin de que con lo demás, esto es, con las obras de supererogación, pueda satisfacer las ofensas cometidas». Con esto, los hombres se imaginan que son capaces de cumplir la ley de manera tal que podemos hacer incluso más de lo que la misma ley exige. Pero la Escritura proclama por doquier que estamos muy lejos de la perfección que la ley exige. Y, sin embargo, estos hombres piensan que la ley de Dios no pasa de los límites de la justicia exterior, propia de la honestidad civil, y no ven que exige un verdadero amor a Dios de todo el corazón, etc., y que condena toda la concupiscencia que habita en la naturaleza humana. De ahí resulta que nadie hace todo lo que la ley requiere. Es ridículo, pues, pensar que podemos hacer más. Verdad es que podemos hacer obras exteriores no ordenadas por la ley de Dios; pero sería una vanidad impía confiar en que con ésta se ha satisfecho la ley de Dios. Y las oraciones verdaderas, las limosnas verdaderas, los ayunos **143** verdaderos, cuentan con un mandamiento de Dios; y como hay un mandamiento de Dios al respecto, no pueden omitirse sin incurrir en pecado. Aquellas obras en cambio, en cuanto que no han sido ordenadas por la ley de Dios, sino que llevan el sello de prescripción humana, son obras de las tradiciones humanas, de las cuales Cristo dice (Mt. 15:9): «En vano me honran, enseñando como doctrinas, mandamientos de hombres», como ciertos ayunos, que fueron instituidos no para refrenar la carne, sino para que por esta obra, se rinda tributo a Dios, como dice Escoto,[252] y para que sea compensada la muerte eterna. Lo mismo cabe decir del número determinado de oraciones, de la medida determinada de limosnas, cuando se hacen con la idea de que esa 'medida determinada' es un culto *ex opere operato*, con que se honra a Dios y se compensa la muerte eterna. Pues a estas obras las consideran una satisfacción *ex opere operato*, porque enseñan que tienen eficacia aun cuando las realiza una persona que está en pecado mortal. Y hay obras que tienen que **144** ver aún mucho menos con los mandamientos de Dios, como las peregrinaciones, de las cuales hay una gran variedad: Uno hace el viaje revestido de coto y malla, otro camina descalzo. A tales cosas, Cristo las tilda de cultos vanos, y por tanto no sirven para «aplacar la ira de Dios», como dicen nuestros adversarios. Y, sin embargo, a estas obras las distinguen con títulos magníficos; las llaman obras de supererogación, y les tributan el honor de ser el

---

252. J. Duns Escoto, *In. sent.* IV. d. 15. q. 1. a. 3.

145   pago en lugar de la muerte eterna. Así, se las pone por encima de las obras ordenadas por Dios. De este modo se obscurece la ley de Dios de dos maneras: Primero porque se piensa haber satisfecho a la ley con obras exteriores del ámbito de la honestidad civil, y segundo porque se añaden tradiciones humanas cuyas prácticas se prefieren a las obras de la ley divina.

146   Se obscurecen, además, el arrepentimiento y la gracia. Porque la muerte eterna no se redime mediante aquella compensación de las obras: Es una compensación ociosa y no tiene sabor a muerte en la vida presente. Se necesita otra cosa para oponer a la muerte cuando ésta nos somete a tentación. Porque así como se vence la ira de Dios por la fe en Cristo, así también se vence a la muerte por la fe en Cristo. Como dice Pablo (1 Co. 15:57): «Gracias sean dadas a Dios, que nos da la victoria por medio de nuestro Señor Jesucristo». No dice: «Que nos da la victoria si a la muerte le oponemos nuestras satis-

147   facciones». Nuestros adversarios se entregan a vanas especulaciones en cuanto al perdón de la culpa, y no ven cómo en la remisión de la culpa el corazón es liberado de la ira de Dios y de la muerte eterna por la fe en Cristo. Considerando, pues, que la muerte de Cristo es la satisfacción por la muerte eterna, y considerando que nuestros adversarios mismos confiesan que aquellas obras de las satisfacciones son obras no obligatorias, sino obras relacionadas con tradiciones humanas de las que dice Cristo (Mt. 15:9) que son cultos vanos, podemos afirmar con toda certeza que las satisfacciones canónicas no son necesarias por ley divina para la remisión de la culpa o de la pena eterna o del castigo del purgatorio.

148   Nuestros adversarios empero nos objetan que la venganza o la pena es necesaria para el arrepentimiento, porque Agustín dice: «El arrepentimiento es la venganza que castiga», etc.[253] Concedemos que la venganza o pena es un componente necesario del arrepentimiento, pero no como mérito o precio, como nuestros adversarios imaginan que son las satisfacciones. Antes bien, la venganza es un componente formal del arrepentimiento, esto es, que la misma regeneración se produce a través de una permanente mortificación de lo viejo en el hombre. Será muy bello lo que dice Escoto: «Se llama penitencia porque, por así decirlo, detiene la pena».[254] ¿Pero a qué pena, a qué venganza se refiere Agustín? Ciertamente, a la pena verdadera, a la venganza verdadera, a saber, a la contrición, a los terrores verdaderos. Y no excluimos aquí las mortificaciones exteriores del cuerpo que siguen a los verdaderos dolores del

149   alma. Nuestros adversarios se equivocan grandemente si consideran que las

---

253. Pseudo–Augustinus, *De vera et falsa poenitentia* 19, 35, MSL 40, 1129: *Poenitentia itaque est vindicta puniens in se, quod dolet comisisse* («La penitencia, por tanto, es la venganza que castiga en la persona aquello que le duele haber cometido»). Cf. Apología XII, 91.

254. J. Duns Escoto, *In sent.* IV, d. 14, q. 1. a. 3. concl. 2. *Poenitentiam appellari quasi poenae tenentiam*, juego de palabras que en la traducción pierde buena parte de su gracia.

satisfacciones canónicas son una pena más auténtica que los verdaderos terrores del corazón. Es una necedad tremenda desvirtuar la palabra «pena», aplicándola a aquellas satisfacciones inoperantes, y no a los horribles terrores de la conciencia, de los cuales dice David (Sal. 18:5; 2 S. 22:5): «Dolores de la muerte me rodearon», etc. ¿Quién no prefiere ir, revestido de cota y malla, en busca del templo de Santiago,[255] de la basílica de San Pedro,[256] etc., . . . en lugar de aguantar esa indescriptible violencia de un dolor que experimentan también personas no demasiado inteligentes[257] si su arrepentimiento es verdadero?

Pero nos dicen que incumbe a la justicia de Dios castigar el pecado. Es 150 cierto que castiga en la contrición, cuando en esos terrores de la conciencia nos manifiesta su ira, como lo afirma David cuando ora (Sal. 6:1): «Jehová, no me reprendas en tu furor», y Jeremías, capítulo 10:24: «Castígame, oh Jehová, mas con juicio; no con tu furor, para que no me aniquiles». Aquí se habla, en efecto, de penas verdaderamente atroces. Y nuestros adversarios confiesan que la contrición puede ser tan grande que no necesita de satisfacción. Por tanto, la contrición es más auténticamente una pena que la satisfacción. Además, los santos están sujetos a la muerte y a todas las aflicciones 151 comunes, como dice Pedro en su primera carta, capítulo 4 (v. 17): «Es tiempo de que el juicio comience por la casa de Dios; y si primero comienza por nosotros, ¿cuál será el fin de aquellos que no obedecen al evangelio de Dios?» Y aunque estas aflicciones son muchas veces castigo del pecado, tienen no obstante en los piadosos una finalidad distinta, mejor: La de ejercitarlos para que en medio de las tentaciones aprendan a buscar el auxilio de Dios, y reconozcan la falta de confianza que habita en sus corazones, etc., como Pablo dice de sí mismo en 2 Corintios 1:9: «Pero tuvimos en nosotros mismos sentencia de muerte, para que no confiásemos en nosotros mismos, sino en Dios que resucita a los muertos». E Isaías dice (26:16): «Derramaron oración cuando los castigaste», esto es, las aflicciones son un castigo con el que Dios ejercita a los santos. Además, las aflicciones son impuestas por causa del 152 pecado presente, porque mortifican y extinguen la concupiscencia que aún existe en los santos, a fin de que puedan ser renovados por el Espíritu, como dice Pablo en Romanos 8:10: «El cuerpo está muerto a causa del pecado»,

---

255. En Santiago de Compostela, España, famoso centro de peregrinaciones en la Edad Media. Era creencia general que el apóstol Santiago había sufrido allí el martirio, o que fue sepultado allí después de su martirio en Palestina. Sobre lo que se consideraban las reliquias de Santiago se edificó una iglesia.

256. Según la tradición, los restos del apóstol Pedro descansan en la basílica homónima, en Roma. La construcción de la basílica antigua fue iniciada por Constantino en el siglo IV. La primera piedra de la basílica moderna fue colocada en 1506. La consagración de la basílica se efectuó 120 años más tarde, en 1626.

257. En el original: «mediocres».

153 esto es, mortificado por causa del pecado presente que todavía queda en la carne. Y la muerte misma sirve al propósito de aniquilar esta carne de pecado, para que resucitemos enteramente renovados. Así que, como el creyente ya ha vencido los terrores de la muerte mediante la fe, ya no hay en su muerte ese aguijón y ese sentimiento de ira de que habla Pablo (1 Co. 15:56): «El aguijón de la muerte es el pecado, y el poder del pecado, la ley». Ese poder del pecado, ese sentimiento de ira son verdaderamente un castigo mientras existen; sin ese sentimiento de ira, la muerte no es un castigo en el sentido

154 propio de la palabra. Por otra parte, las satisfacciones canónicas no tienen nada que ver con este género de penas, porque nuestros adversarios dicen que parte de las penas son perdonadas por el poder de las llaves. Además, según estos mismos hombres, el poder de las llaves condona las satisfacciones, y también los castigos por los cuales se hacen las satisfacciones. Pero es evidente que las aflicciones comunes no se quitan con el poder de las llaves. Y si los adversarios quieren que la gente entienda que ellos están hablando de este tipo de penas, ¿por qué añaden que es necesario hacer satisfacción en el purgatorio?

155 Nos mencionan el ejemplo de Adán, y también el de David, que fue castigado por su adulterio. De estos ejemplos sacan la regla general de que en la remisión de pecados,[258] a los pecados individuales les corresponden

156 castigos temporales peculiares. Ya se ha dicho antes que los santos sufren castigos que son obras de Dios; sufren la contrición o los terrores, y sufren también otras aflicciones comunes. Algunos, por ejemplo, sufren penas peculiares, impuestas por Dios. Y estas penas nada tienen que ver con el poder de las llaves, porque este poder no las puede imponer ni remitir. Es Dios, sin el oficio de las llaves, quien las impone y las remite.

Y no se puede deducir de ello la regla general: A David le fue impuesta una pena peculiar; por consiguiente, además de las aflicciones comunes hay otra pena, la del purgatorio, donde el grado de la pena se rige por la gravedad

157 de cada pecado en particular. ¿Dónde enseña la Escritura que nosotros no podemos ser librados de la muerte eterna sino por la compensación de ciertas penas, fuera de las aflicciones comunes? Todo lo contrario: Muchísimas veces enseña que la remisión de pecados se consigue gratuitamente, por causa de Cristo, y que Cristo es el vencedor del pecado y de la muerte. Por lo tanto, no se le debe poner al mérito de Cristo como remiendo el mérito de la satisfacción. Y aunque quedan todavía aflicciones, la Escritura las interpreta como

---

258. «En la remisión de pecados», según el original en latín: *in remissione peccatorum.* Justus Jonas traduce: *Ehe die Sunde vergeben werden* («antes de que sean perdonados los pecados»).

medidas para mortificar el pecado presente, y no como compensaciones por la muerte eterna, o como precio por la muerte eterna.

Se lo excusa[259] a Job, diciendo que sus aflicciones no se debieron a **158** maldades del pasados. Por tanto, las aflicciones no siempre son penas o señales de ira. Es más: A las conciencias timoratas hay que enseñarles que los fines de las aflicciones son otros, más elevados, no sea que, al no ver en las aflicciones más que el castigo y la ira de Dios, crean que Dios las rechaza. Hay que considerar otros fines, más importantes, como el de que Dios hace una obra que le es extraña, a fin de que pueda hacer la obra que le es propia, etc., como lo enseña Isaías en un largo sermón, capítulo 28:21.[260] Y cuando **159** en el caso de la curación de aquel ciego, Juan 9:2–3, los discípulos preguntan quién pecó, Cristo responde que la causa de la ceguera de este hombre no es el pecado, «sino para que las obras de Dios se manifiesten en él». Y en Jeremías (49:12), se dice: «Los que no estaban condenados a beber del cáliz, beberán ciertamente», etc. Esto nos explica también la muerte violenta de los profetas, de Juan el Bautista y de muchos otros santos. Por lo tanto, las **160** aflicciones no siempre son penas por ciertos hechos del pasado, sino que son obras de Dios realizadas en provecho nuestro, y para que el poder de Dios se haga más visible en nuestra debilidad.

Pablo dice (2 Co. 12:5, 9): «El poder de Dios se perfecciona en la debilidad». De ahí que, por causa de la voluntad de Dios, debamos entregar nuestro cuerpo en sacrificio, para declarar nuestra obediencia, y no para compensar la muerte eterna; pues para ésta, Dios tiene otro precio, a saber, la muerte de su Hijo. En este sentido interpreta Gregorio hasta el mismo **161** castigo de David, cuando dice: «Si Dios, por causa de aquel pecado, hubiera amenazado a David con que sería humillado de esta manera por su hijo, ¿por qué hizo efectiva su amenaza, cuando el pecado ya había sido perdonado? La respuesta es que aquel perdón del pecado se concedió con el fin de que no hubiera obstáculo para que el hombre alcanzara vida eterna; pero que a continuación se concretó la amenaza, a modo de ejemplo, para que la piedad del hombre se ejercitase y se probase por medio de esa humillación.[261] Asimismo, Dios impuso al hombre la muerte corporal, por causa del pecado, y aun perdonados los pecados, no la quitó, a fin de ejercitar la justicia, esto es, para que fuese ejercitada y probada la justicia de los que son santificados».[262] Pero tampoco se quitan propiamente las calamidades comunes con **162**

---

259. I.e., la Escritura excusa. Cf. Job 2:3, 10.

260. Vid. Apología, XII, 51, nota 215.

261. Justus Jonas: *dass er ihnen prüfet und in Demut behielte* («para probarlo, y para mantenerlo con ánimo humilde»).

262. No Gregorio Magno, sino Agustín, *De peccatorum meritis et remissione* II, c. 24, 56. MSL 44, 183 y sigte. CSEL 60, 125.

esas obras de las satisfacciones canónicas, es decir, con aquellas obras radicadas en tradiciones humanas, obras que según nos dicen, tienen poder *ex opere operato*, de modo que redimen de las penas aunque las hagan personas

163 que viven en pecado mortal. Y cuando nos presentan aquel pasaje de Pablo (1 Co. 11:31): «Si nos examinásemos a nosotros mismos, no seríamos juzgados», respondemos que la palabra «juzgar» debe entenderse como refiriéndose a todo el arrepentimiento y a los frutos que debe producir, y no a las obras que no son obligatorias. Cuando nuestros adversarios entienden que «juzgar» es lo mismo que peregrinar al templo de Santiago con toda la armadura encima, o hacer otras obras semejantes, están pagando por su error de despreciar la gramática. «Juzgar» abarca el arrepentimiento entero; sig-

164 nifica condenar los pecados. Esta condenación ocurre verdaderamente en la contrición y en el cambio de vida. Todo el arrepentimiento, la contrición, la fe, los buenos frutos, obtienen que se mitiguen las penas y calamidades públicas y privadas, como lo afirma Isaías en el capítulo 1 (17-19): «Dejad de hacer lo malo: Aprended a hacer bien . . . Si vuestros pecados fueren como la grana, como la nieve serán emblanquecidos; si fueren rojos como el carmesí, vendrán a ser como blanca lana. Si quisiereis y oyereis, comeréis el bien de

165 la tierra». Tampoco debiera transferirse a las satisfacciones y obras de las tradiciones humanas la tan importante y saludable sensación que emana de un arrepentimiento completo, y de las obras debidas o mandadas por Dios. Y es bueno y útil enseñar que los males comunes se mitigan por nuestro arrepentimiento y por los frutos verdaderos del arrepentimiento, y por las buenas obras hechas con fe, y no por obras hechas en pecado mortal como

166 piensan estos hombres. Aquí viene al caso el ejemplo de los ninivitas (Jon. 3:10) que por su arrepentimiento (hablamos de un arrepentimiento completo) fueron reconciliados con Dios y lograron con sus súplicas que no fuese destruida la ciudad.

167 Por otra parte, el hecho de que los Padres mencionen la satisfacción, y que los concilios hayan promulgado cánones al respecto, indica, como hemos dicho antes, que se trataba de una disciplina eclesiástica, establecida para tener una norma ejemplar. Pero no pensaban que esta disciplina era necesaria para la remisión de la culpa o de la pena. Porque si en este contexto, algunos hicieron mención del purgatorio, lo interpretan no como compensación de la pena eterna ni como satisfacción, sino como purificación de las almas imperfectas. Agustín dice: «Los pecados veniales son consumidos»,[263] es decir, que son mortificados por la falta de confianza en Dios y otros afectos se-

168 mejantes. A veces, los escritores transfieren el vocablo «satisfacción» del rito

---

263. Consumidos: En el original *concremari* = quemar enteramente. *De civ. Dei*, XXI, c. 26, 4. MSL 41, 745. CSEL 40, II. 571.

o ceremonia pública a la mortificación verdadera. Agustín dice: «Verdadera satisfacción es extirpar las causas del pecado, esto es, mortificar la carne, y también refrenarla, no para compensar penas eternas, sino para que la carne, no nos arrastre a cometer pecados».[264]

Gregorio, por su parte, refiriéndose a la restitución de bienes mal habidos, **169** dice que es falso el arrepentimiento si no satisface a aquellos cuyos bienes retenemos en nuestro poder.[265] Porque no está verdaderamente arrepentido de haber robado o hurtado el que continúa robando. Antes bien, sigue siendo salteador o ladrón mientras sea injusto poseedor de una propiedad ajena. La satisfacción a nivel civil es necesaria, porque está escrito (Ef. 4:28): «El que hurtaba, no hurte más». Y también Crisóstomo dice: «En el corazón, con- **170** trición; en la boca, confesión; en la obra, humildad total».[266] Estos pasajes no nos contradicen en nada. Al arrepentimiento, le deben seguir buenas obras; y el arrepentimiento debe ser no una simulación, sino un cambio en sentido positivo de nuestra vida entera.

Asimismo, los Padres escriben que basta con que se haga una vez en la **171** vida esa penitencia pública o solemne, respecto de la cual se promulgaron los cánones acerca de las satisfacciones. Esto nos hace pensar que a juicio de ellos, aquellos cánones no eran necesarios para la remisión de pecados. Porque aparte de aquella penitencia solemne, insisten a menudo en que se haga penitencia de otra manera, donde no se requieren cánones de satisfacciones.

Los arquitectos de la Refutación escriben que no se debe tolerar que se **172** quiten las satisfacciones en contra del expreso evangelio.[267] Por eso, nosotros hemos venido mostrando hasta aquí que las satisfacciones canónicas, esto es, las obras en sí no obligatorias que se han de hacer por causa de la compensación de la pena, no tienen mandamiento del evangelio. El asunto mismo lo de- muestra. Si las obras de las satisfacciones son obras no debidas, ¿por qué **173** alegan el expreso evangelio? Porque si el evangelio mandase que las penas fuesen compensadas por esas obras, realmente serían obras debidas. Pero hablan así para engañar a los inexpertos, y alegan testimonios que hablan de

---

264. Pseudo–Augustinus, *De eccl. dogm.* 24. MSL 43, 1218: *Satisfactio poenitentiae est causas peccatorum excidere nec earum suggestionibus aditum indulgere* («La satisfacción, en la penitencia, es extirpar las causas de los pecados y no dar lugar a sus sugestiones»).

265. Gregorio Magno; *Decretum Gratiani* II. C.33. q.3. *De poen.* d.6.c.6.

266. Pseudo–Crisóstomo. Del *Decretum Gratiani* II. C. 33. q. 3. *De poen.* d. 1. c. 4 y d. 3. c. 8. El texto aparece como cita en la *Confutatio.* Cf. CR 27, 158.

267. *Confutatio,* CR 27, col. 11: *Sed neque illa pars admittitur, quae satisfactiones poenitentiales contemnit: est enim contra evangelium, contra Apostolos, contra Patres, contra concilia, et contra universam ecclesiam catholicam.* («Tampoco se puede admitir aquella parte que desprecia las satisfacciones penitenciales; pues va contra el evangelio, contra los apóstoles, contra los Padres, contra los concilios, y contra la iglesia católica entera».)

obras debidas, cuando ellos mismos en sus satisfacciones prescriben obras no debidas. Es más: Ellos mismos enseñan y admiten en sus escuelas que las satisfacciones se pueden recusar sin que por ello se incurra en pecado. Por tanto, es falso lo que escriben aquí, a saber, que estamos obligados por el «expreso evangelio» a aceptar esas satisfacciones conónicas.

174 　　Por otra parte, nosotros hemos declarado muchas veces que el arrepentimiento debe llevar buenos frutos; y los mandamientos nos enseñan de qué frutos se trata: Invocar, dar gracias, confesar el evangelio, enseñar el evangelio, obedecer a los padres y superiores, servir en su vocación, no matar, no guardar rencor, sino ser aplacable, dar a los necesitados cuanto podamos de acuerdo con nuestros bienes, no fornicar, no cometer adulterio, sino contener, refrenar y castigar la carne, no por causa de la compensación de la pena eterna, sino para que no obedezca al diablo, para que no ofenda al Espíritu Santo. Y también: Decir la verdad. Pero para estos frutos sí hay un mandamiento de Dios, y deben hacerse por causa de la gloria y el mandamiento de Dios; y también tienen sus recompensas. Pero que las penas eternas no sean remitidas sino en virtud de la compensación de ciertas tradiciones o del

175 purgatorio, esto no lo enseña la Escritura. En su tiempo, las indulgencias eran condonaciones de aquellas observancias públicas, para que los hombres no fueran gravados en demasía. Pero si por autoridad humana, pueden ser perdonadas las satisfacciones y las penas, la compensación no es una necesidad impuesta por la ley divina; porque la autoridad humana no puede anular la ley divina. Además, como ahora esa costumbre ya de por sí ha caído en desuso, incluso sin que los obispos hayan reaccionado en modo alguno, no hay necesidad de esas remisiones. Pero nos ha quedado la palabra «indulgencias». Y así como en lugar de entender las satisfacciones como una disciplina externa, se las entendió como compensación de la pena, así se han interpretado mal también las indulgencias, en el sentido de que liberan a las

176 almas del purgatorio. Pero las llaves tienen poder de atar y de absolver únicamente en la tierra, según aquel texto (Mt. 16:19): «Todo lo que atares en la tierra será atado en los cielos; y todo lo que desatares en la tierra será desatado en los cielos».[268] Queda en pie, sin embargo, lo que hemos dicho antes, que las llaves no tienen el poder de imponer penas o de establecer cultos, sino sólo el mandato de perdonar los pecados a los que se convierten, y de acusar y excomulgar a los que no quieren convertirse. Pues así como

---

268. Mt. 16:19. Melanchton, siguiendo el ejemplo de la Vulgata, escribe: *erit ligatum . . . erit solutum*, futuro perfecto de voz pasiva: «estará atado . . . estará desatado». Lutero: *soll gebunden sein . . . soll aufgelöst sein* (lo que podría traducirse con «debe tenerse por atado», etc.). Estudios recientes (cf. p. ej. Julius R. Mantey, «Evidence that the perfect tense in John 20:23 and Matthew 16:19 is mistranslated», en *The Journal of the Evangelical Theological Society*, vl. 16, Nº 3, 1973, pp. 129–138) insisten en esta traducción del *éstai dedeménon* y *éstai leluménon* de Mt. 16:19.

«desatar» significa «perdonar los pecados», así también «atar» significa «no perdonar los pecados». Debe tenerse en cuenta que Cristo habla de un reino espiritual. Y el mandamiento de Dios es que los ministros del evangelio absuelvan a los que se convierten, según el texto (2 Co. 10:8): «Nos fue dado poder para edificación».[269] Por tanto, lo de los casos reservados[270] es asunto jurídico. Porque es la reservación de la pena canónica, y no la reservación de la culpa ante Dios en aquellos que verdaderamente se convierten. Por tanto, nuestros adversarios están en lo correcto cuando declaran que en artículo de la muerte, esa reservación de los casos no debe impedir la absolución. **177**

Hemos expuesto la suma de nuestra doctrina sobre el arrepentimiento. **178** Sabemos con certeza que es piadosa y saludable para los corazones sinceros. Y si los hombres de buen criterio comparan nuestra doctrina con las tan confusas discusiones de nuestros adversarios, verán que éstos han omitido la doctrina de la fe que justifica y consuela a los corazones piadosos. Verán también que nuestros adversarios inventan muchas cosas acerca de los méritos de la atrición, de la interminable enumeración de pecados, de las satisfacciones, cosas que nada tienen que ver con la tierra ni con el cielo,[271] y que ni ellos mismos pueden explicar satisfactoriamente.

Artículo XIII. El Número y Uso de los Sacramentos

En el artículo trece, los adversarios aprueban nuestra afirmación de que **1** los sacramentos no son sólo señales con las cuales los hombres se reconocen entre ellos, como sostienen algunos, sino más bien señales y testimonios de la voluntad de Dios para con nosotros, por los cuales Dios mueve los corazones a creer en él. Pero, añaden, es preciso que también nosotros contemos siete **2** sacramentos.[272] Nosotros creemos que se debe insistir en que no se descuiden las cosas y ceremonias instituidas en la Escritura, cualquiera que sea su número. Y no damos mucha importancia a que otros, quizás por razones didácticas, cuenten de otro modo, con tal que se atengan correctamente a lo

---

269. 2 Co. 10:8. Reina-Valera, rev. 1960: «Porque aunque me gloríe algo más todavía de nuestra autoridad, la cual el Señor nos dio para edificación . . . ».

270. *Reservatio casuum*: Vid. Apología XII, 27, nota 213.

271. Justus Jonas: *welchs alles . . . weder oben noch unten anreicht* («todo lo cual no toca ni arriba ni abajo»).

272. *Confutatio*, CR 27, col. 114: *Petendum tamen ab eis erit, ut, quod hic in genere de sacramentis perhibent, speciatim quoque de septem sacramentis ecclesia fateantur, et a subditis suis observari procurent.* («Habrá que solicitarles, sin embargo, que lo que declaran aquí de los sacramentos en forma general, lo confiesen también en forma específica respecto de los siete sacramentos de la iglesia, y que traten de que sus súbditos los observen en este sentido».)

que se manda en la Escritura. Tampoco los antiguos contaron del mismo modo.[273]

3   Si llamamos «sacramentos» a los ritos basados en un mandamiento de Dios y a los que se ha añadido la promesa de gracia, es fácil determinar qué es propiamente un sacramento. Porque los ritos establecidos por los hombres no serán, de este modo, sacramentos propiamente dichos. En efecto: No le incumbe a la autoridad humana prometer la gracia. Por tanto, las señales establecidas sin mandamiento de Dios no son señales seguras de gracia, aun cuando tal vez sirvan para instruir a los inexpertos y representen para ellos una advertencia acerca de algo.[274] Así, pues, los verdaderos sacramentos son el bautismo, la cena del Señor y la absolución, que es el sacramento del arrepentimiento.[275] Estos ritos sí tienen mandamiento de Dios y la promesa de gracia que es propia del Nuevo Testamento. Porque cuando somos bautizados, cuando comemos el cuerpo del Señor, cuando somos absueltos, debemos estar firmemente convencidos en nuestro corazón de que Dios de veras nos perdona por causa de Cristo. Y Dios mueve los corazones a un mismo

---

273. Pedro Lombardo (1095–1169) fue uno de los primeros en insistir en que los sacramentos son siete. Cf. *Sententiarum Libri Quatuor* IV, d. 1, 2, donde el *Magister Sententiarum* dice: «Los sacramentos de la Nueva Ley son: El bautismo, la confirmación, la eucaristía, la penitencia, la extremaunción, la ordenación y el matrimonio».

274. Justus Jonas agrega: *«als ein gemalet kreuz»* («como p.ej. la imagen de una cruz»).

275. Cf. a la luz de esto, el orden de sucesión de los artículos IX a XIII en la Confesión de Augsburgo: IX—*De baptismo*; X—*De coena domini*; XI—*De confessione*; XII—*De poenitentia*; XIII—*De usu sacramentorum*. (Cf. al respecto p. ej. Ernst Kinder, *Beichte und Absolution nach del lutherischen Bekenntnisschriften*, en *Theologische Literaturzeitung*, 1952/9). El tercer sacramento de la edición príncipe en latín fue eliminado en la traducción al alemán de Justus Jonas, que transformó *absolutio* en aposición de *coena Domini* y omitió la frase explicativa *quae est sacramentum poenitentiae*. (*So sind nu recht Sakrament die Taufe und das Nachtmahl des Herrn, die Absolutio*—«Los verdaderos sacramentos son, pues, el bautismo y la cena del Señor, la absolución»). Esta modificación lo llevó a suprimir incluso una frase del período siguiente: *cum absolvimur*. En la primera formulación latina, (cf. BSLK, p. 292, aparato crítico), Melanchton escribió en el artículo XIII: *Nemo enim unquam in ecclesia sensit, quod necesse sit septem sacramenta numerare, si sacramenta vocamus ceremonias, quas Christus observari praecepit, et quibus addidit promissionem gratiae. Constat tales ceremonias duas esse, baptismum et coenam Domini. Interim posse et absolutionem vocari sacramentum libenter assentimur* (»En efecto, nunca jamás se sintió en la iglesia la necesidad de contar con siete sacramentos, si es que llamamos *sacramentos* a las ceremonias que Cristo nos mandó observar, y a las cuales añadió la promesa de otorgarnos la gracia. Consta que tales ceremonias son dos, el bautismo y la cena del Señor. Entre tanto, no tenemos nada en contra de que se llame *sacramento* también a la absolución»). Igualmente, Melanchton se declara dispuesto a llamar sacramento también al ministerio de la palabra. Cf. Apología XIII, 11 y 12. Otro tanto ocurre en la primera formulación (BSLK, loc. cit.) donde agrega aún que no se opondría a que se llamase sacramento al matrimonio, observando, sin embargo: *Sed hoc non pertinet tantum ad novum testamentum* («Pero esto [el matrimonio] pertenece no sólo al pacto nuevo»). Sorprende que el único documento luterano a que remite Gerhard Bellinger al afirmar que los reformadores «rechazaron expresamente» los restantes cinco sacramentos (*Der Catechismus Romanus und die Reformation*, p. 165) sea precisamente el art. XIII de la Apología. (Además de esto hace referencia a tres documentos reformados: *Confessio Helvetica* II, *Confessio Gallicana* y *Confessio Belgica*. Cf. Catecismo Mayor, Bautismo, secciones 74 a 79, donde el tercer sacramento es eliminado por Lutero.

tiempo por la palabra y por el rito a que crean y tengan fe, como dice Pablo (Ro. 10:17): «La fe es por el oír». Y así como la palabra entra por los oídos para tocar los corazones, así también el rito entra por los ojos para mover los corazones. El efecto de la palabra y el del rito es el mismo, como lo dijo muy acertadamente Agustín: «El sacramento es palabra visible»,[276] porque el rito se recibe por los ojos, y es como una representación gráfica de la palabra, y significa lo mismo que la palabra. Por eso, el efecto de ambos es el mismo.

La confirmación y la extrema unción son ritos provenientes de los Padres, **6** pero ni siquiera la iglesia los considera necesarios para la salvación, pues no tienen mandamiento de Dios.[277] Por tanto, no es inútil distinguir estos ritos de los que se acaban de mencionar, que tienen mandamiento expreso de Dios y una clara promesa de gracia.

El sacerdocio es considerado por nuestros adversarios no como ministerio **7** de la palabra y administración de los sacramentos a los demás, sino que lo entienden como sacrificio, como si en el Nuevo Testamento fuera necesario que hubiese un sacerdocio semejante al levítico, que presente sacrificios por el pueblo y consiga para los demás remisión de pecados.[278]Nosotros enseñamos **8** que el sacrificio presentado por Cristo al morir en la cruz fue suficiente para los pecados de todo el mundo, y que no hay necesidad de otros sacrificios, como si aquél no hubiera bastado para nuestros pecados. Por lo tanto, los hombres son justificados, no en virtud de cualesquiera otros sacrificios, sino por causa de este único sacrificio de Cristo, con tal que crean que por este sacrificio han sido redimidos. Los sacerdotes, por tanto, son llamados no para **9** hacer sacrificios por el pueblo, como en tiempos de la ley, a fin de merecer mediante estos sacrificios remisión de pecados para el pueblo, sino que son llamados para enseñar el evangelio y administrar los sacramentos al pueblo. Tampoco tenemos ningún otro sacerdocio, semejante al levítico, como lo **10** enseña con suficiente claridad la carta a los hebreos (He. 7–9). Mas si quieren **11** que la ordenación se entienda como refiriéndose al ministerio de la palabra, no nos opondremos a que se la llame 'sacramento de la ordenación'. Porque el ministerio de la palabra tiene mandamiento de Dios y tiene también mag-

---

276. *Tract. 80 in Joh.* 3 MSL 35, 1840. *De cataclysmo* MSL 40, 694.

277. En cuanto a la confirmación cf. Código del Derecho Canónico, can. 787: Aunque la confirmación no es un sacramento necesario «por necesidad de medio», no se debe descuidar el recibirla si existe la posibilidad para ello. Tampoco la extremaunción es considerada por la doctrina católica romana como necesaria «por necesidad de medio». Sin embargo,el Concilio de Trento (sesión XIV, canon 1º, sobre la extremaunción) pronuncia el anatema sobre quienes dicen que la extremaunción no es, verdadera y propiamente, un sacramento, instituido por Cristo y promulgado por Santiago, sino solamente un rito que proviene de los Padres o que fue inventado por los hombres. (*Necesidad de medio*: Teol.: Precisión absoluta de una cosa, sin la cual no se puede conseguir. *Dicc. Durvan de la Lengua Española*.)

278. Pedro Lombardo, *Sent.* IV, d. 24, 9.

níficas promesas. Romanos 1:16: «El evangelio es poder de Dios para salvación a todo aquel que cree». Y asimismo Isaías 55:11: «Así será mi palabra que sale de mi boca; no volverá a mí vacía, sino que hará lo que yo quiero».

12 Si la ordenación se entiende de este modo, tampoco tenemos inconveniente en que se llame sacramento a la imposición de las manos. Porque la iglesia tiene el mandamiento de ordenar ministros, lo que debe ser de máximo agrado para nosotros, pues sabemos que Dios aprueba este ministerio y se ma

13 nifiesta en el ministerio. Y es útil ensalzar el ministerio de la palabra lo más posible y con todo género de honores, en contra de los hombres fanáticos que sueñan que el Espíritu Santo nos es dado no por la palabra, sino en virtud de ciertos preparativos de ellos, como cuando se sientan ociosos, callados, en lugares obscuros, esperando la iluminación, tal como lo enseñaban

14 los entusiastas[279] de antaño, y lo enseñan los anabaptistas de hoy día.

El matrimonio no se instituyó por primera vez en el Nuevo Testamento, sino inmediatamente después de creado el género humano. Esto sí: Tiene mandamiento de Dios, y tiene también promesas; pero éstas no son una particularidad del Nuevo Testamento, sino que más bien pertenecen a la vida corporal. Por tanto, si alguno quiere llamar sacramento al matrimonio, debe distinguirlo de los primeros dos sacramentos, que son propiamente señales del Nuevo Testamento y testimonios de la gracia y del perdón de los peca

15 dos. Porque si al matrimonio se le califica de sacramento por tener mandamiento de Dios, también podrán llamarse sacramentos otros estados u oficios que tienen mandamiento de Dios, como por ejemplo el gobierno civil.

16 Por último: Si hay que contar entre los sacramentos todo cuanto tiene mandamiento de Dios y lleva agregada una promesa, ¿por qué no incluimos también la oración, que con muchísima razón se puede llamar un sacramento? Tiene, en efecto, mandamiento de Dios, y numerosas promesas; y si la colocamos entre los sacramentos, como en un lugar más destacado, invitará

17 a los hombres a hacer uso de ella. Podrían incluirse aquí también las limosnas, así como las aflicciones, que también son señales a las cuales Dios añadió promesas. Pero no nos detengamos por más tiempo en tales cosas. Ninguna persona juiciosa se pondrá a discutir largamente acerca de la cantidad de sacramentos o el nombre de los mismos, siempre que se guardan las cosas que tienen el mandamiento de Dios y sus promesas.

18 Mucho más necesario es entender cómo se han de usar los sacramentos. Y aquí condenamos a toda la compañía de los doctores escolásticos que en

---

279. El original usa la palabra griega *enthousiastái*. Vid. Holl, *Entusiasmus und Bussgewalt beim griechischen Mönchtum* (1898); J. Meyendorff, *St. Grégoire Palamas et la mystique orthodoxe* (1959). El entusiasmo antiguo a que se refiere Melanchton alcanzó uno de sus puntos culminantes en el siglo XIV, con el movimiento de los «hesicastas» (del vocablo griego *hesukhía*, sosiego, silencio).

señan que los sacramentos confieren al que no pone obstáculos, gracia *ex opere operato*, aun sin buena disposición de parte del que los usa.[280] Es una opinión absolutamente judaica pensar que somos justificados por una ceremonia, sin la buena disposición del corazón, esto es, sin la fe. Y, no obstante, esta opinión impía y perniciosa se enseña con gran autoridad por todo el reino pontificio. Pablo levanta su voz en contra de ello, diciendo que Abraham no fue justificado por la circuncisión, sino que la circuncisión era una señal dispuesta para ejercitar la fe (Ro. 4:9 y sigtes.). Y así, nosotros enseñamos que en el uso de los sacramentos debe intervenir la fe que cree las promesas, y que recibe las cosas prometidas que se ofrecen en el sacramento. La razón es clara e incontestable. La promesa carece de utilidad, a menos que se la acepte por la fe. Pero los sacramentos son las señales de las promesas. Por eso, en el uso debe estar presente la fe: Si alguno usa de la cena del Señor, debe hacerlo de esta manera. Y por ser la cena del Señor un sacramento del Nuevo Testamento, como Cristo lo dice claramente (Lc. 22:20), el que usa de ella debe creer que se le concede lo prometido en el Nuevo Testamento, a saber, el perdón gratuito de los pecados. Reciba, pues, este beneficio con fe, levante su conciencia pávida, y crea que estos testimonios no son falaces, sino tan ciertos como si Dios, mediante un nuevo milagro, le declarase desde el cielo que quiere perdonar. Mas ¿qué aprovecharían estos milagros y promesas a quien no cree? Hablamos aquí de una fe especial, que cree en la promesa presente; no de la que sólo cree de un modo general en la existencia de Dios, sino de la que cree que se ofrece perdón de pecados. Este uso del sacramento consuela los corazones piadosos y timoratos.

Por otra parte, nadie podría expresar con palabras cuántos abusos originó en la iglesia aquella idea insana del *opus operatum*, según la cual no es necesaria una buena disposición en quien recibe los sacramentos. De aquí viene esa infinita profanación de las misas; pero de esto hablaremos más adelante.[281] De los escritores antiguos no se puede citar una sola letra que favorezca a los escolásticos en este asunto. Al contrario, Agustín dice: Lo que nos confiere justicia es la fe en el sacramento, no el sacramento en sí.[282] Y es conocida la declaración de Pablo (Ro. 10:10): «Con el corazón se cree para justicia».

19

20

21

22

23

---

280. Respecto de *non ponere obicem, ex opere operato* y *sine bono motu utentis* vid. CA XXIV, 22, texto en latín.

281. Artículo XXIV.

282. *Tract. 80 in Joh. 3.* MSL 35, 1840.

Artículo XIV. El Orden Eclesiástico

1   El artículo catorce, en el que decimos que sólo al que ha sido llamado legítimamente[283] se le debe encomendar la administración de los sacramentos y de la palabra en la iglesia—este artículo lo aceptan, pero con la salvedad de que usemos la ordenación canónica.[284] Acerca de esta cuestión hemos declarado muchas veces en esta asamblea[285] que deseamos con la mejor voluntad conservar la disciplina eclesiástica y los grados existentes en la iglesia,[286] aunque han sido establecidos por la autoridad humana, porque sabemos que el orden eclesiástico[287] fue instituido por los Padres con intención útil y

2 buena, a la manera como lo describen los antiguos cánones. Pero los obispos obligan a nuestros sacerdotes a abandonar y condenar esta doctrina que hemos proclamado, y con inusitada e inaudita crueldad matan a los pobres inocentes.[288] Estas razones impiden que nuestros sacerdotes reconozcan a estos obispos. Y así, la crueldad demostrada por los obispos en esta cuestión es lo que condujo a que en algunos lugares se esté disolviendo el orden canónico que tanto nos empeñábamos en conservar. Vean ellos cómo podrán dar cuenta

3 a Dios por el destrozo que causan en la iglesia. Nuestras conciencias no corren peligro en este asunto, porque como sabemos que nuestra confesión concuerda con la verdad, y que es piadosa y católica, de ninguna manera podemos aprobar

4 la crueldad de los que persiguen esta doctrina. Y sabemos que la iglesia está

---

283. Lat. *rite vocato.* Justus Jonas: *recht gebührlich berufen* («llamado correcta y debidamente»).

284. *Confutatio*, CR 27, col. 114 y sigte.: *Quando autem articulo quarto decimo confitentur, neminem debere in ecclesia verbum Dei et sacramenta administrare, nisi rite vocatum; intelligi debet, eum rite vocatum, qui secundum formam iuris, iuxta ecclesiasticas sanctiones, atque decreta, ubique in orbe christiano hactenus observata, vocatur, non secundum Ierobiticam vocationem, seu plebis tumultum, ac quamlibet aliam inordinatam intrusionem, non vocatus sicut Aaron. In hac itaque sententia confessio acceptatur; admonendi tamen sunt, ut in ea perseverent, ut neminem, neque Pastorem, neque concionatorem, nisi rite vocatum, in ditionibus suis admittant.* («Pero cuando en el artículo 14 de la Confesión dicen que nadie debe administrar en la iglesia la palabra de Dios y los sacramentos a menos que haya sido llamado legítimamente, esto debe entenderse en el sentido de que 'llamado legítimamente' es aquel que es llamado según la forma del derecho, de acuerdo con las cláusulas y los decretos eclesiásticos observados hasta ahora en todo el ámbito del mundo cristiano, no conforme al llamado que practicó Jeroboam [1 R. 12:31] o por una acción tumultuosa del pueblo, o por cualquier otra intrusión desordenada, ni tampoco por un llamado como el que recibió Aarón [Éx. 28:1; He. 5:4]. Tal es, pues, el sentido en que lo dicho por la Confesión puede ser aceptado. Sin embargo, hay que advertir [a los príncipes y representantes de ciudades] que perserveren en esto, y que no admitan en los territorios bajo su jurisdicción a ningún pastor ni predicador que no haya sido llamado legítimamente».)

285. I.e. en la Dieta de Augsburgo.

286. O: El orden y la jerarquía eclesiásticas, *politiam ecclesiasticam et gradus in ecclesia.* Justus Jonas: *Alte Kirchenordnumg und der Bischofe Regiment, das man nennt canonicam politiam* («Antiguo orden eclesiástico y régimen episcopal, al que llaman gobierno canónico»).

287. Sistema, orden o constitución. En el original: *ecclesiasticam disciplinam.*

288. A los pobres e inocentes sacerdotes.

allí donde se enseña correctamente la palabra de Dios y se administran correctamente los sacramentos, y no entre quienes no sólo se esfuerzan en anular la palabra de Dios con edictos, sino que también someten a torturas a los que enseñan lo correcto y lo verdadero, a los cuales los propios cánones tratan con más benignidad, aunque en algún punto pequen contra los mismos. Además, queremos dejar constancia una vez más de que nosotros gustosamente conservaremos el orden eclesiástico y canónico si los obispos desisten de ensañarse con nuestras iglesias. Esta buena voluntad nuestra nos excusará ante Dios y ante todas las naciones, para toda la posteridad, de modo que no se nos podrá echar a nosotros la culpa por el menoscabo que está sufriendo la autoridad de los obispos, cuando los hombres lean y oigan que al protestar nosotros contra la injusta saña de los obispos, no pudimos lograr que se nos hiciera justicia.

Artículo XV. Las Tradiciones Humanas en la Iglesia

Del artículo quince, aceptan la primera parte, en la que decimos que deben observarse los ritos eclesiásticos que pueden observarse sin pecado, y que son útiles para mantener la tranquilidad y el buen orden en la iglesia. En cambio, condenan de plano la segunda parte, en la que decimos que las tradiciones humanas instituidas para aplacar a Dios, para merecer la gracia y satisfacer por los pecados, son contrarias al evangelio.[289] Aunque en la Confesión misma,[290] al tratar de la distinción de las comidas, hayamos dicho lo suficiente sobre las tradiciones, debemos repitir aquí brevemente algunas cosas.

Aunque suponíamos que nuestros adversarios defenderían las tradiciones humanas por otras razones, no esperábamos que condenaran este artículo, es decir, que no merecemos perdón de pecados o la gracia por la observancia de las tradiciones humanas. Pero como han condenado este artículo, estamos ante un caso fácil y sencillo. Aquí, nuestros adversarios aplican abiertamente prácticas judaicas y simplemente anulan el evangelio con doctrinas de demonios. Porque la Escritura llama a las tradiciones «doctrinas de demonios», (1 Ti. 4:1, 3) cuando se enseña que son ritos útiles para merecer remisión de pecados y gracia. Porque entonces obscurecen el evangelio, el beneficio de

---

289. *Confutatio*, CR 27, col. 115 y sigte. La condenación (col. 116): *Appendix tamen illius articuli omnino tollenda est, cum falsum sit, constitutiones humanas, ad placandum Deut et satisfaciendum pro peccatis institutas, adversari evangelio, uti de votis, de delectu ciborum, et similibus, posterius latius declarabitur* («Pero el apéndice a aquel artículo debe ser eliminado totalmente, puesto que no es verdad que las disposiciones humanas para aplacar la ira de Dios y para dar satisfacción por los pecados sean contrarias al evangelio, como en párrafos posteriores se expondrá en forma más amplia, con respecto a votos, elección de comidas y cosas semejantes»). El apéndice a que se refiere la *Confutatio* es la segunda parte de CA XV.

290. En el art. XXVI de la Confesión de Augsburgo.

5   Cristo y la justicia de la fe. El Evangelio enseña que conseguimos perdón de pecados y que somos reconciliados con Dios, gratuitamente por la fe, por causa de Cristo. Nuestros adversarios, por el contrario, establecen otro mediador, a saber, las tradiciones. En virtud de ellas quieren conseguir perdón de pecados, y por medio de ellas quieren aplacar la ira de Dios. Pero Cristo dice abiertamente (Mt. 15:9): «En vano me honran, enseñando como doctrinas, mandamientos de hombres».

6   Ya hemos discutido largamente el tema de que los hombres son justificados por la fe, cuando creen que tienen un Dios aplacado, no en virtud de nuestras obras, sino gratuitamente, por causa de Cristo. Esta es, sin duda alguna, la doctrina del evangelio, porque Pablo dice claramente, en Efesios 2:8: «Por gracia sois salvos por medio de la fe; y esto no de vosotros, pues

7   es don de Dios: No las obras». Y ahora dice esa gente que los hombres merecen remisión de pecados por medio de aquellas observancias humanas. ¿Qué es esto sino reemplazar a Cristo con otro mediador y justificador? Pablo

8   dice a los gálatas (Gá. 5:4): «De Cristo os desligasteis, los que por la ley os justificáis», esto es, si creéis que por la ley merecéis ser considerados justos ante Dios, nada os aprovechará Cristo; pues, ¿qué necesidad tienen de Cristo

9   quienes piensan que son justos por la observancia de la ley? Dios envió a Cristo porque nos quiere ser propicio a causa de este mediador, y no en virtud de nuestras propias obras justas. Pero ellos creen que Dios puede ser aplacado y nos es propicio en virtud de las tradiciones, y no por causa de Cristo.

10   Arrebatan, pues, a Cristo la honra de ser mediador. Y no hay diferencia entre nuestras tradiciones y las ceremonias mosaicas en lo que a este asunto se refiere. Por consiguiente, Pablo condena tanto las ceremonias mosaicas como las tradiciones, porque se pensaba que eran obras que merecían justicia ante Dios, con lo que quedaban obscurecidos el oficio de Cristo y la justicia de la fe. Por esta razón, rechazada la ley y rechazadas también las tradiciones, Pablo insiste en que el perdón de pecados nos ha sido prometido gratuitamente, no en virtud de nuestras obras, sino por causa de Cristo, siempre que lo

11   recibamos por la fe. Porque la promesa no se recibe sino por la fe. Por tanto, ya que por la fe conseguimos perdón de pecados, y por la fe tenemos un Dios propicio por causa de Cristo, es un error y una impiedad afirmar que por

12   medio de estas observancias merecemos remisión de pecados. Si aquí se le ocurre a alguien decir que no es la remisión de pecados lo que merecemos, sino que, ya justificados, por medio de esas tradiciones merecemos la gracia, Pablo vuelve a protestar y le dice (en Gá. 2:17), que Cristo sería ministro de pecado si aún después de la justificación fuese preciso creer que no somos reputados justos por medio de Cristo, sino que primero tenemos que merecer ser considerados justos por medio de otras observancias. Además (Gá. 3:15): «Al testamento de una persona no se le debe añadir nada». Luego, al testa-

mento de Dios, que promete que por causa de Cristo quiere sernos propicio, tampoco se le debe añadir que primero tenemos que merecer, mediante esas observancias, ser aceptos y justos.

Pero, ¿qué necesidad hay de una larga discusión? No hay ninguna tra- **13** dición que haya sido instituida por los santos Padres con el propósito de que con ella se merezca perdón de pecados o justicia, sino que fueron instituidas a causa del buen orden de la iglesia y a causa de la tranquilidad. Y si alguno **14** quiere instituir ciertas obras para merecer remisión de pecados o justicia, ¿cómo sabrá que esas obras agradan a Dios, dado que no tiene el testimonio de la palabra de Dios? ¿Cómo dirá a los hombres acerca de la voluntad de Dios sin el mandamiento y sin la palabra de Dios? ¿Acaso en los libros de los profetas no abundan por doquier prohibiciones de Dios de instituir establecer cultos especiales sin su mandamiento? En Ezequiel 20:18-19 está escrito: «No andéis en los estatuos de vuestros padres, ni guardéis sus leyes, ni os contaminéis con sus ídolos. Yo soy el Señor vuestro Dios; andad en mis estatutos, y guardad mis preceptos, y ponedlos por obra». Si es lícito a **15** los hombres instituir formas de culto y merecer por este medio la gracia de Dios, debieran ser aprobados los cultos de todos los gentiles, los cultos establecidos por Jeroboam, (1 R. 12:28 y sigte.), así como los instituidos por otros, fuera de la ley. ¿Qué diferencia hay? Si a nosotros se nos permitió instituir cultos que son útiles para merecer la gracia y la justicia, ¿por qué no se lo tendría que haber permitido también a los gentiles y a los israelitas? Precisamente por eso fueron desaprobados los cultos de los gentiles y los de **16** los israelitas: Porque pensaban que por medio de ellos merecían perdón de pecados y justicia, y de la justicia de la fe no sabían nada. Por último, ¿cómo **17** estar seguros de que los cultos instituidos por los hombres, sin mandamiento de Dios, otorgan justicia, dado que acerca de la voluntad de Dios nada puede afirmarse sino a base de la palabra de Dios? ¿Qué sucederá si Dios no aprueba estos cultos? Entonces,¿cómo es que nuestros adversarios afirman que justifican? Sin la palabra y el testimonio de Dios no se puede hacer tal afirmación. Y Pablo dice (Ro. 14:23): «Todo lo que no proviene de fe, es pecado». Mas como para estos cultos no hay testimonio alguno de la palabra de Dios, la conciencia forzosamente tiene que estar en dudas acerca de si agradan a Dios.

¿Qué necesidad hay de palabras en un asunto tan claro? Si nuestros **18** adversarios defienden estos cultos humanos pensando que son merecedores de la justific ción, la gracia, el perdón de pecados, simplemente implantan el reino del anticristo. Porque el reino del anticristo es un nuevo culto a Dios, inventado por la prepotencia humana, con rechazo de Cristo, así como el reino de Mahoma tiene sus cultos y obras con que pretende ser justificado ante Dios, y no cree que los hombres son justificados ante Dios en forma gratuita, por la fe, por causa de Cristo. De este modo, también el papado formará parte del reino del anticristo si defiende cultos humanos como presunto semidiós para lograr ser justificado. En efecto: Significa despojar a Cristo de su honor cuando enseñan que somos justificados no por causa de Cristo, gratuitamente, por la fe, sino por tales cultos, y mayormente cuando enseñan que éstos no sólo son útiles para la justificación, sino hasta necesarios, como lo declaran en el artículo octavo,[291] (Art. VII), donde nos condenan porque dijimos que para la verdadera unidad de la iglesia no es necesario que

19 en todas partes sean idénticos los ritos instituidos por los hombres. Daniel indica en el capítulo 11:38 de su libro que los nuevos cultos humanos habrán de ser la forma misma y la política[292] del reino del anticristo. Porque dice así: «Mas honrará en su lugar al dios de las fortalezas, dios que sus padres no conocieron; lo honrará con oro y plata, y con piedras preciosas». Con esto describe cultos nuevos, porque dice que se adorará a un dios que los padres

20 no conocieron. Pues si bien los santos Padres también tenían cultos y tradiciones, ellos no creían que tales cosas fuesen útiles o necesarias para la justificación; ni tampoco obscurecían la gloria y el oficio de Cristo, sino que enseñaban que somos justificados por la fe, por causa de Cristo, y no en virtud de aquellos cultos humanos. Por lo demás observaban aquellos cultos humanos por su utilidad en el aspecto formal, para que el pueblo supiese cuándo tenía que congregarse, para que en los templos todas las cosas se hiciesen decentemente y con orden, para dar un buen ejemplo, y finalmente, para que también el pueblo común recibiera alguna educación. Porque el discernimiento de los tiempos y la variedad de los cultos son de valor para

21 aleccionar al pueblo. Estas eran las razones que los padres tenían para conservar los cultos, y por estas razones también nosotros pensamos que las tradiciones bien pueden conservarse. Nos sorprende sobremanera que nuestros adversarios defiendan en las tradiciones un motivo distinto, a saber, que con ellas se merece remisión de pecados y justificación. ¿Qué es esto, sino adorar a Dios con oro y plata y cosas de gran precio (Dn. 11:38), es decir, pensar que a Dios se lo puede aplacar mediante la variedad en el vestir, en los ornamentos y en ritos semejantes, como los hay en cantidades innumerables

22 en las tradiciones humanas? Pablo escribe en su carta a los colosenses (Co. 2:23) que las tradiciones «tienen reputación de sabiduría». Y la tienen en verdad. Porque este buen orden es de mucha utilidad para la iglesia, y por eso es muy necesario. Pero como la razón humana no entiende qué es la justicia de la fe, es natural que imagine que semejantes obras justifican a los

23 hombres, que los reconcilian con Dios, etc. Así lo creía la gente común entre los israelitas, y a raíz de esta opinión aumentaban las ceremonias, de la manera

---

291. *Confutatio ad artic. VII.*
292. En el original *politeia*, «política» en el sentido de «forma de manejarse».

como entre nosotros aumentaron los monasterios. Lo mismo piensa la razón   24
humana de las ejercitaciones del cuerpo, y de los ayunos. Aunque su objeto
es dominar la carne, la razón les añade la finalidad de ser ritos que justifican.
Tomás lo expresa así: «El ayuno vale para borrar y suprimir la culpa».[293] Son
palabras textuales de Tomás. Y así, la reputación de sabiduría y de justicia
que llevan estas obras engaña a los hombres. Agréganse a esto los ejemplos
de los santos. Y cuando los hombres se esfuerzan en imitarlos, con frecuencia
imitan sus ejercicios exteriores, pero no imitan su fe.

Y una vez que los hombres quedaron engañados por esta reputación de   25
sabiduría y justicia, surge un sinfín de males; se obscurece el evangelio de
la justicia de la fe en Cristo, y la consecuencia es una confianza vana en las
obras. Después se obscurecen los preceptos de Dios. Estas obras se arrogan
el título de vida perfecta y espiritual, y se les da preferencia, y por mucho,
a las obras indicadas en los mandamientos de Dios, como p. ej. las obras
propias de la vocación de cada uno, el gobierno del estado, la administración
de la familia, la vida conyugal, la educación de los hijos. Comparadas con   26
aquellas ceremonias, estas obras se consideran profanas, de modo que muchos
las cumplen con alguna duda en su conciencia. Consta, en efecto, que muchos
han abandonado la administración de la república y la vida matrimonial para
abrazar esas observancias, que juzgan mejores y más santas.

Y esto no es todo. Cuando se apodera de los ánimos la convicción de   27
que esas observancias son necesarias para la justificación, las conciencias
caen en angustiosa ansiedad, porque no pueden cumplir con exactitud todas
esas observancias. Porque, ¿quién puede enumerarlas todas? Hay una in-
mensidad de libros, y hasta bibliotecas enteras, que no contienen ni una sílaba
de Cristo, de la fe en Cristo, de las buenas obras propias de la vocación de
cada cual, sino que tan sólo presentan una colección de tradiciones con sus
respectivas interpretaciones, que a veces las hacen más rigurosas, y otras
veces más relajadas. ¡Cómo se atormenta Gerson, un hombre tan bueno,   28
cuando investiga los grados y el alcance de los preceptos! Y, sin embargo,
es incapaz de encontrar una explicación equitativa y confiable.[294] Entre tanto
lamenta profundamente los peligros que corren las conciencias piadosas con
esta rígida interpretación de las tradiciones.[295]

Protejámonos, pues, con la palabra de Dios contra esa reputación de   29
sabiduría y de justicia de los cultos humanos que engaña a los hombres; y
sepamos en primer lugar que ante Dios, dichos cultos no merecen remisión
de pecados ni justificación, ni tampoco son necesarios para la justificación.

---

293. *Summa Theologiae* II, 2 q. 147, a. 3. c.
294. En el original: *epieikéian*. Vid. CA XXVI, 14.
295. *De vita spirituali*, lectio 2, III, 16.

30   Ya hemos citado algunos testimonios.[296] Pablo abunda en ellos. En Colosenses 2:16-17 dice claramente: «Nadie os juzgue en comida o en bebida, o en cuanto a días de fiesta, nueva luna o días de reposo, todo lo cual es sombra de lo que ha de venir; pero el cuerpo es de Cristo». Aquí incluye a la vez la ley de Moisés y las tradiciones humanas, para que nuestros adversarios no puedan pasar por alto estos testimonios, como acostumbran hacerlo, diciendo que Pablo habla sólo de la ley de Moisés. Porque aquí afirma en forma inequívoca que está hablando de las tradiciones humanas. Nuestros adversarios no se dan cuenta de lo que dicen: Si el evangelio proclama que las ceremonias de Moisés, instituidas por Dios, no justifican, ¡cuánto menos justificarán las tradiciones humanas!

31   Tampoco los obispos tienen potestad para instituir cultos como presuntos medios que otorgan justicia o que son necesarios para la justificación. Es más: Los apóstoles dicen, Hechos 15:10:«¿Por qué tentáis a Dios, poniendo un yugo?» etc., y en esa misma ocasión Pedro considera un gran pecado el intentar imponer cargas a la iglesia. Y Pablo, en su carta a los gálatas (Gá.

32   5:1), prohíbe a éstos sujetarse otra vez al yugo de esclavitud. Los apóstoles quieren, pues, que perdure en la iglesia esta libertad, que no se considere necesario ningún culto basado en la ley o en las tradiciones—así como en la época de la ley hubo ceremonias necesarias por cierto tiempo—para que no quede obscurecida la justicia de la fe; pues esto ocurrirá inevitablemente si los hombres piensan que estos cultos merecen justificación o son necesarios

33   para la justificación. Muchos buscan diversas moderaciones en las tradiciones para llevar alivio a las conciencias, y sin embargo no encuentran la

34   forma apropiada para liberar a las conciencias de estas cadenas. Pero así como Alejandro, al no poder desatar el nudo gordiano, lo cortó de un tajo con su espada,[297] así también los apóstoles libertan a las conciencias de un solo golpe cortando las tradiciones, sobre todo si éstas son presentadas como medios para merecer justificación. Los apóstoles nos obligan a oponernos a esta doctrina con nuestra enseñanza y nuestros ejemplos. Nos obligan a enseñar que las tradiciones no justifican, que no son necesarias para la justificación, que nadie debe fabricar o aceptar tradiciones con la opinión de que

35   merecen justificación. Por tanto, si alguno las observa, obsérvelas sin superstición, como costumbres civiles, así como sin superstición, los soldados se vis-

36   ten de una manera y los estudiantes de otra. Los apóstoles quebrantan las tradiciones, y Cristo los excusa. Pues había que demostrar a los fariseos mediante

37   un ejemplo que aquellos cultos suyos eran inútiles. Y si los nuestros omiten

---

296. Vid. Apología XV, 4 y sigtes.
297. Según la leyenda, un oráculo declaró que quien lograse desatar un intrincado nudo que había en el carro del rey frigio Gordio, reinaría sobre toda Asia. Cuéntase que Alejandro Magno cortó el nudo con un golpe de espada.

algunas tradiciones poco provechosas, bastante disculpados están, ahora que para esas tradiciones se reclama la virtud de merecer justificación. Porque semejante opinión acerca de las tradiciones es impía.

Por lo demas, mantenemos gustosos las tradiciones antiguas instituidas 38 en la iglesia por su utilidad y en bien de la tranquilidad; y las interpretamos con moderación,[298] rechazando la opinión de que justifican. Es falsa, por lo 39 tanto, la acusación de nuestros enemigos de que nosotros abolimos las ordenanzas saludables y la disciplina eclesiástica. Pues sin faltar a la verdad, podemos afirmar que la forma pública de las iglesias es entre nosotros más digna que entre nuestros adversarios. Y si alguno quiere examinarlo correctamente, verá que observamos los cánones con más fidelidad que nuestros adversarios. Entre nuestros adversarios ocurre que la misa es oficiada por 40 sacerdotes que lo hacen con desgano y movidos por la remuneración, y muchas veces sólo por la remuneración. Cantan salmos, pero no para aprender o para orar, sino porque así lo requiere el culto, como si semejante obra fuera un culto, o—lo que no puede negarse—por la paga. Entre nosotros, muchos toman la cena del Señor todos los domingos, pero no sin antes haber sido instruidos, examinados y absueltos. Los niños cantan salmos para aprenderlos. Canta también el pueblo para aprender o para orar. Entre nuestros adversarios 41 no existe en absoluto la catequesis de los niños, aunque hasta los cánones la ordenan. Entre nosotros, los pastores y ministros de las iglesias están obligados a instruir públicamente a los jóvenes y a escucharlos[299] y esta ceremonia produce óptimos frutos. Entre nuestros adversarios, en muchas regiones,[300] 42 no hay predicación alguna en todo el año, excepto en la Cuaresma.[301] Pero el principal culto a Dios es enseñar el evangelio.

Cuando nuestros adversarios predican, hablan de las tradiciones humanas, del culto a los santos[302] y de otras bagatelas que con razón fastidian al pueblo, con el resultado de que se quedan solos en cuanto se ha leído el texto del evangelio.[303] Algunos, los mejores, empiezan ahora a hablar de las buenas obras, pero nada dicen de la justicia de la fe, de la fe en Cristo, del consuelo de las conciencias. Es más: Esta parte salubérrima del evangelio la desacre-

---

298. En el original: *pròs tò euphemóteron'*. BSLK, p. 304, nota 1: *im besten Sinne* («en el mejor sentido»).

299. I.e. hacerlos recitar lo que han aprendido.

300. Justus Jonas: «En muchos países, como por ejemplo, en Italia y en España, etc.».

301. BSLK, p. 305, nota 1 dice que esto vale sólo para las zonas rurales. Para referencias bibliográficas remite a Schian, RE, 3ª ed., XV, 652. XXIII, 338 y sigte.

302. Justus Jonas añade: «De agua bendita».

303. Agregado de Justus Jonas: «Esto [de que el pueblo abandonaba la iglesia después de la lectura del evangelio] tal vez se haya originado en el hecho de que la gente no quería escuchar las otras mentiras».

43 ditan con palabras ultrajantes.[304] Por el contrario, en nuestras iglesias todos los sermones están centrados en estos temas: Arrepentimiento, temor de Dios, fe en Cristo, justicia de la fe, consuelo de las conciencias por medio de la fe, ejercitación de la fe, la oración, cómo debe ser, y que debemos tener la certeza de que es eficaz, que la oración es escuchada; además se habla de la cruz, la dignidad de los gobernantes y de todas las ordenanzas civiles, de la distinción entre el reino de Cristo o reino espiritual, y los asuntos civiles, del matrimonio, de la educación e instrucción de los niños, de la castidad, y de

44 todos los deberes del amor. A base de este estado de cosas en nuestras iglesias, cualquiera puede darse cuenta de que nosotros conservamos con diligencia las ceremonias piadosas, la disciplina y las buenas costumbres eclesiásticas.

45 Sobre la mortificación de la carne y la disciplina del cuerpo enseñamos, como lo declara nuestra Confesión,[305] que la mortificación verdadera y no fingida se verifica por la cruz,[306] y por las aflicciones con que Dios nos ejercita. En ellas se ha de acatar la voluntad de Dios, como dice Pablo (Ro. 12:1): «Presentad vuestros cuerpos en sacrificio», etc. Éstos son los ejercicios espi-

46 rituales del temor y de la fe. Pero además de esta mortificación que se hace por medio de la cruz, es también necesario cierto género de ejercicio voluntario, del que Cristo dice (Lc. 21:34): «Mirad por vosotros, que vuestros corazones no se carguen de glotonería y embriaguez». Y Pablo (1 Co. 9:27):

47 «Sino que golpeo mi cuerpo, y lo pongo en servidumbre», etc. Estos ejercicios empero han de considerarse no como cultos que justifican, sino como prácticas tendientes a someter la carne, para que no se apodere de nosotros la saciedad y nos haga seguros y ociosos, de lo que resulta que los hombres ceden a las inclinaciones de la carne y les obedecen. Y esta diligencia debe

48 ser perpetua, porque tiene un mandamiento perpetuo de Dios. Pero aquellas prescripciones detalladas en cuanto a alimentos y tiempos no contribuyen en nada al sometimiento de la carne. Pues el atenerse a ellas causa más afeminamiento y es más costoso que cualquier otro convite.[307] Y ni siquiera nuestros adversarios observan la forma prescrita en los cánones.

49 Esta cuestión de las tradiciones encierra muchas y difíciles controversias, y nosotros hemos experimentado en carne propia que las tradiciones son en verdad lazos para las conciencias. Cuando se las exige como necesarias, se convierten en un indecible tormento para las conciencias que incurren en la

---

304. Justus Jonas: «A esta bendita doctrina, el caro y santo evangelio, la llaman luterana».

305. Confesión de Augsburgo XXVI, 33 y sigtes.

306. «Cruz» en el sentido de «dolor agudo, terribles angustias».

307. Justus Jonas: *Denn man hat mit Fischen und allerlei Fastelspeise mehr Unkost und Quasserei getrieben, denn ausser der Fasten* («Pues con pescado y otras comidas de vigilia se han tenido más gastos y se han cometido más abusos que fuera del tiempo de cuaresma [o: Días de ayuno»]).

omisión de algún detalle de las observancias. Y también la abrogación tiene sus inconvenientes y sus problemas. Pero para nosotros, el caso es fácil y sencillo, pues nuestros adversarios nos condenan porque enseñamos que las tradiciones humanas no merecen remisión de pecados, y al mismo tiempo insisten en la observancia de lo que ellos llaman tradiciones universales, que consideran necesarias para la justificación. Aquí tenemos como patrono constante a Pablo, quien declara por doquier que estas observancias ni justifican ni son necesarias como agregado a la justicia y de la fe. No obstante, enseñamos que en estas cosas se debe hacer uso de la libertad de una manera tal que los inexpertos no se escandalicen y no lleguen a hacerse más hostiles a la verdadera doctrina evangélica por causa de un abuso de la libertad. Tal uso moderado de la libertad lo enseñamos también para que en los ritos usuales no se cambie nada sin causa razonable, sino que, para fomentar la concordia, se guarden las costumbres antiguas que pueden conservarse sin pecado o sin inconveniente grave. Y en esta misma asamblea,[308] nosotros hemos demostrado suficientemente que por causa del amor, estamos dispuestos a observar junto con ellos los ritos que no afecten puntos de la doctrina del evangelio, aunque tengan algún inconveniente. Porque pensamos que más que otra ventaja cualquiera, nos debe interesar la concordia pública, si es que puede conseguirse sin ofensa de las conciencias. Pero de todo este asunto hablaremos más adelante, cuando discutamos el tema de los votos y del poder eclesiástico.[309]

50

51

52

Artículo XVI. El Orden Civil

Nuestros adversarios aprueban sin objeción alguna el artículo dieciséis, en el cual declaramos que es lícito al cristiano desempeñar cargos en el gobierno, oficiar de juez conforme a las leyes imperiales u otras leyes vigentes, disponer castigos según lo determine el derecho,[310] hacer guerras justas, prestar servicio militar, hacer contratos legales, tener propiedad, prestar juramento cuando las autoridades lo requieran, contraer matrimonio—en fin que las ordenanzas civiles legítimas son buenas creaciones de Dios, y ordenaciones divinas de las que un cristiano puede usar sin correr peligro. Todo este asunto acerca de la diferencia entre el reino de Cristo y el reino civil ha sido aclarado muy satisfactoriamente en los escritos de los nuestros, en el sentido de que el reino de Cristo es espiritual, esto es, que hace que en el corazón del hombre

1

2

---

308. La Dieta de Augsburgo.

309. Artículos XXVII y XXVIII.

310. O: Imponer en forma legal castigos severos. En el original: *supplicia iure constituere.* (*Supplicium*: Suplicio, pena de muerte.) Justus Jonas: *die Übeltäter mit dem Schwert und sonst nach der Schärfe strafen* («castigar a los malhechores con la espada [pena de muerte] o de otra manera, según la gravedad del delito cometido»). Cf. CA XVI, 2.

surja el conocimiento de Dios, el temor y la fe en Dios, la justicia y la vida eterna. Y mientras tanto nos permite usar, en lo exterior, de las ordenanzas civiles legítimas de cualquier país en que vivimos, así como nos permite usar de la medicina, o de la arquitectura, la comida, la bebida, el aire, etc. El evangelio no da nuevas leyes en cuanto al régimen civil, sino que manda que se obedezcan las leyes vigentes, ya sean leyes establecidas por los gentiles o por otros, y ordena que en esta obediencia ejerzamos la caridad. Pues la actitud de Carlstadt de imponernos las leyes judiciales de Moisés era un completo disparate.[311] Sobre estas materias, los nuestros publicaron escritos tanto más numerosos por cuanto los frailes divulgaron por la iglesia gran cantidad de opiniones perniciosas. Llamaron 'sociedad evangélica' a la comunidad de bienes, y dijeron que no tener propiedad, no recurrir a la ley para defenderse, eran consejos evangélicos.[312] Estas opiniones crean una gran confusión respecto de lo que es el evangelio y el reino espiritual, y son peligrosas para la comunidad. Porque el evangelio no destruye las estructuras de la sociedad ni la familia; al contrario, las aprueba, y nos manda que obedezcamos a estas instituciones como a una ordenanza divina, no sólo por causa del castigo, sino también por causa de la conciencia.

Juliano el Apóstata,[313] Celso[314] y muchos otros reprocharon a los cristianos que el evangelio arruinaba la organización estatal, porque prohibía la defensa[315] y enseñaba otras cosas poco apropiadas para una sociedad civil. Y, cosa extraña, estas cuestiones causaron mucho dolor de cabeza a Orígenes,[316] al Nacianceno[317] y a otros, aunque pueden explicarse con suma facilidad si sabemos que el evangelio no da leyes sobre la organización civil, sino que es remisión de pecados y principio de vida eterna en los corazones de los creyentes. Y por otra parte, no sólo aprueba las organizaciones estatales exteriores, sino que también nos ordena sujetarnos a ellas (Ro. 13:1), así

---

311. Lat. *Carolostadius* = oriundo de Karlstadt. Andreas Rudolf Bodenstein, de Karlstadt, en el Meno. 1480–1541. Al principio partidario de Lutero, más tarde se convirtió en su violento opositor. Respecto de lo relatado aquí por Melanchton cf. Lutero, *Contra los Profetas Celestiales* (1525), WA XVIII, 63 y sigtes.

312. En el original, *consilia*. La teología escolástica distinguía entre *consilia* (pobreza, castidad y obediencia) y *praecepta* (el Decálogo).

313. *Contra christianos* lib. II. fragm. 12, p. 237, ed. de C. J. Neumann. Juliano el Apóstata—Flavio Claudio Juliano—fue emperador romano de 361 a 363. Educado en la religión cristiana, luego se volcó al paganismo.

314. Filósofo pagano del siglo 2. De su obra *La Palabra Verdadera* se tienen amplias referencias mediante la réplica de Orígenes *Contra Celso*.

315. Lat. *vindicta* = defensa, y también venganza.

316. *Contra Celsum* VII, 59–61, II, P. 208 y sigtes. Koetschau.

317. *Oratio* IV. *Contra Julianum* I, 97. MSG 35, 632. Gregorio Nacianceno (de Nacianzo, Capadocia), siglo IV, obispo de Constantinopla y uno de los teólogos más eminentes de la Iglesia Oriental.

como necesariamente estamos sujetos a las leyes de las estaciones y a las vicisitudes del invierno y del verano, como a ordenanzas divinas. La venganza que el evangelio prohíbe es la venganza privada, y esto nos lo inculca Cristo tantas veces para que los apóstoles no pensaran que debían arrebatar el gobierno de las naciones a quienes a la sazón lo estaban ejerciendo, como soñaban los judíos con respecto al reino del Mesías, sino para que supiesen que su deber era hablar del reino espiritual, no cambiar las estructuras del estado. Por eso, la venganza personal queda prohibida no por consejo, sino por mandamiento, Mateo 5:39 y Romanos 12:19. La venganza pública que ejecutan las autoridades respectivas no se desaconseja, sino que se ordena, y es obra de Dios, según Pablo, Romanos 13:4. Tales formas de venganza pública son los juicios, las penas capitales, las guerras, los piquetes empleados en apoyo de la ejecución de una orden.[318] Está a la vista lo errado que era el juicio de muchos escritores respecto de estas cuestiones; pues tenían la falsa opinión de que el evangelio es cierta forma de gobierno externa, nueva, monástica, y no vieron que el evangelio lleva a los corazones la justicia eterna, aprobando, empero, el gobierno civil en lo que concierne a las cosas exteriores.

También es una idea sin ningún fundamento que la perfección cristiana es no tener propiedad. Porque la perfección cristiana consiste no en el desprecio de las ordenanzas civiles, sino en los impulsos del corazón, en un gran temor de Dios, en una fe grande, como la de Abraham, la de David, la de Daniel, quienes con toda su riqueza y poderío no eran menos perfectos que cualquier ermitaño. Pero los frailes exhibieron ante los ojos de los hombres esa imagen hipócrita, para que, ofuscados, no pudieran ver en qué consiste la perfección verdadera. ¡Con qué alabanzas no han ensalzado la comunidad de bienes, como si fuera evangélica! Pero estas alabanzas traen consigo mucho peligro, sobre todo porque disienten en gran manera de las escrituras. Porque la escritura no manda que todas las cosas sean propiedad común. Antes bien, cuando el Decálogo dice (Ex. 20:15): «No hurtarás», destaca el derecho a la propiedad, y manda que cada cual tenga lo suyo. Evidentemente Wiclef no estaba en sus cabales cuando negaba a los sacerdotes el derecho de tener propiedad.[319] Hay infinitas controversias respecto de los contratos, acerca de los cuales las conciencias nunca pueden obtener una respuesta satisfactoria a menos que conozcan que al cristiano le es lícito usar de las ordenanzas y leyes civiles. Esta regla confiere suguridad a las conciencias, al enseñar que

---

318. Lat. *militia*. Nos pareció conveniente traducir en el sentido de Justus Jonas: *wenn man . . . des Schwerts, der Pferd und Harnisch braucht* («cuando se hace uso de la espada, los caballos y el arnés»).

319. *De ecclesia* VIII, p. 176 y sigtes. Ed. de J. Loserth, publicación de la *Wycliff Society.* Dicha sociedad editó la obra *De ecclesia* en 1886.

los contratos son lícitos ante Dios en la medida en que cuentan con la aprobación de las autoridades o de las leyes.

13 Toda esta cuestión de los asuntos civiles ha sido aclarada por los nuestros de tal modo, que muchos hombres de bien, relacionados con el que hacer público y con los negocios, han declarado que les ha sido de gran ayuda. Porque antes, atormentados como estaban por las opiniones de los frailes, se preguntaban si el evangelio les permitía ocuparse en aquellos quehaceres o negocios. Recordamos estas cosas para que también los de fuera entiendan que con este género de doctrina que nosotros practicamos, la autoridad de los magistrados y la dignidad de todas las ordenanzas civiles no sufre menoscabo, sino al contrario: Se ve fortificada. Anteriormente, la importancia de estas cosas fue obscurecida en gran manera por las fatuas opiniones monásticas, que preferían, y con mucho, la hipocresía de la pobreza y de la humildad al gobierno de la cosa pública y de la familia, pese a que para esto hay mandamientos de Dios, mientras que esa comunidad platónica no tiene mandamiento de Dios.

Artículo XVII. La Segunda Venida de Cristo para el Juicio

1 Nuestros adversarios aceptan sin reparos el artículo diecisiete, en el cual declaramos que en la consumación del mundo, Cristo retornará y resucitará a todos los muertos, y a los piadosos les dará vida eterna y gozo eterno; a los impíos empero los condenará para que juntamente con el diablo sufran tormentos sin fin.

Artículo XVIII. El Libre Albedrío

1 Nuestros adversarios aprueban el artículo dieciocho, 'El Libre Albedrío'; pero le agregan algunos testimonios que poco tienen que ver con el asunto.[320] Añaden también una declaración: Que no se le han de atribuir demasiadas facultades al libre albedrío, como hacen los pelagianos, ni se le ha de negar

---

320. La *Confutatio* (CR 27, 118 y sigtes.) cita un texto de Agustín y varios pasajes bíblicos. El texto de Agustín reza así: *Liberum arbitrium inesse hominibus, certa fide credimus et praedicamus indubitanter. Namque inhumanus est error negare liberum arbitrium in homine, quod quilibet in se ipso experitur, et toties in sacris literis asseritur.*(«Creemos con plena convicción, y lo expresamos públicamente sin asomo de dudas, que en los seres humanos existe un libre albedrío. En efecto: Es un error inhumano negar esa existencia del libre albedrío en el hombre: Cada cual se da cuenta en sí mismo de que lo posee, y las Sagradas Escrituras lo aseveran un sinnúmero de veces».) Los pasajes bíblicos son: 1 Co. 7:37; *Liber Ecclesiastici* (Libro de Jesús, hijo de Sirá) 31:10 (*Qui potiut transgredi, et non est trasngressus, facere mala, et non fecit,* «que pudo cometer una transgresión, y no la cometió; pudiendo hacer lo malo, no lo hizo»); Gn. 4:7; Is. 1:19 y sigte.; Jer. 3:5; Ez. 18:31 y sigte.; 1 Co. 15:32; 2 Co. 9:7; Mr. 14:7; Mr. 23:37.

toda libertad, a la manera de los maniqueos.[321] Muy bien dicho, en verdad, **2**
pero ¿qué diferencia hay entre los pelagianos y nuestros adversarios, toda vez
que unos y otros piensan que los hombres pueden, sin el Espíritu Santo, amar
a Dios y cumplir los mandamientos de Dios en cuanto al aspecto formal del
acto, y merecer la gracia y la justificación mediante obras que la razón realiza
por sí misma, sin el Espíritu Santo? ¡Cuántos absurdos se originaron en estas **3**
opiniones pelagianas que se enseñan con grande autoridad en las escuelas!
Siguiendo a Pablo, Agustín las refuta con toda energía. Lo que afirma Pablo
al respecto, ya lo hemos mencionado anteriormente en el artículo acerca de
la justificación. Por cierto, nosotros no decimos que la voluntad humana **4**
carezca de libertad. En efecto: La voluntad humana tiene libertad de elección
cuando se trata de obras y cosas que la razón comprende de por sí. Puede,
dentro de ciertos límites, practicar lo que llamamos justicia civil, o justicia
de las obras; puede hablar de Dios, rendir a Dios cierto culto mediante la
obra exterior, obedecer a las autoridades, a los padres. En su elección en
cuanto a la obra humana en su aspecto exterior, puede contener las manos
de cometer asesinato, adulterio, hurto. Por cuanto le quedó a la naturaleza
humana, la razón y el juicio con respecto a las cosas sujetas a los sentidos,
le quedó también la posibilidad de elegir entre estas cosas, y la libertad y
facultad de practicar la justicia civil. Pues a esta justicia civil, la escritura la
llama 'justicia de la carne': Una justicia que practica la naturaleza carnal,
esto es, la razón, por sí misma, sin el Espíritu Santo. Pero es tanta la fuerza **5**
de la concupiscencia, que los hombres obedecen con más frecuencia a los
afectos malos que al juicio recto. Y el diablo, que opera con mucha eficacia
en los impíos, como dice Pablo (Ef. 2:2), no deja de incitar a esta naturaleza
endeble a cometer toda clase de delitos. Estas son las causas por qué aun la
justicia civil es cosa rara entre los hombres. Pues vemos que ni aun los mismos
filósofos, a pesar del anhelo con que la buscaban, lograron alcanzarla. Falso **6**
es empero decir que no peca el hombre cuando, sin estar en la gracia, practica
sin embargo las obras de los mandamientos. Y es más: Añaden que esas obras
también merecen de congruo remisión de pecados y justificación. Porque de
no tener el Espíritu Santo, los corazones humanos no temen a Dios ni confían
en él; no creen que Dios los escucha, ni que les perdona, ni tampoco que les
ayuda y los protege. Por lo tanto, son impíos. Además, «no puede el árbol

---

321. *Confutatio*, CR 27, col. 118: *Nam sic catholicos convenit media via incedere, ne*
nimium tribuant libero arbitrio cum Pelagianis, neque omnem ei libertatem adimant cum impiis
Manichaeis: nam utrumque non caret vitio («A los católicos les conviene, pues, transitar por la
vía del medio: Ni atribuirle al libre albedrío demasiadas facultades, como los pelagianos, ni
tampoco negarle por completo la libertad, como los impíos maniqueos; pues tanto lo uno como
lo otro es un error»).

malo dar frutos buenos» (Mt. 7:18). Y «sin fe es imposible agradar a Dios» (He. 11:6).

7   Así pues, aun cuando concedemos al libre albedrío la libertad y facultad de hacer las obras de la ley, en lo que se refiere a su forma exterior, sin embargo no le atribuimos aquellas obras espirituales, a saber, temer verdaderamente a Dios, creer verdaderamente lo que él nos dice, tener la firme convicción de que Dios tiene cuidado de nosotros, nos oye y nos perdona, etc. Éstas son las obras auténticas de la primera tabla, que el corazón humano no puede realizar sin el Espíritu Santo, como dice Pablo (1 Co. 2:14): «El hombre natural», es decir, el hombre que sólo usa las fuerzas naturales, «no

8 percibe las cosas que son del Espíritu de Dios». Y de esto, los hombres pueden darse cuenta si consideran lo que sienten en sus corazones acerca de la voluntad de Dios, si se preguntan si realmente están seguros de que Dios cuida de ellos y los escucha. Hasta para los santos es difícil mantener viva esta fe; ni qué pensar que se la pueda encontrar en los impíos. Pero se la recibe, como hemos dicho antes, cuando los corazones aterrorizados oyen el evangelio y son consolados por el mismo.

9   Es provechoso, por lo tanto, hacer una distribución que asigna la justicia civil al libre albedrío, y la justicia espiritual a la dirección del Espíritu Santo en los que han nacido de nuevo. Pues de esta manera se conserva la disciplina exterior; porque todos los hombres deben ser conscientes de ambas cosas: Que Dios exige esta justicia civil, y que en cierto modo podemos producirla. Y queda en evidencia, no obstante, la diferencia que hay entre la justicia humana y la espiritual, entre la filosofía y la doctrina del Espíritu Santo; y se comprende la necesidad que tenemos de recibir el Espíritu Santo. Esta distinción no es un invento nuestro, sino que es una enseñanza clarísima de la Escritura. También Agustín[322] habla de ella, y hace poco la expuso en forma excelente Guillermo de París.[323] Sin embargo, la suprimieron criminalmente quienes abrigaban la idea ilusa de que los hombres pueden cumplir la ley de Dios aun sin el Espíritu Santo, y que el Espíritu Santo fue dado con la finalidad de que pueda tener lugar la consideración del mérito.[324]

---

322. Respecto del texto de Agustín vid. Confesión de Augsburgo, art. XVIII.

323. Guillermo Peraldo (m. h. 1270), *Summa de virtutibus et vitiis*. La obra fue elogiada por Geiler v. Kaisersberg como arsenal de materiales para la predicación y la doctrina ascética de la Edad Media. Cf. Martín Grabmann, *Historia de la Teología Católica*, Espasa–Calpe, S.A., Madrid, 1946, versión española de David Gutiérrez, p. 79.

324. *Ut accedat respectus meritorii*, Texto alemán: *Und als werde der heilige Geist uns Gnade geben in Ansehung unsers Verdiensts* («Y como si el Espíritu Santo nos diera su gracia en consideración a nuestro mérito»). La consideración del mérito es algo que se agrega, que se adjunta. La finalidad de la donación del Espíritu Santo es que esto acontezca. Es ésta la enseñanza que Melanchton atribuye a los autores que tiene en mente; y es, a nuestro entender, la interpretación correcta del texto. Justus Jonas lo entiende de otra manera, como lo demuestra su traducción al alemán. La interpretación de J. Pelikan (*Tappert*, p. 226) es casi idéntica a la de J. Jonas:

Artículo XIX. La Causa del Pecado

Nuestros adversarios aceptan el artículo diecinueve,[325] en el cual con-   **1**
fesamos que si bien el único y solo Dios ha creado toda la naturaleza y conserva
todo cuanto existe, la causa del pecado es la voluntad en el diablo y en los
hombres de apartarse de Dios, según lo dicho por Cristo acerca del diablo
(Jn. 8:44): «Cuando habla mentira, de suyo habla».

Artículo XX. Las Buenas Obras

Respecto del artículo veinte, nuestros adversarios dicen claramente que   **1**
rechazan y desaprueban nuestra declaración de que los hombres no merecen
remisión de pecados con sus buenas obras. Lo proclaman con entera claridad:
Este artículo lo rechazan y lo desaprueban.[326] Siendo tan manifiesto el asunto,
¿qué se puede decir al respecto? Aquí los arquitectos de la Refutación muestran   **2**
abiertamente qué espíritu los anima. Pues, ¿qué cosa más cierta puede haber
en la iglesia que ésta: Que la remisión de pecados nos llega en forma gratuita,
por causa de Cristo, y que Cristo, y no nuestras obras, es la propiciación por
nuestros pecados, como lo dice Pedro (Hch. 10:43): «De éste dan testimonio
todos los profetas, que todos los que en él creyeren, recibirán perdón de
pecados por su nombre»? Demos entonces nuestro asentimiento a esta iglesia
de los profetas, y no a esos infames autores de la Refutación, que tan impúdicamente blasfeman de Cristo. Porque si bien hubo algunos escritores a   **3**
cuyo juicio los hombres, después de remitidos sus pecados, son justos ante
Dios no por la fe, sino por las obras mismas, sin embargo no llegaron al
extremo de creer que la remisión misma de pecados se consigue en virtud de
nuestras obras, y no gratuitamente, por causa de Cristo.

No debe tolerarse, por tanto, la blasfemia de atribuir a nuestras obras el   **4**
honor que se debe a Cristo. Ya no se avergüenzan de nada estos teólogos, si
se atreven a introducir en la iglesia semejante opinión. Y no dudamos de que
si nuestro excelentísimo emperador y muchos de los príncipes hubieran estado
sobre aviso, de ningún modo habrían permitido que este pasaje quedase en
la Refutación. Podríamos citar aquí una infinidad de testimonios de la Escritura   **5**
y de los Padres. Pero en párrafos anteriores ya hemos dicho lo suficiente
acerca de este asunto. Y ninguna necesidad hay de testimonios para aquel

---

And that the Holy Spirit is given to them out of regard for the merit of this obedience («Y que
les es dado el Espíritu Santo en consideración del mérito de esta obediencia»).

325. *Confutatio*, CR 27, col. 120.

326. *Confutatio*, CR 27, 121: *In articulo vigesimo . . . unum duntaxat est quod ad Principes
et civitates pertinet, de bonis scilicet operibus, quod non mereantur remissionem peccatorum,
quod, ut superius reiectum et improbatum est, ita et nunc reiicitur et improbatur* («En el artículo
vigésimo . . . hay una sola cosa, en lo que a los Príncipes y a las ciudades se refiere, a saber:
Respecto de las buenas obras, que éstas no lo hacen a uno acreedor a la remisión de los pecados.
Esto lo hemos rechazado y desaprobado antes, y lo rechazamos y desaprobamos también ahora»).

que sabe para qué nos ha sido dado Cristo, y que sabe que Cristo es la propiciación por nuestros pecados. Isaías (53:6) dice: «El Señor cargó en él el pecado de todos nosotros». Nuestros adversarios en cambio enseñan que Dios carga nuestras iniquidades no en Cristo, sino en nuestras obras. Y no

6 tenemos ningún deseo de mencionar aquí qué obras enseñan. Vemos que se ha compuesto un decreto terrible en contra de nosotros, decreto que nos espantaría más si estuviésemos discutiendo acerca de cosas de poca monta o ambiguas. Pero como nuestra conciencia nos dice claramente que nuestros adversarios están condenando una verdad manifiesta, y que el defender esta verdad es necesario para la iglesia y aumenta la gloria de Cristo, desdeñamos sin más los terrores del mundo, y si algo tuviéremos que sufrir, lo sufriremos

7 con buen ánimo, por la gloria de Cristo y para bien de la iglesia. ¿Quién no se gozará si muere confesando estos artículos, de que conseguimos remisión de pecados gratuitamente, por la fe, por causa de Cristo, y no la merecemos

8 por nuestras obras? Ningún consuelo lo suficientemente firme tendrán las conciencias de los piadosos contra los terrores del pecado y de la muerte, y contra el diablo que los incita a caer en desesperación, a menos que sepan esto: Que deben creer que tienen perdón de pecados gratuitamente, por causa de Cristo. Esta fe sustenta y vivifica los corazones en aquella durísima lucha

9 contra la desesperación. Se trata pues de una causa digna, y en su defensa no debemos rehuir desechar todo peligro. «No cedas a los malos, sigue adelante con más audacia»,[327] cualquiera que seas que asientes a lo que nosotros confesamos, cuando nuestros adversarios intenten arrebatarte mediante terrores, torturas y suplicios un consuelo tan grande como el que ha sido presentado,

10 en este nuestro artículo, a la iglesia toda. No faltarán, a quien los busque, testimonios de la Escritura que confirmarán su ánimo. Porque Pablo, en Romanos 3:24 y 4:16, exclama «a voz en cuello», como suele decirse, que los pecados son remitidos gratuitamente, por causa de Cristo. Y por eso dice que «es por la fe que somos justificados, y por gracia; para que la promesa sea firme». Esto es: Si la promesa dependiese de nuestras obras, no sería firme. Si se nos diese remisión de pecados en virtud de nuestras obras, ¿cuándo sabríamos que la hemos alcanzado, cuándo encontraría la conciencia atemorizada una obra de la cual podría estar segura de que es suficiente para aplacar la ira de Dios? Pero ya hemos hablado anteriormente de todo este

11 asunto.[328] Válgase el lector de los testimonios allá expuestos. Porque lo indigno de la cuestión nos indujo a acusar a nuestros adversarios, más que a discutir con ellos, por cuanto con respecto a este punto dijeron tan abiertamente que desaprueban nuestro artículo de que conseguimos remisión de pecados

---

327. Virgilio, *Eneida*, VI, 95.
328. Vid. art. IV, 40 y sigtes. (De la Justificación.)

no en virtud de nuestras obras, sino por la fe, gratuitamente, por causa de Cristo.

Nuestros adversarios añaden también algunos testimonios en apoyo de su condena. Y vale la pena examinar uno que otro. Citan a Pedro (2 P. 1:10): «Procurad hacer firme vuestra vocación», etc. Ya ves, lector, que nuestros adversarios no han gastado su dinero en vano al estudiar lógica, sino que dominan el arte de inferir de las Escrituras absolutamente todo cuanto se les antoja. Procurad hacer firme vuestra vocación por medio de buenas obras: Luego, las obras merecen remisión de pecados. Brillante argumentación, por cierto, si alguien razonase de este modo respecto de un condenado a la pena capital al que se le ha indultado la pena: El magistrado te ordena que en lo sucesivo te abstengas de robar. Con esto, pues, has merecido la condonación de tu pena, porque ahora te abstienes de robar. Argumentar así es usar como fundamento un fundamento inexistente. Porque Pedro habla de obras que siguen a la remisión de pecados, y enseña por qué han de hacerse, estas obras, a saber, para que la vocación sea firme, esto es, para que no se aparten de su vocación si pecan de nuevo. Haced buenas obras, para que perseveréis en la vocación y no perdáis los dones de la vocación que habéis alcanzado, pero no en virtud de las obras que han de seguir, sino que dichos dones son retenidos por la fe. La fe no permanece en quienes pierden el Espíritu Santo, que rechazan el arrepentimiento, según lo que dijimos antes: La fe existe en el arrepentimiento.

Añaden otros testimonios, no más coherentes que los ya mencionados. Por último, dicen que esta opinión[329] ya fue condenada hace más de mil años, en tiempos de Agustín.[330] Lo cual también es totalmente falso. Porque la iglesia de Cristo siempre sostuvo que la remisión de pecados se consigue gratuitamente. Es más: Se condenó a los pelagianos porque declaraban que la gracia se concedía en virtud de nuestras obras. Por lo demás, en párrafos anteriores ya hicimos constar con suficiente claridad nuestra convicción de que donde hay fe, deben seguir también las buenas obras. «No invalidamos la ley», dice Pablo (Ro. 3:31), «sino que confirmamos la ley». Pues como por la fe recibimos el Espíritu Santo, sigue necesariamente el cumplimiento de la ley, y así crecen poco a poco el amor, la paciencia, la castidad y otros frutos del Espíritu.

12

13

14

15

---

329. I.e. la «opinión» acerca de las buenas obras expresada en la Confesión de Augsburgo.

330. *Confutatio*, CR 27, 123: *Haec autem de bonis operibus opinio etiam ante mille centum annos, tempore Augustini, damnata fuit et reprobata* («Pero esta opinión en cuanto a las buenas obras fue condenada y reprobada ya hace mil cien años, en tiempos de Agustín»).

Artículo XXI. La Invocación a los Santos

1   El artículo veintiuno lo condenan lisa y llanamente, porque no requerimos la invocación a los santos.[331] Y de ningún asunto discurren más prolijamente que de éste. Con todo, el único argumento que aportan es que a los santos hay que orarlos, y que los santos que aún viven oran por los demás hombres[332]—como si de ello se siguiese que sea necesario invocar a los santos

2   que ya murieron. Alegan a Cipriano, porque éste pidió a Cornelio, que todavía estaba en vida, que rogase por los hermanos cuando muriese.[333] Este ejemplo es para ellos una prueba en favor de la invocación a los muertos. Citan también el litigio entre Jerónimo y Vigilancio. En esta arena, dicen, hace mil cien años que Jerónimo venció a Vigilancio.[334] Y lo dicen en son de triunfo, como si ya hubiesen obtenido la victoria en esta guerra. No ven estos asnos que en el escrito de Jerónimo contra Vigilancio no hay ni una sílaba que hable de la invocación. Allí se discute acerca del honrar a los santos, no del invocarlos.[335]

3   Tampoco los demás escritores antiguos anteriores a Gregorio[336] hacen mención de tal invocación. Consta, pues, que esta invocación, y todo lo que nuestros adversarios enseñan ahora en cuanto a la aplicación de los méritos, no tiene ningún fundamento en los testimonios de los escritores antiguos.

4   Nuestra Confesión aprueba que se honre a los santos. Y en efecto: Esta honra que merece nuestra aprobación tiene tres aspectos. El primero es la acción de gracias. Debemos dar gracias a Dios porque nos ha mostrado ejemplos de su misericordia, porque nos ha manifestado que quiere salvar a los hombres, y porque ha dado a la iglesia fieles maestros y otros dones. Y todos estos dones, como son los más grandes, debemos ensalzarlos, y debemos alabar a los santos mismos que usaron de estos dones con fidelidad, así como Cristo alaba a los siervos que hicieron un buen uso de los talentos recibidos

5   (Mt. 25:21, 23). El segundo aspecto[337] es la confirmación de nuestra fe. Cuando vemos que a Pedro se le perdona el haber negado a Cristo, nos sentimos estimulados también nosotros a creer con más ahínco que la gracia

6   de veras sobrepasa con mucho al pecado (Ro. 5:20). El tercer aspecto de esta honra es la imitación, primero de la fe, y después de las demás virtudes de

7   los santos, las cuales cada uno debe emular de acuerdo con su vocación. Estas

---

331. *Confutatio*, CR 27, 123–128.

332. Lat.: *pro aliis*. Justus Jonas: *einer für den andern* («el uno por el otro»).

333. *Confutatio*, CR 27, 126. Cipriano a Cornelio, *Ep*. 60, 5. MSL 3, 863 A.

334. *Confutatio*, CR 27, 124. A comienzos del siglo V, Vigilancio, presbítero en Aquitania, atacó el culto a los mártires y a sus reliquias.

335. *Contra Vigilantium* 5, 7. MSL 23, 343. 345.

336. Gregorio I, o Magno (540–604), papa desde 590.

337. Lat. *cultus*. Justus Jonas: *Ehre* (honra).

honras verdaderas no las requieren nuestros adversarios. Tan sólo disputan acerca de la invocación, y aun cuando ésta no encerrara peligro alguno,[338] es completamente innecesaria.

Además, también admitimos lo que dicen los adversarios: Que los ángeles oran por nosotros. Porque ahí está el testimonio de Zacarías, cap. 1:12, donde un ángel ora diciendo: «Oh, Señor de los ejércitos, ¿hasta cuándo no tendrás piedad de Jerusalén?» etc. Pero distinto es el caso con los santos: Si bien concedemos que, así como en vida oran por la iglesia en general, así también en los cielos oran por la iglesia en general, lo cierto es que no hay ningún testimonio en la Escritura acerca de muertos que oren, excepto el sueño que figura en el segundo libro de los Macabeos, 15:14.[339]

Pero aun suponiendo que los santos oren muchísimo por la iglesia, no se sigue que deban ser invocados. Por otra parte, nuestra Confesión no afirma más que esto: Que la Escritura no enseña que haya que invocar a los santos, ni que les debamos pedir ayuda. Y como no puede aducirse mandamiento, ni promesa, ni ejemplo en las Escrituras sobre la invocación a los santos, se sigue que la conciencia no puede tener ninguna certeza referente a esta invocación. Pero como la oración debe provenir de la fe, ¿cómo sabremos que Dios aprueba esa invocación? ¿De dónde sacamos, sin el testimonio de la Escritura, que las oraciones de cada cual realmente llegan a los oídos de los santos? Hay quienes directamente les atribuyen divinidad a los santos, es decir, creen que los santos perciben los ocultos pensamientos de nuestras mentes. Disputan acerca de la cognición matutina o vespertina,[340] acaso porque se preguntan si nos oyen por la mañana o por la tarde. Inventan estas cosas no para honrar a los santos, sino para defender cultos lucrativos. Nada pueden aducir nuestros adversarios contra el siguiente argumento: Por cuanto la invocación a los santos no cuenta con testimonio alguno en la palabra de Dios, no es posible afirmar que los santos entienden nuestra invocación, y aun en el caso de que la entiendan perfectamente, que Dios la apruebe. Por esta razón, nuestros adversarios no debieran instarnos a considerar obligatoria una cosa tan incierta, porque una oración sin fe no es oración. Y en cuanto a eso de alegar el ejemplo de la iglesia: Es evidente que se trata de una costumbre nueva en la iglesia, pues las oraciones antiguas, si bien mencionan a los

----

338. Lat. *etiamsi nihil haberet periculi.* J. Jonas: *wenn es auch ohne Fährlichkeit der Gewissen wäre* («aun cuando no representara ningún peligro para las conciencias»).

339. 2 Macabeos 15:14. Según la terminología católica romana, un libro deuterocanónico. Vid. nota en Apología IV, 277 (nota 123). En una visión Judas Macabeo ve a Onías junto con otra figura, respecto de la cual dice Onías: *Hic est fratrum amator et populi Israel, hic est, qui multum orat pro populo et universa sancta civitate, Ieremias propheta Dei* («Este es un hombre que ama a los hermanos y al pueblo de Israel; éste es el que ora mucho por el pueblo y por toda la santa ciudad: Jeremías, el profeta de Dios»).

340. P. ej. Gabriel Biel, *Sacri canonis missae expositio* (1488), Lect. 31 CD.

santos, no los invocan; e incluso esta nueva invocación en la iglesia es otra cosa que la invocación individual.

14   Además, en el culto de los santos, nuestros adversarios no sólo requieren la invocación, sino que también transfieren los méritos de los santos a otras personas, y hacen de los santos no sólo intercesores sino propiciadores. Y esto no puede tolerarse de ningún modo, porque significaría un traslado total a los santos de una honra que tan sólo pertenece a Cristo. Pues los hacen mediadores y propiciadores, y aunque distinguen entre mediadores de intercesión y mediadores de redención, salta a la vista que convierten a los santos en mediadores de redención. E incluso esto, que son mediadores de inter-

15   cesión, lo dicen sin el testimonio de la Escritura; lo cual, aun cuando se lo diga con la mayor delicadeza, obscurece sin embargo el oficio de Cristo, y transfiere a los santos la confianza que se le debe a la misericordia de Cristo. Porque de esta suerte, los hombres imaginan que Cristo es más severo, los santos, en cambio, más fáciles de aplacar, y confían más en la misericordia de los santos que en la de Cristo, y huyendo de Cristo buscan a los santos. De esta manera hacen de ellos en realidad mediadores de redención.

16   Pasaremos a demostrar, por tanto, que realmente hacen de los santos no sólo intercesores, sino propiciadores, esto es, mediadores de redención. Y no nos referimos aquí todavía a los abusos que comete el vulgo. Hablamos de las opiniones de los doctores. Lo demás, hasta los inexpertos pueden comprenderlo.

17   Concurren en un propiciador estas dos características. Primero, es necesario que exista una palabra de Dios por la que sepamos con certeza que a los que le invocan por medio de este propiciador, Dios quiere mostrarles su misericordia y quiere escucharlos. Una promesa en este sentido existe respecto de Cristo (Jn. 16:23): «Todo cuanto pidiereis al Padre en mi nombre os lo dará». Pero acerca de los santos no existe tal promesa. De modo que las conciencias no pueden estar seguras de que somos escuchados por medio de la invocación a los santos. Por tanto, esa invocación no proviene de la fe.

18   Además, tenemos también mandamiento de invocar a Cristo, según el texto (Mt. 11:28): «Venid a mí todos los que estáis trabajados», etc. y esto ciertamente va dirigido también a nosotros. Isaías dice, en el cap. 11:10: «Acontecerá en aquel tiempo que la raíz de Isaí, la cual estará puesta por pendón a los pueblos, será buscada de las gentes». Y Salmo 45:12: «Implorarán tu favor los ricos del pueblo». Y Salmo 72:11, 15: «Todos los reyes se postrarán delante de él», y poco después, «y se orará por él continuamente». Y en Juan 5:23, Cristo dice: «Para que todos honren al Hijo como honran al Padre». Y Pablo (2 Ts. 2:16–17) dice en su oración: «Y el mismo Señor nuestro Jesucristo, y Dios nuestro Padre, . . . conforte vuestros corazones, y os confirme», etc. Pero de la invocación a los santos, ¿qué mandamiento, qué ejemplo de

las Escrituras pueden aducir nuestros adversarios? La otra característica de 19
un propiciador es que sus méritos son presentados como méritos que satisfacen
por otras personas, y son concedidos a éstas por imputación divina, para que
por ellos, dichas personas sean consideradas justas, como si los méritos fuesen
los suyos propios. Es como cuando un amigo paga una deuda por otro amigo:
El deudor se libra de esa deuda por el mérito ajeno, como si fuera el suyo
propio. Del mismo modo, nos son dados los méritos de Cristo, para que
seamos considerados justos por nuestra confianza en sus méritos, cuando
creemos en él, como si tuviéramos méritos propios.

Y de estas dos características, a saber, la promesa y la donación de los 20
méritos, nace nuestra confianza en la misericordia. Esta confianza en la promesa divina y en los méritos de Cristo debe ser parte integrante de nuestra
oración. Porque debemos estar absolutamente seguros de que por causa de
Cristo se nos escucha cuando oramos, y de que por sus méritos tenemos un
Padre reconciliado.

Y bien, en primer término, nuestros adversarios ordenan que se invoque 21
a los santos, a pesar de que no tienen para ello ni promesa de Dios, ni
mandamiento, ni ejemplo en la Escritura. Y sin embargo hacen que se tenga
más confianza en la misericordia de los santos que en la de Cristo, a pesar
de que Cristo nos ordenó venir a él, y no a los santos (Mt. 11:28). En segundo 22
lugar, aplican los méritos de los santos a otros hombres, al igual que los
méritos de Cristo, y mandan que se confíe en los méritos de los santos como
si fuésemos considerados justos en virtud de los méritos de ellos, así como
lo somos por los méritos de Cristo. Y estos no son inventos nuestros. Al 23
otorgar indulgencias dicen que están distribuyendo los méritos de los santos.
Y Gabriel, el intérprete del canon de la misa, declara muy confiadamente:
«De acuerdo con el orden establecido por Dios, debemos acogernos a los
auxilios de los santos, para que seamos salvos por sus méritos y votos.[341]
Estas son palabras de Gabriel. Y, sin embargo, en los libros y sermones de
nuestros adversarios se leen aquí y allá cosas aún más absurdas. ¿Qué es
«hacerlos propiciadores», si esto no lo es? Si hemos de creer que somos salvos
por los méritos de los santos éstos ya resultan del todo iguales a Cristo.

Pero ¿dónde instituyó Dios el orden a que se refiere Gabriel, de que 24
debemos acogernos a los auxilios de los santos? ¡Que nos muestre un ejemplo
o un mandamiento en la Escritura! Acaso se han inspirado en el orden que
rige en las cortes de los reyes, donde es menester recurrir de amigos intercesores. ¿Pero qué si un rey nombra a un intercesor determinado, y quiere
que sólo éste, y ningún otro, le presente los casos en litigio? Entonces, ya

---

341. Gabriel Biel, *Sacri canones missae expositio*, lectio 30. Vid. texto citado en BSLK,
p. 321, nota 2.

que Cristo ha sido instituido intercesor y sacerdote, ¿por qué buscamos a otros?

25   Se usa en todas partes[342] esta fórmula de intercesión: «La pasión de nuestro Señor Jesucristo, y los méritos de la santísima virgen María y de todos los santos sean para ti remisión de pecados». Aquí se pronuncia una absolución según la cual somos reconciliados y considerados justos no sólo

26   por los méritos de Cristo, sino por los méritos de otros santos. Algunos de los nuestros vieron una vez a un doctor en teología, moribundo, al cual le habían enviado un fraile teólogo para que lo confortara. Y este hombre no le repetía al moribundo más que esta fórmula deprecatoria: «Madre de gracia, protégenos del enemigo, recíbenos en la hora de la muerte».

27   Aun suponiendo que la bienaventurada virgen María ore por la iglesia, ¿acaso ella recibe a las almas en la muerte, acaso vence a la muerte, acaso nos concede la vida? ¿Qué hace Cristo, si estas cosas las hace la bienaventurada María? Aunque es digna de los más grandes honores, de ninguna manera quiere ser igual a Cristo; lo que quiere es que nosotros consideremos

28   y sigamos los ejemplos que ella nos dio. Pero la realidad misma nos muestra que en la opinión pública, la bienaventurada virgen ha suplantado por completo a Cristo. A ella invocaron los hombres, en la misericordia de ella confiaron, y por medio de ella quisieron reconciliarse con Cristo, como si Cristo

29   no fuese un propiciador, sino tan sólo un juez temible y vengador. Pero nosotros creemos que no se debe confiar en que los méritos de los santos nos sean aplicados a nosotros, ni que por causa de ellos Dios se reconcilie con nosotros, nos considere justos o nos salve. Pues sólo por los méritos de Cristo conseguimos remisión de pecados, cuando creemos en él. De los otros santos se dice (en 1 Co. 3:8): «Cada uno recibirá su recompensa según su labor», es decir, ellos no pueden comunicarse sus méritos el uno al otro, a la manera

30   como los frailes venden los méritos de sus respectivas órdenes. Hilario dice de las vírgenes fatuas: «Como no pueden las fatuas salir al encuentro del esposo por cuanto sus lámparas están apagadas, suplican a las prudentes que les presten aceite, a lo que éstas respondieron que no podían dárselo, porque quizás no habría aceite suficiente para todas, lo que quiere decir que nadie puede ser auxiliado por obras y méritos de otros, porque es necesario que cada uno compre aceite para su propia lámpara».[343]

31   Por tanto, como nuestros adversarios enseñan que hay que poner la confianza en la invocación a los santos, aunque ésta no tiene palabra de Dios

---

342. *Passim*. Puede tener también el significado de «aquí y allá». Bente–Dau (*Concordia Triglotta*, p. 349): *here and there*. J. Pelikan (*Tappert*, p. 232): *in some places*. Justus Jonas: *Es ist eine gemeine Form der Absolution bis anher gebraucht* («Es una forma común de absolución, en uso hasta ahora»).

343. *Comm. in evang. sec. Matthaeum* c. 27, 5. MSL 9, 1060 C. Mt. 25:8, 9.

ni ejemplo en la Escritura; como aplican los méritos de los santos del mismo modo como aplican los méritos de Cristo en beneficio de otros hombres, y como transfieren a los santos una honra que pertenece tan sólo a Cristo, no podemos aceptar sus opiniones sobre el culto que rinden a los santos, ni su costumbre de invocarlos. Pues sabemos que la confianza se ha de depositar en la intercesión de Cristo, porque sólo ésta tiene promesa de Dios. Sabemos que solamente los méritos de Cristo son propiciación por nosotros. Por causa de los méritos de Cristo somos considerados justos cuando creemos en él, como dice el texto, (Ro. 9:33; cf. 1 P. 2:6, Is. 28:16): «El que creyere en él, no será avergonzado». Y no debemos confiar en ser tenidos por justos por los méritos de la bienaventurada virgen o de los otros santos.

Está arraigado además entre la gente instruida el error de que a cada **32** santo se le han encomendado determinadas funciones: Ana[344] otorga riquezas, Sebastián[345] ahuyenta la peste, Valentín[346] cura la epilepsia, Jorge[347] protege a los caballeros. Y estas creencias evidentemente tienen sus raíces en los ejemplos paganos. Porque del mismo modo se creía entre los romanos que Juno enriquecía, Febris alejaba la fiebre, Cástor y Pólux protegían a los caballeros, etc. Y aun suponiendo que la invocación a los santos se enseñase **33** con la mayor cautela, ¿para qué defenderla, si es un ejemplo muy peligroso, que no tiene mandamiento ni testimonio en la palabra de Dios? Es más: Ni siquiera tiene el testimonio de los escritores antiguos. Primero, porque, como **34** ya dije, cuando la gente busca otros mediadores además de Cristo, coloca su confianza en éstos, y el conocimiento de Cristo queda totalmente borrado de su mente. Y esto lo demuestra la realidad. Parece que al principio, la mención de los santos, tal como la encontramos en las antiguas oraciones, se admitió con un propósito aceptable. Siguió después la invocación, y a la invocación siguieron abusos portentosos y más que paganos. De la invocación se pasó a las imágenes. También a éstas se les rendía culto, y se creía que había en ellas cierta virtud, tal como los magos suponen que inhieren cierta virtud a los signos zodiacales grabados en metal en un momento determinado. Hemos visto en cierto monasterio una estatua de la bienaventura da virgen, que se movía automáticamente[348] por medio de un artificio, para que pareciese que

---

344. Madre de la virgen María. Venerada como patrona de los pobres.

345. Según la leyenda, oficial de la guardia pretoriana que sufrió el martirio bajo Diocleciano.

346. Mártir romano del siglo III.

347. Guerrero capadocio, martirizado bajo Diocleciano; patrono de los Caballeros, y de Inglaterra.

348. En el original: *quasi autómaton*. H. G. Pöhlmann, *Apología*, p. 191: *das sich gleichsam von selbst durch einen Trick bewegte* («que se movía por sí misma como en forma truculenta»).

apartaba el rostro de quienes le hacían peticiones, o les daba señales de asentimiento.

35   Sin embargo, los portentos de todas esas estatuas e imágenes son superados por las historias fabulosas acerca de los santos, que se enseñaban públicamente con grande autoridad. En medio de sus tormentos, Bárbara[349] pide como premio que ninguno de los que la invocaren, tenga que morir sin haber sido confortado por la eucaristía. Otro recitó cada día el salterio completo manteniéndose sobre un solo pie. Un hombre ingenioso pintó un cuadro de Cristóbal, para dar a entender alegóricamente que los que llevan a Cristo, es decir, los que enseñan o confiesan el evangelio, necesitan tener gran fortaleza de ánimo pues han de arrostrar serios peligros. Entonces los estúpidos frailes enseñaron al pueblo a invocar a Cristóbal, como si semejante Polifemo

36   hubiera existido alguna vez.[350] Y aunque en realidad, los santos hicieron cosas importantísimas, útiles para el bien común, o cosas que pueden servir de ejemplos para la vida privada, cuyo recuerdo contribuiría mucho a la confirmación de la fe o para imitación en el manejo de los asuntos públicos, nadie se puso a investigar estos ejemplos en las historias verídicas. Y sin embargo, es muy útil oír cómo los santos varones gobernaron estados, por qué calamidades y peligros pasaron, cómo sirvieron de apoyo a los reyes circunstancias de grave peligro, cómo enseñaron el evangelio, y qué combates libraron contra los herejes. Son útiles también los ejemplos de misericordia, como cuando vemos que a Pedro se le perdona su negación, cuando vemos que a Cipriano se le perdona el haber sido mago, cuando vemos que Agustín, probado en la enfermedad, no se cansa en declarar lo poderosa que es la fe, afirmando que Dios efectivamente escucha las oraciones de los creyentes. Ejemplos de esta índole, que tienen que ver con la fe, o con el temor, o con la administración

37   de la cosa pública—éstos eran los que convenía citar. En vez de esto, ciertos histriones, desprovistos de todo conocimiento con respecto a la fe o al arte de gobernar un estado, inventaron fábulas a imitación de los poemas paganos, tan sólo hay ejemplos supersticiosos sobre determinadas oraciones, determinado ayunos, y algunas otras cosas que añadieron con el propósito de obtener ganancias por este medio. De esta clase son los milagros inventados en cuanto a los rosarios y otras ceremonias semejantes. Y no es necesario

---

349. Virgen mártir (fines del siglo II—principios del siglo III), de Nicomedia. Patrona de los artilleros y bomberos.

350. San Cristóbal es uno de los santos más populares en Oriente y en Occidente. Probablemente, un mártir del siglo III, en Asia Menor. En torno de su persona se ha tejido toda una serie de leyendas. Una de ellas explica que su nombre (Christóphoros = portador de Cristo) se debe al hecho de haber llevado a través de un río sin puente a una criatura que, llegados ambos a la otra orilla, se le reveló como el Niño Jesús. Polifemo: Según la mitología griega, un cíclope que aprisionó a Ulises y sus compañeros, y se comió a dos de ellos cada día hasta que Ulises lo cegó.

citar aquí ejemplos. Porque ahí están las «leyendas», como las llama, y los «espejos de ejemplos», y los «rosarios» en que se hallan muchas cosas parecidas a las «Narraciones verídicas» de Luciano.[351]

Estas fábulas portentosas e impías reciben el aplauso de los obispos, teólogos y frailes, porque les ayudan a ganarse el pan de cada día. Pero a nosotros, que para hacer más visible la honra y el oficio de Cristo, no requerimos la invocación a los santos y censuramos los abusos en el culto de los santos—a nosotros no nos toleran. Y aunque por todas partes los hombres de bien apelaban a la autoridad de los obispos o a la diligencia de los predicadores para corregir estos abusos, nuestros adversarios en su Refutación pasan totalmente por alto incluso vicios manifiestos, como si quisieran obligarnos, al aprobar su Refutación, a aprobar aun los abusos más notorios.

Y esa insidia en la composición de la Refutación, se manifiesta no sólo en este asunto, sino en casi todos los demás. En ningún lugar han hecho distinción entre sus abusos manifiestos y sus dogmas. Y sin embargo, los más juiciosos de entre ellos confiesan que en la doctrina de los escolásticos y de los canonistas se hallan muchas creencias falsas, y que además, la iglesia se ha visto invadida por muchos abusos a causa de la gran ignorancia y negligencia de sus pastores. Pues no fue Lutero el primero en quejarse de estos abusos públicos. Numerosos hombres doctos y excelentes habían deplorado mucho antes los abusos de la misa, la confianza en las observancias monásticas, los cultos lucrativos de los santos, la confusión en cuanto a la doctrina del arrepentimiento, acerca de la cual la iglesia debería tener la mayor claridad posible. Nosotros mismos hemos oído que teólogos eminentes deseaban que se guardara cierta moderación en la doctrina escolástica, que contiene mucho más material para discusiones filosóficas que para la piedad. En esto, sin embargo, los más antiguos todavía están más cerca de la Escritura que los más modernos. Y así, la teología de éstos ha ido degenerando cada vez más. Este y ningún otro fue el motivo por qué al principio mucha gente sincera empezó a simpatizar con Lutero: Veían que él estaba liberando las mentes de los hombres del laberinto de aquellas tan confusas y tan interminables controversias que existen entre los teólogos escolásticos y canonistas, enseñando cosas que promovían a la piedad.

Por lo tanto, nuestros adversarios no han procedido, de buena fe cuando, al solicitar nuestro asentimiento a la Refutación, pasaron en silencio estos

38

39

40

41

42

---

351. Luciano de Samosata, sofista y poeta satírico griego del siglo II. Sus dos libros de la *Historia Verídica* constituyen una novela de aventuras fantásticas (terrícolas y lunícolas trabados en lucha con los habitantes del Sol, disputándose la colonización del Lucero del Alba, etc.). Al comienzo de la obra, el autor advierte a sus lectores diciéndoles que relatará cosas que no vio, ni experimentó, ni oyó de otros, cosas que no existen ni nunca podrían haber existido, y que por lo tanto, el lector de ninguna manera deberá tomar por verídicas.

abusos. Y si deseaban el bien de la iglesia, sobre todo en este asunto y en esta ocasión, debían aconsejar a nuestro excelentísimo emperador a que tome la determinación de corregir estos abusos, pues nos consta que tiene el más sincero deseo de ver a la iglesia bien constituida y sana. Pero a nuestros adversarios no les interesa ayudar a la santísima y honestísima voluntad del

43 emperador, sino oprimirnos a nosotros todo cuanto puedan. Hay muchas señales evidentes de que se cuidan poco del estado de la iglesia. No se toman la molestia de dar al pueblo un resumen confiable de los dogmas de la iglesia. Defienden abusos manifiestos con inusitada e inaudita crueldad. No toleran en las iglesias a ningún maestro idóneo. Cualquier persona sensata puede ver fácilmente adónde nos lleva todo esto. Pero por este camino no le hacen un bien a su propia autoridad, ni a la iglesia. Porque muertos los buenos doctores, y sofocada la sana doctrina, vendrán después espíritus fanáticos[352] que nuestros adversarios no lograrán dominar, y que perturbarán a la iglesia con dogmas impíos, y trastornarán todo el régimen eclesiástico que nosotros tratamos de conservar con tanto empeño.

44 Por lo cual te pedimos, oh excelentísimo Emperador Carlos, por causa de la gloria de Cristo, la cual—de esto estamos seguros—deseas honrar y aumentar, que no asientas a los violentos propósitos de nuestros adversarios, sino que busques otros caminos honestos para establecer la concordia, de modo que no se creen cargos de conciencia a las personas piadosas ni se ejerza crueldad alguna contra hombres inocentes, como vemos que se está haciendo hasta ahora, ni se suprima en la iglesia la sana doctrina. Este servicio debes a Dios ante todo: Conservar y transmitir a la posteridad la sana doctrina y defender a los que enseñan lo correcto. Pues esto es lo que Dios exige de ti cuando honra a los reyes con su nombre, y los llama dioses, diciendo (Sal. 82:6): «Yo dije: Vosotros sois dioses», a fin de que procuren que sean conservadas y propagados en la tierra las cosas divinas, esto es, el evangelio de Cristo, y para que defiendan, como vicarios de Dios, la vida y la salud de los inocentes.

Artículo XXII. Las Dos Especies en la Cena del Señor

1 No puede caber duda de que el usar las dos especies en la cena del Señor está en conformidad con la voluntad de Dios, con la institución de Cristo, y con las palabras de Pablo. Porque Cristo instituyó ambas, y las instituyó no para una parte de la iglesia, sino para la iglesia toda. Pues no sólo los presbíteros usan del sacramento, sino que lo hace la iglesia entera, por autoridad de Cristo, no por autoridad humana. Suponemos que esto lo reconocen tam-

---

352. *Fanatici spiritus*. Texto alemán: *Rottengeister und Schwärmergeister* (= gente de espíritu faccioso y entusiasta).

bién los adversarios. Ahora bien, si Cristo instituyó el sacramento para toda 2
la iglesia, ¿por qué a una parte de la iglesia se la priva de una de las dos
especies? ¿Por qué se le prohíbe el uso de una de las especies? ¿Por qué se
cambia la ordenanza de Cristo, máxime si él mismo la llama su testamento?
Si no es lícito invalidar el testamento de un hombre, mucho menos lícito será
invalidar el testamento de Cristo. Y Pablo dice (1 Co. 11:23–24), que él 3
recibió del Señor lo que enseñó. Pero lo que había enseñado era el uso de
ambas especies, como lo muestra claramente el texto (1 Co. 11): Primero
dice refiriéndose al cuerpo: Haced esto, y después repite las mismas palabras
refiriéndose a la copa. Y en seguida agrega: «Pruébese cada uno a sí mismo,
y coma así del pan, y beba de la copa» (v. 24, 28). Estas son las palabras
del que instituyó el sacramento. Además, un poco antes dice que los que
están por usar la cena del Señor, que lo hagan todos juntos.[353] Por tanto, es 4
evidente que el sacramento fue instituido para toda la iglesia. Y este uso
perdura todavía en las iglesias griegas y en otro tiempo existió también en
las iglesias latinas, como lo atestiguan Cipriano y Jerónimo. En efecto, Jerónimo dice en su comentario sobre Sofonías:[354] «Los sacerdotes que administran la eucaristía, y distribuyen la sangre del Señor a su pueblo», etc.[355]
Lo mismo declara el Concilio de Toledo.[356] Y no sería difícil reunir gran
número de testimonios. Aquí no hay ninguna exageración; tan sólo dejamos 5
al lector sensato que determine lo que se ha de pensar acerca de la ordenanza
divina.

En su Refutación, nuestros adversarios no hacen ningún intento de 6
excusar[357] a la iglesia, a la cual se le quitó una de las especies del sacramento.
Esto habría sido propio de varones buenos y religiosos. Debía haberse buscado
una razón válida para excusar a la iglesia, y para dar explicaciones a las
conciencias a las cuales se les puede dar sólo una parte del sacramento. En
lugar de esto, ellos insisten en que es correcto prohibir el uso de la otra parte,
e imponen su veto a la distribución de ambas especies.[358] Primero se vienen 7
con el invento de que en los comienzos de la iglesia era costumbre en algunos
lugares administrar sólo una parte. Sin embargo, no pueden aducir ningún
ejemplo de tiempos antiguos para confirmar su aserto. En cambio, alegan
pasajes en los que se hace mención del pan, como Lucas 24:35, donde está
escrito que los discípulos reconocieron a Cristo cuando éste partió el pan.

353. Lat.: *simul*, simultáneamente.

354. *Comm., in Zeph.* c. 3. MSL 25.

355. *Populis eius.* H. G. Pöhlmann, *Apología*, p. 194: *ihren Gemeinden*, a sus congregaciones.

356. IV Sínodo de Toledo, 633, canon 7. *Mansi X*, 620.

357. Lat. *excusent.* Justus Jonas: *trösten oder entschuldigen* («consolar o excusar»).

358. *Confutatio*, CR 27, 127 y sigtes.

234

Citan también algunos otros pasajes acerca del partir el pan.[359] Pero aunque no nos oponemos mayormente a que algunos de estos pasajes sean tomados como referencias al sacramento, no se sigue de ellos que se distribuyera una especie sola, porque cuando se nombra una parte, se piensa también en la

8 parte restante, según la manera corriente de expresarse. Traen a colación también la comunión laica,[360] en la cual no se usaba de una especie sola, sino de ambas; y si alguna vez se manda a los sacerdotes usar de la comunión laica, esto significa que fueron destituidos del ministerio de la consagración. Esto lo saben nuestros adversarios, pero abusan de la ignorancia de los inexpertos, quienes al oír hablar de la comunión laica, inmediatamente piensan en la costumbre de nuestro tiempo actual, según la cual se da a los laicos sólo una parte del sacramento.

9 ¡Pues véase qué descaro! Entre otros motivos por los cuales no se ofrecen ambas especies, Gabriel cita también éste: Que había que establecer una diferencia entre los laicos y los presbíteros.[361] Y es muy posible que sea ésta la causa principal de la prohibición de una especie, a saber, para que así el orden sacerdotal aparezca como más prestigioso que otros tipos de vida religiosa.[362] Declaramos, por no decirlo con palabras más crudas, que esto es

10 un propósito humano, y es fácil ver hacia dónde apunta. En la Refutación se refieren también a los hijos de Elí, los cuales, después de perdido el sumo sacerdocio, pedían que les concedieran algún ministerio para que pudieran comer un bocado de pan (1 S. 2:36). Con esto, dicen, queda indicado el uso de una sola especie. Y añaden: «Así pues, también nuestros laicos deben contentarse con una parte ministerial, con una especie sola».[363] Pero relacionar el sacramento con aquella historia de los descendientes de Elí es una abierta burla por parte de nuestros adversarios. En aquel pasaje se describe el castigo de Elí. ¿Acaso querrán decir también esto: Que es por causa de un castigo que a los laicos se los priva de la otra parte del sacramento? El sacramento

---

359. Hch. 2:42, 46; 20:7. *Confutatio*, CR 27, 129 y sigte.

360. *Confutatio*, CR 27, 131: *Fuit ergo semper in ecclesia discrimen laicae communionis sub una et sacerdotalis sub utraque specie* («Pues siempre hubo en la iglesia una distinción entre la comunión laica, bajo una sola especie, y la comunión sacerdotal, bajo ambas especies»).

361. *Sacri canonis missae expositio (1488) lectio 84.*

362. *Ut dignitas ordinis religione quadam fiat commendatior.* Justus Jonas: *damit der pfaffenstand heiliger scheine gegen dem Laienstand* («a fin de que el estado sacerdotal tuviera una apariencia más santa que el estado de los laicos»).

363. *Confutatio*, CR 27, 131: *Hic clare ostendit sacra scriptura, posteros Heli ablato ab eis sacerdodio petere admitti ad unam partem sacerdotalem, ad buccelam panis. Sic ergo et nostri laici una parte sacerdotali, una specie contenti esse debent* («Aquí la Sagrada Escritura demuestra claramente que los descendientes de Elí, quitado ya de ellos el sacerdocio, pidieron ser admitidos a una parte solamente del ministerio, o sea, que puedan comer un bocado de pan. Por lo tanto, también nuestros laicos deben contentarse con una parte de lo que le corresponde al sacerdocio, es decir, con una especie sola»).

ha sido instituido para consolar y animar a las conciencias aterrorizadas, cuando creen que la carne de Cristo, entregada para la vida del mundo, es un alimento, y cuando creen que ellos, unidos a Cristo, son vivificados. Pero nuestros adversarios arguyen que a los laicos se los aparta de una de las especies por castigo. Deben conformarse con esto, nos dicen. Razón digna de un déspota. ¿Por qué habrían de conformarse? No hay que preguntar por la razón, pues todo cuanto dicen los teólogos es ley. Esta es la borra de Eck.[364] Conocemos muy bien esas bravuconadas,[365] y si quisiéramos criticarlas, no nos faltarían argumentos. Pues está a la vista lo desvergonzadas que son. Este hombre ordena, al mejor estilo de un tirano en las tragedias: Quiéranlo o no, tienen que conformarse. ¿Acaso las razones que cita excusarán en el juicio de Dios a quienes suprimen parte del sacramento y se ensañan con los hombres de bien que usan del sacramento íntegro? Si la prohibición tiene por objeto dar realce al orden sacerdotal, esta misma razón debiera impulsarnos a disentir de lo que dicen nuestros adversarios, aunque en otros aspectos estuviésemos dispuestos a consentir en su costumbre. Las diferencias entre el orden sacerdotal y el pueblo son otras, pero no es difícil adivinar por qué razón defienden con tanta tenacidad precisamente esta distinción. Pero para que no parezca que menoscabamos la verdadera dignidad de esta orden, nos ahorramos otros comentarios acerca de este plan artero.

Alegan también el peligro del derramamiento y otras cosas semejantes[366] que no tienen el peso suficiente como para cambiar la ordenanza de Cristo. Y aun suponiendo que realmente tengamos la libertad de usar de una especie o de ambas, ¿cómo puede defenderse la prohibición? Pero la iglesia no se toma la libertad de hacer de las ordenanzas de Cristo cosas indiferentes. Por nuestra parte excusamos a la iglesia que soportó este agravio, ya que no le fue posible recibir ambas especies. Pero a los autores de este mal, que sostienen que la prohibición del uso del sacramento íntegro es correcta y que no sólo siguen manteniendo dicha prohibición, sino que excomulgan y persiguen con violencia a quienes usan del sacramento íntegro—a éstos no los excusamos. Ellos verán cómo pueden dar cuentas a Dios de su manera de actuar. Y no se ha de pensar que la iglesia establece o aprueba sin más ni más todo lo que establecen y aprueban los obispos, sobre todo cuando la Escritura vaticina en cuanto a los obispos y pastores lo que Ezequiel expresa con estas palabras: «La ley se alejará del sacerdote» (Ez. 7:26).

11

12

13

14

15

16

17

---

364. En el original, *heolokrasía* (= «mezcla de heces de vino») *Ecciana*. Johann Meier de Egg (= aus Egg), llamado Eck (1486–1543), profesor de teología y vice-canciller de la Universidad de Ingolstadt, fue un tenaz adversario de Lutero. Dícese que Melanchton usó la expresión *heolokrasía Ecciana* como alusión al hecho de que Eck era bastante propenso al vino.

365. En el original: *istas Thrasonicas voces*. De Trasón, soldado jactancioso que aparece en los *Eunucos* del poeta cómico romano Terencio.

366. *Confutatio*, CR 27, 132.

Artículo XXIII. El Matrimonio de los Sacerdotes

1   A pesar de toda esa infamia del tan mancillado celibato, nuestros adversarios se atreven no sólo a defender la ley pontificia con el impío y falso pretexto del «en el nombre de Dios», sino también a aconsejar al emperador y a los príncipes que no toleren para ignominia del Imperio Romano, el

2   matrimonio de los sacerdotes. Pues estos son los términos que usan.[367] ¿Habráse leído jamás en la historia desvergüenza mayor que la de nuestros adversarios? Más adelante analizaremos los argumentos que emplean. Por de pronto sopese el lector avisado la desfachatez de estos hombres abyectos que dicen que el matrimonio causa infamia e ignominia al Imperio. ¡Como si de veras fuese un grande adorno para la iglesia esta pública infamia de libertinaje torpe y monstruoso que está en boga entre esos santos padres que se dan aires de Curios y viven en bacanales.[368] Y mucho de lo que ellos hacen con el

3   mayor desparpajo, el simple pudor prohíbe siquiera mencionarlo. Y quieren que tú, oh Emperador Carlos, defiendas con tu castísima diestra este su impúdico actuar—tú a quien hasta algunos antiguos vaticinios llaman «rey de púdica faz», pues existe acerca de ti el dicho: «Uno de rostro púdico reinará en todas partes».[369] Piden, contra la ley divina, contra el derecho de gentes, contra los cánones de los concilios, que disuelvas los matrimonios, ordenes suplicios atroces contra hombres inocentes tan sólo por causa del matrimonio, mandes matar a sacerdotes a los que aun los bárbaros tratan con la mayor reverencia, envíes al destierro a mujeres echadas de su tierra junto con sus hijos huérfanos. De este tipo son las leyes que te proponen, excelentísimo y castísimo Emperador, leyes que ninguna barbarie por inhumana y feroz que

4   fuese, podría aceptar. Pero como en tus costumbres no cabe torpeza ni crueldad alguna, esperamos que también en esta cuestión actúes para con nosotros de acuerdo con tu clemencia, sobre todo cuando sepas que para apoyar nuestra posición contamos con razones poderosísimas sacadas de la palabra de Dios, a la que nuestros adversarios oponen argumentos por demás estúpidos y vanos.

5   Y con todo eso no logran hacer una defensa seria del celibato. Ellos mismos saben cuán pocos son los que guardan la castidad. Pero pretextan una apariencia religiosa en beneficio de su dominio, para el cual consideran provechoso el celibato—pero también para que nosotros comprendamos cuán acertadamente nos advirtió Pedro que habría falsos profetas que engañarían

---

367. *Confutatio*, CR 27, 141: *Principes tolerare non debent in perpetuam Romani imperii ignominiam et infamiam, sed conforment se potius universali ecclesiae* («Los príncipes no deben tolerarlo [el matrimonio de los sacerdotes], para perpetua ignominia e infamia del Imperio Romano; antes bien deben ponerse en conformidad con la iglesia universal»).

368. *Qui Curios simulant et bacchanalia vivunt,* Juvenal, *Sat* II, 3. Curius Dentatus era considerado un dechado de severidad de costumbres y hombre de gran moderación.

369. Profecía de los *Oráculos Sibilinos* (VIII, 169 y sigte.).

a los hombres con mentiras (2 P. 2:1). Pues en toda esta cuestión, nada de lo que aportan los adversarios lo dicen, escriben o hacen con veracidad, franqueza y sinceridad, sino que de hecho luchan para conservar su dominio, que erróneamente creen en peligro, y que intentan asegurar con ese impío pretexto de piedad.

Nosotros no podemos aprobar esta ley del celibato que defienden nuestros adversarios, porque está en pugna con el derecho divino y natural, y disiente de los mismos cánones de los concilios.[370] Consta que es contraria a la fe y llena de peligro, porque ocasiona escándalos infinitos, pecados y corrupción de la moral pública. Nuestras otras controversias necesitan de alguna discusión por parte de eruditos: En ésta, el asunto es tan claro para uno y otro bando, que no hace falta discusión alguna. Tan sólo requiere un árbitro que sea un hombre de bien y temeroso de Dios. Y aunque defendemos una verdad tan manifiesta, nuestros adversarios urdieron diversas calumnias para falsear nuestros argumentos.

Primero: Génesis enseña (Gn. 1:28) que los hombres han sido creados para ser fecundos, y para que de una manera natural, un sexo atraiga al otro. Pues estamos hablando no de la concupiscencia, que es pecado, sino de aquel apetito que habría de existir en la naturaleza íntegra,[371] y que llaman «amor físico». Y este amor es verdaderamente una ordenanza divina, en cuanto a la relación entre ambos sexos. Y como esta ordenanza de Dios no puede anularse sin un acto extraordinario del mismo Dios, síguese que el derecho de contraer matrimonio no puede anularse con estatutos o votos.

Nuestros adversarios hacen de esto una interpretación falsa. Dicen que esta ordenanza regía para los primeros tiempos, para que se llenara la tierra;

6

7

8

---

370. El Concilio de Nicea (325) rechazó la tentativa de prohibir a los sacerdotes las relaciones conyugales. Sócrates, *Hist. eccl.* I, 11. MSG 67, 101 y sigtes. En *De Votis Monasticis* (1521, O.Clemen, II, 238), Lutero escribe: *Non ergo damnamus rem votorum, si quis eam cupiat sequi, sed doctrinam et praeceptum eiusdem damnamus. Actum est cum votis istis, sicut cum continentia agi cepit in Synodo Nicea, ubi, cum aliquot annis sacerdotes et episcopi vixissent coelibes sua sponte, moliebantur quidam hoc exemplum in praeceptum vertere, et deinceps ad coelibatum cogere necessitate conscientiae, adeo iam tum etiam in tam sancta Synodo fides et Evangelium defecerat et traditiones hominum invalescebant, sed restitit universo concilio unus Paphnutius, ne quicquam de coelibatu statueretur.* («En resumidas cuentas, no condenamos los votos en sí, por si alguno quisiere atenerse a ellos; pero que se los prescriba y se los convierta en preceptos, esto sí lo condenamos. Se procedió con estos votos como se comenzó a proceder con la continencia en el concilio de Nicea. En aquel entonces, sacerdotes y obispos habían llevado por algunos años una vida célibe, por propia voluntad. Esto lo aprovecharon algunos para tratar de convertir este ejemplo en precepto y luego imponer el celibato ejerciendo presión sobre la conciencia. Hasta tal grado se habían desviado ya entonces, aun en un concilio tan venerable, de la fe y del evangelio; y en tal forma iban tomando incremento las tradiciones humanas. Y fue entonces que un solo hombre, Pafnucio, se opuso al concilio entero e impidió que se tomara alguna resolución respecto del celibato» trad. en *Obras de Martín Lutero*, vol. III, p. 147/148, Ed. Paidós, Buenos Aires, 1974).

371. I.e. no mancillada por el pecado.

pero que ahora, cumplido este propósito, ya no existe ordenanza respecto del matrimonio.[372] ¡Qué juicio más sagaz! La naturaleza del hombre debe su formación a aquella palabra de Dios. Y Dios la formó para que fuese fecunda, no sólo al principio de la creación, sino mientras perdure la naturaleza de los cuerpos; de la misma manera como la tierra se hace fecunda por esta palabra (Gn. 1:11): «Produzca la tierra hierba verde». En virtud de esta ordenanza, la tierra comenzó a producir plantas, no sólo al principio, sino que todos los años los campos se vestirán de verde mientras exista esta misma naturaleza. Por tanto, así como no se puede cambiar la naturaleza de la tierra con leyes humanas, tampoco se puede cambiar la naturaleza del hombre con votos ni con una ley humana, sin una intervención extraordinaria de Dios.

9   Segundo: Siendo esta creación u ordenanza divina en el hombre un derecho natural, es muy sabio y correcto el veredicto de los jurisperitos de que la unión del varón y de la mujer es de derecho natural. Y como el derecho natural es inmutable, necesariamente tiene que quedar en pie el derecho de contraer matrimonio. Porque cuando la naturaleza no cambia, por fuerza tiene que perdurar aquella ordenanza que Dios puso en la naturaleza, y no puede

10   anularse con leyes humanas. Es ridículo, pues, y es una tontería lo que dicen nuestros adversarios, que al principio hubo una ordenanza respecto del matrimonio, pero que ahora ya no la hay. Como si dijeran: Los nacidos en épocas remotas traían consigo el sexo, pero ahora ya no lo traen. Antes traían consigo el derecho natural, pero ahora ya no. Ningún artífice[373] podría haber ideado cosa más artificiosa que estas necedades, inventadas para eludir el derecho

11   natural. Quede, en pie, pues, en nuestra discusión, lo que enseña la Escritura y lo que dice muy sabiamente el jurisperito: Que la unión del varón y de la

12   mujer es de derecho natural. Además, el derecho natural es ciertamente divino, porque es una ordenanza que Dios mismo imprimió en la naturaleza. Y como este derecho no puede cambiarse sin una intervención extraordinaria de Dios, ha de perdurar necesariamente el derecho de contraer matrimonio, porque aquella atracción entre los sexos es una ordenanza de Dios en cuanto a la

13   naturaleza de uno y otro sexo, y por ende es un derecho. Si así no fuera, ¿por qué fueron creados ambos sexos? Y como ya queda dicho hablamos no de la concupiscencia, que es pecado, sino del apetito natural que llaman «amor físico», al cual la concupiscencia no eliminó de la naturaleza, sino que lo acrecienta, de tal manera que ahora es más necesario remediarlo; y así, el matrimonio es necesario no sólo para la procreación, sino también como

---

372. CR 27, 142.

373. *Nullus Faber.* H. Bornkamm observa (BSLK, p. 336, nota 1) que se trata de una alusión a Johann Faber, uno de los autores de la *Confutatio*, más tarde obispo de Viena. El lat. *faber* es en español «artesano, artífice, fabricante».

remedio contra el pecado. Estas cosas son tan claras, y tienen un fundamento tan sólido, que no hay manera de desvirtuarlas.

Tercero: Pablo dice (1 Co. 7:2): «Pero a causa de las fornicaciones, cada **14** uno tenga su propia mujer». Esto ya es un mandato, que rige para todos los que no sean idóneos para el celibato. Nuestros adversarios exigen que se les **15** muestre un precepto que ordene a los sacerdotes casarse,[374] como si los sacerdotes no fuesen hombres.[375] Nosotros estimamos que lo que estamos discutiendo acerca de la naturaleza de los hombres en general, por cierto vale también para a los sacerdotes. ¿Acaso no tenemos en este pasaje la orden de **16** Pablo de que se casen quienes no tienen el don de la continencia? Porque Pablo se interpreta a sí mismo poco después (en el versículo 9) cuando dice: «Mejor es casarse que estarse quemando». Y Cristo dijo claramente (Mt. 19:11): «No todos son capaces de recibir esto, sino aquellos a quienes es dado». Por cuanto ahora, desde la entrada del pecado en el mundo, van juntos estos dos: El apetito natural y la concupiscencia, que enardece el apetito natural, de modo que el matrimonio ahora es más necesario que cuando la naturaleza estaba todavía libre de pecado: Por tanto, Pablo habla del matrimonio como de un remedio y por causa de aquellos ardores manda casarse. Y esta expresión: «Mejor es casarse que estarse quemando» no la puede anular ninguna autoridad humana, ninguna ley, ningún voto, porque nada de esto es capaz de eliminar la naturaleza o la concupiscencia. Por tanto, tienen **17** derecho a casarse todos cuantos experimenten aquello de 'estarse quemando'. Y el mandamiento de Pablo: «Mas a causa de las fornicaciones, cada uno tenga su propia mujer», es para todos los que no pueden de veras guardar continencia, asunto del que toca juzgar a la conciencia de cada uno.

Pero ya que aquí ordenan pedir a Dios el don de la continencia, y mandan **18** fatigar el cuerpo con duro trabajo y ayuno total,[376] ¿por qué no se aplican a sí mismos estos magníficos preceptos? Pero, como ya hemos dicho, nuestros adversarios no hacen más que bromear; no toman nada en serio. Si la con- **19** tinencia estuviese al alcance de todos, no requeriría un don especial. Pero Cristo nos enseña que sí necesita un don especial, y que por eso no está al alcance de todos. En cuanto a los demás, Dios quiere que sigan la ley común de la naturaleza, que él mismo estableció. Porque Dios no quiere que se desprecien sus ordenanzas, por él creadas. Y así desea que los hombres que no poseen el don de la continencia, sean castos de esta manera: Usando del

---

374. *Confutatio*, CR 27, 143: *Ostendant, si possint, ubi Deus praecepit sacerdotibus, ut ducant uxores* («Demuestren, si pueden, dónde Dios ordenó a los sacerdotes casarse»).

375. Observación marginal de Lutero en su ejemplar de la edición príncipe: *Et vos ostendite praeceptum, quod praecipiat sacerdotibus non licere uxores habere* («Y vosotros mostradnos un precepto en que se establece que a los sacerdotes no les es lícito tener esposa»).

376. Cr. 27, 144 y sigte.

remedio propuesto por ordenanza divina, del mismo modo como desea que conservemos nuestro cuerpo y nuestra vida, usando de la comida y de la bebida.

20 También Gerson atestigua que hubo muchas personas excelentes que se empeñaron en dominar el cuerpo, y que sin embargo tuvieron muy poco éxito con ello.[377] Por eso bien dice Ambrosio: «La virginidad sólo puede aconsejarse, pero no imponerse: Es más cuestión de deseo que de precepto».[378] Si

21 alguno objeta que Cristo alaba a quienes «se hicieron a sí mismos eunucos por causa del reino de los cielos» (Mt. 19:12), considere el tal también que Cristo alaba a quienes tienen el don de continencia, y que por eso añade: «El que sea capaz de recibir esto, que lo reciba». Pues Cristo no tiene ningún

22 agrado en una continencia inmunda. También nosotros alabamos la verdadera continencia. Pero ahora estamos discutiendo acerca de la ley,[379] y acerca de quienes no tienen el don de continencia. Este asunto debiera dejarse librado, al criterio de cada cual, sin poner trabas a los débiles por medio de esta ley.

23 Cuarto: La ley pontificia disiente también de los cánones conciliares. Porque los antiguos cánones no prohíben el matrimonio, ni disuelven los matrimonios contraídos, aunque remueven de su servicio a quienes contraen enlace estando ya en el ministerio. Y en aquellos tiempos, esta remoción era más bien un favor. Pero los cánones nuevos, elaborados no en los concilios, sino por determinación privada de los pontífices, a la vez prohíben contraer matrimonio y disuelven los ya contraídos, lo cual es proceder abiertamente contra el mandamiento de Cristo (Mt. 19:6): «Lo que Dios juntó, no lo separe

24 el hombre». En la Refutación, nuestros adversarios dicen en tono muy enérgico que el celibato fue preceptuado por los concilios.[380] Nosotros no impugnamos los decretos de los concilios, porque éstos permiten el matrimonio en ciertas circunstancias. Pero sí impugnamos las leyes que elaboraron los pontífices romanos, después de los concilios antiguos, y en contra de la autoridad de los mismos. Hasta tal punto los pontífices desprecian la autoridad de los concilios—autoridad que quieren que los demás la consideren sacro-

25 santa. Esta ley del celibato perpetuo es, pues, propia del nuevo despotismo pontificio. Y no sin razón, Daniel atribuye al reino del anticristo esta característica: El desprecio de las mujeres (11:37).[381]

---

377. *Super coelibatu* 3. II 629 C. du Pin.

378. *Exhortatio virginitatis* 3, 17. MSL 16, 356 C.

379. Acerca de la ley del celibato.

380. CR 27, 136 y sigte.

381. Dn. 11:37. *Contemptum mulierum*. Versión R–V. rev. 1960: «Del Dios de sus padres no hará caso, ni del amor de las mujeres». Algunas otras traducciones: Ni respetará al dios predilecto de las mujeres; ignorará al dios amado por las mujeres; no respetará a aquel en quien se deleitan las mujeres; o a aquel a quien las mujeres aman, i.e., Tamuz (cf. Ezequiel 8:14), divinidad asirio–babilónica, el Adonis de la mitología mediterránea.

Quinto: Aunque nuestros adversarios no defienden la ley del celibato **26** por superstición, ya que ven que no suele observarse, sin embargo, siembran ideas supersticiosas so pretexto de la religiosidad. Declaran que se exige el celibato porque es pureza,[382] como si el matrimonio fuera inmundicia o pecado, o como si el celibato fuese más merecedor de la justificación que el matrimonio. A este respecto alegan las ceremonias de la ley mosaica, diciendo **27** que como en aquella ley, los sacerdotes debían separarse de sus esposas por el tiempo que duraba su servicio sacerdotal, así también el sacerdote del Nuevo Testamento debe ser siempre continente porque siempre debe orar.[383] Esta comparación inepta se alega como prueba que obliga a los sacerdotes al celibato perpetuo; pero la verdad es que en el caso de aquellos sacerdotes se permite el matrimonio, y tan sólo se prohíben las relaciones sexuales por eltiempo que dure el servicio. Además, una cosa es orar, y otra ministrar. Los santos oraban también cuando no ejercían el ministerio público, y las relaciones conyugales no les impedían orar.

Pero responderemos en forma ordenada a estas ficciones. En primer **28** lugar, nuestros adversarios tienen que reconocer por fuerza que en los creyentes, el matrimonio no tiene nada de impuro porque es santificado por la palabra de Dios; esto es, es cosa lícita y aprobada por la palabra de Dios, como la Escritura lo atestigua con frecuencia. Cristo llama al matrimonio **29** «unión divina» al decir (Mt. 19:6): «Lo que Dios juntó». Pablo dice respecto **30** del matrimonio, los alimentos y otras cosas semejantes: «Por la palabra de Dios y por la oración es santificado» (1 Ti. 4:5), esto es, por la palabra, que da a la conciencia la garantía de que Dios aprueba el matrimonio; y por la oración, esto es, por medio de la fe, que con acciones de gracias hace uso del matrimonio como de un don de Dios. Además (1 Co. 7:14): «El marido incrédulo es santificado en la mujer», etc., esto es, el uso de las relaciones **31** conyugales es lícito y santo por causa de la fe en Cristo, como es lícito usar del alimento, etc. También (1 Ti. 2:15): «La mujer se salvará engendrando **32** hijos», etc. Si nuestros adversarios pudiesen presentar un pasaje semejante acerca del celibato, en verdad podrían cantar victoria en alta voz. Pablo dice que la mujer se salva engendrando hijos. ¿Qué podía decirse de más honroso contra la hipocresía del celibato, que aquello de que la mujer se salva por las mismas obras conyugales, por el uso del matrimonio, por dar a luz y por los demás quehaceres domésticos? ¿Pero qué quiere decir Pablo con esto? Observe el lector que se añade la fe, y que estos deberes no se alaban si no hay fe: «Si permanecieren», dice, «en la fe». Habla, en efecto, de todas las madres en general. Por eso, insiste ante todo en la fe, por la cual la mujer consigue

---

382. CR 27, 140.
383. CR 27, 138 y sigte.

remisión de pecados y justificación. Después agrega una determinada obra de su vocación, así como en cada hombre, a la fe le tiene que seguir una obra buena, propia de su vocación especifíca. Y esta obra agrada a Dios por causa de la fe. Así, los deberes de la mujer agradan a Dios, en virtud de la fe; y la mujer fiel que sirve piadosamente en tales quehaceres de su vocación esta mujer se salva.

33   Estos testimonios enseñan que el matrimonio es cosa lícita. Por lo tanto, si el término «pureza» significa lo que ante Dios es limpio y aprobado, el estado matrimonial es puro, porque fue aprobado por la palabra de Dios. Y

34   Pablo dice acerca de las cosas lícitas (Tit. 1:15): «Todas las cosas son puras para los puros», esto es, para aquellos que creen en Cristo y que son justos por la fe. Por consiguiente, como la virginidad en los impíos es inmunda, así el matrimonio en los piadosos es puro, por causa de la palabra de Dios y por la fe.

35   En segundo lugar: Si se usa correctamente la antítesis «pureza–concupiscencia», pureza significa limpieza de corazón, es decir, concupiscencia mortificada, porque la ley no prohíbe el matrimonio, sino la concupiscencia, el adulterio, la prostitución. Resulta entonces que el celibato no es pureza. Porque puede haber mayor pureza en un casado, como en Abraham y Jacob, que en muchos que son continentes, y lo son de verdad.

36   Finalmente: Si entienden que el celibato es pureza porque es más merecedor de justificación que el matrimonio, nos oponemos con la mayor energía. Porque somos justificados no en virtud de la virginidad ni en virtud del matrimonio, sino gratuitamente, por causa de Cristo, cuando creemos que

37   por causa de él tenemos un Dios propicio. Aquí exclamarán tal vez que equiparamos el matrimonio con la virginidad, tal como lo hizo Joviniano.[384] Pero por esos clamores no abandonaremos la verdad en cuanto a la justicia

38   de la fe que expusimos en párrafos anteriores. Y tampoco equiparamos el matrimonio con la virginidad. Porque así como un don aventaja a otro don— la profecía aventaja a la elocuencia, la ciencia militar aventaja a la agricultura, la elocuencia aventaja a la arquitectura—así también la virginidad es un don

39   más excelente que el matrimonio. Sin embargo, así como el orador no es más justo ante Dios por causa de la elocuencia que el arquitecto por causa de la arquitectura, tampoco una persona virgen es más merecedora de la justificación por su virginidad que el cónyuge por sus obligaciones conyugales, sino que cada uno debe servir fielmente con el don que le es propio y creer que obtiene remisión de pecados, por causa de Cristo, mediante la fe, y por la fe es considerado justo ante Dios.

40   Ni Cristo ni Pablo ensalzan la virginidad porque sea causa de justifi-

---

384. Vid. secc. 67, nota 401.

cación, sino porque es más expedita y menos sujeta a distracciones con ocupaciones domésticas cuando se ora, se enseña y se sirve a Dios. Por eso dice Pablo (1 Co. 7:32): «El soltero tiene cuidado de las cosas que son del Señor». A la virginidad se la ensalza, pues, por causa de la meditación y del estudio. Y así, Cristo no alaba simplemente a quienes a sí mismos se hicieron eunucos, sino que añade: Por causa del reino de los cielos (Mt. 19:12) esto es, porque cuentan con más libertad para aprender y enseñar el evangelio. Nada dice de que la virginidad consiga remisión de pecados o salvación.

En cuanto a los ejemplos de los sacerdotes levíticos, ya hemos demos- **41** trado que no constituyen prueba de que sea necesario imponer a los sacerdotes celibato perpetuo. Además, no debe transferirse a nosotros lo que motivó las ceremonias de purificación levíticas. En aquel entonces, las relaciones conyugales que se mantenían en contra de las disposiciones de la ley, se consideraban impurezas. Pero ahora no lo son, porque Pablo dice (Tit. 1:15): «Todas las cosas son puras para los puros». El evangelio nos libra por tanto de lo que para los levitas eran impurezas. Y si alguno defiende el celibato **42** con el propósito de gravar las conciencias con esas observancias levíticas, debemos oponernos a él como los apóstoles se opusieron a quienes exigían la circuncisión y se empeñaban en imponer a los cristianos la ley de Moisés, Hechos 15:10.

Sin embargo, las personas sensatas sabrán tener bajo control sus rela- **43** ciones maritales, sobre todo si desempeñan cargos públicos, porque éstos a veces obligan, a quienes los desempeñan a conciencia, a una actividad tan intensa que alejan de su mente todo pensamiento en la vida del hogar. Y estas personas saben también que Pablo manda «tener su vaso en santidad y honor»[385] (1 Ts. 4:4). Y saben además que a veces hay que abstenerse para consagrarse a la oración. Pero es sabido que Pablo no habla de una abstinencia permanente (1 Co. 7:5). Una continencia de esta índole es fácil para personas **44** sensatas y muy atareadas. Pero aquella multitud enorme de sacerdotes ociosos que se encuentra en las órdenes monásticas, no puede observar, en esa vida regalada, ni siquiera la continencia levítica, como queda demostrado por los hechos. Son conocidas las palabras del poeta: «El niño acostumbrado a la desidia odia a los que trabajan», etc.[386]

Muchos herejes, entendiendo mal la ley de Moisés, expresaron opiniones **45** injuriosas respecto del matrimonio, a la par que sintieron una admiración

---

385. 1 Ts. 4:4. Texto alemán: *sein Fass* («su recipiente», en alem. actual *Gefäß*). En el original griego: *tò heautou skeuos*, «su propio vaso». Puede significar «cuerpo» y «mujer», cf. 1 P. 3:7 (vaso más frágil, Versión R–V). Versión Reina–Valera: «Su propia esposa».

386. Ovidio, *Remedia amoris* 149.

especial por el celibato. Y Epifanio[387] se queja de que con su alabanza del celibato, los encratitas[388] cautivaron las mentes de los inexpertos.[389] Se abstenían del vino, aun en la cena del Señor,[390] y se abstenían de toda carne de animales, en lo que superaban a los frailes dominicos, que al menos comen pescado. Se abstenían también del matrimonio, y esto fue lo que despertó la mayor admiración. Creían que estas obras y estos ritos eran más merecedores de gracia que el uso de vino y carne, y más merecedores también que el matrimonio, que era tenido por impuro y poco agradable a Dios, aun cuando no lo condenaban del todo.

46   En su carta a los Colosenses, 2:18, Pablo discrepa totalmente de estos cultos angélicos. Pues así queda desplazado el conocimiento de Cristo, cuando los hombres creen que son puros y justos en virtud de semejante hipocresía, y queda desplazado también el conocimiento de los dones y preceptos de Dios. Porque Dios quiere que usemos de sus dones en forma piadosa. Y

47 podríamos citar ejemplos de cómo han sido severamente perturbadas algunas conciencias piadosas en virtud del uso legítimo del matrimonio. Este daño tuvo su origen en las opiniones de los frailes, que por un concepto falso de

48 religión alaban el celibato. Y no es que vituperemos la templanza o la continencia, sino que como hemos dicho antes, pensamos que los ejercicios y las mortificaciones del cuerpo son necesarios. Pero rechazamos como falsa

49 la confianza en que por ciertas observancias se llega a ser justo. Muy acertado es lo que dijo Epifanio con respecta a esas observancias: «Son loables por causa del dominio propio y de la conducta»,[391] esto es, para mantener en sujeción al cuerpo o en bien de la moralidad pública, del mismo modo como se han establecido ciertos ritos para advertencia de los inexpertos, y no porque sean cultos que confieren justicia.

---

387. Alred. de 310–403, obispo de Constancia (Chipre), la antigua Salamina, la Famagusta de los cruzados. El valor de su confuso y superficial *Panarion* (*Panarion kata pason haireseon*, i.e. «Botiquín contra todas las herejías») radica en los documentos que cita, y en las exposiciones acerca de las sectas de su tiempo. En ésta obra, el término «herejía» se toma en un sentido muy amplio. Son nada menos que ochenta, para corresponder al número de concubinas mencionado en Cnt. 6:8.

388. Según Ireneo, Eusebio y Epifanio, el fundador de la supuesta secta de los encratitas fue Taciano, autor del famoso *Diatessaron* o *Armonía de los Cuatro Evangelios*. Parece que no formaban lo que puede llamarse un grupo social, sino que existían más bien en todas partes, aislados unos de otros y ligados sólo por determinadas posiciones doctrinales. BSLK, p. 342, nota 3: *Asketische Vegetarie in den urchristlichen Gemeinden 1 Ti. 4:3 ff, spaater z. T. Vertreter gnostischer Gedanken* («Vegetarianos en las congregaciones cristianas primitivas, 1 Ti. 4:3 y sigtes., más tarde representantes, en parte, de pensamientos gnósticos»). El rechazo del matrimonio fue una de las características del gnosticismo.

389. *Panarion haer.* 46, 2, 2. II 205, 7, Holl.

390. De ahí la designación de «aquarianos». Se los llamó también *hydroparastates*, esto es, protectores (o defensores) del agua.

391. *Pan. haer.* 47, 1, b.

Sin embargo, nuestros adversarios exigen el celibato no tanto por creer **50**
en su santidad,[392] pues saben que la castidad no suele guardarse. Pero inventan
opiniones supersticiosas para engañar a los inexpertos. Por tanto, son más
dignos de reprobación que los encratitas, que parecen haber caído en error
seducidos por cierta apariencia de religiosidad. Pero estos sardanápalos[393]
cometan abusos deliberadamente so pretexto de la religión.

Sexto: Aun cuando tenemos ya tantas razones para desaprobar la ley del **51**
celibato perpetuo, cabe añadir además los peligros para las almas y los escándalos públicos que, aun cuando la ley en sí no fuese injusta, debieran
disuadir a los hombres de bien de aprobar semejante carga que llevó a la
perdición a innumerables almas.

Durante mucho tiempo, todas las personas honestas se han quejado de **52**
esta carga, ya sea por causa de ellas mismas, o por causa de otras personas
a quienes veían correr peligro, pero ningún pontífice presta oídos a estas
quejas. Y no es ningún secreto lo perjudicial que es esta ley para la moralidad
pública, y qué vicios, qué licencias más vergonzosas ha engendrado. Son
conocidas las sátiras romanas.[394] En ellas, Roma puede reconocer y leer sus
propias costumbres.

De esta manera Dios venga el desprecio de su don y de su ordenanza **53**
en quienes prohíben el matrimonio. Si se solían modificar otras leyes cuando
resultaba evidente la utilidad de un cambio, ¿por qué no se hace lo mismo
con esta ley en la cual concurren tantas razones de peso, sobre todo en estos
últimos tiempos, por las que debiera ser cambiada? La naturaleza envejece y
se debilita paulatinamente, los vicios aumentan: Tanta más razón habría para
emplear los remedios que Dios nos ha dado. Vemos qué vicio condena Dios **54**
antes del diluvio, y qué vicio censura antes de hacer caer fuego sobre las
cinco ciudades.[395] Vicios semejantes precedieron a la ruina de muchas otras
ciudades, como Síbaris[396] y Roma. En ellas se nos muestra una imagen de

---

392. En el original: *per superstitionem. Superstitio* = superstición, falsa devoción, culto
supersticioso.

393. *Illi Sardanapali.* Según la leyenda clásica, Sardanápalo fue el último rey de Asiria,
el más corrupto de los afeminados príncipes descendientes de la famosa Semíramis.

394. Referencia a los productos literarios relacionados con la fiesta de Pasquino, celebrada
anualmente entre 1504 y 1518. En dicha ocasión se fijaban en el zócalo de una antigua estatua
(a la cual el pueblo llamaba *estatua de Pasquino*, según cierto zapatero de este nombre, conocido
por su humor frívolo) diversos «pasquines» que reflejaban en forma satírica las costumbres y
los males de la época.

395. Cf. Gn. 14:2; Gn. 19; Vulgata, Liber Sapientiae 10:6: *Haec iustum a perientibus
impiis liberavit fugientem, descendente igne in Pentapolim* («Ella [la Sabiduría], en el exterminio
de los impíos, salvó al justo cuando escapaba del fuego que se abatía sobre las Cinco Ciudades»—
vers. de la Biblia de Jerusalén).

396. Antigua ciudad en la Italia Meridional, que se hizo famosa como centro de lujuria.
Fue destruida en 510 a. de C. De Síbaris viene el término «sibarita» (persona que se regala con
placeres refinados).

55   los tiempos que anunciarán el fin del mundo. Por lo tanto, sería de suma conveniencia, en este nuestro tiempo, defender el matrimonio con leyes y ejemplos severísimos, e invitar a los hombres a que se casen. Esto incumbe a los magistrados, que deben mantener la disciplina pública. Mientras tanto, los que enseñan el evangelio deben hacer estas dos cosas: Aconsejar el matrimonio a los que no tienen el don de la continencia, y exhortar a los que lo poseen, a que no desprecien este don.

56   Los papas conceden dispensas todos los días, todos los días cambian leyes buenísimas; sólo en esta ley del celibato son férreos e inexorables, cuando consta con toda certeza que esta ley es de derecho humano. Y esta

57 misma ley la exacerban ahora de muchas maneras. Hay un canon que ordena suspender a los sacerdotes que pecan:[397] estos intérpretes, poco amistosos, los suspenden, pero no del oficio, sino de los árboles. Matan cruelmente a muchos

58 hombres intachables, tan sólo por causa del matrimonio. Y estos mismos asesinatos muestran que esta ley es doctrina de demonios. Porque el diablo, siendo homicida, defiende su ley con estos homicidios.

59   Sabemos que existe un cierto malestar por motivo de un cisma,[398] porque se piensa que nos hemos separado de aquellos a quienes se considera los obispos ordinarios. Pero tenemos la conciencia enteramente tranquila, porque sabemos que con todo el interés que tenemos en restablecer la concordia, no podemos aplacar a nuestros adversarios a menos que rechacemos la verdad manifiesta, y luego nos pongamos de acuerdo con estos hombres en el deseo de defender esta ley injusta, disolver matrimonios ya contraídos, matar a los sacerdotes que no se someten, y enviar al destierro a pobres mujeres junto con sus niños huérfanos. Pero como es seguro que esta situación no es del agrado de Dios, no nos duele para nada el no estar haciendo causa común con los adversarios en la matanza de tanta gente.

60   Hemos expuesto las razones por las cuales no podemos, en buena conciencia, estar de acuerdo con nuestros adversarios, que defienden la ley pontificia del celibato perpetuo; pues esta ley está en pugna con el derecho natural, disiente de los mismos cánones, es supersticiosa y llena de peligro; y finalmente, porque todo ese asunto es una invención forjada por los hombres. Se trata de una ley que fue impuesta no por motivos religiosos, sino con el objeto de ejercer dominio, y para esto se vienen con el impío pretexto de la religión. Y nadie que esté en su sano juicio podrá aducir algo en contra de estas

61 solidísimas razones nuestras. El evangelio permite el matrimonio a quienes lo necesitan. Por otra parte, no obliga al matrimonio a quienes desean guardar

---

397. El canon 11 del VI Sínodo Romano, el sínodo cuaresmal de 1079. BSLK (p. 344, nota 1) da como fecha el año 1078.

398. Respecto de «cisma» vid. Apología XXVIII, 25, nota 503.

continencia, siempre que lo hagan en verdad. Y pensamos que esta libertad debe concederse también a los sacerdotes, pues no queremos que a nadie se le obligue por la fuerza al celibato, ni que se disuelvan los matrimonios contraídos.

Al enumerar nuestros argumentos, hemos indicado también, de paso, **62** cómo los adversarios han interpretado uno y otro de ellos, y hemos deshecho sus calumnias. Ahora relataremos muy brevemente con qué razones poderosas ellos defienden esta ley. Primero, dicen que fue revelada por Dios.[399] ¡Pues **63** véase el descaro de estos charlatanes! Se atreven a afirmar que la ley del celibato perpetuo fue revelada por Dios, cuando en realidad es contraria a los testimonios manifiestos de la Escritura, que ordena que «a causa de las fornicaciones, cada uno tenga su mujer» (1 Co. 7:2), y que prohíbe asimismo disolver el matrimonio (cf. Mt. 5:32; 19:6; 1 Co. 7:27). Pablo nos revela quién habría de ser el autor de semejante ley cuando la llama «doctrina de demonios» (1 Ti. 4:1). Del mismo autor hablan también los frutos: Las tantas torpezas monstruosas y los tantos asesinatos que se cometen ahora so pretexto de esa ley.

El segundo argumento de nuestros adversarios es que los sacerdotes deben **64** ser puros, según aquel pasaje (de Is. 52:11): «Purificaos los que lleváis los utensilios del Señor». Y esa opinión la apoyan con una gran cantidad de citas. Dicho argumento, que ellos presentan como sumamente brillante, ya lo hemos rebatido en párrafos anteriores. Dijimos entonces que la virginidad sin fe no es pureza ante Dios, y que el matrimonio es puro en virtud de la fe, según el texto (Tit. 1:15): «Todas las cosas son puras para los puros». Dijimos también que las purezas exteriores y las ceremonias de la ley no deben transferirse a este asunto, porque el evangelio requiere pureza de corazón, pero no requiere las ceremonias de la ley. Y puede ocurrir que el corazón de un marido como Abraham y Jacob, que fueron polígamos, sea más puro y arda menos en deseos lascivos que el de muchas vírgenes, aun cuando sean verdaderamente continentes. Mas las palabras de Isaías: «Purificaos los que lleváis los utensilios del Señor», deben entenderse como referencia a la pureza de corazón, al arrepentimiento en su totalidad. Por otra parte, los santos sabrán **65** hasta dónde conviene moderar las relaciones matrimoniales, en lo que a su aspecto exterior se refiere, y sabrán también, como dice Pablo, «tener sus

---

399. Los confutadores se refieren a una supuesta revelación divina a Cipriano. Cf. Pseudo–Cipriano, *De singularirate clericorum* 1. CSEL 3 III, 173. *Confutatio*, CR 27, 140: *S. Martyr, Cyprianus, testatur, sibi a Domino revelatum et cum severitate iniunctum, ut Clericos studiose admoneret, ne cum feminis commune haberent domicilium. Unde continentia sacerdotalis cum sit . . . a Deo revelata . . .* («Testifica el santo mártir Cipriano que el Señor le notificó por revelación y le encargó en términos severos amonestar a los clérigos en el sentido de que no tuvieran un domicilio común con mujeres. De ahí, dado que la continencia de los sacerdotes se basa en una revelación de parte de Dios . . .»).

66   vasos en santificación» (1 Ts. 4:4).[400] Por último: Dado que el matrimonio es puro, a los que viven en celibato y no pueden guardar continencia, con toda razón se les aconseja casarse, a fin de ser puros. Así, pues, la misma ley—«Purificaos los que lleváis los utensilios del Señor»—manda que los célibes impuros se conviertan en cónyuges puros.

67   El tercer argumento es de lo más horrible, pues afirma que el matrimonio de los sacerdotes es la herejía de Joviniano.[401] ¡Magníficas palabras! El matrimonio, una herejía: ¡He aquí un crimen enteramente nuevo! En la época de Joviniano,[402] el mundo todavía no conocía la ley del celibato perpetuo. Es por lo tanto una mentira desvergonzada afirmar que el matrimonio de los sacerdotes es la herejía de Joviniano, o que este matrimonio fue condenado

68   por la iglesia de aquel entonces. En pasajes como éste es donde se descubren los propósitos que tenían nuestros adversarios al escribir la Refutación. Pensaron que resultaría facilísimo atraer a los inexpertos si se los hacía escuchar con frecuencia la acusación de herejía, y si se los hacía creer que nuestra causa había sido rebatida y condenada por muchas decisiones anteriores de la iglesia. Eso de las decisiones de la iglesia es un falso alegato que ellos usan muy a menudo. Y como lo saben, se negaron a mostrarnos un ejemplar de su Refutación, para que no pudiésemos refutar sus desatinos y sus calum-

69   nias. En cuanto al caso de Joviniano: Ya dijimos antes qué opinamos de la comparación entre el celibato y el matrimonio.[403] No equiparamos el matrimonio a la virginidad, bien que ni la virginidad ni el matrimonio merecen la justificación.

70   Con argumentos tan débiles defienden una ley impía y perniciosa para las buenas costumbres. Con semejantes razones robustecen el ánimo de los príncipes contra el juicio de Dios, en el cual Dios mismo les pedirá las razones por qué anularon el matrimonio, por qué recurrieron a torturas, por qué asesinaron a los sacerdotes. No dudéis, pues, de que así como la sangre de Abel, muerto, clamaba al cielo (Gn. 4:10), así clama también la sangre de muchos hombres buenos a quienes injustamente se los ha tratado con crueldad. Pero Dios vengará esta saña. Y entonces veréis lo vanas que son las razones de

---

400. Vid. Apología XXIII, 43, nota 385.

401. *Confutatio*, CR 27, 141: *Et quia constat, hanc antiquam fuisse haresin Ioviniani* . . . («Y por cuanto consta que esta fue la antigua herejía de Joviniano . . . »).

402. El escritor y monje Joviniano murió a comienzos del siglo V. Su tratado, titulado *Commentarioli*, se ha perdido. En 392, Jerónimo se dedicó a refutarlo en sus dos libros *Adversus Jovinianum*. En el primer libro, Jerónimo enfoca la tesis de Joviniano que asigna al matrimonio igual valor que a la virginidad, con tal que las personas no difieran en otros aspectos. Una de las tesis que Jerónimo ataca en el segundo libro es la de que el ayunar no implica un mérito mayor que el comer con agradecimiento a Dios. Parece también que Joviniano apoyaba a Elvidio en el rechazo de la virginidad perpetua de María y en la afirmación de que Jesús tenía hermanos. Sobre Joviniano vid. también CA XXVI, 30.

403. Vid. sección 33 y sigtes.

nuestros adversarios, y que en el juicio de Dios ninguna calumnia contra la palabra de Dios ha de quedar en pie, como dice Isaías 40:6: «Toda carne es hierba, y toda su gloria como flor del campo».

Pase lo que pasare, nuestros príncipes podrán consolarse con haber ac- **71** tuado a conciencia. Pues aun en caso de que los sacerdotes hubieran procedido mal al contraer matrimonio, no obstante, aquella disolución de los matrimonios, aquellas proscripciones, aquella crueldad atentan abiertamente contra la voluntad y la palabra de Dios. Y no es que nuestros príncipes se deleiten con la innovación o la separación; sin embargo, sobre todo en una causa tan clara, correspondía dar más importancia a la palabra de Dios que a cualquier otra cosa.

Artículo XXIV. La Misa

Para comenzar, queremos recalcar de nuevo que nosotros no abolimos **1** la misa, sino que la conservamos y defendemos escrupulosamente. Porque entre nosotros se celebran misas todos los domingos y en otros días de fiestas, y se administra en ellas el sacramento a quienes lo desean recibir, después de haber sido examinados y absueltos. Se conservan asimismo las acostumbradas ceremonias públicas, el orden de las lecciones y de las oraciones, las vestiduras y otras cosas semejantes.

Nuestros adversarios se explayan sobre el uso de la lengua latina en la **2** misa, y hacen resaltar con palabras hermosas pero ineptas lo mucho que aprovecha al oyente indocto, si oye siguiendo la fe de la iglesia, una misa que no entiende.[404] Es evidente que imaginan que el mero acto de oír ya es un culto, que aprovecha aunque falte el entendimiento. No queremos hacer **3** comentarios odiosos al respecto, sino que dejamos estas cosas al juicio del lector. Tan sólo las mencionamos para advertirle de paso que también entre nosotros se conservan lecciones y oraciones en latín.

Pero como las ceremonias deben observarse tanto para que los hombres aprendan la Escritura, como para que, avisados por la palabra de Dios lleguen a tener fe y temor, y oren también—pues éstos son los fines de las ceremonias—conservamos la lengua latina a causa de los que aprenden y entienden el latín, y entremezclamos himnos en alemán para que también el pueblo

---

404. *Confutatio*, CR 27, 147 y sigte.: *Neque necessarium est, ut omnia verba missae audiat vel intelligat et etiam intelligens semper attendat. Praestant enim intelligere et attendere finem, quia missa celebratur, ut offeratur eucharistia in memoriam passionis Christi . . . . At modo catholici ab incunabilis imbibunt mores consuetudinesque ecclesiae; unde facile norunt, quid quolibet tempore in ecclesia agendum sit* («Tampoco es necesario que oiga o entienda todas las palabras de la misa, ni que, entendiéndolas, siempre preste atención. Pues lo que más importa es que dirija el entendimiento y la atención al fin para el cual se celebra la misa, a saber, para que en ella se ofrezca la eucaristía en memoria de la pasión de Cristo . . . Pero al presente, los católicos se empapan ya desde su más tierna infancia de las prácticas y costumbres de la iglesia, de modo que les resulta fácil saber qué se debe hacer en la iglesia en cualquier momento dado»).

cristiano en general tenga algo en qué instruirse, y algo que despierta su fe
y su temor de Dios.[405] Esta costumbre siempre existió en las iglesias. Pues
aunque la frecuencia con que se usaban himnos en alemán era mayor en unas
iglesias y menor en otras, sin embargo, el pueblo cantaba en casi todas partes
algo en su propia lengua. Pero en ninguna parte está escrito o indicado que
aprovecha a los hombres el mero acto de oír lecciones no entendidas o que
las ceremonias les son provechosas no porque enseñen o amonesten, sino *ex
opere operato*, por el simple hecho de que se celebran en esta forma, porque
se las tiene a la vista. ¡Fuera con estas opiniones farisaicas!

El hecho de que entre nosotros se celebra sólo misa pública o común no
implica ningún agravio a la iglesia católica.[406] Porque en las parroquias de la
iglesia griega[407] ni siquiera hoy se celebran misas privadas, sino que se celebra
una sola misa pública, y esto tan sólo los domingos o días festivos.[408] En sus
monasterios se celebra la misa todos los días, pero pública solamente. Estos
son vestigios de costumbres antiguas. En efecto: Los escritores antiguos anteriores a Gregorio[409] nunca hacen mención de misas privadas. No hablemos
por ahora de los orígenes de estas misas. Lo que consta es esto: Una vez que
habían empezado a reinar los frailes mendicantes, se produjo una proliferación
tal de misas, a raíz de ideas totalmente erradas y por el afán de lucro, que
todos los hombres sensatos deseaban ya desde hacía mucho tiempo que se
fijara un límite a este asunto. Pero si bien San Francisco[410] tuvo la muy correcta
intención de poner remedio a esta situación, estableciendo que cada convento
se contentase con una misa común por día,[411] sin embargo esto se cambió
después, por superstición o por lucro. Así, cuando les conviene, ellos mismos
cambian las cosas establecidas por los antepasados, y luego se nos vienen
con la autoridad de los antepasados. Epifanio escribe que en el Asia Menor
se celebraba la comunión tres veces por semana, y que no había misas diarias.
Y observa también que esta costumbre viene del tiempo de los apóstoles.

---

405. Vid. Lutero, *Deutsche Messe* (Misa alemana), 1526, WA XIX 80 y sigtes.; *Unterricht
der Visitatoren* (instrucción a los visitadores), 1528, CR 26, 83; WA XXVI, 230.

406. I.e. iglesia cristiana, universal. J. Jonas: *die gemeine christliche Kirchen* (la iglesia
cristiana).

407. Griega = oriental, ortodoxa.

408. Herzog–Hauck, *Realencyklopädie für protestantische Theologie und Kirche*, 3ª ed.,
XIV, 460 y sigte.

409. Gregorio Magno, 540 604.

410. Vid. Apología IV, 211, nota 100.

411. *Ep. ad capitulum generale* 3, Böhmer, *Analakten*, 2ª ed., 40, 26: *Moneo praeterea
et exhortor in Domino, ut in locis in quibus fratres morantur, una tantum missa celebretur in
die secundum formam sanctae ecclesiae* («Amonesto además, y exhorto en el Señor, que en los
lugares en que moran los hermanos, se celebre una sola misa por día según la forma de la santa
iglesia»).

Pues dice así: «Los apóstoles dispusieron que se celebrara la comunión el cuarto día, la víspera del sábado, y el día domingo».[412]

Además, aunque nuestros adversarios acumulan, en este punto, un mon- **9** tón de testimonios para probar que la misa es un sacrificio, todo ese tumulto impresionante de palabras enmudecerá cuando se pronuncie esta única respuesta: Que esta aglomeración de autoridades, de razones, de testimonios, por extensa que sea, no demuestra que la misa confiera la gracia *ex opere operato*, o que, aplicada en favor de otros, merezca para ellos remisión de los pecados veniales y mortales, de la culpa y de la pena. Esta sola respuesta echa por tierra todo cuanto nuestros adversarios nos objetan, no sólo en esta Refutación, sino en todos los escritos que han publicado acerca de la misa.

Y éste es el punto esencial de la cuestión, acerca del cual hemos de **10** advertir a nuestros lectores, del modo que Esquines[413] advertía a los jueces, diciéndoles que así como los púgiles pelean entre sí para defender su posición, así también combatiesen ellos con el adversario sobre el punto en controversia, sin permitir que éste quedara marginado de la discusión. Del mismo modo tenemos que obligar aquí a nuestros adversarios a que hablen sobre el tema propuesto. Conocido el punto esencial de la controversia, será facilísimo juzgar los argumentos de ambas partes.

Porque nosotros hemos demostrado en nuestra Confesión que a nuestro **11** entender, la cena del Señor no confiere gracia *ex opere operato*, y que, aplicada en favor de otros, vivos o muertos, tampoco merece para ellos *ex opere operato* la remisión de los pecados, de la culpa o de la pena. Y la **12** prueba clara y firme para esta posición consiste en que es imposible conseguir remisión de pecados en virtud de una obra nuestra *ex opere operato*, sino que es necesario que por la fe venzamos los terrores del pecado y de la muerte, levantando nuestros corazones con el conocimiento de Cristo, y creyendo que se nos perdona por causa de Cristo, y que se nos conceden los méritos y la justicia de Cristo, según Romanos 5:1: «Justificados por la fe, tenemos paz». Estas cosas son tan ciertas y tan seguras que pueden resistir a pie firme contra todas las puertas del infierno.

Si tan sólo hubiéramos de mencionar lo estrictamente necesario, ya po- **13** dríamos dar la causa por conclusa. Porque nadie que esté en sus cabales puede aprobar esa idea farisaica y pagana del *opus operatum*. Sin embargo, esta idea está metida en la cabeza del pueblo, y aumenta hasta el infinito el número de misas. Porque se celebran misas para aplacar la ira de Dios, y con esta obra pretenden conseguir el perdón de la culpa y de la pena, quieren alcanzar todo lo necesario en cualquier ámbito de la vida, y hasta pretenden librar a

---

412. *Haer. tom. III. De fide 22. III 52, 26 Holl.*
413. Orador ateniense del siglo IV a. de C. (hacia 389–314), rival de Demóstenes.

los muertos. Esta idea farisaica la están enseñando en la iglesia los frailes y los sofistas.

14   Pero aunque nuestra causa está ya juzgada, añadiremos algunas cosas más sobre ese asunto, ya que nuestros adversarios presentan torpemente tergiversados, una gran cantidad de pasajes de la Escritura para defender sus errores. En su Refutación abundaron en aserciones acerca del sacrificio, aunque nosotros, en nuestra Confesión, evitamos a propósito esta palabra, a causa de su ambigüedad. Expusimos qué entienden ahora con «sacrificio» aquellos cuyos abusos desaprobamos. Y como paso siguiente para enderezar los pasajes de la Escritura que ellos han torcido torpemente, tenemos que empezar ex-

15 plicando qué es sacrificio. Durante todo un decenio, nuestros adversarios publicaron un número casi infinito de volúmenes sobre el sacrificio, y hasta ahora ninguno de ellos nos ha dado una definición del sacrificio. Lo único que hacen es arrancar el vocablo «sacrificio», ya sea del contexto de las Escrituras o de los escritos de los Padres. Y después lo acomodan a sus sueños, como si «sacrificio» tuviese de veras el significado que a ellos se les antoja.

QUÉ ES SACRIFICIO Y CUÁLES SON
LAS CLASES DE SACRIFICIO

16   Dice Sócrates, en el *Fedro* de Platón, que él es muy amante de las clasificaciones, porque sin ellas nada puede explicarse ni entenderse cuando se hace una exposición; y que si descubre a alguien que sea experto en hacer clasificaciones, lo acompañará y seguirá sus huellas como si fuera un dios.[414] Y al que se dedica a la tarea de clasificar, le ordena seccionar los miembros por sus mismas articulaciones, para no hacer pedazos ningún miembro, como le ocurre al mal cocinero. Nuestros adversarios desprecian estos preceptos con asombrosa altivez, y son en verdad, según Platón, malos cocineros,[415] que destrozan los miembros del sacrificio, como podrá comprobarse cuando

17 examinemos las clases de sacrificio. Los teólogos suelen distinguir correctamente entre sacramento y sacrificio. En términos generales se podría hablar

18 de ceremonia u obra sagrada. Un sacramento es una ceremonia o una obra en que Dios nos presenta lo que ofrece la promesa que acompaña a dicha ceremonia. Así el bautismo no es una obra que nosotros ofrecemos a Dios, sino una obra en la cual Dios nos bautiza, vale decir, el ministro en representación de Dios, y en la cual Dios nos ofrece y nos muestra el perdón de los pecados, etc., según su promesa (Mr. 16:16): «El que creyere y fuere

---

414. Platón, *Fedro*, 50, 266 B.
415. Platón, *Fedro*, 49, 265 E.

bautizado, será salvo». Un sacrificio en cambio es una ceremonia o una obra que nosotros tributamos a Dios para honrarle.

Son dos las clases principales[416] de sacrificio; más no hay. Una clase es el sacrificio propiciatorio, esto es, una obra que hace satisfacción por la culpa y la pena, es decir, que reconcilia a Dios, que aplaca la ira de Dios, o que merece remisión de pecados en beneficio de otros. La otra clase es el sacrificio de acción de gracias,[417] que no está destinado a merecer remisión de pecados o reconciliación; antes bien, lo presentan los ya reconciliados para dar gracias o manifestar gratitud por la remisión de pecados concedida, y por otros beneficios recibidos.

Es de suma importancia, tanto en esta controversia como en muchas otras polémicas, no perder de vista estas dos clases de sacrificios, y se ha de poner especial empeño en que no se confundan. Si el espacio de que disponemos en este libro lo permitiese, añadiríamos las razones de esta clasificación. Porque se funda en un número suficiente de testimonios de la Epístola a los Hebreos y otros pasajes (He. 10:5–16; Éx. 32:6; 2 S. 6:17 y otros). Y todos los sacrificios levíticos los podemos ubicar en estas dos clases como en sus propios «domicilios». Porque en la ley de Moisés, a ciertos sacrificios se les llamaba propiciatorios, por su significado o por similitud, y no porque mereciesen remisión de pecados ante Dios, sino porque la merecían según la justicia de la ley, para que aquellos por quienes se hacían, no fuesen excluidos de la comunidad de Israel. Se llamaban, pues, propiciatorios por el pecado, y holocaustos por el delito. Pero aquellos otros eran sacrificios de acción de gracias: Las ofrendas, las libaciones, las retribuciones, las primicias, los diezmos.

Pero de hecho hubo en el mundo un único sacrificio propiciatorio, a saber, la muerte de Cristo, como lo enseña la Epístola a los Hebreos, que dice (He. 10:4): «La sangre de los toros y de los machos cabríos no puede quitar los pecados». Y poco después, con respecto a la voluntad de Cristo (v. 10): «En esa voluntad somos santificados mediante la ofrenda del cuerpo de Jesucristo hecha una vez para siempre». Isaías nos da una interpretación de la ley, para que sepamos que la muerte de Cristo es verdaderamente la satisfacción por nuestros pecados, o la expiación, no las ceremonias de la ley; nos dice, pues (Is. 53:10): «Cuando haya puesto su vida en expiación por el pecado, verá linaje, vivirá por largos días», etc. Porque el vocablo *asam*[418] empleado aquí, quiere decir «una víctima ofrecida por un delito» lo

---

416. *Proximae*. Justus Jonas: *fürnehmlich* (especialmente). H. G. Pöhlmann, *Apología* p. 210: *vor allem* (ante todo). J. Pelikan, *Tappert*, p. 252: *basic* (básicas).

417. En el original: *sacrificium eukharistikón*.

418. Expiación por el pecado. Justus Jonas: *Schuldopfer* («expiación por la culpa»).

que para los que vivían en los tiempos de la ley significaba que había de venir una víctima para satisfacer por nuestros pecados y reconciliar a Dios, y para que los hombres supieran que Dios quiere reconciliarse con nosotros no en virtud de nuestra justicia, sino por causa de los méritos de otro, a saber, de Cristo. Pablo interpreta esta misma palabra *asam* como «pecado» (Ro. 8:3): «A causa del pecado, condenó el pecado»,[419] esto es, castigó pecado con pecado, vale decir, con una víctima por el pecado. El significado de la palabra puede entenderse con mayor facilidad al partir de las costumbres de los gentiles, las cuales, como se ve, fueron transmitidas a raíz de una interpretación errónea de las expresiones de los Padres. Los latinos llamaban *piaculum* a la víctima que se ofrecía para aplacar la ira de Dios en ocasión de grandes calamidades, cuando Dios les parecía en extremo airado; a veces hasta sacrificaron víctimas humanas, quizás porque habían oído decir que una víctima humana habría de reconciliar con Dios a todo el género humano. Los griegos hablaban a veces de «inmundicia», y otras veces de «suciedad».[420] Así pues, Isaías y Pablo entienden que Cristo fue hecho víctima expiatoria, estos es, «piaculum», para que por sus méritos, y no por los nuestros, Dios fuese reconciliado. Quede pues esto bien claro en nuestro pleito: Sólo la muerte de Cristo es verdaderamente sacrificio propiciatorio. Porque los sacrificios propiciatorios levíticos llevaban este nombre solamente por ser señales de una expiación futura. Eran, pues, por cierta similitud, satisfacciones que redimían la justicia de la ley, para que no fuesen excluidos de la comunidad de Israel quienes habían pecado. Sin embargo, una vez revelado el evangelio tuvieron que cesar; y como tuvieron que cesar una vez revelado el evangelio, no eran verdaderamente propiciaciones, pues el evangelio fue prometido precisamente para revelarnos la verdadera propiciación.

24

25 Los demás son sacrificios de acción de gracias, llamados sacrificios de alabanza: La predicación del evangelio, la fe, la invocación, la acción de gracias, la confesión, las aflicciones de los santos—en fin, todas las obras buenas de los santos. Estos sacrificios no son satisfacciones en favor de quienes los celebran, ni son aplicables en favor de otros hombres, como algo por lo cual se merecería remisión de pecados o reconciliación *ex opere operato*. Porque son celebrados por los ya reconciliados. Y de este tipo son los sacrificios del Nuevo Testamento, como lo enseña Pedro (1 P. 2:5): «Sacerdocio santo, para que ofrezcáis sacrificios espirituales». Estos sacrificios espirituales empero están en contraposición no sólo a los sacrificios de animales, sino también a las obras humanas ofrecidas *ex opere operato*, porque «es-

26

---

419. *De peccato damnavit peccatum.*

420. *Kathármata peripsēmata*, en el original. *Katharma*, sing. = inmundicia; plur. *kathármata* = hombres viles y despreciables, dignos de castigo; lat. *piaculares*. *Peripsema* (sing.) = suciedad, lat. *sordes*. (*Dicc. Griego–Latino–Español de los Padres Esculapios*, Buenos Aires.)

piritual» se refiere a los impulsos del Espíritu Santo en nosotros. Y lo mismo enseña Pablo, Romanos 12:1: «Presentad vuestros cuerpos en sacrificio vivo, santo, agradable a Dios, que es vuestro culto racional». Pero «culto racional» significa un culto en que se conoce a Dios, se le aprehende con la mente, como acontece en los impulsos de temor y confianza para con Dios. Así, pues, contrasta no sólo con el culto levítico, en el que se sacrificaban animales, sino también con el culto en el que se pretende ofrecer una obra *ex opere operato*. Lo mismo enseña la epístola a los hebreos, 13:15: «Así que, ofrezcamos siempre a Dios por medio de él, sacrificio de alabanza», a lo que se añade la interpretación: «Fruto de labios que confiesen su nombre». Se manda, entonces, ofrecer alabanzas, esto es, invocación, acción de gracias, confesión y cosas semejantes. Y estos actos tienen su valor no *ex opere operato*, sino por la fe. A esto es a lo que apunta la frase «ofrezcamos por medio de él», esto es, por la fe en Cristo.

En suma, el culto del Nuevo Testamento es espiritual, es decir, es justicia de la fe en el corazón, y los frutos de la fe. Y por eso abroga los cultos levíticos. Cristo dice en Juan 4:23, 24: «Los verdaderos adoradores adorarán al Padre en espíritu y verdad; porque también el Padre tales adoradores busca que le adoren. Dios es espíritu; y los que adoran, en espíritu y en verdad es necesario que adoren». Esta sentencia condena claramente las ideas acerca de los sacrificios que en opinión de algunos, tienen su valor *ex opere operato*, y enseña que es necesario adorar en espíritu, esto es, con los impulsos del corazón, y con la fe. Por lo cual, también los profetas condenan, en el Antiguo Testamento, la opinión del pueblo acerca del *opus operatum*, y enseñan la justicia y los sacrificios del espíritu. Jeremías 7:22, 23: «No hablé yo con vuestros padres, ni nada les mandé acerca de holocaustos y de víctimas el día que los saqué de la tierra de Egipto. Mas esto les mandé, diciendo: Escuchad mi voz, y seré a vosotros por Dios», etc. ¿Cómo habrán recibido los judíos esta predicación, que parece pugnar abiertamente con Moisés? Porque les constaba que Dios había dado a los padres órdenes precisas acerca de holocaustos y de víctimas. Pero lo que Jeremías condena es la opinión acerca de los sacrificios que no estaba implicada en el mandamiento de Dios, a saber, que aquellos cultos lo aplacarían *ex opere operato*. Pero con respecto a la fe, el profeta añade que Dios había ordenado esto: Oídme, es decir, creedme que yo soy vuestro Dios, que quiero ser reconocido por tal, cuando me compadezco de vosotros y os concedo mi ayuda, y que no tengo necesidad de vuestras víctimas. Confiad en que yo quiero ser el Dios justificador y salvador, no en virtud de las obras, sino por causa de mi palabra y mi promesa. Pedid y esperad en mí la ayuda en verdad y de corazón.

También el Salmo 50:13, 15, que repudia las víctimas y requiere la invocación, condena la opinión del *opus operatum*: «¿He de comer yo carne

27

28

29

de toros? . . . Invócame en el día de la angustia: Te libraré y tú me honrarás».
Dicho pasaje atestigua que el verdadero culto a Dios, la verdadera honra,
consiste en esto: Si le invocamos de corazón. Lo mismo se dice en el Salmo
40:6: «Sacrificio y ofrenda no te agrada; has abierto mis oídos», esto es, me
has dado tu palabra para que la oiga, y quieres que crea a tu palabra y a tus
promesas de que realmente deseas tener compasión de mí, ayudarme, etc. Y
en el Salmo 51:16 leemos: «No te complacerás en los holocaustos. Los sacrificios a Dios son el espíritu quebrantado; al corazón contrito y humillado
no despreciarás tú, oh Dios». Además, Salmo 4:5: «Ofreced sacrificios de
justicia, y confiad en Jehová». Nos manda tener esperanza, y dice que éste
es sacrificio justo, con lo que indica que los demás sacrificios no son sacrificios
verdaderos y justos. Y Salmo 116:17: «Te ofreceré sacrificio de alabanza, e
invocaré el nombre del Señor«. A la invocación se la llama aquí un sacrificio
de alabanza.

30   Pero la Escritura está llena de tales testimonios que demuestran que los
sacrificios *ex opere operato* no reconcilian a Dios. Y por eso nos enseña que
en el Nuevo Testamento, abrogados ya los cultos levíticos, habrán de celebrarse sacrificios nuevos y puros, a saber, la fe, la oración, la acción de
gracias, la confesión y la predicación del evangelio, las aflicciones por causa
del evangelio, y cosas semejantes.

31   Y de estos sacrificios habla Malaquías (Mal. 1:11): «Desde donde el sol
nace hasta donde se pone, es grande mi nombre entre las naciones; y en todo
lugar se ofrece a mi nombre incienso y ofrenda limpia». Nuestros adversarios
fuerzan este pasaje y lo aplican a la misa, invocando para ello autoridad de
los Padres. Pero la respuesta es fácil; pues por más que en el pasaje citado
se hablase de la misa, no se seguiría que la misa justifica *ex opere operato*,
o que, aplicada a otros hombres, merece para ellos remisión de pecados, etc.
Nada dice el profeta de estas cosas que los frailes y sofistas tienen el descaro
32 de inventar. Además, las mismas palabras del profeta nos muestran cuál es
el sentido correcto. Porque primero declaran que el nombre del Señor será
grande. Y esto se hace mediante la predicación del evangelio. Porque por
esta vía se da a conocer el nombre de Cristo, y se conoce la misericorida del
Padre prometida en Cristo. La predicación del evangelio produce fe en quienes
lo aceptan. Y éstos invocan a Dios, dan gracias a Dios, sufren las aflicciones
relacionadas con la confesión de su fe, practican el bien para gloria de Cristo.
Así es como se hace grande el nombre del Señor entre las gentes. Por lo tanto,
con «incienso» y «ofrenda limpia» se tiene en vista no una ceremonia *ex opere
operato*, sino todo el conjunto de sacrificios que engrandecen el nombre del
Señor, a saber, la fe, la invocación, la predicación del evangelio, la confesión,
33 etc. Y si alguno desea que se incluya aquí la ceremonia de la misa, no tenemos
nada en contra, siempre que no piense sólo en la ceremonia en sí, ni enseñe

que la ceremonia es útil *ex opere operato*.Porque así como entre los sacrificios de alabanza, esto es, entre las alabanzas de Dios, incluimos la predicación de la palabra, así también puede ser alabanza o acción de gracias el hecho mismo de participar de la cena del Señor; pero no puede justificar *ex opere operato* ni debe ser aplicada a otros con el fin de que merezca para ellos remisión de pecados. Pero un poco más adelante explicaremos cómo hasta una ceremonia es un sacrificio. Sin embargo, como Malaquías habla de todos los cultos del Nuevo Testamento, y no sólo de la cena del Señor, y como no avala tampoco la opinión farisaica del *opus operatum*, sus palabras no afirman nada en contra de nosotros, sino que más bien nos apoyan. Porque él insiste en los cultos del corazón, por los cuales verdaderamente se agrandece el nombre del Señor.

Se cita también otro pasaje de Malaquías (Mal. 3:3): «Limpiará a los **34** hijos de Leví, los afinará como a oro y como a plata, y traerán al Señor ofrenda en justicia». Este pasaje requiere abiertamente sacrificios de los justos, por lo cual no defiende en absoluto la opinión del *opus operatum*. Mas los sacrificios de los hijos de Leví, esto es, de los que instruyen a los fieles en el tiempo del Nuevo Testamento, son la predicación del evangelio y los buenos frutos de la predicación, como lo dice Pablo en Romanos 15:16: «Ofrezco en sacrificio el evangelio de Dios, para que la ofrenda de los gentiles sea agradable, santificada por el Espíritu Santo», esto es, para que los gentiles sean hechos ofrendas agradables a Dios por la fe, etc. Porque el sacrificio sangriento de las víctimas en tiempos de la ley significaba también la muerte de Cristo y la predicación del evangelio, por la cual debe ser mortificada la vieja carne pecaminosa[421] e iniciada en nosotros una vida nueva y eterna.

Pero nuestros adversarios se empecinan por doquier en aplicar la palabra «sacrificio» a la ceremonia sola.[422] Lo referente a predicación del evangelio, a la fe, a la invocación y a otras cosas semejantes—todo esto lo omiten, cuando en realidad, la ceremonia fue instituida precisamente por estas cosas, y el Nuevo Testamento requiere sacrificios del corazón, y no ceremoniales por el pecado que haya que hacer al modo del sacerdocio levítico.

Traen a colación también el «sacrifico diario», diciendo que así la misa **35** debe ser el sacrificio diario del Nuevo Testamento.[423] Muy bien les irá a

---

421. En el original: *vetustatem carnis* («la vetustez de la carne»). Justus Jonas: *der alte Adam* («el viejo Adán, o viejo hombre»).

422. Texto en alemán: *allein auf die Ceremonien der Mess* (sólo a las ceremonias de la misa).

423. De Dn. 12:11 y Mt. 24:15, la *Confutatio* (cf. CR 27, 152) infiere: *Juge ergo sacrificium Christianorum in adventu abominationis, id est Antichristi, cessabit universaliter, sicut iam in aliquibus ecclesiis cessat particulariter. Et sic sedebit in loco desolationis, quando videlicet ecclesiae erunt desalatae, in quibus non canuntur horae canonicae, missae non celebrantur, nulla dispensabuntur sacramenta, nulla erunt altaria, nullae sanctorum imagines, nullae can-*

nuestros adversarios si permitimos que nos confundan con alegorías. Pero es evidente que las alegorías no constituyen pruebas firmes. Aunque a la verdad, nosotros estamos dispuestos a aceptar que la misa se entienda como un sacrificio diario, siempre que se piense en la misa completa, esto es, la ceremonia junto con la predicación del evangelio, la fe, y la acción de gracias. Porque todas estas cosas, unidas y en conjunto constituyen el sacrificio diario del Nuevo Testamento, ya que la ceremonia ha sido instituida precisamente por causa de estas cosas, y no se la debe separar de ellas. Por eso dice Pablo (1 Co. 11:26): «Todas las veces que comiereis este pan, y bebiereis esta copa, la muerte del Señor anunciáis hasta que él venga». Pero de este modelo [424] levítico no se sigue de ningún modo que una ceremonia sea obra que justifica *ex opere operato*, o que se la tenga que aplicar a otros hombres a fin de que merezca para ellos remisión de pecados, etc.

36

Y mirado más de cerca, aquel «tipo» del sacrificio diario representa en forma muy apropiada no sólo la ceremonia, sino también la predicación del evangelio. En Números 28:4, 5, se distinguen tres partes en este sacrificio diario: El holocausto del cordero, la libación, y la ofrenda de la harina. La ley tenía cuadros o «sombras» de cosas futuras. Por tanto, en esta escena está representado Cristo y todo el Nuevo Testamento. El holocausto del cordero significa la muerte de Cristo. La libación significa que en todas partes en el mundo entero, los creyentes son rociados con la sangre de aquel cordero, mediante la predicación del evangelio, como dice Pedro: «En santificación del Espíritu, para obedecer y ser rociados con la sangre de Jesucristo» (1 P. 1:2). La oblación de la flor de harina significa la fe, la oración y la acción de

37

gracias en los corazones. Entonces, como en el Antiguo Testamento se nos muestra la «sombra», en el Nuevo Testamento se ha de buscar la realidad misma tipificada por aquella sombra, y no otro tipo considerado suficiente para el sacrificio.

38

Y así, aunque la ceremonia conmemora la muerte de Cristo, por si sola no es sacrificio diario: La conmemoración misma es el sacrificio diario, esto es, la predicación y la fe que de veras cree que Dios ha sido reconciliado por la muerte de Cristo. Se requiere la libación, esto es, el efecto de la predicación, para que, rociados con la sangre de Cristo por medio del evangelio, seamos

---

delae, nullus ornatus («Por lo tanto, con el advenimiento de la abominación, esto es, del anticristo, el sacrificio diario presentado por los cristianos cesará en todas partes, como ya cesa en algunas iglesias en particular. Y así quedará detenido (o: *se sentará*, lat. *sedebit*) en el lugar de la desolación, a saber, cuando fueren desoladas las iglesias, en las cuales ya no se cantan las horas canónicas, no se celebran misas, no se administrarán sacramentos, no habrá altares ni imágenes de santos ni velas ni ornamentos»).

424. En el original *typus* tipo, molde, forma, figura, imagen (*Dicc. de la Lengua Latina*, L. Maschi, Pbro. S., Edit. APIS, Rosario, Arg.).

santificados, mortificados y vivificados. Se requieren también las oblaciones, esto es, acciones de gracias, confesiones y aflicciones.

Rechazada de este modo de farisaica opinión del *opus operatum*, entendamos con «sacrificio diario» el culto espiritual y el sacrificio diario del corazón, porque en el tiempo del Nuevo Testamento debe buscarse el cuerpo[425] de los bienes que Dios nos da: El Espíritu Santo, la mortificación y la regeneración. De todo esto se infiere claramente que el tipo del sacrificio diario no es ningún argumento en contra de nosotros, sino antes bien a favor nuestro porque nosotros requerimos que permanezcan en vigencia todas las partes significadas por el sacrificio diario. Nuestros adversarios están muy equivocados con su idea de que el significado abarca sólo la ceremonia, y no también la predicación del evangelio, la mortificación y la regeneración del corazón, etc.

A base de lo antes dicho, los hombres de corazón piadoso podrán convencerse ahora fácilmente de que es del todo infundado el reproche que se nos hace de haber abolido el sacrificio diario. La experiencia pone de manifiesto quiénes son esos Antíocos[426] que ostentan el poder en la iglesia, quienes pretextando la religión se arrogan el gobierno del mundo, y, con total abandono del cuidado por la religión y la enseñanza del evangelio, ejercen su dominio, guerrean cual reyes del mundo, después de haber implantado nuevos cultos en la iglesia. Porque en la misa, nuestros adversarios retienen sólo la ceremonia, y la manejan abiertamente con fines de un sacrílego lucro. Y después quieren hacer creer que esta obra, aplicada en beneficio de otros, merece para estos beneficiarios la gracia y toda suerte de bienes. En sus sermones no enseñan el evangelio, no consuelan las conciencias, no muestran que los pecados se perdonan gratuitamente, por causa de Cristo, sino que proponen el culto a los santos, satisfacciones humanas, tradiciones humanas, y afirman que por medio de ellas los hombres son justificados ante Dios. Y aun cuando algunas de estas tradiciones son manifiestamente impías, las defienden por la fuerza. Y un predicador que quiere hacer gala de ser más erudito, se explaya sobre temas filosóficos que ni el pueblo ni los mismos que los proclaman logran entender. Por último, los que son más tolerables enseñan la ley, pero nada dicen de la justicia de la fe.

En su Refutación, nuestros adversarios hacen un drama conmovedor con la desolación de los templos, es decir, porque los altares están sin adornos,

39

40

41

42

43

44

---

425. I.e. el «cuerpo» en contraste con la «sombra», cf. Col. 2:17.

426. Antíoco IV Epífanes, de Siria (siglo II a. de C.) saqueó el templo de Jerusalén e intentó introducir el culto a Zeus en lugar del culto judaico. Cf. 1 Macabeos 1:57 y sigtes.

45 sin luces, sin estatuas.[427] Estas bagatelas constituyen, en opinión de ellos, el ornato de las iglesias. Daniel apunta a una desolación muy distinta (Dn. 11:31; 12:11), a saber, la ignorancia en cuanto al evangelio. Porque el pueblo, abrumado con la multitud y variedad de tradiciones e interpretaciones, no

46 pudo de ningún modo comprender lo esencial de la doctrina cristiana. Y, en efecto, ¿quién de entre el pueblo cristiano comprendió jamás la doctrina del arrepentimiento tal como la enseñaban nuestros adversarios? Sin embargo, es el asunto principal de la doctrina cristiana.[428]

Se atormentaba a las conciencias con la enumeración de los pecados y con satisfacciones. Acerca de la fe, por la que conseguimos gratuitamente la remisión de pecados, no se hacía ni la mención más mínima por parte de los adversarios. Acerca de los ejercicios de la fe que lucha con la desesperación, y acerca de la remisión gratuita de los pecados por causa de Cristo, todos los libros, todas las predicaciones de los adversarios guardaban un silencio ab-

47 soluto. Y a todo esto se añadía la terrible profanación de las misas y muchos otros cultos impíos en los templos. Esta es la desolación que describe Daniel.

48 Entre nosotros en cambio, por la gracia de Dios, los sacerdotes atienden al ministerio de la palabra, enseñan el evangelio que habla de los beneficios de Cristo, y muestran que la remisión de pecados nos llega en forma gratuita, por gracia, por causa de Cristo. Y esta doctrina lleva a las conciencias un firme consuelo. A esto se añade además la doctrina de las buenas obras que Dios nos manda hacer, y la información respecto de la dignidad y del uso de los sacramentos.

49 Aun suponiendo que el sacrificio diario fuese el uso del sacramento, sería innegable que nosotros nos estamos ateniendo más estrictamente a su significado que los adversarios, porque entre ellos los sacerdotes administran el sacramento movidos por el estipendio que reciben. Entre nosotros se administra con mayor frequencia y piedad. Porque el pueblo hace uso de él, pero no sin antes haber sido instruido y examinado. Se instruye a los hombres acerca del uso correcto del sacramento, que ha sido instituido para ser el sello de garantía y el testimonio de la remisión gratuita de los pecados, y que por tanto debe advertir a las conciencias timoratas que tengan la plena convicción y firme fe de que sus pecados son perdonados gratuitamente. Por consiguiente,

---

427. Vid. texto de la *Confutatio*, Apología XXIV 35, nota 423. Justus Jonas agrega: *Wiewohl es nicht wahr ist, dass wir solche äusserlich Ornament alle weg tun* («Aunque no es cierto que nosotros eliminamos todos estos ornamentos exteriores»)—Respecto de ornamentos cf. también Apología XXIV, 51.

428. *Et hic praecipuus locus est doctrinae christianae.* Justus Jonas: *Und das ist doch das nötigest Stück der ganzen christlichen Lehre* («Y éste es, sin embargo, el punto más necesario en toda la doctrina cristiana»). Acerca de la relación entre el artículo de la justificación y el del arrepentimiento vid. Apología XII, 59.

dado que retenemos tanto la predicación del evangelio como el uso legítimo de los sacramentos, está visto que perdura entre nosotros el sacrificio diario.

Y en lo que concierne al aspecto exterior, cabe señalar que entre nosotros la concurrencia a los los templos es mayor que entre los adversarios. Pues la gente se mantiene allí donde puede oír sermones útiles y fáciles de entender. Pero ni el pueblo sencillo ni los eruditos han entendido jamás la enseñanza de los adversarios. El verdadero ornato de las iglesias es una enseñanza piadosa, útil y clara, el uso reverente de los sacramentos, la oración fervorosa y otras cosas semejantes. Las velas, los vasos de oro y otros adornos semejantes quedan muy bien, pero no constituyen el ornato propio de la iglesia. Y si los adversarios cifran el culto en estos adornos, y no en la predicación del evangelio, en la fe y en las luchas de la fe, hay que contarlos entre los que, según la descripción de Daniel, adoran a su Dios con oro y plata.

Traen también una cita de la carta a los hebreos (He. 5:1): «Todo sumo sacerdote tomado de entre los hombres, es constituido a favor de los hombres en lo que a Dios se refiere, para que presente ofrendas y sacrificios por los pecados». De ahí deducen lo siguiente: Como en el Nuevo Testamento hay sumos sacerdotes y sacerdotes, se sigue que existe también algún sacrificio por los pecados. Este pasaje hace una muy fuerte impresión especialmente en los inexpertos, sobre todo cuando se despliega ante sus ojos aquella pompa del sacerdocio y de los sacrificios del Antiguo Testamento. Esta similitud engaña a los indoctos y los lleva a pensar que de un modo análogo debe existir entre nosotros algún sacrificio ceremonial a aplicar a los pecados de los demás, tal como en el Antiguo Testamento. Ese culto de las misas empero, y todas las demás prácticas del régimen papal, no son otra cosa que la práctica levítica mal entendida.

Y pese a que nuestra posición se funda en testimonios muy importantes de la carta a los hebreos, los adversarios violentan en contra nuestra ciertos pasajes mutilados de esa carta, como ocurre con este mismo pasaje donde se dice que todo sumo sacerdote es constituido para que presente sacrificios por los pecados. Pero la misma Escritura añade inmediatamente que el sumo sacerdote es Cristo (He. 5:5; 6:10). Las palabras precedentes se refieren al sacerdocio levítico e indican que dicho sacerdocio era la imagen del sacerdocio de Cristo. Porque los sacrificos levíticos por los pecados no merecían remisión de pecados ante Dios; no eran más que la imagen del sacrificio de Cristo, que habría de ser el único sacrificio propiciatorio, como ya hemos dicho antes. Así pues, la carta a los hebreos trata en buena parte de este asunto que el antiguo sacerdocio y los sacrificios antiguos no fueron instituidos para merecer remisión de pecados ante Dios, o reconciliación, sino únicamente para significar el futuro sacrificio del solo Cristo. Pues en el Antiguo Testamento era preciso que los santos fuesen justificados por la fe fundada en la promesa de remisión de pecados que había de ser ofrecida por causa de Cristo, así como son justificados también los santos del Nuevo Testamento. Desde el principio del mundo era necesario que todos los santos creyesen que la ofrenda y la satisfacción por el pecado habría de ser el Cristo prometido, como lo enseña Isaías 53:10: «Cuando haya puesto su vida en expiación por el pecado», etc.

56   Por consiguiente: Como los sacrificios del Antiguo Testamento no merecían reconciliación sino por cierta similitud, (lo que merecían era la reconciliación en el orden civil), sino que señalaban hacia el sacrificio venidero, se sigue que Cristo es el único sacrificio aplicado en beneficio de los pecados ajenos. Por tanto, en el Nuevo Testamento no ha quedado ningún sacrificio que pueda aplicarse a los pecados ajenos excepto el único sacrificio de Cristo en la cruz.

57   Están completamente equivocados los que sostienen que los sacrificios levíticos merecían remisión de pecados, por lo que, a base de este precedente, requieren que en el tiempo del Nuevo Testamento también haya sacrificios que pueden aplicarse en favor de otros hombres, además de la muerte de Cristo. Esta ficción anula totalmente el mérito de la pasión de Cristo y la justicia de la fe, corrompe la doctrina del Antiguo Testamento y del Nuevo, y en lugar de Cristo hay otros mediadores y propiciadores como sumos sacerdotes y sacerdotes subalternos que a diario venden sus obras en los templos.

58   Por lo tanto, si alguien argumenta que es preciso que en el Nuevo Testamento exista un sumo sacerdote que haga ofrendas por los pecados, esto no puede aceptarse sino con respecto a Cristo. Toda la Carta a los Hebreos confirma esta solución. Y si además de la muerte de Cristo, requiriésemos otra satisfacción para aplicarla a los pecados ajenos y para reconciliar a Dios, esto no sería ni más ni menos que instituir otros mediadores fuera de Cristo.

59   Además, por cuanto el sacerdocio del Nuevo Testamento es el ministerio del Espíritu, como lo enseña Pablo (2 Co. 3:6), el único sacrificio que es satisfactorio y que puede aplicarse en beneficio de los pecados de otros es el de Cristo. Por otra parte, el Nuevo Testamento no tiene sacrificios similares a los levíticos, que puedan aplicarse en favor de otros *ex opere operato*, sino que ofrece a esos otros el evangelio y los sacramentos, para que por medio de ellos sean hechos poseedores de la fe y del Espíritu Santo, y sean mortificados y vivificados, porque en el ministerio del Espíritu no hay cabida para una aplicación de un *opus operatum*. Porque es un ministerio del Espíritu, un ministerio por el cual el Espíritu Santo hace su obra en los corazones. O sea: Este ministerio aprovecha a otros cuando es eficaz en ellos y cuando los regenera y vivifica. Esto no ocurre cuando se aplica a otros la virtud de una obra ajena *ex opere operato*.

60   Hemos demostrado así la razón por qué la misa no justifica *ex opere operato*, y por qué no se la puede aplicar a otros para merecerles perdón,

porque tanto lo uno como lo otro está en pugna con la justicia de la fe. Es imposible, en efecto, alcanzar remisión de pecados y vencer los terrores del pecado y de la muerte por obra o cosa alguna que no sea la fe en Cristo, según el pasaje: «Justificados, pues, por la fe, tenemos paz» (Ro. 5:1).

Hemos demostrado además que los pasajes de las Escrituras que se citan **61** contra nosotros, de ningún modo apoyan la opinión impía de los adversarios en cuanto al *opus operatum*. De esto se pueden dar cuenta todos los hombres juiciosos de entre todos los pueblos. Por tanto, hay que rechazar el error de **62** Tomás, quien escribió: «El cuerpo del Señor, ofrecido una vez en la cruz por la deuda original, es ofrecido continuamente en el altar por los pecados cotidianos, con el fin de que la iglesia tenga en esto un sacrificio para reconciliar a Dios con ella».[429] Han de rechazarse también los demás errores comunes: **63** Que la misa confiere la gracia *ex opere operato* al que la oficia, y también que aplicada a otros, aun a injustos, con tal que no pongan obstáculo, les merece la remisión de los pecados, de la culpa y de la pena. Todas estas cosas son falsas e impías, inventadas poco ha por frailes indoctos, y eclipsan la gloria de la pasión de Cristo y la justicia de la fe.

De estos errores ha nacido toda una serie infinita de otros, como: Que **64** las misas aplicadas simultáneamente a muchos tienen el mismo efecto que la aplicada a un solo individuo. Los sofistas tienen una lista exacta de la graduación de los méritos, como la tienen los plateros[430] para la graduación del peso en oro o en plata. Además, venden la misa como precio para conseguir lo que cada uno desea: A los mercaderes para que tengan suerte en su negocio, a los cazadores para que sea abundante la caza, y un sinfín de cosas más. Por último, la transfieren también a los muertos. Mediante la aplicación del sacramento libran a las almas de las penas del purgatorio, cuando en realidad, sin la fe la misa no aprovecha ni a los vivos. De las Escrituras, los adversarios **65** no pueden aducir ni una sílaba en defensa de estas fábulas que con tanta autoridad enseñan en la iglesia; y tampoco cuentan con testimonios de la iglesia antigua ni de los Padres.

QUÉ PENSABAN LOS SANTOS PADRES EN CUANTO AL SACRIFICIO

Ya que hemos explicado los pasajes de la Escritura que se citan en contra **66** de nosotros, tenemos que responder también respecto de lo que opinaban los Padres. No ignoramos que los Padres llaman a la misa un sacrificio, pero no quieren decir con ello que la misa confiera la gracia *ex opere operato*, ni que aplicada a otros, merezca para ellos la remisión de los pecados, de la culpa

---

429. Vid. BSLK, p. 367, nota 1 y p. 93, nota 1.
430. *Argentarii. Argentarius* significa «banquero», «cambista», «platero».

y de la pena. ¿En qué escritos de los Padres se leen semejantes monstruo-
sidades? Lo que sí atestiguan abiertamente es que están hablando de la acción
de gracias. Y por eso dan a la santa cena el nombre de «eucaristía». Pero ya
hemos dicho antes que un sacrificio de acción de gracias no merece remisión
de pecados, sino que este sacrificio lo presentan quienes ya están reconciliados, del mismo modo que las aflicciones no merecen la reconciliación, sino
que son sacrificios de acción de gracias cuando los que han sido reconciliados
las sufren con paciencia.

Y esta respuesta general en cuanto a la opinión de los Padres es para
nosotros defensa suficiente contra los adversarios. Porque es bien cierto que
esas fantasías respecto del mérito *ex opere operato* no se hallan en ninguna
parte de los escritos de los Padres. Pero para que se entienda mejor todo este
asunto, también nosotros diremos, concerniente al uso del Sacramento, lo que
concuerda a la vez con los Padres y con la Escritura.

EL USO DEL SACRAMENTO Y EL SACRIFICIO

Algunos buenos señores[431] imaginan que la cena del Señor fue instutuida
por dos razones. Primero, para ser una señal y testimonio de la profesión,
así como una determinada forma de la cogulla es señal de cierta profesión.
Además piensan que tal señal fue de especial agrado de Cristo, a saber, ese
convite, para significar la mutua unión y amistad entre los cristianos, porque
los convites son señales de alianzas y de amistad. Pero esta opinión refleja
una costumbre social, y no muestra el objetivo principal de las dádivas que
Dios nos concede. Habla tan sólo de la caridad que se ha de ejercer, cosa
que de algún modo entienden también los hombres profanos y seculares. Pero
no habla de la fe, cuya naturaleza entienden muy pocos.

Los sacramentos son señales de la voluntad de Dios para con nosotros,
y no sólo señales de los hombres entre sí. Están en lo correcto, pues, los que
dicen que en el Nuevo Testamento, los sacramentos son señales de gracia.
Y como en un sacramento hay dos cosas, la señal y la palabra, la palabra en
el Nuevo Testamento es la promesa de gracia añadida a la señal. La promesa
del Nuevo Testamento es promesa de remisión de pecados, como lo dice este
pasaje (Lc. 22:19–20): «Esto es mi cuerpo, que por vosotros es dado. Esta
copa es el nuevo pacto en mi sangre, que por vosotros se derrama». Por lo
tanto la palabra ofrece remisión de pecados. Y la ceremonia es, por decirlo
así, una pintura de la palabra, o un sello, como la llama Pablo (Ro. 4:11),
que nos muestra la promesa. Luego, así como la promesa es inútil si no es
recibida por la fe, así también es inútil la ceremonia si no se le agrega la fe
que de veras cree que allí se ofrece remisión de pecados. Y esta fe anima a

---

431. P. ej. Zuinglio. Vid. Confesión de Augsburgo XIII, 1.

los corazones contritos. Y así como nos fue dada la palabra para despertar esta fe, así también fue instituido el sacramento, para que esa imagen que entra por los ojos mueva los corazones a que crean. Porque por medio de estas dos cosas: La palabra y el sacramento obra el Espíritu Santo.

Y este uso del sacramento, cuando la fe vivifica los corazones aterro- **71** rizados, es un culto del Nuevo Testamento, porque en el Nuevo Testamento hay impulsos espirituales, mortificación y vivificación. Y para este uso, Cristo **72** lo instituyó, pues ordena que se haga en memoria de él. Porque acordarse de Cristo no es la intrascendente celebración de un espectáculo, ni algo instituido para dar un ejemplo, como en las tragedias se celebra la memoria de Hércules o de Ulises, sino que es recordar los beneficios de Cristo y recibirlos por la fe, para ser vivificados por ella. Por eso dice el Salmo (Sal. 111:4–5): «Ha hecho memorables sus maravillas. Clemente y misericordioso es el Señor. Ha dado alimento a los que le temen». Significa, pues, que en esa ceremonia deben ser reconocidas la voluntad y la misericordia de Dios. Esta fe empero: La que reconoce la misericordia, ésta es la fe que vivifica. Y éste es el uso **73** principal del sacramento, en el que se muestra, por una parte, quiénes son idóneos para recibirlo, a saber, las conciencias aterrorizadas, y por otra parte, cómo deben usarlo.

A esto se añade también el sacrificio. Pues una y la misma cosa tiene **74** una diversidad de fines. Cuando la conciencia, animada por la fe, se da cuenta de qué terrores ha sido librada, entonces de veras da gracias verdaderamente por el beneficio y la pasión de Cristo, y hace uso de la ceremonia misma para alabanza de Dios, a fin de mostrar con esta obediencia su gratitud, y declarar que tiene en alta estima los dones de Dios. Así es como la ceremonia se convierte en un sacrificio de alabanza.

Además, los Padres hablan de un doble efecto:[432] del consuelo que da a **75** las conciencias, y del estímulo a la acción de gracias o alabanza. El primero de estos efectos pertenece a la naturaleza misma del sacramento; el segundo al sacrificio. De la consolación dice Ambrosio: «Acercaos a él y sed per- donados, porque él es el perdón de los pecados. ¿Preguntáis quién es? Oíd lo que dice él mismo (Jn. 6:35): 'Yo soy el pan de vida: El que a mí viene, nunca tendrá hambre; y el que en mí cree, no tendrá sed jamás'».[433] Este pasaje atestigua que en el sacramento se ofrece perdón de pecados. Y atestigua también que este perdón debe recibirse por fe. Los escritos de los Padres están llenos de testimonios en tal sentido; pero todos ellos son mal usados por los adversarios para apoyar su idea del *opus operatum* y de la aplicación

---

432. I.e. doble efecto de la santa cena.
433. *Expositio in Psalmum 118*, c. 18, 28.MSL 15, 1462 C. CSEL 62, 411.

en beneficio de otros, pese a que los Padres requieren claramente la fe, y hablan de la consolación propia de cada uno, y no de una aplicación a otros.

76 Además de estos testimonios, se leen también expresiones acerca de la acción de gracias, como aquella frase tan hermosa de Cipriano respecto de los que comulgan de una manera piadosa: «La piedad», dice, «contempla por una parte lo dado, y por otra parte lo perdonado, y da gracias al dador de tan rico beneficio».[434] Esto es, la piedad compara entre sí la magnitud de los beneficios de Dios y la magnitud de nuestros males, de la muerte y del pecado, y da gracias, etc. Y de ahí vino el nombre de «eucaristía» que se usa en la

77 iglesia. Sin embargo, la ceremonia de la santa cena no es en sí misma una acción de gracias que se pueda aplicar *ex opere operato*, en favor de otros, para merecerles remisión de pecados, etc., a fin de liberar las almas de los difuntos. Tal opinión está en pugna con la justicia de la fe, como si una mera ceremonia, sin fe, aprovechara al que la practica o a los demás.

LOS TÉRMINOS QUE SE USAN PARA DESIGNAR LA MISA

78 Los adversarios nos remiten también a la filología. De los diferentes nombres usados para la misa sacan unos argumentos que no hace falta discutir largamente. Pues si bien a la misa se la llama sacrificio, no se sigue de ello que sea una obra que confiere la gracia *ex opere operato*, o que, aplicada en

79 favor de otros, les merezca remisión de pecados, etc. Dicen que *liturgia* significa sacrificio, y que los griegos llaman a la misa «liturgia».[435] ¿Por qué omiten en este contexto el vocablo antiguo «synaxis»,[436] que muestra que

80 antiguamente, la misa fue la comunión de muchos? Pero hablemos del término «liturgia». Esta palabra no significa propiamente sacrificio, sino más bien ministerio público, y cuadra muy bien con lo que nosotros sostenemos a saber, que un solo ministro oficiante ofrece el cuerpo y la sangre del Señor al resto del pueblo, así como, un solo ministro que enseña, presenta al pueblo el evangelio, como dice Pablo, (en 1 Co. 4:1): «Téngannos los hombres por servidores de Cristo, y administradores de los misterios de Dios», esto es, del evangelio y de los sacramentos. Y 2 Corintios 5:20: «Así que, somos embajadores en nombre de Cristo, como si Dios rogase por medio nuestro;

81 os rogamos en nombre de Cristo: Reconciliaos», etc. «Liturgia» es por lo tanto una designación muy apropiada para el ministerio. Porque es una palabra antigua, usada en la administración pública estatal, con que los griegos designaban las cargas públicas, como el tributo, o los gastos para el equipamiento

---

434. Pseudo–Cipriano, *De coena Domini et prima institutione*. El texto es de Arnaldo de Bonneval, *De card. operibus Christi* 6. MSL 189, 1647 C.

435. *Confutatio*, CR 27, col. 153.

436. *Súnaxis* se usa también para «eucaristía», p. ej. Pseudo–Dionisio Areopagita, *De eccl. hier.* III, 1. MSG 3, 424 B. Más frecuentemente: Reunión.

de una flota o cosas similares, como lo atestigua el discurso de Demóstenes «A Leptines»,[437] que gira enteramente en torno de los deberes y las inmunidades de los funcionarios públicos: Φήσει δὲ αναξίους τινὰς ανφρῶπους ευρομένους ατέλειαν εχδεδυχέναι τὰς λειτουργίας, esto es, «se dirá que algunos hombres indignos, habiendo alcanzado la inmunidad, recusan las cargas públicas». De modo similar hablaban en tiempos de los romanos, como lo muestra el escrito de Pertinax, *de Iure Immunitatis, 1. Semper: Etsi non liberat parentes omnibus oneribus publicis numerus natorum:* «Aunque el número de hijos no libra a los padres de todas las cargas públicas». Y en el comentario sobre Demóstenes está escrito que *leiturgia* era un tipo de tributo que incluía los impuestos para la organización de los juegos, la construcción de la flota, el mantenimiento de gimnasio, y otras prestaciones públicas similares.[438] Pablo emplea el vocablo en conexión con una colecta, en 2 Corintios 9:12: «La ministración de este servicio[439] no solamente suple lo que a los santos falta, sino que también abunda en muchas acciones degracias a Dios», etc. En Filipenses 2:25, Pablo llama a Epafrodito *leitourgós* «ministrador de sus necesidades», lo que de ningún modo se puede interpretar como «sacrificador subalterno». Pero no hay ninguna necesidad de acumular más testimonios, puesto que quienes leen a los escritores griegos, encuentran a cada paso ejemplos claros en los cuales se emplea la palabra *leitourgía* para designar cargas o servicios públicos. A causa del diptongo, los gramáticos no derivan el término de *lite*, que significa «raciones», sino de los bienes públicos, que llaman *leita*, de modo que *leitourgéo* significa «yo cuido, yo administro los bienes públicos».

    Del todo ridícula es aquella deducción que hacen: En las Sagradas Escrituras se menciona el altar, por tanto, la misa necesariamente es un sacrificio. En realidad, Pablo se refiere al «altar» tan sólo por comparación. Ellos empero inventan que la misa se llama así, a partir del hebreo *misbeach*, altar. ¿Qué necesidad tenían de recurrir a una etimología tan remota, a menos que hayan querido hacer alarde de sus conocimientos de la lengua hebrea? ¿Por qué ir tan lejos a buscar una etimología, dado que la palabra «misa» está en Deuteronomio 16:10, donde se refiere a las colectas o dádivas del pueblo, no a la oblación del sacerdote?[440] Porque las personas que venían a celebrar la Pascua debían traer cada una alguna dádiva como retribución por el hospedaje. Al principio también los cristianos observaron esta costumbre. Al reunirse, traían consigo pan, vino y otras cosas, como lo atestiguan los Cánones de

---

437. *Ad. Leptinem* 1. 457, 7.

438. Ulpiano, *Comm. in Demosth., ad Lept.* 494, 26.

439. El vocablo traducido aquí con «servicio» es en el original griego *leitourgía*.

440. «Ofrendas voluntarias». Vulgata: *Oblatio spontanea.*

los Apóstoles. Parte de esto se consagraba a la cena del Señor, y el resto se distribuía entre los pobres. Y junto con la costumbre se conservó también el nombre de «misa»[441] para designar las contribuciones. Y es evidente que a causa de estas contribuciones, la misa era llamada a menudo *agápe*, a no ser que se prefiera que la llamaban así a causa del convite común. Pero dejemos
87 a un lado bagatelas. Pues es ridículo que en un asunto de tanto peso, los adversarios aduzcan conjeturas tan poco consistentes. Porque si bien a la misa se la llama oblación, ¿qué tiene que ver este vocablo con aquellos sueños del *opus operatum*, y de la aplicación en favor de otros que, según imaginan, merece para éstos la remisión de pecados? Se la puede llamar también «Oblación» por cuanto en ella se ofrecen oraciones, acciones de gracias y todo aquel culto, así como se la llama «eucaristía».[442] Pero ni las ceremonias ni las oraciones aprovechan *ex opere operato*, sin la fe. Por otra parte, aquí no discutimos acerca de las oraciones, sino en particular acerca de la cena del Señor.

88 El canon griego también dice muchas cosas en cuanto a la oblación, pero deja bien en claro que no habla propiamente del cuerpo y de la sangre del Señor, sino del culto entero, de las oraciones y acciones de gracias. Porque dice así: «Y haz que seamos dignos de ofrecerte oraciones, y súplicas y sacrificios incruentos por todo el pueblo».[443]

Bien entendido, no hay nada de ofensivo en esto, ya que aquí se ora pidiendo que «seamos dignos de ofrecer oraciones, súplicas y sacrificios incruentos en favor del pueblo». En efecto, hasta a las oraciones las llama «sacrificios incruentos». Asimismo, un poco después prosigue diciendo: «Te ofrecemos este culto racional e incruento».[444] Pecan, pues, de ineptos quienes prefieren interpretar éste como sacrificio racional y transferirlo al propio cuerpo de Cristo, no obstante el hecho de que el canon habla del culto entero, y a pesar de que la *logiké latreía*[445] de Pablo se dirige contra el *opus operatum* y se refiere al culto de la mente, al temor, a la fe, a la invocación, a la acción de gracias, etc.

---

441. Respecto de la palabra *missa* vid. p.ej. J. A. Jungmann, «Zur Bedeutungsgeschichte des Wortes missa», en *Zeitschrift für katholische Theologie*, 64, 1940, pp. 26–37; Christine Mohrmann, «Missa», en *Vigiliae Christianae*, 12, 1958, pp. 67–92.

442. La designación «eucaristía» ya se usaba a fines del siglo I. Cf. Ignacio de Antioquía, *Ad Smyrn*. 8, 1; *Ad Philad*. 4 (J. A. Jungmann SJ, «Von der *Eucharistia zur Messe», en Zeitschrift für katholische Theologie*, vol. 89, 1967, p. 29).

443. Súplica al comienzo de la *missa fidelium* en la liturgia de Crisóstomo.

444. Una invocación en la liturgia de Crisóstomo. En el original, ambas citas de la liturgia de Crisóstomo figuran en griego, con traducción al latín.

445. «Culto racional», Ro. 12:1

MISA POR LOS DIFUNTOS

La defensa que nuestros adversarios hacen de la aplicación de la cere- **89**
monia de la misa en pro de la liberación de las almas de los difuntos, cosa
que les produce pingües ganancias, no cuenta con testimonio ni mandamiento
alguno de las Escrituras. Y no es pecado leve instituir en la iglesia semejantes
cultos sin mandato de Dios, sin ejemplo de la Escritura, y aplicar a los muertos
la cena del Señor, instituida para ser recordada y predicada entre los vivos.
Esto es abusar del nombre de Dios, en contra del segundo mandamiento.

Primero, es hacer agravio al evangelio creer que una ceremonia sea, sin
fe, *ex opere operato*, un sacrificio que reconcilia a Dios y satisface por los
pecados. Es horrible la afirmación que se atribuye a la obra de un sacerdote
lo mismo que a la muerte de Cristo. Además, el pecado y la muerte no pueden
ser vencidos sino por la fe en Cristo, como lo enseña Pablo (Ro. 5:1): «Justificados, pues, por la fe, tenemos paz», y por tanto no se puede vencer la
pena del purgatorio mediante la aplicación de una obra de otro persona.

No queremos investigar por ahora qué clase de testimonios tienen los **90**
adversarios acerca del purgatorio, qué piensan respecto de las penas del purgatorio, ni en qué basan la doctrina de las satisfacciones, enteramente fútil,
como lo hemos mostrado antes.[446] Tan sólo les respondemos esto: La verdad
es que la cena del Señor fue instituida por causa de la remisión de la culpa.
Porque ofrece remisión de pecados, cosa que hace necesario que se tenga un
entendimiento correcto respecto de «culpa». Y sin embargo, no satisface por
la culpa, porque de otro modo la misa sería igual a la muerte de Cristo. Ni
tampoco se puede conseguir el perdón de la culpa sino por la fe. Por ende,
la misa no es satisfacción, sino promesa y sacramento que requiere fe.

Y por cierto, toda persona piadosa forzosamente tiene que sentir un dolor **91**
muy amargo al pensar que la misa fue aplicada en gran parte a los muertos
y a las satisfacciones por las penas. Esto es quitar de la iglesia el sacrificio
diario. Es la tiranía de Antíoco,[447] que trasladó las tan salutíferas promesas
acerca de la remisión de la culpa y acerca de la fe, a las opiniones tan vanas
acerca de las satisfacciones. Esto es contaminar el evangelio y desvirtuar el
uso de los sacramentos. Éstas son las personas de las cuales Pablo dijo que
«serán culpados del cuerpo y de la sangre del Señor» (1 Co. 11:27), que han
anulado la doctrina de la fe, y que so pretexto de las satisfacciones han
convertido la remisión de la culpa y el cuerpo y la sangre del Señor en un
lucro sacrílego. Algún día sufrirán el castigo por este sacrilegio. Por eso
debemos nosotros, y cuantos tengan una conciencia piadosa, poner mucho
cuidado, a fin de no aprobar los abusos de los adversarios.

---

446. Cf. XII, 113–130.
447. Vid. Apología XXIV, 41, nota 426 respecto de Antíoco.

92   Pero volvamos al tema. Por cuanto la misa no es satisfacción ni por la pena ni por la culpa, *ex opere operato*, sin fe, síguese que su aplicación en favor de los muertos es inútil. Y no hay necesidad de entrar en largas discusiones al respecto. Pues consta que esas aplicaciones en pro de los muertos no cuentan con testimonio alguno en las Escrituras. Y es cosa muy arriesgada instituir en la iglesia, cultos no autorizados por las Escrituras. Y si alguna vez fuere necesario, hablaremos con más detalle de toda esta cuestión. ¿A qué pelear ahora con los adversarios, que no saben qué es un sacrificio, ni qué es un sacramento, ni qué es el perdón de pecados, ni qué es la fe?

93   Y tampoco el canon griego aplica la oblación[448] como una satisfacción, en bien de los muertos porque la aplica por igual a todos los bienaventurados patriarcas, profetas y apóstoles. Así, pues, está claro que los griegos ofrecen esa oblación como una acción de gracias, y no la aplican como satisfacción por las penas, aunque hablan también no sólo de la ofrenda del cuerpo y de la sangre del Señor, sino de las demás partes de la misa, a saber, de las oraciones y acciones de gracias. Porque piden, después de la consagración, que sea de provecho para los comulgantes. De los otros no hablan. Y entonces añaden: «Además, te ofrecemos ese culto razonable por los que han muerto en la fe, los antepasados, los padres, los patriarcas, los profetas, los apóstoles», etc.[449] Pero «culto razonable» no significa la ofrenda misma, sino las

94   oraciones y todo lo demás que allí se hace. En cuanto a lo que los adversarios, citando a los Padres, alegan sobre la oblación por los muertos, sabemos que los antiguos en efecto hablan de la oración por los muertos, cosa que nosotros no prohibimos. Lo que sí desaprobamos es la aplicación *ex opere operato* de la cena del Señor en favor de los muertos. Y por más que traigan testimonios, sobre todo de Gregorio Magno y de autores más recientes, nosotros les opo-

95   nemos pasajes clarísimos y certísimos de las Escrituras. Además, existe gran disparidad de opinión entre los Padres. Eran hombres, y podían errar y ser engañados. Si resucitasen hoy y viesen que sus sentencias sirvieron de pretexto para esas soberanas mentiras que los adversarios enseñan acerca del *opus operatum*, se interpretarían a sí mismos de un modo muy distinto.

96   Los adversarios también citan en contra de nosotros, falsamente, el caso de Aerio,[450] de quien cuentan que fue condenado porque había negado que en la misa se hace oblación por los vivos y los muertos. Es una triquiñuela de que se sirven a menudo: Sacan a colación herejías antiguas, y las relacionan en forma improcedente con nuestra causa, a fin de aplastarnos con el peso de tal comparación. Epifanio atestigua que a juicio de Aerio, las oraciones

---

448. *Oblatio*. El texto alemán tiene *Messe* (misa).
449. Una intercesión en la liturgia de Crisóstomo.
450. Aerio, presbítero de Sebaste, en el Ponto (Asia Menor), siglo IV.

por los muertos son inútiles.[451] Y se lo reprocha. Nosotros tampoco apoyamos a Aerio, pero nos oponemos a vosotros, porque defendéis de un modo criminal una herejía que a todas luces pugna con los profetas, los apóstoles y los santos Padres, a saber, que la misa justifica *ex opere operato*, y que merece remisión de culpa y pena, aun para los injustos en cuyo favor se la aplica, con tal que no pongan obstáculo. Censuramos estos errores perniciosos que menoscaban la gloria de la pasión de Cristo, y dan completamente por tierra con la doctrina de la justicia de la fe. En tiempos de la ley hubo una convicción semejante **97** entre los impíos: Pensaban que merecían la remisión de pecados, no gratuitamente, por la fe, sino por medio de sacrificios *ex opere operato*. Y así, agregaron más y más cultos y sacrificios, instituyeron en Israel el culto a Baal, y en Judá hasta ofrecían sacrificios en los bosques. Por eso los profetas condenan esa impía creencia, y luchan no sólo con los adoradores de Baal, sino con otros sacerdotes que, con la misma idea impía, celebraban los sacrificios ordenados por Dios.[452] Pero esa idea de que los cultos y los sacrificios tienen carácter propiciatorio, siempre está arraigada en el mundo, y siempre lo estará. Los hombres carnales no pueden tolerar que se atribuya al solo sacrificio de Cristo la honra de ser propiciación, porque no entienden qué es la justicia de la fe, y por eso otorgan igual honra a los demás cultos y sacrificios. Por tanto, así como en Judá se mantuvo entre los sacerdotes impíos **98** la falsa creencia respecto de los sacrificios, y así como perduraron en Israel los cultos de Baal, aunque allí estaba la iglesia de Dios que desaprobaba estos cultos impíos: Así también perdura en el reino pontificio el culto de Baal, esto es, el abuso de la misa, que aplican con la intención de que merezca para los injustos la remisión de la culpa y de la pena. Y parece que este culto de Baal habrá de durar lo que dure el reino pontificio, hasta que Cristo venga para hacer juicio, y destruya con la gloria de su venida el reino del Anticristo. Mientras tanto, todos los que de veras creen el evangelio, deben rechazar esos cultos impíos, inventados en abierta oposición al mandamiento de Dios, para obscurecer la gloria de Cristo y la justicia de la fe.

Hemos dado esta breve información en cuanto a la misa, para que los **99** hombres de buena fe de entre todos los pueblos comprendan que nosotros defendemos la dignidad de la misa con el mayor celo y enseñamos su uso correcto, y que tenemos razones justísimas para disentir de nuestros adversarios. Y deseamos que todos los hombres piadosos estén sobre aviso, a fin de que no apoyen a los adversarios que defienden la profanación de la misa, y eviten ei peligro de hacerse cómplices del pecado ajeno. Magna es la causa, e importante el asunto, no inferior al del profeta Elías, que condenaba el culto

---

451. *Panarion haer.* 75, 2.3.7. III 333 y sigtes.; 338 y sigte.
452. Jer. 2:8; 2:26 y sigtes.; 17:1 y sigtes.

de Baal (1 R. 18:17 y sigtes.). Nosotros hemos presentado este asunto tan importante con la mayor moderación, y ahora hemos contestado sin incurrir en reproches. Pero si los adversarios nos obligan a enumerar todos los tipos y géneros de abusos de la misa, el caso no se habrá de tratar con tanta clemencia.

Artículo XXVII. Los Votos Monásticos

1   En nuestro medio, en la ciudad de Eisenach, en Turingia, vivía hace treinta años un monje franciscano, llamado Juan Hilten,[453] que fue arrojado a un calabozo por los de su orden por haber reprendido algunos abusos muy notorios. Hemos visto sus escritos, que permiten ver con suficiente claridad en qué consistía su doctrina. Los que lo conocieron, atestiguan que era un

2 anciano apacible, serio y respetuoso. Anunció muchas cosas, que en parte ya han ocurrido hace poco, y en parte parecen estar a punto de ocurrir, cosas que aquí no queremos mencionar, para que nadie piense que las narramos por odio a fulano o para favorecer a mengano. Al fin, cuando cayó enfermo por la edad o por la mísera vida de encarcelado, mandó por el guardián, para notificarle el estado de su salud. Como el guardián, encendido en odio farisaico, empezara a recriminar duramente al pobre hombre por causa de la índole de su doctrina, que parecía perjudicar a la cocina, éste ya no habló más de su enfermedad y dijo, suspirando, que por causa de Cristo toleraba con ánimo sereno semejantes injurias, porque él no había escrito o enseñado nada que pudiera menoscabar el estado de los monjes, sino que sólo había

3 reprendido algunos abusos manifiestos. «Pero», dijo, «en el año del Señor de 1516 vendrá otro, que os destruirá, y no le podréis resistir». Esta misma convicción respecto del derrumbe del dominio monacal, y este mismo número de años, sus amigos los encontraron después también escritos en los comentarios suyos, entre las anotaciones que había dejado acerca de determinados

4 pasajes del libro de Daniel. El resultado dirá cuánta importancia se le debe atribuir a esta declaración; sin embargo, hay otras señales que amenazan con

---

453. En una nota marginal en su ejemplar de la edición príncipe, Lutero observa: *Hunc virum arbitror adhuc vivum aut recens mortuum fuisse, cum ego Isenaci litteris primis erudirer. Memini enim eius factam mentionem ab hospite meo Henrico Schalben cum compassione quasi vincti in carcere. Eram autem 15 aut 14 annos natus. Erat autem Henricus Schalben intimus istis Minoritis paene captivus et servus eorum cum tota familia sua.* («Me parece que este hombre vivía aún, o había fallecido hace poco, cuando yo ingresé en la escuela primaria de Eisenach. Pues recuerdo que mi hospedador Enrique Schalben lo mencionó, con mucha compasión, como hombre al que habían encadenado y arrojado a la cárcel. Yo tenía en aquel entonces unos 15 ó 14 años. Ese Enrique Schalben era íntimo amigo de aquellos minoritas. Tanto él como toda su familia eran casi algo así como cautivos y siervos de ellos».)—Johannes Hilten, probablemente Johannes Herwich, de Hilten, cerca de Hannover, fue condenado por los franciscanos («minoritas») a cadena perpetua, a pan y agua, en la prisión del convento, quizás por causa de herejía apocalíptica.

un cambio en el dominio monacal, no menos ciertas que los oráculos. Pues todo el mundo sabe cuánta hipocresía, ambición y avaricia hay en los monasterios, cuánta ignorancia, cuánta crueldad precisamente entre los más indoctos, cuánta vanidad en los sermones, y cuánto afán de inventar cada tanto nuevos métodos para conseguir dinero. Y hay también otros vicios, que no queremos mencionar. Esos monasterios, que en tiempos antiguos fueron escuelas de instrucción cristiana, ahora han degenerado, como si de oro se hubieran convertido en hierro, o como si de cubo platónico se hubiesen convertido en armonías malas que, según Platón, acarrean la ruina.[454] Los monasterios más ricos tan sólo mantienen a una ociosa turba que so pretexto de religión, devora allí las limosnas públicas de la iglesia. Pero Cristo advierte (Mt. 5:13) que «la sal desvanecida será echada fuera y hollada». Por esta razón los monjes, con semejantes costumbres, pregonan su propio destino. Y a esto se agrega ahora otra señal: Que en muchos lugares, los monjes son los autores de la muerte de hombres honrados. No hay duda de que en breve, Dios vengará estas matanzas. Pero no acusamos a todos, porque estimamos que en los monasterios existen, aquí y allá, algunos hombres de bien que piensan con la debida mesura acerca de los cultos humanos y artificiosos,[455] como los llaman algunos escritores, y que no aprueban la crueldad que practican los hipócritas de entre ellos. Pero lo que está en discusión es el género de doctrina que ahora defienden los artífices de la Refutación, y no si se han de observar los votos. Pues tenemos entendido que los votos lícitos deben observarse. Lo que estamos discutiendo son las cuestiones siguientes: Si esos cultos merecen remisión de pecados y justificación; si son satisfacciones por los pecados, si son iguales al bautismo; si son observancia de preceptos y de consejos evangélicos; si son la perfección evangélica; si tienen méritos de supererogación;[456] si esos méritos, aplicados a otros, los salvan; si los votos hechos a base de tales opiniones son lícitos; si son lícitos los votos que so pretexto de religión se hacen tan sólo en pro del estómago y de la holganza; si en verdad son votos los que han sido arrancados ya sea contra la voluntad de la persona, ya sea a quienes por su edad todavía no se pudieron formar un juicio acerca de ese género de vida, y que fueron encerrados en los monasterios por sus padres o sus amigos para ser mantenidos por los fondos públicos, y no ser una carga para el patrimonio privado; si son lícitos los votos que llevan abiertamente a un mal resultado, ya porque a causa de la debilidad no se guardan, ya porque quienes están en esas comunidades, se

----

454. Probablemente Pseudo–Platón, *Timaeus Locrus*, 98 C.

455. *De humanis cultibus et factitiis*.

456. En el original: *merita supererogationis*. Justus Jonas: «Si los monjes tienen *merita supererogationis*, esto es, tanto mérito superfluo y tantas obras santas, que ni siquiera tienen necesidad de todas ellas». Vid. también CA XXVII, 61; Apología XXVII, secciones 25 y 29.

ven obligados a aprobar, y apoyar mediante su ayuda, los abusos de la misa, los cultos impíos a los santos y el ensañamiento dirigido contra gente de bien. Y aun cuando en nuestra Confesión hemos dicho muchas cosas acerca de esta clase de votos,[457] desaprobados incluso por los cánones pontificios, los adversarios ordenan, no obstante, que se rechace todo cuanto hemos presentado. Éstas han sido, en efecto, sus palabras.[458]

10 Y vale la pena oír cómo falsean nuestras razones y qué argumentos traen para cimentar su causa. Por eso repasaremos brevemente algunos pocos argumentos nuestros, y de paso desharemos con ellos los sofismas de nuestros adversarios. Pero como todo este asunto ha sido tratado diligente y copiosamente por Lutero en un libro que tituló «De votos monasticis»,[459] nos remitimos, a título de repetición, a lo que allí queda expuesto.

11 Primero, está fuera de toda duda que no es lícito el voto de quien al hacerlo, piensa que merece remisión de pecados ante de Dios, o que está dando satisfacción ante Dios por los pecados. Porque esta opinión es un manifiesto agravio al evangelio, que enseña que la remisión de pecados se nos concede gratuitamente, por causa de Cristo, como ya lo hemos dicho tantas veces. Por consiguiente, fue acertada nuestra cita de las palabras que Pablo dirigió a los gálatas, 5:4: «De Cristo os desligasteis, los que por la ley os justificáis; de la gracia habéis caído». Los que buscan el perdón de pecados no por la fe en Cristo, sino por las obras monásticas, menoscaban la honra de Cristo y lo crucifican de nuevo. Pero oíd, oíd cómo tratan de zafarse aquí

12 los que elaboraron la Refutación. Explican el pasaje de Pablo relacionándolo sólo con la ley de Moisés, y añaden que los monjes lo observan todo por causa de Cristo, y se esfuerzan por vivir más cerca del evangelio, para merecer así la vida eterna. Y agregan un horrible epílogo, del siguiente tenor: «Es por

13 lo tanto impío lo que aquí se alega en contra del monasticismo».[460] Oh Cristo,

---

457. Vid. CA XXVII.

458. CR 27, col. 171: *Quamobrem reiicienda sunt omnia, quae in hoc articulo contra monasticen producta sunt* («Por lo tanto debe rechazarse todo lo que se dice en este artículo en contra del monasticismo»).

459. *De votis monasticis iudicium*, 1521, WA VIII, 575 y sigtes. (Cf. *Obras de Martín Lutero*, Ed. Paidós, Bs. Aires, Vol. III, p. 85 y sigtes., «Juicio sobre los votos monásticos».)

460. Los autores de la *Confutatio* rechazan la afirmación de que la vida monástica es una invención humana, y sostienen que tal género de vida está fundada sobre las Letras Sagradas (*sacris literis*, no *sacris liberis*, como transcribe BSLK, p. 381, nota 1), inspiradas a los piadosos Padres por el Espíritu Santo. Después agregan (CR 27, col. 175 y sigte.): *Neque detrahit honori Christi, quoniam monastici omnia propter Christum observant, et Christum imitantur. Falsaest ergo sententia, qua cultum monasticum damnant ut impium, qui est christianissimus. Non enim evacuantur monachi a gratia Dei, sicut Iudaei, de quibus S. Paulus loquitur Gal. V., cum iustificationem adhuc in lege Mosis quaerebant; sed monastici contendunt propius secundum evangelium vivere, ut mereantur vitam aeternam. Quare impia sunt, quae hic contra monasticam allegantur* («Tampoco se le quita nada a la honra de Cristo, por cuanto todo lo que los monjes observan, lo observan por causa de Cristo y en imitación de él. Falsa es, por ende, la sentencia

¿hasta cuándo tolerarás estas injurias con las que nuestros enemigos afrentan tu evangelio? Hemos dicho en nuestra Confesión que el perdón de pecados se consigue gratuitamente, por la fe, por causa de Cristo. Si ésta no es la voz misma del evangelio, si no es el pensar del Padre eterno el que tú, que estás en el seno del Padre, has revelado al mundo, entonces sí se nos censura con sobrada razón. Pero tu muerte es testigo, tu resurrección es testigo, el Espíritu Santo es testigo, y tu iglesia entera es testigo de que esto es de veras lo que nos quiere decir el evangelio: Que obtenemos el perdón de los pecados no en virtud de nuestros méritos, sino por causa de ti, por medio de la fe.

Pablo, al negar que los hombres merecen el perdón de pecados por la **14** ley de Moisés, les resta tanto más prestigio a las tradiciones humanas, y así lo atestigua abiertamente en la carta a los Colosenses (2:16). Si la observancia de la ley de Moisés, que había sido revelada por Dios, no daba méritos para obtener remisión de pecados, ¡cuánto menos meritorias para alcanzar la remisión de pecados serán esas observancias fatuas, contrarias a lo que es la práctica de la vida civil!

Los adversarios imaginan que Pablo declara abolida la ley de Moisés, y **15** que el lugar de ésta lo ocupa ahora Cristo, pero no en el sentido de que conceda el perdón de pecados, en forma gratuita sino en virtud de la obras de otras leyes, que van siendo inventadas ahora. Con esta idea impía y fanática **16** entierran el beneficio de Cristo. Y después fantasean que entre los que observan esta ley de Cristo, los monjes la observan de un modo más estricto que los demás, por su hipócrita pobreza, obediencia y castidad, cuando en realidad, todas estas cosas están plagadas de simulaciones. Se jactan de pobreza en medio de la mayor opulencia. Se jactan de obediencia, cuando ninguna clase de hombres goza de mayor libertad que los monjes. Del celibato preferimos no hablar; lo puro que es en la mayoría de los que procuran ser continentes, nos lo muestra Gerson.[461] Pero, ¿cuántos hay que realmente procuran ser continentes?

Ya se ve cómo, con semejante simulación, los monjes viven más cerca **17** del evangelio. Cristo no vino a suceder a Moisés en el sentido de que nos perdona los pecados en virtud de nuestras obras, sino para oponer a la ira de Dios sus méritos y su propiciación, en favor nuestro, para que seamos perdonados gratuitamente. Por tanto, el que opone a la ira de Dios sus méritos propios, al margen de la propiciación de Cristo, y se empeña en conseguir

con que condenan como impío el servicio monástico, que en realidad es del todo cristiano. En efecto: Los monjes no han caído de la gracia de Dios, como fue el caso de los judíos de quienes habla S. Pablo en Gálatas 5, debido a que aún buscaban adquirir la justificación mediante obras hechas a base de la ley de Moisés. Los monjes en cambio tratan de ceñir su vida más estrechamente al evangelio, para así merecer la vida eterna. Es por tanto impío lo que aquí se alega en contra del monasticismo».

461. J. Gerson, *De caelibatu*, III. 629 C.

perdón de pecados en virtud de sus propios méritos, sea que presente obras de la ley de Moisés, o del Decálogo, o de la regla de San Benito,[462] o de la regla de San Agustín,[463] o de otras reglas, el tal anula la promesa de Cristo, rechaza a Cristo y ha caído de la gracia. Esto es lo que afirma Pablo.

18 ¡Aquí veis, clementísimo Emperador Carlos, aquí veis, Príncipes, Estados todos del Imperio, cuán grande es la impudencia de los adversarios! A pesar de que nosotros citamos el pasaje de Pablo respecto del punto en cuestión, ellos agregaron en su escrito: «Es impío lo que aquí se alega en contra

19 del monasticismo».[464] Pero ¿puede haber algo más seguro que esto: Que los hombres alcanzan perdón de pecados por la fe, por causa de Cristo? ¡Y esos embusteros se atreven a decir que esta declaración de Pablo es impía! No cabe duda de que si os hubieran llamado la atención sobre este párrafo, habríais procurado sacar de la Refutación semejante blasfemia.

20 Pero como ya hemos demostrado antes, en forma extensa, que la declaración de que conseguimos perdón de pecados en virtud de nuestras obras es una opinión impía, seremos aquí más breves. Pues de lo que va dicho, el buen entendedor podrá deducir fácilmente que no merecemos perdón de pecados por medio de las obras monásticas. Por consiguiente, tampoco se ha de tolerar la blasfemia que se lee en Tomás, que la profesión monástica es igual al bautismo.[465] Es una locura equiparar una tradición humana, que no tiene mandamiento ni promesa de Dios, con una ordenación de Cristo, que sí tiene mandamiento y promesa de Dios, y que contiene el pacto de gracia y de vida eterna.

21 *Segundo.* La obediencia, la pobreza y el celibato, siempre que no sea impuro, son ejercicios indiferentes,[466] y por tanto los santos pueden practicarlos sin incurrir por ello en impiedad, tal como lo hicieron Bernardo, Francisco[467] y otros santos varones. Y éstos los practicaron en beneficio de

---

462. Regla de San Benito de Nursia (entre 480 y 553), organizador del monasticismo occidental.

463. Regla fundamental para la vida canónica del clero secular. Se trata de una remodelación a base de un escrito de Agustín dirigido a las monjas de Hipona (*Ep.* 211, MSL 33, 211 y sigtes.; CSEL 57).

464. CR 27, col. 176.

465. Tomás de Aquino, *Summa Theologiae*, 2a. 2ae., q. 189, art. 3, ad 3 (texto lat. cura et studio Sac. Petri Caramello, p. 852): *Rationabiliter autem dici potest quod etiam per ingressum religionis aliquis consequatur remissionem omnium peccatorum* («Hay razones empero para poder decir que también mediante el ingreso en una orden religiosa, una persona obtiene la remisión de todos sus pecados»). Lutero, edición príncipe D, nota marginal: *Blasphemia b. Thomae* («Blasfemia de santo Tomás»).

466. En el original *exercitia adiáphora*. Respecto de *adiáphoron* vid Apología II, 41, nota 32.

467. Respecto de Bernardo de Claraval y Francisco de Asís vid. Apología IV, notas 98 y 100.

su estado físico, para estar más expeditos para enseñar y para otros quehaceres piadosos, y no porque esas mismas obras de por sí fuesen cultos que justifican o merezcan vida eterna. En fin, estas cosas pertenecen al género del que Pablo dice (1 Ti. 4:8): «El ejercicio corporal para poco es provechoso». Y es muy posible que aun hoy día haya aquí y allá, en los monasterios, hombres sinceros ocupados en el ministerio de la palabra, que siguen esas observancias sin abrigar opiniones impías. Pero pensar que esas observancias son cultos en virtud de los cuales el hombre es considerado justo a los ojos de Dios, y por los cuales merece vida eterna, esto pugna con el evangelio de la justicia de la fe, que enseña que la justicia y la vida eterna nos son concedidas por causa de Cristo. Pugna también con el dicho de Cristo (Mt. 15:9): «En vano me honran, enseñando como doctrinas, mandamientos de hombres. Y pugna asimismo con este veredicto (de Ro. 14:23): «Todo lo que no proviene de fe, es pecado». ¿Cómo pueden afirmar entonces que son cultos que Dios aprueba como justicia delante de él, si no tienen ningún testimonio de la palabra de Dios?

Pero, ¡véase la impudencia de los adversarios! No sólo enseñan que esas observancias son cultos que otorgan justicia, sino que añaden que son cultos más perfectos, esto es, que son más merecedores de remisión de pecados y justificación que otros géneros de vida. Y aquí concurren muchas opiniones falsas y perniciosas. Fingen guardar los mandamientos y los consejos evangélicos. Y luego, estos hombres dadivosos, soñando que tienen méritos de supererogación, se los venden a otros. Todo esto rebosa de vanidad farisaica. Porque es una impiedad extrema creer que satisfacen al Decálogo hasta un punto tal, que incluso les sobran méritos, cuando en realidad, estos preceptos acusan a todos los santos: «Y amarás al Señor tu Dios de todo tu corazón» (Dt. 6:5), y además «No codiciarás» (Ro. 7:7). El profeta dice (en el Salmo 16:11): «Todo hombre es mentiroso», esto es, no tiene un concepto correcto de Dios, ni tampoco tiene el suficiente temor ni la suficiente confianza que se le deben a Dios. Es falsa, por tanto, la jactancia de los monjes de que con la observación de la vida monástica están satisfaciendo los preceptos, y haciendo más de lo que los preceptos exigen.

Además, también es falso que las observancias monásticas sean obras encuadradas dentro de los consejos evangélicos. Porque el evangelio no da consejos respecto de la diferencia en las vestiduras, las comidas, la renunciación a la propiedad. Estas son tradiciones humanas, para todas las cuales vale el dicho, (1 Co. 8:8): «La vianda no nos hace más aceptos ante Dios». Por lo cual, ni son cultos que otorgan justicia, ni son perfección, sino al contrario cuando se las presenta adornadas con estos títulos, son meras doctrinas de demonios.

La virginidad es aconsejable, según Pablo, pero sólo para quienes tienen el don de la continencia, como ya se ha dicho antes. En cambio, es un error muy pernicioso creer que la perfección evangélica estriba en las tradiciones humanas. Pues entonces, hasta los monjes mahometanos podrían jactarse de poseer la perfección evangélica. Ni tampoco consiste en la observancia de las otras cosas, denominadas indiferentes;[468] antes bien siendo el reino de Dios «justicia y vida en los corazones» (Ro. 14:17), la perfección consiste en que crezca el temor de Dios, la confianza en la misericordia prometida en Cristo, y el afán de vivir conforme a nuestro llamado, como dice Pablo al describir la perfección (2 Co. 3:18): «Somos transformados de gloria en gloria, como por el Espíritu del Señor». No dice: Estamos recibiendo continuamente otra cogulla, otras sandalias y otros cíngulos.[469] Es verdaderamente deplorable que en la iglesia se lean y oigan tales expresiones farisaicas y hasta mahometanas, a saber, que la perfección evangélica, la perfección del reino de Cristo, que es vida eterna, consiste en esas tontas observancias en cuanto a vestiduras y bagatelas semejantes.

28   Escuchad ahora a nuestros areopagitas:[470] ¡qué frase más indignante han puesto en su Refutación! Dicen así:[471] «En las Sagradas Escrituras se declara expresamente que la vida monástica, guardada con la debida observación—cosa que con la gracia de Dios, cualquier monje puede hacer—consigue vida eterna, y por cierto en una medida mucho más abundante. Cristo la prometió a quienes hubieren dejado casa, hermanos, etc.»[472] Éstas son palabras de los

29   adversarios. En ellas se dice primero, con increíble descaro, que en las Sagradas Escrituras se declara que la vida monástica merece vida eterna. ¿Dónde hablan las Sagradas Escrituras de la vida monástica? Así es como los adversarios defienden su causa, así es como citan las Escrituras esos ignorantes inútiles. Aunque todo el mundo sabe que el monasticismo es un invento reciente, alegan la autoridad de la palabra de Dios y añaden que ese decreto suyo figura en las Escrituras.

30   Además, injurian a Cristo al decir que por medio de la vida monástica, los hombres merecen la vida eterna. Ni a su propia ley, Dios ha concedido esa honra de otorgar méritos para la vida eterna, como se dice claramente en Ezequiel 20:25: «Por eso yo también les di estatutos que no eran buenos, y

31   decretos por los cuales no podrían vivir». Primero: Es un hecho cierto que la vida monástica no merece remisión de pecados, sino que ésta la conse-

---

468. Vid. Apología II, 41, nota 32.

469. Cíngulo: Cordón con que el sacerdote ciñe el alba a su cintura.

470. Aquí en el sentido de jueces, sabios o maestros. Justus Jonas: *trefflichen Lehrer* («eximios maestros»). Los areopagitas eran los miembros del Areópago, célebre tribunal superior de la antigua Atenas.

471. Cr. 27, col. 172.

472. Mt. 19:29.

guimos por la fe, gratuitamente, como ya dejamos dicho. En segundo lugar, **32** la vida eterna se da como regalo, por causa de Cristo, por misericordia, a quienes por la fe aceptan el perdón y no oponen sus propios méritos al juicio de Dios, como lo dice también Bernardo en tono muy enérgico: «Es necesario ante todo creer que no puedes tener perdón de pecados sino por la indulgencia de Dios. Después, que de ningún modo puedes tener en tu haber una obra buena, a menos que también ésta te la dé Dios. Por último, que no puedes merecer la vida eterna por obra alguna si no es que también ésta te es dada gratuitamente.»[473] Las demás cosas que dice en este sentido ya las hemos citado antes. Y al fin, Bernardo agrega: «Nadie se engañe, porque, si lo piensa bien, sin duda se dará cuenta de que con diez mil no podrá salir al encuentro del que viene con viente mil»[474] Por consiguiente: Si ni por las **33** obras de la ley divina merecemos remisión de pecados o vida eterna, sino que es necesario recurrir a la misericordia prometida en Cristo, mucho menos se habrá de conceder a las observancias monásticas, que son meras tradiciones humanas, esta honra de que otorgan méritos para obtener remisión de pecados o vida eterna.

De esta manera, quienes enseñan que la vida monástica merece **34** remisión de pecados o vida eterna y transfieren a esas necias observancias la confianza que debemos a Cristo, sencillamente entierran el evangelio de la remisión gratuita de pecados y de la misericordia que debe aprehenderse por la promesa en Cristo. En vez de dar culto a Cristo, lo dan a sus cogullas y a su avaricia.[475] Pese a que ellos mismos tienen mucha necesidad de misericordia; obran como gente impía, inventando méritos de supererogación y vendiéndoselos a otros.

Hablamos de este asunto en forma más bien sucinta, porque lo que **35** hemos dicho antes acerca de la justificación, del arrepentimiento y de las tradiciones humanas ya deja bien en claro que la vida monástica no es el precio en virtud del cual se concede remisión de pecados y vida eterna. Y como Cristo llama cultos inútiles a las tradiciones, no pueden de ningún modo constituir la perfección evangélica.

Pero los adversarios, en un intento por aparecer como quienes dan a la **36** idea popular acerca de la perfección un carácter más moderado, recurren al ardid de decir que es un estado para adquirir la perfección.[476] ¡Bien dicho!

---

473. *Sermo I. in annunciat. b. Mariae virginis* 1. MSL 183, 383.

474. Ibidem, 2. 383 D.

475. En el original: *sordes* = suciedad, inmundicia, avaricia, mezquindad, deshonor. J. Jonas: *ihre mönchische tolle Werke*—sus insensatas obras monásticas.

476. CR 27, colt 176: *Religiosi enim sibi non arrogant perfectionem, sed statum perfectionis acquirendae, quia eorum instituta sunt instrumenta perfectionis, non ipsa perfectio* («Pues los religiosos no presumen de perfectos, sino que sostienen que se hallan en un estado en que se adquiere la perfección, por cuanto sus estatutos son instrumentos que conducen a la perfección, pero no son la perfección misma»).

Recordamos que esta corrección se encuentra en un escrito de Gerson.[477] Pues es evidente que algunos hombres sensatos, ofendidos por las desmedidas alabanzas de la vida monástica, y no atreviéndose a restarle del todo la honra de la perfección, añadieron esta corrección: Que es un estado para adquirir

37 la perfección. Si aceptamos esto, la vida monástica no será mejor estado de perfección que la vida del labrador o del artesano. Pues esos también son estados para adquirir perfección.En efecto, todos los hombres, sea cual fuere su vocación, deben aspirar a la perfección, esto es, crecer en el temor de Dios, en la fe, en el amor al prójimo, y en similares virtudes espirituales.

38 En las historias de los ermitaños, la de Antonio y otros, se hallan ejemplos que demuestran que todos los géneros de vida son iguales en cuanto a méritos. Se dice allí que cuando Antonio pidió a Dios que le mostrara el progreso que hacía en su manera de vivir, se le indicó en sueños, a un zapatero de la ciudad de Alejandría, para que se comparase con él. Al día diguiente, Antonio llegó a la ciudad y se acercó al zapatero para observar sus ejercicios y dones. Hablando con el hombre, lo único que pudo averiguar fue esto: Que por la mañana oraba brevemente por el bien de la ciudad, y que después se dedicaba a su trabajo.[478] Esto le enseñó a Antonio que no se debe atribuir la justificación al género de vida que él había escogido.

39 Pero aunque los adversarios son ahora un poco más moderados en sus alabanzas de la perfección monástica, en realidad no cambiaron su modo de pensar. Porque siguen vendiendo sus méritos, y los aplican a otros so pretexto de que observan los preceptos y los consejos evangélicos; por tanto, de hecho están convencidos de que les sobran méritos. Si esto no es arrogarse la perfección, ¿qué lo será? Además, en la misma Refutación está escrito que los monjes se esfuerzan por vivir más de acuerdo con el evangelio.[479] Por tanto, allí se atribuye la perfección a la observancia de tradiciones humanas, si dicen que los frailes viven más de acuerdo con el evangelio porque no tienen propiedad, son célibes, obedecen a su regla en cuanto a las vestiduras, comidas y otras fruslerías semejantes.

40 Por otra parte, la Refutación dice que los monjes tienen méritos más abundantes para alcanzar la vida eterna y alega el texto de la Escritura (Mt. 19:29): «Cualquiera que haya dejado casas», etc. Se ve que también aquí atribuye perfección a actos de una religiosidad ficticia.[480] Pero este pasaje de la Escritura no tiene nada que ver con la vida monástica.[481] Porque Cristo no

---

477. Gersón, *De consiliis evangelicis et statu perfectionis*, II 679 B/C 680 A Du Pin.

478. *De vitis patrum* III. *Verba seniorum* 130. MSL, 785.

479. CR 27, col. 176. Vid. Apología XXVII, nota 460.

480. *Factitiis religionibus*. CR 27, col. 172.

481. Nihil facit ad vitam monasticam. Justus Jonas: *Redet nichts* von. H. G. Pöhlmann, Apología, p. 234: *Besagt nichts über* (ambos: «No dice nada en cuanto a . . . »); J. Pelikan, *Tappert*, p. 276: *Has nothing to do with* («no tiene nada que ver con»).

quiere que el abandonar a los padres, al cónyuge y a los hermanos sea una obra que deba hacerse porque merece remisión de pecados y vida eterna. Es más: Ese abandono se maldice. Pues el que abandona a los padres o a su cónyuge con la intención de merecer con esa obra la remisión de pecados y la vida eterna; insulta a Cristo.

Hay, sin embargo, dos clases de renuncia. Una se hace sin llamado, sin **41** mandamiento de Dios. Ésta no cuenta con la aprobación de Cristo (Mt. 15:9). Porque las obras que nosotros mismos elegimos, son cultos inútiles. Pero que Cristo no aprueba esta huida se ve aún más claramente a la luz del hecho de que él habla de abandonar a la esposa y a los hijos. Sabemos, en efecto, que el mandamiento de Dios prohíbe abandonar a la esposa y a los hijos. Diferente es la renuncia que se hace por mandato de Dios, a saber, cuando un poder tiránico nos pone ante la alternativa: Abandonar a la esposa, etc., o negar el Evangelio. En este caso rige el mandamiento: Antes que negar el evangelio, es preferible soportar la injuria, y sufrir que se nos despoje no sólo de nuestros bienes, del cónyuge, de los hijos, sino también de la vida. Tal renuncia es la que Cristo aprueba y por eso añade (Mr. 10:29): «Por causa del evangelio», para dar a entender que está hablando, no de quienes cometen una injuria contra su cónyuge e hijos, sino de quienes sufren la injuria a causa de la confesión del evangelio. Por causa del evangelio debemos renunciar hasta a **42** nuestro cuerpo. Sería ridículo creer que es un culto a Dios el suicidarse y «abandonar el cuerpo», sin mandamiento de Dios. Pero no menos ridículo es creer que es un culto a Dios el renunciar a los bienes, a los amigos, a la esposa, a los hijos, sin mandamiento de Dios.

Resulta evidente, pues, que se le hace violencia a ese dicho de Cristo si **43** se lo aplica a la vida monástica—a no ser que cuadre aquí aquello otro que en esta vida «recibirán cien veces más» (Mt. 19:29). Porque muchos se hacen monjes, no por causa del evangelio, sino por causa de la buena cocina y del ocio; son aquellos que a cambio de pequeños patrimonios se hacen poseedores de las más grandes riquezas.[482] Pero como todo lo relacionado con el mo- **44** nasticismo está lleno de simulación, así ocurre también aquí: Con falsos pretextos citan testimonios de la Escritura, y pecan doblemente, esto es: Engañan a los hombres, y los engañan escudándose en el nombre de Dios.

Acerca de esa perfección se trae a colación también el pasaje (de Mt. **45** 19:21): «Si quieres ser perfecto, anda, vende lo que tienes, y dalo a los pobres, y ven, sígueme». Este texto causó malos ratos a muchos que se imaginaron que «perfección» era renunciar a la propiedad y al dominio sobre bienes

---

482. En la traducción de Justus Jonas: «Siendo mendigos, entran no obstante en ricos conventos».

46   materiales. Dejemos a los filósofos ensalzar a Aristipo,[483] que arrojó al mar una gran cantidad de oro. Tales ejemplos nada tienen que ver con la perfección cristiana. La distribución, el dominio y la posesión de propiedades son ordenanzas civiles, aprobadas por la palabra de Dios en el mandamiento (Éx. 20:15): «No hurtarás». Para el renunciamiento a los bienes no hay mandamiento ni consejo en la Escritura. Pues la pobreza evangélica no consiste en el abandono de lo que uno posee, sino en no ser avaro, en no confiar en las riquezas, así como David era pobre, aun como rey de un país riquísimo.

47   Por tanto, el renunciar a los bienes es un culto inútil, ya que es una mera tradición humana. Y son desmedidos los encomios expresados en el *Extravagante*,[484] que dice que la renuncia a la posesión de todo bien por causa de Dios es meritoria y santa, y una vía de perfección. Y es peligrosísimo ensalzar en forma tan exagerada una actitud que pugna con una costumbre de la vida

48   civil. Cristo empero habla aquí de la perfección cristiana. Es más: Violentan el pasaje quienes lo citan sólo a medias. La perfección está en lo que Cristo

49   añade: «Sígueme». Con esto se nos propone un ejemplo de obediencia en nuestro llamado. Y como los llamados no son iguales, este llamado no es para todos, sino que se dirige específicamente a la persona con que Cristo está hablando en este momento, así como el llamado de David para reinar y el que recibe Abraham de matar a su hijo no son para que nosotros los imitemos. Los llamados son personales, así como las incumbencias individuales varían según los tiempos y las personas; pero el ejemplo de obediencia

50   es general. Aquel joven habría alcanzado la perfección si hubiera creído y obedecido a este llamado. Y así, la perfección consiste, para nosotros, en que cada uno obedezca con verdadera fe a su llamado.

51   *Tercero.* En los votos monásticos se hace promesa de castidad. Sin embargo, al referirnos al matrimonio de los sacerdotes, ya dijimos que ni con votos ni con leyes se les puede arrebatar a los hombres un derecho natural.[485] Y como no todos tienen el don de continencia, muchos se contienen de un modo deplorable, a causa de su debilidad. Pero tampoco hay votos o leyes que puedan abolir el mandamiento del Espíritu Santo (1 Co. 7:2): «A causa de las fornicaciones, cada uno tenga su propia mujer». Por lo tanto, este voto no es lícito en quienes no tienen el don de continencia, y por debilidad caen

---

483. El filósofo griego Aristipo, de Cirene (n. h. 435 a. de C.), fundador de la escuela hedonista o cirenaica, lo hizo para evitar que su oro cayese en manos de piratas. Cf. Diógenes Laercio (biógrafo de los filósofos griegos), II, 77. Justus Jonas omite la referencia a Aristipo y escribe: «Que este tipo de santidad lo alaben los cínicos como Diógenes, que rehusaba poseer casa y yacía en un tonel».

484. *Extravagantes*, tit. 14, c. 5 II, 1232, Friedberg. Cita de una constitución de Nicolás III. —Llámanse *Extravagantes* las constituciones pontificias posteriores a las clementinas, y por lo tanto fuera del primer cuerpo de Derecho canónico.

485. Vid. Apología XXIII, nota 370.

en pecado.[486] De toda esta cuestión se ha hablado ya lo suficiente, y en verdad **52** sorprende que, estando a la vista los peligros y los escándalos que encierra, los adversarios defiendan sus tradiciones en contra de un claro precepto de Dios. Ni siquiera los conmueve la palabra de Cristo, quien condena a los fariseos (Mt. 23:13 y sig.) por haber implantado tradiciones contrarias al mandamiento de Dios.

Cuarto. Los que viven en los monasterios se libran de sus votos con **53** ceremonias impías, como la profanación de la misa ofrecida con fines de lucro en favor de los muertos, la adoración de los santos, en que la falta es doble, porque se coloca a los santos en el lugar de Cristo, y se los invoca y adora de una manera impía como lo han hecho los dominicos al inventar el rosario de la bienaventurada Virgen, que es una palabrería[487] no menos necia que impía y que alienta una confianza totalmente infundada. Además, todas estas prácticas impías van destinadas a un solo fin: El lucro. Por otra parte, ni oyen **54** ni enseñan el evangelio de la remisión gratuita de los pecados por causa de Cristo, de la justicia de la fe, del verdadero arrepentimiento, de las obras que tienen mandamiento de Dios. En cambio, se dedican o a discusiones filosóficas, o a tradiciones relacionadas con sus ceremonias que eclipsan la obra de Cristo.

No hablaremos aquí de todo ese culto de ceremonias, de lecciones, de **55** cánticos[488] y otras cosas semejantes, que podrían tolerarse si se tuviesen por ejercicios, como las lecciones en las escuelas, cuyo fin es instruir a lo oyentes, y, en el transcurso de la instrucción, conducir a algunos al temor y a la fe. Pero ahora imaginan que esas ceremonias son cultos a Dios que merecen perdón de pecados para quienes los practican y para los demás. Y como consecuencia van agregando más y más ceremonias. Si se valiesen de ellas para instruir y exhortar a los oyentes, en forma de lecciones breves y precisas, obtendrían mucho más provecho que con esas interminables palabrerías. Y así, toda la vida monástica es un cúmulo de hipocresía y opiniones erróneas. **56** A todo esto se añade aún otro peligro: Que quienes viven en esas comunidades, se ven forzados a asentir a los que persiguen a la verdad. Hay muchas razones, pues, y de mucho peso, para que las personas piadosas se liberen de ese género de vida.

Por último, los mismos cánones dispensan de su voto a muchos que lo **57** hicieran antes de haber llegado a la edad de discreción, inducidos por las

---

486. En el original *contaminantur*, voz pasiva de *contaminare* = contaminar, manchar, corromper.

487. En el original: *Battologia*. Cf. Mt. 6:7—Batología: Repetición de vocablos inmotivada (Dicc. Durvan de la Lengua Española).

488. I.e. las lecciones, los salmos, los cánticos, las antífonas, los responsorios etc. del breviario.

artimañas de los monjes, o que los hicieron obligados por sus allegados.[489] A votos de esta índole, ni aun los cánones los llaman votos. De todo esto se desprende que son muchas las causas que indican claramente que los votos monásticos, tal como se venían haciendo hasta ahora no son votos. Por consiguiente, un género de vida como éste, lleno de hipocresía y de opiniones falsas, se puede abandonar sin ningún cargo de conciencia.

58   Aquí nos presentan una objeción sacada de la ley de los nazareos.[490] Pero éstos no hacían sus votos con esas ideas que acabamos de censurar en los votos de los monjes. El rito de los nazareos era un ejercicio o una profesión de fe ante los hombres; no se cumplía para merecer perdón de pecados ante Dios, ni para alcanzar justicia ante él. Además, así como hoy día la circuncisión y el sacrificio de víctimas no sería considerado un culto, así tampoco el rito de los nazareos debe presentarse hoy como un culto, sino que simplemente se lo ha de considerar un *adiáphoron*.[491] No es correcto, pues, comparar el monasticismo, que no tiene ningún fundamento en la palabra de Dios, y que fue inventado para ser un culto merecedor de remisión de pecados y justificación, con el rito de los nazareos, que sí tenía a su favor una palabra de Dios, y que no había sido instituido para merecer perdón de pecados, sino para que fuese un ejercicio externo, como las demás ceremonias de la ley. Lo mismo podría decirse de otros votos radicados en la ley de Moisés.

59   También alegan el caso de los recabitas, que no tenían posesión alguna, ni bebían vino, como escribe Jeremías, capítulo 35:6 y sigtes. ¡Qué bien les cuadra el ejemplo de los recabitas a nuestros monjes, cuyos monasterios superan a los palacios de los reyes, y que viven en la mayor opulencia! Además, aquellos recabitas, con toda su austeridad extrema, se casaban. Nuestros monjes aunque disfrutan de toda suerte de deleites, profesan el celibato.

60
61   Por otra parte, los ejemplos deben interpretarse de acuerdo con la norma, es decir, de acuerdo con pasajes seguros y claros de la Escritura, y no en contra de la norma, es decir, en desacuerdo con las Escrituras. Ahora bien: No cabe ninguna duda de que nuestras observancias no merecen remisión de pecados o justificación. Por ende, cuando en la Escritura se alaba a los recabitas, esto no puede sino significar que éstos observaban su manera de vivir sin pretensión alguna de que por medio de ella merecerían remisión de pecados, o que esa obra sería de por sí un culto que justificaba y en virtud de la cual alcanzarían vida eterna en vez de alcanzarla por medio de la misericordia

---

489. En el orig. lat. *amicis*, «amigos». J. Jonas traduce *Freunde*, «amigos», pero también «parientes».

490. Nm. 6:2 y sigtes. Vid. CR 27, 169.

491. Vid. nota en Apología II, 41.

de Dios, por causa de la simiente prometida. Se alaba su obediencia por cuanto cumplieron el mandamiento de sus padres, y acerca de esta obediencia sí hay un mandamiento de Dios: «Honra a tu padre y a tu madre».

Además, esta costumbre tenía un fin específico: Por cuanto eran extranjeros y no israelitas, parece que su padre había querido distinguirlos, mediante ciertas señales, de los demás habitantes del país, a fin de que no recayeran en la impiedad de éstos. Con dichas señales quería mantener viva en ellos la doctrina de la fe y de la inmortalidad—un fin enteramente lícito. Pero los fines que atribuyen a la vida monástica son muy distintos. Dicen que las obras propias de la vida monástica son cultos; dicen que merecen remisión de pecados y justificación. Está visto, pues, que hay una gran diferencia entre el monasticismo y el género de vida de los recabitas. Y no queremos hablar de otros males que trae consigo el monasticismo de nuestro tiempo actual.

Citan también el pasaje de 1 Timoteo (1 Ti. 5:11 y sigtes.), acerca de las viudas que, sirviendo a la iglesia, recibían su sostén de fondos públicos. Dice allí: «Quieren casarse, incurriendo así en condenación, por haber quebrantado su primera fe». Supongamos, para comenzar, que el apóstol esté hablando aquí de votos. Pero ni aun así este pasaje favorecerá los votos monásticos que se hacen acerca de cultos impíos y con la idea de que merecen remisión de pecados y justificación. Porque Pablo condena en tono muy enérgico todos los cultos, todas las leyes, todas las obras, si con ellos se intenta merecer remisión de pecados, o si se trata de obtener la vida eterna en virtud de ellos, y no por causa de Cristo y su misericordia. Por eso los votos de las viudas, si los hubo, necesariamente tenían que ser de otro tipo que los votos monásticos.

Además, si los adversarios insisten en su error de aplicar aquel pasaje a los votos, tendrán que hacer lo mismo con otro pasaje (1 Ti. 5:9), que prohíbe «que sea puesta en la lista la viuda menor de sesenta años». De este modo, los votos hechos antes de esa edad serán nulos. Pero la iglesia todavía no conocía estos votos. Por tanto, si Pablo condena a las viudas, no es porque se casan, dado que a las más jóvenes les ordena (1 Ti. 5:14) casarse, sino porque, mantenidas con el dinero público, se entregaban a una vida disoluta, abandonando así la fe. En esto piensa el apóstol al hablar de «primera fe»: No en los votos del monastacismo, sino en los del cristianismo. Y en igual sentido entiende también la palabra «fe» en el mismo capítulo, versículo 8: «Si alguno no provee para los suyos, y mayormente para los de su casa, ha negado la fe». Es evidente que tiene otro concepto de la fe que los sofistas. Para él, quienes viven en pecado mortal no tienen fe. Por eso dice: Los que no tienen cuidado de los suyos, abandonan la fe. Y del mismo modo dice que las mujercillas casquivanas abandonan la fe.

Hemos recorrido algunos de nuestros argumentos, de paso hemos des-

62

63

64

65

66

67

68

69

baratado las objeciones de los adversarios. Y todo este material lo hemos reunido no sólo por causa de los adversarios, sino mucho más por causa de las mentes piadosas, para que tengan a la vista las razones por qué deben rechazar la hipocresía y los cultos ficticios del monasticismo—cultos que, por otra parte, son anulados en su totalidad por esta palabra de Cristo (Mt. 15:9): «En vano me honran, con mandamientos de hombres». En consecuencia, los votos mismos y las observancias en cuanto a comidas, lecciones, cánticos, vestiduras, calzados y cíngulos[492] son cultos inútiles a los ojos de Dios. Y sepan con certeza todas las mentes piadosas que es una opinión sencillamente farisaica y condenada aquella de que esas observancias merecen perdón de pecados, que en virtud de ellas somos considerados justos, y que por causa de ellas, y no por misericordia, por causa de Cristo, alcanzamos

70 vida eterna. Y los santos varones que vivieron en tal género de vida, cuenta necesariamente tuvieron que darse, una vez abandonada la confianza en esas observancias, de que conseguían remisión de pecados gratuitamente, por causa de Cristo, y de que por causa de Cristo, por misericordia, habrían de conseguir vida eterna, y no en virtud de esos cultos, porque Dios aprueba tan sólo los cultos instituidos por su palabra, cultos cuya eficacia radica en la fe.

Artículo XXVIII. El Poder Eclesiástico

1 En relación con este tema, los adversarios hablan en tono vehemente de los privilegios e inmunidades del estado eclesiástico, y añaden a modo de epílogo: «Es nulo todo cuanto se expone en el presente artículo en contra de

2 la inmunidad de las iglesias y de los sacerdotes».[493] Esto es pura calumnia; porque en este artículo tratamos de otras cuestiones. Además, hemos declarado muchas veces que no es nuestra intención censurar las disposiciones de las autoridades civiles, ni donaciones hechas por los príncipes, ni privilegios.

3 Por otra parte desearíamos que los adversarios escucharan las quejas de las iglesias y de las personas de corazón piadoso. Los adversarios defienden con denuedo sus dignidades y riquezas, pero entre tanto abandonan el estado de las iglesias, y no ponen ningún cuidado en que las iglesias reciban una enseñanza correcta, y que los sacramentos sean administrados en la forma debida. Admiten en el sacerdocio a cualquier persona, sin discriminación alguna. Después imponen cargas intolerables, como si se gozaran en la ruina de los demás. Exigen que sus tradiciones sean observadas con exactitud mucho

4 mayor que el evangelio. Y ahora, en las controversias de tanta importancia y tan difíciles, respecto de las cuales el pueblo desea desesperadamente que

---

492. A partir de los distintos cíngulos de las órdenes monásticas se formó una serie de «comunidades cingulares» que mediante el uso del cíngulo facilitaban indulgencias.

493. CR 27, col. 179.

se le instruya para tener algo firme a qué atenerse, no brindan alivio a las mentes cruelmente atormentadas por la duda. Lo único que hacen es llamar a las armas. Además, respecto de cuestiones que son de conocimiento público, promulgan decretos escritos con sangre, que amenazan a los hombres con horrendos suplicios, a menos que actúen manifiestamente en contra de los mandamientos de Dios. Aquí, por otra parte, sería menester que vieseis las lágrimas de los pobres, y oyeseis las quejas dolorosas de muchos hombres de bien, lágrimas y quejas que Dios sin duda ve y oye. Ante él algún día habréis de rendir cuentas de vuestro gobierno. 5

Aunque en nuestra Confesión hemos tocado diversos puntos al presentar este artículo,[494] los adversarios no responden. Dicen que los obispos tienen el poder de gobernar, y el de ejercer la corrección coercitiva, a fin de encaminar a los fieles hacia la meta de la felicidad eterna, y que el poder de gobernar requiere también el poder de juzgar, definir, discernir e imponer las medidas que contribuyen y conducen a la meta fijada.[495] Estas son las palabras de la Refutación; con ellas los adversarios nos enseñan que los obispos tienen autoridad para elaborar leyes que son útiles para la obtención de la vida eterna. En torno de este artículo gira la controversia. 6

Es necesario, empero, que se conserve en la iglesia la doctrina de que alcanzamos remisión de pecados gratuitamente, por causa de Cristo, por la fe. Y es igualmente necesario conservar la doctrina de que las tradiciones humanas son cultos inútiles, por lo cual ni la comida, ni la bebida, ni la vestimenta ni otra cosa semejante deben ser consideradas como factores que definen el pecado o la justicia, porque Cristo quiso dejarnos libertad en el uso de todo esto cuando dijo (Mt. 15:11): «No lo que entra en la boca contamina al hombre», y Pablo afirma (Ro. 14:17): «El reino de Dios no es comida ni bebida». Por lo tanto, los obispos no tienen ningún derecho de instituir al margen del evangelio, tradiciones que supuestamente merecen remisión de pecados, y hacerlas pasar por cultos aprobados por Dios como obras de justicia—cultos que imponen una obligación a las conciencias, cual si fuese pecado omitirlos. Todo esto lo enseña un pasaje del libro de los Hechos (15:9), donde los apóstoles dicen que «los corazones son purificados por la fe». Y después prohíben imponer un yugo, y demuestran cuánto peligro hay en ello, y cuán grande es el pecado de quienes abruman a la iglesia con cargas. «¿Por qué tentáis a Dios?» preguntan (Hch. 15:10). Pero este rayo fulminante no aterra para nada a nuestros adversarios, que defienden a viva fuerza sus tradiciones y opiniones impías. 7 8

494. Vid. CA XXVIII.
495. CR 27, col. 179.

9 Pues antes condenaron también el Artículo Quince,[496] en el que declaramos que las tradiciones no merecen remisión de pecados, y aquí dicen que las tradiciones conducen a la vida eterna. ¿Acaso merecen remisión de pecados? ¿Acaso son cultos que Dios aprueba como obras de justicia? ¿Acaso

10 vivifican los corazones? Pablo dice en su carta a los Colosenses, 2:20 y sigte., que las tradiciones no son de provecho alguno con respecto a la justicia eterna y la vida eterna, porque la comida, la bebida, las vestiduras y otras cosas semejantes son cosas «que se destruyen con el uso». Pero la vida eterna es obrada en los corazones por cosas que no se destruyen,[497] a saber, por la palabra de Dios y el Espíritu Santo. Expliquen, pues, los adversarios de qué manera las tradiciones conducen a la vida eterna.

11 Ahora bien: El evangelio dice con toda claridad que no se le deben imponer a la iglesia tradiciones de las cuales se afirma que merecen remisión de pecados, y además, que son cultos aprobados por Dios como obras de justicia, que imponen una obligación a las conciencias cual si el omitirlas fuese pecado. Por lo tanto, los adversarios jamás podrán demostrar que los obispos tienen poder para instituir tales cultos.

12 Por otra parte, en la Confesión hemos dicho de qué índole es el poder que el evangelio atribuye a los obispos.[498] Los que hoy llevan el nombre de obispos, no cumplen con los deberes de los obispos de acuerdo con el evangelio, aunque ciertamente son obispos de acuerdo con el derecho canónico, el cual no censuramos. Pero nosotros hablamos del que es obispo de acuerdo

13 con el evangelio. Y consideramos apropiada la antigua división del poder en poder de orden y poder de jurisdicción.[499] El obispo tiene, pues, el poder de orden, esto es, el ministerio de la palabra y de los sacramentos, y también tiene el poder de jurisdicción, esto es, la autoridad de excomulgar a los que cometen crímenes públicos, y de absolverlos en caso de que se conviertan y

14 pidan la absolución. Pero no tienen un poder tiránico, es decir, al margen de la ley aprobada, ni tampoco un poder como el de un rey, por encima de la ley, sino que tienen un mandamiento determinado, una determinada palabra de Dios, que deben enseñar y según la cual deben ejercer su jurisdicción. Por lo tanto, aunque tengan alguna jurisdicción, de ello no se sigue que puedan instituir cultos nuevos. Porque los cultos no tienen nada que ver con la jurisdicción. Y tienen la palabra de Dios, y tienen el mandamiento que les fija

---

496. CR 27, col. 116. Vid. el texto de la *Confutatio*, Apología XV 1, nota 289.

497. En el original: «Cosas eternas».

498. Vid. CA XXVIII; Melanchton, Tratado sobre el poder y la primacía del papa, 60 y sigtes.

499. Lat. *potestas ordinis, potestas iurisdictionis.*

el alcance de su jurisdicción, a saber, en caso de que alguno incurra en una falta contra la palabra que han recibido de Cristo.

Pero en nuestra Confesión añadimos también hasta qué punto les es lícito crear tradiciones, a saber: No como cultos necesarios, sino para que haya orden en la iglesia, por motivo de la convivencia en paz y tranquilidad. Y estas tradiciones no deben echar lazos a las conciencias, como si prescribiesen cultos necesarios, pues así nos enseña Pablo (en Gá. 5:1): «Estad, pues, firmes en la libertad con que Cristo nos hizo libres, y no estéis otra vez sujetos al yugo de esclavitud». Es preciso, pues, que el uso de esas ceremonias quede librado al juicio de cada cual, siempre que se eviten los escándalos, y que no se los tenga por cultos necesarios. Así los mismos apóstoles tomaron ciertas disposiciones que fueron cambiadas con el correr del tiempo. Pero no nos las transmitieron como que no fuese lícito cambiarlas. Porque estas disposiciones no disentían de sus escritos, en los cuales procuran con gran empeño que no se oprima a la iglesia con la creencia de que los ritos humanos son cultos necesarios.

Esta es la manera sencilla de interpretar las tradiciones, a saber: Que entendamos que no son cultos necesarios, pero que no obstante las observemos, cuando correspondiere, para evitar escándalos y sin caer en ideas supersticiosas. Así pensaron muchos hombres doctos y grandes en la iglesia. Y no vemos qué se pueda objetar a ello. Porque no cabe duda de que el pasaje (de Lc. 10:16): «El que a vosotros oye, a mí me oye», no habla de tradiciones, sino antes bien está dirigido en contra de ellas. Pues no es un *mandatum cum libera*, como lo llaman ellos, sino uno *cautio de rato*[500] acerca de un mandamiento especial, esto es, un testimonio dado a los apóstoles, para que les creamos a base de palabra ajena, y no a base de su propia palabra. En efecto: Cristo quiere darnos la certeza—y era necesario que lo hiciera—de que la palabra dada a los hombres es eficaz, y que no debe buscarse otra palabra del cielo. El dicho: «El que a vosotros oye, a mí me oye», no se puede entender como referencia a las tradiciones. Pues Cristo exige que enseñen de tal modo que se lo oiga a él, porque dice: «A mí me oye». Su deseo es, entonces, que se oiga su propia voz, su propia palabra, y no las tradiciones humanas. De esta manera, un pasaje que nos apoya sobre todo a nosotros, y que contiene un consuelo y una enseñanza poderosísimos, estos asnos lo tuercen para aplicarlo a sus nimiedades, como la diferencia en las comidas, en las vestiduras y otras cosas semejantes.

También citan este otro pasaje (He. 13:17): «Obedeced a vuestros pas-

15

16

17

18

19

---

500. *Mandatum cum libera* = mandato sin limitaciones; *cautio de rato* obligación fija.

20   tores».[501] Este pasaje exige obediencia al evangelio. Pues no habla de un supuesto dominio de los obispos, aparte del evangelio. Ni tampoco deben los obispos crear tradiciones contrarias al evangelio, o interpretar sus tradiciones en un sentido contrario al evangelio. Cuando lo hacen, se nos prohíbe obedecerles, conforme a lo dicho (Gá. 1:9): «Si alguno os predica otro evangelio del que habéis recibido,sea anatema».

21   Lo mismo respondemos en cuanto a este pasaje (de Mt. 23:3): «Haced todo lo que os dijeren», porque es evidente que aquí no se da un precepto de carácter general, de que tengamos que guardar todo cuanto nos dijeren, pues en otro pasaje (Hch. 5:29, la Escritura nos manda «obedecer a Dios antes que a los hombres». Así, pues, cuando nos enseñan que hagamos algo que es impío, no se los debe hacer caso. Porque es impiedad decir que las tradiciones humanas son cultos a Dios, que son cultos necesarios, y que merecen remisión de pecados y vida eterna.

22   Nos echan en cara también los escándalos públicos y los movimientos
23   que han surgido, supuestamente a raíz de lo que nosotros enseñamos. A esto respondemos brevemente. Si se juntasen en un montón todos los escándalos, aun así, un solo artículo acerca de la remisión de pecados, esto es, que por causa de Cristo conseguimos perdón de pecados gratuitamente, por la fe, trae
24   consigo tanto bien que compensa todos los demás males. Y esto fue lo que al principio le granjeó a Lutero no sólo el favor nuestro, sino también el de muchos que ahora nos atacan.

      «Porque el favor recibido desaparece,
      Y los mortales son olvidadizos»,

      como dice Píndaro.[502] Pero nosotros no queremos abandonar una verdad necesaria para la iglesia, ni podemos dar nuestro asentimiento a los adversarios
25   que la condenan. Pues es menester obedecer a Dios antes que a los hombres. Ellos darán cuenta del cisma[503] que han provocado, pues al principio con-

---

501. En el original: *Obedite praepositis vestris* («Obedeced a vuestros prepósitos, i.e. a los que os presiden o mandan»).

502. Cita de Píndaro (poeta griego, 522? 433 a. de C.), *Isthmionikai* VII, 23 y sigte.

503. (Del griego *schisma*, escisión. separación) División o separación entre dos individuos de un cuerpo o comunidad. Discordia, desavenencia, (*Dicc. Durvan de la Lengua Española*). Técnicamente, «cisma» designa el acto de un individuo o una colectividad de separarse de una comunidad religiosa. En este sentido, el cisma no necesariamente está ligado a la «doctrina». Puede tratarse también de meras divergencias en cuestiones relativas al orden eclesiástico. De ahí la distinción entre cisma = pecado contra el amor, y herejía = pecado contra la fe. Cf. p.ej. la distinción que hace Lutero entre herejes y cismáticos en el caso de los utraquistas (más tarde ya no está de acuerdo con que por causa del utraquismo, los husitas deban ser calificados decismáticos): *so sag ich . . . , das die selben Bemen nit ketzer seyn, szondern allein Schismatici . . .* («digo, pues, que aquellos bohemios no son herejes, sino solamente cismáticos»). (*Verklärung D. Martin Luthers etlicher Artikel in seinem Sermon von dem heiligen Sakrament*, WA VI, 80, 36 y sigte.) A partir de la elevación de la primacía del papa a la categoría de dogma, el Derecho canónico romano ya no hace distinción entre el delito de cisma, en cuanto constituido

denaron una verdad tan manifiesta, y ahora la persiguen con crueldad. Además, ¿es que no hay escándalos entre los adversarios? ¡Cuánto hay de malo **26** en la profanación de la misa convertida en fuente de ganancia! ¡Cuánta torpeza hay en el celibato! Pero no entremos en comparaciones. Hemos dado respuesta, por el momento, a la Refutación. Dejamos ahora al criterio de todas **27** las personas piadosas decidir si tienen razón los adversarios al jactarse de que realmente han refutado nuestra Confesión con las Escrituras.

por la negación de subordinarse al papa, y el delito de herejía, por más que el cismático acepte todos los demás dogmas. Y según la óptica de la autoridad docente del papa, la herejía y la apostasía implican el delito de cisma.

IV
LOS ARTÍCULOS DE ESMALCALDA

Artículos de Doctrina Cristiana

que debieron haber sido presentados por nuestros partidarios en el concilio de Mantua, o en cualquier otro lugar en que debía de reunirse el concilio, y que habían de indicar lo que podíamos o no podíamos ceder. Escritos por el Dr. Martín Lutero en el año 1537.

INTRODUCCIÓN

Desde la dieta de Augsburgo del año 1530 se abrigaba la esperanza de que las divergencias doctrinales entre católicorromanos y luteranos podrían ser subsanadas por medio de un concilio. Varios lugares fueron propuestos como sede para tal concilio. Finalmente el papa Pablo III consintió en que éste fuera convocado en Mantua, una ciudad del norte de Italia, para la fecha del 8 de mayo de 1537. Como propósito de este concilio se estableció en una bula papal «la extirpación total del veneno pestilencial de la herejía luterana».

Lutero estaba convencido de que el papa nunca permitiría que hubiese un concilio verdaderamente libre y cristiano. Los motivos para tal opinión, los explicó en su prefacio para los Artículos de Esmalcalda, que fue compartida por su soberano el Príncipe Elector de Sajonia, quien creía que los luteranos no podían someterse a las decisiones de un concilio convocado con el propósito declarado de «extirpar la herejía luterana» y que debería componerse exclusivamente de obispos fieles al papa. En consecuencia, los príncipes luteranos protestantes reunidos en Esmalcalda resolvieron no concurrir a este concilio, aunque Lutero aconsejaba que se aceptase la invitación papal.

El Príncipe Elector insistía en que ellos podrían asistir solamente en el caso en que existiese la seguridad de que se trataba de un concilio «general, piadoso, cristiano e imparcial». Pero esto no podría afirmarse con respecto al concilio recién convocado; antes bien, podría anticiparse que la doctrina luterana sería condenada y sus confesores excomulgados y proscritos. Por otra parte sería muy oportuno que en bien de la unidad de la iglesia se celebrara pronto un concilio que respondiera a las condiciones siguientes: 1) debía ser un concilio libre y cristiano y no papal para que no estuviera ya arreglado todo de antemano según el criterio del papa; 2) debía tratarse de un concilio en el cual todos los estados estuviesen representados en igualdad de condiciones, no anticipando desde el principio la posición de que los protestantes eran herejes; 3) la base de criterio debía ser la Biblia y no las decisiones del papado; 4) a menos que esto fuese completamente imposible, tal concilio debía realizarse en países germanos.

A Lutero se le pidió que en preparación de tal concilio compusiese los artículos que podrían ser presentados como contribución protestante para aclarar hasta dónde podrían ceder en favor de la unidad y la paz, y dónde deberían quedar firmes sin entrar en compromisos. Antes de su publicación tales artículos deberían ser estudiados por los príncipes y sus teólogos reunidos en Esmalcalda.

Aunque Lutero ya no abrigaba ninguna esperanza de que las divergencias entre los luteranos y católicorromanos podrían ser eliminadas por un concilio, cumplió en seguida con el deseo de su Príncipe Elector preparando una confesión luterana que debía servir un doble propósito según los conceptos de su autor: Como el reformador no estaba completamente satisfecho con el procedimiento aplicado por su colega Melanchton en la Confesión de Augsburgo y su Apología en que Melanchton trataba de reducir al mínimo las diferencias entre las enseñanzas romanas y protestantes—Lutero lo llamó **Leisetreterei**—*estos nuevos artículos debían dar más relieve a los rasgos distintivos del luteranismo, de modo que en el concilio podrían servir para demostrar la diferencia entre el ministerio evangélico y el sacerdocio romano. Por otra parte, Lutero creía en aquel entonces que no le quedaba mucho tiempo para vivir, y este presentimiento influyó en la concepción de los veintiún artículos que tal vez nunca podrían ser presentados públicamente por los príncipes luteranos, pero que podrían servir como último testamento de la fe y enseñanza de Martín Lutero de modo que la posteridad podría saber bien claramente cuál fue su posición.*

¿Deben considerarse estos veintiún artículos, llamados posteriormente Artículos de Esmalcalda, como obra confesional del luteranismo? Lo cierto es que fueron examinados y suscritos por los teólogos de Wittenberg, la cuna de la Reforma, pero nunca fueron presentados ni discutidos por las autoridades reunidas en Esmalcalda. Lutero y sus amigos estaban en esta ciudad de Turingia, desde el principio del año 1537, llamados por el Príncipe Elector de Sajonia y otros hombres políticamente influyentes, para que en esta asamblea se aclarase la posición que los luteranos debían adoptar frente al concilio convocado en Mantua. Se anticipó que los artículos de Lutero serían discutidos y aceptados oficialmente en esta asamblea como confesión luterana,

sea para el concilio de Mantua o para otro concilio más imparcial. Pero por desgracia, Lutero se enfermó gravemente, lo que le impidió asistir a las sesiones; y debido a su ausencia no hubo en Esmalcalda una discusión ni adopción oficial de sus artículos. El motivo de fondo era que los príncipes reunidos ya estaban decididos a rechazar absolutamente el concilio, lo que quitó toda oportunidad para discutir los artículos de Lutero. Espontáneamente, sin embargo, los artículos fueron suscritos por la gran mayoría de los teólogos presentes, por considerárseles como una exposición auténtica de la Confesión de Augsburgo, completada con una declaración concerniente al papado que faltaba en la Confesión de Augsburgo.

La estimación de estos artículos, escritos por Lutero, creció siempre más. En 1538 Lutero se encargó de una nueva edición de los Artículos de Esmalcalda, y autorizó su publicación. Sin exagerar puede afirmarse que ya antes de la muerte de su autor, ellos comenzaron a desplazar la importancia de la Confesión de Augsburgo y su Apología como la posición oficial luterana en muchos puntos de discusión. Y en los años de confusión que siguieron a la muerte de Martín Lutero, estos artículos, como testamento del reformador, se hicieron aún más importantes, porque se caracterizan por su lenguaje claro e inequívoco y destacan la posición de Lutero en los puntos donde Melanchton, a causa de su timidez, había tratado de hacer concesiones, evitando los extremos y buscando un acuerdo. Por eso los Artículos de Esmalcalda se convirtieron en la declaración oficial de la independencia luterana de la iglesia de Roma.

¿Cuál es su papel o función actual no sólo desde el punto de vista histórico sino también teológico y aun ecuménico? Los artículos se subdividen en tres grupos: Primero, artículos que no requieren concesiones por ninguna parte porque son reconocidos por ambos bandos, i.e., «los altos artículos de la majestad divina» y de las dos naturalezas de Cristo; segundo, artículos en que no puede haber concesiones, entre éstos el primero y principal artículo de Jesucristo y su obra, la redención que alcanzamos únicamente por la fe como dice el apóstol Pablo: «Nosotros creemos que el hombre es justificado, sin las obras de la ley, sino sólo por la fe», además, «para que sólo Dios sea justo y justifique a quien tenga fe en Jesús». Este artículo es llamado por Lutero con razón «el primero y principal», la base de la vida y esperanza de todo cristiano. Por esto se concluye que «apartarse de este artículo o hacer concesiones no es posible, aunque se hundan el cielo y la tierra y todo cuanto es perecedero». Sin dudas es magistral aquí la concentración enérgica de este «artículo primero y principal», hacia el cual todo debe orientarse. Finalmente hay un tercer grupo de cuestiones y artículos «que pueden ser tratados con personas razonables o entre nosotros mismos». Entre tales artículos se citan el pecado, la ley, el arrepentimiento, el evangelio, etc., hasta

los votos monásticos y las leyes humanas. Resulta que esta confesión luterana conoce también lo que según la terminología católica es llamado «una jerarquía de las verdades», y de este modo ella se ofrece al diálogo según sus posibilidades. En este tercer grupo se encuentra la profunda observación sobre el papado «en tanto que el papa se gloría de poseer todos los derechos y leyes en el arca de su pecho», siendo por eso «entusiasmo que se eleva sobre las Escrituras negando la subordinación a ella y, si fuese necesario en el nombre del Espíritu Santo». El pasaje concluye con las palabras significativas y de importancia para todos los tiempos: «El entusiasmo reside en Adán y sus hijos desde el comienzo hasta el fin del mundo, infundido en ellos y colocado como veneno por el viejo dragón y constituye el origen y la fuerza y el poder de todas las herejías, y también del papado y del mahometismo. Por eso debemos y tenemos que perseverar con insistencia en que Dios quiere relacionarse con nosotros los hombres sola y únicamente mediante su palabra externa y por los sacramentos». Así se formula uno de los conceptos característicos de la iglesia de la Reforma con que se rechaza enérgicamente todo entusiasmo sectario que pretende poseer el Espíritu sin la palabra externa, y se destaca frente a tal debilitamiento del evangelio la afirmación de que Dios quiere comunicar el Espíritu Santo y con él la participación en la salvación adquirida por Cristo de ningún otro modo sino sólo por los medios concretos de la gracia, es decir, por la predicación del evangelio y por la administración de los sacramentos. Estos artículos de Lutero, incorporados posteriormente como obra confesional en el **Libro de Concordia,** *trazan en forma clara y decidida los linderos frente a todo espiritualismo que cree poder entrar en contacto con el Espíritu Santo y su actividad de un modo inmediato y puramente interior. Es, pues, uno de los méritos innegables de esta obra el que ella se opone a tales corrientes espirituales (Schwaermertum) que buscaron abrirse paso en el cristianismo evangélico para su detrimento. Relacionando con tales tendencias y conceptos, que Lutero llama «origen y poder de toda herejía desde el principio», también el papado con su pretensión de poder elevarse sobre la palabra externa de las Escrituras e independizarse de ella, en el nombre del Espíritu Santo, se identifican para Lutero, ambos frentes de lucha y de discusión en uno solo.*

No es de extrañarse, pues, que Lutero, habiendo demostrado sobradamente su habilidad de reducir las múltiples facetas y complicaciones de los problemas candentes a una fórmula simple, ofrezca aquí al final de sus artículos una definición breve y sencilla de la iglesia que se hizo famosa: Su palabra de «los niños en la iglesia»: «Gracias a Dios, un niño de siete años sabe qué es la iglesia, es decir, los santos creyentes y el rebaño que escucha la voz de su pastor».

En efecto, los niños rezan de este modo: «Yo creo en una iglesia cristiana». Esta santidad consiste . . . «en la palabra de Dios y en la verdadera fe». De este modo se vuelve al gran tema de los artículos de Esmalcalda, el tema del cristianismo entero, el de la justificación del hombre pecador frente a Dios. Compenetrada de esta verdad, la iglesia sabe que hay límites entre ella y otros hombres de buena voluntad en el mundo, porque ella se entiende como pueblo de Dios que vive bajo el mensaje de esta justificación y que con tal responsabilidad está enviada al mundo.

Prólogo del Dr. Martín Lutero

1   Puesto que el papa Pablo III convocó por escrito[1] un concilio el año pasado que tendría lugar en Mantua por Pentecostés y después fue trasladado de lugar,[2] no sabiéndose aún dónde o si se pueda celebrarlo, y como nosotros por nuestra parte, debíamos esperar que siendo invitados o no, fuéramos condenados, me fue encomendado[3] componer y reunir los artículos de nuestra doctrina, para que si se tratase de deliberaciones, se supiese dónde y en qué medida queremos o podemos hacer concesiones a los papistas y sobre qué puntos pensamos definitivamente perseverar y mantenernos.

2   En este sentido he compuesto estos artículos y los he entregado a los nuestros. Han sido aceptados también por los nuestros y confesados unánimemente, y se ha decidido que (si el papa y los suyos alguna vez llegasen a ser tan valientes y serios, sin mentiras ni engaños, para convocar un concilio verdaderamente libre, como es su deber) se debía presentarlos públicamente

3   como confesión de nuestra fe. Pero la corte romana tiene un horrible temor ante un concilio libre y huye tan vergonzosamente de la luz, que ha llegado a arrebatar a los suyos la esperanza de que puedan soportar jamás un concilio libre y mucho menos convocarlo por propia iniciativa. Están, como es justo, muy enojados y se sienten bastante molestos por ello, como los que notan que el papa quisiera ver perdida a toda la cristiandad y condenadas a todas las almas, antes que él o los suyos quisiesen reformarse algo y dejar que se ponga un límite a su tiranía.

    No obstante, yo he decidido hacer imprimir entretanto y publicar estos artículos para el caso en que yo muera antes de que un concilio se celebre

---

1. Pablo III, en la bula del 2 de junio de 1536.

2. El 20 de abril de 1537 Pablo III anunció la postergación del concilio para el 1 de noviembre de 1537 en una bula que luego editó Lutero con una introducción y notas marginales. El 8 de octubre de 1537 proclamó en una nueva bula como sede del concilio a Vicenza y al mismo tiempo la segunda prórroga del mismo para el 1 de mayo de 1538. El 25 de abril de 1538 prorrogó su apertura. El 28 de junio una nueva bula papal anunciaba la tercera prorrogación para el 6 de abril de 1539. Después que el 21 de mayo de 1539 fuera suspendido por tiempo indefinido, se celebró finalmente el 13 de diciembre de 1545, en Trento.

3. Por el príncipe Juan Federico de Sajonia, el 11 de diciembre de 1536.

(como lo aguardo y lo espero con toda certeza), ya que esos bribones que huyen de la luz y temen el día tienen que darse una miserable molestia en retardar e impedir el concilio. Con ello, los que vivan y subsistan después de mí, pueden presentar mi testimonio y confesión[4] fuera de la confesión que he publicado anteriormente,[5] a la cual he permanecido fiel hasta ahora y a la cual espero permanecer fiel con la gracia de Dios. En efecto, ¿qué habría de decir?, ¿de qué habría de quejarme? Estoy aún en vida, escribo, predico, y dicto clases diariamente. No obstante, tales personas venenosas se encuentran no sólo entre nuestros adversarios, sino que también hay falsos hermanos que quieren pertenecer a nuestro partido y que se atreven a citar directamente contra mí mis escritos y mi doctrina y esto ante mis ojos y oídos, aunque saben que enseño de otra manera. Quieren dar una bella apariencia a su veneno con mi trabajo y seducir a la pobre gente bajo mi nombre. ¿Qué será más tarde después de mi muerte?

    ¿Hay una razón por qué yo deba responder a todo mientras viva? Y, ¿cómo podré yo solo cerrar los hocicos del diablo? Y en particular a aquellos (todos ellos están envenenados) que no quieren escuchar ni notar lo que escribimos, sino que se ocupan con todo afán en trastocar y corromper nuestras palabras en todas sus letras de la manera más vergonzosa. Dejo responder al diablo tal cosa o finalmente a la ira de Dios, tal como merecen. Pienso a menudo en el buen Gerson,[6] que dudaba de si se debía publicar algo bueno. Si no se hace se abandonarán muchas almas que se podrían salvar. Pero, si se le hace, ahí estará el diablo con incontables hocicos venenosos y perversos que todo lo envenenan y trastocan, de modo que se impide el fruto. Lo que ganan con ello, se ve claramente: Ya que han mentido tan vergonzosamente contra nosotros y han querido mantener en su partido a la gente con mentiras, Dios ha continuado su obra; ha disminuido siempre el partido de ellos y aumentado el nuestro, y a ellos con sus mentiras los ha avergonzado y los sigue avergonzando.

    Tengo que contar una historia: Aquí en Wittenberg estuvo un doctor enviado de Francia,[7] que dijo públicamente ante nosotros que su rey estaba convencido y más que convencido de que no había entre nosotros ni iglesia, ni autoridad, ni estado matrimonial, sino que todo andaba como entre los

---

4. Esto fue solicitado expresamente por el príncipe elector Juan Federico de Sajonia.

5. Lutero hace referencia a su escrito *Vom Abendmahl Christi Bekenntnis* (Confesión acerca de la Santa Cena de Cristo), de 1528.

6. Juan Gerson, canciller de la universidad de París (1363–1429).

7. Se trata de Gervasio Waim (o Wain) quien, enviado por el Rey Francisco I, permaneció también entre otros en Torgau, Melanchton lo designó en aquel tiempo «El hombre aparentemente más hostil a nuestra causa» («*Homo, ut videtur inimicissimus nostrae causae*»).

9   animales,[8] y que cada uno hacía lo que le placía. Ahora bien, ¿te imaginas cómo nos mirarían a la cara en el día del juicio y ante el trono de Cristo estos hombres que por sus escritos han hecho creer al rey y a otras autoridades como pura verdad tales groseras mentiras? Cristo, Señor y juez de todos nosotros, sabe muy bien que mienten y que han mentido. Tendrán que escuchar en su oportunidad el juicio; lo sé ciertamente. Que Dios convierta al arrepentimiento a los que aún pueden convertirse. En cuanto a los otros, sólo será su destino pena y dolor eternos.

10   Para volver a mi tema, deseo expresar que me agradaría ver ciertamente que se celebrase un verdadero concilio, con el cual se ayudaría a muchas cosas y personas. Nosotros no lo necesitamos, pues nuestras iglesias están ahora iluminadas y provistas por la gracia de Dios con la palabra pura y el recto uso del sacramento, con el conocimiento de todos los estados,[9] y las obras buenas, de tal modo que por nuestra parte no buscamos ningún concilio y en lo que se refiere a estas materias no podemos esperar ni estar a la expectativa de nada mejor del concilio. Pero ahí vemos en todas partes en los obispados parroquias vacías y desiertas que el corazón se le parte a uno. Y, sin embargo, no se preguntan ni los obispos ni los canónigos cómo vive o muere la pobre gente, por la que, no obstante, murió Cristo, y a quien no quieren permitir que le oigan hablar con ellos como el buen pastor con sus

11   ovejas.[10] Me atemoriza y aterroriza el pensar que alguna vez haga pasar sobre Alemania un concilio de ángeles que nos destruya a todos desde la raíz, como Sodoma y Gomorra, puesto que nos burlamos tan insolentemente de él bajo el pretexto del concilio.[11]

12   Además de estos asuntos necesarios de la iglesia, habría también cosas innumerables y grandes que corregir en los estados seculares. Hay discordia entre los príncipes y los estados,[12] la usura y la rapacidad se han desencadenado como un diluvio, y se han transformado en puro derecho, antojo, impudicia, extravagancia en el vestir, glotonería, el juego, ostentación y los vicios de todas las clases, maldad, desobediencia de los súbditos, servidumbre y obre-

---

8. La primera traducción latina tiene: «Sino que todos vivíamos en promiscuidad como los animales».

9. Lutero quiere decir quizá: «Con la comprensión verdadera del significado de las diversas ocupaciones humanas».

10. Cf. Jn. 10:12.

11. La primera traducción latina tiene: «En nombre y bajo el pretexto del concilio».

12. En el original: *Stände*: Estados. Parece referirse a las distintas clases sociales representadas en la Dieta.

ros, extorsión por parte de los artesanos y campesinos[13] (y quién puede contar todo), se han extendido de tal forma que con diez concilios y veinte dietas no se podría restablecer el orden. Si se llegase a tratar tales asuntos principales de estado eclesiástico y secular, asuntos que son contrarios a Dios, habría tanto que hacer que se olvidarían puerilidades y bufonerías sobre el largo de las albas,[14] sobre el diámetro de las tonsuras, el ancho de los cinturones,[15] sobre las mitras de obispo y los capelos cardenalicios, los báculos[16] y demás farsas. Si hubiéramos realizado primeramente el mandamiento y la orden de Dios en el estado eclesiástico y secular, tendríamos suficiente tiempo para reformar las comidas,[17] los vestidos, las tonsuras y casullas.[18] Mas si pensamos tragarnos tales camellos y colar los mosquitos,[19] o dejar las vigas y censurar la paja (Mt. 7:3–5), podemos contentarnos con el concilio.

13

Por eso he redactado pocos artículos. En efecto, ya de por sí tenemos tantos encargos por parte de Dios para cumplir en la iglesia, en la autoridad, en lo doméstico,[20] que nunca podremos cumplirlos. ¿Para qué o de qué sirve que por añadidura se hagan muchos decretos y ordenanzas en el concilio especialmente cuando estas cosas primarias ordenadas por Dios no son respetadas ni observadas? Precisamente como si Dios debiese honrar nuestras bufonerías a cambio de que nosotros pisoteemos sus serios mandamientos. Sin embargo, nos agobian nuestros pecados y no permiten que Dios nos dé de su gracia, pues lejos de arrepentirnos, queremos defender todas las abominaciones que cometemos. ¡Oh, amado Señor Jesucristo, celebra tú mismo

14

15

---

13. Al referirse aquí a «extorsión», en el original *Übersetzung* alude al abuso ejercido por los obreros artesanos y también por los campesinos. En la exhortación a la «oración contra los turcos» dice Lutero: «*Der baur steigert neben dem Adel Korn, Gersten und alles und machen mutwillige Teurunge, da sonst Gott gnug hat wachsen lassen. Der Bürger schätzt in seinem Handwerk auch, was und wie er will*» (WA LI, pág. 588). («El campesino sube de precio, juntamente con la nobleza, el trigo, la cebada y todo realizando carestías arbitrarias que por lo demás son cosas que Dios hace crecer gratuitamente en forma suficiente. El burgués impone cargas en su oficio, cuántas y cómo quiere».)

14. Vestidura de lino blanco que cubre la túnica. Pertenece a las vestiduras litúrgicas de los religiosos de grado mayor.

15. Se refiere al cinturón ancho y muy adornado que rodea al alba. En castellano se designa con el nombre de «cíngulo».

16. Se refiere al báculo pastoral que pueden usar los obispos y cardenales. Por su figura «se parece casi siempre al cayado que traen los pastores de ovejas» (*Diccionario de la Real Academia*).

17. Se refiere a las comidas prohibidas en tiempo de cuaresma.

18. Se trata de la casulla, «vestidura sagrada que se pone el sacerdote sobre las demás que sirven para celebrar el santo sacrificio de la misa. Está abierta por lo alto, para entrar la cabeza, y por los lados; cae por delante y por detrás desde los hombros hasta media pierna» (*Id. Dic. de la Real Academia*).

19. Cf. Mt. 23:24.

20. Lutero hace referencia a los tres órdenes fundamentales que en aquel entonces componían la sociedad.

un concilio y rescata a los tuyos mediante tu retorno glorioso! Con el papa y los suyos todo está perdido. A ti no te quieren. Socórrenos a nosotros pobres y miserables, que elevamos suspiros a ti y te buscamos sinceramente, según la gracia que nos otorgaste por tu Espíritu Santo, el cual, contigo y el Padre vive y gobierna alabado eternamente. Amén.

PRIMERA PARTE

Concierne a los altos artículos de la majestad divina

1º Que el Padre, el Hijo y el Espíritu Santo, tres personas distintas en una sola esencia y naturaleza divinas, son un solo Dios que ha creado los cielos y la tierra, etc.

2º Que el Padre de nadie es nacido; el Hijo es nacido del Padre; el Espíritu Santo procede del Padre y del Hijo.

3º Que el que se hizo hombre no es el Padre, ni el Espíritu Santo, sino el Hijo.

4º El Hijo se hizo hombre de este modo: Fue concebido por obra del Espíritu Santo, sin intervención de un hombre, nació de la pura y santa virgen María; después padeció; murió y fue sepultado; descendió a los infiernos, resucitó de entre los muertos; subió a los cielos, está sentado a la diestra de Dios, de donde vendrá para juzgar a los vivos y a los muertos, etc.; como lo enseña el Credo Apostólico, el de Atanasio y el catecismo infantil usual.

Dado que estos artículos no son motivo de discordia ni objeto de discusión, ya que nuestros adversarios y nosotros los creemos y confesamos,[21] es innecesario que nos ocupemos ahora más extensamente en ellos.

SEGUNDA PARTE

Concierne a los artículos relativos al oficio[22]
y obra de Jesucristo o a nuestra redención

ESTE ES EL ARTÍCULO PRIMERO Y PRINCIPAL

Que Jesucristo, nuestro Dios y Señor «fue entregado por nuestras transgresiones y resucitado para nuestra justificación» (Ro. 4:25). Sólo él es «el cordero de Dios que quita el pecado del mundo» (Jn. 1:29), y «Jehová cargó

1
2

---

21. Lutero escribió en primer lugar «gläuben und bekennen» («creemos y confesamos»); sin embargo, posteriormente borró las dos primeras palabras, ya que no confiaba en la fe de los católicos. En 1544 escribió: *Was hilft ihn, dass er mit dem Maul hoch rühmet den rechten Gott, den Vater, Sohn und Heiligen Geist und trefflichen Schein furwendet eines christlichen Lebens? Gleichwohl ist und bleibt er der grössest Feind Christi un der rechte Antichrist* (WA LIV, pág. 160). (¿De qué le sirve al papa ensalzar tanto con la boca al verdadero Dios, al Padre, al Hijo y al Espíritu Santo pretextando una verdadera apariencia de vida cristiana? De todos modos es y permanece siendo el mayor enemigo de Cristo y el verdadero Anticristo.)

22. En el original *Ampt*. Hemos traducido el término por oficio. Se podría también decir, «misión» y «ministerio».

en él el pecado de todos nosotros» (Is. 53:6). De la misma forma, «todos **3** pecaron, y están destituidos de la gloria de Dios, siendo justificados gratuitamente por su gracia, mediante la redención que es en Cristo Jesús» (Ro. 3:23–25).

Ya que esto es menester creerlo, sin que sea posible alcanzarlo o com- **4** prenderlo por medio de obras, leyes o méritos, es claro y seguro que sólo tal fe nos justifica como dice San Pablo en Romanos 3:28: «Concluimos, pues, que el hombre es justificado por fe, sin las obras de la ley». Igualmente: «A fin de que él sea el justo, y el que justifica al que es de la fe en Jesús» (Ro. 3:26).

Apartarse de este artículo o hacer concesiones no es posible, aunque se **5** hundan el cielo y la tierra y todo cuanto es perecedero. Pues, «No hay otro nombre bajo el cielo, dado a los hombres, en que podamos ser salvos» (Hch. 4:12), dice San Pablo, «Y por su llaga fuimos nosotros curados» (Is. 53:5). Sobre este artículo reposa todo lo que enseñamos y vivimos, en oposición al papa, al diablo y al mundo. Por eso, debemos estar muy seguros de él y no dudar; de lo contrario, está todo perdido y el papa y el diablo y todos nuestros adversarios obtendrán contra nosotros la victoria y la razón.

ARTÍCULO SEGUNDO

Que la misa debe ser considerada la mayor y más horrible abominación **1** del papado, pues ella se opone directa y violentamente a este artículo principal y es de todas las idolatrías papistas la mayor y la más bella pues se admite que el sacrificio o la obra que es la misa (aun celebrada por perversos indignos[23]) libra[24] al hombre de los pecados, tanto aquí en la vida como en el purgatorio, lo cual no puede ni debe hacer sino el cordero de Dios únicamente, como se ha dicho anteriormente. Respecto a este artículo no hay que apartarse ni hacer concesiones, ya que el primer artículo no lo permite.

Si hubiera papistas razonables, se podría hablar con ellos de la siguiente **2** manera en forma amistosa: ¿Por qué se aferran tanto a la misa? No es sino una invención humana no ordenada por Dios y todas las invenciones humanas las podemos abandonar, como Cristo dice en Mateo 15: «En vano me honran, enseñando como doctrinas mandamientos de hombres» (Mt. 15:9).

---

23. Lutero dice: «*Usitatissimum ex Gregorio dicitur missam mal sacerdotis non minoris ducendam quam boni cuiuscunque nec sancti Petri meliorem fuisse quam Judae traditoris, si sacrificassent*» (WA VI, págs. 371 y 525). («Se acostumbra mucho desde el tiempo de Gregorio decir que la misa de un mal sacerdote no hay que estimarla en menor grado que la de uno bueno, no habiendo sido mejor la de San Pedro que la de Judas el traidor, siempre que hubiesen sacrificado»). Para este tema es de interés comparar el pensamiento de Sto. Tomás expresado en la parte III de la *Suma Teológica*, q. 64, arts. 5 y 9.

24. En el original *helfe*: Literalmente significa ayuda.

3   En segundo término la misa es una cosa innecesaria, de la cual se puede prescindir sin pecado y peligro.

4   En tercer término, el sacramento se puede recibir de modo mucho mejor y más salutífero, según la institución de Cristo, y más aún, este es el único modo salutífero.[25] En efecto, ¿por qué querer arrojar al mundo a la extrema miseria por causa de una cosa innecesaria e inventada siendo que hay una manera mejor y más salutífera de obtenerlo?

5   Que se predique a la gente públicamente que la misa, como cosa humana, se puede abandonar sin pecado y que no puede ser condenado el que no la respete; podrá ser salvo sin la misa de una manera mejor. ¿No decaería entonces la misa por sí misma, no sólo entre el populacho loco, sino también entre todos los piadosos, cristianos razonables, temerosos de Dios? Mucho más debería ocurrir cuando escucharan que la misa es una cosa peligrosa, imaginada e inventada sin la palabra y la voluntad de Dios.

6   En cuarto lugar, ya que han surgido en todo el mundo tales incontables e indecibles abusos con la compra y venta de misas, se tendría razón en abandonarla solamente para evitar tales abusos, aun cuando tuviese en sí misma algo de útil y bueno. ¡Cuánto más debería abandonársele para prevenir abusos para siempre, ya que ella es completamente innecesaria, inútil y peligrosa, en circunstancias que se puede obtener todo de una manera más necesaria, más útil y más cierta sin la misa.

7   En quinto lugar, dado que la misa no es ni puede ser otra cosa (como el Canon[26] y todos los libros[27] dicen) que una obra de los hombres (celebrada también por perversos indignos), una obra por la cual uno mismo, el hombre que la celebra, puede obtener por sí mismo y por otros reconciliación con Dios, adquirir y merecer el perdón de los pecados y la gracia (así es, en efecto, cuando se celebra de la mejor manera; de lo contrario: ¿Qué sería entonces?), se debe y es menester condenarla y reprobarla, pues esto está directamente contra el artículo principal que afirma que el que lleva nuestros

---

25. En el original: *seligerweise*. Textualmente sería: De manera más saludable.

26. El canon de la misa. A él se refiere Lutero en el escrito, «*Vom Greuel de Stillmesse so man den Kanon nennet*» (1525): «*Nu tun die papistischen Pfaffen in der Messe nichts anders, denn dass sie ohn Unterlass mit solchen Worten fahren: 'Wir opfern, wir opfern un diese Gaben, diese Gaben, etc.', und schweigen des Opfers gar still, das Christus tan hat, danken ihm nicht, ja verachten's und verleuken's uns wollen selbs für Gott kommen mit ihrem Opfer*» (WA, XVIII, pág. 24). (Del horror de la misa en silencio que se llama canon: «Ahora no hacen otra cosa los curas papistas en la misa que sin cesar andar con estas palabras: 'Nosotros sacrificamos, nosotros sacrificamos y estos dones, estos dones, etc.', permaneciendo en completo silencio sobre el sacrificio que ha hecho Cristo: No le agradecen, le desprecian y lo reniegan y quieren ellos mismos presentarse ante Dios con su propio sacrificio».)

27. Los libros litúrgicos; por ejemplo, Durandus, *Rationale divinorum officiorum*, IV, 35.

pecados no es un oficiante de misa[28] con su obra, sino el Cordero de Dios y el Hijo de Dios (Jn. 1:29).

Si alguien para justificar su proceder quisiera pretextar que para su propia edificación[29] se da la comunión a sí mismo, éste no habla en serio, pues si quiere comulgar con seriedad, lo encontrará seguramente y de la mejor manera en el sacramento administrado según la institución de Cristo. Pero darse la comunión a sí mismo es incierto e innecesario y además prohibido. El que actúa así no sabe lo que hace, porque sigue a falsas ilusiones e invenciones humanas sin la palabra de Dios. Tampoco es justo (aunque todo lo demás estuviese en orden) que un hombre quiera usar del sacramento común de la iglesia según su necesidad religiosa[30] y con ello hacer un juego a su gusto sin la palabra de Dios y al margen de la comunidad con la iglesia. **8**

9

Este artículo de la misa será el punto decisivo en el concilio. En efecto, aunque fuese posible que nos hicieran concesiones en todos los otros artículos, no pueden en éste hacernos concesiones, como dijo Campegio en Augsburgo:[31] Se dejaría hacer pedazos antes que abandonar la misa.[32] También yo prefiero, con ayuda de Dios, ser reducido a cenizas antes que permitir que un oficiante de misa, malo o bueno, y su obra sean iguales y mayores que mi Señor y Salvador Jesucristo. Por consiguiente, estamos y permanecemos eternamente divididos y opuestos. Bien lo sienten ellos: Si la misa cae, el papado sucumbe también.[33] Antes que dejen que ocurra esto, nos matan a todos si tuviesen la posibilidad. **10**

Además de todo lo indicado, esa cola de dragón, la misa, ha engendrado muchos parásitos y ponzoñas de idolatrías de diversa clase. **11**

En primer lugar: El purgatorio.[34] Misas para los difuntos,[35] vigilias, servicios fúnebres celebrados el séptimo día, el trigésimo, al cabo de un año,[36] **12**

---

28. En el original *Messeknecht*. Está como variante *boser oder frommer*: Malo o bueno.

29. En el original: *zur Andacht*; también podría traducirse: Para su propia devoción.

30. En el original: *nach seiner eigen Andacht*; para traducción véase nota 41.

31. Lorenzo Campegio, legado pontificio en la Dieta de Augsburgo (1530).

32. La misa fue uno de los puntos decisivos y centrales que se trataron en la Dieta de Augsburgo.

33. A menudo caracteriza Lutero la misa y el celibato con alusión a un pasaje del Libro de los Jueces: «Las dos columnas sobre las cuales descansa el papado . . .» (Jue. 16:29).

34. Lutero se pronunció en diversos escritos en relación con el purgatorio (especialmente WA XXX 255ª parte, 367–390).

35. En el original, *Seelmessen*. La traducción latina dice, *«Missis enim pro animabus»*. Se podría decir también, misas por las almas.

36. Bajo vigilia se entiende una ceremonia en conmemoración de algún muerto. Tienen lugar la tarde anterior al día de conmemoración, en el que se celebra la misa correspondiente por el difunto. El año de conmemoración por los muertos es mencionado por Tertuliano y por Ambrosio.

la semana común,[37] el día de todos los muertos[38] y el baño de las almas:[39] todo esto se ha relacionado con el purgatorio, de modo que la misa se usa casi exclusivamente para los muertos, mientras que Cristo instituyó el sacramento sólo para los vivos. Por eso hay que considerar el purgatorio con todas sus ceremonias, cultos y maquinaciones como un puro fantasma diabólico, pues nuevamente está contra el artículo principal, según el cual sólo Cristo y no las obras del hombre pueden ayudar a las almas. Además, nada se nos ha mandado u ordenado en relación con los muertos; por ello, se haría bien si se dejase de lado todo esto, aun cuando no fuera error o idolatría.

13   Los papistas citan aquí a San Agustín y a ciertos padres[40] que habrían escrito sobre el purgatorio y piensan que no vemos para qué y con qué intención ellos mencionan estas citas. San Agustín no dice que existe un purgatorio,[41] ni tiene pasajes bíblicos que lo obliguen a aceptarlo, sino que deja sin decidir si existe o no. Dice que su madre ha deseado que se le recordase en el altar o en el sacramento. Todas estas no han sido sino expresiones de devoción humana por parte de algunas personas que no instituyen artículos de fe, lo cual sólo le corresponde a Dios. Pero nuestros papistas utilizan tales

14   palabras humanas para que se deba creer en su vergonzoso, sacrílego, maldito mercado de misas que se ofrecen por los muertos, cuyas almas están en el purgatorio, etc. Están lejos de probar tales cosas por San Agustín. Cuando hayan abolido el mercado de misas por las almas del purgatorio—sobre lo cual nunca soñó San Agustín—entonces podremos hablar con ellos sobre si las palabras de San Agustín sin la escritura son aceptables y si los

15   muertos deben ser conmemorados en el Sacramento. No es válido que de las obras o palabras de los santos Padres se hagan artículos de fe; de lo contrario, tendrían también que hacerse artículo de fe los alimentos, los vestidos, las casas, etc., que ellos tuvieron, como se ha hecho con las reliquias. Está escrito[42] que la palabra de Dios debe establecer artículos de fe y nadie más, ni siquiera un ángel.

16   En segundo término, es una consecuencia que los malos espíritus han

---

37. *Die gemeine Woche* o la *hebdomada* o *septimana communis*, es toda la semana después del día de San Miguel (29 de septiembre). En ella se celebran innumerables misas por los difuntos.

38. El 2 de noviembre. Este día en conmemoración de los difuntos era celebrado ya en el siglo X.

39. Baños públicos y gratuitos, para la gente pobre instalados con la intención de contribuir a la salvación de la propia alma.

40. *De civitate Dei* XXI, cap. 24. Entre los padres puede citarse a Gregorio, *Dialog.* IV, cap. 39.

41. *Confes.* IX, 11 y 13.

42. Cf. Gá. 1:8.

realizado la perversidad de haber aparecido como almas humanas[43] y exigido
con mentiras indecibles y malignidad, misas, vigilias, peregrinaciones, y otras 17
limosnas que todos hemos estado obligados a aceptar como artículos de fe y
a vivir de acuerdo con ellas. Tales cosas las ha confirmado el papa, como
también la misa y todas las otras abominaciones.

En este punto tampoco es posible ceder o hacer concesiones.

En tercer lugar: Las peregrinaciones. Aquí también se ha buscado misas, 18
perdón de los pecados y gracia de Dios, pues la misa lo ha gobernado todo.
Es indudable que tales peregrinaciones, sin la palabra de Dios[44] no nos han
sido mandadas, y tampoco son necesarias, porque podremos obtener la gracia
de Dios de una manera mejor, y nos podemos dispensar de ellas sin pecado
ni peligro. ¿Por qué razón se echa a un lado a la propia parroquia, la palabra
de Dios, la mujer y los hijos, etc., que son necesarios y mandados por Dios,
para ir detrás de manejos diabólicos innecesarios, inciertos, perjudiciales,
solamente porque el diablo haya convencido al papa de que los ensalce y 19
confirme, para que la gente se aparte más y más de Cristo y confíe en sus
propias obras y se vuelva idólatra, lo que es peor? Pero, fuera de ser cosas
innecesarias, no mandadas, ni aconsejadas e inciertas, son además perjudiciales. Por eso, en este punto no es posible tampoco ceder o hacer concesiones. 20
¡Que se predique diciendo que las peregrinaciones son cosas innecesarias, y
además peligrosas, y luego veremos dónde quedan!

En cuarto lugar, las cofradías. Aquí los conventos, los capítulos y los 21
vicarios[45] se han comprometido por escrito (según un contrato justo y honrado)
a compartir todas las misas, buenas obras, etc., tanto por los vivos como por
los muertos. Esto no es solamente una pura invención humana, sin la palabra
de Dios, totalmente inútil y no mandada, sino también en contra del artículo
primero, sobre la redención. Por ello, no podemos de ningún modo tolerarlo.

En quinto lugar, las reliquias. En esto se han inventado tan diversas 22
mentiras y necedades manifiestas, tales como los huesos de perro y caballo,[46]
que por la misma razón de estas imposturas,[47] de las que el diablo se reía,
deberían estar condenadas desde hace mucho tiempo, aunque hubiera algo de
bueno en ellas. Además, sin la palabra de Dios, no siendo prescriptas ni

---

43. Lutero se refiere aquí a las apariciones de almas, sobre las cuales informan Pedro
Damiano (*Opusculum* XXXIV, cap. 5, MSL CXLV, pág. 578 y sigtes.) y Gregorio Magno
(*Dialog.* IV, cap. 40, MSL LXXVII, pág. 396 y sigtes.). Lutero se expresó sobre este problema
en diversos escritos.

44. Es decir, no prescriptos por la palabra de Dios.

45. Eclesiásticos menores que pueden representar en ciertos casos al pastor.

46. Lutero expresa esta misma opinión también en WA LI. 138, L. 642.

47. En el original: *Buberei*. Nos ha parecido más adecuado traducir por «imposturas», de
acuerdo con el contexto, aunque signifique más directamente «perversidad», «maldad».

23   aconsejadas, son una cosa enteramente innecesaria e inútil. Pero lo peor es que se les considera como eficaces para la obtención de indulgencias y el perdón de los pecados, como si fueran una buena obra o un culto divino, como la misa.

24   En sexto lugar, las queridas indulgencias[48] que son concedidas a los vivos y a los muertos (pero a cambio de dinero). En las tales ese miserable Judas que es el papa, vende los méritos de Cristo al mismo tiempo que los méritos superabundantes de todos los santos[49] y de la iglesia entera. Todo esto no podemos tolerarlo. No es solamente sin la palabra de Dios, innecesario y no mandado, sino también en contra del primer artículo, pues los merecimientos de Cristo no son alcanzados mediante nuestras obras o dinero, sino mediante la fe por la gracia; son ofrecidos con ausencia de todo dinero y merecimiento, no por la fuerza del papa, sino mediante la predicación o la palabra de Dios.

SOBRE LA INVOCACIÓN DE LOS SANTOS

25   La invocación de los santos es también uno de los abusos introducidos por el Anticristo, contradice el primer artículo principal y destruye el conocimiento de Cristo. Tampoco es mandada ni aconsejada, ni hay ejemplo de ello en la Escritura. Aunque fuese una cosa preciosa, lo que no lo es, tenemos todo mil veces mejor en Cristo.[50]

26   Aun cuando los ángeles del cielo, lo mismo que los santos que están sobre la tierra o quizá también los del cielo intercedan por nosotros (como Cristo mismo lo hizo también), no se deduce por eso que debamos invocar y adorar a los ángeles, ayunar por ellos, celebrar fiestas y misas, ofrecerles sacrificios, fundar templos, levantar altares, crear cultos especiales para ellos y servirles de alguna otra manera más, considerándolos como auxiliares atribuyéndoles diversa clase de poderes ayudadores,[51] a cada uno un poder especial, como enseñan y hacen los papistas. Tal cosa es idolatría, pues tal

27   honor sólo le corresponde a Dios. En efecto, en cuanto cristiano y en cuanto santo viviente sobre la tierra, puedes rogar por mí, no sólo en una determinada necesidad sino en todas. Pero, por tal motivo, no debo adorarte, invocarte, celebrar fiestas, ayunar, sacrificar, celebrar misa en tu honor y poner en ti mi fe para la salvación. Bien te puedo honrar de otras maneras y amarte y

28   agradecerte en Cristo. Si se suprime tal honor idólatra de los ángeles y de

---

48. Cf. «Las 95 tesis».

49. En el original: *Übrigen* (restantes). Sin embargo, se hace referencia a las *opera supererogationis* o *superabundantia*.

50. Este pasaje fue redactado a fines de diciembre de 1536, en relación con el coloquio de teólogos celebrado en Wittenberg.

51. En el original: *allerlei Hülfe*. Hemos traducido por: Diversa clase de poderes ayudadores. Textualmente debería ser: Toda clase de ayudas.

los santos muertos, entonces, el otro honor no tendrá efectos perjudiciales e incluso se olvidará pronto. Porque una vez que no hay esperanza de conseguir ayuda corporal y espiritual [de los santos], se dejará a los santos en paz, tanto en la tumba como en el cielo. Por mero desinterés o por amor nadie se acordará mucho de ellos, ni los tendrá en estima u honrará.

En resumen, no podemos consentir y debemos condenar lo que es la **29** misa, lo que de ella se deduce y lo que de ella depende para que se pueda conservar el santo sacramento en forma pura y segura,según la institución de Cristo, usado y recibido mediante la fe.

ARTÍCULO TERCERO

Que los capítulos[52] y los conventos, fundados antiguamente con la buena **1** intención de formar hombres instruidos y mujeres honestas, deben ser nuevamente ordenados a tal uso, a fin de que se pueda tener también pastores, predicadores y otros servidores de la iglesia, lo mismo que personas necesarias para el gobierno secular en las ciudades y en los países, también jóvenes muchachas bien educadas para llegar a ser madres de familia y amas de casa, etcétera.

Si no quieren [los capítulos y conventos] servir a esto, es mejor dejarlos **2** yacer en ruinas y destruirlos, antes que verlos ser considerados, con su culto que es una ofensa a Dios y una invención de los hombres, como superiores al estado común de cristianos, a las funciones y órdenes[53] que Dios ha fundado; porque todo está nuevamente contra el primero y principal artículo de la redención realizada por Jesucristo. Además (como toda invención humana), no son mandados, ni necesarios, ni útiles, más aún, constituyen un fatigoso trabajo, peligroso y perjudicial y en vano, como dicen los profetas respecto a tales cultos divinos llamándolos *aven,* [54] esto es, trabajo fatigoso.

ARTÍCULO CUARTO

Que el papa no es *de jure divino*, es decir, en virtud de la palabra de **1** Dios,[55] la cabeza de toda la cristiandad (porque esto le corresponde solamente a Jesucristo), sino sólo el obispo o el pastor de la iglesia de [la ciudad] Roma y de todas aquellas que voluntariamente o por obediencia a una institución

---

52. Son asociaciones de sacerdotes seculares que se llamaban canónigos. Hubo también canonisas, mujeres que vivían bajo un reglamento común, pero sin haber hecho el voto de castidad perpetua.

53. En el original: *gestifte Ämpter und Orden*. Aquí hemos traducido *Ämpter* por funciones. Orden parece referirse a «profesiones», «estados».

54. Cf. Zac. 10:2. Hab. 1:3. Is. 1:13, etc.

55. Para Lutero sólo se podía considerar *«de jure divino»* la Escritura o lo que se basara directamente en ella. Cf. WA II, pág. 279: *«Sacra Scriptura, quae est proprie jus divinum».*

humana (esto es la autoridad secular[56]) se han supeditado a él, no bajo él como un señor, sino junto a él, hermanos y colegas, como cristianos, como lo demuestran los antiguos concilios y los tiempos de San Cipriano.[57] No obstante, ningún obispo, ni siquiera un rey o emperador se atreven a llamar al papa «hermano», como en aquellos tiempos, sino que tiene que nombrarlo «muy clementísimo señor». Esto no lo queremos, no lo debemos y no lo podemos admitir en nuestra conciencia. El que lo quiera hacer, que lo haga sin nosotros.

De aquí se deduce que todo lo que el papa ha realizado y emprendido basándose en tal falso, perverso, blasfémico, usurpado poder, no ha sido ni tampoco hoy día más que cosas y negocios diabólicos (salvo en lo que concierne al poder secular, donde Dios se sirve de un tirano o de un malvado para hacer el bien a un pueblo) para perdición de toda la santa iglesia cristiana (en cuanto de él depende) y para destruir este primer artículo principal de la redención por Jesucristo.

En efecto, todas sus bulas y libros están ahí, en los que semejante a un león, ruge (como lo representa el ángel del capítulo 12 del Apocalipsis[58]) que ningún cristiano puede ser salvo, si no es obediente y se somete a él en todas las cosas, en lo que quiera, en lo que diga, en lo que haga.[59] Esto equivale a decir: «Aunque creas en Cristo y tengas todo en él cuanto es necesario para la salvación, será en vano todo y de nada te ha de valer, si no me consideras como a tu Dios y no te sometes y me obedeces». Sin embargo es manifiesto que la santa iglesia estuvo sin papa por lo menos quinientos años[60] y hasta hoy la iglesia griega y muchas otras iglesias que hablan otros idiomas no han estado nunca ni están bajo el dominio del papa. Esto, como se ha dicho a menudo, es una invención humana que no está basada sobre ningún mandamiento, es innecesaria y vana, pues la santa iglesia cristiana puede permanecer bien sin tal cabeza e incluso habría permanecido mejor, si tal cabeza no se le hubiese agregado por el diablo. Además, el papado no es ninguna cosa útil en la iglesia, ya que no ejerce ninguna función[61] cristiana. Por consiguiente, la iglesia debe permanecer y subsistir sin el papa.

---

56. Se refiere aquí al poder patrimonial que tiene el papa (*Patrimonium Petri*).

57. Lutero piensa en los concilios de Nicea, Constantinopla, Éfeso y Calcedonia.

58. Lutero entrega una cita errónea. Habla del capítulo 12 de Apocalipsis, mientras que se refiere al contenido del versículo 3 del capítulo 10 del mismo libro.

59. Cf. la bula *Unam Sanctam* de Bonifacio VIII: *Porro subesse Romano pontifici omni humanae creaturae declaramus, dicimus, diffinimus et pronunciamus omnino esse de necessitate salutis.* (Además declaramos, decimos, definimos y promulgamos que a toda criatura humana le es absolutamente necesario para la salvación sujetarse al pontífice romano).

60. Lutero considera como último obispo romano a Gregorio I (590–604). A Sabiniano (604–606) y a Bonifacio III (607) los llamaba los primeros papas.

61. En el original: *christlich Ampt.*

Pongo el caso de que el papa renunciase a ser el jefe supremo por derecho 7
divino o por mandato de Dios y que, en cambio para poder mantener mejor
la unidad de la iglesia contra las sectas y las herejías, se debiese tener una
cabeza, a la cual se atuviesen todos los demás. Tal cabeza sería, entonces,
elegida por los hombres y estaría en la elección y el poder humano modificar
o destituir tal cabeza, como lo ha hecho exactamente en Constanza el concilio
con los papas; destituyeron tres y eligieron un cuarto.[62] Pongo el caso, pues
que el papa y la sede de Roma consintiesen y aceptasen tales cosas, lo cual
es imposible, porque tendría que permitir que se cambiara y destruyera todo
su gobierno y estado con todos sus derechos y libros. En resumen, no puede
hacerlo. Sin embargo, con ello, no se ayudaría en nada a la cristiandad y
surgirían más sectas que antes. En efecto, puesto que no se tendría que estar 8
sometido a una tal cabeza por orden de Dios, sino por la buena voluntad
humana, sería pronto y fácilmente despreciada y finalmente no podría retener
a ningún miembro [bajo su dominación]. No debería estar en Roma o en otro
lugar determinado,[63] sino donde y en qué iglesia Dios hubiera dado un hombre
tal que fuese capacitado para ello. ¡Oh, qué estado de complicación y desorden
tendría que surgir!

Por lo tanto, la iglesia nunca puede estar mejor gobernada y mejor con- 9
servada que cuando todos nosotros vivimos bajo una cabeza que es Cristo, y
los obispos, todos iguales en cuanto a su función[64] (aunque desiguales en
cuanto a sus dones[65]) se mantienen unánimes en cuanto a la doctrina, fe,
sacramentos, oraciones y obras del amor, etc. De este modo escribe San
Jerónimo[66] que los sacerdotes de Alejandría gobernaban en conjunto y en
común las iglesias, como los apóstoles lo habían hecho también y después
todos los obispos en la cristiandad entera, hasta que el papa elevó su cabeza
por encima de todos.

Este hecho demuestra evidentemente que el papa es el verdadero Anti- 10

---

62. Juan XXIII fue destituido en la 12ª sesión, el 29 de mayo de 1415; Benedicto XIII,
en la 37ª sesión, el 20 de julio de 1417; Gregorio XII renunció voluntariamente el 4 de julio de
1415. Martín V fue elegido el 11 de noviembre de 1417.

63. Los papas residieron en Aviñón entre 1309 y 1377 en forma permanente.

64. En el original: *Ampt.*

65. Cf. 1 Co. 12:4 y 8–10. Ro. 12:6–8.

66. Lutero aquí cita de memoria dos pasajes juntos de Jerónimo, que menciona a menudo.
Se trata de *Commentarius en Epist. ad Titum* I, 5 y sigtes. (MSL XXVI, 562; *Decr. Grat.* P.
ID. 95 c. 5). Pero allí no se menciona a Alejandría: Sino se dice solamente: «Las iglesias eran
gobernadas por un concilio común de los obispos». (. . . *communi presbyterorum consilio ec-
clesiae gubernabantur*). El pasaje de Jerónimo es *Epist. 146 ad Euangelum presbyterum* (MSL
XXII 1194; CSEL LVI 310; *Decr. Grat.* P. ID. 93 c. 24) en la que se menciona a Alejandría.
Esta última carta fue publicada por Lutero en 1538 (WA L 339–343).

cristo,[67] que se ha colocado encima de Cristo y contra él, puesto que no quiere que los cristianos lleguen a ser salvados sin su poder, a pesar de que no vale nada, porque no ha sido ordenado ni mandado por Dios. Esto propiamente, como dice San Pablo, «se opone y se levanta contra Dios» (2 Ts. 2:4). Los turcos y los tártaros no actúan así, aunque sean muy enemigos de los cristianos; al contrario, dejan creer en Cristo al que quiera y no exigen de los cristianos sino el tributo y la obediencia corporales. Pero el papa no quiere dejar creer [en Cristo], sino que se le debe obedecer para ser salvo. Eso no lo haremos, antes moriremos en el nombre de Dios. Todo esto viene porque el papa ha exigido ser llamado *de jure divino* jefe de la iglesia cristiana. Por eso se tuvo que colocar a la par de Cristo y sobre Cristo, y ensalzarse como la cabeza y después como el señor de la iglesia y finalmente también de todo el mundo y directamente un Dios terrenal,[68] hasta atreverse a dar órdenes a los ángeles en el reino de los cielos.[69]

Y cuando se establece una distinción entre la doctrina del papa y la Sagrada Escritura o cuando se les confronta y se les compara, se encuentra que la doctrina del papa en su mejor parte está tomada del derecho imperial pagano,[70] y enseña negocios y juicios mundanos, como lo atestiguan sus decretales.[71] Trata en seguida [la doctrina papal] de las ceremonias eclesiásticas, de las vestiduras, de los alimentos, de las personas y similares juegos pueriles, obras carnavalescas y necias, sin medida alguna, pero, en todas estas cosas, nada de Cristo, de la fe y de los mandamientos de Dios.

Al fin y al cabo nadie sino el mismo diablo es quien con engaño de las misas, el purgatorio, la vida conventual, realiza su propia obra y su propio culto (lo que es, en efecto, el verdadero papado), sobreponiéndose y oponiéndose a Dios, condenando, matando, y atormentando a todos los cristianos que no ensalzan y honran sobre todas las cosas tales horrores suyos. Por lo tanto, así como no podemos adorar al diablo mismo como un señor o un Dios, tampoco podemos admitir como cabeza o señor en su gobierno a su apóstol, el papa o Anticristo. Pues su gobierno papal consiste propiamente en mentiras

---

67. En el original *Endechrist*, es decir «el Cristo del fin». Es una expresión usual en los textos alemanes de la Edad Media que apunta a la aparición del Anticristo en el fin del mundo. En 1522, en sus *Adventspostille* (WA X, 1, pág. 47) rechaza esta etimología popular y para mayor claridad substituye el término *Endechrist* por *Widerchrist*, que indica más directamente Anticristo.

68. En otra parte se expresa Lutero en forma semejante: *Er ist, wie die Juristen sagen, ein irdischer Gott* (WA LIV, pág. 227). (Es, como los juristas dicen, un dios terrenal.)

69. Alusión a la bula probablemente no auténtica del papa Clemente VI: *Ad Memoriam reducendo*, del 27 de junio de 1346, en la que, debido al año 1350 de jubileo, el papa habría ordenado a los ángeles «conducir al cielo el alma de los peregrinos que llegaran a morir en su viaje a Roma».

70. Es decir, el derecho romano.

71. Se refiere a los edictos y decisiones papales en forma de cartas.

y asesinatos, en corromper eternamente las almas y los cuerpos, como ya he demostrado esto en muchos libros.

En estos cuatro capítulos tendrán [los papistas] bastante materia para condenar en el concilio, ya que no pueden ni quieren concedernos ni un ápice en los mismos. De esto debemos estar seguros y abrigar la esperanza de que Cristo, nuestro Señor, haya de atacar a sus adversarios y se impondrá por medio de su espíritu como por medio de su venida.[72] Amén. **15**

En el concilio no estaremos delante del emperador o de una autoridad secular (como en Augsburgo, donde el emperador[73] publicó un manifiesto tan clemente y con bondad permitió examinar las cosas). Al contrario, estaremos en presencia del papa y del diablo mismo, que sin querer escuchar nada, va a querer sin vacilación alguna condenar, asesinar, y obligar a la idolatría. Por lo tanto, no besaremos aquí[74] sus pies o diremos: «Sois nuestro clemente señor», sino que igual que en Zacarías (Zac. 3:2) el ángel dice al diablo: «Jehová te reprenda, oh Satanás».[75] **16**

TERCERA PARTE

Las partes o artículos que ahora siguen los podremos tratar con personas instruidas, razonables o entre nosotros mismos, ya que el papa y su imperio no los tienen en gran estima, pues *conscientia*[76] no existe entre ellos, sino dinero, honores y poder.

SOBRE EL PECADO

Tenemos que confesar aquí, como San Pablo lo hace en el capítulo 5 de la Epístola a los Romanos, que el pecado ha entrado al mundo por un solo hombre, Adán, por cuya desobediencia todos los hombres han llegado a ser pecadores, sometidos a la muerte y al diablo. Esto es lo que se llama pecado original o capital. **1**

Los frutos de este pecado son las obras malas que están prohibidas en el Decálogo como la incredulidad, la falsa fe, la idolatría, desconfianza frente a Dios, falta de temor a Dios, presunción, desesperación, ceguedad y en **2**

---

72. Cf. 2 Ts. 2:8.

73. Se refiere a la Dieta de Augsburgo y a la convocación de Carlos V del 21 de enero de 1530.

74. La *adoratio* mediante la prosternación y el beso de los pies es solamente atribuible al papa. Aún se observa hoy en la elección de un nuevo papa. En 1520 escribe Lutero: *Es ist ein unchristlich, ja endchristlich Exempel, dass ein armer, sundiger Mensch ihm lässit seine Fuss kussen von dem, der hundertmal beser ist denn er* (WA VI, pág. 435). (Es un ejemplo no cristiano, incluso anticristiano, que un pobre hombre pecador se deje besar sus pies por alguien que es cien veces mejor que él mismo.)

75. Originariamente Lutero agregó: *Pfui dein mal an*, expresión típica que significaría: ¡avergüénzate!

76. El término *conscientia* aparece citado en el original alemán.

resumen: No conocer o despreciar a Dios. Después viene el mentir, el jurar por el nombre de Dios, no orar, no invocar, despreciar la palabra de Dios, la desobediencia a los padres, el asesinar, la impudicia, el robar, el engañar, etc.

3   Este pecado original es una corrupción tan profunda y perniciosa de la naturaleza humana que ninguna razón la puede comprender, sino que tiene que ser creída basándose en la revelación de la Escritura,[77] como consta en el Salmo 50, en el capítulo 5 de la Epístola a los Romanos, en el capítulo 33 de Éxodo y en el capítulo 3 de Génesis. Por eso, no es más que error y ceguedad lo que los teólogos escolásticos han enseñado en contra de este artículo:

4   1º A saber, que después de la Caída original[78] de Adán las fuerzas naturales del hombre quedaron íntegras e incorruptas y que el hombre, por naturaleza, tiene una razón recta y una buena voluntad, como lo enseñan los filósofos.[79]

5   2º Igualmente, que el hombre posee una voluntad libre para hacer el bien y para abstenerse del mal y a su vez para abstenerse del bien y para hacer el mal.

6   3º Del mismo modo que el hombre, por sus fuerzas naturales, puede cumplir y observar todos los mandamientos de Dios.

7   4º De la misma manera que puede, por sus fuerzas naturales, amar a Dios por encima de todas las cosas y a su prójimo como a sí mismo.

8   5º Igualmente, que si el hombre hace todo lo que le es posible, Dios le otorga con toda certeza su gracia.

9   6º Del mismo modo, que para participar del sacramento no es necesario que el hombre tenga una buena intención de hacer el bien, sino que basta que no tenga una mala intención de cometer un pecado. Hasta tal punto es buena la naturaleza humana y eficaz el sacramento.

10   7º Que no está basado en la Escritura que [para hacer] buenas obras es necesario el Espíritu Santo con sus dones.

11   Esas y otras afirmaciones semejantes han sido la consecuencia de la incomprensión y de la ignorancia, tanto respecto del pecado como de Cristo nuestro Salvador. Son verdaderas doctrinas paganas que no podemos admitir. En efecto, si esta doctrina debe ser considerada correcta, entonces ha muerto en vano Cristo, porque no hay en el hombre ni daño ni pecado, por los cuales él habría tenido que morir, o habría muerto solamente por [nuestro] cuerpo,

---

77. Lutero basa su afirmación citando los capítulos de algunos libros de la Escritura: Sal. 51:7; Ro. 5; 12; Ex. 33:20; Gn. 3:6 y sigtes. Sólo cita los capítulos de estos libros, pero no sus versículos correspondientes. Esta forma de citar es usual en Lutero.

78. En el original *Erbfall*: «Caída hereditaria».

79. Por ejemplo, Platón y Aristóteles.

pero no por el alma, ya que el alma estaría sana y sólo el cuerpo sometido a la muerte.

SOBRE LA LEY

Aquí consideramos que la ley ha sido dada por Dios, en primer término, para colocar un freno al pecado con amenazas y por el temor al castigo y con promesas y ofrecimiento de otorgarnos su gracia y todo bien. Pero, a causa de la maldad que el pecado ha causado en el hombre, todo esto ha quedado malogrado. Algunos han llegado a ser peores y enemigos de la ley, porque les prohíbe lo que quisieran hacer con gusto y les manda lo que les disgusta hacer. Por eso, en la medida en que el castigo no lo impida, cometen transgresión de la ley, más aún que antes. Tales son las personas groseras y malvadas que hacen el mal cuando tiene ocasión y lugar.

Otros llegan a ser ciegos y presuntuosos; piensan que observan la ley y que la pueden observar por sus propias fuerzas, como antes se ha dicho respecto a los teólogos escolásticos. De aquí provienen los hipócritas y falsos santos.

La función[80] principal o virtud[81] de la ley es revelar el pecado original con los frutos y todo lo demás y mostrar al hombre cuán profunda y abismalmente ha caído y está corrompida su naturaleza. Pues la ley le debe decir que no tiene a Dios ni lo venera, o que adora a dioses extraños, lo cual antes y sin ley no habría creído. Con ello el hombre se espanta, es humillado, se siente fracasado, desesperado; quisiera ser socorrido y no sabe dónde refugiarse; comienza a ser enemigo de Dios y a murmurar, etc. Es lo que dice en el II capítulo de la Epístola a los Romanos: «La ley excita la cólera»,[82] y en el capítulo 5 de la misma: «El pecado se abunda por la ley» (Ro. 5:20).

SOBRE EL ARREPENTIMIENTO[83]

Esta función[84] de la ley la mantiene y la practica el Nuevo Testamento. Es lo que hace Pablo cuando dice en el capítulo 1 de Romanos: «La ira de Dios se revela desde el cielo contra los hombres» (Ro. 1:18); igualmente en el capítulo 3. El mundo entero es culpable ante Dios y ningún hombre es

---

80. En el original: *Ampt.*

81. En el original: *Kraft.* En la traducción latina se coloca el término griego «ενέργεια».

82. Lutero cita erróneamente; se trata del versículo 15 del capítulo 4 de la Epístola a los Romanos.

83. En el original: *Busse.* Hemos optado por el término «arrepentimiento» en lugar de «penitencia» a pesar de que la traducción latina usa *poenitentia.* «Arrepentimiento» reproduce con mayor fidelidad el concepto bíblico «metánoia» que Lutero opone al concepto escolástico.

84. En el original: *Ampt.*

justo ante él (Ro. 3:19 y 20); Cristo mismo dice en el capítulo 16 de Juan que el Espíritu Santo convencerá al mundo de pecado (Jn. 16:8).

2   Esto es el rayo de Dios con el cual destruye en conjunto tanto a los pecadores manifiestos como a los falsos santos; a nadie deja ser justo, les infunde a todos el horror y la desesperación. Es el martillo (como dice Jeremías): «Mi palabra es como martillo que quebranta la piedra» (Jer. 23:29). Esto no es una *activa contritio*, una contrición que sería obra del hombre sino una *pasiva contritio*, el sincero dolor del corazón, el sufrimiento y el sentir la muerte.

3   Y es así como comienza el verdadero arrepentimiento, debiendo el hombre escuchar la siguiente sentencia: «Vosotros todos nada valéis; vosotros, ya seáis pecadores manifiestos o santos, debéis llegar a ser otros de lo que sois ahora, y obrar de manera distinta que ahora. Quienes y cuan grandes seáis, sabios, poderosos y santos, y todo cuanto queráis, aquí no hay nadie justo, etcétera».[85]

4   A esta funcion[86] el Nuevo Testamento agrega inmediatamente la consoladora promesa de la gracia, promesa dada por el evangelio y en la cual hay que creer. Como Cristo dice en el capítulo 1 de Marcos: «Arrepentíos y creed en el evangelio» (Mr. 1:15). Esto es, haceos otros y obrad de otra manera y

5 creed mi promesa. Y antes que él, Juan es llamado un predicador del arrepentimiento, pero para la remisión de los pecados. Esto es, [su misión] consistía en castigar a todos los hombres y presentarlos[87] como pecadores, para que supiesen lo que eran ante Dios y se reconociesen como hombres perdidos y para que entonces estuviesen preparados para el Señor a recibir

6 la gracia, esperar y aceptar el perdón de los pecados. Cristo mismo lo dice en el último capítulo de Lucas: «Es necesario que se predicase en su nombre el arrepentimiento y el perdón de pecado en todas las naciones» (Lc. 24:47).

7   Sin embargo, cuando la ley ejerce tal función sola, sin el apoyo del evangelio, es la muerte, el infierno, y el hombre debe caer en desesperación, como Saúl y Judas,[88] según dice San Pablo: «Porque sin la ley el pecado está

8 muerto» (Ro. 7:10). A su vez el evangelio no da una sola clase de consuelo y perdón, sino que por la palabra, por los sacramentos y por otros medios semejantes, como lo explicaremos, de modo que la redención sea tan abundante en Dios (como lo dice el Salmo 129[89]) frente a la gran cautividad de los pecados.

---

85. El término que se ha traducido como «justo» es *fromm*.

86. En el original: *Ampt*.

87. En el original: ... *sie alle* ... *zu Sunder machen* .... Textualmente debería decirse: «. . . hacer de todos ellos pecadores».

88. Cf. 1 Sam. 28:20; 31:4; Mt. 27:3-5.

89. Sal. 130:7. (129:7, según la numeración de la Vulgata).

Pero, ahora es necesario que comparemos el arrepentimiento verdadero   9
con el arrepentimiento falso de los sofistas,[90] de manera que ambos sean
entendidos mejor.

SOBRE EL FALSO ARREPENTIMIENTO DE LOS PAPISTAS

Ha sido imposible para los papistas enseñar correctamente acerca del   10
arrepentimiento, ya que desconocen los verdaderos pecados. En efecto, como
lo hemos dicho antes, captan mal el pecado original; por lo contrario, dicen
que las fuerzas naturales del hombre han permanecido enteras e incorruptas;
que la razón puede enseñar correctamente y la voluntad cumplir correctamente
lo que dicta la razón; que Dios da con toda certeza al hombre la gracia cuando
hace todo lo que le es posible según su libre voluntad.

De esto necesariamente tenía que seguir que no se arrepentían sino so-   11
lamente de los pecados actuales, como los malos pensamientos a los cuales
la voluntad del hombre no se había resistido (pues los malos afectos,[91] placeres, los deseos impuros, las malsanas excitaciones no eran considerados
pecados), malas palabras, malas obras, cosas todas de las cuales podría haberse abstenido la libre voluntad.

En este arrepentimiento distinguían tres partes: Contrición, confesión y   12
satisfacción,[92] agregando este consuelo y esta promesa: Si el hombre siente
una contrición verdadera, se confiesa y da satisfacción, entonces ha merecido
con ello el perdón y ha pagado sus pecados ante Dios. Conducían de esta
forma a los penitentes a confiar en sus propias obras. De aquí viene la fórmula   13
que se pronunciaba desde el púlpito en la confesión general al pueblo: «Oh,
Dios, prolonga mi vida hasta que yo haya hecho penitencia por mis pecados
y haya mejorado mi vida».[93]

Aquí no había mención alguna de Cristo o de la fe; por lo contrario, se   14
esperaba por medio de las propias obras vencer los pecados y borrarlos ante
Dios. También nosotros hemos llegado a ser sacerdotes y monjes, porque
queríamos luchar nosotros mismos contra el pecado.

Con la contrición sucedía lo siguiente: Como ningún hombre podía acor-   15
darse de todos sus pecados (en particular los cometidos durante un año

---

90. Se refiere a los escolásticos. Es un término característico empleado por los humanistas
del círculo de Erfert para calificar a los escolásticos. Lutero lo utilizó a partir del año 1518 y
constantemente, basándose en ese círculo.

91. En el original: *Böse Bewegung*. Textualmente: «Mal movimiento».

92. Así enseñaban los escolásticos desde Pedro Lombardo. Las tres partes eran: *Contritio
cordis, confessio oris, satisfactio operis* (contrición del corazón, confesión de la boca, satisfacción
de la obra).

93. Estas palabras provienen de la confesión pública de los pecados, que desde el siglo X
el sacerdote pronuncia en nombre de la comunidad y después del sermón.

entero[94]), encontraron entonces la siguiente escapatoria: Al venir a la memoria los pecados olvidados, era preciso sentir contrición también de ellos, y confesarlos, etc.; mientras tanto estaban encomendados a la gracia divina.

16 Además, como nadie sabía cuán grande debía ser la contrición, para que fuese satisfactoria ante Dios, daban el siguiente consuelo: El que no podía tener la contrición, debía tener atrición, o sea, lo que yo podría llamar una contrición a medias o el comienzo de una contrición, pues ellos mismos no han comprendido, ni saben lo que significan ambas cosas, lo mismo que yo. Tal *attritio* era contada como *contritio* en la confesión.

17 Si ocurría que alguien afirmaba que no podía sentir contrición o pesar por sus pecados—lo que podía acontecer en trato amoroso con rameras o afán de venganza, etc.—se le preguntaba si acaso no deseaba o quisiera gustosamente sentir contrición. Si respondía sí (en efecto, ¿quién sino el diablo diría no?), consideraban esto entonces como contrición y le perdonaban los pecados en razón de esta su buena obra. Aquí citaban como ejemplo a San Bernardo, etcétera.[95]

18 Aquí se ve que la ciega razón anda a tientas en las cosas de Dios y busca consuelo en sus propias obras, según su antojo, sin que pueda pensar en Cristo o en la fe. Si se examina esto a la luz del día, tal contrición es una idea fabricada e inventada por las propias fuerzas, sin fe y sin conocimiento de Cristo. En ello, a veces, el pobre pecador, si hubiera pensado en su placer o venganza, habría preferido reír que llorar, con excepción de los que han sido tocados en lo más íntimo por la ley o atormentados en vano por el diablo con un espíritu de tristeza. De lo contrario, con certeza, tal contrición ha sido pura hipocresía y no ha matado el deseo de pecado. En efecto, tuvieron que sentir contrición cuando habían preferido pecar si hubiesen tenido la libertad.

19 En relación con la confesión las cosas estaban del modo siguiente: Cada cual debía relatar todos sus pecados (cosa completamente imposible), lo que era un gran tormento. Sin embargo, los que había olvidado le eran perdonados bajo la condición de que los confesara cuando los recordase.

No podía saber jamás si se había confesado con bastante pureza o cuando alguna vez debería tener un fin la confesión. No obstante, era remitido a sus obras y se le decía que cuanto con mayor pureza se confiese un hombre y cuanto más se avergüence y humille ante el sacerdote, tanto más pronto y mejor satisfará por sus pecados, pues tal humildad adquirirá con certeza la gracia de parte de Dios.[96]

---

94. En el IV Concilio Lateranense se estableció la obligación de confesarse por lo menos una vez al año para todas las personas adultas («ad annos discretionis») de ambos sexos.

95. San Bernardo de Claraval, *Tractatus de tratia et libero arbitrio* IV, 10 (MSL CLXXXII 1007).

96. Cf. la obra de Abelardo: *Ethica seu scito teipsum*, cap. 24 (MSL CLXXVIII, 668).

Aquí no había tampoco ni fe ni Cristo y no se le anunciaba la virtud de la absolución,[97] sino que su consuelo consistía en recuentos de pecados y avergonzarse. Pero no es aquí el lugar de relatar cuántas torturas, canalladas e idolatrías ha producido tal clase de confesión. La satisfacción es cosa aún más compleja, pues ningún hombre podía saber cuánto debía hacer por un solo pecado y mucho menos por todos. Imaginaron entonces un recurso, es decir, imponían escasas satisfacciones que se podían cumplir fácilmente, como cinco padrenuestros, un día de ayuno, etcétera. El resto del arrepentimiento lo remitían al purgatorio.

Aquí no había tampoco sino miseria y aflicción. Algunos pensaban que nunca saldrían del purgatorio, porque de acuerdo con los antiguos cánones a un pecado mortal se le adjudicaban siete años de penitencia.[98] También aquí se depositaba la confianza en nuestras obras de la satisfacción y si la satisfacción hubiera podido ser perfecta, entonces la confianza se habría posado totalmente sobre ella y ni la fe ni Cristo habrían sido útiles; pero tal satisfacción perfecta era imposible. Aun cuando alguien hubiese practicado tal clase de arrepentimiento durante cien años, no obstante, no habría sabido cuándo habría llegado a un arrepentimiento completo. Esto significaba arrepentirse constantemente y nunca llegar al verdadero arrepentimiento.

Entonces vino a ayudar aquí la santa sede de Roma a la pobre iglesia e inventó las indulgencias, por las cuales perdonaba y suprimía la satisfacción, primero por siete años en casos particulares, después por cien años, etc.; y las repartía entre los cardenales y los obispos, de manera que uno podía dar cien años, otro cien días de indulgencia. Sin embargo, la supresión de toda la satisfacción la santa sede la reservaba para ella misma.[99]

Dado que tal cosa comenzó a ser fuente de dinero y el mercado de bulas era bueno, la santa sede inventó «el año áureo»[100] y lo radicó en Roma. Esto significaba perdón de todos los tormentos y culpas.[101] Entonces acudió a la

---

97. En el original: *Die Kraft der Absolution.* Hemos traducido «la virtud de la absolución», «virtud» en el sentido de «fuerza», «poder».

98. Tal orden se basa en los llamados 47 Cánones penitenciales, que corresponden a un resumen del *Decretum Gratiani* y de los decretales de Gregorio IX. Eran muy conocidos a fines de la Edad Media.

99. En la indulgencia se trataba en un comienzo de la remisión de las penas impuestas por la iglesia; más tarde, de una manera general, de las penas temporales. La indulgencia plenaria (dispensa del conjunto de las obras de penitencia) fue acordada por primera vez por el papa Urbano II, en 1095 a los cruzados.

100. Bonifacio VIII fundó en el año 1300 en Roma el llamado «año de jubileo». Ya en el siglo XIV se denominaba a ese año, «año de oro» o «año áureo». Lo proclamó en la bula *Antiquorum habet fida.*

101. La expresión latina *remissio poenae et culpae* (*Vergebung aller Pein und Schuld*) se encuentra desde el siglo XIII. Sin embargo, desaparece de todas las actas oficiales de la curia a partir del concilio de Constanza (1414–18).

gente, pues cada uno quería verse librado de la tan pesada e insoportable carga. Esto significaba descubrir y poner a la luz los tesoros de la tierra.[102] En seguida se apresuró el papa a establecer muchos años áureos.[103] Pero cuanto más dinero engullía tanto más se le ensanchaba su gaznate. Por eso envió sus legados con estos años áureos a los países, hasta que cada iglesia y cada casa

26 estuvieron llenas de años de oro.[104] Finalmente irrumpió hasta en el purgatorio, entre los muertos, primero con fundaciones de misas y de vigilias, después con su indulgencia[105] con bulas y con su jubileo y por fin las almas bajaron tanto de precio que liberaba a una por un céntimo.[106]

27 Aquí vemos que el falso arrepentimiento comenzó con pura hipocresía y que terminó con tan gran bellaquería y maldad. Sin embargo, todo esto no sirvió de nada, pues aunque el papa enseñaba a la gente a depositar su confianza en tales indulgencias, por otra parte él mismo las tornaba inciertas, ya que decía en sus bulas: «Quien quiera tener parte en las indulgencias o en los años de oro, deberá sentir contrición, confesarse y dar su dinero».[107] Ya hemos escuchado arriba que tal contrición y confesión son inciertas entre ellas e hipocresía. Asimismo nadie sabía qué alma estaría en el purgatorio y si había alguna, ¿quién sabía cuál había sentido contrición y se había confesado correctamente? Entonces tomaba el papa el dinero y remitía consoladoramente a las almas al poder e indulgencias papales, y sin embargo, las encomendaba a las obras inciertas hechas por las almas mismas. Esto significaba la justa recompensa para el mundo por su falta de gratitud frente a Dios.

28 Sin embargo, había algunos hombres que no se creían culpables de tales pecados reales con pensamientos, palabras y obras, como yo y mis compañeros que en los conventos y fundaciones queríamos ser monjes y frailes y que con ayuno, vigilias, oraciones, celebraciones de misas, llevando vestimentas burdas y yaciendo sobre lechos duros, etc., luchábamos contra tales malos pensamientos y con seriedad y tenacidad queríamos ser santos y, sin embargo, el mal hereditario e innato se manifestaba en el sueño (como San Agustín y

---

102. Cf. Dn. 11:43.

103. Los años de jubileo tuvieron lugar en 1300, 1350, 1390, 1423, 1450, 1475, 1500, 1525.

104. En Alemania, por ejemplo, Nicolás de Cusa, como legado papal anunció el año 1450 como año de indulgencias de jubileo. También la indulgencia del año áureo 1500, se podía conseguir aun fuera de Roma.

105. Se estima que la primera indulgencia otorgada por los muertos fue otorgada por Sixto IV (1476).

106. Lutero alude aquí al verso empleado por los concesionarios de indulgencias: *Sobald das Geld im Kasten klingt, die Seele aus dem Fegefeuer in den Himmel springt.* («Tan pronto como suena el dinero en la caja, salta un alma del purgatorio al cielo».)

107. La contrición y la confesión eran a menudo mencionadas como condiciones para recibir las indulgencias.

Jerónimo y otros más lo confiesan), lo que es propio de la naturaleza del mal. De esta forma cada uno de entre nosotros, no obstante, decía, considerando al vecino, que algunos eran tan santos como nosotros lo enseñábamos, los cuales eran sin pecados y llenos de buenas obras, de modo que podíamos ceder y vender a otros nuestras obras, para nosotros superabundantes, para llegar al cielo. Esto es la pura verdad. Existen sellos, cartas y ejemplos al respecto.

Estos hombres no tenían necesidad del arrepentimiento. ¿De qué, en efecto, tendrían que sentir contrición, puesto que su voluntad no había aprobado sus malos pensamientos? ¿Qué tendrían que confesar, puesto que habían evitado las malas palabras? ¿Por qué tendrían que dar satisfacción si no habían cometido malas acciones, hasta el punto que podían vender su justicia superabundante a otros pobres pecadores? Los escribas y fariseos del tiempo de Cristo eran también santos de esta clase. **29**

Aquí viene el ángel de fuego (Ap. 10:1), mencionado por San Juan, el predicador del verdadero arrepentimiento, y con un solo golpe de trueno los destruye a todos en masa,[108] diciendo: «Arrepentíos» (Mt. 3:2). Algunos piensan: «Nosotros ya nos hemos arrepentido». Otros opinan: «Nosotros no necesitamos arrepentirnos». Juan afirma: «Arrepentíos los unos como los otros; pues vuestro arrepentimiento es falso y la santidad de éstos también es falsa; necesitáis los unos como los otros perdón de los pecados, ya que ni unos ni otros sabéis lo que es realmente pecado y mucho menos que debéis arrepentiros del pecado o evitarlo. Ninguno de vosotros es bueno; estáis llenos de incredulidad; no comprendéis ni conocéis a Dios ni a su voluntad. Porque aquí está presente aquél de cuya plenitud debemos recibir todos gracia sobre gracia (Jn. 1:16) y ningún hombre puede ser justo ante Dios sin él. Por eso, si queréis arrepentiros, hacedlo en forma correcta. Vuestro modo de arrepentirse de nada sirve. Y vosotros, hipócritas, que no requerís arrepentimiento, raza de víboras (Mt. 3:7), ¿quién os ha asegurado que escaparéis a la ira venidera?» **30** **31** **32**

Del mismo modo predica San Pablo en el tercer capítulo de la Epístola a los Romanos (3:10–12) y afirma: «No hay ninguno que entienda, ningún justo; no hay ninguno que respete a Dios, ninguno que haga el bien, ni siquiera uno solo; todos son incapaces y renegados». También se lee en los Hechos de los Apóstoles: «Dios ordena a todos los hombres en todos los lugares que se arrepientan» (Hch. 17:30). «Todos los hombres» (dice él); no exceptúa a ningún ser humano. Ese arrepentimiento nos enseña a conocer el pecado, es decir, que estamos perdidos, de modo que ni nuestra piel ni nuestros cabellos **33** **34** **35**

---

108. «A todos en masa» se refiere a vendedores como a compradores de las buenas obras superabundantes.

son buenos y que debemos ser enteramente renovados y llegar a ser hombres distintos.

36   Este arrepentimiento no es parcial[109] y miserable como aquél que no expía sino los pecados actuales, y tampoco es incierto como aquél, pues no disputa lo que es pecado o no, sino que al contrario no hace diferencia y dice: En nosotros todo no es sino puro pecado. ¿Para qué buscar, dividir o distinguir tanto? Por eso, la contrición no es tampoco aquí incierta, pues no queda nada con que pudiéramos inventar algo bueno para pagar los pecados, sino que únicamente permanece con certeza un desesperar en todo lo que somos, pensamos, hablamos o hacemos, etcétera.

37   Asimismo la confesión no puede ser falsa, incierta o parcial, pues quien confiesa que todo en él no es más que puro pecado, incluye con ello a todos

38 los pecados, no omite ni olvida alguno. Tampoco la satisfacción puede ser incierta, pues no es nuestra obra incierta y pecaminosa, sino el sufrimiento y la sangre del inocente «cordero de Dios, que quita los pecados del mundo» (Jn. 1:29).

39   Acerca de este arrepentimiento predica Juan y después de él Cristo en el evangelio y nosotros también. Con este arrepentimiento echamos por tierra al papa y todo lo que está construido sobre nuestras buenas obras; pues todo está realizado sobre una base podrida y falsa, lo que se llama buenas obras o ley, mientras que no existe obra buena alguna, sino únicamente obras malas. Nadie cumple la ley, sino que todos la infringen (como Cristo lo dice en Juan 7:19). Por eso, el edificio no es más que puras mentiras e hipocresías falsas, incluso donde se presenta como lo más santo y bello.

40   Y este arrepentimiento perdura entre los cristianos hasta la muerte, pues lucha con los restantes pecados en la carne durante toda la vida, como San Pablo lo atestigua en Romanos 7:23; 8:2, que él lucha contra la ley de sus miembros, etc., y esto no mediante propias fuerzas sino mediante el don del Espíritu Santo, don que sigue a la remisión de los pecados. Este mismo don nos purifica y nos limpia diariamente de los restantes pecados y procura hacer rectamente puro y santo al hombre.

41   De estas cosas nada sabe el papa, los teólogos, los juristas ni hombre alguno; es una doctrina que viene del cielo, revelada por el evangelio y que es considerada herejía por los santos impíos.

42   Por otra parte, es posible que vinieran ciertos sectarios[110]—existen quizás algunos por ahí y en el tiempo de la sedición los tuve presentes ante mi propia vista[111]—estimando que todos los que un día han recibido el Espíritu o la

---

109. «Parcial» en el sentido de «imperfecto», «incompleto».
110. En el original: *Rottengeister*. Se traduce a veces como «fanáticos» o «entusiastas».
111. Se refiere a la guerra de los campesinos de 1525.

remisión de los pecados o que han llegado a ser creyentes, permanecen, sin embargo, en la fe, aun cuando después hayan caído en pecado, y sostienen que no les perjudica tal pecado. Éstos gritan así: «Haz lo que quieras; si crees, todo el resto no es nada; la fe borra todos los pecados», etcétera. Agregan que si alguien peca después de haber recibido la fe y el Espíritu, entonces nunca ha recibido en verdad el Espíritu y la fe. Me he encontrado mucho con tales hombres insensatos y temo que aún habite entre alguno de ellos un diablo semejante.

Por eso es necesario saber y enseñar que si las personas santas, fuera de **43** que tienen y sienten el pecado original, luchando y haciendo arrepentimiento diario por ello, caen en pecados manifiestos, como David en adulterio, asesinato y blasfemia, esto significa que la fe y el Espíritu Santo estuvieron ausentes. Pues el Espíritu Santo no deja gobernar ni prevalecer al pecado **44** hasta tal punto de que se concrete, sino que reprime y opone resistencia, de modo que no puede hacer lo que quiere. Si hace no obstante lo que quiere, entonces el Espíritu Santo y la fe no están presentes. Porque se dice, como **45** San Juan: «Quien ha nacido de Dios, no peca ni puede pecar» (1 Jn. 3:9; 5:18). Y es también efectivamente la verdad (como el mismo San Juan escribe): «Si decimos que no tenemos pecados, entonces mentimos y la verdad de Dios no está en nosotros» (1 Jn. 1:8).

SOBRE EL EVANGELIO

Volvamos a tratar del evangelio que nos ofrece consejo y ayuda no sólo de una manera única contra el pecado, pues Dios es superabundante en dar su gracia. Primero, por la palabra oral, en la cual es predicada la remisión de los pecados en todo el mundo, lo cual constituye el oficio propio del evangelio. En segundo término, mediante el bautismo. En tercer lugar, por medio del santo sacramento del altar. En cuarto, por medio del poder de las llaves y también por medio de la conversación y consolación mutua entre los hermanos, según lo que se lee en el capítulo 18 de Mateo: «Donde dos estuviesen reunidos», etcétera (Mt. 18:20).

SOBRE EL BAUTISMO

El bautismo no es otra cosa que la palabra de Dios en el agua, ordenado **1** por su institución o, como dice Pablo: *Lavacrum in verbo*[112] o, como dice **2** también Agustín: *Accedat verbum ad elementum et fit sacramentum.*[113] Por

---

112. Ef. 5:26 (Lavamiento por la palabra).
113. S. Agustín. *Tractatus 80 in Joh.*, cap. 3 (MSL XXXV 1840). (La palabra se une al elemento y llega a ser sacramento.)

eso no estamos de acuerdo con Tomás[114] y los monjes predicadores[115] que olvidan la palabra (la institución divina) y dicen que Dios ha colocado un poder espiritual en el agua que lava el pecado mediante el agua. Tampoco estamos de acuerdo con Escoto,[116] y los monjes descalzos[117] que enseñan que el bautismo lava el pecado gracias a la asistencia de la voluntad divina, de manera que este lavado se lleva a efecto sólo por la voluntad de Dios, en ningún caso por la palabra o el agua.

ACERCA DEL BAUTISMO DE LOS NIÑOS

Sostenemos que se debe bautizar a los niños, pues ellos pertenecen también a la redención prometida, cumplida por Cristo,[118] y la iglesia debe administrárselo cuando sea solicitado.

ACERCA DEL SACRAMENTO DEL ALTAR

Sostenemos que el pan y el vino en la santa cena es el verdadero cuerpo y la verdadera sangre de Cristo y es administrado y recibido no sólo por los buenos cristianos sino también por los malos.

También sostenemos que no se le debe dar únicamente bajo una especie; y no tenemos necesidad de una alta ciencia que nos enseñe que bajo una especie hay tanto como bajo ambas, como afirman los sofistas y el concilio de Constanza.[119] Incluso si fuese cierto que bajo una especie hay tanto como bajo ambas, sin embargo, no constituye el orden completo y la institución total fundados y ordenados por Cristo. Y especialmente condenamos y maldecimos en el nombre de Dios a aquellos que no solamente prescinden de ambas especies, sino que también lo prohíben soberanamente, lo condenan, lo tratan como herejía y se colocan con ello contra y sobre Cristo, nuestro Señor y Dios, etcétera.

En cuanto a la transubstanciación, despreciamos las agudezas de la sofistería[120] que enseñan que el pan y el vino abandonan o pierden su esencia natural, no quedando sino sólo la forma y el color del pan y no pan verdadero. Pues lo que está en mejor acuerdo con la Escritura es que el pan está presente

---

114. Tomás de Aquino. *Summa Theologiae*. P. III. q. 62, art. 4.
115. Se refiere a los dominicos.
116. Duns Escoto. *Sententiae* IV, *dist.* 7, q. 2 sigtes.
117. Se refiere a los franciscanos.
118. Cf. Mt. 19:14.
119. En el decreto del 15 de junio de 1415 del Concilio de Constanza se estableció que hay que creer que una especie contiene tanto como ambas el verdadero cuerpo y la verdadera sangre de Cristo. Es la llamada doctrina de la concomitancia.
120. Lutero llama a la transubstanciación: *einen Wahn sancti Thomä und des Papsts*: Una locura de Sto. Tomás y del papa.

y permanece, como San Pablo mismo lo designa: «El pan que partimos». De la misma manera: «De este modo como del pan» (1 Co. 10:16; 11:28).

SOBRE LAS LLAVES

Las llaves son un oficio y poder conferidos a la iglesia por Cristo para ligar y desligar los pecados,[121] no solamente los pecados groseros y manifiestos, sino también los sutiles, ocultos, que Dios solo conoce, como está escrito: «¿Quién sabe cuántos errores comete?» (Sal. 19:12) y Pablo mismo se lamenta en el capítulo séptimo de la Epístola a los Romanos de que él sirve con la carne a la «ley del pecado» (Ro. 7:23). Pues no nos corresponde a nosotros, sino sólo a Dios juzgar cuáles, cuán grandes y cuántos son los pecados, como está escrito: «No entres en juicio con tu servidor, pues para ti no hay hombre alguno vivo que sea justo» (Sal. 143:2). También dice Pablo en el capítulo cuarto de la Primera Epístola a los Corintios: «Yo no soy consciente de nada, pero no por eso soy justo» (1 Co. 4:4).

SOBRE LA CONFESIÓN

Ya que la absolución o poder de las llaves, instituido por Cristo en el evangelio, también constituye una ayuda y consuelo contra el pecado y la mala conciencia, así la confesión o absolución no debe caer en desuso en la iglesia, especialmente por las conciencias débiles y también por el pueblo joven e inculto para que sea examinado e instruido en la doctrina cristiana.

La enumeración de los pecados, sin embargo, debe quedar librada al criterio de cada cual, es decir, lo que quiera contar o no. Pues mientras estemos en la carne, no mentiremos si decimos: «Yo soy un pobre hombre lleno de pecados», como dice en Romanos 7: «Yo siento otra ley en mis miembros», etcétera (Ro. 7:23). En efecto, ya que la absolución privada tiene su origen en el oficio de las llaves, no debe despreciársela, sino tenerla en alta estima y valor como todos los otros oficios de la iglesia cristiana.[122] Y en estas cosas que conciernen a la palabra oral, exterior, hay que mantenerse firmes en el sentido de que Dios no da a nadie su gracia o su espíritu si no es con o por la palabra previa y exterior, de modo que estemos prevenidos frente a los entusiastas, esto es, espíritus fanáticos[123] que se jactan de tener el espíritu sin y antes de la palabra y después juzgan, interpretan y entienden la Escritura o la palabra externa según su deseo, como lo hizo Münzer y muchos más lo hacen aún hoy día, los cuales quieren ser jueces severos que distinguen entre

---

121. Cf. Mt. 16:19; 18:18.

122. En el original: *ämpter der christlichen Kirchen*.

123. En el original: *Enthusiasten*. También dice Lutero a veces Rottengeister o Schwärmer. Vid. nota 110.

4 el espíritu y la letra y no saben lo que dicen o enseñan. En efecto, el papado es también puro entusiasmo, en el cual el papa se gloría de que «todos los derechos están en el escriño de su pecho»[124] y lo que él con su iglesia juzga y ordena, debe ser considerado como espíritu y justo, aunque esté sobre y
5 contra la Escritura y la palabra externa. Todo esto es el diablo o la antigua serpiente que hizo a Adán y Eva entusiastas, que los llevó de la palabra
6 externa de Dios a una falsa espiritualidad[125] y a opiniones propias. No obstante, lo hizo, también mediante palabras externas, pero de otra índole, de la misma forma como nuestros entusiastas condenan la palabra externa, pero ellos mismos no callan, sino que llenan el mundo entero de sus habladurías y escriben, precisamente como si el espíritu no pudiera venir mediante la Escritura o la palabra externa de los apóstoles, sino que debiese venir mediante los escritos y palabras de ellos. Por este motivo, ¿por qué no se abstienen tampoco de predicar y escribir, hasta que el espíritu mismo venga a la gente sin y antes de sus escritos, puesto que ellos se jactan de que el espíritu ha venido hacia ellos sin la predicación de la Escritura? Pero no es el momento de continuar aquí esta discusión; ya hemos tratado suficientemente de ella.

7 Esos mismos que tienen la fe antes del bautismo o en el momento del bautismo, tienen la fe por la palabra exterior y previa, como los adultos que han llegado a la edad de la razón y que deben haber escuchado antes que «el que creyere y fuere bautizado, será salvo» (Mr. 16:16), no importa que primero sean incrédulos y que recién después de diez años reciban el espíritu y el
8 bautismo. Cornelio, según se lee en el capítulo 10 de los Hechos de los Apóstoles, había escuchado mucho antes entre los judíos sobre el Mesías venidero. En esta fe él fue justo ante Dios y sus oraciones y limosnas agradables (así como lo llama Lucas «justo y temeroso de Dios»—Hch. 10:2 y 22); y sin tal palabra o escuchar previos no habría podido creer ni ser justo. Sin embargo, tuvo que revelarle San Pedro que el Mesías (en cuya venida futura él había creído) había llegado entonces y su fe en el Mesías futuro no lo tuvo cautivo entre los judíos endurecidos e incrédulos; por lo contrario, sabía que debía ser salvo por el Mesías presente, y no negarlo, ni perseguirlo con los judíos, etcétera.

9 En resumen: El entusiasmo reside en Adán y sus hijos desde el comienzo hasta el fin del mundo, infundido en ellos e inyectado como veneno por el viejo dragón (Ap. 12:9) y constituye el origen, la fuerza y el poder de todas

---

124. En el texto: *Alle Recte sind im Schrein seines Herzens.* Es una cita textual del Corpus de derecho canónigo: *Pontifex, qui jura onmia in scrinio pectoris sui censetur habere. Liber Sextus* I, 2 c. 1.

125. En el original: *Geisterei* corresponde a *Schwarmgeisterei*; por eso hemos traducido por «falsa espiritualidad»; también podría decirse «espiritualidad entusiasta» o «espiritualidad fanática».

las herejías y también del papado y del islamismo. Por eso debemos y te- **10**
nemos que perseverar con insistencia en que Dios sólo quiere relacionarse
con nosotros los hombres mediante su palabra externa y por los sacramentos únicamente. Todo lo que se diga jactanciosamente del espíritu sin tal pa- **11**
labra y sacramentos, es del diablo. En efecto, Dios quiso aparecer a Moisés
mediante la zarza ardiente y la palabra oral (Ex. 3:2 y 4 y sigtes). Y ningún
profeta, ni Elías ni Eliseo recibieron el espíritu fuera o sin los diez mandamientos. Y Juan el Bautista no fue concebido sin la palabra previa de **12**
Gabriel (Lc. 1:13-20), ni saltó en el seno de su madre sin la voz de María (Lc.
1:41-44). Y San Pedro dice: «Los profetas no profetizàron 'por voluntad **13**
humana' sino por 'el Espíritu Santo', mas como 'santos hombres de Dios'»
(2 P. 1:21). Ahora bien, sin la palabra externa no habrían sido santos y mucho
menos los habría impulsado el Espíritu Santo a hablar cuando aún no eran
santos. En efecto, dice el apóstol, eran santos en el momento en que el
Espíritu Santo hablaba a través de ellos.

SOBRE LA EXCOMUNIÓN

La excomunión mayor, como el papa la designa, no la admitimos, la
consideramos como mera pena secular y no nos concierne a nosotros, siervos de la iglesia. Pero, la menor, esto es, la verdadera excomunión cristiana,
consiste en que no se debe permitir a los pecadores manifiestos y obstinados
acercarse al sacramento o a otra comunión de la iglesia, hasta que se corrijan y eviten los pecados, y los predicadores no deben mezclar las penas
civiles en este castigo espiritual o excomunión.[126]

DE LA ORDENACIÓN Y VOCACIÓN

Si los obispos quisieran ser verdaderos obispos y tener preocupación **1**
por la iglesia y el evangelio, se podría permitir, en virtud del amor y de la
unión pero no por necesidad, que ordenaran y confirmaran a nosotros y a
nuestros predicadores, dejando, no obstante, todas las mascaradas y fantasmagorías cuya esencia y pompa no son cristianas. Pero como no son ni **2**
quieren ser verdaderos obispos, sino señores y príncipes mundanos que ni
predican ni enseñan ni bautizan, ni dan la comunión ni quieren realizar
ninguna obra o función[127] de la iglesia y, además, persiguen y condenan a
aquellos que cumplen tal función en virtud de su llamado, la iglesia no debe
quedar sin servidores por causa de ellos.

Por eso, como los antiguos ejemplos de la iglesia y de los Padres nos

---

126. Ya en 1520 se había expresado Lutero en el sentido de que debía ser excomulgado
quien pecare públicamente, pero no como venganza, sino para su mejoramiento.

127. En el original: *Ampt.*

enseñan, deseamos y estamos obligados nosotros mismos a ordenar a las personas aptas para tal función.[128] Y esto los obispos no tienen que prohibírnoslo, ni impedirlo, ni siquiera de acuerdo a su propio derecho. Pues su derecho dice que los que son ordenados por herejes, deben ser considerados como ordenados y permanecer como tales.[129] De la misma manera San Jerónimo escribe sobre la iglesia en Alejandría que en sus primeros tiempos carecía de obispos y que era gobernada por sacerdotes y predicadores en común.[130]

SOBRE EL MATRIMONIO DE LOS SACERDOTES

1   Cuando han prohibido el matrimonio y han impuesto la carga de una castidad perpetua al estado divino de los sacerdotes, no han tenido ni la atribución ni el derecho, sino que han actuado como perversos anticristianos, tiránicos y desesperados, dando con ello motivo a toda clase de pecados horrorosos, espantosos e incontables de impudicia y ahí se encuentran hundidos aún. Lo mismo que a nosotros como a ellos no nos ha sido dado poder de cambiar un hombre en mujer o una mujer en hombre o suprimir la diferencia de sexos, de la misma forma no han tenido poder para separar o prohibir a tales criaturas de Dios vivir honradamente en el estado matrimonial entre sí.

2

3   Por eso no estamos dispuestos a consentir o soportar este su lamentable celibato, sino a dejar libre el matrimonio, como Dios lo ha ordenado e instituido y no queremos desgarrar ni obstaculizar su obra. En efecto, San Pablo dice que es «una doctrina diabólica».[131]

SOBRE LA IGLESIA

1   No les concedemos que ellos sean la iglesia y tampoco lo son. Y no
2   queremos oír lo que ellos mandan o prohíben bajo el nombre de la iglesia. Pues gracias a Dios, un niño de siete años[132] sabe qué es la iglesia, es decir, los santos creyentes y «el rebaño que escucha la voz de su pastor» (Jn. 10:3).
3   En efecto, los niños rezan de este modo: «Yo creo en una santa iglesia cristiana». Esta santidad no consiste en sobrepellices, tonsuras, albas y en otras de sus ceremonias que han inventado sobrepasando por completo la Sagrada Escritura, sino en la palabra de Dios y en la verdadera fe.

---

128. En el original: *Ampt*.
129. Cf. *Decr. Grat*. P. I., D. 68, c. 1; P. III, D. 4, c. 107.
130. Vid. nota 66.
131. Cf. 1 Ti. 4:1-3.
132. En el siglo XIV y en el siglo XV se consideraba los siete años como la edad del discernimiento.

CÓMO SE ES JUSTIFICADO ANTE DIOS
Y SOBRE LAS BUENAS OBRAS

Lo que he enseñado hasta ahora y sin cesar sobre este tema no sabría cómo poder cambiarlo, es decir, que «por la fe» (como dice San Pedro en Hch. 15:9) recibimos un corazón distinto, nuevo, puro y que Dios, por causa de Cristo, nuestro mediador, quiere considerarnos y nos considera completamente justos y santos. Aunque el pecado en la carne no está totalmente borrado ni ha perecido, sin embargo, Dios no quiere tenerlo en cuenta ni saber de él.

Y tal fe, renovación y perdón de los pecados tienen como consecuencia las buenas obras y lo que en ellas haya de pecaminoso o imperfecto, no debe ser contado como pecado o imperfección, precisamente por causa del mismo Cristo: Por lo contrario, el hombre debe ser considerado y será en su totalidad, tanto en su persona como en sus obras, justo y santo por la pura gracia y misericordia en Cristo, derramadas y extendidas abundantemente sobre nosotros. Por eso no nos podemos gloriar de mucho merecimiento por nuestras obras cuando son consideradas sin la gracia y la misericordia; por lo contrario, como está escrito: «El que se gloría, gloríese en el SEÑOR» (1 Co. 1:31; 2 Co. 10:17), esto es, que tiene un Dios misericordioso.[133] Entonces, todo saldrá bien. Agreguemos, que si la fe no tiene como consecuencia buenas obras, es falsa y en ningún caso verdadera.

SOBRE LOS VOTOS MONÁSTICOS

Ya que los votos monásticos están en directa oposición al primer artículo principal, deben ser totalmente suprimidos. Sobre ellos dice Cristo en el capítulo 24 de Mateo: *Ego sum Christus, etcétera* (Mt. 24:5—Yo soy Cristo). En efecto, el que ha hecho votos de vivir en convento, cree que lleva una vida superior a la del cristiano común y quiere ayudar con sus obras a llegar al cielo no sólo a sí mismo sino también a otros. Esto significa negar a Cristo, etcétera. Y se jacta, basándose en Santo Tomás, que los votos monásticos son iguales al bautismo, lo que es una blasfemia.[134]

---

133. En el original: . . . *einen gnädigen Gott*. . . . Hemos traducido por «un Dios misericordioso». La traducción latina dice: *Deus propitium*. Cabría también en castellano traducir «Dios propicio». Literalmente se refiere «al Dios que da o hace la gracia».

134. Cf. Tomás de Aquino, *Summa Theologiae*, P. II, 2, q. 189, art. 3 ad 3; IV Sent. dist. 4 q. 3 a. 3 q. 3. 3.

SOBRE LAS ORDENANZAS HUMANAS[135]

1   Cuando los papistas dicen que las ordenanzas humanas sirven para el perdón de los pecados o merecen la salvación, esto es cosa no cristiana y condenada, como dice Cristo: «En vano me sirven, pues enseñan una tal doctrina que no es sino mandamiento de hombres» (Mt. 15:9). Lo mismo leemos en el primer capítulo de la epístola a Tito: *Aversantium veritatem.*[136]

2   Tampoco es correcto que digan que es pecado mortal quebrantar tales ordenanzas.

3   Estos son los artículos a los que me debo atener y me atendré hasta mi muerte, si Dios quiere, y no sé qué pueda modificar o conceder en ellos. Si alguien quiere conceder algo, que lo haga según su propia conciencia.

4   Finalmente, queda aún el saco de malicias del papa lleno de artículos insensatos e infantiles, como la dedicación de iglesias, bautismo de campanas, bautismo de piedras de altares y pedir padrinos que dan dinero para eso, etc. Estos bautismos son una burla y un escarnio del santo bautismo, lo cual no se debe tolerar.   ·

5   Después vienen la bendición de candelas, palmas, especias, avenas, panes,[137] cosas que no pueden llamarse o ser bendecidas, sino que son mera burla y engaño.

Y estas bufonadas son incontables, cuya adoración encomendamos a su dios[138] y a ellos mismos, hasta que se cansen. Nosotros no queremos ser perturbados con ello.

Martín Lutero D., suscribió.

Justus Jonas, D. Rector, suscribió con su propia mano.

Juan Bugenhagen, Doctor de Pomerania, suscribió.

Caspar Creutziger, D., suscribió.

Nicolas Amsdorff, de Magdeburgo, suscribió.

Jorge Spalatin, de Altenburgo, suscribió.

Yo, Felipe Melanchton, considero también los artículos presentados como verdaderos y cristianos, pero sobre el papa estimo que, si quisiese

---

135. En el original: *«Von Menschensatzungen»*. La traducción nuestra se ciñe más al texto original al decir: «Sobre las ordenanzas humanas». La traducción latina dice: *«De humanis traditionibus»*.

136. Tit. 1:14 (Que se apartan de la verdad).

137. Tales bendiciones eran hechas por sacerdotes. Después de que en el sábado de Semana Santa se apagaba el fuego viejo en la iglesia, se encendía el nuevo y era rociado con agua bendita. Con este fuego se encendían las velas de Pascua de Resurrección, benditas en la vigilia correspondiente. También en la fiesta de la Candelaria (2 de febrero) se bendecían candelas. El Domingo de Ramos se bendecían palmas. El 15 de agosto (Ascensión de María) se bendecían yerbas, flores, espigas de trigo, miel, vides, etc. El 26 de diciembre (día de San Esteban) se bendecían tortas o dulces de pascua sin levadura.

138. Obviamente Lutero se refiere al papa como dios de los papistas.

admitir el evangelio, nosotros también le concederíamos la superioridad sobre los obispos que él posee por derecho humano, haciendo esta concesión por la paz y la unidad general entre los cristianos que están ahora bajo él y que quisieran estar en el futuro bajo él.

Joannes Agrícola, de Eisleben, suscribió.

Gabriel Dydimus, suscribió.

Yo, Urbano Rhegius D., superintendente de las iglesias en el ducado de Lüneburgo, suscribo en mi propio nombre y en el de mis hermanos y en el de la iglesia de Hannover.

Yo, Esteban Agrícola, eclesiástico de la corte, suscribo.

Y yo, Joannes Draconites, profesor y eclesiástico en Marburgo, suscribo.

Yo, Conrado Figenbocz, por la gloria de Dios suscribo que así he creído y aún predico y creo firmemente como se indica arriba.

Andreas Osiander, eclesiástico de Nuremburg.

M. Vito Dietrich, eclesiástico de Nuremberg, suscribo.

Erardo Schnepffius, predicador de Stuttgart, suscribo.

Conrado Öttinger de Pforzheim, predicador del duque Ulrico.

Simon Schneeweiss, párroco de la iglesia de Kreilsheim.

Juan Schlachinhauffen, pastor de la iglesia de Köthen, suscribo.

Maestro Jorge Heltus de Forchheim.

Maestro Adamus de Fulda, predicador de Hessen.

Maestro Antonio Corvinus.

Yo, Dr. Juan Bugenhagen, de Pomerania, suscribo otra vez en nombre del maestro Juan Brenz, quien residiendo en Esmalcalda me mandó en forma oral y por escrito, lo cual he mostrado a estos hermanos que han suscrito.

Yo, Dionisio Melander, suscribo la Confesión, la Apología y la Concordia en lo que se refiere a la eucaristía.

Pablo Rhodius, superintendente de Stettin.

Gerardo Oemcken, superintendente de la iglesia de Minden.

Yo, Brixius Northanus, ministro de la iglesia de Cristo que está es Soest, subscribo los artículos del reverendo padre Martín Lutero y confieso que he creído estas cosas hasta ahora y las he enseñado y pienso que por el espíritu de Cristo de este modo las seguiré creyendo y enseñando.

Miguel Caelius, predicador en Mansfeld, suscribe.

Maestro Pedro Geltner, predicador en Frankfurt, suscribió.

Maestro Wendal Faber, párroco de Seeburg en Mansfeld.

Yo, Juan Aepinus, suscribo.

De la misma forma yo, Juan Amsterdam, de Bremen.

Yo, Federico Myconius, pastor de la iglesia en Gotha, Thuringia, suscribo en mi propio nombre y en el de Justo Menius, de Eisenach.

Yo, Juan Langus, doctor y predicador de la iglesia en Erfurt, en mi propio nombre y en el de mis colaboradores en el evangelio, es decir:

Reverendo licenciado Luis Platz, de Melsungen.

Reverendo maestro Segismundo Kirchner.

Reverendo Wolfgang Kiswetter.

Reverendo Melchor Weitman.

Reverendo Juan Thall.

Reverendo Juan Kilian.

Reverendo Nicolás Faber.

Reverendo Andrés Menser (suscribo con mi mano).

Y yo, Egidio Melcher, he suscrito con mi mano.

V

TRATADO SOBRE EL PODER
Y LA PRIMACÍA DEL PAPA

COMPILADO POR LOS TEÓLOGOS REUNIDOS EN
ESMALCALDA
EN EL AÑO 1537

INTRODUCCIÓN

Aunque los representantes de la Liga de Esmalcalda que se reunieron en Esmalcalda a principios de 1537 no adoptaron los artículos preparados por Lutero, según se ve en la Introducción a los Artículos de Esmalcalda, se percibía que era necesario decir algo acerca del papa y de su poder, especialmente teniendo en cuenta que el Papa Pablo III había convocado un concilio de la iglesia, el cual debía reunirse en Mantua, más tarde ese mismo año. Se indicó que originalmente había sido la intención de incluir una declaración al respecto en la Confesión de Augsburgo, pero que se había omitido sólo para no ofender al emperador y no inducirlo a terminar la discusión sobre las diferencias religiosas en Augsburgo. Ya que ahora las circunstancias eran distintas y parecían demandar hacer lo que antes se pospuso, los clérigos presentes en Esmalcalda fueron instruidos a preparar una declaración al respecto. Ellos a su vez confiaron el asunto a Felipe Melanchton, quien en el lapso de pocos días compuso el Tratado Sobre el Poder y la Primacía del Papa.

A diferencia de los Artículos de Esmalcalda, el Tratado fue adoptado oficialmente en Esmalcalda como confesión de fe. La intención era que fuera un suplemento de la Confesión de Augsburgo. No era, pues, como se solía suponer, un apéndice a los Artículos de Esmalcalda. Todos los clérigos presentes firmaron el Tratado; faltaba la firma de Lutero porque estaba demasiado enfermo como para estar presente en la reunión.

TRATADO SOBRE EL PODER Y LA PRIMACÍA DEL PAPA[1]

1
2

    El pontífice romano se arroga a sí mismo el título de que por derecho divino está sobre todos los obispos y pastores.[2] Luego también añade que por derecho divino tiene dos espadas,[3] esto es, la autoridad de conferir y transferir

3

reinos. Y en tercer lugar, dice, que es necesario creer esas cosas para salvarse.[4] Y debido a estas razones, el obispo romano se llama a sí mismo el vicario de Cristo en la tierra.[5]

4
5

    Consideramos y confesamos que estos tres artículos son falsos, impíos, tiránicos y perniciosos para la iglesia. A fin de que pueda ser entendida la causa de esta afirmación nuestra, debemos definir primero qué quieren decir los papistas cuando afirman que el obispo romano está sobre todos los obispos por derecho divino. Ellos quieren decir que el papa es el obispo universal o, tal cual lo expresan, el obispo ecuménico.[6] Esto es, todos los obispos y

---

1. Respecto de la posición de Melanchton en cuanto al papado, vid. las observaciones que agregó a su firma en los Artículos de Esmalcalda. WA (Tischreden) V No. 5551, CR II, 744–746, IV, 530, XII, 200–206 (*Oratio de pontificum Romanorum ambitione, monarchia, tyrannide*, 1556), WA (Briefe) XII, 116, WA XI, 375–379.

2. Cf. p.ej. *Decr. Gratiani*, Parte I, Distinct. 21, cap. 3; D.22, caps. 1 y 2.

3. Cf. especialmente la bula *Unam sanctam*, de Bonifacio VIII (1302), donde se lee (*Corpus juris canonici Extrav. comm.* I, 8 C.1): *In hac ejusque* (i.e., *ecclesiae*) *potestate duos esse gladios, spiritualem vidalicet et temporalem, evangelicis dictis instruimur . . . Sedis quidem por ecclesia, ille vero ab ecclesia exercendus.* («Las palabras del evangelio nos enseñan que en ella [i.e., en la iglesia] y en su poder hay dos espadas, a saber, la espiritual y la temporal . . . Mas ésta, por cierto, ha de manejarse *a favor* de la iglesia, aquélla empero *por* la iglesia».) La bula se refiere a Lucas 22:38: «Entonces ellos dijeron: Señor, aquí hay dos espadas. Y él les dijo: Basta». Bonifacio arguye que el Señor no dijo que dos espadas son demasiadas, sino: *Satis est* (cf. C Mirbt, *Quellen zur Geschichte des Papsttums und des römischen Katholizismus*, 4° ed., Tübingen, 1924, número 372, p. 210).

4. En las palabras finales de la bula *Unam sanctam*, Bonifacio VIII declara que para poder salvarse, todo ser humano tiene que sujetarse «por necesidad absoluta» al pontífice romano: *Porro subesse Romano pontifici omni humanae creaturae declaramus . . . omnino esse de necessitate salutis* (Denzinger–Bannwart, *Enchiridion symbolorum, definitionum et declarationum de rebus fidei et morum*, 15° ed., Umberg, 469). El Concilio de Constanza (1418) condenó como art. 41 de Wiclef la aserción de que no es necesario para la salvación creer que la Iglesia Romana es la suprema entre las demás iglesias (*non est de necessitate salutis credere Romanam ecclesiam esse supremam inter alias ecclesias* texto latino cit. en BSLK, p. 471, nota 4). Cf. al respecto WA II, 279 y 643.

5. Designación usada por los papas desde Inocencio III (1198–1216). En la bula *Unam sanctam* (1302), Bonifacio VIII declara que Cristo y su vicario constituyen una sola cabeza (Mirbt, op.cit., p.148). Durante muchos siglos fue costumbre designar con el título «vicario de Cristo» a los obispos. Todavía en el siglo XIII, Tomás de Aquino escribe que los apóstoles y sus sucesores son vicarios de Dios (*Summa Theologiae*, III, q. 64, art. 2, *conclusio*).

6. BSLK 472, nota 1. Cf. p.ej. CR XXV 501. Tomás de Aquino escribe (*Op, contra errores Graecorum ad Urbanum* IV., II 33): «*Legitur . . . in Chalcedonensi concilio, quod tota synodus clamavit Leoni (I) papae: Leo sanctissimus, apostolicus et oecumenicus, id est universalis patriarcha, per multos annos vivat!*» («Se dice que en el Concilio Calcedonense [451], el sínodo entero aclamó al papa León [I] diciendo: ¡León santísimo, apostólico y ecuménico, esto es, patriarca universal, viva por largos años!»).

pastores por todo el mundo deben buscar de él la ordenación y confirmación, porque él tiene el derecho de elegir, ordenar, confirmar y deponer a todos los obispos.[7] Además de esto, se arroga la autoridad de hacer leyes concernientes al culto,[8] al cambio de los sacramentos y a la doctrina, y quiere que sus artículos, sus decretos, sus leyes sean considerados como artículos de fe o mandamientos de Dios, obligatorios para las conciencias de los seres humanos, porque sostiene que su poder es por derecho divino y ha de ser preferido aun a los mandamientos de Dios.[9] Y aun más horrible es que agrega que es necesario creer todas estas cosas para ser salvo.

TESTIMONIO DE LAS ESCRITURAS

1. Por eso, en primer lugar, demostremos del evangelio que el obispo romano no está por derecho divino sobre todos los demás obispos y pastores. En Lucas 22:24-27 Cristo expresamente prohíbe señorío entre los apóstoles. Porque ésta era justamente la cuestión que los discípulos estaban disputando entre sí cuando Cristo habló de su pasión: ¿Quién debía ser el líder y, por decirlo así, el vicario de Cristo después de su partida? Cristo reprobó a los apóstoles por este error y les enseñó que ninguno debía tener señorío o superioridad entre ellos, sino que los apóstoles debían ser enviados como iguales y debían ejercer el ministerio del evangelio en común. Por eso mismo dijo: «Los reyes de las naciones se enseñorean de ellas; mas no así vosotros, sino sea el mayor entre vosotros como el que sirve». La antítesis aquí demuestra que está desaprobado el señorío.[10] Lo mismo es enseñado por una parábola (Mt. 18:1-4), cuando Cristo, en una disputa similar concerniente al reino, pone un niño en medio de los discípulos para significar por medio de ello que no debía haber principado entre ministros, así como un niño no busca ni se apropia soberanía para sí.

2. De acuerdo a Juan 20:21 Cristo envió a sus discípulos como a iguales, sin discriminación alguna,[11] cuando dijo: «Como me envió el Padre, así también yo os envío». Los enviaba individualmente de la misma manera, decía, como Él mismo había sido enviado. Por ello no concedía a nadie prerrogativa o señorío sobre el resto.

---

7. BSLK 472, nota 1. A base de la *plenitudo potestatis papal*. Cf. p.ej. *Decr. Grat.* P. I, D.21, c.l, párr.8.

8. BSLK 472, nota 3. Respecto de la canonización de santos e implantación de festividades generales cf. Werninghoff, *Verfassungsgeschichte*, 199.

9. BSLK 472:4. Cf. *Decr. Grat.* P.I D. 15 c.2, D. 19 c.2 y 6, D.20 c. 1. WA II 427, VII 131-133.

10. El texto alemán agrega: «entre los apóstoles».

11. El texto alemán agrega: «de modo que uno no debe tener más o menos poder que el otro».

334

10 3. En Gálatas 2:2,6 Pablo claramente afirma que no fue ni ordenado, ni confirmado por Pedro, y tampoco reconoce a Pedro como a uno de quien deba buscar confirmación. De este hecho arguye que su llamamiento no depende de la autoridad de Pedro. Pero debiera haber reconocido a Pedro como a un superior de haber sido Pedro su superior por derecho divino. Sin embargo, dice que de inmediato predicó el evangelio sin consultar con Pedro. Afirma: «No me importa nada lo que hayan sido los que tenían reputación de ser algo». Y sigue: «A mí los de reputación nada nuevo me comunicaron» (Gá. 2:6). Ya que Pablo claramente testifica que no deseaba buscar confirmación de Pedro, aun después que había llegado a él, enseña que la autoridad del ministerio depende de la palabra de Dios, que Pedro no era superior a los otros apóstoles y que no se requería que la ordenación y la confirmación se busquen solamente de Pedro.

11 4. En 1 Corintios 3:4–8 Pablo coloca a los ministros en igualdad y enseña que la iglesia está por encima de los ministros. Por eso no atribuye a Pedro superioridad o autoridad sobre la iglesia o sobre los otros ministros. Porque dice: «Todo es vuestro: sea Pablo, sea Apolos, sea Cefas» (1 Co. 3:21–22). Esto quiere decir que ni Pedro, ni los otros ministros deben asumir señorío o autoridad sobre la iglesia, ni cargar a la iglesia con tradiciones, ni permitir que la autoridad de alguien valga más que la palabra, ni oponer la autoridad de Cefas a la de los otros apóstoles. Sin embargo, en ese entonces razonaban de esta manera: «Cefas observa esto. Él es un apóstol de rango superior. Por eso, Pablo y los otros han de observar esto». Pablo priva a Pedro de este pretexto y niega que la autoridad de Pedro sea superior a la de otros de la iglesia. 1 Pedro 5:3: «No teniendo señorío sobre el clero».[12]

TESTIMONIO DE LA HISTORIA

12 5. El Concilio de Nicea decidió que el obispo de Alejandría debía administrar las iglesias en oriente y que el obispo de Roma debía administrar las iglesias suburbanas, esto es, las que estaban en las provincias romanas en el occidente.[13] Por eso, originalmente la autoridad del obispo romano se ori-

---

12. 1 P. 5:3. En el original: *Non dominantes en clero.* Vulgata Clementina: *Neque ut dominantes en cleris.*

13. Vid. BSLK 473, nota 3: Concilio de Nicea, canon 6. Mansi, *Collectio* II 669, 671. Trad. al latín de Rufino en *Historia eccl.* I, cap. 6 MSL XXI, 473: *Et ut apud Alesandriam et in urbe Roma vetusta consuetudo servetur, ut vel ille Aegypti vel hic suburbicariarum ecclesiarum sollicitudinem gerat* («. . . para que en Alejandría y en la ciudad de Roma se mantenga la antigua costumbre de que aquél [el obispo de Alejandría] vele por Egipto, y éste [el obispo de Roma] por las iglesias suburbicarias»). «Suburbicario» = relativo a las diócesis que componen la provincia eclesiástica de Roma; en este caso concreto, las 10 provincias italianas: Campania, Toscana y Umbría, el Piceno suburbicario, Sicilia, Apulia y Calabria, Abruzos y Lucania, Samnio, Sardinia, Córcega, Valeria. Lutero cita con frecuencia el Concilio de Nicea en sus argumentos en contra del origen divino de la primacía del papa; cf. WA (Cartas) I 469; WA II 238, 285, 397; L 537 y sigte.; LIV 236.

ginó de derecho humano, esto es, por una decisión de un concilio. Pues si el obispo de Roma tenía su superioridad por derecho divino, no hubiera sido lícito para el concilio quitarle algún derecho y transferirlo al obispo de Alejandría. Más aún, todos los obispos de oriente para siempre debieran haber buscado la ordenación y confirmación del obispo romano.

6. Asimismo, el Concilio de Nicea determinó que los obispos fueran elegidos por sus propias iglesias, en presencia de uno o más obispos vecinos.[14] Esto se observaba también en el occidente y en las iglesias latinas, tal cual lo testifican Cipriano y Agustín.[15] Pues Cipriano declara en su cuarta epístola a Cornelio:[16] «Por eso, debes observar y practicar diligentemente, de acuerdo a la tradición divina y al uso apostólico, lo que es observado por nosotros y en casi todas las provincias, es decir, que para la apropiada celebración de la ordenación se reúnan los obispos vecinos de la misma provincia con la gente para la cual ha de ser ordenado un superior y sea elegido un obispo en presencia del pueblo que conoce plenamente la vida de cada candidato, como hemos visto que fuera hecho entre nosotros, en la ordenación de nuestro colego Sabino, a quien, por el voto de toda la hermandad y el juicio de los obispos reunidos en su presencia, le fue conferido el obispado y le fueron impuestas las manos». Cipriano llama a esta costumbre una tradición divina y un uso apostólico, y asevera que era observada en casi todas las provincias. Por ende, ya que ni la ordenación ni la confirmación eran buscadas del obispo de Roma en la mayor parte del mundo, ya sea en iglesias griegas o latinas, es evidente que las iglesias en ese entonces no concedían superioridad y señorío al obispo romano.

7. Tal superioridad es imposible, porque no es posible para un obispo ser el supervisor de todas las iglesias en el mundo, o para iglesias ubicadas en lugares remotos buscar la ordenación sólo de él. Es evidente que el reino de Cristo está esparcido por toda la tierra y que hoy en día hay muchas iglesias en el oriente[17] que no buscan la ordenación o confirmación del obispo de Roma. En consecuencia, ya que tal superioridad es imposible y las iglesias en la mayor parte del mundo nunca la reconocieron o actuaron en consonancia con ella, es evidente que no fue instituida.

8. Muchos concilios antiguos fueron convocados y llevados a cabo en los cuales no presidía el obispo de Roma, como el Concilio de Nicea y muchos

13

14

15

16

17

---

14. BSLK 475, nota 1. El can. 4 del Concilio de Nicea presupone la elección por parte de «la iglesia» y contiene disposiciones en cuanto a la ordenación del recién electo. Cf. Mansi, *Collectio* II 669 y Rufino, *Hist. eccl.* I cap.6, MSL XXI 473; WA II 258.

15. BSLK 475, nota 3. *De baptismo contra Donatistas* II cap.2, MSL XL III 128; CSEL LI 177; ep. 213, MSL XXXIII 966–968; CSEL LVII 372–379; WA II 230, 258.

16. *Epist. 67 ad Felicem presbyterum et Aelium diaconum*, CSEL III, 739.

17. BSLK 476, nota 1. Cf. «Artículos de Esmalcalda», art. IV, 4.

otros.[18] Esto también demuestra que la iglesia en ese entonces no reconocía la primacía o superioridad del obispo de Roma.

18 9. Jerónimo dice:[19] «Si es autoridad lo que quieres, el mundo es más grande que la ciudad. Dondequiera que haya un obispo, sea en Roma, o Gubbio,[20] o Constantinopla, o Reggio, o Alejandría, él es de la misma dignidad y sacerdocio. Es el poder de las riquezas o la humildad de la pobreza, lo que hace superior o inferior a un obispo».

19 10. Gregorio, al escribir al patriarca de Alejandría,[21] le prohíbe llamarlo el obispo universal. Y en los registros declara que en el Concilio de Calcedonia la primacía fue ofrecida al obispo de Roma, pero no la aceptó.[22]

20 11. Finalmente, ¿cómo puede el papa estar sobre toda la iglesia por derecho divino, cuando la iglesia lo elige y gradualmente prevaleció la costumbre de que los obispos de Roma eran confirmados por los emperadores?

21 Además, cuando por mucho tiempo había habido disputas entre los obispos de Roma y Constantinopla con respecto a la primacía, el emperador

---

18. Vid. el dictamen de Melanchton: *Dass die Kaiser Macht haben, Concilia auszuschreiben, Anno 1536* («Que los emperadores tienen la facultad de convocar concilios, año 1536»), en *Archiv für Reformationsgeschichte* XXIII, 1926, págs. 271, 272, 274, 283–286; CR III, 134–136. Respecto de la hipótesis de reunir un concilio aun sin la autorización papal vid. la famosa claúsula de la bula *In minoribus agentes*, de Pío II, dirigida a la Universidad de Colonia, en el año 1463 (texto latino en el *Bullarium diplomatum et privilegiorum sanctorum Romanorum pontificum*, ed. de S. Franco y A. Dalmazzo, Turín, 1860, vol. V, p. 180): *Veneramur enim Constantiense concilium et cuncta quae praedecessoribus approbata, inter quae nullum invenimus umquam fuisse ratum, quod, stante Romano indubitato praesule, absque ipsius auctoritate convenerit.* («Pues respetamos el concilio de Constanza junto con todos los que fueron aprobados por nuestros predecesores, entre los cuales nunca hallamos que se haya contado alguno que, habiendo un presidente romano reconocido, se haya reunido sin autorización de éste».)

19. *Epist. 146 ad Euangelum*, MSL XXII, 1194.

20. Eugubium es la actual Gubbio en Umbría, al nordeste de Perugia, documentada como obispado ya en tiempos del papa Silvestre I (314/37).

21. Gregorio I, o Grande (540–604, el último de los cuatro doctores de la Iglesia Latina), *Epist. lib. VIII ep. 30 ad Eulogium, episcopum Alexandrinum*, MSL LXXVII, 933; *Decr. Grat.* PI D.99 c.5. En BSLK p. 477, nota 1, se agrega el texto en latín: . . . *In praefatione epistolae, quam ad meipsum . . . direxistis, superbae appellationis verbum universalem me papam dicentem imperimere curastis. Quod, peto, dulcissima mihi Sanctitas vestra ultra non faciat.* («En el prefacio de la carta que me dirigisteis, habéis tenido el cuidado de imprimir aquel apelativo arrogante con que se me titula 'papa universal'. Ruego a Su Santidad, tan querida para mí, que en lo futuro no lo hagáis más».)

22. *Regestos*: registros de documentos, hechos, etc. *Epist. lib. V ep. 43 ad Eulogium, episcopum Alexandrinum, et Anastasium, episcopum Antiochenum*, MSL LXXVII, 771. BSLK p. 477, nota 2 trae el texto en latín: *Sicut enim veneranda mihi vestra Sanctitas novit, per sanctam Chalcedonensem synodum pontifici sedis apostolicae . . . hoc universitatis nomen oblatum est. Sed nullus unquam decessorum meorum hoc tam profano vocabulo uti consensit, quia videlicet, si unus patriarchus universalis dicitur, patriarcharum nomen ceteris derogatur.* («Pues como es del conocimiento de Vuestra Santidad,—venerable para mí,—el santo sínodo de Calcedonia le ofreció al pontífice de la sede apostólica [Roma] el título de 'universal'. Pero ninguno de mis antecesores consintió jamás en hacer uso de tan profana designación; porque si a uno se le llama patriarca universal, se les quita a los demás el nombre de patriarcas».)

Focas[23] finalmente decidió que la primacía debía ser asignada al obispo de Roma. Pero si la iglesia antigua hubiera reconocido la primacía del pontífice romano, esta disputa no podría haber ocurrido ni habría sido necesario un decreto del emperador.[24]

REFUTACIÓN DE LOS ARGUMENTOS DE LOS ADVERSARIOS

Aquí se citan algunos pasajes contra nosotros, tales como: «Tú eres **22** Pedro, y sobre esta roca edificaré mi iglesia» (Mt. 16:18). También: «A ti te daré las llaves»[25] (Mt. 16:19). Y: «Apacienta mis ovejas» (Jn. 21:17), y algunos otros pasajes. Ya que toda esta controversia ha sido tratada copiosa y precisamente en los libros de nuestros teólogos[26] y no se pueden reexaminar aquí otra vez todos los detalles, nos referimos a esos escritos y deseamos que sean considerados como reiterados. Sin embargo, responderemos brevemente a manera de interpretación. En todos estos pasajes, Pedro es representante de **23** toda la compañía de los apóstoles, tal cual es evidente del texto mismo, ya que Cristo no interrogó sólo a Pedro, sino que preguntó: «Y vosotros, ¿quién decís que soy yo?» (Mt. 16:15). Y lo que se dice aquí en número singular: «A ti te daré las llaves» y «lo que atares», en otras partes se dice en número plural: «Todo lo que atéis», etc. (Mt. 18:18). Y en Juan 20:23 también está escrito: «A quienes remitiereis los pecados», etc. Estas palabras demuestran que las llaves fueron dadas de manera igual a todos los apóstoles y que todos los apóstoles fueron enviados como iguales. Además, es necesario reconocer **24** que las llaves no pertenecen a la persona de cierto individuo, sino a toda la iglesia, como es atestiguado por muchos argumentos claros y firmes. Pues Cristo, después de hablar de las llaves en Mateo 18:19, dice: «Si dos o tres de vosotros se pusieren de acuerdo en la tierra», etc.[27] Por eso, confiere las

---

23. En 607, el papa Bonifacio III logró que el emperador Focas (602/10) reconociese a Roma como *caput omnium ecclesiarum* (cabeza de todas las iglesias). Cf. p.ej. Herzog–Hauck, *Realencyklopädie für protestantische Theologie und Kirche*, III, 3. ed., p. 289. Cf. también *Vita Bonifatii* III en *Bart. Platina, liber de vita Christi ac de vitis summorum pontificum Romanorum* (Venecia 1479).

24. BSLK 477, nota 3. Mientras los emperadores orientales ejercían el dominio sobre Italia (hasta 781), éstos confirmaron en su cargo a los papas recién electos. En los años 824 y 962, los emperadores del Sacro Imperio Romano Lotario I y Otón I hicieron convenios con el papa en que también se preveía dicha confirmación.

25. Mt. 16:19. Comp. p.ej. *Decr. Grat.* P.I D.19 c.7, D.21 c.2 y 3, D.22 c.2, P.II C.24 qu.1 c.18. *Liber Sextus* I, 6 c.17. Del lado católico hubo publicaciones acerca de la primacía papal por parte de Juan Eck, Jerónimo Emser, Silvestre Prierias y Agustín Alveld (BSLK 478, nota 1).

26. BSLK 478, nota 3. Respecto de Mateo 16:18 cf. WA II 19s, 187–194, 248, 272, 277, 286, 299, 301, 320, 628. Respecto de Juan 21:17 cf. WA II 194–197, 301s, VI 316–321; VII 130; LIV 231, 273s (1545).

27. Melanchton combina los versículos 19 y 20 de Mateo 18. El texto alemán cita el versículo 20 (Donde están dos o tres congregados en mi nombre) y agrega: «De la misma forma Cristo confiere el juicio supremo y final a la iglesia al decir: 'dilo a la iglesia'» (Mt. 18:17).

llaves especial e inmediatamente a la iglesia, así como, por la misma razón, la iglesia principalmente posee el derecho del llamamiento. A causa de ellos es necesario considerar a Pedro en estos pasajes como el representante de toda la compañía de apóstoles y, debido a ello, estos pasajes no atribuyen a Pedro ninguna prerrogativa, superioridad o poder especiales.

25   En cuanto a la declaración: «Sobre esta roca edificaré mi iglesia» (Mt. 16:18), es seguro que la iglesia no está edificada sobre la autoridad de un hombre, sino sobre el ministerio de la confesión que Pedro hizo, cuando declaró que Jesús era el Cristo, el Hijo de Dios. Por ello, Cristo también se dirige a Pedro como a un ministro y le dice: «Sobre esta roca», esto es, sobre

26 este ministerio. Además, el ministerio del Nuevo Testamento no se limita a lugares y personas, como lo es el sacerdocio levítico, sino que está esparcido por todo el mundo y existe dondequiera que Dios da sus dones, apóstoles, profetas, pastores, maestros. Tampoco es válido este ministerio debido a alguna autoridad individual sino debido a la palabra dada por Cristo. La

27 mayoría de los santos padres, tales como Orígenes,[28] Ambrosio,[29] Cipriano,[30] Hilario[31] y Beda,[32] interpretan la declaración «sobre esta roca» de esta ma-

28 nera y no como refiriéndose a la persona o superioridad de Pedro. Así declara Crisóstomo[33] que Cristo dice «sobre esta roca» y no «sobre Pedro», porque edificó su iglesia no sobre un hombre sino sobre la fe de Pedro; y

29 ¿cuál era esta fe sino: «Tú eres el Cristo, el Hijo del Dios viviente»? Hilario declara: «El Padre reveló a Pedro para que dijera: 'Tú eres el Hijo del Dios viviente'. Por ende, sobre esta roca de confesión está edificada la iglesia. Esta fe es el fundamento de la iglesia».[34]

30   En cuanto a lo que dicen los pasajes: «Apacienta mis ovejas» (Jn. 21:17) y: «¿Me amas más que éstos?» (Jn. 21:15), de ninguna manera se colige que ellos confieren una superioridad especial a Pedro, pues Cristo le manda apacentar las ovejas, esto es, predicar la palabra o gobernar la iglesia con la palabra. Esta comisión Pedro la tiene en común con el resto de los apóstoles.

31   El segundo artículo es aún más claro que el primero, porque Cristo ha dado a los apóstoles sólo el poder espiritual, esto es, el mandato de predicar el evangelio, anunciar el perdón de los pecados, administrar los sacramentos

---

28. *Comment. in Matth.* tom. XII, 11, MSG XIII, 1000.

29. Ambrosiaster, *Comment. in epist. ad Ephesios* cap.2:20, MSL XVII, 380.

30. *De catholicae ecclesiae unitate* cap.4, MSL IV, 500.

31. *De trinitate* VI, 36 s., MSL X, 186 s.

32. *In Matth. evang. expositio* lib. III cap. 16, MSL XCII, 78 s.

33. No fue posible localizar esta cita. Pero cf. p.ej. *In Matth. homil.* 54(55), MSG LVIII, 534.

34. *De trinitate* VI 36 s., MSL X 186 s.—En el escrito de Hilario, estas tres oraciones no siguen inmediatamente la una a la otra.

y excomulgar a los impíos sin violencia física. No les dio el poder de la espada o el derecho de establecer, ocupar o transferir los reinos del mundo. Pues Cristo dijo: «Por tanto, id . . . enseñándoles que guarden todas las cosas que os he mandado» (Mt. 28:19–20). También: «Como me envió el Padre, así también yo os envío» (Jn. 20:21). Además, es manifiesto que Cristo no fue enviado para llevar una espada o poseer un reino mundano, porque dijo: «Mi reino no es de este mundo» (Jn. 18:36). Pablo también dijo: «No que nos enseñoreemos de vuestra fe» (2 Co. 1:24) y otra vez: «Las armas de nuestra milicia no son carnales», etc. (2 Co. 10:4).

Y de que Cristo en su pasión fuera coronado con espinas y conducido **32** en un manto de púrpura y así hecho objeto de burla, significaba que vendría el tiempo, una vez que su reino espiritual haya sido despreciado, esto es, después que el evangelio haya sido suprimido, cuando otro reino terrenal se levantaría con la apariencia de poder eclesiástico. Por eso, son falsas e impías **33** la constitución de Bonifacio VIII,[35] distinción 22 del capítulo «Omnes»,[36] y otras declaraciones similares que sostienen que el papa es por derecho divino señor de los reinos del mundo. Esta noción ha causado que descendieran **34** horribles tinieblas sobre la iglesia y que más tarde se originaran grandes disturbios en Europa. El ministerio del Evangelio fue desatendido. El conocimiento de la fe y del reino espiritual se extinguieron. Se consideraba que la justicia cristiana se hallaba en el gobierno externo establecido por el papa. Luego los papas comenzaron a tomarse reinos para sí, a transferir reinos y a **35** acosar a los reyes de casi todas las naciones de Europa, pero especialmente a los emperadores de Alemania, con injustas excomuniones y guerras, con el propósito, algunas veces, de ocupar ciudades italianas, otras veces para sujetar a su poder a los obispos alemanes y privar a los emperadores del derecho de nombrar obispos.[37] En verdad, hasta está escrito en las Clementinas:[38] «Cuando el trono imperial está vacante, el papa es el legítimo sucesor». Así el papa no sólo usurpó dominio en contra del mandamiento de Cristo **36** (Mr. 10:42 y sigte.), sino que tiránicamente hasta se exaltó a sí mismo sobre todos los reyes.[39] En este asunto no es tanto de deplorar el hecho mismo como es de censurar el pretexto de que por autoridad de Cristo pueda transferir las

---

35. La bula *Unam sanctam*, de 1302.

36. *Decr. Grat.* Parte I, Distinct. 22, capítulo 1.

37. Referencia al litigio por la investidura, 1075–1122, resuelto mediante el Concordato de Worms o *Pactum Calixtinum*.

38. *Corp. jur. can. Clementinae* II, 11 c.2. Las *Clementinas* (1314) llamadas también *Constituciones*, son de Clemente V.

39. *Decr. Greg.* IX (de 1234), lib.I, 33, cap.6: . . . *quanta est inter solem et lunam, tanta inter pontifices et reges differentia cognoscatur.* («La diferencia entre los pontífices y los reyes debe considerarse igual a la que existe entre el sol y la luna».)

llaves de un reino mundano y de que pueda ligar la salvación a estas opiniones impías e inicuas sosteniendo que es necesario para la salvación creer que tal
37 dominio pertenece al papa por derecho divino. Ya que estos monstruosos errores obscurecen la fe y el reino de Cristo, dentro de ninguna circunstancia han de pasarse por alto. Las consecuencias demuestran que han sido grandes plagas en la iglesia.

38 En cuanto al tercer artículo debe añadirse esto: Aunque el obispo de Roma tuviera primacía y superioridad por derecho divino, sin embargo, no se le debe obediencia a aquellos pontífices que defienden formas impías de culto, idolatría y doctrinas que pugnan con el evangelio. Al contrario, tales pontífices y tal gobierno han de considerarse malditos. Así enseña claramente Pablo: «Si un ángel del cielo os anunciare otro evangelio diferente del que os hemos anunciado, sea anatema» (Gá. 1:8). Y en Los Hechos está escrito: «Es necesario obedecer a Dios antes que a los hombres» (Hch. 5:29). Asimismo, los cánones[40] claramente enseñan que un papa herético no ha de ser obedecido. El sumo sacerdote levítico era el pontífice supremo por derecho divino; sin embargo, no se debía obediencia a sumos sacerdotes impíos. Así Jeremías y otros profetas disentían de ellos, y los apóstoles disentían de Caifás y no estaban obligados a obedecerle.

LAS SEÑALES DEL ANTICRISTO

39 Pero es manifiesto que el pontífice romano y sus adherentes defienden doctrinas impías, y está claro que las señales del anticristo coinciden con las del reino del papa y de sus seguidores. Porque al describir San Pablo al anticristo en su Epístola a los Tesalonicenses, lo llama «un adversario de Cristo que se opone y se levanta contra todo lo que se llama Dios o es objeto de culto; tanto que se sienta en el templo de Dios, haciéndose pasar por Dios» (2 Ts. 2:3–4). Habla por tanto de uno que gobierna en la iglesia y no de reyes de naciones, y llama a ese hombre «un adversario de Cristo», porque fabricará
40 doctrinas en pugna con el evangelio y se arrogará autoridad divina. Por un lado, es manifiesto que el papa gobierna en la iglesia y ha constituido este reino para sí mismo so pretexto de la autoridad de la iglesia y del ministerio. Pues usa como pretexto estas palabras: «A ti te daré las llaves» (Mt. 16:19). Por otro lado, la doctrina del papa en muchos sentidos está en pugna con el evangelio, y el papa se arroga autoridad divina de tres maneras. Primero, porque asume para sí el derecho de cambiar la doctrina de Cristo y el culto instituido por Dios, y quiere que su propia doctrina y culto sean observados como divinos. Segundo, porque asume para sí no sólo el poder de atar y desatar en esta vida, sino también la jurisdicción sobre las almas después de

---

40. *Decr. Grat.* P.I, D.40, c.6.

esta vida. Tercero, porque el papa no permite ser juzgado por la iglesia o por cualquiera, y exalta su autoridad por sobre las decisiones de los concilios y de toda la iglesia.[41] Pero, no permitir ser juzgado por la iglesia o por cualquiera, equivale a hacerse a sí mismo Dios. Finalmente, defiende con la mayor crueldad estos horribles errores y esta impiedad y ejecuta a los que disienten.

Ya que ésta es la situación, todos los cristianos deben cuidarse de no **41** llegar a ser partícipes de las impías doctrinas, blasfemias e injustas crueldades del papa. Antes bien, deben abandonar y detestar al papa y a sus adherentes como al reino del anticristo, tal cual lo ordenó Cristo: «Guardaos de los falsos profetas» (Mt. 7:15). Y Pablo manda que se debe evitar y abominar a los falsos predicadores como a cosa maldita (Tit. 3:10) y escribe en 2 Corintios 6:14: «No os unáis en yugo desigual con los incrédulos; porque ¿qué comunión tiene la luz con las tinieblas?»

Es un asunto serio disentir del consenso de tantas naciones y ser llamados **42** cismáticos. Pero la autoridad divina ordena a todos a no asociarse con la impiedad y la crueldad injusta. En consecuencia, nuestras conciencias están suficientemente excusadas de asociarse con ellas. Son manifiestos los errores del reinado papal, y las Escrituras unánimemente declaran que estos errores son doctrinas de demonios y del anticristo (1 Ti. 4:1).

Es manifiesta la idolatría en la profanación de las misas, porque, además **43** de otros abusos, se usan desvergonzadamente para conseguir ignominiosos beneficios. La doctrina del arrepentimiento ha sido corrompida completamente **44** por el papa y sus seguidores, porque enseñan que los pecados son perdonados debido al valor de nuestras obras. Luego nos mandan dudar si es que se obtuvo perdón. En ninguna parte enseñan que los pecados son perdonados gratuitamente por la fe en Cristo y que por esta fe obtenemos la remisión de los pecados. De esta manera obscurecen la gloria de Cristo y despojan a las conciencias de una firme consolación y abolen el verdadero culto, esto es, el ejercicio de la fe en su lucha contra la desesperación.

Han obscurecido la enseñanza concerniente al pecado y han inventado **45** una tradición concerniente a la enumeración de pecados, la cual ha producido muchos errores y desesperación. Han inventado también satisfacciones, por medio de las cuales han obscurecido también los beneficios de Cristo.

De éstas surgieron las indulgencias, las cuales son puras mentiras, in- **46** ventadas a causa de ganancia. Luego está la invocación de santos, ¡cuántos **47** abusos y cuán horrible idolatría ha producido! ¡Cuántos actos licenciosos han **48** surgido de la tradición del celibato! ¡Cuánta obscuridad ha desparramado sobre

---

41. Cf. *Decr. Grat.* P.I D.40 c.6, P.II C.9 q.3 c.13, y la bula *Pastor aeternus*, (1513), de León X. La sentencia *Papa a nemine judicatur* («el papa no es juzgado por nadie») ya la había formulado el papa Gelasio I (m. en 496).

el evangelio la doctrina acerca de los votos! Allí han ideado que los votos producen justicia delante de Dios y merecen perdón de pecados. Así han transferido a las tradiciones humanas el mérito de Cristo y han extinguido completamente la enseñanza concerniente a la fe. Han ideado que las más triviales tradiciones son servicios a Dios y la perfección y han preferido éstas a obras que Dios requiere y ordenó a cada uno en su vocación. Tales errores no deben considerarse como leves, porque disminuyen la gloria de Dios y acarrean destrucción a almas. Por consiguiente, no se pueden pasar por alto.

49   Luego, a estos errores se añaden los grandes pecados. Primero, que el papa defienda estos errores con injusta crueldad y penas de muerte. Segundo, que el papa arrebate de la iglesia el juicio y no permita que controversias eclesiásticas sean decididas del modo apropiado. De hecho, sostiene que está por encima de los concilios y que puede rescindir los decretos de concilios, tal cual algunas veces lo declaran impúdicamente los cánones.[42] Pero esto fue hecho con mucha mayor impudicia por los pontífices, como lo demuestran

50 varios ejemplos.[43] La novena cuestión del canon tercero[44] declara: «Nadie debe juzgar la suprema sede, porque el juez no es juzgado ni por el emperador,

51 ni por toda la clerecía, ni por reyes, ni por personas». Así el papa ajerce una doble tiranía: Defiende sus errores con fuerza y asesinatos y prohíbe un examen judicial. La última ocasiona más daño que cualquier suplicio, porque cuando ha sido eliminado el apropiado proceso judicial, entonces las iglesias ya no pueden remover enseñanzas impías y formas de culto impías, e innumerables almas se pierden generación tras generación.

52   Por eso, consideren los piadosos los enormes errores del reino del papa

---

42. Cf. *Decr. Grat.* P.I D.16, 17, 19 y 21: *Decr. Greg.* IX, I, 6 cap. 4.

43. Cf. p.ej. la bula *Execrabilis* del 18 de enero de 1460, considerada por muchos como el fin del «conciliarismo». En ella, Pío II condenó a quien se atreviere a apelar del papa a un concilio futuro. Texto latino en *Bullarium doplomatum et privilegiorum sanctorum Romanorum pontificum*, ed. de S. Franco y A. Dalmazzo, Turín, 1860, V. 149–150: *Execrabilis et pristinis temporibus inauditus tempestate nostra inolevit abusus, ut a Romano pontifice, Jesu Cristi vicario, cui dictum est in persona b. Petri: 'Pasce oves meas' et 'Quod ligaveris super terram, erit ligatum et in coelis', nonnulli spiritu rebellionis imbuti, non sanioris cupiditate judicii, sed commissi evasione peccati ad futurum concilium provocare praesumant, quod quantum sacris canonibus adversetur quantumque reipublicae christianae noxium sit, quisquis non ignarus jurium intelligere potest.* («Se arraigó en nuestra época un abuso execrable e inaudito en tiempos antiguos: Hay algunas personas, inbuidas de un espíritu de rebelión, que creen poder apelar del pontífice romano, vicario de Jesucristo, a quien le fue dicho en la persona de San Pedro: 'Apacienta mis ovejas' y 'Todo lo que atares en la tierra, será atado en los cielos', a un concilio futuro. Y esto lo hacen no por el deseo de obtener un juicio más favorable, sino para eludir el castigo por un pecado que cometieron. Cualquiera que no sea un ignorante en asuntos legales comprenderá cuán contrario es esto a los sagrados cánones, y cuánto daño hace a la comunidad cristiana».) El infractor, dice la bula, incurre *ipso facto* en sentencia de execración, de la cual no puede ser absuelto sino por el pontífice romano y cuando está al borde de la muerte: *a qua, (sententia) nisi per Romanum Pontificem, et in mortis articulo, absolvi no possit.*

44. *Decr. Grat.* P.II C.9 q.3 c.13.

y su tiranía, y piensen, primero, que se deben rechazar esos errores y abrazar la doctrina verdadera para la gloria de Dios y la salvación de almas. Luego, en segundo lugar, piensen también cuán grande crimen es apoyar la injusta crueldad de matar a santos, cuya sangre, sin duda, Dios vengará. **53**

Pero especialmente conviene que los feligreses principales de la iglesia, reyes y príncipes, cuiden los intereses de la iglesia y vean que se quiten los errores y se sanen las conciencias, tal cual Dios expresamente exhorta a reyes: «Ahora, pues, o reyes, sed prudentes; admitid amonestación, jueces de la tierra» (Sal. 2:10). Porque la primera preocupación de reyes debiera ser adelantar la gloria de Dios. Por lo cual sería muy vergonzoso para ellos, conceder su autoridad y poder para apoyar la idolatría e inumerables otros crímenes y para asesinar a los santos. Y aunque el papa celebrara sínodos, ¿cómo puede ser sanada la iglesia en tanto que el papa no permite que se decrete algo contrario a su voluntad y no concede a nadie el derecho de expresar una opinión, a excepción de sus seguidores, a quienes ató por medio de horrendos juramentos y maldiciones a la defensa de su tiranía e iniquidad, sin consideración alguna siquiera por la palabra de Dios? Ya que las decisiones de sínodos son las decisiones de la iglesia y no de los pontífices, incumbe especialmente a los reyes reprimir la licencia de los pontífices y ver que la iglesia no se vea privada del poder de juzgar y de decidir según la palabra de Dios. Y ya que los otros cristianos deben censurar todos los otros errores del papa, así también deben reprender al papa cuando elude y obstruye la verdadera comprensión y el verdadero juicio de parte de la iglesia. **54** **55** **56**

Por eso, aunque el obispo de Roma poseyera la primacía por derecho divino, sin embargo, no se le debe obediencia ya que defiende formas de culto impías y doctrinas que pugnan con el evangelio. Al contrario, es necesario resistirle como al anticristo. **57**

Los errores del papa son manifiestos y no son leves. Manifiesta es también la crueldad que emplea contra los piadosos. Y está claro que Dios ordena huir de la idolatría, doctrinas impías y crueldad injusta. Por ello, todos los piadosos tienen razones importantes, necesarias y manifiestas para no obedecer al papa. Y estas urgentes razones son un consuelo para los piadosos cuando, tal cual sucede muchas veces, se los reprocha de escándalos, cismas[45] y discordias. Los que están empero de acuerdo con el papa y defienden sus doctrinas y formas de culto, se contaminan de idolatría y opiniones blasfemas, se hacen culpables de la sangre de los piadosos perseguidos por el papa, disminuyen la gloria de Dios e impiden el bienestar de la iglesia, ya que confirman errores y crímenes para toda la posteridad. **58** **59**

---

45. Acerca del término *cisma* vid. Apología XXVIII, 25.

EL PODER Y LA JURISDICCIÓN DE LOS OBISPOS

En la Confesión[46] y en la Apología[47] hemos detallado en términos generales lo que hemos de decir acerca del poder eclesiástico.

60 El evangelio asigna a los que presiden sobre las iglesias el mandato de predicar el evangelio, de remitir pecados, de administrar los sacramentos y, además, de ejercer jurisdicción,[48] esto es, el mandato de excomulgar a aquellos

61 cuyos crímenes son conocidos y de absolver a los que se arrepienten. Y según la confesión de todos, aun de nuestros adversarios, es evidente que este poder pertenece, por derecho divino, a todos los que presiden en las iglesias, ya

62 sea que se llamen pastores, o ancianos, u obispos. Y por consiguiente, Jerónimo[49] enseña claramente que en las cartas apostólicas todos los que presiden sobre las iglesias son tanto obispos como ancianos, y cita de Tito: «Por esta causa te dejé en Creta, para que establecieses ancianos en cada ciudad», y luego añade: «Es necesario que el obispo sea marido de una sola mujer» (Tit. 1:5–7). Del mismo modo Pedro y Juan se llaman a sí mismos ancianos. Y Jerónimo agrega:[50] «Pero luego uno era elegido para ser puesto sobre los demás, para que sea como un remedio para cisma, no sea que uno u otro se atraiga seguidores y divida la iglesia de Cristo. Porque en Alejandría, desde el tiempo de Marcos, el evangelista, hasta el tiempo de los obispos Heráclito[51] y Dionisio, los ancianos siempre elegían a uno de entre ellos y lo ponían en un lugar más elevado y lo llamaban obispo. Además, del mismo modo como un ejército puede seleccionar un comandante, los diáconos pueden seleccionar a uno de entre ellos, conocido como activo, y llamarlo archidiácono. Porque, aparte de la ordenación, ¿qué hace el obispo que no haga el anciano?»

63 De manera que Jerónimo enseña que la distinción de grados entre obispo y anciano o pastor es de autoridad humana. La realidad misma lo atestigua,

64 porque el poder es el mismo, como ya lo he declarado arriba. Pero después una cosa hizo una distinción entre obispos y pastores, esto es la ordenación, porque fue establecido que un obispo ordenara a los ministros en un número

65 de iglesias. Pero ya que la distinción entre obispo y pastor no es de derecho divino, es manifiesto que la ordenación administrada por un pastor en su

66 propia iglesia, es válida por derecho divino. En consecuencia, cuando los

46. Confesión de Augsburgo XXVIII.
47. Apología de la Confesión de Augsburgo XXVIII.
48. Cf. Artículos de Esmalcalda, III. Parte, Artículo IX.
49. *Epist. 146 ad Euangelum (Euagrium)*, MSL XXII, 1193 s.
50. Esto es: Jerónimo agrega, en la *Epistola ad Euangelum*.
51. *Esdram*. Lección correcta: *Heraclam*. Melanchton cita el texto de Jerónimo de acuerdo con una edición del *Decr. Gratiani*, que en muchas ediciones tienen *Esdram*.

obispos regulares se vuelven enemigos del Evangelio y se niegan a administrar la ordenación, las iglesias retienen el derecho de ordenar para ellas. Porque 67 dondequiera existe la iglesia, allí también existe el derecho de administrar el evangelio. Por lo cual, es necesario para la iglesia retener el derecho de llamar, elegir y ordenar ministros.

Este derecho es un don dado exclusivamente a la iglesia, y ninguna autoridad humana puede quitárselo a la iglesia, como también Pablo lo testifica a los efesios cuando dice: «Cuando Él subió al cielo, dio dones a los hombres» (Ef. 4:8, 11, 12). Y enumera a pastores y maestros entre los dones que especialmente pertenecen a la iglesia, y añade que son dados para la obra del ministerio y para la edificación del cuerpo de Cristo. Por ende, dondequiera que hay una verdadera iglesia, allí existe también necesariamente el derecho de elegir y ordenar ministros. Tal como en un caso de necesidad, hasta un lego absuelve y se vuelve ministro y pastor de otro; como la historia que narra Agustín[52] acerca de dos cristianos en un barco, uno de los cuales bautiza al catecúmeno, el cual, después del bautismo, absuelve a aquél. Aquí corres- 68 ponden las palabras de Cristo que testifican que las llaves han sido dadas a la iglesia y no meramente a algunas personas: «Donde dos o tres están congregados en mi nombre, allí estoy yo en medio de ellos» (Mt. 18:20).

Finalmente, esto lo confirma también la declaración de Pedro: «Vosotros 69 sois real sacerdocio» (1 P. 2:9). Estas palabras se aplican a la verdadera iglesia, la cual indudablemente tiene el derecho de elegir y ordenar ministros, ya que ella sola tiene el sacerdocio. Y esto lo atestigua también la costumbre 70 más general de la iglesia. Pues antes la gente elegía pastores y obispos. Después venía un obispo, ya sea de esa iglesia o de una vecina, quien confirmaba al electo por la imposición de manos; y la ordenación no era más que tal ratificación. Luego se añadieron nuevas ceremonias, muchas de las 71 cuales describe Dionisio. Pero él es un autor reciente y ficticio, quienquiera que sea,[53] así como también los escritos de Clemente son espurios.[54] Después, escritores más recientes añadieron: «Te doy el poder de sacrificar por los vivos

---

52. *Decr. Grat.* P.III D.4 c.36, como carta de Agustín a Fortunato.

53. Melanchton piensa en la obra *De ecclesiastica hierarchia*, cap. V, MSG III, 500–516. El escrito es de fines del siglo V o comienzos del siglo VI. Su autor, un desconocido, usa el nombre de Dionisio, el Areopagita. (Cf. Hch. 17:34.) Ya Lorenzo de Valla se dio cuenta del carácter no auténtico de este y otros documentos atribuidos al Areopagita. También Lutero se expresó acerca de obras asignadas a Dionisio, diciendo que era inverosímil que el autor fuese un discípulo de Pablo, ni tampoco aquel mártir Dionisio (de Alejandría, m. 264), sino algún parisiense. (Cf. WA [Tischreden] II, número 2779 aa.)

54. *Supposititia.* Supositicio: fingido, supuesto, inventado. Es una referencia a los *Recognitionum libri X ad Jacobum fratrem Domini*, atribuidos al obispo Clemente de Roma (m. cerca del año 100). La obra no es anterior al final del siglo II. Su único escrito auténtico conocido es la carta generalmente llamada *Primera Carta a los Corintios*.

y los muertos» (Fórmula introducida en el Siglo X). Pero ni siquiera eso se halla en Dionisio.

72   De todos estos hechos es evidente que la iglesia retiene el derecho de elegir y ordenar ministros. Por lo cual, cuando los obispos o son herejes o no quieren impartir la ordenación, las iglesias por derecho divino están obligadas a ordenar pastores y ministros para ellas. Y la impiedad y tiranía de los obispos es la que provee la ocasión para el cisma y la discordia, porque Pablo ordena que obispos que enseñan y defienden una doctrina impía y una forma de culto impía sean considerados como malditos (Gá. 1:7-9).

73   Hemos hablado de la ordenación, lo cual es la única cosa que distingue a los obispos del resto de los presbíteros, según lo declara Jerónimo.[55] No es necesario, por ello, discutir las otras funciones de los obispos. Tampoco, en verdad, es necesario hablar de la confirmación, de la consagración de campanas, las cuales son casi las únicas cosas que han retenido para ellos. Sin embargo, algo debe decirse concerniente a la jurisdicción.

74   Es cierto que la jurisdicción común de excomulgar a quienes son culpables de crímenes manifiestos, pertenece a todos los pastores. Esto los obispos lo han reservado tiránicamente sólo para ellos y lo han usado para ganancia. Pues es evidente que los oficiales, como se les llama, han ejercido una arbitrariedad intolerable y, ya sea a causa de avaricia o debido a otros perversos deseos, han atormentado a seres humanos y los han excomulgado sin el debido proceso legal. ¡Qué tiranía es que en una ciudad, tales oficiales tengan el poder de excomulgar a seres humanos a su arbitrio, sin el debido proceso legal!

75   ¡Y en qué clase de asuntos han abusado ellos de este poder! Ciertamente no en castigar verdaderas ofensas, sino en relación con la violación de ayunos o festividades y similares bagatelas. Sólo algunas veces castigaron a personas envueltas en adulterio, pero en este asunto muchas veces vejaban a hombres inocentes y sinceros. Además, ya que esto es una ofensa

76   muy seria, nadie debiera ser condenado sin el debido proceso legal. Por eso, ya que los obispos han reservado tiránicamente esta jurisdicción sólo para ellos,[56] y la han abusado vergonzosamente, no es necesario obedecer a los obispos a causa de esta jurisdicción. Y ya que tenemos buenas razones para no obedecer, es justo también que restauremos esta jurisdicción a pastores piadosos y velemos que sea ejercida apropiadamente para la reforma de la moral y para la gloria de Dios.

---

55. Con las palabras: *Accipe potestatem offerre sacrificium Deo missamque celebrare tam pro vivis quam prodefunctis in nomine Domini* («Recibe la potestad de ofrecer sacrificio a Dios y de celebrar la misa tanto por los vivos como por los difuntos en el nombre del Señor»), el obispo confiere al sacerdote, en ocasión de su ordenación al sacerdocio, el poder de ofrecer el sacrificio de la misa.

56. Vid. arriba, sección 63.

Queda aún la jurisdicción en aquellos casos que, de acuerdo a la ley **77** canónica, conciernen a la corte eclesiástica, como se le llama, especialmente los casos matrimoniales. Esto también lo tienen los obispos sólo por derecho humano, y no lo tienen desde hace mucho, porque según se ve del *Codex* y *Novellae* de Justiniano,[57] las decisiones en casos matrimoniales antes habían pertenecido al magistrado. Por derecho divino, los magistrados temporales están obligados a tomar estas decisiones si los obispos son negligentes. Esto lo conceden los cánones.[58] Por lo cual también con respecto a esta jurisdicción, no es necesario obedecer a los obispos. Y ya que han formulado ciertas leyes injustas concernientes a matrimonios y las observan en sus cortes, hay razones adicionales para establecer otras cortes. Porque son injustas las tradiciones concernientes al parentesco espiritual.[59] También es injusta la tradición que le prohíbe a una persona inocente casarse después de divorciada. También es injusta la ley que aprueba en general todos los compromisos clandestinos y engañosos, en violación del derecho de los padres. También es injusta la ley concerniente al celibato de los sacerdotes. Hay además otros lazos de conciencia en sus leyes, pero no sería provechoso enumerarlos todos aquí. **78**

Es suficiente haber señalado que hay muchas leyes papales injustas en cuanto a cuestiones matrimoniales y que debido a ello los magistrados deben establecer otras cortes.

Por eso, ya que los obispos que son adherentes al papa, defienden doc- **79** trinas y formas de culto impías y no ordenan maestros piadosos, sino más bien apoyan la crueldad del papa; ya que, además, han arrebatado la jurisdicción de los pastores y la ejercen solos tiránicamente; y ya que, finalmente, observan leyes injustas en casos matrimoniales, hay razones suficientemente numerosas y apremiantes por qué las iglesias no deben reconocerlos como obispos. Ellos mismos debieran recordar que las riquezas y los bienes les han **80** sido dadas a los obispos como limosnas para la administración y el beneficio de las iglesias, como lo dice la regla:[60] «El beneficio es dado debido al oficio». Por lo cual, no pueden con buena conciencia poseer esas limosnas. Mientras tanto, defraudan a la iglesia, la cual tiene necesidad de estos medios para el apoyo de ministros, el fomento de la educación, el cuidado de los pobres y el establecimiento de cortes, especialmente cortes para casos matrimoniales.[61] Porque **81**

57. Cf. p.ej. *Cod. Justiniani* Lib. V tit. 1-27, Dig. 23 tit. 1-2 y Nov. 22.

58. *Decr. Greg.* IX, V, 26, cap.2.

59. En el original: *Quia traditiones de cognatione spirituali sunt injustae.* Parentesco espiritual: El que se contrae en los sacramentos del bautismo y confirmación entre el que los recibe y el ministro o padrino (*Dicc. Durvan de la Lengua Española*).

60. *Corp. jur. can. Liber Sextus* I, 3 c. 15.

61. BSLK 496, nota 1. Una corte de esta índole, planeada ya en 1537, comenzó a funcionar en la ciudad de Wittenberg en el año 1539. Cf. O. Mejer, *Zum Kirchenrechte des Reformations Jahrhunderts* (1891) 1 sigtes.

tan grande es la variedad y extensión de controversias matrimoniales (2 P. 2:13, 15) que requieren tribunales especiales para ellas, y para establecerlos

82 se necesitan las dotaciones de la iglesia. Pedro predijo (2 P. 2:13,15) que en lo futuro habría obispos impíos que abusarían de las limosnas de las iglesias para lujos, y desdeñarían el ministerio. Sepan los que defraudan a la iglesia que Dios les impondrá el castigo de su crimen.

LISTA DE LOS DOCTORES Y PREDICADORES
QUE SUSCRIBIERON LA CONFESIÓN Y LA APOLOGÍA, 1537

De acuerdo con la orden de los ilustrísimos príncipes y de los estados y ciudades que profesan la doctrina del evangelio, hemos releído los artículos de la Confesión presentados al emperador en la Dieta en Augsburgo. Por la gracia de Dios, todos los predicadores que habían estado presentes en esta asamblea en Esmalcalda, unánimemente declaran que ellos creen y enseñan en sus iglesias de acuerdo con los artículos de la Confesión y la Apología. También declaran que aprueban el artículo concerniente a la primacía del papa y su poder, y la potestad y jurisdicción de los obispos, presentado aquí a los príncipes en esta asamblea en Esmalcalda. En conformidad, suscriben sus nombres. Yo, Dr. Juan Bugenhagen, de Pomerania, suscribo los Artículos de la Confesión, la Apología y el artículo presentado a los príncipes en Esmalcalda concerniente al papado.

Yo también, Dr. Urbano Rhegius, superintendente de las iglesias en el ducado de Lüneburgo, suscribo.

Nicolás Amsdorff, de Magdeburgo, suscribió.

Jorge Spalatin, de Altenburgo, suscribió.

Yo, Andrés Osiander, suscribo.

Maestro Vito Dietrich, de Nuremberg, suscribo.

Esteban Agrícola, predicador en la corte, suscribió con su propia mano.

Juan Draconites, de Marburgo, suscribió.

Conrado Figenbotz suscribe todo por completo.

Martín Bucer.

Yo, Erardo Schnepf, suscribo.

Pablo Rhodius, predicador en Stettin.

Gerardo Oemcken, ministro de la iglesia en Minden.

Brixius Northanus, ministro en Soest.

Simón Schneeweiss, pastor en Crailsheim.

Yo, Pomerano (Juan Bugenhagen), suscribo otra vez en nombre del maestro Juan Brenz, tal cual me ordenó.

Felipe Melanchton suscribe con su propia mano.

Antonio Corvinus suscribe con su propia mano, como también en el nombre de Adán de Fulda.

Juan Schlaginhauffen suscribe con su propia mano.

Maestro Jorge Helt, de Forchheim.

Miguel Caelius, predicador en Mansfeld.

Pedro Geltner, predicador en la iglesia en Frankfort.

David Melander suscribió.

Pablo Fagius, de Estrasburgo.

Wendel Faber, pastor de Seeburg en Mansfeld.

Conrado Oettinger, de Pforzheim, predicador de Ulrico, Duque de Wurtenberg.

Bonifacio Wolfhart, ministro de la palabra en la iglesia en Augsburgo.

Juan Aepinus, superintendente en Hamburgo, suscribió con su propia mano.

Juan Amsterdam, de Bremen, hizo lo mismo.

Juan Fontanus, superintendente de la Baja Hesse, suscribió.

Federico Myconius suscribió por él mismo y por Justo Menius.

Ambrosio Blaurer.

VI

Enquiridión*
EL CATECISMO MENOR
del Dr. Martín Lutero
Para Pastores y Predicadores Ordinarios[1]

INTRODUCCIÓN

Varios años antes de emprender su propia tarea, Lutero había sugerido a algunos de sus amigos que prepararan un catecismo para la instrucción de los niños. Por fin Lutero mismo decidió remediar la necesidad, impulsado especialmente por el desaliento que sintió por razón de la ignorancia que observó entre la gente cuando visitó las parroquias en Sajonia en el año 1528 (ver su Prefacio, abajo, 1–6). Antes de esta visitación y después de ella, y con frecuencia en sus primeros años ministeriales, Lutero predicó varios sermones en Wittenberg acerca de los Diez Mandamientos, del Credo, del Padrenuestro y de los sacramentos, y usó esos sermones como base de su Catecismo Mayor.

En diciembre de 1528, mientras aún estaba preparando el Catecismo Mayor, Lutero también empezó a preparar el texto del Catecismo Menor. Al terminar las cinco partes originales, éstas fueron impresas en cartulinas, y alrededor de mayo de 1529 el catecismo completo se hizo accesible en opúsculo ilustrado. Para esta edición en forma de libro Lutero proveyó el Prefacio al comienzo y la Tabla de Deberes al fin. Más tarde se añadieron otros escritos de Lutero, probablemente por los impresores con el consentimiento de Lutero o sin él: Breve Forma para el Matrimonio, Breve Forma para el Bautismo y la Letanía.

Aunque preparado simultáneamente y utilizando los mismos materiales,

---

* Griego: manual. La designación del Catecismo Menor como *Enchiridion* por parte del mismo Lutero aparece en la edición revisada del 1529.

1. En 1530 escribe Lutero: «Los pastores comunes y los predicadores no pueden prescindir del latín, en la misma forma como los eruditos no deben prescindir del griego y del hebreo» (WA, XXX, 2, pág. 547).

*el Catecismo Menor no es simplemente una condensación del Catecismo Mayor, ni tampoco es el Catecismo Mayor una expansión del Catecismo Menor. El tono es diferente, pues no hay rastro alguno en el Catecismo Menor de la polémica que se observa en el Mayor, y las personas a quienes se dirige son diferentes, pues el Catecismo Menor fue escrito para el uso de familias sencillas mientras que el Mayor fue dirigido especialmente al clero. La alta estima en que se tenía el Catecismo Menor se refleja en su incorporación en muchas órdenes de la iglesia en el siglo XVI y en varias de las colecciones antiguas de declaraciones confesionales. Era, pues, natural que se incorporara en el **Libro de Concordia**.*

La traducción al español se ha hecho del texto alemán. Sólo las variantes más importantes de las versiones del texto latino se indican en las notas al pie de la página.

PREFACIO

Martín Lutero, a todos los pastores y predicadores fieles y piadosos. ¡Que la gracia, la misericordia y la paz les sean dadas en Jesucristo, nuestro Señor!

1 Me ha obligado e impulsado a presentar este catecismo o doctrina cristiana en esta forma breve, sencilla y simple, el hecho de que haya experimentado la lamentable y miserable necesidad recientemente en mi cargo de **2** visitador.[2] ¡Dios mío! ¡Cuántas miserias no he visto! El hombre común no sabe absolutamente nada de la doctrina cristiana, especialmente en las aldeas, y desgraciadamente muchos pastores carecen de habilidad y son incapaces de **3** enseñar. No obstante, todos quieren llamarse cristianos, están bautizados y gozan de los santos sacramentos, pero no saben el Padrenuestro, ni el Credo[3] o los Diez Mandamientos, viven como las bestias y los puercos irracionales. Ahora que el evangelio ha llegado, lo único que han aprendido bien es abusar **4** magistralmente de todas las libertades. ¡O, vosotros obispos, cómo asumiréis la responsabilidad ante Cristo de haber abandonado tan vergonzosamente al pueblo y de no haber cumplido siquiera un momento las funciones de vuestro cargo![4]

5 ¡Que la desgracia no os alcance! Prohibís una de las especies e imponéis vuestras leyes humanas, pero no preguntáis si se sabe el Padrenuestro, el Credo, los Diez Mandamientos o alguna palabra de Dios. ¡Ay de vosotros eternamente!

6 Por ello os suplico, por el amor de Dios, mis queridos señores y hermanos, párrocos o predicadores, que toméis de corazón vuestras funciones,[5] que os apiadéis de vuestro pueblo que os ha sido encomendado y que nos ayudéis a llevar el catecismo a la gente, especialmente a los jóvenes. Quienes

---

2. El 25 de julio de 1528 fue encargado como visitador de Kursachsen y Meissen. Desempeñó estas funciones desde el 22 de octubre hasta mediados de noviembre y desde el 28 de diciembre de 1528 hasta el 9 de enero de 1529. Quedó libre de sus obligaciones como visitador el 12 de marzo de 1529. El 11 de noviembre de 1528 escribe Lutero a Spalatin: «En nuestra visita a la urbe de Wittenberg encontramos . . . personas indolentes en relación con la palabra y el sacramento» (WABr, IV, pág. 605). A mediados de diciembre de 1528 le escribe nuevamente a Spalatin: «Por lo demás, el aspecto de las iglesias es por todas partes misérrimo; los campesinos nada aprenden, nada saben, nada oran, nada hacen, salvo que abusan de la libertad; no se confiesan ni comulgan, como si hubiesen sido liberados totalmente de la religión» (WABr, IV, pág. 624).

3. Se refiere al Credo Apostólico.

4. En el original: . . . *und Eur Ampt nicht ein Augenblick je beweiset* . . . . Hemos traducido en este caso *Ampt*, como «funciones de cargo».

5. En el original: *Ampt*, traducido nuevamente por «función».

no puedan hacerlo mejor, recurran a estas tablas[6] y fórmulas[7] y las enseñen al pueblo palabra por palabra, de la manera siguiente:

En primer término, que el predicador cuide y evite ante todo [usar] redacciones de textos diversos o distintos de los Diez Mandamientos, el Padrenuestro, el Credo, los Sacramentos, etcétera, sino que adopte una forma única, a la cual se atenga y la practique siempre, tanto un año como el siguiente. Pues a la gente joven y sencilla se le debe enseñar con textos y fórmulas siempre iguales y determinado, porque de lo contrario pueden confundirse fácilmente. En efecto, si hoy se enseña de esta manera y el próximo año de otra, como si se quisiera mejorar los textos, se pierde con ello todo esfuerzo y trabajo. Esto fue visto también por los queridos Padres que emplearon todos de una misma manera el Padrenuestro, el Credo y los Diez Mandamientos. Por eso, también debemos enseñar a la gente joven y sencilla tales partes, de manera que no desplacemos una sola sílaba o enseñemos o presentemos de modo distinto de un año a otro. Por ello elige la forma que quieras y consérvala siempre. Pero, cuando prediques ante los doctos e instruidos, entonces puedes mostrar tu ciencia[8] y presentar entonces tales partes en forma polifacética y tratarlos[9] tan magistralmente como puedas. Pero, con la gente joven atente a una fórmula y manera determinadas y siempre iguales y enséñales primeramente estos puntos, a saber, los Diez Mandamientos, el Credo, el Padrenuestro, etcétera, palabra por palabra según el texto, hasta que lo puedan repetir y aprender de memoria.

En cuanto a los que no quieren aprender estas partes, hay que decirles que reniegan de Cristo y que no son cristianos; no deben ser aceptados para recibir el sacramento o ser padrinos en el bautismo de un niño,[10] ni usar ninguno de los derechos de la libertad cristiana, sino que deben ser entregados simplemente al papa y sus oficiales[11] y también al diablo mismo. Además,

7

8

9

10

11

12

6. Se trataba de textos breves en forma de libro que eran llamados *Tafel*, «Tablas». Estas tablas se colgaban en las casas. Reunidas y luego impresas bajo la forma de un folleto, dieron origen a los catecismos. No hay que olvidar que este prefacio de Lutero no ha sido compuesto sino para la edición del Catecismo Menor como libro y que faltaba originariamente cuando se imprimieron simplemente estas tablas.

7. En el original: *Forme*, «fórmulas»; se refiere a los textos y explicaciones que figuraban en las tablas.

8. En el original: *Kunst*. Hemos traducido como «ciencia»; se alude con ello a los conocimientos, a la sabiduría, a la instrucción del que predica.

9. En el original: . . . *so meisterlich drehen* . . . «y tratarlos tan magistralmente como puedas . . .» Hemos traducido «drehen» como «tratar»; sin embargo, en sentido figurativo se apunta a la idea de «interpretar», «explicar».

10. . . . *kein Kind aus der Taufe heben* . . . Literalmente: «no levantar ningún niño del bautismo, de la pila bautismal». Con esto Lutero se refiere a la función del padrino, es decir, que éste tenga los conocimientos elementales del Catecismo; véase WA XXIX, págs. 471, 23.

11. Estos «oficiales», *Offiziale*, son funcionarios obispales encargados de lo referente a lo jurídico; deciden asuntos matrimoniales, de disciplina y de administración.

los padres y los amos deben negarles la comida y la bebida e indicarles que el príncipe expulsará a semejante gente mala, etcétera.

13   Pues, aunque no se puede ni se debe obligar a nadie a creer, no obstante, se tiene que mantener y dirigir a la gente común para que sepa qué es justo e injusto entre aquellos con los que habitan,[12] se alimentan y viven. Quien quisiera habitar en una ciudad debe conocer y observar sus leyes, de las cuales quiere gozar, independientemente de que crea o que sea en su corazón un malvado o un perverso.

14   En segundo lugar, cuando ya conocen el texto, hay que enseñarles también el sentido, de modo que sepan lo que significa; y recurre entonces a la explicación colocada en las tablas o cualquier otra explicación breve que tú

15 escojas; permanece en ello y no cambies ni siquiera una sílaba, tal como te

16 acaba de decir el texto. Tómate el tiempo necesario para ello, pues no es preciso que expliques todos los puntos a la vez, sino que uno después del otro. Cuando hayan entendido bien el primer mandamiento, toma después el segundo y así de seguido; de lo contrario, serán abrumados, de modo que no podrán retener bien ninguno.

17   En tercer lugar, cuando les hubieras enseñado este breve catecismo, entonces recurre al Catecismo Mayor,[13] exponiéndolo de una manera más rica y extensa. De la misma manera expón cada mandamiento, cada petición, cada parte con sus diversas otras utilidades, ventajas, peligros y daños, tal como

18 lo encontrarás en tantos pequeños tratados sobre el tema. En especial debes tratar más intensamente el mandamiento y las partes de las cuales tiene más necesidad tu pueblo. Por ejemplo, el séptimo mandamiento sobre el hurto debes tratarlo con insistencia entre los artesanos, los comerciantes y también entre los campesinos y sirvientes en general, porque entre tales gentes hay toda clase de infidelidades y hurtos en gran cantidad. Del mismo modo, el cuarto mandamiento (lo debes tratar) entre los niños y el hombre común, de tal forma que sean tranquilos, fieles, obedientes, pacientes, citando siempre muchos ejemplos de la Escritura (donde se vea) que Dios castiga o bendice a tales personas.

19   Ante todo insiste[14] también en lo mismo con las autoridades y padres, de manera que gobiernen bien, envíen a los niños a la escuela, indicando que están obligados a hacerlo, cometiendo de lo contrario un pecado maldito,

---

12. . . . *was Reche un Unrecht ist bei* . . . Hemos traducido «lo que es justo e injusto» . . . Se podría también decir «lo que es legal e ilegal» o «lo que es de derecho o contra el derecho». Cuando en la traducción se dice posteriormente «conocer y observar sus leyes», el término empleado para leyes es también *Recht, Stadtrecht*.

13. Lutero piensa aquí en su Catecismo Mayor y obras semejantes, que tratan con mayor profundidad y extensión la doctrina cristiana.

14. El verbo que hemos traducido como insistir es *treiben*; puede también decirse exhortar (como lo hace la traducción francesa, pág. 167).

puesto que derriban y asolan con ello (es decir, al no hacerlo) tanto el reino de Dios como el del mundo, como los peores enemigos tanto de Dios como de los hombres. Expón bien qué espantosos daños ocasionan cuando no cooperan a educar a los hijos para llegar a ser pastores, predicadores, escribientes, etc., de modo que Dios los castigará por ello horriblemente. Porque aquí es necesario predicar, ya que los padres y las autoridades pecan ahora en este punto de un modo indecible; el diablo persigue aquí un fin cruel.[15] **20**

Finalmente, ya que la tiranía del papa está abolida (la gente) no quiere ir más al sacramento y lo desprecian. Aquí es necesario insistir, pero de tal manera que (se entienda que) nosotros no debemos obligar a nadie a la fe o al sacramento, ni determinar tampoco leyes, tiempos o lugares. Pero debemos predicar, de un modo tal que ellos mismos se vean impulsados sin nuestra ley y que sean ellos mismos precisamente los que nos obliguen a nosotros, pastores, a administrar el sacramento. Lo cual se logra al decirles: quien no busca o anhela el sacramento unas cuatro veces como mínimo al año, debe temerse que desprecie el sacramento y no sea cristiano, de la misma forma que no es cristiano el que no cree o escucha el evangelio, pues Cristo no dijo «dejad esto» o «despreciad esto», sino «haced esto todas las veces que bebiereis», (1 Co. 11:25), etcétera. **21** **22**

Él quiere verdaderamente que se haga y que no se abandone y se desprecie del todo. «HACED esto», dice él.

Quien no estima altamente el sacramento, esto es un signo de que [para él] no existe pecado, carne, demonio, mundo, muerte, peligro, infierno, esto es, no cree en ninguna de estas cosas, aunque esté hundido en ellas hasta las orejas y sea doblemente del diablo. Inversamente no tiene necesidad de la gracia, de la vida, del paraíso, del reino del cielo, de Cristo, de Dios, ni de bien alguno. En efecto, si creyese que tendría tanto mal en él y que necesitase tantos bienes, entonces no dejaría así el sacramento, en el que se remedia tanto mal y se dan tantos bienes. No habría necesidad tampoco de obligarlo a acudir al sacramento con ninguna ley, sino que él mismo se apresuraría y correría obligándose a sí mismo y compeliéndote[16] a que debas administrarle el sacramento. **23**

Por eso no debes establecer aquí las leyes como el papa; explica solamente la utilidad y el perjuicio, la necesidad y las ventajas, los peligros y lo saludable[17] que hay en este sacramento, y así vendrán por sí mismos sin que **24**

---

15. Sobre este tema comparar con los escritos de Lutero: «A los burgomaestres de todas las ciudades de Alemania», 1524 (WA, XV, págs. 27–53); además, «Sermón para que se manden los niños a la escuela», 1530 (WA, XXX, 2, págs. 517–588).

16. Es decir, a ti, al pastor.

17. *Heil*, en el original, nos parece que tiene que ver con salvación; por eso, lo hemos traducido por «saludables». En la traducción francesa encontramos *délivrance* (pág. 168).

los obliguen. Pero, si no vienen, abandónalos a su suerte y diles que pertenecen al diablo, puesto que no sienten ni estiman su gran necesidad y la asistencia

25 bondadosa[18] de Dios. Si no actúas así o estableces una ley y un veneno, es tu culpa que desprecien el sacramento. ¿Cómo no han de ser negligentes, cuando tú duermes o callas? ¡Reparad bien en esto, pastores y predicadores!

26 Nuestra función[19] ha llegado a ser una cosa distinta de lo que fue bajo

27 el papado; es ahora algo serio y saludable.[20] Por eso implica muchas fatigas y trabajo, peligros y tentaciones y, además, poca retribución y agradecimiento en el mundo. Sin embargo, Cristo mismo quiere ser nuestra retribución, siempre que trabajemos fielmente. ¡Que el Padre de todas las gracias nos socorra! ¡Que sea alabado y glorificado por los siglos de los siglos, por Cristo, nuestro Señor! Amén.

I

LOS DIEZ MANDAMIENTOS

Como un jefe de familia debe enseñarlos en forma muy sencilla a los de su casa.

El Primer Mandamiento

1 *No tendrás dioses ajenos.*

2 **¿Qué quiere decir esto?**
Más que a todas las cosas debemos temer y amar a Dios y confiar en él.

El Segundo Mandamiento

3 *No usarás el nombre de tu dios en vano.*

4 **¿Qué quiere decir esto?**
Debemos temer y amar a Dios de modo que no usemos su nombre para maldecir, jurar, hechizar, mentir o engañar, sino que lo invoquemos en todas las necesidades, lo adoremos, alabemos y le demos gracias.

---

18. En el original: . . . *gnädige Hülfe* . . .. Hemos traducido «asistencia bondadosa». Literalmente sería: «asistencia de gracia».

19. En el original: *Ampt.*

20. En el original: *heilsam.* «Saludable», en el sentido de que de él depende la salvación. Así se traduce libremente en francés: . . . *dont le salut dépend* . . . (pág. 168). En la traducción inglesa vemos la misma insistencia con mayor libertad en la traducción: . . . *of grace and salvation* . . . (pág. 341).

El Tercer Mandamiento

Santificarás el día de reposo.   5

¿Qué quiere decir esto?   6
Debemos temer y amar a Dios de modo que no despreciemos la predicación y su palabra, sino que la consideremos santa, la oigamos y aprendamos con gusto.

El Cuarto Mandamiento

Honrarás a tu padre y a tu madre.   7

¿Qué quiere decir esto?   8
Debemos temer y amar a Dios de modo que no despreciemos ni irritemos a nuestros padres y superiores, sino que los honremos, les sirvamos, obedezcamos, los amemos y tengamos en alta estima.

El Quinto Mandamiento

No matarás.   9

¿Qué quiere decir esto?   10
Debemos temer y amar a Dios de modo que no hagamos daño o mal material alguno a nuestro prójimo en su cuerpo y vida, sino que le ayudemos y hagamos prosperar en todas las necesidades de su vida.

El Sexto Mandamiento

No cometerás adulterio.   11

¿Qué quiere decir esto?   12
Debemos temer y amar a Dios de modo que llevemos una vida casta y decente en palabras y obras, y que cada uno ame y honre a su cónyuge.

El Séptimo Mandamiento

No hurtarás.   13

¿Qué quiere decir esto?   14
Debemos temer y amar a Dios de modo que no quitemos el dinero o los bienes de nuestro prójimo, ni nos apoderemos de ellos con mercaderías o negocios falsos, sino que le ayudemos a mejorar y conservar sus bienes y medios de vida.

El Octavo Mandamiento

No hablarás falso testimonio contra tu prójimo.   15

¿Qué quiere decir esto?   16
Debemos temer y amar a Dios de modo que con mala intención, ni

traicionemos, ni calumniemos, ni difamemos a nuestro prójimo, sino que lo disculpemos, hablemos bien de él e interpretemos todo en el mejor sentido.

El Noveno Mandamiento

17
No codiciarás la casa de tu prójimo.

18
¿Qué quiere decir esto?

Debemos temer y amar a Dios de modo que no tratemos de obtener con astucia la herencia o la casa de nuestro prójimo, ni nos apoderemos de ellas con apariencia de derecho, sino que le ayudemos y cooperemos con él en la conservación de lo que le pertenece.

El Décimo Mandamiento

19
No codiciarás la mujer de tu prójimo, ni su siervo,
criada, ganado ni cosa alguna de su pertenencia.

20
¿Que quiere decir esto?

Debemos temer y amar a Dios de modo que no le sonsaquemos al prójimo su mujer, sus criados o sus animales, ni los alejemos, ni hagamos que lo abandonen, sino que los instemos a que permanezcan con él y cumplan con sus obligaciones.

21
¿Qué dice Dios de todos estos mandamientos en conjunto?

Dice así: «Yo, el Señor tu Dios, soy un Dios celoso que visito el pecado de los padres en los hijos hasta la tercera y cuarta generación de los que me aborrecen. Pero a los que me aman y guardan mis mandamientos, les hago misericordia hasta millares de generaciones».

22
¿Qué quiere decir esto?

Dios amenaza con castigar a todos los que traspasan estos mandamientos. Por tanto, debemos temer su ira y no actuar en contra de dichos mandamientos. En cambio, él promete gracia y todo género de bienes a todos los que los cumplen. Por tanto, debemos amarlo y confiar en él y actuar gustosos conforme a sus mandamientos.

II
EL CREDO

Como un jefe de familia debe enseñarlo en forma muy sencilla a los de su casa.

Artículo Primero: La Creación

1

Creo en Dios Padre todopoderoso, Creador del cielo y de la tierra.
¿Qué quiere decir esto?

2

Creo que Dios me ha creado y también a todas las criaturas; que me ha dado cuerpo y alma, ojos, oídos y todos los miembros, la razón y todos los sentidos y aún los sostiene, y además vestido y calzado, comida y bebida, casa y hogar, esposa e hijos, campos, ganado y todos los bienes; que me provee abundantemente y a diario de todo lo que necesito para sustentar este cuerpo y vida, me protege contra todo peligro y me guarda y preserva de todo mal; y todo esto por pura bondad y misericordia paternal y divina, sin que yo en manera alguna lo merezca ni sea digno de ello. Por todo esto debo darle gracias, ensalzarlo, servirle y obedecerle. Esto es con toda certeza la verdad.

Artículo Segundo: La Redención

3

Y en Jesucristo, su único Hijo, Nuestro Señor, que fue concebido por obra[21] del Espíritu Santo, nació de la virgen María, padeció bajo el poder de Poncio Pilato, fue crucificado, muerto y sepultado, descendió a los infiernos, al tercer día resucitó de entre los muertos, subió a los cielos, y está sentado a la diestra de Dios Padre todopoderoso, desde donde vendrá para juzgar a los vivos y a los muertos.
¿Qué quiere decir esto?

4

Creo que Jesucristo, verdadero Dios engendrado del Padre en la eternidad, y también verdadero hombre nacido de la Virgen María, es mi Señor, que me ha redimido a mí, hombre perdido y condenado, y me ha rescatado y conquistado de todos los pecados, de la muerte y de la potestad del diablo, no con oro o plata, sino con su santa y preciosa sangre y con su inocente pasión y muerte; y todo esto lo hizo para que yo fuese suyo y viviese bajo él en su reino, y le sirviese en justicia, inocencia y bienaventuranza eternas, así como él resucitó de la muerte y vive y reina eternamente. Esto es con toda certeza la verdad.

---

21. Esta traducción sigue el uso común en el mundo de habla española, al decir «por obra del Espíritu Santo». El texto de Lutero, sin embargo, dice simplemente «concebido del Espíritu Santo» (*empfangen vom Heiligen Geist*), de acuerdo con el texto latino «*Conceptus est de Spiritu Sancto*».

5

Artículo Tercero: La Santificación

Creo en el Espíritu Santo, una santa iglesia cristiana, la comunión de los santos, el perdón de los pecados, la resurrección de la carne y la vida perdurable. Amén.

6 **¿Qué quiere decir esto?**

Creo que ni por mi propia razón, ni por mis propias fuerzas soy capaz de creer en Jesucristo, mi Señor, o venir a él; sino que el Espíritu Santo me ha llamado mediante el evangelio, me ha iluminado con sus dones, y me ha santificado y conservado en la verdadera fe, del mismo modo como él llama, congrega, ilumina y santifica a toda la cristiandad en la tierra, y la conserva unida a Jesucristo en la verdadera y única fe; en esta cristiandad él me perdona todos los pecados a mí y a todos los creyentes, diaria y abundantemente, y en el postrer día me resucitará a mí y a todos los muertos y me dará en Cristo, juntamente con todos los creyentes, la vida eterna. Esto es con toda certeza la verdad.

III

EL PADRENUESTRO

Como un jefe de familia debe enseñarlo en forma muy sencilla a los de su casa.

1 *Padre nuestro que estás en los cielos.*

2 **¿Qué quiere decir esto?**

Con esto, Dios quiere atraernos para que creamos que él es nuestro verdadero Padre y nosotros sus verdaderos hijos, a fin de que le pidamos con valor y plena confianza, como hijos amados a su amoroso padre.

Primera Petición

3 *Santificado sea tu nombre.*

4 **¿Qué quiere decir esto?**

El nombre de Dios ya es santo de por sí; pero rogamos con esta petición que sea santificado también entre nosotros.

5 **¿Cómo sucede esto?**

Cuando la palabra de Dios es enseñada en toda su pureza, y cuando también vivimos santamente conforme a ella, como hijos de Dios. ¡Ayúdanos a que esto sea así, amado Padre celestial! Pero quien enseña y vive de manera distinta de lo que enseña la palabra de Dios, profana entre nosotros el nombre de Dios. De ello, ¡guárdanos, Padre celestial!

Segunda Petición

Venga tu reino.

6

¿Qué quiere decir esto?

7

El reino de Dios viene en verdad por sí solo, aun sin nuestra oración. Pero rogamos con esta petición que venga también a nosotros.

¿Cómo sucede esto?

8

Cuando el Padre celestial nos da su Espíritu Santo, para que, por su gracia, creamos su santa palabra y llevemos una vida de piedad, tanto aquí en el mundo temporal como allá en el otro, eternamente.

Tercera Petición

Hágase tu voluntad, como en el cielo,
así también en la tierra.

9

¿Qué quiere decir esto?

10

La buena y misericordiosa voluntad de Dios se hace, en verdad, sin nuestra oración; pero rogamos con esta petición que se haga también entre nosotros.

¿Cómo sucede esto?

11

Cuando Dios desbarata y estorba todo mal propósito y voluntad que tratan de impedir que santifiquemos el nombre de Dios y de obstaculizar la venida de su reino, tales como la voluntad del diablo, del mundo y de nuestra carne. Así también se hace la voluntad de Dios, cuando él nos fortalece y nos mantiene firmes en su palabra y en la fe hasta el fin de nuestros días. Esta es su misericordiosa y buena voluntad.

Cuarta Petición

El pan nuestro de cada día, dánoslo hoy.

12

¿Qué quiere decir esto?

13

Dios da diariamente el pan, también sin nuestra súplica, aun a todos los malos; pero rogamos con esta petición que él nos haga reconocer esto y así recibamos nuestro pan cotidiano con gratitud.

¿Qué es esto: el pan cotidiano?

14

Todo aquello que se necesita como alimento y para satisfacción de las necesidades de esta vida, como: comida, bebida, vestido, calzado, casa, hogar, tierras, ganado, dinero, bienes; piadoso consorte, hijos piadosos, piadosos criados, autoridades piadosas y fieles; buen gobierno, buen tiempo; paz, salud, buen orden, buena reputación, buenos amigos, vecinos fieles, y cosas semejantes a éstas.

Quinta Petición

15
Y perdónanos nuestras deudas,
así como nosotros perdonamos a nuestros deudores.

16   **¿Qué quiere decir esto?**
Con esta petición rogamos al Padre celestial que no tome en cuenta nuestros pecados ni por causa de ellos nos niegue lo que pedimos. En efecto, nosotros no somos dignos de recibir nada de lo que imploramos, ni tampoco lo hemos merecido, pero quiera Dios dárnoslo todo por su gracia, pues diariamente pecamos mucho y sólo merecemos el castigo. Así, por cierto, también por nuestra parte perdonemos de corazón, y con agrado hagamos bien a (todos) los que contra nosotros pecaren.

Sexta Petición

17
Y no nos dejes caer en la tentación.

18   **¿Qué quiere decir esto?**
Dios, en verdad, no tienta a nadie; pero con esta petición le rogamos que nos guarde y preserve, a fin de que el diablo, el mundo y nuestra carne no nos engañen y seduzcan, llevándonos a una fe errónea, a la desesperación y a otras grandes vergüenzas y vicios. Y aun cuando fuéremos tentados a ello, que al fin logremos vencer y retener la victoria.

Séptima Petición

19
Mas líbranos del mal.
Porque tuyo es el reino y el poder y la gloria
por los siglos de los siglos.

20   **¿Qué quiere decir esto?**
Con esta petición rogamos, como en resumen, que el Padre celestial nos libre de todo lo que pueda perjudicar nuestro cuerpo y alma, nuestros bienes y honra, y que al fin, cuando llegue nuestra última hora, nos conceda un fin bienaventurado, y, por su gracia, nos lleve de este valle de lágrimas al cielo para morar con él.

Amén. [22]

21   **¿Qué quiere decir esto?**
Que debo estar en la certeza de que el Padre celestial acepta estas peticiones y las atiende; pues él mismo nos ha ordenado orar así y ha prometido atendernos. Amén, amén, quiere decir: Sí, sí, que así sea.

---

22. La edición de Nuremberg de 1558 añade antes del Amén: «Porque tuyo es el reino y el poder y la gloria por todos los siglos».

IV

EL SACRAMENTO DEL SANTO BAUTISMO

Como un jefe de familia debe enseñarlo en forma muy sencilla a los de su casa.

Primero

¿Qué es el bautismo?　　　　　　　　　　　　　　　　　1

El bautismo no es simple agua solamente, sino que es agua comprendida　2
en el mandato divino y ligada con la palabra de Dios.

¿Qué palabra de Dios es ésta?　　　　　　　　　　　　　　3

Es la palabra que nuestro Señor Jesucristo dice en el último capítulo del　4
Evangelio según San Mateo: «Id, y haced discípulos a todas las naciones,
bautizándolos en el nombre del Padre y del Hijo y del Espíritu Santo».

Segundo

¿Qué dones o beneficios confiere el bautismo?　　　　　　　5

El bautismo efectúa perdón de los pecados, redime de la muerte y del　6
diablo y da la salvación eterna a todos los que lo creen, tal como se expresa
en las palabras y promesas de Dios.

¿Qué palabras y promesas de Dios son éstas?　　　　　　　7

Son las que nuestro Señor Jesucristo dice en el último capítulo de Marcos:　8
«El que creyere y fuere bautizado, será salvo; mas el que no creyere, será
condenado».

Tercero

¿Cómo puede el agua hacer cosas tan grandes?　　　　　　9

El agua en verdad no las hace, sino la palabra de Dios que está con el　10
agua y unida a ella, y la fe que confía en dicha palabra de Dios ligada con
el agua, porque sin la palabra de Dios el agua es simple agua, y no es bautismo;
pero con la palabra de Dios sí es bautismo, es decir, es un agua de vida,
llena de gracia, y un «lavamiento de la regeneración en el Espíritu Santo»,
como San Pablo dice a Tito en el tercer capítulo: «Por el lavamiento de la
regeneración y por la renovación en el Espíritu Santo, el cual derramó en
nosotros abundantemente por Jesucristo nuestro Salvador, para que, justificados por su gracia, viniésemos a ser herederos de la vida eterna conforme
a la esperanza de la vida eterna». Esto es con toda certeza la verdad.

Cuarto

¿Qué significa este bautizar con agua?　　　　　　　　　11

Significa que el viejo Adán en nosotros debe ser ahogado por pesar y　12 arrepentimiento diarios, y que debe morir con todos sus pecados y malos deseos; asimismo, también cada día debe surgir y resucitar el hombre nuevo, que ha de vivir eternamente delante de Dios en justicia y pureza.

13 **¿Dónde está escrito esto?**

14 San Pablo dice en Romanos, capítulo seis: «Porque somos sepultados juntamente con él para muerte por el bautismo, a fin de que como Cristo resucitó de los muertos por la gloria del Padre, así también nosotros andemos en vida nueva» (Ro. 6:4).

V

15 # CONFESIÓN Y ABSOLUCIÓN

MANERA COMO SE DEBE ENSEÑAR
A LA GENTE SENCILLA A CONFESARSE

16 **¿Qué es la confesión?**

La confesión contiene dos partes. La primera es la confesión de los pecados, y la segunda, el recibir la absolución del confesor como de Dios mismo, no dudando de ella en lo más mínimo, sino creyendo firmemente que por ella los pecados son perdonados ante Dios en el cielo.

17 **¿Qué pecados hay que confesar?**

18 Ante Dios uno debe declararse culpable de todos los pecados, aun de aquellos que ignoramos, tal como lo hacemos en el Padrenuestro. Pero ante el confesor debemos confesar solamente los pecados que conocemos y sentimos en nuestro corazón.

19 **¿Cuáles son tales pecados?**

20 Considera tu estado basándote en los Diez Mandamientos, seas padre, madre, hijo o hija, señor o señora o servidor, para saber si has sido desobediente, infiel, perezoso, violento, insolente, reñidor; si hiciste un mal a alguno con palabras u obras; si hurtaste, fuiste negligente o derrochador o causaste algún otro daño.

21 **—¡Por favor, indícame una breve manera de confesarme!**

De esta manera debes hablarle al confesor:

—«Honorable y estimado señor: os pido que tengáis a bien escuchar mi confesión y declarar el perdón de mis pecados por Dios».

—Di, pues.

22 «Yo, pobre pecador, me confieso ante Dios que soy culpable de todos los pecados; especialmente me confieso ante vuestra presencia que siendo sirviente, sirvienta, etc., sirvo lamentablemente en forma infiel a mi amo, pues aquí y allí no he hecho lo que me ha sido encomendado, habiéndolo movido a encolerizarse o a maldecir; he descuidado algunas cosas y he per-

mitido que ocurran daños. He sido también impúdico en palabras y obras; me he irritado con mis semejantes y he murmurado y maldecido contra mi amo, etc. Todo esto lo lamento y solicito vuestra gracia; quiero corregirme».

Un amo o ama debe decir así: «En especial confieso ante vuestra presencia que no eduqué fielmente para gloria de Dios a mi hijo, sirviente, mujer. He maldecido; he dado malos ejemplos con palabras y obras impúdicas; he hecho mal a mi vecino, hablando mal de él, vendiéndole muy caro, dándole mala mercadería y no toda la cantidad que corresponde». **23**

En general, deberá confesarse todo lo que uno ha hecho en contra de los Diez Mandamientos, lo que corresponde según su estado, etc.

Si alguien no se siente cargado de tales o aun mayores pecados, entonces no debe preocuparse o buscar más pecados ni inventarlos, haciendo con ello un martirio de la confesión, sino que debe contar uno o dos, tal como él lo sabe. De esta manera: «En especial confieso que he maldecido una vez; del mismo modo, que he sido desconsiderado una vez con palabras, que he descuidado esto», etc. Considera esto como suficiente. **24**

Si no sientes ninguno (lo que no debería ser posible), entonces no debes decir nada en particular, sino recibir el perdón de la confesión general, así como lo haces ante Dios en presencia del confesor. **25**

A ello debe responder el confesor: «Dios sea contigo misericordioso y fortalezca tu fe, AMÉN. Dime: ¿Crees tú también que mi perdón sea el perdón de Dios?» **26** **27**

«Sí, venerable señor».

Entonces dirá: «Así como has creído, de la misma forma acontezca en ti (Mt. 8:13). Y yo por mandato de nuestro Señor Jesucristo te perdono tus pecados en el nombre del Padre y del Hijo y del Espíritu Santo. Amén. Ve en paz» (Mr. 5:34; Lc. 7:50; 8:48). **28**

Aquellos que tengan gran carga de conciencia o estén afligidos o atribulados los sabrá consolar e impulsar hacia la fe un confesor con más pasajes bíblicos. Ésta debe ser sólo una manera usual de confesión para la gente sencilla. **29**

VI

EL SACRAMENTO DEL ALTAR

Como un jefe de familia debe enseñarlo en forma muy sencilla a los de su casa.

¿Qué es el sacramento del altar? **1**

Es el verdadero cuerpo y la verdadera sangre de nuestro Señor Jesucristo bajo el pan y el vino, instituido por Cristo mismo para que los cristianos lo comamos y bebamos. **2**

3   **¿Dónde está escrito esto?**

4   Así escriben los santos evangelistas Mateo, Marcos y Lucas, y también San Pablo: «Nuestro Señor Jesucristo, la noche en que fue entregado, tomó el pan; y habiendo dado gracias, lo partió y dio a sus discípulos, diciendo: Tomad, comed; esto es mi cuerpo que por vosotros es dado. Haced esto en memoria de mí. Asimismo tomó también la copa, después de haber cenado, y habiendo dado gracias, la dio a ellos, diciendo: Tomad, y bebed de ella todos; esta copa es el nuevo pacto en mi sangre, que es derramada por vosotros para remisión de los pecados. Haced esto, todas las veces que bebiereis, en memoria de mí».

5   **¿Qué beneficios confiere el comer y beber así?**

6   Los beneficios los indican estas palabras: «por vosotros dado» y «por vosotros derramada para perdón de los pecados». O sea, por estas palabras se nos da en el sacramento perdón de pecados, vida y salvación; porque donde hay perdón de pecados, hay también vida y salvación.

7   **¿Cómo puede el comer y beber corporal hacer una cosa tan grande?**

8   Ciertamente, el comer y beber no es lo que la hace, sino las palabras que están aquí escritas: «Por vosotros dado» y «por vosotros derramada para perdón de los pecados». Estas palabras son, junto con el comer y beber corporal, lo principal en el sacramento. Y el que cree dichas palabras, tiene lo que ellas dicen y expresan; eso es: «el perdón de los pecados».

9   **¿Quién recibe este sacramento dignamente?**

10   El ayunar y prepararse corporalmente es, por cierto, un buen disciplinamiento externo; pero verdaderamente digno y bien preparado es aquel que tiene fe en las palabras: «por vosotros dado» y «por vosotros derramada para perdón de los pecados». Mas el que no cree estas palabras o duda de ellas, no es digno, ni está preparado; porque las palabras «por vosotros» exigen corazones enteramente creyentes.

VII

FORMAS DE BENDICIÓN QUE EL JEFE DE LA FAMILIA DEBE ENSEÑAR A LOS DE SU CASA PARA LA MAÑANA Y LA NOCHE[23]

1   Por la mañana, apenas hayas abandonado el lecho, te santiguarás y dirás

2   así: «En el nombre[24] de Dios Padre, Hijo y Espíritu Santo. Amén.» Entonces,

---

23. O, más exactamente: Formas de santiguarse; véase *Bekenntnisschr.* Gött., pág. 578.

24. En el original dice: *Des walt Gott Vater, Sohn un Heiliger Geist.* Una traducción más textual sería: «Ampárame con tu poder, Dios Padre, Hijo y Espíritu Santo».

puesto de rodillas o de pie, dirás el Credo y el Padrenuestro. Si quieres, puedes orar brevemente así:

«Te doy gracias, Padre celestial, por medio de Jesucristo, tu amado Hijo, porque me has protegido durante esta noche de todo mal y peligro, y te ruego que también durante este día me guardes de pecados y de todo mal, para que te agrade todo mi obrar y vivir; pues en tus manos me encomiendo a mí mismo, mi cuerpo y mi alma y todo. Tu santo ángel me acompañe para que el maligno no tenga ningún poder sobre mí. Amén».

Y luego dirígete con gozo a tu labor entonando quizás un himno, por ejemplo acerca de los Diez Mandamientos, o lo que tu corazón te dicte.   3

Por la noche, cuando te retires a descansar, te santiguarás y dirás así: 4
«En el nombre de Dios Padre, Hijo y Espíritu Santo. Amén». Entonces, puesto   5
de rodillas o de pie, dirás el Credo y el Padrenuestro. Si quieres, puedes orar brevemente así:

«Te doy gracias, Padre celestial, por medio de Jesucristo, tu amado Hijo, porque me has protegido benignamente en este día, y te ruego que me perdones todos mis pecados, donde cometí un mal, y me guardes benignamente en esta noche; pues en tus manos me encomiendo a mí mismo, mi cuerpo y mi alma y todo. Tu santo ángel me acompañe para que el maligno no tenga ningún poder sobre mí. Amén». Luego descansa sin más y tranquilamente.

VIII

CÓMO EL JEFE DE LA FAMILIA   6
DEBE ENSEÑAR A LOS DE SU CASA
LA BENDICIÓN Y ACCIÓN DE GRACIAS

Tanto los niños como los criados se acercarán a la mesa con las manos   7
juntas y reverentemente, dirán así: «Los ojos de todos esperan en ti, Señor, y tú les das su comida a su tiempo. Abres tu mano y colmas de bendiciones a todo ser viviente».[25]

Luego recitarán el Padrenuestro y esta oración: 8
«Señor Dios, Padre celestial: Bendícenos y bendice estos tus dones, que de tu gran bondad recibimos. Por Jesucristo, nuestro Señor. Amén».

Acción de Gracias   9

Así también, después de haber comido, dirán igualmente con reverencia y con las manos juntas: «Dad gracias al Señor, porque es bueno; porque para

---

25. Aquí el original agrega: «Nota aclaratoria (scholia): Bendiciones quiere decir que todos los animales reciben tanto de comer que se alegran y se gozan de ello; porque la preocupación y avaricia estorban tales bendiciones».

siempre es su misericordia. Él da alimento a todo ser viviente; a la bestia su mantenimiento, y a los pequeños cuervos que claman a él. No se deleita en la fuerza del caballo, ni se complace en la destreza del hombre. Se complace el Señor en los que le temen, y en los que esperan en su misericordia».

10   Entonces recitarán el Padrenuestro, añadiendo la siguiente oración: «Te damos gracias, Señor Dios Padre, por Jesucristo, nuestro Señor, por todos tus beneficios: Tú que vives y reinas por todos los siglos. Amén».

IX

1

TABLA DE DEBERES

De algunos versículos bíblicos para todos los santos órdenes[26] y estados, para que ellos mediante un pasaje que les concierna sean exhortados para su función y oficio.

2

A los obispos, a los pastores y a los predicadores

«Es necesario que el obispo sea irreprensible, marido de una sola mujer, sobrio, prudente, decoroso, hospedador, apto para enseñar, no dado al vino, no pendenciero, no codicioso de ganancias deshonestas, sino amable, apacible, no avaro; que gobierne bien su casa, que tenga a sus hijos en sujeción con toda honestidad (pues el que no sabe gobernar su propia casa, ¿cómo cuidará de la iglesia de Dios?); no un neófito», etc. Esto lo encontramos en el cuarto capítulo de la primera epístola a Timoteo.[27]

3

Deberes de los cristianos frente a sus maestros y pastores

«Comiendo y bebiendo lo que os den; porque el obrero es digno de su salario» (Lc. 10:7). «Así también ordenó el Señor a los que anuncian el evangelio, que vivan del evangelio» (1 Co. 9:14). «El que es enseñado en la palabra, haga partícipe de toda cosa buena al que lo instruye. No os engañéis; Dios no puede ser burlado» (Gá. 6:6 y sigtes). «Los ancianos que gobiernan bien, sean tenidos por dignos de doble honor, mayormente los que trabajan en predicar y enseñar. Pues la Escritura dice: No pondrás bozal al buey que trilla» (1 Ti. 5:17–18). Lo mismo, «El obrero es digno de su salario» (Lc. 10:7). «Os rogamos, hermanos, que reconozcáis a los que trabajan entre vosotros, y os presiden en el Señor, y os amonestan; y que los tengáis en mucha estima y amor por causa de su obra. Tened paz entre vosotros» (1 Ts.

---

26. Lutero hace aquí alusión a las tres órdenes: *Ecclesiasticus, Politicus* y *Economicus*. También habla de ellos en la introducción a los Artículos de Esmalcalda, pág. 296 y sigtes. de este tomo. Igualmente lo desarrolla en la obra *Von den Konziliius und Kirchen* (WAL, pág. 652).

27. En realidad se trata del tercer capítulo, 1 Ti. 3:2–6; Tit. 1:6–9.

5:12 y sigtes). «Obedeced a vuestros pastores, y sujetaos a ellos; porque ellos velan por vuestras almas, como quienes han de dar cuenta; para que lo hagan con alegría, y no quejándose, porque esto no os es provechoso» (He. 13:17).

De la autoridad secular 4

«Sométase toda persona a las autoridades superiores; porque no hay autoridad sino de parte de Dios, y las que hay, por Dios han sido establecidas. De modo que quien se opone a la autoridad, a lo establecido por Dios resiste; porque no en vano lleva la espada, pues es servidor de Dios, vengador para castigar al que hace lo malo» (Ro. 13:1 y sigtes.).

Deberes de los súbditos hacia la autoridad 5

«Dad a César lo que es de César, y a Dios lo que es de Dios» (Mt. 22:21). «Sométase toda persona a las autoridades superiores», etc. (Ro. 13:1). «Por lo cual es necesario estarle sujetos, no solamente por razón del castigo, sino también por causa de la conciencia. Pues por esto pagáis también los tributos, porque son servidores de Dios que atienden continuamente a esto mismo. Pagad a todos lo que debéis; al que tributo, tributo; al que impuesto, impuesto; al que respeto, respeto; al que honra, honra» (Ro. 13:5–7). «Exhorto ante todo, a que se hagan rogativas, oraciones, peticiones y acciones de gracias, por todos los hombres; por los reyes y por todos los que están en eminencia, para que vivamos quieta y reposadamente en toda piedad[28] y honestidad» (1 Ti. 2:1 y sigtes). «Recuérdales que se sujeten a los gobernantes y autoridades, que obedezcan, que estén dispuestos a toda buena obra» (Tit. 3:1). «Por causa del Señor someteos a toda institución humana, ya sea al rey, como a superior, ya a los gobernadores, como por él enviados para castigo de los malhechores y alabanza de los que hacen bien» (1 P. 2:13 y sigtes).

A los maridos 6

«Vosotros, maridos, igualmente, vivid con ellas sabiamente, dando honor a la mujer como a vaso más frágil, y como a coherederas de la gracia de la vida, para que vuestras oraciones no tengan estorbo» (1 P. 3:7). «No seáis ásperos con ellas» (Col. 3:19).

A las esposas 7

«Vosotras, mujeres, estad sujetas a vuestros maridos; como al Señor, como Sara obedecía a Abraham, llamándole señor; de la cual vosotros habéis

---

28. En el original, *Gottseligkeit*. Nuestra traducción, «piedad», coincide con la versión de la Biblia de Reina–Valera y con la versión latina y francesa. La traducción inglesa se aproxima quizá más al texto original de Lutero, al decir, *godly*, (*op. cit.* pág. 355). No hay una traducción exacta al castellano.

venido a ser hijas, si hacéis el bien, sin temer ninguna amenaza» (1 P. 3:1 y 6; Ef. 5:22).

8   A los padres

«Y vosotros, padres, no provoquéis a ira a vuestros hijos, sino criadlos en disciplina y amonestación del Señor» (Ef. 6:4; Col. 3:21).

9   A los hijos

«Hijos, obedeced en el Señor a vuestros padres, porque esto es justo.[29] Honra a tu padre y a tu madre, que es el primer mandamiento con promesa; para que te vaya bien, y seas de larga vida sobre la tierra» (Ef. 6:1–3).

10   A los siervos, siervas, jornaleros y trabajadores, etcétera

«Siervos, obedeced a vuestros amos terrenales con temor y temblor, con sencillez de vuestro corazón, como a Cristo; no sirviendo al ojo, como los que quieren agradar a los hombres, sino como siervos de Cristo, de corazón haciendo la voluntad de Dios; sirviendo de buena voluntad, como al Señor y no a los hombres, sabiendo que el bien que cada uno hiciere, ése recibirá del Señor, sea siervo o sea libre» (Ef 6:5–8).

11   A los amos y amas

«Vosotros, amos, haced con ellos lo mismo, dejando las amenazas, sabiendo que el Señor de ellos y vuestro está en los cielos, y que para él no hay acepción de personas» (Ef. 6:9).

12   A la juventud en general

«Igualmente, jóvenes, estad sujetos a los ancianos; y todos, sumisos unos a otros, revestíos de humildad; porque Dios resiste a los soberbios, y da gracia a los humildes. Humillaos, pues, bajo la poderosa mano de Dios, para que él os exalte cuando fuere tiempo» (1 P. 5:5 y sigtes.).

13   A las viudas

«La que en verdad es viuda y ha quedado sola, espera en Dios, y es diligente en súplicas y oraciones noche y día. Pero la que se entrega a los placeres, viviendo está muerta» (1 Ti. 5:5 y sigtes.).

---

29. En el original: *billich*. No significa estrictamente «justo»; también se podría traducir por «adecuado», «correcto», «conveniente».

A todos los cristianos en común

«Y cualquier otro mandamiento, en esta sentencia se resume: Amarás a tu prójimo como a ti mismo» (Ro. 13:9). «Exhorto ante todo, a que se hagan rogativas, oraciones, peticiones y acciones de gracias, por todos los hombres» (1 Ti. 2:1).

Lo suyo aprenda cada cual

y en casa nada podrá ir mal. [30]

---

30. La traducción es libre. En el texto original leemos: *Ein jeder lern sein Lektion so wird es wohl im Hause stohn.*

VII

CATECISMO MAYOR[1]

del

Dr. Martín Lutero[2]

INTRODUCCIÓN

Las iglesias evangélicas, después de haber logrado cierta estabilidad externa, necesitaban ser fortalecidas internamente. Lutero ya había producido un número de sermones y folletos, desde el año 1516, a fin de presentar instrucción popular sobre elementos fundamentales de la doctrina cristiana. En 1525 asignó a Justus Jonas y Juan Agrícola la tarea de escribir un libro de instrucción religiosa para niños, al que se refirió como «catecismo». Cuando éste se demoró en salir, como también el que inició Melanchton en 1528, Lutero mismo se hizo cargo otra vez de la tarea. Asignó a Melanchton la composición de la «Instrucción a los Visitadores del Clero en el Electorado de Sajonia» (1528) mientras él mismo emprendió la preparación de un catecismo.

El material de trasfondo inmediato consta de tres series de sermones

---

1. El nombre que Lutero dio al Catecismo Mayor, publicado en abril de 1529, fue *Deutsch Katechismus*. Si lo llamó *Deutsch* (alemán), fue sólo para diferenciarlo del catecismo latino, así como ocurrió con su *Deutsche Messe* (Misa alemana, i.e. en idioma alemán) de 1525. El título *Catecismo Mayor* aparece en 1541, para diferenciar el mayor, esto es, el desarrollado en forma más amplia, del menor, o sea, del que tiene una explicación menos detallada. El título *Grosser Katechismus* no lo puso Lutero mismo. Tanto es así que él usa las palabras *grosser Katechismus* en su prefacio al Catecismo Menor.

2. El *Libro de Concordia* alemán de 1580 agrega después del título *(Der grosse Katechismus deutsch Dokt. Mart. Luth.)*: «*Eine christliche, heilsame und nötige Vorrede uns treue, ernstliche Vermahnung D.M.L. an alle Christen, sonderlich aber an alle Pfarrherrn un Prediger, dass sie sich täglich im Katechismo, so der ganzen heiligen Schrift eine kurze Summa und Auszug ist, wohl uben und den immer treiben sollen etc.*» («Prefacio cristiano, provechoso y necesario, y exhortación sincera y encarecida del Dr. Martín Lutero a todos los cristianos, y en especial a todos los pastores y predicadores, a que se ejerciten exhaustiva y diariamente en el Catecismo, que es un breve resumen y extracto de toda la Sagrada Escritura, y que lo enseñen constantemente».) En aquella edición del *Libro de Concordia*, este prefacio mayor, que data del año 1530, sigue después del prefacio menor, de 1529, de acuerdo con el orden observado en el volumen IV de la edición alemana de Jena de la obras de Lutero (1556).

que *Lutero predicó en mayo, septiembre, noviembre, diciembre de 1528, y marzo de 1529. Antes de la terminación de estos sermones, Lutero ya había empezado a escribir el Catecismo Mayor. Porciones de él fueron enviadas a la imprenta antes de ser terminado por completo, lo cual ayuda a explicar las discrepancias en el texto de los Diez Mandamientos.*

En abril de 1529 apareció el «Catecismo Alemán», impreso por Jorge Rhaw en Wittenberg. (El título «Catecismo Mayor» no es de Lutero.) Más tarde en ese mismo año Lutero produjo una edición revisada a la que agregó una «Exhortación a la Confesión», una extensa inserción a la introducción de la explicación del Padrenuestro y varias notas marginales. Esta edición fue la primera en salir con ilustraciones; algunos de los clisés fueron suplidos por Lucas Cranach, el Mayor. Otra edición apareció en 1530, provista de un segundo y más extenso prefacio que probablemente fue escrito en el Coburgo. La última revisión corregida por Lutero mismo salió a la luz en 1538.

Una traducción latina del Catecismo Mayor apareció en 1529 y una segunda edición en 1544, obra del humanista Vicente Obsopoeus, quien se propuso hacer de ella una atracción estilística al adornarla con citas y alusiones clásicas de la historia antigua. Por lo demás, es una traducción servil del alemán de Lutero. No se hizo, pues, necesario reproducir aquí las variaciones latinas del texto alemán.

PREFACIO DEL DR. MARTÍN LUTERO

1   No es por insignificantes razones que tratemos el catecismo con tanta insistencia y que deseemos y roguemos que otros lo hagan igualmente, puesto que vemos que muchos predicadores y pastores son por desgracia muy negligentes en este sentido, despreciando tanto su oficio como esta doctrina. Algunos proceden de esa manera debido a su grande y alta erudición, pero otros por mera pereza y preocupación por el estómago, como si no debieran hacer otra cosa que aprovecharse de los bienes mientras vivieran, tal como acostumbraban a hacerlo bajo el papado. No obstante, todo lo que han de enseñar y predicar lo tienen ahora a mano en forma sumamente clara y fácil en tantos libros saludables que son—como se llamaban en tiempos anteriores—los verdaderos *Sermones per se loquentes, Dormi secure, Paratos*, y *Thesauros*. Sin embargo, no son tan justos y honestos para comprar tales libros o bien, si los poseen, no los miran ni los leen. ¡Ah, todos son vergonzosos glotones y servidores de sus vientres que mejor estarían como cuidadores de cerdos[3] o de perros[4] en vez de directores de almas o pastores!

3   Como quedaron libres de la inútil y fastidiosa batología de las siete horas, en su lugar bien podrían leer en la mañana, al mediodía y en la noche, una hoja o dos del catecismo, del *Librito de las oraciones*, del Nuevo Testamento o de otra parte de la Biblia y rezar un Padrenuestro para ellos mismos y para los de su grey. De este modo a su vez honrarían el evangelio y mostrarían su agradecimiento por haber quedado libres por él de tantas cargas y gravámenes, avergonzándose un tanto por no haber aprendido del evangelio más que esa libertad ociosa, nociva, infamante y carnal, como si fuesen puercos y perros. Por desgracia, sin esto, el vulgo estima muy poco el evangelio y no conseguimos mucho, aunque nos afanemos con toda diligencia. ¿Qué pasará, si somos negligentes y perezosos como lo hemos sido bajo el papado?

5   A esto se suman el abyecto vicio y la mala y latente peste de la seguridad y de la saciedad, de modo que muchos consideran el catecismo doctrina sencilla y de poca monta. Después de recorrerlo con una sola lectura, creen saberlo todo y arrojan el libro al rincón, como si se avergonzasen de releerlo.

6   Incluso entre la nobleza hay algunos alcornoques y tacaños que pretextan que en adelante no se necesitan ni pastores ni predicadores por constar todo en libros donde uno mismo puede bien aprenderlo por propia cuenta. Por ello, sin preocupación alguna, dejan que decaigan y se arruinen las parroquias, y los párrocos y predicadores sufran gran miseria y hambre. Es así como pro-

---

3. *Säuhirten*.
4. *Hundeknechte*.

ceden por orden natural los insanos alemanes; pues nosotros los alemanes tenemos un pueblo abyecto y hemos de soportarlo.

Pero hablaré de mi propia persona. Soy también doctor y predicador y tengo tanta erudición y experiencia como los que muestran tanta arrogancia y seguridad. A pesar de ello, hago como un niño a quien se le enseña el catecismo. De mañana y cuando tengo tiempo leo y recito el Padrenuestro palabra por palabra, los Diez Mandamientos, el Credo, algunos Salmos, etc. Todos los días tengo que leer y estudiar algo más. Sin embargo, no puedo llegar a ser como quisiera y debo continuar siendo niño y alumno del catecismo y permaneceré siéndolo de buen grado. Y esos hombres delicados y engreídos, con una sola lectura pretenden ser en un instante más que doctores, saberlo todo y no necesitar más. Por cierto, esto es una indicación clara de que desprecian tanto su oficio como las almas de la grey y hasta a Dios y su palabra. Ya no es menester que caigan; han caído horriblemente. Sería necesario que volviesen a ser niños y comenzasen a estudiar el abecedario, aunque les parezca ya muy trillado.[5]

Por ello, ruego a estos vientres haraganes[6] y santos presuntuosos que por Dios se dejen persuadir y acepten que en verdad no son tan instruidos y doctores tan eruditos como ellos se lo imaginan; que jamás opinen haber terminado de estudiar estos artículos[7] o saberlo todo suficientemente por más que se figuren conocerlo demasiado bien. Aun cuando lo supieran y lo dominaran de la mejor manera—lo que en esta vida resulta imposible—hay en eso, no obstante, mucho provecho y fruto, cuando uno lo lee todos los días y lo practica en pensamientos y discursos, puesto que en semejantes lecturas, discursos y reflexiones está presente el Espíritu Santo que da siempre nueva y más abundante luz y devoción para ello, de modo que cada vez nos gusta y nos penetra más, como Cristo también lo promete en el capítulo 18 de Mateo: «Donde están dos o tres congregados en mi nombre, allí estoy yo en medio de ellos» (Mt. 18:20).

Además, coadyuva poderosamente y sobremanera contra el diablo, el mundo, la carne y toda suerte de malos pensamientos que uno se ocupe en la palabra de Dios, hable de ella y reflexione sobre la misma, ya que también el primer Salmo llama bienaventurados a los que «meditan en la ley de Dios de día y de noche» (Sal. 1:2). Sin duda, no podrás usar incienso y otros sahumerios más eficaces contra el diablo que familiarizarte con los mandamientos y palabras de Dios, hablar y cantar de ellos y meditar sobre los

7

8

9

10

---

5. *Das sie meinen, langest an den Schuhen zurissen haben.* Espresión proverbial que significa: «Haber superado ya en los años de la niñez».

6. *Faule Wänste* (vientres indolentes). Texto lat.: *ignavos ventres.*

7. I.e. estas partes del Catecismo.

mismos. En realidad, es la verdadera agua bendita y el signo ante el cual huye y con que uno puede ahuyentarlo.

11   Ya por esta sola razón deberías leer con agrado estos artículos, hablar, pensar y tratar, aunque de esto no tuvieses otro fruto y provecho que ahuyentar al diablo y a los malos pensamientos, puesto que no puede oír ni soportar la palabra de Dios. Y ésta no es como otras meras invenciones, por ejemplo, la de Dietrich de Bern,[8] sino, como dice San Pablo en el primer capítulo de la epístola a los Romanos: «Un poder de Dios» (Ro. 1:16). Por cierto es un poder de Dios que causa terribles sufrimientos al diablo[9] y que a nosotros nos fortalece, nos consuela y nos ayuda sin límites.

12   Y, ¿para qué tengo que hablar más? Si quisiera enumerar toda la utilidad y el fruto que obra la palabra de Dios, ¿de dónde tomaría el papel y el tiempo suficientes? Se dice que el diablo dispone de mil artes. ¿Qué nombre daremos a la palabra de Dios capaz de ahuyentar a semejante encantador con todo su arte y su poder y de anonadarlo? Debe poseer más de cien mil artes. ¿Debemos

13   desdeñar con tanta ligereza semejante potencia, utilidad, fuerza y fruto, máxime nosotros, que queremos ser pastores y predicadores? No sólo no deberían darnos de comer, sino echarnos también con perros y expulsarnos con bosta de caballo, porque no solamente necesitamos del catecismo todos los días como del pan cotidiano, sino que lo precisamos a cada momento contra las diarias e incesantes tentaciones y asechanzas del diablo de mil artimañas.

14   Si esto no nos basta para leer el catecismo todos los días, habría de obligarnos suficientemente el solo mandamiento de Dios quien nos ordena con severidad en el capítulo 6 del Deuteronomio: «Y estas palabras que yo te mando hoy, estarán sobre tu corazón; y las repetirás a tus hijos, y hablarás de ellas estando en tu casa, y andando por el camino, y al acostarte, y cuando te levantes. Y las atarás como una señal en tu mano, y estarán como frontales entre tus ojos . . .» (Dt. 6:6–8). Sin duda, no ordenará esto en vano ni lo exigirá con tanta rigurosidad, sino que, conociendo nuestros peligros y necesidades y, además, las furiosas e incesantes tentaciones y ataques de los diablos, quiere prevenirnos, armarnos y protegernos con buena «armadura» contra sus «dardos de fuego» (Ef. 6:11 y 16) y con buena medicina contra

15   su venenosa y maligna peste y el contagio.[10] ¡Oh, qué dementes e insensatos necios somos! Siempre hemos de vivir o habitar entre semejantes enemigos

---

8. Lutero cita a menudo la leyenda de Dietrich von Bern (cantar de gesta que tiene como figura central a Teodorico el Grande, rey ostrogodo) como ejemplo de mentiras y fábulas.

9. *Die dem Teufel das gebrannte Leid antut*; otra de las expresiones proverbiales de uso frecuente en las obras de Lutero. El sificado original es: Causarle a uno un grave daño mediante incendio intencionado.

10. En el original: *Geschmeiss un Eingeben*. BSLK (p. 551, nota 3): *Ansteckung und Vergiftung* («Infección y envenenamiento»). W. Metzger, Ed. de Calw: *Eingebung*.

poderosos, como son los diablos. Y, sin embargo, despreciamos nuestras armas y medios de defensa y somos perezosos para mirarlos y pensar en ellos.

¿Qué hacen esos santos hartados y presuntuosos? No quieren ni les **16** place leer y aprender el catecismo todos los días. ¿Creen ser más doctos que Dios mismo con todos sus santos ángeles, profetas, apóstoles y todos los cristianos? Porque, si Dios mismo no se avergüenza de instruirnos en ello diariamente, como si no supiera enseñar nada mejor y siempre nos alecciona de la misma manera en esto, sin exponer algo nuevo ni cosa distinta y todos los santos no saben nada mejor que aprenderlo—no obstante, no acabando jamás de adoctrinarse—si es así, ¿no somos personas verdaderamente egregias, si nos imaginamos saberlo todo después de leerlo y oírlo una sola vez, sin necesidad de seguir leyéndolo y aprendiéndolo? Nos parece que en una sola hora somos capaces de aprender a la perfección lo que Dios mismo jamás deja de enseñar, puesto que no cesa de enseñarlo desde el principio hasta el fin del mundo. Y todos los profetas con todos los santos tuvieron que aprender de ahí sin cesar y, no obstante, seguían siendo siempre discípulos y aún lo son.

Y esto es indubitable: Quien tiene un conocimiento cabal[11] de los Diez **17** Mandamientos, ha de entender toda la Escritura para que en todos los asuntos y situaciones pueda aconsejar, ayudar, consolar, apreciar y juzgar tanto sobre cosas espirituales como seculares, y ser juez en lo que concierne a todas las doctrinas, a los estados, los espíritus, el derecho y lo que haya en el mundo.[12] ¿No consiste todo el Salterio en reflexionar meramente y en ejerci- **18** tarse en el Primer Mandamiento? Estoy convencido de que esos haraganes y espíritus presuntuosos no entienden ni un solo salmo y menos aún toda la Sagrada Escritura. Sin embargo, pretender conocer el catecismo y lo menosprecian, el cual es en verdad el compendio y el resumen[13] de toda la Sagrada Escritura.

Por lo tanto, vuelvo a rogar a todos los cristianos, sobre todo a los pastores **19**

---

11. *Wer die zehen Gebot wohl uns gar kann.* W. Metzger lo interpreta así: *Wer die Zehn Gebote recht und ganz verstehen will* («El que quiera comprender los Diez Mandamientos correcta y cabalmente»). Calwer Luther-Ausgabe, vol. I, 1964, p. 15.

12. Erdmann Schott (*Rechtfertigung und Zehn Gobote nach Luther*, serie I, cuaderno 44 de *Arbeiten zur Theologie*, editadas por Theodor Schlatter, con Alfred Jepsen y Otto Michel, Stuttgart, 1971, p. 25) observa que semejante manifestación de estima por los Diez Mandamientos aparece no pocas veces en los escritos de Lutero, y menciona lo que éste escribió en 1530, desde el castillo de Coburgo, a Justus Jonas (WA, Cartas, 5, 409, 26): *Ego hic factus sum novus discipulus decalogi, ilium iam repueras cens ad verbum edisco, et video verum esse, quad sapientiae eius non est numerus* . . . («Aquí me hice nuevamente alumno del Decálogo; volviendo a la niñez, lo aprendo de memoria palabra por palabra, y me doy cuenta de que en verdad es una fuente inagotable de sabiduría»).

13. En el original: *kurzer Auszug uns Abschrift.* En el alemán moderno, *Abschrift* es «copia». Pero aquí tiene el significado de «compendio». Así lo entiende también W. Metzger, op. cit., p. 16.—Texto latino: . . . *qui totius scripturae quasi quoddam compendium est brevemque illius atque summariam descriptionem continet* («que es una especie de compendio de la Escritura entera, y contiene una breve y sumaria descripción de la misma»).

y predicadores, que no pretendan ser doctores demasiado temprano y no se imaginen conocerlo todo. (La presunción está destinada a achicarse, como se encoge el paño estirado.[14]) Más bien deben ejercitarse día tras día en él y practicarlo de continuo. Además, con todo cuidado y empeño han de precaverse de la ponzoñosa peste de tal seguridad o de semejantes maestros presumidos. Además, siempre continuarán leyendo, enseñando, aprendiendo, pensando y meditando y no cesarán hasta que se den cuenta y estén ciertos de haber aniquilado al diablo y de haber llegado a ser más doctos que Dios mismo y todos sus santos. Si se empeñan de esta manera, les prometo que también ellos advertirán qué frutos lograrán y que Dios hará de ellos personas excelentes. Con el tiempo ellos mismos confesarán espontáneamente que cuanto más lugar y trabajo dedican al estudio del catecismo, tanto menos saben de él y tanto más tienen que aprender. Como a gente hambrienta y sedienta, les gustará entonces más que nunca lo que ahora por gran abundancia y hartazgo no pueden ver. ¡Qué Dios dé su gracia para ello! Amén.

PREFACIO

El presente escrito tiene por objeto en primer término adoctrinar a los niños y a las personas sencillas. Por tal motivo, desde la antigüedad, según la palabra griega, se llama catecismo, esto es, doctrina para niños, conteniendo lo que necesariamente debe saber todo cristiano. Porque quien ignora tales cosas no puede ser contado entre los cristianos, ni tampoco le será permitido disfrutar de los sacramentos. Sucede con esto como con el obrero que, si desconoce las reglas y costumbres de su oficio, es rechazado y considerado inepto. Por eso, se debe conducir a los jóvenes a aprender bien y en forma completa las partes del Catecismo o sea de las doctrinas destinadas a niños y se les ejercitará y acostumbrará en ellas con celo. Por eso, cada padre de familia está obligado también a tomar a sus hijos y sirvientes, por lo menos una vez en la semana, para interrogarlos y examinarlos uno por uno en torno a lo que sepan o hayan aprendido del catecismo e insistir que lo aprendan con seriedad si no lo saben. Recuerdo yo aquellos tiempos—aunque en verdad ocurre hoy también diariamente—en los que había gente sencilla y ya entrada en años que no sabían, ni saben aún, nada de esto, y sin embargo, hacen uso del bautismo y del sacramento y de todo, en fin, cuanto es propio de cristianos, en circunstancias que es preciso que quienes se acerquen al sacramento deben saber más y tener una comprensión más completa de toda la doctrina cristiana que los niños y los aprendices nuevos. Siguiendo la antigua costumbre de la

---

14. *Es gehet an Dünken und gespannen Tuch viel ab*, expresión proverbial cuyo sentido es: Así como una pieza de género encoge con el lavado, así los planes de los hombres sufren mengua al ser ejecutados.

cristiandad—aunque se ha enseñando y practicado muy poco—dividiremos la doctrina cristiana en tres partes para la gente común, hasta que los jóvenes como los ancianos que se llaman y quieren ser cristianos se ejerciten y familiaricen con ellas.

Éstas son las siguientes:

Primera: LOS DIEZ MANDAMIENTOS DE DIOS

1. No tendrás otros dioses delante de mí.	1
2. No tomarás el nombre de tu Dios en vano.[15]	2
3. Santificarás el día de reposo.	3
4. Honra a tu padre y a tu madre.	4
5. No matarás.	5
6. No cometerás adulterio.	6
7. No hurtarás.	7
8. No hablarás falso testimonio contra tu prójimo.	8
9. No codiciarás la casa de tu prójimo.	9
10. No codiciarás su mujer, ni su siervo, criada o ganado, ni nada de lo que tenga.	10

Segunda: LOS ARTÍCULOS PRINCIPALES DE NUESTRA FE

«Creo en Dios Padre todopoderoso,[16] Creador del cielo y de la tierra: Y en Jesucristo su único Hijo, nuestro Señor, que fue concebido por el Espíritu Santo, nació de la virgen María, padeció bajo el poder de Poncio Pilato, fue crucificado, muerto y sepultado, descendió a los infiernos;[17] al tercer día resucitó de entre los muertos, subió a los cielos, y está sentado a la diestra de Dios Padre todopoderoso, de donde ha de venir para juzgar a los vivos y

11
12

---

15. Acerca de la prohibición de fabricar, de adorar imágenes como segundo mandamiento vid. Catecismo Menor I, Los Diez Mandamientos, nota 13.

16. *Ich gläube an Gott, Vater allmächtigen.* Texto latino: *Credo in Deum, patrem omnipotentem.* La expresión *Vater allmächtigen* ya aparece en el alto alemán antiguo del siglo VIII (*fater almahtigon*). En el Catecismo, Lutero mantuvo también la colocación *Vater unser*, pero en la traducción de la Biblia optó por el más moderno *Unser Vater*. En la actualidad, muchos exégetas sostienen que las palabras «Padre todopoderoso» deben permanecer estrechamente unidas como título separado. Vid. la argumentación en sentido contrario de J. N. D. Kelly en su erudita obra *Early Christian Creeds* (3a. ed., 1972, p. 132 sigtes.). El autor llega a la conclusión de que «Padre» está asociado más íntimamente con «Dios». Observa que la verdad básica, primordial que queremos confesar en nuestro Credo es que Dios es el Padre, y que el calificativo «todopoderoso» debe haberse combinado ya muy pronto con «Dios Padre», sin duda como resultado de la influencia que ejerció el lenguaje de la *Septuaginta* sobre el uso teológico cristiano (op. cit., p. 133 sigtes.).—Vid. también Catecismo Menor, Credo, 3: *sitzend zur Rechten Gottes, des allmächtigen Vaters.* Lat.: *sedet ad dexteram Dei, patris omnipotentis.* Los que apoyan la tesis de que Lutero quiere unir «omnipotente» con «Padre» apuntan también a este texto. Vid. además Catecismo Mayor, Credo, I. Artículo, 18.

17. Texto lat.: *descendit ad inferos.* Vid. Símbolo Apostólico y Fórmula de Concordia, Declaración Sólida XI, 50, nota acerca de *inferi.*

13   a los muertos. Creo en el Espíritu Santo; una santa[18] iglesia cristiana,[19] la comunión de los santos; el perdón de los pecados; la resurrección de la carne y la vida eterna. Amén».

Tercera: LA ORACIÓN O EL PADRENUESTRO, COMO CRISTO LO HA ENSEÑADO

14   «Padre nuestro, que estás en los cielos: Santificado sea tu nombre. Venga tu reino. Hágase tu voluntad, como en el cielo así también en la tierra. El pan nuestro de cada día dánoslo hoy. Y perdónanos nuestras deudas, así como nosotros perdonamos a nuestros deudores. Y no nos induzcas en la tentación,[20] mas líbranos del mal. Amén».

15
16   Estas tres partes son imprescindibles y habrán de aprenderse primeramente palabra por palabra para recitar. Se debe acostumbrar a los niños a recitarlas cada día al levantarse en la mañana, al comer y al acostarse en la tarde. Y no se les debe dar de comer o beber antes de que hayan hecho su
17   recitación. Asimismo, el padre de familia hará lo propio con sus sirvientes, no consintiéndoles seguir en casa si no lo saben o no quieren aprenderlo.
18   Porque no es tolerable que haya persona tan tosca y ruda que no lo aprenda, toda vez que en estas tres partes del catecismo se resume de manera
19   breve, comprensible y sencillísima todo cuanto tenemos en la Escritura. Los queridos padres o los apóstoles (quiénes hayan sido no importa) han resumido así la doctrina, vida, sabiduría y erudición de los cristianos,[21] de lo cual han de hablar y tratar y ocuparse.
20   Una vez aprendidas y entendidas estas tres partes, corresponde saber también qué hay que decir sobre los sacramentos que Cristo mismo ha instituido, o sea: El bautismo y el santo cuerpo y la sangre de Cristo. Se trata del texto bíblico, según relatado por Mateo y Marcos al final de su evangelio, cuando Cristo se despidió de sus discípulos y los envió por el mundo.

---

18. Respecto de la traducción «una santa» vid. Catecismo Menor, Credo, nota 31.

19. En su *Manuale Curatorum* de 1503, Surgant escribe «cristiana» en vez de «católica». Lo mismo hace Francisco de Osuna en su Catecismo que data probablemente del año 1529 (por lo tanto, el mismo año en que fue publicado en Catecismo de Lutero): «Has de creer por lo semejante lo noveno («lo que figura en noveno lugar», referencia al artículo noveno del Credo Apostólico, cuya división en 12 artículos se venía usando más o menos a partir del siglo V) a la santa iglesia cristiana». En cuanto a la posibilidad de que esa formulación introductoria de su exposición del artículo noveno sea idéntica al texto vernáculo del Credo tal como se le solía rezar en tiempos de Osuna, cf. Hans-Jürgen Prien, «*Ein spanischer Katechismus aus dem Jahre 1529 von Francisco de Osuna*» en *Zeitschrift für Kirchengeschichte*, vol. 83, fasc. 3, 1972, p. 373. Vid. también Catecismo Mayor, Credo, nota 141, y Símbolo apostólico, nota 2.

20. Vid. Catecismo Menor, Padrenuestro, secc. 17.

21. Lutero tenía un concepto muy elevado de este «resumen» (WA, *Pláticas de sobremesa* No. 4334): *Et est opus spiritus Sancti tantam rem tanta brevitate efficacissimis et emphaticis verbis describere* («Es una obra del Espíritu Santo el describir con palabras sumamente eficaces y enfáticas un asunto de tal magnitud con tanta brevedad»).

EL BAUTISMO

«Id, y haced discípulos a todas las naciones, bautizándolos en el nombre   **21**
del Padre, y del Hijo, y del Espíritu Santo.[22] El que creyere y fuere bautizado,
será salvo; mas el que no creyere, será condenado» (Mt. 28:19; Mr. 16:16).

Para el hombre sencillo bastará conocer este pasaje de la Escritura sobre   **22**
el bautismo. También respecto al otro sacramento, será suficiente que sepa
algunas palabras breves y sencillas, como son las del texto de San Pablo (1
Co. 11:23–25).

EL SACRAMENTO (DEL ALTAR)

«El Señor Jesús, la noche en que fue entregado, tomó pan; y habiendo   **23**
dado gracias, lo partió y dijo: Tomad, comed: Esto es mi cuerpo que por
vosotros es partido; haced esto en memoria de mí».

«Asimismo tomó también la copa, después de haber cenado, diciendo:
Esta copa es el nuevo pacto en mi sangre; haced esto todas las veces que la
bebiereis en memoria de mí» (1 Co. 11:23–25; Mt. 26:28; Mr. 14:22–24; Lc.
22:19–20).

Se tendrán, por lo tanto, en total cinco partes de toda la doctrina cristiana   **24**
y que deberán ser practicadas siempre y exigidas e interrogadas palabra por
palabra. No confíes en que los niños y los jóvenes lo aprendan y lo retengan
únicamente a partir de la predicación. Una vez conocidas a fondo estas partes,   **25**
se pueden añadir también a ellas algunos salmos o himnos adecuados como
complemento y refuerzo de aquéllas y de este modo se introducirá a la juventud
en la Escritura y así irá progresando día a día.

Pero, no es suficiente el mero hecho de que se puedan entender y recitar   **26**
las palabras; antes bien, hay que enviar a los jóvenes al sermón, especialmente
en el tiempo prescripto para el catecismo, para que escuchen su aplicación y
para que aprendan a comprender lo que encierra cada parte. Así también
podrán repetirlo como lo oyeron y responderán debidamente cuando se les
interrogue, de modo que no se predique sin provecho y fruto. Precisamente   **27**
para que a la juventud se le inculque el catecismo, lo predicamos con asi-
duidad; no en forma difícil y sutil,[23] sino breve y sencillísimamente, a fin de
que penetre bien en ellos y lo retengan en la memoria. Guiándonos por este   **28**
objeto, trataremos a continuación las partes indicadas, una tras otra, y diremos
sobre ellas con toda claridad lo que sea menester.

---

22. Mt. 28:19; *Gehet hin und lehret alle Völker und täufet sie . . . .* Esta es la forma del
texto en la Biblia alemana en traducción de Lutero. Vid. Catecismo Mayor, Bautismo 4 y nota
202.

23. *Nicht hoch noch scharf.* Vid. Catecismo Mayor, Mandamientos, I, nota 34.

PRIMER MANDAMIENTO

«No tendrás otros dioses»

1   Esto es, deberás considerarme a mí solo como a tu Dios. ¿Qué significa esto y cómo se entiende? ¿Qué significa tener un Dios o qué es Dios?[24]

2   Respuesta: Dios es aquel de quien debemos esperar todos los bienes y en quien debemos tener amparo en todas las necesidades. Por consiguiente, «tener un Dios» no es otra cosa que confiarse en él y creer en él de todo corazón,

3   como ya lo he dicho repetidas veces. La confianza y la fe de corazón pueden hacer lo mismo a Dios que al ídolo. Si son la fe y la confianza justas y verdaderas, entonces tu Dios también será verdadero y justo. Por lo contrario, donde la confianza es errónea e injusta, entonces no está el verdadero Dios ahí. La fe y Dios son inseparables. En aquello en que tengas tu corazón, digo, en aquello en que te confíes, eso será propiamente tu Dios.

4   Por eso, es la intención de este mandamiento exigir la verdadera fe y la confianza de corazón que alcanzan al verdadero y único Dios y se adhieren solamente a él. Esto significa tanto como: Procura que sólo yo sea tu Dios y no busques ningún otro. Es como si Dios dijera: Los bienes que te falten, espéralos de mí y búscalos en mí. Y si sufrieses desdichas y angustias, ven a mí, atente a mí; yo mismo quiero darte todo lo suficiente que necesites y quiero ayudarte en toda desdicha. Pero no hagas depender tu corazón de nada, ni confíes en nada que no sea yo.

5   Esto tengo que explicarlo un poco más claramente, de manera que se entienda y se capte por medio de algunos ejemplos cotidianos de la actitud contraria. Algunos piensan tener a Dios y a todas las cosas en abundancia, cuando poseen dinero y bienes. En esto se confían y se engríen de tal modo, con tal firmeza y seguridad en lo que tienen que para ellos nada hay que valga

6   la pena. Observad, tal persona tiene ya también un dios que se llama Mammón,[25] esto es, el dinero y los bienes en que tal persona ha puesto su

7   corazón. Por lo demás, este es el ídolo más común en el mundo. Quien posee dinero y bienes, se considera muy seguro; es alegre e intrépido, como si

8   viviera en medio del paraíso. Por lo contrario, el que no tiene de todo esto,

---

24. A esta formulación («¿Qué significa tener un Dios, o, qué es Dios?») Gerhard Ebeling dedica un largo comentario: *«Was heisst ein Gott haben oder was ist Gott?» Bemerkungen zu Luthers Auslegegung des ersten Gebotes*, en *Wort und Glaube* vol. II, Tübingen, 1969, pp. 287–3–4.

25. En el original, *Mammon*. El término arameo «mamona» tiene tres variantes en latín: «*mammona*», «*mammonas*» y «*mammon*». Obsopoeus, siguiendo el ejemplo de la Vulgata, usa la primera forma: *Non potestis servire Deo et Mammonae*. La palabra aparece en Mt. 6:24 y Lc. 16:11, 13. La Versión Reina–Valera traduce el griego *mamona* con «riquezas». Se trata de las riquezas consideradas como objeto de culto y como personificadas en una falsa divinidad.— *Dicc. Larousse Universal Ilustrado*, 1959: «MAMMÓN: Dios sirio de la riqueza. Nombre que se da en los Evangelios al demonio de la riqueza y al demonio en general».

está en dudas y se desespera, como si no conociese ningún dios. Pocos, muy **9** pocos se encontrarán que tengan buen ánimo y que estén sin afligirse, ni quejarse, cuando no tengan Mammón, pues lo opuesto está adherido y es inherente a la naturaleza humana hasta la tumba.

También tiene un dios el que se confía y se apoya en que tiene una gran **10** erudición, inteligencia, poder, merced,[26] amistad[27] y honor, pero tal dios no es el Dios único y verdadero. Así lo ves en la jactancia, la seguridad y el orgullo que se tiene sobre dichos bienes y, por lo contrario, el abatimiento, cuando se carece de ellos o se los pierde. Por lo tanto, repito: «Tener un dios», significa, en correcta interpretación, tener algo en lo que el corazón se confíe por entero.

Recuérdese lo que en nuestra ceguedad hemos venido practicando y **11** haciendo en los tiempos del papado. Contra el dolor de muelas, se ayunaba y celebraba en honor de Santa Apolonia;[28] para prevenirse de un incendio se apelaba a San Lorenzo;[29] y si se temía ser atacado por la peste, se entregaba a San Sebastián[30] o a San Roque.[31] Éstos y semejantes horrores son incontables, porque cada cual se escogía su santo para adorarlo e invocarlo, de modo que fuera socorrido en toda necesidad. También pertenecen a ese grupo **12** aquellos que actúan en forma muy grosera y llegan a pactar con el diablo para que les dé dinero suficiente, les ayude[32] en sus amoríos o les preserve sus bestias o, en fin, para recuperar los bienes perdidos, etcétera, etcétera, como lo llevan a cabo los hechiceros y nigromantes. Pues todos éstos colocan su corazón y su confianza en otro lugar que en el verdadero Dios; no esperan ningún bien de él, ni lo buscan tampoco en él.

Comprenderás ahora fácilmente, qué y cuánto exige este mandamiento, **13** esto es, todo el corazón del hombre, toda su confianza depositada únicamente en Dios y en ningún otro. También comprenderás que «tener un dios» no **14** consiste en atraparlo con los dedos y retenerlo entre las manos, ni quiere decir que pueda guardárselo en una bolsa, o encerrárselo en un armario; sino «tener

---

26. *Gunst*. Erdmann Schott (*Rechtfertigung und Zehn Gebote nach Luther*, p. 26): *Beziehungen*, (buenas) relaciones.

27. *Freundschaft*. A. Götze, *Glossar*: *«Gesamtheit der Verwandten»* (la parentela en su totalidad).

28. Mártir del siglo III. Le fueron quebrados los dientes, por lo cual se le considera auxiliadora contra el dolor de muelas.

29. Diácono y mártir romano; murió en la hoguera el 10 de agosto del año 258.

30. Mártir, muerto el día 20 de enero (¿a principios del siglo IV?). Dícese que fue asaeteado.

31. Vivió entre 1295 y 1327. Nació en Montpellier. Se dedicó a las víctimas de la peste. Su muerte se conmemora el 16 de agosto.

32. *Geld gnug*. «Gnug» se usaba entonces en el sentido de abundantemente, «hasta decir basta». W. Metzger, ed. de Calw: *«In Fülle»*. Texto lat.: *ut eos ampliter ditaret* («para que los colmase de riquezas»).

15   un dios», y retenerlo, es que el corazón lo atrape y se adhiera a él. Depender de él con el corazón no significa otra cosa, sino confiarse enteramente en él. Por ser esto así, Dios quiere apartarnos de todo cuanto cae fuera de él y quiere también atraernos hacia sí, puesto que él es el único y eterno bien. En fin, la confianza que has puesto en Mammón o en otras cosas, todo eso espéralo de mí, considerándome como aquel que quiere ampararte y colmarte con profusión de toda suerte de bienes.

16   Por consiguiente, tenemos aquí en qué consiste el verdadero honor y servicio de Dios que le agrada y que, además lo ha mandado, so pena de sufrir su ira eterna. Es decir, que no conocerá tu corazón otro consuelo ni otra confianza, sino en Dios; no se dejará apartar de ello, sino que al contrario,

17   se atreverá y hará pasar a segundo plano todo cuanto en el mundo existe. Te será, por otra parte, fácil ver y juzgar que el mundo practica un culto divino falso y se entrega a la idolatría. En efecto, no ha habido jamás un pueblo tan perverso como para no levantar y mantener un culto divino, pues cada uno ha erigido un dios particular, del cual se esperaban los bienes, la ayuda y el consuelo.

18   Los paganos, por ejemplo, cuya confianza estaba puesta en el poder y en el dominio, erigieron a Júpiter como supremo dios. Otros hombres que buscaban la riqueza, la felicidad, el placer y días dichosos, erigieron por dios a Hércules, Mercurio, a Venus y otros. A Diana y Lucina se acogían las mujeres encintas y así procedían. Cada uno endiosaba aquello hacia lo cual lo llevaba su corazón. Por eso, según la opinión de todos los paganos, tener

19   un dios consiste en confiar y creer. Pero su error está en que tal confiar es falso e incorrecto, porque no se colocaba sobre alguno ni en el cielo ni en la

20   tierra (Is. 44:6). Así se explica que los paganos no hicieran más que convertir su propia ficción y sus fantasías sobre Dios en ídolos y se confiasen en una

21   pura nada. Igual es la idolatría en general. No consiste en erigir una figura cualquiera y adorarla, sino ante todo en el corazón que mira a otro lado y busca ayuda y consuelo en las criaturas, en los santos y en los demonios, sin acogerse a Dios, sin esperar que sea tan bondadoso como para que nos socorra, sin creer tampoco que todo bien que experimenta proviene de Dios.

22   Hay, además, otro culto erróneo y la mayor idolatría que hemos practicado hasta ahora y que en el mundo sigue reinando; una idolatría sobre la cual se basan los diversos estados eclesiásticos. Concierne dicha idolatría únicamente a la conciencia, en tanto ésta busca ayuda, consuelo y salvación en sus propias obras; pretende obtener de Dios el cielo por la fuerza y calcula cuántas· donaciones, cuántos ayunos ha hecho, cuántas misas ha celebrado, etc. En esto se confía la conciencia y se glorifica, como queriendo no aceptar los regalos de Dios y lograrlo y merecerlo todo sobradamente por sí mismo, exactamente como si Dios debiera estar a nuestro servicio y fuera deudor

nuestro y nosotros señores suyos. ¿No es esto, acaso, hacer de Dios un ídolo, **23**
un «Dios de madera»?[33] ¿No es considerarse a sí mismo y erigirse como Dios?
Pero esta es una cuestión demasiado[34] espinosa para ser tratada ante la
juventud.

Sin embargo, sea esto dicho a las mentes sencillas a fin de que noten y **24**
retengan el sentido del presente mandamiento, o sea, que debemos confiar
sólo en Dios buscando en él todo bien y esperándolo todo de él, como siendo
aquel del cual recibimos cuerpo y vida, comida y bebida, todo género de
alimentos, salud, protección, paz y todos los bienes temporales y eternos que
necesitamos. Además, Dios nos preserva de la desdicha y nos auxilia y nos
salva en toda adversidad que nos ocurra; de manera que únicamente Dios,
como antes dijimos ampliamente, es aquel de quien se obtiene todo el bien
y por quien se es librado de todo mal. Por eso precisamente, digo, nosotros **25**
los alemanes siempre hemos llamado a Dios *Gott* desde la antigüedad (más
excelente y pertinentemente que en lengua alguna) de acuerdo a la palabrita
gut (bueno),[35] ya que Dios es fuente eterna, la cual se derrama sobre nosotros
con pura bondad y de la cual mana todo lo que es y se llama bueno.

Aunque de los hombres recibimos mucho bien, sin embargo, es de Dios **26**
que lo recibimos todo por orden y mandatos suyos. Nuestros padres, todas
las autoridades y, asimismo cada uno de nosotros con relación a nuestro
prójimo, todos, en fin, tenemos orden de hacernos mutuamente el bien en
todas las formas. Por tanto, lo que recibimos no proviene de los hombres,
sino mediante ellos de Dios, pues las criaturas son solamente la mano, el
canal y el medio de que Dios se vale para donárnoslo todo. Así provee Dios

---

33. En el original: *Apfelgott*. Texto lat.: *Quid hoc aliud est quam ex eo ficulnum simulacrum aut pomarium (quod aiunt) Herculem facere* . . . J. Th. Müller (*Die symbolischen Bücher der evangelisch–lutherischen Kirche*, p. 857) comenta: « . . . Por lo tanto, en el sentido de seudo-dios (*Aftergott*), tallado en madera de manzano, como los antiguos lo tallaban en madera de higuera». El autor remite a un texto de Horacio (*Satirae* I 8, 1–3) y lo transcribe. Así también BSLK, p. 565, nota 7. BSLK (p. 565, nota 2) sugiere que *Apfelgott* (dios–manzana) puede ser una forma alterada de *Aftergott* (seudo–dios). Henry Eyster Jacobs propone *Pomona* (*The Book of Concord*, Philadelphia, The United Lutheran Publication House, 1911, p. 393).

34. *Ein wenig zu scharf.* Gerhard Bellinger (*Der Katechismus Romanus und die Reformation*, p. 104) supone que Lutero usa *scharf* en el sentido de *streng* (riguroso). Dice Bellinger: «*Mit solch scharfen Worten, von denen M. Luther selbst meinte: Aber das ist ein wenig zu scharf, gehöret nicht für die jungen Schüler, werden die Frömmigkeitsformen der alten Kirche verurteilt*» («Con palabras tan rigurosas, de las cuales el propio M. Lutero decía: Esto empero es casi demasiado riguroso, no conviene usarlo ante alumnos pequeños se condenan las formas de piedad de la iglesia antigua»). Parece, sin embargo, que lo que Lutero quiso decir era que la discusión es un tanto sutil, aguda o erudita, de un nivel no adecuado a la corta edad de los alumnos; no se refería, pues, a que la crítica es demasiado ruda o severa. BSLK (p. 565, nota 3, que remite a la p. 559, nota 8) interpreta el *scharf* como *gelehrt* (erudito). Lo mismo opina Kurt Ahland (*Luther Deutsch*, vol. 3, p. 23): «*ein wenig zu hoch*» (casi demasiado elevado). Obsopoeus: *Sed haecacutiora sunt.*

35. Lutero ve una afinidad entre *Gott* y *gut* (Dios y bueno). Pero, como observa E. Wolf (BSLK, p. 565, nota 6) no existe una relación etimológica entre las dos palabras.

a la madre de pecho y leche para ofrecer al niño: Grano y toda clase de productos de la tierra como alimento. Ninguna criatura puede por sí misma

27 producir tales bienes. Por consiguiente, ningún hombre debe atreverse a tomar o entregar algo, a no ser que haya sido ordenado por Dios, para que, de ese modo, se le reconozca como su don y se le dé gracias como este mandamiento lo exige. Sin embargo, no se desecharán por eso tampoco los medios de recibir el bien por las criaturas, ni se tendrá la osadía de buscar otras maneras o caminos, sino los que Dios ha prescrito. Pues esto significaría que no se recibe de Dios, sino que se ha buscado por sí mismo.

28 Examínese cada cual y vea si considera este mandamiento por encima de todo y si lo tiene en la mayor estima, sin asomos de burla.[36] Pregunta y sondea tu corazón y así sabrás si está ligado únicamente a Dios o no. Si tienes un corazón que no sabe esperar de Dios sino el bien y especialmente en las necesidades y carencias y, además, puede abandonar y dejar todo aquello que no es de Dios, entonces tendrás ciertamente al único y verdadero Dios. Si, por lo contrario, tu corazón está puesto en otras cosas, de las cuales espera mayor bien y auxilio que de Dios y si no acude a él, sino que le rehúye cuando sufre algún mal, entonces tendrás otro dios, un ídolo.

29 Por eso, para que se vea que Dios no ha pregonado su mandamiento en vano, sino que vigila severamente por su cumplimiento,[37] ha unido a este mandamiento primeramente una horrible amenaza y, después, una hermosa y consoladora promesa, lo cual se debe también practicar e inculcar a la juventud, para que lo tome en serio y no lo olvide.

30 «Porque yo soy Jehová tu Dios, fuerte, celoso, que visito la maldad de los padres sobre los hijos hasta la tercera y cuarta generación de los que me aborrecen, y hago misericordia a millares, a los que me aman y guardan mis mandamientos» (Éx. 20:5, 6).

31 Si bien estas palabras se refieren a todos los mandamientos, como luego veremos, van unidas, sin embargo, al primero y principal, por ser de suma importancia para el hombre disponer, ante todo, de una cabeza correcta, pues si la cabeza es correcta, la vida entera será también correcta y viceversa.

32 Aprende, por lo tanto, de las palabras enunciadas, cuán grande se manifestará la ira de Dios contra quienes se confían en algo que no sea él mismo; pero al mismo tiempo aprenderás cuán bondadoso y misericordioso es Dios con quienes de todo corazón solamente creen y se confían en él. La ira divina es tal que no cesa hasta la tercera y cuarta generación o descendientes, mientras

33 que sus favores y bondad se derraman a millares. En vista de esto, no habrá

---

36. *In keinen Scherz schlage*, lat.: *neque jocum esse existimet*—no tomar en broma.

37. *Solchs nicht will in Wind geschlagen haben* locución que significa: «no quiere que lo echemos en saco roto». Obsopoeus: *Ut videamus . . . Die voluntatem non ese, ut hoc suum praeceptum habeatur contemptui* (. . . que su precepto sea tenido en poco).

que considerarse muy seguro y entregarse al azar, como hacen los corazones groseros que piensan que estas cosas no tienen importancia. Él es un Dios **34** tal que no deja sin castigo a quien se aparte de él, ni cede en su ira hasta aniquilar por completo, inclusive la cuarta generación. Dios quiere que se le tema y no se le menosprecie.

Así lo demuestra él también en todos los acontecimientos de la historia, **35** como la Escritura nos muestra abundantemente y de igual forma nos lo puede enseñar la experiencia diaria. Ya desde el principio exterminó Dios toda idolatría, y por culpa de la misma, aniquiló también a los judíos y los paganos, del mismo modo como echa por tierra en nuestros tiempos todo culto falso; y quienes continúan practicándolo terminarán necesariamente pereciendo. Si, **36** a pesar de esto, se encuentra hoy gentuza orgullosa, poderosa y rica que se aferra a su Mammón, sin cuidarse de la ira o del burlarse de Dios (porque se creen capaces de resistir a aquélla), no conseguirán,[38] sin embargo, realizar su objetivo como piensan, sino que antes de que lo puedan prever, sucumbirán junto con todo lo que fue objeto de su confianza, como así se hundieron también todos los que se habían creído más seguros y potentes.

Por culpa de tales cabezas duras que piensan que por el hecho de que **37** Dios los observa y los deja tranquilos, los ignora o no se cuida de ellos, Dios tiene que obrar con violencia y castigar, de tal modo que no está dispuesto a olvidar hasta los hijos de los hijos, de manera que cada uno choque con esto y vea que para Dios no es esto una broma. A estas personas se refiere **38** Dios al decir: «Los que me aborrecen», o sea: Los que persisten en su terquedad y soberbia.

Si se les predica o se les dice, no quieren escuchar; si se les censura, a fin de que se conozcan a sí mismos y se corrijan antes de que sobrevenga el castigo, se encolerizan y se vuelven aún más necios, haciéndose así dignos de la ira, como estamos viendo ahora diariamente con los obispos y los príncipes.

Sin embargo, el consuelo en la promesa es más poderoso. Aunque aque- **39** llas palabras amenazadoras son terribles, los que sólo en Dios se confían pueden estar seguros de que él se mostrará misericordioso con ellos, es decir, les manifestará toda su bondad y sus beneficios; pero no solamente en ellos, sino también en sus hijos durante millares de generaciones. Debiera esto **40** conmovernos y llevarnos a elevar nuestro corazón con plena confianza a Dios, si anhelamos tener todo bien temporal y eterno en vista de que la excelsa Majestad de manera tan sublime se nos ofrece, tan cordialmente nos invita y tan generosas promesas nos hace.

Por consiguiente, considérelo cada uno de nosotros seriamente y no como **41**

---

38. *Ungeachtet Gott zürne oder lache* (sin importarle a uno que Dios esté airado o se ría).

si fuera algo dicho por un hombre; porque de ello depende que puedas obtener bendiciones, dicha y salvación eternas o, por lo contrario, la ira, desgracias y pesares del corazón eternos. ¿Qué quieres tener o apetecer más que Dios te prometa tan amistosamente que quiere ser tuyo con todo género de bienes

42 y desea protegerte y socorrerte en toda necesidad? La falta está en que el mundo, desgraciadamente, no cree nada de esto, ni lo considera como palabra divina, porque ve que aquellos que se confían, no en Mammón, sino en Dios, sufren penas y angustias y que el diablo se opone e impide que conserven riquezas, favores y honores y, además, apenas logran salvar su vida. Mientras tanto, los servidores de Mammón disfrutan, ante los ojos del mundo, de poder, favores, honores, bienes y toda clase de seguridades. En vista de este hecho, será menester retener las palabras establecidas precisamente contra tales apariencias, sabiendo que no mienten ni engañan, sino que han de ser verdaderas.

43 Mira retrospectivamente o indaga y dime luego lo que han conseguido finalmente todos los que pusieron todas sus preocupaciones y todo su empeño en atesorar grandes bienes y riquezas, y descubrirás cómo sus afanes y trabajos se han perdido. Aunque lograron amontonar grandes riquezas, fueron desparramadas y, por último, se malograron. Ellos mismos no llegaron a disfrutar con sana alegría sus bienes que, además, no alcanzaron siquiera hasta la tercera

44 generación de sus herederos.[39] Encontrarás suficientes ejemplos en todas las historias o en personas de edad y de experiencia. No tienes más que meditar

45 y tenerlos en cuenta. Saúl fue un gran rey, escogido por Dios y un hombre piadoso. Pero una vez establecido firmemente en su cargo, no puso su corazón en Dios,[40] sino en su corona y en su poder y así tuvo que perecer y con él

46 todo lo que poseía, pues ni uno solo de sus hijos quedó con vida.[41] David era, al contrario, tan pobre y despreciado, tan perseguido y acosado que en ninguna parte estaba seguro de su vida. Sin embargo, permaneció ante Saúl y llegó a ser rey.[42] Pues estas palabras debían subsistir necesariamente y ser verdaderas, ya que Dios no puede mentir ni engañar. Deja, pues, al diablo y al mundo con sus apariencias[43]—que algún tiempo permanecen, pero que en definitiva no son nada—la labor de engañarte.

---

39. Esto es, no llegarán a los bisnietos. De un proverbio del bajo latín, usado repetidas veces por Lutero: *De male quasitis non gaudet tertius heres* (De los bienes mal habidos no se alegrará el tercer heredero, es decir, el de la tercera generación).

40. Cf. 1 S. 15:11.

41. Cf. 1 S. 10:15–16, 31; 2 S. 4.

42. Cf. 1 S. 18 a 2 S. 2.

43. El humanista Vincentius Obsopoeus, que hizo la primera traducción del Catecismo Mayor al latín, no entendió la recomendación irónica de Lutero, y agregó una negación: *Tantum vide, ne diabolus et mundus hac sua splendida facie . . . tibi imprudenti imponant.* De la misma manera se procedió en el *Libro de Concordia* alemán de 1580: *Lasse dich nur . . . nicht betreigen*, y en la mayoría de las ediciones modernas. En cambio, en todas las ediciones más antiguas del Catecismo Mayor falta el «nicht».

Por lo tanto, aprendamos bien el primer mandamiento, de manera que **47** veamos que Dios no tolera la soberbia, ni tampoco que se ponga la confianza en lo que no sea sólo él y no nos exige otra cosa mayor que la cordial confianza en todo bien, de tal manera que andemos como es correcto y derecho y usemos todos los bienes que Dios nos ha dado, no de otra forma que como el zapatero usa la aguja, la lezna y el cabo para ejecutar su trabajo hasta que, concluido éste, las (herramientas) deja a un lado; o como huésped que se acoge a la posada en busca de alimento y lecho, sólo por las necesidades del momento; cada uno en su estado, según la disposición de Dios, no convirtiendo cosa alguna en su señor o su ídolo.

Baste lo expuesto acerca del primer mandamiento. Si lo hemos desa- **48** rrollado extensamente ha sido porque es el más importante.[44] Pues, como ya indicamos,[45] si el corazón humano guarda la debida relación con Dios y si se cumple este mandamiento, lo mismo ocurrirá con todos los demás.[46]

SEGUNDO MANDAMIENTO
«No tomarás el nombre de Dios en vano» **49**

Si el primer mandamiento instruye los corazones y ha enseñado la fe, el **50** segundo nos hace salir de nosotros mismos, dirigiendo nuestra boca y nuestra lengua hacia Dios; porque lo primero que sale del corazón y se manifiesta son las palabras. Así[47] como enseñé antes a responder a la pregunta sobre qué significa «tener un dios», de la misma forma es necesario también que aprendas tú igualmente a captar el sentido de éste y todos los demás mandamientos y a decirlo por ti mismo. Si se pregunta ahora, «¿Cómo entiendes **51** tú el segundo mandamiento o qué significa tomar en vano o abusar del nombre de Dios?», responde muy brevemente del modo siguiente: «Abusar del nombre de Dios es cuando se llama a Dios, el Señor, de un modo u otro, para mentir o faltar a la virtud». Por este motivo, ha sido ordenado que no apliquemos falsamente el nombre de Dios, ni lo pronunciemos de boca, en

---

44. *Weil daran allermeist diere Macht liegt.* Texto lat.: *quando summa et caput totius pietatis en eo vertatur.* Para un análisis de la importancia que Lutero atribuyó al Primer Mandamiento vid. p. ej. Paul Althaus, *Theologische Aufsätze*, vol. II, Gütersloh, 1935, cap. I, 1: *«Die Stellung der ersten Gebotes in Luthers Theologie»* (pp. 1-11).

45. Cf. Mandamientos, I, 31.

46. *So gehen diere andern alle hernach.* Vid. Erdmann Schott (*«Glaube und Rechtfertigung nach Luthers Lehre»*, conferencia de 1964, publicada en *Taufe und Rechtfertigung in kontroverstheologischer Sicht*): «La fe es, por lo tanto, el único receptor de la salvación, así como también el único cumplidor de los mandamientos de Dios». El autor agrega en una nota (43): «Por esto dice Lutero respecto del Primer Mandamiento, que él entendió como 'mandamiento de fe': *Wo das Herz wohl mit Gott dran ist und dies Gebot gehalten wird, so gehen diere andern alle hernach»* (p. 44).

47. Mandamientos, I, 2.

52 circunstancias que el corazón sabe bien o debería saberlo que las cosas son de otro modo, como, por ejemplo, al prestar juramento ante un tribunal de justicia, una parte engaña a la otra. No existe peor manera de usar el nombre de Dios que servirse de él para mentir y engañar. Toma esto como la explicación más clara y el sentido más captable de este mandamiento.

53 De lo que acabamos de exponer puede calcular cada cual cuánto y con qué medios tan diversos se abusa del nombre de Dios. Aunque no es posible enumerar todos estos abusos, digamos escuetamente que todo abuso del nombre de Dios tiene lugar primeramente en las gestiones y cosas de este mundo que se refieren al dinero, a los bienes y al honor, las cuales se ventilan, ora públicamente ante un tribunal, ora en el mercado u otro lugar cualquiera, donde se jura y hacen falsos juramentos, invocando el nombre de Dios o jurando una cosa por el alma. Es muy frecuente tal proceder en asuntos matrimoniales, donde ambos contrayentes se prestaron mutuamente el jura-

54 mento y después renegaron de éste. Pero donde dicho abuso se produce principalmente es en las cosas espirituales que conciernen a la conciencia, cuando surgen falsos predicadores que presentan sus invenciones mentirosas como la

55 palabra de Dios. Mira, esto indica que los hombres tratan de engalanarse, cohonestar y disimular y tener razón bajo el nombre divino, trátese de asuntos vulgares del mundo o de las elevadas y sutiles cuestiones de la fe y de la doctrina. Entre los mentirosos debe contarse también a los calumniadores,[48] pero no únicamente a los impúdicos que cada uno conoce porque profanan desvergonzadamente el nombre de Dios (no tienen lugar en nuestra escuela, sino en la del verdugo), sino también a quienes blasfeman públicamente de la verdad y de la palabra de Dios y la atribuyen al diablo. No es preciso que hablemos más ahora de esto.

56 Se trata más bien de que aprendamos aquí y consideremos de todo corazón la suma importancia de este mandamiento, a fin de poder guardarnos con todo celo y huir de cualquier abuso del nombre sacrosanto, como del pecado más grande, que se manifiesta hacia afuera. Pues el mentir y el engañar son de por sí grandes pecados de gravedad y su gravedad se acentúa si se quiere aún justificarlos y para confirmarlos se aplica el nombre de Dios, a modo de vergonzante tapadera, de tal manera que de una mentira se hacen dos y hasta una multitud de mentiras.

57 Por esto, ha añadido también Dios a este mandamiento una seria amenaza que dice: «Porque no dará por inocente el Señor al que tomare su nombre en vano» (Éx. 20:7). Esto es, no existirá excepción alguna y nadie podrá librarse del castigo de Dios. Si no consiente que impunemente alejemos nuestro co-

---

48. *Lästermäuler*, calumniadores. El contexto sugiere la traducción de Obsopoeus: *blasphematores*.

razón de él, tampoco accederá a que se pronuncie su nombre para encubrir la mentira. Pero, lamentablemente es una plaga muy extendida en todo el **58** mundo, de modo que son muy pocos los que no emplean el nombre divino para mentir y toda clase de maldad; muy pocos son los que confían de corazón solamente en Dios.

En efecto, por naturaleza todos tenemos la bella virtud de, una vez **59** cometida una mala acción, querer cubrir y engalanar con gusto la vergüenza para que nadie la vea o conozca. No hay nadie tan audaz como para vanagloriarse ante alguien de la maldad que cometió; todos prefieren ocultarla antes de que se advierta. Pero si alguien es acusado, entonces se invoca a Dios, se apela a su nombre, volviendo así la fechoría en un acto de piedad y la vergüenza, en un honor. Así es el curso acostumbrado del mundo que, **60** como un gran diluvio, irrumpe en todos los pueblos. De aquí viene que recibamos la recompensa que buscamos y merecemos: Epidemias, guerras, carestías, incendios, inundaciones; mujeres, hijos y servidores corrompidos y todo género de desórdenes. De lo contrario, ¿de dónde vendría tanta miseria? Es ya una gran gracia el mero hecho de que la tierra nos soporte y alimente.

Habrá de cuidarse, por consiguiente, de que sobre todo los jóvenes atien- **61** dan seriamente y se acostumbren de verdad a tener en alta estima el segundo mandamiento y los demás. Si lo infringiesen, castígueselos con la vara; hágase que tengan el mandamiento a la vista e incúlqueseles siempre, a fin de que no sólo sean educados bajo el castigo, sino también en el respeto y temor de Dios.

Después de lo dicho, entenderás qué significa «abusar del nombre de **62** Dios». En resumen, es emplearlo meramente para mentir o para afirmar bajo su nombre lo que no es o para maldecir, jurar, practicar la hechicería y, en suma, para cometer el mal de cualquier manera. Al mismo tiempo, aprenderás **63** a usar debidamente el nombre de Dios. Ya las palabras: «No tomarás el nombre de tu Dios en vano», dan por sentado que deberá ser usado debidamente. Porque este nombre ha sido revelado o dado precisamente para que se haga uso de él de manera beneficiosa. Por consiguiente, se deduce que, al estar **64** prohibido hacer mención del nombre de Dios para mentir y faltar, por otro lado ordena también usarlo en pro de la verdad y todo bien. Así es, por ejemplo, cuando se jura correctamente, donde es necesario y exigido. De la misma forma ocurre, cuando se enseña correctamente, e igualmente, cuando se invoca el nombre divino en todo tipo de necesidad o, también, para alabar y dar gracias a Dios cuando a uno le va bien, etcétera. Así lo compendia y expone el Salmo 50: «Invócame en el tiempo de la angustia: Te libraré, y tú me honrarás» (Sal. 50:15). Pues todo esto es usar el nombre divino para la verdad y emplearlo para la salvación y así es santificado también su nombre, como se ruega en el Padrenuestro.

392

65   Con lo dicho, tenemos explicado un compendio de todo el segundo mandamiento. Esta manera de comprenderlo resuelve fácilmente la cuestión que a tantos maestros ha preocupado, acerca del motivo de la prohibición de jurar en el evangelio, a pesar de que Jesucristo (Mt. 26:63 y sigtes.), el apóstol Pablo (Gá. 1:20; 2 Co. 1:23) y otros santos varones jurasen repetidas veces. Expliquémoslo brevemente. No debe prestarse juramento para hacer el mal,

66 es decir, para mentir o cuando el jurar es innecesario e inútil. Pero se debe jurar para hacer el bien y en beneficio del prójimo. Tal juramento es una muy buena obra, con la que Dios es alabado; la verdad y el derecho, confirmados; la mentira, refutada; la paz entre los hombres, restablecida; la obediencia, impuesta y la contienda pacificada. Y es Dios mismo el que interviene para

67 diferenciar entre lo justo e injusto, entre lo bueno y lo malo. Si una de las partes jura en falso, ella misma al hacerlo se dicta ya su propia sentencia y no escapará al castigo divino. Aunque se pueda postergar por un cierto tiempo, sin embargo, nada conseguirá. Antes bien, todo lo que gane con ello, se irá

68 de entre las manos y jamás podrá gozarse felizmente. He conocido por la experiencia que quienes se retractaron de la promesa de matrimonio que habían hecho, después no tuvieron ninguna hora buena, ni siquiera un día con salud y se arruinaron tanto en el cuerpo y en el alma como en sus bienes.

69   Por eso, repito y amonesto como anteriormente, acostúmbrese a tiempo a los niños (mediante advertencias, intimidaciones,[49] prohibiciones y castigos) a temer la mentira y, sobre todo, a guardarse de decirla mencionando el nombre de Dios. Si, por el contrario, se deja a los hijos que procedan así, no resultará nada bueno. Así, por ejemplo, tenemos ahora el mundo ante nuestros ojos peor que nunca. No hay gobierno, ni obediencia, ni lealtad, ni fe. En su lugar, se alza una gente irrespetuosa e indomable, a la que ni enseñanzas ni castigos la enmienda.[50] Y todo esto es lo que resulta de la ira y del castigo

70 divinos por este temerario desprecio del mandamiento. Por otro lado, y a la inversa, se los impulsará e incitará también a honrar el nombre de Dios e invocarlo en todo cuanto pueda sobrevenirles y presentárseles ante sus ojos; porque honrar el nombre de Dios es esperar de él todo consuelo e invocarlo para ello. El corazón será, por lo tanto, el que por la fe rinda a Dios el debido honor y después hará lo mismo la boca por medio de la confesión.

71   Invocar el nombre de Dios es una costumbre santa, beneficiosa y, además, muy poderosa contra el diablo que nos rodea sin cesar, acechando la

---

49. *Schrecken*. Obsopoeus: *deterrere* (disuadir, apartar); Ed. Tappert: «*threat*». Ed. de Jacobs: «*terror*». Metzger, ed. de Calw. «*abschrecken*».

50. En su traducción al latín, Obsopoeus dice que en los esfuerzos por instruir y reprender a estas personas *oleum et opera periit* (se gastó en vano el aceite y el trabajo). Esta locución alude a los trabajos nocturnos, y significa que fue en vano cuanto se hizo. Cf. p. ej., Cicerón, *Epistulae ad Atticum*, II, 17, 1: *ne et oleum et opera perierit*.

ocasión cómo podría arrastrarnos al pecado y a la ignominia, a calamidades y angustias. Pero escucha con mucho displacer y no puede permanecer mucho tiempo cuando de todo corazón se nombra e invoca el nombre de Dios. Si Dios no nos preservara, en virtud de la invocación de su santo nombre, ¡qué horribles y abominables desgracias sufriríamos! Yo mismo he intentado y experimentado que, a veces, una gran desgracia que sobrevino de repente, se ha alejado y ha pasado ante dicha invocación. Debiéramos, digo, usar continuamente del nombre de Dios para hacer sufrir al diablo,[51] de modo que no pueda causarnos daño, que es lo que quisiera con gusto.   **72**

También es altamente beneficioso acostumbrarse a encomendar diaria- **73** mente a Dios alma y cuerpo, mujer e hijos y servidores y todo cuanto po- seemos, para las necesidades que pudieran presentarse. Así han comenzado y aún permanecen el *Benedicite,—*, el *Gratias* y otras oraciones vespertinas y matutinas. De ahí viene también la costumbre infantil de persignarse cuando **74** se ve o escucha algo monstruoso o espantoso y decir, al mismo tiempo: «¡Protégeme, Dios y Señor!» o «¡Socórreme, amado Jesucristo!», o expre- siones semejantes. También cabe aquí la costumbre de que se diga: «¡Alabado sea Dios!», cuando nos acaece algo bueno inesperado, por poco que sea, o «esto me lo ha dado Dios». Así en tiempos pasados se enseñaba a los niños a rezar a San Nicolás y a otros santos y ayunar a su honor. Todas estas cosas serían más agradables y placenteras a Dios que la vida monástica y la santidad de los cartujos.[52]

De este modo lúdico e infantil convendría educar a la juventud, para que **75** teman y honren a Dios, de manera que el primero y segundo mandamientos mantengan su vigor y permanente ejercicio. Es indudable que arraigaría algo bueno, crecería y produciría frutos, es decir, se desarrollaría una generación que podría ser gozo y alegría de todo el país. Ésta sería la manera más correcta **76** de educar a la infancia, porque así[53] se puede acostumbrarlos con bondad y placer. En efecto, lo que se tiene que obligar únicamente por la vara y los golpes, no puede dar buenos resultados. Y si se lograra mucho, la piedad así inculcada durará mientras la vara amenace sobre la nuca. Pero esto se arraiga **77**

---

51. *Dem Teufel zu Leid.*

52. La Cartuja es una orden religiosa contemplativa, eremítica y cenobítica (es decir, sus miembros viven entregados a la oración, alejados del mundo, en celdas monacales). Fue fundada por Bruno de Colonia, en 1084, en un lugar despoblado llamado La Chartreuse (latinizado Cartusium, de donde se deriva el nombre de la orden), en las cercanías de Grenoble, Francia. Lutero se refiere con frecuencia a la Cartuja como ejemplo de una orden particularmente austera: Abstinencia total de carne, silencio casi completo, trabajo manual, oración, estudio, tales eran los requisitos que imponía la regla.

53. *Weil.* Puede significar «porque, por cuanto, en tanto que». Cf. A. Götze, *Glossar.* BSLK recomienda *solange man*, «mientras que». Texto lat.: *quando.* Metzger, ed. de Calw: *weil.*

aquí en el corazón, de manera que se teme más a Dios que a la vara y las correas. Lo digo sencillamente para la juventud con el objeto de que lo capte de una vez. Porque si predicamos a los niños, debemos usar también su lenguaje.[54] De esta manera hemos indicado cómo evitar el mal uso del nombre divino y hemos enseñado su utilización correcta. Mas tal uso no se reducirá únicamente a los límites de la palabra, sino que deberá también estar en práctica en la vida, de modo que se conozca que tal cosa agrada de corazón a Dios quien lo recompensará tan generosamente, como castigará severamente el abuso.

TERCER MANDAMIENTO

78

«Santifica el día de reposo»

79

Decimos «día de reposo»,[55] ateniéndonos a la palabra hebrea «sabbat», que significa «festejar»[56] «descansar después del trabajo». Por ello solemos

80

decir *Feierabend machen* o *heiligen Abend geben*.[57] En esto Dios mismo en el Antiguo Testamento escogió el séptimo día y lo instituyó como el día festivo, ordenando que este mismo fuera santificado, más que todos los demás días. Por lo tanto, en lo que se refiere a este reposo exterior, este mandamiento ha sido impuesto únicamente a los judíos. Estaban obligados a no ejecutar grandes faenas y a reposar, a fin de que los hombres y los animales de labor pudieran recobrar sus fuerzas, evitando de tal modo el debilitamiento por un

81

trabajo continuo. Sin embargo, los mismos judíos limitaron mucho el sentido del «sábado» y abusaron de él groseramente, de tal manera que llegaron también a escarnecer a Cristo y no podían soportar las obras que ellos mismos hacían en el sábado, como se lee en el Evangelio.[58] Precisamente, como si con no realizar obra alguna exterior se debiese cumplir el mandamiento, lo que no era la intención, sino por lo contrario que observaran esto: Que debían santificar el día de fiesta o reposo,[59] como lo escucharemos después.

---

54. En el original *lallen*, expresión onomatopéyica que imita la «prelengua» con que las criaturas comienzan a emitar sonidos semiarticulados sin significado (A. Cuvillier, Vocab. de Filosofía).

55. *Feiertag*, lit. día de descanso.

56. *Feiern*, interrumpir el trabajo, descansar. La palabra alemana se usa también con el significado de celebrar (una fiesta), observar, etc.

57. *Feierabend machen*, hacer u observar un feriado, cesar en las labores del día. *Heiligen Abend geben* es conceder un feriado, permitir que se haga un *Feierabend*. Originalmente, el *heiliger Abend* era la víspera de una fiesta. En el alemán de hoy día, *Heiliger Abend* se refiere exclusivamente a la Nochebuena.

58. Mt. 12:1–13; Mr. 2:23–28; 3:2–4; Lc. 6:1–10; 13:10–17; 14:1–6; Jn. 5:9–18; 7:22–23; 9:14–16.

59. *Feier–oder Rugetag* son sinónimos. Al traducir el Tercer Mandamiento, Lutero usó el primero de ellos.

Por consiguiente, no nos atañe como cristianos el sentido verbal externo **82** del presente mandamiento, pues se trata de una cosa totalmente externa,[60] semejante a otros preceptos del Antiguo Testamento relacionados con costumbres, gentes, tiempos y lugares determinados.[61] De todas estas cosas hemos sido librados por Jesucristo. Para poder llegar a una comprensión cristiana **83** de lo que Dios exige en este mandamiento y que sea entendida por las personas sencillas, digamos en primer lugar que la celebración de los días de reposo no es por causa de los cristianos inteligentes y eruditos (pues éstos no lo necesitan), sino, en primer lugar por causa de nuestro cuerpo y por pura necesidad que la misma naturaleza enseña y exige que sea satisfecha por la generalidad; es decir, por los criados y criadas que durante la semana han venido ocupándose de sus faenas y labores y que, por tanto, también necesitan un día para descansar y reponerse. Sin embargo, lo esencial es en dicho día **84** de reposo disponer de la ocasión y el tiempo, que de otro modo no se ofrece, para tomar parte en el culto a Dios, esto es, para juntarnos todos a escuchar y meditar la palabra de Dios y alabarlo, cantarle y orar.

Pero, como digo, esto no está de por sí sujeto a un tiempo determinado, **85** como hacían los judíos, debiendo ser este día o aquel otro, pues ningún día es en sí mismo mejor que otro; por lo contrario, el culto divino debiera celebrarse diariamente. No obstante, la mayoría se ve impedida de hacerlo y ha de escogerse, por lo tanto, por lo menos un día de la semana para ello. Siendo el domingo el día fijado desde la antigüedad, conviene seguir celebrándolo para que exista un orden unánime y para que no se engendre desorden con inútiles innovaciones. La intención simple de este mandamiento es, por **86** consiguiente, ya que de todas maneras hay días de fiesta, que se aprovechen

---

60. *Nach dem groben Verstand.*

61. Cf. el escrito de Lutero *Wider die himmlischen Propheten von den Bildern und Sakrament* («Contra los profetas celestiales acerca de las imágenes y los sacramentos», año 1525, WA XVIII, 81, 7–17): *Darumb ist Bilderie uns Sabbath und alles, was Moses mehr und uber das naturlich Gesetze hat gesetzt, weil s naturlich Gesetz nicht hat, frei, ledig und abe und ist alleine dem judischen Volk in Sonderheit gegeben nicht anders, als wenn ein Kaiser oder König in seim Lande sonderliche Gesetze und Ordenunge machte wie der Sachsenspiegel in Sachsen und doch gliechwohl die gemeinen naturlichen Gesetze durch alle Lande gehen und bleiben als Eltern ehren, nicht morden, nicht ehebrechen, Gott dienen etc. Darumb lass man Mose der Juden Sachsenspiegel sein und uns Heiden unverworren damit, gleichwie Frankreich den Sachsenspiegel nicht achtet und doch in dem naturlichen Gesetze wohl mit ihm stimmet etc.* («Por tanto, lo relativo a las imágenes y el sábado y todo lo demás que Moisés estatuyó más allá y por encima de la ley natural, por no contenerlo la ley natural, queda libre, dispensado y abolido. Se lo dio únicamente al pueblo judío en particular, tal como si un emperador o rey estableciera en su país leyes y ordenanzas especiales, como el Código del Antiguo Derecho Sajón en Sajonia. No obstante, las comunes leyes naturales valen y rigen en todos los países, como, por ejemplo, honrar a los padres, no matar, no adulterar, servir a Dios, etc. Por ello, que sea la ley de Moisés, 'el código sajón de los judíos' y no nos entremezclen con él a nosotros, los gentiles, así como en Francia no se observa el código sajón, pese a concordar con él en la ley natural»; trad. en *Obras de M. Lutero*, Ed. Paidós, Bs. As., vol. V, p. 266).

tales feriados para instruirse en la palabra de Dios. Por lo tanto, la función que es propia a dicho día debe consistir en el ministerio de la predicación, tanto por causa de la juventud como del pobre pueblo. Sin embargo, sería equivocado entender la celebración del día de reposo tan estrechamente como para prohibir la ejecución de algún trabajo casual.

87   Si se te preguntase, ¿qué significa «santificar el día de reposo»?, contestarás así: «Santificar el día de reposo es considerarlo santo». ¿Y qué es, pues, considerarlo santo? No es otra cosa que hablar, obrar y vivir santamente. El día de reposo en sí no precisa de santificación alguna, pues ya fue creado como día santo. Sin embargo, Dios desea que tal día sea santo también para ti. Por consiguiente, de ti dependerá que sea santo o no santo el día de reposo, según tú hagas cosas santas o no santas. ¿Cómo tiene lugar ahora esta san-

88   tificación? No sentándonos detrás de la estufa[62] o haciendo trabajos vulgares[63] o colocándonos una corona sobre la cabeza o poniéndonos el mejor vestido;[64] sino, como antes se indicó, para que nos ocupemos en la palabra de Dios y nos ejercitemos en ella.

89   En verdad, los cristianos deberíamos observar siempre tal día festivo, y hacer cosas santas, esto es, ocuparnos a diario en la palabra de Dios teniéndola tanto en el corazón como en los labios. Pero, como se dijo, no todos disponemos del tiempo y del ocio, por eso debemos dedicar algunas horas de la semana a la juventud, o por lo menos un día entero para todo el pueblo, con objeto de preocuparse en esto sólo y que se estudien precisamente y mediten los Diez Mandamientos, el Credo y el Padrenuestro, dirigiendo así

90   toda nuestra vida y ser por la palabra divina. Cualquiera sea el tiempo en que estas cosas estén en vigor y sean practicadas, se observa un verdadero día de reposo; en otro caso, no deberá ser llamado día festivo cristiano. Porque quienes no son cristianos[65] también saben festejar y descansar, igual que ese enjambre de nuestros clérigos que se pasan el día en la iglesia; cantan, tocan, pero jamás santifican el día de reposo, pues ni predican, ni se ejercitan en la palabra de Dios, antes al contrario, enseñan y viven en contra de la misma.

91   En efecto, la palabra de Dios es la cosa más santa de todas las cosas

---

62. La trad. latina agrega: *compressis manibus* (mano sobre mano). Cf. Tito Livio VII, 13:7: *compressis, quod aiunt, manibus sedere*, i.e. estar ocioso, de brazos cruzados.

63. *Grobe Erbeit*, trabajo que requiere poca inteligencia de parte de quien lo realiza.

64. Así se engalanaban los hombres y las mujeres para ir al baile.

65. *Unchristen*. Texto latino: *Ii, qui a Christo omnique pietate sunt alienissimi* («Aquellos que están enteramente alejados de Cristo y de toda piedad»).

santas.[66] Todavía más: Ella es lo único que los cristianos conocemos y poseemos. Si reuniésemos todos los huesos y vestiduras santas y consagradas, de todos los santos, de nada nos ayudarían, pues son cosas muertas y que no pueden santificarnos. Pero la palabra de Dios es el tesoro que todo lo santifica y, también, lo que ha santificado a todos los santos. Ahora bien: Las horas **92** dedicadas a la palabra de Dios, ora predicándola ora escuchándola, ora leyéndola, ora meditándola, son una ocupación que santifica a la persona, el día y la obra; mas no por la mera obra exterior, sino por la palabra de Dios que nos hace santos a todos. Por eso, digo sin cesar que toda nuestra vida y obra tienen que dirigirse por la palabra de Dios si es que han de ser agradables a Dios o santas. Donde esto ocurre, este mandamiento se cumple en su fuerza y plenitud. Por lo contrario, toda cosa y obra que se dirige fuera de la palabra **93** de Dios son ante Dios no santas,[67] aunque aparezcan y resplandezcan como quiera y si bien se les recubre de santidad, como hacen los ficticios estados religiosos[68] que no conocen la palabra de Dios y buscan la santificación en sus obras.

Ten en cuenta, pues, que la fuerza y el poder de este mandamiento no **94** consiste en la celebración, sino en la santificación del día festivo de manera que este día tenga una santa actividad especial. Otras actividades y negocios no pueden calificarse propiamente de actividades santas, a no ser que el hombre que las ejecute sea ya de antemano santo; mientras que aquí se debe realizar una tal obra mediante la cual el hombre mismo se santifique, lo cual, como ya se dijo, sucede solamente en virtud de la palabra de Dios. Y para este fin se han instituido y determinado lugares, tiempos y personas, así como también todo el culto divino exterior, con el objeto de que estas cosas estén también en vigor públicamente.

---

66. *Das Heiligtumb über alle Heiligtumb* (en alemán moderno: *das Heiligtum über alle Heiligtümer*). En el alemán de Lutero, *Heiligtum* (o *Heiltumb*) es «reliquia» (cf. A. Götze, *Glossar*). En cuanto a la expresión «reliquia de las reliquias» cf. WATR V, No. 6288, donde hallamos la siguiente «plática de sobremesa»: «*Wie das Hohelied Salomonis canticum canticorum, ein Gesang uber alle Gesänge genennet wird, also sei decalogus doctrina doctrinarum, ein Lehre uber alle Lehre . . .. Symbolum . . . est historia historiarum, ein Historien uber alle Historien, die allerhöchste historia . . . Oratio Dominica . . . est oratio orationum, ein Gebet uber alle Gebet, das allerhochste Gebet . . . Sacramenta sunt ceremoniae ceremoniarum, die hochsten Zeremonien*» («Así como al Cántico de Salomón lo llaman *canticum canticorum*, Cantar de los Cantares, así el Decálogo es *doctrina doctrinarum*, la doctrina de las doctrinas . . . *Symbolum* . . . *est historia historiarum*, historia de las historias, la historia más excelsa . . ., *Oratio Dominica . . . est oratio orationum*, la oración de las oraciones, la más excelente de las oraciones . . .,*Sacramenta sunt ceremoniae ceremoniarum*, las ceremonias más sublimes»).

67. *Unheilig*. Texto lat.: *res . . . profana et inmunda*. Más adecuado que «profano e inmundo» sería el neologismo «insanto» como antónimo de «santo».

68. Cf. el título del escrito de Lutero: *Wider den falsch genannten geistlichen Stand des Papsts und der Bischofe* («Contra el estado mal llamado 'espiritual' del papa y de los obispos», año 1522). Texto lat.: *ficti atque excogitati religiosorum ordines*.

95   Dado que la palabra de Dios es tan importante que sin ella no es posible ser santificado el día de reposo, debemos saber que Dios quiere que severamente se cumpla este mandamiento y castiga a todos los que menosprecian su palabra y no quieren oírla y aprenderla, especialmente en el día fijado para

96   esto. De aquí que no pequen contra este mandamiento únicamente quienes lo usen groseramente en indebida forma profanándolo como, por ejemplo, hacen los que se dispensan de escuchar la palabra divina por avaricia o por ligereza o están en las tabernas locos y beodos como los puercos; sino que también quebrantan el mandamiento un sinnúmero de personas que oyen la palabra de Dios como una nadería cualquiera o que sólo por costumbre asisten al sermón y entran y salen de la iglesia de tal modo que, al cabo del año, saben

97   tanto como al principio. En efecto, hasta ahora se ha pensado que se había celebrado bien, si el domingo se acudía a la misa o a oír la lectura del evangelio.[69] Sin embargo, nadie se preocupaba por la palabra de Dios, como tampoco nadie la enseñaba. Pero hoy que tenemos la palabra de Dios, tampoco se ha suprimido el mal uso de la misa. Sin cesar se nos predica y amonesta,

98   pero la escuchamos sin seriedad y preocupación. Aprende, por lo tanto, que no se trata únicamente de oír, sino sobre todo, de aprender y retener lo aprendido y no pienses tampoco que pueda depender de tu arbitrio o que no tenga gran importancia, antes bien, trátase del mandamiento de Dios que te exigirá cómo escuchaste, aprendiste y honraste su palabra.[70]

99   También será preciso censurar a los espíritus presumidos[71] que, después de haber oído uno o dos sermones, se hartan y están saciados, como si ya lo supieran todo y no precisasen de maestro alguno. Se trata del pecado que hasta hoy figuraba entre los pecados mortales con el nombre de *akidía*,[72]

---

69. El evangelio, así como también el resto de la misa, se leía o cantaba en latín. El que no quería asistir a la misa entera, presenciaba por lo menos la lectura del evangelio.

70. *Der es fodern wird, wie Du sein Wort gehört, gelernet und geehret habst.* La mayoría de las ediciones tienen *fördern* en vez de *fordern.* El verbo «fodern» tenía ambos sentidos (cf. A. Götze, *Glossar*). Está visto que Obsopoeus entendió *fodern* en el sentido en que aparece en nuestra traducción: *que aliquando . . . rationem tecum initurus est* («que algún día habrá de pedirte cuenta . . .»).

71. *Die ekelen Geister* («los espíritus delicados, hartados, indolentes»). Texto lat.: *illi delicati et fastidiosi spiritus.*

72. En el original alemán *Akidia.* El traductor al latín transcribió la forma griega *akedía.* Lutero escribió *akidia* porque seguía el itacismo, sistema reuchliniano de pronunciar los fonemas «e» del griego antiguo como «i» larga. (Después de 1528, año en que Erasmo de Rotterdam publicó, en Basilea, su *Dialogus de recta Latini Graecique pronuntiatione*, llegó a predominar en Alemania el sistema erasmiano [o al menos atribuido a Erasmo] o etacismo, en que se pronuncia la eta como «e» larga.) El término (español) «acidia» o «acedia», del griego *a–kedeia*, «sin cuidado», designa lo que se podría describir como apatía o fastidio espiritual. La acidia figura en segundo lugar en el acróstico mnemónico SALIGIA, formado con las letras iniciales de los siete *vitia principalia* (*superbia, acedia, luxuria, ira, gula, invidia, avaritia*). En la literatura mística de la baja Edad Media se implantó, de acuerdo con el uso lingüístico popular, la designación «pecado mortal» (cf. Hans–Jürgen Prien, en *Zeitschrift für Kirchengeschichte*, vol. 83,

palabra griega que significa pereza o saciedad, una peste odiosa y dañina con la que el diablo embauca y engaña muchos corazones para sorprendernos y sustraernos secretamente la palabra de Dios.

En efecto, considera esto como una afirmación: Aunque todo lo hicieras 100 de la mejor manera posible y fueras maestro de todas las cosas, no por eso dejas de morar diariamente en el reino del diablo. Éste no descansa día y noche para acecharte (Ap. 12:10; 1 P. 5:8) y encender en ti la incredulidad y malos pensamientos contrarios a lo que aquí acabamos de exponer y a todos los mandamientos. Por eso es imprescindible que tengas en tu corazón, en todo momento, la palabra de Dios; en tus labios, en tus oídos. Pero si tu corazón está ocioso y la palabra de Dios no suena, el diablo se abrirá paso y te dañará aun antes de que puedas advertirlo. Por lo contrario, la palabra 101 posee la fuerza cuando se le considera con seriedad, se escucha y trata, de no pasar estéril, sino también de despertar incesantemente una comprensión, un goce y una devoción nuevos, suscitando un corazón y pensamientos puros. Porque no es un conjunto de palabras ineficaces o muertas, sino activas y vivas. Y si no nos impulsara ningún otro provecho o necesidad, debería incitar 102 a cualquiera el hecho de que el diablo mediante la palabra de Dios es espantado y ahuyentado, lográndose además que se cumpla este mandamiento, agradando con ello a Dios más que con todas las otras obras hipócritas que resplandecen.

CUARTO MANDAMIENTO

Hasta ahora hemos aprendido los tres mandamientos que están dirigidos 103 hacia Dios. Primero que nos confiemos en él, temiéndole y amándole de todo corazón durante toda nuestra vida. Segundo, que no abusemos de su nombre santo para mentir o para cualquier acción mala, sino en su alabanza, y para beneficio y salvación del prójimo y de nosotros mismos. Tercero, que en el día de reposo o de fiesta nos preocupemos y practiquemos diligentemente la palabra de Dios, a fin de que todos nuestros actos y nuestra vida se guíen por la misma. A estos mandamientos siguen siete que se refieren a nuestro prójimo. Entre los siete mandamientos es el primero y principal:

«Honra a tu padre y a tu madre» 104

Entre todos los estados que a Dios están supeditados, ha recibido especial 105 galardón el estado de padre y madre. Dios no ordena sencillamente que se ame a los padres, sino que se los honre. Respecto a nuestros hermanos, hermanas y a nuestro prójimo en general, no ordena una cosa más alta sino

---

fasc. 3, 1972, p. 380). Resp. de los *vitia principalia* vid. Tomás de Aquino, *Summa Theologiae* II, q. 84, a. 4, concl.

que los amemos. De esta manera, pues, Dios ha separado a los padres y los ha distinguido entre todas las demás personas sobre la tierra y los coloca junto a sí. Porque honrar una cosa es mucho más que amarla, toda vez que el honrar incluye no solamente el amor, sino también una disciplina, la humildad y el temor, como hacia una majestad que se oculta en ellos. Honrar no exige solamente que se les hable de una manera amistosa y con respeto, sino que principalmente se adopte una actitud de conjunto tanto del corazón como del cuerpo, mostrando que se les estima mucho y considerándolos como la más alta autoridad después de Dios. Porque cuando se honra a alguien de corazón, se le debe considerar alto y elevado. Es, pues, preciso inculcar a los jóvenes que deben tener ante sus ojos a los padres en el lugar de Dios y pensar que, por modestos, pobres, débiles y raros que sean, Dios, sin embargo, se los ha dado por padres. Su conducta o sus faltas no los privan de estos honores; porque no hay que atender a las personas como son, sino a la voluntad de Dios que está creando y arreglando todo en esta manera. Si bien para Dios todos somos iguales; no obstante, entre nosotros, las cosas no podrían ser sin tal desigualdad y diferencia de rango. Por eso, Dios ha ordenado que se respeten tales diferencias; que tú seas obediente hacia mí, si soy tu padre y que yo tenga la autoridad.

Conviene, por consiguiente, saber en primer lugar en qué consiste la honra hacia los padres, según lo ordena el presente mandamiento. Se considerará a los padres ante todo en forma excelente y digna, como el mayor tesoro sobre la tierra. Luego a los padres se les hablará en forma disciplinada, sin irritación ni terquedad, sin pedir explicaciones, sin malos modos; sino al contrario, callando y concediéndoles la razón, aunque se extralimiten.[73] Después se los honrará con obras, esto es, con el cuerpo y bienes materiales, sirviéndoles, ayudándoles y cuidándolos cuando sean ya ancianos, se encuentren enfermos, débiles o pobres. Y no es suficiente hacerlo todo con gusto, sino al mismo tiempo con humildad y respeto, como si se hiciese en presencia de Dios mismo. El hijo que sabe cómo ha de tenerlos en su corazón, no consentirá que sufran penurias o hambre, antes bien los pondrá por encima de sí mismo y junto a sí, compartiendo con ellos lo que posee y cuanto puede dar.

Mira y advierte, en segundo lugar, cuán grande bien y qué obra tan santa se propone aquí a los hijos, que desgraciadamente se desprecia mucho y se echa al viento, y nadie capta que Dios ha mandado estas cosas y que son una palabra y doctrina divinas y santas. De haberlo considerado así, pudiera haber deducido cualquiera que quienes vivieran conforme a este mandamiento ha-

---

73. *Ob sie gleich zu viel tun.* BSLK: «*auch wenn sie den Bogen überspannen*»—aun cuando tienden demasiado el arco, i.e., llevan las cosas al extremo.

brían de ser santos y no se habría necesitado la vida monacal o los estados religiosos. Cada hijo se habría atenido a este mandamiento y podría haber dirigido su conciencia hacia Dios diciendo: «Si es preciso que haga obras buenas y santas, no conozco ninguna mejor que el honrar y el obedecer a mis padres, porque Dios mismo lo ha ordenado. Pues lo que Dios ha ordenado **113** debe ser mayor y más digno que todo lo que nosotros mismos podamos imaginar. Y no pudiendo encontrar ni mejor ni mayor maestro que Dios, tampoco habrá mejor doctrina que la que él da. Ahora bien, Dios enseña abundantemente lo que debe hacerse para realizar obras honradas y buenas y en el hecho de que las ordena demuestra que se complace en ellas. Pero, si es Dios el que lo prescribe y si no puede presentar nada mejor, entonces yo no lo podré hacer mejor».

Mira, de este modo se hubiera podido instruir bien a un hijo piadoso, edu- **114** cado para la salvación y reteniéndolo en el hogar, obediente y servicial a sus padres, de modo que se habría visto en ello bien y alegría. Sin embargo, no se vio la necesidad de dar valor al mandamiento divino, sino que se le descuidó, pasando rápidamente sobre él, de modo que no había hijo capaz de reflexionar sobre el mismo; mientras tanto se ha admirado lo que nosotros mismos hemos instituido, sin haber pedido de ningún modo consejo de Dios sobre ello.

Es preciso, pues, en nombre de Dios, que aprendamos la necesidad de **115** que los jóvenes aparten sus ojos de todo lo demás, para poner la mira ante todo en este mandamiento. Si quieren servir a Dios con obras verdadera- mente buenas, que hagan lo que a sus padres o quienes los representan sea agradable. El hijo que así lo entienda y practique, tendrá primeramente gran consuelo en su corazón de que pueda decir alegremente y ensalzarse (en contra y a pesar de todos los que hacen uso de aquellas obras que ellos mis- mos han escogido) diciendo: «Mira, esta obra le agrada a mi Dios que está en el cielo; yo lo sé en verdad». Deja que avancen y se glorifiquen todos en **116** conjunto de sus obras numerosas, grandes, penosas, difíciles. Ya veremos si han logrado realizar obra mayor y más digna que la obediencia a los padres, que Dios ha impuesto y promulgado junto a la que él exige que se tenga para con su divina majestad. Por consiguiente, si la palabra de Dios y su voluntad se cumplen y son ejecutadas, nada debe tener más valor después que la pa- labra y voluntad paternales. No obstante, esta obediencia está supeditada a la debida a Dios y de ningún modo contradecirá a los primeros tres man- damientos.

Aquí debes alegrarte de corazón y mostrar gratitud a Dios por haberte **117** escogido y hecho digno de realizar una obra de tal modo inapreciable y agradable a sus ojos. Considérala como obra grande y valiosa (aunque sea estimada como la menor y la más despreciable de todas), mas no por nues- tra dignidad, sino porque cabe dentro del tesoro y santuario,[74] a saber, la palabra

---

74. *Heiligtumb*. Vid. Mandamientos, III, 91, nota 66.

118 y el mandamiento de Dios de los cuales deriva su vigor. ¡Oh, cuánto darían los cartujos,[75] los monjes y las monjas, si con toda su vida espiritual pudieran presentarse delante de Dios mostrando una sola obra buena hecha conforme al mandamiento divino y si pudieran exclamar con corazón alegre ante sus ojos: «Yo sé ahora que te complaces en esta obra»! ¿Qué harán estos pobres y miserables el día que ante Dios y el mundo entero hayan de sonrojarse avergonzados por un niño que haya vivido según el cuarto mandamiento y confesar que ellos, con toda su vida, no han sido dignos de mirar a ese niño

119 a la cara?[76] Pero, se lo tienen bien merecido, pues han trastornado las cosas diabólicamente y han pisoteado así el mandamiento divino, teniéndose que martirizar vanamente con obras que ellos mismos inventaron para obtener, además, burlas y perjuicios como recompensa.

120 El corazón debería brincar y rebosar de alegría cuando fuera al trabajo e hiciera lo que Dios le hubiera ordenado, pudiendo decir luego: «Esto es preferible a toda la santidad de los cartujos, aunque quienes la practiquen se maten ayunando y sin cesar recen de rodillas». Aquí tienes tú un texto cierto y un testimonio divino de que él ha ordenado esto, pero ninguna palabra ha prescrito aquello (aquella vida). Pero, la desgracia y lamentable ceguedad del mundo es que nadie quiere creer tal cosa. Así nos ha embaucado el demonio

121 con la falsa santidad y la apariencia que tienen las propias obras. Por esta razón, repito, desearía que anduviésemos más alerta, tomando con todo corazón esto, a fin de que un día no seamos arrastrados de nuevo de la pura palabra de Dios a las mentiras del diablo. Resultaría seguramente que también los padres tendrían en el hogar más alegría, amor, amistad y concordia y los

122 hijos podrían ganar todo el corazón de sus padres. Pero si en lugar de eso los hijos son tercos, no hacen lo que deben, a menos que se les obligue a ello con la vara, irritarán a Dios y a los padres y, con esto, perderán a la vez tal tesoro y tal alegría de su propia conciencia y no reunirán más que desdichas.

123 Así ocurre ahora en el mundo, que cada uno se queja de que tanto los jóvenes como los viejos se comporten salvaje y desenfrenadamente, sin temor ni respeto; no hacen nada, si no es a fuerza de golpes y unos a espaldas de los otros se calumnian y se denigran todo lo que pueden. De ahí viene también que Dios castigue, de modo que caigan en toda clase de desgracias y miserias.

124 Los padres mismos en general no saben nada; un tonto educa al otro. Como ellos mismos han vivido, así viven los hijos.

---

75. Vid. Mandamientos, II, 74, nota 52. Obsopoeus escribe «carmelitas» en vez de cartujos, aquí y más adelante, sección 120; Mandamientos, V, 115; Bautismo, 11.

76. *Dass sie nicht wert sind gewesen, ihm das Wasser su reichen.* El traductor latino recurrió a una expresión de los *Epigramas* de Marcial: *sese non dignos esse, qui illi vel matulam porrigant* (« . . . de alcanzarle el orinal»). La frase alemana «*einem nicht das Wasser reichen können*» significa «ser muy inferior, no llegarle a la suela del zapato».

Esto, repito, debe ser la primera y mayor cosa que tenga que impulsarnos **125** a cumplir este mandamiento. Por lo cual, si no tuviéramos padres, deberíamos desear que Dios nos presentara un trozo de madera o piedras para que los denomináramos padre y madre. ¿Cuánto mayor debería ser, por tanto, nuestra satisfacción, puesto que nos ha dado padres de carne y hueso a quienes podemos demostrar obediencia y honra? Porque, como sabemos, esto agrada a la divina majestad y a todos los ángeles, mientras que a todos los demonios les disgusta sobremanera. Además, es la obra más grande que se puede hacer **126** después del culto supremo debido a Dios, comprendido en los mandamientos precedentes, de manera que obras como el dar limosnas y todas las otras semejantes en beneficio del prójimo no se le igualan. Dios mismo ha establecido el estado paternal en el lugar supremo, colocándolo en su representación en la tierra. El hecho de conocer a este respecto la voluntad y el agrado divinos, debiera ser motivo y estimulante suficientes para que hiciéramos lo que pudiéramos con voluntad y placer. Por otro lado, estamos obligados **127** también ante el mundo de mostrarnos agradecidos por las bondades y todos los bienes que tenemos de nuestros padres. Pero aquí una vez más impera el **128** diablo en el mundo, de modo que los hijos olvidan a sus padres, así como nosotros todos olvidamos a Dios y nadie piensa que él es quien nos alimenta, preserva y defiende y nos da tantos y tantos bienes en el cuerpo y en el alma. Es principalmente cuando nos sobreviene una hora mala que nos irritamos y murmuramos impacientes, como si estuviera perdido todo lo bueno que hemos recibido en toda nuestra vida. De la misma forma actuamos también con nuestros padres. No hay hijo capaz de reconocer y recapacitar lo que a sus padres debe, a no ser que le ilumine el Espíritu Santo. Dios conoce bien esta **129** mala naturaleza del mundo, por eso se lo recuerda y lo conduce mediante mandamientos, de modo que todo hijo piense en lo que sus padres han hecho por él. Así descubrirá que ha recibido de ellos el cuerpo y la vida, y, además, que lo alimentaron y educaron también; que de no haberlo hecho de este modo el hijo hubiera perecido cien veces en su propia miseria. Por tal motivo decían **130** bien y con razón los sabios de la antigüedad: «*Deo, parentibus et magistris non potest satis gratiae rependi*», lo cual significa: «Nunca podrá agradecerse y recompensar suficientemente a Dios, a los padres y a los maestros».[77] Todo

---

77. En su ensayo *Eine Predigt, dass man Kinder zur Schulen halten solle* (año 1530; muchos ensayos de Lutero llevan el nombre *Predigt*, sermón), Lutero atribuye estas palabras al filósofo Aristóteles (WA XXXII 579, 29–31): *Einen fleissigen, frummen Schulmeister oder Magister oder wer es ist, der Knaben treulich zeucht und lehret, dem kann man nimmermehr gnug lohnen und mit keinem Gelde bezahlen, wie auch der Heide Aristoteles sagt.* («A un preceptor o maestro diligente y piadoso, o quien sea que eduque y enseñe fielmente a los niños, nunca se le puede retribuir suficientemente ni remunerar con dinero, como también dice el pagano Aristóteles», trad. de *Obras de M. Lutero*, Ed. Paidós, Bs.As., vol. VII, *Sermón para que se manden a los hijos a la escuela*, p.75, 7–10).

131   aquel que considere esto y reflexione, honrará sin que se le obligue a sus padres, y los llevará en palmitas,[78] como siendo por ellos que le ha otorgado Dios todos los beneficios.

    Aparte de todo esto, debe existir un motivo grande para estimularnos aun más, es decir, que Dios ha unido a este mandamiento una dulce promesa y dice: «Con el fin de que tú tengas una larga vida en la tierra donde habitas»

132   (Éx. 20:12; Dt. 5:16). Tu mismo ves qué importancia grande Dios da a este mandamiento; porque no expresa Dios solamente que esto le agrada y que en ello tiene alegría y placer, sino también que para nosotros las cosas deben tornarse favorables y desarrollarse para lo mejor, de tal manera que podamos

133   llevar una vida pacífica y dulce, rodeada de toda clase de bienes. Por eso, el apóstol Pablo en el capítulo 6 de la Epístola a los Efesios, pone mucho de relieve y ensalza esto cuando dice: «Este es el primer mandamiento con promesa; te vaya bien, y seas de larga vida sobre la tierra» (Ef. 6:2–3). En efecto, aunque los otros mandamientos tienen contenida también su promesa, en ningún otro está puesta de un modo tan claro y expreso.

134   Ahí tienes tú ahora el fruto y la recompensa: El que lo cumple, deberá tener días dichosos, felicidad y bienestar. Por lo contrario, quien es desobediente tendrá castigo, perecerá más pronto y vivirá sin alegrías. La Escritura entiende por «ser de larga vida», no sólo alcanzar una edad avanzada, sino también tener todo lo que a una larga vida corresponde, como ser: Salud, mujer e hijos, alimento, paz, buen gobierno, etc., en fin, cosas sin las cuales

135   ni es posible disfrutar alegremente de la vida ni subsistir a la larga. ¿No quieres obedecer a tus padres ni dejar que te eduquen?, entonces, obedece al verdugo. Y si no obedeces a éste, tendrás que acatar al que te hará salir con

136   los pies para adelante,[79] es decir, la muerte. En resumen, pues, esto es lo que Dios quiere tener: O bien le obedeces, amas y sirves y te lo recompensará generosamente con toda clase de bienes; o bien, provocas su ira y entonces te enviará la muerte y el verdugo. Si no es por culpa de la desobediencia y

137   de la resistencia a la educación con bondad,[80] ¿cómo se explica el sinnúmero de malvados que diariamente tienen que acabar en la horca, bajo el hacha o

---

78. *Wird sie auf den Händen tragen*, lit. «los llevará sobre las manos». Texto latino: *in sinu (quod ajunt) gestare ac manibus* (llevar en el seno, como dicen, y con las manos, i.e., tratar con mucho cariño, mimar a alguien). Cf. Terencio, *Adelphi* 4, 5, 75: *hiccine non gestandus in sinu est?*

79. En el original *Streckebein*, «estirapatas», término que, particularmente en el bajo alemán, evoca la idea de la muerte. En los escritos de Lutero, esta palabra del idioma popular aparece más de una vez.

80. *Schälke—Bösewichte*, malvados.

el potro?[81] Son ellos mismos quienes, al atraerse el castigo de Dios, llegan a tal fin que se ve su desdicha y su dolor. Estas personas depravadas mueren rara vez de muerte natural o cuando viene su hora.

Los piadosos y obedientes, sin embargo, tienen la bendición de que viven muchos años en toda paz, y les es dado (como se ha dicho antes) ver hasta la tercera y cuarta generación. Enseña la experiencia que donde hay familias antiguas y distinguidas que están en la abundancia y cuentan con numerosos hijos, proceden de quienes, en su tiempo, fueron debidamente educados y siempre tienen a sus padres como ejemplo. Por lo contrario, dice el Salmo 109 acerca de los impíos: «Su posteridad sea destruida; en la segunda generación sea borrado su nombre» (Sal. 109:13). Ten siempre en cuenta la gran importancia que Dios da a la obediencia, a la cual ha colocado en lugar alto; tiene él mismo en ella gran placer y la recompensa abundantemente y, además, castiga tan severamente a los que hacen lo contrario. Digo todo esto a fin de que sea inculcado a la juventud, pues nadie cree en la necesidad de este mandamiento y tampoco fue estimado ni enseñado mientras estábamos bajo el papado. Como se trata de palabras sencillas, cada cual piensa entender bien su sentido y por esto no se tiene singular atención en ellas, sino que se pone la mira en otras cosas. No se advierte, ni se cree tampoco que al pasarlo por alto se provoca la ira de Dios ni que se realiza una obra tan preciosa y agradable cuando se adhiere a este mandamiento.

También comprende el cuarto mandamiento la obediencia en sus diversas clases, que se debe a los superiores que tienen que ordenar y gobernar. De la autoridad de los padres emana y se extiende toda la demás autoridad humana. Si un padre, por ejemplo, se ve imposibilitado de educar por sí solo a su hijo, toma un maestro para instruirlo. Si el mismo padre estuviese muy débil, se procura la ayuda de sus amigos y vecinos, y si muere, confía y transmite el gobierno y el poder a otros colocados para este propósito. Asimismo, el padre debe tener autoridad sobre la servidumbre, sirvientes y sirvientas, para el gobierno de la casa. De modo que todos los llamados «señores» representan a los padres de los cuales deben recibir la fuerza y el poder de gobernar. Por eso, según la Escritura, se denominan «padres» como quienes en su gobierno tienen la función de padre, debiendo tener también un corazón paternal hacia los suyos. De igual modo, los romanos y otros pueblos solían llamar a los «señores» y «señoras» de la casa *patres et matres familias* o sea: «Padres y madres de la casa». De aquí que a los príncipes y gobernadores se les llamara también *Patres patriae*, que significa: «Padres de todo el país»,

138

139

140

141

142

---

81. *Radbrechen*. También *auf die reder legen, auf ein rad sizen, auf ein rad kumen*. En el alemán moderno, *rädern*, imponer el suplicio de la rueda, que consistía en fracturar los miembros del reo (de ahí el *Rad–brechen* en el texto de Lutero) y luego dejarlo morir atado a una rueda.

para vergüenza de los que queremos ser cristianos, pues nosotros no les damos tales nombres a las autoridades o ni siquiera las estimamos y honramos como padres.

143   Los miembros pertenecientes a la casa deben también a los padres lo mismo que los hijos; es decir, los criados y criadas deberán cuidar de ser no solamente obedientes a sus señores, sino que honrarán cual si se tratase de sus propios padres y de la misma forma harán todo cuanto saben que de ellos se quiere tener, no por obligación y en contra de su voluntad, sino con placer y alegría, precisamente por el motivo dicho antes, por ser mandamiento de

144   Dios y por ser la obra que a Dios más agrada que todas las demás. Aunque sólo fuera esto, los criados deberían pagar aun a sus amos y estar satisfechos de poder tenerles, de poseer una conciencia feliz y de saber cómo hay que realizar las verdaderas obras de oro que hasta hoy se tenían por insignificantes y despreciables, mientras que cada cual en nombre del diablo se apresuraba a entrar en un convento, a hacer una larga peregrinación o a comprar indulgencias, en perjuicio propio y con mala conciencia.

145   ¡Ah, si se pudiera grabar esto en la mente del pobre pueblo! Una sirvienta brincaría de gozo, alabando y dando gracias a Dios y adquiriría con su labor cuidadosa (por lo cual recibe regularmente la comida y el salario) un verdadero tesoro que no tienen todos aquellos a quienes se considera como los mayores santos. ¿No es, acaso, una excelente gloria poder saber y afirmar: «Si tú cumples las faenas domésticas diarias, esto vale más que la santidad y la vida

146   austera de todos los monjes»? Además, tienes la promesa de que todo te debe resultar con éxito y para tu bienestar. ¿Cómo podrías hallarte más apto para

147   la salvación y vivir más santamente en lo que de las obras depende? Porque propiamente la fe santifica ante Dios y la fe sirve sólo a Dios, mientras que

148   las obras están al servicio de los hombres. Por consiguiente, tienes toda clase de bienes, protección y defensa bajo el Señor, una conciencia alegre y además un Dios misericordioso que te lo recompensará centúplicamente, y si eres piadoso y obediente, puedes considerarte como un hidalgo. Pero, en caso contrario, no tienes primeramente más que la ira y la inclemencia de Dios, ninguna paz en tu corazón y luego, todas las calamidades y desgracias. A quien no conmuevan y vuelvan piadoso las razones expuestas, tendremos que

149   encomendarlo al verdugo y al que hace salir con los pies para adelante. Por eso, piense todo aquel que se quiere dejar instruir que Dios no es una broma. Debes saber que Dios habla contigo y exige obediencia. Si tú le obedeces, entonces eres el hijo amado. Pero, si tú desprecias estas cosas, entonces recibes como recompensa la deshonra, la miseria y el dolor.

150   Lo mismo hay que decir respecto a la obediencia que se debe a la autoridad secular, la cual (como se dijo) está toda comprendida dentro del estado de paternidad y se extiende extremadamente lejos. Porque aquí no se trata de

un padre en particular, sino de un padre que se multiplica en relación con el número de habitantes, ciudadanos o súbditos del país entero. Pues Dios, mediante ella, como mediante nuestros padres nos da y nos conserva nuestro alimento, nuestro hogar, nuestra hacienda y la protección y la seguridad. Es por el hecho de que la autoridad secular lleva nombre y títulos tales, como su más preciada loa con todos los honores, que estamos también obligados a honrarla y a estimarla en grado sumo, como si fuera el mayor tesoro y más preciosa joya en este mundo.

Quien aquí se muestra presto y servicial y hace con gusto todo lo que 151 concierne al honor, sabe lo que agrada a Dios y que la alegría y felicidad serán su recompensa. Pero, si no quiere hacerlo con amor, sino despreciar y oponerse o hacer ruido, que sepa también, por lo contrario, que no tendrá gracia ni bendición divinas. El que piensa con ello ganar una onza, debe saber que luego perderá diez veces más por otro lado, o acabará en manos del verdugo o morirá en la guerra, o en una peste, o por la inflación, o no verá nada bueno en sus hijos o tendrá que sufrir perjuicios, injusticias y violencias por parte de sus propios criados, de sus vecinos, de extraños y de tiranos, de manera que nos sea pagado lo que merecemos y que nos llegue lo que buscamos.

Si a lo menos prestásemos oídos una vez siquiera cuando se nos afirma 152 que aquellas obras complacen a Dios y logran rica recompensa, entonces estaríamos en la opulencia y tendríamos lo que nuestro corazón desea. Sin embargo, dado que se desprecian la palabra y el mandamiento de Dios, como si hablase un charlatán cualquiera,[82] veamos si eres el hombre capaz de hacerle frente. ¡Qué difícil le sería a Dios recompensarte! Por eso, es preferible que 153 vivas con la benevolencia de Dios, la paz y la felicidad, a estar expuesto a la inclemencia y a la desdicha. ¿Por qué, crees tú, que el mundo actualmente 154 está lleno de deslealtad, vergüenzas, miserias y crímenes, si no es porque cada cual quiere ser su propio señor, libre de toda autoridad, sin cuidarse poco ni mucho de los demás, y hacer lo que le plazca? De ahí viene que Dios castigue a un perverso por medio de otro. O sea, si engañas o menosprecias a tu señor, vendrá otro que hará lo mismo contigo, de modo que tengas que sufrir diez veces más en tu propio hogar, acaso por parte de tu mujer, tus hijos y tus criados.

Sentimos bien nuestra desdicha y murmuramos y nos quejamos contra 155

---

82. *Holhipler*, en el original. BSLK: Waffelverkäufer, Gassenjunge, Schwätzer (vendedor de barquillos o «waffles», muchacho de la calle, charlatán). Cf. A. Götze, *Glossar: Holhippe— Waffel*. Obsopoeus: *quasi Cares quispiam aut Thressis homuncio illud dixisset sanxissetque* («como si esto lo hubiera dicho y ordenado un 'tipo' cualquiera de Caria o de Tracia»). Los habitantes de Caria, provincia de Asia Menor, tenían fama de ser desleales. A los de Tracia se los consideraba rudos e insensibles.

la infidelidad, la agresión y la injusticia, pero no queremos ver que nosotros mismos somos unos perversos, que tenemos bien merecido el castigo sin que por él nos hayamos corregido de ninguna manera. No queremos aceptar la gracia, ni la dicha y de aquí proviene que no tengamos sino una desgracia

156 tras otra como nos corresponde sin ninguna misericordia. Debe existir en alguna parte en el mundo gente piadosa, ya que Dios nos deja tantos bienes. Que si de nosotros dependiera, no deberíamos tener ningún céntimo en nuestra

157 casa, ni una brizna de paja en el campo. He tenido que exponer ampliamente todo esto para que alguna vez alguien lo tome de corazón y para que seamos liberados de la ceguedad y las calamidades en que nos vemos profundamente sumidos y reconozcamos verdaderamente la palabra y la voluntad de Dios y las aceptemos con seriedad. Porque de eso aprenderíamos cómo podríamos tener bastante alegría, dicha y salvación ahora y para siempre.

158 Tres clases de padres hemos presentado en este mandamiento: Los que son por la sangre, los que son en el hogar y los que son en el país. Hay, además, padres espirituales, pero no lo son los que tuvimos bajo el papado, es decir, aquellos que se hacían llamar así, aunque jamás cumplieron la función paternal. Padres espirituales pueden denominarse únicamente aquellos que,

159 mediante la palabra de Dios, nos dirigen y gobiernan. En este sentido se gloría el apóstol Pablo de ser un padre y dice: (en el Capítulo 4 de la Primera Epístola a los Corintios) «En Cristo Jesús yo os engendré por medio del evangelio»

160 (1 Co. 4:15). Puesto que son padres, merecen que se les honre también y aun antes que a todos los otros. No obstante, esto es lo que menos se practica. En efecto, el mundo los honra de tal manera que los expulsa del país y les niega hasta un trozo de pan. En resumen, deben ser, como el apóstol Pablo

161 dice, «la escoria del mundo, y el desecho de todos» (1 Co. 4:13). Por tanto, es necesario inculcar al pueblo que los que quieren ser llamados cristianos, tienen el deber frente a Dios de estimar dignos de un doble honor a los que cuidan de sus almas (1 Ti. 5:17), a obrar bien con ellos y a mantenerlos. Dios te dará también lo suficiente para ello y para que no pases necesidad.

162 Pero el hecho es que todo el mundo se opone y se resiste, pues todos temen no poder satisfacer su estómago. Hoy mismo no son capaces de mantener un verdadero predicador, mientras que antes hartábamos diez vientres bien nu-

163 tridos.[83] Por ello, tenemos bien merecido que Dios nos prive de su palabra y de su bendición y consienta que vuelvan los predicadores de la mentira[84] que nos conducen al diablo y absorben además nuestro sudor y nuestra sangre.

164 Empero los que tienen delante de sus ojos el mandamiento y la voluntad

---

83. *Mastbäuche*. La eliminación de las prebendas contribuyó a deteriorar las finanzas de más de un predicador que lo había sido sólo por amor al dinero.

84. *Lügenprediger*. Cf. Mal. 2:11. Es uno de los epítetos favoritos del siglo XVI.

de Dios, poseen la promesa de que les será recompensado en abundancia todo cuanto hagan en honor de los padres tanto carnales como espirituales. No ha prometido que deban tener pan, vestidos o dinero durante uno o dos años, sino que tendrán una larga vida, alimento y paz, debiendo ser eternamente ricos y salvos. Por lo tanto, cumple sólo tu deber y deja que Dios se cuide de alimentarte y de aprovisionarte con suficiencia. Él lo ha prometido y hasta ahora nunca ha mentido; tampoco te mentirá a ti. Esto debiera estimularnos y hacer un corazón capaz de fundirse en placer y amor frente a aquellos que tenemos el deber de honrar, de modo que, elevadas las manos, tendríamos que dar gracias a Dios con gozo por habernos hecho tales promesas, según las cuales deberíamos recorrer hasta el fin del mundo. En efecto, aunque todo el mundo se uniera, no podría agregar una pequeña hora de vida, ni hacer salir un grano de la tierra. Dios, sin embargo, puede y quiere darte con abundancia[85] todo según el deseo de tu corazón. Quien menosprecie tales cosas y las arroje al viento,[86] no es digno de escuchar una palabra de Dios.

Esto se ha dicho con abundancia a todos los que están sometidos a este mandamiento. También convendría predicar a los padres o a quienes desempeñan la función de ellos,[87] sobre cómo deben comportarse con aquellos que les han sido encomendados. Si bien estas cosas no figuran expresamente en los Diez Mandamientos, están ordenadas abundantemente en muchos lugares de la Escritura. Dios quiere que estén incluidas precisamente en este mandamiento, cuando nombra al padre y a la madre, es decir, Dios no quiere que personas perversas o tiranos tengan esta función y este gobierno. Dios no les concede el honor, esto es, el poder y derecho de gobernar, para que se hagan adorar, sino para que sean conscientes de que ellos mismos están bajo la obediencia a Dios y que ante todo están obligados a ejercer sus funciones cordial y fielmente. No basta sólo con que procuren a sus hijos, criados o súbditos, alimentos y demás necesidades corporales, sino que sobre todo habrán de educarlos para alabanza y gloria de Dios. Por eso, no pienses que semejantes cosas dependan de tu gusto y de tu propio arbitrio, sino que es Dios quien las ha ordenado estrictamente e impuesto, delante del cual deberás dar cuenta por ello.

Repito que la desoladora calamidad es que nadie entiende ni respeta estas

165
166
167
168
169
170

---

85. Texto lat.: *plena (quod ajunt) manu*. Cf. Cicerón, *Epistulae ad Atticum* 2, 25, 1.

86. *In Wind schlägt*. Vid. notas en el Catecismo Mayor, Mandamientos, I, 28 y 29. Obsopoeus vierte esta expresión alemana al latín de la siguiente manera: *qui talia . . . ventis et aurae discerpenda permittit*. Esto podría llevar a la opinión errónea de que se trata de un «esparcir a los cuatro vientos» cuando en realidad es un «hacer caso omiso de . . . ».

87. *Und was ihr Amt führet*. Hay divergencias en la interpretación de estas palabras. Trad. del Catecismo Mayor en *Obras de M. Lutero*, Paidós, Bs. As., vol. V, pág. 71: «O a quienes desempeñan la función de ellos». W. Metzger, Ed. de Calw interpreta el *was* como «*allen, die*» a todos los que ....

cosas, sino que obran como si Dios nos hubiera dado los hijos para nuestro placer y diversión; los criados, como si fueran una vaca o una asno, solamente para utilizarlos para el trabajo o para vivir con los subordinados según nuestro capricho. Los dejamos ir como si no nos incumbiera lo que aprenden o cómo
171 viven. Nadie quiere ver que es una orden de la alta majestad, quien severamente exigirá estas cosas y castigará a los que desobedecen. Del mismo se
172 comprende cuán necesario es dedicarse a la juventud con toda seriedad. Pues si queremos tener gente capaz para el gobierno secular y espiritual, será preciso verdaderamente que no economicemos empeño, fatigas y gastos con nuestros hijos para instruirles y educarles para que puedan servir a Dios y al mundo y no pensar únicamente cómo proporcionarles dinero y bienes, pues Dios ya
173 los alimentará y enriquecerá sin nosotros, como lo hace diariamente. Dios nos ha concedido y encomendado los hijos para que los eduquemos y gobernemos según su voluntad; de lo contrario, Dios no necesitaría de ningún
174 modo de los padres. Por eso, sepa cada cual que su obligación es—so pena de perder la gracia de Dios—educar a sus hijos ante todas las cosas en el temor y conocimiento de Dios. Y si los hijos fueran aptos, les hará que aprendan y estudien también a fin de que se les pueda utilizar donde sea necesario.[88]

175 Si se hicieran tales cosas, Dios nos bendecirá en abundancia y donará su gracia, de modo que sea posible educar hombres, de los cuales podrían tener provecho el país y sus habitantes y, además, ciudadanos probos y pulcros, mujeres honestas y caseras que podrían educar piadosamente en el futuro
176 a sus hijos y criados. Tú mismo piensa si no estás cometiendo acaso un gravísimo perjuicio con tu negligencia y si no es culpa tuya que tu hijo no reciba una educación provechosa y conveniente para su salvación.

Por otro lado, estás atrayendo sobre ti el pecado y la ira, mereciendo a causa de tus propios hijos el infierno, aunque fuera de ello seas piadoso y
177 santo. Dios castiga también al mundo, porque se desprecian tales cosas de un modo tan espantoso que ya no hay disciplina, ni gobierno, ni paz. Todos nos quejamos de esto también, pero no vemos que es culpa nuestra. Porque, en efecto, como los educamos tendremos luego súbditos depravados y des-

---

88. En 1524 Lutero publicó un breve escrito dirigido a las autoridades municipales de todas las ciudades en Alemania, exhortándolas a que crearan y mantuvieran escuelas cristianas (*An die Ratsherrn aller Städte deutschen Lands, dass sie christliche Schulen aufrichten und halten sollen*. Vid. *Obras de Lutero*, Ed. La Aurora, Bs. As., vol, VII, p. 19 sigtes.). En la primavera de 1529, en un prefacio escrito para el libro *Oeconomia Christiana* de su amigo Justus Menius, Lutero habla de su propósito de escribir un libro dedicado por entero al problema escolar, de mucha gravedad en aquel entonces. A mediados de agosto de 1530, o sea, a poco de haber sido escritas las palabras del Catecismo Menor referentes a la educación, salió a la luz la primera edición del ensayo: *Eine Predigt, dass man Kinder zur Schulen halten solle* (WA XXXII 517–588; *Obras de M. Lutero*, Ed. La Aurora, vol. VII, 45–79).

obedientes. Que esto baste como amonestación, pues desarrollar este tema 178
con más extensión pertenece a otra ocasión.

QUINTO MANDAMIENTO

«No matarás» 179

180 Hemos tratado aquí lo concerniente al gobierno espiritual y secular, o sea, lo relativo a la autoridad divina y paternal y a la obediencia que a ambas se debe. Salgamos ahora de nuestro hogar para dirigirnos a nuestros vecinos y para aprender cómo hemos de convivir mutuamente; es decir, cómo han de ser las relaciones de cada uno de nosotros con el prójimo. Por eso, en este mandamiento no están comprendidos Dios y la autoridad, ni tampoco se les
ha substraído el poder que tienen de matar. Dios ha encomendado su derecho 181
de castigar al malhechor a las autoridades en representación de los padres, los cuales (como se lee en Moisés)[89] en otros tiempos debían presentar a sus hijos ante el tribunal y condenarlos a muerte. Por eso, lo que aquí se prohíbe atañe a la relación de un individuo con otro y no a la autoridad.

182 Este mandamiento es de fácil comprensión y tratado repetidas veces, dado que cada año se escucha el capítulo 5 del evangelio de Mateo en que Cristo mismo lo explica y resume diciendo que no se debe matar ni con la mano, ni con el corazón, ni con la boca, ni con los signos, ni con los gestos, ni con ayuda, ni consejo.[90] Se colige de esto que en el quinto mandamiento se prohíbe a todos encolerizarse, formando una excepción (como se dijo) las personas que representan a Dios en la tierra, como son los padres y las autoridades. Porque sólo a Dios y a quienes están en un estado divino corresponde el encolerizarse, el amonestar y el castigar, precisamente por culpa de los transgresores del presente y los demás mandamientos.

183 La causa y la necesidad de este mandamiento están en que Dios sabe bien cuán malo es el mundo y que esta vida tiene muchas desgracias. De aquí que haya establecido éste y otros mandamientos para separar lo bueno de lo malo. Las diversas tentaciones que existen contra el cumplimiento de todos los mandamientos, no faltan tampoco en lo que se refiere al quinto; que estamos obligados a convivir con personas que nos dañan, dándonos así motivo para serles hostiles. Por ejemplo, si tu vecino observa que tu casa y 184
hacienda son mejores que las suyas y que tú tienes mayores bienes y dichas de Dios, se siente contrariado, te odia y no habla nada bueno de ti. De esta

89. Cf. Dt. 21:18–21.

90. Mt. 5:20–26, en la iglesia antigua el evangelio para el sexto domingo después de Trinidad. El pasaje en cuestión se leía en la misa, y en la baja Edad Media ya se usaba también como texto para sermones. Existen nada menos que 16 sermones de Lutero sobre este texto. Cf. WA XXII, p. 66 sigte.

manera, por las instigaciones del diablo tienes muchos enemigos que no quieren ningún bien para ti, ni corporal, ni espiritualmente. Pero, cuando vemos tales personas, nuestro corazón está presto a enfurecerse, a derramar sangre y a vengarse; de aquí se pasa a las maldiciones y contiendas, de las

185   que finalmente proceden la desgracia y el asesinato. Entonces viene Dios como un padre cariñoso con anticipación, interviene y desea que se corte la discordia, de modo que no resulte una desgracia y que uno no haga perecer al otro. En resumen: Con el quinto mandamiento, Dios quiere proteger, liberar de persecuciones y poner en seguridad a toda persona frente a cualquier maldad y violencia de los demás, habiéndole colocado como una muralla protectora, una fortaleza y un lugar de refugio en torno al prójimo, de modo que no se le haga ningún mal y perjuicio en su cuerpo.

186   El objeto y fin de este mandamiento es, por consiguiente, no hacer mal a nadie a causa de una acción perversa, ni aun cuando se lo merezca muy bien. Al estar prohibido el asesinato, queda prohibido también todo motivo que pudiera originarlo; porque hay hombres que, aunque no matan, maldicen, sin embargo, y en sus deseos le mandan una peste encima como para que no

187   salga corriendo más. Dado que tal cosa es ingénita en cualquiera y dado que es cosa corriente que nadie quiera soportar al otro, Dios desea hacer desaparecer así el origen y la raíz, por las cuales nuestro corazón está amargado con el prójimo. Dios quiere acostumbrarnos a tener presente siempre ante nuestros ojos este mandamiento y que nos miremos en él como en un espejo, que veamos en él la voluntad de Dios, que encomendemos a él con confianza, de corazón y bajo la invocación de su nombre, la injusticia que suframos, dejando a aquellos que se enojen y encolericen y hagan lo que puedan. Que el hombre aprenda, pues, a calmar la ira y a tener un corazón paciente y manso, particularmente para quien le da motivo de ira, esto es, para los enemigos.

188   Por ello (para inculcar de la manera más clara a la gente simple lo que significa «no matar»), la suma entera de esto es: Primeramente que no se hará mal a nadie, en primer término, ni con la mano, ni con la acción. Después, que no se use la lengua para causar daño al prójimo, hablando o dando consejos malignos. Además, no se emplearán ni se consentirán medios o maneras de ninguna clase que pudieran ofender a alguien. Y, finalmente, que el corazón no sea enemigo de nadie ni desee el mal por ira o por odio, de tal modo que el cuerpo y el alma sean inocentes con respecto a cualquiera y especialmente con respecto a quien te desea o haga el mal, pues hacer el mal al que desea y hace el bien para ti, no es humano, sino diabólico.

189   En segundo lugar, no sólo infringe el mandamiento quien hace el mal,

sino quien pudiendo hacer el bien al prójimo al poder prevenirlo,[91] protegerlo, defenderlo y salvarlo de cualquier daño y perjuicio corporales que pudieran sucederle, no lo hace. Porque, si dejas ir al desnudo, pudiendo cubrir su   190
desnudez, lo has hecho morir de frío; si ves a alguien sufrir de hambre y no le das de comer, lo dejas morir de hambre. Del mismo modo, si ves a alguien condenado a morir o en otra situación igualmente extrema y no lo salvas, aunque supieras de los medios y caminos para hacerlo, tú lo mataste. De nada te ayudará si usas como pretexto afirmando que no contribuiste con ayuda, ni consejos, ni obra a ello, porque le retiraste el amor; lo privaste del bien, mediante el cual pudiera haber quedado con vida.

Con razón Dios llama asesinos a todos aquellos que no aconsejan ni   191
ayudan en las calamidades y peligros corporales y de la vida en general. Y en el día del juicio pronunciará Dios horrible sentencia contra los mismos, como Cristo anuncia, diciendo: «Tuve hambre, y no me disteis de comer; tuve sed, y no me disteis de beber; fui forastero, y no me recogisteis; estuve desnudo, y no me cubristeis; enfermo, y en la cárcel, y no me visitasteis» (Mt. 25:42 y sigte.), lo cual es como si dijera: Habéis dejado que yo y los míos pereciésemos de hambre, sed y frío; que las fieras nos desgarrasen; que nos pudriésemos en una celda y feneciésemos en la miseria. ¿Y no es esto   192
igual que si nos tachase de asesinos y perros de presa?[92] Aunque no hayas cometido esto con actos, sin embargo abandonaste a tu prójimo en la miseria y dejaste que pereciera en cuanto estuvo a tu alcance. Es igual que si yo viera a alguien debatiéndose en profundas aguas y esforzándose, o caído en el fuego, y pudiendo alargarle la mano para sacarlo y salvarlo, sin embargo, no lo hiciera. ¿No estaría ante el mundo como un asesino y malvado?

Por consiguiente, la intención de Dios es que no hagamos el mal a ningún   193
hombre, sino que demostremos toda bondad y todo amor, y esto (como se ha dicho) se refiere especialmente a los que son nuestros enemigos. Porque,   194
como dice Cristo en Mateo 5:46 y sigtes., que hagamos el bien a nuestros amigos es una virtud común y pagana.

Nos encontramos aquí una vez más ante la palabra de Dios con la cual   195
quiere estimularnos e inducirnos a obras verdaderas, nobles y elevadas, como son la mansedumbre, la paciencia y, en resumen, el amor y la bondad para con nuestros enemigos. Y nos quiere recordar siempre que pensemos en el

---

91. El *Deutsches Konkordienbuch* (Dresden, 1580) añade al verbo «condenado» el adverbio «inocentemente»: *Also siehest Du jemand unschuldig zum Tod verurteilt . . . (Also* en este contexto: Asimismo).

92. En el original: *Bluthunde,* sabuesos, perros que por su olfato muy fino se usan para la caza, pero también para detectar y atrapar a esclavos fugitivos, etc. De ahí, en sentido figurado: Persona que persigue despiadadamente a otra, individuo sanguinario, cruel.

primer mandamiento, que él es nuestro Dios, o sea, que nos quiere ayudar, asistir y proteger, a fin de que nuestro deseo de venganza sea apaciguado.

196
197 Estas cosas deberían inculcarse y tratarse y así tendríamos las manos llenas para hacer buenas obras. Pero esto por supuesto no sería una predicación para los monjes; esto llevaría mucho daño al estado religioso; esto lesionaría la santidad de los cartujos y significaría precisamente tener que prohibir las buenas obras y desalojar los conventos. De esta manera ocurriría que el estado cristiano ordinario tendría el mismo valor y aun más amplio y mayor. Además, cada uno vería que se burlan y seducen al mundo con una apariencia falsa e

· hipócrita de santidad, porque éste y otros mandamientos los arrojan al viento y los consideran innecesarios, como si no se tratase de preceptos, sino de meros consejos.[93] Además de esto, han ensalzado y proclamado impúdicamente su estado hipócrita y sus obras como la vida perfectísima, mientras que en verdad pensaban llevar una vida buena, dulce, sin cruz y sin paciencia. Y si han corrido a los conventos es para no tener necesidad de sufrir nada de

198 nadie, ni hacer el bien a cualquier otro. Sin embargo, tú debes saber que estas son las obras santas y divinas en las que Dios con todos sus ángeles se alegra, mientras que toda la santidad humana es cosa hedionda y suciedad que, además, no merece otra cosa que la ira y la condenación.

SEXTO MANDAMIENTO

199 *«No cometerás adulterio»*

200 Los mandamientos siguientes se entienden fácilmente por el anterior. En efecto, todos tienden a que nos guardemos de perjudicar de un modo u otro al prójimo. Han sido colocados en un orden excelente. Se hace referencia primeramente a la propia persona del prójimo y, después, a la persona o el bien más cercano, lo más cercano después de la propia vida, esto es, su cónyuge que es con él una sola carne y una sola sangre (Gn. 2:24), de manera que en ningún otro bien se le puede hacer daños mayores. De aquí que se

201 prescriba con toda claridad que no se le debe escarnecer en su esposa. Se hace especial referencia al adulterio por el hecho de que en el pueblo judío estaba ordenado y prescrito que cada uno debía estar casado. Por eso, los jóvenes habían de desposarse en edad temprana, de modo que el estado de virginidad nada valía; igualmente, no estaba permitida toda vida de prostitutas

---

93. Lutero se refiere a *praecepta* y *consilia evangelica*. Los tres consejos evangélicos (llamados también votos monásticos, por ser los votos que debe hacer la persona que quiere entrar en una orden religiosa) son: Castidad, pobreza y obediencia. Por castidad se entiende en este caso la abstinencia sexual permanente—«celibato» como prescripción disciplinaria eclesiástica para clérigos. Según el concepto católicorromano, los preceptos obligan a todos incondicionalmente, mientras que la observancia (libre) de los consejos evangélicos confiere gracia especial, y el no observarlo no es pecado.

y perversos, como se consiente ahora. Por consiguiente, el adulterio fue entre ellos la más extendida impudicia.

Ahora bien, dado que entre nosotros hay una tan vergonzosa mezcla y escoria de todos los vicios y villanías, este mandamiento está establecido también contra toda impudicia, désele el nombre que se quiera. Y no queda prohibido el acto puramente externo, sino también toda clase de motivo, estimulo y medio, de modo que el corazón, la boca y el cuerpo entero sean castos, sin que quepa en ellos lugar a la impudicia, ni haya ayuda o consejo en su favor. Y no solamente esto, sino que también se defienda, se proteja y se salve allí donde el peligro y la necesidad estén presentes y, al mismo tiempo, se ayude y se guíe al mandamiento de la honra del prójimo. Si descuidas estas cosas, pudiendo impedirlo o si las miras a través de los dedos, como si no te incumbiesen, eres tan culpable como el mismo malhechor. En resumen, este mandamiento exige que cada cual viva honestamente y que ayude al prójimo a hacer lo mismo. De modo que en virtud de este mandamiento Dios ha querido tener protegido y preservado al cónyuge de cada uno con el objeto de que nadie pueda propasarse en estas cosas.

Al referirse el mandamiento expresamente al estado matrimonial, dando motivos para hablar sobre el mismo, es necesario que captes y te fijes en los siguientes puntos: En primer lugar, cómo honra y ensalza Dios este estado en forma excelente, al confirmarlo y preservarlo mediante su mandamiento. Lo ha confirmado ya en el cuarto mandamiento: «Honra a tu padre y a tu madre», mientras que aquí (como se ha dicho) lo ha garantizado y protegido. Despréndese de esto que Dios quiere que también nosotros lo honremos, lo consideremos y lo adoptemos como un estado divino y salvador, ya que fue instituido antes que todos los demás estados y para tal fin creó Dios al hombre y a la mujer distintos, como está a la vista; no para la villanía,[94] sino para que permanezcan unidos, se multipliquen, engendren hijos, los alimenten y los eduquen para la gloria de Dios. También por esta razón lo ha bendecido Dios de la manera más rica ante todos los demás estados; además, le ha dirigido y conferido todo lo que hay en el mundo, de modo que este estado se encuentre siempre bien y ricamente provisto, de tal forma que la vida matrimonial no sea ninguna broma o curiosidad, sino una excelente cosa y de seriedad divina. Pues para Dios es de la mayor importancia que se eduque a personas que sirvan al mundo y que ayuden al conocimiento de Dios, a una vida feliz y a todas las virtudes, para luchar contra la maldad y el diablo.

Por eso he enseñado siempre que este estado no debe ser menospreciado

202

203

204

205

206

207

208

209

---

94. *Büberei.* Texto lat.: *non ad libidinose exercendam spurcitiem atque lasciviam* («no para ejercer a su libre antojo la lascivia y la obscenidad»).

o tenido en menos, como hace el ciego mundo y los pseudosacerdotes[95] que conocemos, sino que hay que considerarlo conforme a la palabra de Dios, con la cual se engalana y se santifica. Esto no solamente iguala el matrimonio a los demás estados, sino que lo coloca ante ellos y los supera, aunque sea de emperadores, príncipes u obispos o quien quiera. Pues tanto el estado religioso como el secular han de supeditarse y todos acogerse a este estado,

210 como luego veremos. Se deduce de lo expuesto que no es un estado especial, sino el estado más universal y más noble que penetra toda la cristiandad y que se dirige y extiende por todo el mundo.

211 En segundo lugar, debes saber que no solamente es un estado honorable, sino que también necesario y ordenado seriamente por Dios, de modo que en general en todos los estados se encuentran hombres y mujeres casados, a saber, los que son aptos para ello. No obstante, quedan excluidos algunos, si bien muy pocos, que Dios mismo ha separado particularmente y que o no son aptos para el estado matrimonial o que ha liberado mediante un don grande y sobrenatural, de manera que sean capaces de guardar la castidad fuera del

212 matrimonio. Pues, si la naturaleza humana sigue su curso tal como ha sido implantada por Dios, no es posible permanecer casto fuera del matrimonio; porque la carne y la sangre, permanecen carne y sangre y las inclinaciones y apetitos naturales actúan irresistiblemente y sin que se pueda impedir, como cada uno lo ve y lo siente. A fin de que se evite de modo más fácil y en cierta medida la impudicia, ha prescrito Dios el estado de matrimonio, dando a cada cual la parte modesta[96] que le corresponde para que con ello se contente, aunque siempre la gracia de Dios es necesaria además para que el corazón sea casto.

213 De lo anterior puedes ver que la turba papista, curas, monjes, monjas se oponen al orden y mandamiento establecidos por Dios, pues menosprecian y prohíben el estado matrimonial. Osan y juran guardar castidad eterna y engañan, además, a los ingenuos con mentirosas palabras y con apariencias.

214 Pues, nadie tiene menos amor y gusto por la castidad que aquellos que por gran santidad evitan el matrimonio y, o bien yacen públicamente y sin pudor en la lujuria, o bien la practican secretamente de modo peor, de tal manera

215 que no se puede decir, como es desgraciadamente demasiado sabido.[97] Brevemente, aunque se abstengan de cometer tales actos, sin embargo, en su

---

95. *Unsere falsche Geistliche*. Texto lat.: *pseudoreligiosi nostri*. Vid. Mandamientos, III, 93, nota 68.

96. *Sein bescheiden Teil*, i.e. *beschiendenes, zugemessenes, zugewiesenes*—la parte que le corresponde, la parte asignada a él. (En el alemán moderno, *bescheiden*, como adjetivo, significa «modesto»).

97. *Dass man's nicht sagen tarr*. «Tarr» (o «tar», «thar») es una forma del presente del verbo (alem. antiguo) *türen, osar, atreverse a (cf. A. Götze, Glossar)*.

corazón están llenos de pensamientos impúdicos y de malos deseos, lo cual es un ardor perpetuo y un sufrir oculto que podría evitarse en la vida matrimonial. De aquí que mediante este mandamiento se condenen todos los votos **216** de guardar castidad fuera del matrimonio y se los despida. Aún más: Este mandamiento prescribe a todas las pobres conciencias presas y engañadas por sus propios votos monásticos que salgan de tal estado impúdico y entren en la vida matrimonial. Porque aunque la vida monástica fuera divina, no está en su poder guardar la castidad y si permanecen ahí tendrán que pecar más y más contra este mandamiento.

Si digo esto, es con el fin de exhortar a la juventud para que lleguen a **217** tener gusto hacia el estado matrimonial y sepan que es un estado bueno y agradable a Dios. Creo que de este modo sería posible devolver al estado matrimonial, con el tiempo, sus honores y hacer menguar la vida indecente, disoluta y desordenada que se extiende actualmente por todas partes, con la prostitución pública y otros vicios vergonzosos, consecuencia todo del menosprecio de la vida matrimonial. Es por esto que aquí también los padres y **218** las autoridades tienen el deber de supervisar a la juventud, de modo que se la eduque hacia la disciplina y probidad, y para que cuando sean adultos, se casen con honor y ante Dios.[98] Además, él les daría su bendición y su gracia, de modo que se tendría placer y alegría en ello.

De todo esto, digamos para terminar que este mandamiento no exige **219** únicamente que cada uno viva castamente en sus obras, palabras y pensamientos en su estado, es decir, lo que es más frecuente, en el estado matrimonial, sino que exige también que se ame y se aprecie al cónyuge que Dios nos ha dado. En efecto, para que una castidad conyugal sea mantenida, es necesario ante todo que el hombre y la mujer convivan en amor y concordia, amándose el uno al otro de todo corazón y con toda fidelidad. Esta es una de las condiciones más esenciales que nos hacen amar y desear la castidad; y donde tal condición impere, la castidad vendrá por sí sola, sin ningún mandamiento. De aquí que el apóstol Pablo amonesta celosamente a los cón- **220** yuges a amarse y respetarse mutuamente.[99] Aquí tienes de nuevo una obra **221** preciosa, más aún, muchas y muy grandes obras, de las cuales puedes ensalzarte con gozo contra todos los estados religiosos escogidos sin la palabra y el mandamiento de Dios.

---

98. *Mit Gott und Ehren berate*. Texto lat.: *mature honesto jungantur matrimonio* («sean unidos al tiempo debido en matrimonio honrado»).
99. Cf. Ef. 5:22, 25; Col. 3:18 sigte.

418

SÉPTIMO MANDAMIENTO

222
«No hurtarás»

223 Después de tu propia persona y de tu cónyuge, siguen como lo más próximo los bienes temporales. Dios también los quiere proteger y ha ordenado que nadie arrebate o haga mermar lo que al prójimo pertenece; porque

224 hurtar quiere decir: Apropiarse de manera injusta los bienes del otro. O sea, dicho brevemente, hurtar es adquirir beneficios de toda clase en detrimento del prójimo con toda clase de negocios. El hurto es un vicio muy extendido y de carácter general, pero poco se le considera y se le presta tan escasa atención, que ha llegado a sobrepasar toda medida, de modo que si se fuera a colgar a todos los que son ladrones—aunque no quieran recibir tal nombre—el mundo quedaría asolado y faltarían verdugos y horcas. Porque, repitámoslo, hurtar no consiste meramente en el hecho de vaciar cofres y bolsillos, sino que también es tomar lo que hay alrededor, en el mercado,[100] en las tiendas, en los puestos de carne, en las bodegas de vino y cerveza, en los talleres, en fin, en todas las partes donde se comercia recibiendo o dando dinero a cambio de las mercancías o en pago de trabajo.

225 Pongamos un ejemplo para explicar esto al vulgo de una manera tangible y para que se advierta hasta qué punto somos piadosos: Un criado o una criada que está en una casa y no sirve fielmente sino que hace daños o deja que ocurra lo que podría evitarse sea abandonando los bienes o descuidándolos por pereza, displicencia o maldad (aquí no me refiero al perjuicio ocasionado impensadamente o sin intención) para el enojo y contratiempo del dueño o la dueña, si esto ocurre intencionalmente, ese siervo puede defraudar a su amo en treinta o cuarenta onzas[101] y más en un año. Si otro hubiera tomado la misma cantidad a escondidas o robado, se le ahorcaría.[102] Pero en este caso puedes defenderte y protestar, sin que nadie se atreva a llamarte ladrón.

226 Lo mismo digo de los artesanos, obreros, jornaleros que usan de su arbitrio y no saben cómo engañan a la gente, ejecutando además su faena con negligencia y sin honradez. Estas personas son peores que aquellos que roban clandestinamente, a quienes se puede encarcelar o que, de ser sorprendidos, se les trata de tal manera que no vuelven a hacerlo. Nadie puede precaverse ante ellos, ni ponerles mala cara, ni acusarlos de algún robo. Así es que se debiera preferir diez veces más perder el dinero de la propia bolsa. Precisa-

---

100.... *Umbsichgreifen auf den Markt* -«se hace extensiva (la prohibición de robar) también a las prácticas en el mercado . . .»)

101. *Gülden*. El florín, originalmente una moneda de oro de la Florencia medieval, acuñada en 1252. Pasóse a designar con el nombre de florín a diversas monedas europeas de oro o de plata. Obsopoeus lo traduce con *aureus*, nombre de una moneda de oro romana.

102. *Musst er am Strick erwügen*. A los ladrones se les aplicaba el castigo de la horca.

mente los vecinos, los buenos amigos, mis propios criados, de los cuales espero el bien, son los primeros en engañarme.

Lo mismo, además, sucede con más fuerza e intensidad en el mercado y en los negocios comunes, donde uno trata de engañar al otro públicamente, mediante mercancías, medidas, pesas y monedas falsas y con embustes y extrañas astucias o malévolas tretas de explotar. Lo mismo ocurre en el comercio; aprovechándose según su arbitrio, molestan, exigen precios altos y son una plaga. ¿Quién es capaz de enumerar o figurarse tantas cosas en este terreno? En resumen, el hurto es el oficio más extendido y el gremio mayor del mundo. Si se ve ahora el mundo a través de todos sus estados, no es otra cosa que un establo grande, extenso, lleno de ladrones de gran talla. De aquí viene que se les llame «bandidos entronizados»[103] o «salteadores del país y de caminos», no a los que son desvalijadores de cofres o ladrones clandestinos[104] que roban del peculio, sino a los que ocupan un alto sitial, son considerados grandes señores y burgueses, honrados y piadosos, y bajo la apariencia del derecho asaltan y roban.

A este respecto sería preferible no mencionar siquiera a los ladrones aislados de poca importancia, sino que se debe atacar a los grandes ladrones y poderosos archiladrones, con los cuales los señores y los príncipes hacen causa común,[105] que están robando a diario no a una o dos ciudades, sino a toda Alemania. ¿Y cómo olvidar al cabecilla y soberano protector de todos los ladrones,[106] esto es, la Santa Sede en Roma con todos sus accesorios? Pues con maña de ladrón se ha apropiado los bienes de todo el mundo y hasta hoy los retiene. En resumidas cuentas: Sucede en este mundo que quien puede

227

228

229

230

231

---

103. *Stuhlräuber*. El glosario de A. Götze da como equivalente *Thronräuber*, usurpador (literalmente, asaltante de trono). En la selección de obras de Lutero editada por Otto Clemen, una nota explica el término de esta manera: *«die rauben und dabei doch auf dem hohen Pferde sitzen»* («que roban, y no obstante se las dan de grandes señores»). BSLK y Kurt Aland (*Luther Deutsch*) tienen *Wucherer*, usurero. Este es uno de los sentidos en que Lutero emplea la palabra. Cf. WA LI 361, 20: *Ein Wucherer ist ein schoner Dieb und Räuber und sitzt auf einen Stuhl, daher man sie Stuhlräuber heisst.* («El usurero es un ladrón y asaltante elegante y está sentado en un sillón, por lo que se les llama bandidos de sillón»). Lutero se equivoca en cuanto a la etimología. La palabra no proviene de *Stuhl* (silla) sino del bajo alemán *stol*, capital prestado a intereses.

104. *Meucheldiebe*, sinónimo de *heimliche Diebe*. Obsopoeus: *fures clancularii*. W. Metzger, ed. de Calw: *«Taschendiebe»*, carteristas.

105. *Mit welchen Herrn und Fursten Gesellschaft (Gemeinschaft) machen*. Las palabras «con los cuales los señores y los príncipes hacen causa común» figuraban en las primeras ediciones de Wittenberg y Erfurt; desaparecieron en las ediciones subsiguientes en alto alemán, pero reaparecieron en la edición completa en Jena, y así también en el *Libro de Concordia* (traducidas al latín de la siguiente manera: *quibuscum potentes et summi principes societatem ineunt*). No se sabe a ciencia cierta por qué fueron eliminadas.

106. Obsopoeus agrega: *omnium furum mater, defensatrix et Laverna*. La diosa Laverna era protectora del comercio, lícito o no, y de ahí en particular patrona de bellacos y ladrones. Cf. Horacio, *Epistulae*, I, 16, 60: *Laverna . . . dea furum*, diosa de los ladrones.

hurtar y expoliar abiertamente disfruta de la mayor libertad y seguridad, nadie se atreve a castigarle y él mismo quiere, además, que se le honre. Mientras tanto, los ladronzuelos que hurtaron a escondidas y acaso por primera vez en su vida, están obligados a soportar la vergüenza y el castigo, dando a los otros la apariencia de piedad y honorabilidad. No obstante, sepan aquellos que son los mayores ladrones a los ojos de Dios y que él los castigará según su valor y como se merecen.

232 En vista de lo mucho que este mandamiento abarca, como ahora se ha indicado, será preciso exponerlo y desarrollarlo ante el vulgo de tal manera que no se dejen andar libres y con seguridad, sino que siempre se les presente ante sus ojos y se les inculque la cólera de Dios. No es a los cristianos a quienes hemos de predicar estas cosas, sino principalmente a los perversos y 233 traviesos, cuyo mejor predicador sería el juez, el carcelero o el verdugo. Sepa, pues, cada cual que está obligado, so pena de privarse de la gracia de Dios, no sólo a no dañar al prójimo, ni a privarle de sus beneficios, ni a dar pruebas de alguna infidelidad o perfidia, tanto en el comercio como en cualquier clase de negociación, sino que habrá de proteger también fielmente sus bienes, asegurar y promover su provecho, sobre todo si recibe en cambio dinero, salario y alimentación.

234 Y quien desprecia con mala intención estas cosas, que siga su camino y que se libre del verdugo, pero no escapará a la ira y castigo de Dios. Mas si persistiere largamente en su terquedad y orgullo, no pasará jamás de ser un vagabundo y un mendigo, y, además, será víctima de toda clase de ca- 235 lamidades y desgracias. Ahora, cuando deberías proteger los bienes de tus señores, sólo piensas en llenar tu boca y tu vientre y adquieres tu salario como un ladrón y haces que además se te festeje como si fueras un hidalgo. Obras como tantos otros que se resisten a sus señores y no hacen nada con gusto 236 para evitarles perjuicios por amor y buen servicio. Considera, sin embargo, lo que ganarás con ello: Cuando entres en posesión de tu bien y estés en tu casa (y, para tu desgracia, Dios te ayudará a ello), por una vuelta de las cosas, vendrá el castigo merecido, y si has tomado un céntimo o cometido un per- 237 juicio, deberás pagar treinta veces más. Igual sucederá con artesanos y jornaleros, de cuyos caprichos insoportables hay que aguantar y escuchar hoy tantas cosas, como si fuesen señores en hacienda ajena y como si todo el 238 mundo estuviese obligado a darles cuanto quieren. Bien; ellos que abusen lo que puedan. Dios, por su parte, no olvidará su mandamiento y les dará el pago que han merecido; y no los colgará de una horca verde, sino seca,[107]

---

107. *Und hängen nicht an ein grünen, sondern dürren Galgen.* Texto lat.: *non in virentem crucem, sed plane in aridam furcam suspensurus.* Morir en la «horca seca»: Ser estrangulado en el patíbulo oficial. Morir en la «horca verde»: En un árbol cualquiera. Ser ajusticiado en público era una pena más severa que ser eliminado sumariamente en la horca verde.

para que en toda su vida no logren prosperar, ni conseguir lo más mínimo. Ciertamente si hubiera un gobierno justamente ordenado en el país, se podría **239** pronto reprimir y precaver ese caprichoso proceder, como sucedía en otros tiempos en el Imperio Romano, ya que inmediatamente se colgaba de los cabellos a tal gente, de manera que constituía una advertencia para los demás.

Asimismo les ocurrirá a todos los demás que no hacen del mercado **240** público y libre, sino una especie de timba[108] y cueva de ladrones, donde se explota a los pobres diariamente, imponiendo nuevas cargas y subiendo los precios y cada cual sirviéndose del mercado según su antojo y, además, provocantes y orgullosos, como si tuvieran atribución y derecho de vender su mercancía tan cara como mejor les parezca, sin que nadie deba intervenir. Por cierto, veamos cómo hacen por robar, amontonar riquezas; pero confiemos **241** en Dios que a pesar de esto hará que aunque por mucho tiempo robes y afanosamente acumules riquezas, pronunciará su bendición sobre ello, de modo que el grano se pudra en el granero, la cerveza en la bodega y el ganado en su establo. Y aunque sólo hubieras engañado y explotado a los demás en **242** una onza, lo que almacenares, será corroído y devorado, sin que jamás te alegres de ello.

Vemos y experimentamos ciertamente ante nuestros ojos cada día que **243** los bienes alcanzados por el hurto o por procedimientos injustos no prosperan. ¡Cuántas personas se afanan en acumular bienes día y noche, sin conseguir enriquecerse en lo más mínimo! Y aunque amontonen mucho, deben soportar tantas calamidades y desgracias que ni lo pueden disfrutar con gozo, ni legarlo a sus hijos. Pero, puesto que nadie presta atención a estos hechos y cada uno **244** sigue su camino como si no fueran de nuestra incumbencia, Dios se ve obligado a visitarnos de otra manera y a enseñarnos *mores*,[109] sea enviándonos un tributo[110] tras otro o invitando como huéspedes una compañía de legionarios,[111] los cuales en una hora dejan limpios cofres y bolsas y no cesan hasta habernos exprimido el último céntimo; y luego, como señal de su grati-

---

108. *Schindeleich, Schindanger*. Grimm, Diccionario: «*Der Ort, wo gefallenes Vieh geschunden wird*». En español, desolladero. Es un término que Lutero usa a menudo. Cf. *Dicc. Durvan de la Lengua Española*, en «desollar», 2. acep., fig. y fam. Hacerle pagar mucho más de lo que es justo por una cosa.

109. *Mores lehren*, aún en el alemán moderno: Enseñar buenas costumbres. (También: Reprender.)

110. *Landschatzung*. A. Götze, *Glossar*: «*Heimsuchung*». Así también Kurt Aland, *Luther Deutsch*, III, p. 62, y BSLK, p. 621, nota 10. Grimm, *Deutsches Wörterbuch: tributum generale, vulgariter contributio*. W. Metzger, ed. de Calw I, p. 70: *Zwangsumlage* = contribución coercitiva.

111. *Landsknechte*; la forma castellanizada es «lansquenetes». Nombre que se daba a soldados mercenarios de infantería alemanes desde el último cuarto del siglo XV hasta el siglo XVII. Hay descripciones que los caracterizan como un verdadero flagelo para la población urbana y rural.

245 tud, prenden fuego a la casa y sus dependencias,[112] lo saquean todo y violan y asesinan a nuestras mujeres y nuestros hijos. En resumen: Si hurtas mucho, puedes contar con seguridad que serás robado dos veces la cantidad. Por otro lado, quien por la violencia y la injusticia hurta y se enriquece, deberá soportar a otros que hagan lo mismo con él. Pues Dios conoce magistralmente el arte de castigar al ladrón mediante otro ladrón, cuando uno saquea y roba a otro. De no ser así, ¿cómo sería posible hallar suficientes horcas y cuerdas?

246 Quien se quiera dejar instruir, sepa que se trata de un mandamiento de Dios, y que él no quiere que se lo tome a broma. Pues, si nos desprecias, engañas, robas o saqueas, nos conformaremos y soportaremos y sufriremos tu orgullo y, según el Padrenuestro, te perdonaremos y tendremos piedad de ti. Porque los justos poseen lo suficiente y lo que tú haces más te perjudica a

247 ti mismo que a los demás. Empero, si la querida pobreza llamara a tu puerta, la pobreza, hoy tan extendida, la pobreza que debe comprar y comer del pan cotidiano, si se te presentara, digo, guárdate de comportarte entonces como si todos debieran depender de tus mercedes. No la maltrates, ni la despojes hasta la médula, despidiendo además con orgullo y necedad a quien tienes la obligación de dar y regalar. Porque la pobreza proseguirá su camino, mísera y afligida. Y como no se puede quejar a nadie, gritará y clamará al cielo. Guárdate de esto, repito, como si fuese el mismísimo diablo. Que los suspiros y clamores de la pobreza no son una broma, sino que tienen un acento tan grave que tú y el mundo entero sentiréis su peso, pues llegarán hasta aquél que se compadece de los pobres y afligidos corazones y no dejará de vengarlos. Mas, si menosprecias esto y te resistes a aceptarlo, observa a quién tienes como carga sobre ti mismo. En caso contrario, esto es, si lograras salir triunfante y sin daño alguno, derecho tendrás entonces a tacharnos a Dios y a mí de mendaces ante el mundo entero.

248 Hemos amonestado, advertido y prevenido lo suficiente. Si alguien no nos quiere atender, que siga su camino hasta que obtenga sus experiencias. Sin embargo, hay que inculcar a la juventud estas cosas para que tenga cuidado y no imite a la multitud de gente indomable de antaño; antes bien,

249 tenga presente ante sus ojos el mandamiento divino, de modo que no caiga sobre ella la ira y el castigo de Dios. A nosotros sólo nos toca decir estas cosas y sancionarlas mediante la palabra de Dios. Porque el reprimir los abusos caprichosos públicos corresponde al príncipe y a las autoridades que deberían tener los ojos y el valor suficientes para establecer y mantener el orden en toda clase de negocios y compras. De este modo se logrará que no se oprima y sobrecargue a los pobres y no lastrarse con los pecados ajenos.

---

112. *Haus und Hof.* Texto lat.: *patria aedes* (casa paterna).

Baste lo aquí expuesto sobre lo que significa hurtar, en el sentido de que   250
no debe limitarse estrechamente, sino extenderse a todos los terrenos en que
nos relacionamos con el prójimo. Digamos ahora en breve resumen, como
hicimos al tratar los anteriores mandamientos, lo siguiente: Primero: El séptimo mandamiento prohíbe dañar y hacer injusticia al prójimo (de cualquier
modo imaginable que sea; perjudicando sus bienes y haberes, poniendo obstáculos o privándolo de ellos); asimismo, aprobar o tolerar que tal suceda,
en vez de oponerse o prevenirlo. Segundo: El séptimo mandamiento ordena   251
que se favorezcan y se mejoren los bienes del prójimo, ayudándolo en la
necesidad, compartiéndola con él y tendiéndole la mano, trátese de un amigo
o de un enemigo. Quien busque y anhele buenas obras, aquí se le ofrece   252
sobrada ocasión para hacerlas; obras buenas que desde el fondo del corazón
son agradables a Dios y, además, dotadas y colmadas de preciosa bendición,
debiendo ser así recompensado ricamente lo que hacemos en beneficio y
amistad de nuestro prójimo. Dice el rey Salomón: «A Jehová presta el que
da al pobre, y el bien que ha hecho, se lo volverá a pagar» (Pr. 19:17). Tienes,   253
por consiguiente, un Señor rico, con el cual ya posees ciertamente suficiente
y él no dejará que pases necesidad o que estés desprovisto de cosa alguna.
Y así, podrás disfrutar con la conciencia alegre cien veces más de los bienes
divinos[113] que de lo adquirido infiel e injustamente. Si hay quien desprecie
la bendición, ya encontrará cólera y desgracia suficientes.

OCTAVO MANDAMIENTO

«No hablarás falso testimonio contra tu prójimo»   254

Aparte de nuestro propio cuerpo, nuestro cónyuge y los bienes materiales,   255
poseemos un tesoro del que no podemos prescindir: El honor y la buena fama.
Pues importa vivir entre la gente sin ser deshonrado públicamente y sufriendo
el desprecio de todos. Por lo tanto, quiere Dios que no se sustraiga o se   256
disminuya al prójimo su fama, su reputación y su justicia,[114] en la misma
forma como tampoco los bienes o el dinero, a fin de que cada cual permanezca
con su honor a los ojos de su mujer, sus hijos, su servidumbre y sus vecinos.
En primer término, el sentido más fácilmente comprensible de este manda-   257
miento se refiere, como lo dicen las mismas palabras (no hablarás falso testimonio), a un tribunal de justicia pública, cuando se acusa a un pobre e
inocente hombre y se le oprime mediante falsos testigos con la finalidad de
que sea castigado en su cuerpo, en sus bienes o en su honor.

---

113. *Erschreppelst* («*denn Du mit Untreu und Unrecht erschreppelst*») = economizar de
una manera sórdida, avara.

114. *Gerechtigkeit*. Lat.: *justitia*. W. Metzger, ed. de Calw: «*Unbescholtenheit*», irre-
prensibilidad, integridad.

258   Parece como si esto nos atañese poco en estos tiempos, pero entre los judíos era una cosa extremadamente corriente. El pueblo judío estaba dentro de un régimen excelente y ordenado y dondequiera que se dé lo mismo no ha de faltar este pecado. La razón es ésta: Donde hay jueces, alcaldes y príncipes u otras autoridades, jamás falta el falso testimonio y se sigue el curso del mundo, de modo que nadie quiere aparecer como ofensor sino que se prefiere ser hipócrita y se habla en consideración de favores, dinero, esperanzas o amistad.[115] Siendo esto así, el pobre siempre será oprimido lo mismo que su causa, nunca tendrá la razón y tendrá que sufrir castigo. Es un verdadero azote general en el mundo que en los tribunales rara vez estén personas justas.

259   Porque el juez debería ser ante todo, un hombre justo. Pero no sólo esto, sino que también sabio y sagaz;[116] aún más, valiente y resuelto. Además, todo testigo habrá de ser resuelto y, más que nada, justo. Claro está que quien juzgue todas las cosas rectamente y deba imponer su juicio, enojará más de una vez a sus buenos amigos, cuñados[117] y vecinos, a los ricos y a los poderosos, todos los cuales tanto pueden servirle como perjudicarle. Por eso, el juez habrá de cerrar ojos y oídos, excepto a lo que inmediatamente se le presente y según ello pronunciar su juicio.

260   En primer lugar, este mandamiento tiene como finalidad que cada uno ayude a su prójimo a obtener su derecho, no dejando que se dificulte o se tuerza, antes al contrario deberá promover y vigilar por ello, ya sea como

261   juez o como testigo, y trátese de lo que se trate. Y especialmente es asignada una meta a nuestros señores juristas: Vigilar por tratar las cosas correcta y sinceramente, dejando en su derecho lo que es derecho y, a la inversa, no trastrocar, ni encubrir, ocultar o silenciar, sin considerar el dinero, los bienes, el honor o el poderío. Éste es un primer punto y el sentido más simple de este mandamiento y que se refiere a todo cuanto ocurre en los tribunales.

262   En segundo lugar, se extiende dicho significado mucho más, cuando se le lleva al tribunal o gobierno espiritual. Sucede así que cada uno levanta falso testimonio contra su prójimo, puesto que es un hecho innegable que donde hay predicadores y cristianos auténticos, son calificados, según el juicio del mundo, de herejes y apóstatas. Aun más: Se les tacha de malvados re-

---

115. *Freundschaft.* Lat.: *amicitia.* W. Metzger, ed. de Calw: «*Verwandtschaftliche Beziehungen*». A. Götze, *Glossar:* «*Gesamtheit der Verwandten;*» *geblutte Freundschaft* = *Blutsverwandte* (parientes consanguíneos).

116. *Gescheider,* en alem. moderno «*gescheiter*», inteligente. El *Deutches Konkordienbuch* (Dresden, 1580) tiene *bescheidener* = modesto, humilde, discreto.

117. En el original *Schwäger.* BSLK y las ed. de Calw, Kurt Aland y Otto Clemen no traen nota explicativa. Grimm, *Deutsches Wörterbuch,* en *Schwager,* en sentido lato: «*Jeder durch Heirat verwandte*» (cualquier pariente político). Texto lat.: *affines, cognati.* «*Affinis*», como adjetivo: pariente por afinidad; como sustantivo: cuñado, yerno, pariente por afinidad. «*Cognatus*» = relacionado por consanguinidad.

volucionarios y desesperados.[118] Además, la palabra de Dios está obligada de la manera más vergonzosa y dañina a dejarse perseguir, blasfemar y acusar de falsedad, trastrocar y citar e interpretar erróneamente. Pero, que siga esto su camino, ya que es cualidad del mundo ciego condenar y perseguir a la verdad y a los hijos de Dios, sin considerarlo un pecado.

En tercer lugar, y esto nos concierne a todos, se prohíbe en este man- 263 damiento todo pecado de la lengua mediante el cual se perjudica al prójimo o se le lastima. Pues, decir falso testimonio no es otra cosa que obra de la boca. Dios quiere prohibir todo aquello que se hace por esta obra de la boca contra el prójimo, ya se trate de falsos predicadores por sus doctrinas y blasfemias o falsos jueces y testigos con su juicio, o de otra forma, fuera de los límites del tribunal por mentiras y maledicencias. Dentro de esto cabe 264 especialmente el detestable y vergonzoso vicio de difamar o calumniar, con lo cual el diablo nos gobierna[119] y sobre el cual mucho podría decirse. Porque es una calamidad general y perniciosa que cada uno prefiera oír decir cosas malas que buenas del prójimo. No podemos oír que se digan del prójimo las mejores cosas; aunque somos tan malos que no podemos soportar si alguien dice algo malo de nuestra persona, sino que cada cual quisiera con gusto que todo el mundo dijera lo mejor de él.[120]

Por tanto, conviene tener presente, para evitar dicho vicio, que ninguno 265 de nosotros ha sido impuesto para juzgar y condenar al prójimo públicamente, aunque sea notorio que éste haya pecado. Sólo podremos juzgar y castigar, si así nos ha sido ordenado. Hay una gran diferencia entre estas dos cosas: 266 Juzgar el pecado y conocer el pecado. Bien puedes conocerlo, pero no debes juzgarlo. Puedo ver, claro está, y escuchar que el prójimo peca, pero no me ha sido ordenado comunicárselo a los demás. Si, a pesar de eso, me entrometo, juzgo y condeno, cometo un pecado mayor aún que el del prójimo. Pero si sabes del pecado ajeno, haz de tus oídos una tumba y cúbrela hasta que se te ordene ser juez y entonces, como propio de tu función, podrás condenar.

Difamadores son quienes no permanecen en el conocer, sino que van 267 más lejos, anticipándose al enjuiciamiento. Tan pronto como conocen un detalle del prójimo, en seguida lo pregonan en todos los rincones, muestran verdadero placer y se alegran en hozar la suciedad del prójimo, como los puercos que se revuelcan en el cieno, revolviéndolo con su hocico. Tales 268 difamadores usurpan el juicio y el oficio que corresponden a Dios y, además,

---

118. En el original: «*verzweifelte*», irrecuperables. A. Götze, *Glossar: verzweifelt = heillos* (infame, impío, malvado). Lat.: *perditissimi*.

119. *Damit uns der Teufel reitet* («con que nos monta el diablo»).

120. *Dass alle Welt Guldens von ihm redate.* A. Götze, *Glossar: Guldenes = das Beste, Ideale* (lo mejor, lo ideal). Texto lat.: *ut meras rosas (quod aiunt), hoc est optima quaeque de eo loquerentur homines* («Que la gente hable de ellos puras rosas [como dicen], o sea, lo mejor»).

enjuician y condenan de manera durísima. En efecto, ningún juez puede condenar más severamente, ni ir más lejos que diciendo: «Este hombre es un ladrón, un asesino, un traidor», etc. Por consiguiente, quien ose decir algo semejante del prójimo, interviene tan lejos como si fuese el emperador o las autoridades en general. Porque, si bien no dispones de la espada, sin embargo, usas tu lengua venenosa, en perjuicio y para vergüenza del prójimo.

269 Así se explica que Dios no quiera que se permita que se hable mal del prójimo, aunque éste sea culpable o se sepa; mucho menos cuando no se sabe y sólo se ha tomado de oídas. Sin embargo, dirás: «¿No he de decirlo, siendo 270 la verdad?» Respondo: «¿Por qué no lo llevas a los jueces competentes?» «No lo puedo atestiguar públicamente; podrían cerrarme la boca y despedirme de mala manera». Bien, amigo mío, ¿es que vas oliendo ya el asado? Si no te atreves a presentarte ante personas autorizadas para responder por lo que dices, cierra la boca. Y si sabes algo, retenlo para tus adentros y no se lo comuniques a nadie. Porque si lo propagas, aunque sea verdad, quedarás como un mentiroso, puesto que no puedes demostrarlo; además, actuarás como un malvado. Pues a nadie debe privársele de su honor y de su fama, a no ser 271 que haya sido privado de ella de manera pública. Se deduce, por tanto, que 272 falso testimonio será todo cuanto no se pueda probar como corresponda. Por eso, lo que no puede ser revelado con pruebas suficientes, no puede ser revelado, ni afirmado como verdad. En resumen, lo que sea un secreto[121] debe permanecer como tal o condenado también en secreto, como en seguida 273 veremos. Si algún charlatán se presentase delante de ti y te hablase mal del prójimo y lo calumniase, háblale frente a frente, de manera que se ponga rojo de vergüenza; de esta manera, más de alguno callará su boca, de lo contrario arrojaría sobre cualquier pobre hombre su habladuría, de la cual difícilmente podría salir nuevamente. Pues el honor y la buena fama son fáciles de quitar, pero difíciles de reponer.

274 Como ves, queda terminantemente prohibido hablar mal del prójimo. Una excepción son, sin embargo, las autoridades seculares, los predicadores y los padres y las madres. Es decir, que este mandamiento tiene que ser entendido en el sentido de que la maldad no debe quedar impune. Así como, según el quinto mandamiento, no se debe dañar a nadie corporalmente, con la única excepción del «maestro Juan»,[122] cuyo oficio no es hacer el bien, sino dañar y hacer el mal, sin que por eso cometa pecado contra el mandamiento de Dios, porque es Dios mismo quien ha instituido dicho oficio en su nombre (pues Dios se reserva el derecho de castigar como mejor le parece,

---

121. En el original: *oder je*, = o por lo menos. Otto Clemen, Kurt Aland y Wolfgang Metzger lo interpretan así. («*wenigstens*»).

122. *Doch ausgezogen Meister Hansen* («excepto el Maestro Juan» = el verdugo).

según amenaza en el primer mandamiento). Lo mismo también cada cual, en cuanto a su persona se refiere, no debe juzgar y condenar a los demás. Aun si no lo hacen los que se les ha encomendado realizarlo, pecan en verdad, lo mismo que aquel que lo hiciera sin tener el cargo oficial para hacerlo. Porque aquí exige la necesidad de que hablen del mal, acusen, declaren, interroguen y testifiquen contra el prójimo. Sucede lo mismo con el médico que, a veces, tiene la obligación de observar y proceder en lugares secretos del enfermo para curarlo. De aquí que, asimismo, resulta que las autoridades, los padres y aun los hermanos y hermanas y los buenos amigos entre sí tienen el deber de condenar la maldad siempre que sea necesario y provechoso. 275

Ahora bien, la manera correcta sería observar el orden prescripto en el evangelio, cuando Cristo dice (Mt. 18:15):[123] «Si tu hermano peca contra ti, ve y repréndelo entre tú y él solo». Aquí tienes una preciosa y excelente enseñanza para dominar la lengua y que se dirige contra el lamentable abuso. Guíate por ella y no denigres inmediatamente a tu prójimo hablando con otros, ni lo difames, sino amonéstale en secreto a fin de que se corrija. Lo mismo también debe ser cuando alguien te cuente lo que éste o aquél han hecho. Enséñale de manera que vaya y le condene en su misma cara, si es que lo vio, de lo contrario, que se calle la boca. 276

Estas cosas las puedes aprender del régimen cotidiano de cualquier hogar. Pues, así obra el señor en la casa, cuando observa que uno de sus criados no hace lo que debe; se lo dice él mismo, directamente. Pero, si en vez de hacerlo así, fuera tan necio como para dejar al criado sentado en su casa, saliendo a las calles para quejarse a sus vecinos, es seguro que le dirían: «Necio, ¿y qué nos importa a nosotros?, ¿por qué no se lo dices a él mismo?» Mira, esto sería obrar fraternalmente, cuando se remedia el mal y se deja incólume el honor del prójimo. Como Cristo lo dice también: «. . . Si te oyere, has ganado a tu hermano . . . » (Mt. 18:15). Ahí has hecho una obra grande y excelente. Pues, ¿piensas que es una cosa insignificante ganar a un hermano? ¡Que se presenten a una todos los monjes y todas las santas órdenes con todas sus obras reunidas y veremos si pueden gloriarse de haber ganado a un hermano! 277

278

Enseña Cristo además: «Mas si no te oyere, toma aun contigo uno o dos, para que en boca de dos o tres testigos conste toda palabra» (Mt. 18:16). Esto quiere decir que se debe tratar con la persona misma lo que le concierne, en vez de hablar mal a sus espaldas. Y si aun así no se obtuviere resultado alguno, entonces sí se deberá llevarlo públicamente ante la comunidad, sea ante los tribunales seculares, sea ante los tribunales eclesiásticos. Porque así no estarás tú solo, sino que tendrás aquellos testigos, con cuya ayuda te será posible demostrar la culpa del acusado. Y basándose en esto, el juez podrá 279

280

---

123. Mt. 18:15. En ediciones posteriores se hizo la corrección correspondiente.

281 dictar la sentencia e imponer la condena correspondiente. De esta forma es posible llegar con orden y justicia a precaverse y mejorar a los malos, mientras que pregonando la maldad ajena a voz en cuello por todos los rincones y removiendo así el cieno, no se corregirá a nadie. Luego, cuando se deba dar

282 razón y testimoniar, se quiere estar como si nada se hubiera dicho. Por eso, con justicia les ocurrirá a tales charlatanes si se les hace perder el gusto, para

283 que sirva de advertencia a los demás. ¡Ah, si lo hicieras para corrección del prójimo y por amor a la verdad, no andarías dando rodeos en secreto, ni temerías el día o la luz!

284 Todo lo dicho es únicamente de los pecados ocultos. Empero, si se tratase de alguien cuyo pecado es de tal modo manifiesto que no sólo el juez sino también cualquiera lo conoce, podrás apartarte del tal, sin cometer por eso pecado alguno, y dejarlo como a quien se ha deshonrado a sí mismo y, además, testificar contra él públicamente. Porque no hay maledicencia, ni enjuiciamiento falso, ni testimonio falso contra lo que ha sido demostrado públicamente. Como, por ejemplo, condenamos ahora al papa y sus doctrinas, pues ya han sido expuestas públicamente a la luz del día en libros y se ha divulgado por todo el mundo. Porque donde el pecado se comete abiertamente, la condena que sigue debe tener también el mismo carácter, con objeto de que cada uno pueda precaverse ante ello.

285 Por consiguiente, tenemos ahora el resumen y el significado general de este mandamiento: Que nadie perjudique con su lengua al prójimo, ya sea amigo o enemigo, ni diga mal de él (sea verdad o mentira), si no es en virtud de un mandato o para corregirle. Antes bien, usará y se servirá de su lengua para hablar lo mejor de todos y para cubrir y disculpar sus pecados y faltas,

286 paliándolos y disimulándolos con su honor. Nuestro móvil debe ser principalmente lo que Cristo indica en el evangelio, con lo cual quiere resumir todos los mandamientos que se relacionan con el prójimo: «Todas las cosas que queráis que los hombres deban hacer con vosotros, así también haced vosotros con ellos» (Mt. 7:12).

287 Asimismo la naturaleza nos enseña esto en nuestro propio cuerpo, como el apóstol Pablo dice en el capítulo 12 de la Primera Epístola a los Corintios: «Los miembros del cuerpo que parecen más débiles, son los más necesarios; y a aquellos del cuerpo que nos parecen menos dignos, a éstos vestimos más dignamente; y los que en nosotros son menos decorosos, se tratan de más decoro» (1 Co. 12:22 y sigte.). Nadie se cubre el rostro, los ojos, la nariz o la boca, porque estos órganos no lo necesitan, siendo ellos los más honorables que poseemos. Pero cubrimos con cuidado los miembros más frágiles, de los cuales nos avergonzamos; aquí es necesario que las manos, los ojos y todo

288 el cuerpo nos ayuden a cubrirlos y a ocultarlos. Del mismo modo debemos recíprocamente cubrir lo deshonroso y defectuoso de nuestro prójimo y con

todos los medios que podamos, servir, ayudar y favorecer a su honor, mientras, inversamente, poner obstáculo a todo cuanto pudiera contribuir a su deshonra. Es en particular una excelente y noble virtud poder explicar favorablemente e interpretar de la mejor manera todo cuanto se oye decir del prójimo (exceptuando lo manifiestamente malo) y cada vez que se pueda defenderlo en contra de los hocicos venenosos, siempre prestos a cuanto puedan descubrir y atrapar para reprender al prójimo, dar el comentario peor y falsear el sentido, como hoy en día sucede principalmente con la palabra de Dios y sus predicadores. Por consiguiente, este mandamiento también comprende un gran número de buenas obras que agradan sumamente a Dios y nos traen consigo bienes y bendiciones incontables. ¡Si solamente el mundo ciego y los falsos santos las quisieran reconocer! Nada como la lengua posee el hombre externa e internamente que pueda procurar tanto bien o hacer tanto daño en lo espiritual como en lo mundano, aunque sea el miembro más pequeño y débil del cuerpo humano.[124]

289

290

291

NOVENO Y DÉCIMO MANDAMIENTOS

«No codiciarás la casa de tu prójimo»
«No codiciarás la mujer de tu prójimo, ni su siervo,
criado o ganado, ni nada de lo que tenga»

292

Estos dos mandamientos fueron dados en sentido estricto[125] a los judíos, pero, en parte, también nos atañen a nosotros. Los judíos no los interpretan como referentes a la impudicia y al hurto, porque sobre ello se había prohibido suficientemente antes. Además, si habían hecho o dejado de hacer exteriormente esta o aquella obra,[126] pensaban que habían cumplido todos los mandamientos. Por eso, Dios ha añadido estos dos mandamientos para que se considere como pecado y cosa prohibida el codiciar la mujer o los bienes del prójimo o aspirar a ellos en alguna forma y especialmente porque bajo el régimen judío, los sirvientes y sirvientas no eran libres, como ahora, de servir por un salario tanto tiempo como quisiesen, sino que eran propiedad de su señor, con su cuerpo y todo lo que poseían, como los animales y otros bienes. Además, respecto a la mujer, cada uno tenía derecho a repudiarla públicamente mediante carta de divorcio y tomar otra. Por lo tanto, existía entre ellos el peligro de que al querer un hombre la mujer del prójimo, buscase cualquier pretexto para desprenderse de la propia y procurase hacer a la otra extraña a su marido para convertirla, entonces, legalmente en esposa suya. Esto no era

293

294

295

---

124. Cf. Stg. 3:5.

125. *Sonderlich* en el sentido de *ausschlieszlich*, «exclusivamente».

126. *Wenn sie äusserlich die Werk getan oder nicht getan hätten*, e.d., con tal de haber hecho formalmente («en lo exterior») lo que los mandamientos ordenan, y evitado lo que prohíben.

pecado entre ellos, ni una ignominia, como no lo es hoy tampoco en lo que concierne a la servidumbre que un señor despida a su criado o criada o conquiste para sí la servidumbre del prójimo.

296 Por eso, afirmo yo, los judíos interpretaban correctamente este mandamiento (aunque se extiende más y con mayor profundidad), considerándolo de tal manera que nadie piense y busque apropiarse los bienes del prójimo, sea su mujer, su servidumbre, su hogar, su hacienda, sus campos y prados, sus animales, aunque se hiciera con una bella apariencia y buen pretexto, pero, no obstante, en detrimento del prójimo. Si ya en el séptimo mandamiento está prohibido el vicio de arrebatar la propiedad ajena o retener su posesión al prójimo, para lo cual no se puede reclamar derecho alguno, aquí se quiere evitar el despojo de cualquier cosa del prójimo, aun cuando se pueda llegar a esto ante el mundo de una manera honorable, de modo tal que nadie se

297 atreva a acusarte, ni a censurarte de haberlo adquirido injustamente. La naturaleza humana está hecha de forma tal que nadie le desea al otro tanto bien como a sí mismo y que cada uno se apropia siempre tanto como pueda,

298 quedando el otro como sea. ¡Y queremos, además, ser justos! Nos podemos ocultar de la manera más elegante y esconder la maldad; buscar e inventar ardides astutos y artimañas pérfidas[127] (como se las imagina ahora diariamente de la mejor manera) como si fueran sacadas de la ley, y con atrevimiento audaz apelamos a ellas e insistimos y no queremos que tal cosa sea llamada

299 maldad, sino sagacidad e inteligencia. Contribuyen a tal proceder los jurisconsultos y magistrados, torciendo y extendiendo el derecho, según pueda servir a la causa, trastrocando el sentido de las palabras y valiéndose de ellas sin poner la mira en la equidad y necesidad del prójimo. Total, que el más hábil y versado en estas cuestiones es a quien mayor ayuda el derecho, como ellos mismos dicen: *Vigilantibus jura subveniunt.*[128]

300 Por dichas razones, este último mandamiento no ha sido establecido para perversos malvados a la vista del mundo, sino más bien para los más justos que quieren ser alabados y llamados probos y sinceros, como siendo los que no han quebrantado los mandamientos anteriores. Eran los judíos sobre todo los que querían ser considerados como tales y en nuestro tiempo aun más muchos nobles, señores y príncipes. Porque la generalidad, la masa, queda comprendida en el séptimo mandamiento, pues los que a ella pertenecen no se preocupan de si lo que ansían ha de ser adquirido honrada y legalmente o no.

301 Esto ocurre con mayor frecuencia en los asuntos que son debatidos en

---

127. *Den Schalk bergen.* BSLK interpreta «*Schalk*» en este contexto como «*Bösewicht*», malvado. También puede significar «*Betrug*», embuste; cf. A. Götze, *Glossar.* Así lo tradujo W. Metzger (ed. de Calw, pág. 81).

128. Es decir; El derecho viene en auxilio de los que están alerta.

los tribunales, donde se busca ganar o sustraerle al prójimo alguna cosa. Es lo que ocurre, para dar ejemplos, cuando se querella y se discute por una gran herencia, bienes inmuebles, etc.; se aduce y se toma como ayuda todo lo que pueda tener un aspecto de derecho; se le exagera, se le disfraza de tal manera que el derecho tiene que inclinarse forzosamente a ese lado. Y se conserva la propiedad con tal título, de modo que nadie tiene poder de acusación, ni apelación a ello. Idéntica cosa sucede cuando alguien desea poseer 302 un castillo, ciudad, condado o algo de importancia, sobornando por medio de sus amistades y de cuanto medio sea capaz, de manera que pueda despojar a otro de ello y apropiárselo para sí, y confirmándolo, además, con escrituras y legalizaciones, con objeto de que se considere adquirido honestamente y de forma legal.

Lo mismo sucede en los negocios comerciales corrientes, en los que una 303 de las partes hace escapar astutamente alguna cosa de las manos del otro, de modo que la otra parte se vea obligada a perder. También suele suceder que una parte perjudique a la otra y la acose, viendo su propio provecho y beneficio, toda vez que la otra parte, quizás, ora por necesidad, ora por deudas, no puede mantener bienes, ni venderlos sin pérdida. Y así ocurre que el primero quiere la mitad de los bienes o más de la mitad como un regalo, y eso debe ser considerado, sin embargo, no como tomado ilícitamente o arrebatado, sino como comprado honestamente. Esto es «el primero, el mejor» y «cada cual aproveche su oportunidad» y el otro tenga lo que pueda. No hay 304 quien sea tan inteligente como para figurarse cuánto se puede lograr con tales bellas apariencias. El mundo considera injusto esto y no quiere ver que el prójimo sea perjudicado y se vea obligado a renunciar a aquello de que no se le puede privar sin daño, en ocasiones que nadie quisiera que se hiciese lo mismo con él. En esto se hace sentir que tal pretexto y tales apariencias son falsos.

En otros tiempos sucedían semejantes cosas con las mujeres. Conocían 305 entonces expedientes tales que cuando a uno le gustaba la mujer de otro, se arreglaba que mediante sí o mediante otros (en efecto, caminos y medios de toda clase eran imaginables), el marido se enojara con su mujer o que ella se rebelase contra él y se comportase de tal forma que su marido se viese obligado a repudiarla y a dejarla al otro. Tales cosas, sin duda, han reinado abundantemente en la época de la ley, como se lee también en el evangelio sobre el rey Herodes, que había tomado por mujer a la de su hermano—el cual aún vivía—y que, según da testimonio San Marcos,[129] quería ser, a pesar de todo, un hombre honorable y justo. Sin embargo, espero que en nuestros 306 tiempos no deban suceder tales ejemplos, puesto que el Nuevo Testamento

---

129. Cf. Mt. 14:3 y sigte.; Mr. 6:17 y sigtes.

prohíbe a los esposos el divorcio, salvo que se tratara, quizá, del caso cuando un hombre arrebata a otro su prometida rica con astucia. Sin embargo, no es raro entre nosotros que uno atraiga y haga extraños al sirviente, a la criada de otro, o los conquiste de otra manera con buenas palabras.

307 Que ocurra todo esto como fuere, nosotros debemos saber que Dios no quiere que se arrebate al prójimo algo de lo que le pertenece, de modo que sea privado y satisfagas tu avidez, aunque puedas mantenerlo ante los ojos del mundo con honor. Porque se trata de una maldad pérfida y secreta y, como se ha dicho, hecha por la espalda,[130] de manera que no se la nota. Si bien pasarás como no habiendo hecho injusticia a nadie, sin embargo, has perjudicado a tu prójimo. Acaso no deba calificarse esto de hurto o engaño; por lo menos, has codiciado los bienes de tu prójimo, es decir, has andado tras ellos y le has apartado de ellos contra su voluntad. En fin, no has querido

308 que el prójimo posea lo que Dios mismo le ha obsequiado. Y aun cuando el juez, o quienquiera que sea, haya de concederte la razón, Dios te la negará, pues él conoce a fondo la maldad del corazón y las argucias del mundo, el cual, donde se da un dedo se toma la mano, de modo que la injusticia y violencia públicas son una mera consecuencia de esto.

309 Por consiguiente, dejemos estos mandamientos en su acepción general: Primero: Que está prohibido desear el mal al prójimo y contribuir a dar lugar a dicho mal. Al contrario, hemos de alegrarnos y dejarle que posea lo suyo y, además, contribuiremos a que prospere y se conserve todo aquello que pueda ocurrir para su servicio y beneficio, como queremos que se haga también

310 con nosotros. En consecuencia, y de manera muy especial, dichos preceptos han sido establecidos contra la envidia y la lamentable codicia, con lo que Dios aparta la causa y raíz de lo cual procede todo mediante lo que se daña al prójimo. De aquí que Dios haya implantado claramente estos mandamientos con estas palabras: «No codiciarás . . . , etc.». Porque Dios desea que tengamos, ante todo, un corazón puro, si bien no podemos llegar a eso mientras vivamos en este mundo. Se deduce de ello que estos mandamientos son como todos los otros, una acusación y una indicación continuas del estado de nuestra justicia ante Dios.

CONCLUSIÓN DE LOS DIEZ MANDAMIENTOS

311 Para terminar, los Diez Mandamientos forman[131] un compendio de doctrina divina, concerniente a lo que debemos hacer a fin de que toda nuestra

---

130. En el original alemán se usa la frase «*Unter dem Hütlin gespielet*», lit. «jugada hecha bajo el sombrerito», i.e. maldad hecha a hurtadillas. Lo del «sombrerito» es una alusión al escamoteo de los prestidigitadores.

131. *Ausbund*. Según A. Götze, *Glossar*, la palabra «*Ausbund*» puede significar modelo de perfección, y también resumen, extracto. BSLK la entiende en este último sentido.

vida agrade a Dios. Asimismo son los mandamientos la fuente y canal verdaderos por los que debe manar y encauzarse todo lo que deben ser buenas
obras, de tal manera que fuera de los Diez Mandamientos no puede haber
obras ni prácticas buenas y agradables a Dios, aunque puedan ser grandes y
preciosas a los ojos del mundo.

Veamos ahora qué gloria pueden hacerse los grandes santos de nuestros
tiempos de sus órdenes religiosas y las grandes y difíciles obras que ellos
mismos se han inventado y han impuesto, mientras hacen caso omiso de los
mandamientos, como si se tratase de cosas insignificantes o ya cumplidas
desde hace mucho tiempo. Creo que habría mucho que hacer si se tuviera
que observar esto: La dulzura, la paciencia y el amor para con los enemigos,
la castidad, la beneficencia, etc., y todo cuanto ellas traen consigo. Sin embargo, estas obras no tienen valor ni lucimiento ante el mundo, porque no
son raras y pomposas; no se atienen a tiempos especiales, lugares, costumbres
y actos determinados, sino que son más bien, obras caseras, cotidianas, comunes, que cada cual puede hacer con su propio vecino; por esto, no gozan
de lucimiento. Aquellos, no obstante, atraen la atención[132] de los hombres
sobre sí, quienes contribuyen con una pompa grandiosa, con ostentación y
magníficas casas, haciéndolo resaltar bellamente, de modo que todo debe
bullir y resplandecer. Se inciensa, se canta, se hace música, se encienden
velas, se ponen luces, con lo cual es imposible ver y oír otra cosas fuera de
éstas. Si un cura se muestra en su casulla áurea o un laico cualquiera pasa el
día entero arrodillado en el templo, esto se llama una obra excelente que nadie
puede alabar suficientemente. Pero, si una sencilla sirvienta cuida de un
pequeño y ejecuta con fidelidad todo cuanto le es ordenado, esto no debe
valer nada. Si no es así, ¿qué han de buscar entonces monjes y monjas en
sus conventos?

Pero, mira, ¿no es acaso presunción maldita la de esos santos desesperados que pretenden encontrar una vida o estado superiores y mejores que
todo cuanto el Decálogo enseña? Afirman, como se ha dicho, que esta última
es una vida simple hecha para la gente sencilla, pero que la de ellos es para
los santos perfectos. No ve esta desdichada y ciega gente que no hay hombre
que pueda llegar a cumplir uno solo de los Diez Mandamientos tal como es
debido, sino que es necesario a la vez la ayuda del Credo y del Padrenuestro
(como luego veremos) para buscar e implorar tal cumplimiento y obtenerlo
sin cesar. Su jactancia es como si yo me vanagloriara diciendo: «Aunque no

312

313

314

315

316

---

132. *Sperren Augen und Ohren auf* (Tales obras «abren los ojos y oídos» de la gente, es
decir, dejan boquiabierto a todo el mundo).

tengo un centavo[133] para pagar, sin embargo, me confío en que puedo pagar diez escudos».[134]

317 Si digo y propago lo que acabamos de indicar es con la finalidad de liberar de ese lamentable abuso, ya tan profundamente arraigado e insito a cualquiera y para que se tome la costumbre en todos los estados de la tierra de mirar y preocuparse solamente de esto. Porque no se está cerca aún de producir una doctrina o estados que igualen a los Diez Mandamientos, pues éstos son tan elevados que nadie puede lograr su cumplimiento por fuerzas humanas. Y si alguien lo alcanzare, será un hombre celestial y angélico que

318 esté por encima de toda la santidad de este mundo. Si los colocas delante de ti y haces la prueba de cumplirlos empleando todas tus fuerzas y todo tu poder, tendrás tanto que hacer que no buscarás, ni considerarás otra obra o santidad. Baste con lo dicho acerca de la primera parte, es decir, tanto para enseñar

319 como para amonestar. Mas, para concluir, debemos repetir el texto que ya hemos tratado antes, en la explicación del primer mandamiento, para que se aprenda el cuidado que Dios quiere poner en que se aprenda bien a enseñar y practicar los Diez Mandamientos.

320 «Yo, el Señor, tu Dios, soy un Dios celoso que, en cuanto a los que me odian, visito la maldad de los padres sobre los hijos, sobre la tercera y cuarta generación, y que hago misericordia en millares a los que me aman y guardan mis mandamientos» (Éx. 20:5–6).

321 Si bien esta adición ha sido añadida[135] ante todo al primer mandamiento, como ya indicamos, no está por ello colocada menos en vista de todos los mandamientos, porque todos en conjunto deben estar relacionados con ella y orientados hacia ella. Por ser esto así, afirmé que se lo haga presente a la juventud y se lo inculque, a fin de que lo aprenda y lo retenga de modo que se vea lo que nos debe impulsar y, al mismo tiempo, obligar a cumplir los

322 mandamientos. Y estas palabras deben ser consideradas como puestas en particular a cada uno de ellos, de modo que pasen en y a través de todos. Ahora bien, se dijo ya[136] que en dichas palabras está resumida una amenaza llena de cólera y una amistosa promesa. Tienen por objetivo atemorizarnos y advertirnos y, además, atraernos e incitarnos para que se acepte y aprecie en grado sumo su palabra en toda su seriedad divina. En efecto, Dios mismo expresa cuánta importancia da a esto y con qué severidad quiere vigilar sobre ello; es decir, castigando de manera atroz y horrible a quienes los menos-

---

133. *Groschen*, moneda antigua. Lutero suele traducir con «Groschen» el «denario» bíblico (Mt. 18:28; 20:2) y también la dracma (Lc. 15:8).

134. Vid. Mandamientos, I, 31.

135. Mandamientos, I, 31.

136. Mandamientos, I, 29.

precien o infrinjan o, por lo contrario, recompensando con generosidad, beneficiando y dando toda clase de bienes a quienes los honran y actúan y viven con gusto según ellos. Al hacerlo Dios así quiere exigir que sean obedecidos **323** con un corazón tal que tema a Dios solamente y tenga la mirada sobre él y por tal temor se abstenga de todo lo que está contra la voluntad divina, de tal forma que no lo encolerice y, por lo contrario, confíe sólo en él y haga por amor a él lo que él quiera, porque se hace oír amistosamente como un padre y nos ofrece toda la gracia y bienes.

Tales son también el sentido y la justa interpretación del primer y más **324** grande mandamiento—del cual deben salir y manar todos los demás—de modo que estas palabras: «No tendrás otros dioses . . .» no quieren decir, explicado de la manera más simple, otra cosa que lo que se exige aquí: «Tú me debes tener como único y verdadero Dios, amarme y depositar tu confianza en mí». Pues donde hay un corazón así dispuesto hacia Dios, tal corazón cumple este mandamiento y todos los otros. Por lo contrario, quien en los cielos o en la tierra tema y ame otra cosa, ni cumplirá el primer mandamiento, ni ninguno de los otros. De esta manera toda la escritura ha predicado y enseñado por **325** todas partes este mandamiento, dirigiendo todo hacia estas dos cosas: El temor de Dios y la confianza en él. Así lo hace constantemente el profeta David en el salterio cuando dice: «Se complace Jehová en los que lo temen, y en los que esperan en su misericordia» (Sal. 147:11). Es como si con un solo versículo se interpretara todo el precepto y dijera: «El Señor se complace en quienes no tienen otros dioses».

El primer mandamiento, pues, iluminará todos los demás, dándoles su **326** resplandor. Por eso, es necesario que comprendas estas palabras como pasando por todos los mandamientos, como el aro o círculo de una corona que sujeta el fin y el principio y los retiene juntos. Es, pues, imprescindible que se les repita sin cesar y no se les olvide. Así, por ejemplo, en el segundo mandamiento, que ha de temerse a Dios, no haciendo uso indebido de su nombre para maldecir, mentir, engañar u otras seducciones y maldades, sino que se emplee el nombre divino en forma justa y adecuada al invocar, orar, alabar y dar gracias, lo que tiene su fuente en el amor y en la confianza, según el primer mandamiento. Asimismo, este temor, este amor y esta confianza deben impulsar y obligar a no despreciar su palabra, sino a aprenderla, a escucharla con agrado, observarla y a honrarla como santa.

Ocurre lo mismo con los demás mandamientos que se refieren al prójimo; **327** o sea, todo es en virtud del primer mandamiento; el honrar, estar sometido y obedecer a los padres, a los amos y a todas las autoridades, pero no por ellos, sino por Dios. En efecto, no considerarás, ni temerás a tus padres,[137]

---

137. *Denn Du darst wider Vater noch Mutter ansehen* . . . i.e. *du brauchst weder* . . . («no tienes necesidad de . . .»). Texto lat.: *Neque tibi parentes respiciendi sunt* . . . .

ni harás o evitarás hacer cualquier cosa por complacerles. Antes bien, atiende a lo que Dios quiere de ti y te exige con seguridad, y si descuidas esto tendrás

328 en él un juez airado; mas, de lo contrario, un padre misericordioso. También te guardarás de dañar, perjudicar o hacer violencia a tu prójimo y tampoco invadirás su terreno en manera alguna, trátese de su cuerpo o de su cónyuge, de sus bienes o de su honor y derechos, según el orden sucesivo[138] de los mandamientos, aunque tuvieras posibilidad y motivo para obrar así, sin que nadie te condene por ello. Tu deber es procurar hacer el bien a todos, ayudar y cooperar cómo y dónde puedas y esto únicamente por amor a Dios y por complacerle, teniendo la confianza de que te lo recompensará generosamente.

329 Ves, pues, que el primer mandamiento es la cabeza y la fuente que corre a través de todos los demás y a la inversa, todos se remiten a y dependen de él, de modo que el fin y el principio están totalmente unidos y religados entre sí.

330 Repito que es necesario y provechoso que se haga presente siempre esto a la juventud, se le amoneste y recuerde, a fin de que no sean educados con golpes y con la violencia—como se hace con los animales—sino en el temor de Dios y para su gloria. Porque el saber y tomar de corazón no son un producto del ingenio humano, sino mandamientos de la alta majestad, que vigila severamente sobre ellos y que se encoleriza contra quienes los menosprecian y los castiga o, en el caso contrario, recompensa en forma superabundante a los que los observan; al saber esto, digo, nos sentiremos más

331 incitados e impulsados a ejecutar con gusto la voluntad de Dios. Por eso, no en vano se ordena en el Antiguo Testamento que se escriban los Diez Mandamientos en todas las paredes y rincones de la casa y hasta en los vestidos,[139] mas no para que queden ahí solamente escritos y para ostentarlos como lo

332 hacían los judíos,[140] sino para tenerlos sin cesar a la vista y siempre en la memoria, para aplicarlos a todos nuestros actos en nuestra existencia y, en fin, para que cada cual se ejercite cotidianamente en ellos en toda clase de circunstancias, en todos los negocios o asuntos, como si figurasen escritos en todas partes donde uno vaya o se encuentre.

En el hogar y en el trato con los vecinos se presentarían así ocasiones suficientes para poner en práctica los Diez Mandamientos, sin que nadie tenga necesidad de buscar más lejos.

333 Se ve por esto nuevamente cómo se deben realzar y alabar los Diez Mandamientos, colocándolos sobre todo otro estado, precepto y obra que por regla general son enseñados y puestos en práctica. Por lo que a esto respecta,

---

138. Del quinto al Décimo Mandamiento.
139. Cf. Dt. 6:8–9; 11:18, 20.
140. Cf. Mt. 23:5.

bien podemos afirmarnos y exclamar: Que vengan todos los sabios y santos y veamos si son capaces decrear una obra semejante a los Diez Mandamientos que Dios exige con una tal severidad y que ordena, so pena de atraerse su mayor ira y castigo; pero colocando, además, la promesa de que nos colmará de toda clase de bienes y bendiciones. Por consiguiente, es preciso considerar los mandamientos como inapreciables y valiosos, antes que toda otra doctrina, como el tesoro mayor que Dios nos ha dado.

SEGUNDA PARTE

EL CREDO

Hemos oído hasta ahora sólo la primera parte de la doctrina cristiana y **1** ya vimos todo lo que Dios quiere que hagamos y dejemos. Sigue ahora como debe ser, el Credo, que nos presenta todo lo que debemos esperar y recibir de Dios y, para decirlo brevemente, para que aprendamos a conocerlo enteramente. Dicho conocimiento nos ha de servir para poder hacer las mismas **2** cosas que los mandamientos nos ordenan. Porque como indicamos, los mandamientos son tan excelsos que el poder de todos los hombres resulta demasiado insignificante para cumplirlos. De aquí la imprescindible necesidad de aprender esta segunda parte de la doctrina cristiana tan bien como la primera, para saber cómo se llega a dicho cumplimiento y de dónde y por qué medios se recibe tal fuerza. Si pudiéramos cumplir los mandamientos por **3** nuestras propias fuerzas, tal como hay que cumplirlos, de nada más necesitaríamos, ni del Credo, ni del Padrenuestro. Antes de pasar a exponer la **4** necesidad y beneficios tales del Credo, bastará en primer término que la gente sencilla aprenda a captar y comprender el Credo por lo que él mismo explica. En primer lugar, hasta ahora se ha dividido el Credo en doce artículos.[141] Sin **5** embargo, si se debiese tomar uno a uno todos los puntos contenidos en la Escritura y que pertenecen al Credo, resultarían muchos más artículos y no todos podrían ser expresados claramente con tan pocas palabras. Pero a fin **6** de que se pueda captar estas cosas de la manera más fácil y simple—cómo hay que enseñar a los niños—compendiaremos brevemente todo el Credo en tres artículos principales,[142] según las tres personas de la divinidad, a las cuales está dirigido todo cuanto creemos. De este modo, el primer artículo, referente a Dios Padre, explica la creación. El segundo artículo, referente al

---

141. La división del Credo Apostólico en doce partes aparece alrededor del año 400. Según la tradición, cada uno de los doce apóstoles aportó una porción. Cf. León el Grande, *Epistula 31 ad Pulcherian: catholici symboli brevis et perfecta confessio, quae duodecim apostolorum to tidem est signata sententiis* (« . . . la confesión breve y perfecta del símbolo católico, expresada por los doce apóstoles en otras tantas sentencias»), MSL LIV, 794.

142. *Häuptartikel*. Vid. Catecismo Mayor, Bautismo, 1, nota 201.

Hijo, explica la redención. Y el tercer artículo, referente al Espíritu Santo,
7   explica la santificación. Es como si el Credo estuviese compendiado con
suma brevedad en las siguientes palabras: «Creo en Dios Padre que me ha
creado; creo en Dios Hijo que me ha redimido; creo en el Espíritu Santo que
8   me santifica». Un Dios y un Credo, pero tres personas y, por lo tanto, tres
artículos y tres confesiones. Tratemos brevemente estas palabras.

ARTICULO PRIMERO
9   *«Creo en Dios Padre todopoderoso,[143] Creador del cielo y de la tierra.»*

10   Con estas palabras quedan descriptos y expuestos lo que son el ser y la
voluntad, la acción y la obra de Dios el Padre. Al indicar los Diez
Mandamientos que únicamente se tendrá un solo Dios, cabría preguntar: ¿Y
qué Dios es[144] ese? ¿Qué hace? ¿Cómo puede ensalzársele, o de qué modo
hemos de representárnoslo o describirlo, a fin de que pueda conocérsele?
Esto es precisamente lo que nos enseñan este y los demás artículos. Por lo
tanto, el Credo no es más que una contestación y confesión del cristiano,
11   basadas ambas en el primer mandamiento. Sería igual que si interrogásemos
a un pequeñuelo: «Querido,[145] ¿qué clase de Dios tienes? ¿Qué sabes tú de
él?», y él pudiera decir, «Mi Dios es ante todo, el Padre, el que ha creado los
cielos y la tierra. Y fuera de este único Dios, yo no considero nada como
Dios, porque nadie más que él podría crear los cielos y la tierra».
12   Para los doctos, sin embargo, y para los que tienen cierta instrucción,[146] se
pueden tratar en detalle estos artículos, dividiéndolos en tantas partes como
palabras contienen. Empero, ahora, tratándose de alumnos jóvenes, bastará
que indiquemos lo imprescindible, esto es, como se ha dicho, que este artículo atañe a la creación, basándonos en las palabras: «. . . Creador de los cielos
y de la tierra». ¿Qué significa ahora o qué quieres decir con estas palabras:
13   «Creo en Dios Padre todopoderoso, Creador, etc . . . ?» Respuesta: Digo y
creo que soy criatura de Dios. Esto es, que Dios me ha donado y me conserva
sin cesar mi cuerpo y alma y vida, mis miembros grandes y pequeños, todos
mis sentidos, mi razón, mi inteligencia,[147] etc., la comida y la bebida, vestidos

---

143. *Ich gläube an Gott, den Vater allmächtigen.* Vid. Catecismo Mayor, Prefacio II, 11, nota
16.

144. En el original: Was is denn Gott für ein *Mann*? (¿Qué tipo de hombre es ese Dios?)

145. *Lieber* lit. «querido». Lutero lo usa muchas veces con el significado de «dime, por
favor».

146. *Die etwas läuftig sind.* Obsopoeus: *qui aliguam scripturae cognitionem siba paraverunt*
(«los que adquirieron cierto conocimiento de las Escrituras»).

147. *Vernunft und Verstand.* Texto lat.: *rationis usum vertutemque intelligentiae.* En la
Fórmula de Concordia, Epítome, XII, 4 el término *Vorstand* (*Verstand*) se traduce con *usus
rationis*, uso de la razón.

y alimentos, mujer e hijos, servidumbre, hogar, hacienda, etc. Añádase a esto **14**
que Dios pone todo lo creado para servir al provecho y las necesidades de
nuestra vida: El sol, la luna y las estrellas en el cielo, el día y la noche, el aire,
el fuego y el agua, la tierra y todo cuanto ella lleva y puede producir: Las **15**
aves, los peces, toda clase de animales, los cereales y toda clase de plantas y
también los que son más bien haberes corporales y temporales, un buen gobierno, paz y seguridad. De tal manera se aprende, pues, por este artículo **16**
que ninguno de nosotros es capaz de poseer o conservar por sí mismo su vida
y todo lo que acabamos de enumerar, y que podríamos seguir enumerando,
aunque fuera lo más insignificante; porque todo está comprendido en la palabra «Creador».[148]

Confesamos, además, que no sólo nos ha concedido el Dios Padre todo **17**
lo que poseemos y tenemos ante la vista, sino que asimismo nos guarda y
protege a diario de todo mal y desgracia—apartando de nosotros todo
género de peligros y accidentes—y todo esto por puro amor y bondad y sin
que nos lo merezcamos; como un padre amante que se preocupa de que
ningún daño nos ocurra. Pero, decir más, forma parte de las otras dos partes **18**
del artículo donde se dice: «Padre todopoderoso . . . ».

Se deduce de lo dicho como conclusión que, al otorgarnos, conservarnos **19**
y protegernos Dios diariamente todo cuanto tenemos, amén de lo que en los
cielos y la tierra existe, estaremos obligados a amarlo siempre, a alabarle y a
agradecerle y, en fin, a servirle enteramente según él lo exige y ordena en los
Diez Mandamientos. Habría mucho que decir; si se tuviera que exponer esto **20**
en detalle, cuán pocos son los que creen en este artículo. Porque todos
pasamos por encima de él; lo oímos y lo recitamos, pero ni vemos, ni reflexio-
namos sobre lo que estas palabras nos enseñan. Porque, si lo creyésemos de **21**
corazón, obraríamos conforme a ello y no andaríamos orgullosos, tercos y
engreídos, como si la vida, la riqueza, el poder y el honor, etc., procedieran de
nosotros mismos. Hacemos, al fin, como si hubiera de temérsenos y
servírsenos; que así lo exige este mundo perdido y trastornado, que está sumido en su ceguedad; un mundo que abusa de todos los bienes y dones de
Dios únicamente para su altanería, para su codicia, para su deleite y bienestar, sin considerar siquiera a Dios para agradecerle o reconocerle como Señor
y Creador. De aquí que este artículo debiera humillarnos y horrorizarnos si lo **22**
creyéramos. Porque pecamos a diario con los ojos y los oídos, con las manos
y con el cuerpo, con el alma, con el dinero y los bienes y, con todo cuanto

---

148. Observa A. Peters («*Luthers Rechtfertigungslehre in der Interpretation der modernen
katholischen Theologie*», en *Neue Zeitschrift für systematische Theologie und
Religionsphilosophie*, vol. 12, 1970, p. 287) que Lutero expresa el pensamiento de este resumen
del Primer Artículo de una manera aún más enfática y más plástica en su «*Einfältige Weise zu
beten*» (Manual sencillo de oración) para Meister Peter den Balbier (WA XXXVIII, 373).

tenemos. Así hacen especialmente quienes, además, luchan contra la palabra de Dios. La ventaja que los cristianos tienen sobre los demás hombres es que son conscientes de su responsabilidad[149] de servir a Dios por lo que él les da, y de obedecerle.

23   Por la misma razón será preciso que nos ejercitemos diariamente en la práctica de este artículo. Lo grabaremos en nuestra mente y lo recordaremos en todo cuanto se presente a nuestros ojos, así también como en las bondades que experimentemos. Y si nos viésemos librados de angustias y peligros, siendo Dios quien da y hace todas estas cosas por nosotros, debemos ver y sentir su paternal corazón y su amor superabundante frente a nosotros. Esto calentaría y encendería nuestro corazón con el deseo de ser agradecidos y de

24   usar todos estos bienes para honor y alabanza de Dios. Éste sería, brevemente expuesto, el sentido del primer artículo, tal como es necesario que lo aprendan primeramente las almas sencillas: Lo que recibimos y tenemos de Dios y también a lo que estamos obligados por ello. Tal conocimiento es grande y excelente pero, además, un tesoro mayor aún. Porque ahí vemos cómo se nos ha entregado el Padre juntamente con todas las cosas creadas y cómo nos provee en suma abundancia en esta vida, amén también de colmarnos de bienes inefables y eternos por medio de su Hijo y del Espíritu Santo, como en seguida veremos.

ARTÍCULO SEGUNDO

25   « . . . *Y en Jesucristo su único Hijo, nuestro Señor, que fue concebido por el Espíritu Santo, nació de la virgen María, padeció bajo el poder de Poncio Pilato, fue crucificado, muerto y sepultado, descendió a los infiernos, al tercer día resucitó de entre los muertos, subió a los cielos y está sentado a la diestra de Dios Padre todopoderoso, de donde ha de venir para juzgar a los vivos y a los muertos».*

26   Aquí aprendemos a conocer la segunda persona de la divinidad, para que veamos lo que, aparte de los bienes temporales antes enumerados, tenemos de Dios, esto es, cómo se ha derramado enteramente y no ha retenido nada que no nos diera. Muy rico y extenso es este artículo. Pero, a fin de tratarlo con brevedad y sencillez, tomaremos una sola frase y captaremos en ella la suma entera de este artículo, es decir, como ya se ha dicho, para que se aprenda cómo hemos sido redimidos. Serán estas palabras . . . «. . . En Jesucristo, nuestro Señor».

---

149. *Dass sie sich des schüldig erkennen.* La edición de las *Obras de M. Lutero* en español, vol. V, p. 101 traduce: «Es que pueden reconocerse culpables». Más exacto sería: « . . . Que reconocen su responsabilidad de . . . ». Cf. Obsopoeus: *quod se Deo creatori suo debere non inficiantur* («porque no niegan que tienen un deber para con Dios, su Creador»).

Si ahora se pregunta: ¿Qué crees tú en el segundo artículo sobre Jesu- **27**
cristo? Responde muy brevemente: Creo que Jesucristo, verdadero Hijo de
Dios ha llegado a ser mi Señor. ¿Y qué significa que ha llegado a ser tu
Señor? Significa que me ha redimido del pecado, del diablo, de la muerte y
de toda desdicha.

Porque antes yo no tenía ni señor, ni rey alguno, sino que estaba sujeto
a la potestad del diablo, condenado a morir, retenido en los lazos del pecado
y de la ceguedad.

En efecto, después de haber sido nosotros creados y una vez que habíamos **28**
recibido diversos beneficios de Dios, el Padre, vino el diablo y nos llevó a
desobedecer, al pecado, a la muerte y a todas las desdichas, de modo que
nos quedamos bajo la ira de Dios y privados de su gracia, condenados a la
perdición eterna, tal como nosotros mismos lo habíamos merecido en justo
pago a nuestras obras. Y nos faltó todo consejo, auxilio y consuelo hasta que **29**
el Hijo único y eterno de Dios se compadeció de nuestra calamidad y miseria
con su insondable bondad y descendió de los cielos para socorrernos. Y, **30**
entonces, todos aquellos tiranos y carceleros fueron ahuyentados y en su lugar
vino Jesucristo, un señor de vida y justicia, de todos los bienes y la salvación,
y nos ha arrancado—pobres y perdidos hombres—de las fauces del infierno,
nos ha liberado y devuelto a la clemencia y gracia del Padre, nos ha puesto
bajo su tutela y amparo, como cosa suya, para gobernarnos con su justicia,
su sabiduría, su potestad, su vida y su bienaventuranza.

El compendio de este segundo artículo es, pues, que: La palabrita Señor **31**
significa muy sencillamente, redentor, esto es, él nos ha conducido del diablo
a Dios, de la muerte a la vida, del pecado a la justicia y nos mantiene en
ello. Las demás partes que siguen en este artículo no hacen otra cosa, sino
explicar y expresar tal redención, cómo y en virtud de qué medios fue realizada; lo que costó a Cristo[150] y lo que él mismo hubo de poner a contribución;
lo que tuvo que aventurar para conquistarnos y ponernos bajo su señorío; o
sea, se hizo hombre, fue concebido y nació del Espíritu Santo y la virgen sin
pecado alguno, a fin de ser Señor del pecado; además, padeció, murió y fue
sepultado, con el objeto de satisfacer por mí y pagar mi deuda no con oro o
plata sino con su propia y preciosa sangre. Y sucedió todo esto para que él
fuera mi Señor, pues no lo hizo para sí mismo, ni siquiera lo necesitaba.
Después resucitó subyugando y devorando así a la muerte (Is. 25:8). Y, por
último, subió a los cielos y ha tomado el poder a la diestra del Padre, de
manera que tanto el diablo como todas las demás potencias tienen que someterse a él y estar por estrado de sus pies (Sal. 110:1), hasta que en definitiva
en el día del juicio final nos separe completamente y nos aparte del mundo

---

150. *Was er daran gewendet und gewagt hat*, lit. «lo que invirtió y arriesgó en ello».

32   malvado, del diablo, de la muerte y del pecado, etc. Pero explicar especialmente por separado cada una de las partes, no cabe dentro de los límites de esta breve predicación destinada a los niños, sino que corresponde a los sermones extensos que en el transcurso del año se predican y, en particular, en las épocas prescritas para esto, es decir, para exponer detenidamente cada parte: El nacimiento, la pasión, la resurrección, la ascensión de Cristo, etc.

33   Asimismo se basa todo el evangelio que predicamos en una recta comprensión de este artículo, ya que en él radica toda nuestra salvación y bienaventuranza,[151] el cual es tan rico y extenso que siempre tendremos que aprender suficientemente de él.[152]

ARTÍCULO TERCERO

34   *«Creo en el Espíritu Santo, una[153] santa iglesia cristiana;[154] la comunión de los santos, el perdón de los pecados, la resurrección de la carne y la vida eterna. Amén».*

35   No podría yo titular mejor este artículo que denominándolo artículo de la santificación, como antes indiqué; porque en él se expresa y presenta el Espíritu Santo y su acción, o sea que nos santifica. Por eso, debemos basarnos en la palabra «Espíritu Santo», porque está tan brevemente expresado que no

36   se puede tener otro término. En la Escritura se enumeran, además, diversos espíritus, como son el espíritu del hombre,[155] los celestiales [156] y los de maldad.[157] Mas sólo el espíritu de Dios recibe el nombre de Espíritu Santo, es

---

151. *Heil und Seligkeit.* Obsopoeus: *salutis et felicitatis . . . summa sita est* («. . . está puesta la suma de la salvación y de la felicidad»). Cf. A. Götze, *Glossar* en «*seligkeit*» (*Glück*). El término «bienaventuranza», además de designar la dicha eterna en los cielos, tiene también el sentido de «felicidad muy grande».

152. Literalmente: «Que siempre nos queda bastante que aprender de él».

153. En el original: *ein heilige christliche Kirche.*

154. Vid. Catecismo Mayor, Prefacio II, 13, nota 19, («santa iglesia cristiana»); Catecismo Mayor, Credo, 5, nota 141. Símbolo Apostólico, nota en «católica».

155. BSLK (p. 653, nota 10) indica, p. ej., 1 Co. 2:11.

156. BSLK (p. 653, nota 11) observa que con *himmlische Geister*, Lutero se refiere a los ángeles (buenos). La nota remite a Köstlin, *Luthers Theologie*, II, 103, y cita («p.ej.») 2 Macabeos 11:6; 15:23. El primero de estos dos textos reza en traducción de Lutero: «*Da aber Maccabäus und die Sienen höreten, dass er den Flecken stürmte, baten sie und der ganze Haufe mit Seufzen und Thränen den Herrn, dass er einen guten Engel senden wollte, der Israel hülfe*». («En cuanto el Macabeo y sus hombres oyeron que [Lisias] estaba atacando aquella plaza fuerte, ellos y todo el pueblo imploraron al Señor con gemidos y lágrimas que enviase un ángel bueno para salvar a Israel»).

157. BSLK (p.653, nota 12) indica, p. ej., 1 S. 16:14, 23; Tobías 3:8; Hch. 19:12, 15. En traducción de Lutero, Tobías 3:8 reza como sigue: «*Der hatte man sieben Männer nach einander gegeben, und ein böser Geist, Asmodi gennant, haste sie alle getödtet, alsbald wenn sie beiliegen sollten*». (Ésta había sido dada en matrimonio sucesivamente a siete hombres, pero un espíritu maligno, de nombre Asmodeo, había matado a cada uno de ellos tan pronto se acostaban con ella.)

decir, el espíritu que nos ha santificado y nos sigue santificando. Así como se denomina al Padre: El Creador, y al Hijo: El Redentor, también al Espíritu Santo debe denominársele según su obra, el Santo o el Santificador. ¿De qué modo se realiza dicha santificación? Respuesta: Así como logra el Hijo la soberanía en virtud de la cual nos conquistó con su nacimiento, muerte y resurrección, etc., así también el Espíritu Santo realiza la santificación igualmente por medio de lo que es indicado en seguida; por la comunión de los santos, o sea, la iglesia cristiana, por el perdón de los pecados, la resurrección de la carne y la vida eterna. Es decir, el Espíritu Santo nos lleva primero a su comunidad santa y nos pone en el seno de la iglesia, por la cual nos predica y nos conduce a Cristo. **37**

En efecto, ni tú ni yo podríamos saber jamás algo de Cristo, ni creer en él, ni recibirlo como «nuestro Señor», si el Espíritu Santo no nos ofreciese estas cosas por la predicación del evangelio y las colocara en nuestro corazón como un don. La obra tuvo lugar y fue realizada, pues Cristo obtuvo y conquistó para nosotros el tesoro con sus padecimientos, su muerte y su resurrección, etc. Mas, si esta obra de Cristo permaneciese oculta y sin que nadie supiera de ella, todo habría sucedido en vano y habría que darlo por perdido. Ahora bien, a fin de evitar que el tesoro quedase sepultado y para que fuese colocado y aprovechado, Dios ha enviado y anunciado su palabra, dándonos con ella el Espíritu Santo, para traernos y adjudicarnos tal tesoro y redención. Por consiguiente, santificar no es otra cosa que conducir al Señor Cristo, con el fin de recibir tales bienes que por nosotros mismos no podríamos alcanzar. **38** **39**

Así, pues, aprende a entender este artículo de la manera más clara posible. Si se pregunta: ¿Qué quieres decir con las palabras: «Creo en el Espíritu Santo»?, puedes responder: «Creo que el Espíritu Santo me santifica, como su nombre ya indica». Pero, ¿con qué realiza el Espíritu Santo dicha santificación o cuál es su manera y de qué medios se sirve? Respuesta: «Por medio de la iglesia cristiana, la remisión de los pecados, la resurrección de la carne y la vida eterna». El Espíritu Santo dispone, ante todo, de una comunidad especial en este mundo, que es la madre, pues ella engendra y mantiene a todo cristiano mediante la palabra de Dios que él mismo revela y enseña, iluminando y encendiendo así los corazones, a fin de que la capten y la acepten, se acojan a ella y en ella permanezcan. **40** **41** **42**

En efecto, donde el Espíritu Santo no hace predicar la palabra de Dios y la hace vivir en los corazones, para que la capten, entonces está perdida, como ha ocurrido bajo el papado, que la fe[158] estaba completamente escondida **43**

---

158. *Da der Glaube ganz unter die Bank gesteckt* («donde a la fe se la esconde completamente debajo del banco»). Texto lat.: *ubi fides prorsus neglecta et obscurata squalebat* («donde la fe yacía encubierta, totalmente descuidada y obscurecida»).

y nadie conocía a Cristo como Señor, ni al Espíritu Santo como el Santificador. Es decir, nadie creía que Cristo fuese de ese modo nuestro Señor, quien sin nuestras obras y méritos nos ha conquistado este tesoro haciéndonos agra-

44 dables al Padre. ¿En qué consistía la falta? En la ausencia del Espíritu Santo, el cual hubiera revelado y hecho predicar tales cosas. Pero, en su lugar, fueron hombres y malos espíritus quienes nos enseñaban que seríamos salvos y lo-

45 graríamos la gracia divina mediante nuestras obras. Por eso no es la iglesia cristiana; porque donde no se predica a Cristo, tampoco existe el Espíritu Santo que hace la iglesia cristiana, la llama y la congrega, fuera de la cual

46 nadie puede venir al Señor Cristo.[159] Baste lo dicho como compendio de este artículo. Sin embargo, puesto que los puntos que han sido enumerados no son muy claros para la gente simple, los repasaremos.

47 El Credo denomina a la santa iglesia cristiana *Communionen sanctorum*, «comunión de los santos». Se trata, pues, de dos expresiones que se relacionan con la misma cosa, pero no figuraba antes una de ellas. Por otro lado, es una traducción inexacta e incomprensible en nuestra lengua alemana, si decimos «comunión de los santos». Para entregar claramente el sentido, sería necesario decirlo de otra manera en alemán, pues la palabra *ecclesia* significa propia-

48 mente en alemán una «asamblea». Pero, nos hemos acostumbrado ya a la palabrita «iglesia» y el vulgo no entiende por la iglesia el conjunto de personas reunidas, sino la casa o edificio consagrados. Por lo demás debiera denominarse al edificio «iglesia», únicamente por ser el lugar donde el conjunto de personas se reúne. Porque somos nosotros los reunidos, los que tomamos y escogemos un lugar especial y le damos un nombre según la asamblea. Por lo tanto, la palabrita «iglesia» no significa otra cosa que «una asamblea general»[160] y no es por su procedencia alemana, sino griega (lo mismo que la palabra *ecclesia*). En efecto, en su lengua decían *Kyria*, lo mismo que en latín se denomina *curiam*. Por consiguiente, en buen alemán y en nuestra

---

159. Gerhard Bellinger (*Der Catechismus Romanus und die Reformation*, p. 155 y sigte.), al discutir la máxima *Extra Ecclesiam nulla salus* (el autor distingue entre lo que respecto de *extra ecclesiam* enseñan los catecismos de Pedro Canisio y el *Decretum pro Jacobitis* por un lado, y el Catecismo Romano por el otro lado) llama la atención a dos afirmaciones de Lutero en el Catecismo Mayor, Credo, III Artículo, 45: (1) que el papado no es iglesia cristiana; (2) que fuera de la iglesia cristiana nadie puede ver a Cristo. Creemos que un análisis de los textos pertinentes indica que Lutero trató de distinguir entre dos cuestiones: (1) si el papado es iglesia cristiana, o no; (2) si la *una sancta* existe en el papado, o no. Vid. p.ej. su *Sendschreiben an zwei Pfarrherren von der Wiedertaufe*, año 1528, WA XXV, 47s. Cf. también lo que dice a este respecto de los «entusiastas» (fanáticos, iluminados): Entre ellos (*apud Schwermeros*) está la *sancta ecclesia, exceptis que negant baptismum, verbum, isti non sunt ecclesia* (WA XLI 71, 6 y sigtes.).

160. *Eine gemeine Sammlung*: «*Gemeine*» tiene aquí el sentido de «*allgemeine*», general. Obsopoeus traduce «*ein gemeine Sammlung*» con *congregationem*.

lengua materna habría de decirse «comunidad cristiana»[161] o «asamblea» o, lo que sería mejor y más claro, «una santa cristiandad».[162]

Asimismo debiera traducirse el vocablo *communio* que se agrega no por «comunión», sino por «comunidad». No es otra cosa, sino una glosa o interpretación donde alguien ha querido indicar lo que es la iglesia cristiana. Los nuestros, sin saber ni latín, ni alemán, colocaron en su lugar «comunión de los santos» que ni se dice en alemán ni tampoco se entiende. Para hablar correcto alemán habría que decir «comunidad de los santos», esto es, una comunidad en la que hay puros santos o más claramente aún «una comunidad santa». Y digo esto para que se entiendan las palabras, pues han entrado tan profundamente en las costumbres que es difícil desarraigarlas. Y donde se cambia una palabra, tiene que calificarse inmediatamente de herejía.

Este es el sentido y el contenido principales de esta adición: Creo que existe en la tierra un santo grupo reducido y una santa comunidad que se compone de puros santos, bajo una cabeza única que es Cristo, convocada por el Espíritu Santo, en una misma fe, en el mismo sentido, y en la misma comprensión, con diferentes dones, pero estando unánimes en el amor, sin sectas, ni divisiones. Yo soy también parte y miembro de esta comunidad y participante y codisfrutante de todos los bienes que tiene, llevado a ello por el Espíritu Santo e incorporado por el hecho de que escuché y continúo escuchando la palabra de Dios, la cual es el comienzo para ingresar en ella. Pues, antes de haber sido introducidos a ella pertenecíamos totalmente al diablo, como los que no han sabido nada de Dios, ni de Cristo. Por lo tanto, el Espíritu Santo permanecerá con la santa comunidad o cristiandad hasta el día del juicio final, por la cual nos buscará, y se servirá de ella para dirigir y practicar la palabra, mediante la cual hace y multiplica la santificación, de modo que la cristiandad crezca y se fortalezca diariamente en la fe y sus frutos que él produce.

A continuación, creemos que en la cristiandad tenemos la remisión de los pecados, lo que ocurre mediante los santos sacramentos y la absolución, así como también mediante múltiples palabras consolatorias de todo el evangelio. Por eso, cabe aquí la predicación acerca de los sacramentos y, por decirlo brevemente, todo el evangelio y todas las funciones dentro de la cristiandad. Es necesario que estas cosas sean practicadas sin cesar, porque si bien la gracia de Dios ha sido adquirida por Cristo y la santificación operada por el Espíritu Santo mediante la palabra de Dios en la comunión de la iglesia cristiana, nosotros, a causa de la carne, jamás somos sin pecado, pues la

49

50

51

52

53

54

161. *Ein christliche Gemeine oder Sammlung.*
162. *Ein Heilige Christenheit.*

55   carne es algo que nos arrastra consigo.[163] Por esta razón, en la cristiandad ha sido todo ordenado, de manera que se busque cada día pura y simplemente la remisión de los pecados por la palabra y los signos para consolar y animar nuestra conciencia mientras vivamos. Así el Espíritu Santo obra de modo que, aunque tengamos pecado, no nos puede dañar, porque estamos en la cristiandad, donde no hay sino remisión de los pecados bajo dos formas: Dios nos perdona y nosotros nos perdonamos mutuamente, nos soportamos y au-

56   xiliamos. Sin embargo, fuera de la cristiandad, donde no existe el evangelio tampoco hay perdón alguno, lo mismo que no puede haber santificación. Por eso, se han separado y excluido ellos mismos de la cristiandad, todos los que quieren buscar y merecer la santificación no por el evangelio y la remisión de los pecados, sino por sus obras.

57   Sin embargo, entretanto, ya que ha comenzado la santificación y aumenta a diario, esperamos que nuestra carne sea matada y sepultada con toda su suciedad, resurja gloriosa y resucite para una santidad total y completa en

58   una nueva vida eterna. Porque actualmente sólo en parte somos puros y santos, de modo[164] que el Espíritu Santo siempre tiene que influir en nosotros por la palabra y distribuirnos diariamente el perdón de los pecados, hasta aquella vida en que ya no habrá más perdón, sino hombres enteramente puros y santos, llenos de piedad y de justicia, sacados y libertados del pecado, la muerte y

59   toda desdicha, en cuerpo nuevo, inmortal y transfigurado. Mira, todo esto debe ser la acción y la obra del Espíritu Santo. En este mundo él comienza la santificación y la hace crecer diariamente por dos medios: La iglesia cristiana y el perdón de los pecados. Mas cuando nuestra carne se pudra, el Espíritu Santo la acabará en un momento y la mantendrá eternamente gracias

60   a los dos últimos medios. Pero, que aquí se diga «resurrección de la carne» no constituye una buena expresión en nuestra lengua. En efecto, cuando escuchamos «carne» no pensamos nada más sino en los negocios de carne.[165] Por eso, convendría decirse en buen alemán «resurrección del cuerpo o del

---

163. Agustín ventila esta cuestión en su escrito *De perfectione iustitiae hominis*, del año 415 aproximadamente. Analiza en forma detallada la doctrina pelagiana de la *impeccantia*, término con que Jerónimo designa esta tesis pelagiana. (Trátase de una traducción del griego *anamartesía*.) Cf. Aurelius Augustinus, *Schriften gegen die Pelagianer*, vol. II, Würzburg, 1964, p. 195 y sigtes.

164. *Auf dass*. Literalmente: «A fin de que». La edición española de las *Obras de M. Lutero* (vol. V, p. 107, y nota 170) traduce, en efecto, «a fin de que», pero agrega en una nota: «La traducción literal sería: '. . . de tal manera que el Espíritu Santo siempre trabaja en nosotros'». Por lo visto, esa observación no es correcta.

165. *Scherren* = carnicerías. Obsopoeus: *sepulchrum*. *Libro de Concordia* latino de 1584: *macello* = mercado, y también provisiones que se hacían en el mismo.

cadáver».[166] Sin embargo, esto no tiene gran importancia, siempre que se comprendan bien estas palabras.

Tal es, pues, el artículo que siempre debe estar en vigor y permanecer. **61** Porque la creación es para nosotros cosa ya hecha y lo mismo la redención está realizada también. Pero el Espíritu Santo proseguirá su obra sin cesar hasta el día del juicio, instituyendo una comunidad en este mundo para eso, por la que él habla y hace todas las cosas; porque aún no ha reunido a toda su cristiandad, ni tampoco ha distribuido enteramente el perdón. Por eso, **62** creemos en él, que por medio de la palabra diariamente nos busca, nos dona la fe y, también mediante la misma palabra y el perdón de los pecados, la acrecienta y fortalece, de modo que cuando todas estas cosas hayan sido cumplidas y cuando habiendo permanecido firmes, estemos muertos para el mundo y libres de todo infortunio—él nos vuelve definitiva, perfecta y eternamente santos, lo que esperamos ahora por la palabra en la fe.

Mira, aquí tienes expuesto con gran arte y con las palabras muy breves, **63** aunque ricas, la esencia, la voluntad y la obra enteras de Dios. En ello se condensa toda nuestra sabiduría, que excede toda sabiduría, sentido y razón del hombre, y triunfa. Porque, si bien el mundo entero se ha venido esforzando con todo ahínco por conocer lo que es Dios, lo que él quiere y lo que hace; nunca, sin embargo, ha llegado a ser capaz de lograr ninguna de estas cosas. No obstante, aquí tienes todo esto de la manera más rica, ya que Dios mismo **64** ha revelado y descubierto el abismo profundo de su paternal corazón y de su amor inefable en estos tres artículos. Pues Dios nos ha creado precisamente para redimirnos y santificarnos. Y, además de habernos donado y concedido todo cuanto en la tierra y en los cielos existe, nos ha entregado a su Hijo y asimismo al Espíritu Santo para atraernos por medio de ambos hacia sí. Pues, nosotros, como se explicó antes, jamás, podríamos llegar a conocer la **65** clemencia y la gracia del Padre a no ser por el Señor Cristo que es un espejo del corazón del Padre, sin el cual sólo veríamos la imagen de un juez airado y terrible. Mas, por otra parte, nada podríamos saber de Cristo, si el Espíritu Santo no nos lo hubiera revelado.

Por eso, estos artículos del Credo nos separan y nos ponen aparte a **66** nosotros los cristianos de todos los demás hombres de la tierra, pues quienes están fuera de la cristiandad, sean paganos o turcos, judíos o falsos cristianos,

---

166. «Resurrección del cuerpo». Lutero escribe: «Resurrección del cuerpo *(Leib)* o *Leichnam*». «*Leichnam*» y «*Leiche*», que en el alemán de hoy día significan «cadáver», eran sinónimos de «cuerpo». Cf. A. Götze, *Glossar*. Cf. WA X la 235 (comentario de Lutero sobre Juan 1:14): «Por '*carne*' debe entenderse aquí la naturaleza humana en su totalidad, cuerpo y alma, según la costumbre de la Escritura, que llama al ser humano 'carne'; y en el Credo decimos: *Creo en la resurrección de la carne*, esto es, *de todos los hombres*». Respecto de las palabras «resurrección de la carne» en la *Tradición Apostólica* de Hipólito cf. David Larrimore Holland, «*Credis in spiritum sanctam et sanctam ecclesiam et resurrectionem carnis?: Ein Beitrag zur Geschichte der Apostolikums*», en *Zeitschrift für die Neutestamentliche Wissenschaft und die Kunde der älteren Kirche*, vol. 61, 1970, pp. 126-144.

o hipócritas, aunque crean y adoren a un solo dios verdadero, ignoran no obstante, los verdaderos propósitos de Dios frente a ellos y no pueden esperar de él ningún amor, ni bien; y, por lo tanto, permanecen bajo la ira y la condenación eternas, pues no tienen a Cristo, el Señor, y, además, no son iluminados y agraciados con ningún don por el Espíritu Santo.

67 Por todo esto ves ahora que el Credo es una doctrina completamente distinta de los Diez Mandamientos. Éstos nos enseñan lo que nosotros debemos hacer, pero el Credo nos indica aquello que Dios hace con nosotros y lo que nos da. Por otro lado, los Diez Mandamientos han sido ya escritos en todo corazón humano, mientras que el Credo no puede ser comprendido por ninguna sabiduría humana y ha de ser enseñado únicamente por el Espíritu

68 Santo. De aquí también que esa doctrina[167] de los Diez Mandamientos tampoco hace a nadie cristiano; porque al no poder cumplir nosotros lo que Dios nos exige, permaneceremos siempre bajo la ira y privación de su gracia. Pero ésta, la doctrina del Credo, no aporta otra cosa, sino la gracia, nos hace justos

69 y agradables a Dios. Pues por este conocimiento llegamos a tener placer y amor hacia todos los mandamientos de Dios, pues aquí vemos cómo Dios se da a nosotros enteramente con todo lo que tiene y puede con el fin de sostenernos y ayudarnos a cumplir los Diez Mandamientos. El Padre nos da todo

70 lo creado; Cristo, todas sus obras; el Espíritu Santo, todos sus dones. Lo que hemos dicho del Credo basta, por el momento, para formar una base para las almas sencillas sin que las sobrecargue. De modo que una vez que hayan entendido el resumen, puedan proseguir por sí mismas sus esfuerzos de búsqueda y relacionen con esto todo lo que aprendan en la Escritura y así siempre aumentarán y crecerán en una comprensión más rica; pues, mientras vivamos aquí tenemos con ello para predicar y aprender diariamente.

TERCERA PARTE

EL PADRENUESTRO

1 Hemos oído ahora qué se debe hacer y creer. En ello consiste la vida
2 mejor y más feliz. Sigue ahora la tercera parte: ¿Cómo se debe orar? Puesto que estamos hechos de tal modo que nadie puede observar plenamente los Diez Mandamientos—aunque haya empezado a creer y el diablo se oponga a ello con toda fuerza, como asimismo el mundo y nuestra propia carne— por esto, no hay nada tan necesario como asediar de continuo a Dios, clamar y pedir que nos dé, conserve y aumente la fe y el cumplimiento de los Diez Mandamientos y nos quite de en medio todo cuanto está en nuestro camino

---

167. *Jene Lehre*, i.e., los Diez Mandamientos. Texto lat.: *praeceptorum doctrina*.

e impide. Mas para que sepamos qué y cómo debemos orar, nuestro Señor 3
Cristo mismo nos enseñó la manera y las palabras, como veremos.

Antes de explicar por partes el Padrenuestro, será muy necesario pre- 4
viamente exhortar a la gente y estimularla a orar, como lo hicieron también
Cristo y los apóstoles. Hemos de saber primero que estamos obligados a orar 5
a causa del mandamiento de Dios. Hemos oído, en efecto, en el segundo
mandamiento: «No tomarás el nombre de tu Dios en vano». En este mandamiento se exige alabar el santo nombre e invocarlo u orar en todas las
necesidades, puesto que invocar no es otra cosa que orar. Por consiguiente, 6
orar es mandado severa y seriamente del mismo modo como todos los demás
mandamientos: No tener otro dios, no matar, no hurtar, etc., para que nadie
piense que es lo mismo orar o no orar, tal como creen las personas burdas
que tienen la siguiente obcecación e idea: «¿Para qué debo orar? ¿Quién sabe
si Dios atiende mi oración o quiere oírla? Si yo no oro, otro lo hará». De
esta manera adquieren la costumbre de no orar ya jamás, pretextando que
nosotros rechazamos oraciones falsas e hipócritas, como si enseñásemos que
no se debiera orar o que no fuera menester rezar.

No obstante, en todo caso esto es cierto: Las oraciones que se han hecho 7
hasta ahora, salmodiadas y vociferadas en la iglesia, etc., no han sido en
verdad oraciones, puesto que semejante cosa exterior, cuando está bien realizada, puede constituir un ejercicio para los niños, alumnos y las personas
simples. Podrán llamarse cantos o lecciones, pero no son propiamente oraciones. En cambio, tal como enseña el segundo mandamiento, orar es «invocar 8
a Dios en todas las adversidades». Esto lo quiere Dios de nosotros y ello no
dependerá de nuestro arbitrio. Por lo contrario, debemos orar y es necesario
que lo hagamos, si queremos ser cristianos. Lo mismo que debemos obedecer
y es necesario que lo hagamos a nuestro padre, a nuestra madre y a las
autoridades. Con las oraciones e imploraciones se honra el nombre de Dios
y se le emplea útilmente. Ante todo, debes tener presente que con ello haces
callar y repulsas los pensamientos que nos apartan y espantan de la oración.
En efecto, lo mismo que no vale que un hijo diga al padre: «¿Qué importa 9
mi obediencia? Yo quiero ir y hacer lo que pueda. Lo mismo da». Al contrario,
he aquí el mandamiento: Tienes el deber y la obligación de hacerlo. Tampoco
está aquí en mi voluntad el hacerlo o dejarlo de hacer, sino que debo orar y
tengo la obligación de hacerlo.

Por ello, debes concluir y pensar: Como con toda insistencia se ha or- 10
denado que oremos, de ninguna manera ha de menospreciar nadie su oración,
sino que la tendrá en grande y suma estima. Toma tú siempre el ejemplo de
los demás mandamientos. De ningún modo un niño ha de despreciar la obediencia al padre y a la madre, sino que siempre debe pensar: «La obra es
obra de obediencia y lo que hago no lo realizo con otra intención, sino de

que se efectúe en la obediencia y según el mandamiento de Dios. Sobre esto puedo fundamentarme y apoyarme y estimo mucho tal obra, no por mi dignidad, sino por el mandamiento». Lo mismo sucede también en este caso.

11 Lo que pedimos y por lo cual pedimos a Dios, siempre hemos de considerarlo como algo exigido por Dios y realizado en obediencia, y pensaremos: «En cuanto a mí atañe, no sería nada, pero deberá valer, porque Dios lo ha mandado». Así, cada cual debe presentarse siempre ante Dios—cualquiera sea su petición—en la obediencia a este mandamiento.

12 Pedimos y amonestamos diligentísimamente por ello a todos para que tomen estas cosas de corazón y que de modo alguno desprecien nuestra ora-

13 ción. Pues hasta ahora se ha enseñado en el nombre del diablo, de manera que nadie apreciaba tales cosas y se opinaba que bastaba con que la obra se

14 llevase a cabo, sin que importara que Dios escuchara sus ruegos o no. Esto significa arriesgar la oración al azar y murmurarla a la buena ventura y, por

15 ello, es una oración perdida.[168] Pues, nosotros nos dejamos detener y espantar por tales pensamientos. «No soy suficientemente santo, ni digno. Si fuese tan piadoso y santo como San Pedro o San Pablo, rezaría». Pero, alejemos tales ideas cuanto podamos, puesto que el mismo mandamiento que regía para San Pablo, también me atañe a mí. El segundo mandamiento tanto se ha establecido a causa mía como por él, de modo que no pueda jactarse de tener

16 un mandamiento mejor ni más santo. Por lo tanto, deberás decir: «La oración que yo hago es tan preciosa, santa y agradable a Dios como la de San Pablo y de los demás santos. La causa es la siguiente: Con gusto admito que él sea más santo en cuanto a su persona, pero no en lo que concierne al mandamiento, porque Dios no mira la oración por la persona, sino a causa de su palabra y de la obediencia. Pues, en el mandamiento, en el cual fundamentan su oración todos los santos, baso yo también la mía. Además, rezo por lo mismo que todos ellos en conjunto piden y han pedido».

17 Sea la parte primera y la más necesaria que toda nuestra oración se deba fundamentar y apoyar en la obediencia a Dios, sin que se mire nuestra persona,

18 seamos pecadores o justos, dignos o indignos. Han de saber todos que Dios quiere que esto se tome[169] en serio y que se airará y nos castigará si no pedimos, como fustiga toda desobediencia; luego, que no desea que nuestras preces sean en vano y perdidas. Si no quisiese atender tus ruegos no te habría ordenado orar y no lo habría impuesto por un mandamiento tan severo.

19 Por otra parte, lo que nos debe incitar tanto más y estimular es el hecho de que Dios agregara y confirmara también una promesa, concediendo que

---

168. *Das heisset das Gebete in die Schanz geschlagen und auf Ebenteuer hin gemurret* («Esto significa hacer de la oración un juego de azar y murmurarla 'por si acaso'»).

169. *Dass Gott in keinen Scherz will geschlagen haben* («Dios no quiere que esto se tome a la ligera»).

ha de ser seguro y cierto lo que pedimos en oración, como dice en el Salmo 50: «Invócame en el día de la angustia: Te libraré» (Sal. 50:15); lo mismo Cristo en el evangelio de Mateo: «Pedid y se os dará, etc., porque cualquiera que pide, recibe» (Mt. 7:7–8). Por cierto, esto debería despertar nuestro corazón e inflamarlo para orar con gozo y amor, puesto que Dios con su palabra testimonia que nuestra oración le agrada de corazón. Además, con certeza será atendida y concedida para que no la despreciemos, ni la arrojemos al viento, ni oremos al azar. Esto se lo puedes hacer presente diciendo: «Aquí vengo, amado Padre, y no pido por mi propósito, ni por dignidad propia, sino a causa de tu mandamiento y de tu promesa que no puede fallar ni mentirme». Quien no cree en tal promesa, ha de saber una vez más que enoja a Dios como quien lo deshonra en sumo grado y lo trata de mentiroso.

Además, también nos incitará y nos atraerá que, fuera del mandamiento y de la promisión, Dios mismo se anticipe y nos ponga en la boca la palabra y el modo de cómo y qué hemos de orar, para que veamos cuán cordialmente se está ocupando de nuestra necesidad, para que de manera alguna dudemos que le agrade tal oración y que de seguro es atendida. Esto es una gran ventaja sobre todas las demás oraciones que podríamos excogitar nosotros, puesto que en este caso la conciencia siempre estaría en dudas y diría: «He orado, mas, ¿quién sabe cómo esto le agrada y si he encontrado la medida y el modo adecuados?» Por ello, no se puede encontrar en la tierra oración más noble, porque tiene este excelente testimonio de que a Dios le agrada cordialmente oírla. Tan valiosa es que por ella no deberíamos aceptar las riquezas del mundo entero.

Y también ha sido prescripta de esta manera con el fin de que veamos y consideremos la necesidad que nos ha de impeler y obligar a orar continuamente. Pues quien quiere pedir, debe aportar, proponer y nombrar algo que desea. De otra forma no puede hablarse de oración. En consecuencia, desechamos con razón las oraciones de los monjes y curas que aullan terriblemente y murmuran día y noche, mas ninguno de ellos piensa en pedir siquiera una bagatela. Y si juntásemos todas las iglesias y sus clérigos, tendrían que confesar que jamás han orado de corazón ni por una gotita de obediencia a Dios y por la fe en la promesa; tampoco consideraban necesidad alguna, sino que no pensaban en otra cosa (cuando lo hacían en la forma mejor) que en realizar una buena obra para pagar así a Dios como gente que no quería recibir algo de él, sino únicamente darle.

Sin embargo, allí donde haya oración verdadera es menester que sea cosa seria y que se sienta su necesidad y una necesidad tal que nos pese y nos impele a llamar y clamar. De este modo, la oración surge espontáneamente, como es que debe surgir. No precisa de enseñanza alguna sobre cómo debe prepararse y conseguir la devoción. Mas la necesidad que ha de preocuparnos tanto por nosotros como por todos, la hallarás con la suficiente abundancia en el Padrenuestro. Por ello, éste también servirá para que nos acordemos de ella, la contemplemos y la tomemos de corazón, para que no nos cansemos de orar. En efecto, todos tenemos suficientemente cosas que nos faltan, pero la falla está en que no lo sentimos, ni vemos. Por eso, Dios quiere también que lamentes semejante adversidad y penuria[170] y la menciones expresamente, no como si él no la conociera, sino para que tú enciendas tu corazón a fin de desear más y con más fuerza y para que sólo extiendas ampliamente el manto y lo abras para recibir mucho.

28   Por eso, desde la puericia debemos acostumbrarnos a orar diariamente, cada cual por todas sus necesidades dondequiera que sienta algo que le atañe, y también por las necesidades de otras personas entre las cuales vive, a saber, por los predicadores, las autoridades, los vecinos y la servidumbre, y siempre (como queda dicho) hemos de hacer presente a Dios, su mandamiento y su

29 promesa, y saber que no quiere que se desprecie la oración. Lo digo, porque me gustaría volver a difundir entre los hombres que aprendiesen a orar rectamente, en lugar de andar tan rudos y fríos, por lo cual se vuelven cada vez más torpes para orar. Esto lo quiere el diablo y contribuye a ello con todas sus fuerzas, puesto que bien siente el mal y el daño que se le hace, cuando la oración se practica como es debido.

30   Hemos de saber que toda nuestra defensa y protección reside solamente en la oración, puesto que somos demasiado débiles frente al diablo, su poder y sus adictos. Si nos atacan, fácilmente podrían pisotearnos. Por lo tanto, tenemos que pensar y tomar las armas con las que los cristianos deben estar

31 preparados para mantenerse frente al diablo. ¿Crees que hasta ahora se habrían realizado cosas tan grandes, que se habrían repelido, reprimido los consejos de nuestros enemigos, sus propósitos, homicidios y rebeliones por los cuales el diablo ha pensado destruirnos junto con el evangelio, si como un muro de hierro no se hubiesen interpuesto las preces de algunas personas piadosas a nuestro favor? Ellos mismos habrían presenciado un juego completamente distinto, viendo que el diablo habría hecho perecer toda Alemania en su propia sangre. Mas, ahora podrán reírse y burlarse con tranquilidad. No obstante, frente a ellos y al diablo, por la sola oración tendremos suficiente poder,[171]

32 con tal que continuemos diligentemente y no nos cansemos. Porque donde algún cristiano piadoso pide: «Amado Padre, hágase tu voluntad», él, en los

---

170. *Anliegen.* La ed. española de las *Obras de M. Lutero* se decidió aquí por el término «penuria», en atención al contexto. «*Anliegen*» significa también «necesidades», así como nuestra preocupación por ellas.

171. *Wir wollen aber dennoch . . . Manns gnug sein.* Literalmente: Seremos lo suficientemente hombres . . . .

cielos, dice: «Sí, hijo amado, por cierto será y sucederá así, pese al diablo y al mundo entero».

Esto queda dicho a modo de exhortación a fin de que se aprenda ante 33 todo a considerar la oración como una cosa grande y preciosa y para que se conozca la verdadera diferencia entre el parlotear y el pedir algo. De ninguna manera rechazamos la oración, sino sólo la mera batología y el murmureo inútiles, como también Cristo mismo reprueba y prohíbe la palabrería larga. [172] Ahora trataremos del Padrenuestro en la forma más breve y más clara. En él 34 está comprendida, en una serie de siete artículos o peticiones, toda la necesidad que nos concierne sin cesar, y cada una es tan grande que nos debería impulsar a rogar por ella durante toda nuestra vida.

La Primera Petición

«Santificado sea tu nombre» 35

Es una expresión un tanto oscura y no está bien formulada en alemán, 36 porque en nuestra lengua materna diríamos: «Padre celestial, ayuda que sólo tu nombre sea santo». ¿Qué significa la oración de que su nombre sea san- 37 tificado? ¿No es santo de por sí? Respuesta: Sí, siempre es santo en su esencia, pero en nuestro uso no es santo. Se nos dio el nombre de Dios, [173] porque hemos llegado a ser cristianos y fuimos bautizados, de modo que somos llamados hijos de Dios y tenemos los sacramentos, por los cuales nos une consigo mismo como en un cuerpo, de manera que todo lo que es de Dios deba servir para nuestro uso. Ahí hay una gran necesidad por la cual hemos 38 de procurarnos más de que se honre su nombre y de que sea tenido por santo y venerable, como el más precioso tesoro y santuario que tenemos y que, como hijos piadosos, pidamos que su nombre, santo de por sí en el cielo, sea y quede santo también en la tierra entre nosotros y todo el mundo.

¿Cómo es santificado entre nosotros? Responde en la forma más clara 39 en que es posible decirlo: Cuando nuestra doctrina y nuestra vida son divinas y cristianas. Como en esta oración llamamos a Dios nuestro padre, estamos obligados a comportarnos y conducirnos en todas partes como hijos piadosos, para que él por nuestra causa no tenga deshonor, sino honra y gloria. Ahora 40 lo profanamos con palabras o con obras (pues lo que hacemos en la tierra será o palabra u obra, discurso o acción). Primero, cuando uno predica, enseña 41 y habla en el nombre de Dios lo que es falso y seductor, [174] de modo que su

---

172. *Lang Gewäsche*. Cf. Mt. 6:7; 23:14.
173. *Weil*, en el sentido de *seitdem* = desde entonces. Texto lat.: *posteaquam*.
174. *Verführerisch*, «seductor», pero también «engañoso», que aquí cuadra mejor.

nombre ha de cohonestar las mentiras y hacerlas aceptables. Este es el mayor

42 oprobio y deshonor del divino nombre. Otro tanto es, también, cuando se usa groseramente el santo nombre como tapujo vergonzoso para perjurar, mal-

43 decir, hechizar, etc. Además, también, con una vida y obras públicas malas, cuando los que se llaman cristianos y pueblo de Dios son adúlteros, borrachos, avaros, envidiosos y calumniadores, nuevamente, por causa nuestra, el nom-

44 bre de Dios es ultrajado y blasfemado. Como para un padre carnal es una vergüenza y un deshonor el tener un hijo malo y degenerado que se le opone con palabras y obras, de modo que por su causa es menospreciado y vili-pendiado; así también constituye una deshonra para Dios cuando nosotros que nos llamamos por su nombre y tenemos de él toda clase de bienes, enseñamos, hablamos y vivimos de otra manera de la que corresponde a hijos piadosos y celestiales, de modo que tenga que oír que se dice de nosotros que no somos hijos de Dios, sino del diablo.

45 Por lo tanto, ves que en esta petición pedimos precisamente lo que Dios exige en el segundo mandamiento, a saber, no abusar de su nombre para perjurar, maldecir, mentir, engañar, etc., sino usarlo provechosamente para alabanza y gloria de Dios. Quien usa el nombre de Dios para alguna maldad, profana y mancilla este santo nombre, como en tiempos pasados una iglesia se llamaba profanada cuando en ella se había cometido un homicidio u otro crimen, o cuando se desdoraba una custodia o una reliquia,[175] las cuales de

46 por sí eran santas, pero por el uso se profanaban. Por consiguiente, esta parte es simple y clara, con tal que uno entienda solamente el lenguage, es decir, que «santificar» significa tanto, según nuestra manera de decir, como «alabar, glorificar y honrar», sea con palabras como con obras.

47 Mira, ¡cuán altamente necesaria es semejante oración! Porque, en efecto, vemos que el mundo está tan lleno de sectas y falsos doctores, los cuales llevan todos el santo nombre para cubrir y justificar su doctrina diabólica; deberíamos con razón sin cesar clamar y llamar contra todos los que erró-neamente predican y creen y contra cuanto ataca, persigue y quiere extinguir nuestro evangelio y nuestra doctrina pura, como los obispos, los tiranos y los fanáticos, etc. Lo mismo ocurre también con nosotros los que tenemos la palabra de Dios, pero no estamos agradecidos ni vivimos de acuerdo con ella

48 como deberíamos. Si esto lo pides de corazón, puedes estar en la certeza de que a Dios le agrada, puesto que nada le placerá tanto como oír que su honra

---

175. *Heiligtumb.* Resto del cuerpo de algún mártir u otro santo; objeto que le perteneció o que se empleó para su suplicio; objeto de la historia sagrada venerado como santo.

y gloria se anteponen a todas las cosas y que su palabra se enseña rectamente y se considera preciosa y de valor.

La Segunda Petición

«*Venga tu reino*»

Como hemos pedido en la primera petición, la cual se refiere a la honra 49 y al nombre de Dios, que Dios impida que el mundo cohoneste con ellos sus mentiras y su maldad, sino que los considere como venerables y santos, tanto con la doctrina como con la vida, con el fin de que sea alabado y glorificado en nosotros, así pedimos aquí que también venga su reino. Mas, como el 50 nombre de Dios es santo en sí y, no obstante, rogamos que sea santo entre nosotros, así también su reino viene de por sí, sin nuestras peticiones. Sin embargo, pedimos que venga a nosotros; es decir, que se establezca entre nosotros y con nosotros, de modo que también seamos una parte donde sea santificado su nombre y esté en vigor su reino.

¿Qué significa: Reino de Dios? Respuesta: No es otra cosa que lo que 51 antes oímos en el Credo, que Dios mandó a su hijo Cristo, nuestro SEÑOR, al mundo para que nos redimiera y liberara del poder del diablo y nos condujese hacia él y nos gobernase como rey de la justicia, de la vida y bienaventuranza, contra el pecado, la muerte y la mala conciencia; además, nos dio también su Espíritu Santo para que nos hiciera presente esto por la palabra santa y para que nos iluminase por su poder en la fe y nos fortaleciese. En conse- 52 cuencia, rogamos aquí, primero, que ella mantenga su poder entre nosotros y que su nombre se alabe de este modo por la santa palabra de Dios y una vida cristiana, para que nosotros que la hemos aceptado, permanezcamos en ella y aumentemos día por día, y para que entre otras personas obtenga aplauso y adhesión y se extienda poderosamente por el mundo, a fin de que muchos vengan al reino de gracia y sean partícipes de la redención conducidos por el Espíritu Santo, y para que todos nosotros quedemos eternamente en un reino que ha comenzado ahora.

«La venida del reino de Dios hacia nosotros» se realiza de dos maneras: 53 Primero aquí, temporalmente, por la palabra y la fe; segundo, eternamente por la revelación.[176] Ahora pedimos ambas cosas, que venga a aquellos que aún no están en él y a nosotros que lo hemos alcanzado, por el incremento

---

176. *Durch die Offenbarung*, i.e. cuando fuere revelado, en ocasión de la segunda venida de Cristo.

54   diario y para lo futuro en la vida eterna. Todo ello es como si dijéramos: «Amado Padre, te pedimos que nos des primero tu palabra para que el evangelio sea predicado rectamente por todo el mundo; segundo, que también se acepte por la fe y actúe y viva en nosotros, de manera que tu reino se ejerza entre nosotros por la palabra y el poder del Espíritu Santo y se destruya el reino del diablo para que no tenga ningún derecho, ni fuerza sobre nosotros, hasta que finalmente quede aniquilado del todo, y el pecado, la muerte y el infierno sean extirpados para que vivamos eternamente en perfecta justicia y bienaventuranza».

55   Por esto ves que no pedimos una limosna o un bien temporal y perecedero, sino un eterno tesoro superabundante, es decir, todo de lo que dispone Dios mismo. Esto es, por cierto, demasiado grande como para que ningún corazón humano pudiera tener el atrevimiento de proponerse a desear tanto, si él mismo

56   no hubiese mandado pedirlo. Empero, como es Dios, quiere tener el honor de dar más y más abundantemente de lo que nadie alcance a comprender, como un eterno manantial inagotable. Cuanto más fluye y desborda de él, tanto más da de sí. Lo que más exige de nosotros es que le pidamos muchas y grandes cosas. Por otra parte, se encoleriza cuando no pedimos y reclamamos

57   confiadamente. Sería lo mismo como si el emperador más rico y más poderoso ordenase a un pobre mendigo pedir lo que éste pudiera desear y el emperador estuviese dispuesto a darle un regalo imperial, y el necio sólo mendigase por una sopa;[177] con razón lo tendrían por un sujeto abyecto y malvado que se burla y mofa de la orden de la majestad imperial y no sería digno de presentarse ante sus ojos. Lo mismo es gran oprobio y deshonra para Dios que nosotros, a quienes ofrece y promete tantos bienes inefables, los despreciemos o no nos animemos a recibirlos y apenas nos atrevamos a pedir un pedazo de pan.

58   Todo ello se debe a la ignominiosa incredulidad que no espera tantos bienes de Dios como para recibir de él los alimentos para su estómago y menos aún espera tales bienes eternos de Dios sin dudar de ello. Por lo tanto, hemos de fortalecernos contra ello y esto debe ser lo primero que pedimos. De este modo, por cierto, tendremos todo lo demás en abundancia, como enseña Cristo: «Buscad primeramente el reino de Dios, y todas estas cosas os serán añadidas».[178] ¿Cómo nos dejaría carecer de bienes temporales o sufrir indigencia, mientras nos promete lo eterno e imperecedero?

---

177. *Hofesuppen.* «Sopa de la corte», sopa que en los palacios reales se distribuía a los pobres. Llámase *Hofesuppe* también la comida económica que se daba a los pobres y peregrinos, a modo de limosna o a precio muy reducido, por parte de asociaciones filantrópicas.

178. Mt. 6:33; Lc. 12:31.

La Tercera Petición

«Que se haga tu voluntad, así en el cielo,   59
como también en la tierra»[179]

Hasta ahora hemos orado porque su nombre sea honrado por nosotros y   60
porque su reino se extienda entre nosotros. En estas dos cosas está totalmente
comprendido lo que atañe al honor de Dios y a nuestra salvación, es decir,
que recibamos como cosa propia a Dios con sus bienes. Pero, en este caso
existe la gran necesidad de que firmemente retengamos estas cosas y que no
nos dejemos apartar de ellas. Pues, así como un buen régimen no debe hacer   61
solamente hombres que edifiquen y gobiernen bien, sino también otros que
defiendan, protejan y vigilen con diligencia, lo mismo sucede también aquí;
habiendo pedido por lo más necesario, es decir, el evangelio, la fe y el Espíritu
Santo para que nos dirija y nos libere del poder del diablo,[180] también hemos
de pedir que se haga su voluntad. Acontecerá algo muy extraño si debemos
permanecer en ello; o sea, tendremos que padecer muchos ataques y golpes
por parte de todos aquellos que tratan de resistir y dificultar los dos artículos
precedentes.

Pues nadie cree que[181] el diablo se oponga y se resista a ello. No puede   62
tolerar que alguien enseñe o crea rectamente. Le duele sobremanera que tenga
que permitir que se revelen sus mentiras y abominaciones, honradas bajo la
más bella apariencia del nombre divino y que él se cubra de vergüenza.
Además, será expulsado del corazón y ha de admitir que se abra semejante
brecha en su reino. Por esto, se agita y se enfurece como enemigo encolerizado
con todo su poder y fuerza. Se alía de todo lo que está debajo de él, llamando   63
en su ayuda al mundo entero y a nuestra propia carne, pues nuestra carne de
por sí es ruin y se inclina hacia lo malo, aunque hayamos aceptado la palabra
de Dios y la fe. Pero el mundo es perverso y malo. El diablo azuza, instiga
y atiza para impedirnos, repelernos, abatirnos y volver a someternos a su
poder. Esta es toda su voluntad, su propósito y su pensamiento. Lo persigue   64
día y noche sin darse descanso ni un instante, usando todas sus artimañas,
su perfidia, sus modos y caminos que él siempre puede imaginar.

En consecuencia, si queremos ser cristianos, hemos de prepararnos y   65

---

179. *Wie im Himmel, also auch auf Erden* (como en el cielo, así también en la tierra).

180. En el original: *Dass er uns regiere, aus des Teufels gewalt erloset.* W. Metzger, ed.
de Calw, I, 117: *«nachdem wir aus des Teufels Gewalt erlöst sind»* (una vez que hemos sido
librados del poder del diablo). *Libro de Concordia* en alemán, de 1580: *Dass er uns . . . aus
des Teufels Gewalt erlöse.* Texto lat.: *qui nos regat, e diaboli potestate liberet.*

181. *Denn niemand gläubt, wie . . .* La ed. española de las *Obras de M. Lutero* traduce:
«Nadie cree que el diablo . . . », vol. V, p. 119. Mejor:«Nadie cree cómo el diablo se opone
. . . ». Texto lat.: *Nemo enim facile credit, quam . . .* («Pues nadie cree fácilmente como . . .
»).

acostumbrarnos a la idea de que tenemos por enemigo al diablo con todos sus ángeles[182] y al mundo que nos infligen toda clase de desgracias y padecimientos. Allí donde la palabra de Dios es predicada, aceptada o creída y da frutos, no faltará la bienamada santa cruz. Nadie debe pensar que tendrá paz, sino que ha de sacrificar cuanto posee en la tierra: Bienes, honor, casa

66 y hacienda, mujer e hijos, cuerpo y vida. Esto le duele a nuestra carne y al viejo Adán, puesto que la consigna es perseverar y con paciencia padecer los

67 ataques y abandonar lo que nos quitan. Por lo tanto, es tan necesario, como en todos los demás artículos, que pidamos sin cesar: «Amado Padre, hágase tu voluntad; no la del diablo y la de nuestros enemigos y de todo lo que quiere perseguir y destruir tu santa palabra o impedir tu reino. Concédenos que soportemos con paciencia cuanto tenemos que sufrir por ello y lo sobrellevemos, para que nuestra pobre carne no ceda ni desfallezca por debilidad o pereza».

68 Mira, de esta manera, en estas tres peticiones, tenemos en la forma más simple la necesidad en cuanto concierne a Dios mismo. No obstante, lo que pedimos es todo por causa nuestra, pues se trata solamente de nosotros, a saber, como queda dicho, que también se efectúe en nosotros lo que de otro modo se debe efectuar fuera de nosotros. Como también sin nuestras peticiones, se santificará su nombre y vendrá su reino, así se hará también su voluntad y se impondrá, aunque el diablo con todos sus adictos vociferen fuertemente contra ello, se encolericen y se agiten y traten de extirpar del todo el evangelio. Pero, por nosotros hemos de rogar que, pese al furor de ellos, la voluntad de Dios impere libremente entre nosotros para que nada puedan lograr y para que nosotros nos mantengamos firmes contra toda violencia y persecución y nos sometamos a la voluntad de Dios.

69 Esta oración será ahora nuestra protección y defensa para rebatir y desbaratar todo cuanto puedan tramar contra nuestro evangelio el diablo, los obispos, los tiranos y los herejes. ¡Que todos se enojen y hagan el mayor esfuerzo, deliberen y resuelvan cómo destruirnos y extirparnos, para que continúe y se mantenga su voluntad y su plan! Contra esto, un cristiano o dos, con sólo este artículo, serán nuestra muralla para que contra ella arremetan

70 y fracasen. Nos consolamos e insistimos en que la voluntad y el propósito del diablo y de todos nuestros enemigos tengan que perecer y deshacerse, aunque piensen estar orgullosos, seguros y poderosos.[183] Si no se quebrantara y coartara su voluntad, el reino de Dios no podría permanecer en la tierra ni santificarse su nombre.

---

182. Respecto de los ángeles del diablo cf. Mt. 25:41.

183. *Wie stolz, sicher und gewaltig sie sich wissen.* «Wissen» tiene aquí el significado de «*dünken*», creerse: «Por más encumbrados, seguros y poderosos que ellos se crean».

La Cuarta Petición

«El pan nuestro de cada día dánoslo hoy»   71

En este caso pensamos en nuestra pobre panera y en las necesidades de   72
nuestro cuerpo y de nuestra vida temporal. Es una palabra breve y simple,
pero abarca también muchísimo. Cuando dices y pides «pan de cada día»,
pides por todo lo que es necesario para tener el pan cotidiano y disfrutar de
él y, por otra parte, también te diriges contra todo lo que pueda ser impedimento para obtenerlo. Por lo tanto, debes abrir tus pensamientos y exten-
derlos no sólo sobre el horno y el harinero, sino sobre el campo abierto y
sobre toda la tierra que produce el pan de cada día y toda suerte de alimentos
y nos los brinda. Si Dios no lo hiciera crecer, lo bendijera y lo conservara
en el campo, jamás sacaríamos pan del horno, ni tendríamos qué poner en la
mesa.

Para explicarlo brevemente, esta petición comprende cuanto corresponde   73
a toda esta vida en el mundo, porque sólo por ella necesitamos el pan cotidiano.
No solamente concierne a toda la vida en el mundo que nuestro cuerpo tenga
el alimento y el vestido y otras cosas necesarias, sino también que en tranquilidad y paz nos entendamos con las personas entre las cuales vivimos y
con quienes tenemos relaciones en el diario comercio y trato y en toda clase
de cosas; en suma, todo lo que atañe a las relaciones domésticas y vecinales
o civiles y al gobierno. Donde son perturbadas estas dos cosas, de modo que
no pueden desenvolverse como corresponde, también se perturba satisfacer
las necesidades de la vida, de tal forma que a la larga no se puede conservar.
Por cierto, lo más necesario es orar por las autoridades y el gobierno seculares,   74
por los cuales principalmente Dios nos conserva el pan de cada día y todas
las comodidades de esta vida. Aunque hayamos recibido de Dios la plenitud
de todos los bienes, no podemos retener ninguno de ellos, ni usarlos seguros
y alegres, si Dios no nos da un gobierno estable y pacífico. Donde hay
discordias, reyertas y guerras, ya nos ha sido quitado el pan o, por lo menos,
es difícil conseguirlo.

Por ello, convendrá poner en el escudo de armas de todo príncipe recto   75
un pan en lugar de un león o cruz losangeada,[184] o estamparlo en la moneda
en lugar del cuño, para recordar tanto a ellos, como a los súbditos, que debido
a su ministerio tenemos amparo y paz, y sin ellos no podríamos comer el
buen pan, ni conservarlo. Por lo tanto, son dignos también de toda honra para
que les demos cuanto debamos y podamos, puesto que por ellos podemos
disfrutar en paz y tranquilidad de todo lo que tenemos. De otra manera no

---

184. *Rautenkranz*, lit. corona de rudas; Heráld.: Crancelín, trozo de corona puesto a modo
de banda en el escudo (p. ej. de Sajonia). Obsopoeus: *sertis rutae* (guirnaldas de ruda).

conservaríamos céntimo alguno. En consecuencia, se debe orar por ellos para que por su intermedio Dios nos dé tanta más bendición y bienes.

76 Indicaré y bosquejaré brevísimamente hasta dónde esta oración se extiende a través de todos los asuntos terrenales. De ello alguien podría componer una plegaria larga, enumerando con muchas palabras todas las cosas que entran en esto. Por ejemplo, suplicamos que Dios nos dé bebida y comida, vestido, casa y hacienda y salud del cuerpo; además, que haga crecer y prosperar los cereales y los frutos en el campo; que nos ayude a administrar bien la casa; que nos conceda una mujer, hijos y siervos fieles y los conserve; que haga prosperar y lleve a feliz término nuestro trabajo, oficio y cuanto tenemos que

77 hacer; que nos otorgue vecinos fieles y buenos amigos, etc.; lo mismo, que facilite sabiduría, fuerza y suerte al emperador, al rey y a todas las clases,[185] máxime al príncipe de nuestro país,[186] todos los consejeros, prefectos y magistrados para gobernar bien y para obtener la victoria sobre los turcos y todos los enemigos; que infunda obediencia, paz y concordia a los súbditos y al

78 pueblo común para convivir el uno con el otro; que, por otra parte, nos preserve de todo daño del cuerpo y de los alimentos, de tempestades, granizo, incendios, inundaciones, veneno, peste, mortandad de ganado, guerra y derramamientos de sangre; de carestía, de animales dañinos, de gente mala,

79 etcétera. Es bueno inculcar todo esto a las personas simples, que Dios nos debe dar esto y cosas parecidas y que hemos de pedirlas en oraciones.

80 No obstante, ante todo, esta oración se dirige también contra nuestro enemigo máximo, el diablo, puesto que toda su intención y deseo es quitarnos todo lo que hemos recibido de Dios u obstaculizarlo. No le es suficiente con obstaculizar y aniquilar el orden espiritual, al seducir y someter a su poder las almas por sus mentiras, sino que dificulta e impide también que subsista algún gobierno y orden honorable y pacífico de vida. Causa tanta contienda, homicidio, rebelión y guerra, como asimismo tempestad y granizo para arrui-

81 nar los cereales y el ganado, envenenar el aire, etc. En suma, le duele que alguien tenga un bocado de pan de Dios y lo coma tranquilo.

Si estuviera en su poder y nuestra oración a Dios no lo refrenara,[187] por cierto no tendríamos ningún tallo en el campo, ningún céntimo en la casa y no viviríamos ni una hora de la vida, sobre todo los que tienen la palabra de Dios y quieren con gusto ser cristianos.

82 Mira, de ese modo Dios quiere indicarnos que se preocupa de todas nuestras necesidades y provee también fielmente para nuestra vida diaria.

---

185. *Stände*, clases, órdenes, estados, corporaciones.

186. En el original: *Landsfürsten* = príncipes territoriales.

187. *Und unser Gebete nähist Gott nicht wehrete*, frase de sentido algo ambiguo. Cf. texto lat.: *et nostra oratio Deo non esset proprior* («y si nuestra oración no estuviera más cerca de Dios»).

Aunque provee estas bendiciones abundantemente, aun a los impíos y mal- **83**
vados, quiere, no obstante, que las pidamos para que reconozcamos que las
recibimos de su mano y que notemos en ellas su bondad paternal para con
nosotros. Porque, cuando retira su mano, estas cosas no pueden prosperar ni
subsistir a la larga, como se ve bien todos los días y se siente. ¡Qué plaga **84**
hay ahora en el mundo sólo por la moneda falsa[188] y por el gravamen diario
y la usura en el comercio común, en la compra y en el trabajo de aquellos
que oprimen a los queridos pobres según su albedrío y les substraen el pan
de cada día! Tenemos que soportarlo. Pero que ellos se cuiden de que no
pierdan la intercesión de la iglesia y que se precaven de que este pequeño
artículo del Padrenuestro no se dirija contra ellos.

La Quinta Petición

«Y perdónanos nuestras deudas, así como nosotros **85**
perdonamos a nuestros deudores»

Esta petición se refiere a nuestra pobre y mísera vida. Aunque tengamos **86**
la palabra de Dios, la creamos, hagamos su voluntad y la aguantemos y nos
alimentemos de los dones y bendiciones de Dios, no estamos libres de pecado,
de modo que aún, día tras día, damos un traspié y nos excedemos, porque
vivimos en el mundo entre los hombres que nos hacen sufrir mucho y dan
motivos para impaciencia, ira, venganza, etc. Además, tenemos detrás de **87**
nosotros al diablo que nos acosa de todos los lados y pugna, como acabamos
de oír, contra todos los artículos anteriores, de modo que no es posible mantenerse siempre firme en esta lucha continua. Por ello, es nuevamente muy **88**
necesario pedir y clamar: «Amado Padre, perdónanos nuestras deudas». No
es que no nos remita el pecado sin y antes de nuestra petición, por cuanto
nos ha dado el evangelio, en el cual hay mero perdón antes de que lo hayamos
pedido y jamás pensado en él. Mas se trata de que reconozcamos tal perdón
y lo aceptemos. Porque la carne, en la cual cotidianamente vivimos, es de **89**
tal índole que no confía ni cree en Dios y siempre promueve malas concupiscencias e insidias, de manera que todos los días pecamos con palabras y
obras, con acciones y omisiones, lo que lleva a perder la paz de la conciencia
que teme la ira y la pérdida de la gracia de Dios y de este modo pierde el
consuelo y la confianza que otorga el evangelio. De esta forma, es necesario
sin cesar acudir a la oración y buscar consolación para levantar nuevamente
la conciencia.

Pero esto contribuiría a que Dios quebrante nuestro orgullo y nos man- **90**
tenga en la humildad. Se reservó para sí mismo este privilegio: Si alguien

---

188. *Allein mit der bösen Münze*. Vid. Catecismo Mayor I, Mandamientos 9 y 10.

quisiera jactarse de su probidad y menospreciar a otros, ha de examinarse a sí mismo y tener presente esta oración. Se dará cuenta de que no es más justo que los demás. Frente a Dios, se deberán caer las alas[189] y estaremos contentos

91 de alcanzar el perdón. Nadie se imagine que, mientras vivamos aquí, llegaremos al punto de no necesitar tal remisión de los pecados. En suma: Si Dios no perdona incesantemente, estamos perdidos.

92 El sentido de esta petición es que Dios no quiere mirar nuestros pecados, ni considerar lo que diariamente merecemos, sino que nos trata con misericordia y nos perdona como ha prometido. De este modo nos concederá una conciencia alegre e intrépida para presentarnos ante él y dirigirle nuestras peticiones. Cuando el corazón no está en la recta relación con Dios, ni puede lograr tal confianza, ni jamás se atreverá a orar. Semejante confianza y tal corazón feliz no pueden venir de ninguna parte, a menos que se sepa que

93 nuestros pecados nos han sido perdonados.Pero, se ha añadido un complemento necesario y a la vez consolador: «Así como nosotros perdonamos a nuestros deudores». Él ha prometido—y debemos estar seguros de ello—que todo se nos ha perdonado y remitido, pero bajo la condición de que también

94 perdonemos a nuestro prójimo. Todos los días nos endeudamos mucho con Dios y, no obstante, nos remite todo por gracia. En la misma forma debemos perdonar siempre también a nuestro prójimo que nos inflige daño, violencia e injusticia y nos muestra una malignidad pérfida, etc. Si tú no perdonas, no

95 pienses que Dios te perdonará. Mas, si perdonas, tendrás el consuelo y la
96 seguridad de que te será perdonado en el cielo. No será por tu perdonar, puesto que Dios lo hace por completo gratuitamente, de mera gracia, por haberlo prometido, como enseña el evangelio; porque ha querido darnos esto para fortalecimiento y seguridad, como signo de verdad, al lado de la promesa que concuerda con esta oración: «Perdonad, y seréis perdonados» (Lc. 6:37). Por ello, Cristo la repite también poco después del Padrenuestro diciendo: «Porque si perdonáis a los hombres sus ofensas os perdonará también a vosotros vuestro Padre celestial», etcétera (Mt. 6:14).

97 Por lo tanto, a esta oración se ha agregado tal signo para que al pedir recordemos la promisión pensando así: «Amado Padre, acudo a ti y te pido que me perdones, no porque yo pueda dar satisfacción o lo merezca, sino porque tú lo prometiste y pusiste tu sello, para que deba ser tan seguro como

98 si yo tuviera una absolución pronunciada por ti mismo». Tanto como obran el bautismo y el sacramento, puestos exteriormente como signos, tanto vale también este signo para fortificar nuestra conciencia y alegrarla, y se ha puesto antes de los demás signos para que podamos usarlo a toda hora y ejercerlo como algo que siempre tenemos entre nosotros.

---

189. *Die Federn niederschlagen* («agachar la cabeza»; lit.: Dejar caer las alas).

La Sexta Petición
«No nos dejes caer en la tentación» [190]   99

Hemos oído bastante de cuánto trabajo y fatiga se necesitan para rete-   100
ner todo lo que se pide y perseverar en ello, lo cual, no obstante, no se realiza sin fallas y tropiezos. Además, aunque recibamos el perdón y una buena
conciencia y seamos del todo absueltos, la vida está hecha de tal modo que
hoy está alguien de pie y mañana caerá. Por ello, aunque seamos justificados
y nos presentemos[191] con una buena conciencia ante Dios, nuevamente tenemos que pedir para que no nos deje recaer y ceder a la tribulación o
tentación.[192] Empero, la tentación—Bekörunge[193] (como nuestros sajones la   101
denominan desde antiguo)—es triple: De la carne, del mundo y del diablo.
En la carne habitamos y arrastramos con nosotros al viejo Adán, quien se   102
mueve y diariamente nos excita a la impudicia, pereza, gula y borrachera,
avaricia y fraude, y a engañar y aprovecharse del prójimo. En resumen, a
toda clase de concupiscencias malas, ínsitas en nosotros por naturaleza, que
se despiertan por la compañía con otros, por el ejemplo, el oír y ver, y que
también a menudo hieren e inflaman un corazón inocente. Además, ahí está   103
el mundo que nos injuria con palabras y obras y nos impele a la cólera y a la
impaciencia. En suma, allí hay sólo odio y envidia, enemistad, violencia e
injusticia, deslealtad, venganza, maldición, injuria, maledicencia, altanería y
soberbia con adornos superfluos, como son: El honor, la gloria y el poder.
Nadie quiere ser el último, sino sentarse en la cabecera de la mesa para que
todos lo vean. A esto se agrega que viene el diablo, azuza y provoca por todas   104
partes. Pero, principalmente se dedica a lo que concierne a la conciencia y a
las cosas espirituales, es decir, que se arroje y se desprecie tanto la palabra
como la obra de Dios. Así trata de arrancarnos de la fe, de la esperanza y de

---

190. Vid. Catecismo Menor, Padrenuestro, sección 17.

191. *Fromm.* Lat.: *iam probitatem et justitiam consecutos* («*que ya viven en probidad y jus-*
ticia»). W. Metzger, *op.cit., p. 125:* «*rechtschaffen*» (honrado, probo, íntegro).

192. *Der Anfechtung oder Versuchunge.* Texto lat.: *tentationum impugnationibus.* Para
Lutero, *Versuchung* y *Anfechtung* son términos intercambiables. Vid. Cat. Mayor, secc. 106, y
secc. 105, nota 196.

193. El *Libro de Concordia* en latín de 1584 dice: . . . *seu (ut Saxones nostri jam olim locu-*
ti sunt) conversio («o como nuestros sajones solían decir ya antes conversión»). El traductor
entendió, erróneamente, que *Bekörung* es *Bekehrung,* conversión. Grimm (*Deutsches*
Wörterbuch) registra *Bekörung* como término del alto alemán medio. BSLK observa que la palabra *korunga* o *bikorunga* ya aparece en traducciones del Padrenuestro al alto alemán antiguo,
y sigue siendo usual en el bajo alemán de nuestros días. J. T. Müller (*Die symbolischen Bücher*
der ev-.lutherischen Kirche, p. 857) cita la sexta petición del Padrenuestro del siglo XII: *Vnde daz*
iht unsih innerleittes de in die bechorunge. Lutero considera que la palabra es «un excelente
alemán antiguo», WA XXX I 106, 16. «Sajones» son para Lutero de la Baja Sajonia. En el siglo
XVI se hablaba en Wittenberg el bajo alemán. Una nota en W. Metzger (ed. de Calw, p. 126) traduce *Bekörunge* con «Verlockung» = seducción. A. Götze, *Glossar:*«*Versuchung*» = tentación.

la caridad, de llevarnos a la superstición,[194] falsa arrogancia y obstinación o, por otra parte, a la desesperación, a la renegación y blasfemación de Dios y a otras innumerables cosas aborrecibles. Son las sogas y redes,[195] o más bien, los verdaderos «dardos de fuego» (Ef. 6:16) lanzados al corazón no por la carne y la sangre, sino por el diablo en la forma más ponzoñosa.

105 En todo caso, son grandes y graves peligros y tentaciones,[196] aun cuando cada una de ellas existiese aisladamente, y las ha de soportar todo cristiano para que seamos impulsados siempre a invocar y pedir a toda hora, mientras estemos en esta vida infame donde de todas partes nos acosan, persiguen y oprimen, para que Dios no permita que desfallezcamos y nos cansemos y volvamos a caer en pecado, desadoro o incredulidad. De otra manera no es posible vencer ni la más mínima tentación.

106 Esto significa «no inducir en tentación», si él nos da fuerza y poder de resistir, sin que la tentación se quite o se anule. Nadie puede evitar la tentación y la incitación, mientras que vivamos en la carne y tengamos al diablo alrededor de nosotros. No se puede cambiar, tenemos que soportar la tentación y hasta estar metidos en ella. Pero, pedimos para no caer ni ahogarnos en ella.

107 Por lo tanto, es muy distinto sentir tentación y, por otra parte, acceder y dar nuestro asentimiento. Todos tenemos que sentirla, aunque no todos de la misma manera. Algunos la sentirán más y con más fuerza: La juventud, principalmente por la carne; después, la edad madura y la ancianidad, por el mundo; mas los otros que se dedican a cosas espirituales, es decir, los cristianos

108 fuertes, por el diablo. Sin embargo, este sentimiento no puede dañar a nadie, mientras que se presenta contra nuestra voluntad y preferiríamos estar libres de él. Si no lo sintiésemos, no podría llamarse tentación. Pero, consentir significa que uno afloja las riendas y no resiste ni ora.

109 Por esta causa nosotros los cristianos debemos estar preparados y siempre prestos para ser tentados continuamente a fin de que nadie ande tan seguro y despreocupado, como si el diablo estuviese lejos de nosotros. Al contrario, en todas partes hemos de estar dispuestos a esperar golpes y a atajarlos. Si ahora estoy casto, paciente y amable y en firme fe, puede ser que en esta[197] misma hora el diablo clavará una saeta en mi corazón, de modo que apenas pueda

110 mantenerme. Porque es un enemigo tal, que jamás se retira ni se cansa. Cuando una tentación termina, surgen siempre otras nuevas. Por lo tanto, no hay más

---

194. *Missglaube.* Cf. A. Götze, *Glossar.* Texto lat.: *superstitio.* W. Metzger, op.cit., p. 126: «*Unglaube*».

195. Cf. p.ej. 1 Ti. 3:7.

196. *Anfechtung.* Texto lat.: *tentationum impugnationes.* Embestida, ansiedad, perturbación e incertidumbre del alma, provocación, tribulación. Situación en que la fe está en pugna con la duda. Vid. Catecismo Mayor, Sacramento del Altar, sección 23, nota 240.

197. *Soll*, en sentido de *kann*. Texto lat.: *fieri potest* = puede ser que ....

consejo, ni consuelo que acudir y tomar el Padrenuestro y de corazón hablar a Dios: «Amado Padre, tú me mandaste orar; no me dejes recaer por la tentación». De esta manera verás que la tentación cesará y se dará por vencida. En cambio, si intentas ayudarte con tus pensamientos y tus propios consejos, lo empeorarás y le darás más oportunidad al diablo, pues tiene cabeza de víbora, que cuando halla un agujero donde introducirse, todo el cuerpo pasa después sin dificultad. Pero la oración puede oponérsele y repelerlo.

La última Petición

«Más líbranos del mal. Amén»

En griego[198] esta frase reza así: «Redímenos o guárdanos del malo o del maligno»,[199] y se presenta como si precisamente hablara del diablo queriendo resumirlo todo, de modo que la suma de toda oración se dirija contra éste nuestro enemigo principal. Porque es él quien entre nosotros dificulta todo cuanto pedimos: El nombre y la honra de Dios, su reino y su voluntad, el pan cotidiano, una buena conciencia alegre, etcétera. Por ello, compendiando en definitiva esto, diremos: «Amado Padre, ayúdanos para que quedemos libres de toda desgracia». Mas, no obstante, está incluido también lo que de malo pueda sucedernos bajo el reino del diablo: Pobreza, deshonra, muerte; en resumen, toda la nefasta miseria y pena que abundan en la tierra. Pues, el diablo, ya que no sólo es mentiroso, sino también homicida, (Jn. 8:44) atenta incesantemente contra nuestra vida y se desahoga en cólera contra nosotros, causándonos accidentes y daños corporales donde puede. De ahí resulta que a algunos les rompa el pescuezo o les prive de la razón, a otros los ahogue en el agua y a muchos los impela a suicidarse, y a muchas otras desgracias horribles.[200] Por eso, no tenemos otra cosa que hacer en la tierra que pedir continuamente en contra de este enemigo principal. Si Dios no nos protegiese, no estaríamos ni una hora seguros ante el diablo.

Por esto, ves que Dios quiere que le roguemos también por todo lo que atañe a nuestro cuerpo y que no busquemos ni esperemos auxilio alguno, sino en él. Pero puso esto en último lugar. Si queremos ser guardados de todo mal y quedar libres de él, previamente debe santificarse su nombre en nosotros; ha de estar su reino entre nosotros y hacerse su voluntad. Después, finalmente,

---

198. En el original: *Im Ebräschen* (en hebreo). Un error involuntario de Lutero, corregido en ediciones posteriores.

199. ἀλλὰ ῥῦσαι ἡμᾶς ἀπὸ τοῦ πονηροῦ. La reciente edición de la Biblia en versión popular *Dios habla hoy* traduce *maligno*. *NT de Mons. Straubinger*, Ed. Desclee, de Brouwer, Bs. As. 1948: «Maligno».

200. *Und zu viel anderen schrecklichen Fällen*. Ed. española de las *Obras de M. Lutero* vol. V, p. 127: «Y a muchos otros a desgracias horribles» en vez de «y a muchas otras desgracias horribles».

nos preservará de pecados y deshonra y, además, de todo lo que nos duele y nos daña.

119   De esta manera, Dios nos expuso en forma brevísima toda la necesidad que jamás pueda apremiarnos, a fin de que no tengamos excusa alguna para no orar. Mas, lo que importa es que aprendamos a agregar AMÉN, lo que significa: No dudar de que la oración será atendida con certeza y se cumplirá.

120   No es otra cosa que la palabra de una fe que no duda, que no ora a la buena ventura, sino que sabe que Dios no miente, porque ha prometido darlo. Donde

121   no hay tal fe, no existe tampoco oración verdadera. Por lo tanto, es un error nocivo el de algunos que oran, pero que no se atreven a agregar sí de corazón, ni concluir con certeza que Dios atenderá sus oraciones, sino que permaneciendo en la duda, dicen: «¿Cómo podría ser yo el audaz de vanagloriarme

122   de que Dios atenderá mi oración? Soy un pobre pecador», etc. Esto ocurre porque no reparan en la promisión de Dios, sino en sus obras y en su propia

123   dignidad, con lo cual menosprecian a Dios y lo tratan de mentiroso. Por eso no recibirán nada tampoco, como dice San Santiago: «Quien ora, pida con fe, no dudando nada; porque el que duda es semejante a la onda del mar que es arrastrada por el viento y echada de una parte a otra. No piense, pues, quien tal haga que recibirá cosa alguna del Señor» (Stg. 1:6–7). ¡Mira, tanto importa a Dios que debamos estar seguros de no pedir en vano y de ninguna manera debemos despreciar nuestras oraciones!

CUARTA PARTE
EL BAUTISMO

1   Hemos expuesto ahora los tres puntos principales[201] de la doctrina cristiana general. Fuera de esto hay que hablar de nuestros dos sacramentos instituidos por Cristo. Todo cristiano recibirá, cuanto menos, una enseñanza breve y general sobre los mismos, ya que no es posible llamarse y ser cristiano sin ellos, aunque, por desgracia, hasta hoy nada se ha enseñado sobre esto.

2   Trataremos en primer lugar el bautismo, por medio del cual somos recibidos en la cristiandad. Para que se pueda comprender rectamente el mismo, lo expondremos por partes y deteniéndonos únicamente en aquello que es imprescindible conocer. En efecto, dejaremos a los sabios el cuidado de saber cómo se debe preservar y defender estas cosas contra los heréticos y sectarios.

3   En primer lugar, es preciso conocer ante todo las palabras, sobre las cuales el bautismo se funda y con las que se relaciona todo lo que hay que

---

201. *Häuptstück*. Texto lat.: *principales*. Lutero usa el término *Häuptstück* en dos acepciones: (1) parte o división principal (también «artículos principales» *Häuptartikel*; cf. Catecismo Mayor, Credo, 6); (2) cosa más necesaria, más importante, principal, esencial. Vid. Catecismo Mayor, Prefacio II, donde Lutero escribe que los Diez Mandamientos, el Credo y el Padrenuestro son «las partes más necesarias» (*die nötigsten Stücke*).

decir acerca del mismo, esto es, que el Señor Cristo dice en el último capítulo de Mateo:

«*Id a todas las naciones, bautizándolas en el nombre del Padre, y del Hijo, y del Espíritu Santo*».[202]   4

También en el último capítulo de Marcos:

«*El que creyere y fuere bautizado será salvo; mas, el que no creyere será condenado*» (Mr. 16:16).   5

Debes tener en cuenta primeramente que en estas palabras están contenidos el mandato y la institución de Dios y que, por consecuencia, no ha de dudarse de que el bautismo es una cosa divina, no imaginada, ni inventada por los hombres. Así como puedo afirmar que los Diez Mandamientos, el Credo y el Padrenuestro, ningún hombre los ha sacado de su cabeza, sino que han sido revelados y dados por Dios mismo, también puedo proclamar con seguridad que el bautismo no es cosa humana, sino que ha sido instituido por Dios mismo que, además ha ordenado seria y severamente que nos debemos bautizar; de lo contrario no seremos salvos. De manera que no se piense que es una cosa tan indiferente como ponerse un vestido rojo nuevo. Es, pues, de suma importancia que se considere el bautismo como una cosa excelente, gloriosa e ilustre, ya que por esto combatimos y luchamos lo más, ya que el mundo está lleno de sectas que claman que el bautismo es una cosa externa y que, por lo tanto, no es de ninguna utilidad. Pero, deja que el bautismo sea una cosa externa tanto como pueda; sin embargo, aquí está la palabra y el mandamiento de Dios que lo instituyen, fundan y confirman. Ahora bien, lo que Dios instituye y ordena, necesariamente no es una cosa vana, sino una cosa preciosa, aunque según la apariencia tenga menos valor que una brizna de paja. Hasta ahora se tuvo en gran consideración cuando el papa distribuía indulgencias mediante cartas y bulas o cuando confirmaba altares o iglesias, y esto, basándose solamente en las cartas y sellos; en tanto mayor y preciosa estima deberíamos tener el bautismo, por haber sido mandado por Dios y por realizarse en su nombre. Porque así dicen las palabras: «Id y bautizad», pero no «en vuestro nombre», sino «en nombre de Dios».   6   7   8   9

Ser bautizado en nombre de Dios significa ser bautizado por Dios mismo y no por hombre. Por lo tanto, aun cuando el bautismo se realice por mano de hombre, se trata, en realidad, de una obra de Dios mismo.[203] Y de aquí puede deducir cada cual que tal obra supera en mucho a cualquiera llevada   10

---

202. Mt. 28:19. Vid. Catecismo Mayor, Prefacio II, 3: Sobre el Bautismo, nota 22.

203. Cf. Lutero: *De captivitate Babylonica*, O. Clemen, *Luthers Werke* I, p. 464: *Unde oportet nos baptismum de manu haminis non aliter suscipere, quam si ipse Christus, immo ipse Deus, nos suis propriis manibus baptisaret* («Es necesario, por lo tanto, que recibamos el bautismo de mano de un hombre exactamente como si el mismo Cristo, sí, el mismo Dios nos bautizara con sus propias manos»).

a cabo por hombre o por santos. Porque, ¿puede realizarse acaso una obra
11   superior a la divina? Pero, el diablo halla aquí ocasión propicia para actuar,
cegándonos con falsas apariencias y conduciéndonos de la obra divina a la
nuestra propia. Las muchas obras difíciles y grandes que un cartujo hace
revisten una apariencia brillante; y todos nosotros estimamos superior lo que
12   hacemos y merecemos nosotros mismos. Pero la Escritura enseña lo siguiente:
Si se reunieran todas las obras de todos los monjes, por muy brillante que
pueda ser su resplandor, no serían tan nobles y buenas como la brizna de paja
que Dios mismo recogiera del suelo. ¿Por qué? Porque la persona que hace
esto es más noble y mejor. Aquí no se debe considerar la persona según las
obras, sino las obras según la persona, de la cual deben recibir su carácter
13   de nobleza. Pero, aquí la loca razón se entromete y puesto que el bautismo
no resplandece como las obras que nosotros hacemos, entonces no debe tener
ningún valor.
14   A partir de esto, aprende a captar el recto significado y a responder a la
pregunta: ¿Qué es el bautismo?; es decir, de la manera siguiente: No es una
simple agua, sino un agua que tiene como fuente la palabra y el mandamiento
de Dios y que por ello mismo es santificada, de tal manera que no es otra
cosa que un agua de Dios; no que esta agua sea en ella misma más noble que
otra agua, sino porque la palabra y el mandamiento de Dios se le agregan.
15   Es por ello que es una pura canallada y una burla del diablo cuando ahora
nuestros nuevos espíritus, para blasfemar el bautismo, dejan de lado la palabra
y la institución de Dios y consideran el agua bautismal lo mismo que la que
mana de la fuente y preguntan después torpemente: «¿Cómo va a ayudar al
16   alma una porción de agua?» Queridos amigos: Ya sabemos que por lo que
respecta a la diferencia entre un agua y otra, ambas son sólo agua. Pero,
¿cómo osas intervenir en la institución de Dios y despojas al agua de su mejor
joya, con la cual Dios la ha unido y ensartado, no queriendo que estén separados? Porque el núcleo en el agua es la palabra o el mandato de Dios y
el nombre de Dios; esto es un tesoro más grande y más noble que los cielos
y la tierra.
17   Así, pues, comprende la diferencia: El bautismo es una cosa muy distinta
que cualquier agua, no por su condición natural, sino porque aquí se agrega
algo muy noble, pues Dios mismo ha puesto aquí su honor, su fuerza y su
poder. Es por esto que no es solamente un agua natural, sino que un agua
divina, celestial, santa, salvadora, y podría seguirse alabándola más, todo por
la palabra que es una palabra celestial y santa que nadie podría glorificar
18   suficientemente, pues tiene y posee todo lo que es de Dios. De aquí tiene el
bautismo su naturaleza, de tal manera que lo llama un sacramento, como San
Agustín lo ha enseñado también: *Acedat verbum ad elementum et fit sacra-*

mentum, esto es, «Cuando se una la palabra al elemento o a la materia natural se hace el sacramento»,[204] o sea una cosa y un signo santos y divinos.

Por esta razón, nosotros siempre hemos enseñado que no se deba considerar los sacramentos y todas las cosas externas, ordenados e instituidos por Dios conforme a su apariencia basta y externa, tal como se ve solamente la cáscara de la nuez; sino que, al contrario, hay que ver cómo la palabra de Dios está encerrada en ellas. De la misma forma hablamos del estado paternal o maternal o de la autoridad secular; si se las quiere ver en cuanto a que tienen nariz, ojos, piel y cabellos, carne y huesos, entonces las vemos igual que los turcos y los paganos y alguien podría venir y decir: «¿Por qué se ha de considerar a éstos más que a los otros?» Porque se agrega un mandamiento que dice: «Honrarás a tu padre y a tu madre» y, por esta razón, veo yo un hombre muy distinto, ornado y revestido con la majestad y la gloria de Dios. El mandamiento, digo yo, es la cadena de oro que lleva en su cuello; aun más, es la corona sobre su cabeza, que me indica cómo y por qué se debe honrar[205] la carne y la sangre. Ahora bien, del mismo modo y mucho más aún debes honrar el bautismo y observarlo en toda su gloria, por causa de la palabra y como cosa que Dios mismo ha honrado de palabra y obra y confirmado, además, desde el cielo con milagros. ¿O piensas que fue una broma que Cristo se hiciera bautizar, el cielo se abriera y descendiera visiblemente el Espíritu Santo, manifestándose así toda la gloria y majestad divinas (Mt. 3:16 y sigte.). Por lo tanto, vuelvo a amonestar una vez más para que no se disocien y separen de ninguna manera ambos componentes: La palabra y el agua. Porque, si se retira la palabra, el agua no será otra cosa que aquélla con la cual la criada cocina y se la podría llamar bien un bautismo de bañadores.[206] Pero, si está presente la palabra, como Dios lo ha ordenado, entonces será un sacramento que se llama el bautismo de Cristo. Que esto sea el primer punto sobre la esencia y dignidad del bautismo.

En segundo lugar, ya que sabemos lo que es el bautismo y cómo ha de ser considerado, debemos aprender por qué y para qué ha sido instituido, esto es, para qué sirve, qué da y qué realiza. Esto no se puede captar mejor que en las palabras de Cristo citadas antes: «El que creyere y fuere bautizado será salvo» (Mr. 16:16). De aquí debes comprender de la manera más sencilla,

19

20

21

22

23

24

---

204. Vid. Artículos de Esmalcalda, III. Parte, V. Artículo, 1, *sacramentum*.

205. En la edición española de las *Obras de M. Lutero* (vol. V, p. 131) se omitió «esta» («. . . por qué se debe honrar la carne y la sangre . . . » en vez de «. . . honrar esta carne . . . »).

206. *Badertaufe*, i.e. bautismo aplicado por el bañero (en alem. «*Bader*» o «*Bademeister*»). Obsopoeus: *balneatorum baptismus (bautismo de bañero)*. Cf. el sermón de Lutero sobre el bautismo 1534, WA XXXVII, 642: *ein schlecht wässerig oder irdisch Wasser oder (wie es die Rotten heissen) ein Badewasser und Hundsbad* («una simple agua aguada o terrenal, o [como lo llaman los sectarios] un agua para el baño o baño canino»).

que la fuerza, obra, beneficio, fruto y fin del bautismo consisten en hacernos salvos. En efecto, cuando se bautiza a alguien no es para que se haga un

25 príncipe, sino, según las palabras, para que se haga salvo. Y se sabe bien que hacerse salvo no significa otra cosa, sino únicamente ser librado del pecado, de la muerte y del demonio; entrar en el reino de Cristo y vivir con

26 él eternamente. Aquí ves la necesidad de considerar el bautismo como una cosa cara y valiosa, porque en él alcanzamos un tesoro inexpresable. Ello demuestra también que no puede ser una pura y simple agua, pues una pura agua no podrá hacer tal cosa, pero la palabra lo hace, porque, como se dijo

27 antes, el nombre de Dios está contenido ahí. Donde existe el nombre de Dios siempre habrá vida y salvación,[207] y de aquí que, con razón, se llama a esta agua, divina, salvadora, fructífera y llena de gracia; pues, por la palabra recibe el poder de ser un baño de regeneración, como lo denomina el apóstol Pablo en el capítulo tercero de la Epístola a Tito (Tit. 3:5).

28 En cuanto a quienes creen saber todo mejor que nadie, los nuevos espíritus, que objetan que sólo la fe salva, mientras que las obras y todo elemento externo nada aportan a ello, responderemos que ciertamente es la fe la que en nosotros obra la salvación, como todavía lo escucharemos a continuación.

29 Sin embargo, esos guías ciegos no quieren ver que la fe necesita tener algo que pueda creer, esto es, algo a qué atenerse y sobre lo cuál fundarse y basarse. Así, pues, la fe está religada al agua y cree que ella es el bautismo que encierra en sí pura salvación y vida; pero, como antes se dijo suficientemente, no por el agua como tal, sino por el hecho de ir unida a la palabra y al mandato divinos y porque su nombre está adherido a ella. Y cuando creo en esto, ¿no creo yo, acaso, sino en Dios como aquel que ha dado e implantado su palabra en el bautismo y que nos propone esta cosa externa para que podamos captar ahí tal tesoro?

30 Ahora bien, son tan insensatos que separan una cosa de la otra, la fe y el objeto al cual está adherida y relacionada la fe, aunque sea algo externo. Debe y tiene necesariamente que ser externo, a fin de que se pueda captar y comprender con los sentidos y mediante ello entre en el corazón, así como también el evangelio entero es una predicación exterior y oral. En resumen, lo que Dios hace y obra en nosotros quiere hacerlo valiéndose de tales medios externos por él instituidos. La fe ha de dirigirse a donde sea que Dios hable, cualquiera sea la manera o el medio por el que hable, y debe apoyarse en

31 ello. Tenemos aquí las palabras: «El que creyere y fuere bautizado, será salvo»; ¿a qué se refieren sino al bautismo, esto es, al agua constituida por la orden de Dios? Por consiguiente, quien deseche el bautismo también de-

---

207. *Seligkeit.* Obsopoeus: *summam felicitatem. Concordia Triglotta* ed. *Tappert, Obras de M. Lutero* en español: «Salvación».

sechará la palabra de Dios, la fe y a Cristo, que nos conduce y nos liga al bautismo.

En tercer lugar, ya que ahora conocemos el gran beneficio y la fuerza del bautismo, veamos en seguida quién es la persona que recibe lo que el bautismo da y beneficia. Esto está expresado mejor y más claramente en estas mismas palabras: «El que creyere y fuere bautizado, será salvo», o sea, la fe solamente hace a la persona digna de recibir con provecho el agua saludable y divina. En efecto, puesto que dichos beneficios son ofrecidos y prometidos aquí en estas palabras con el agua y unidos al agua, no podrán tampoco recibirse de otro modo que si lo creemos de sincero corazón. Sin la fe, el bautismo no nos sirve de nada, aunque en sí no deje de ser un tesoro divino y superabundante. Por consiguiente, la sola palabra «el que creyere» basta para excluir y relegar todas las obras que podemos hacer con la intención de obtener y merecer la salvación. Esto es cosa segura: Lo que no sea fe no agrega nada ni recibe nada.[208]

Las personas suelen, sin embargo decir: El bautismo es de por sí también una obra: No obstante, tú afirmas que las obras nada valen para la salvación, ¿dónde queda entonces la fe? Respuesta: Nuestras obras, en efecto, no aportan realmente nada para nuestra salvación. Pero, el bautismo no es obra nuestra, sino de Dios. (Desde luego, tendrás que diferenciar, como se ha dicho, marcadamente entre el bautismo de Cristo y el de los llamados bañadores). Las obras de Dios son saludables y necesarias para la salvación y no excluyen, antes al contrario, exigen la fe,[209] ya que sin la fe no sería posible captarlas. Por el mero hecho de dejarte derramar agua, ni recibes ni cumples el bautismo de tal manera que te sea útil, pero, sí te beneficiará si te bautizas con la intención que es por el mandato y orden de Dios y, además, en nombre de Dios, con el objeto de que recibas en el agua la salvación prometida. Ahora bien, ni la mano ni el cuerpo pueden lograr esto, sino que el corazón lo debe creer. Así ves claramente que aquí no hay ninguna obra realizada por nosotros, sino un tesoro que Dios nos concede y del que tal fe toma posesión, así como el Señor Cristo en la cruz no es una obra, sino un tesoro que, contenido y ofrecido a nosotros en la palabra, es recibido por la fe. Por este motivo, nos hacen violencia cuando claman contra nosotros como si predicásemos contra la fe, en circunstancias que insistimos solamente sobre la fe, como siendo tan necesaria que sin ella no es posible recibir ni disfrutar nada.

De esta manera, tenemos las tres partes que se deben saber de este sacramento y, sobre todo, que es una institución de Dios que es menester honrar altamente. Esto ya de por sí bastaría, aunque se trate de una cosa

208. *Das teut nichts dazu (das hilft nichts)*, de nada sirve.

209. *Fodern*. Vid. Catecismo Mayor I (Tercer Mandamiento) 98, nota 70.

meramente externa. Lo mismo ocurre con el mandamiento «honrarás a tu padre y tu madre», que solamente está establecido en relación con una carne y sangre corporales; no obstante, no se considera la carne y la sangre, sino el mandamiento divino en que están comprendidas y por el cual la carne recibe el nombre de «padre y madre». Del mismo modo, si no tuviésemos sino estas palabras: «Id y bautizad . . .», las deberíamos aceptar y practicar como una institución de Dios. Por otra parte, no sólo están el mandamiento y la orden, sino también la promesa y, por esto, el bautismo es más glorioso que todo lo que ha ordenado e instituido Dios. En resumen, está tan pleno de consuelo y gracia que ni en los cielos ni en la tierra se pueden abarcar. Sin embargo, se necesita gran arte para creerlo,[210] porque la falta no está en el tesoro, sino en que no se lo comprende y retiene con firmeza.

De aquí que todo cristiano tenga, mientras viva, suficiente que aprender y ejercitarse en el bautismo. Siempre tendrá que hacer para creer firmemente lo que promete y aporta: La victoria sobre el demonio y la muerte, el perdón de los pecados, la gracia divina, el Cristo íntegro y el Espíritu Santo con sus dones. En suma, esto es tan superabundante que al reflexionar sobre ello la torpe naturaleza humana,[211] llegará a dudar de si acaso esto puede ser verdad. En efecto, piensa, si existiese algún médico que conociese el medio para que la gente no muriese o, si se murieran, los hiciera revivir eternamente, ¿cómo no nevaría y llovería el mundo con dinero, de modo que fuera de los ricos, nadie podría tener acceso? Pues bien, aquí en el bautismo se ofrece gratuitamente a cada uno un tesoro delante de su puerta y una medicina que destruye[212] la muerte y mantiene a todos los hombres en vida. Así deberíamos considerar el bautismo y aprovecharnos de él para que sea nuestra fortaleza y nuestro consuelo, cuando nuestros pecados o nuestra conciencia nos oprimen de modo que digamos: «Sin embargo yo estoy bautizado y, por estarlo, se me ha prometido que seré salvo y que mi cuerpo y alma tendrán vida eterna». Porque por ello ocurren en el bautismo estas dos cosas: Es rociado el cuerpo que no puede captar otra cosa sino agua y, además,[213] se pronuncia la palabra que el alma también puede captar. Y como ambas cosas constituyen un solo bautismo, el agua y la palabra, también el cuerpo y el alma serán salvos y vivirán eternamente; el alma en virtud de la palabra en que cree, y el cuerpo, porque está unido al alma y se posesiona del bautismo como puede. Por eso, no tenemos mayor joya en nuestro cuerpo y en nuestra alma, porque mediante

39
40
41
42
43
44
45
46

---

210. *Künst.* Cf. A. Götze, *Glossar: «kunst»* = *Kenntnis, Wissen, Verständnis* («conocimiento, saber, entendimiento»). Obsopoeus: *hic arte opus est.*

211. En el original: *blöde* = tímida. Texto lat.: *imbecilla.*

212. Cf. Is. 25:8.

213. La ed. española, op.cit., vol. V, p. 134 tiene: «El cuerpo no puede tomar otra cosa sino agua»; mejor sería *captar*, término usado luego con respecto al alma.

el bautismo somos santos y salvos, lo cual no puede alcanzar ninguna vida y ninguna obra en este mundo.

Se ha dicho lo suficiente sobre la esencia, la utilidad y el uso del bautismo en cuanto aquí cabe.[214] Corresponde tratar ahora una cuestión con la que el diablo, mediante sus sectas, trae confuso al mundo. Se trata del bautismo infantil,[215] esto es, de si los niños también creen o si es justo que sean bautizados. A esto digamos brevemente que las mentes sencillas se deben desentender de tal cuestión y remitirla al juicio de los doctos. Sin embargo si quieres responder tú, contesta del siguiente modo: De la propia obra de Cristo se demuestra suficientemente que a él le complace el bautismo infantil, es decir, que Dios ha santificado a muchos de ellos que han sido bautizados de esta manera y les ha dado el Espíritu Santo, y hoy mismo existen aún muchos en los cuales se sienten que tienen el Espíritu Santo, tanto por su doctrina como por su vida. Por gracia de Dios nos ha sido concedido también a nosotros el poder interpretar la Escritura y conocer a Cristo, lo que no puede ocurrir sin el Espíritu Santo. Ahora bien, si Dios no aceptase el bautismo infantil, tampoco otorgaría a ninguno de ellos el Espíritu Santo, ni siquiera algo del mismo. En resumen, desde tiempos remotísimos hasta nuestros días no habría existido en el mundo un solo hombre cristiano. Pero, por el hecho de que Dios ha confirmado el bautismo por la infusión[216] de su Espíritu Santo, como se advierte en diversos Padres de la iglesia, por ejemplo, San Bernardo, Gerson, Juan Hus, y otros,[217] y no pereciendo la iglesia cristiana hasta el fin del mundo, es preciso reconocer que el bautismo infantil agrada a Dios; pues Dios no puede contradecirse, ni venir en ayuda de la mentira o de la picardía, ni daría su gracia y su Espíritu para ello. Esta es la prueba mejor y más

47

48
49

50

51

---

214. *So viel hieher dienet* (passt). Después de la palabra *dienet*, el *Libro de Concordia* en alemán (Dresden 1580) inserta el título: *Von der Kindertaufe* («Acerca del bautismo de los infantes»). Cf. BSLK, p. 700, aparato crítico.

215. En cuanto a la doctrina de Lutero respecto de la fe infantil en el bautismo de párvulos vid. p. ej. el minucioso estudio de Karl Brinkel: *Die Lehre Luthers von der fides infantium bei der Kindertaufe*, vol. VII de la serie *Theologische Arbeiten*, editadas por Hans Urner, Berlín, 1958.

216. *Eingeben*. BSLK, p. 701, nota 1: *Inspiration* (una acepción registrada por A. Götze en su *Glossar*). Texto lat.: *distributio* o (*Libro de Concordia* en latín) *donatio*. W. Metzger, op.cit., p.139: «*indem er seinen Heiligen Geist ins Herz gibt*». Edición en español: Infusión. (En esta misma edición en español, la nota 218, p. 134 informa que «la traducción inglesa dice: *Confirmed* [pág. 443]». Es una equivocación. La trad. ingl. mencionada es la de Tappert, donde *confirmed* aparece como traducción de *bestätigt*. Para *durch Eingeben*, Tappert tiene *through the gift*.)

217. Después de *andern* (otros), el *Libro de Concordia* en alemán, 1580, agrega las palabras: *so in der Kindheit getauft sind* («que fueron bautizados en la infancia»).

fuerte[218] para las personas sencillas y los incultos. Porque jamás se nos arrebatará o derribará el artículo que dice: «Creo en una santa iglesia cristiana, la comunión de los santos, etcétera».

52
53 Prosiguiendo, diremos que lo que más nos importa no es si el bautizado cree o no cree, pues por esto el bautismo no pierde su valor, sino que todo depende de la palabra de Dios y su mandamiento. Desde luego, esta es una afirmación algo tajante, pero se basa totalmente en lo que antes he dicho; o sea, que el bautismo no es otra cosa que el agua y la palabra de Dios conjuntas y reunidas; es decir, cuando va la palabra con el agua, el bautismo es verdadero, aunque no se agregue la fe. En efecto, no es mi fe la que hace el bautismo, sino la que lo recibe. Ahora bien, si no se recibe o usa el bautismo debidamente, esto no merma el valor del mismo, puesto que, como se ha
54 dicho, está ligado a la palabra, pero no a nuestra fe. Aunque hoy mismo viniera un judío con perversidad y mala intención, y nosotros lo bautizásemos con toda seriedad, no por ello, a pesar de todo, deberíamos decir que este bautismo no es verdadero. Pues, ahí están el agua junto con la palabra de Dios, aunque él no lo recibiese como debe ser. Idéntico es el caso de quienes indignamente se acercan al sacramento y reciben el verdadero sacramento aunque no crean.

55 Por consiguiente, ves que la objeción de los sectarios carece de todo valor. Porque, como ya dijimos, aun cuando los niños no creyeran, lo cual no sucede (como hemos demostrado), su bautismo sería verdadero y nadie debería bautizarlos nuevamente. Es el mismo caso, si alguien se acerca al sacramento con mal propósito, el sacramento no perdería con eso nada de su valor y de ningún modo se consentiría que por haber abusado del sacramento[219] lo tomase de nuevo a la misma hora, como si antes no hubiese recibido verdaderamente el sacramento, pues esto sería blasfemar y escarnecer en grado sumo. ¿Cómo llegamos a sostener entonces que la palabra y la institución de Dios son inadecuadas y desprovistas de valor por el hecho de haber sido usadas
56 de manera indebida? Digo, por lo tanto; si antes no has creído, cree ahora y di: «Mi bautismo fue un verdadero bautismo; pero, por desgracia, no lo recibí

---

218. *Fast die beste und stärkste.* Texto lat.: *fere optima et firmissima.* Melanchton repite el argumento de Lutero en la Apología, IX, 3. E. F. Karl Müller (*Symbolik*, 1896, p. 374, nota 14) dice que con esta argumentación de Lutero se puede probar también que la *«missa romana»* es agradable a Dios (*«Damit kann man auch die Gottgefälligkeit der römischen Messe beweisen»*). Walter Lohrmann (*Glaube und Taufe in der Bekenntnisschriften der ev.-lutherischen Kirche*, p. 39 y sigtes.) también critica severamente esa «prueba racional-pragmática de la experiencia», como la llama. El autor observa que en el fondo, el argumento de Lutero está expresado en las palabras: *Denn er kann je nicht wider sich selbs sein* («Pues no puede estar en contra de sí mismo»). Gotthilf Döhler (*«Der Grosse Katechismus und die gegenwärtige Taufproblematik»* en *Lutherischer Rundblick*, vol. 4, 1956, p. 133) comenta que Lutero recurre aquí a un *testimonium Spiritus Sancti externum.*

219. I.e., el sacramento del altar.

como es debido». Porque, yo mismo y todos cuantos se hacen bautizar, debemos decir delante de Dios: «Yo vengo aquí con mi fe y también con la de los demás, pero no puedo basarme en el hecho de que yo crea y que mucha gente pida por mí; antes bien, me baso sobre el hecho de que tales son tu palabra y tu orden». Del mismo modo, cuando me acerco al sacramento, no me baso en mi fe, sino en la palabra de Cristo; que yo sea fuerte o débil, eso lo dejo decidir a Dios. Sin embargo, hay una cosa que sé y es que Dios me ha ordenado que vaya a comer y a beber, etc., y que me da su cuerpo y su sangre, lo que no me mentirá, ni engañará. Lo mismo hacemos con lo que se refiere al bautismo infantil. Llevamos al niño al bautismo, pensando y esperando que él crea,[220] y pedimos que Dios quiera concederle la fe.[221] No obstante, no lo bautizamos por estas razones, sino únicamente porque así nos ha sido ordenado por Dios. ¿Por qué esto? Porque sabemos que Dios no miente. Yo y mi prójimo, y todos los hombres, en fin, podríamos equivocarnos y engañarnos, pero la palabra de Dios no puede fallar.

Por esto, son espíritus presuntuosos y groseros quienes deducen y concluyen que donde no haya fe, el bautismo tampoco será verdadero. Porque es lo mismo que si yo sacara la siguiente conclusión: «Si yo no creo, Cristo de nada vale». Y si yo no soy obediente de nada valen tampoco mis padres carnales y las autoridades. Pero, ¿sería esta una conclusión correcta que si alguien no hace lo que debe hacer, la cosa en sí misma—que es su deber— no es, ni debe valer nada? Amigo mío, invierte los términos y concluye más bien así: Precisamente el bautismo es algo que realmente vale y es, además, verdadero, por muy indignamente que lo hayas recibido. Porque de no ser

57

58

59

220. *Der Meinung und Hoffnung, dass es gläube.* A. Götze, *Glossar*, indica para *der Meinung*: «*in dieser Absicht*» (con este propósito). Así puede entenderse también el texto latino: *hac spe atque animo*. Traducido de esta manera, el pasaje no da pie a la hipótesis sustentada por Erich Roth (cf. nota siguiente, a «la fe»). Sin embargo, el original es algo ambiguo. *Concordia Triglotta* lo interpreta así: «*in the conviction and hope that it believes*». W. Metzger, ed. de Calw, p. 141: «*in dem Gendanken*» (con la idea de). P. Brunner (*Pro Ecclesia*, p. 167): «*in der Uberzeugung und Erwartung*» (en la convicción y la esperanza).

221. *Und bitten, dass ihm Gott den Glauben gebe.* El texto latino adoptado por BSLK no tiene la traducción de estas palabras; sí la tiene el *Libro de Concordia* latino de 1584: *et precamur, ut Deus eum fide donet* (BSLK, p. 703, renglón 2, y aparato crítico). Comenta Erich Roth («aporien in *Luthers Tauflehre*» en *Seitschrift für systematische Theologie*, vol. 22, 1953, p. 107 y sigte.): «*In den meisten Zeugnissen [Luthers] tritt als Zeitpunkt, in welchem der Glaube geweckt wird, der Taufakt selbst hervor . . . Es gibt indessen auch Belege, die nicht so eindeutig sind und teilweise auch an einen aus der Kraft der Fürbitte erwachsenen mitgebrachten Glauben zu denken scheinen: das Kind tragen wir herzu in der Meinung und Hoffnung, dass es gläube. Allerdings heisst es gleich weiter, und bitten, dass ihm Gott den Glauben gebe*» («En los más de los pasajes pertinentes [de Lutero] aparece el *acto del bautismo mismo* como el momento en que *es despertada* la fe . . . . Hay sin embargo testimonios que no son tan inequívocos y que, al menos en parte, parecen hacer pensar también en una fe surgida del poder de la intercesión: Traemos este niño a la fuente bautismal con el propósito y la esperanza de que crea. No obstante, a renglón seguido se dice *y rogamos que Dios le conceda la fe*»). Cf. nota anterior, en *crea*.

verdadero por sí mismo, no se podría usar indebidamente de él, no podría pecarse contra él. Se dice, en efecto: *Abusos non tollit sed confirmat substantiam . . .*». («el abuso no suprime la sustancia, antes bien la confirma»). El oro no pierde nada de oro, porque lo lleve una malvada con pecado y vergüenza.

60 Por consiguiente, podremos llegar a esta conclusión terminante: El bautismo permanece verdadero y en toda su esencia cuando un hombre es bautizado y aunque éste no crea verdaderamente, porque la institución y la palabra

61 de Dios no pueden cambiarse, ni modificarse por los hombres. Sin embargo, «los entusiastas» están de tal manera cegados que no ven la palabra y el mandamiento de Dios; en el bautismo no ven sino el agua de los arroyos y de los cántaros y en la autoridad, un hombre cualquiera. Y porque no ven ninguna fe y ninguna obediencia, estas cosas, según ellos, no tienen valor

62 por ellas mismas. Se encuentra aquí un diablo oculto y sedicioso que quisiera con gusto despojar a la autoridad de su corona para que después se la pisotee y, al mismo tiempo, para trastornarnos y destruir toda obra y toda institución

63 de Dios. Es preciso, por tanto, que andemos vigilantes y armados, no dejándonos apartar de la palabra ni que se nos prive de ella, de modo que no hagamos del bautismo un mero signo,[222] tal como enseñan los entusiastas.

64 Conviene saber, por último, lo que significa el bautismo y por qué Dios ha instituido justamente tal signo o ceremonias externas para hacer el sacramento, en virtud del cual somos recibidos primeramente en la cristiandad.

65 Este acto o ceremonia externa consiste en que se nos sumerge en el agua que nos cubre enteramente y después se nos saca de nuevo. Estas dos cosas, es decir, la inmersión y la emersión del agua indican el poder y la obra del bautismo, que no son otras sino la muerte del viejo Adán y, seguidamente, la resurrección del nuevo hombre. Ahora bien, ambas cosas han de suceder durante toda nuestra vida, de modo que la vida del cristiano no es sino un bautismo diario, comenzado una vez y continuado sin cesar. Pues tiene que hacerse sin cesar, de modo que se limpie lo que es del viejo Adán y surja lo

66 perteneciente al nuevo. ¿Qué es, pues, el viejo hombre? Es el hombre ingénito en nosotros desde Adán; un hombre airado, odioso, envidioso, impúdico, avaro, perezoso, soberbio, incrédulo, lleno de toda clase de vicios y ajeno

67 por naturaleza a toda bondad. Cuando entremos nosotros en el reino de Cristo, todas esas cosas habrán de disminuir diariamente, de forma tal que con el tiempo nos volvamos más mansos, pacientes y suaves, destruyendo cada vez más nuestra avaricia, odio, envidia, soberbia.

68 Este es el uso verdadero del bautismo entre los cristianos, indicado por

---

222. *Ein bloss ledig Zeichen.* «*Ledig*», además de «mero», puede significar «vacío». Cf. A. Götze, *Glossar.*

el bautismo del agua.[223] Pero, cuando esto no tiene lugar y, por lo contrario, se da rienda suelta al viejo hombre, de modo que pueda hacerse más fuerte, entonces no podrá decirse que se ha usado del bautismo, sino todo lo contrario, que se ha luchado contra él. En efecto, quienes viven fuera de Cristo no **69** pueden hacer otra cosa que volverse cada día peores, como dice el refrán, conforme a la verdad: «Siempre peores y cuanto más tiempo transcurre, más malvados son».[224] Quien un año atrás era un soberbio y un avaro, hoy lo será **70** todavía más. Es decir, los vicios crecen y aumentan con él desde su juventud. Un niño no tiene un vicio determinado en sí, pero al crecer empieza a mostrarse impúdico y lascivo; al llegar a su completa mayoría de edad, comienzan los verdaderos vicios, los cuales aumentan con el correr del tiempo. Si no actúa **71** el poder defensor y apaciguador del bautismo, el hombre viejo en su naturaleza va gastándose; al contrario, entre los que han llegado a ser cristianos, disminuye diariamente hasta que sucumbe. Significa esto que se ha entrado verdaderamente en el bautismo y que también se sale diariamente de él. Por **72** consiguiente, el signo exterior no está instituido solamente para que deba obrar con potencia, sino para significar algo. Donde existe la fe con sus frutos **73** no hay un mero símbolo, sino que se agrega la obra.[225] Pero, si la fe no existe permanece un mero signo infructífero.

Aquí puedes ver que el bautismo, tanto por lo que respecta a su poder **74** como a su significación, comprende también el tercer sacramento llamado el arrepentimiento[226] que, en realidad, no es sino el bautismo. Porque, ¿no sig- **75** nifica acaso el arrepentirse atacar seriamente[227] al viejo hombre y entrar en una nueva vida? Por eso, cuando vives en arrepentimiento, vives en el bau-

---

223. *Durch das Wassertäufen*. Texto lat.: *per aquae mersionem*. W. Metzger, op.cit., p. 143: *durch dieses Eintauchen ins Wasser* («mediante esa inmersión en el agua»). *Concordia Triglotta* (p. 794) y ed. Tappert (p. 445): *«by baptizing with water»*.

224. *Immer je ärger, je länger, je böser*. W. Metzger, op.cit., p. 143: *«Je mehr, desto ärger; je länger, desto schlimmer»*. En otros escritos, Lutero cita el proverbio en la siguiente forma: *«Je älter, je kärger und je länger, je ärger»* (WA XXIX, p. 619; XXX, I, p. 22; XXXII, p. 451; XXXIII, p. 666). Obsopoeus: *Quo seniores, hoc deteriores* («cuanto más viejos, peores»).

225. *Das Werk*; en este contexto: El efecto.

226. *Busse. Concordia Triglotta*, p. 751: *«repentance»*. Ed. española, op.cit., p. 138: «Arrepentimiento». Ed. Tappert, p. 445, correctamente: *«penance»*. Vid. Apología XIII, 4, nota 704. Otto Albrecht (*Luthers Katechismen*, p. 17) observa que Lutero, pese a que ocasionalmente llamó «tercer sacramento» a la *penitencia* (= confesión privada) por causa de la absolución, sin embargo era del parecer de que sólo el bautismo y la santa cena son sacramentos propiamente dichos («. . . *obwohl er sie [i.e. die Privatbeichte]—genauer die Busse—wegen der Absolution gelegentlich als ein 3.Sakrament bezeichnet hat [WA 30 I, 221, 13 f.], als die eigentlichen Sakramente galten ihm doch nur die zwei: Taufe und Abendmahl [a.a.O.S.212,6]»*).

227. El texto latino añade: *ut ejus concupiscentiae coerceantur* («a fin de que sean reprimidas sus concupiscencias»).

tismo, el cual no significa[228] solamente dicha nueva vida, sino que la opera, la principia y la conduce, pues en él son dadas la gracia, el espíritu y la fuerza para poder dominar al viejo hombre, a fin de que surja y se fortalezca el nuevo. De aquí que el bautismo subsista siempre y a pesar de que se caiga y peque, siempre tenemos, sin embargo, un recurso ahí para someter de nuevo al viejo hombre. Pero, no se necesita que se nos derrame más el agua, pues aun cuando se sumergiese cien veces en el agua, no hay más, no obstante, sino un bautismo; la obra y la significación, sin embargo continúan y permanecen. Así, el arrepentimiento no es sino lo que se había comenzado anteriormente y que después se ha abandonado.

Digo todo esto, a fin de que no se tenga la opinión errónea como la hemos tenido durante mucho tiempo al pensar que el bautismo pierde su valor y no tiene utilidad después de que hemos caído de nuevo en pecado. Esto se piensa, porque no se lo considera sino según la obra[229] que se ha realizado una vez. Esto procede, en realidad, de lo que San Jerónimo[230] ha escrito: «El arrepentimiento es la segunda tabla[231] con la que debemos salir a flote y llegar a la villa, después que el barco haya naufragado». En él entramos y efectuamos la travesía cuando llegamos a la cristiandad. Con ello, el bautismo es despojado de su uso, de modo que ya de nada aprovecha. Por esto, esta expresión no es justa. En efecto, el barco no naufraga, puesto que, como hemos[232] dicho, el bautismo es una institución de Dios y no es una cosa nuestra. Ciertamente ocurre que resbalamos y hasta caemos fuera del barco; pero, si alguien cae fuera del barco, que procure nadar hacia el barco y sujetarse a él, hasta llegar a bordo y permanecer como antes había comenzado.

Así se ve qué cosa tan elevada y excelente es el bautismo que nos arranca de las fauces del diablo, nos da en propiedad a Dios, amortigua y nos quita el pecado, fortalece diariamente al nuevo hombre, siempre queda y permanece hasta que pasemos de esta miseria hacia la gloria eterna. Por consiguiente, cada uno debe considerar el bautismo como su vestido cotidiano que deberá revestir sin cesar con el fin de que se encuentre en todo tiempo en la fe y en sus frutos, de modo que apacigüe al viejo hombre y crezca en el nuevo. Porque si queremos ser cristianos, habremos de poner en práctica la obra por

228. En el original: *so gehest Du in der Taufe*, literalmente: «Andes en el bautismo»; texto lat.: *in baptismo versaris*. El sentido es: Te comportas como corresponde a una persona que ha sido bautizada.

229. Texto lat.: *secundum externum opus* = el bautismo como acto en sí, realizado en determinado momento.

230. *Ep. 130 ad Demetriadem de servanda virginitate*, MSL XXII, 1115. Cf. también Ep. 122 *ad Rusticum* y *Ep. 147 ad Sabinianam lapsum* (MSL XXII, 1046, 1197) y *Comment. in Jes.* cap. 3:8-9 (MSL XXIV, 65).

231. La primera tabla es el bautismo.

232. Vid. Bautismo, secc. 10.

la cual somos cristianos. Y si alguien cayera fuera de ella, que regrese. Así **86** como el trono de gracia[233] de Jesucristo no se aleja de nosotros, ni nos impide volver ante él, aun cuando pecamos, así también permanecen todos estos tesoros y dones suyos. Así como recibimos una vez en el bautismo el perdón de los pecados, así también permanece todavía diariamente mientras vivimos, o sea, mientras llevemos al cuello al viejo hombre.

EL SACRAMENTO DEL ALTAR

Así como hemos tratado del santo bautismo, es necesario también que **1** hablemos del segundo sacramento, es decir, de estos tres puntos: ¿En qué consiste? ¿Qué beneficios aporta? ¿Quién puede recibirlo? Y todo esto basado **2** en las palabras por las cuales fue instituido por Cristo, las que debe conocer cada uno que quiera ser cristiano y acercarse al sacramento. Porque no estamos dispuestos a admitir, ni a ofrecerlo a quienes ignoran lo que con ello buscan, ni por qué vienen. Ahora bien, las palabras son éstas:

«Nuestro Señor Jesucristo, la noche en que fue entregado, tomó pan; y **3** *habiendo dado gracias, lo partió y dio a sus discípulos, diciendo: Tomad, comed; esto es mi cuerpo que por vosotros es dado. Haced esto en memoria de mí. Asimismo tomó la copa, después de haber cenado, y habiendo dado gracias, la dio a ellos, diciendo: Bebed de ella todos; esta copa es el nuevo pacto en mi sangre, que es derramada por vosotros y por muchos para perdón de los pecados. Haced esto todas las veces que bebiereis en memoria de mí».*[234]

No queremos aquí agarrarnos de los cabellos y combatir con los que **4** blasfeman este sacramento y lo escarnecen; sino que aprendamos en primer lugar, lo más importante (como también en el caso del bautismo); es decir, que la parte principal es la palabra y la institución u orden de Dios. Pues este sacramento no ha sido inventado o establecido por hombre alguno, sino que fue instituido por Cristo, sin consejo ni reflexión humanos. Del mismo modo **5** que los Diez Mandamientos, el Padrenuestro y el Credo permanecen lo que son y conservan su dignidad, aunque tú jamás los observes, no ores ni los creas; de la misma manera también este venerable sacramento subsiste en su integridad, nada le es roto ni tomado, aunque lo usemos y lo tratemos indignamente. ¿Piensas que Dios pregunta por lo que hacemos o creemos, de modo **6** que, como consecuencia, deba variar lo que ha instituido? Aun en todas las cosas temporales todo permanece tal como Dios lo ha creado e instituido, sea cual fuere la manera en que lo usemos y lo tratemos. Es menester inculcar **7**

---

233. *Der Gnadenstuel.* Cf. Ro. 3:25; He. 4:16. *Denn wie Christus, der Gnadenstuel, nicht weichet . . . .* («Así como Cristo, el trono de gracia, no se aleja de nosotros . . . »).
234. 1 Co. 11:23–25; Mt. 26:26–28; Mr. 14:22–24; Lc. 22:19–20.

480

esto siempre, porque con ello se puede rechazar absolutamente todas[235] las charlatanerías de todos los sectarios, los cuales consideraban los sacramentos fuera de la palabra de Dios como una cosa que nosotros hacemos.

8   ¿Qué es, pues, el sacramento del altar? Respuesta: Es el verdadero cuerpo y la verdadera sangre de nuestro Señor Jesucristo, en y bajo[236] el pan y el vino, que la palabra de Cristo nos ha ordenado comer y beber a nosotros los

9   cristianos. Así como sobre el bautismo afirmamos que no es simple agua, también aquí, que el sacramento es pan y vino, pero no simple pan y simple vino, como los que se usan en la mesa, sino pan y vino comprendidos en la

10   palabra de Dios y ligados a la misma. Digo que la palabra es aquello que constituye este sacramento y que lo distingue, de modo que no es ni se llama un simple pan y un simple vino, sino cuerpo y sangre de Cristo. Por eso se dice: «Accedat verbum ad elementum et fit sacramentum». O sea, «Si la palabra se une a la cosa externa, hácese el sacramento».[237] Esta afirmación de San Agustín es tan pertinente y bien formulada que apenas ha enunciado alguna mejor.[238] La palabra ha de hacer del elemento un sacramento, de lo

11   contrario, permanece un simple elemento. Ahora bien, esa palabra no es de un príncipe o de un emperador, sino que es palabra e institución de la excelsa majestad ante la cual todas las criaturas deberían doblar sus rodillas y decir: Sí, que sea como él dice y nosotros lo acataremos con todo respeto, con temor

12   y humildad. Por la palabra puedes fortalecer tu conciencia y decir: Aunque cien mil demonios y todos los entusiastas exaltados vengan y pregunten, ¿Cómo pueden ser pan y vino el cuerpo y la sangre de Cristo, etc.? Yo, por mi parte, sé que todos los espíritus y los sabios eruditos juntos no tienen tanta

13   sabiduría como la majestad divina la tiene en su dedo meñique. He aquí las palabras de Cristo: «Tomad y comed; esto es mi cuerpo. Bebed de ella todos; esto es el nuevo testamento en mi sangre . . .» Y a esto nos atenemos nosotros; ya veremos lo que hacen quienes pretenden corregirlo y obran algo distinto

14   a lo que él había dicho. Ahora bien, es cierto que si retiras la palabra de ellos o si consideras el sacramento sin ella, no tendrás sino simple pan y vino. Pero, si permanecen unidos (como debe y es necesario que sea) son, en virtud

---

235. *Fast aller.* «Fast» tiene aquí el significado de «absolutamente todos». Cf. A. Götze, *Glossar*: «gar, sehr, völlig», como primera acepción. Texto lat.: *omnium*.

236. Vid. Confesión de Augsburgo, texto alemán, X, y nota.

237. Vid. Artículos de Esmalcalda, III. Parte, V. Artículo, 1, nota 113 en *sacramentum*.

238. Karl–Heinz zu Mühlen trata de demostrar que en Lutero, la fórmula agustiniana entra en un nuevo contexto que le modifica el sentido en forma decisiva, no sólo con respecto a su interpretación en la teología franciscana y dominica, sino también en cuanto a cómo la entendía Agustín mismo. Cf. *«Zur Rezeption der Augustinischen Sakramentsformel Accedit verbum ad elementum, et fit sacramentum in der Theologie Luthers»*, en *Zeitschrift für Theologie und Kirche*, vol. 70, 1. fascículo, marzo de 1973, pp. 50–76.

de las mismas palabras, el cuerpo y la sangre de Cristo. En efecto, como ha hablado y dicho la boca de Cristo, así es, pues no puede engañar ni mentir.

Por esto, es fácil ahora responder a las diversas preguntas que son de tormento para nuestros días; por ejemplo, si un sacerdote perverso puede administrar el sacramento y repartirlo,[239] y otras cosas del mismo género. **15**

Porque aquí sostenemos definitivamente y afirmamos: Aunque sea un malvado quien tome o administre sacramento, toma, sin embargo, el verdadero sacramento, esto es, el cuerpo y la sangre de Cristo, lo mismo que quien use del sacramento con la mayor dignidad posible. Porque el sacramento no se funda en la santidad humana, sino en la palabra de Dios. Y así como no existe santo alguno en la tierra o ángel alguno en los cielos capaz de hacer del pan y el vino el cuerpo y la sangre de Cristo, tampoco podrá nadie alterar o transformar el sacramento, aunque fuera usado indignamente. La palabra, en virtud de la cual se ha creado e instituido un sacramento, no será falsa por la persona o la incredulidad. **16** **17**

Cristo no ha dicho: Si creéis y sois dignos tendréis mi carne y mi sangre; antes bien, dice Cristo: «Tomad, comed y bebed, esto es mi cuerpo y sangre». Además, añade: «Haced esto . . . » (Es decir, lo que ahora estoy haciendo yo mismo, lo que instituyo en este momento, lo que os doy y os ordeno tomar, esto haced). Esto significa: Seas digno o indigno, aquí tienes su cuerpo y su sangre por la fuerza de las palabras que se juntan al pan y al vino. Pon atención a esto y retenlo bien, pues sobre estas palabras se basa todo nuestro fundamento, protección y defensa contra los errores y las seducciones que siempre han ocurrido y que aún vendrán. **18** **19**

Hemos tratado el primer punto relativo a la esencia de este sacramento. Veamos ahora también el poder y el beneficio por los cuales, en el fondo, fue instituido el sacramento; en ello reside también el punto más necesario, a fin de que se sepa lo que debemos buscar y extraer de ahí. Esto resulta claro y fácil de las palabras mencionadas de Cristo: «Esto es mi cuerpo . . . ; esto es mi sangre . . . ; *dado por vosotros* . . . ; derramada para la remisión de los pecados . . . » Esto quiere decir, en pocas palabras, que nos acercamos al sacramento para recibir un tesoro, por el cual y en el cual obtenemos la remisión de nuestros pecados. ¿Por qué esto? Porque las palabras están ahí y ellas nos lo otorgan. Porque Cristo nos ordena por eso que se le coma y se le beba, a fin de que ese tesoro me pertenezca y beneficie como una prenda y señal cierta; aún más, como el mismo bien dado por mí, contra mis pecados, muerte y todas las desdichas. **20** **21** **22**

Con razón se denomina este sacramento un alimento del alma que nutre y fortifica al nuevo hombre. En primer lugar, mediante el bautismo somos **23**

---

239. *Handlen und geben* («administrarlo y distribuirlo»).

nacidos de nuevo, pero junto a esto permanece, como dijimos, en el hombre «la antigua piel en la carne y en la sangre». Hay tantos tentáculos y tentaciones[240] del demonio y del mundo que con frecuencia nos fatigamos, desmayamos y, a veces, hasta llegamos a sucumbir. Pero, por eso nos ha sido dado este sacramento como sustento y alimento cotidianos, con objeto de que nuestra fe se reponga y fortalezca para que, en vez de desfallecer en aquella lucha, se haga más y más fuerte. Pues la nueva vida ha de ser de modo tal que aumente y progrese sin cesar, sin interrupción. Por lo contrario, sin embargo, no dejará de sufrir mucho. Pues el diablo es un enemigo furioso, que cuando ve que hay oposición contra él y que se ataca al viejo hombre y que no puede sorprendernos con fuerza, se introduce subrepticiamente, rodea por todas partes, pone en juego todas sus artimañas y no ceja hasta finalmente agotarnos, de manera que o bien se abandona la fe, o bien nos desanimamos y nos volvemos enojados[241] e impacientes. Para ello se nos da el consuelo, para que cuando el corazón sienta que tales cosas le van a ser muy difíciles, busque aquí una nueva fuerza y alivio.

En este punto se confunden una vez más los espíritus sabios en su propia sabiduría e inteligencia y claman a voces: «¿Cómo es posible que el pan y el vino perdonen los pecados o fortalezcan la fe?» Sin embargo escuchan y saben que nosotros no afirmamos cosa semejante acerca del pan y del vino por el mero hecho de serlo, sino que nos referimos únicamente al pan y vino que son el cuerpo y la sangre de Cristo y que van unidos a la palabra. Esto, decimos, y ninguna otra cosa es el tesoro mediante el cual se adquiere tal perdón de los pecados. Esto no nos es ofrecido y otorgado sino en las palabras: « . . . Por vosotros dado y derramada . . . » En esto tienes dos cosas: El cuerpo y la sangre de Cristo, y que ambos te pertenecen como un tesoro y don. Ahora bien, no puede ser que el cuerpo de Cristo sea algo infructífero y vano, que nada produzca y aproveche. Sin embargo, aunque el tesoro sea tan grande en sí, es necesario que esté comprendido en la palabra y que con ella nos sea ofrecido. De lo contrario, no podríamos conocerlo, ni buscarlo.

Por esta razón, también carece de validez que algunos digan: El cuerpo y la sangre de Cristo en la santa cena no se da ni se derrama por nosotros, y por lo tanto, no es posible obtener en el sacramento el perdón de los pecados. En efecto, si bien la obra ha sido ya cumplida en la cruz y se adquirió el perdón de los pecados, este perdón sólo puede llegar a nosotros mediante la palabra. Porque, de otra manera, ¿cómo sabríamos nosotros mismos que tal cosa se ha cumplido o que debe sernos dada como regalo, si no se nos

---

240. En el original: *Hindernis und Anfechtung* = obstáculos y tentaciones. Texto lat.: *impugnationes*. Vid. Catecismo Mayor, Padrenuestro, secc. 105, nota 196.

241. En el original: *unlüstig*, desganados.

comunicara por la predicación o por la palabra oral? Y si ellos no se afirman en la Escritura y en el evangelio y no los creen, entonces, ¿de dónde podrían ganar tal conocimiento de captar y apoderarse del perdón? Ahora el evangelio entero y este artículo del Credo: «Creo en una santa iglesia cristiana, el perdón de los pecados, etcétera . . . » han sido introducidos por la palabra en este sacramento y de este modo nos son presentados. ¿Por qué debemos dejar arrancar tal tesoro del sacramento, cuando ellos mismos están obligados a reconocer que son las mismas palabras que escuchamos por todas partes en el evangelio? Además, no pueden afirmar que en el sacramento estas palabras no sirvan para nada, a menos que se atrevan a decir que fuera del sacramento el evangelio entero o la palabra de Dios no tienen ninguna utilidad. 32

Tenemos, pues, ahora, todo el sacramento, a la vez lo que es en sí, lo que procura y para qué sirve. Ahora es necesario que veamos cuál es la persona que recibe este poder y este beneficio. Dicho con suma brevedad— como antes con respecto al bautismo y otros puntos—es esto: Quien crea en estas cosas tal como las palabras lo expresan y procuran. Estas palabras no han sido dichas o anunciadas para las piedras o los árboles, sino a los hombres que las escuchan, a los cuales dicen: «Tomad, comed . . . », etc. Y dado que Cristo ofrece y promete el perdón de los pecados, no podrá ser recibido sino mediante la fe. Cristo exige dicha fe en esta palabra, cuando dice: *«por vosotros dado y derramada . . . ».* Es como si dijera: Yo doy esto y a la vez ordeno que lo comáis y lo bebáis, a fin de que lo podáis aceptar y disfrutar. Quien tal cosa escuche[242] creyendo que es verdad, ya lo posee. Pero, el que no crea, nada posee, porque se le presentan en vano estas cosas y no quiere gozar este saludable bien. El tesoro ha sido abierto y colocado delante de la puerta de cada hombre; aún más, encima de la mesa. Pero es menester que tú te apropies de él y lo consideres con certeza como aquello que las palabras te dan. 33 34 35

Esta es toda la preparación cristiana para recibir este sacramento dignamente. En efecto, puesto que este tesoro es presentado totalmente en las palabras, no habrá otro modo de captarlo y apropiarse de él que con el corazón, pues no sería posible tomar tal regalo y tesoro eternos con el puño. El ayuno, la oración, etc., son, sin duda, una preparación externa y un ejercicio para los niños, de modo que el cuerpo se comporte y se mueva decente y respetuosamente ante el cuerpo y la sangre de Cristo. Pero lo que en el sacramento y con él se da no puede ser tomado y apropiado sólo físicamente por el cuerpo. La fe del corazón, sin embargo, lo hace, de manera que reconoce el tesoro 36 37

---

242. *Wer nu ihm solchs lässet gesagt sein* = quien tome bien en cuenta lo que aquí se le dice.

38   y anhela poseerlo. Que esto baste en cuanto es necesario como enseñanza general sobre este sacramento. Podría decir aún mucho más sobre ello, pero

39   es cuestión de tratarlo en otra ocasión.Finalmente, ya que tenemos la recta comprensión y la verdadera doctrina del sacramento,[243] se hacen necesarias también una exhortación y una invitación, a fin de que no se deje pasar en vano este gran tesoro que cada día se presenta y se distribuye entre los cristianos; o sea, los que quieran llamarse cristianos deben disponerse a recibir

40   con frecuencia el muy venerable sacramento. En efecto, vemos la inercia y la negligencia que hoy existen en este respecto. Son una legión los que oyen el evangelio y, bajo el pretexto de que no existe el tinglado del papa[244] y de que, por lo trato, estamos liberados de su imposición y mandamiento, dejan transcurrir un año, dos o tres, o aun más tiempo, sin acercarse al sacramento,

41   como si fueran tan fuertes cristianos que no lo necesitaran. Otros, encuentran cierta dificultad y motivos de espanto, porque nosotros hemos enseñado que nadie debe acercarse sin sentir el hambre y la sed que los impulse. Y otros, en fin, arguyen que el uso del sacramento es libre y no necesario, y que basta con tener fe. De esta forma, la mayoría se endurece de corazón y, a la postre,

42   acabarán por menospreciar el sacramento y la palabra de Dios. Es cierto, nosotros hemos dicho que no se debe impulsar y obligar de ninguna manera a nadie, de modo que no se restablezca una nueva masacre de almas. Pero, se debe saber, sin embargo, que quienes durante largo tiempo se alejan y retraen del sacramento no pueden ser considerados como cristianos, pues Cristo no lo ha instituido para que se le trate como un espectáculo entre muchos, sino que lo ha ordenado a sus cristianos para que coman y beban de él, haciéndolo en su memoria.

43   En verdad, los que son verdaderos cristianos y que consideran precioso y valioso el sacramento, se animarán y acercarán por sí mismos. Sin embargo, diremos algunas palabras sobre este punto, a fin de que los simples y débiles que desearían con gusto ser cristianos, se vean impulsados con mayor fuerza

44   a reflexionar acerca del motivo y la necesidad que debieran moverlos. Si en otras cuestiones que conciernen a la fe, al amor y a la paciencia, no es suficiente adoctrinar y enseñar únicamente, sino exhortar diariamente, lo mismo aquí también es necesario exhortar por medio de la predicación, de manera que no se llegue al cansancio o fastidio, porque sentimos y sabemos

---

243. *Weil wir nu den rechten Verstand und die Lehr von dem Sakrament haben* = «ya que ahora tenemos la correcta comprensión y la doctrina del sacramento . . . ». Texto lat.: *Quoniam de hujus sacramenti recto intellectu et vera doctrina certi sumus.*

244. *Des Bapsts Tand.* Texto lat.: *Papae carnificina* («suplicio, o crueldad, del papa»; *carnificina* significa también: «Lugar donde los criminales eran ejecutados», *Dicc. de la Lengua Latina*, L. Macchi).

cómo el diablo se opone sin cesar a todo cristiano y, en cuanto puede, los ahuyenta y los hace huir de él.

Disponemos, en primer lugar, del clarísimo pasaje en las palabras de Cristo: «Haced esto en memoria de mí . . . » Estas palabras son para nosotros un precepto, una orden. Ellas imponen a quienes aspiran a ser cristianos el deber de disfrutar del sacramento. Por lo tanto, quien quiera ser discípulo de Cristo, con los cuales habla aquí, reflexione sobre ello y que se atenga también a ellas, no por obligación como impuesta por los hombres, sino por obedecer y complacer al Señor Cristo. Acaso objetes: Pero, también está escrito: « . . . Cuantas veces lo hicieres», y ahí no obliga a nadie, sino que lo deja al libre arbitrio. Respuesta: Es cierto. Pero, no está escrito que no se debe hacer jamás. Aún más, puesto que precisamente pronuncia estas palabras: «Cuantas veces lo hiciereis», está implicado que deberá hacerse con frecuencia.Además, las añadió, porque su voluntad es que el sacramento esté libre, no sujeto a fechas determinadas, como sucede con el cordero pascual de los judíos, que no debían comerlo sino una vez al año, el 14 del primer plenilunio por la noche, sin pasarse un solo día (Lv. 23:5). Es como si quisiese decir con esto: «Instituyo para vosotros una pascua o cena que no celebraréis una vez una noche determinada del año, sino muchas veces cuando y donde queráis; cada cual según la ocasión y necesidad y sin sujetarse a un lugar o fecha determinados». Claro está, el papa ha alterado esto después y ha hecho de ello una fiesta judía.

Ves, pues, que la libertad que se ha dejado, no es tal que se pueda despreciar el sacramento. En efecto, yo digo que se desprecia cuando durante largo tiempo se va sin jamás desear el sacramento, aunque no se tenga ningún impedimento. Si quieres tener tal libertad, poséela, pues, con mayor escala de tal modo que no seas cristiano y no necesites creer ni orar. Porque una cosa como la otra son también un mandamiento de Cristo. Pero, si quieres ser cristiano, habrás de satisfacer y obedecer este mandamiento de vez en cuando. Tal mandamiento debe impulsarte a volver sobre ti mismo y a pensar: ¿Mira, qué cristiano soy yo? Si lo fuera, anhelaría hacer algo de lo que mi Señor me ha mandado. En verdad, cuando nos mostramos tan rechazantes frente al sacramento, se siente qué clase de cristianos éramos cuando estábamos bajo el papado, cuando por pura obligación y por temor a mandamientos humanos nos acercábamos al sacramento, pero sin gusto, sin amor alguno y sin atender jamás al mandamiento de Cristo. Nosotros, sin embargo, no obligamos ni empujamos a nadie y nadie precisa tampoco hacerlo para rendirnos un servicio o agradarnos. Ya el solo hecho de que Cristo quiere que sea así y le complace, debiera incitarte, aún más, debiera obligarte. Por los hombres no hay que dejarse obligar a creer o a realizar cualquier buena obra. No hacemos otra cosa, sino decir y exhortar lo que debes hacer, no por nuestro interés, sino por el tuyo. Cristo te atrae y te invita; si tú lo quieres despreciar, toma tú mismo la responsabilidad.

53 Esto debe ser la primera cosa, especialmente para los fríos y los negligentes, a fin de que puedan reflexionar y se despierten. Esto es ciertamente verdadero, como yo, por mí mismo, he experimentado y cada cual lo puede descubrir también, si uno se mantiene alejado del sacramento del altar, se

54 llega día a día a ser más terco y hasta se le arroja al viento.[245] De lo contrario, será menester interrogarse a sí mismo de corazón y de conciencia y comportarse como un hombre que quisiera estar con gusto en buena relación con Dios. Cuanto más se ejercite uno en esto, tanto más se calentará su corazón

55 y tanto más arderá, evitándose así que se hiele del todo. Acaso digas: «¿Qué hacer, si yo siento que no estoy preparado?» Respuesta: Esa es también mi tentación; procede especialmente de la vida que antes llevé, cuando estaba sujeto al papa, en la que nos atormentábamos para ser puros, de modo que Dios no pudiese hallar en nosotros la falta más insignificante. Por ello hemos llegado a ser tan temerosos que cada uno se horrorizaba y decía: «¡Ay, dolor,

56 no eres digno!» Son la naturaleza y la razón las que empiezan a comparar nuestra indignidad con el grande y preciado bien; éste parece como un sol luminoso frente a una oscura lámpara; o como una piedra preciosa en comparación con el estiércol. Cuando ve esto, no quiere acercarse al sacramento y espera estar preparado, tanto tiempo que una semana sigue a la otra y un

57 semestre al otro . . . Porque si quieres considerar cuán piadoso y puro eres y esperar en seguida que nada te inquiete,[246] necesariamente no te acercarás jamás.

58 Por consiguiente, se debe distinguir aquí entre unas y otras personas. Algunas son desvergonzadas y salvajes y será preciso decirles que se abstengan, pues no están preparadas para recibir el perdón de los pecados, dado

59 que tampoco lo anhelan y no tienen gusto en querer ser piadosas. Las otras personas que no son de tal modo tercas y descuidadas y que con gusto serían piadosas, no se deben alejar del sacramento, a pesar de ser débiles y frágiles. Como también ha dicho San Hilario:[247] «Si un pecado no es de tal naturaleza que se pueda con razón excluir a alguno de la comunidad y considerarlo como

---

245. *Gar in Wind schlägt* = No se le da importancia alguna.

246. *Und darnach erbeiten, dass Dich nichts beisse* («y tratar de lograr que nada te muerda»). BSLK (p. 719, nota 4) y W. Metzger (op.cit., p. 155) interpretan *erbeiten* en el sentido de «esperar»—no incorrectamente. Cf. A. Götze, *Glossar abwarten* («estar a la espera de que . . .»). A. Götze registra también la acepción «esforzarse». Obsopoeus: *conari* (intentar). BSLK (p. 719, nota 5) entiende *beissen* como *anfechten* (tentar, inquietar). Texto lat.: *ut nihil conscientiam tuam mordeat* («que nada te cause remordimientos de conciencia»).

247. Cf. *Decretum Gratiani* P. III D.2 c.15: *Item Hilarius episcopus: Si non sunt tanta peccata, ut excommunicetur quis, non se debet a medicina corporis Dominiseparare.* La misma cita se halla también en Agustín, Ep. 54, cap. 3, MSL XXXIII, 201.

un anticristiano, no se debe abstener del sacramento», a fin de no privarse de la vida. Pues nadie llegará tan lejos que no conserve faltas cotidianas en su carne y en su sangre.   60

Por consiguiente, esta gente debe aprender que el mayor arte consiste en saber que nuestro sacramento no se funda en nuestra dignidad. En efecto, no nos bautizamos en cuanto somos dignos y santos, ni nos confesamos como si fuéramos puros y sin pecado; antes al contrario, como pobres y desdichados y precisamente porque somos indignos, excepto que haya alguien que no ansíe ninguna gracia y ninguna absolución, ni pensara tampoco mejorarse. Pero, el que quisiere con gusto la gracia y el consuelo, deberá impulsarse por sí mismo, sin dejarse asustar por nadie y decir así: «Quisiera con gusto ser digno, empero sin fundarme en alguna dignidad, sino en tu palabra; porque tú la has ordenado, vengo como el que con gusto desearía ser discípulo tuyo. Quédese mi dignidad donde pueda». Sin embargo, es difícil, ya que siempre hallamos algo en nuestro camino y nos obstaculiza y por eso miramos más a nosotros mismos antes que a la palabra y a la boca de Cristo. La naturaleza humana prefiere obrar de tal manera que pueda con certeza apoyarse y fundarse sobre ella misma; donde esto no ocurre, ella se niega a avanzar. Que esto baste con respecto al primer punto.   61
                                                                              62
                                                                              63

En segundo lugar, fuera del mandamiento hay también una promesa que, como se ha escuchado antes, debe incitarnos e impulsarnos más fuertemente. Ahí se encuentran las amorosas, amistosas palabras: «Esto es mi cuerpo, **por vosotros** dado . . . Esto es mi sangre **por vosotros** derramada para remisión de los pecados». He dicho que tales palabras no han sido predicadas ni a los árboles, ni a las piedras, sino a ti y a mí. De no ser así Cristo hubiera preferido callar y no instituir ningún sacramento. Por lo tanto, piensa y colócate también bajo este «**vosotros**», a fin de que no te hable en vano. Cristo nos ofrece en sus palabras todo el tesoro que nos trajo de los cielos y hacia el cual en otras ocasiones también nos atrae de la manera más amistosa cuando dice: «Venid a mí todos los que estáis trabajados y cargados, y yo os haré descansar» (Mt. 11:28). Ahora bien, constituye un pecado y un escarnio que mientras Cristo nos invita y exhorta cordial y fielmente hacia nuestro mayor y mejor bien, nosotros nos mostremos rechazantes y dejemos transcurrir el tiempo hasta que, enfriados y endurecidos, nos falte, por último, el deseo y el amor para acudir al sacramento. No se debe considerar el sacramento nunca como cosa perjudicial, que deba rehuirse, sino como medicina saludable y consoladora, que te ayudará y te vivificará tanto en el alma como en el cuerpo. Porque donde el alma está sanada, también está socorrido el cuerpo. ¿Por qué nos comportamos ante él como si se tratara de un veneno que si se absorbiera traería la muerte?   64
                                                                              65
                                                                              66
                                                                              67
                                                                              68

Es cierto que aquellos que lo desprecian y no viven cristianamente, si   69 lo toman será para perjuicio y condenación.[248] En efecto, para tales personas nada debe ser bueno, ni saludable, así como para el enfermo tampoco es conveniente comer y beber caprichosamente lo que el médico le haya pro-

70 hibido. Pero aquellos que se sientan débiles y quieran verse con gusto libres de su debilidad y anhelen ayuda, no deben considerar y utilizar el sacramento, sino como un antídoto[249] precioso contra el veneno que tienen consigo. Pues en el sacramento debes recibir por boca de Cristo el perdón de los pecados. Dicho perdón encierra en sí y nos trae la gracia de Dios y el Espíritu Santo con todos sus dones: Defensa, amparo y poder contra la muerte, el diablo y todo género de calamidades.

71 Tienes, pues, del lado de Dios el mandamiento y la promesa del Señor Cristo. Además, por tu parte, tu propia miseria que llevas al cuello, debiera moverte, por causa de la cual tienen lugar tal mandamiento y tal invitación y tal promesa. Cristo mismo dice: «Los sanos no tienen necesidad de médico, sino los enfermos» (Mt. 9:12), esto es, los fatigados y sobrecargados con pecados, con temor a la muerte y con tentaciones de la carne y del diablo.

72 ¿Estás cargado o sientes debilidad?, entonces vé con gozo al sacramento y
73 reposarás, serás consolado y fortalecido. ¿Quieres esperar hasta verte libre de tales cosas para acercarte pura y dignamente al sacramento? Entonces,
74 siendo así, quedarás alejado de él siempre. Es Cristo mismo quien pronuncia la sentencia y dice: «Si eres puro y piadoso, ni tú me necesitas, ni tampoco te necesito yo a ti». Indignos serán, según esto, sólo quienes no sientan sus imperfecciones, ni quieran ser pecadores.

75 Acaso opongas: «Y, ¿qué debo hacer si no puedo sentir tal necesidad, ni tener tal hambre y sed del sacramento?» Respuesta: Que no conozco mejor consejo para quienes se consideren en tal estado y no sientan lo que hemos indicado, que descender en ellos mismos para ver que ellos también tienen carne y sangre. Pero, si encuentras tales cosas, entonces consulta para tu bien la epístola de San Pablo a los Gálatas y oirás qué clase de frutito es tu carne: «Manifiestas son, dice él, las obras de la carne, que son: Adulterio, fornicación, inmundicia, lascivia, idolatría, hechicerías, enemistades, pleitos, celos, iras, contiendas, disensiones, herejías, envidias, homicidios, borracheras,
76 orgías y cosas semejantes a éstas».[250] Si, pues, como dices, nada sientes de

---

248. Cf. 1 Co. 11:27–29.

249. *Thyriak. Dicc. Durvan de la Lengua Española*: «TERIACA. (1) *theriaca*, y éste del gr. *theriake*; [de *therion*, fiera] sobrentendiéndose antídotos, remedio contra la mordedura de animales venenosos».

250. Gá. 5:19–21. Traducción de acuerdo con el original alemán. Donde Lutero escribe *Eifer*, BSLK interpreta *Neid*, envidia (p. 722, nota 6). A. Götze, *Glossar*: *Eifer = Eifersucht* (celos, envidia, espíritu de rivalidad). Así también W. Metzger, op.cit., p. 158. De acuerdo con el original griego de Gá. 5, *Neid* vendría al caso donde Lutero dice *Hass* (odio). Despúes de *Hass*, Lutero tiene *Mord* (homocidio), como en algunos textos antiguos.

estas cosas, cree en la Escritura que no te mentirá, porque conoce tu carne mejor que tú mismo. Además, San Pablo en el capítulo 7 de la epístola a los Romanos, concluye: «Y yo sé que en mí, esto es, en mi carne, no mora el bien . . . » (Ro. 7:18). Si el mismo San Pablo se atreve a hablar así de su propia carne, ¿no pretenderemos nosotros ser mejores o más santos? Si, a ⁷⁷ pesar de todo, seguimos sin sentir nada, tanto peor, pues es señal de que nuestra carne es carne leprosa, que no siente nada y que, sin embargo, ejerce su furia y corroe a su alrededor. Pero, como se ha dicho, aunque tú estuvieras ⁷⁸ muerto en este sentido, entonces cree a la Escritura que pronuncia este juicio sobre ti. En resumen: Cuanto menos sientas tu pecado y tus imperfecciones, tantos más motivos tienes para acercarte al sacramento y buscar el auxilio y la medicina que necesitas.

En segundo lugar, echa una mirada en tu derredor para ver si estás en ⁷⁹ el mundo. Si no lo sabes, pregúntaselo a tu vecino. Estando en el mundo, no pienses que han de faltar los pecados y las necesidades. En efecto, comienza ahora como si quisieses ser piadoso y atente al evangelio. Mira si alguien no llega a ser tu enemigo, haciéndote daño, injusticia o violencia, o si no se te da motivo y ocasión para pecar y enviciarte. Y si nada de esto has experimentado, atiende a lo que dice la Escritura que por todas partes da acerca del mundo tal «elogio» y testimonio.

Además, también tendrás al diablo continuamente alrededor de ti y no ⁸⁰ te será posible subyugarlo del todo, pues ni siquiera nuestro Señor Cristo pudo evitarlo. ¿Qué es el diablo? El diablo es, como la Escritura lo nombra: ⁸¹ Un mentiroso y un homicida (Jn. 8:44). Un mentiroso que en forma seductora aleja tu corazón de la palabra de Dios y lo enceguece, de modo que no puedas sentir tu necesidad y acercarte a Cristo. Un asesino que no te deja gozar ni ⁸² una sola hora de vida. Si pudieras ver cuántos cuchillos, dardos y flechas son disparados por su parte contra ti a cada momento, te tendrías que alegrar todas las veces que pudieses acercarte al sacramento. Que andemos tan seguros y descuidados, sin embargo, radica solamente en que ni pensamos ni creemos que vivimos en carne, en el mundo malo y bajo el reino del diablo.

Por lo tanto, ensaya eso, ejercítalo, reconcéntrate en ti mismo o mira un ⁸³ poco alrededor de ti y atente únicamente a la Escritura. Si ni haciendo esto logras sentir algo, tanto mayor necesidad tendrás para lamentarte ante Dios y ante tu hermano. Deja aconsejarte y suplicar por ti y no cedas hasta que esta piedra sea sacada de tu corazón. Porque de este modo encontrarás la ⁸⁴ necesidad y percibirás que estás sumido en ello doblemente más que cualquier otro pobre pecador y que necesitas aún más del sacramento contra la miseria que desgraciadamente no ves, si es que Dios no te concede la gracia[251] de sentirlo más y de que tengas más hambre del sacramento, sobre todo en vista de que el diablo te acecha y te persigue sin cesar para atraparte, para matar tu alma y tu cuerpo, de manera que ni siquiera una hora puedas estar seguro ante él. Cuando menos lo esperes, podría precipitarte de repente en la miseria y la necesidad.

85 Que estas cosas sean dichas a título de exhortación, no sólo para los que somos de edad madura y adultos, sino también para la juventud que ha de ser educada en la doctrina y comprensión cristianas. Pues con ello se puede inculcar más fácilmente a los jóvenes los Diez Mandamientos, el Credo y el Padrenuestro, de modo que lo aprendan gustosos y con seriedad y se ejerciten

86 y acostumbren ya en edad temprana. En efecto, en cuanto a la gente madura, en regla general,[252] es muy tarde ahora para que se pueda obtener[253] de ella estas u otras cosas. Que se dé, por consecuencia, a los que vendrán después de nosotros y que asumirán nuestra función y nuestra obra, una educación tal que eduquen a sus hijos con provecho para que la palabra de Dios y la

87 cristiandad sean conservadas. Sepa, por lo tanto, todo padre de familia que por orden y mandamiento de Dios está obligado a enseñar o a hacer enseñar a sus hijos lo que conviene que sepan. Pues, por el hecho de que han sido bautizados y recibidos en la cristiandad, habrán de gozar también de la comunión que ofrece el sacramento del altar, con objeto de que nos puedan servir y ser útiles, porque es necesario que todos nos ayuden a creer, a amar, a orar y a luchar contra el diablo.

BREVE EXHORTACIÓN A LA CONFESIÓN

1 Sobre la confesión siempre hemos enseñado que debe ser libre y que ha de ser abolida la tiranía del papa para que todos quedemos libres de su coacción y del importante gravamen y carga impuestos a la cristiandad. Como todos hemos experimentado, no ha existido hasta ahora cosa más ardua que la obligación colocada a cada uno de confesar so pena del peor pecado mortal.

2 Además, se gravaba esto mucho, martirizando a las conciencias por la enumeración de tantos pecados, de manera que nadie podía confesarse bastante

---

251. *Ob Gott Gnade gebe*. A. Götze, *Glossar*, da para la conjunción *ob* el significado de *für den Fall dass* («para el caso de que . . . ») y *obgleich* («pese a . . . »). W. Metzger, op.cit., p. 160: «*veilleicht gibt Gott Gnade*» («quizás Dios conceda la gracia . . . »). Texto lat.: *Deo suam tibi largiente gratiam* = si Dios te concede la gracia . . . —La traducción sería entonces: «En caso de que Dios te conceda . . . ».

252. *Es ist doch nu fast mit den Alten geschehen*. BSLK sugiere para *fast: sicherlich* («seguramente, por cierto»). Obsopoeus: *paene* (casi).

253. *Erhalten. Concordia Triglotta* (p. 773) y W. Metzger (op.cit., p. 160) entienden en *erhalten* en este contexto como «alcanzar, conseguir». Otro significado posible: Conservar. Texto lat.: *retinere*.

puro, y lo peor era que no hubiera nadie que enseñase ni supiese qué es la 3
confesión y qué utilidad y cuánto consuelo brinda. Por lo contrario, lo con-
vertían todo en mera angustia y en suplicio de infierno, de modo que debía
hacerse, aunque ninguna cosa fuese más odiosa. Estas tres cosas nos han sido 4
sacadas y regaladas ahora, de modo que no hemos de hacerlas por coacción
ni miedo. Estamos descargados también del martirio de tener que relatar con
tanta exactitud todos los pecados. Además, tenemos la ventaja de saber cómo
se debe usar en forma saludable para consuelo y fortalecimiento de nuestra
conciencia.

Pero, ahora estas cosas las sabe cualquiera. Por desgracia, lo aprendieron 5
demasiado bien, de modo que hacen lo que quieren y están usando de la
libertad como si jamás tuvieran el deber o la necesidad de confesar. Porque
muy pronto captamos lo que nos agrada y donde el evangelio es suave y
benigno penetra en nosotros con suma facilidad. Mas, como dije, semejantes
puercos no deberían vivir bajo el evangelio, ni deberían tener parte en él,
sino permanecer bajo el papado y más que antes dejarse llevar y mortificar,
de manera que tengan que confesar, ayunar, etc., más que nunca. Quien no
quiere creer en el evangelio, ni vivir de acuerdo con él, ni hacer lo que debe
hacer un cristiano, tampoco debe disfrutar del evangelio. ¿Qué ocurriría si tú 6
quisieses únicamente sacar provecho de alguna cosa, sin hacer ni aplicar nada
de ti mismo? Por lo tanto, no queremos haber predicado a semejantes hombres,
ni tenemos la voluntad de concederles algo de nuestra libertad, ni permitir
que gocen de ella. Más bien volveremos a entregarlos al papa y a sus adictos
para que los fuercen, como bajo un verdadero tirano. Al populacho que no
quiere obedecer al evangelio, no le corresponde sino tal torturador que es un
diablo y un verdugo de Dios.

Pero, a los demás que aceptan su palabra, hemos de predicar siempre y 7
debemos animarlos, estimularlos y atraerlos para que no dejen pasar en vano
un tesoro tan precioso y consolador, presentado a ellos por el evangelio. En
consecuencia, diremos también algo sobre la confesión para enseñar y exhortar
a la gente sencilla.

Primero dije que fuera de la confesión de que estamos hablando ahora, 8
existen aún dos confesiones más que con mayor propiedad podrían llamarse
confesión común de todos los cristianos; a saber, uno se confiesa con Dios
solo o con el prójimo y pide perdón. Ambas están comprendidas también en
el Padrenuestro cuando decimos: «Perdónanos nuestras deudas como nosotros
perdonamos a nuestros deudores», etc. En verdad, todo el Padrenuestro no 9
es otra cosa que semejante confesión. ¿Qué es nuestra oración, si no confesar
lo que no tenemos ni hacemos, mientras estamos obligados a realizarlo y a
ansiar la gracia y una conciencia alegre? Tal confesión tiene y debe ocurrir

sin cesar mientras vivamos. En realidad, la vida cristiana consiste propiamente en reconocer que somos pecadores y en pedir gracia.

10   De la misma manera, la otra confesión que cada cual hace ante el prójimo, también está comprendida en el Padrenuestro. Nos confesamos entre nosotros nuestras faltas y las perdonamos antes de presentarnos delante de Dios para pedir el perdón. Todos somos deudores los unos de los otros. Por ello debemos y podemos confesarnos públicamente ante cada cual y nadie ha de temer al

11   otro. Sucede lo que dice el refrán: «Si uno es piadoso, lo son todos», y nadie se conduce frente a Dios y al prójimo como debería hacerlo. Mas fuera de la deuda común hay también una especial: Cuando uno ha irritado al otro y

12   debe pedirle perdón. Por consiguiente, en el Padrenuestro tenemos dos absoluciones: Se nos perdonan las culpas tanto contra Dios como contra el prójimo y nos reconciliamos con él.

13   Fuera de semejante confesión pública, cotidiana y necesaria, hay también esta confesión secreta que se hace a un hermano solo. Cuando nos preocupa o nos apremia algo peculiar que nos fastidia y nos remuerde, de modo que no podemos encontrar tranquilidad, ni hallarnos suficientemente firmes en la fe, esta confesión nos servirá para lamentarnos de ello ante un hermano, en procura de consejo, consuelo y fortaleza, cuando y cuantas veces queremos.

14   No está expresada por medio de un mandamiento como las dos anteriores, sino que queda a criterio de cualquiera que la precise, hacer uso de ella cuando la necesite. Proviene y ha sido ordenada del siguiente modo: Cristo mismo puso la absolución en boca de su cristiandad y le mandó remitirnos los pecados. Cuando un corazón sintiere sus pecados y ansiare consolación, tendrá en esto un refugio seguro donde halla y oye la palabra de Dios, por medio de un hombre que lo libera y lo absuelve de los pecados.

15   Atiende, pues, como a menudo he dicho, que la confesión consta de dos partes. La primera es nuestra obra y acción: Lamento mi pecado y anhelo consuelo y confortación para mi alma. La segunda es una obra que hace Dios: Por la palabra puesta en la boca de un hombre me remite los pecados. Esto es lo principal y lo más noble que hace que la confesión sea tan grata y

16   consoladora. Hasta ahora sólo insistían en nuestra obra. Únicamente consideraban la confesión cuando fuera lo más perfecta posible. La otra parte, la más necesaria, no la estimaban ni la predicaban, como si la confesión sólo fuera buena obra con la cual se debía pagar a Dios. Opinaban que la absolución no sería válida, ni se remitiría el pecado, si la confesión no fuese completa

17   y no se hiciese con toda minuciosidad. Con ello llevaban a la gente tan lejos que tenían que desesperarse por confesarse con tanta pureza (lo cual, en efecto, no era posible). Ninguno podía estar tranquilo ni confiar en la absolución. De esta manera no sólo volvieron inútil la amada confesión, sino también la hicieron dificultosa y amarga, con manifiesto daño y perdición del alma.

Por lo tanto, hemos de considerar la cuestión de la siguiente manera: 18
Debemos distinguir y separar las dos partes con toda claridad teniendo en poco nuestra obra y estimando muy altamente la palabra de Dios. No procederemos como si quisiéramos realizar una obra excelente y ofrecerle algo a Dios, sino que debemos tomar y recibir de él. No necesitas presentarte explicando cuán piadoso o cuán malo eres. Si eres cristiano, bien lo sé sin 19 esto; si no lo eres, más aún lo sé. Pero se trata de esto: Te lamentarás de tu miseria y aceptarás ser ayudado para obtener un corazón y una conciencia alegres.

A esto no debe compulsarte nadie con mandamientos, sino decimos: 20 Quien es cristiano o quiere serlo tiene en ello un consejo que merece confianza, que vaya y busque el tesoro precioso. Si no eres cristiano ni anhelas tal consolación admitimos que otro te obligue. Con ello anulamos del todo la 21 tiranía, el mandamiento y la imposición del papa, del cual no necesitamos si (como queda dicho) enseñamos lo siguiente: Quien no se confiesa de buen grado para obtener la absolución, debe abstenerse de la confesión. Aun si uno va confiando en su obra por haberse confesado en forma impecable, no ha de hacerlo tampoco. No obstante, te exhortamos para que te confieses e 22 indiques tu necesidad; no para hacerlo como obra, sino con el fin de oír lo que Dios te manda decir. Pero, digo, has de respetar la palabra o la absolución, tenerlas por grandes y preciosas, como un gran tesoro excelente y aceptarlas con todo honor y agradecimiento.

Si uno expusiese esto extensamente, indicando a la vez la necesidad que 23 debiera movernos e incitarnos, no se precisaría mucha insistencia, ni obligación. La propia conciencia impulsaría a cada cual y lo asustaría, de modo que estuviera contento y procediera como un pobre mendigo mísero que se entera de que en algún lugar se distribuyen abundantes dádivas, dinero y vestimentas. Ni se necesitaría de alguacil alguno para empujarlo y golpearlo. Por sí mismo correría con todas las fuerzas de su cuerpo para no perder la oportunidad. Pero, si de ello se hiciese un mandato de que todos los mendigos 24 debieran acudir sin indicar el motivo y sin enunciar lo que allí pudieran buscar y obtener, no ocurriría sino que todos irían de mala gana no pensando en conseguir nada, excepto para demostrar cuán pobres y míseros son los mendigos. Esto no les brindaría mucha alegría y consuelo, sino que los haría ser más enemigos del mandato.

De la misma forma, los predicadores del papa ocultaban estas preciosas 25 limosnas abundantes y este inefable tesoro, impeliéndolos en masa con el único fin de que se viese que éramos gente impura y abominable. En estas condiciones nadie podía ir gozoso a confesarse. Mas nosotros no decimos 26 que se debe ver que tú estás lleno de inmundicias, ni que ellos habrán de contemplarlas como en un espejo. Más bien te aconsejamos diciendo: Si estás

27   pobre y miserable, vete y usa del medicamento saludable. Quien sintiere su miseria y necesidad tendrá anhelo tan fuerte que acudirá con alegría. En cambio, abandonamos a los que no lo aprecian, ni vienen por sí mismos. Que sepan, sin embargo, que no los tenemos por cristianos.

28   Por consiguiente, enseñamos que la confesión es algo excelente, precioso y consolador, y exhortamos a que en vista de nuestra gran miseria, no se desprecie un bien tan precioso. Si eres cristiano no necesitarás en ninguna parte de mi imposición ni del mandato del papa, sino tú mismo te obligarás

29   y me rogarás que te deje participar en la confesión. Pero, si la menosprecias y altanero llevas tu vida sin confesarte, dictamos la sentencia definitiva de que no eres cristiano y que no debes disfrutar del sacramento; pues tú desprecias lo que no debe despreciar ningún cristiano y por ello haces que no puedas obtener la remisión del pecado; también es una señal cierta de que desprecias el evangelio.

30   En resumen, desestimamos toda suerte de coacción. Empero, si alguien no escuchare nuestra predicación y exhortación, ni las observare, no tendremos nada que ver con él y no deberá participar en el evangelio. Si fueras cristiano, estarías contento y correrías cien leguas para confesarte y no te harías constreñir, sino que vendrías a obligarnos a nosotros. El forzamiento ha de in-

31   vertirse, de modo que nosotros tengamos el mandamiento y tú la libertad. Nosotros no compelemos a nadie, más bien soportamos que nos constriñan, como nos fuerzan a predicar y a administrar el sacramento.

32   En consecuencia, al exhortar a confesarse, no hago otra cosa que exhortar a ser cristianos. Si lograre esto contigo, también te habré inducido a confesar. Los que anhelan gustosos ser cristianos piadosos, verse librados del pecado y tener una conciencia alegre, ya tienen la verdadera hambre y la verdadera

33   sed para apetecer el pan, como un ciervo perseguido sufre del calor y de la sed, como se dice en el Salmo 42: «Como el ciervo brama por las corrientes de las aguas, así clama por ti, oh Dios, el alma mía» (Sal. 42:1). Esto significa: Como aquel tiene su deseo doloroso y ansioso de llegar a los hontanares frescos, igualmente tengo yo un deseo angustioso y ansioso de la palabra de

34   Dios o la absolución y el sacramento, etc. Mira, si se enseñase rectamente acerca de la confesión, se despertarían el deseo y el amor, de modo que la gente acudiría y correría detrás de nosotros más de lo que nos gustara. Dejemos que los papistas se martiricen y se torturen a sí mismos como también a otros

35   que no aprecian semejante tesoro y se privan de él a sí mismos. Mas nosotros levantaremos las manos, alabaremos a Dios y le agradeceremos por haber llegado a tal conocimiento y gracia.

VIII

FÓRMULA DE CONCORDIA

Reexposición y explicación minuciosa, pura, correcta y final de varios artículos de la Confesión de Augsburgo sobre los cuales por algún tiempo ha habido desacuerdo entre algunos de los teólogos que se adhieren a esta Confesión, recibidos y conciliados conforme a la guía de la palabra de Dios y al breve resumen de nuestra enseñanza cristiana.

INTRODUCCIÓN

A raíz de la muerte de Lutero (1546) y la derrota militar (1547) de los príncipes y estados luteranos, surgió una serie de controversias acerca de la «doctrina pura» de la Reforma, controversias que amenazaban dividir a los luteranos en dos bandos: Un grupo creciente, pero aislado, llamado «gnesio–luterano», que se componía de los que alegaban ser seguidores de las enseñanzas originales de Martín Lutero e inicialmente encabezado por Flacius, y el grupo «filipista», compuesto de los seguidores de Felipe Melanchton, los cuales llevaban al extremo los puntos de vista de su mentor. El deseo de unificación fue ayudado por fuertes presiones políticas tanto de parte de la iglesia romana como del bando calvinista.

La brecha entre los luteranos, que fue evidente en el Coloquio de Worms (1577), resultó en dos conferencias ineficaces de príncipes en Francfort del Meno (1558) y en Naumburgo (1561). Empezando con el año 1568, se emprendió una solución teológica de la brecha con el generoso respaldo moral y financiero de los príncipes. La primera fórmula que se propuso constaba de los cinco artículos de Jaime Andreae y se intitulaba: «Breve Confesión y Explicación», la que fue ampliada en 1573 en sus «Seis Sermones Cristianos». Una reconstrucción del contenido en ese mismo año produjo la «Concordia de Suabia». Una elaboración de su contenido, hecha mayormente por Martín Chemnitz a la luz de los comentarios de las facultades y conferencias teológicas y de algunos teólogos, resultó en la «Concordia de Suabia y Baja Sajonia» (1575). Al año siguiente a Lucas Osiander y Baltasar Bidembach se les pidió que prepararan otra propuesta, a la que se le dio el nombre de la «Fórmula de Maulbronn». Con la revelación de la Conspiración Cripto-Calvinista en la Sajonia Electoral, el Elector Augusto se unió al movimiento para unificación; a fines de la primavera de 1576 convocó una conferencia de teólogos para reunirse en Torgau, donde la Concordia de Suabia-Sajonia y la Fórmula de Maulbronn formaron lo que llegó a conocerse con el nombre **Libro de Torgau**, que Andreae resumió en el Epítome (o primera parte) de la Fórmula de Concordia. Después de haber sido enviado a todos los territorios interesados para ser comentado, el **Libro de Torgau** fue refundido, en la abadía de Bergen, en la Declaración Sólida (o segunda parte) de la Fórmula de Concordia, en lo que ha sido llamado el **Libro de Bergen** (1577).

Durante los tres años siguientes, mientras se preparaba un manuscrito tras otro del Prefacio, 8.188 teólogos, ministros y maestros en los territorios participantes firmaron la Declaración Sólida. Por fin, el 25 de junio de 1580, exactamente cincuenta años después de la lectura de la Confesión de Augsburgo ante Carlos V, todo el **Libro de Concordia** se ofreció en venta. Las firmas al fin del Prefacio (reproducidas al principio de este tomo con el Prefacio al **Libro de Concordia**) identifican a los príncipes y estados que se suscribieron a él.

La traducción al español se ha hecho del original en alemán. Las citas en latín, que fueron reproducidas y entonces traducidas al idioma vernáculo a insistencia de algunos príncipes, se traducen aquí del alemán.

PRIMERA PARTE
EPÍTOME

O compendio de los artículos en controversia entre los teólogos adherentes a la Confesión de Augsburgo. En la siguiente recapitulación, estos artículos son expuestos y conciliados de una manera cristiana conforme a la guía de la palabra de Dios.

LA BREVE REGLA Y NORMA SEGÚN LA CUAL DEBEN JUZGARSE TODAS LAS DOCTRINAS, Y EXPLICARSE Y ARREGLARSE DE UNA MANERA CRISTIANA TODAS LAS ENSEÑANZAS ERRÓNEAS QUE HAN SURGIDO.

1. Creemos, enseñamos y confesamos que la única regla y norma según **1**
la cual deben valorarse y juzgarse todas las doctrinas, juntamente con quienes
las enseñan, es exclusivamente la Escritura profética y apostólica del Antiguo
y del Nuevo Testamento, como está escrito en el Salmo 119:105: «Lámpara
es a mis pies tu palabra, y lumbrera a mi camino»; y como escribe el Apóstol
San Pablo en Gálatas 1:8: «Aunque un ángel del cielo os anunciare otro
evangelio, sea anatema».

Otros escritos empero de teólogos antiguos o modernos, sea cual fuere **2**
el nombre que lleven, no deben considerarse iguales a la Sagrada Escritura,
sino que todos ellos deben subordinarse a la misma, y no deben admitirse en
otro carácter y alcance sino como testigos de ella, para demostrar de qué
modo y en qué lugar fue conservada esta doctrina de los profetas y apóstoles
en los tiempos postapostólicos.

2. Y puesto que[1] inmediatamente después del tiempo de los apóstoles, **3**
y aun en vida de ellos, surgieron falsos profetas y herejes, contra los cuales
se redactaron en la iglesia cristiana primitiva ciertos símbolos,[2] esto es, confesiones breves y categóricas[3] que se consideraron como la unánime y universal fe y confesión cristiana de la iglesia ortodoxa y verdadera,[4] prometemos
ser fieles a estos símbolos, tales como el Credo Apostólico, el Credo Niceno,
el Credo de Atanasio, y con ello rechazamos todas las herejías y doctrinas
que, en oposición a ellos, se han introducido en la iglesia de Dios.

3. Pero en lo que respecta a cismas en materia de la fe que han ocurrido **4**
en la actualidad, consideramos como consenso y declaración unánime de

---

1. *Nachdem.* A. Götze, *Glossar: dementsprechend dass* = en razón de que; texto lat.:
quia—por cuanto (así también en *Concordia Triglotta: because*).

2. Símbolos: Acerca del sentido de este término vid. sección siguiente, nota 7.

3. *Runde* = rotundas. A. Götze, *Glossar: rund = schlüssing, bündig* («concluyente»).
Texto lat.: *categoricae. Concordia Triglotta: Succint.* Ed. Tappert: *explicit.* O. F. Stahlke, op.
cit.: *positive.*

4. *Der rechtgläubigen und wahrhaftigen.* Texto lat.: *orthodoxorum et verae ecclesiae.*

nuestra fe y confesión cristiana, especialmente en oposición al papado y su culto, idolatría y superstición, y en oposición a otras sectas,[5] el símbolo redactado en época reciente,[6] a saber; la primera e inalterada Confesión de Augsburgo, entregada a Carlos V con su Apología, y los Artículos compuestos en Esmalcalda en el año 1537,[7] y suscriptos en aquel tiempo por los teólogos más eminentes.

5   Y puesto que estas cuestiones atañen también a los laicos y a la salvación de su alma, aceptamos además como «Biblia de los laicos» el Catecismo Menor y el Mayor del Dr. Lutero, incluidos en las obras de éste, los cuales contienen en forma concisa todo lo que se trata más extensamente en la Sagrada Escritura, y que el cristianismo necesita saber para su salvación.

6   A esta guía, como queda dicho, deben ajustarse todas las doctrinas, y lo que no esté en conformidad con ellas, debe rechazarse y condenarse como contrario a la declaración unánime de nuestra fe.

7   De este modo se conserva la distinción entre la Sagrada Escritura del Antiguo y del Nuevo Testamento y cualesquiera otros escritos, y la Sagrada Escritura sola permanece el único juez, regla y norma según la cual, a manera de única piedra de toque,[8] han de ser discernidas y juzgadas todas las doctrinas para determinar si son buenas o malas, verdaderas o falsas.

5. Vid. Fórmula de Concordia, Decl. Sól., *Breve Regla y Norma*, secc. 5, nota 77.

6. *Als dieser Zeit unserem Symbolo*. Texto lat.: *iudicamus unanimem consensum . . . nostrae fidei . . . esse nostri temporis Symbolum, Augustanam . . . Confessionem*. Cf. *Breve Regla*, secc. 8. Según David Hollaz (*Examen Theologicum Acroamaticum*, 54, cit. en Heinrich Schmidt, *Die Dogmatik der evangelisch–lutherischen Kirche*, 4º ed., Francfort–del Meno y Erlangen, 1858, p. 65), el término *símbolo* tiene, en la Fórmula de Concordia, el siguiente sentido: *Sunt confessiones publicae, nomine ecclesias ab orthodoxis viris de certis fidei articulis gravissimo consilio conscriptae ut membra ecclesiae orthodoxae ab infidelium ignorantia et haeretica pravitate separentur et in consentiente fidei professione contineantur.* («Son confesiones públicas acerca de ciertos artículos de fe [o: artículos de fe aprobados], compuestas en nombre de la iglesia y tras serias deliberaciones, por hombres de reconocida fidelidad a la correcta enseñanza bíblica, con el fin de apartar a los miembros de la iglesia ortodoxa (= verdaderamente cristiana) de la ignorancia y depravación herética de los infieles, y mantenerlos en la unánime confesión de fe»). Cf. también E. F. K. Müller, *Symbolik*, p. 1 (sentido del término en la Simbólica); p. 26 (sentido más estricto); p. 28 (aplicación del término a las Confesiones Luteranas); p. 28, nota 8 (respecto del hecho de que la Fórmula de Concordia considera la Confesión de Augsburgo un símbolo de la cristiandad). Acerca de la ampliación y transformación conceptual del término «símbolo», y el sentido que la palabra tiene en la Fórmula de Concordia cf. también Ernst Wolf, *Peregrinatio, Studien zur reformatorischen Theologie und zum Kirchenproblem*, Munich, 1954, p. 340 ss. En cuanto al sentido cristiano primitivo de confesión de fe o símbolo vid p.ej. el importante estudio «Das Bekenntnis im Urchristentum», de Hans Frhr. v. Campenhausen, en *Zeitschrift für die neutestamentliche Wissenschaft*, vol. 63, fasc. 3/4, 1972, pp. 210–253.

7. *Sambt*, i.e., además de la Confesión de Augsburgo, consideran también a la Apología de la CA y los Artículos de Esmalcalda como consenso y declaración unánimes de su fe y confesión cristiana.

8. *Probierstein*, texto lat.: *Lydius lapis*, jaspe granoso, generalmente negro, que emplean los plateros para toque (*Dicc. Durvan de la Lengua Española*). Respecto de la fórmula *norma*

En cambio, los demás símbolos y escritos que acaban de mencionarse 8 no son jueces, como lo es la Sagrada Escritura, sino únicamente testimonios y declaraciones de la fe, para demostrar cómo en las distintas épocas la Sagrada Escritura ha sido entendida y explicada en los artículos en controversia en la iglesia de Dios por aquellos que vivían en ese tiempo, y cómo las doctrinas contrarias fueron rechazadas y condenadas.[9]

I. EL PECADO ORIGINAL
EL ASUNTO EN CONTROVERSIA

El asunto principal en esta controversia es: Si el pecado original es 1 esencialmente y sin distinción alguna la naturaleza, substancia y esencia del hombre, o antes bien la parte principal y mejor de su esencia, esto es, el alma racional misma en su más elevado estado y facultades; o si, aun después de la caída, hay alguna distinción entre la substancia, naturaleza, esencia, cuerpo y alma humanos por una parte, y el pecado original por la otra, de modo que la naturaleza humana misma sea una cosa, y otra cosa diferente el pecado original, que se adhiere a la naturaleza humana y la corrompe.

AFIRMATIVA[10]

La doctrina, fe y confesión pura
según la norma ya mencionada y la declaración breve

1. Creemos, enseñamos y confesamos que hay una distinción entre la 2 naturaleza del hombre, no sólo según fue creado originalmente por Dios, es decir, puro y santo y sin pecado, sino también según tenemos esa naturaleza en la actualidad, después de la caída; o sea, entre la naturaleza misma que aun después de la caída es y permanece criatura de Dios, y el pecado original;

---

et regula cf. Martín Chemnitz, *Examen Concilii Tridentini* (ed. Preus, Berlín, 1861), p. 5, n° 4: *Nequaquam, inquiunt, Scriptura sola regula et norma erit nostri judicii* («De ninguna manera, dicen los padres tridentinos, la Escritura será la única regla y norma de nuestro juicio»). Ibidem, p. 7, n° 4: . . . *ut Scriptura illa esset canon, norma et regula fidei in Ecclesia.* En la misma página, n° 5, Chemnitz escribe que el colmo de los ultrajes inferidos por los papistas a la Escritura es que *sacram Scripturam non esse canonem, normam, amussim seu regulam, ad quam omnia quae de rebus fidei disputantur, sint exigenda* («que la Sagrada Escritura no es el canon, la norma, el nivel o la regla por la cual debe medirse todo cuanto se discute en materia de fe»).

9. Con respecto a las secciones VII y VIII cf. lo que dice Gerhard Ebeling acerca de la *sola scriptura* como principio hermenéutico: es un concepto excluyente, entendido, por lo tanto, no sólo como un retorno y una limitación a las fuentes de la Escritura, sino como exclusión de la función hermenéutica de la traducción. En otras palabras, la Escritura es la única fuente de interpretación de la Escritura. *Wort Gottes und Tradition, Studien zu einer Hermeneutik der Konfessionen, vol. VII de Kirche und Konfession,* ed de Heinrich Bornkamm, Joachim Lell, Walther v. Loewenich, Martin Schmidt, Robert Stupperich, Wolfgang Sucker, Göttingen, 1964, p. 119 ss.

10. Título usado en el texto alemán (= tesis afirmativas).

y que esta distinción es tan grande como la que existe entre una obra de Dios y una obra del diablo.

3   2. Creemos, enseñamos y confesamos además que esta distinción debe mantenerse con el mayor cuidado, porque la doctrina que insiste en negar la distinción entre nuestra corrupta naturaleza humana y el pecado original está en pugna con los artículos principales de nuestra fe cristiana respecto de la creación, la redención, la santificación y la resurrección de la carne, y por ende no puede coexistir con ellos.

4   Pues Dios creó no sólo el cuerpo y el alma de Adán y Eva antes de la caída, sino también el cuerpo y el alma nuestros después de la caída; y a pesar de que son corruptos, Dios los reconoce como obra suya, como está escrito en Job 10:8: «Tus manos me hicieron y me formaron». (Dt. 32:6; Is. 45:9; 54:5; 64:8; Hch. 17:25–28; Sal. 100:3; 139:14; Ec. 12:1.)

5   Además, el Hijo de Dios ha asumido en la unidad de su persona esta naturaleza humana, pero sin pecado; no ha asumido una carne extraña, sino nuestra propia carne, y a causa de ello se ha hecho nuestro verdadero hermano, en Hebreos 2:14: «Por cuanto los hijos participaron de carne y sangre, él también participó de lo mismo»; y en Hebreos 2:16–17 y 4:15 se nos dice: «Ciertamente no socorrió a los ángeles, sino a la simiente de Abraham socorrió. Por lo cual, debía ser en todo semejante a los hermanos . . . pero sin

6   pecado».[11] De igual modo, Cristo también ha redimido nuestra carne como obra suya, la santifica como obra suya, la resucita de entre los muertos y la ensalza gloriosamente como obra suya. El pecado original en cambio no lo ha creado ni asumido ni redimido ni santificado; ni tampoco lo resucitará ni lo ensalzará ni lo salvará en los escogidos, sino que en la gloriosa resurrección será destruido por completo.

7   De modo que se puede discernir fácilmente la distinción entre la naturaleza corrupta y la corrupción que infecta a la naturaleza y por la cual la naturaleza se tornó corrupta.

8   3. Por otra parte empero creemos, enseñamos y confesamos que el pecado original no es una corrupción superficial, sino tan profunda de la naturaleza humana que nada saludable e incorrupto ha quedado en el cuerpo o alma del hombre, en sus facultades interiores o exteriores, sino según lo expresa la iglesia en uno de sus himnos:

9   «Por la caída de Adán quedó enteramente corrupta la naturaleza y esencia humana».[12]

10   Este daño es indecible y no puede entenderse por medio de la razón

---

11. He. 2:14, 16–17. Las palabras «pero sin pecado» no van incluidas entre las comillas en el texto original. Tampoco pertenecen al capítulo citado, sino que se encuentran en He. 4:15.

12. En el original: *Durch Adams Fall ist ganz verderbet menschlich Natur und Wesen*, comienzo de un himno de Lazarus Spengler.

humana, sino únicamente por medio de la palabra de Dios; por lo que sostenemos que nadie sino sólo Dios puede separar la naturaleza humana de la corrupción inherente en ella. Esto se realizará por completo mediante la muerte, en la gloriosa resurrección. En esta ocasión la naturaleza que llevamos ahora resucitará y vivirá eternamente sin el pecado original y totalmente separada de él, como se nos dice en Job 19:26–27: «Seré vestido de esta mi piel, y en mi carne he de ver a Dios; a quien yo tengo de ver por mí mismo, y mis ojos lo verán».[13]

NEGATIVA[14]

Rechazamiento de las doctrinas falsas

1. Por lo tanto rechazamos y condenamos la doctrina de que el pecado original es sólo una deuda en que ha incurrido otro,[15] y que nos ha sido legada sin causar ninguna corrupción en nuestra naturaleza.   11

2. Rechazamos asimismo que los malos deseos no son pecado, sino propiedades concreadas y esenciales de la naturaleza, o que el antedicho defecto o daño no es realmente un pecado que somete a la ira divina al hombre no implantado en Cristo.   12

3. Igualmente rechazamos el error pelagiano de alegar que la naturaleza del hombre aun después de la caída es incorrupta, y que ha permanecido enteramente buena e incólume en el ejercicio de sus facultades naturales, particularmente en lo que concierne a asuntos espirituales.   13

4. Rechazamos además que el pecado original es sólo una leve e insignificante mancha exterior, salpicada o soplada sobre la naturaleza, y que debajo de esa mancha la naturaleza ha mantenido sus buenas facultades aun en asuntos espirituales.   14

5. Asimismo, que el pecado original es sólo un impedimento exterior a las buenas facultades espirituales, y no una privación o carencia de las mismas; que es como el efecto que el jugo de ajo tiene en el imán, que no le hace   15

---

13. Job 19:26, 27. Tradujimos el texto que figura en el original alemán, y que sigue una tradición antigua que ya aparece en la *Primera Carta de Clemente* y en Orígenes, y que adquirió carácter de clásica gracias a la traducción de Jerónimo. El original hebreo del pasaje en cuestión sufrió deterioros, y las interpretaciones varían considerablemente. Comp. p. ej. la traducción de M. Dahood, afamado conocedor de la literatura ugarítica, para el cual texto habla de la resurrección (*Psalms*, vol. II, Garden City, Nueva York, 1968, p. 196) con la traducción de Günter Stemberger, que entiende que en el texto no se trata de la resurrección de Job («Das Problem der Auferstehung im Alten Testament, en *Kairos, Zeitschrift für Religionswissenschaft und Theologie*» serie nueva, vol. XIV, fasc. cuarto de 1972, p. 282).

14. Así figura en el original alemán (= antítesis).

15. *Reatus oder Schuld von wegen frembder Verwirkung*. Sobre *reatus* vid. Apología, II, 35, nota 26. Respecto de *Verwirkung* vid. A. Götze, *Glossar*, donde se registra el verbo *verwirken* con el sentido de *verschulden* = hacerse culpable de, ser causa o motivo de, ser el causante de, causar, acarrear. Texto lat.: *reatum et debitum esse ex alieno delicto*.

perder su poder natural, sino que solamente lo neutraliza;[16] o que la mancha
del pecado puede ser borrada con la misma facilidad con que se borra una
mancha en la cara o un borrón en la pared.[17]

16   6. Asimismo, que la naturaleza y esencia humanas no son enteramente
corruptas, sino que el hombre todavía tiene en sí algo de bueno aun en asuntos
espirituales, a saber, capacidad, destreza, aptitud o habilidad en asuntos espirituales, para empezar, realizar o ayudar a realizar algo bueno.

17   7. Por otra parte rechazamos también la doctrina falsa de los maniqueos,
quienes enseñan que el pecado original ha sido infundido por Satanás en la
naturaleza humana como algo esencial y substancial, y mezclado con ella así
como se mezclan el veneno y el vino.

18   8. Asimismo, que no es el hombre natural el que peca, sino otra cosa,
extraña al hombre, por lo que no es acusable la naturaleza humana, sino el
pecado original que existe en esta naturaleza.

19   9. También rechazamos y condenamos como error maniqueo la falsa
doctrina de que el pecado original es esencialmente y sin distinción alguna
la substancia, naturaleza y esencia misma del hombre corrupto, de modo que
ni siquiera puede concebirse una distinción entre la naturaleza humana corrupta
tal como es después de la caída, y el pecado original, ni separar aquélla de
éste aunque sea en pensamientos.

20   10. La verdad es que el Dr. Lutero llama el pecado original «pecado
natural, pecado personal, pecado esencial», pero no porque la naturaleza,
persona y esencia del hombre sean de por sí mismas, sin distinción alguna,
pecado original, sino a fin de indicar mediante estas palabras la distinción
que existe entre el pecado original, inherente en la naturaleza humana, y otros
pecados que se llaman pecados actuales (o de comisión).

21   11. Pues el pecado original no es pecado que se comete, sino que es
inherente en la naturaleza, substancia y esencia del hombre, de modo que si
fuese posible que del corazón del hombre corrupto no surgiese jamás un
pensamiento malo, que el hombre jamás pronunciase una palabra frívola o
hiciese una obra impía, sin embargo, su naturaleza es corrupta por causa del
pecado original que es innato en nosotros debido a la simiente pecaminosa,
y es la fuente de todos los demás pecados actuales, tales como los malos
pensamientos, palabras y obras, como está escrito en Mateo 15:19: «Del
corazón salen los malos pensamientos», y también en Génesis 6:5; 8:21: «El
intento del corazón del hombre es malo desde su juventud».

22   12. También conviene observar cuidadosamente los diversos significados
de la palabra *naturaleza*, con los cuales los maniqueos encubren su error y

16. Vid. Decl. Sól. I, 22, nota 96.
17. Cf. WA XLI 445, 25 y sigtes.

engañan a mucha gente simple. Pues a veces significa la esencia misma del hombre, como cuando se dice: «Dios creó la naturaleza del hombre». Pero otras veces significa la disposición y la cualidad viciosa de una cosa, que es inherente en la naturaleza o esencia, como cuando se dice: La naturaleza de la serpiente es morder, y la naturaleza y disposición del hombre es pecar, y es pecado. En ese sentido, la palabra *naturaleza* no significa la substancia del hombre, sino algo que es inherente en su naturaleza o esencia.

13. Pero en lo que se refiere a los vocablos latinos *substantia y accidens*, ya que no son términos bíblicos y además son desconocidos para el hombre común, no deben usarse en sermones destinados a oyentes sencillos e indoctos, pues se debe tomar en consideración el entendimiento de estas personas.

Pero en las altas escuelas, entre los doctos, deben seguir en uso estos vocablos en las discusiones sobre el pecado original, porque son términos bien conocidos e inequívocos para expresar con exactitud la diferencia que existe entre la esencia de una cosa y lo que es adherente a ella de una manera accidental.

Pues de este modo se puede explicar con la mayor claridad la distinción que existe entre la obra de Dios y la del diablo, porque el diablo no puede crear ninguna substancia, sino que sólo puede, de una manera accidental y si Dios se lo permite, corromper la substancia creada por Dios.

II. EL LIBRE ALBEDRÍO
EL ASUNTO EN CONTROVERSIA

El asunto principal en esta controversia: La voluntad del hombre la encontramos en cuatro estados desemejantes, a saber: 1) antes de la caída, 2) desde la caída, 3) después de la regeneración, y 4) después de la resurrección de la carne. Aquí empero interesa considerar solamente la voluntad y capacidad del hombre en el segundo de estos estados, o sea, qué facultades en asuntos espirituales tiene el hombre de por sí después de que nuestros primeros padres cayeron en el pecado y antes de la regeneración, y si mediante sus propias facultades, antes de haber sido regenerado por el Espíritu de Dios, el hombre es capaz de aplicarse y prepararse a sí mismo para recibir la gracia de Dios, y de aceptar o no la gracia que mediante el Espíritu Santo se le ofrece en la palabra y en los sacramentos instituidos por Dios.

AFIRMATIVA
*La doctrina correcta respecto de este artículo,
según la palabra de Dios*

1. Respecto a este asunto, nuestra doctrina, fe y confesión es la siguiente: En asuntos espirituales, el entendimiento y la razón del hombre son comple-

tamente ciegos, y por sus propias facultades no comprenden nada, como está escrito en 1 Corintios 2:14: «El hombre natural no percibe las cosas que son del Espíritu de Dios, porque le son locura, y le falta el entendimiento» cuando se le examina acerca de cuestiones espirituales.

3   2. Asimismo creemos, enseñamos y confesamos que la voluntad no regenerada del hombre no sólo se ha alejado de Dios, sino que también se ha hecho enemiga de Dios, de modo que su inclinación y deseo están dirigidos únicamente hacia lo malo y lo que se opone a Dios, como está escrito en Génesis 8:21: «El intento del corazón del hombre es malo desde su juventud», y en Romanos 8:7: «La intención de la carne es enemistad contra Dios; porque no se sujeta a la ley de Dios, ni tampoco puede». Más aún: Así como el cuerpo muerto no es capaz de resucitarse a sí mismo a una vida corporal y terrenal, así tampoco el hombre, quien por causa del pecado está muerto espiritualmente, es capaz de resucitarse a sí mismo a una vida espiritual, como está escrito en Efesios 2:5: «Aun estando nosotros muertos en pecados, nos dio vida juntamente con Cristo», y en 2 Corintios 3:5: «No que seamos suficientes de nosotros mismos para pensar algo como de nosotros mismos, sino que nuestra suficiencia es de Dios».

4   3. Sin embargo, Dios el Espíritu Santo no obra la conversión sin valerse de medios, sino que para convertir al hombre hace que sea predicada y oída la palabra de Dios, como está escrito en Romanos 1:16: «El evangelio es poder de Dios para salvación», y en Romanos 10:17: «La fe viene por el oír

5 la palabra de Dios». Y es la voluntad de Dios que los hombres oigan su palabra y no se tapen los oídos (Sal. 95:8). Con esta palabra está presente el Espíritu Santo y abre el corazón de los creyentes, a fin de que éstos, como aquella Lidia de que se nos habla en Hechos 16:14, oigan la palabra con atención y así se conviertan por ese único medio: La gracia y el poder del

6 Espíritu Santo, autor único y exclusivo de la conversión del hombre. Pues sin la gracia del Espíritu, y si él no concede el crecimiento, es inútil todo nuestro desear y correr (Ro. 9:16), nuestro plantar, sembrar y regar, como dice Cristo en Juan 15:5: «Sin mí nada podéis hacer». Con estas breves palabras Cristo niega que el libre albedrío tenga facultades espirituales y atribuye todo a la gracia de Dios, para que nadie se gloríe delante de Dios (1 Co. 1:29; 2 Co. 12:5; Jer. 9:23).

NEGATIVA

Doctrinas falsas contrarias

7   Por consiguiente, rechazamos y condenamos todos los errores siguientes como contrarios a la norma de la palabra de Dios:

1. La doctrina insensata[18] de los filósofos llamados *estoicos*, como tam- **8**
bién la de los maniqueos, quienes enseñaban que todo lo que sucede, tiene
que suceder tal cual, sin posibilidad alguna de suceder de otro modo, y que
todo lo que el hombre hace, aun en cuestiones externas, lo hace por compulsión, y que es obligado a cometer obras malas y desplegar actitudes malas,
tales como lascivia, rapiña, crimen, hurto y cosas similares.

2. También rechazamos el craso error de los pelagianos, quienes enseñan **9**
que el hombre tiene la capacidad, mediante sus propias facultades, sin la
gracia del Espíritu Santo, de convertirse a Dios, creer el evangelio, obedecer
de corazón a la ley de Dios, y merecer así el perdón de los pecados y la vida
eterna.

3. También rechazamos el error de los semipelagianos,[19] quienes enseñan **10**
que mediante sus propias facultades el hombre es capaz de iniciar su conversión, pero que no puede completarla sin la gracia del Espíritu Santo.[20]

4. Rechazamos asimismo la enseñanza de quienes admiten que por su **11**
libre albedrío, antes de la regeneración, el hombre es demasiado débil para
hacer ese comienzo y mediante sus propias facultades convertirse a Dios y
obedecerle de corazón, sosteniendo sin embargo que si el Espíritu Santo por
la predicación de la palabra ha hecho el comienzo, ofreciendo así su gracia,
la voluntad del hombre puede, por medio de sus propias facultades, añadir
algo, aunque en medida muy limitada y débil, pudiendo de esta manera ayudar
y cooperar, habilitarse y prepararse para la gracia, recibirla y aceptarla, y
creer el evangelio.

5. Rechazamos que el hombre, después de haber nacido de nuevo, pueda **12**
observar de manera perfecta la ley de Dios y cumplirla en todos sus detalles,
y que este cumplimiento sea nuestra justicia delante de Dios, por la cual
merecemos la vida eterna.

6. También rechazamos y condenamos el error de los entusiastas[21] o **13**
iluminados, quienes enseñan que Dios, sin utilizar medios, sin que se oiga

---

18. *Schwarm*. Texto lat.: *delirum dogma* (doctrina delirante, insensata). El término alemán
tiene dos acepciones: delirio, pasión; enjambre, muchedumbre.

19. *Der halben Pelagianer*. Texto lat.: *Semipelagianorum*. Es ésta la única vez que el
término aparece en el *Libro de Concordia*.

20. La Decl. Sól., II, 76 afirma que ese «error de los semipelagianos» es «el error de los
papistas y doctores escolásticos», afirmación que es criticada por J. H. McSorley (*Luther: Right
or Wrong?*, Newman Press y Augsburg Publishing House, 1969, p. 362). Sostiene McSorley
que el Epítome (II, 10) da cuenta de que se trata del error de los neo–semipelagianos. Sin
embargo, el texto del Epítome no deja en claro a quién atribuye el error semipelagiano del que
está hablando. Los neo–semipelagianos de McSorley son personas como Guillermo de Ockham
y Gabriel Biel. Vid. Decl. Sól. II, secc. 76, nota 145.

21. Al margen de los textos alemán y latino se encuentra la siguiente nota: «Entusiastas
se llaman los que esperan una iluminación celestial del Espíritu sin la predicación de la palabra
de Dios».

su palabra, y también sin el uso de los santos sacramentos, hace que los hombres se acerquen a él, los ilumina, justifica y salva. (Llamamos entusiastas o iluminados a los que esperan la iluminación celestial por parte del Espíritu sin la predicación de la palabra de Dios.)

14 7. Rechazamos la enseñanza de que en la conversión y regeneración, Dios extermina por completo la substancia y esencia del Viejo Adán, y especialmente el alma racional, y en la conversión y regeneración crea de la nada una nueva esencia espiritual.[22]

15 8. Rechazamos también el empleo sin explicación alguna de expresiones tales como: La voluntad del hombre antes de la conversión, durante la conversión y después de la conversión resiste al Espíritu Santo, y: El Espíritu Santo es dado a aquellos que se oponen a él con toda intención y persistencia; pues, como dice Agustín: «Dios hace de personas involuntarias personas voluntarias y mora en éstas».[23]

16 Con respecto a expresiones de teólogos antiguos y modernos como éstas: «Dios atrae, pero sólo atrae a los que quieren»; y: «En la conversión, la voluntad del hombre no es inactiva, sino que también hace algo», sostenemos que, por cuanto dichas expresiones se han usado para corroborar los errores respecto a las facultades del libre albedrío natural en la conversión del hombre, en contra de la doctrina acerca de la gracia de Dios, ellas no concuerdan con la sana doctrina, y por consiguiente deben evitarse cuando hablamos de la conversión del hombre a Dios.

17 En cambio, es correcto decir que en la conversión, Dios hace de personas obstinadas e involuntarias personas voluntarias, mediante el impulso del Espíritu Santo, y que después de tal conversión, en el ejercicio diario del arrepentimiento, la voluntad regenerada del hombre no es inactiva, sino que también coopera en todas las obras del Espíritu Santo, las cuales él efectúa por medio de nosotros.

18 9. El Dr. Lutero escribió que en la conversión, la voluntad del hombre es puramente pasiva,[24] es decir, que no hace absolutamente nada. Esto debe entenderse con respecto a la gracia divina y la obra que ésta realiza de encender nuevos impulsos,[25] o sea, cuando el Espíritu de Dios, mediante el oír la palabra o el usar los santos sacramentos, se apodera de la voluntad del hombre y efectúa en el hombre el nuevo nacimiento y la conversión. Pero una vez que el Espíritu Santo ha efectuado y realizado esto, y la voluntad del hombre ha

---

22. E. Kinder (*Die Erbsünde*, p 59) llama la atención a lo que se condena aquí: la tesis de que la creación del hombre nuevo («die Neuschöpfung) es una *creatio ex nihilo* (texto alemán: *aus nichts erschaffe*; texto lat.: *ex nihilo creare*).

23. *Contra las dos cartas de Pelagio a Bonifacio*, I, 19, 37 MSL XLIV 568.

24. *Pure passive* en el original. Cf. p. ej. WA, XVIII, 967.

25. *Respectu divinae gratiae in accendendis novis motibus.*

sido transformada y renovada por el poder y la obra exclusiva de Dios, entonces la nueva voluntad del hombre es instrumento y órgano del Espíritu Santo, de modo que el hombre no sólo acepta la gracia divina, sino que también coopera con el Espíritu Santo en las obras subsecuentes.

Por lo tanto, antes de la conversión del hombre, existen sólo dos causas eficientes:[26] El Espíritu Santo, y la palabra de Dios. Ésta es usada por el Espíritu Santo como instrumento para efectuar la conversión. Por supuesto, el hombre tiene que oír la palabra de Dios; pero el creerla y aceptarla no se debe a las propias facultades del hombre, sino únicamente a la gracia y obra del Espíritu Santo. **19**

III. LA JUSTICIA ANTE DIOS QUE PROVIENE DE LA FE

EL ASUNTO EN CONTROVERSIA

El asunto principal en esta controversia: Puesto que en nuestras iglesias se confiesa en forma unánime, de acuerdo con la palabra de Dios y lo expuesto en la Confesión de Augsburgo, que nosotros, pobres pecadores, somos justificados y salvados ante Dios únicamente por medio de la fe en Cristo, y que así, nuestra justicia es Cristo solo, quien es verdadero Dios y hombre, por cuanto en él están unidas personalmente la naturaleza divina y la humana (Jer. 23:6; 1 Co. 1:30; 2 Co. 5:21), surgió la siguiente pregunta: «¿Según qué naturaleza es Cristo nuestra justicia?», y como consecuencia se originaron en nuestras iglesias dos errores opuestos entre sí. **1**

Pues cierta facción sostuvo que Cristo es nuestra justicia únicamente según su divinidad, si él mora en nosotros por la fe. Comparados con esta divinidad que mora en nosotros por la fe, los pecados de todos los hombres han de considerarse como una gota de agua en comparación con el gran océano. La otra facción, por el contrario, sostuvo que Cristo es nuestra justicia ante Dios únicamente según su naturaleza humana. **2**

AFIRMATIVA[27]

La doctrina pura de las iglesias cristianas,
confrontada con los dos errores que acaban de mencionarse

1. En contra de los dos errores que acaban de mencionarse, creemos, enseñamos y confesamos en forma unánime que Cristo es nuestra justicia no **3**

---

26. *Nur zwo wirkliche Ursachen.* Texto lat.: *duae tantum efficientes causae.*

27. O: «de la iglesia cristiana». En el original: *der christlichen Kirchen.* Cf. BSLK IX, III, respecto de la flexión en el alto alemán de fines del siglo XV hasta mediados del siglo XVII («Fröhneuhochdeutsch»). Texto lat.: *piarum ecclesiarum.*

únicamente según su naturaleza divina, ni tampoco según su naturaleza humana únicamente. Antes bien, nuestra justicia es el Cristo entero según las dos naturalezas, y lo es exclusivamente por su obediencia, la que él, como Dios y hombre, rindió al Padre hasta la muerte; y con esta obediencia él obtuvo para nosotros el perdón de los pecados y la vida eterna, como está escrito: «Así como por la desobediencia de un hombre los muchos fueron constituidos pecadores, así por la obediencia de uno los muchos serán constituidos justos», Romanos 5:19.

4   2. Por consiguiente, creemos, enseñamos y confesamos que nuestra justicia ante Dios consiste en que Dios perdona nuestros pecados de pura gracia, sin ninguna obra, mérito o dignidad de parte nuestra, ya sean precedentes, presentes o subsecuentes; que él nos da y atribuye la justicia resultante de la obediencia de Cristo; y que por causa de esta justicia somos recibidos por Dios en la gracia y considerados justos.

5   3. Creemos, enseñamos y confesamos que la fe sola es el medio o instrumento por el cual nos asimos de Cristo; y al asirnos de él, nos asimos de la justicia que vale ante Dios.[28] Así, pues, por causa de Cristo esta fe nos es contada por justicia, Romanos 4:5.

6   4. Creemos, enseñamos y confesamos que esta fe no es un simple tener noción de la historia de Cristo, sino que es un gran don de Dios, por medio del cual llegamos al correcto conocimiento de Cristo como nuestro Redentor, a base de lo que de él nos dice el evangelio, y a depositar en él la confianza de que únicamente por causa de su obediencia, por la gracia, tenemos el perdón de los pecados y somos considerados santos y justos por parte de Dios el Padre, y salvos eternamente.

7   5. Creemos, enseñamos y confesamos que conforme al uso idiomático de la Escritura, la palabra *justificar* significa en este artículo *absolver*, esto

---

28. Ro. 1:17; 2 Co. 5:21. Tradujimos del original alemán: *Gerechtigkeit, die vor Gott gilt.* Texto lat.: *iustitiam illam, quae coram iudicio Dei consistere potest.* (Aquella justicia que puede permanecer en pie ante el juicio de Dios.) El texto alemán es la controvertida interpretación que Lutero da en su traducción de la Biblia a la expresión griega *dikaiosýne Theoũ* («justicia de Dios»). Un análisis valioso, que pone la cuestión al alcance también de los que no son especialistas en materia del Nuevo Testamento, es el que ofrece Otto Etzold en *Gehorsam des Glaubens*, Die Botschaft des Römerbriefes an die heutige Christenheit, C. Bertelsmann Verlag, Gütersloh, 2° ed. revisada, 1951, p. 29 ss.—Erdmann Schott («Christus und die Rechtfertigung allein durch den Glauben in Luthers Schmalkaldischen Artikeln», en *Zeitschrift für Systematische Theologie*, vol. 22, 1953, p. 195) hace el siguiente comentario acerca de la traducción de Lutero: «Mit Bedacht übersetzt Luther die paulinische *Dikaiosyne Theou* mit *Gerechtigkeit, die vor Gott gilt.* Auf die Geltung kommt es ihm an» («Deliberadamente, Lutero traduce la *D.Th.* paulina con 'justicia que vale ante Dios'. Lo que él quiere hacer resaltar es precisamente el valor»). Franz Pieper discute y defiende la interpretación de Lutero en una extensa nota: *Christliche Dogmatik*, Editorial Concordia, San Luis, Misuri, 1917, vol. II, pp. 649–650, nota 1519. Para un estudio católico romano reciente del texto en cuestión vid. p. ej. Karl Kertelge, «*Rechtfertigung» bei Paulus*, Münster, 1967, pp. 99–107.

es, declarar libre de pecados. Proverbios 17:15: «El que justifica al impío, y el que condena al justo, ambos son igualmente abominación a Jehová»; y Romanos 8:33: «¿Quién acusará a los escogidos de Dios? Dios es el que justifica».

Y cuando en lugar de la palabra *justificación* se emplean las palabras *regeneración y vivificación*, como en la Apología, esto se hace en el mismo sentido. En otros contextos, en cambio, estos términos hacen referencia a la renovación del hombre, a diferencia de la justificación por la fe. **8**

6. Creemos, enseñamos y confesamos, además, que si bien los que profesan la fe genuina y han sido en verdad regenerados, se ven afectados aún por muchas debilidades y defectos, hasta el momento mismo de su muerte, sin embargo, no por ello deben dudar de la justicia que se les ha imputado mediante la fe, ni de la salvación de sus almas, sino que deben estar en la completa seguridad de que por causa de Cristo tienen un Dios misericordioso, pues así lo afirman la promesa y la palabra del santo evangelio. **9**

7. Creemos, enseñamos y confesamos que a fin de preservar la doctrina pura acerca de la justificación por fe ante Dios, es necesario prestar atención especial a las *partículas excluyentes*, esto es, a ciertas expresiones usadas por el apóstol San Pablo, mediante las cuales se establece una separación completa entre el mérito de Cristo y nuestras obras y se le da toda la gloria a Cristo. Estas partículas son las siguientes: «De gracia», «sin mérito», «sin la ley», «sin obras», «no por obras». Todas estas expresiones significan una y la misma cosa: Que somos justificados y salvos sólo por medio de la fe en Cristo[29] (Ef. 2:8; Ro. 1:17; 3:24; 4:3 y sigtes.; Gá. 3:11; He. 11). **10**

8. Creemos, enseñamos y confesamos que si bien la contrición que precede a la fe, y las buenas obras que la siguen, no pertenecen al artículo de la justificación ante Dios, sin embargo, nadie debe imaginarse una fe que pueda existir y permanecer junto con y además de una mala intención de pecar y obrar en contra de la conciencia. Al contrario: Una vez que el hombre ha sido justificado por la fe, esta fe verdadera y viva obra por el amor, Gálatas 5:6, de modo que así, la fe justificadora siempre va seguida y acompañada de buenas obras, si en realidad es una fe verdadera y viva; pues nunca existe sola, sino en unión con el amor y la esperanza. **11**

NEGATIVA

Rechazamiento de las doctrinas contrarias

Por lo tanto, rechazamos y condenamos todos los errores siguientes: **12**

1. Que Cristo es nuestra justicia según su naturaleza divina únicamente. **13**

---

29. *Allein durch del Glauben* es la traducción de Lutero de Ro. 3:28. Com. Versión *Dios Habla Hoy*, Ro. 3:28: «Así llegamos a esta conclusión: que Dios declara libre de culpa al hombre por la fe sin exigirle cumplir con la ley».—Vid. Decl. Sól. III, secc. 29, nota 166.

14   2. Que Cristo es nuestra justicia según su naturaleza humana únicamente.

15   3. Que cuando en los escritos de los apóstoles y profetas se habla de la justicia de la fe, las expresiones *justificar* y *ser justificado* no quieren decir «declarar o ser declarado libre de pecados» y «obtener el perdón de los pecados», sino que en realidad quieren decir: Ser hecho justo ante Dios por causa del amor y la virtud infundidos por el Espíritu Santo, y de las obras que de ellos emanan.

16   4. Que la fe tiene puesta su mira no sólo en la obediencia de Cristo, sino en su naturaleza divina, en cuanto que ésta habita y obra en nosotros; y que por esta inhabitación del Espíritu en el corazón son cubiertos nuestros pecados.

17   5. Que la fe es una confianza tal en la obediencia de Cristo que puede existir y permanecer en el hombre aun cuando éste carece de verdadero arrepentimiento y tampoco evidencia frutos del amor, sino que persiste en pecar aun en contra de su propia conciencia.

18   6. Que no es Dios mismo quien habita en los creyentes, sino sólo los dones de Dios.

19   7. Que la razón por la cual la fe obra salvación es el hecho de que por medio de ella comienza en nosotros la renovación, que consiste en amor a Dios y al prójimo.

20   8. Que la fe ocupa el primer lugar en la justificación, pero que también la renovación y el amor pertenecen a la justicia ante Dios, en el sentido de que si bien esta renovación y este amor no son la causa principal de nuestra justicia, sin ellos nuestra justicia ante Dios no es completa o perfecta.

21   9. Que la justificación de los creyentes ante Dios, y su salvación, se producen por la justicia imputada de Cristo en unión con la nueva obediencia empezada en ellos; en parte por la imputación de la justicia de Cristo y en otra parte por la nueva obediencia empezada en ellos.

22   10. Que la promesa de gracia viene a ser nuestra mediante la fe que tenemos en el corazón, y mediante la confesión que hacemos con la boca, y mediante otras virtudes.

23   11. Que la fe no justifica sin las buenas obras, de modo que las buenas obras son absolutamente necesarias para recibir la justicia, y sin la presencia de ellas el hombre no puede ser justificado.

IV. LAS BUENAS OBRAS
EL ASUNTO EN CONTROVERSIA

El asunto principal en la controversia respecto a las buenas obras:

1   Respecto a la doctrina acerca de las buenas obras han surgido dos divisiones en algunas iglesias:

2   1. Primeramente se produjo una divergencia entre algunos teólogos por

cuanto cierta facción se expresó de este modo: «Las buenas obras son necesarias para la salvación»; «Es imposible salvarse sin las buenas obras»; y «Nadie se ha salvado jamás sin las buenas obras», mientras que la otra facción se expresó de este otro modo: «Las buenas obras son perjudiciales a la salvación».

2. Más tarde surgió otro cisma[30] entre algunos teólogos respecto a las **3** palabras «necesaria» y «voluntario», ya que una facción sostenía que la palabra «necesaria» no debe emplearse en relación con la nueva obediencia, la que, según ellos, emana no de la necesidad y la coacción, sino de un espíritu voluntario. La otra facción insistía en que se retuviese la palabra «necesaria», porque,[31] según ellos, esta obediencia no depende de nuestra opción, sino que los regenerados están obligados a prestar esta obediencia.

De esta discusión acerca de las dos palabras surgió más tarde otra con- **4** troversia respecto al asunto mismo; pues una facción sostenía que entre los cristianos no se debe insistir en modo alguno en la ley, sino que los hombres deben ser exhortados a las buenas obras sólo por medio del santo evangelio; la otra facción se oponía a este argumento.

AFIRMATIVA

La doctrina pura de las iglesias cristianas
respecto a esta controversia

A fin de aclarar a fondo y componer esta controversia, presentamos a **5** continuación nuestra doctrina, fe y confesión:

1. Con toda certeza y sin ninguna duda, a la fe verdadera le siguen las **6** buenas obras como frutos de un árbol bueno (si es que esta fe no es una fe muerta, sino viva).

2. También creemos, enseñamos y confesamos que las buenas obras **7** deben ser excluidas por completo no sólo de lo concerniente a la salvación, sino también del artículo de la justificación ante Dios; así lo atestigua el apóstol con claras palabras al escribir: «También David habla de que la bienaventuranza es sólo de aquel hombre al cual Dios atribuye justicia sin obras, diciendo: Bienaventurados aquellos a quienes no se les toma en cuenta su injusticia» (Ro. 4:5 y sigtes.), y: «Por gracia sois salvos; es don de Dios; no por obras, para que nadie se gloríe» (Ef. 2:8–9).

3. También creemos, enseñamos y confesamos que todos los hombres, **8**

---

30. En alemán *Trennung*. Texto lat.: *schisma*. Aquí tiene el significado más bien general de ruptura, separación, disidencia, discrepancia de pareceres. En cuanto al significado de «cisma» en la terminología técnica vid. Apología XXVIII, 25, nota 503.

31. *Der ander Teil hat über dem Wort nötig gehalten, weil . . ..* En *Tappert*, p. 476, «The other party held with reference to the word 'necessary' that . . .».

y en particular los que han sido regenerados y renovados por el Espíritu Santo, deben hacer buenas obras.

9   4. En este sentido las expresiones «necesaria», «deben» y «tienen que» se emplean correctamente y de una manera cristiana, también en lo que se refiere a los regenerados, y de ningún modo son contrarias a la norma del hablar con propiedad.

10   5. Sin embargo, si las palabras «necesidad» y «necesaria» se emplean en conexión con los regenerados, debe entenderse con ellas no una coacción, sino aquella obediencia debida que los verdaderos creyentes prestan por cuanto son regenerados, pero no por coacción o por compulsión de la ley, sino animados por un espíritu voluntario; porque ya no están bajo la ley, sino bajo la gracia (Ro. 6:14; 7:6; 8:14).

11   6. Por consiguiente, también creemos, enseñamos y confesamos que cuando se dice que los regenerados hacen buenas obras animados por un espíritu voluntario, esto no quiere decir que se deja al arbitrio del regenerado hacer lo bueno o no hacerlo cuando le plazca, y que él no obstante puede seguir conservando la fe aun cuando intencionalmente persevera en pecados.

12   7. En cambio, la única forma correcta de entender esto es la que se desprende de las propias declaraciones de nuestro Señor Jesucristo y sus apóstoles, esto es, que el espíritu que ha sido hecho libre hace buenas obras, mas no por temor al castigo, como un esclavo, sino por amor a la justicia, como los hijos (Ro. 8:15).

13   8. Es verdad, sin embargo, que en los escogidos de Dios esta voluntariedad o libertad del espíritu no es perfecta, sino que sobre ella pesa una gran debilidad, como lo deplora San Pablo en cuanto a sí mismo en Romanos 7:14–25; Gálatas 5:17.

14   9. No obstante, por causa del Señor Jesucristo, el Señor no responsabiliza a sus escogidos por esta debilidad, como está escrito: «Ninguna condenación hay para los que están en Cristo Jesús» (Ro. 8:1).

15   10. Creemos, enseñamos y confesamos además que no son las obras las que conservan en nosotros la fe y la salvación, sino únicamente el Espíritu de Dios, por medio de la fe; y que las buenas obras son evidencias de la presencia e inhabitación del Espíritu en nosotros.

NEGATIVA

Rechazamiento de las doctrinas falsas

16   1. Por consiguiente, rechazamos y condenamos el empleo en cualquier forma, ya sea hablado o escrito, de las siguientes expresiones: Las buenas obras son necesarias para la salvación; nadie se ha salvado jamás sin las buenas obras; es imposible salvarse sin las buenas obras.

2. Rechazamos y condenamos también que se diga sin más ni más: Las **17** buenas obras son perjudiciales a la salvación. Pues esta expresión es ofensiva y perniciosa para el correcto comportamiento del cristiano.

Pues especialmente en estos últimos tiempos, si bien es preciso advertir **18** a los hombres acerca de que las obras no deben mezclarse en el artículo de la justificación, sin embargo es no menos preciso exhortarlos a un comportamiento genuinamente cristiano y a las buenas obras, y recordarles cuán necesario es que practiquen las buenas obras como demostración de su fe en Dios y su gratitud hacia él; porque los hombres pueden ser condenados no sólo a raíz de un engaño epicúreo respecto a la fe, sino también por depositar una confianza papista y farisaica en sus propias obras y en sus propios méritos.

19

3. También rechazamos y condenamos la enseñanza de que la fe y la inhabitación del Espíritu Santo en el creyente no se pierden cuando se peca a sabiendas, sino que los santos y escogidos siguen poseyendo el Espíritu Santo aunque cometan adulterio y otros pecados y persistan en ellos.

V. LA LEY Y EL EVANGELIO
EL ASUNTO EN CONTROVERSIA

El asunto principal en esta controversia: Se debate acerca de si la pre- **1** dicación del santo evangelio es, en esencia, no sólo una predicación de la gracia para anunciar el perdón de los pecados, sino también una predicación del arrepentimiento y la represión para reprobar la incredulidad, la cual, según se afirma, no se reprueba por medio de la ley sino únicamente por medio del evangelio.

AFIRMATIVA
La doctrina pura de la palabra de Dios

1. Creemos, enseñamos y confesamos que la diferenciación entre la ley **2** y el evangelio debe ser retenida en la iglesia con gran diligencia, como luz de extraordinario esplendor, pues según la advertencia de San Pablo, sólo de esta manera se logra dividir correctamente[32] la palabra de Dios.

2. Creemos, enseñamos y confesamos que la ley es, propiamente, una **3** doctrina divina que enseña lo que es recto y agradable ante Dios, y que reprueba todo lo que es pecaminoso y contrario a la voluntad divina.

3. Por esta razón, todo lo que reprueba el pecado es predicación de la ley y pertenece a ella. **4**

---

32. *Recht geteilet.* Texto lat.: *recte secari*. La exhortación de Pablo a que se hace referencia aquí es la de 2 Ti. 2:15: «Procura con diligencia presentarte a Dios aprobado, como obrero que no tiene de qué avergonzarse, que usa bien la palabra de verdad». Lutero traduce: *der da recht theile das Wort der Wahrheit* («que divide correctamente la palabra de la verdad»).

514

5   4. El evangelio en cambio es, propiamente, la doctrina que enseña qué debe creer el hombre que no ha observado la ley y por lo tanto es condenado por ella, a saber, que Cristo ha expiado todos los pecados y dado satisfacción por ellos, y ha obtenido y adquirido para el pecador, sin ningún mérito por parte de éste, el perdón de los pecados, la justicia que vale ante Dios,[33] y la vida eterna.

6   5. Pero ya que en la Sagrada Escritura el término «evangelio» no siempre se usa en un mismo sentido, motivo por el cual surgió originalmente esta controversia, creemos, enseñamos y confesamos que si por el término «evangelio» se entiende toda la doctrina que Cristo expuso en su ministerio, y la que igualmente expusieron más tarde sus apóstoles (sentido en el cual se emplea en Mr. 1:15; Hch. 20:21), es correcto decir y escribir que el evangelio es una predicación del arrepentimiento y del perdón de los pecados.

7   6. Pero si se establece un contraste entre la ley y el evangelio, así como también entre Moisés como maestro de la ley y Cristo como predicador del evangelio, creemos, enseñamos y confesamos que el evangelio no es una predicación del arrepentimiento y de la represión; antes bien, por su misma esencia no es otra cosa que una predicación que proporciona consuelo, y un mensaje de gozo que no reprueba ni aterroriza, sino que conforta las conciencias acosadas por los terrores de la ley, las remite a los méritos exclusivos de Cristo, y las revivifica mediante la amorosa predicación de la gracia y el amor de Dios, obtenidos por los méritos de Cristo.

8   7. En lo que se refiere a la revelación del pecado, el asunto es el siguiente: El velo de Moisés empaña la vista de todos los hombres en tanto que oyen sólo la predicación de la ley y nada respecto a Cristo. Por consiguiente, por medio de la ley no aprenden a reconocer debidamente sus pecados, sino que se convierten en hipócritas presuntuosos, como los fariseos, o desesperan, como Judas. Por esta razón, Cristo toma la ley en sus manos y le da una interpretación espiritual (Mt. 5:21 y sigtes.; Ro. 7:14). Y así se revela desde el cielo la magnitud de la ira de Dios contra todos los pecadores (Ro. 1:18). De tal modo, éstos son dirigidos otra vez a la ley, y sólo entonces aprenden de ella a reconocer debidamente sus pecados—conocimiento al que Moisés jamás podría haberlos llevado por la fuerza.

9   Por lo tanto, aunque la predicación acerca de la pasión y muerte de Cristo, el Hijo de Dios, es una promulgación severa y terrible y una declaración de la ira de Dios, declaración mediante la cual los hombres realmente son impulsados a prestar la debida atención a la ley, después de habérseles quitado el velo de Moisés, para que se den cuenta de las grandes exigencias que Dios

---

33. Ro. 1:17; 2 Co. 5:21. Vid. Epítome, III, secc. 5, nota 28.

nos plantea en su ley, de las cuales no podemos cumplir ninguna, y por ende debemos buscar nuestra justicia enteramente en Cristo:

8. No obstante, en tanto que todo esto (es decir, la pasión y muerte de Cristo) anuncia la ira de Dios y aterroriza al hombre, todavía no es, propiamente hablando, predicación del evangelio, sino predicación de Moisés y de la ley, y por consiguiente, una «obra extraña»[34] de Cristo, mediante la cual él llega a su oficio propio, esto es, predicar la gracia, consolar y alentar, en lo que consiste, propiamente, la predicación del evangelio.

10

NEGATIVA

Rechazamiento de la doctrina falsa

Por consiguiente, rechazamos y consideramos como falsa y perjudicial la enseñanza de que el evangelio es esencialmente una predicación del arrepentimiento y de la represión, y no únicamente una predicación de la gracia de Dios. Pues tal enseñanza convierte el evangelio nuevamente en una enseñanza de la ley, obscurece los méritos de Cristo y la Sagrada Escritura, despoja a los cristianos del verdadero consuelo y vuelve a abrir las puertas del papado.

11

VI. EL TERCER USO DE LA LEY
EL ASUNTO EN CONTROVERSIA

El asunto principal en esta controversia: Es sabido que la ley fue dada a los hombres por tres razones: Primero, para que por medio de ella se mantenga una disciplina externa y así se repriman las manifestaciones de rudeza y desobediencia de los hombres; segundo, para que los hombres sean conducidos al verdadero conocimiento de sus pecados; tercero, para que los que han sido regenerados, y no obstante se ven afectados por la carne pecaminosa que aún se les adhiere, tengan una regla fija que ha de servir como regulador y guía de toda su vida. Acerca de este tercer uso de la ley surgió una disensión entre unos pocos teólogos, esto es, acerca de si se debe exigir o no que los regenerados observen la ley. Unos dicen que sí, otros dicen que no.

1

AFIRMATIVA

La verdadera doctrina cristiana
respecto a esta controversia

1. Creemos, enseñamos y confesamos: Si bien es cierto que los hombres verdaderamente creyentes en Cristo y convertidos a Dios han sido librados

2

---

34. Is. 28:21. Cf. WA XV, 228.

por Cristo de la maldición y opresión de la ley y están exentos de ellas, no por eso están sin la ley, sino que han sido redimidos por el Hijo de Dios con el propósito de que se ejerciten en la ley de Dios día y noche (Sal. 1:2; 119:1). Pues aun nuestros primeros padres, antes de la caída en el pecado, no vivían sin la ley, ya que fueron creados a la imagen de Dios (Gn. 1:26 y sigtes.; 42:16 y sigtes.; 3:3).

3   2. Creemos, enseñamos y confesamos que la ley debe ser predicada con diligencia no sólo a los incrédulos e impenitentes, sino también a los verdaderos creyentes, a los que en realidad han sido convertidos, regenerados y justificados mediante la fe.

4   3. Pues a pesar de que han sido regenerados y renovados en el espíritu de su mente, en la vida presente esta regeneración y renovación no es completa, sino que sólo ha empezado; y con el espíritu de su mente, los creyentes sostienen una lucha constante contra la carne, esto es, contra la naturaleza corrupta que está apegada a nosotros hasta la muerte. Por causa de este Viejo Adán que aún subsiste en la mente, la voluntad y todas las facultades del hombre, es menester que la ley del Señor siempre los ilumine en su andar a fin de que las reflexiones humanas en materia de religión no los induzcan a instituir cultos arbitrarios y de propia elección. Ello es menester además para que el Viejo Adán no use su propia voluntad, sino que sea subyugado contra su voluntad, no sólo por medio de las advertencias y amenazas de la ley, sino también por medio de castigos e infortunios, de modo que siga al Espíritu y se entregue cautivo a él (1 Co. 9:27; Ro. 6:12; Gá. 6:14; Sal. 119:1 y sigtes.; He. 13:21).

5   4. Respecto a la distinción entre las «obras de la ley» y los «frutos del Espíritu» creemos, enseñamos y confesamos que las obras hechas conforme a las exigencias de la ley son y se llaman «obras de la ley» en tanto que le son arrancadas al hombre sólo mediante la insistencia en el castigo y la amenaza con la ira divina.

6   5. Los «frutos del Espíritu» empero son las obras que el Espíritu de Dios, que mora en los creyentes, efectúa por medio de los regenerados, y que son hechas por los creyentes por cuanto son regenerados. Estos frutos los producen como si no supieran de ningún mandato, amenaza o recompensa. De esta manera es como los hijos de Dios viven en la ley divina y andan según ella, cosa que San Pablo en sus epístolas llama «seguir la ley de Cristo y la ley de la mente», y no obstante «estar no bajo la ley sino bajo la gracia» (Ro. 7:25, 8:7, 8:2; Gá. 6:2).

7   6. De este modo la ley es y permanece una y la misma, tanto para los penitentes como para los impenitentes, tanto para los regenerados como para los no regenerados, a saber, la voluntad inmutable de Dios. La diferencia, en lo que concierne a la obediencia, radica en el hombre, por cuanto el que

aún no ha nacido de nuevo, hace por la fuerza y de mala voluntad[35] lo que la ley exige (lo mismo hace según la carne el regenerado); pero el creyente, por cuanto ha nacido de nuevo, hace espontáneamente y con ánimo pronto lo que ninguna amenaza de la ley podría arrancarle por la fuerza.

NEGATIVA
La doctrina falsa presentada en contra de esta verdad

Por consiguiente, repudiamos como dogma pernicioso y falso, contrario a la disciplina cristiana y a la verdadera piedad, la enseñanza de que la ley en el modo y la medida que acaban de describirse no se debe predicar a los cristianos y verdaderos creyentes, sino sólo a los incrédulos, a los infieles y a los impenitentes. 8

VII. LA SANTA CENA DE CRISTO

Aunque los teólogos partidarios de Zuinglio no deben ser contados entre los teólogos que aceptaron la Confesión de Augsburgo,[36] ya que aquéllos se separaron de éstos ya en el tiempo en que esta confesión se estaba proponiendo; sin embargo, ante el hecho de que se están introduciendo indebidamente en el otro grupo y están tratando, bajo el nombre de esta confesión, de diseminar sus errores, creemos prudente informar a la iglesia de Cristo en cuanto a esta controversia. 1

EL ASUNTO EN CONTROVERSIA
La controversia principal entre la doctrina nuestra y la de los sacramentarios respecto a este artículo

Se debate acerca de si en la santa cena el verdadero cuerpo y la verdadera sangre de nuestro Señor Jesucristo están presentes real y esencialmente, se distribuyen con el pan y el vino, y son recibidos con la boca por todos los que participan de este sacramento, ya sean dignos o indignos, piadosos o impíos,[37] creyentes o incrédulos, pero de una manera tal que los creyentes reciben el sacramento para consuelo y para vida, los incrédulos en cambio para juicio. Los sacramentarios dicen que no; nosotros decimos que sí. 2

Para explicar esta controversia debe hacerse notar en primer lugar que 3

---

35. En el original *unwillig*, «de mala voluntad, a desgano», y también «contra su voluntad». Texto lat.: *inviti.*

36. *Die Augsburgische Konfessionsverwandte Theologen.* Texto lat.: (los teólogos) *qui Augustanam Confessionem agnoscunt et profitentur* («que aceptan y profesan la Confesión de Augsburgo»).

37. *Unfromb*, «impío» en el sentido de «que carece de piedad, de devoción religiosa» (no confundir con «impío» en el sentido de «sin fe, incrédulo»).

existen dos clases de sacramentarios. Algunos son sacramentarios radicales, que afirman en términos muy claros[38] lo que sienten en su corazón, a saber, que lo único que en la santa cena se halla presente, se distribuye y se recibe con la boca, es pan y vino. Otros en cambio son sacramentarios sutiles, y en realidad, éstos son los más perjudiciales de todos, pues se expresan en una forma al parecer muy correcta,[39] valiéndose de una terminología semejante a la nuestra y aseverando que también ellos creen que en la santa cena, el cuerpo y la sangre de Cristo están presentes realmente, de un modo verdadero, esencial y viviente; pero añaden que esto sucede de una manera espiritual por medio de la fe. Sin embargo, bajo estos términos especiosos retienen precisamente el error de los otros sacramentarios, es decir, que en la santa cena no se halla presente ni se recibe con la boca otra cosa que pan y vino. Pues para ellos la expresión «de una manera espiritual» sólo indica el Espíritu presente de Cristo, o el poder del cuerpo ausente de Cristo y sus méritos; pero el cuerpo de Cristo, en opinión de ellos, no se encuentra presente en modo alguno, sino sólo en lo más alto del cielo, al cual debemos elevarnos mediante el pensamiento de nuestra fe, y allá debemos buscar este cuerpo y sangre de Cristo, pero de ninguna manera en el pan y el vino de la santa cena.

AFIRMATIVA

La confesión de la doctrina pura respecto a la santa cena,
en refutación a los sacramentarios

1. Creemos, enseñamos y confesamos que en la santa cena el cuerpo y la sangre de Cristo están presentes real y esencialmente, y realmente se distribuyen y se reciben con el pan y el vino.

2. Creemos, enseñamos y confesamos que las palabras del testamento de Cristo no deben entenderse de otro modo sino tal como están escritas, de manera que el pan no significa el cuerpo ausente de Cristo ni el vino la sangre ausente de Cristo, sino que, por causa de la unión sacramental, el pan y el vino son verdaderamente el cuerpo y la sangre de Cristo.

3. Y en lo referente a la consagración creemos, enseñamos y confesamos que esta presencia del cuerpo y la sangre de Cristo en la santa cena no puede ser producida por ninguna obra del hombre, ni tampoco por las palabras que pronuncia el ministro oficiante, sino que debe atribuirse sola y únicamente al poder sin límites de nuestro Señor Jesucristo.

---

38. En el original: *teutschen* (= deutschen: alemanas, i.e. claramente inteligibles). Texto lat.: *perspicuis*.

39. *Scheinbar* = engañoso, hipócrita (A. Götze, *Glossar*). Texto lat.: *splendide*. Vid. Decl. Sól., VII, 6, nota 220.

4. Pero al mismo tiempo también creemos, enseñamos y confesamos **9**
unánimemente que en la administración de la santa cena no deben omitirse
de ningún modo las palabras de la institución de Cristo, sino que deben
recitarse públicamente, como está escrito en 1 Corintios 10:16: «La copa de
bendición que bendecimos», etc. Esta bendición se efectúa mediante la recitación de las palabras de Cristo.

5. Las razones empero sobre las cualès nos basamos en esta controversia **10**
con los sacramentarios son las que el Dr. Lutero ha establecido en su Confesión
Mayor respecto a la santa cena.[40]

La primera es el siguiente artículo de nuestra fe cristiana: Jesucristo es **11**
el Dios y hombre verdadero, esencial, natural y perfecto, en una sola persona,
indivisible e inseparable.

La segunda: La diestra de Dios a la cual Cristo está puesto de hecho y **12**
en verdad según su naturaleza humana, se halla en todo lugar,[41] y así él rige
y tiene en sus manos y debajo de sus pies todo lo que está en el cielo y en
la tierra, como lo declara la Escritura (Ef. 1:21); y a esta diestra no ha sido
puesto ningún humano ni ningún ángel, sino únicamente el Hijo de María;
por este motivo él puede hacer todo esto que acaba de decirse.

La tercera razón: La palabra de Dios no es falsa y no engaña. **13**

La cuarta: Dios tiene y conoce varios modos de estar presente en cualquier **14**
lugar, y no está limitado a aquel único que los filósofos llaman local[42] o
circunscrito.

6. Creemos, enseñamos y confesamos que el cuerpo y la sangre de Cristo **15**
se reciben con el pan y el vino, no sólo de un modo espiritual, sino también
con la boca; pero no de un modo capernaítico,[43] sino sobrenatural o celestial,
por causa de la unión sacramental, como lo demuestran claramente las palabras

---

40. Cf. *Vom Abendmahl Christi. Bekenntnis* (De la santa cena de Cristo. Confesión), de
1528. WA XXVI 326–327.

41. WA XXVI, 326.

42. En el original: *localem oder raumlich.* Texto lat.: *localem aut circumscriptum.* En su
escrito *Vom Abendmahl Christi. Bekenntnis* (1528), Lutero, después de admitir que los sofistas
(i.e. los teólogos escolásticos) hablan acertadamente de tres formas de presencia: La local o
circunscriptiva, la definitiva y la repletiva, para explicar los tres tipos de presencia. Cf. WA
XXVI 327–329. Cf. Luis de Raeymaeker, *Filosofia do Ser*, Herder, S. Paulo, 1967, p. 326,
nota 38: «Los escolásticos distinguen tres tipos de presencia: La 'circunscriptiva', propia de las
cosas materiales, yuxtapuestas en la extensión espacial; la 'definitiva', adscripta a una porción
definida, o limitada, del espacio, y que es propia de la actividad espiritual finita en relación con
la materia; la 'repletiva', propia del Ser divino, que lo llena todo con su omnipresente actividad
creadora».

43. En el original: *Kapernaitisch.* Cf. Jn. 6:52: «¿Cómo puede éste darnos a comer su
carne?» La interpretación que los judíos de Capernaum dieron a las palabras de Cristo dio origen
a la expresión «comer capernaítico». Los sacramentos afirmaban que la doctrina luterana de la
presencia real implicaba un comer groseramente físico del cuerpo de Cristo. Algunos hasta
llegaron a hablar de canibalismo.

de Cristo, pues Cristo nos ordena tomar, comer y beber, cosa que también los apóstoles hicieron, como está escrito, Marcos 14:23: «Y bebieron de él todos». San Pablo dice por su parte en 1 Corintios 10:16: «El pan que partimos, es la comunión del cuerpo de Cristo», o lo que es lo mismo: El que come este pan, come el cuerpo de Cristo. Así también lo declaran unánimemente los principales Padres antiguos de la iglesia, tales como Cipriano, León I, Gregorio, Ambrosio y Agustín.

16 7. Creemos, enseñamos y confesamos que el verdadero cuerpo y sangre de Cristo los reciben no sólo los verdaderos creyentes y los que son dignos, sino también los incrédulos e indignos; pero estos últimos los reciben no para vida y consuelo, sino para juicio y condenación, si no se convierten y se arrepienten (1 Co. 11:27, 29).

17 Pues aunque rechazan a Cristo como Salvador, sin embargo tienen que admitirlo aun en contra de su voluntad como Juez severo. Y tal como el Cristo presente en la santa cena obra vida y consuelo en el corazón de los verdaderos creyentes y convidados dignos, así el Cristo presente ejerce y ejecuta también el juicio en los convidados impenitentes.

18 8. También creemos, enseñamos y confesamos que existe una sola clase de convidados indignos: Los que no creen. De éstos se nos dice (Jn. 3:18): «El que no cree, ya ha sido condenado». Y a raíz del uso indigno de la santa cena, este juicio se acumula, se agranda y se agrava (1 Co. 11:29).

19 9. Creemos, enseñamos y confesamos que ningún creyente verdadero en tanto que retiene una fe viva, no importa cuán débil sea esa fe, recibe la santa cena para su condenación, pues la santa cena fue instituida especialmente para los que son débiles en la fe, pero penitentes, para el consuelo y fortalecimiento de su débil fe (Mt. 9:12; 11:5, 28).

20 10. Creemos, enseñamos y confesamos que toda la dignidad de los convidados a esta fiesta celestial consiste y estriba únicamente en la santísima obediencia y el mérito perfecto de Cristo. Este mérito nos lo apropiamos mediante la verdadera fe y nos lo garantiza el sacramento, y no alguna virtud o preparación interior y exterior de parte nuestra.

NEGATIVA
Rechazamiento de las doctrinas contrarias
de los sacramentarios

21 Por otra parte, rechazamos y condenamos unánimemente todos los artículos falsos detallados a continuación, pues se oponen y son contrarios a la doctrina que acabamos de presentar, a la fe sencilla y a la confesión pura respecto a la santa cena.

22 1. La transubstanciación papista, o sea, la enseñanza del papismo de que en la santa cena el pan y el vino pierden su substancia y su esencia natural, quedando así aniquilados; que estos elementos se transmutan en el cuerpo de Cristo, permaneciendo únicamente su forma exterior.

2. El sacrificio papista de la misa, que se ofrece por los pecados de los vivos y los muertos. 23

3. La práctica de dar a los laicos una sola parte del sacramento, y de negarles la copa, en oposición a las claras palabras del testamento de Cristo, privándolos así de la sangre del Señor. 24

4. La enseñanza de que las palabras del testamento de Cristo no deben entenderse o creerse en la forma como rezan, sino que son palabras obscuras, cuyo significado debe buscarse previamente en otros pasajes de la Escritura. 25

5. En la santa cena, al comer el pan no se recibe el cuerpo de Cristo, sino que con la boca sólo se reciben pan y vino; el cuerpo de Cristo empero sólo se recibe espiritualmente por medio de la fe. 26

6. El pan y el vino de la santa cena no son otra cosa que señales por las cuales los cristianos se reconocen los unos a los otros. 27

7. El pan y el vino son sólo figuras, semejanzas y representaciones del enteramente ausente cuerpo y sangre de Cristo. 28

8. El pan y el vino no son más que una señal recordatoria, un sello de garantía y una prenda mediante los cuales se nos asegura que cuando la fe se eleva a sí misma hasta el cielo, allí se hace partícipe del cuerpo y de la sangre de Cristo de un modo tan cierto como es cierto el hecho de que en la santa cena comemos pan y bebemos vino. 29

9. El aseguramiento y la confirmación de nuestra fe que se nos brindan en la santa cena se efectúan sólo por medio de las señales exteriores del pan y el vino, y no por medio de los elementos realmente presentes del verdadero cuerpo y la verdadera sangre de Cristo. 30

10. En la santa cena sólo se dispensan el poder, la eficacia y los méritos del ausente cuerpo y sangre de Cristo. 31

11. El cuerpo de Cristo está tan encerrado en el cielo que de ningún modo puede estar a la misma vez y a un mismo tiempo en muchos o en todos los lugares de la tierra donde se celebra su santa cena.[44] 32

12. Cristo no pudo prometer ni hacer efectiva la presencia esencial de su cuerpo y sangre en la santa cena porque el modo de ser y la propiedad de la naturaleza humana que asumió no puede soportar ni permitir tal cosa. 33

---

44. Además del artículo XXV del *Consensus Tigurinus* (vid. FC, Decl. Sól., VII, I 19 nota 277), cf. también, p. ej., el siguiente pasaje del art. XXI(texto lat. en *Die Bekenntnisschriften der Reformierten Kirche*, ed. de E. F. K. Müller, Leipzig, 1903, p. 162): *Nam quum signa hic in mundo sint, oculis cernantur, palpentur manibus, Christus quatenus homo est, non alibi quam in caelo, nec aliter quam mente et fidei intelligentia quaerendus est* («Pues si bien las señales están aquí en el mundo y son vistas con los ojos y palpadas con las manos, no obstante a Cristo en cuanto hombre no hay que buscarlo en otro lugar sino en el cielo, ni de otra manera sino con la mente y con el entendimiento de la fe»).

34   13. Pese a toda su omnipotencia (horrible es oírlo), Dios no puede hacer que su cuerpo esté esencialmente presente en más de un lugar a un mismo tiempo.

35   14. No son las palabras omnipotentes del testamento de Cristo sino que es la fe lo que hace que el cuerpo y la sangre de Cristo estén presentes en la santa cena.

36   15. Los creyentes no deben buscar el cuerpo y la sangre de Cristo en el pan y el vino de la santa cena, sino que deben elevar su vista del pan hacia el cielo y buscar allí el cuerpo de Cristo.

37   16. Los cristianos incrédulos e impenitentes reciben en la santa cena no el verdadero cuerpo y la sangre de Cristo, sino únicamente pan y vino.

38   17. La dignidad de los convidados a esta cena celestial no consiste únicamente en la verdadera fe en Cristo, sino también en la preparación exterior de los hombres.

39   18. Aun los creyentes verdaderos, que tienen y retienen una fe genuina, viva y pura en Cristo, pueden recibir este sacramento para su condenación, porque todavía son imperfectos en su vida exterior.

40   19. Los elementos externos y visibles en el sacramento, o sea, el pan y el vino, deben ser adorados.

41   20. Dejamos además al justo juicio de Dios todas las preguntas hechas por presuntuosa curiosidad y con ánimo burlón y blasfemo (la decencia no permite mencionarlas) así como también las demás expresiones en sumo grado execrables y ofensivas que los sacramentarios promulgan de una manera tan grosera, carnal, capernaítica y abominable respecto del misterio sobrenatural y celestial de este santo sacramento.

42   21. Por consiguiente, con lo dicho rechazamos y condenamos categóricamente el comer capernaítico del cuerpo de Cristo, o sea, la versión de que su carne es despedazada con los dientes y digerida como cualquier otro alimento, enseñanza de que maliciosamente nos acusan los sacramentarios, contra el testimonio de su conciencia y a despecho de nuestras frecuentes protestas, creando así entre sus oyentes un odio contra nuestra doctrina. En cambio, sostenemos y creemos, de acuerdo con las claras palabras del testamento de Cristo, que se produce un comer verdadero, aunque sobrenatural, del cuerpo de Cristo, y asimismo un beber verdadero, aunque sobrenatural, de la sangre de Cristo. Esto no lo comprende la mente y la razón humana, sino que, como en todos los demás artículos de la fe, nuestra razón tiene que sujetarse a la obediencia hacia Cristo. Este misterio se ha revelado únicamente en la palabra de Dios y sólo puede ser aceptado por medio de la fe.

VIII. LA PERSONA DE CRISTO

De la controversia acerca de la santa cena surgió una disensión entre los teólogos fieles de la Confesión de Augsburgo y los calvinistas[45] (quienes confundieron a diversos otros teólogos) respecto a la persona de Cristo, las dos naturalezas en Cristo, y las propiedades de éstas.

EL ASUNTO EN CONTROVERSIA
La controversia principal en esta disensión

La cuestión principal fue si por causa de la unión personal, la naturaleza divina y la humana así como también sus propiedades tienen, de hecho y verdad, comunión la una con la otra en la persona de Cristo, y hasta dónde se extiende esta comunión.

2

Los sacramentarios afirmaron que la naturaleza divina y la humana en Cristo están unidas personalmente de tal modo que en realidad y en verdad, ninguna tiene comunión con la otra en aquello que es peculiar a cada una, sino que la única comunión que tienen es el nombre. Pues, según ellos, la unión personal sólo implica la comunión de los nombres, esto es, que a Dios se le llama hombre y que al hombre se le llama Dios, siempre con el entendimiento de que de hecho y en verdad, Dios no tiene comunión alguna con la humanidad, y la humanidad no tiene comunión alguna con la divinidad, su majestad y propiedades. El Dr. Lutero y sus partidarios sostuvieron lo contrario, en oposición a los sacramentarios.

AFIRMATIVA
La doctrina que enseña la iglesia cristiana
respecto a la persona de Cristo

A fin de explicar esta controversia y componerla según la analogía de nuestra fe cristiana, exponemos lo siguiente como declaración de nuestra doctrina, fe y confesión:

1. La naturaleza divina y la humana de Cristo están unidas personalmente, de modo que no existen dos Cristos, uno el Hijo de Dios y el otro el Hijo del hombre, sino uno solo que es el Hijo de Dios y del hombre (Lc. 1:35; Ro. 9:5).

2. Creemos, enseñamos y confesamos que la naturaleza divina y la humana no están mezcladas en una sola substancia, ni la una cambiada en la otra, sino que cada una retiene sus particulares atributos esenciales, que jamás se hacen atributos de la otra.

3. La naturaleza divina tiene como atributos: Ser todopoderosa, eterna,

---

45. Único pasaje en que la Fórmula de Concordia usa el término «calvinista».

infinita y, según la propiedad de su naturaleza y su esencia natural,[46] estar en aseidad presente en todo lugar, saber todas las cosas, etc. Estos atributos jamás se hacen atributos de la naturaleza humana.

8 4. La naturaleza humana tiene como atributos: Ser una criatura corpórea, ser carne y sangre, estar circunscrita temporaria y localmente, padecer, morir, ascender y descender, desplazarse de un lugar a otro, tener hambre, sed, frío, calor y cosas similares. Estos atributos jamás se hacen atributos de la naturaleza divina.

9 5. Ya que las dos naturalezas están unidas personalmente, esto es, en una sola persona, creemos, enseñamos y confesamos que esta unión no constituye un enlace o conexión en el sentido de que personalmente, o sea, en virtud de esa unión personal, ninguna de las dos naturalezas tenga algo en común con la otra, como cuando dos tablas están unidas con cola sin que la una le comunique o le quite nada a la otra. Antes bien, aquí tenemos la comunión suprema, comunión que Dios realmente tiene con el hombre, y de esta unión personal y de la comunión suprema e inefable que de ella resulta, emana todo lo humano que se puede enumerar y creer acerca de Dios, y todo lo divino que se puede enumerar y creer acerca de Cristo como hombre. Los antiguos Padres de la iglesia explicaron esta unión y comunión de las dos naturalezas mediante la ilustración del hierro candente y también mediante la unión del cuerpo y del alma en el hombre.

10 6. Por consiguiente, creemos, enseñamos y confesamos que Dios es hombre y el hombre es Dios, cosa que no podría ser si de hecho y en verdad la naturaleza divina y la humana no tuvieran entre sí comunión alguna.

11 Pues, ¿cómo podría el hombre, el Hijo de María, en verdad ser llamado, o ser Dios o el Hijo del Altísimo, si su humanidad no estuviera unida personalmente al Hijo de Dios, y si por ende no tuviera en común con él nada más que el nombre de «Dios»?

12 7. Por esta razón creemos, enseñamos y confesamos que la virgen María concibió y dio a luz no a un mero y simple hombre, sino al verdadero Hijo de Dios; y por esto se le llama también con toda razón «madre de Dios», y en efecto, lo es.

13 8. Por lo mismo, también creemos, enseñamos y confesamos que no fue un mero hombre el que por nosotros padeció, murió, fue sepultado, descendió a los infiernos, resucitó de entre los muertos, subió a los cielos y fue elevado a la majestad y al poder del Dios omnipotente, sino un hombre cuya naturaleza

---

46. *Nach Eigenschaft der Naturen und ihres natürlichen Wesens.* Texto lat.: *secundum naturae naturalisque suae essentiae proprietatem.* Más breve, en la ed. Tappert, p. 487: «*according to its natural property*» (según su natural).

humana tiene con el Hijo de Dios una unión y comunión tan profunda e inefable que se ha hecho una sola persona en él.

9. Por lo tanto, el Hijo de Dios realmente padeció por nosotros, pero lo hizo según su naturaleza humana, que él asumió e hizo suya en su persona divina, a fin de poder padecer y ser nuestro Sumo Sacerdote para reconciliarnos con Dios, como está escrito en 1 Corintios 2:8: «Crucificaron al Señor de gloria», y en Hechos 20:28: «Hemos sido redimidos por la sangre de Dios».

10. Por consiguiente, creemos, enseñamos y confesamos que el Hijo del hombre ha sido elevado de hecho y en verdad a la diestra de la omnipotente majestad y el poder de Dios según su naturaleza humana; porque el hombre aquel fue asumido en Dios cuando fue concebido por la obra del Espíritu Santo en el seno de su madre, y su naturaleza fue unida personalmente al Hijo del Altísimo.

11. A raíz de la unión personal, Cristo poseyó esta majestad en todo momento, pero se abstuvo de usarla en su estado de humillación, y así fue que realmente aumentó en edad, sabiduría y gracia para con Dios y los hombres. Por lo tanto, no ejerció esa majestad permanentemente, sino cuando le plugo, hasta que después de su resurrección se despojó por completo de la forma de siervo, pero no de la naturaleza humana, y fue establecido en el uso, manifestación y declaración plenos de la majestad divina, y de este modo entró en su gloria (Fil. 2:6 y sigtes.). Y ahora no sólo como Dios, sino también como hombre sabe todas las cosas, puede hacer todas las cosas, está presente en todas las criaturas,[47] y tiene bajo sus pies y en sus manos todo cuanto existe en el cielo y en la tierra y debajo de la tierra, como lo declara él mismo: «Toda potestad me es dada en el cielo y en la tierra» (Mt. 28:18; Jn. 13:3). Y San Pablo dice (Ef. 4:10): «Él subió por encima de todos los cielos, para llenarlo todo». Y esta potestad la puede ejercer en todas partes, ya que está presente en todas; todo le es posible, todo lo sabe.

12. Por lo tanto, también puede, y con entera facilidad, hacer presentes en la santa cena su verdadero cuerpo y sangre y dárnoslos,[48] no conforme al modo y a la propiedad de la naturaleza humana, sino conforme al modo y a la propiedad de la «diestra de Dios», como dice el Dr. Lutero[49] en analogía con nuestro Credo cristiano. Esta presencia de Cristo en la santa cena no es terrenal ni capernaítica; sin embargo, es verdadera y substancial, pues así lo expresan las palabras de su testamento: «Esto es mi cuerpo» (Mt. 26:26; Mr. 14:22; Lc. 22:19; 1 Co. 22:24).

14

15

16

17

---

47. Vid. Decl. Sól. VII, 106, nota 270.

48. El traductor al latín lo entiende de una manera algo diferente: *corpus suum verum et sanguinem suum in sacra coena praesens distribuere potest* = «(de ahí que el Cristo) presente pueda distribuir en la santa cena su verdadero cuerpo y su sangre».

49. WA XXII 326 sigtes.; XXIII 131 y sigtes.

18   Mediante esta doctrina, fe y confesión nuestra no se divide la persona de Cristo, como lo hacía Nestorio[50] (que negaba la verdadera comunión de los atributos de las dos naturalezas en Cristo, dividiendo así la persona de Cristo, como lo explicó Lutero en su libro *Los Concilios y las Iglesias*).[51] Ni tampoco se confunden entre sí o se mezclan las dos naturalezas y sus propiedades para formar una sola esencia, como enseñaba Eutiques[52] erróneamente; ni se niega o aniquila la naturaleza humana en la persona de Cristo, ni se cambia una naturaleza en la otra. Antes bien, Cristo es y permanece por toda la eternidad Dios y hombre en una sola persona indivisible.[53]

     Confesamos que después de la Santa Trinidad, esto constituye el mayor «misterio» que existe, como lo atestigua el apóstol (en 1 Ti. 3:16); pero en este «misterio» se basa nuestra única consolación, nuestra vida y salvación.

NEGATIVA

Doctrinas falsas respecto a la persona de Cristo

19   Por consiguiente, rechazamos y condenamos como contrarias a la palabra de Dios y a nuestra sencilla fe cristiana todas las doctrinas falsas especificadas a continuación:

20   1. Dios y hombre no son una sola persona en Cristo, sino que el Hijo de Dios es uno, y el Hijo del hombre es otro, según la disparatada opinión de Nestorio.

21   2. La naturaleza divina y la humana se han mezclado la una con la otra en una sola esencia, y la naturaleza humana se ha cambiado en la divinidad, según la herética declaración de Eutiques.

22   3. Cristo no es Dios verdadero, natural y eterno, según la enseñanza blasfema de Arrio.

23   4. Cristo no tuvo una verdadera naturaleza humana con cuerpo y alma, según la idea que se formó Marción.

24   5. La única comunión que la unión personal produce es la de los títulos y los nombres.

25   6. Es sólo una frase y un modo de hablar cuando se dice que Dios es

---

50. Prelado sirio (381 hasta aprox. 451), patriarca de Constantinopla desde 428, depuesto en el concilio de Éfeso (431). Se lo acusó de enseñar que la divinidad y la humanidad son naturalezas distintas, no unidas en una sola persona en Cristo.

51. WA L 584 sigtes; 587 ss. Cf. *Obras de Martín Lutero*, Ed. La Aurora, Buenos Aires, vol. VII, p. 207 y sigtes; 210 y sigte.

52. Archimandrita de Constantinopla, depuesto y excomulgado por un sínodo metropolitano en 448 y rehabilitado en el Concilio de Éfeso al año siguiente. El monofisismo fue condenado por el papa León 1 y por el Concilio de Calcedonia (cuarto concilio ecuménico, 451).

53. O: «indivisa». Lat.: *indivisa*. Ed. Tappert: *indivisible*.

hombre, y que el hombre es Dios, ya que de hecho, la divinidad no tiene nada en común con la humanidad, ni la humanidad con la divinidad.

7. La comunicación de las propiedades existe sólo de palabra, esto es, que no son más que palabras cuando se dice que el Hijo de Dios murió por los pecados del mundo, y que el Hijo del hombre se ha hecho todopoderoso.　　26

8. La naturaleza humana de Cristo se ha hecho una esencia infinita de la misma manera que la divinidad; y por causa de este poder y propiedad esenciales, comunicados a ella, infundidos en ella y separados de Dios, esa naturaleza humana se halla presente en todo lugar de la misma manera que la naturaleza divina.　　27

9. La naturaleza humana se ha hecho igual[54] a la naturaleza divina en su substancia y esencia, o en sus propiedades esenciales.　　28

10. La naturaleza humana de Cristo se extiende de un modo local a todos los lugares del cielo y de la tierra, cosa que ni siquiera debe atribuirse a la naturaleza divina.　　29

11. A causa de la propiedad de su naturaleza humana le es imposible a Cristo estar al mismo tiempo con su cuerpo en más de un lugar y mucho menos en todo lugar.[55]　　30

12. Solamente la humanidad de Cristo ha padecido por nosotros y nos ha redimido, pues durante la Pasión, el Hijo de Dios en realidad no tuvo comunión con la humanidad de Cristo, como si no hubiese tenido nada que ver con este asunto.　　31

13. Cristo se halla presente con nosotros aquí en la tierra en la palabra de Dios, en los sacramentos y en todas nuestras necesidades, pero sólo de acuerdo con su divinidad. Su naturaleza humana no tiene que ver absolutamente nada con esa presencia; pues luego de habernos redimido mediante su Pasión y muerte, Cristo ya no tiene trato con nosotros aquí en la tierra en lo que a su naturaleza humana se refiere.　　32

14. Después de haber depuesto la forma de siervo, el Hijo de Dios que asumió la naturaleza humana (ya) no realiza en, por y con ella la totalidad de las obras vinculadas a su omnipotencia, sino solamente algunas, y sólo allí donde su naturaleza humana se halla circunscrita localmente.　　33

15. Según su naturaleza humana, Cristo es totalmente incapaz de poseer omnipotencia y otras propiedades de la naturaleza divina. Esto se dice en oposición a la expresa aseveración de Cristo en Mateo 28:18: «Toda potestad　　34

---

54. En el original: *exaequiret und gleich worden sei.*

55. Observa Paul Schempp que el rechazo del error décimo primero no debe entenderse, por ende, en el sentido del error octavo («Gesammelte Aursätze», ed. de Ernst Bizer, vol. X de *Neudrucke und Berichte aus dem 20 Jahrhundert (Systematische Theologie),* Munich, 1960, p. 96).

me es dada en el cielo y en la tierra», y a lo que declara San Pablo en Colosenses 2:9: «En él habita toda la plenitud de la Deidad corporalmente».

35   16. A Cristo (según su humanidad)[56] se le ha dado un poder superior en el cielo y en la tierra, esto es, un poder mayor y más amplio que el de todos los ángeles y demás criaturas: Pese a lo cual, él no tiene comunión con la omnipotencia de Dios, ni se le ha dado esa comunión. Por lo tanto hablan de un presunto poder intermedio,[57] es decir, un poder entre la omnipotencia de Dios y el poder de otras criaturas, y añaden que este poder le fue dado a Cristo según su humanidad mediante la exaltación. Ese poder es menor que la omnipotencia de Dios, y mayor que el poder de otras criaturas.

36   17. Según su mente humana, Cristo tiene cierto límite respecto a cuánto debe saber, y no sabe más de lo que necesariamente le incumbe saber para la ejecución de su oficio de juez.

37   18. Cristo aún no tiene un conocimiento perfecto en cuanto a Dios y a todas sus obras. Sin embargo, se dice de él, en Colosenses 2:3: «En él están escondidos todos los tesoros de la sabiduría y del conocimiento».

38   19. Según su mente humana le es imposible a Cristo saber qué ha ocurrido desde la eternidad, qué está sucediendo actualmente en todo lugar, y qué ocurrirá por toda la eternidad.

39   20. Rechazamos la enseñanza—en cuyo apoyo se malinterpreta y tergiversa en forma blasfema el pasaje Mateo 28:18: «Toda potestad me es dada» etc.—de que cuando Cristo resucitó y subió a los cielos, le fue restituida a su naturaleza divina toda potestad en el cielo y en la tierra, como si en efecto, en su estado de humillación se hubiese despojado de esta potestad y la hubiese abandonado también según su divinidad. Mediante esta enseñanza no sólo se pervierten las palabras del testamento de Cristo, sino que también se prepara el camino para la maldita herejía arriana, y se terminará por negar la eterna divinidad de Cristo. Y de esta manera, Cristo mismo, y con él nuestra salvación, se perderían por completo si no refutáramos esta falsa doctrina basados en el inconmovible fundamento de la palabra divina y nuestra simple fe cristiana.

IX. EL DESCENSO DE CRISTO A LOS INFIERNOS
EL ASUNTO EN CONTROVERSIA

1   *La controversia principal respecto a este artículo*: También respecto a este artículo hubo disensiones entre algunos teólogos adherentes a la Confesión de Augsburgo. Se discutió acerca del tiempo y del modo en que nuestro Señor

---

56. «Según su humanidad» figura sólo en el texto en latín: *secundum humanitatem*.
57. En el original: *mediam potentiam*.

Jesucristo, según nuestra simple fe cristiana, descendió a los infiernos: Si esto fue antes o después de su muerte; además, si esto sucedió según su alma únicamente, o según su divinidad únicamente, o con cuerpo y alma, en espíritu o en el cuerpo; además, si este artículo pertenece a la Pasión de Cristo o a su gloriosa victoria y triunfo.

Pero ya que este artículo, al igual que el precedente, no puede ser comprendido por medio de los sentidos y la razón, sino que tiene que ser aceptado por la fe, es nuestra opinión unánime que no se le debe hacer objeto de discusiones, sino que sencillamente debemos creerlo y enseñarlo de la manera más simple que podamos. En esto seguimos al Dr. Lutero, de honrosa memoria, quien en el sermón que predicó en Torgau en 1553 explicó este artículo de una manera muy cristiana, eliminó de él toda cuestión inútil e innecesaria, y exhortó a todos los creyentes a observar la debida sencillez cristiana en materia de fe.

Pues basta saber que Cristo descendió al infierno, lo dejó completamente destruido para todos los creyentes, y libertó a éstos del poder de la muerte y del diablo, de la condenación eterna y de las garras infernales. Pero cómo sucedió todo esto—ésa es una pregunta que debemos dejar para el mundo venidero, donde se nos revelará no sólo este arcano sino también muchos otros que aquí simplemente creemos, sin alcanzar a comprenderlos con nuestra ciega razón.

X. CEREMONIAS ECLESIÁSTICAS QUE COMÚNMENTE SE LLAMAN COSAS INDIFERENTES (ADIAFORIA)[58]

También respecto a las ceremonias religiosas que la palabra de Dios no ordena ni prohíbe, pero que se han introducido en la iglesia a causa del buen orden y del decoro, surgió una controversia entre los teólogos adherentes a la Confesión de Augsburgo.

EL ASUNTO EN CONTROVERSIA

La controversia principal respecto a este artículo: La cuestión principal fue si en tiempos de persecución y cuando hay que hacer confesión de la fe,[59] (aun si los enemigos del evangelio no han llegado a un acuerdo con nosotros), algunas ceremonias ya abrogadas y de por sí indiferentes, o sea, no ordenadas ni prohibidas por Dios, pueden ser restablecidas, a instancias y por exigencia de los adversarios, sin que por ello se violente la conciencia; y si de este

---

58. Respecto de *adiaphora* vid. Apología II, 41, nota 32.

59. *Im Fall der Bekenntnis*. Texto lat.: *in casu confessionis*. Vid. Decl. Sól., X, 2, nota 336.

modo podemos llegar a un acuerdo con ellos en tales ceremonias y cosas indiferentes. Algunos afirmaron que.sí, y otros que no.

AFIRMATIVA

La doctrina y confesión correcta y verdadera
con respecto a este artículo

3   1. Para componer también esta controversia creemos, enseñamos y confesamos unánimemente que las ceremonias eclesiásticas que no son ordenadas ni prohibidas por la palabra de Dios, sino que sólo han sido instituidas a causa del decoro y el buen orden, no son de por sí culto divino ni siquiera forman parte de él (Mt. 15:9): «En vano me honran con mandamientos de hombres».

4   2. Creemos, enseñamos y confesamos que en todo lugar y en todo tiempo, la congregación de Dios tiene el poder de cambiar esas ceremonias según lo aconsejen las circunstancias, de manera tal que redunde en la mayor utilidad y edificación de la congregación de Dios.

5   3. Sin embargo, en todo esto debe evitarse cualquier ligereza y ofensa, y en especial debe observarse la mayor consideración para con los débiles en la fe (1 Co. 8:9 y sigtes.; Ro. 14:1, 13 y sigte.).

6   4. Creemos, enseñamos y confesamos que en el tiempo de la persecución, cuando se nos exige una confesión clara y firme de nuestra fe, no debemos ceder a los enemigos del evangelio en lo que se refiere a estas cosas indiferentes, conforme a las palabras del apóstol en Gálatas 5:1: «Estad, pues, firmes en la libertad con que Cristo nos hizo libres, y no volváis otra vez a ser presos en el yugo de servidumbre» y en 2 Corintios 6:14: «No os juntéis en yugo desigual con los infieles; porque ¿qué comunión tiene la luz con las tinieblas?»; y además en Gálatas 2:5: «Ni por una hora accedimos a someternos a los falsos hermanos, para que la verdad del evangelio permaneciese con vosotros». Pues en tal caso ya no están en juego cosas indiferentes, sino la verdad del evangelio; se trata de conservar la libertad cristiana y de evitar que se sancione la idolatría manifiesta y se cause ofensa a los débiles en la fe. En todo esto no debemos ceder en absoluto, sino que debemos confesar con la mayor claridad, y padecer por causa de ello lo que Dios envía y lo que él permite que nos inflijan los enemigos de su palabra.

7   5. También creemos, enseñamos y confesamos que ninguna iglesia debe condenar a otra por tener menos o más ceremonias no ordenadas por Dios que las otras, si es que por lo demás existe entre ellas unidad en la doctrina y en todos sus artículos de fe, como también en el uso correcto de los santos sacramentos, así lo expresa el bien conocido dicho: «Un desacuerdo en el ayuno no destruye el acuerdo en la fe»[60].

---

60. Vid. Decl. Sól., X, 31, nota 359.

NEGATIVA

La doctrina falsa respecto a este artículo

Por consiguiente, rechazamos y condenamos como falsas y contrarias a   8
la palabra de Dios las siguientes doctrinas:

1. Las ordenanzas e instituciones humanas de la iglesia deben consi-   9
derarse de por sí como culto divino o parte de él.

2. La congregación de Dios debe ser obligada por la fuerza a observar   10
como necesarias tales ceremonias, ordenanzas e instituciones. Con esto se
atenta contra la libertad cristiana que la congregación tiene en cuanto a cosas
externas.

3. En el tiempo de la persecución y cuando se debe hacer una confesión   11
clara de la fe,[61] podemos ceder a los enemigos del evangelio o llegar a un
acuerdo con ellos en cuanto a esas cosas indiferentes y ceremonias (todo lo
cual va en detrimento de la verdad divina).

4. También es contrario a la palabra de Dios abrogar estas ceremonias   12
externas y cosas indiferentes, tal como si la congregación de Dios no tuviese
la libertad cristiana de emplear una o más de ellas, según su situación particular, y en cualquier momento en que las estime de mayor utilidad para su
edificación.

XI. LA PREDESTINACIÓN Y ELECCIÓN ETERNA DE DIOS

Respecto a este artículo no hubo controversia pública entre los teólogos   1
adherentes a la Confesión de Augsburgo. Pero ya que este artículo, correctamente interpretado, proporciona gran consuelo a los creyentes, y a fin de
que en lo futuro no se entablen discusiones ofensivas en torno de él, ofrecemos
aquí una explicación del mismo.

AFIRMATIVA

La doctrina pura y verdadera respecto a este artículo

1. Ante todo, es necesario observar con exactitud la diferencia entre la   2
presciencia divina y la predestinación o la elección eterna de Dios.[62]

2. Pues la presciencia divina no es otra cosa que el conocimiento que   3

---

61. *Zur Zeit der Verfolgung und öffentlicher Bekenntnis.* Texto lat.: *quod tempore per-
secutionis, quando clara confessio requiritur* («que en tiempo de persecución, cuando se requiere
una confesión clara»). Vid. Decl. Sól., X, 2, nota 336.

62. Texto lat.: *inter praescientiam et praedestinationem sive aeternam electionem Dei*
(entre la presciencia y la predestinación o eterna elección de Dios»). Título del artículo: *De
aeterna praedestinatione et electione Dei.* Título del texto alemán: *Von der ewigen Versehung
(= Vorsehung) und wahl Gottes.*

Dios tiene de todas las cosas antes de que éstas acontezcan, como está escrito en Daniel 2:28: «El Dios que está en los cielos puede revelar cosas ocultas, y él ha hecho saber al rey Nabucodonosor lo que ha de acontecer al cabo de los días».

4   3. Esta presciencia divina se extiende por igual sobre los buenos y los malos, pero no es la causa del mal, ni del pecado, o sea, de las malas acciones (pues éstas tienen su origen en el diablo y en la voluntad mala y perversa del hombre), ni tampoco de la perdición del hombre, de la cual es responsable el hombre mismo; sino que sólo regulariza el mal y fija límites a su duración, con el fin de que todo esto, a pesar de ser de por sí malo, sirva al eterno bien de sus escogidos.

5   4. En cambio, la predestinación o la elección eterna de Dios abarca únicamente a los creyentes, los hijos amados de Dios, y es una causa de su salvación. También esta salvación la provee Dios, quien asimismo dispone todo lo que atañe a ella. Sobre esta predestinación divina está cimentada nuestra salvación con tal firmeza que ni aun las puertas del infierno pueden prevalecer contra ella (Mt. 16:18; Jn. 10:28).

6   5. Esta predestinación divina no ha de ser escudriñada en los arcanos de Dios, sino que ha de ser buscada en la palabra de Dios, donde también ha sido revelada.

7   6. La palabra de Dios empero nos conduce a Cristo, quien es el «Libro de la Vida» (Fil. 4:3) en el cual están escritos y escogidos todos los que han de recibir la salvación eterna, como está escrito en Efesios 1:4: «Dios nos escogió en Cristo antes de la fundación del mundo».

8   7. Este Cristo llama a todos los pecadores y les promete descanso, y es su serio deseo que todos los hombres vengan a él y que sean socorridos (Mt. 9:2, 9, 13, 22, 29, 35, 37). Él mismo se ofrece a ellos en su palabra, los exhorta a oírla y les dice que no cierren sus oídos ante ella ni la desechen. Además, les promete el poder efectivo del Espíritu Santo y el socorro divino a fin de que perseveren en la fe y por último obtengan la salvación eterna.

9   8. Por lo tanto, esta elección para la vida eterna no la debemos juzgar ni a base de lo que dice la razón ni a base de la ley de Dios, pues esto nos conduce a una vida disoluta y epicúrea o a la desesperación. También puede suscitar en el corazón del hombre pensamientos perniciosos, y por añadidura, prácticamente inevitables en tanto que uno se deja guiar por su razón; por ejemplo: «Si Dios me ha escogido para la salvación, no puedo ser condenado, no importa lo que haga»; o bien este otro: «Si no he sido escogido para la vida eterna, de nada me sirve el bien que haga; todos mis esfuerzos son inútiles».

10   9. La apreciación correcta de la predestinación ha de aprenderse sólo del santo evangelio que nos habla de Cristo. Allí se afirma con toda claridad que

«Dios sujetó a todos en desobediencia, para tener misericordia de todos», y que él no quiere que ninguno perezca, sino que todos vengan al arrepentimiento y crean en el Señor Jesucristo (Ro. 11:32; Ez. 18:23; 33:11; 1 Ti. 2:6; 2 P. 3:9; 1 Jn. 2:2).[63]

10. Esta doctrina acerca de la predestinación divina es, pues, útil y consoladora a aquella persona que se ocupa en la voluntad revelada de Dios y procede según el orden que observó San Pablo en la Epístola a los Romanos, a saber: Primero dirige a los hombres al arrepentimiento, al conocimiento de sus pecados, a la fe en Cristo, y a la obediencia a la ley divina, y sólo entonces les habla del misterio de la elección eterna de Dios.

11

11. Sin embargo, el hecho de que haya «muchos llamados, y pocos escogidos» (Mt. 22:14), no quiere decir que Dios no desee salvar a todos. Antes bien, la causa es, por una parte, que muchos no oyen en modo alguno la palabra de Dios, sino que obstinadamente[64] la menosprecian, tapan sus oídos y endurecen su corazón, y así cierran al Espíritu Santo el camino que él comúnmente usa, impidiendo de esta manera que él realice su obra en ellos; por otra parte, también hay muchos que después de haber oído la palabra, la tratan con indiferencia o no la obedecen. Pero la culpa de esto no la tiene Dios o su elección, sino la maldad de los hombres mismos (2 P. 2:1 y sigtes.; Lc. 11:49, 52; He. 12:25 y sigtes.).

12

12. Hasta este punto, pues, debe el cristiano ocuparse en meditar sobre el artículo de la eterna elección divina, conforme nos ha sido revelada en la palabra de Dios. Esta palabra nos presenta a Cristo como el «Libro de la Vida», abierto ante nosotros y revelado mediante la predicación del santo evangelio, como se nos dice en Romanos 8:30: «A los que predestinó, a éstos también llamó». En Cristo, pues, hemos de buscar la elección eterna del Padre, quien ha determinado en su consejo divino y eterno que sólo han de ser salvos los que conocen a su Hijo Jesucristo y creen en él de verdad. Otros pensamientos deben desaparecer por completo de la mente del creyente, ya que no proceden de Dios, sino que son sugeridos por Satanás. Con estos pensamientos el diablo trata de debilitar o de quitarnos por completo el glorioso consuelo que esta saludable doctrina nos brinda, es decir, que por medio de ella sabemos que de pura gracia, sin ningún mérito de nuestra parte, somos escogidos en Cristo para la vida eterna, y que nadie puede arrebatarnos de su mano. Y esta misericordiosa elección, Dios nos la ha prometido no sólo

13

---

63. La indicación del versículo 6 de 1 Ti. 2 proviene de la nota en BSLK (p. 818, nota 3). Los autores de la confesión habrán pensado también en el versículo 4. Ni BSLK ni el texto original remiten a 2 P. 3:9; sin embargo, este pasaje se cita en el texto (comp. la sección 10 con el texto bíblico en la traducción de Lutero).

64. *Mutwillig*, en el original, puede significar también «deliberadamente, irreflexivamente» (A. Götze, Glossar). Texto lat.: *contumaciter.*

con meras palabras, sino que también la ha certificado con un juramento y sellado con los santos sacramentos, de los cuales podemos acordarnos en nuestras más severas tentaciones, consolarnos en ellos, y apagar con ellos los dardos encendidos del Maligno.

14 13. Además de esto debemos poner el mayor empeño en llevar una vida en conformidad con la voluntad divina, y en «hacer firme nuestra vocación», como nos exhorta San Pedro (2 P. 1:10). Por sobre todo debemos atenernos a la palabra revelada. Ésta no puede defraudarnos, y no nos defraudará.

15 14. Mediante esta breve explicación de la elección divina se le otorga a Dios toda la gloria, por cuanto se enseña que él nos salva «según el propósito de su voluntad» (Ef. 1:11), de pura misericordia, sin ningún mérito de nuestra parte. Además no se da oportunidad a nadie para que se entregue al desánimo o a una vida disoluta.[65]

NEGATIVA

La doctrina falsa respecto a este artículo

16 Por consiguiente, creemos y confesamos lo siguiente: Quienes dan a la doctrina acerca de la misericordiosa elección de Dios para la vida eterna una interpretación tal que los cristianos angustiados no pueden consolarse en ella, sino que por ella son conducidos al desánimo o a la desesperación, o los incrédulos son confirmados en su vida disoluta: Los tales no están tratando esta doctrina según la palabra y la voluntad de Dios, sino según la razón humana y la instigación de Satanás. Pues el apóstol declara en Romanos 15:4: «Las cosas que fueron escritas, para nuestra enseñanza fueron escritas; para que por la paciencia y por la consolación de las Escrituras, tengamos esperanza». Por lo tanto, rechazamos los siguientes errores:

17 1. Dios no quiere que todos los hombres se arrepientan y crean el evangelio.[66]

18 2. Cuando Dios nos extiende su invitación, no desea en serio que todos los hombres vengan a él.[67]

19 3. Dios no quiere que todos se salven; antes bien, hay algunos que no por su (mayor) pecaminosidad sino por el mero consejo, propósito y voluntad

---

65. Texto lat.: *Neque tamen hac doctrina vel gravioribus illis animi perturbationibus et pusillanimitati vel Epicureismo ansa praebetur* («Ni tampoco se da con esta doctrina asidero para aquellas más graves perturbaciones del alma y para la pusilanimidad, ni tampoco para el epicureísmo»).

66. Contra la *vocatio specialis* de la teología reformada. Cf. *Institutio* III 21, 5; CR XXX 682 sigtes., 686.

67. Vid. FC, Decl. Sól., XI, 35, nota 370.

de Dios, han sido predestinados a la condenación, de modo que no pueden salvarse.[68]

4. La causa de la elección divina no es sólo la misericordia de Dios y 20 el santísimo mérito de Cristo, sino también algo en nosotros por lo cual Dios nos ha escogido para la vida eterna.

Todas estas doctrinas son blasfemas, horribles y falsas. Con ellas se quita 21 a los cristianos todo el consuelo que el santo evangelio y el uso de los santos sacramentos les proporcionan, y por lo tanto no deben ser toleradas en la iglesia de Dios.

Esta es la explicación breve y sencilla de los artículos en controversia, 22 que por un tiempo se han debatido y enseñado en forma discrepante entre los teólogos adherentes a la Confesión de Augsburgo. Por consiguiente, todo cristiano, aun el humilde, guiado por la palabra de Dios y la clara enseñanza del Catecismo, puede percibir lo que es correcto o falso, ya que no sólo se ha expuesto la doctrina pura, sino que también se ha repudiado y rechazado[69] la doctrina contraria, y así se han resuelto y compuesto las divisiones ofensivas que han surgido.

¡Que el Dios todopoderoso y el Padre de nuestro Señor Jesucristo nos 23 conceda la gracia de su Espíritu Santo a fin de que todos seamos uno en él y permanezcamos constantes en esta unidad cristiana, para complacencia de él! Amén.

---

68. Contra la *praedestinatio gemina* de la teología reformada. Cf. *Confessio Gallicana*, art. XII (texto francés de *Die Bekenntnisschriften der reformierten Kirche*, ed. de E. F. K. Müller, p. 224. La *Confession de Foy* llamada también *Confession de la Rochelle* desde 1571, fue elaborada en 1559 a base de un bosquejo de Calvino, con sólo unas pocas modificaciones. Cf. *Reformierte Bekenntnisschriften und Kirchenordnungen*, ed. de Paul Jacobs, 1949, p. 110): «Creemos que de esta corrupción y condenación general en que están sumergidos todos los hombres, Dios arranca a aquellos a quienes eligió según su plan eterno e inmutable, únicamente por su bondad y misericordia en Cristo Jesús nuestro Señor, sin tomar en consideración las obras de aquellas personas. A los demás empero los deja en aquella misma corrupción y condenación, para demostrar por medio de ellos su justicia, así como en los primeros hace brillar las riquezas de su misericordia. Pues los unos no son mejores que los otros, hasta el momento en que Dios los discierna conforme a su plan inmutable determinado por él en Jesucristo antes de la creación del mundo. Y nadie podría introducirse en el goce de semejante bien a base de su propia virtud, ya que por naturaleza no somos capaces de tener un solo buen impulso ni afecto ni pensamiento, hasta que Dios no se nos haya adelantado y nos haya dispuesto para ello» (trad. de la nota 165 en *Livro de Concordia*, Ed. Sinodal/Concordia Edit., Ltda, Sao Leopoldo/Porto Alegra, p. 535).

69. *Ausgesetzt, verworfen.* «Aussezen» (grafía en A. Götze, *Glossar*) puede significar también «darlegen» = explicar. Texto lat.: *repudiata et reiecta*.

XII. OTRAS FACCIONES HERÉTICAS Y SECTAS[70] QUE NUNCA ACEPTARON LA CONFESIÓN DE AUGSBURGO

1   Para evitar que se nos atribuyan tácitamente las enseñanzas erróneas de estos facciosos y sectarios, ya que en las explicaciones que preceden no las hemos mencionado expresamente, haremos en estos párrafos finales una simple exposición de los artículos en que (los herejes actuales) se apartan de la verdad y enseñan lo contrario a nuestra fe y confesión a que tantas veces nos hemos referido.

Los errores de los anabaptistas

2   Los anabaptistas se dividen entre sí en muchas sectas, de las cuales unas sostienen un gran número de errores, y otras menos; pero todas ellas en general profesan doctrinas tales que ni en la iglesia ni en el estado ni en la vida doméstica se pueden tolerar o permitir.

Artículos que no se pueden tolerar en la iglesia

3   1. Cristo no recibió su cuerpo y sangre de la virgen María, sino que los trajo consigo desde el cielo.

4   2. Cristo no es verdadero Dios; únicamente posee más dones del Espíritu Santo que ningún otro hombre santo.

5   3. Nuestra justicia que vale ante Dios no consiste únicamente en el solo mérito de Cristo, sino también en la renovación, y por ende, en nuestra propia santidad en que andamos. Dicha justicia (anabaptista) se basa en gran parte en una espiritualidad personal, peculiar, de propia elección, que en el fondo no es otra cosa que una nueva especie de monacato.

6   4. Los niños que no han sido bautizados, Dios no los considera pecadores sino justos e inocentes; y en su inocencia, por cuanto no han llegado aún al uso de la razón, se salvan sin bautismo (que según los anabaptistas no les hace falta). Esto quiere decir que los anabaptistas rechazan de plano la doctrina acerca del pecado original con todos sus detalles.

7   5. Los niños no deben ser bautizados antes de haber llegado al uso de la razón, y de estar en condiciones de poder confesar ellos mismos su fe.

8   6. Los hijos de padres cristianos, puesto que son hijos de creyentes, son santos e hijos de Dios aun sin el bautismo y antes de recibirlo. Por esta razón los anabaptistas ni dan mucha importancia al bautismo de niños ni lo apoyan, todo lo cual es contrario a las palabras expresas de la promesa divina que es

---

70. *Rotten und Sekten.* Lat.: *haeresibus* (= sectas, herejías) *et sectis* (= facciones, especialmente las originadas en discrepancias doctrinales).

sólo para aquellos «que guardan su pacto y no lo menosprecian» (Gn. 17:48, 19:21 y sigtes.).

7. No es una congregación verdaderamente cristiana aquella en que aún se encuentran pecadores. 9

8. No se debe oír ni presenciar ningún sermón dado en templos en que anteriormente se han celebrado y leído misas pontificales. 10

9. Ninguna persona piadosa debe tener trato alguno con aquellos ministros de la iglesia que predican el evangelio según las enseñanzas de la Confesión de Augsburgo y censuran los sermones y errores de los anabaptistas. Tampoco deben servirles o cooperar con ellos, sino huir de ellos y evitarlos como pervertidores de la palabra de Dios. 11

Artículos que no se pueden tolerar respecto al estado

1. En el Nuevo Testamento la autoridad secular no es una institución agradable a Dios. 12

2. El cristiano no puede ostentar o desempeñar un cargo gubernamental con una conciencia tranquila e inviolada. 13

3. El cristiano no puede, sin lesionar su conciencia, ejercer la magistratura en casos en que sea preciso proceder contra los malhechores. Tampoco deben los súbditos invocar la protección y defensa del poder que las autoridades poseen y han recibido de Dios. 14

4. El cristiano no puede con buena conciencia prestar juramento ni jurar obediencia y fidelidad al jefe soberano de su país. 15

5. En el Nuevo Testamento los magistrados no pueden, sin perjuicio para su conciencia, imponer la pena capital a los malhechores. 16

Artículos que no se pueden tolerar respecto a la vida doméstica

1. El cristiano no puede con buena conciencia retener o poseer bienes, sino que es su deber entregarlos al patrimonio de la comunidad. 17

2. El cristiano no puede con buena conciencia ser ni fondista ni comerciante ni armero. 18

3. Un matrimonio puede divorciarse por motivos religiosos, y un cónyuge puede abandonar a otro y casarse con una persona que profese su misma fe. 19

Los errores de Schwenckfeld y sus partidarios

1. Todos los que sostienen que Cristo según la carne es una criatura, carecen del verdadero conocimiento acerca de Cristo como Rey soberano celestial. 20

2. Por causa de la exaltación de Cristo, su carne asumió todas las propiedades divinas, de tal manera que Cristo como hombre es del todo igual al 21

Padre y al Verbo en poder, fuerza, majestad y gloria, tanto en lo que al grado como a la posición de su esencia se refiere. Esto significa que ahora existe una sola esencia, propiedad, voluntad y gloria de las dos naturalezas en Cristo. Además, la sangre de Cristo pertenece a la esencia de la Santa Trinidad.

22   3. El ministerio de la palabra, esto es, la palabra predicada y oída, no es un medio por el cual Dios el Espíritu Santo instruye a los hombres y obra en ellos el conocimiento salvador acerca de Cristo, la conversión, el arrepentimiento, la fe y la nueva obediencia.

23   4. El agua del bautismo no es un medio por el cual el Señor nos garantiza la adopción como hijos de Dios, y por el cual obra la regeneración.

24   5. El pan y el vino en la santa cena no son medios por los cuales Cristo distribuye su cuerpo y sangre.

25   6. El cristiano que ha sido verdaderamente regenerado por el Espíritu de Dios es capaz de llevar su vida terrenal en perfecta observancia y cumplimiento de la ley de Dios.

26   7. No es una verdadera congregación cristiana aquella en que no se practica la excomunión pública o el procedimiento regular de la excomunión.

27   8. El ministro de la iglesia que por su parte no posee la verdadera renovación, regeneración, justicia y santidad, no puede instruir provechosamente a otros o distribuir sacramentos verdaderos y válidos.

El error de los neoarrianos[71]

28   Cristo no es Dios verdadero, esencial y natural, de una sola esencia divina con Dios el Padre y el Espíritu Santo, sino que sólo ha sido provisto de majestad divina, majestad que él posee ahora junto con Dios el Padre, siendo sin embargo inferior a él.

El error de los antitrinitarios

29   Esta es una secta enteramente nueva, que antes no se conocía en la cristiandad. Sus partidarios creen, enseñan y confiesan que no existe una esencia sola, eterna y divina del Padre, del Hijo y del Espíritu Santo, sino que así como Dios Padre, Hijo y Espíritu Santo son tres personas distintas, así también cada persona tiene su propia esencia distinta y separada de las otras personas de la Deidad. Estas tres personas, dicen algunos de ellos, son iguales en poder, sabiduría, majestad y gloria, así como en otro orden de cosas podrían serlo tres hombres distintos y separados entre sí en su esencia. Otros en cambio dicen que las tres personas son desiguales entre sí en esencia y propiedades, de modo que sólo el Padre es verdadero Dios.

30   Todos esos artículos y otros similares a ellos, así como también otros

---

71. Unitarios del siglo XVI. Los unitarios sólo reconocen en Dios *una* persona.

errores cualesquiera que dependan o se infieran de ellos, los rechazamos y condenamos como falsos, erróneos, heréticos y contrarios a la palabra de Dios, los tres Credos ecuménicos, la Confesión de Augsburgo y su Apología, los Artículos de Esmalcalda y los Catecismos de Lutero. De estos errores deben cuidarse todos los fieles cristianos, ya sean de posición[72] encumbrada o humilde, por amor al bienestar y la salvación de sus almas.

Para firmar que esta es la doctrina, fe y confesión de todos nosotros, de la cual tendremos que dar cuenta en el día postrero ante el justo Juez, nuestro Señor Jesucristo; y para afirmar además que ni en secreto ni en público diremos o escribiremos nada contra ella, sino que es nuestra intención permanecer fieles a ella por la gracia de Dios; por tanto, después de seria reflexión, en el verdadero temor de Dios e invocando su nombre, firmamos con nuestra propia mano.

Berg, 29 de mayo de 1577
Iacobus Andreae D.
Christophorus Cornerus D.
Nicolaus Selneccerus D.
David Chutraeus D.
Andreas Musculus D.
Martinus Chemnitius (o Kemnicius) D.

31

---

72. *Stand*, posición social, categoría, estado, orden.

SEGUNDA PARTE: DECLARACIÓN SÓLIDA
Repetición y Declaración Sólida, Correcta y Clara de Algunos Artículos de La Confesión de Augsburgo

Respecto a Los Cuales, Por Algún Tiempo, Ha Habido Controversia Entre Algunos Teólogos Que Aceptan la Confesión. Estos Artículos Han Sido Reconciliados y Decididos Mediante la Guía de la Palabra de Dios y el Compendio de Nuestra Doctrina Cristiana

1 Cuando, por la gran bondad y misericordia del Todopoderoso, la doctrina respecto a los artículos principales de nuestra religión cristiana (oscurecida horriblemente bajo el papado mediante enseñanzas y ordenanzas humanas) había sido explicada y purificada otra vez por el Dr. Lutero, de grata memoria, según la dirección y guía de la palabra de Dios, y habían sido reprobados los 2 errores, abusos e idolatrías papistas; y esta reforma pura fue, no obstante, considerada por los adversarios como introducción de una nueva doctrina y acusada violentamente (aunque sin fundamento) de ser enteramente contraria a la palabra de Dios y las ordenanzas cristianas y, además, cargada de ca- 3 lumnias y acusaciones infundadas,[73] y sin fin, los ilustrísimos y en piedad religiosa prominentísimos electores[74] y príncipes y los Estados del Imperio, que en ese tiempo habían aceptado la doctrina pura del santo evangelio y ordenado que se reformasen sus iglesias según la palabra de Dios, mandaron que se preparase, extraída de la Sagrada Escritura, una confesión cristiana en la gran Dieta de Augsburgo de 1530 y que esta confesión cristiana se entregase al Emperador Carlos V. En ella expusieron de una manera clara y sencilla lo que se confesaba y enseñaba en las iglesias evangélicas cristianas respecto a los artículos principales, en particular los que eran objeto de controversia entre ellos y los papistas; y aunque esta Confesión fue recibida desfavorablemente por los adversarios, hasta la fecha permanece, gracias a Dios, irrefutable e inamovible.

4 A esta cristiana Confesión de Augsburgo, tan sólidamente fundada en la palabra de Dios, pública y solemnemente volvemos a suscribirnos de todo corazón; sostenemos su exposición clara, sencilla y pura, según lo expresan sus palabras, y consideramos esta Confesión como un símbolo puramente cristiano que, después de la incomparable autoridad de la palabra de Dios, el corazón cristiano debe recibir, así como en tiempos pasados, cuando en la

73. En el original: *Auflagen*. Cf. J. y W. Grimm, *Deutsches Wörterbuch: inculpatio, Anschuldigung* (inculpación).
74. Cf. Prefacio al *Libro de Concordia* y notas.

iglesia surgían ciertas serias controversias, se proponían símbolos y confesiones, a los que se suscribían de boca y corazón los fieles maestros y oidores de aquel tiempo. También es nuestra intención, por la gracia del Todopoderoso, ser fieles hasta el fin a esta doctrina de la Confesión de Augsburgo, según fue entregada en 1530 al Emperador Carlos V. Tampoco deseamos, ni en este ni en ningún otro documento, apartarnos en lo más mínimo de esta memorable Confesión ni proponer una confesión diferente o nueva.

5

Si bien es cierto que la mayor parte de la doctrina cristiana de esta Confesión no ha sido impugnada (a no ser por lo que han hecho los papistas), sin embargo, no puede negarse que algunos teólogos se han apartado de ciertos artículos principales importantes de esta Confesión y, o no han logrado comprender el verdadero significado de su doctrina o no lo han retenido firmemente, y algunos, de vez en cuando, hasta han osado atribuirle un significado extraño, mientras que al mismo tiempo, desean ser considerados partidarios de la Confesión de Augsburgo y se glorían en ella. Todo esto ha ocasionado disensiones gravosas y perjudiciales en las iglesias evangélicas puras; así como aun en el tiempo de los santos apóstoles sugieron horribles errores entre los que deseaban ser llamados cristianos y se gloriaban en la doctrina de Cristo. Pues algunos procuraban recibir la justificación y la salvación por medio de las obras de la ley (Hch. 15:1–29); otros negaban la resurrección de los muertos (1 Co. 15:12); y aun otros no creían que Cristo era Dios eterno y verdadero.[75] Contra éstos tuvieron que desencadenarse severamente los santos apóstoles en sus predicaciones y escritos, aunque bien sabían que tan fundamentales errores y serias controversias no podían ocurrir sin causar graves ofensas tanto entre los incrédulos como entre los débiles en la fe. De un modo similar, nuestros adversarios, los papistas, en la actualidad se complacen en ver las disensiones que han surgido entre nosotros, y abrigan la impía y vana esperanza de que estas discordias por fin ocasionen la ruina de la doctrina pura. Mientras tanto, los débiles en la fe se sienten muy ofendidos y perplejos, y algunos de ellos dudan de que, por causa de tales disensiones, se halla aún entre nosotros la doctrina pura, y otros no saben por quiénes deben declararse respecto a los artículos en controversia. Pues las controversias que han ocurrido no son, como algunos tratan de considerarlas, meras incomprensiones o desavenencias respecto a palabras causadas porque una facción no ha entendido suficientemente la opinión de la otra, consistiendo la dificultad en algunas palabras que son de gran importancia. Pero los asuntos en controversia son de tanta importancia y magnitud y de tal naturaleza, que la opinión de la facción que se ha apartado de la verdad no puede ser tolerada en la iglesia, o mucho menos ser excusada o defendida.

6

7

8

9

---

75. Quizás los autores de la FC hayan tenido en mente Jud. 4; 2 P. 2:1–10; Col. 1 y 2.

10   Por lo tanto, la necesidad requiere que expliquemos estos artículos en controversia según la palabra de Dios y los escritos ya aprobados, a fin de que todo el que posee entendimiento cristiano pueda observar qué opinión respecto a los asuntos en controversia concuerda con la palabra de Dios y qué opinión no concuerda. Y los cristianos sinceros que guardan la verdad en su corazón puedan apartarse de los errores y corrupciones que han surgido, y evitarlos.

Exposición Del Breve Fundamento, Regla y Norma
Según La Cual Todas Las Doctrinas Deben Ser Juzgadas y Todas Las Enseñanzas que Han Surgido Deben Ser Decididas y Explicadas de Una Manera Cristiana.

1   Es evidente que para conseguir una unidad sólida y permanente en la iglesia se necesita, ante todo, tener una breve exposición y forma, unánimemente aprobada, en la que se establece, extraída de la palabra de Dios, la doctrina común confesada por las iglesias de la verdadera religión cristiana. En esto seguimos el ejemplo de la iglesia primitiva, la que siempre tenía para

2   uso tal ciertos símbolos fijos. Además, este compendio doctrinal no debe tener como fundamento escritos particulares, sino aquellos libros que han sido compuestos, aprobados y recibidos en nombre de las iglesias que confiesan una sola doctrina y religión. Por lo tanto, de boca y corazón hemos declarado mutuamente que no formaremos ni recibiremos una confesión diferente o nueva de nuestra fe, sino que confesaremos los escritos públicos y comunes que siempre y en todo lugar se han usado como símbolos tales o confesiones comunes en todas las iglesias de la Confesión de Augsburgo, siempre que respecto a estos artículos haya habido entre los que los aceptan adhesión unánime a la doctrina pura de la palabra de Dios, según la ha explicado el Dr. Lutero.

3   1. En primer lugar, recibimos y aceptamos de todo corazón las escrituras proféticas y apostólicas del Antiguo y del Nuevo Testamento como la fuente pura y clara de Israel, las cuales forman la única norma verdadera por la que han de ser juzgadas todas las doctrinas y los que las enseñan.

4   2. Y ya que desde la antigüedad la verdadera doctrina cristiana, en un sentido puro y sano, era extraída de la palabra de Dios y arreglada en artículos o capítulos a fin de combatir la corrupción de los herejes, aceptamos, en segundo lugar, los tres Credos Ecuménicos,[76] esto es, el Apostólico, el Niceno y el de Atanasio, como confesiones gloriosas de la fe, breves, piadosas y

---

76. Texto lat.: *tria illa catholica et generalia summae auctoritatis symbola* («aquellos tres símbolos católicos y generales, de la más alta autoridad»).

bíblicas, en las que se refutan clara y firmemente todas las herejías que en aquel tiempo surgieron en la iglesia cristiana.

3. En tercer lugar, ya que en estos últimos tiempos, Dios, en suma clemencia, ha vuelto a sacar a luz de las tinieblas del papado la verdad de su palabra mediante la fiel obra realizada por el valioso hombre de Dios, el Dr. Martín Lutero, y puesto que esta doctrina ha sido extraída de la palabra de Dios y formada en artículos y capítulos en la Confesión de Augsburgo a fin de combatir la corrupción del papado y también de otras sectas,[77] aceptamos además la Primera e Inalterada[78] Confesión de Augsburgo como nuestro símbolo actual.[79] Y la aceptamos, no porque fue compuesta por nuestros teólogos, sino porque ha sido tomada de la palabra de Dios y tiene en ella su firme fundamento, exactamente en la misma forma en que fue escrita en 1530 y presentada al Emperador Carlos V por algunos electores, príncipes y estados cristianos del imperio romano como confesión común de las iglesias reformadas.[80] Mediante esta confesión, las iglesias evangélicas[81] se distinguen de los papistas y otras sectas y herejías reprochables y condenables. En todo esto seguimos la costumbre de la iglesia primitiva, mediante la cual los concilios subsiguientes, los obispos y maestros cristianos apelaban al Credo Niceno y declaraban públicamente que lo aceptaban.

4. En cuarto lugar, a fin de exponer el sentido verdadero y genuino de la muy citada Confesión de Augsburgo, se preparó e imprimió una extensa Apología en 1531, después de haber sido presentada la Confesión. Esto se hizo para poder explicarnos más ampliamente y guardarnos de las calumnias de los papistas y prevenir que errores ya condenados se introdujeran en la iglesia de Dios bajo el nombre de la Confesión de Augsburgo o se atrevieran a esconderse tras ella. También ésta aceptamos unánimemente, porque en ella no sólo se explica cuanto es necesario de la Confesión de Augsburgo y se protege a ésta de las calumnias de los adversarios, sino que también se confirman sus enseñanzas mediante testimonios claros e irrefutables de la Sagrada Escritura.

5. En quinto lugar, también aceptamos los Artículos de Esmalcalda que fueron compuestos, aprobados y recibidos en la muy concurrida asamblea de

---

77. Respecto del sentido original del término «secta» (*secta, hairesis*), el sentido popular, y respecto del significado de «secta» desde el punto de vista teológico y su empleo específico en la FC, cf. p.ej. E.F.K. Müller, *Symbolik*, p. 23, nota 5.

78. Cf. Prefacio al *Libro de Concordia* (y a la FC) y notas.

79. Vid. Epítome, Breve Regla y Norma, secc. 4.

80. *Der reformierten Kirchen*. Texto lat.: *reformatarum ecclesiarum*. Vid. nota siguiente.

81. *Unsere reformierte Kirchen*. Texto lat.: *reformatae nostrae ecclesiae*. Vid. a ese respecto Hermann Sasse, *Was heisst lutherisch?*, 2. ed., Munich, 1936, p. 65 y sigtes. Hoy día, el adjetivo *reformadas* se aplica a las iglesias zuingliano–calvinistas.

544

teólogos celebrada en la ciudad de Esmalcalda en 1537. Estos artículos fueron primeramente formulados e impresos para ser presentados en el Concilio de Mantua, o dondequiera que se hubiese de celebrar, en nombre de los estados,[82] electores y príncipes, como explicación de la ya mencionada Confesión de Augsburgo, a la que por la gracia de Dios habían resuelto ser fieles. En estos Artículos se repite la doctrina de la Confesión de Augsburgo y se explican más extensamente algunas enseñanzas con pruebas alusivas de la palabra de Dios, y además se indican, en cuanto es necesario, la causa y las razones por qué nos hemos apartado de los errores y las idolatrías de los papistas y no podemos tener comunión con ellos, y también por qué en estas cosas no podemos en modo alguno estar de acuerdo con el papa.

8   6. Y por último, en sexto lugar, ya que este importante asunto de la religión atañe también al pueblo y a los laicos (como se les llama), quienes, por cuanto son cristianos, por causa de su salvación tienen que discernir la doctrina pura de la falsa, aceptamos también el Catecismo Menor y el Mayor del Dr. Martín Lutero, según fueron escritos por él e incorporados en sus obras. Pues estos Catecismos han sido aprobados y recibidos unánimemente por todas las iglesias que aceptan la Confesión de Augsburgo y usados públicamente en iglesias y escuelas y en instrucción particular. Además, ellos contienen en forma muy correcta y sencilla la doctrina de la palabra de Dios, explicada con toda claridad para los laicos.

9   En las iglesias y escuelas de la doctrina pura estos escritos públicos y comunes se han considerado siempre como el resumen y modelo de la doctrina que el Dr. Lutero, de grata memoria, ha extraído maravillosamente de la palabra de Dios y establecido firmemente para combatir al papado y otras sectas. A sus sobresalientes explicaciones en sus escritos doctrinales y polémicos[83] deseamos apelar, pero siguiendo la necesaria y cristiana advertencia que el Dr. Lutero mismo hace respecto a sus escritos en el prefacio latino[84] de sus obras. Él expone claramente la diferencia que existe entre los escritos divinos y los humanos al declarar que sólo la palabra de Dios es la única regla y norma de la doctrina y que ningún escrito humano debe ser considerado igual a la palabra, sino antes bien todo debe estar sujeto a ella.

10   Pero por lo antedicho no ha de entenderse que se rechazan otros libros buenos y útiles, tales como comentarios de la Sagrada Escritura, refutaciones

---

82. *In Namen höchst = und hochermelten Kurfürsten, Fürsten und Ständen*; texto lat.: *nomine illustrissimorum electorum, principum atque ordinum Imperii.*

83. El Epítome omite la referencia a otros escritos de Lutero.

84. Con fecha del 5 de marzo de 1545, Lutero escribió un prefacio al vol. I de sus *Opera latina* de la edición de Wittenberg, WA LIV, 179–187 (*Obras de Martín Lutero*, Ed. Paidós, Bs. As., vol. I, 331–338).

de errores y explicaciones de artículos doctrinales;[85] pues en tanto que concuerdan con la clase de doctrina que acaba de mencionarse, se consideran como exposiciones y explicaciones útiles y pueden usarse con provecho. Lo que empero se ha dicho hasta ahora respecto al resumen de nuestra doctrina cristiana, sólo se ha dicho con el siguiente fin: Debemos tener una forma de doctrina unánimemente aceptada, definida y común, a la que se suscriban todas nuestras iglesias evangélicas, y según la cual, por cuanto ha sido extraída de la palabra de Dios, deben juzgarse y regularse todos los demás escritos en lo que respecta a la aprobación y aceptación de éstos.

Incorporamos los antedichos escritos, esto es, la Confesión de **11** Augsburgo, la Apología, los Artículos de Esmalcalda y el Catecismo Menor y el Mayor de Lutero en el ya citado Resumen o Compendio de nuestra doctrina cristiana, porque estos escritos se han considerado siempre y en todo lugar como la expresión común, aceptada unánimemente, de nuestras iglesias, y además, porque fueron aprobados en aquel tiempo por los más prominentes e ilustres teólogos, y recibidos en todas las iglesias y escuelas evangélicas. A más de esto, como queda dicho, fueron escritos y propagados **12** antes de que surgieran las controversias entre los teólogos de la Confesión de Augsburgo; por lo tanto, ya que se consideran imparciales y no pueden ni deben ser rechazados por la una o la otra facción de los controversistas, y ya que ningún confesor sincero de la Confesión de Augsburgo se quejará de estos escritos, sino que con gusto los recibirá y tolerará como testigos de la verdad, nadie debe culparnos por extraer de estos escritos la explicación y decisión de los artículos en controversia. Tampoco debe culpársenos si al **13** exponer como único fundamento la palabra de Dios, la verdad eterna, aducimos y citamos también estos escritos como testigos de la verdad y como el entendimiento unánime y correcto de nuestros antecesores, quienes han permanecido fieles y firmes a la doctrina pura.

Artículos en Controversia Respecto a la Antítesis o Doctrina Contraria

A fin de conservar en la iglesia la doctrina pura y una unidad firme, só- **14** lida, permanente y agradable a Dios, es necesario no sólo exponer correctamente la doctrina sana, sino también reprobar a los adversarios que enseñan lo contrario (1 Ti. 3:9; 2 Ti. 2:24, 3:16; Tit. 1:9). Pues los pastores fieles, como dice Lutero, deben hacer ambas cosas, esto es, apacentar los corderos

---

85. G. J. Planck (*Geschichte der protestantischen Theologie*, vol, III, p. 704, nota 231) opina que fue por miedo al «bando wigandino y hesshusiano» que la FC se abstuvo de hacer mención especial de los escritos de Melanchton.

y resistir a los lobos, a fin de que las ovejas huyan de las voces extrañas (Jn. 10:12), y puedan separar lo precioso de lo vil (Jer. 15:19).

15   Por lo tanto, respecto a este asunto hemos declarado los unos a los otros con el mayor cuidado y claridad lo siguiente: Es imprescindible hacer y observar una diferencia entre disputas innecesarias e inútiles (mediante las cuales la iglesia no debe ser perturbada, ya que ellas destruyen más que lo que pueden edificar), y la controversia necesaria, especialmente cuando tal controversia toca a los artículos de la fe o las partes principales de la doctrina cristiana, caso en que, a fin de defender la verdad, es necesario reprobar la
16 doctrina falsa y contraria. Si bien es verdad que los antedichos escritos proporcionan al lector, que se goza en la verdad divina y la ama, información clara y correcta respecto de todos y cada uno de los artículos de nuestra fe cristiana sobre los cuales hay controversia, y respecto a qué debe aceptarse como correcto y verdadero según la palabra de Dios, las Escrituras de los profetas y apóstoles, y qué debe rechazarse y evitarse como incorrecto y falso; no obstante, a fin de que la verdad pueda conservarse tanto más clara y distinta y distinguirse de todos los errores, sin que nada pueda esconderse bajo términos generales, hemos declarado manifiesta y expresamente los unos a los otros, en lo que atañe a los artículos más importantes, considerados uno por uno, que actualmente son objeto de controversia, a fin de que haya un testimonio público y definido, no sólo para la generación presente, sino también para la venidera, qué es y debe permanecer el unánime entendimiento y juicio de nuestras iglesias respecto a los artículos en controversia, a saber:

17   1. Primero, rechazamos y condenamos todas las herejías y todos los errores que fueron rechazados y condenados en la iglesia primitiva, antigua y ortodoxa mediante el firme fundamento de la palabra de Dios.

18   2. Segundo, rechazamos y condenamos todas las sectas y herejías que fueron rechazadas en los escritos ya mencionados del breve resumen de la Confesión de nuestras iglesias.

19   3. Tercero, ya que en el espacio de veinticinco años[86] surgieron varias divisiones entre algunos teólogos de la Confesión de Augsburgo por causa del «Ínterin» (de esta Confesión) y otras razones, nos hemos propuesto manifestar y declarar de la manera más categórica, plena y expresa nuestra fe y confesión respecto a todas y cada una de estas tesis y antítesis,[87] esto es, la doctrina correcta y la falsa. Hacemos esto para que el fundamento de la verdad divina se manifieste en todos los artículos y para que todas las doctrinas falsas,

86. Texto alemán (BSLK p. 840): *innerhalb 25 Jahren* = en el espacio de 25 años, contados desde el Ínterin de Augsburgo, 30 de junio de 1548, hasta la *Concordia de Suabia* y la *Concordia Suabio-Sajona*. Texto lat.: *intra triginta annos* = en el espacio de 30 años, contados desde el Ínterin hasta la *Deutsche Konkordia* (Concordia Alemana) de 1580.

87. Vid. Epítome, I, 8, nota 12.

ambiguas, sospechosas y condenables sean claramente repudiadas, no importa dónde y en qué libros se encuentren y quién las haya escrito o aun ahora mismo esté dispuesto a defenderlas. Así deseamos que todos queden advertidos en cuanto a los errores que se promulgan aquí y allí en los escritos de algunos teólogos y que nadie sea engañado por la reputación (autoridad) de ningún hombre. Mediante esta declaración, el lector cristiano quedará informado en toda emergencia que se presente y podrá comparar esa declaración con los escritos mencionados y se dará cuenta exacta de que lo que confesó al principio respecto a cada artículo en el breve resumen de nuestra religión y fe y lo que se expuso más tarde en diferentes ocasiones y lo repetimos nosotros en este documento, no es en modo alguno contradictorio, sino la verdad pura, inmutable y perdurable; y que nosotros por lo tanto, no cambiamos de una doctrina a otra, sino que sinceramente deseamos permanecer fieles a la Confesión de Augsburgo que fue entregada una vez por todas y la explicación cristiana que de ésta ha sido unánimemente aceptada, y también, por la gracia de Dios, permanecer firmes y constantes en ella a fin de combatir todas las corrupciones que se han introducido.

I. EL PECADO ORIGINAL

En primer lugar, ha surgido una controversia entre algunos teólogos de **1** la Confesión de Augsburgo en lo que respecta al pecado original, y específicamente, en qué consiste verdadera y realmente este pecado. Pues un bando sostenía que, puesto que desde la caída de Adán en el pecado la naturaleza y esencia del hombre se han corrompido por completo, la naturaleza, substancia y esencia del hombre corrupto, o al menos la parte principal y suprema de su esencia, esto es, el alma racional en su estado supremo o sus facultades principales, todo esto forma actualmente y desde la Caída, el pecado original. A esto se le ha llamado pecado de naturaleza o pecado de persona por el hecho de que no es un pensamiento, palabra u obra, sino la naturaleza humana misma, de la cual, como de una raíz, nacen todos los otros pecados, y que por esta razón, ya que la naturaleza humana se ha corrompido por medio del pecado, no existe actualmente y desde la Caída, ninguna diferencia entre la naturaleza y la esencia del hombre y el pecado original.

El otro bando, enseñaba empero que el pecado original no es de por sí **2** la naturaleza, substancia o esencia del hombre, esto es, el cuerpo y el alma del hombre, los que actualmente y desde la Caída son y permanecen la obra y creación de Dios en nosotros, sino que es algo en la naturaleza, cuerpo y alma del hombre y en todas sus facultades, es decir, una corrupción horrible, profunda e inexplicable del cuerpo y del alma, de modo que el hombre se encuentra desprovisto de la justicia con la cual fue creado originalmente, y en asuntos espirituales está muerto a lo bueno y dispuesto a hacer lo malo;

y que, por causa de esta corrupción y pecado innato que se adhiere a su naturaleza, todos los pecados actuales emanan del corazón; por consiguiente: Es menester diferenciar entre la naturaleza y esencia del hombre corrupto, o su cuerpo y alma, que son obra y creación de Dios en nosotros aun desde la Caída, y el pecado original, que es una obra del diablo por la cual se ha corrompido la naturaleza humana.

3 Esta controversia respecto al pecado original no es una argumentación innecesaria, sino que es algo de suma importancia. Pues si esta doctrina se presenta correctamente según la enseñanza de la palabra de Dios y se separa de todos los errores pelagianos y maniqueos, entonces (según afirma la Apología) se conocerán y ensalzarán mejor los beneficios de Cristo y sus valiosos 4 méritos y asimismo la misericordiosa obra del Espíritu Santo. Además, se le tributará a Dios su merecido honor si se diferencia correctamente su obra y creación en el hombre de la obra del diablo, con lo cual se ha corrompido la naturaleza humana. Por lo tanto, a fin de explicar esta controversia de una manera cristiana y según la enseñanza de la palabra de Dios y mantener la doctrina correcta y pura acerca del pecado original, colegiremos en breves capítulos de los escritos ya mencionados, la tesis y la antítesis, esto es, la doctrina correcta y la contraria.

5 En primer lugar, es verdad que los cristianos deben considerar y reconocer como pecado no sólo las transgresiones actuales cometidas contra los mandamientos de Dios, sino que también y ante todo deben considerar y reconocer como pecado real, aun más, como el pecado mayor, que es la raíz y fuente de todos los pecados actuales, la horrible y temible enfermedad hereditaria mediante la cual toda la naturaleza humana se ha corrompido[88] 6 (Ro. 7:18). El Dr. Lutero lo llama pecado de naturaleza o pecado[89] de persona, dando a entender así que, aunque una persona no piense, diga, ni haga algo malo (cosa que en realidad es imposible en esta vida desde que nuestros primeros padres cayeron en el pecado), su naturaleza y persona son no obstante pecaminosas, esto es, completa y totalmente infestadas y corrompidas ante Dios mediante el pecado original, como por una lepra espiritual; y por causa de esta corrupción y la caída del primer hombre, la naturaleza o persona es acusada y condenada por la ley de Dios, de modo que somos por naturaleza hijos de ira (Ef. 2:3), muerte y condenación, a menos que seamos librados de esta condición por los méritos de Cristo (Sal. 51:5).

7 En segundo lugar, esto también es claro y evidente, según lo enseña el Artículo Diecinueve de la Confesión de Augsburgo, que Dios no es el creador,

---

88. *Wirklichen*, comp. el verbo *wirken*, = obrar, producir, efectuar.

89. *Natur = oder Personsünde*. Ed. de Erlangen X 322, XV 50–59, XVII 170; WA LI 354, 39, 40. Vid. Friedrich Brunstäd, *Theologie der lutherischen Bekenntnisschriften*, 1951, pp. 50, 51, 53.

autor o causa del pecado, sino que por la instigación del diablo mediante un hombre, el pecado (que es una obra del diablo) entró en el mundo (Ro. 5:12; 1 Jn. 3:8). Y aun en la actualidad, en esta corrupción de la naturaleza humana, Dios no crea ni hace el pecado en nosotros, sino que en la naturaleza que Dios sigue creando y haciendo en los hombres, el pecado original se propaga de una semilla pecaminosa mediante la concepción y nacimiento carnales por parte de los padres.[90]

En tercer lugar, qué es este mal hereditario y hasta dónde se extiende **8** es algo que ninguna razón humana sabe y entiende, sino que, como dicen los Artículos de Esmalcalda,[91] tiene que aprenderse y creerse mediante la revelación de la Escritura. Y en la Apología[92] esto se trata brevemente en las siguientes partes principales:

Este mal hereditario es la culpa por la cual acontece que, por causa de **9** la desobediencia de Adán y Eva, estamos bajo el desfavor divino y por naturaleza somos hijos de ira, según afirma el apóstol en Romanos 5:12 y sigte. y Efesios 2:3.

En segundo lugar, es la completa carencia o privación de la justicia **10** hereditaria concreada en el Paraíso, o de la imagen divina,[93] según la cual el hombre fue creado originalmente en la verdad, santidad y justicia; y, al mismo tiempo, es la incapacidad e ineptitud para hacer las cosas divinas o, como dicen las palabras latinas: La descripción del pecado original quita (niega) a la naturaleza no renovada los dones, la facultad y toda iniciativa de empezar a hacer y realizar cosa alguna en asuntos espirituales.

El pecado original (en la naturaleza humana) no consiste únicamente en **11** la ausencia total de todo lo bueno en asuntos espirituales y divinos, sino que en vez de la imagen divina que el hombre perdió, ese pecado es al mismo tiempo también una corrupción profunda, malvada, horrible, insondable, inescrutable e indecible de toda la naturaleza humana y sus facultades, especialmente de las facultades supremas y principales del alma en el entendimiento, corazón y voluntad, de modo que desde la Caída, el hombre hereda la disposición malvada y la impureza impía del corazón, de los malos deseos y de

---

90. A. Calov (*Consensus repetitus fidei verae Lutheranae* . . . 1664. II, XIX, 6) entendió el texto en el sentido del traducianismo (teoría según la cual el alma del hijo es engendrada por el alma de los padres).

91. Artículos de Esmalcalda, III. Parte, 1. Artículo.

92. Apología, II, 2–50.

93. Respecto de «imagen divina», BSLK indica, en las notas suplementarias (p. 1222, nota a p. 848, renglón 10): K. F. Schumann, en *Imago Dei, Krüger–Festschrift, 1932, 169.* Vid. además de este trabajo, Armin–Ernst Buchrucker, *Luthers Anthropologie nach der grossen Genesisvorlesung von 1535/1545*, en *Neue Zeitschrift für systematische Theologie und Religionsphilosophie*, vol. 14, 1972, pp. 250–262, ed. Leo Scheffczyk, *Der Mensch als Bild Gottes*, Vol. 124 de *Wege der Forschung*, Wissenshcaftliche Buchgesellschaft, Darmstadt, 1969. Paul Althaus, *Die christliche Wahrheit*, 8. ed., 1969.

las malas inclinaciones. Así todos nosotros, por inclinación y naturaleza, heredamos de Adán tal corazón, sentimiento y pensamiento que, según sus supremas facultades y la luz de la razón, se opone natural y diametralmente a Dios y sus supremos mandamientos; aun más, son enemistad contra Dios, particularmente en lo que respecta a asuntos divinos y espirituales. Pues en otros asuntos, como en lo que atañe a cosas naturales y externas, el hombre aún posee, aunque en forma muy débil, cierto grado de entendimiento, poder y capacidad. Pero todo esto ha sido tan infectado y contaminado por el pecado original, que delante de Dios no tiene ningún valor.

El castigo que por causa del pecado original Dios ha impuesto sobre los hijos de Adán consiste en lo siguiente: La muerte, la condenación eterna y también otras miserias físicas y espirituales, temporales y eternas, y la tiranía y el dominio de Satanás, de modo que la naturaleza humana está sujeta al reino del diablo y ha sido entregada a su servidumbre. Satanás fascina y seduce a muchos hombres importantes y eruditos en el mundo, mediante errores espantosos, herejías y otras ceguedades, precipitándolos a toda clase de vicios ignominiosos.

Este mal hereditario es tan grande y horrible, que sólo por causa de Cristo puede ser cubierto y perdonado delante de Dios en aquellos que han sido bautizados y que han creído. Además, la naturaleza humana, que por causa de ese mal es perversa y totalmente corrupta, no puede ser sanada sino por medio de la regeneración y la renovación del Espíritu Santo, obra que sólo tiene su comienzo en esta vida, pero que será perfecta en la vida venidera.

Estos puntos que se han citado aquí sólo a manera de resumen, se tratan más ampliamente en los escritos ya mencionados de la confesión común de nuestra doctrina cristiana.

Es menester empero sostener y defender esta doctrina de tal modo que no se desvíe de su verdad y caiga en el error de los pelagianos o de los maniqueos. Por esta razón debe exponerse, aunque de la manera más breve posible, la doctrina contraria respecto a este artículo que ha sido reprobada y rechazada en nuestras iglesias.

1. En primer lugar, para combatir a los pelagianos antiguos y modernos, se reprueban y se rechazan las siguientes doctrinas falsas,[94] esto es, que el pecado no es más que una culpa que recae en alguien por causa de la transgresión cometida por otro, sin que ello implique corrupción alguna de nuestra naturaleza humana.

2. Asimismo, que los malos deseos no son pecados, sino condiciones o propiedades concreadas y esenciales de la naturaleza humana.[95]

---

94. En el original: *opiniones und Lehren.*
95. Concilio de Trento, sesión V. Decreto sobre el pecado original, 5 (Denzinger-Schön-

3. O como si ese defecto o mal en realidad no fuese pecado tal que delante de Dios el hombre desprovisto de Cristo sea un hijo de ira y de la condenación y se halle bajo el dominio y el poder de Satanás.

19

4. También se reprueban y se rechazan los siguientes errores pelagianos: La naturaleza humana, aun después de la Caída, es incorrupta, y en particular, en lo que respecta a asuntos espirituales, totalmente buena y pura, y en sus facultades naturales, perfecta.

20

5. O que el pecado original es sólo una mancha leve e insignificante rociada sobre la naturaleza humana, o un borrón salpicado en ella o una

21

---

metzer, *Enchiridios Symbolorum*, ed. de 1965, 792): *Manere autem in baptizatis concupiscentiam vel fomitem, haec sancta Synodus fatetur et sentit; quae cum ad agonem relicta sit, nocere non consentientibus et viriliter per Christi Jesu gratiam repugnantibus non valet. Quin immo 'qui legitime certaverit, coronabitur'. Hanc concupiscentiam, quam aliquando Apostolus 'peccatum' appellat, sancta Synodus declarat, Ecclesiam catholicam numquam intellexisse, peccatum appellari, quod vere et proprie in renatis peccatum sit, sed quia ex peccato est et ad peccatum inclinat. Si quis autem contrarium senserit: an.s.* («Este santo Sínodo confiesa empero y piensa que en efecto, en los bautizados permanece la concupiscencia o el fomes. Mas como ésta está destinada a ser combatida, no tiene poder para perjudicar a los que no consienten en ella y por la gracia de Cristo Jesús luchan valientemente contra ella. Respecto de esta concupiscencia, que el Apóstol llama alguna vez 'pecado', el santo Sínodo declara que la Iglesia católica nunca entendió que debiera llamarse pecado en el sentido de que en los regenerados sea verdadera y propiamente pecado, sino antes bien por cuanto procede del pecado e inclina hacia el pecado. Mas si alguien piensa lo contrario, sea anatema»). H. Zuinglio, *Fidei Ratio* (de 1530) IV (texto lat. en *Die Bekenntnisschriften der reformierten Kirche*, ed. de E. F. K. Müller, p. 82,38 a p. 83,4): *Velimus igitur nolimus, admittere cogimur, peccatum originale, ut est in filiis Adae, non proprie peccatum esse, quomodo iam expositum est, non enim est facinus contra legem. Morbus igitur est proprie et conditio. Morbus, quia sicut ille ex amore sui lapsus est, ita et nos labimur. Conditio, quia sicut ille servus est factus et morti obnoxius, sic et nos servi et filii irae nascimur, et morti obnoxii. Quanquam nihil morer hunc morbum et conditionem iuxta Pauli morem adpellari peccatum. Ima tale esse peccatum, ut quicunque in eo nascuntur, hostes et adversarii Dei sint: huc enim trahit illos nativitatis conditio, nonsceleris perpetratio, nisi quantum hoc semel perpetravit primus parens. Vera igitur perduellionis et mortis causa est perpetratum ab Adam crimen ac nephas. Atque hoc vere est peccatum. At peccatum istud, quod nobis adhaerescit, et vere morbus et conditio imo necessitas est moriendi. Hoc tamen nunquam futurum fuisset per nativitatem, nisi crimen nativitatem vitiasset: criminis igitur tanquam causae, non nativitatis, est humana calamitas. Nativitatis vero non aliter quam eius, quo ex fonte et causa sequitur.* («Quiérase o no, nos vemos forzados a admitir que el pecado original, tal como existe en los hijos de Adán, no es pecado propiamente dicho, como ya se expuso, puesto que no es un atentado contra la ley. Por lo tanto, es propiamente una enfermedad y una condición. Enfermedad, porque así como aquél cayó por causa de su amor propio, así también nosotros caemos. Condición, porque así como aquél fue hecho esclavo y sujeto a la muerte, así también nosotros nacemos siervos he hijos de ira, sujetos a la muerte. No obstante, no tengo ningún reparo en que a esa enfermedad y esa condición se las llame pecado, siguiendo la costumbre de Pablo. Más aún: Tan pecado es, que todos los que nacen en él (en el pecado original), son enemigos y adversarios de Dios; pues a eso los lleva la condición en que nacen: No a cometer un crimen, excepción hecha de aquel que perpetró una vez nuestro primer padre. Por lo tanto, la causa verdadera de la enemistad y de la muerte es el crimen y la maldad que cometió Adán. Esto de veras es pecado. Pero aquel pecado que se apega a nosotros es de hecho una enfermedad y una condición, hasta puede decirse que es lo que necesariamente nos causa la muerte. Sin embargo, este estado de cosas jamás se habría producido por nacimiento, si nuestro nacimiento no hubiese quedado viciado por el crimen. Por ende, la calamidad humana es causada por el crimen, no viene de nacimiento; o sea, viene de nacimiento sólo en el sentido de que el nacimiento es la fuente que le da origen».)

corrupción sólo en algunas cosas accidentales, con las cuales y debajo de las cuales la naturaleza humana no obstante posee y retiene su integridad aun en las cosas espirituales.

22   6. O que el pecado original no es un despojo, carestía y privación, sino solamente un impedimento externo de las buenas facultades espirituales, como el efecto que el jugo del ajo tiene en el imán: Éste no pierde su poder natural, sino que sólo lo impide;[96] o que la mancha del pecado puede ser borrada con la misma facilidad con que se borra una mancha en la cara o un borrón en la pared.

23   7. Asimismo quedan repudiados y rechazados los que enseñan que aunque es cierto que la naturaleza humana ha sido debilitada y corrompida mediante la Caída, sin embargo, no ha perdido por completo todo lo bueno en lo que atañe a cosas divinas y espirituales, y que no es verdad lo que se canta en nuestras iglesias: «Por la Caída de Adán quedó corrupta toda la naturaleza humana»;[97] sino que el hombre, desde que nace, aún posee algo bueno, no importa cuán pequeño, diminuto e insignificante sea, esto es, capacidad, destreza, aptitud o habilidad para empezar, realizar o ayudar a realizar algo

24 bueno. En lo que respecta a asuntos externos, temporales y terrenos, que están sujetos a la razón, se dará empero una explicación en el artículo siguiente.

25   Estas y similares doctrinas contrarias quedan reprobadas y rechazadas porque la palabra de Dios enseña que de por sí la naturaleza humana no tiene ningún poder de hacer lo bueno en asuntos espirituales y divinos, ni siquiera en lo más mínimo, como por ejemplo, en los buenos deseos. Y no sólo esto, sino que de por sí no puede hacer otra cosa delante de Dios que pecar (Gn. 6:5; 8:21).

26   1. Del mismo modo, esta doctrina también tiene que ser defendida (guardada) por otro lado, de los errores maniqueos. Por lo tanto, se rechazan las siguientes doctrinas falsas y otras similares: Que al principio la naturaleza humana fue creada por Dios pura y buena, pero que después, desde la Caída, el pecado original (como algo esencial) ha sido infundido por Satanás en la naturaleza humana y mezclado con ella, así como se mezclan el veneno y el vino.

27   Pues aunque en Adán y Eva la naturaleza humana fue creada originalmente pura y santa, sin embargo, el pecado no entró en la naturaleza de ellos mediante la Caída de la manera como lo enseñan los maniqueos en su fa-

---

96. Esto va dirigido, en parte, contra V. Strigel, que también cita esta ilustración del imán, *Disputatio Nonaria*, 23 (relato sobre la Disputación de Weimar del 2 al 8 de agosto de 1560). Gustav Frank, *Geschichte der protestantischen Theologie*, vol. I, Leipzig, 1862, p. 128. Vid. también *Concordia Triglotta*, «Historical Introductions», p. 133 y sigtes.

97. En el original: *Durch Adams Fall ist ganz verderbet menschlich Natur und Wesen.* Vid. Epítome, I, 8, nota 12.

natismo, esto es, como si Satanás hubiese creado o hecho alguna substancia mala y la hubiese mezclado con la naturaleza humana. Pero ya que el hombre, por la seducción de Satanás mediante la Caída, ha perdido, según el juicio y la sentencia de Dios y como castigo, la justicia hereditaria con que fue creado, la naturaleza humana, como queda dicho, se ha vuelto tan perversa y corrupta por causa de esta privación o deficiencia, carestía y lesión causadas por Satanás, que ahora la naturaleza se transmite juntamente con este defecto y corrupción a todos los hombres que son concebidos por sus padres y nacen de ellos de un modo natural. Pues desde la Caída la naturaleza humana no es primeramente creada pura y buena y sólo después es corrompida por el pecado,[98] sino que en el primer momento de nuestra concepción, es pecaminosa y corrupta la semilla de la cual es formado el hombre. Además, el pecado original no es algo que existe de por sí, independiente o aparte de la naturaleza corrupta del hombre, ni tampoco es la esencia, el cuerpo o el alma real del hombre corrupto, o el hombre mismo. Tampoco puede y debe hacerse distinción tal entre el pecado original y la naturaleza del hombre corrupto que se considere la naturaleza humana como pura, buena, santa e incorrupta delante de Dios y sólo como malo al pecado original que mora en ella.

2. También rechazamos, como escribe San Agustín respecto a los maniqueos,[99] que no es el hombre corrupto mismo el que peca por causa del pecado original, sino otra cosa que es extraña al hombre, y que Dios, por lo tanto, no acusa y condena mediante la ley, la naturaleza que ha sido corrompida por el pecado, sino sólo al pecado original que mora en ella. Pues como ya se ha declarado en la explicación de la doctrina pura acerca del pecado original, toda la naturaleza del hombre, la cual nace de un modo natural de sus padres, ha sido totalmente corrompida y pervertida por el pecado original, en cuerpo y alma[100] y en todas sus facultades, en lo que respecta a la bondad, verdad, santidad y justicia con que fue creada en el Paraíso. Sin embargo, la naturaleza no se ha exterminado o cambiado enteramente en otra substancia, que, según su esencia, no pueda considerarse como similar a nuestra naturaleza, y, por lo tanto, no puede ser de una sola esencia con nosotros. Dicha corrupción es también el motivo por el cual la ley acusa y condena toda la corrupta naturaleza humana, a menos que el pecado sea perdonado a causa de Cristo.

Pero la ley acusa y condena nuestra naturaleza humana, no porque hayamos sido creados hombres por Dios, sino porque somos pecadores e impíos; no porque desde la Caída nuestra naturaleza humana sea obra y criatura de Dios, sino porque ha sido infectada y corrompida por el pecado.

En cambio, es necesario sostener la distinción que existe entre nuestra

---

98. También este texto se interpretó en el sentido del traducianismo. Vid. Decl. Sól. I, secc. 7, nota 90.

99. Agustín, *Confessiones* V 10, 18 MSL 714, 715; CSEL XXXIII 105. *Enarratio en Psal.* 140, 9 MSL 1822, y en otros pasajes de sus escritos antimaniqueístas y antipelagianos.

100. Otro de los textos que a menudo se interpretan en el sentido del traducianismo.

naturaleza humana según es creada y preservada por Dios y en la cual mora el pecado, y el pecado original, que mora en la naturaleza humana. La una y el otro deben y pueden considerarse, enseñarse y crearse separadamente

33 según la enseñanza de la Sagrada Escritura. Pero aunque el pecado original, como un veneno y lepra espiritual (como dice Lutero[101]), ha infectado y corrompido toda la naturaleza humana, de modo que no podemos mostrar al ojo la naturaleza humana por sí sola ni el pecado original por sí solo, sin embargo, no son una y la misma cosa la naturaleza corrupta, o la esencia del hombre corrupto, cuerpo y alma, o todo el hombre que Dios ha creado (en quien mora el pecado original, que también corrompe la naturaleza, esencia, o todo el hombre), y el pecado original, que mora en la naturaleza o esencia del hombre, y la corrompe; como tampoco, en la lepra externa, son una y la misma cosa el cuerpo leproso y la lepra que hay en el cuerpo.

34 Además, los artículos principales de nuestra fe cristiana nos estimulan y compelen a conservar esta distinción. En primer lugar, en el artículo acerca de la creación la Escritura declara no sólo que Dios creó la naturaleza humana antes de la Caída, sino también que la naturaleza humana sigue siendo una obra y criatura de Dios desde la Caída (Dt. 32:6; Is. 45:11, 54; Hch. 17:25; Ap. 4:11).

35 «Tus manos», dice Job, «me hicieron y me formaron; ¿y luego te vuelves y me deshaces? Acuérdate que como a barro me diste forma; ¿Y en polvo me has de volver? ¿No me vaciaste como leche, y como queso me cuajaste? Me vestiste de piel y carne, y me tejiste de huesos y nervios. Vida y misericordia me concediste, y tu cuidado guardó mi espíritu» (Job 10:8–12).

36 «Te alabaré», dice David, «porque formidables, maravillosas son tus obras; estoy maravillado, y mi alma lo sabe muy bien. No fue encubierto de ti mi cuerpo, bien que en oculto fui formado, y entretejido en lo más profundo de la tierra. Mi embrión vieron tus ojos, y en tu libro estaban escritas todas aquellas cosas que fueron luego formadas, sin faltar una de ellas» (Sal. 139:14–16).

37 Y en el Eclesiastés de Salomón está escrito: «El polvo vuelva a la tierra, como era, y el espíritu vuelva a Dios que lo dio» (Ec. 12:7).

38 Estos pasajes de la Escritura testifican con toda claridad que Dios, desde la Caída, es el Creador del hombre; es el que crea el cuerpo y el alma del hombre. Por lo tanto, el hombre corrupto, sin excepción alguna, no puede él mismo ser pecado; de lo contrario, Dios sería creador del pecado. Nuestro Catecismo Menor, en la explicación del Primer Artículo del Credo, declara lo siguiente: «Creo que Dios me ha creado y también a todas las criaturas; que me ha dado cuerpo y alma, ojos, oídos y todos los miembros, la razón

---

101. WA XXXVI 682; XLIV 472, 489, 506, etc.

y todos los sentidos, y aún los sostiene». El Catecismo Mayor lo expresa así: «Digo y creo que soy criatura de Dios. Esto es, que Dios me ha donado y me conserva sin cesar mi cuerpo y alma y vida, mis miembros grandes y pequeños, todos mis sentidos, mi razón e inteligencia».[102] Sin embargo, esta misma criatura y obra de Dios ha sido horriblemente corrompida por el pecado; pues la masa de la cual Dios ahora forma y hace al hombre fue corrompida y pervertida en Adán y se nos transmite a nosotros por herencia.

Y aquí todo corazón piadoso debe reconocer con justicia la bondad ine- **39**
fable de Dios, esto es, que Dios inmediatamente no arroja de su presencia al fuego eterno esta masa corrupta, perversa y pecaminosa, sino que de ella forma y hace la naturaleza humana actual, la cual ha sido horriblemente corrompida por el pecado, y lo hace porque desea limpiarla de todo pecado, santificarla y salvarla por medio de su amado Hijo.

Este artículo muestra, pues, la diferencia de manera clara e irrefutable. **40**
Pues el pecado original no procede de Dios. Dios no es creador ni autor del pecado. Tampoco es el pecado original criatura u obra de Dios, sino que es obra del diablo.

Pues bien, si no hubiese diferencia alguna entre la naturaleza o esencia **41**
de nuestro cuerpo y alma, toda la cual ha sido corrompida por el pecado original, y el pecado original mismo, por el cual la naturaleza humana ha sido corrompida, se colegiría: O que Dios, ya que él es el Creador de nuestra naturaleza, también creó el pecado original y que por consiguiente, este pecado original es también su obra y criatura, o, puesto que el pecado es obra del diablo, que Satanás es el creador de nuestra naturaleza, de nuestro cuerpo y alma; y que esta naturaleza también tendría que ser obra o creación de Satanás en caso de que, sin diferencia alguna, nuestra naturaleza corrupta tuviese que ser considerada como el pecado mismo. Ambas enseñanzas son contrarias al artículo[103] principal de nuestra fe cristiana. Por lo tanto, a fin de conservar **42**
la diferencia que existe entre la obra de Dios en el hombre y la obra del diablo, decimos que el hombre tiene cuerpo y alma mediante la obra creadora de Dios. Además, que por la obra de Dios el hombre puede pensar, hablar, hacer y realizar algo; pues en él vivimos, nos movemos y somos (Hch. 17:28). Pero la corrupción de la naturaleza humana y la maldad de sus pensamientos, palabras y obras es originalmente obra de Satanás, quien ha corrompido la obra de Dios en Adán mediante el pecado. Esa naturaleza depravada se transmite de Adán a nosotros por herencia.

En segundo lugar, en el artículo acerca de la redención, la Sagrada **43**
Escritura declara con el mayor énfasis que el Hijo de Dios asumió nuestra

---

102. Catecismo Mayor, Credo, 1° Artículo, 13.
103. *Den Artikel. Libro de Concordia* latino de 1580 y 1584: *primo . . . articulo.*

naturaleza humana, pero sin pecado, de modo que él fue hecho, como nosotros, participante de todas las cosas, a excepción del pecado (Hch. 2:17). Por consiguiente, todos los teólogos ortodoxos han sostenido que Cristo, según la naturaleza humana que asumió, es consubstancial con nosotros, sus hermanos, pues asumió su naturaleza humana, que en todo sentido es igual a nuestra naturaleza humana con la excepción del pecado en su esencia y en todos sus atributos esenciales; y estos teólogos ortodoxos han condenado como herejía manifiesta la doctrina contraria.

44   Pues bien, si no hubiese diferencia alguna entre la naturaleza o esencia del hombre corrupto y el pecado original, hay que inferir que Cristo o no asumió nuestra naturaleza, porque no asumió el pecado, o que, puesto que asumió nuestra naturaleza, también asumió el pecado. Ambas doctrinas son contrarias a la Sagrada Escritura. Pero por cuanto el Hijo de Dios asumió nuestra naturaleza humana y no el pecado original, es por lo tanto evidente que desde la Caída la naturaleza humana y el pecado original no son una y la misma cosa, sino que son dos cosas diferentes.

45   En tercer lugar, en el artículo acerca de la santificación, la Escritura declara que Dios limpia, lava y santifica al hombre del pecado que éste posee (1 Jn. 1:7), y que Cristo salva a su pueblo de sus pecados. Por lo tanto, el pecado no puede ser el hombre mismo; pues Dios concede al hombre su gracia por causa de Cristo, pero odia el pecado por toda la eternidad. Por consiguiente, es impío y malvado oír decir que el pecado original es bautizado en el nombre de la Santa Trinidad,[104] santificado y salvo, y otras expresiones que se encuentran en los escritos de los maniqueos recientes, expresiones que no repetimos para no ofender a las personas simples.

46   En cuarto lugar, en el artículo acerca de la resurrección, la Escritura declara que será resucitada la misma substancia de esta nuestra carne, pero sin pecado, y que en la vida eterna tendremos y retendremos esta misma alma, pero sin pecado.

47   Es evidente que si no hubiese diferencia alguna entre nuestra carne y alma corrupta y el pecado original, sería de esperarse, contrario a este artículo de la fe cristiana, o que esta nuestra carne no resucitará en el día postrero y que en la vida eterna no tendremos la esencia actual de nuestro cuerpo y alma, sino otra substancia (u otra alma), porque no tendríamos pecado; o que en el día postrero también resucitará el pecado para que permanezca en los escogidos durante la vida eterna.

48   Por consiguiente, es claro que la doctrina de los maniqueos (con todo

---

104. Chr. Irenaeus, *Examen Libri Concordiae* (Frank, *Die Theologie der Konkordienformel*, I, 101 sigtes.). Se le atribuye a M. Flacius *Illyricus* la paradoja de que «el pecado original tiene que ser bautizado en el nombre de la santa Trinidad». Cf. sin embargo *Clavis Scripturae* I, 1299.

lo que de ella depende y se desprende) tiene que ser rechazada, en particular, cuando se afirma y enseña que el pecado original es lo mismo que la naturaleza, substancia, esencia, cuerpo, o alma del hombre corrupto, de modo que no hay diferencia alguna entre nuestra naturaleza corrupta, substancia y esencia y el pecado original; pues los artículos principales de nuestra fe cristiana declaran poderosa y enfáticamente por qué se debe observar una diferencia entre la naturaleza o substancia del hombre, la cual ha sido corrompida por el pecado, y el pecado mismo, mediante el cual el hombre se vuelve corrupto. Y esto basta para exponer una declaración simple de la doctrina **49** correcta y de la doctrina contraria en esta controversia, en lo que respecta al asunto principal mismo, ya que el asunto no se discute en todos sus pormenores, sino que se tratan los puntos principales, artículo por artículo.

Pero en lo referente a vocablos y expresiones, es mejor y más provechoso **50** utilizar y retener la forma de sanas palabras que respecto a este artículo se emplean en la Sagrada Escritura y los libros ya mencionados.

Además, a fin de evitar contiendas acerca de palabras, es menester ex- **51** plicar con el mayor cuidado y claridad los vocablos y expresiones que se aplican y se usan en diversos significados. Por ejemplo, cuando se dice: Dios crea la naturaleza del hombre, es evidente que en este sentido por la palabra naturaleza se entiende la esencia, cuerpo y alma del hombre. Pero con frecuencia a la disposición o cualidad viciosa de una cosa se le llama su naturaleza, como cuando se dice: La naturaleza de la serpiente es morder y envenenar. Y así[105] Lutero,[106] cuando dice que el pecado y el pecar son la disposición y naturaleza del hombre corrupto, usa la palabra naturaleza.

Por lo tanto, el pecado original propiamente significa la máxima co- **52** rrupción de nuestra naturaleza humana, según la descripción que se da en los Artículos de Esmalcalda. Pero a veces se incluye también bajo este término a la persona concreta o al sujeto, esto es, al hombre con cuerpo y alma, en el cual existe y es inherente el pecado, y esto se debe al hecho de que el hombre, por causa del pecado, es corrupto, está envenenado y es pecaminoso. Respecto a esto dice Lutero: «Tu nacimiento, tu naturaleza y toda tu esencia es pecado», es decir, pecaminoso o impuro.[107]

Lutero mismo explica que por pecado natural, pecado personal y pecado **53** esencial él quiere decir que no sólo las palabras, los pensamientos y las obras son pecado, sino también que toda la naturaleza, persona y esencia del hombre

---

105. *Also*. Texto lat.: *In hac sententia D. Lutherus utitur vocabulo naturae, cum dicit* . . . . (»En este sentido usa el Dr. Lutero la palabra «naturaleza» cuando dice . . .).

106. WA II 728; XVIII 501.

107. WA XII 403; LII 322, 325, 380.

son total y fundamentalmente corruptas por causa del pecado original.[108]

54   En cambio, en lo que respecta a los vocablos latinos *substantia* y *accidens*, opinamos que no deben ser usados en sermones para oyentes sencillos e indoctos, porque estos vocablos son desconocidos, para las personas simples. Pero cuando los doctos entre ellos mismos o con otros, a quienes estos vocablos no son desconocidos emplean estos términos al tratar este asunto, como lo hicieron Eusebio[109] y Ambrosio,[110] y especialmente Agustín,[111] y también otros eminentes teólogos, porque los creyeron necesarios para explicar esta doctrina y así defenderla de los herejes, los vocablos asumen una división inmediata, esto es, una división entre la cual no hay medio, de modo que todo lo que existe tiene que ser o *substantia*, es decir, una esencia independiente, o *accidens*, es decir, una materia accidental que esencialmente no existe de por sí, sino que se halla en otra esencia independiente, y puede ser distinguida de ella. Esta división la usan también Cirilo[112] y Basilio.[113]

55   Y por cuanto entre los varios axiomas usados en la teología también el siguiente es un axioma indudable e indiscutible: Toda esencia independiente, ya que es una substancia, es o Dios mismo o una obra y creación de Dios, por lo tanto Agustín, en mucho de lo que escribió para combatir a los maniqueos y en común acuerdo con todos los teólogos verdaderos, ha condenado y rechazado, después de considerar amplia y seriamente el asunto, la siguiente declaración: El pecado original es la naturaleza o substancia del hombre. Después de él, todos los eruditos y entendidos también han sostenido que lo que no existe independientemente no es parte de otra esencia independiente, sino que existe, sujeto a cambio, en otra cosa, no es substancia independiente, sino algo accidental. Por consiguiente, Agustín constantemente acostumbra hablar de este modo: El pecado original no es la naturaleza misma, sino un

56 defecto accidental en la naturaleza. Así, antes de esta controversia, hablaban libremente y sin despertar sospechas de herejías los hombres eruditos, también en nuestras iglesias y escuelas, según las reglas de la dialéctica,[114] y por esto

---

108. WA XII 508; XLII 327, 385.

109. Eusebio de Cesarea, *Praeparatio evangelica*, VII, 22, extracto de Máximo, *De Materia*, MSG XXI, 573 y sigte. (La *Praeparatio evangelica*, 15 libros dirigidos contra los gentiles, forma junto con los 20 libros de la *Demonstratio evangelica* la más extensa obra apologética de Eusebio.)

110. P. ej. *Hexaemeron* I 8, 28, CSEL XXXII 27, 27 s. (MSL XIV 138).

111. V.g. *De natura et gratia*, *19.21; 20.22*, CSEL LX 246–248 (MSL XLIV 256, 257).

112. Cirilo de Alejandría, *Thesaurus de sancta et consubstantiali trinitate*, assert. II. III, MSG LXXV, 27 sigtes.

113. Basilio (el Grande) de Cesarea. La FC se refiere a la *Homilia quod Deus non sit auctor malorum*, MSG XXXI, 341 BC.

114. *Nach der Dialectica* = de acuerdo con las normas de la lógica. Texto lat.: *iuxta regulas dialecticae*.

jamás fueron censurados ni por el Dr. Lutero ni por ningún teólogo ortodoxo de nuestras iglesias evangélicas puras.

Pues bien, por cuanto es una verdad indiscutible que todo lo que existe es o una esencia independiente o algo accidental, como ya se ha demostrado y comprobado mediante los testimonios de los maestros de la iglesia y ninguna persona de sana inteligencia jamás lo ha dudado, por lo tanto, en caso de que a alguien se le pregunte si el pecado original es una substancia, esto es, alguna cosa de existencia independiente y que no se encuentra en otra, o si es un accidente, esto es, una cosa que no existe de por sí, sino que se encuentra en otra y no puede existir independientemente, la necesidad lo obliga, sin evasión alguna, a contestar categórica y rotundamente que el pecado original no es una substancia, sino un accidente. 57

Por esta razón, la iglesia de Dios nunca logrará paz permanente respecto a esta controversia; al contrario, la controversia será fortalecida y confirmada si los ministros de la iglesia permanecen en duda en cuanto a la pregunta si el pecado original es una substancia o un accidente, y si en realidad es propio llamarlo por estos nombres. 58

Por lo tanto, si las iglesias y escuelas han de ser libradas de esta controversia ofensiva y perjudicial, es imprescindible que todos y cada uno sean debidamente instruidos respecto a este asunto. 59

Pero si se sigue inquiriendo qué clase de accidente es el pecado original, tendremos que decir que ésa es otra pregunta, sobre la cual no puede dar la debida explicación ningún filósofo, ni papista, ni sofista, aun más, ni la razón humana, no importa cuán aguda sea, sino que para entenderlo y explicarlo es menester acudir únicamente a las Sagradas Escrituras, las cuales testifican que el pecado original es un mal execrable y una corrupción tan completa de la naturaleza humana que no resta nada puro o bueno en ella y en todas sus facultades internas y externas, sino que todo es corrupto, de manera que debido al pecado original, el hombre es verdadera y espiritualmente muerto ante los ojos de Dios, y con todas sus facultades muerto a todo lo que es bueno. 60

De esta manera, pues, la palabra «accidente» no disminuye el pecado original, especialmente si esa palabra se explica según lo que enseña la palabra de Dios, del modo como lo hace el Dr. Lutero cuando, en su explicación latina del tercer capítulo de Génesis,[115] con el mayor celo escribe contra la minimización del pecado original. Pero esta palabra sólo sirve para explicar la distinción que existe entre la obra de Dios (ésta es nuestra naturaleza a pesar de ser corrupta) y la obra del diablo (éste es el pecado que se adhiere a la obra de Dios y que forma la corrupción más profunda e indescriptible de ella). 61

---

115. WA XLII 123–125.

62   Por lo tanto, también Lutero, al tratar este asunto, ha empleado la palabra «accidente» e igualmente la palabra «cualidad», sin rechazar la una ni la otra; pero al mismo tiempo, con singular diligencia y el mayor celo, ha explicado y enseñado a todos y a cada uno cuán horrible es la cualidad y el accidente mediante el cual la naturaleza humana ha sido no meramente contaminada, sino también tan profundamente corrompida que en ella no ha quedado nada puro e incorrupto. Así dice Lutero en su explicación del Salmo 90: Bien que llamamos al pecado original una cualidad o una enfermedad, él es el peor mal que existe, por el cual no sólo hemos de padecer la ira eterna de Dios y la muerte eterna, sino que también ni siquiera hemos de entender lo que padecemos.[116] Y en su explicación de Génesis 3 dice él: Estamos infectados con el veneno del pecado original de pies a cabeza, por cuanto esto nos sucedió en una naturaleza que aún era perfecta.[117]

II. EL LIBRE ALBEDRÍO, O LAS FACULTADES HUMANAS

1   Ya que respecto al libre albedrío o las facultades humanas ha surgido una controversia no sólo entre los papistas y nosotros, sino también entre algunos teólogos mismos de la Confesión de Augsburgo, en primer lugar, demostraremos exactamente en qué puntos hay controversia.

2   Pues ya que el hombre, en lo que atañe a su libre albedrío se encuentra y puede ser considerado en cuatro estados distintos y desemejantes, no ha de tratarse aquí en qué estado se encontraba antes de la Caída, o qué puede hacer desde la Caída y antes de su conversión en asuntos externos pertinentes a esta vida temporal; ni tampoco qué clase de libre albedrío tendrá en asuntos espirituales después de haber sido regenerado por el Espíritu Santo y ser dirigido por él, o cuando resucita de entre los muertos; sino que se trata única y exclusivamente de qué pueden hacer el intelecto y la voluntad del hombre no regenerado para obtener su conversión y regeneración mediante las propias facultades que le han quedado después de la Caída; esto es, si es capaz, cuando se le predica la palabra de Dios y se le ofrece la gracia divina, de aplicarse y prepararse a sí mismo para recibir esa gracia y aceptarla. Éste es el asunto sobre el cual, por muchos años, ha habido controversia[118] entre algunos teólogos en las iglesias de la Confesión de Augsburgo.

---

116. Ed. de Erlangen, *Opera Exigetica* XVIII, 320, 321, SL 90.12.

117. WA XLII, 122.

118. En 1555, Johann Pfeffinger, en aquel entonces profesor en la universidad de Leipzig, compuso una serie de tesis en latín que habría de servir de base para un debate académico. Reaccionaron Nicolaus von Amsdorf (cf. *Meditationes adversus impiam Pfeffingeri disputationem*) y otros (p.ej. Johann Stolz, en 1566). En 1558, Amsdorf atacó a Pfeffinger públicamente en su *Offentliche Bekenntnis der reinen lere des Evangelij Vnd Confutatio der jtzigen Schwermer* (Jena, 1558), a lo que Pfeffinger replicó en el mismo año con su *Demonstratio Manifesti Mendacii,*

Pues algunos han sostenido y enseñado que, si bien es verdad que el hombre por su propio poder no puede cumplir los mandamientos de Dios, o realmente confiar en Dios, temerle y amarle sin la gracia que le concede el Espíritu Santo, no obstante, le ha quedado porción tal de las facultades naturales que poseía antes de la regeneración, que es capaz, hasta cierto punto, de prepararse a sí mismo para recibir la gracia divina y aceptarla, aunque débilmente; pero que no puede realizar nada por medio de esas facultades, sino que tiene que sucumbir en la lucha, a menos que se les añada la gracia del Espíritu Santo.

Por otro lado, tanto los entusiastas iluminados antiguos como los modernos[119] han enseñado que Dios convierte a los hombres y los conduce al conocimiento salvador de Cristo mediante su Espíritu, sin ningún medio e instrumento creado, esto es, sin necesidad de la predicación y el oír externo de la palabra de Dios.

A fin de combatir ambos lados, los teólogos verdaderos de la Confesión de Augsburgo han enseñado y sostenido que debido a la caída de nuestros primeros padres el hombre quedó tan corrupto que por naturaleza es ciego en las cosas divinas concernientes a la conversión y salvación de su alma, de manera que cuando se le predica la palabra de Dios, ni quiere ni puede entenderla, sino que le es insensatez; tampoco se acerca a Dios por sí mismo, sino que es y permanece enemigo de Dios hasta que se convierte, recibe el don de la fe, se regenera y se hace nueva criatura por el poder del Espíritu Santo mediante la palabra que lee u oye—todo de pura gracia, sin ninguna cooperación de su parte.

A fin de explicar esta controversia de una manera cristiana según la guía de la palabra de Dios, y decidirla mediante la gracia divina, nuestra doctrina,

---

Qvo Infamare Conatvr Doctorem Johannem Pfeff. Libellvs Qvidam maledicus & Sycophanticus germanice editus titulo Nicolai ad Amsdorff, Necessaria propter Veritatis assertionem & auersionem Scandali, & tuendam existimationem sincerae doctrinae («Demostración de la manifiesta mentira con que intenta infamar al Dr. J. Pfeffinger cierto opúsculo maldiciente y calumniador publicado en alemán por Nicolaus von Amsdorf. Demostración necesaria para confirmar la verdad y apartar el escándalo, y para salvaguardar la estima de la doctrina correcta»), Wittenberg, 1558. En la tesis de doctorado (en Historia, Universidad de Wisconsin) titulada «*Nicolaus von Amsdorf Knight of God and Exile of Christ Piety and Polemic in the Wake of Luther*», presentada por Robert Allan Kolb en 1972, de la cual extrajimos casi todos los datos de esta nota, hay un capítulo sustancioso (VI) dedicado a la controversia sinergista. Kolb entiende que Amsdorf desencadenó la controversia con su réplica pública a Pfeffinger mediante el *Offentliche Bekenntnis* (p. 307 de la copia dactiloscópica) y que ésta estalló en pleno cuando Pfeffinger respondió a las críticas que se le hicieron en aquella réplica (op. cit. p. 311).

119. Entre los antiguos cabe mencionar a los messalianos o euquitas, secta de Mesopotamia y de Siria, siglo 4. Recalcaban las experiencias místicas y desdeñaban los medios de gracia. Entre las figuras del siglo 16 que fueron acusadas de entusiastas por los luteranos se cuentan Gaspar Schwenckfeld y Ulrico Zuinglio. De este último cf. p.ej. *Fidei ratio* VII (*Die Bekenntnisschriften der reformierten Kirche*, ed. de E. F. K. Müller, p. 86, 14): *Dux autem vel vehiculum spiritui non est necessarium* («El Espíritu empero no tiene necesidad de un guía o de un vehículo»).

7   fe y confesión es la siguiente: En las cosas espirituales y divinas el intelecto, el corazón y la voluntad del hombre son completamente incapaces, mediante sus propias facultades naturales, de entender, creer, aceptar, pensar, desear, empezar, efectuar, hacer u obrar alguna cosa o cooperar en ella; sino que son corruptos y están enteramente muertos a lo bueno; de manera que en la naturaleza del hombre desde la Caída, antes de la regeneración, no existe ni se observa la menor chispa de poder espiritual por la cual el hombre mismo pueda prepararse para la gracia de Dios o aceptarla cuando se le ofrece, ni ser capaz por sí mismo de poseerla (2 Co. 3:15), ni de aplicarse o acomodarse a ella, ni por sus propias facultades ayudar a hacer algo en su conversión o cooperar en lo más mínimo para obtenerla, sino que es siervo del pecado (Jn. 8:34), y cautivo del diablo, que lo manipula a su antojo (Ef. 2:2; 2 Ti. 2:26). Por consiguiente, el libre y natural albedrío del hombre, según su naturaleza y disposición pervertidas, es fuerte y activo sólo en lo que es desagradable y contrario a Dios.

8   Esta importante declaración y respuesta a la pregunta principal de la controversia presentada en la introducción a este artículo es confirmada y respaldada por los siguientes argumentos de la palabra de Dios, y aunque éstos son contrarios a la vanidosa razón humana y la filosofía, sin embargo sabemos que la sabiduría de este mundo perverso es sólo insensatez delante de Dios (1 Co. 3:19) y que los artículos de la fe deben ser juzgados únicamente por medio de la palabra de Dios.

9   Pues, en primer lugar, aunque es cierto que la razón humana o el intelecto natural tiene aún una chispa débil del conocimiento de que existe un Dios, y también de la doctrina acerca de la ley (Rom. 1:19 y sigte.), no obstante es tan ignorante, ciega y perversa que, aun cuando los hombres más ingeniosos y eruditos de la tierra leen u oyen el evangelio del Hijo de Dios y la promesa de la salvación eterna, no tienen la facultad de percibirlo, comprenderlo, entenderlo o creerlo y considerarlo como verdadero, sino que cuanta más diligencia y fervor usan en su empeño de comprender estas cosas espirituales con la razón, tanto menos las entienden o creen y antes de que el Espíritu los

10   ilumine y enseñe, consideran todo esto sólo como insensato y falso. «El hombre natural no percibe las cosas que son del Espíritu de Dios, porque para él son locura» (1 Co. 2:14). «Pues ya que en la sabiduría de Dios, el mundo no conoció a Dios mediante la sabiduría, agradó a Dios salvar a los creyentes por la locura de la predicación» (1 Co. 1:21). «Estos [es decir, los que no han nacido otra vez por el Espíritu de Dios] . . . que andan en la vanidad de su mente, teniendo el entendimiento entenebrecido, ajenos de la vida de Dios por la ignorancia que en ellos hay, por la dureza de su corazón» (Ef. 4:17 y sigte.). «A vosotros os es dado conocer los misterios del reino de Dios; pero a los otros por parábolas, para que viendo no vean, y oyendo no entiendan»

(Mt. 13:11 y sigte.; Lc. 8:10). «No hay quien entienda. No hay quien busque a Dios. Todos se desviaron, a una se hicieron inútiles; no hay quien haga lo bueno, no hay ni siquiera uno» (Ro. 3:11–12). Por esta razón nos dice la Escritura categóricamente que el hombre natural, en lo que se refiere a las cosas espirituales y divinas, es tinieblas (Ef. 5:8; Hch. 26:18; Jn. 1:5): «La luz en las tinieblas resplandece [es decir, en el mundo tenebroso y ciego, que no conoce ni procura a Dios], y las tinieblas no prevalecieron contra ella». Del mismo modo enseña la Escritura que el hombre pecador no sólo es espiritualmente débil y enfermizo, sino también difunto y enteramente muerto (Ef. 2:1, 5; Col. 2:13).

Pues bien, así como un hombre que está físicamente muerto no puede **11** por su propio poder prepararse o acomodarse a sí mismo para obtener otra vez la vida temporal, así tampoco el hombre que está espiritualmente muerto en sus pecados puede por su propio poder acomodarse o aplicarse a sí mismo a la adquisición de la justicia y la vida espiritual y celestial, a menos que sea librado y vivificado de la muerte del pecado por el Hijo de Dios.

Por lo tanto, las Escrituras niegan al intelecto, corazón y voluntad del **12** hombre natural toda aptitud, destreza, capacidad y habilidad de pensar, entender, poder hacer, empezar, desear, emprender, actuar, realizar o cooperar para producir de por sí algo bueno y recto en asuntos espirituales. «No que seamos competentes por nosotros mismos para pensar algo como de nosotros mismos, sino que nuestra competencia proviene de Dios» (2 Co. 3:5). «Todos se hicieron inútiles» (Ro. 3:12). «Mi palabra no halla cabida en vosotros» (Jn. 8:37). «Las tinieblas no prevalecieron contra ella» (Jn. 1:5). «El hombre natural no percibe (o, según el significado literal de la palabra griega, no alcanza, no comprende, no recibe) las cosas que son del Espíritu de Dios, esto es, no puede percibir cosas espirituales, porque para él son locura, y no las puede entender» (1 Co. 2:14).[120] Mucho menos puede creer verdaderamente en el evangelio, aceptarlo como la verdad. «Por cuanto la mente carnal (o la **13** mente del hombre natural) es enemistad contra Dios; porque no se sujeta a la ley de Dios, ni tampoco puede» (Ro. 8:7). En resumen, permanecerá **14** eternamente verdadero lo que el Hijo de Dios dice, «Separados de mí nada podéis hacer» (Jn. 15:5). Y San Pablo, «Dios es el que en vosotros produce así el querer como el hacer, por su buena voluntad» (Fil. 2:13). Este último pasaje es muy consolador para todos los cristianos que sienten y experimentan un pequeño destello de la gracia divina y la salvación eterna o las anhelan

---

120. El verbo «percibe» de la Versión Reina–Valera es el equivalente del *vernimbt* del texto alemán. Otras traducciones: «capta» (Biblia de Jerusalén); «acepta» (Dios Habla Hoy). El *Dicc. Griego–Latino–Español de los PP. Escolapios*, Ed. Albatros, Buenos Aires, da para el verbo *déjomai* del texto griego los siguientes significados: en lat. *capio, percipio, suscipio, admitto*, y en español «tomar, recibir, admitir».

fervorosamente; pues saben que Dios ha encendido en su corazón este comienzo de la verdadera santidad y que además los fortalecerá y los ayudará en su gran flaqueza para preservarlos en la verdadera fe hasta el fin.

15 Aquí pertenecen también todas las oraciones de los santos (creyentes) en las que piden que Dios los enseñe, ilumine y santifique. Con esto declaran que por sus propias facultades naturales no pueden obtener las cosas que piden a Dios. Así David, en el Salmo 119, más de diez veces pide que Dios le conceda entendimiento, a fin de poder comprender y aprender rectamente la enseñanza divina. Los escritos de San Pablo contienen muchas oraciones similares a la de David (Ef. 1:17; Col. 1:9; Fil. 1:9). Estas oraciones y estos pasajes se han escrito para beneficio nuestro; no para hacernos tardíos y remisos en la lectura, el oír y la meditación de la palabra de Dios, sino ante todo, para que demos gracias a Dios de todo corazón porque por medio de su Hijo nos ha librado de las tinieblas de la ignorancia y de la cautividad del pecado y de la muerte, y regenerado e iluminado mediante el bautismo y el Espíritu Santo.

16 Y después que Dios mediante el Espíritu Santo en el bautismo haya concedido y obrado el comienzo del verdadero conocimiento de Dios y de la fe, debemos pedirle sin cesar que por ese mismo Espíritu (mediante el oír, la lectura y el uso diario de la palabra de Dios) conserve en nosotros la fe y los dones celestiales, nos fortalezca de día en día y nos guarde firmes hasta el fin. Pues a menos que Dios mismo sea nuestro Maestro, nada podemos estudiar y aprender que sea aceptable a él y saludable a nosotros y otros.

17 En segundo lugar, la palabra de Dios declara que en lo que respecta a cosas divinas el intelecto, el corazón y la voluntad del hombre natural y no regenerado no sólo se han alejado de Dios por completo, sino que también se han vuelto enemistad y perversidad contra Dios y se han inclinado a todo lo malo. Además, que el hombre no sólo es débil, incapaz, inepto y está muerto a lo bueno, sino que también por causa del pecado original se halla tan terriblemente pervertido, infectado y corrompido que por disposición y naturaleza es del todo malo, perverso y hostil hacia Dios y sumamente fuerte, vivo y activo hacia todo lo que es desagradable y contrario a Dios. «El intento del corazón humano es malo desde su juventud» (Gn. 8:22). «Engañoso es el corazón más que todas las cosas, y perverso: ¿Quién lo conocerá?» (Jer. 17:9). San Pablo explica este pasaje en Romanos 8:7 del modo siguiente: «La mente carnal es enemistad contra Dios». «El deseo de la carne es contra el Espíritu, y el del Espíritu es contra la carne; éstos se oponen entre sí» (Gá. 5:17). «Sabemos que la ley es espiritual; mas yo soy carnal, vendido al pecado» (Ro. 7:14). Y más adelante en Romanos 7:18, 22–23: «Yo sé que en mí, esto es, en mi carne, no mora el bien; . . . Porque según el hombre interior (el hombre que ha sido regenerado por el Espíritu Santo), me deleito

en la ley de Dios; pero veo otra ley en mis miembros, que se rebela contra la ley de mi mente, y que me lleva cautivo a la ley del pecado».

Ahora bien, si en el piadoso apóstol Pablo y en otros hombres regene- **18** rados el libre albedrío carnal aun después de la regeneración lucha contra la ley de Dios, ese albedrío será aun más obstinado y hostil hacia la ley y la voluntad de Dios antes de la regeneración. Por lo tanto, es evidente (según queda dicho en el artículo acerca del pecado original, al cual nos referimos brevemente aquí) que el libre albedrío, mediante sus propias facultades naturales, de ningún modo puede obrar su propia conversión, justicia y salvación ni cooperar en ellas, ni tampoco obedecer, creer o dar asentimiento al Espíritu Santo, quien por medio del evangelio le ofrece gracia y salvación, sino que por el contrario, su rebelde y contumaz naturaleza innata resiste hostilmente a Dios y su voluntad, a menos que sea iluminada por el Espíritu Santo.

Por esta razón, la Sagrada Escritura también compara el corazón del **19** hombre no regenerado a una piedra dura que no cede al que la toca, sino que resiste, y a un bloque tosco y a una bestia salvaje. Esto no quiere decir que el hombre desde la Caída ya no sea una criatura racional, o se convierta a Dios sin oír la palabra divina y meditar sobre ella, o en asuntos externos y terrenales no pueda entender nada bueno o malo, o de su propia voluntad hacerlo o dejar de hacerlo.

Pues, según dice el Dr. Lutero en su comentario acerca del Salmo 91:[121] **20** «En asuntos terrenales y externos, que pertenecen a la vida y al sustento del cuerpo, el hombre es sagaz, ingenioso y sumamente activo; pero en los asuntos espirituales y divinos, que pertenecen a la salvación del alma, el hombre es

---

121. Hasta ahora no se ha podido verificar si Lutero realmente usó la expresión *truncus et lapis* (tronco y piedra), aunque muchos se la atribuyen. El dogmático católicorromano R. Tabarelli (*De Bratia Christi in I-II partem summae theologiae*, ed. de Cornelio Fabro, Roma, 1962, p. 221, nota 52) dice que el *similis trunco et lapidi* se halla en el comentario de Lutero al Génesis, capítulo 19, y remite a la Simbólica del católico romano J. A. Möhler. Éste (cf. *Symbolik*, libro I, cap. III, párr. 11, p. 109) transcribe el texto e informa que es de Lutero, comentario al Génesis, capítulo 19. Sin embargo, el texto transcrito por Möhler no existe en Lutero, se encuentra, en cambio, en la Fórmula de Concordia (Decl. Sól., II, 20). La FC, a su vez, presenta el texto entre comillas y dice que figura en el comentario de Lutero sobre el Salmo 91. Pero tampoco allí es posible localizar la expresión. Lutero escribe (*Enarratio psalmi XC; ed. de Erlangen*, 'exegetica opera latina' XVIII, p. 318): *Philosophi hominem definiunt esse animal rationale. Sed hoc quis dicet in theologia esse verum? Ibi enim vere homo est statua salis, sicut uxor Lot, quia illam magnam iram Dei non intelligit, et ruit imprudens in mille pericula mortis, imp saepe volens et sciens* («Los filósofos definen al hombre como animal racional. Pero ¿quién dice que esto es verdad también en teología? Pues allí el hombre es, de hecho, una estatua de sal, como la mujer de Lot, porque no entiende aquella grande ira de Dios, y en su imprudencia se precipita a mil peligros mortales, muchas veces hasta a propósito y a sabiendas»). El *truncus et lapis* proviene de una paráfrasis (vid. Otto Ritschl, *Dogmengeschichte des Protestantismus*, vol. II, Leipzig, 1912, p. 444, nota 4. Allí, el autor comenta: «*In der Sache freilich besagen die hier von Luther nicht gebrauchten Ausdrücke Klotz, Stein, totes Bild nichts anderes als Salzsäule und Lots Weib*». (Pero en la práctica, las expresiones *tronco, piedra, imagen inanimada*,—que Lutero no usa en este pasaje—significan lo mismo que *estatua de sal*, y *mujer de Lot*.

como una estatua de sal (como la estatua en que se convirtió la mujer de Lot);
aun más, como un bloque o una piedra, como una figura sin vida, que no

21 usa ni ojos ni boca, ni sentido ni corazón. Pues el hombre ni ve ni reconoce
la terrible ira de Dios que es causa del pecado y que trae por resultado la
muerte, sino que persiste en su seguridad carnal, aun a sabiendas y voluntariamente, y así cae en mil peligros y por fin en la muerte y la condenación
eterna; y de nada le valen oraciones, súplicas, amonestaciones, y ni siquiera
amenazas y reprensiones; aun más, le es inútil toda enseñanza y predicación,
a menos que sea iluminado, convertido y regenerado por el Espíritu Santo.

22 Para esta renovación del Espíritu Santo no fue creada por supuesto ninguna
piedra ni ningún bloque, sino el hombre únicamente. Y aunque Dios, según
su justo y severo juicio, ha desechado para siempre a los espíritus malos que
cayeron en el pecado, no obstante, de pura misericordia ha sido su voluntad
que la raza humana que cayó en el pecado vuelva a poder participar de la
conversión, la gracia divina y la vida eterna; no por causa de la destreza,
aptitud o capacidad natural y activa del hombre (pues la naturaleza del hombre
es enemistad contra Dios), sino de pura gracia, por la obra misericordiosa y

23 eficaz del Espíritu Santo», y a esto lo llama el Dr. Lutero capacidad,[122] pero
no activa, sino pasiva, cosa que explica de este modo: «Cuando los padres
de la iglesia defienden el libre albedrío quieren decir que éste es libre en el
sentido de que por la gracia de Dios puede ser convertido a lo bueno y volverse
verdaderamente libre, fin para el cual fue creado» (Tomo I, p. 236).[123] De
igual modo ha escrito también San Agustín en su segundo libro *Contra
Iulianum.*[124]

24 Pero el hombre, antes de ser iluminado, convertido, regenerado y atraído
por el Espíritu Santo no posee más capacidad que una piedra o un bloque o
un limo para de por sí mismo y por sus propias facultades empezar algo en
asuntos espirituales, realizarlos o cooperar en ellos, ni de verificar su propia
conversión o regeneración. Pues aunque es verdad que puede regular sus
funciones externas y oír el evangelio y hasta cierto punto meditar sobre él y
también hablar acerca de él, como puede observarse en los fariseos e hipócritas, sin embargo, lo considera insensatez y no puede creerlo. Y en esto
procede aun peor que un bloque por cuanto es rebelde y hostil a la voluntad
divina, a menos, por supuesto, que el Espíritu Santo sea eficaz con él, lo
ilumine y obre en él la fe, la obediencia y otras virtudes agradables a Dios.

25 En tercer lugar, la Sagrada Escritura atribuye la conversión, la fe en

---

122. El texto latino en BSLK trae, entre paréntesis, después de *capacitatem: non activam,
sed passivam.* En cuanto a la omisión de dichas palabras en el texto alemán, vid. la extensa nota
en BSLK, p. 880, 2.

123. Ed. de Jena, Christ, Rhodius 1556.

124. *Contra Iulianum* II, 8, 23–30. MSL 689–694.

Cristo, la regeneración, la renovación y todo lo que atañe al eficaz principio y consumación de estas obras, no a las facultades humanas del libre albedrío natural, bien enteramente o a medias o en la menor parte, sino por completo a la obra divina y al Espíritu Santo, según lo enseña también la Apología.

La razón y el libre albedrío pueden, hasta cierto punto, llevar una vida **26** externamente decente; pero nacer de nuevo y obtener internamente otro corazón, otra mente y otra disposición es obra que sólo el Espíritu Santo puede realizar. Él abre el entendimiento y el corazón del hombre para que éste pueda comprender la Escritura y prestar atención a la palabra, como está escrito «Entonces les abrió el entendimiento, para que comprendiesen las Escrituras» (Lc. 24:45), y «Lidia . . . estaba oyendo; y el Señor abrió el corazón de ella para que estuviese atenta a lo que Pablo decía» (Hch. 16:14). Y: «Dios es el que en vosotros produce así el querer como el hacer, por su buena voluntad» (Fil. 2:13). Él da arrepentimiento (Hch. 5:31; 2 Ti. 2:25). Él obra la fe «A vosotros os es concedido a causa de Cristo . . . que creáis en él» (Fil. 1:29). «La fe es el don de Dios» (Ef. 2:8). «Ésta es la obra de Dios, que creáis en el que él ha enviado» (Jn. 6:29). Y: Él da corazón que entiende, ojos que ven y oídos que oyen (Dt. 29:4; Mt. 13:15). Él es Espíritu de regeneración y renovación (Tit. 3:5–6). Él quita el corazón de piedra y da un corazón de carne, para que andemos en sus mandamientos (Ez. 11:19; Dt. 30:6; Sal. 51:10). Él nos crea en Cristo Jesús para las buenas obras (Ef. 2:10), y nos hace nuevas criaturas (2 Co. 5:17; Gá. 6:15). Y, en resumen, toda buena dádiva desciende de Dios (Stg. 1:17). Nadie puede venir a Cristo, si el Padre no lo trae (Jn. 6:44). Nadie conoce al Padre sino aquel a quien el Hijo lo quiera revelar (Mt. 11:27). Nadie puede decir que Jesús es Señor, sino por el Espíritu Santo (1 Co. 12:3). «Separados de mí», dice Cristo, «nada podéis hacer» (Jn. 15:5). «Nuestra competencia proviene de Dios» (2 Co. 3:5). ¿Qué **27** tienes que no hayas recibido? Y si lo recibiste, ¿por qué te glorías como si no lo hubieras recibido? (1 Co. 4:7). De consiguiente, San Agustín declara respecto a este pasaje que por medio de él se convenció de que tenía que despojarse de su anterior opinión errónea; pues en su ensayo acerca de la predestinación había escrito lo siguiente: «Erré en esto: Que sostenía que la gracia de Dios consiste en que Dios mediante la predicación de la verdad revela su voluntad; pero que consentir a la predicación del evangelio es nuestra propia obra y facultad». San Agustín se expresa en términos similares cuando vuelve a declarar: «Erré cuando dije que es cosa nuestra el creer y querer; pero es la obra de Dios conceder a los que creen y quieren la facultad de realizar algo».

Esta doctrina tiene su sólido fundamento en la palabra de Dios y con- **28** cuerda con las enseñanzas de la Confesión de Augsburgo y los demás libros ya mencionados, según lo demuestran los siguientes testimonios:

29   La Confesión de Augsburgo dice lo siguiente en el Artículo XX: «Como por la fe se recibe el Espíritu Santo, también los corazones son renovados y dotados de nuevos afectos, para poder producir buenas obras. Pues antes, puesto que no tenían el Espíritu Santo, eran demasiado débiles. Además, están bajo el poder del diablo, el cual impele a los hombres a diversos pecados».[125] Y un poco más adelante: «Porque fuera de la fe y aparte de Cristo, la naturaleza y el poder del hombre son demasiado débiles como para hacer buenas obras».

30   Estas citas testifican con toda claridad que la Confesión de Augsburgo de ningún modo reconoce la voluntad del hombre como libre en asuntos espirituales, sino que dice que el hombre se encuentra bajo el poder del diablo. ¿Cómo, pues, puede ser capaz, por su propio poder, de convertirse al evangelio o a Cristo?

31   La Apología enseña lo siguiente respecto al libre albedrío:[126] «No negamos libertad a la voluntad humana. También decimos que la razón tiene, hasta cierto punto, un libre albedrío; pues en los asuntos que la razón por sí misma ha de comprender, tenemos libertad en la elección de obras y cosas». Y más adelante: «Pues los corazones que no poseen al Espíritu Santo no tienen temor a Dios. No creen que Dios los oye, o que les perdona sus pecados, o que les ayuda en las tribulaciones. Por lo tanto, son impíos. Pues

32   sabido es que 'no puede el árbol malo llevar frutos buenos' y que 'sin la fe es imposible agradar a Dios'. Por consiguiente, aunque concedemos que el libre albedrío tiene la libertad y el poder de realizar las obras externas de la ley, sin embargo, declaramos que en asuntos espirituales, tales como amar a Dios y creer en él de todo corazón, etc., el libre albedrío y la razón no tienen capacidad».[127] Aquí se ve claramente que la Apología no atribuye capacidad a la voluntad del hombre ni para empezar lo bueno ni para cooperar en su realización.

33   En los Artículos de Esmalcalda (en la parte que trata del Pecado) también se rechazan los siguientes errores respecto al libre albedrío: «El hombre es dueño de su libre albedrío para hacer el bien y apartarse del mal y viceversa».[128] Y más adelante también se rechaza como error la siguiente enseñanza: «En la Sagrada Escritura no consta que para realizar una obra buena sea necesaria la gracia del Espíritu Santo».[129]

34   También leemos en los Artículos de Esmalcalda (en la parte acerca del arrepentimiento) lo siguiente:[130] «Este arrepentimiento dura hasta la muerte del cristiano: Porque, mientras se vive, lleva el arrepentimiento una lucha

---

125. La cita de la Confesión de Augsburgo corresponde a la edición de Wittenberg, 1531, CR XXVI, 578.

126. Apología XVIII, Wittenberg, 1531.

127. Así traduce, en forma algo parafraseante, Justus Jonas. La Fórmula de Concordia latina reproduce, con algunas variantes, el texto original de la Apología.

128. Artículos de Esmalcalda, Parte III, Artículo I, secc. 5.

129. Artículos de Esmalcalda, Parte III, Artículo I, secc. 10.

130. Artículos de Esmalcalda, Parte III, Artículo III, secc. 40.

continua contra el pecado que aún mora en la carne, como el apóstol Pablo lo atestigua al afirmar que lucha contra la ley de sus miembros (Ro. 7:23), pero no valiéndose de sus propias fuerzas, sino por medio del don del Espíritu Santo, que se recibe después del perdón de los pecados. Ese don nos limpia y libra diariamente del resto del pecado y se afana por purificar y santificar al hombre.

Estas palabras no dicen absolutamente nada acerca de nuestra voluntad, ni de que ésta opere también en los regenerados algo por sí misma, sino que lo atribuyen todo al don del Espíritu Santo, don que limpia al hombre y le hace cada día más bueno y más santo; con esto, una cooperación de nuestras propias fuerzas queda totalmente excluida. **35**

En el Catecismo Mayor del Dr. Martín Lutero (en el Tercer Artículo) se nos dice: «Yo soy también parte y miembro de esta comunidad y participante y codisfrutante de todos los bienes que tiene, llevado a ello por el Espíritu Santo e incorporado por el hecho de que escuché y continúo escuchando la palabra de Dios, la cual es el comienzo para ingresar en ella. Pues, antes de haber sido introducidos a ella pertenecíamos totalmente al diablo, como los que no han sabido nada de Dios, ni de Cristo. Por lo tanto, el Espíritu Santo permanecerá con la santa comunidad o cristiandad hasta el día del juicio final, por la cual nos buscará, y se servirá de ella para dirigir y practicar la palabra, mediante la cual hace y multiplica la santificación, de modo que la cristiandad crezca y se fortalezca diariamente en la fe y sus frutos que él produce». En todo esto el Catecismo no menciona ni con una sola palabra nuestro libre albedrío o cooperación, sino que atribuye todo al Espíritu Santo, esto es, que mediante el ministerio de la palabra de Dios nos lleva a la iglesia cristiana, en la cual nos santifica y nos hace crecer en la fe y las buenas obras. **36** **37** **38**

Si bien es verdad que los regenerados aún en esta vida progresan de tal modo que realmente desean, aman y hasta hacen lo bueno y crecen en la piedad, sin embargo, esto no es, como ya queda dicho, fruto de nuestra voluntad y capacidad, sino que es el Espíritu Santo quien obra tal querer y hacer, como San Pablo lo atestigua (Fil. 2:13). Y en Efesios 2:10 el apóstol atribuye esa obra a Dios, pues nos dice: «Somos hechura suya, creados en Cristo Jesús para buenas obras, las cuales Dios preparó de antemano para que anduviésemos en ellas». **39**

En el Catecismo Menor, el Dr. Lutero nos dice lo siguiente: «Creo que ni por mi propia razón, ni por mis propias fuerzas soy capaz de creer en Jesucristo, mi Señor, o venir a él; sino que el Espíritu Santo me ha llamado mediante el evangelio, me ha iluminado con sus dones, y me ha santificado y conservado en la verdadera fe, del mismo modo como él llama, congrega, ilumina y santifica a toda la cristiandad en la tierra, y la conserva unida a Jesucristo en la verdadera y única fe».[131] **40**

Y en la explicación de la Segunda Petición del Padrenuestro se dice lo siguiente: «¿Cómo sucede esto? . . . Cuando el Padre celestial nos da su **41**

---

131. Vid. Catecismo Menor, Credo, 6.

Espíritu Santo, para que, por su gracia, creamos su santa palabra y llevemos una vida de piedad».[132]

42 Estos testimonios declaran que por medio de nuestro poder no podemos allegarnos a Cristo, sino que Dios tiene que darnos el Espíritu Santo, por medio del cual somos iluminados, santificados y así conducidos a Cristo mediante la fe y conservados con él; y no se hace ninguna mención de nuestra voluntad o cooperación.

43 A esto añadiremos otra cita del Dr. Martín Lutero contenida en su «Confesión Mayor Acerca de la Santa Cena». Allí el Dr. Lutero declaró más tarde, con protesta solemne, que era su intención perseverar fiel a esta doctrina hasta el fin: «Con esto rechazo y condeno como rotundo error todos los dogmas que ensalzan nuestro libre albedrío, pues están en conflicto abierto con esta ayuda y gracia de nuestro Salvador Jesucristo. Ya que fuera de Cristo, la muerte y el pecado son nuestros señores y el diablo es nuestro dios y príncipe, no puede haber jamás poder o fuerza, sabiduría o entendimiento, con los cuales podamos habilitarnos o luchar para obtener la justicia y la vida; sino que tenemos que ser ciegos y siervos del pecado y pertenecer al diablo para hacer y tramar aquellas cosas que son del agrado de estos enemigos y contrarias a Dios y sus mandamientos».[133]

44 Con estas palabras el piadoso e inolvidable Dr. Lutero no atribuye al libre albedrío ningún poder por el cual pueda el hombre habilitarse o luchar para obtener la justicia, sino que dice que el hombre es ciego y siervo del pecado, siempre dispuesto a hacer la voluntad del diablo y lo que es contrario a Dios. Por lo tanto, en lo que respecta a la conversión del hombre, no hay en esto cooperación alguna por parte de nuestra voluntad. El hombre tiene que ser atraído por Dios y nacer de nuevo. Si no es así, no hay en nuestro corazón pensamiento alguno que de por sí pueda acudir al evangelio para aceptarlo. De este mismo modo escribió el Dr. Lutero en su libro «El Albedrío Esclavo»,[134] para combatir a Erasmo. En este libro aclaró y defendió magistral

---

132. Vid. Catecismo Menor, Padrenuestro, 8.

133. WA XXVI, 502, 503.

134. Traducción de la traducción alemana del título adoptada por los autores (*von dem gefangenen Willen*). Chemnitz escribe a Hesshus, el día 23 de junio de 1576: . . . *in hoc loco de libero arbitrio retulimus nos expresse ad servum arbitrium Lutheri et ad declarationem eius in 26. caput Genes* (« . . . en esta cuestión del libre albedrío nos referimos expresamente al 'De servo arbitrio' de Lutero y a su exposición del capítulo 26 del Génesis»). Rehtmeyer III B 257, cit. en BSLK, p. 889, nota 1. Edición príncipe del original latino del 'De servo arbitrio': Diciembre de 1525, impreso por Joh. Lufft, Wittenberg. Texto el original latino en WA XVIII, 600–787 y O. Clemen, *Luthers Werke en Auswahl*, vol. III, 94–293. Además de la traducción alemana de Justus Jonas, aparecida en enero de 1526, existen las siguientes traducciones alemanas contemporáneas: Otto Scheel, *Braunschweigern Lutherausgabe*, Ergänzungsband 2, Berlín, 1905; Otto Schumacher, Göttingen, 2. ed. 1956; Bruno Jordahn, *Münchener Luther–Ausgabe*, Ergänzungsband 1, 3. ed. 1954; Kurt Aland, *Luther Deutsch*, vol. III, 3. ed., 1961. Traducciones al inglés: J. I. Packer y O. R. Johnston, *The Bondage of the Will*, Fleming H. Revell Company,

y minuciosamente esta afirmación, y más tarde la repitió y explicó en su glorioso comentario sobre el Génesis, en particular sobre el capítulo 26.[135] También en este comentario se cuidó él, de la mejor manera posible y con el mayor cuidado, de que su opinión e interpretación respecto a algunos otros argumentos peculiares introducidos incidentalmente por Erasmo, tal como la necesidad absoluta, etc., fuesen tomados en sentido erróneo o pervertidos;[136] cosa que nosotros repetimos aquí y recomendamos a otros.

Por lo tanto, es enseñar incorrectamente cuando se afirma que el hombre **45** no regenerado posee aún el poder necesario para desear, recibir el evangelio y ser consolado por él, y que así la voluntad natural del hombre coopera de algún modo en la conversión. Pues tal opinión errónea es contraria a las Sagradas Escrituras, la cristiana Confesión de Augsburgo, su Apología, los Artículos de Esmalcalda, el Catecismo Mayor y el Menor del Dr. Lutero, y otros escritos de este excelentísimo e ilustrísimo teólogo.

Con esta doctrina respecto de la incapacidad y maldad de nuestro libre **46** albedrío natural y respecto de nuestra conversión y regeneración, a saber, que ella es la obra de Dios únicamente y no de nuestro poder, los iluminados y los epicúreos han cometido un gran abuso; y por medio de sus arengas muchos se han vuelto desordenados e irregulares en su conducta, y remisos y negligentes en todo ejercicio cristiano en la oración, la lectura y la meditación piadosa; pues dicen que, como por su propio poder no pueden convertirse a Dios, persistirán en su contumaz oposición a Dios o esperarán hasta que Dios los convierta contra la voluntad de ellos mismos; o como no pueden hacer nada en estas cosas espirituales, ya que todo es obra de Dios y del Espíritu Santo únicamente, no usarán, oirán o leerán ni la palabra ni el sacramento, sino que esperarán hasta que Dios, sin medio alguno, les instale sus dones celestiales, de manera que realmente puedan sentir en su adentro que Dios los ha convertido.

Otras mentes débiles y perturbadas, ya que no entienden correctamente **47** nuestra cristiana doctrina acerca del libre albedrío, quizás pueden caer en pensamientos acosadores y dudas peligrosas respecto a si Dios las ha escogido y si también en ellas obrará sus dones por medio del Espíritu Santo, espe-

Old Tappan, New Jersey, 1957; Philip S. Watson, en colaboración con B. Drewery, en *Luther and Erasmus: Free Will and Salvation*, vol. XVII de la Library of Christian Classics, 1969. Traducción al español: *Obras de Martín Lutero*, Ed. Paidós, Buenos Aires, vol. IV, 1976, con el título: *La Voluntad Determinada*.

135. WA XLIII, 457–463.

136. WA XLIII, 463 (renglón 5, palabras escritas en 1541): *Scripsi autem inter reliqua, omnia esse absoluta et necessaria: sed simul addidi: quod adspiciendum sit Deus revelatus, sicut Psalmo canimis: Er heisst Jesus Christ, der Herr Zebaoth, und ist kein andrer Gott.* («Escribí, entre otras cosas, que todo es absoluto y necesario; pero al mismo tiempo añadí que debemos dirigir nuestras miradas al Dios revelado, tal como cantamos en el Salmo: Su nombre es Jesucristo, Señor de los Ejércitos, no hay ningún otro Dios».)

cialmente cuando no sientan una fe firme y ardiente ni obediencia sincera, sino sólo flaqueza, temor y miseria.

48   Por esta razón ahora expondremos por medio de la palabra de Dios, cómo el hombre se convierte a Dios, cómo y por qué medios (esto es, por la predicación de la palabra y por los santos sacramentos) el Espíritu Santo quiere ser activo en nosotros, y obrar en nosotros y concedernos verdadero arrepentimiento, fe y nuevo poder espiritual y capacidad para hacer lo bueno, y cómo debemos proceder respecto a estos medios y utilizarlos.

49   Dios no quiere que nadie se pierda, sino que todos se conviertan a él y se salven eternamente. «Vivo yo, dice Jehová el Señor, que no quiero la muerte del impío, sino que el impío se vuelva de su camino, y que viva» (Ez. 33:11). «De tal manera amó Dios al mundo, que ha dado a su Hijo unigénito, para que todo aquel que en él cree, no se pierda, mas tenga vida eterna» (Jn. 3:16).

50   Por lo tanto, Dios, por su inefable bondad y misericordia, ha permitido que se predique públicamente su santa y eterna ley y su hermoso plan respecto a nuestra redención, es decir, el santo y único evangelio salvador de su Hijo eterno, nuestro único Salvador y Redentor Jesucristo; y por medio de esta predicación congrega para sí de entre la raza humana una iglesia eterna y obra en el corazón del hombre el verdadero arrepentimiento y el conocimiento del pecado y la verdadera fe en el Hijo de Dios, Jesucristo. Y por estos medios, y por ningún otro modo, esto es, por la palabra santa, cuando los hombres la oyen en la predicación o la leen, y los santos sacramentos, cuando son usados según la palabra divina, Dios desea llamar a los hombres a la salvación eterna, atraerlos a sí y convertirlos, regenerarlos y santificarlos.

51   «Pues ya que en la sabiduría de Dios el mundo no ha conocido a Dios mediante la sabiduría, agradó a Dios salvar a los creyentes por la locura de la predicación» (1 Co. 1:21). «[Pedro] te dirá lo que es necesario que hagas» (Hch. 10:6). «La fe es por el oír, y el oír, por la palabra de Dios» (Ro. 10:17). «Santifícalos en tu verdad: Tu palabra es verdad. No ruego solamente por éstos, sino también por los que han de creer en mí por la palabra de ellos» (Jn. 17:17, 20). Por lo tanto, el Padre eterno exclama desde el cielo respecto a su Hijo amado y respecto a todos los que predican el arrepentimiento y el perdón de los pecados en su nombre: «A él oíd» (Mt. 17:5).

52   Pues bien, todos los que desean ser salvos deben oír esta predicación de la palabra de Dios. Pues la predicación y el oír de la palabra de Dios son instrumentos del Espíritu Santo mediante los cuales él desea obrar eficazmente y convertir hombres a Dios y obrar en ellos tanto el querer como el hacer.

53   Esta palabra el hombre la puede oír y leer externamente, aunque todavía no haya sido regenerado y convertido a Dios; pues en estas cosas externas, como queda dicho, el hombre, aun después de la Caída, tiene hasta cierto

punto un libre albedrío, de manera que puede ir a la iglesia y oír el sermón o dejar de oírlo.

Por estos medios, a saber, por la predicación y el oír de la palabra, obra Dios en el hombre, quebranta su corazón y lo atrae a sí mismo, de manera que mediante la predicación de la ley viene el hombre al conocimiento de sus pecados y la ira de Dios, y experimenta en su corazón verdadero terror, contrición y pesar, y mediante la predicación y consideración del santo evangelio que habla del misericordioso perdón de los pecados en Cristo, se enciende en él una chispa de fe, con la cual acepta el perdón de los pecados por causa de Cristo y se consuela a sí mismo en la promesa del evangelio; y de este modo se envía al corazón del hombre el Espíritu Santo que obra todo esto (Gá. 4:6). **54**

Pues aunque ambas cosas, el plantar y el regar del predicador y el correr y querer del oyente, serían inútiles y no realizarían ninguna conversión si no se añadiesen a ellas el poder y la eficacia del Espíritu Santo, quien ilumina y convierte los corazones por medio de la palabra predicada y oída, de modo que el hombre pueda creer en esta palabra y aceptarla, sin embargo, ni el predicador ni el oyente deben dudar de esta gracia y eficacia del Espíritu Santo, sino que deben estar seguros de que cuando la palabra de Dios se predica en toda su pureza y verdad,[137] según el mandamiento y la voluntad de Dios, y los hombres la oyen y la meditan con atención y diligencia, Dios realmente está presente con su gracia y concede, como ya queda dicho, lo que el hombre no puede aceptar ni dar de su propio poder. Pues respecto a la presencia, obra y don del Espíritu Santo no debemos ni podemos juzgar siempre *ex sensu*, es decir, según la manera como se experimentan en el corazón; sino que, como muchas veces actúan en forma encubierta y sin que nos apercibamos de ellos debido a la debilidad de nuestro ánimo, debemos estar seguros por medio de la promesa de que la palabra de Dios predicada y oída es verdaderamente oficio y obra del Espíritu Santo, por la cual él es de cierto eficaz y activo en nuestros corazones (2 Co. 2:14 y sigte.). **55** **56**

Pero si alguien no quiere oír la predicación ni leer la palabra de Dios, sino que desprecia la palabra y la congregación[138] de Dios, y así muere y perece en sus pecados, no puede ni consolarse a sí mismo con la elección eterna de Dios ni obtener su misericordia. Pues Cristo, en quien somos escogidos, ofrece su gracia a todos los hombres en la palabra y los santos sacramentos, y desea encarecidamente que su palabra sea oída, y ha prometido que donde dos o tres están congregados en su nombre y ocupados en su santa palabra, él está en medio de ellos (Mt. 18:20). **57**

---

137. En el original: *rein und lauter*.
138. *Gemeinde*. Texto lat.: *ecclesia*.

58   Pero cuando el tal desecha la instrucción del Espíritu Santo y no quiere oír, no se le hace injusticia si el Espíritu Santo no lo ilumina, sino que lo abandona a las tinieblas de su incredulidad y lo deja perecer. Respecto a esto se nos dice en Mateo 23:37: «¡Cuántas veces quise juntar a tus hijos, como la gallina junta sus polluelos debajo de las alas, y no quisiste!»

59   Al respecto, bien puede decirse que el hombre no es una piedra o un pedazo de madera. Pues una piedra o un pedazo de madera no resiste a la persona que lo mueve, ni entiende ni siente lo que se hace con él; no así el hombre, que con su voluntad resiste a Dios el Señor hasta que es convertido. Y sin embargo, es verdad que el hombre antes de su conversión es una criatura racional, poseedora de entendimiento y voluntad; pero no de un entendimiento con respecto a las cosas divinas, o de una voluntad que desea lo bueno y saludable. Pero no puede hacer nada en absoluto para su conversión (como ya queda dicho repetidas veces), y en este respecto es peor que una piedra o un pedazo de madera; pues resiste la palabra y la voluntad de Dios, hasta que Dios lo despierta de la muerte del pecado, lo ilumina y lo renueva.

60   Y aunque Dios no obliga[139] al hombre a la conversión (pues aquellos que siempre resisten al Espíritu Santo y persisten en oponerse a la verdad conocida, como dice Esteban de los judíos endurecidos, no serán convertidos [Hch. 7:15]), no obstante, Dios el Señor atrae al hombre al cual desea convertir, y lo atrae de tal manera que el entendimiento entenebrecido se cambia en uno iluminado, y la voluntad perversa en una obediente. Y esto es lo que la Escritura llama «crear un corazón limpio» (Sal. 51:10).

61   Y por esta causa no se puede decir con razón que el hombre antes de su conversión posee un *modus agendi*, esto es, cierto modo de hacer algo bueno y saludable en lo que respecta a las cosas divinas. Pues ya que el hombre antes de su conversión está muerto en pecados (Ef. 2:5), no hay en él poder alguno para obrar algo en lo que respecta a las cosas divinas, y por consiguiente, tampoco posee un *modus agendi*, o cierto modo de realizar cosas divinas. Pero

62   cuando consideramos la manera como Dios obra en el hombre, es muy cierto que Dios tiene un *modus agendi*, o cierto modo de obrar en el hombre, como en una criatura racional, y otro modo de obrar en una criatura irracional, o en una piedra o en un pedazo de madera.[140] Sin embargo, antes

---

139. En ocasión de la Disputación de Weimar, V. Strigel sostuvo que si las facultades humanas se excluyen por completo de la conversión, ésta inevitablemente se transforma en un acto coercitivo. Subrayó el *modus agendi* del hombre, la racionalidad, que lo distingue de los brutos, e insistió en que el atender o no atender al llamado del evangelio depende del uso que el hombre hace de este *modus agendi*.

140. Observación dirigida en especial contra Nicolaus von Amsdorf, quien condenó la tesis de V. Strigel según la cual Dios opera, en cuanto al hombre, de un modo diferente del que emplea al obrar con las demás criaturas.

de su conversión no se le puede atribuir al hombre ningún *modus agendi*, esto es, ni la más mínima capacidad de hacer algo en cosas espirituales.

Pero después que el hombre ha sido convertido e iluminado, y renovada **63** su voluntad, entonces desea lo bueno (por cuanto ha sido regenerado o es un nuevo hombre), y según el hombre interior se deleita en la ley de Dios (Ro. 7:22), y sigue haciendo[141] lo bueno hasta donde y en tanto que sea impulsado por el Espíritu Santo, según dice San Pablo «Todos los que son guiados por el Espíritu de Dios, éstos son hijos de Dios» (Ro. 8:14). Este impulso del **64** Espíritu Santo no es coerción, sino que el hombre que ha sido convertido hace lo bueno espontáneamente, según dice David «Tu pueblo se te ofrecerá voluntariamente en el día de tu poder»[142] (Sal. 110:3). Y sin embargo, la lucha entre la carne y el Espíritu sigue aún en el regenerado. Sobre esto escribe San Pablo, «Según el hombre interior, me deleito en la ley de Dios; Pero veo otra ley en mis miembros, que se rebela contra la ley de mi mente, y que me lleva cautivo a la ley del pecado que está en mis miembros» (Ro. 7:21 y sigte.). Y 25: «Así que yo mismo con la mente sirvo a la ley de Dios, mas con la carne a la ley del pecado». Y en Gálatas 5:17: «El deseo de la carne es contra el Espíritu, y el del Espíritu es contra la carne; y éstos se oponen entre sí, para que no hagáis lo que quisiereis».

Síguese de esto, pues, que tan pronto como el Espíritu Santo, como se **65** ha dicho, mediante la palabra y los santos sacramentos, ha empezado en nosotros esta obra de la regeneración y la renovación, nosotros en efecto podemos y debemos cooperar, aunque todavía en forma débil, mediante el poder del Espíritu Santo. Pero esta cooperación no se verifica mediante nues- **66** tras virtudes carnales y naturales, sino gracias a las nuevas virtudes y los nuevos dones que el Espíritu Santo nos ha concedido en la conversión, según lo afirma San Pablo expresamente al declarar que, como colaboradores que somos con Dios, no recibimos en vano la gracia divina (2 Co. 6:1).[143] Ahora

---

141. *Forthin* (hinfort), de ahí en más. Texto lat.: *in posterum*. Ed. Tappert, p. 533: «*immediately*».

142. En el original: *Nach deinem Siege wird dein Volk williglich opfern* («Después de tu victoria, tu pueblo traerá ofrendas voluntariamente»).

143. Algunos teólogos, disconformes con este uso impropio del texto paulino, pidieron que se hiciera una enmienda. Los sinergistas ya se habían valido de este pasaje para dar fundamento a su tesis. Opínase que éste haya sido el motivo por qué la Fórmula de Concordia hace referencia al mismo. La edición latina de 1584 agrega una nota marginal: *2 Cor. 6. Synergountes parakaloumen: Nos, qui sumus administri seu cooperarii Dei, monemus vos, ut nostrum exemplum imitemini, qui estis arvum et adeificatio Dei, 1. Cor. 3.; ne gratia Dei in vobis sit ananis, 1. Cor. 15., sed ut sitis templum Dei viventis et habitantis in vobis, 2. Cor. 6.* («Synergountes [en calidad de cooperadores] parakaloumen [exhortamos]: Nosotros, que somos siervos o coopera-dores de Dios, os exhortamos a que imitéis nuestro ejemplo—vosotros que sois labrantío y edificio de Dios, 1 Co. 3 [9]—para que la gracia de Dios no sea en vano en vosotros, 1 Co. 15 [10], sino a fin de que seáis templo de Dios, quien vive y habita en vosotros, 2 Co. 6 [16].) En el período inicial de la controversia sinergista, parte de uno de los textos aquí citados (1 Co. 3:9:

bien, esto ha de entenderse sola y únicamente del modo siguiente: El que ha sido convertido, hace el bien siempre que Dios lo rija, guíe y conduzca con su Espíritu Santo; tan pronto empero como Dios aleja de él su mano misericordiosa, no podrá perseverar ni por un momento más en la obediencia a Dios. En cambio, resulta inadmisible entenderlo en el sentido de que el convertido coopera con el Espíritu Santo a la manera como dos caballos[144] tiran juntamente de un carro; pues quien así lo entiende, ignora la verdad divina. («Así, pues, nosotros, como colaboradores suyos, os exhortamos también a que no recibáis en vano la gracia de Dios» [2 Co. 6:1]. «Porque vosotros sois el templo del Dios viviente» [2 Co. 6:16].)

67   Por lo tanto, hay una gran diferencia entre los que han sido bautizados y los que no lo han sido. Pues ya que, según la enseñanza de San Pablo (Gá. 3:27), todos los que han sido bautizados en Cristo, de Cristo están revestidos, y así han sido verdaderamente regenerados, tienen ahora voluntad libre, o, como dice Cristo, son hechos libres de nuevo (Jn. 8:36); de donde se desprende que pueden no sólo oír la palabra, sino también dar sentimiento a ella y aceptarla, aunque en forma débil.

68   Puesto que en esta vida recibimos solamente las primicias del Espíritu y el nuevo nacimiento no es completo, sino que sólo ha empezado en nosotros, el combate y la lucha entre la carne y el espíritu permanece aún en los que han sido elegidos y verdaderamente regenerados; pues se percibe una gran diferencia entre los cristianos, no sólo porque uno es débil y otro fuerte en el espíritu, sino también porque cada cristiano se siente gozoso en el espíritu en ciertos momentos y temeroso y alarmado en otros; en ciertos momentos siente un amor ardiente hacia Dios, al igual que una fe fuerte y una esperanza firme, y en otros momentos se siente frío y débil.

69   Pero si los que han sido bautizados obran en contra de su conciencia y permiten que el pecado los domine y así entristecen al Espíritu Santo que mora en ellos y lo pierden, no deben osar bautizarse de nuevo, aunque es cierto que tienen que convertirse otra vez como ya hemos aseverado sobre este asunto.

70   Pues es en sumo cierto que en una conversión genuina tiene que efectuarse

---

«. . . Porque somos cooperadores de Dios») fue usada por Johann Pfeffinger en una tesis (elaborada en 1555, tesis 36 de la *Demostratio*, vid. Decl. Sól., II, 2, nota 118: *Sumus enim ut gravissime dixit S. Paulus, Synergi Dei quae quidem Synergia adiuuantur a Spiritu sancto, & confirmatur.* («Somos, pues, como con tanta seriedad dice San Pablo, cooperadores de Dios, cooperación que es apoyada y confirmada por el Espíritu Santo»). Amsdorf argumenta que Pablo se refiere aquí a su papel de predicador del evangelio, no a su cooperación en su conversión personal. (cf. *Meditationes Nicolai Amsdorfij adversus impiam pfeffingeri disputationem*, 1555, Weimar, Goethe–Schiller–Archiv, vol. 40, f.21 r.1, citado por R. A. Kolb, tesis dactilogr. p. 370, nota 71.)

144. Ilustración usada, p. ej., por V. Strigel, *Disputatio Vinaria*, 226, cit. em BSLK, p. 898, nota 3.

un cambio, una nueva manera de sentir y un movimiento en el intelecto, la voluntad y el corazón, esto es, el corazón debe percibir el pecado, temer la ira de Dios, abandonar el pecado, y debe además percibir y aceptar la promesa de la gracia en Cristo, tener buenos pensamientos espirituales, imponerse ideales dignos, ser diligente y luchar contra la carne. Pues donde no existe ni se ejecuta nada de esto, allí no existe tampoco la verdadera conversión.

Pero ya que el asunto concierne a la causa eficiente, esto es, quién obra esto en nosotros, y de dónde lo recibe el hombre y cómo lo alcanza, esta doctrina nos informa que, como las virtudes naturales del hombre no pueden hacer ni ayudar a realizar nada (1 Co. 2:14; 2 Co. 3:5), Dios, en su infinita bondad y misericordia, viene primero a nosotros y hace que su santo evangelio sea predicado. Mediante este santo evangelio, el Espíritu Santo desea obrar y realizar en nosotros esta conversión y renovación, y mediante la predicación y el estudio de su palabra enciende en nosotros la fe y otras virtudes piadosas, de modo que éstas son dones y obras del Espíritu Santo únicamente. Esta doctrina nos dirige, pues, al medio por el cual el Espíritu Santo desea empezar y obrar en nosotros la conversión y renovación; también desea enseñarnos cómo se preservan, fortalecen y aumentan estos dones, y nos advierte que no debemos permitir que esta gracia de Dios se nos conceda en vano, sino que nos ejercitemos en ella con diligencia y pensemos cuán gran pecado es impedir y resistir esta obra del Espíritu Santo.

De esta explicación pormenorizada de toda la doctrina acerca del libre albedrío ahora podemos juzgar, finalmente, las preguntas sobre las cuales ha habido controversia en las iglesias que se adhieren a la Confesión de Augsburgo. Se ha preguntado si el hombre, antes de su conversión, durante su conversión o después de ella, resiste al Espíritu Santo, y si el hombre no hace nada absolutamente, sino que sólo soporta lo que Dios obra en él, permaneciendo puramente pasivo; asimismo, si en la conversión se porta o es como un pedazo de madera; asimismo, si el Espíritu Santo es dado a los que le resisten; asimismo, si la conversión se efectúa mediante la coerción de modo que Dios por la fuerza y contra la voluntad del hombre, obliga a éste a la conversión. También podemos reconocer, combatir y rechazar todas las doctrinas falsas y todos los errores que han surgido, tales como:

1. La sandez de los estoicos y maniqueos, quienes aseveraban que todo lo que sucede tiene que suceder tal como sucede; que el hombre hace todo por medio de la coerción; que aun en obras externas la voluntad del hombre no tiene libertad ni capacidad de ejercer hasta cierto punto justicia externa y conducta honorable y de evitar pecados y vicios externos; o que la voluntad es obligada a cometer maldades externas, lascivia, hurto, homicidio, etc.

2. El error de los pelagianos, consistente en que el libre albedrío, mediante sus propias facultades naturales, sin el Espíritu Santo, puede convertirse

71

72

73

74

75

a Dios, creer el evangelio, obedecer de corazón a la ley de Dios, y así merecer el perdón de los pecados y la vida eterna.

76 3. El error de los papistas y de los escolásticos,[145] quienes han procedido de una manera algo más sutil, enseñando que el hombre, mediante sus propias facultades naturales, puede dar comienzo a lo bueno y a su propia conversión, y que entonces el Espíritu Santo, ya que el hombre es demasiado débil para completar lo bueno que ha comenzado mediante sus propias facultades naturales, viene a prestarle ayuda.

77 4. La doctrina de los sinergistas, quienes aseveran que en asuntos espirituales, el hombre no está absolutamente muerto a lo bueno sino malamente herido y medio muerto. Por consiguiente, aunque el libre albedrío es demasiado débil para dar el primer paso y por su propio poder convertirse a

---

145. Vid. Epítome II, secc. 10, nota 20. BSLK (p. 903, nota 2) remite a Pedro Lombardo, *Sent.* II, dd. 26–28; Gabriel Biel, *Collectarium ex Occamo* II d. 27 concl. 4; III d. 27 a. 3 dub. 2; *Erasmo, De libero arbitrio Diatribe*, ed. Joh. Walter, 1910, 19 (Ib 10); *Tridentium*, Sessio VI cap. I y V—H. J. McSorley, C.S.P.: *Luther: Right or Wrong?*, p. 362, nota 346, dice que BSLK, seguida por la Ed. Tappert (p. 536, nota 7) se engaña al citar el Concilio Tridentino como una fuente del error neo–semipelagiano condenado en FC, Decl. Sól. 76 (vid. Epítome II, 10, nota 20). Según el primero de los textos del Concilio Tridentino indicados en BSLK, «los hombres eran siervos del pecado, y estaban bajo el poder del diablo y de la muerte hasta un punto tal que no sólo los gentiles no podían ser liberados de esta situación y levantarse por sus facultades naturales, sino que lo mismo acontecía con los judíos si se atenían a la ley de Moisés en su sentido literal, a pesar de que el libre albedrío, si bien debilitado en sus fuerzas y disminuido, de ningún modo estuvo extinguido en ellos» (cf. Denzinger–Schönmetzer, *Enchiridion Symbolorum*, ed. 1965, número 1521: *usque adeo 'servi erant pecati' et sub potestate diaboli ac mortis, ut non modo gentes per vim maturae, sed ni Iudaei quidem per ipsam etiam litteram Legis Moysi inde liberari aut surgere possent, tametsi in eis liberum arbitrium minime exstinctum esset, viribus licet attenuatum et inclinatum.* En el segundo texto indicado en BSLK, el Concilio «declara que en los adultos, el comienzo de la justificación (antes descrita) debe provenir de la 'gracia predecente' de Dios, mediante Cristo, esto es, de la vocación (invitación) de Dios, por la cual son llamados sin mérito alguno de parte de ellos, a fin de que en aquellos que a raíz de sus pecados habían quedado apartados de Dios, fuera creada, por medio de la gracia incitadora y auxiliadora de Dios, la disposición a convertirse a su propia justificación, asintiendo libremente a aquella gracia y cooperando con ella. De ese modo, cuando el corazón del hombre es tocado por la iluminación del Espíritu Santo, el caso no es que el hombre mismo no haga absolutamente nada en cuanto a la recepción de dicha iluminación, puesto que también la puede rechazar. Así y todo, lo que por otra parte no puede hacer sin la gracia de Dios, es encaminarse por su libre voluntad hacia la justicia delante de Dios». «Por eso», agrega el Concilio, «cuando en las Sagradas Escrituras se dice: 'Volveos a mí, y yo me volveré a vosotros', se nos recuerda nuestra libertad; y cuando respondemos: 'Conviértenos a ti, Señor, y seremos convertidos', confesamos que la gracia de Dios se nos anticipa» (Cf. Denzinger–Schönmetzer, *Enchiridion Symbolorum*, ed. 1965, número 1525: *Declarat praeterea, ipsius iustificationis exordium in adultis a Dei per Christum Jesum praeveniente gratia sumendum esse, hoc est, ab eius vocatione, qua nullis eorum exsistentibus meritis vocantur, ut qui per peccata a Deo aversi erant, per eius excitantem atque adiuvantem gratiam ad convertendum se ad suam ipsorum iustificationem, eidem gratiae libere asentiendo et cooperando, disponantur, ita ut, tangente Deo cor hominus per Spiritus Sancti illuminationem, neque homo ipse nihil omnino agat, inspirationem illam recipiens, quippe qui illam et abicere potest, neque tamen sine gratia Dei movere se ad iustitiam coram illo libera sua voluntate possit. Unde in sacris Litteris cum dicitur: 'Convertimini ad mi, et ego convertar ad vos', libertatis nostrae admonemur; cum respondemus: 'Converte nos, Domine, ad te, et convertemur', Dei nos gratia praeveniri confitemur).*

Dios y obedecer de corazón la ley de Dios, no obstante, cuando el Espíritu
Santo da el primer paso y nos llama por el evangelio y nos ofrece su gracia,
el perdón de los pecados y la salvación eterna, entonces el libre albedrío, de
su propio poder natural, puede acercarse a Dios y hasta cierto punto, aunque
débilmente, hacer algo, ayudar y cooperar para obtener su conversión; también
puede hacerse apto para la gracia, buscarla con diligencia, recibirla y aceptarla, y creer el evangelio; también puede cooperar con el Espíritu Santo en
la continuación y el mantenimiento de esta obra.

Para combatir este error, ya se ha demostrado ampliamente que tal poder, **78**
esto es, la facultad de aplicarse la gracia divina, no procede de nuestro propio
poder natural, sino que es únicamente la obra del Espíritu Santo.

5. Asimismo, la siguiente doctrina de los papas y los monjes: Que el **79**
hombre, después de su regeneración, puede en esta vida observar con toda
perfección la ley de Dios, y que mediante el cumplimiento de la ley se justifica
delante de Dios y merece la vida eterna.[146]

6. En cambio, los entusiastas o iluminados deben ser reprobados con la **80**
mayor severidad y no menos celo y de ningún modo ser tolerados en la iglesia
cristiana, pues enseñan que Dios, sin utilizar medios, sin que se oiga la palabra
divina y sin el uso de los santos sacramentos, hace que los hombres se acerquen
a él, y los ilumina, justifica y salva.

7. También rechazamos los errores de aquellos que creen que en la **81**
conversión y regeneración Dios crea un nuevo corazón y un nuevo hombre
de tal manera que la substancia y esencia del Viejo Adán, y especialmente
el alma racional, quedan exterminadas por completo, y que él crea de la nada
una nueva esencia espiritual. San Agustín expresamente refuta este error en
su explicación del Salmo 25, donde cita las palabras de Pablo en Efesios 4:22:
«Despojaos del viejo hombre», etc. y las explica así:[147] «Para que nadie piense

---

146. BSLK (p. 904, nota 5), además de remitir a Belarmino, *De iustificatione impii*, 1,
IV, 10 y *De gratia et lib. arbitrio* 1, VI, 1o; Tomás de Aquino, *Summa Theologiae*, 1, II, q.108a
1–4 y q.114a 1–10; y a la bula *Ex omnibus afflictionibus*, 1567, Pío V., señala un texto en que
el Concilio de Trento (Sesión VI, can. 32) anatematiza a quienes niegan que las buenas obras
del hombre justificado merecen un incremento de la gracia, la vida eterna y un aumento de la
gloria. Transcribimos del *Enchiridion Symbolorum*, Denzinger–Schönmetzer, 842: *Si quis dixerit,
hominis iustificati bona opera ita esse dona Dei, ut non sint etiam bona ipsius iustificati merita,
aut ipsum iustificatum bonis operibus, quae ab eo per Dei gratiam et Jesu Cristi meritum (cuius
vivum membrum est), fiunt, non vere mereri augmentum gratiae, vitam aeternam et ipsius vitae
aeternae (si tamen in gratia decesserit) consecutionem, atque etiam gloriae augmentum: as.s.*
(Si alguien dijere que las buenas obras del hombre justificado son dones de Dios en una forma
tal que *no* son también buenos méritos del justificado; o que el hombre que ha sido justificado
por las buenas obras que hace mediante la gracia de Dios y el mérito de Cristo [cuyo miembro
vivo es]—que ese hombre no merece en verdad un incremento de la gracia, la vida eterna, y,
en caso de morir en la gracia, como consecuencia la vida eterna misma, y también un aumento
de gloria: El tal sea anatema).

147. *Enarratio in Psal.* XXV, II, 1, MSL XXXVI, 189.

que el hombre se despoja de su substancia o esencia, el apóstol mismo explica qué quiere decir despojarse del viejo hombre y vestirse del nuevo cuando declara en el versículo siguiente que cada uno se despoje de la mentira y hable verdad. En eso consiste despojarse del viejo hombre y vestirse del nuevo».

82   8. Asimismo, rechazamos el uso, sin explicación alguna, de expresiones tales como: La voluntad del hombre antes de la conversión, durante la conversión y después de ella, resiste al Espíritu Santo; y el Espíritu Santo se da a aquellos que lo resisten.

83   De la anterior explicación es evidente que si el Espíritu Santo no produce ningún cambio a lo bueno en el intelecto, la voluntad y el corazón del hombre, y que si éste de ningún modo cree en la promesa y si Dios no lo prepara para recibir la gracia, sino que resiste por completo a la palabra de Dios, no se puede realizar ni haber en él ninguna conversión. Pues la conversión operada por el Espíritu Santo produce en el intelecto, la voluntad y el corazón del hombre un cambio tal que el pecador, mediante esta operación del Espíritu Santo, puede aceptar la gracia que se le ofrece. Y todos los que obstinada y persistentemente resisten las operaciones y actividades del Espíritu Santo, las cuales se efectúan por medio de la palabra, no reciben al Espíritu Santo, sino que lo entristecen y lo pierden.

84   Sin embargo, también en los regenerados queda cierta rebelión, de la cual la Escritura habla así: «La carne codicia contra el Espíritu» (Gá. 5:17); «Los deseos carnales batallan contra el alma» (1 P. 2:11); «La ley en mis miembros se rebela contra la ley de mi mente» (Ro. 7:23).

85   Por consiguiente, el hombre que no ha sido regenerado resiste a Dios por completo y es en todo sentido un esclavo del pecado (Jn. 8:34; Ro. 6:16). En cambio, el regenerado se deleita en la ley de Dios según el hombre interior, pero ve en sus miembros la ley del pecado, la cual batalla contra el alma. Por esta razón con la mente sirve a la ley de Dios, mas con la carne, a la ley de pecado (Ro. 7:25). De este modo debe explicarse y enseñarse esta doctrina en todos sus pormenores y con la mayor claridad y discreción.

86   En lo que respecta a las siguientes expresiones de Crisóstomo y Basilio: «Dios atrae, pero sólo atrae a los que quieren»[148] (ser atraídos); y: «Sólo demuestra que quieres convertirte, y Dios se te anticipará»; y: «En la conversión la voluntad del hombre no es inactiva, sino que también hace algo» (expresiones que se han usado para confirmar los errores respecto a las facultades del libre albedrío y así combatir la doctrina acerca de la gracia de Dios), es evidente por lo que se acaba de explicar que ellas no concuerdan

---

148. Sentencias usadas por Juan Crisóstomo y Pseudo–Basilio, y citadas a menudo por Melanchton. P. ej., en sus *Loci* de 1543 (CR XXI, 658).

con la sana doctrina, sino que son contrarias a ella, y por lo tanto, deben evitarse cuando hablamos de la conversión del hombre a Dios.

Pues la conversión de nuestra voluntad corrupta, que no es sino la resurrección de su muerte espiritual, es única y exclusivamente la obra de Dios, así como la resurrección de la carne en el postrer día hay que atribuirla sólo a Dios, según se ha declarado ya ampliamente y comprobado por los claros testimonios de la Sagrada Escritura. **87**

Pero ya se ha explicado ampliamente cómo Dios en la conversión mediante la atracción del Espíritu Santo, hace de personas obstinadas e involuntarias personas voluntarias, y que después de tal conversión, en el ejercicio diario del arrepentimiento, la voluntad regenerada del hombre no es inactiva, sino que también coopera en todas las obras del Espíritu Santo, las cuales él obra por medio de nosotros. **88**

De manera que cuando Lutero dice que en la conversión la voluntad del hombre es puramente pasiva,[149] es decir, que no hace nada en absoluto, sino que sólo sufre lo que Dios obra en él, esto no quiere decir que la conversión se realiza sin que la palabra de Dios sea predicada y oída. Tampoco quiere decir que en la conversión no se encienden en nosotros nuevos impulsos por medio del Espíritu Santo ni se empieza una obra espiritual. Mas sí quiere decir que el hombre por sí mismo, o por su propio poder natural, no puede hacer nada ni ayudar nada en su conversión, y que la conversión no es sólo en parte, sino única y exclusivamente la operación, dádiva y obra del Espíritu Santo, que la ejecuta y la efectúa por su poder y fortaleza, mediante la palabra, en el intelecto, la voluntad y el corazón del hombre, en tanto que éste no hace ni obra cosa alguna, sino que sólo sufre. Pero el hombre no es como una figura que se esculpe en una piedra o un sello que se imprime en la cera, pues estas cosas no saben nada de lo que sucede ni lo perciben ni lo desean; en cambio todo sucede[150] en el hombre de tal manera como ya se ha explicado. **89**

Puesto que también la juventud escolar ha sido grandemente perturbada por la doctrina que enseña cómo concurren a la conversión del hombre no regenerado las tres causas eficientes, es decir, la palabra de Dios predicada y oída, el Espíritu Santo y la voluntad del hombre, vuelve a ser evidente, por la explicación ya dada, que la conversión del hombre es única y exclusivamente la obra de Dios el Espíritu Santo, quien es el único Maestro verdadero que obra esto en nosotros, usando como medio e instrumento ordinario y legítimo la palabra de Dios predicada y oída. Pero el intelecto y la voluntad del no regenerado son sólo el sujeto que ha de ser convertido; representan el **90**

---

149. WA XVIII, 697: *mere passive*; WA II, 421. Cf. Chemnitz, *Examen Concilii Tridentini*, I, 5. ed. Preuss, 144.

150. Vid. Decl. Sól. II, 62.

intelecto y la voluntad de un hombre espiritualmente muerto en el cual el Espíritu Santo obra la conversión y la renovación; y en esta obra el hombre con su voluntad no hace nada, sino que deja que sólo Dios obre en él, hasta que es regenerado; después de esto, a la verdad también el hombre coopera con el Espíritu Santo en las buenas obras subsecuentes, haciendo lo que agrada a Dios.

III. LA JUSTICIA DE LA FE DELANTE DE DIOS

1   La tercera controversia que ha surgido entre algunos teólogos de la Confesión de Augsburgo trata acerca de la justicia de Cristo o de la fe, la cual Dios, por la gracia, mediante la fe, atribuye para justicia a los pobres pecadores.

2   Pues cierta facción[151] ha sostenido que la justicia de la fe, la cual el apóstol (Ro. 1:22) llama la justicia de Dios, es la justicia esencial de Dios, que es Cristo mismo como el Hijo verdadero, natural, esencial de Dios, que mora en los escogidos mediante la fe y los impulsa a hacer lo bueno. Contrastados con esta justicia, los pecados de todos los hombres deben ser considerados como una gota de agua comparada con el gran océano.

3   Por el contrario, otros[152] han sostenido y enseñado que Cristo es nuestra
4   justicia según su naturaleza humana únicamente. A fin de combatir estos dos errores, los demás teólogos de la Confesión de Augsburgo[153] han enseñado unánimemente que Cristo es nuestra justicia no únicamente[154] según su naturaleza divina ni únicamente según su naturaleza humana, sino según ambas naturalezas; pues él nos ha redimido, justificado y salvado de nuestros pecados como Dios y hombre, mediante su completa obediencia; que por lo tanto la

---

151. Andrés Osiander.

152. Francisco Stancaro, monje italiano que se opuso a Osiander cuando éste expuso su teoría en Königsberg. Como fuente de la tesis de Stancaro puede haber servido Pedro Lombardo, *Sent.* III d 19 c.7.

153. Particularmente Felipe Melanchton, Joaquín Mörlin, Justus Menius, Matías Flacius Illyricus, Nicolaus von Amsdorf, Nicolaus Gallus y Matthäus Lauterwaldt.

154. E. Wolf (BSLK, p. 915, nota 1) observa que en el *Bekantnus* (de Osiander) la tesis no tiene una formulación tan excluyente; que él «únicamente» aparece sólo en el planteo del problema, no en las respuestas, las cuales, no obstante—continúa Wolf—sugieren la inclusión de la *partícula exclusiva*. Uno de los pasajes a que remite el autor, y donde estaría sugerida tal inclusión, es Bl. Q 3 a. En el lugar indicado, Osiander, después de formular la cuestión, dice que su respuesta, llana, correcta y clara, es que Cristo es nuestra justicia según su naturaleza divina, y no según la naturaleza humana. T. Mahlmann (*Das neue Dogma der lutherischen Christologie*, 1969, p.97) que transcribe parte del texto a que alude Wolf («Hie ist nun mein lautere, richtige und klare antwort, das er nach seiner Göttlichen Natur unser Gerechtigkeit sey und nicht nach der Menschlichen Natur»), comenta que el giro «und nicht» («y no») del texto de Osiander revela a las claras que está incluido lógicamente un «sólo» donde se dice «según la naturaleza divina». Cf. también el texto de la *Widerlegung* (refutación) transcrito por Wolf, *loc. cit.*

justicia de la fe es el perdón de los pecados, reconciliación con Dios y nuestra adopción como hijos de Dios sólo por causa de la obediencia de Cristo, la cual, solamente por la fe, es atribuida, por mera gracia, a todos los creyentes como justicia, y por causa de ella son absueltos de toda injusticia.

Además de esta controversia,[155] han habido otras disputas respecto al artículo de la justificación. Éstas han sido ocasionadas por el Interin (en la ocasión de la Fórmula del Interin o de la Interreligión) y otras causas. Estas disputas serán explicadas en la antítesis,[156] esto es, en la exposición de aquellos errores que son contrarios a la pura doctrina enseñada en este artículo. **5**

Este artículo respecto de la justificación por la fe, según dice la Apología,[157] es el artículo principal de toda la doctrina cristiana, sin el cual ninguna conciencia atribulada[158] puede tener firme consuelo, ni puede conocer a fondo las riquezas de la gracia de Cristo, como lo ha afirmado también el Dr. Lutero:[159] «Si este solo artículo permanece incólume en el campo de batalla, la iglesia cristiana también permanece pura y en buena armonía y libre de sectas; pero si este artículo es abatido, no es posible resistir ningún error o espíritu fanático» (Tomo 5, Jena, p. 159). Y respecto a este artículo dice San Pablo en particular: «Un poco de levadura leuda toda la masa» (1 Co. 5:6). Es por esta razón que al tratar este artículo el apóstol recalca con mucha diligencia y no menos celo las partículas excluyentes, es decir, las partículas mediante las cuales se excluyen las obras humanas. Estas partículas son: Sin la ley, sin las obras, por la gracia (1 Co. 5:6; Gá. 5:9). El apóstol lo hace a fin de demostrar cuán necesario es respecto a este artículo no sólo presentar la doctrina pura, sino también exponer y rechazar por separado la antítesis, o sea, todas las doctrinas contrarias. **6** **7**

Por lo tanto, a fin de explicar esta controversia de un modo cristiano mediante la palabra de Dios y, por la gracia divina, resolverla, declaramos lo siguiente en cuanto a nuestra doctrina, fe y confesión: **8**

En lo que respecta a la justicia de la fe que vale delante de Dios, creemos, enseñamos y confesamos unánimemente, de acuerdo con el compendio ya expuesto acerca de nuestra fe y confesión,[160] que el pobre hombre pecador es justificado delante de Dios, esto es, absuelto y declarado libre y exento **9**

---

155. *Uber das.* Texto lat.: *Praeter hanc controversiam.*

156. III, 45–51.

157. Vid. Apología IV, 2, 3, y versión alemana de Justus Jonas, BSLK, p. 159.

158. En el original: *arm* (pobre). Así traduce Justus Jonas. Cf. BSLK p. 159. En el *Libro de Concordia* latino de 1584, y también en el de 1580: *conscientiae perturbatae.* En la Apología: *piis conscientiis.*

159. WA XXXI¹, 255.

160. I.e. los Credos Ecuménicos, la Confesión de Augsburgo, la Apología de la Confesión de Augsburgo, los Artículos de Esmalcalda, el Catecismo Menor y el Catecismo Mayor. Vid. Decl. Sól., Breve Fundamento, 1–9.

de todos sus pecados y de la bien merecida sentencia de la condenación, y hecho hijo y heredero de la vida eterna, sin ningún mérito o dignidad alguna de nuestra parte, y sin ningunas obras precedentes, presentes o subsiguientes, de pura gracia, sólo por causa del único mérito, completa obediencia, amarga pasión y muerte, y resurrección de nuestro Señor Jesucristo, cuya obediencia se nos cuenta a nosotros por justicia.

10 Estos tesoros nos los ofrece el Espíritu Santo en la promesa del santo evangelio; y la fe sola es el único medio por el cual nos asimos de ellos, los

11 aceptamos, y nos los aplicamos y apropiamos. Esta fe es un don de Dios. Por medio de este don aprendemos en verdad a conocer a Cristo, nuestro Redentor, en la palabra del evangelio, y a confiar en que por causa de su obediencia tenemos, por la gracia, el perdón de los pecados, somos consi-

12 derados justos por Dios el Padre y eternamente salvos. De modo que se considera y entiende lo mismo que cuando San Pablo dice que somos justificados por la fe (Ro. 3:28); o que la fe nos es atribuida por justicia (Ro. 4:5), y cuando dice que por la obediencia de Uno somos constituidos justos (Ro. 5:19), o que por la justicia de uno vino a todos los hombres la justificación de

13 vida (Ro.5.18).[161] Pues la fe justifica no porque sea una obra tan buena o una virtud tan ilustre, sino porque acepta y se apropia los méritos de Cristo que son ofrecidos en el evangelio; pues éstos se nos tienen que aplicar por la fe

14 si es que hemos de ser justificados por ellos. Por lo tanto, la justicia que por pura gracia es atribuida a la fe o al creyente es la obediencia, la pasión y la resurrección de Cristo, pues él ha satisfecho la ley por nosotros y ha pagado

15 nuestros pecados. Pues ya que Cristo no es únicamente hombre, sino que es Dios y hombre en una sola persona indivisible—tan innecesario le era estar sujeto a la ley (porque es Señor de la ley) como le era padecer y morir por su propia persona. Por esta razón, pues, su obediencia (no sólo al padecer y morir, sino también al someterse voluntariamente a la ley y al cumplirla mediante esa obediencia) se nos atribuye para justicia, de modo que por causa de esta obediencia completa que él rindió al padre celestial por nosotros en lo que hacía y padecía, en su vida y en su muerte, Dios perdona nuestros pecados, nos considera santos y justos y nos concede la salvación

16 eterna. Esta justicia nos la ofrece el Espíritu Santo por medio del evangelio y en los sacramentos, y se nos aplica, es apropiada y recibida mediante la fe. Por medio de esa justicia los creyentes tienen reconciliación con Dios, el perdón de los pecados, la gracia de Dios, la adopción de hijos y la herencia de la vida eterna.

---

161. En el original: *das «durch eines Gerechtfertigkeit die Rechtfertigung des Glaubens über alle Menschen» komme* («que por la justicia de Uno vino la justificación de la fe a todos los hombres»). La expresión *Rechtfertigung des Glaubens* viene de la traducción de Lutero en su forma primitiva, corregida luego en *Rechtfertigung des Lebens*. *Libro de Concordia* en latín, 1580 y 1584: *iustificatio vitae*.

Por consiguiente, la palabra «justificar», según se usa en este artículo, **17** significa pronunciar a alguien justo y libre de pecados y absolverlo del castigo, por causa de la justicia de Cristo, lo cual Dios atribuye a la fe (Fil. 3:9). Pues este uso y sentido de esta palabra es muy frecuente en la Sagrada Escritura del Antiguo y del Nuevo Testamento. «El que justifica al impío, y el que condena al justo, ambos son igualmente abominación a Jehová» (Pr. 17:15). «¡Ay de... los que justifican al impío mediante cohecho, y al justo quitan su derecho!» (Is. 5:22-23). «¿Quién acusará a los escogidos de Dios? Dios es el que justifica» (Ro. 8:33), es decir, absuelve del pecado.

Pero ya que la palabra «regeneración» se emplea a veces en lugar de la **18** palabra «justificación», es necesario explicar correctamente esta palabra, a fin de que la renovación que sigue a la justificación no se confunda con la justificación por la fe, sino que se haga la debida distinción entre un término y el otro.

Pues, en primer lugar, la palabra «regeneración» se usa a veces para **19** incluir tanto el perdón de los pecados que se obtiene sólo por causa de Cristo como la subsecuente renovación que el Espíritu Santo obra en aquellos que han sido justificados por la fe. Y otras veces sólo significa el perdón de los pecados y la adopción de hijos. En este último sentido la palabra se usa mucho y con frecuencia en la Apología. Leemos por ejemplo en esta confesión: «La justificación es regeneración».[162] San Pablo empero fija una distinción entre ambas palabras cuando declara: «Nos salvó por el lavamiento de la regeneración y por la renovación en el Espíritu Santo» (Tit. 3:5). También **20** la palabra «vivificación» se ha usado a veces para denotar el perdón de los pecados. Pues cuando una persona es justificada por la fe (que es obra exclusiva del Espíritu Santo) esto es realmente una regeneración, porque de un hijo de ira se ha hecho a esa persona un hijo de Dios, y así ha pasado de muerte a vida, según se nos dice: «Aun estando nosotros muertos en pecados, nos dio vida juntamente con Cristo» (Ef. 2:5). Y: «El justo por la fe vivirá» (Ro. 1:17; Hab. 2:4). En este último sentido la Apología suele usar con frecuencia la palabra «regeneración».[163]

La palabra «regeneración» se ha usado también en lugar de la santifi- **21** cación y renovación que sigue a la justificación por la fe. Así la ha usado el

---

162. Apología IV, 72: *Et quia iustificari significat ex iniustis iustos effici seu regenerari* («Y por cuanto ser justificados significa ser convertidos de injustos en justos, o ser regenerados»); IV, 78: *Igitur sola fide iustificamur, intelligendo iustificationem, ex iniusto iustum effici seu regenerari* («Por lo tanto somos justificados por la fe sola, entendiéndose con 'justificación' ser convertido de injusto en justo, o ser regenerado»); IV, 177: *ex iniustis iusti efficiamur seu regeneremur* («para que seamos convertidos de injustos en justos, o sea, para que seamos regenerados»). Cf. CR XXVII, 466, 468, 470: *Iustificatio est regeneratio* («justificación es regeneración»).

163. P. ej. Apología IV, 250; VII, 31.

586

Dr. Lutero en su libro: «Acerca de la Iglesia y los Concilios»,[164] y en otros lugares.

22   Pero cuando enseñamos que mediante la operación del Espíritu Santo nacemos de nuevo y somos justificados, no queremos decir que después de la regeneración no queda ya ninguna injusticia en la persona y en la vida de los que han sido justificados y regenerados, porque Cristo, mediante su obediencia perfecta, les cubre todos los pecados, los cuales, no obstante, son inherentes en la naturaleza en esta vida. A pesar de eso son declarados y considerados rectos y justos mediante la fe y por causa de la obediencia de Cristo (obediencia que Cristo, desde el momento en que nació hasta su muerte ignominiosa en la cruz, rindió al Padre por nosotros), aunque debido a la corrupción de la naturaleza aún son y permanecen pecadores hasta la sepultura. Tampoco queremos decir, por otro lado, que podemos o debemos entregarnos a los pecados y permanecer y continuar en ellos, haciendo caso omiso del arrepentimiento, la conversión y la renovación.

23   La verdadera contrición debe preceder, y a aquellos que, como se ha dicho, de pura gracia, por causa de Cristo, el único Mediador, sin obras y méritos algunos, son justificados delante de Dios, esto es, son recibidos en la gracia divina, les es dado también el Espíritu Santo, que los renueva y santifíca y obra en ellos el amor a Dios y al prójimo. Pero ya que la renovación comenzada es imperfecta en esta vida y el pecado aún mora en la carne, la justicia de la fe que vale delante de Dios consiste en que de pura misericordia se nos atribuye la justicia de Cristo, sin la adición de obras, de modo que nuestros pecados nos son perdonados y cubiertos y no se nos imputan (Ro. 4:6 y sigtes.).

24   Pero, a fin de que el artículo de la justificación continúe puro, es preciso que se preste mucha atención, con especial diligencia, a fin de evitar que aquello que precede a la fe o lo que le sigue sea mezclado en el artículo de la justificación, o insertado en él como algo necesario y perteneciente a él; viendo que no es una sola o una misma cosa hablar de conversión y de justificación.

25   Pues no todo lo que pertenece a la conversión pertenece igualmente a la justificación. Al artículo de la justificación pertenecen y son necesarios sólo la gracia de Dios, el mérito de Cristo y la fe, la cual recibe estos dones divinos en la promesa del evangelio. Y mediante la fe se nos atribuye la justicia de Cristo, y por medio de éste, el perdón de los pecados, la reconciliación con Dios, la adopción de hijos y la herencia de la vida eterna.

26   Por consiguiente, la fe verdadera y salvadora no se encuentra en aquellos que carecen de la contrición y tienen el propósito perverso de permanecer y per-

---

164. WA L, 599; 625 y sigtes.

severar en pecados; sino que la verdadera contrición precede a la fe, y ésta la tienen sólo aquellos que sinceramente se arrepienten.

El amor es también un fruto que real y necesariamente sigue a la fe verdadera. Pues el que no ama demuestra claramente que no ha sido justificado, sino que aún está muerto espiritualmente o ha vuelto a perder la justicia de la fe, según se nos dice en 1 Juan 3:14. Pero la afirmación de San Pablo en Romanos 3:28 de que el hombre es justificado por la fe sin las obras de la ley, es clara indicación que ni la contrición que precede a la fe ni las obras que la siguen pertenecen al artículo de la justificación por la fe. Pues las buenas obras no preceden a la justificación, sino que la siguen, y para que el hombre pueda hacer buenas obras tiene primero que ser justificado. **27**

De igual modo, tampoco la renovación o santificación, aunque es don de Cristo el Mediador y obra del Espíritu Santo, pertenece al artículo de la justificación, sino que sigue a ésta, ya que por causa de la corrupción de nuestra carne, la renovación o santificación no es del todo perfecta y completa en esta vida. Lutero expresa magistralmente este pensamiento en su famoso y extenso comentario sobre la Epístola a los Gálatas.[165] Dice el reformador: «Concedemos por cierto que también es menester instruir respecto al amor y las buenas obras, pero de tal manera que éste se haga cuándo y dónde sea necesario, es decir, cuando se trata de las buenas obras fuera del artículo de la justificación. Aquí empero, el asunto principal de que se trata no es si debemos también hacer buenas obras y ejercer el amor, sino por qué medios podemos ser justificados delante de Dios y ser salvos. Y sobre esto no podemos menos que responder con San Pablo (Ro. 3:28): Somos justificados delante de Dios por medio de la fe únicamente[166] y no por las obras de la ley o por el amor. Esto no quiere decir que rechazamos las buenas obras y el amor, como nos acusan falsamente los adversarios, sino que no permitimos ser desviados, como lo desea Satanás, del asunto principal de que se trata aquí para entrar en otro asunto completamente ajeno. Por consiguiente, en tanto que versamos sobre este artículo de la justificación, tenemos que rechazar y condenar las obras; pues el carácter de este artículo es tal que no puede permitir intrusión alguna por parte de las obras. Por lo tanto, en este artículo suprimimos todo lo que es ley y obras de la ley». Fin de la cita de Lutero. **28** **29**

---

165. WA XLI 240.

166. *Allein durch den Glauben (sola fide, o solum per fiden, o per solam fidem)*: Así es como Lutero tradujo el griego *pístei* en Ro. 3:28. En una breve «carta abierta» (*Sendbrief vom Dolmetschen*, 1530, WA XXV, 2, 632–646, cf. Obras de Martín Lutero, Ed. La Aurora, Buenos Aires, vol. VI, *El Arte de traducir*, pp. 21–36, especialmente pp. 30–32), Lutero defiende su traducción, y al mismo tiempo expone principios del arte de traducir que son objeto de comentarios desde entonces hasta hoy día. Cf. p. ej. el reciente artículo de John L. Bechtel, *The modern application of Martin Luther's 'Open Letter on Translating'*, Universidad de Andrews, vol. XI, julio de 1973, 145–151.

30   A fin, pues, de que la mente abatida tenga un consuelo firme y seguro y para que también se les atribuya al mérito de Cristo y a la gracia divina el honor que merecen, la Sagrada Escritura enseña que la justicia delante de Dios, proveniente de la fe, consiste únicamente en la misericordiosa reconciliación, o el perdón de los pecados, que se nos concede de pura gracia, por causa del único mérito de Cristo el Mediador y se recibe sólo por medio de la fe en la promesa del evangelio. Asimismo, en la justificación delante de Dios la fe no confía ni en la contrición ni en el amor ni en otras virtudes, sino solamente en Cristo y en su perfecta obediencia, mediante la cual cumplió la ley por nosotros, obediencia que se atribuye a los creyentes por justicia.

31   Además, ni la contrición, ni el amor, ni ninguna otra virtud, sino la fe sola, es el único medio e instrumento por el cual podemos recibir y aceptar la gracia, los méritos de Cristo y el perdón de los pecados, todo lo cual se nos ofrece en la promesa del evangelio.

32   También se dice correctamente que los creyentes que han sido justificados en Cristo mediante la fe, en esta vida tienen primero la justicia imputada de la fe, y luego también la justicia de la nueva obediencia, o las buenas obras. Pero estas dos no deben confundirse o ser ambas inyectadas al mismo tiempo en el artículo de la justificación por la fe. Pues ya que esta incipiente justicia o renovación en nosotros es incompleta e impura en esta vida debido a la carne, la persona no puede presentarse con ella y por medio de ella delante del tribunal de Dios, porque delante del tribunal de Dios sólo vale la justicia de la obediencia, la pasión y la muerte de Cristo, que es atribuida a la fe, de manera que sólo por causa de esta obediencia, la persona (aun después de su renovación, cuando ya ha hecho muchas buenas obras y ha llevado la vida más santa), agrada a Dios y es aceptable a él y recibida en la adopción y herencia de la vida eterna.

33   Aquí se puede citar lo que San Pablo escribe respecto a Abraham en Romanos 4:3, esto es, que Abraham fue justificado delante de Dios sólo por medio de la fe, por causa del Mediador, sin la cooperación de las obras de Abraham, no sólo cuando fue primeramente convertido de la idolatría y aún no había hecho buenas obras, sino también después, cuando fue renovado por el Espíritu Santo y adornado con muchas excelentes buenas obras (Ro. 4:3; Gn. 15:6; He. 11:8). Y San Pablo hace la siguiente pregunta, Romanos 4:1

34   y sigtes.: ¿En qué se fundaba en aquel tiempo la justicia de Abraham que valía delante de Dios, justicia por la cual tenía él un Dios misericordioso, agradaba a Dios y le era aceptable y se hacía heredero de la vida eterna? San Pablo contesta así: «Al que no obra, sino cree en aquel que justifica al impío su fe le es contada por justicia. Como también David habla (Sal. 32:1) de la

35   bienaventuranza del hombre a quien Dios atribuye justicia sin obras» (Ro. 4:5-6). Por lo tanto, aunque los que se han convertido y creen en Cristo tienen

incipiente renovación, santificación, amor, virtud y buenas obras, sin embargo, nada de esto debe ser inyectado o inmiscuido en el artículo de la justificación que vale delante de Dios, si es que el honor que se le debe a Dios ha de permanecer con Cristo el Redentor, y las conciencias perturbadas han de recibir consuelo, ya que nuestra nueva obediencia es incompleta e impura.

Esto es lo que quiere decir el apóstol Pablo cuando en este artículo **36** recalca con tanta diligencia y tanto celo las partículas excluyentes. Estas partículas: «de gracia», «sin mérito», «sin obras», «no por obras», excluyen toda obra humana del artículo de la justificación. Estas partículas excluyentes se resumen en la siguiente expresión: Sólo por medio de la fe en Cristo somos justificados delante de Dios y salvos. Pues así se excluyen las obras, no en el sentido de que la verdadera fe puede existir sin la contrición, o que las buenas obras de ningún modo tienen que seguir a la verdadera fe como fruto seguro y cierto, o que los creyentes de ningún modo deben hacer lo bueno; sino que las buenas obras se excluyen del artículo de la justificación delante de Dios a fin de que no sean inyectadas, intercaladas o inmiscuidas, como necesidad y requisito, en el asunto de la justificación del pobre pecador delante de Dios. El verdadero sentido de las partículas excluyentes en el artículo de la justificación, partículas que deben ser inculcadas con toda diligencia, consiste en los siguientes puntos:

1. Mediante estas partículas se excluyen por completo en el artículo de **37** la justificación todas nuestras propias obras, mérito, dignidad, gloria y confianza en lo que hacemos. Todo esto se excluye para que, ni en su totalidad, ni en su mitad, ni en su menor parte, se establezca o considere como causa o mérito de la justificación y así Dios se fije en ellos y nosotros depositemos nuestra confianza en tales cosas.

2. El único oficio y propiedad de la fe será que ella sola y nada más es **38** el medio e instrumento por el cual la gracia de Dios y los méritos de Cristo en la promesa del evangelio son recibidos, aceptados, aplicados y apropiados; y de este oficio y propiedad de aplicar o apropiar se excluirán el amor y todas las demás virtudes u obras.

3. Ni la renovación, santificación, virtudes o buenas obras forman nuestra justificación, esto es, nuestra justicia delante de Dios, ni tampoco deben **39** constituirse o establecerse como parte o causa de nuestra justicia, o bajo ningún pretexto, título o nombre ser inyectadas como necesarias y pertinentes en el artículo de la justificación; sino que la justicia de la fe consiste únicamente en el perdón de los pecados, perdón que se concede de pura gracia, sólo por los méritos de Cristo. Estas bendiciones se nos ofrecen en la promesa del evangelio y son recibidas, aceptadas, aplicadas y apropiadas sólo por medio de la fe.

De la misma manera, es preciso conservar el orden entre la fe y las **40**

41 buenas obras e igualmente entre la justificación y la renovación o la santificación. Las buenas obras no anteceden a la fe, ni tampoco la santificación antecede a la justificación sino que primero el Espíritu Santo enciende la fe en nosotros en la conversión. La fe se apropia la gracia de Dios en Cristo, y por esta gracia la persona es justificada. Luego una vez que la persona es justificada, es también renovada y santificada por el Espíritu Santo, y de esa renovación y santificación surgen después los frutos en forma de buenas obras. Esto no ha de entenderse como si la justificación y la renovación estuviesen separadas la una de la otra de tal modo que la fe genuina no pudiese existir y continuar por un tiempo juntamente con una inclinación hacia lo malo, sino que aquí sólo queremos indicar el orden como una antecede o sigue a la otra. Queda en pie lo que Lutero expone correctamente:[167] «La fe y las buenas obras concuerdan y se complementan muy bien (están unidas inseparablemente); pero es la fe sola, sin las obras, la que se apropia la bendición; y no obstante, jamás y en ningún momento está sola». Este asunto ya se ha tratado en la exposición anterior.

42 Muchos argumentos también han quedado explicados de una manera útil y acertada mediante esta clara distinción, de la cual habla la Apología[168] refiriéndose a Santiago 2:24. Pues cuando se habla de la fe, como justicia, San Pablo enseña que la fe sola, sin obras, justifica (Ro. 3:28), por cuanto nos aplica y hace nuestros los méritos de Cristo, como ya se ha dicho. Pero cuando se pregunta en qué y por qué medio el cristiano puede percibir y notar la diferencia, bien en sí mismo o en otros, entre una fe verdadera y una fe fingida y muerta (y que muchos cristianos, por causa de la seguridad carnal se hacen de una ilusión y la consideran fe, en tanto que ellos mismos no poseen la verdadera fe), la Apología[169] da la siguiente respuesta: Santiago llama fe muerta a aquella fe que no es seguida de todo género de buenas obras y frutos del Espíritu. Y respecto a esto, la edición latina de la Apología[170] dice: «Santiago enseña correctamente cuando niega que podemos ser justificados por una fe desprovista de buenas obras, que es una fe muerta».

43 Santiago habla empero, según declara la Apología,[171] respecto a las obras de aquellos que ya han sido justificados por medio de Cristo, reconciliados con Dios y que ya han obtenido el perdón de los pecados por causa de Cristo. Mas, si se pregunta por qué medio y de dónde obtiene esto la fe, y qué se requiere para que justifique y salve, es falso e incorrecto decir: La fe sin obras

---

167. WA XL, 255.
168. Apología IV, 244.
169. Cf. Apología IV, trad. alemana, BSLK, p. 209; vid. Apología IV, 249.
170. Apología IV, 249.
171. Apología IV, 252.

no puede justificar; o la fe justifica por cuanto está acompañada del amor, del cual está formada; o la fe, para que justifique, necesita la presencia de las buenas obras; o en la justificación, o en el artículo de la justificación, es necesaria la presencia de las buenas obras; o las buenas obras son una causa sin la cual el hombre no puede ser justificado, o que las partículas excluyentes no pueden excluirlas del artículo de la justificación (Ro. 3:28). Pues la fe justifica sólo por cuanto y porque, como medio e instrumento, se apropia y acepta la gracia de Dios y los méritos de Cristo en la promesa del evangelio.

Que esto sea suficiente, ya que el propósito de este documento es presentar una breve explicación del artículo de la justificación por la fe; pues este artículo se trata más detalladamente en los escritos ya mencionados. Por medio de éstos, también es clara la antítesis, esto es, las doctrinas contrarias; es decir, que además de los errores ya mencionados, también los siguientes y otros similares, o que riñen con la explicación actualmente publicada, tienen que ser redargüidos, repudiados y rechazados, como cuando se enseña:[172] **44**

1. Que nuestro amor o buenas obras son mérito o causa de la justificación delante de Dios, ya sea por completo o al menos en parte.[173] **45**

2. Que por medio de las buenas obras el hombre se prepara a sí mismo y se hace digno para que se le otorguen los méritos de Cristo. **46**

3. Que nuestra verdadera justicia delante de Dios consiste en el amor o la renovación que el Espíritu Santo obra en nosotros y que está en nosotros. **47**

4. Que la justicia de la fe delante de Dios consta de dos partes: El perdón de los pecados y la renovación o santificación. **48**

5. Que la fe justifica sólo inicialmente, bien en parte o primariamente; y que nuestra novedad de vida o amor justifica aun delante de Dios bien por completo o secundariamente. **49**

6. Que los creyentes se justifican delante de Dios, o son justos delante de Dios, tanto por la imputación como por el comienzo de la santidad simultáneamente, o en parte por la imputación de la justicia de Cristo y en parte por el comienzo de la nueva obediencia. **50**

7. Que la aplicación de la promesa de la gracia se verifica tanto por la fe que nace del corazón como por la confesión hecha por la boca, y por otras virtudes. Esto quiere decir que la fe justifica sólo por el hecho de que la justicia empieza en nosotros mediante la fe, o porque la fe ocupa la precedencia en la justificación. Sin embargo, la renovación y el amor también pertenecen a nuestra justicia delante de Dios, pero de tal manera que no son la causa principal de nuestra justicia, sino que sin tal amor y renovación nuestra justicia **51**

---

172. Según Hutterus, *Explicatio*, 407, las antítesis 1–7 apuntan a los *errores Romanensium* (errores de los teólogos romanos). Cabe suponer, sin embargo, que al redactarlas se haya pensado también en Osiander.

173. Vid. Martín Chemnitz, *Examen Concilii Tridentini*, I, 9, ed. Preuss, p. 178 sigtes.

delante de Dios no es entera ni completa. También quiere decir que los creyentes se justifican y se hacen justos delante de Dios simultáneamente por la justicia imputada de Cristo y por la nueva obediencia incipiente, o en parte por la imputación de la justicia de Cristo y en parte por la nueva obediencia incipiente. También quiere decir que la promesa de la gracia se nos otorga mediante la fe que nace del corazón y mediante la confesión que se hace por la boca, y mediante otras virtudes.

52 Es, además, incorrecto enseñar que el hombre tiene que ser salvo de alguna otra manera o mediante alguna otra cosa diferente de la que lo justifica delante de Dios, de modo que si bien es verdad que somos justificados delante de Dios mediante la fe sola, no obstante es imposible ser salvos sin las obras u obtener la salvación sin las obras.

53 Tal enseñanza es falsa porque se opone diametralmente a la declaración de San Pablo en Romanos 4:6, que es bienaventurado el hombre a quien Dios atribuye justicia[174] sin obras. San Pablo funda su argumento en que tanto la salvación como la justicia se obtienen de una y la misma manera; es decir, que cuando somos justificados por la fe, recibimos al mismo tiempo la adopción de hijos y la herencia de la vida eterna y la salvación. Y por esta razón San Pablo emplea y recalca las partículas excluyentes «por gracia», «sin obras», etc., esto es, aquellas palabras mediante las cuales se excluyen por completo las obras y nuestros propios méritos; y las emplea y recalca con no menos vigor en el artículo acerca de la salvación que en el artículo acerca de la justificación.

Debe ser explicado correctamente también el argumento respecto a la morada en nosotros de la justicia esencial de Dios. Pues aunque en los escogidos, que son justificados por Cristo y se han reconciliado con Dios, mora por la fe Dios el Padre, Hijo y Espíritu Santo (pues todos los cristianos son templos de Dios el Padre, Hijo y Espíritu Santo, quien también los impulsa a hacer lo recto), sin embargo, esta morada de Dios no es la justicia de la fe de la que habla San Pablo (Ro. 1:17; 3:5, 22, 25; 2 Co. 5:21) y a la cual llama la justicia de Dios, y por causa de la cual somos declarados justos delante de Dios; sino que ella sigue a la justicia precedente de la fe, que no es otra cosa que el perdón de los pecados y la misericordiosa adopción del pobre pecador sólo por causa de la obediencia y los méritos de Cristo.

55 Por consiguiente, ya que en nuestras iglesias se ha establecido sin la menor controversia entre los teólogos de la Confesión de Augsburgo que toda nuestra justicia debe ser buscada fuera de los méritos, obras, virtudes y dignidad de parte nuestra y de todos los hombres y que esa justicia descansa únicamente en nuestro Señor Jesucristo, es menester considerar con el mayor

---

174. En el original: *Gerechtigkeit* = justicia.

cuidado en qué sentido a Cristo se le llama nuestra justicia en el asunto de nuestra justificación, a saber que nuestra justicia no descansa en una naturaleza o la otra, sino en toda la persona de Cristo, quien como Dios y hombre es nuestra justicia en toda su completa y perfecta obediencia.

Pues si sólo en su naturaleza humana Cristo hubiese sido concebido por **56** el Espíritu Santo y nacido sin pecado y cumplido toda justicia, pero no hubiese sido el Dios verdadero y eterno, esta obediencia y pasión de su naturaleza humana no se nos podría ser contada por justicia. De igual modo, si el Hijo de Dios no se hubiese hecho hombre, la naturaleza divina sola no podría ser nuestra justicia. Por lo tanto, creemos, enseñamos y confesamos que nos es contada por justicia toda la obediencia de toda la persona de Cristo—la obediencia que Cristo, aun hasta su ignominiosa muerte en la cruz, rindió al Padre por nosotros. Pues la naturaleza humana sola, independiente de la divina, ni con su obediencia ni con su pasión podría rendir satisfacción al Dios eterno y omnipotente por los pecados de todo el mundo. Tampoco la naturaleza divina sola, independiente de la humana, podría servir de mediadora entre Dios y nosotros.

En consideración de lo dicho anteriormente,[175] la perfecta obediencia de **57** Cristo, activa y pasiva, es una completa satisfacción y expiación hecha por todos los seres humanos; por ella ha sido satisfecha la eterna e inmutable justicia de Dios, revelada en la ley, y así la justicia de Cristo llega a ser nuestra justicia, que vale delante de Dios y que se revela en el evangelio. La fe que salva descansa en esta justicia, imputada por Dios al creyente, según está escrito en Romanos 5:19: «Así como por la desobediencia de un hombre los muchos fueron constituidos pecadores, así también por la obediencia de uno los muchos serán constituidos justos»; y en 1 Juan 1:7: «La sangre de Jesucristo, el Hijo de Dios, nos limpia de todo pecado». Y el justo por la fe vivirá (Hab. 2:4; Ro. 1:17).

De modo que no es la naturaleza divina de Cristo sola ni la humana sola **58** la que se nos cuenta por justicia, sino la obediencia de toda la persona, que es simultáneamente Dios y hombre. Y así considera la fe a la persona de Cristo según fue hecha ésta bajo la ley por causa nuestra, llevó nuestros pecados y al subir a los cielos ofreció al Padre celestial toda su obediencia desde su nacimiento hasta su muerte, por causa nuestra, cubriendo de este modo toda la desobediencia que es inherente en nuestra naturaleza humana en pensamientos, palabras y obras. Esta desobediencia no se nos atribuye pues para condenación, sino que nos es perdonada y remitida de pura gracia, sólo por causa de Cristo.

Por lo tanto, unánimemente rechazamos y condenamos, además de los **59**

---

175. III, 15, 16.

ya citados, todos los errores siguientes y otros similares, como contrarios a la palabra de Dios, la doctrina de los profetas y los apóstoles y nuestra fe cristiana:

60   1. La doctrina que enseña que Cristo es nuestra justicia delante de Dios según su naturaleza divina únicamente.

61   2. La doctrina que enseña que Cristo es nuestra justicia según su naturaleza humana únicamente.

62   3. La doctrina que enseña que en los escritos de los apóstoles y los profetas, donde se menciona la justicia de la fe, las expresiones justificar y ser justificado no quieren decir declarar o ser declarado libre de pecados o la manera como obtener el perdón de los pecados, sino en realidad ser hecho justo por causa del amor infundido por el Espíritu Santo y las virtudes y obras que emanan de ese amor.

63   4. La doctrina que enseña que la fe no descansa sólo en la obediencia de Cristo, sino en su naturaleza divina, según mora y obra ésta en nosotros, y que por esta morada son cubiertos nuestros pecados delante de Dios.

64   5. La doctrina que enseña que la fe es una confianza tal en la obediencia de Cristo que puede existir y permanecer en el hombre aun cuando éste carece de verdadero arrepentimiento, no demuestra el fruto del amor, sino que persiste en pecar contra su conciencia.

65   6. La doctrina que enseña que no es Dios mismo quien mora en los creyentes, sino sólo los dones de Dios.

Rechazamos unánimemente todos estos errores y otros similares como contrarios a la clara palabra de Dios, y por la gracia de Dios permanecemos firmes y constantes en la doctrina de la justicia de la fe que vale delante de Dios, según se encuentra esa doctrina expuesta, explicada y comprobada por la palabra de Dios en la Confesión de Augsburgo y su Apología.

Respecto a lo que además se necesite para explicar debidamente este importante y principal artículo acerca de la justificación que vale delante de Dios y del cual depende la salvación de nuestra alma, dirigimos al lector al excelente comentario del Dr. Martín Lutero sobre la Epístola de San Pablo a los Gálatas, al cual por causa de brevedad no nos referimos aquí.

IV. LAS BUENAS OBRAS

1   También ha habido disidencia entre los teólogos de la Confesión de Augsburgo respecto a las buenas obras. Al referirse a las buenas obras cierta facción[176] se ha expresado de este modo: «Las buenas obras son necesarias para la salvación; es imposible salvarse sin las buenas obras»; porque, según

---

176. Felipe Melanchton, Jorge Major y Justus Menius.

esa facción, se requiere de los verdaderos creyentes que hagan buenas obras como fruto de la fe, y que la fe sin el amor es una fe muerta, aunque tal amor no es causa de la salvación.

Por el contrario, la otra facción[177] sostenía que las buenas obras son por cierto necesarias, pero no para la salvación, sino por otros motivos; y por lo tanto, las anteriores expresiones (puesto que no concuerdan con la forma de la sana doctrina ni con la palabra de Dios, y siempre han sido aducidas y aún lo son por los papistas para combatir la doctrina de nuestra fe cristiana, doctrina mediante la cual confesamos que la fe sola justifica y salva) no deben ser toleradas en la iglesia, a fin de no extenuar los méritos de Cristo, nuestro Redentor, y a fin de que la promesa de la salvación pueda ser siempre firme y segura para los creyentes.

En el curso de la discusión muy pocos[178] emplearon la siguiente expresión controvertible:[179] Las buenas obras son perjudiciales a la salvación.[180] Algunos han sostenido, además, que las buenas obras no son necesarias, sino que son voluntarias (libres y espontáneas) porque no son hechas bajo los efectos del miedo o del castigo de la ley sino que han de salir de un espíritu voluntario y un corazón gozoso. A fin de combatir esta aserción, la otra facción sostenía que las buenas obras son necesarias.

Originalmente, dio ocasión a esta última controversia[181] el uso de las palabras «necesarias» y «libres»,[182] porque la palabra «necesarias»,[183] en particular, significa no sólo el orden eterno e inmutable según el cual todos los hombres tienen la obligación y el deber de obedecer a Dios, sino que también significa a veces cierta coerción, por la cual la ley fuerza al hombre a hacer buenas obras.

Con el tiempo la disputa ya no se limitaba a esas palabras, sino que también la doctrina misma era atacada con implacable violencia, y se sostenía que la nueva obediencia no era necesaria en los regenerados, por causa del orden divino ya citado.[184] A fin de aclarar este desacuerdo de una manera

2

3

4

5

6

---

177. Nicolaus von Amsdorf, Matías Flacius, Nicolaus Gallus, Joh. Wigand.

178. Nicolaus von Amsdorf. Cf. lo que dice E. Wolf en BSLK, p. 938, nota 2.

179. *Streitige*. Texto lat.: *hanc propositionem (quae et ipsa controversiae occasionem dedit)* = «esta expresión (que a su vez ocasionó una controversia)».

180. Nicolaus von Amsdorf.

181. *Solcher Streit*. Texto lat.: *haec posterior controversia*.

182. En alemán: *notwendig und frei*.

183. Traducción del alemán: *nötig*.

184. La construcción del original alemán es ambigua. Según el texto latino, algunos argumentaban «que la nueva obediencia en los regenerados (requerida por la antes mencionada orden divina) no es necesaria». (*novam obedientiam in renatis (quam supra commemoratus ordo divinus requirit) non esse necessariam*). Se trata de la así llamada Segunda Controversia Antinomista, principalmente entre Andrés Musculus y Obadías Praetorius. Vid. Decl. Sól. artículos V y VI.

596

cristiana y según la guía de la palabra de Dios y por la gracia divina resolverlo por completo, presentamos a continuación nuestra doctrina, fe y confesión:

7   En primer lugar, no existe controversia alguna entre nuestros teólogos respecto a los siguientes puntos de este artículo, a saber: Que Dios desea, ordena y manda que los creyentes anden en buenas obras; y que las verdaderas buenas obras no son aquellas que alguien inventa estimulado por la buena intención ni las que se hacen según las tradiciones humanas, sino aquellas que Dios mismo ha prescrito y ordenado en su palabra; y que las verdaderas buenas obras no son fruto de nuestro propio poder espiritual, sino que hace obras agradables a Dios aquella persona que mediante la fe se ha reconciliado con Dios y ha sido renovada por el Espíritu Santo, o como dice San Pablo, «es creada de nuevo en Cristo Jesús para buenas obras» (Ef. 2:10).

8   Ni tampoco existe controversia alguna en cuanto a cómo y por qué las buenas obras de los creyentes, aunque en esta vida son impuras e incompletas, son agradables y aceptables a Dios; pues lo son por causa de Cristo, por medio de la fe, porque la persona es agradable a Dios. Pues las obras que se hacen para preservar la disciplina externa (obras de las cuales son capaces también los incrédulos y los no convertidos y de quienes son exigidas) aunque loables delante del mundo y recompensadas por Dios en esta vida son beneficios temporales, sin embargo, ya que no proceden de la verdadera fe, son pecados delante de Dios, esto es, tienen la mancha del pecado, y son consideradas por Dios como pecados e impuras, por causa de la corrupción de la naturaleza humana y porque el que las hace no se ha reconciliado aún con Dios. «No puede el árbol malo dar buenos frutos» (Mt. 7:18), y según leemos en Romanos 14:23: «Todo lo que no proviene de la fe, es pecado». Pues la persona tiene primeramente que ser aceptable a Dios, y esto sólo por causa de Cristo, si es que las obras de esa persona han de ser agradables a Dios.

9   Por lo tanto, de las obras que son verdaderamente buenas y agradables a Dios y que Dios recompensará en este mundo y en el venidero, la fe tiene que ser la madre y la fuente. Es por esta razón que San Pablo las llama verdaderos frutos de la fe, como también del Espíritu. Pues, como el Dr. Lutero

10   escribe en su Prefacio a la Epístola de San Pablo a los Romanos:[185] «Así la fe es una obra divina en nosotros, que nos cambia, nos regenera de parte de Dios y da muerte al viejo Adán, nos hace personas enteramente diferentes en el corazón, espíritu, mente y todas las facultades, y nos confiere el Espíritu Santo. ¡Oh! la fe es una cosa tan viva, fecunda, activa y poderosa

11   que le es imposible no hacer continuamente lo bueno. Ni tampoco pregunta si se deben hacer buenas obras, sino que antes de hacer la pregunta, ya ha hecho las buenas obras y está siempre ocupada en hacerlas. Pero al que no

---

185. Edición de Erlangen, LXIII, 124 sigtes.

hace tales obras le falta la fe, y anda a tientas buscando ciegamente la fe y las buenas obras, y no sabe ni en qué consiste la fe o las buenas obras, y sin embargo, habla mucho y sin substancia acerca de la fe y las buenas obras. La fe que justifica es una confianza viva e intrépida en la gracia de Dios, tan cierta que uno moriría mil veces por ella. Tal confianza y conocimiento de la gracia divina le infunde gozo, valor y ánimo en su relación con Dios y todas las criaturas, todo lo cual obra el Espíritu Santo mediante la fe. Y por esta razón, el hombre está gozosamente dispuesto, sin que sea obligado, a hacer bien a todo el mundo, a servir a todo el mundo y a sufrirlo todo por amor y alabanza a Dios, quien le ha conferido esta gracia, de manera que es imposible separar las obras de la fe, así como es imposible separar del fuego la luz y el calor». **12**

Pero ya que entre nuestros teólogos no existe controversia alguna sobre estos puntos, no trataremos éstos aquí extensamente, sino que sólo explicaremos de una manera simple y sencilla los puntos controvertibles. **13**

En primer lugar, en lo que respecta a la necesidad o voluntariedad de las buenas obras, es evidente que en la Confesión de Augsburgo y en su Apología se usan y se repiten con frecuencia las expresiones que las buenas obras son necesarias; igualmente, que es necesario hacer buenas obras, las cuales han de seguir por necesidad a la fe y la reconciliación; igualmente, que por necesidad tenemos que hacer cualesquiera obras que Dios nos ordene.[186] Similarmente, se usan en las Escrituras mismas las palabras «necesidad» y «necesarias», así como hemos y debemos con respecto a lo que nos exigen la ordenanza, el mandato y la voluntad de Dios, según se evidencia en Romanos 13:5, 6, 9; 1 Corintios 9:9; Hechos 5:29; Juan 15:12; 1 Juan 4:11. Por lo tanto, los que han censurado y rechazado tales expresiones o proposiciones en este verdadero sentido cristiano, las han censurado y rechazado injustamente; pues se emplean y se usan propiamente para contrarrestar y rechazar el engaño vanidoso y epicúreo por el cual muchos inventan para sí una fe muerta o ilusión, la cual es sin fe y sin buenas obras, como si pudiese existir en el corazón la verdadera fe y al mismo tiempo la malvada intención de perseverar y continuar en pecado, lo cual es imposible; y como si uno pudiese por cierto tener y retener la verdadera fe, la justicia y la salvación, aunque fuese y permaneciese un árbol corrupto e infructífero, que no produce jamás buenos frutos, o aunque persistiese en cometer pecados contra la conciencia o intencionalmente reincidiese en estos pecados, todo lo cual es incorrecto y falso. **14** **15**

Mas en todo esto también es necesario observar la siguiente distinción, esto es, que el significado tiene que ser: Una necesidad de la ordenanza, el **16**

---

186. Vid. Confesión de Augsburgo VI, XX; Apología IV, 141, 189, 200, 214.

mandato y la voluntad de Cristo, y de nuestra obligación, pero no una necesidad de coerción. O lo que es lo mismo: Cuando se emplea esta palabra «necesidad», no debe entenderse en el sentido de coerción, sino sólo como algo que ordena la inmutable voluntad de Dios, de la cual somos nosotros deudores; pues su mandamiento también demuestra que la criatura debe

17 obedecer a su Creador. En otros pasajes, como en 2 Corintios 9:7, y en la Epístola de San Pablo a Filemón, v. 14, y también en 1 Pedro 5:2, el término «por necesidad» se usa para designar lo que se obtiene de alguien en contra de su voluntad, por la fuerza u otros medios, de modo que lo que la persona hace, lo hace externamente, por apariencia, pero no obstante sin su voluntad y en contra de ella. Dios no aprueba esas obras hipócritas, sino que desea que el pueblo del Nuevo Testamento sea un pueblo de buena voluntad (Sal. 110:3), que sacrifique voluntariamente (Sal. 54:8), no con tristeza o por necesidad, sino obedeciendo de corazón (2 Co. 9:7; Ro. 6:17). Porque Dios

18 ama al dador alegre (2 Co. 9:7). Sólo así es correcto decir y enseñar que las obras verdaderamente buenas deben ser hechas voluntariamente por aquellos a quienes el Hijo de Dios ha hecho libres; pues particularmente para confirmar esta declaración fue que algunos participaron en la controversia respecto a la voluntariedad de las buenas obras.

19 Aquí empero, conviene observar la distinción de que habla San Pablo (Ro. 7:22-23): «Según el hombre interior, me deleito (estoy dispuesto a hacer el bien) en la ley de Dios; pero veo otra ley en mis miembros, que se rebela contra la ley de mi mente, y que me lleva cautivo a la ley del pecado que está en mis miembros». Y en cuanto a la carne desinclinada y rebelde dice San Pablo (1 Co. 9:27): «Hiero mi cuerpo y lo pongo en servidumbre», y (en Gá. 5:24; Ro. 8:13): «Los que son de Cristo han crucificado, aun más, han mata-

20 do, la carne con sus pasiones y deseos». Pero es falso y reprensible enseñar que las buenas obras se dejan a la discreción del cristiano en el sentido de que se dé a los creyentes la alternativa de hacer u omitir las buenas obras o de que puedan obrar en contra de la ley de Dios y no obstante retener la fe, el favor y la gracia de Dios.

21 En segundo lugar, si se enseña que las buenas obras son necesarias también hay que explicar por qué son necesarias y qué razones hay para que lo

22 sean, como lo hacen la Confesión de Augsburgo y su Apología. Aquí, empero, debemos tener cuidado para que no se introduzcan y se mezclen las obras en el artículo de la justificación y la salvación. Por lo tanto, se rechazan las proposiciones de que las buenas obras son necesarias para la salvación del creyente, de modo que sea imposible ser salvo sin las buenas obras. Tales proposiciones están diametralmente opuestas a las partículas excluyentes en el artículo de la justificación y la salvación, esto es, se oponen a las palabras por las cuales San Pablo ha excluido por completo nuestras obras y méritos del artículo de la justificación y la salvación y ha atribuido todo a la gracia de Dios y al mérito de Cristo únicamente, según quedó explicado en el artículo anterior. Además, tales proposiciones quitan a las conciencias afligidas y atribuladas el consuelo del evangelio, dan ocasión a la duda, son de varios modos peligrosas y acrecientan la presunción de que uno puede salvarse mediante su propia justicia y la confianza en sus propias obras; y además de esto, son aceptadas por los papistas, quienes las aducen para atacar la doctrina pura de que el hombre es salvo sólo por la fe.[187] Por último, son contrarias a las sanas palabras que nos hablan de la bienaventuranza del hombre a quien Dios atribuye justicia aparte de las obras (Rom. 4:6). Y en el capítulo sexto de la Confesión de Augsburgo se nos dice que somos salvos sin las obras, por la fe sola. Por esta razón, el Dr. Martín Lutero ha rechazado y condenado las siguientes proposiciones:

1. La de los falsos profetas que hacían errar a los gálatas.

2. La de los papistas en numerosos lugares.

3. La de los anabaptistas, quienes dan la siguiente interpretación: No debemos poner el mérito de las obras como fundamento de la fe, pero sí debemos considerarlas como necesarias para la salvación.

4. La de aquellos que, aunque son partidarios de él, interpretan el asunto de la necesidad de las obras del modo siguiente: Si bien es verdad que exigimos las buenas obras como necesarias para la salvación, sin embargo no enseñamos que debemos confiar en las buenas obras. (Esto lo expone en su comentario sobre Génesis, capítulo 22.)[188]

Por consiguiente, y por las razones que ahora se citan, es menester fijar la siguiente regla en nuestras iglesias: Las expresiones anteriores no deben ser enseñadas, defendidas o excusadas, sino que deben ser excluidas por completo de nuestras iglesias y repudiadas como falsas e incorrectas, y como expresiones que, por haber sido renovadas como consecuencia del Ínterin,[189] se originaron en tiempos de persecución, cuando existía una necesidad especial de presentar una confesión clara y correcta para combatir todas las diferentes corrupciones y adulteraciones de que fue víctima el artículo de la justificación, por todo lo cual volvieron a ser objeto de argumento.

En tercer lugar, se ha suscitado el argumento si las buenas obras conservan la salvación, o si son necesarias para conservar la fe, la justicia y la

---

187. En el original: *die reine Lehre von dem alleinseligmachenden Glauben* («la doctrina pura de la fe *solisalvante*»).

188. Equivocación de la FC. En todo el comentario de Lutero sobre Génesis 22 (cf. WA XL; Walch, Ed. de St. Louis I) no se halla ningún pasaje en que Lutero condena esta proposición *auch an etlichen andern unter den Seinen* («también en algunos otros de entre sus partidarios»). Texto latino: *in quibusdam aliis, suis hominibus*.

189. El «Ínterin» de Leipzig, 1548. Vid. CR VIII, 60–63.

salvación. Esto es de suma y gran importancia, pues el que persevere hasta el fin, éste será salvo, Mateo 24:13 y Hebreos 3:14: «Somos hechos participantes de Cristo, con tal que retengamos firme hasta el fin nuestra esperanza del principio». Debemos explicar, además, con diligencia y exactitud cómo se conservan en nosotros la justicia y la salvación, si es que no hemos de perderlas otra vez.

31 Ante todo, debe censurarse y rechazarse vigorosamente la falsa ilusión epicúrea, según la cual algunos se imaginan que la fe, la justicia y la salvación que han recibido no pueden perderse mediante pecados u obras impías, ni aun cuando esos pecados u obras impías fuesen hechos a sabiendas y con toda intención, y aseveran que el cristiano retiene la fe, la gracia de Dios, la justicia y la salvación, aunque se entregue a los malos deseos sin temor y vergüenza, resista al Espíritu Santo e intencionalmente cometa pecados contra su conciencia.

32 Para contrarrestar esta ilusión perniciosa, es necesario repetirles a los cristianos frecuentemente que son salvos por la fe, y fijar en su ánimo las siguientes amenazas verdaderas, inmutables y divinas y los siguientes severos castigos y advertencias: «No erréis; ni los fornicarios, ni los idólatras, ni los adúlteros, etc., heredarán el reino de Dios» (1 Co. 6:9). Los que hacen tales cosas «no tienen herencia en el reino de Dios» (Gá. 5:21; Ef. 5:5). «Si vivís conforme a la carne, moriréis» (Ro. 8: 13). «Por las cuales la ira de Dios viene sobre los hijos de rebelión» (Col. 3:6).[190]

33 Pero respecto de cuándo, y de qué modo, partiendo del antedicho fundamento, han de recalcarse las exhortaciones a hacer buenas obras sin que con ello se obscurezca la doctrina acerca de la fe y del artículo de la justificación, recurrimos al ejemplo que nos presenta la Apología cuando, en el Artículo XX[191] y refiriéndose al pasaje en 2 Pedro 1:10: «Procurad hacer firme vuestra vocación y elección», dice lo siguiente: «San Pedro enseña por qué deben hacerse las buenas obras, esto es, para que hagamos firme nuestra vocación, es decir, que no caigamos de nuestra vocación en caso de que volvamos a pecar. Haced buenas obras, dice él, para que perseveréis en vuestra vocación celestial a fin de que no volváis a caer y perdáis el Espíritu Santo y sus dones, los cuales recibís, no por causa de obras subsiguientes, sino por la gracia, por medio de Cristo, dones que ahora son retenidos mediante la fe. Mas la fe no permanece en aquellos que llevan una vida pecaminosa, pierden el Espíritu Santo y se niegan a arrepentirse». Fin de la cita de la Apología.

---

190. En Col. 3:6 la FC dice: *über die Ungehorsamen.* Texto lat.: *super filios incredulitatis.* Este agregado lo tienen también algunos códices antiguos: *epì toùs uioùs tês apeitheías.* Nestle lo omite, pero sí lo trae en Ef. 5:6. (Versión *Dios habla hoy,* Col. 3:6: «Estas cosas, por las que viene el terrible castigo de Dios sobre aquellos que no le obedecen»).

191. Apología XX, 13. BSLK (p. 948, nota 2) indica, erróneamente, Art. XXI.

Esto, en cambio, no quiere decir que la fe sola al principio se apodera **34**
de la justicia y la salvación y más tarde entrega su oficio a las obras como
si éstas en lo sucesivo tuviesen que conservar la fe, la justicia recibida y la
salvación. Pero a fin de que la promesa, no sólo de recibir, sino también de
retener la justicia y la salvación, nos pueda ser firme y segura, San Pablo,
en Romanos 5:2, atribuye a la fe no sólo la entrada en la gracia, sino también
que perseveremos en esa gracia y nos gloriemos en la bienaventuranza futura;
o expresado en otras palabras, atribuye a la fe sola, el comienzo, el medio y
el fin. Lo mismo se expresa en los siguientes pasajes. «Por su incredulidad
fueron quebradas, mas tú por la fe estás en pie» (Ro. 11:20). «Para presentarnos santos y sin mancha e irreprensibles delante de él, si en verdad per-
manecéis fundados y firmes en la fe» (Col. 1:22, 23). «Sois guardados por
el poder de Dios mediante la fe; obteniendo el fin de vuestra fe, que es la
salvación de vuestras almas» (1 P. 1:5, 9).

Ya que por la palabra de Dios es evidente que la fe es en realidad el **35**
único medio por el cual la justicia y la salvación no sólo son recibidas de
Dios, sino también conservadas por él, es propio rechazar el decreto del
Concilio de Trento[192] y todo lo que se inclina a la misma opinión, esto es,
que nuestras buenas obras conservan la salvación, o que la justicia de la fe
que ha sido recibida, o aun la fe misma, es entera o parcialmente guardada
y conservada por medio de nuestras obras.

Pues, aunque es verdad que antes de esta controversia muchos[193] teólogos **36**
ortodoxos emplearon expresiones tales y similares en la explicación de la
Sagrada Escritura, pero sin la menor intención de confirmar los ya mencionados errores papistas, sin embargo, ya que más tarde surgió una controversia
sobre tales expresiones, la cual produjo diferentes debates, ofensas y disensiones, es de suma importancia, según la advertencia de San Pablo en 2
Timoteo 1:13, retener firmemente no sólo la forma de las sanas palabras, sino
también la doctrina pura misma, pues así se prevendrán muchas contiendas
innecesarias y la iglesia cristiana será librada de muchas ofensas.

En cuarto lugar, la explicación correcta de la proposición de que las **37**
buenas obras son perjudiciales a la salvación,[194] es la siguiente: Si alguien
desease introducir las buenas obras en el artículo de la justificación, o basar
en ellas su justicia o confianza para la salvación con el propósito de merecer
la gracia de Dios y ser salvo por ellas, a éste no le decimos nosotros, sino
San Pablo mismo, por tres veces repetidas (Fil. 3:7 y sigte.), que a tal hombre

---

192. E. Wolf (BSLK, p. 949, nota 2) indica: Concilio de Trento, Sesión VI, cánones 24
y 32. Decl. Sól. IV, 35 es el único lugar en que la Fórmula de Concordia menciona el Concilio
de Trento.

193. *Etliche viel.* Vid. IV, 2, nota 177.

194. Vid. IV, 3, nota 180.

sus obras no sólo le son inútiles y un obstáculo, sino también perjudiciales. Pero esto no es la culpa de las buenas obras mismas, sino de la falsa confianza que se deposita en ellas, en contra de la clara palabra de Dios.

38 Sin embargo, de ningún modo se infiere de esto que podemos decir sencilla y rotundamente que las buenas obras son perjudiciales a los creyentes en lo que se refiere a su salvación; pues en los creyentes las buenas obras, hechas por causas verdaderas y para fines verdaderos, son testimonios de la salvación, siempre que sean hechas en el sentido en que Dios las exige de los regenerados (Fil. 1:28); porque es la voluntad de Dios y su expreso mandato que los creyentes hagan buenas obras, producidas en ellos por el Espíritu Santo. Estas obras son agradables a Dios por causa de Cristo, y por ellas él les promete una gloriosa recompensa en esta vida y en la venidera.

39 En virtud de esto, esta proposición es censurada y rechazada en nuestras iglesias porque, como declaración rotunda, es falsa y ofensiva y puede perjudicar la disciplina y la decencia e introducir y fortalecer una vida torpe, disoluta, vanidosa y epicúrea. Pues lo que uno considere como perjudicial a su salvación, debe evitarlo con la mayor diligencia.

40 Pero ya que los cristianos no deben ser desanimados a hacer buenas obras, sino que con la mayor diligencia deben ser estimulados a hacerlas, aseverar rotundamente que las buenas obras son perjudiciales a la salvación es algo que no puede ni debe ser tolerado, usado o defendido en la iglesia cristiana.

V. LA LEY Y EL EVANGELIO

Ya que la distinción entre la ley y el evangelio es como luz muy resplandeciente que sirve para que la palabra de Dios sea dividida correctamente[195] y la Escritura de los santos profetas y apóstoles sea debidamente explicada y entendida, debemos guardarla con cuidado especial a fin de que estas dos doctrinas no se mezclen entre sí o el evangelio sea transformado en ley, pues con esto último se oscurece el mérito de Cristo y se despoja a las conciencias perturbadas del dulcísimo consuelo que tienen en el santo evangelio, cuando éste es predicado en toda su pureza, y por el cual se pueden sostener en las más graves tentaciones con que pueden ser acosados por los terrores de la ley.

2 También sobre este asunto hubo controversia entre algunos teólogos de la Confesión de Augsburgo;[196] una facción sostenía que el evangelio en su sentido propio no sólo es una predicación de la gracia, sino también una

---

195. Alusión a 2 Ti. 2:15.
196. Con esto se tiene en mente la tesis melanchtoniana del evangelio como *doctrina poenitentiae* más bien que el antinomismo de Agrícola.

predicación del arrepentimiento, que reprueba el mayor de los pecados: La incredulidad. La otra facción[197] sostenía, en cambio, que el evangelio en su sentido propio no es una predicación del arrepentimiento, que reprueba el pecado, ya que esto realmente es parte de la ley de Dios, la cual reprueba todos los pecados y, por consiguiente, también la incredulidad; sino que el evangelio en su sentido propio es una predicación de la gracia y el favor de Dios, predicación por la cual se perdona y remite la incredulidad, que era inherente en los que ya se han convertido, y que es reprobada por la ley de Dios.

Pues bien, al estudiar detenidamente esta controversia, es evidente que su causa principal consiste en que el término «evangelio» no se emplea y entiende siempre en el mismo sentido en las Sagradas Escrituras ni por los teólogos antiguos y modernos, sino en dos.   **3**

Pues algunas veces se emplea para denotar toda la doctrina de Cristo, nuestro Señor, la cual él promulgó durante su ministerio terrenal y ordenó promulgar en el Nuevo Testamento, y por lo tanto la incluyó en la explicación de la ley y en la promulgación del favor y la gracia de Dios, su Padre celestial, según está escrito: «Principio del evangelio de Jesucristo, Hijo de Dios». Y poco más adelante en este mismo capítulo se divide el evangelio en dos partes principales: Arrepentimiento y remisión de pecados (Mr. 1:4). De igual modo, cuando Cristo después de su resurrección mandó sus discípulos a predicar el evangelio a toda criatura (Mr. 16:15), resumió esta doctrina en pocas palabras, diciendo (Lc. 24:46–47): «Así está escrito y así fue necesario que el Cristo padeciese, y resucitase de los muertos al tercer día; y que se predicase en su nombre el arrepentimiento y la remisión de pecados en todas las naciones». También San Pablo llama «evangelio» a toda su doctrina (Hch. 20:24), pero la resume bajo dos puntos: Arrepentimiento para con Dios y la fe en nuestro Señor Jesucristo (Hch. 20:21).   **4**

En este sentido, en tanto que se describe la palabra «evangelio» y cuando este término se emplea en un sentido general y sin que se haga la distinción estricta entre la ley y el evangelio, es correcto decir que el evangelio es una predicación del arrepentimiento y del perdón de los pecados. Pues Juan el Bautista, Cristo y los apóstoles empezaron su predicación con el arrepentimiento, y recalcaron no sólo la misericordiosa promesa del perdón de los pecados, sino también la ley de Dios.   **5**

Además, el término «evangelio» también se emplea en su sentido estricto, y como tal, encierra no la predicación del arrepentimiento, sino sólo la predicación de la gracia de Dios, según se nota en las palabras de Cristo (Mr. 1:15): «Arrepentíos, y creed en el evangelio».   **6**

---

197. Figuras principales: Matías Falcius Illyricus, Mateo Judex y Joh. Wigand.

7   Tampoco el término «arrepentimiento» se emplea en la Sagrada Escritura en un solo sentido. Pues en algunos pasajes se emplea para denotar toda la conversión del hombre, como en Lucas 13:5: «Si no os arrepintiereis, todos pereceréis asimismo». Y en Lucas 15:7: «Os digo que habrá más gozo en el cielo por un pecador que se arrepiente».

8   En cambio, en el pasaje de Marcos 1:15, así como en otros en donde arrepentimiento y fe en Cristo (Hch. 20:21) o arrepentimiento y la remisión de los pecados (Lc. 24:47) se mencionan como dos cosas distintas, arrepentirse no es otra cosa que reconocer sinceramente los pecados, sentir hondo pesar por causa de ellos y desistir de ellos.

9   Este conocimiento procede de la ley, pero no es suficiente para producir la conversión que salva delante de Dios si no se le añade la fe en Cristo, cuyos méritos son ofrecidos por el evangelio a los pecadores penitentes que están aterrorizados por la predicación de la ley. Pues el evangelio promulga el perdón de los pecados, no al corazón que se halla en la seguridad carnal, sino al perturbado y penitente (Lc. 4:18). Y para que el arrepentimiento o los terrores de la ley no se conviertan en desesperación, es menester añadir la predicación del evangelio a fin de que ésta obre arrepentimiento para salvación (2 Co. 7:10).

10   Ya que la predicación de la ley, sin mencionar a Cristo, o produce hipócritas presuntuosos, que se imaginan que pueden cumplir la ley mediante las obras externas, o los obliga a la desesperación, Cristo toma la ley en sus manos y la explica espiritualmente (Mt. 5:21 y sigte.; Rom. 7:6, 14 y 1:18), y así revela su ira desde el cielo sobre todos los pecadores y demuestra cuán grande es la ira divina. Así los pecadores son dirigidos a la ley y de ella aprenden realmente a reconocer sus pecados, conocimiento que Moisés jamás pudo producir en ellos. Pues como declara el apóstol, aunque Moisés sea leído, nunca será quitado el velo con que cubrió su rostro, de modo que no pueden comprender la ley espiritualmente ni lo mucho que ella exige ni cuán severamente nos maldice y condena porque no podemos cumplirla o guardarla. «Pero cuando se conviertan al Señor, el velo se quitará» (2 Co. 3:3–16).

11   Por lo tanto, el Espíritu de Cristo no sólo debe consolar, sino también, mediante el ministerio de la ley, convencer al mundo de pecado (Jn. 16:8), y así como dice el profeta (Is. 28:21): «Hacer . . . su extraña obra» (la obra de convencer), para que después haga su propia obra, que es la de consolar y predicar la gracia de Dios. Pues por esta razón, por medio de Cristo, el Espíritu Santo fue obtenido del Padre y enviado a nosotros, y también por esta razón se le llama el Consolador (Jn. 16:17; cf. Jn. 14:16, 26), como nos dice el Dr. Lutero en su exposición del evangelio para el quinto domingo después de Trinidad.[198]

---

198. Ed. de Erlangen XIII 153, 154.

Es predicación de la ley todo lo que nos instruye acerca de nuestros **12** pecados y la ira de Dios, no importa cómo y cuándo se haga. En cambio, la predicación del evangelio consiste en sólo demostrarnos y concedernos la gracia y el perdón en Cristo, aunque es correcto y justo que los apóstoles y ministros del evangelio (como también Cristo mismo lo hizo) confirmen la predicación de la ley y empiecen con aquellos que aún no reconocen sus pecados ni sienten el terror de la ira de Dios. Cristo mismo expone esto en Juan 16:8–9: «El Espíritu Santo convencerá al mundo de pecado, . . . por cuanto no creen en mí». En realidad, ¿qué declaración y predicación de la ira de Dios contra el pecado puede ser más potente y terrible que el sufrimiento y la muerte de Cristo, el Hijo de Dios? Pero en tanto que todo esto predique la ira de Dios y aterrorice a los hombres, no es aún la predicación del evangelio ni la propia predicación de Cristo, sino la de Moisés y la ley contra los impenitentes, pues el evangelio y Cristo jamás fueron ordenados y dados con el fin de aterrorizar y condenar, sino antes bien con el fin de consolar y animar a los que ya están aterrorizados por el pecado y lo temen.

Y añade Lutero que Cristo dice en Juan 16:8: «El Espíritu Santo con- **13** vencerá al mundo de pecado». Esto no puede hacerse sino por medio de la explicación de la ley. (Jena Tomo 2, fol. 455.)[199]

Los Artículos de Esmalcalda[200] lo expresan así: «En el Nuevo Testamento **14** se exponen y explican el oficio, fin y obra de la ley: Revelar pecados y la ira de Dios; empero, añade enseguida al oficio de la ley la consoladora promesa de la gracia divina para los que creen en el evangelio».

Y la Apología[201] dice: «Para obtener un arrepentimiento verdadero y **15** saludable no basta la predicación de la ley sola, sino que el evangelio debe ser añadido a ella». Por lo tanto, una doctrina siempre debe acompañar a la otra, y ambas deben ser enseñadas juntas, pero en ello debe observarse un orden definido y una distinción clara. Además, es justo condenar a los antinomistas o adversarios de la ley,[202] los cuales procuran excluir de la iglesia la predicación de la ley, afirmando que para reprobar el pecado y enseñar el arrepentimiento y la contrición, no se necesita la ley, sino únicamente el evangelio.

Pero a fin de que todos puedan ver que en esta controversia no ocultamos **16** nada, sino que presentamos el asunto a la vista del lector cristiano de una manera simple y clara, declaramos lo siguiente:

---

199. WA XV 228.

200. Artículos de Esmalcalda, Parte III, Artículo III, secciones 1 y 4.

201. Apología IV, 257.

202. *Die antinomi oder Gesetzstürmer.* De *antinomus*, vocablo del latín medieval, y éste del griego *anti*, contra, y *nomos*, ley. *Gesetzstürmer* se formó por analogía con *Bilderstürmer*, iconoclasta. Un equivalente español sería, entonces, «nomoclasta».

17   Unánimemente creemos, confesamos y enseñamos que la ley en su sentido estricto es una doctrina divina en la que se revela la justa e inmutable voluntad de Dios en lo que respecta a cómo ha de ser el hombre en su naturaleza, pensamientos, palabras y obras, para que pueda agradar a Dios; y ella amenaza a los transgresores de los preceptos divinos con la ira de Dios y el castigo temporal y eterno. Pues como escribe Lutero para combatir a los antinomistas:[203] «Todo cuanto sirve para reprobar el pecado es ley y pertenece a la ley, cuyo oficio peculiar consiste en reprobar el pecado y hacer que los hombres reconozcan sus pecados» (Ro. 3:20; 7:7). Ya que la incredulidad es la raíz y fuente de todos los pecados que deben ser reprobados y condenados, la ley reprueba también la incredulidad.[204]

18   Sin embargo, también es verdad que el evangelio ilustra y explica la doctrina acerca de la ley. A pesar de esto, permanece inalterable el oficio peculiar de la ley: Reprobar pecados y enseñar respecto a las buenas obras.

19   Así la ley reprueba la incredulidad, esto es, el rehusar creer en la palabra de Dios. Pero ya que el evangelio, que es el único que puede enseñar y ordenar a creer en Cristo, es la palabra de Dios, el Espíritu Santo, mediante el oficio de la ley, también reprueba la incredulidad, esto es, el rehusar creer en Cristo. Sin embargo, es en realidad el evangelio el que enseña respecto a la fe salvadora en Cristo.

20   Pero ya que el hombre no ha guardado la ley de Dios, sino que la ha traspasado y la combate por medio de su corrupta naturaleza, sus pensamientos, palabras y obras, razón por la cual está sujeto a la ira de Dios, la muerte, todas las calamidades temporales y el castigo eterno del infierno, el evangelio en su sentido estricto es la doctrina que enseña lo que el hombre debe creer a fin de que obtenga de Dios el perdón de los pecados; esto es, debe creer que el Hijo de Dios, nuestro Señor Jesucristo, ha cargado sobre sí la maldición de la ley, ha expiado por completo todos nuestros pecados, y que sólo por medio de él nos reconciliamos con Dios, obtenemos perdón de los pecados mediante la fe, somos librados de la muerte y de todos los castigos del pecado y por fin recibimos la salvación eterna.

21   Pues todo lo que consuela y todo lo que ofrece el favor y la gracia de Dios a los transgresores de la ley, es realmente evangelio y así puede ser llamado, esto es, el inefable mensaje que anuncia que Dios no castiga los pecados, sino que los perdona por causa de Cristo.

22   Por lo tanto, todo pecador penitente debe creer, es decir, debe depositar toda su confianza en el Señor Jesucristo únicamente, quien fue entregado por

203. Vid. Decl. Sól. V, 12. WA XXXIX¹ 348, tesis 18 y 19; ed. de Erlangen XIII 153.

204. W. M. Oesch llama la atención a esta sección 17 y a Decl. Sól. VI, 15 como los textos que determinan el concepto de «ley» (*De tertio usu legis*, «Lutherischer Rundblick», vol. IV, 1956, p. 26).

nuestros delitos y resucitado para nuestra justificación (Ro. 4:25); quien, aunque no conoció pecado, Dios lo hizo pecado por nosotros, para que nosotros fuésemos hechos justicia de Dios en él (2 Co. 5:21);[205] quien nos ha sido hecho por Dios sabiduría, justificación, santificación y redención (1 Co. 1:30); cuya obediencia se nos cuenta por justicia delante del justo tribunal de Dios, de modo que la ley, según queda dicho, es un ministerio que mata por medio de la letra (2 Co. 3:6) y predica la condenación (2 Co. 3:9), mas el evangelio es poder de Dios para salvación a todo aquel que cree (Ro. 1:16) y este evangelio predica la justicia (2 Co. 3:9) y concede el Espíritu Santo (2 Co. 3:8). Por esta razón el Dr. Martín Lutero aconseja con la mayor diligencia en casi todos sus escritos que se observe esta distinción, y ha demostrado con el mayor acierto que el conocimiento divino extraído del evangelio es muy diferente del que la ley enseña y del que de ella se aprende, pues aun los paganos hasta cierto punto conocen a Dios mediante la ley natural, aunque es verdad que no lo conocen ni lo glorifican como deben conocerle y glorificarle (Ro. 1:21).

Desde el principio del mundo estas dos doctrinas se han enseñado siempre **23** juntamente en la iglesia de Dios, con su debida distinción. Pues los descendientes de los venerables patriarcas, así como los patriarcas mismos, no sólo ponían en la memoria constantemente cómo en el principio el hombre fue creado justo y santo por Dios y cómo por el engaño de la serpiente traspasó el mandato de Dios, se volvió pecador, se corrompió y se precipitó con toda su posteridad en la muerte y la condenación eterna, sino que también volvían a recibir ánimo y consuelo mediante el mensaje que trata de la simiente de la mujer, que quebraría la cabeza de la serpiente (Gn. 3:15); e igualmente con el que trata de la simiente de Abraham, en quien serían benditas todas las naciones de la tierra (Gn. 22:18; 28:14); e igualmente con el que trata del Hijo de David, quien restablecería el reino de Israel y sería Luz a las naciones (Sal. 110:1; Is. 40:10; 49:6); y quien «fue herido por nuestras rebeliones y molido por nuestros pecados, y por su llaga fuimos nosotros curados» (Is. 53:5).

Creemos y sostenemos que la iglesia de Dios debe inculcar estas dos **24** doctrinas con toda diligencia y hasta el fin de los siglos, aunque con la debida distinción de que ya hemos oído, para que por la predicación de la ley y sus amenazas, en el ministerio del Nuevo Testamento, los corazones de los impenitentes puedan ser aterrorizados y traídos al conocimiento de sus pecados y al arrepentimiento; pero no de tal manera que a raíz de este procedimiento

---

205. 2 Co. 5:21. La FC cita de acuerdo con la traducción de Lutero. (Cf. Versión *Dios Habla Hoy*: «Cristo no cometió pecado alguno; pero por causa nuestra, Dios lo trató como al pecado mismo, para así, por medio de Cristo, librarnos de culpa».) Vid. Epítome III, 5, nota 28.

pierdan el ánimo y se desesperen, sino para que (ya que la ley es un ayo para llevarnos a Cristo a fin de que seamos justificados mediante la fe [Gá. 3:24], y así no nos aleja de Cristo, sino que nos acerca a él, quien es el fin de la ley [Ro. 10:4]) sean consolados y fortalecidos más tarde mediante la predi-

25 cación del santo evangelio de Cristo, nuestro Señor, a saber, mediante la sublime verdad de que aquellos que creen el evangelio, Dios les perdona todos sus pecados por Cristo, los adopta como hijos por causa de él, y de pura gracia, sin ningún mérito por parte de ellos, los justifica y los salva. Pero esto no quiere decir que los hombres pueden abusar de la gracia de Dios y

26 pecar confiando en ella. Esta distinción entre la ley y el evangelio la expone San Pablo minuciosa y poderosamente en 2 Corintios 3:7–9.

27 Pues bien, a fin de que estas dos doctrinas, la de la ley y la del evangelio, no se mezclen y confundan la una con la otra y no se atribuya a una lo que pertenece a la otra, es menester enseñar y sostener con toda diligencia la distinción que existe entre la ley y el evangelio, y prevenir todo lo que pueda ocasionar confusión entre las dos doctrinas, esto es, toda confusión y mezcla que pueda obscurecer los méritos y beneficios de Cristo y convertir el evangelio en doctrina de la ley, como ha sucedido en el papado. Tal confusión también priva a los cristianos del verdadero consuelo que les proporciona el evangelio para combatir los terrores de la ley y vuelve a dar entrada en la iglesia de Dios a los errores del papado. Es por lo tanto peligroso e incorrecto convertir el evangelio, entendido en su sentido estricto para distinguirlo de la ley, en una predicación de arrepentimiento, con la cual se reprueba el pecado. Conviene observar empero que el evangelio, si se entiende en un sentido general para indicar toda la doctrina, incluye la predicación de arrepentimiento y de perdón de los pecados, como declara la Apología[206] en varios lugares. Pero conviene observar, además, que la Apología[207] también declara que el evangelio, en su sentido estricto, es la promesa del perdón de los pecados y de la justificación por medio de Cristo, pero que la ley es una doctrina que reprueba y condena pecados.

VI. EL TERCER USO DE LA LEY DE DIOS

1 La ley de Dios tiene tres usos: 1. por medio de ella se mantiene disciplina externa y decencia y de este modo se reprimen las manifestaciones groseras y desobedientes de los hombres; 2. por medio de ella los hombres son con-ducidos al conocimiento de sus pecados; 3. después que los hombres han sido regenerados por el Espíritu de Dios, convertidos al Señor y se ha quitado de ellos el velo de Moisés, la ley les sirve para que vivan y anden según la

---

206. P. ej. Apología IV, 62, 257; XII, 31, 45.
207. P. ej. Apología IV, 40, 57; XII, 45, 52, 73, 76.

voluntad divina. Respecto a este tercer uso de la ley surgió una controversia entre algunos teólogos. Pues unos enseñaban y sostenían que los regenerados no tienen por qué aprender, mediante la ley, la nueva obediencia o en qué obras deben andar, y que la doctrina acerca de las buenas obras no debe ser extraída de la ley, ya que los regenerados han sido hechos libres por el Hijo de Dios, se han vuelto templos del Espíritu Santo y, por consiguiente, hacen voluntariamente lo que Dios les manda mediante el estímulo e impulso del Espíritu Santo, así como el sol, sin necesidad de impulso extraño, completa su curva natural. Otros se oponían a lo antedicho y enseñaban lo siguiente: Aunque es verdad que los verdaderos creyentes reciben el impulso del Espíritu Santo, y así, según el hombre interior, hacen espontáneamente la voluntad de Dios, es empero el Espíritu Santo quien usa la ley escrita para instruirlos; por medio de esta ley los verdaderos creyentes también aprenden a servir a Dios, no según sus propios pensamientos, sino según la ley escrita y la palabra revelada. Éstas son regla y norma infalible para establecer la conducta cristiana de acuerdo con la eterna e inmutable voluntad de Dios.

A fin de explicar y establecer una decisión final respecto a esta controversia, unánimemente creemos, enseñamos y confesamos que si bien es cierto que los que sinceramente creen en Cristo, se han convertido a Dios y han sido justificados, están libres y exentos de la maldición de la ley, sin embargo, deben observar diariamente la ley del Señor, según está escrito: «Bienaventurado el varón que tiene su delicia en la ley de Jehová y medita en ella de día y de noche» (Sal. 1:2; 119:1, 35, 47, 70, 97). Pues la ley es un espejo[208] en el cual se puede ver exactamente la voluntad de Dios y lo que agrada a él; y por lo tanto los creyentes deben ser enseñados en esa ley y estimulados a guardarla con diligencia y perseverancia.

Pues aunque la ley no fue dada para el justo, como declara el apóstol (1 Ti. 1:9), sino para los transgresores, esto empero no se debe interpretar en el sentido de que los justos han de vivir sin la ley. Pues la ley de Dios fue escrita en sus corazones, y también al primer hombre inmediatamente después de su creación le fue dada una ley para que rigiera su conducta. San Pablo quiere decir (Gá. 3:13-14; Ro. 6:15; 8:1-2) que la ley no puede aplastar con su maldición a los que se han reconciliado con Dios por medio de Cristo; tampoco puede molestar con su coerción a los regenerados, ya que éstos se complacen en la ley de Dios en el hombre interior.

Lo cierto es que si los hijos creyentes y escogidos de Dios fueron completamente renovados en esta vida mediante la morada del Espíritu Santo de modo que en su naturaleza y todas sus facultades fuesen enteramente libres de pecado, no necesitarían ley alguna y por ende nadie que los hostigue a

---

208. Cf. Ed. de Erlangen XX, 236 y sigtes.

610

hacer lo bueno, sino que ellos mismos harían, de su propia iniciativa, sin ninguna instrucción, advertencia, incitación u hostigamiento de la ley, lo que es su deber hacer según la voluntad de Dios; así como el sol, la luna y los demás astros corren su curva libremente, sin ninguna advertencia, incitación, hostigamiento, fuerza o compulsión, según el orden divino que Dios ya les ha señalado; aún más, así como los santos ángeles rinden obediencia enteramente voluntaria.

7 Los creyentes empero no reciben renovación completa o perfecta en esta vida. Pues aunque su pecado queda cubierto mediante la perfecta obediencia de Cristo, de modo que ese pecado no se atribuye a los creyentes para condenación, y también mediante el Espíritu se empieza la mortificación del viejo Adán y la renovación en el Espíritu de su mente, sin embargo, el viejo Adán aún se adhiere a ellos en su naturaleza y en todas sus facultades internas

8 y externas. Sobre esto ha escrito el apóstol (Ro. 7:18-19, 23; Gá. 5:17): «Yo sé que en mí, esto es, en mi carne, no mora el bien». Y: «No hago el bien que quiero; mas el que no quiero, eso hago». Y: «Veo otra ley en mis miembros, que se rebela contra la ley de mi mente, y que me lleva cautivo a la ley del pecado que está en mis miembros». Y en Gálatas 5:17 nos dice: «El deseo de la carne es contra el Espíritu, y el del Espíritu es contra la carne: Y éstos se oponen entre sí, para que no hagáis lo que quisiereis» (Gá. 5:17).

9 Por lo tanto, a causa de estos deseos de la carne los hijos creyentes, escogidos y regenerados de Dios necesitan en esta vida no sólo la diaria instrucción, advertencia y amenaza de la ley, sino también los castigos que ella con frecuencia inflige a fin de que el viejo hombre sea arrojado de ellos y de que ellos sigan al Espíritu de Dios, según está escrito en Salmo 119:71: «Bueno me es haber sido humillado, para que aprenda tus estatutos». Y 1 Corintios 9:27: «Golpeo mi cuerpo, y lo pongo en servidumbre, no sea que, habiendo sido heraldo para otros, yo mismo venga a ser eliminado». Y Hebreos 12:8: «Si os deja sin disciplina, de la cual todos han sido hechos participantes, entonces sois bastardos, y no hijos». Esto lo ha explicado el Dr. Lutero[209] admirable y detalladamente en su explicación de la epístola para el 12 domingo después de Trinidad.[210]

---

209. Ed. de Erlangen IX, 298-311. Cf. WA XLV, 161-164.

210. Con referencia a las secciones 8 y 9, W. M. Oesch dice (*De tertio usu legis,* «Lutherischer Rundblick», vol. IV, 1956, p. 17): *Niemand übersehe das Grundlegende, dass die Konkordienformel die Notwendigdeit des Gesetzes für den Christen lediglich mit dem alten Adam begründet. Das entspricht dem gesamten neutestamentlichen Zeugnis* («Nadie deberá pasar por alto lo fundamental, o sea, que la Fórmula de Concordia motiva la necesidad de la ley para el cristiano exclusivamente con la existencia del viejo Adán. Esto concuerda con la totalidad de los testimonios neotestamentarios»). Walter Kreck (*Grundfragen der Dogmatik,* Munich, 1970, digresión 42, Zum «Tertius Usus Legis», p. 314): *Auch in der Konkordienformel wird der tertius usus legis gelehrt, allerdings in dem Sinne, dass das Gesetz sein Strafamt auch an den Glaubenden, sofern sie noch im Fleisch sind, zu vollziehen hat, also ein usus elenchticus für die*

Pero es menester explicar con toda claridad lo que el evangelio hace, **10** produce y obra para la nueva obediencia de los creyentes, y en qué consiste el oficio de la ley en este asunto, es decir, en lo que respecta a las buenas obras de los creyentes.

Pues la ley dice por cierto que Dios desea y ordena que andemos en **11** novedad de vida, pero no concede el poder y la capacidad para empezar a realizar esa nueva vida. En cambio, al Espíritu Santo, que es dado y recibido, no por medio de la ley, sino por medio de la predicación del evangelio (Gá. 3:2, 14), renueva el corazón. Después de esto el Espíritu Santo utiliza la ley **12** para instruir a los regenerados y mostrarles mediante los Diez Mandamientos en qué consiste la buena voluntad de Dios (Ro. 12:2), y qué buenas obras Dios ha preparado para que anden en ellas (Ef. 2:10). El Espíritu los exhorta, pues, a las buenas obras; pero si en lo que respecta a estas obras son perezosos, negligentes y rebeldes por causa de la carne, los reprueba por medio de la ley. De manera que el Espíritu Santo realiza al mismo tiempo dos oficios en los hombres: Los atribula y los vivifica, los arroja al infierno y los vuelve a sacar del infierno (1 S. 2:6).[211] Pues su oficio consiste no sólo en consolar, **13** sino también en reprobar, según está escrito, Juan 16:8: «Cuando él (el Espíritu Santo) venga, convencerá al mundo (que también incluye al Viejo Adán) de pecado, de justicia y de juicio». El pecado empero es todo lo que se opone a la ley de Dios. San Pablo declara (2 Ti. 3:16): «Toda la Escritura es inspirada **14** por Dios, y útil para enseñar, para redargüir», etc., y reprender o reprobar es el oficio peculiar de la ley. Por lo tanto, cuantas veces tropiecen los creyentes tantas veces son reprobados por el Espíritu Santo por medio de la ley, y por el mismo Espíritu son edificados y consolados otra vez mediante la predicación del evangelio.

Pero a fin de evitar, en tanto que sea posible, toda ambigüedad y a fin **15** de que se enseñe y conserve correctamente la diferencia entre las obras de la ley y las del Espíritu, es menester observar cuidadosamente que cuando se habla de las buenas obras que se hacen de acuerdo con la ley de Dios (si no se hacen de acuerdo con la ley de Dios no son buenas obras), entonces la palabra «ley» significa una sola cosa, a saber, la inmutable voluntad de Dios, según la cual los hombres deben regir la conducta de su vida.

La diferencia entre las obras se debe a la diferencia que hay entre los **16** hombres que luchan por vivir según esta ley y la voluntad de Dios. Pues el

---

Wiedergeborenen («También la Fórmula de Concordia enseña un tercer uso de la ley; pero lo hace en el sentido de que la ley tiene que cumplir con su función punitiva incluso en los creyentes en cuanto que éstos aún viven en la carne; se trata, pues, de un 'uso convincente' [cf. Ro. 3:20] para los regenerados»).

211. *Er führet in die Helle*. Texto lat.: *ad inferos*, como en la Vulgata. Versión *Dios Habla Hoy*: «Nos hace bajar al sepulcro».

612

que no ha sido regenerado, rige su vida según la ley y hace obras porque se le ordena a hacerlas, por temor al castigo o porque desea ser recompensado, se halla aún bajo la ley, y sus obras se incluyen en las que San Pablo correctamente llama «obras de la ley», pues son extorsionadas por la ley, como en el caso de los esclavos. Los tales son santos según el orden de Caín, es decir, hipócritas.[212]

17   Pero cuando un hombre nace otra vez del Espíritu de Dios y es libertado de la ley, es decir, librado de este capataz, y es guiado por el Espíritu de Cristo, vive según la inmutable voluntad de Dios encerrada en la ley; y por cuanto ha nacido otra vez, lo hace todo con un espíritu libre y gozoso (1 Ti. 1:19; Ro. 6:8, 14). Y las obras que hace no se pueden llamar estrictamente obras de la ley, sino obras y frutos del Espíritu, o según San Pablo, ley de la mente y ley de Cristo. Pues tales personas ya no están bajo la ley, sino bajo la gracia, como dice San Pablo en Romanos 8:2 (Ro. 7:23; 1 Co. 9:21).[213]

18   Puesto que los creyentes, mientras vivan en este mundo,[214] no se hallan completamente renovados, sino que el viejo hombre se adhiere a ellos hasta la sepultura, permanecerá para siempre en ellos la lucha entre el espíritu y la carne. Por lo tanto, se deleitan por cierto en la ley de Dios según el hombre interior, pero la ley en sus miembros lucha contra la ley en su mente; por consiguiente, jamás están sin la ley y sin embargo no están bajo la ley, sino dentro de ella y viven y andan en la ley del Señor y no obstante nada hacen por compulsión de la ley.

19   En cambio, el viejo Adán, que aún se adhiere a ellos, debe ser instigado no sólo con la ley, sino también con castigos; sin embargo, hace todo en contra de su voluntad y bajo coerción, de la misma manera como los impíos son instigados y reprimidos por las amenazas de la ley (1 Co. 9:27; Ro. 7:18, 19).

20   Esta doctrina acerca de la ley también es necesaria para los creyentes a fin de que no dependan de su propia santidad y devoción y so pretexto del Espíritu Santo establezcan cierta forma de culto divino, independiente de la palabra y el mandato de Dios. Todo esto se prohíbe en Deuteronomio 12:8, 28, 32; «No hará . . . cada uno lo que bien le parece, etc., sino guarda y

212. En el original: *kainitische Heiligen.* BSLK (p. 967, nota 2) explica: *Werkheilige* (personas que presumen de santas a base de sus obras meritorias). Texto lat.: *Cainici sanctuli (hoc est, hypocritae).*

213. Ro. 8:2; 6:14; 7:23. El texto que cita el original es Ro. 6:14.

214. G. J. Plamck (*Geschichte der protestantischen Theologie*, vol. II, pp. 729-731 y nota 251) trata de demostrar que hay una inconsecuencia en el Artículo VI de la FC. Su argumentación es: El artículo anuncia el propósito de querer probar, en contra de lo que sostienen los antinomistas que la ley sigue teniendo un uso didáctico para los regenerados; pero en lugar de esto demuestra especialmente que el viejo hombre debe ser impulsado por el aguijón de la ley, aterrorizado con las amenazas de la ley, y refrenado por el temor al castigo que impone la ley.

escucha todas estas palabras que yo te mando . . . . No añadirás a ello, ni de ello quitarás».

También en el ejercicio de sus buenas obras necesitan los creyentes esta **21** doctrina acerca de la ley; pues sin esa doctrina el hombre puede fácilmente imaginarse que su vida y las obras que hace son enteramente puras y perfectas. Pero la ley de Dios prescribe a los creyentes buenas obras, de este modo: Les señala e indica a la vez, como un espejo, que en esta vida las obras son aún imperfectas e impuras en nostros, de manera que tenemos que declarar con el apóstol San Pablo en 1 Corintios 4:4: «Aunque de nada tengo mala conciencia, no por eso soy justificado». Así San Pablo, cuando exhorta a los creyentes a las buenas obras, los dirige expresamente a los Diez Mandamientos (Ro. 13:9); y añade que por medio de la ley reconoce que sus propias buenas obras son imperfectas e impuras (Ro. 7:18–19). Y David declara (Sal. 119:32):[215] «Por el camino de tus mandamientos correré». Sin embargo, ora de este modo: «Oh Jehová, no entres en juicio con tu siervo; porque no se justificará delante de ti ningún ser humano» (Sal. 143:2).

Pero cómo y por qué las buenas obras de los creyentes, aunque en esta **22** vida son imperfectas e impuras debido al pecado que mora en la carne son, no obstante, aceptables y agradables a Dios, es algo que no lo enseña la ley, la cual requiere una obediencia completamente perfecta y pura si es que ha de agradar a Dios. Pero el evangelio enseña que nuestros sacrificios espirituales son agradables a Dios porque nacen de la fe y se hacen por causa de Cristo (1 P. 2:5; Heb. 11:4, 13:15). Por esta razón los cristianos no están **23** bajo la ley, sino bajo la gracia, porque mediante la fe en Cristo las personas están libres de la maldición y condenación de la ley; y por lo tanto sus obras buenas, aunque todavía son imperfectas e impuras, son aceptables a Dios por medio de Cristo. Además, por cuanto han nacido de nuevo según el hombre interior, hacen voluntaria y espontáneamente lo que es agradable a Dios, no por coerción de la ley, sino por la renovación del Espíritu Santo. Sin embargo, sostienen una lucha constante contra el Viejo Adán.

Pues el Viejo Adán, como un asno indómito y contumaz, es aún parte **24** de ellos y necesita la coerción para que se someta a la obediencia de Cristo, no sólo por medio de la enseñanza, exhortación, y amenaza de la ley, sino también con el frecuente uso del garrote del castigo y la miseria hasta que la carne pecaminosa es vencida y el hombre es completamente renovada en la resurrección. Entonces no requerirá ni la predicación de la ley ni sus amenazas y castigos, tanto como no requerirá el evangelio. Ambos pertenecen a esta

---

215. El original alemán cita el texto del salmo en latín: *Viam mandatorum tuorum cucuri (he corrido)* y agrega, como traducción: *ich wandel (corro) auf dem Wege deiner Geboten.* (Por el camino de tus mandamientos).

25   vida imperfecta. Mas así como han de contemplar a Dios cara a cara, así también, mediante el Espíritu de Dios que mora en ellos, harán su voluntad espontáneamente, sin coerción y sin impedimento, perfectamente, completamente y con plena alegría, y se regocijarán en él eternamente.

Por eso rechazamos y condenamos, como pernicioso y contrario a la verdadera piedad y disciplina cristiana, la doctrina errónea que la ley, en la manera y medida indicada anteriormente, no ha de ser instada a los cristianos y verdaderos creyentes, pero sólo a los incrédulos e impenitentes.

VII. LA SANTA CENA

1   Aunque, según opinan algunos, la exposición de este artículo no debe ser insertada en este documento, porque en éste deseamos explicar los artículos sobre los cuales ha habido controversia entre los teólogos de la Confesión de Augsburgo (de la cual los sacramentarios, ya al principio, cuando esta Confesión se preparó por primera vez y en 1530 fue presentada al emperador en Augsburgo, se apartaron y separaron por completo y presentaron su propia confesión),[216] sin embargo, aunque triste es decirlo, ya que durante los últimos años algunos teólogos y otros[217] que decían adherirse a la Confesión de Augsburgo han asentido al error de los sacramentarios respecto a este artículo, y no ya en secreto, sino que parcialmente en público y contra su propia conciencia, han tratado de citar con violencia y pervertir la Confesión de Augsburgo, declarando que en lo que respecta a este artículo ella está en completa armonía con la doctrina de los sacramentarios, no podemos menos en este documento que emitir nuestro testimonio mediante nuestra confesión de la verdad divina y repetir el verdadero sentido y entendimiento de las palabras de Cristo y de la Confesión de Augsburgo en lo que respecta a este artículo.

---

216. La *Confessio Tetrapolitana* = Confesión de las Cuatro Ciudades (las ciudades imperiales de Estrasburgo, Constanza, Memmingen y Lindau, todas en el sur de Alemania). La Conf. Tetr. fue preparada por Martín Bucer, en colaboración con Wolfgang Capito y Caspar Hedio, y presentada al Emperador el día 11 de julio de 1530. Pocos días antes, Zuinglio había presentado a Carlos V. su *Fidei Ratio*, que tiene el carácter de confesión personal.

217. Los profesores criptocalvinistas de Teología, Derecho y Medicina de las universidades de Wittenberg y Leipzig, responsables por los siguientes escritos, rechazados en la Fórmula de Concordia: *Catechisis Wittebergica, Grundfest, Dresdner Abschied y Exegesis perspicua.* BSLK cita los nombres que siguen: Caspar Cruciger, Christoph Pezel, H. Möller, F. Widenbram, Caspar Peucer, Wolfgang Crell, Erasmus Rüdinger, Gg. Krakow, Joachim Eger, Hieronimus Schaller, Christian Schütz (Sagittarius), Johannes Stössel, Johannes Hermann. Algunos de ellos aparecen en los siguientes versos (Hutter, *Concordia concors*, 121, cit. en G. Frank, *Geschichte der protestantischen Theologie*, 141, nota ff):
Crux, Caper et Restis, Mola, Belzebub atque Sagitta
Hostes sunt coenae, maxime Christe, tuae.
Ductores horum Draco sunt alterque Bucerus,
Restibus et claustris et cruce digna cohors.
Belzebub es Christoph Pezel; Sagitta, Christian Schütz; Bucerus, Caspar Peucer.

Pues reconocemos la obligación de hacer lo que esté a nuestro alcance, con la ayuda de Dios, por preservar pura esta doctrina también para nuestra posteridad y amonestar a nuestros oyentes, juntamente con otros cristianos piadosos, respecto a este error pernicioso, que es del todo contrario a la palabra de Dios y la Confesión de Augsburgo y que ha sido condenado con frecuencia.

LA CONTROVERSIA PRINCIPAL ENTRE NUESTRA DOCTRINA Y LA DE LOS SACRAMENTARIOS RESPECTO A ESTE ARTÍCULO

Algunos sacramentarios se esfuerzan por emplear palabras que se asemejan mucho a las de la Confesión de Augsburgo y a la forma en que se expresan nuestras iglesias, y confiesan que en la santa cena los creyentes reciben realmente el cuerpo de Cristo. Pero cuando nosotros insistimos en que ofrezcan una explicación exacta, sincera y clara, todos ellos declaran a una lo siguiente:[218] El verdadero y esencial cuerpo y sangre de Cristo están tan ausentes del pan y vino consagrados como lo está de la tierra el punto más alto del cielo. Pues así rezan sus propias palabras: Decimos que el cuerpo y la sangre de Cristo están tan lejos de los elementos terrenales como lo está la tierra del altísimo cielo. Por lo tanto, cuando hablan de la presencia del cuerpo y la sangre de Cristo en la santa cena, no quieren decir que están presentes aquí en la tierra, sino sólo con respecto a la fe, esto es, que nuestra fe, avisada y estimulada por los elementos visibles, así como la palabra predicada, se eleva a sí misma y asciende a lo más alto del cielo y recibe el cuerpo de Cristo que está presente en el cielo y disfruta de ese cuerpo, aún más, de Cristo mismo con todos sus beneficios de una manera real y esencial, pero no obstante únicamente espiritual. Pues sostienen que como el pan y el vino están aquí en la tierra y no en el cielo, así el cuerpo de Cristo está

2

3

---

218. Cf. *Consensus Tigurinus* («Consenso de Zurich», de 1549, redactado por Bullinger, y cuyo título completo es: *Consensio mutua in re sacramentaria ministrorum Tigurinae ecclesiae et D. Ioannis Calvini ministri Genevensis ecclesiae,* «Consenso mutuo, en materia del sacramento (de la santa cena), de los ministros de la iglesia de Zurich y del Venerable Juan Calvino, ministro de la iglesia de Ginebra)», art. XXV; (texto latino en E. F. K. Müller, *Die Bekenntnisschriften der reformierten Kirche,* p. 163—BSLK tiene erróneamente: p. 162): *Ac ne qua ambiguitas restet, quum in coelo quae rendum Christum esse dicimus, haec loquutio locurum distantiam nobis sonat et exprimit. Tametsi enim philosophice loquendo supra coelos locus non est: quia tamen corpus Christi, ut fert humani corporis natura et modua, finitum est, et coelo, ut loco, continetur: necesse est a nobis tanto locurum intervallo distare, quantum coelum abest a terra* («Y para que no quede ambigüedad alguna: Cuando decimos que a Cristo hay que buscarlo en el cielo, lo que queremos significar y expresar con esta locución es la distancia entre los lugares. Pues a pesar de que, hablando en términos de la filosofía, no hay lugar más allá del cielo; no obstante, ya que el cuerpo de Cristo, tal como lo requiere la naturaleza y el modo de ser del cuerpo humano, es finito y está contenido en el cielo como en su lugar,—por esta razón, decimos, es necesario que diste de nosotros tanto como dista el cielo de la tierra»).

actualmente en el cielo y no en la tierra, y por consiguiente, en la santa cena no se recibe más que pan y vino con la boca.

4 Originalmente alegaban que la santa cena es sólo un símbolo externo por el cual son conocidos los cristianos, y que en este sacramento no se ofrece otra cosa que mero pan y vino (los cuales simplemente son símbolos del cuerpo y la sangre de Cristo). Cuando esta invención no pudo soportar la prueba, empezaron a confesar que el Señor Jesucristo está verdaderamente presente en su cena, pero esto mediante la comunicación de los atributos,[219] esto es, según su naturaleza divina únicamente, pero no con su cuerpo y sangre.

5 Más tarde cuando fueron obligados por las palabras de Cristo a confesar que el cuerpo de Cristo está presente en la santa cena, aún seguían entendiendo y declarando que no era más que un modo de presencia espiritual, esto es, que por la fe el creyente participa del poder, la eficacia y los beneficios de Cristo; porque, dicen ellos, mediante el Espíritu, que es omnipresente, nuestros cuerpos, en los cuales mora aquí en la tierra el Espíritu de Cristo, están ligados con el cuerpo de Cristo, que se halla en el cielo.

6 Sucedió, pues, que muchos hombres prominentes fueron engañados por estas palabras aparentemente admisibles y correctas,[220] esto es, cuando (los sacramentarios) afirmaban y alegaban con jactancia que no enseñaban otra cosa sino que el cuerpo del Señor Jesucristo está presente en la santa cena de una manera real, esencial y viva; pero por esto quieren decir que es una presencia según la naturaleza divina únicamente y no según el cuerpo y la sangre de Cristo.

7 Según ellos, el cuerpo y la sangre de Cristo no están realmente en ningún otro lugar, sino en el cielo, y que él nos da a comer y beber con el pan y el vino su verdadero cuerpo y sangre, para que nosotros participemos de ellos espiritualmente por medio de la fe, pero no corporalmente con la boca.

Pues ellos interpretan las siguientes palabras de la santa cena: «Tomad, comed, esto es mi cuerpo», no en un sentido propio literal sino en un sentido figurado, de manera que comer el cuerpo de Cristo no significa otra cosa que creer, y la palabra «cuerpo» equivale a símbolo, esto es, una señal o figura del cuerpo de Cristo, el cual no está presente en la tierra ni en la santa cena, sino únicamente en el cielo. Interpretan la palabra «es» sacramentalmente de un modo representativo, a fin de que nadie considere la cosa unida a las señales como que también la carne de Cristo está realmente presente en la

---

219. El original alemán usa aquí la expresión latina *per communicationem idiomatum* (por la comunicación de los atributos o las propiedades).

220. *Herrliche, scheinliche. Scheinlich* puede ser «reluciente, deslumbrante», pero también «engañoso» (A. Götze, *Glossar*). Texto lat.: *splendidis et magnificis. Concordia Triglota* y ed. Tappert: *plausible.*

tierra de una manera invisible e incomprensible;[221] es decir, que el cuerpo de **8** Cristo está unido con el pan de un modo sacramental o representativo, de modo que cuando los cristianos creyentes y piadosos participan del pan con la boca, no hay duda de que participan espiritualmente del cuerpo de Cristo, el cual está en el cielo. En cambio (los sacramentarios) acostumbran condenar y execrar como horrible blasfemia la doctrina que enseña que el cuerpo de Cristo está presente esencialmente aquí en la tierra en la santa cena, aunque de manera invisible e incomprensible, y es recibido con la boca juntamente con el pan consagrado, aun por los hipócritas o cristianos de nombre.[222]

Para combatir estos errores, la Confesión de Augsburgo,[223] de acuerdo **9** con la palabra de Dios, enseña lo siguiente respecto a la santa cena: El verdadero cuerpo y sangre de Cristo están realmente presentes, se distribuyen y reciben en la santa cena bajo la forma de pan y vino; y se rechaza la doctrina contraria, esto es, la de los sacramentarios, quienes presentaron su propia Confesión de Augsburgo al mismo tiempo en que fue presentada la nuestra. En esa Confesión enseñan que el cuerpo de Cristo, puesto que ha subido a los cielos, no está verdadera y esencialmente presente en el sacramento de la santa cena administrado aquí en la tierra. Y esto a pesar de que la doctrina **10** correcta está expuesta con tanta claridad en el Catecismo Menor[224] del Dr. Lutero, en las siguientes palabras: La santa cena, instituida por Cristo mismo, es el verdadero cuerpo y sangre de Nuestro Señor Jesucristo, con el pan y el vino, para que los cristianos comamos y bebamos. Y en la Apología no sólo **11** se explica esto aún con mayor claridad, sino que también se establece definitivamente mediante las palabras de San Pablo en 1 Corintios 10:16 y por el Testimonio de Cirilo, en las siguientes palabras: Ha quedado aprobado el Artículo Décimo, en el cual enseñamos que en la santa cena el cuerpo y la sangre de Cristo están verdadera y esencialmente presentes, y son ofrecidos realmente con los elementos visibles, el pan y el vino, a los que reciben el

---

221. El texto alemán traduce el *incomprehensibili* con *unbegreiflich*. Tanto el término latino como el alemán pueden significar «incomprensible» y también «intangible».

222. *Consensus Tigurinus* XXVI (texto lat. en E. F. K. Müller, BSRK, p. 163): *Quod si imaginatione nostra Christum pani et vino affigere fas non est, multo minus licet in pane eum adorare. Quanquam enim panis in symbolum et pignus, eius quam habemus cum Christo communionis, nobis porrigitur: quia tamen signum est, non res ipsa, neque rem in se habet inclusam aut affixam, idolum ex eo faciunt, qui mentem suam in eum convertunt, Christum Adoraturi.* («Si no está permitido que con nuestra imaginación fijemos a Cristo al pan y al vino, mucho menos permitido está adorarlo en el pan. Pues si bien el pan se nos ofrece como símbolo y prenda de la comunión que tenemos con Cristo, la verdad es que, ya que [el pan] es la señal, no la cosa misma, y ya que no lleva incluida o fijada la cosa *in se*, resulta que quienes dirigen su mente a él [i.e. al pan] con la intención de adorar a Cristo, lo transforman [al pan] en un ídolo»).

223. Vid. Confesión de Augsburgo, X.

224. Vid. Catecismo Menor, Sacramento del Altar, (VI), sección 2.

sacramento. Pues ya que San Pablo declara: «El pan que partimos . . . es la comunión del cuerpo de Cristo», etc, síguese que si el cuerpo de Cristo no estuviese realmente presente, sino únicamente el Espíritu Santo, el pan no sería la comunión del cuerpo de Cristo, sino la del Espíritu Santo. Además, sabemos que no sólo la Iglesia Romana, sino también la Iglesia Griega ha enseñado la presencia del cuerpo de Cristo en la santa cena. Y se aduce el testimonio de Cirilo de que Cristo mora también corporalmente en nosotros en la santa cena mediante la comunicación de su carne.

12 Más tarde, cuando los que en Augsburgo habían presentado su propia confesión respecto a este artículo se aliaron a la Confesión de nuestras iglesias, fue compuesta y firmada en Wittenberg[225] en 1536 por el Dr. Martín Lutero y otros teólogos de ambos lados, la siguiente Fórmula de la Concordia, esto es, los artículos en que había conformidad cristiana entre los teólogos de Sajonia y los de la parte superior[226] de Alemania.

13 Hemos oído cómo Martín Bucer, al referirse al sacramento del cuerpo y la sangre de Cristo, expresó del modo siguiente su propia opinión y la de los otros teólogos que vinieron con él de las ciudades:

14 Ellos confiesan, según las palabras de Ireneo,[227] que en este sacramento hay dos cosas, una celestial y otra terrenal. Por consiguiente, sostienen y enseñan que con el pan y el vino, de un modo verdadero y esencial, están presentes, se ofrecen y se reciben el cuerpo y la sangre de Cristo. Y aunque no creen en la transubstanciación, esto es, en la transformación esencial del pan y del vino en el cuerpo y la sangre de Cristo ni tampoco mantienen que están incluidos localmente[228] o unidos permanentemente con ellos fuera del uso[229] del sacramento, no obstante enseñan que por medio de la unión sacra-

15 mental el pan es el cuerpo de Cristo y el vino es la sangre de Cristo. Pues fuera del uso, cuando el pan es puesto en la píxide para ser guardado o es llevado en la procesión para ser exhibido, como acostumbran hacerlo los papistas, no enseñan que el cuerpo de Cristo está presente.

16 En segundo lugar, sostienen que la institución de este sacramento, hecho por Cristo, es eficaz en la iglesia, y que su eficacia no depende de la dignidad o indignidad del ministro que distribuye[230] el sacramento o del que lo recibe.

---

225. La *Forma concordiae Anno 36. zu Wittenberg geschrieben.* Cf. BSLK, p. 97, nota 1.

226. *Oberländischen*, i.e. de la Alemania del Sur.

227. Ireneo, *Elenchos* IV 18,5 MSG VII 1028/29.

228. O: *circunscriptivamente.* Vid. Epítome VII, 14, nota 42.

229. *Ausser der Niessung.* Texto lat.: *extra usum.* El original latino de la *Concordia Wittenberguense* tiene *usus* donde la traducción alemana del documento incluida en el Libro de Concordia alemán de 1580 tiene *Niessung*, (del verbo *niessen* [el alemán moderno *geniessen*] = «comer», y también «beber».

230. *Niessen.* Texto lat.: *manducare.*

Por lo tanto, ya que San Pablo enseña que aun los indignos participan del sacramento, ellos enseñan que también a los indignos se les ofrece realmente el cuerpo y la sangre de Cristo, y que los indignos realmente los reciben, siempre que se observen la institución y el mandato de Cristo. Sin embargo, tales personas los reciben para su condenación, como declara San Pablo; pues abusan el santo sacramento porque lo reciben sin verdadero arrepentimiento y sin fe. Pues fue instituido a fin de testificar que a los que verdaderamente se arrepienten y se consuelan mediante la fe en Cristo, se les aplican la gracia y los beneficios de Cristo y forman parte del cuerpo de Cristo y son lavados por su sangre.

El año siguiente, cuando los teólogos principales de la Confesión de **17** Augsburgo vinieron de diferentes partes de Alemania para reunirse en Esmalcalda y deliberaron sobre qué debían presentar en el concilio[231] respecto a esta doctrina de la iglesia, por común acuerdo los Artículos de Esmalcalda fueron redactados por el Dr. Martín Lutero y firmados por todos los teólogos, colectiva e individualmente. En estos artículos se explica el significado verdadero y correcto en palabras claras y breves que concuerdan exactamente con las palabras de Cristo, y se excluye todo subterfugio y evasión de los **18** sacramentarios. Pues éstos, para su propio provecho, habían pervertido la Fórmula de Concordia, esto es, los ya mencionados artículos de unión,[232] redactados el año anterior, declarando que con el pan se ofrece el cuerpo de Cristo, juntamente con todos sus beneficios, pero no de una manera diferente de como se ofrece por medio de la palabra del evangelio, y que por la unión sacramental no se puede entender otra cosa que la presencia espiritual del Señor Jesucristo mediante la fe. Por lo tanto, estos artículos declaran: «El **19** pan y el vino en la santa cena son el verdadero cuerpo y sangre de Jesucristo, los cuales se ofrecen y son recibidos no sólo por los verdaderos creyentes, sino también por aquellos que nada tienen de cristianos excepto el nombre».[233]

El Dr. Martín Lutero también ha explicado esta doctrina más detalla- **20** damente en su Catecismo Mayor.[234] Allí se nos dice: «¿En qué consiste, pues, el sacramento del altar? Respuesta: El sacramento del altar es el verdadero cuerpo y la verdadera sangre de nuestro Señor Jesucristo, con el pan y el vino, que Cristo, por su palabra, nos ha ordenado a todos los cristianos comer

231. Vid. Artículos de Esmalcalda, Prefacio, 1, notas.

232. La *Concordia Wittenberguense* de 1536.

233. Artículos de Esmalcalda, Parte III, Artículo VI, 1. La traducción latina describe los *böse Christen* del texto alemán de la siguiente manera: *qui praeter nomen nihil habent Christianum* (que de cristianos no tienen nada más que el nombre). En los Artículos de Esmalcalda, texto cit., Nicolaus Selneccer traduce: *a malis christianis et impiius*. Vid. también Decl. Sól., VII, 56, nota 244.

234. Vid. Catecismo Mayor, Sacramento del Altar, 8, 10, 12–19.

21 y beber». Y poco más adelante: «Digo que la palabra hace y caracteriza este sacramento, de modo que no se trata ya de un pan y un vino cualquiera, sino

22 de la carne y sangre de Cristo». Y: «Con la palabra podrás, asimismo, fortalecer tu conciencia y decir: Aunque cien mil demonios y todos los entusiastas exaltados del mundo vengan a poner en duda que el pan y el vino son el cuerpo de Cristo y la sangre de Cristo, yo, por mi parte, sé que todos los espíritus y todos los sabios eruditos juntos poseen menos sabiduría que la que la Majestad divina tiene en su dedo meñique. He aquí las palabras de Cristo: 'Tomad, comed, esto es mi cuerpo. Bebed todos del cáliz; esto es el nuevo pacto en mi sangre . . .' Y a esto nos atenemos nosotros; y ya veremos lo que hacen quienes pretenden corregir a Cristo y no obran conforme a sus

23 palabras». Ahora bien: No es menos cierto que si retiras la palabra o consideras al sacramento desligado de ella, el pan y el vino quedarán reducidos sencillamente a pan y vino corrientes. Pero si por el contrario, permanecen unidos a la palabra (¡como debe ser!) son, en virtud de la misma, el cuerpo y la sangre de Cristo, toda vez que ha de suceder lo que Cristo ha dicho; y Cristo ni engaña ni miente.

24 «Sabido esto, no es difícil replicar a las diversas preguntas hoy en boga: Por ejemplo, aquella acerca de si un sacerdote indigno puede tener en sus manos el sacramento y repartirlo. En respuesta a esta pregunta asentaremos lo siguiente: Aunque sea un malvado quien tome o dé el sacramento, no dejará de tomar o repartir el verdadero sacramento, esto es, el cuerpo y la sangre de Cristo, lo mismo que quien con la mayor dignidad posible use del sacramento. Porque el sacramento no se funda en la santidad humana, sino en la palabra de Dios. Y así como no existe santo alguno en la tierra o en los cielos capaz de hacer del pan y del vino el cuerpo y la sangre de Cristo, tampoco podrá nadie alterar o transformar el sacramento, aunque fuera usado indig-

25 namente. La palabra, en virtud de la cual se administra el sacramento (y que con este fin ha sido instituida), no dejará de ser verdadera por razón de la

26 persona o de incredulidad. Cristo no ha dicho: 'Si creéis y sois dignos tendréis mi carne y mi sangre'. Antes, bien, dice Cristo: 'Tomad, comed . . . , bebed . . . ; esto es mi cuerpo . . . ; esto es mi sangre . . .'. Además, añade: 'Haced esto . . .'. Es decir, lo que ahora estoy haciendo yo mismo, lo que instituyo en este momento, lo que os doy y os ordeno, esto haced. ¿Y no es como si dijera: 'Seáis dignos o indignos, he aquí su cuerpo y su sangre según el poder y virtud de las palabras que van ligadas al pan y al vino'? Ten esto muy en cuenta y no lo olvides; pues dichas palabras son toda nuestra base, protección y defensa contra las doctrinas erróneas y las seducciones presentes y venideras».

27 Hasta aquí el Catecismo Mayor en el cual se establece mediante la palabra de Dios la verdadera presencia del cuerpo y la sangre de Cristo en la santa cena. De esta presencia participan no sólo los creyentes y dignos, sino también los incrédulos e indignos.

Pero por cuanto el ilustre Dr. Lutero, a quien el Espíritu Santo iluminó **28** con singulares y excelentísimos dones, bajo la dirección del Espíritu previó que después de su muerte algunos tratarían de que se le sospechara de haberse apartado de la doctrina que se acaba de mencionar y de otros artículos de la fe cristiana, anadió al fin de su Confesión Mayor[235] la siguiente declaración solemne:

«Ya que veo que a medida que pase el tiempo aumentarán las sectas y **29** los errores y que el furor y la furia de Satanás son interminables, a fin de que en lo sucesivo bien durante mi vida o después de mi muerte algunos de ellos no tomen mi nombre para defender suposición ni citen falsamente mis escritos para respaldar sus errores como ya lo están haciendo los sacramentarios y los anabaptistas, es mi intención mediante este artículo confesar mi fe respecto a todos los artículos de nuestra religión ante Dios y todo el mundo; pues en esta fe deseo permanecer hasta la muerte, y asido a ella (¡que Dios me ayude!) salir de este mundo y comparecer ante el tribunal del Señor Jesucristo. Y si después de mi muerte alguien dijere: Si el Dr. Lutero estuviese **30** vivo, enseñaría y confesaría de un modo diferente tal o cual doctrina, pues no la había considerado detenidamente—para combatir tal concepto—digo ahora lo que ya he dicho antes, y lo que ya he dicho antes ahora lo repito, que por la gracia de Dios, con la mayor diligencia he comparado repetidas veces todos estos artículos con las Escrituras, y con frecuencia he vuelto a revisarlos, y los defenderé con la misma confianza con que ahora defiendo la doctrina acerca del sacramento del altar. No estoy ebrio ni hablo sin pensar; **31** sé lo que digo; y bien comprendo qué cuentas he de dar cuando Jesucristo vuelva a juzgar a los vivos y a los muertos. Por lo tanto, no quiero que nadie considere esto como broma o palabras vanas; para mí es un asunto serio; pues por la gracia de Dios conozco bastante a Satanás. Si él puede pervertir o confundir la palabra de Dios, ¿qué no hará con mis palabras o las de otro?»

Después de esta declaración solemne, el venerable Dr. Lutero, entre **32** otros artículos, presenta también el siguiente:[236] «De este mismo modo yo también hablo y confieso respecto al sacramento del altar: En él realmente se comen y se beben con la boca el cuerpo y la sangre de Cristo, aunque los ministros que administran la santa cena o los que reciben no crean en ella o la abusen. Pues ella no depende de la fe o incredulidad de los hombres, sino de la palabra y ordenanza de Dios, a menos que primero se cambie la palabra y ordenanza de Dios y se interprete de otro modo, como lo hacen los adver-

235. WA XXVI, 499–500.
236. WA XXVI, 506.

sarios actuales del sacramento, quienes, por supuesto, no tienen más que pan y vino; pues no tienen las palabras ni la ordenanza estipuladas por Dios, sino que las han pervertido y cambiado de acuerdo con su arrogante opinión propia».

33 El Dr. Lutero, quien mejor que los demás, entendió muy bien el verdadero y singular significado de la Confesión de Augsburgo, y quien hasta el fin de su vida permaneció constantemente fiel a ella y la defendió, poco antes de su muerte reiteró con el mayor celo su fe respecto a este artículo, declarando lo siguiente:[237] «Pongo en la misma categoría de sacramentarios y fanáticos (pues en efecto lo son) a todos los que no creen que en la santa cena el pan del Señor es su verdadero cuerpo natural, el cual es recibido con la boca por los incrédulos o por Judas mismo igual que por San Pedro y todos los demás santos. El que no cree esto, repito, debe dejarme en paz y no esperar tener comunión conmigo. Persisto en esta opinión de la que no he de cambiar».

34 De estas explicaciones y en particular de la del Dr. Lutero, como el teólogo principal de la Confesión de Augsburgo, toda persona de inteligencia normal y amante de la verdad y la paz, sin duda puede percibir cuál ha sido siempre el verdadero significado y entendimiento de la Confesión de Augsburgo en lo que respecta a este artículo.

35 La razón por la cual se emplean también las siguientes expresiones de Cristo y de San Pablo: «*Bajo* el pan, *con* el pan, *en* el pan» (Mt. 26:26; Lc. 22:19; Mr. 14:22; 1 Co. 11:24; 10:16),[238] además de las usadas por Cristo y

---

237. *Última Confesión Acerca del Sacramento del Altar*, de 1544. WA LIV, 155 y sigtes.

238. Respecto de esta «Fórmula de la Teoría de la Consubstanciación», BSLK señala como referencia (p. 983, nota 2) a Hesshus, en Schmid, *Kampf um die Lehre vom Abendmahl*, 209, nota 1. Cf. también Rudolf Hospinianus, *Historia sacramentaria*, Zurich, 1598, p. 359 (cit. en Hartmut Hilgenfeld, *Mittelalterlichtraditionelle Elemente in Luthers Abendmahlsschriften*, Zurich, 1971, p. 467 y sigtes.). El teólogo reformado piensa que la fórmula luterana «cum, in, sub pane» (con, en y bajo el pan) no difiere de la *Coexistentia substantiae panis et corporis* (coexistencia de la sustancia de pan y cuerpo) de Guillermo Occam. Según Hospinianus, la construcción nominalista queda expresada en el concepto *consubstantiatio* e *impanatio*. Acerca del rechazo, por parte de los luteranos de la consubstanciación (y de la transubstanciación, la impanación, la invinación y del modo descenso-ascenso) vid. p. ej. Abrahán Calov, *Systema Locurum Theologicorum*, vol. IX, 307 (cit. en Heinrich Schmid, *Die Dogmatik der evangelischlutherischen Kirche*, 4. ed., Francfort del Meno y Erlangen, 1858, p. 423): *Corpus et sanguinem Christi in coena adesse non quidem per metousian vel transmutationem substantialem ut Pontificii volunt, nec per sinousian vel consubstantialem, quam nobis calumniose Calviniani affingunt, nec per inclusionem localem, puta inpanationem, uti caro est in artocreate et invinationem, ut criminari consueverunt: nec per modum descensus e coelis, et de dextra Dei, quem sequitur deinde iterum in coelum et ad dextram patris ascensus statiumus* («Sostenemos que el cuerpo y la sangre de Cristo están presentes en la cena *no* por *metousía* o transmutación substancial, como quieren los papistas; ni por *sinousía* o consubstanciación, idea ésta que nos atribuyen calumniosamente los calvinistas; ni por inclusión local, esto es, impanación, como la carne en un pastel, o invinación, como solían recriminar(nos); ni tampoco por un cierto modo de descenso desde los cielos y desde la diestra del Padre, seguido luego de un ascenso a los cielos y a la diestra del Padre»). A. Gräbner (*Theological Quarterly*, enero de 1901) rechaza el término «consubstanciación» por entender que indica una unión de dos substancias de la cual resulta una

San Pablo (el pan en la santa cena es el cuerpo de Cristo o la comunión del cuerpo de Cristo), lo explica el hecho de que por medio de ellas se rechaza la transubstanciación papista y se indica la unión sacramental de la esencia inmutable del pan y del cuerpo de Cristo. La Escritura menciona otros casos en que cierta expresión se repite y se explica por medio de otras expresiones equivalentes. Por ejemplo: «Aquel Verbo fue hecho carne» (Jn. 1:14), se explica por medio de las siguientes expresiones: El Verbo «habitó entre nosotros» (Jn. 1:14b); «En él habita toda la plenitud de la Deidad corporalmente» (Col. 2:9); «Dios estaba con él» (Hch. 10:38); «Dios estaba en Cristo» (2 Co. 5:19); y otras similares. Estas expresiones repiten y explican la declaración de Juan 1:14, a saber que mediante la encarnación la esencia divina no se ha cambiado en la naturaleza humana, sino que las dos naturalezas, sin que se hayan mezclado, están unidas personalmente. De igual modo, muchos eminentes teólogos antiguos, como Justino, Cipriano, Agustín, León, Gelasio, Crisóstomo y otros, usan esta comparación respecto a las palabras del Testamento de Cristo: «Esto es mi cuerpo» para enseñar que así como en Cristo están inseparablemente unidas dos naturalezas distintas e inmutables, asimismo en la santa cena las dos substancias, el pan natural y el verdadero cuerpo natural de Cristo, están presentes juntamente aquí en la tierra en la administración establecida del sacramento. Esta unión del cuerpo y la sangre de Cristo con el pan y el vino no es una unión personal, como la de las dos naturalezas en Cristo, sino una unión sacramental, según la declaración del Dr. Lutero y nuestros teólogos en la Fórmula de Concordia[239] del año 1536 y en otros escritos. Por esta unión sacramental dan a entender que, aunque también emplean las siguientes expresiones: «En el pan, bajo el pan, con el pan», sin embargo han recibido las palabras de Cristo en un sentido propio y tal como rezan y han entendido las palabras del testamento de Cristo: «Esto es mi cuerpo» no como una expresión figurada, sino como una expresión inusitada. Pues sobre este asunto Justino se expresa así: «Recibimos esto no como pan común y bebida común sino que así como Jesucristo, nuestro Salvador, mediante la palabra de Dios, se hizo carne y por causa de nuestra salvación también tuvo carne y sangre, asimismo creemos que la comida que él bendijo mediante la palabra y la oración es el cuerpo y la sangre de nuestro

36

37

38

39

---

tercera. Esa confusión de pan y cuerpo en una nueva substancia, el autor la llama un «eutiquianismo sacramental» (según la herejía mofisita de Eutiques, las dos naturalezas de Cristo no coexisten sin mezclarse la una con la otra, sino que se confunden en una sola). El término no aparece en Lutero ni en las Confesiones Luteranas. Sin embargo, hoy día se ha generalizado su uso para designar la manera cómo Lutero habla de la relación entre los elementos terrenos y celestes en la santa cena. Respecto del origen del término vid. la digresión de H. Hilgenfeld, op. cit., 467-470.

239. Texto lat.: *in illa concordiae formula*. La Concordia Wittenberguense. Vid. secc. 12.

40 Señor Jesucristo». De igual modo, también el Dr. Lutero en su Confesión Mayor y especialmente en su Última, al escribir sobre la santa cena,[240] defiende con el mayor celo la declaración misma que Cristo hizo al celebrar la primera cena.

41 Ya que al Dr. Lutero se le considera como el teólogo más eminente de las iglesias que aceptan la Confesión de Augsburgo, y toda la doctrina de él en suma y substancia está comprendida en la muy conocida Confesión de Augsburgo y fue presentada al emperador Carlos V, es, pues, natural que el verdadero significado y sentido de la muy citada Confesión de Augsburgo no puede ni debe ser extraído de ninguna otra fuente que de los escritos doctrinales y polémicos del Dr. Lutero.

42 Y es verdad innegable que lo que acabamos de declarar está fundado en la única roca, firme, inmovible e indudable de la verdad (las palabras divinas de la institución de la santa cena) y de que esa verdad fue así entendida, enseñada y propagada por los evangelistas y apóstoles, y sus discípulos y oyentes.

43 Por cuanto, nuestro Señor y Salvador Jesucristo, respecto a quien, como nuestro único Maestro, se ha dado, desde los cielos, el siguiente mandato solemne a los hombres: «A él oíd» (Mt. 17:5; Lc.3:22), y quien no es un mero hombre o ángel, ni únicamente verdadero, sabio y poderoso, sino la eterna Verdad y Sabiduría misma y el Dios todopoderoso, y quien sabe muy bien qué y cómo debe hablar, y además puede realizar y ejecutar poderosamente todo lo que dice y promete, según su misma declaración: «El cielo y la tierra pasarán, pero mis palabras no pasarán» (Lc. 21:33). Y en Mateo 28:18: «Toda potestad me es dada en el cielo y en la tierra».

44 Y por cuanto este verdadero y todopoderoso Señor, nuestro Creador y Redentor, después de la última Pascua, al principio de su amarga pasión y muerte por nuestros pecados, en esos últimos y tristes momentos, después de haber considerado el asunto con la mayor solemnidad en la institución de este muy importante sacramento, el cual sería usado hasta el fin del mundo con la mayor reverencia y humildad como memoria perpetua de su amarga pasión y muerte y de todos sus beneficios, como sello y confirmación del nuevo pacto, como consuelo para todo corazón atribulado y como unión firme de los cristianos con Cristo, su Cabeza, y de los unos con los otros, al ordenar e instituir él la santa cena, pronunció las siguientes palabras respecto al pan que bendijo y dio a sus discípulos: «Tomad, comed: Esto es mi cuerpo que por vosotros es dado» (Mt. 26:26; Lc. 22:19), y respecto a la copa, o el vino: «Esto es mi sangre del nuevo pacto, que por vosotros es derramada para remisión de los pecados» (Mr. 14:24; Lc. 22:20; Mt. 26:28).

---

240. WA XXVI, 271 y sigtes., 379 y sigtes., LIV, 149 y sigtes.

Por lo tanto, es nuestro deber no interpretar y explicar estas palabras **45** del eterno, verdadero y todopoderoso Hijo de Dios, nuestro Señor, Creador, y Redentor, de un modo diferente, esto es, de un modo alegórico, figurado o metafórico, según parezca agradable a nuestra razón, sino con fe sencilla y debida obediencia aceptar las palabras tal como rezan, en su sentido propio y claro, y no permitir que seamos desviados del Testamento expreso de Cristo por objeciones y contradicciones humanas, extraídas de la razón humana, no importa cuán atractivas parezcan a la razón.

El ejemplo de Abraham ilustra lo antedicho. Cuando Abraham oyó que **46** Dios le dijo que sacrificara a su hijo, suficiente razón tuvo para argüir si las palabras de Dios debían ser entendidas literalmente o en un sentido más tolerable y cómodo, ya que las palabras del Señor reñían abiertamente no sólo con la razón humana y con la ley divina y natural, sino también con el artículo principal de la fe respecto a la Simiente prometida, Cristo, que nacería de Isaac. Sin embargo, procedió así como había procedido antes, cuando se le hizo la promesa, y otorgó a Dios el honor de la verdad, y con la mayor confianza concluyó y creyó que Dios podía cumplir lo que había prometido, aunque le parecía imposible a su razón. Asimismo en el caso de Isaac, Abraham entiende y cree con toda sencillez y claridad las palabras y el mandato de Dios, aceptando todo literalmente, y encomienda el asunto a la omnipotencia y sabiduría de Dios, quien tiene muchas más maneras de cumplir la promesa respecto a la Simiente procedente de Isaac que las que él puede comprender con su ciega razón.

De igual modo, también nosotros simplemente debemos creer con toda **47** humildad y obediencia las palabras perspicuas, firmes, claras y solemnes y el mandato de nuestro Creador y Redentor, sin abrigar duda o entablar argumento respecto a si cuadran con nuestra razón o si son posibles. Pues estas palabras fueron pronunciadas por aquel Señor que es la Sabiduría y la Verdad misma y que puede cumplir y otorgar todo lo que promete.

Todas las circunstancias de la institución de la santa cena testifican que **48** estas palabras de nuestro Señor y Salvador Jesucristo, las cuales son de por sí sencillas, claras e indubitables, no pueden ni deben ser entendidas en un significado diferente del significado acostumbrado, propio y común que ellas poseen. Pues ya que Cristo dio este mandamiento (de que su cuerpo sea comido, etc.), en tanto que él y sus discípulos estaban sentados a la mesa y participaban de la cena, no hay duda pues, de que él habla del pan real y natural y del vino natural; asimismo del comer y beber con la boca, de modo que no puede haber metáfora, esto es, cambio de significado en la palabra «pan», como si el cuerpo de Cristo fuese un pan espiritual o un alimento **49** espiritual para el alma. De igual modo, Cristo mismo se cuida de no expresar metonimia alguna, esto es, de que no haya cambio de significado en la palabra «cuerpo», y de no hablar respecto a una señal de su cuerpo, o respecto a un cuerpo simbólico o figurado, o respecto a la virtud de su cuerpo o los beneficios que él nos ha conseguido por medio del sacrificio de su cuerpo, sino que él habla de su cuerpo verdadero y esencial, que entregó mediante su muerte por nosotros, y de su sangre verdadera y esencial, que él derramó por nosotros en el madero del Calvario para la remisión de los pecados.

50   Por supuesto, respecto a las palabras de Jesucristo, no hay intérprete más fiel y seguro que Cristo el Señor mismo, pues él entiende mejor que nadie sus propias palabras y opinión y posee la suprema sabiduría e inteligencia para explicarlas. Tanto aquí, cuando hace su último testamento y su perpetuo pacto y unión, como en otros lugares en que presenta y confirma todos los artículos de la fe y en la institución de todas las demás señales del pacto y de la gracia o sacramentos, por ejemplo, la circuncisión, los varios sacrificios estipulados en el Antiguo Testamento, y el santo bautismo, utiliza, no palabras alegóricas, sino enteramente propias, sencillas, indubitables y claras. Y a fin de que no haya lugar para ambigüedad alguna, las explica con la mayor claridad mediante las siguientes expresiones: «Dado por vosotros; derramada

51 por vosotros». Y también deja que sus discípulos acepten ese significado sencillo y propio, y les ordena que así deben enseñar a todas las naciones a guardar todas las cosas que él ha mandado a ellos los apóstoles (Mt. 28:19–20).

52   También por esta razón, los tres evangelistas (Mt. 26:26; Mr. 14:22; Lc. 22:19; 1 Co. 11:25), y el apóstol San Pablo, quien después de la ascensión de Cristo recibió de Cristo mismo la misma institución de la santa cena (1 Co. 11:23–25), unánimemente y con las mismas palabras y sílabas repiten respecto al pan consagrado y distribuido estas palabras exactas, claras inmovibles y verdaderas de Cristo: «Esto es mi cuerpo», de una sola manera,

53 sin ninguna interpretación o variación. Por lo tanto, no hay duda de que también respecto a la otra parte del sacramento las siguientes palabras de Lucas y Pablo:[241] «Esta copa es el nuevo pacto en mi sangre» no pueden tener otro significado que el que dan San Mateo y San Marcos:[242] «Esto (es decir, lo que con la boca tomáis de la copa) es mi sangre del nuevo pacto, por el cual yo establezco, garantizo y confirmo con vosotros los hombres éste mi testamento y nuevo pacto, es decir, la remisión de los pecados».

54   Asimismo deben considerarse con la mayor diligencia y precisión, como un testimonio especialmente claro de la presencia y distribución verdadera y

---

241. Lc. 22:20; 1 Co. 11:25. (Cf. Versión *Dios Habla Hoy*: «Esta copa es el nuevo pacto confirmado con mi sangre» [1 Co. 11:25]; «Esta copa es el nuevo pacto confirmado con mi sangre» [Lc. 22:20]).

242. Mt. 26:28 (Versión *DHH*: «Esto es mi sangre, con la que se confirma el pacto»); Mr. 14:24.

esencial del cuerpo y la sangre de Cristo en la santa cena, la repetición, confirmación y explicación que de las palabras de Cristo hace San Pablo en 1 Corintios 10:16: «La copa de bendición que bendecimos, ¿no es la comunión de la sangre de Cristo? El pan que partimos, ¿no es la comunión del cuerpo de Cristo?» De esto aprendemos con la mayor claridad que no sólo la copa que Cristo bendijo en la primera santa cena y no sólo el pan que Cristo partió y distribuyó, sino también que lo que nosotros partimos y bendecimos es la comunión del cuerpo y la sangre de Cristo, de manera que todos los que comen este pan y beben esta copa reciben realmente el verdadero cuerpo y la verdadera sangre de Cristo y participan de ese cuerpo y esa sangre. Pues si el cuerpo de Cristo no estuviera presente de un modo real **55** y esencial y no se participara de él de ese mismo modo, sino únicamente según su poder y eficacia, el pan tendría que ser llamado, no una comunión del cuerpo, sino del Espíritu, del poder y de los beneficios de Cristo, según arguye y deduce la Apología.[243] Y si Pablo estuviera hablando únicamente de **56** la comunión espiritual del cuerpo de Cristo mediante la fe, según pervierten este texto los sacramentarios, no diría que el pan es la comunión del cuerpo de Cristo, sino que lo es el espíritu o la fe. Pero como él dice que el pan es la comunión del cuerpo de Cristo y que todos los que participan del pan consagrado también participan del cuerpo de Cristo, no hay duda de que está refiriéndose no a una participación espiritual del cuerpo de Cristo, sino a una participación sacramental o con la boca, que es común a cristianos sinceros y a cristianos insinceros.[244]

Comprueban también esto las razones y circunstancias que motivaron **57** toda esta exposición de San Pablo (1 Co. 10:18-33). El apóstol se dirige a los que comían de lo sacrificado a los ídolos y participaban en el culto que los paganos hacían a los demonios y no obstante iban también a la mesa del Señor, y les advierte que se abstengan de esas prácticas a fin de que no reciban para juicio y condenación el cuerpo y la sangre de Cristo. Pues ya que todos los que participan del pan consagrado y partido en la santa cena también tienen comunión con el cuerpo de Cristo, es evidente que San Pablo no puede estar refiriéndose a la comunión espiritual con Cristo, la cual nadie puede abusar ni en cuanto a la cual tampoco se amonesta a nadie.

Por consiguiente, nuestros queridos padres y antecesores, tales como **58** Lutero y otros fieles maestros de la Confesión de Augsburgo, explican esta declaración de San Pablo de manera tal que concuerda por completo con las palabras de Cristo. Declaran ellos: «El pan que partimos es el cuerpo de Cristo

---

243. Apología X, 1.

244. El texto latino traduce el *gottlose Christen* del original con *impiis*, y los describe con las palabras: *titulo duntaxat Christianis* («que sólo llevan el rótulo de cristianos»). Cf. Decl. Sól. VII, 19, nota 233.

que se distribuye, o el cuerpo de Cristo que se comunica, dado a los que reciben el pan partido».

59 A esta exposición sencilla y bien fundamentada de este glorioso testimonio (1 Co. 10:16), nos atenemos unánimemente, y con justicia nos sorprende que algunos, para establecer su error, osen citar ahora este texto, con el cual ellos mismos combatían antes a los sacramentarios, alegando que en la santa cena se participa del cuerpo de Cristo de una manera espiritual únicamente.[245] Pues declaran lo siguiente: «El pan es la comunión del cuerpo de Cristo, es decir, es el medio por el cual tenemos comunión con el cuerpo de Cristo, que es la iglesia, o es el medio por el cual nosotros los creyentes estamos unidos con Cristo, del mismo modo como la palabra del evangelio, asida por la fe, es un medio por el cual estamos unidos espiritualmente a Cristo e incorporados al cuerpo de Cristo, que es la iglesia».

60 San Pablo enseña expresamente que no sólo los cristianos piadosos y sinceros, sino también los hipócritas indignos e impíos, como Judas y sus semejantes, que no tienen comunión espiritual con Cristo y se acercan a la mesa del Señor sin haberse arrepentido de sus pecados y convertido a Dios, también reciben con la boca, en el sacramento, el verdadero cuerpo y la verdadera sangre de Cristo, y a causa de su indigno comer y beber pecan gravemente contra el cuerpo y la sangre de Cristo. He aquí lo que declara San Pablo: «Cualquiera que comiere este pan o bebiere esta copa del Señor indignamente» (1 Co. 11:27), peca no meramente contra el pan y el vino, no meramente contra las señales y los símbolos y las figuras del cuerpo y la sangre, sino que también «será culpado del cuerpo y de la sangre del Señor», al que, puesto que está presente en la santa cena, deshonra, abusa y difama, tal como hicieron los judíos, que de hecho profanaron el cuerpo de Cristo y lo mataron. Así han entendido y explicado unánimemente este pasaje los santos padres y doctores de la iglesia.

61 Existen, pues, dos maneras de comer la carne de Cristo. Una es espiritual, de la cual habla Cristo especialmente en Juan 6:48–58. Ésta se realiza únicamente mediante el Espíritu y la fe en la predicación y meditación del evangelio e igualmente en la santa cena y de por sí es útil y saludable, y necesaria en todo tiempo para salvación a los creyentes. Sin esta participación espiritual el comer sacramental o con la boca no sólo no es saludable, sino que también es perjudicial y condenador.[246]

62 Pero este comer espiritual no es otra cosa que la fe, esto es, oír la palabra de Dios (en la cual se nos ofrece a Cristo, verdadero Dios y hombre, jun-

---

245. El texto latino introduce la cita con las palabras: *Sic enim loquuntur* («Pues así dicen»).

246. Condenador = que acarrea condenación. En el original: *verdammlich*. Cf. texto lat.: *damnationis causa*.

tamente con todos los beneficios que él nos consiguió mediante su carne, ofrecida en sacrificio, por nosotros, y por la sangre que derramó por nosotros, es decir, la gracia de Dios, el perdón de los pecados, la justicia y la vida eterna), recibirla por la fe y apropiárnosla, y en todas las tribulaciones y tentaciones creer y permanecer con la mayor confianza en el consuelo de que tenemos un Dios misericordioso y la salvación eterna por los méritos de nuestro Señor Jesucristo.

El segundo comer del cuerpo de Cristo es el comer con la boca o el comer sacramental. Este comer ocurre cuando en la santa cena todos los que comen y beben el pan y el vino consagrados reciben también con la boca el verdadero cuerpo y la verdadera sangre de Cristo y participan del uno y la otra. Los creyentes los reciben como promesa y seguridad de que sus pecados les son verdaderamente perdonados y de que Cristo mora en ellos y es eficaz en ellos; en cambio, los incrédulos los reciben para su juicio y condenación. **63**

Esto lo declaran expresamente las palabras de Cristo en la institución, cuando en la mesa y durante la cena ofrece a sus discípulos el pan natural y el vino natural, a los cuales llama su verdadero cuerpo y su verdadera sangre, en tanto que dice: «Comed, y bebed». Pues en vista de las circunstancias este mandato evidentemente no puede entenderse de otro modo que comer y beber con la boca; pero no de una manera grosera, carnal, capernaítica,[247] sino de una manera sobrenatural, incomprensible. A esto, el otro mandato añade después aún otro comer espiritual, cuando el Señor sigue diciendo: «Haced esto en memoria de mí» (Lc. 22:19; 1 Co. 11:24). Con estas palabras el Señor exige la fe, que es participar espiritualmente del cuerpo de Cristo. **64** **65**

Por consiguiente, todos los antiguos maestros cristianos enseñan expresamente y en completo acuerdo con toda la santa iglesia cristiana, ateniéndose a estas palabras de la institución de Cristo y la explicación de San Pablo, que el cuerpo de Cristo no sólo es recibido espiritualmente mediante la fe, cosa que también ocurre sin que se use el sacramento, sino también con la boca, no sólo por cristianos piadosos y sinceros, sino también por cristianos indignos, incrédulos, falsos e impíos. Ya que esto sería muy extenso como para ser narrado aquí,[248] desearíamos, en obsequio de la brevedad, dirigir el lector a los copiosos escritos de nuestros teólogos. **66**

Es evidente, pues, la manera tan injusta y maliciosa con que los sacramentarios[249] fanáticos, por ejemplo Teodoro Beza, insultan al Señor Jesucristo, a San Pablo y a toda la iglesia, al referirse a la participación con la **67**

---

247. Cf. Jn. 6:52 y sigtes., y Epítome VII, 15, nota 43.

248. I.e., aportar los testimonios de la antigüedad. Texto lat.: *quae antiquitatis testimonia recitare hoc loco nimis esset prolixum.*

249. En el original: *Sakramentschwärmer.* Texto lat.: *Sacramentarii.*

boca y a la de los indignos y asimismo a la doctrina acerca de la majestad de Cristo en términos tan horribles que el cristiano sincero se avergonzaría de traducirlos.[250]

68 Hay que explicar empero con el mayor cuidado quiénes son los participantes indignos de la santa cena. Son participantes indignos los que se acercan a este sacramento sin verdadero arrepentimiento y contrición a causa de sus pecados, y sin verdadera fe y la sincera intención de enmendar sus vidas. Al comer indignamente el cuerpo de Cristo se cargan de condenación, esto es, del castigo temporal y eterno y son culpables del cuerpo y la sangre de Cristo.

69 En cambio, son comulgantes verdaderamente dignos los cristianos que son débiles en la fe, tímidos y que sienten inquietud y terror a causa de la grandeza y la cantidad de sus pecados y piensan que por razón de su gran impureza no son dignos de este precioso tesoro y de estos beneficios de Cristo, y que sienten y lamentan la debilidad de su fe y de todo corazón desearían

70 servir a Dios con una fe más firme y gozosa y con obediencia pura. Es para éstos, especialmente, que se ha instituido este santísimo sacramento. Sobre éstos dice Cristo en Mateo 11:28: «Venid a mí todos los que estáis trabajados y cargados, y yo os haré descansar». Y en Mateo 9:12: «Los sanos no tienen necesidad de médico, sino los enfermos». Y en 2 Corintios 12:9: «Mi poder se perfecciona en la debilidad». Y en Romanos 14:1, 3: «Recibid al débil en la fe; . . . porque Dios le ha recibido». Y en Juan 3:16: «. . . Todo aquel que en él cree», (ya sea con una fe firme o con una fe débil), «tiene vida eterna».

71 La dignidad no depende de una debilidad grande o pequeña o del poder de la fe, sino de los méritos de Cristo. En estos méritos se gozó aquel padre que tenía poca fe (Mr. 9:24), así como se gozaron de ellos Abraham, Pablo y otros que poseían una fe gozosa y firme.

72 Lo anterior se dice respecto a la verdadera presencia y a las dos maneras de participar[251] del cuerpo y la sangre de Cristo. La participación se realiza

---

250. En el original alemán, estos insultos figuran en latín, sin traducción: (. . . Los sacramentarios llaman el comer oral y por parte de los indignos) *duos pilos caudae equinae et commentum, cuius vel ipsum Satanam pudeat* = «dos pelos de cola de caballo e invención de la cual el propio Satanás se avergonzaría». Además: (a la doctrina acerca de la majestad de Cristo la llaman) *excrementum Satanae, que diabolus sibi ipsi et hominibus illidat* = «excremento de Satanás, con que el diablo se divierte a sí mismo y a los hombres». Son palabras de Teodoro Beza, sucesor de Calvino y adversario de la doctrina luterana acerca de la eucaristía y la persona de Cristo, y de Pietro Martire Vermigli, conocido generalmente como Pedro Mártir, 1500–1562, de Floriencia, monje agustino, luego calvinista, profesor en Oxford, Zurich, Estrasburgo, amigo de Bucer y de Cranmer.

251. *Zweierlei Niessung.*

bien por la fe, espiritualmente, o con la boca; el comer con la boca es común a los dignos y a los indignos.[252]

Ya que también ha habido mala inteligencia y disensión entre los teólogos de la Confesión de Augsburgo respecto a la consagración y la regla común, es decir, que nada es sacramental sin el acto instituido por Dios, hemos hecho mutuamente una declaración fraternal y unánime también acerca de este asunto. El tenor de la declaración es el siguiente: No es la palabra u obra de ninguna persona lo que produce la verdadera presencia del cuerpo y la sangre de Cristo en la santa cena, es decir, no es el mérito o recitación del ministro, ni el comer y beber ni la fe de los comulgantes; sino que la verdadera presencia debe atribuirse únicamente al poder del todopoderoso Dios y a la palabra, institución y ordenanza de nuestro Señor Jesucristo.

73

74

Pues las palabras verdaderas y todopoderosas de Jesucristo, pronunciadas cuando instituyó el sacramento, fueron eficaces no sólo en la primera cena, sino que también siguen siendo eficaces, permanentes, válidas y activas, de manera que en todo lugar donde se celebra la santa cena según la institución de Cristo y se usan sus palabras, el cuerpo y la sangre de Cristo están verdaderamente presentes, se distribuyen y se reciben por causa del poder y la eficacia de las palabras que Cristo pronunció en la primera cena. Pues donde se observa su institución y se pronuncian sus palabras sobre el pan y el vino y se distribuyen el pan y el vino consagrados, Cristo mismo, mediante las palabras pronunciadas, sigue siendo activo por virtud de la primera institución, mediante sus palabras que él desea que se repitan en el acto. Como dice Crisóstomo en su «Sermón sobre la Pasión»:[253] «Cristo mismo prepara esta mesa y la bendice; pues nadie hace del pan y vino que se nos dan el cuerpo y la sangre de Cristo, sino Cristo mismo, que fue crucificado por nosotros. Las palabras son pronunciadas por boca del ministro, pero los elementos que se ofrecen en la cena son consagrados mediante el poder y la gracia de Dios, por la siguiente palabra de Cristo: 'Esto es mi cuerpo'. Así como la declaración en Génesis 1:28: 'Fructificad y multiplicad; llenad la tierra;' fue pronunciada una sola vez, pero sigue siendo siempre eficaz en esencia, pues continúa la fecundidad y la multiplicación, así también esta declaración ('Esto es mi cuerpo; esto es mi sangre') fue pronunciada una sola vez, pero sigue siendo siempre eficaz y activa y seguirá siéndolo hasta el advenimiento de Cristo,[254]

75

76

---

252. Texto lat.: *quae posterior* (i.e., la que se da oralmente) *dignis et indignis communis est* («la mencionada en segundo lugar es común a dignos e indignos»).

253. Juan Crisóstomo, *De proditione Iudae*, 1, 6. Hay ciertas diferencias entre el texto alemán y el latino de BSLK (p. 998-999) y entre éstos y los textos latino y griego de Migne (Series Graeca XLIX, col. 380).

254. Texto lat.: *Hoc est corpus meum, hic est sanguis meus.*

de manera que en la cena de la iglesia están presentes el verdadero cuerpo y sangre de Cristo».

77 También Lutero escribe de la misma manera respecto a este asunto: «El mandato y la institución de Cristo tienen este poder y efecto de que administremos no meramente pan y vino, sino su cuerpo y sangre, como lo declaran sus palabras: 'Esto es mi cuerpo', etc.; 'Esto es mi sangre', etc., de manera que no es lo que nosotros hacemos o decimos, sino lo que Cristo manda y ordena lo que hace del pan el cuerpo y del vino la sangre desde que se celebró la primera cena hasta el fin del mundo, y que mediante nuestro servicio y oficio ellos se distribuyen diariamente».[255]

78 Y en otro lugar escribe Lutero: «Aunque yo pronunciase sobre todo el pan que existe las palabras: 'Esto es el cuerpo de Cristo', nada, por supuesto, resultaría de ello. Pero cuando en la santa cena decimos, según la institución y el mandato de Cristo, 'Esto es mi cuerpo', esto sí es su cuerpo, no por virtud de lo que nosotros decimos o expresamos,[256] sino por virtud de su mandato, en que él nos ha ordenado hablar y obrar de ese modo y ha unido su mandato y acto con nuestro hablar».[257]

79 Pues bien, en la administración de la santa cena las palabras de la ins-
80 titución deben pronunciarse públicamente o cantarse clara e inteligiblemente y de ningún modo deben omitirse. Y esto por muchísimas e importantísimas razones. En primer lugar, para que se rinda obediencia al mandato de Cristo: Haced esto, sin que por lo tanto se omita lo que Cristo mismo hizo en la
81 santa cena; en segundo lugar, para que la fe de los oyentes respecto a la naturaleza y el fruto de este sacramento (respecto a la presencia del cuerpo y la sangre de Cristo, respecto al perdón de los pecados y todos los beneficios que nos consiguieron la muerte de Cristo y el derramamiento de su sangre y se nos conceden en el testamento de Cristo), sea estimulada, fortalecida y
82 confirmada por la palabra de Cristo; y en tercer lugar, para que los elementos, el pan y el vino, sean consagrados o bendecidos para este santo uso, a fin de que con ellos se distribuyan el cuerpo y la sangre de Cristo, para comer y beber, según dice San Pablo: «La copa de bendición que bendecimos» (1 Co. 10:16), lo que por cierto no puede suceder de ningún otro modo sino mediante la repetición y recitación de las palabras de la institución.

83 Sin embargo, el solo bendecir o recitar las palabras de la institución de Cristo no constituye el sacramento si no se observa todo el acto de la cena según fue instituido por Cristo (como cuando no se distribuye y no se recibe

---

255. WA XXXVIII 240.

256. *Thetelwort*. Cf. WA XXVI: *ein Machtwort, das da schaffet, was es lautet* (palabra de poder, que efectúa lo que dice).

257. WA XXVI, 285.

el pan consagrado y no se participa de él, mas se encierra, se ofrece en sacrificio o se lleva de aquí para allá), sino que el mandato de Cristo: «Haced esto» (que encierra todo el acto o administración en este sacramento, en que en una asamblea de cristianos, el pan y el vino se toman, consagran, distribuyen, reciben, comen y beben, y al mismo tiempo se anuncia la muerte del Señor) debe observarse inseparable e inviolable, como lo hace San Pablo al poner delante de nuestros ojos todo el acto de partir el pan o la distribución y recepción (1 Co. 10:16).   84

Volvamos ahora al segundo punto, del cual se hizo mención hace poco.   85
Para conservar esta verdadera doctrina cristiana acerca de la santa cena y para evitar y anular numerosos abusos y perversiones idólatras de este testamento, se ha extraído de las palabras de la institución la siguiente regla[258] y norma: «Nada tiene la naturaleza de un sacramento si no es administrado según la institución de Cristo» o «aparte del acto instituido por Dios».[259] Esto quiere decir lo siguiente: Si la institución de Cristo no se observa según él la ordenó, no hay sacramento. Esta regla de ningún modo debe ser rechazada, sino que puede y debe ser estimulada y sostenida con provecho en la Iglesia de Dios. Y el «uso», o «acto», no abarca aquí principalmente la fe, ni única-   86
mente el participar del sacramento con la boca, sino todo el acto externo y visible de la santa cena instituido por Cristo, la consagración, las palabras de la institución, la distribución y recepción, o el participar con la boca del pan y del vino consagrados, como también el participar del cuerpo y la sangre de Cristo. Fuera de este uso, como por ejemplo, cuando en la misa papista el   87
pan no es distribuido sino levantado en alto, o encerrado, o llevado de aquí para allá y expuesto para ser adorado, no existe el sacramento; así como no es sacramento o bautismo el agua del bautismo cuando ésta se usa para consagrar campanas o sanar la lepra, o se exhibe de cualquier otro modo para adoración. Precisamente para combatir estos abusos papistas se estableció al principio, cuando se revivió el evangelio, esta regla, la que ha sido explicada por el Dr. Lutero mismo.[260]

Debemos, además, llamar la atención al hecho de que los sacramentarios   88
pervierten dolosa y maliciosamente esa regla tan útil y necesaria, a los efectos de negar la verdadera presencia real y esencial como también el comer oral del cuerpo de Cristo, que aquí en la tierra se hace tanto por parte de los dignos como de los indignos. En cambio, ellos interpretan esta regla como referente al *usum fidei*, es decir, al uso espiritual e interno de la fe, alegando

---

258. Melanchton, Cf. CR IX, 409, 472 y 448; también IX, 156, 371.

259. En el original alemán, esta «regla y norma» figura en latín: «*Nihil habet rationem sacramenti extra usum a Christo institutum*», oder «*extra actionem divinitus institutam*». *Das ist: wann man die Stiftung Christi nicht hält, wie er's geordnet hat, ist es kein Sakrament.*

260. WA XXX², 254 sigtes. Cf. Artículos de Esmalcalda, Parte III, Artículo XV, 4.

que para los indignos el tomar la santa cena no es sacramento, y que el comer el cuerpo de Cristo se efectúa sólo de una manera espiritual, mediante la fe; o, en otras palabras, que la fe es lo que hace presente al cuerpo de Jesús en la santa cena, de modo que los hipócritas indignos e incrédulos no reciben el cuerpo de Cristo como algo presente.

89 Ahora bien, lo que hace a la cena del Señor un sacramento, no es la fe nuestra, sino sola y exclusivamente la fiel palabra e institución de nuestro omnipotente Dios y Salvador Jesucristo, la cual siempre es y será eficaz en la iglesia cristiana, y que no es anulada o invalidada por la dignidad o indignidad del que administra el sacramento ni por la incredulidad del que lo recibe. El evangelio es y permanecerá verdadero evangelio, pese a que los oyentes impíos no lo creen, sólo que no obra la salvación en quienes no creen; así también, crean o no crean los que reciben el sacramento, Cristo siempre permanece veraz en las palabras que dice: «Tomad, comed, esto es mi cuerpo», y su presencia él la efectúa no por nuestra fe, sino por su omnipotencia.

90 Por tanto, los que pervirtiendo astutamente la conocida regla, ponen a nuestra fe (que en opinión de ellos es el único factor que hace presente el cuerpo de Cristo y participa de él) por encima de la omnipotencia de nuestro Señor y Salvador Jesucristo, incurren en un pernicioso y desvergonzado error.

91 Por otra parte, los sacramentarios presentan gran variedad de razones imaginarias y fútiles argumentos respecto de las cualidades esenciales y naturales del cuerpo humano, respecto de la ascensión de Cristo, de su partida de esta tierra y cosas por el estilo. Todo ello ha sido refutado amplia y detalladamente, a base de las Sagradas Escrituras, en los escritos polémicos del Dr. Lutero: «Contra los Profetas Celestiales», «Que estas palabras: 'Esto es mi cuerpo'» aún están en pie, en su «Confesión Mayor y Menor Acerca de la Santa Cena» y en otros de sus escritos.[261] Además, después de la muerte de Lutero, estos espíritus facciosos no han presentado nada nuevo. Por lo tanto y para mayor brevedad, remitimos al lector cristiano a los mencionados escritos.

92 No queremos ni podemos ni debemos consentir en que ningún agudo pensamiento humano, por más peso y autoridad que aparente tener, nos aparte del sentido llano, explícito y claro de la palabra y testamento de Cristo y nos haga seguir una opinión extraña, distinta de las palabras de Jesús; sino que queremos entender y creer estas palabras tal como las oímos, con toda sencillez.
93 Por tanto, nuestras razones sobre las cuales nos fundamos desde que

261. WA XVII, 62–214; XXXVI, 261–509; LIV, 11–167; XIX, 482–523; XXX², 595–626. (Cf. Obras de Martín Lutero, vol. V Contra los profetas celestiales; ibid. «Confesión Acerca de la Santa Cena de Cristo».

se originó la disensión respecto de este artículo, son las que concretó Lutero desde un principio (en 1528) contra los sacramentarios en los siguientes términos:[262]

Mis razones en que me baso respecto de esta cuestión son las siguientes:

1. La primera es este artículo de fe: Jesucristo es Dios y Hombre esencial, natural, verdadero, perfecto, en una sola persona, indiviso e inseparable. **94**

2. La segunda es que la diestra de Dios es ubicua. **95**

3. La tercera es que la palabra de Dios no es falsa ni engañosa. **96**

4. La cuarta es que Dios tiene y conoce diversas maneras de estar en un **97** cierto lugar, no sólo la única manera de que hablan los fanáticos en su impertinencia y que los filósofos llaman local o especial. **98**

Además, el cuerpo de Cristo, que es uno solo, tiene una triple manera, o tres diversos modos, de estar en un lugar: **99**

1. El modo inteligible, corporal, tal como Cristo andaba sobre esta tierra corporalmente, cediendo y ocupando espacio (circunscrito por un determinado espacio) de acuerdo con su estatura.[263] Este modo lo puede usar aún ahora, si así le place, como lo hizo después de la resurrección y lo hará nuevamente en el Postrer Día, como dice San Pablo en 1 Timoteo 6:15:[264] «La cual a su tiempo mostrará el bienaventurado y solo Soberano, Rey de reyes, y Señor de señores», y en Colosenses 3:4: «Cuando Cristo vuestra vida, se manifieste». En modo tal él no está en Dios ni con el Padre ni en los cielos, como sueñan aquellos espíritus insanos, puesto que Dios no es un espacio o lugar corporal. Y a este modo de ser corporal aluden los textos bíblicos que hablan de cómo Cristo deja el mundo y va al Padre, y a que hacen referencia los fanáticos.[265]

2. El modo ininteligible, espiritual, en que no ocupa o cede espacio, sino **100** que penetra a través de toda cosa creada, a su entera voluntad, así como mi vista—para usar un ejemplo aproximado—penetra y está en el aire, en la luz o en el agua, sin ocupar ni ceder espacio; o así como el sonido atraviesa el aire o el agua o una tabla o un muro; y está en ellos, sin ocupar ni ceder espacio; o como la luz y el calor atraviesan el aire, el agua, vidrio, cristal, y están en ellos, sin que tampoco ocupen ni cedan espacio; y así podríamos citar muchísimos ejemplos más. Ese modo de ser lo usó Jesús al salir del sepulcro cerrado y sellado, al ir a sus discípulos estando las puertas cerradas, así está en el pan y vino en la santa cena, y así creen que nació de su madre, la santísima virgen María, etc.[266]

3. El modo divino, celestial, en el cual Cristo es una sola persona con Dios. Según **101** ese su divino y celestial modo de ser, todas las criaturas le han de resultar, sin duda alguna, mucho más penetrables y presentes que según el segundo modo; porque

---

262. WA XXVI, 326, 327, 335, 336.

263. Texto lat.: *cum certo loco secundum quantitatem suam circumscriberetur* («cuando estaba circunscrito en determinado lugar según su tamaño»).

264. En el texto original alemán del *Libro de Concordia*: «welchen» («al cual», referido a Cristo). Reina-Valera traduce, correctamente, «la cual», porque el pronombre relativo *hèn* se refiere a *epiphaneías*, no a *'Iesoû Christoû*. Así lo entiende también la Biblia de Jerusalén, que repite: «. . . manifestación que . . .». Nácar-Colunga, en cambio: «a quien». El *quem* de la Vulgata puede referirse tanto a *adventum* como a *Jesu Christi*. J. T. Müller (*Die symbolischen Bücher der ev.-luth. Kirche*, 825 y 830) sugiere sustituir el *quem* por *quam*.

265. En el original: Geistler.

266. El texto lat. *agrega: sanctissima virgine Maria.*

si según el segundo modo, él puede estar en y con las criaturas de manera tal que ellas no lo sienten, tocan, circunscriben ni comprenden, ¡cuánto más maravillosamente ha de estar en todas las criaturas según ese sublime modo tercero, de manera tal que ellas no le circunscriben ni comprenden, sino que antes bien, él las tiene presentes delante de sí, las circunscribe y comprende. Pues este modo de ser de Cristo, según el cual él es una persona con Dios[267] (esa forma de presencia que él tiene a raíz de su unión personal con Dios) es menester que lo pongas fuera, muy fuera de las criaturas, tan fuera como está Dios, y por otra parte debes ponerlo tan profunda e íntimamente en las criaturas como Dios está en ellas. Porque él es una persona inseparable con Dios; donde está Dios, allí necesariamente tiene que estar también él; de lo contrario,

102 nuestra fe es falsa. ¿Quién podrá explicar empero, o imaginarse cómo sucede esto? Sabemos muy bien que es así, que él está en Dios, fuera de todas las criaturas, y que es una sola persona con Dios; mas como sucede, no lo podemos saber. Es un misterio que sobrepasa todo lo natural y todo entendimiento, también el entendimiento de los ángeles en el cielo; sólo Dios lo conoce y comprende. Y como es incomprensible para nosotros y sin embargo del todo cierto, no nos cuadra negar estas palabras de Jesús, a menos que podamos comprobar de manera fehaciente que el cuerpo de Cristo no puede estar en absoluto allí donde está Dios,[268] y que tal modo de ser (tal presencia) es una ficción. ¡Incumbiría a los fanáticos comprobarlo! Pero se abstendrán de hacerlo.

103 Con esto no quiero negar que Dios tenga y conozca otros modos más cómo el cuerpo de Cristo está en un lugar. Sólo quiero indicar cuán estúpidos son nuestros fanáticos al no conceder al cuerpo de Cristo más que el modo de ser primero, inteligible. Pero ni siquiera pueden comprobar que este primer modo está en pugna con nuestro entendimiento. Yo por mi parte no abrigo la menor duda de que Dios en su poder ilimitado puede hacer que un cuerpo esté simultáneamente en distintos lugares, aun en forma corporal y comprensible. ¿Quién querrá demostrar que Dios es incapaz de ello? ¿Quién vio jamás un límite en su poder? Verdad es que los fanáticos tienen un concepto tan bajo de Dios; pero ¿quién dará crédito al pensamiento de estos hombres, y con qué argumentos confirmarán ellos su opinión?

Esto es lo que expresa Lutero.

104 De las palabras de Lutero que acabamos de mencionar se desprende también qué sentido se da en nuestras iglesias al término «espiritualmente» cuando se usa en este contexto. Pues los sacramentarios entienden por «espiritual» nada más que la comunión espiritual que resulta cuando los verdaderos creyentes son incorporados por fe, mediante el Espíritu, en Cristo el Señor, llegando a ser verdaderos miembros espirituales de su cuerpo.

105 Pero cuando Lutero o nosotros usamos la palabra «espiritual» en esa materia, entendemos con ella la manera espiritual, sobrenatural, celestial en que Cristo está presente en la santa cena, obrando no sólo consuelo y vida

---

267. Texto lat.: *Hunc enim praesentiae Christi modum, quem ex unione personali cum Deo habet* («Pues ese modo de presencia de Cristo, que él tiene a raíz de la unión personal con Dios»).

268. La edición crítica del texto alemán adoptó la lección *wo Geist ist* («donde hay espíritu», que de acuerdo con el contexto podría significar: «Donde hay sólo un cuerpo espiritual»). Vid. BSLK, p. 1008, aparato crítico y texto lat.: *ubi Deus est.*

en los creyentes, sino también juicio en los incrédulos; y rechazamos con ella (con la palabra «espiritual») el concepto capernaítico[269] de una presencia grosera y carnal que los sacramentarios atribuyen tan tercamente a nuestras iglesias, pese a nuestras repetidas protestas públicas.

Y en ese sentido decimos también (y en ese sentido queremos también que se entienda la palabra «espiritualmente» cuando decimos) que el cuerpo y la sangre de Cristo se reciben, se comen y se beben en la santa cena espiritualmente; porque si bien tal participación se hace con la boca, el modo es espiritual.

Así es que nuestra fe, en este artículo de la presencia real del cuerpo y **106** de la sangre de Cristo en la santa cena, se basa en la verdad y omnipotencia[270] del Dios verdadero y omnipotente, nuestro Señor y Salvador Jesucristo. Estos fundamentos son suficientemente fuertes y firmes para robustecer y confirmar nuestra fe en todas las tentaciones que surjan en relación con este artículo y para desvirtuar y refutar, por otra parte, todos los contraargumentos y objeciones de los sacramentarios, por aceptables y plausibles que parezcan a la razón; y en estos fundamentos el corazón cristiano puede apoyarse con entera confianza.

Por lo tanto, de boca y corazón rechazamos y condenamos como ab- **107** solutamente falsos y engañosos todos los errores que divergen de la doctrina antes mencionada, basada en la palabra de Dios, o se oponen a ella, tales como:

Primero, la transubstanciación papista, cuando se enseña que el pan y **108** el vino consagrados en la santa cena pierden totalmente su substancia y esencia

---

269. Vid. Epítome VII, 15, nota 43.

270. BSLK acota (p. 1009, nota 5) que la presencia real no se basa aquí primordialmente en el *per modum ubiquitatis* württemberguense–brenziano, sino en la *ubivolipresencia* chemnitziana (i.e., la afirmación de que también según la naturaleza humana por él asumida, y con ella, Cristo puede estar presente, y en efecto está presente, donde él quiera; cf Decl. Sól. VIII, 78: *ut videlicet etiam secundum illam suam assumptam naturam et cum ea praesens esse possit et quidem praesens sit, ubicunque velit.* Cf. también Decl. Sól. VIII, 92). Cf. Epítome VIII, 16: *. . . dass er jetzt nicht allein als Gott, sondern auch als Mensch alles weiss, alles vermag, allen Kreaturen gegenwärtig ist . . .* . Respecto de la cuestión de la ubicuidad y de la ubivolipresencia o multivolipresencia vid. Hermann Sasse, *This Is My Body*, Augsburg Publishing House, Minneapolis, Minnesota, 1959, pp. 152 sigtes., 283, 341 sigtes.; E. Bizer, artículo *Ubiquität* en *evangelische Kirchenlexikon* 3 (1959), pp. 1530–1532; Susi Hausamann, «*Realpräsenz in Luthers Abendmahlslehre*», en *Studien zur Geschichte und Theologie der Reformation*, Festschrift für Ernst Bizer, ed. de Luise Abramowski y J. F. Gerhard Goeters, Neukirchener Verlag, 1969, pp. 167–168, y 173, nota 79; Theodor Mahlmann, *Das neue Dogma der lutherischen Christologie*, Gütersloh, 1969 (vid. en las pp. 222 y 223 la discusión sobre el término «multivolipresencia», acuñado por los reformados, y del cual Ritschl—*Dogmengeschichte* IV, Göttingen, 1927, p.8, nota 27—afirma que no se halla en la literatura de los siglos 16 y 17, cuando, sin embargo, aparece en Hutter, *Concordia concors*, Hospinianus, *Concordia discors*, Beza, *Tractationes theologicae*, Chemnitz, *Epistoal de coena Domini ed . . . Timotheum Kirchnerum . . . in tertiam Apologiam Bezae*, como lo demuestra Mahlmann.

y son cambiados en la substancia del cuerpo y de la sangre de Cristo, de modo tal que queda no más que la mera forma externa del pan y vino, o *accidentia sine subiecto* (accidentes sin el sujeto);[271] en la cual forma de pan— que sin embargo ya no es pan, puesto que en opinión de los papistas perdió su esencia natural—el cuerpo de Cristo está presente también aparte de la administración de la santa cena, a saber, cuando el pan es encerrado en la píxide o llevado en procesión para ser adorado. Esto lo rechazamos, por cuanto nada puede ser sacramento sin el mandato divino y sin el uso para el cual fue instituido en la palabra de Dios, como ya se indicó antes.

109

Segundo, asimismo rechazamos y condenamos todos los demás abusos papistas de este sacramento, ante todo la abominación del sacrificio de la misa para los vivos y muertos.

110

Tercero, condenamos también aquella práctica de administrar a los laicos sólo *una* especie del sacramento—el pan—contra el expreso mandato y la clara institución de Cristo. Estos abusos papistas ya han sido refutados detalladamente, mediante la palabra de Dios y los testimonios de la iglesia primitiva, en la Confesión Común[272] y en la Apología[273] de nuestras iglesias, en los Artículos de Esmalcalda[274] y en otros escritos de nuestros teólogos.

111

Pero como en el presente escrito nos hemos propuesto, ante todo y exclusivamente, manifestar nuestra confesión y explicación referente a la presencia real del cuerpo y la sangre de Cristo frente a los sacramentarios— algunos de los cuales se introducen en nuestras iglesias cobijándose desvergonzadamente con el nombre de la Confesión de Augsburgo—citaremos también y enumeraremos aquí especialmente los errores de los sacramentarios, como advertencia a nuestros oyentes, a fin de que éstos puedan cuidarse de tales errores.

112

Por lo tanto, de boca y corazón rechazamos y condenamos como absolutamente falsas y engañosas todas las opiniones y doctrinas de los sacramentarios que divergen de la doctrina antes mencionada, basada en la palabra de Dios, o que se oponen a ella.

113

1. Es falso enseñar que las palabras de la institución no deben ser entendidas sencillamente, en su sentido propio, así como suenan, indicando la presencia real y esencial del cuerpo y la sangre de Cristo en la santa cena, sino que debe dárseles un significado nuevo, distinto, mediante una inter-

---

271. *Accidentia sine subiecto* (así también en el original alemán). Quiere decir: Si las especies «quedan» después de la transubstanciación, tenemos un caso de subsistencia de accidentes separados de la substancia.

272. Confesión de Augsburgo XXII.

273. Apología XXII.

274. Artículos de Esmalcalda, Parte III, Artículo IV, 2 y sigtes.

pretación metafórica;[275] con lo que rechazamos todos los demás errores y las opiniones, a menudo contradictorias, que los sacramentarios tienen a ese respecto en rica y variada abundancia.

2. Es falso negar la participación oral (el comer y beber con la boca) **114** del cuerpo y la sangre de Cristo en la santa cena, y enseñar que en la santa cena se recibe el cuerpo de Cristo sólo espiritualmente, por medio de la fe, de modo que nuestra boca recibe en la santa cena nada más que pan y vino.

3. Es también falso enseñar que el pan y el vino en la santa cena no son **115** más que distintivos mediante los cuales los cristianos han de reconocerse unos a otros, o

4. que son meras figuras, símbolos o representaciones del muy distante cuerpo de Cristo, lo que significaría que el cuerpo ausente de Cristo con sus méritos viene a ser el alimento espiritual de nuestra alma, así como pan y vino son alimentos materiales, externos, de nuestro cuerpo.

5. Es falso, además, enseñar que el pan y el vino son meros símbolos **116** o señales conmemorativas del ausente cuerpo de Cristo, que cual prendas visibles, externas, nos dan la seguridad de que la fe, al desprenderse de la santa cena y elevarse por sobre todos los cielos, participa allá del cuerpo y la sangre de Cristo tan verdaderamente como aquí en la santa cena recibimos con la boca las señales externas; y que la confirmación y el robustecimiento de nuestra fe se efectúa en la santa cena no por el cuerpo y la sangre de Cristo, realmente presentes y entregados a nosotros, sino exclusivamente por las señales externas.

6. Es falso enseñar que en la santa cena se comunica y distribuye el **117** poder, efecto y mérito del cuerpo muy *ausente* de Cristo *a la fe sola*, y que de esta manera participamos de su cuerpo ausente; y que, del modo recién mencionado, por la «unión sacramental» debe entenderse una analogía entre la señal y la cosa señalada,[276] a la manera como hay cierta analogía o similitud

---

275. Cf. *Consensus Tigurinus* XXII (texto latino en BSRK, ed. por E. F. K. Müller, p. 162): *Proinde, qui in solennibus coenae verbis: Hoc est corpus meum, hic est sanguis meus, praecise literalem, ut loquuntur, sensum urgent, eos tanquam praeposteros interpretes repudiamus. Nam extra controversiam ponimus, figurate accipienda esse, ut esse panis et vinum dicantur id quod significant. Neque vero novum hoc aut insolens videri debet, ut per metonymiam ad signum transferatur rei signatae nomen: quum passim in scripturis eiusmodi loquutiones ocurrant, et nos, sic loquendo, nihil afferimus, quod non apud vetustissimos quosque et probatissimos ecclesiae scriptores exstet* («Repudiamos, por lo tanto, como a intérpretes torpes, a quienes con respecto a las solemnes palabras de la cena: 'Esto es mi cuerpo, esta es mi sangre', insisten en el sentido exactamente literal, como dicen. Pues para nosotros está fuera de controversia que estas palabras deben ser entendidas en sentido figurado, de modo que se llama 'pan' y 'vino' aquello que significan. Y no se ha de considerar novedoso o inusitado el hecho de que se recurra a la metonimia de transferir al signo el nombre de la cosa significada. En efecto, tales locuciones ocurren no pocas veces en las Escrituras. Y si nosotros hablamos de esta manera, no aportamos nada que no se halle también en los más antiguos y aprobados escritores de la iglesia»).

276. *De analogia signi et signati*, en el original alemán. Cf. *Confessio Helvetica Posterior* (E. F. K. Müller, BSRK, p. 210, 23): *Signum et res signata* («la señal y la cosa señalada»).

entre el pan y el vino (por una parte) y el cuerpo y la sangre de Cristo (por la otra).

118   7. Es falso enseñar que el cuerpo y la sangre de Cristo se reciben exclusivamente de una manera espiritual, por la fe.

119   8. Es falso enseñar que a raíz de su ascensión a los cielos, Cristo (con su cuerpo) está encerrado y circunscrito en un determinado lugar en los cielos de manera tal que no puede ni quiere estar real y esencialmente presente con su cuerpo en la santa cena, que según la institución de Cristo se celebra aquí en la tierra, sino que él está tan alejado y distante de ella (la santa cena) como dista el cielo de la tierra.[277] En efecto, esto lo sostienen algunos de los sacramentarios, quienes para corroborar su error tergiversaron deliberada y maliciosamente las palabras de Hechos 3:21: «*Oportet Christum coelum accipere*», quiere decir, «es preciso que Cristo ocupe el cielo», poniendo en su lugar: «*Oportet Christum coelo capi*», quiere decir, «es preciso que Cristo sea encerrado y circunscrito en el cielo» de manera tal que en modo alguno puede o quiere estar con nosotros aquí en la tierra con su naturaleza humana (Hch. 3:21).[278]

120   9. Es falso enseñar que Cristo no quiso ni pudo prometer y llevar a efecto la presencia real y esencial de su cuerpo y sangre en la santa cena, por cuanto (según dicen) la manera de ser y las propiedades de la naturaleza humana que Cristo asumió no toleran ni admiten tal cosa.

121   10. Es falso enseñar que lo que hace presente al cuerpo de Cristo en la santa cena es no sólo la palabra y omnipotencia de Cristo, sino la fe. A raíz de esta falsa enseñanza, algunos hasta omiten las palabras de la institución en la administración de la santa cena. Pero si bien se censura y rechaza fundadamente la consagración papista, en la cual se atribuye a la palabra del sacerdote el poder de hacer el sacramento, por otra parte no pueden ni deben omitirse por ningún motivo las palabras de la institución al administrarse la santa cena, como se desprende de lo anteriormente dicho.[279]

122   11. Es falso enseñar que los creyentes no deben buscar (según la institución de Cristo) el cuerpo del Señor en el pan y el vino de la santa cena,

---

277. Vid. texto del *Consensus Tigurinus*, Decl. Sól. VII, 2, nota 218.

278. *hòn dei ouranòn mèn déxasthai*, «al cual, por cierto, debe recibir el cielo», o: «Al cual es necesario que el cielo guarde». Vulgata Clementina: *quem oportet quidem caelum suscipere*. Reina–Valera: «A quien de cierto es necesario que el cielo reciba hasta . . . » *Dios Habla Hoy*: «Aunque por ahora Jesucristo debe permanecer en el cielo hasta que . . .». La gran mayoría difiere de la traducción devendida en la FC. Habrá que distinguir, sin embargo, entre la traducción del texto y la inferencia de los sacramentarios. Vid. en BSLK, p. 1014, nota 1, la literatura de la violenta controversia entre Beza y Selneccer.

279. Decl. Sól., VIII, secc. 79–82.

sino que del pan de la santa cena deben ser dirigidos con su fe hacia el cielo, al lugar donde está Cristo con su cuerpo, para que allí participen de él.[280]

12. Rechazamos también la falsa enseñanza de que los cristianos incrédulos, impenitentes y malos, que llevan el nombre de Cristo, pero que carecen de la fe verdadera, viva y salvadora, reciben en la santa cena no el cuerpo y la sangre de Cristo, sino solamente pan y vino. Y como en este banquete celestial hay sólo dos clases de huéspedes, dignos e indignos, rechazamos también la diferenciación entre los indignos que algunos hacen, afirmando que los epicúreos impíos y blasfemadores de la palabra de Dios que se hallan en la comunión externa de la iglesia (en la iglesia visible) no reciben el cuerpo y la sangre de Cristo para juicio al tomar la santa cena, sino que reciben solamente pan y vino.[281] **123**

13. Rechazamos como falsa la enseñanza de que la dignidad consiste no sólo en la verdadera fe, sino también en la preparación personal de la persona.[282] **124**

14. Rechazamos también como falsa la enseñanza de que pueden recibir el sacramento para su juicio, como huéspedes indignos, aun aquellos fieles **125**

---

280. Cf. *Confessio Helvetica Posterior* XXI (texto latino de la ed. de E. F. K. Müller, BSRK, p. 212, 20–26: *Corpus Christi in coelis est ad dextram Patris. Sursam erga elevanda sunt corda, et non defigenda in panem, nec adorandus dominus in pane. Et tamen non est absens ecclesiae suae celebranti coenam dominus. Sol absens a nobis in coelo, nihilominus efficaciter praesens est nobis: quanto magis sol iustitiae Christus, sorpore in coelis absens nobis, praesens est nobis, non corporaliter quidem, sed spiritualiter per vivificam operationem* . . . . («El cuerpo de Cristo está en los cielos, a la diestra de Padre. Por lo tanto es preciso elevar los corazones hacia lo alto, y no fijarlos en el pan, ni tampoco debe adorarse al Señor en el pan. Y sin embargo, el Señor no está ausente cuando su iglesia celebra la santa cena. El sol está ausente de nosotros, en el cielo, y no obstante está presente con nosotros de una manera eficaz. ¡Cuánto más el sol de justicia, Cristo, ausente de nosotros, en los cielos, en cuanto a su cuerpo, está presente con nosotros, si bien no corporalmente, pero sí espiritualmente, mediante su acción vivificadora . . . !). La *Confessio Helvetica Posterior* es la más extensa de las confesiones reformadas. Elaborada originalmente (1562) como confesión personal de Enrique Bullinger, reformador de Zurich y sucesor de Zuinglio, se convirtió en pública ya en 1566. Cf. Paul Jacobs, *Theologie Reformierter Bekenntnisschriften*, Neukirchen, Freis Moers, 1959, pp. 51–52.

281. Contra P. Eber, *Vom heiligen Sacramente des Leibs und Bluts* . . . *Vnterricht* . . . , p. 328 y sigtes., especialmente 347.

282. BSLK, p. 1015, nota 5, remite al Concilio de Trento, Sesión XIII, capítulo VII y canon 11. En el capítulo indicado, el Concilio dice que cuanto más conocida es para el hombre cristiano la santidad y divinidad de este sacramento celestial, tanto mayor ha de ser el cuidado que pone al aproximarse al mismo, no sea que reciba el sacramento sin la debida reverencia y santidad (*quo magis sanctitas, et divinitas caelistis huius sacramenti viro christiano comperta est, eo diligentius cavere ille debet, ne absque magna reverentia, et sanctitate ea id percipiendum accedat*). Después de citar 1 Co. 11:29 y 28, el Concilio dice que la costumbre eclesiástica declara necesario el mencionado examen de conciencia, de modo que ninguno que sea consciente de un pecado mortal, por más contrito que se considere él mismo, debe acercarse a la sagrada eucaristía sin previa confesión sacramental (*Ecclesiastica autem consuetudo declarat, eam probationem necessariam esse, ut nullus sibi conscius peccati mortalis, quantumvis sibi contritus videatur, absque praemissa sacramentali confessione ad sacram eucharistiam accedere debeat*).

que poseen y conservan la fe genuina, verdadera y viva, pero que carecen de la antes mencionada preparación personal y adecuada.[283]

126   15. Asimismo rechazamos como falsa la enseñanza[284] de que deben ser adorados[285] los elementos, vale decir, las especies[286] o formas visibles del pan y vino consagrados. En cambio, ninguno que no sea un hereje arriano podrá y querrá negar que Cristo mismo, verdadero Dios y hombre, presente en la santa cena real y esencialmente, debe ser adorado en espíritu y en verdad, tanto en el correcto uso de la santa cena como también en todo lugar, y especialmente en la congregación de los fieles.

127   16. Rechazamos y condenamos también todas las cuestiones y expresiones impertinentes, frívolas y blasfemas que hablan de los sobrenaturales y celestiales misterios de la santa cena de un modo grosero, carnal y capernaítico.[287]

128   En la precedente declaración se reprueban y rechazan otras antítesis o enseñanzas falsas más, que para mayor brevedad no serán repetidas aquí; y si hay otras opiniones condenables y erróneas, además de las antes mencionadas, ellas podrán ser discernidas y enumeradas fácilmente a base de la exposición que antecede; pues rechazamos y condenamos todo lo que no concuerda con la doctrina antes mencionada, bien fundada en la palabra de Dios, o que se opone a ella.

VIII. LA PERSONA DE CRISTO

1   Entre los teólogos que se adhirieron a la Confesión de Augsburgo surgió también una disensión acerca de la persona de Cristo. Sin embargo, en realidad no fueron ellos los que iniciaron esa controversia, sino que la misma tuvo su origen entre los sacramentarios.[288]

2   En efecto: Después que el Dr. Lutero había reafirmado, en contra de lo que sostenían los sacramentarios, la presencia real y esencial del cuerpo y de

283. También aquí BSLK (p. 1016, nota 1) remite al Concilio de Trento, Sesión XIII, capítulo VII y canon 11. Vid. secc. 214, nota 642.

284. Concilio de Trento, Sesión XIII, capítulo V, cánones 6 y 7. El capítulo dice que sin duda alguna, todos los fieles deben prestar «culto de latría» al santísimo sacramento (*Nullus itaque dubitandi locus relinquitur, quin omnes Christi fideles . . . latriae cultum . . . huic sanctissimo sacramento . . . exhibeant*).

285. La así llamada «artolatría», adoración del pan.

286. Vid. Confesión de Augsburgo, X, 1, traducción del texto alemán.

287. Vid. Epítome VII, 15, nota 43.

288. Cf. al respecto Theodor Mahlmann, *Das neue Dogma der lutherischen Christologie,* 1969, p. 16 y sigte.: *Denn das traditionelle Urteil ist richtig, dass die lutherische Christologie primär and der Abendmahlslehre den Anlass ihrer Durchbildung nahm* («Es correcta, pues, la opinión tradicional de que la cristología luterana tuvo como principal punto de partida para su formulación definitiva la doctrina acerca de la santa cena»).

la sangre de Cristo en la santa cena, aportando para ello sólidos argumentos basados en las palabras con que el Señor la instituyó, los zuinglianos le objetaron: Si en la santa cena, el cuerpo de Cristo está presente simultáneamente en el cielo y en la tierra, no puede ser un cuerpo humano real y verdadero; pues tal majestad, decían, es propia de Dios solamente; al cuerpo de Cristo le falta la capacidad para ello.

El Dr. Lutero rechazó esta objeción y la refutó en forma terminante, **3** como lo evidencian sus escritos didácticos y polémicos,[289] a los cuales, al igual que a sus escritos doctrinales, damos aquí nuestra aprobación pública. No obstante, después de la muerte de Lutero, algunos teólogos de confesión **4** augsburguiana, si bien aún no querían dar el paso de declararse abierta y expresamente de acuerdo con lo que los sacramentarios enseñaban en cuanto a la santa cena del Señor, sin embargo adujeron y usaron los mismos argumentos básicos respecto de la persona de Cristo con que los sacramentarios intentaron remover de la cena del Señor la presencia real y esencial de Cristo, a saber: Que a la naturaleza humana en la persona de Cristo no se le debía atribuir nada que sobrepasara sus propiedades naturales y esenciales, o que fuera contrario a ellas. Además de esto, achacaron a la doctrina del Dr. Lutero y a todos los que se adhieren a ella como expresión fiel de la palabra de Dios, la casi totalidad de las monstruosas herejías de antaño.

Con el objeto de aclarar esta disensión de una manera cristiana, conforme **5** a la palabra de Dios, y guiándonos por el Credo Apostólico, y para zanjarla completamente, por la gracia de Dios, expondremos a continuación nuestra unánime enseñanza, fe y confesión:

1. Creemos, enseñamos y confesamos que si bien el Hijo de Dios ha **6** sido desde la eternidad una persona divina particular, distinta e íntegra, y por ende Dios verdadero, esencial y perfecto junto con el Padre y el Espíritu Santo; no obstante, cuando vino el cumplimiento del tiempo, asumió también la naturaleza humana en la unidad de su persona, no de manera que ahora existieran dos personas o dos Cristos, sino de manera tal que Cristo Jesús es ahora, en una sola persona y simultáneamente, verdadero y eterno Dios, engendrado del Padre en la eternidad, y verdadero hombre, nacido de la muy bendita virgen María, como está escrito en Romanos 9:5: «De los cuales, según la carne, vino Cristo, el cual es Dios sobre todas las cosas, bendito por los siglos».[290]

---

289. Cf. BSLK, p. 1018, aparato crítico, donde se mencionan los escritos a que aquí se hace referencia.

290. Original de la FC: *der da ist Gott über alles, gelobet in Ewigkeit*. El texto es objeto de controversia entre comentaristas autorizados. En la opinión de no pocos, la doxología del pasaje se refiere a Dios Padre. Quienes así opinan, leen el texto griego de Ro. 9:5b de la siguiente manera: ο ὼν ἐπὶ πάντων Θεὸς εὐλογητὸς εἰς τοὺς αἰῶνας αμήν. La *Biblia de Jerusalén*,

7   2. Creemos, enseñamos y confesamos que en esta única e indivisa persona de Cristo hay ahora dos naturalezas distintas, a saber: La naturaleza divina, que existe desde la eternidad, y la naturaleza humana, que fue asumida en el tiempo en la unidad de la persona del Hijo de Dios. Estas dos naturalezas en la persona de Cristo jamás se separan una de otra ni se mezclan una con otra, ni tampoco se transmutan la una en la otra, sino que por toda la eternidad, cada una permanece con su naturaleza y esencia dentro de la persona de Cristo.

8   3. Creemos, enseñamos y confesamos además que las dos naturalezas mencionadas subsisten sin mezclarse y sin abolirse mutuamente, cada una en su naturaleza y esencia, de modo que cada una de ellas retiene sus propiedades naturales y esenciales y no las depone por toda la eternidad; ni tampoco las propiedades esenciales de la una naturaleza se convertirán jamás en propiedades esenciales de la otra.

9   4. Asimismo creemos, enseñamos y confesamos que las siguientes propiedades: El ser todopoderoso, eterno, infinito, ubicuo; el estar presente por sí mismo naturalemente, es decir, según las propiedades de la naturaleza y su esencia natural, y el saber todas las cosas: Que éstas son propiedades esenciales de la naturaleza divina, que no llegarán a ser por siempre jamás propiedades esenciales de la naturaleza humana;

10   5. Y que por otra parte: El ser una criatura corporal, el ser carne y sangre, finito y circunscrito, padecer, morir, ascender y descender, desplazarse de un lugar a otro, padecer hambre, sed, frío, calor y cosas semejantes, son propiedades de la naturaleza humana, que jamás se hacen propiedades de la naturaleza divina.

11   6. También creemos, enseñamos y confesamos que una vez ocurrida la encarnación, no es que cada naturaleza en Cristo subsista por sí misma de suerte que cada una sea o constituya una persona por separado, sino que están unidas de un modo tal que forman una persona sola en la cual existen y subsisten simultánea y personalmente tanto la naturaleza divina como la asumida naturaleza humana. Esto quiere decir que ahora, después de la encarnación, pertenecen a la persona íntegra de Cristo no sólo su naturaleza divina, sino también la naturaleza humana que él asumió; y quiere decir además que

una de las traducciones mejor conceptuadas en la actualidad, entiende lo mismo que la FC.: «De los cuales también procede Cristo según la carne, el cual está por encima de todas las cosas, Dios bendito por los siglos. Amén». Y agrega en una nota: «El contexto y el mismo ritmo de la frase suponen que la doxología se dirige a Cristo» (ed. 1967, p. 1523). Cf. *Dios Habla Hoy*: «Y de su raza, en cuanto a lo humano, vino el Mesías, el cual es Dios sobre todas las cosas, alabado por siempre». En cuanto a una argumentación erudita y detallada a favor del sentido en que la FC entiende el pasaje de Ro. 9:5 vid. p. ej. *The Epistle to the Romans*, de John Murray, en *The New International Commentary of the New Testament* (ed. de F. F. Bruce), 1965, apéndice A, p. 245.

así como la persona de Cristo o del Hijo de Dios encarnado, es decir, la persona del Hijo de Dios que asumió la carne y se hizo hombre —así como esta persona no es completa sin su divinidad, así tampoco lo es sin su humanidad. Por lo tanto, Cristo no está constituido por dos personas distintas, sino que es una persona sola, no obstante el hecho de que en él se encuentren dos naturalezas distintas, no mezcladas en su esencia y propiedades naturales.

7. Igualmente creemos, enseñamos y confesamos que la naturaleza humana que Cristo asumió no sólo posee y retiene sus propiedades naturales y esenciales, sino que más allá de ello, en virtud de la unión personal con la divinidad, luego mediante la glorificación, ha sido exaltada a la diestra de la majestad, poder y señorío, y sobre todo nombre que se nombra, no sólo en este siglo, sino también en el venidero. (Cf. Ef. 1:21.) **12**

8. A propósito de la majestad a la cual Cristo ha sido exaltado según su humanidad: Tal exaltación y majestad la recibió no a partir de su resurrección de entre los muertos y ascensión al cielo, sino en el instante en que fue concebido en el seno materno y hecho hombre, o sea, cuando se produjo la unión personal entre la naturaleza divina y la humana. **13**

9. Sin embargo, dicha unión personal no debe entenderse en el sentido como la malinterpretan algunos,[291] a saber, que la unión de las dos naturalezas, la divina y la humana, es como la de dos tablas unidas con cola, de modo que *realiter*, es decir, de hecho y en verdad, no existe absolutamente ninguna comunión entre ellas.[292] Pues éste ha sido el error y la herejía de Nestorio y de Pablo de Samosata,[293] los cuales, como lo atestiguan Suidas y Teodoro, presbítero de Rhaitu,[294] enseñaron y sostuvieron que las dos naturalezas no **14** **15**

---

291. G. J. Planck (*Geschichte der protestantischen Theologie*, vol. III, p. 774) observa que con ese «algunos» se apunta indudablemente a los calvinistas, y agrega una dura crítica a la FC. El autor transcribe un párrafo de la *Admonitio Neostadiensis*, de 1581, obra fundamental de la crítica reformada a la cristología de la FC (la *Apologia oder Verantwortung des christl. Concordienbuches*, publicada en 1584, responde a la *Admonitio*). A juicio de Planck, en el texto por él transcrito se tiene quizás la exposición más clara de la teoría calvinista (op.cit., p. 776, nota 267). En otro pasaje, la *Admonitio* censura la idea de atribuir a la naturaleza humana de Cristo simultáneamente propiedades de ambas naturalezas: Dice que se trata de fábulas que hasta los niños pequeños debieran desaprobar con silbidos (*Quod simul utriusque proprietates, humanas et divinas, humanae Christi naturae volunt tribuere, fabulae sunt, vel pueris exsibilandae. Nulla enim natura in se ipsam recipit contradictoria.* Apud G. J. Planck, *op. cit.*, vol. III, p. 272, nota 270).

292. La ilustración de las tablas unidas con cola es criticada acerbamente en la *Admonitio Neostadiensis*. Cf. texto citado en Planck, op.cit., vol. III, p. 777, nota 268.

293. En el original: *Nestorii uns Samosatenii*. Acerca de Nestorio vid. Epítome, VIII, 18, nota 50. En cuanto a Pablo de Samosata vid. Confesión de Augsburgo I, 6, traducción del texto alemán, nota en «samosatenos».

294. En el original: *Suidas unt Theodorus presbyter Rhetenensis*. Suidas fue un lexicógrafo griego del siglo 10. Su léxico fue publicado por primera vez en el siglo 16. Theodoro de Raithu, del siglo 6, fue monje y presbítero de un monasterio de Raithu, en la península del Sinaí. La única obra que se le puede atribuir con certeza es la *Proparaskue (Praeparatio)*. La obra defiende

tienen ninguna clase de comunión entre sí. Con esto se separa la una naturaleza de la otra y se crean dos Cristos, de manera que Cristo es uno, y el Verbo de Dios que habita en Cristo, es otro.

16   Así, en efecto, escribe el presbítero[295] Teodoro: «En los mismos tiempos en que vivió también el hereje Manes, un tal Pablo, oriundo de Samosata, pero a la sazón obispo de Antioquía en Siria, enseñó que el Señor Cristo no era más que un mero hombre en el cual habitaba Dios el Verbo tal como lo hacía en cualquiera de los profetas—lo cual es una enseñanza del todo impía. Consecuentemente, aquel obispo Pablo sostenía también que la naturaleza divina y la humana están separadas y apartadas una de otra, y que no tienen intercomunión alguna en Cristo, tal como si Cristo fuese uno, y Dios el Verbo que habita en él, fuese otro».[296]

17   En contra de esta herejía condenada, la iglesia cristiana ha creído y sostenido con toda sencillez, siempre y en todo tiempo, que la unión de la naturaleza divina y la humana en la persona de Cristo es de índole tal que ambas tienen una comunión verdadera entre sí, a raíz de la cual las dos naturalezas se mezclan[297] no en una esencia sino (como escribe[298] el Dr. Lutero) **18** en una persona. En atención a esta unión y comunión personal, los antiguos doctores de la iglesia, tanto antes del Concilio de Calcedonia como también después del mismo, han hecho uso frecuente del término «mezcla», en buen sentido y con diferenciación correcta. Si fuere necesario, se pueden aducir en prueba de ello muchos testimonios de los Padres, que figuran también profusamente en los escritos de los autores nuestros. En dichos testimonios se explica la unión y comunión personal mediante la ilustración del cuerpo **19** y del alma y de un hierro candente. Pues el cuerpo y el alma, al igual que el fuego y el hierro, tienen entre sí una comunión no como un modo de hablar, o de palabra, sino de hecho y en verdad. Y sin embargo, con esto no se introduce una mezcla o igualación de las naturalezas, como cuando de agua y miel se hace hidromel que ya no es agua y miel por separado sino una bebida mezclada; con tales procesos, la comunión de la naturaleza divina y la humana en la persona de Cristo no tiene parecido alguno.

Pues la unión y comunión entre la naturaleza divina y la humana en la persona de Cristo es una unión y comunión muy diferente, mucho más sublime, y enteramente inefable. A causa de esta unión y comunión, Dios es

---

la teología calcedonense y de Cirilo de Alejandría, y ataca a los monofisitas Juliano de Halicarnaso y Severo de Antioquía. Además intenta refutar los puntos de vista de Manes, Nestorio, Eutiques, Apolinario, Pablo de Samosata y Teodoro de Mopsuestia.

295. En el original: *Theodorus presbyter*. MSG XCI, 1496 D. Cita libre.

296. Traducción de la traducción alemana.

297. *Gemenget*. Texto lat.: *conveniunt et commiscentur*.

298. Cf. WA XXVI 324.

hombre, y el hombre es Dios, sin que por ello resulten mezcladas ni las dos naturalezas ni sus propiedades, sino que cada una retiene su esencia y sus propiedades.

A esta unión personal, que no puede ser concebida ni existir sin aquella **20** comunión verdadera de las dos naturalezas, se debe el hecho de que la que padeció por los pecados de todo el mundo no fue la mera naturaleza humana, a la cual le es propio el padecer y morir, sino que fue verdaderamente el Hijo de Dios mismo, si bien según su asumida naturaleza humana, quien padeció y quien (como lo confesamos en el Credo Apostólico) murió verdaderamente, aunque la naturaleza divina no puede padecer ni morir. Así lo explicó en **21** forma detallada el Dr. Lutero en su «Confesión Mayor Acerca de la Santa Cena» refutando la blasfema *alloeosis* de Zuinglio, quien había enseñado que *una* naturaleza debe tomarse y entenderse por la otra, enseñanza que Lutero condenó a lo más hondo del infierno por tratarse de un artificio del diablo.[299]

Es por esta razón que los antiguos doctores de la iglesia, a los efectos **22** de aclarar este misterio, combinaron los dos términos, «comunión» y «unión», y explicaron lo uno por medio de lo otro. Ireneo, Libro 4, cap. 3; Atanasio, en su *Carta a Epicteto*; Hilario, *Sobre la Trinidad*, libro 9; Basilio y Gregorio de Nisa, en *Teodoreto*; Juan Damasceno, Libro III, cap. 19.

A base de esta unión y comunión de la naturaleza divina y la humana **23** en Cristo confesamos, enseñamos y creemos también, conforme al Credo Apostólico, lo que se dice respecto de la majestad que posee Cristo a la diestra del omnipotente poder de Dios,[300] y que es inherente a dicha majestad, todo lo cual no existiría ni podría existir si a su vez esa unión y comunión de las naturalezas en la persona de Cristo no existiera de hecho y en verdad.

Y es por causa de esta unión y comunión de las naturalezas que la muy **24** bendita virgen María dio a luz no a un mero hombre, sino a un hombre tal que es verdaderamente el Hijo del Dios altísimo, según el testimonio dado por el ángel. Este Hijo de Dios manifestó su majestad divina incluso en el seno de su madre, al nacer de una virgen sin que por ello quedara violada la

---

299. Cf. WA XXVI, 319, 14–326, 28; 341, 39–342, 27; *H. Zwinglis Sämtliche Werke* 5, 654, 23 sigtes., 679, 6 sigtes., 922, 1 sigtes., ZSW 6 II, 126, 1 sigtes.; vid. Decl. Sól. VIII, 39 sigtes. E. F. K. Müller, *Symbolik*, 1896, nota 16 (*Alloiosis*): «*nach Zwingli ein 'Gegenwechsel', eine Vertauschung der 'prädikate' beider Naturen in der Einheit der Person, nicht aber der Idiome selbst, thatsächlich etwa den beiden ersten genera der lutherischen communicatio idiomatum entsprechend*» («según Zuinglio, un cambio recíproco, es decir, una permuta de los 'predicados' de ambas naturalezas en la unidad de la persona, pero no de las propiedades mismas, un proceder que de hecho corresponde en algo a los primeros dos géneros de la comunicación de atributos o propiedades enseñada por los luteranos»). La *Concordia Triglotta* (p. 1022) traduce el término con *Bedeutungsverwechslung* (permuta de significado).

300. *Zur Rechten der allmächtigen Kraft Gottes*. Texto lat.: *ad dextram omnipotentiae et virtutis Dei*.

virginidad de la misma,[301] por lo cual María es verdaderamente la madre de Dios,[302] y no obstante permaneció virgen.

25   En virtud de aquella unión y comunión de las naturalezas, Cristo obró también todos sus milagros y manifestó esa su majestad divina según su beneplácito, cuándo y como quería, y por ende no sólo después de su resurrección y ascensión al cielo, sino aun en su estado de humillación, como por ejemplo en las bodas en Caná de Galilea (Jn. 2:1–11), y a los doce años de edad en medio de los doctores de la ley (Lc. 2:41–52); igualmente, en el huerto donde con una sola palabra hizo caer a tierra a sus adversarios (Jn. 18:6), lo mismo que en su muerte, pues no simplemente murió como otro hombre cualquiera, sino que con su muerte y en ella derrotó al pecado, a la muerte, al diablo, al infierno y a la condenación eterna, cosa que la naturaleza humana sola no habría sido capaz de hacer si no hubiera tenido esa unión y comunión personal con la naturaleza divina.

26   De ahí le viene también a la naturaleza humana, después de la resurrección de entre los muertos, esa exaltación por sobre todo lo creado en el cielo y en la tierra, la cual no es otra cosa que esto: Que Cristo depuso totalmente la forma de siervo, sin deponer, no obstante, su naturaleza humana, la cual él retiene por toda la eternidad; y que además fue puesto en posesión y uso plenos de la majestad divina según la naturaleza humana que asumió, majestad que sin embargo poseía ya en el mismo instante de su concepción en el seno materno, despojándose empero de la misma según el testimonio del apóstol (Fil. 2:7), y, como expone el Dr. Lutero,[303] manteniéndola oculta en su estado de humillación, usándola no en todo momento sino solamente

27   cuando quería. Mas ahora, después de haber ascendido al cielo, no simplemente como otro santo cualquiera, sino por encima de todos los cielos para llenarlo todo en forma verdadera, como lo atestigua el apóstol (Ef. 4:10)— ahora él gobierna también, presente en todas partes, no sólo como Dios sino también como hombre, de un mar al otro y hasta los confines de la tierra, como lo predijeron los profetas y lo atestiguan los apóstoles (Sal. 8:1, 6; 93:1; Zac. 9:10), quienes declaran que el Señor les ayudó en todas partes confirmando la palabra de ellos con las señales que la seguían (Mr. 16:20).

---

301. Texto alemán: *unvorletzt ihrer Jungfrauschaft.* Cf. texto lat.: *quod de virgine inviolata ipsius virginitate natus est.* Vid. Artículos de Esmalcalda, Parte I, 4, nota en «pura y santa virgen María».

302. *Gottes Mutter.* El texto lat. trae el término griego *Theotokos,* además de *Dei genitrix* («Deípara»). La documentación antigua más segura del uso del título *Theotokos* data de 325, en una obra de Alejandro de Alejandría, obispo de 313 a 327; durante su episcopado estalló la controversia arriana. Si el término ya fue usado por Hipólito de Roma y Orígenes, todavía es materia de controversia (cf. *Religion in Geschichte und Gegenwart,* vol. IV, p. 768, 3. ed., 1960).

303. WA LIV, 50.

Esto no ocurrió empero como un modo de actuar terrenal, sino—y así **28**
lo explicó el Dr. Lutero—como un modo de actuar de la diestra de Dios, que
no es un lugar determinado en el cielo, como alegan los sacramentarios sin
poder aducir para ello ninguna prueba de la Sagrada Escritura; antes bien,
no es otra cosa que el poder omnipotente de Dios que llena el cielo y la tierra, poder en el cual Cristo fue instalado de hecho y en verdad, en cuanto a
su humanidad, sin mezcla ni igualación de las dos naturalezas respecto de su
esencia y de sus propiedades esenciales. En virtud de este poder que le fue **29**
comunicado, según las palabras de su testamento, él puede estar y en efecto
está verdaderamente presente con su cuerpo y sangre en la santa cena a la
cual él nos remite, presencia que no es posible para hombre alguno, dado
que ningún hombre fue unido de tal modo con la naturaleza divina ni instalado en tal omnipotente y divina majestad y poder mediante y en la unión
personal de las dos naturalezas en Cristo, sino sola y únicamente Jesús, el
Hijo de María, en el cual están unidas personalmente la naturaleza divina **30**
con la humana, de modo que «en Cristo habita corporalmente toda la plenitud de la Deidad» (Col. 2:9). Ni tampoco puede hombre alguno tener en
tal unión personal una tan sublime, íntima e inefable comunión, de la cual se
asombran incluso los ángeles, quienes, como asevera San Pedro, anhelan
mirarla con gozo y alegría (1 P. 1:12). En un párrafo ulterior se presentará de
todo esto una aclaración por orden y algo más detallada.

De esta verdad fundamental que acabamos de mencionar al explicar la **31**
unión personal, vale decir, de esta manera como están unidas en la persona
de Cristo la naturaleza divina con la humana, de modo tal que no sólo com-
parten el nombre, sino que también tienen comunión entre sí, de hecho y en
verdad, sin que una se mezcle con la otra ni se iguale en su esencia con la
otra—de esta manera como están unidas en la persona de Cristo las dos naturalezas, emana también la doctrina de *communicatione idiomatum*, esto es,
la doctrina acerca de la comunión verdadera de las propiedades de las dos
naturalezas, como se expondrá con mayor amplitud en párrafos posteriores.

En efecto: Puesto que es un hecho indubitable que cada naturaleza **32**
retiene las propiedades que le son esenciales, y que estas propiedades no son
separadas de la naturaleza y volcadas en la otra naturaleza, como se vuelca
agua de un recipiente en otro: Así tampoco podría existir ni subsistir comunión
alguna de propiedades si no existiera verdaderamente la antes mencionada
unión o comunión personal de las dos naturalezas en la persona de Cristo.
Después del artículo de la Santa Trinidad[304] es éste el más grande misterio en **33**
el cielo y en la tierra, según las palabras de Pablo: «Indiscutiblemente, grande
es el misterio de la piedad: Dios fue manifestado en carne» (1 Ti. 3:16). Y si el **34**

---

304. «Este»: A saber, la unión personal.

apóstol Pedro por su parte testifica con palabras claras que también nosotros, en quienes habita Cristo solamente por su gracia, somos «participantes con Cristo de la naturaleza divina» (2 P. 1:4) por causa de aquel sublime misterio, ¿qué comunión con la naturaleza divina no habrá de ser aquella de que habla el apóstol diciendo que «en Cristo habita corporalmente toda la plenitud de la Deidad» (Col. 2:9) de modo que Dios y hombre son una sola persona?

35   Es de suma importancia empero que a esta doctrina de la comunión de las propiedades, se la trate y explique con las diferenciaciones correspondientes, puesto que las *propositiones* o *praedicationes*, vale decir, los modos de hablar acerca de la persona de Cristo, sus naturalezas y propiedades, no son todos uniformes, y si se habla de ello en forma indiscriminada, la doctrina se torna confusa, y el lector simple fácilmente es inducido a error. Por esto conviene tomar buena nota de la siguiente exposición, que para facilitar el entendimiento puede resumirse en tres puntos principales.

36   Primero: Consta que en Cristo existen y permanecen dos naturalezas distintas, no transmutadas ni mezcladas en cuanto a su esencia y propiedades naturales, y consta también, por otra parte, que ambas naturalezas conforman una sola persona. Por lo tanto, aquello que de hecho es propiedad de una sola naturaleza, no se atribuye a esta naturaleza sola, como por separado, sino a la persona íntegra, que es a la vez Dios y hombre (sea que se le llame Dios, u hombre).

37   Pero de esta forma de hablar no se sigue que lo que se atribuye a la persona, sea al mismo tiempo propiedad de ambas naturalezas por igual, sino que se hace una aclaración discriminatoria en la que se explica según cuál de las naturalezas se atribuye a la persona una determinada propiedad. De ahí que se diga: «El Hijo de Dios nació de la simiente de David según la carne» (Ro. 1:3), y «Cristo fue muerto en la carne y ha padecido por nosotros en la

38   carne» (1 P. 3:18 y 4:1). Mas como las palabras, en que se dice que lo que es propio de una de las dos naturalezas se atribuye a la persona entera, son usadas por los sacramentarios encubiertos y manifiestos para ocultar bajo ellas su pernicioso error consistente en que si bien nombran a la persona entera, no obstante entienden con ello una sola de las naturalezas con exclusión total de la otra, como si hubiera sido la mera naturaleza humana la que padeció por nosotros—tal como lo expuso el Dr. Lutero en su «Confesión mayor acerca de la santa cena» al referirse a al *alloeosis* de Zuinglio—citaremos a continuación las propias palabras del Dr. Lutero, a fin de que la iglesia de Dios quede preservada de la mejor manera posible de dicho error. Estas son sus palabras:[305]

39   «Zuinglio llama *alloeosis* si se afirma de la divinidad de Cristo algo que

---

305. WA XXVI, 319.

corresponde a su naturaleza humana, o viceversa, por ejemplo, en el capítulo 24 de Lucas:[306] '¿No era necesario que el Cristo padeciera, y que entrara en su gloria?' Cuídate, cuídate, digo, de la *alloeosis*; es la máscara del diablo porque construye finalmente un Cristo según el cual yo no quisiera ser un cristiano, es decir, que Cristo no es ni hace más con su pasión y vida que otro simple santo. Pues si creo que sólo la naturaleza humana ha padecido por mí, entonces Cristo es para mí un mal salvador que necesitaría él mismo también de un salvador. En breve, es indescriptible lo que el diablo busca con la *alloeosis*».   40

Y un poco más adelante:[307] «Si la vieja bruja,[308] doña Razón, la abuela de la *alloeosis*, dijera que la divinidad no puede padecer ni morir, debes contestar: Es cierto; pero, sin embargo, por ser la divinidad y la humanidad en Cristo una sola persona, la Escritura a causa de tal unidad personal atribuye también a la divinidad todo lo que sucede a la humanidad, y viceversa. Y en realidad es así. En efecto, esto lo debes admitir: La persona (señalando a Cristo) padece y muere. Ahora la persona es Dios verdadero, por ello es correcto decir: El Hijo de Dios padece. Aunque la una parte (por decir así) como divinidad no sufre, no obstante padece la persona que es Dios, en la otra parte, es decir, en la humanidad».   41

                                                                                            42

«En realidad el Hijo de Dios es crucificado por nosotros, es decir, la persona, que es Dios; pues ella, digo, ella, la persona, es crucificada según la humanidad». Y nuevamente, en uno de los párrafos siguientes:[309] «Pues si es que la *alloeosis* existe, como aduce Zuinglio, Cristo tendrá que ser dos personas, una divina y una humana, ya que los pasajes de la pasión los refiere solamente a la naturaleza humana excluyéndolos completamente de la divinidad. Donde las obras son divididas y separadas, también la persona ha de ser dividida, porque toda obra o pasión es atribuida no a las naturalezas sino a la persona. Es la persona que todo lo obra y sufre, una vez según esta naturaleza y la otra, según aquélla, cosas todas que las personas doctas bien las saben. Por consiguiente, consideramos a nuestro Señor Cristo como Dios y hombre en una persona: No mezclando las naturalezas y no dividiendo la persona».   43

En el mismo sentido se expresa el Dr. Lutero en su obra «Los Concilios y la Iglesia»:[310] «Esto hemos de saberlo los cristianos: Cuando Dios no está en la balanza para hacer peso, nos hundimos con nuestro platillo. Con esto   44

---

306. Lc. 24:26.
307. WA XXVI, 321.
308. *Wettermacherin*.
309. WA XXVI, 324.
310. WA L, 590.

quiero decir lo siguiente: Si no es verdad la afirmación de que Dios murió por nosotros, sino sólo un hombre, estamos perdidos. Mas si la muerte de Dios y 'Dios sufrió la muerte' está en el platillo, éste baja y nosotros subimos como un platillo liviano y vacío. Mas él puede volver a subir o saltar de su platillo. Pero no podría estar en el platillo a menos que se hiciera un hombre igual a nosotros, de modo que se pueda afirmar que Dios murió, y hablar de la pasión de Dios, su sangre y muerte. Pues Dios en su naturaleza no puede morir, pero estando unidos Dios y hombre en una sola persona, bien puede hablarse de la muerte de Dios cuando muere el hombre que con Dios es una

45 sola cosa o una persona». Hasta aquí llega la cita de Lutero. De ella se desprende que es un error decir o escribir que las locuciones precedentes (Dios padeció, Dios murió) sean simples palabras que no expresan una realidad concreta. Pues el Credo Apostólico que confesamos es prueba de que el Hijo de Dios, hecho hombre, padeció y murió por nosotros y nos redimió con su sangre.

46 Segundo: En lo concerniente al ejercicio de su oficio por parte de Cristo, la verdad es la siguiente: La persona actúa y opera no *en, con, mediante o según* una naturaleza sola, sino *en, según, con y mediante* ambas naturalezas, o como lo expresa el Concilio de Calcedonia: Una naturaleza obra en comunión

47 con la otra lo que es propiedad individual de cada una.[311] Consecuentemente, Cristo es nuestro Mediador, Redentor, Rey, Sumo Sacerdote, Cabeza, Pastor, etc., no según una naturaleza sola, ya sea la divina o la humana, sino según ambas naturalezas—doctrina ésta que se expone con más detalles en otro lugar.[312]

48 Tercero: Un asunto muy distinto es, sin embargo, cuando se pregunta, habla o trata acerca de si entonces, las dos naturalezas unidas en la persona de Cristo no poseen algo diferente o algo más que sus propiedades naturales y esenciales únicamente; (pues que las poseen y las retienen, ya fue mencionado antes).

49 Comencemos por la naturaleza divina de Cristo: Puesto que en Dios «no hay mudanza», como afirma Santiago (Stg. 1:17), nada se quitó ni se añadió a su naturaleza divina en cuanto a su esencia y propiedades mediante la encarnación; a raíz de ésta, la naturaleza divina experimentó en sí o de por

---

311. En el original: *Eine Natur wirket mit Gemeinschaft der andern, was einer jeden Eigenschaft ist.* Texto lat.: *Una natura agit seu operatur cum communicatione alterius quod cuiusque proprium est.* Se trata de una sentencia de León I (el Grande), en el célebre *Tomus ad Falvianum* del 1 de junio de 449, y que fue aprobada por el Concilio de Calcedonia. En el *Catalogus Testimoniorum*, publicado como apéndice de la FC, la sentencia es transcrita en la forma en que aparece en ediciones recientes: *agit enim utraque forma cum alterius communione, quod proprium est* («pues cada forma [i.e. naturaleza] hace lo que le es propio, en comunión con la otra»). Cf. *Concordia Triglotta*, p. 1108; BSLK, p. 1105.

312. Vid. Decl. Sól., III, 56.

sí ni mengua ni aumento. Mas en lo tocante a la naturaleza humana asumida **50** en la persona de Cristo, hubo, sí, quienes[313] querían argüir que ésta, aun en la unión personal con la divinidad, no posee nada diferente ni nada más que sus solas propiedades naturales y esenciales, por las cuales es igual en todo a sus hermanos; y que por tal razón, no se debe ni se puede atribuir a la naturaleza humana en Cristo nada que sea superior o contrario a sus propiedades naturales, pese a los testimonios en tal sentido que se hallan en la Escritura.

Sin embargo, la falsedad e incorrección de esta opinión[314] resulta tan **51** evidente a base de lo que dice la palabra de Dios, que los mismos secuaces[315] de quienes la sostuvieron, ahora censuran y rechazan este error. Pues tanto la Sagrada Escritura como los antiguos Padres, basándose en ella, atestiguan en forma incontrastable que la naturaleza humana en Cristo, a causa y por el hecho de haber sido unida personalmente con la naturaleza divina de Cristo, y glorificada y exaltada a la diestra de la majestad y el poder de Dios una vez depuestos su forma de siervo y su estado de humillación, recibió también ciertas prerrogativas y excelencias adicionales, y que sobrepasaban sus propiedades naturales, esenciales y permanentes, a saber: Prerrogativas y excelencias especiales, sublimes, grandes, sobrenaturales, inescrutables y celestiales de majestad, gloria, poder y señorío sobre todo nombre que se nombra, no sólo en este siglo sino también en el venidero (Ef. 1:21). De ahí resulta que en el ejercicio del oficio de Cristo, la naturaleza humana en Cristo es usada juntamente con la divina, en su medida y a su manera, teniendo también su poder y eficacia, no sólo a base de y conforme a sus propiedades naturales y esenciales o sólo hasta donde alcanza la capacidad de las mismas, sino ante todo a base de y conforme a la majestad, gloria, poder y señorío que recibió por medio de la unión, glorificación y exaltación personales. Y **52** todo esto, hoy día ni siquiera los adversarios pueden o deben negarlo. Lo único que les queda es entregarse a discusiones y contiendas afirmando que no se trata más que de dones creados o propiedades finitas como en el caso de los santos, que la naturaleza humana en Cristo recibió como donación y adorno. Además, partiendo de sus propios pensamientos y empleando sus propios razonamientos y demostraciones, intentan medir y calcular de qué puede o debe ser capaz o incapaz la naturaleza humana en Cristo sin quedar aniquilada.

Pero la mejor, más acertada y más segura vía a seguir en esta controversia **53**

---

313. Los criptocalvinistas de Wittenberg, en su *Grundfest* de 1573.

314. *Wenn gleichwohl der Schrift Zeugnus dahin lauten.* Texto lat.: *Etiamsi scripturae testimonia humanae Christi naturae talia tribuant* («a pesar de que los testimonios de la Escritura atribuyen tales cosas a la naturaleza humana de Cristo»).

315. *Mitvorwandten.* Lat.: *consortes.*

es admitir lo siguiente: Nadie puede saber mejor o más a fondo que el Señor Cristo mismo qué es lo que Cristo recibió, según la asumida naturaleza humana, por medio de la unión, glorificación y exaltación personales, ni de qué es capaz su asumida naturaleza humana más allá de las propiedades naturales de la misma, y sin quedar aniquilada. El mismo Cristo empero nos lo ha revelado en su palabra hasta donde nos es necesario saberlo en esta vida. Aquello, pues, para lo cual la Escritura nos da testimonios claros y seguros respecto del caso que nos ocupa, hemos de creerlo con toda sencillez y de ningún modo presentar argumentos en contra, como si la naturaleza humana en Cristo no fuese capaz de ello.

54   Ahora bien: Es correcto y cierto lo que se dice con respecto a los dones creados que fueron dados y comunicados a la naturaleza humana en Cristo, a saber: Que la naturaleza humana posee estos dones en sí o de por sí. Sin embargo, dichos dones aún no alcanzan para explicar y obtener la majestad que la Escritura, y los antiguos Padres que se basaron en la Escritura, atribuyen a la naturaleza humana asumida en la persona de Cristo.

55   En efecto: Dar vida, tener toda potestad para juzgar y gobernar en el cielo y en la tierra, tenerlo todo en sus manos, tenerlo todo sometido bajo sus pies, limpiar de pecados, etc., no son dones creados, sino propiedades divinas, infinitas, que no obstante fueron dadas y comunicadas al hombre Cristo, según declaraciones de la Escritura[316] (Jn. 5:21, 27; 6:39–40; Mt. 28:18; Dn. 7:14; Jn. 3:13, 35; 13:3; Mt. 11:27; Ef. 1:22; He. 2:8; 1 Co. 15:27; Jn. 1:3, 10).

56   Y que tales declaraciones han de entenderse no como una frase o modo de hablar, es decir, como meras palabras, aplicables a la persona de Cristo según la naturaleza divina solamente, sino según la naturaleza humana que asumió, lo comprueban los tres argumentos y razones concluyentes e irrefutables que siguen a continuación.

57   1. En primer lugar, es una regla aceptada unánimemente por la antigua

---

316. Respecto de esta doctrina controvertida, Werner Elert observa (*Der christliche Glaube*, 3. edición, de Ernest Kinder, 1956, p. 330): «*Mann kann das selbstverständlich für absurd, man kann diese Lehre für Mythologie erklären. Christliche Theologen sollten sich aber darüber klar sein, dass sie mit diesem Urteil nicht nur die verhasste Konkordienformel, sondern auch den Schriftbeweis treffen, den sie dafür erbringt, ja, dass sich dieses Urteil zuletzt gegen den richtet, der in Menschengestalt dies alles für sich in Anspruch genommen hat*». («Por supuesto, se puede calificar de absurdo todo eso, se puede afirmar que esta doctrina es pura mitología. Pero los teólogos cristianos debieran tener en claro que este juicio suyo va no sólo contra la odiada Fórmula de Concordia, sino también contra las pruebas escriturales que ésta aporta en favor de dicha doctrina, y que en última instancia, su juicio se dirige contra Aquel que en forma de hombre reivindicó para sí todo esto».) En cuanto a una crítica contemporánea desfavorable a la cristología de la FC vid. p. ej. P. Althaus, *Die christliche Wahrheit* (Dogmatik, IV, párr. 44, p. 450): «*Das Geheimnis der Person Jesu wird rationalisiert in einer metaphysischen Konstruktion, welche die wahre Menschheit zerstört*» («Se racionaliza el misterio de la persona de Jesús mediante una construcción metafísica que destruye la verdadera humanidad»).

iglesia ortodoxa entera que lo que Cristo recibió en el tiempo, lo recibió—así lo atestigua la Sagrada Escritura—no según la naturaleza divina (pues según ésta, lo posee todo desde la eternidad), sino que la persona lo recibió en el tiempo según la naturaleza humana que asumió.

2. En segundo lugar, la Escritura afirma claramente (Jn. 5:21, 27; 6:39–40), que el poder de dar vida y la autoridad de hacer juicio, le fueron dados a Cristo por cuanto es el Hijo del Hombre y en cuanto tiene carne y sangre. **58**

3. En tercer lugar, la Escritura no habla sólo en términos generales de la persona del Hijo del Hombre, sino que apunta expresamente a la naturaleza humana que asumió al decir en 1 Jn. 1:7 que «la sangre de Jesucristo nos limpia de todo pecado», no sólo a raíz del mérito obtenido por una vez en la cruz, sino que en el pasaje mencionado, Juan habla de que en la obra o el proceso de la justificación, nos limpia de todos los pecados no sólo la naturaleza divina en Cristo sino también su sangre de un modo eficaz, es decir, efectivamente. Asimismo, según Jn. 6:48–58, la carne de Cristo es una comida que confiere vida, declaración que a su vez llevó al Concilio de Éfeso a la conclusión de que la carne de Cristo tiene el poder de dar vida. Respecto de este artículo hay muchos excelentes testimonios más de la antigua iglesia ortodoxa, citados en otras partes por los autores nuestros.[317] **59**

Es nuestro deber y obligación, pues, creer a base de la Escritura que Cristo recibió este poder de dar vida según su naturaleza humana, y que a esa naturaleza humana asumida en Cristo le fue dado y comunicado tal poder. Pero como ya se dijo antes: Por cuanto las dos naturalezas en Cristo están unidas de modo tal que la una no está mezclada con la otra ni transmutada en la otra, y que además, cada una retiene sus propiedades naturales y esenciales de manera que las propiedades de *una* naturaleza jamás llegan a ser las de la otra: Siendo esto así, es preciso también aclarar esta doctrina en forma correcta y resguardarla diligentemente contra todo tipo de herejías. **60**

Pues bien: En esta materia no ideamos nada nuevo por cuenta propia, sino que aceptamos y reiteramos las declaraciones hechas por la antigua iglesia ortodoxa, basadas sólidamente en la Escritura,[318] a saber: Verdad es que aquel poder, vida, señorío, majestad y gloria divinos fueron conferidos a la naturaleza humana asumida en Cristo. Mas no le fueron conferidas a la manera como desde la eternidad el Padre comunicó al Hijo según su naturaleza divina su esencia y todas las propiedades divinas, por lo cual el Hijo es de una misma esencia con el Padre e igual a Dios (pues Cristo es igual al Padre sólo según la naturaleza divina; según la asumida naturaleza humana es menor que el **61**

---

317. P. ej. en el *Catalogus Testimoniorum*, testimonios de la literatura patrística, publicados como apéndice a la Fórmula de Concordia, de la cual, sin embargo, oficialmente no son parte integrante.

318. *Rechtgläubige*, literalmente: «Que profesa la doctrina correcta».

Padre, de lo cual resulta evidente que nosotros no hacemos ninguna mezcla, igualación o abolición de las naturalezas en Cristo). Igualmente, tampoco el poder de dar vida está en la carne de Cristo del mismo modo como está en su naturaleza divina, a saber, como una propiedad esencial.

62   Esa comunión o participación tampoco se produjo en forma tal que las propiedades esenciales o naturales de la naturaleza divina hayan sido infundidas en la naturaleza humana, lo que significaría que la humanidad de Cristo ahora posee tales propiedades por sí misma y separadas de la esencia divina, o que a raíz de ello la naturaleza humana en Cristo depuso del todo sus propiedades naturales y esenciales y se convirtió ahora en la divinidad o llegó a ser en y de por sí, y gracias a aquellas propiedades comunicadas, igual a la divinidad; o que ahora, las propiedades y operaciones naturales y esenciales de ambas naturalezas son del mismo tipo, o incluso iguales. Pues estas enseñanzas erróneas y otras similares a ellas han sido rechazadas y condenadas con justa razón, a base de las declaraciones de la Escritura, por los antiguos Concilios reconocidos. De ningún modo debe sostenerse (lat. hacerse) o admitirse conversión ni mezcla ni igualación alguna de las naturalezas en Cristo o de las propiedades esenciales de las mismas.

63   Asimismo, las palabras «comunicación o comunión que ocurre de hecho y en verdad», jamás la entendimos como referencia a ningún tipo de comunión o transfusión en cuanto a esencia y naturaleza, que diera por resultado una mezcla de las naturalezas en su esencia y en las propiedades esenciales de las mismas —en efecto, hubo quienes tergiversaron estas palabras y expresiones artera y maliciosamente, y en contra de su propio saber y entender, con el propósito de hacer aparecer como sospechosa a la doctrina correcta. Lo único que hicimos fue oponer aquellas expresiones a la enseñanza de personas que alegaban que la comunión de las propiedades no es más que meras palabras, títulos y nombres, en lo cual insistieron con tal tenacidad que no querían admitir ningún otro tipo de comunión. En contra de esto, y para explicar correctamente la majestad de Cristo, es que hemos usado estos términos para indicar que esta comunión ocurrió de hecho y en verdad, pero sin ninguna mezcla de las naturalezas y sus propiedades esenciales.

64   Sostenemos, pues, y enseñamos, junto con la antigua iglesia ortodoxa y de acuerdo con la manera como ésta explicó dicha doctrina a base de la Escritura, que la naturaleza humana en Cristo recibió aquella majestad por vía de la unión personal, a saber, por cuanto «en Cristo habita toda la plenitud de la Deidad» (Col. 2:9), no como en otros hombres santos o en los ángeles, sino «corporalmente», como en su propio cuerpo, de modo que brilla con toda su majestad, poder, gloria y eficacia en la asumida naturaleza humana, espontáneamente, cuándo y como Cristo quiere, ejerciendo, mostrando y ejecutando en, con y mediante ella su poder, gloria y eficacia como el alma en

el cuerpo y el fuego en un hierro candente (pues de tales ilustraciones[319] se valió la iglesia antigua entera para aclarar esta doctrina, como ya se puntualizó anteriormente). En el tiempo de la humillación, esto fue en su mayor parte **65** ocultado y contenido. Ahora en cambio, depuesta ya la forma de siervo, ocurre plena, poderosa y públicamente ante todos los santos en el cielo y en la tierra; y en la otra vida, también nosotros veremos su gloria cara a cara (Jn. 17:24).

Por consiguiente, en Cristo hay y permanece una única omnipotencia, **66** poder, majestad y gloria que es propia de la naturaleza divina solamente, pero que brilla, es ejercida y mostrada en forma plena pero espontánea *en, con y mediante* la naturaleza humana exaltada que Cristo asumió. Es como en el caso del hierro candente: Allí no hay dos fuerzas distintas, una para brillar y otra para arder, sino que la fuerza tanto para brillar como para arder es la propiedad del fuego. Pero como el fuego está unido con el hierro, su fuerza para brillar y arder la ejerce y la muestra en, con y mediante el hierro candente, de modo que de ahí y por medio de esa unión también el hierro candente posee la fuerza para brillar y para arder, sin mutación de la esencia y de las propiedades naturales del fuego y del hierro.[320]

Por eso, aquellos testimonios de la Escritura que hablan de la majestad **67** a que fue exaltada la naturaleza humana en Cristo los entendemos no en el sentido de que esa majestad divina, que es propia de la naturaleza divina del Hijo de Dios, haya que atribuírsela a Cristo, en la persona del Hijo del Hombre, simple y solamente según su naturaleza divina; o que esa majestad en la naturaleza humana de Cristo haya de ser de índole tal que la naturaleza humana de Cristo posee de ella el mero título y nombre de palabra solamente, mas sin tener de hecho y en verdad comunión alguna con ella. Pues de esta **68** manera (dado que Dios es una esencia espiritual indivisible y por ende, presente en todas partes y en todas las criaturas; y en las que está presente, particularmente empero en los creyentes y en los santos en quienes habita, allí tiene también consigo y junto a sí aquella su majestad)—de esta manera se podría decir también con justa razón que en todas las criaturas y santos en quienes Dios habita, «habita toda la plenitud de la Deidad corporalmente» (Col. 2:9), «están escondidos todos los tesoros de la sabiduría y del conocimiento» (Col. 2:3), y «les es dada toda potestad en el cielo y en la tierra» (Mt. 28:18) por el hecho de que les es dado el Espíritu Santo que tiene toda

---

319. VIII, 18.

320. La *Admonitio Neostadiensis* critica el ejemplo del hierro candente diciendo que al hierro se le comunican solamente aquellas propiedades del fuego que no destruyen su naturaleza. Del mismo modo se le comunican a la humanidad (de Cristo) muchos dones inefables por parte de la Divinidad, pero ninguno que destruya esa humanidad: . . . *Sed non vident, aut dissimulant se videre, non omnes proprietates ignis, sed eas dintaxat ferro communicari, quae naturam ferri non destruunt . . . Sic multa ineffabilia dona communicantur humanitati a Deitate sed nulla ipsam destruentia* (cit. en G. J. Planck, op. cit., vol. II, p. 781, nota 296).

69   potestad. De este modo no se haría entonces ninguna diferencia entre Cristo según su naturaleza humana y otros hombres santos, con lo que Cristo quedaría despojado de su majestad que él recibió como hombre o según su naturaleza

70   humana, a diferencia de todas las demás criaturas. En efecto: Ninguna otra criatura, sea hombre o ángel, puede o debe decir: «Toda potestad me es dada en el cielo y en la tierra» (Mt. 28:18), pese a que Dios está presente en los santos con «toda la plenitud de la Deidad» que tiene consigo en todas partes, ya que no habita «corporalmente» (Col. 2:9) en ellos ni está unido personalmente con ellos como lo está en Cristo. Pues esta unión personal es la causa por qué Cristo dice también según su naturaleza humana (Mt. 28:18): «Toda potestad me es dada en el cielo y en la tierra». Otros pasajes similares son: «Sabiendo Cristo que el Padre le había dado todas las cosas en su mano» (Jn. 13:3); «En él habita corporalmente toda la plenitud de la Deidad» (Col. 2:9); «Le coronaste de gloria y de honra, y le pusiste sobre las obras de tus manos; todo lo sujetaste bajo sus pies. Porque en cuanto le sujetó todas las cosas, nada dejó que no sea sujeto a él» (He. 2:7–8), «Excepto aquel que sujetó a él todas las cosas» (1 Co. 15:27).

71   Sin embargo, en modo alguno creemos, enseñamos y confesamos un derramamiento de la majestad de Dios y de todas las propiedades de esa majestad sobre la naturaleza humana de Cristo que implique un debilitamiento de la naturaleza divina, o que signifique que la naturaleza divina transfiere algo de lo suyo a otro sin retenerlo para sí, o que la naturaleza humana haya recibido en su substancia y esencia una majestad igual, pero separada de la naturaleza y esencia del Hijo de Dios, o distinta, como cuando se transvasa agua, vino o aceite de un recipiente a otro. Pues la naturaleza humana no es capaz, así como tampoco lo es ninguna otra criatura ni en el cielo ni en la tierra, de ser investida de la omnipotencia de Dios hasta el punto de convertirse a su vez en una esencia omnipotente o de poseer en y de por sí propiedades omnipotentes; porque esto sería negar la naturaleza humana en Cristo y transmutarla enteramente en la divinidad, cosa que es contraria a nuestra fe cristiana así como también a lo que enseñaron todos los profetas y apóstoles.

72   En cambio creemos, enseñamos y confesamos que cuando Dios Padre dio su Espíritu a Cristo, su Hijo amado, según la asumida naturaleza humana (por lo cual se lo llama también el Mesías, el Ungido) éste no recibió dicho Espíritu en la medida en que los demás santos recibieron los dones espirituales. Pues sobre Cristo el Señor reposa, según la naturaleza humana que asumió (ya que según la divinidad él es coesencial con el Espíritu Santo), «el Espíritu de sabiduría y de inteligencia, de consejo y de poder y de conocimiento» (Is.

73   11:2, comp. 61:1). De ese «reposar» no resulta empero que Cristo, como hombre, sepa y sea capaz de hacer sólo algunas cosas, como saben y son capaces de hacer algunas cosas otros santos por virtud del Espíritu de Dios

que obra en ellos sólo dones creados. Antes bien: Por cuanto Cristo es, según su divinidad, la Segunda Persona de la Santa Trinidad; y por cuanto de él no menos que del Padre procede el Espíritu Santo, el cual por ende es y permanece el propio Espíritu de Cristo y del Padre por toda la eternidad, jamás separado del Hijo de Dios: Por tanto, a Cristo le fue comunicada, según la carne que está unida personalmente con el Hijo de Dios, toda la plenitud del Espíritu (como dicen los Padres) por medio de aquella unión personal. Esta plenitud del Espíritu se muestra y actúa, espontáneamente, con todas las fuerzas que le son inherentes, en y mediante el hecho de que Cristo no sólo sabe algunas cosas y otras no, y que es capaz de hacer algunas cosas y otras no, sino que lo sabe y lo puede hacer todo. **74**

Y esto porque el Padre derramó sobre él sin medida el Espíritu de sabiduría y de poder, de modo que Cristo recibió como hombre, a raíz de aquella unión personal, toda inteligencia y toda potestad, de hecho y en verdad. De ahí que «en él estén escondidos todos los tesoros de la sabiduría» (Col. 2:3), de ahí también que «le haya sido dada toda potestad» (Mt. 28:18) y que «se le haya sentado a la diestra de la majestad» y del poder de Dios (He. 1:3). Por otra parte, las historias dan cuenta de que en tiempos del emperador **75** Valente hubo entre los arrianos una secta particular llamada Agnoetas, por la doctrina que habían inventado de que el Hijo, el Verbo del Padre, por cierto lo sabe todo, pero que la naturaleza humana por él asumida ignora muchas cosas. Contra esta herejía se dirigió también Gregorio Magno[321] en alguno de sus escritos.

A causa de esta unión personal y la consiguiente comunión que de hecho **76** y en verdad tienen entre sí la naturaleza divina y la humana en la persona de Cristo, se le atribuye a Cristo según la carne algo que su carne de por sí no puede ser según su naturaleza y esencia, y tampoco puede poseer aparte de esa unión, a saber: Que su carne y su sangre son verdaderamente una comida y una bebida que dan vida, como lo atestiguaron los 200 Padres reunidos en el Concilio de Éfeso que la carne de Cristo es una carne vivificadora. De ahí que este hombre sólo, y fuera de él ningún otro ni en el cielo ni en la tierra, pueda decir en verdad: «Donde están dos o tres congregados en mi nombre, allí estoy yo en medio de ellos» (Mt. 18:20) y «Yo estoy con vosotros todos los días, hasta el fin del mundo» (Mt. 28:20).

Y estos testimonios tampoco los entendemos en el sentido de que en **77** nuestra iglesia y congregación cristiana esté presente únicamente la divinidad de Cristo, y que tal presencia no tenga nada que ver con Cristo según su humanidad, porque entonces, de tener algo que ver, también Pedro, Pablo y todos los santos del cielo estarían con nosotros en la tierra, dado que en ellos

---

321. Gregorio Magno, *Epistula*, I, X 35 y 39, MSL LXXVII, 1019 sigte., 1096 y sigtes.

78 habita la Deidad que está presente en todas partes—pese a que esta presencia, la Escritura la atestigua en el solo caso de Cristo, y de ningún otro hombre más. Lo que sí creemos y sostenemos es que con estas antes citadas palabras de la Escritura se hace una declaración respecto de la majestad del hombre Cristo que él recibió a la diestra de la majestad y el poder de Dios según su humanidad, a saber, que también según su asumida naturaleza humana, y con ella, Cristo puede estar y en efecto está presente donde le plazca,[322] y ante todo, que él está presente con su iglesia y congregación en la tierra como su Mediador, Cabeza, Rey y Sumo Sacerdote, presente no a medias ni medio Cristo solamente, sino su persona entera, a la cual pertenecen ambas naturalezas, la divina y la humana, y presente no sólo según su divinidad sino también según y con su asumida humanidad en virtud de la cual él es nuestro

79 hermano, y nosotros, carne de su carne y hueso de sus huesos.[323] Para esto instituyó también su santa cena: Para darnos la plena seguridad y certeza de que quiere estar con nosotros, habitar en nosotros, obrar y ser eficaz entre nosotros también según la naturaleza conforme a la cual él tiene carne y sangre.[324]

80 Sobre este sólido fundamento se basó también el Dr. Lutero, de feliz memoria, en lo que escribió acerca de la majestad de Cristo según su naturaleza humana.

81 En la «Confesión Mayor Acerca de la Santa Cena de Cristo» se expresa así en cuanto a la persona de Cristo:[325] «Empero ya que es un hombre tal que sobrenaturalmente es una persona con Dios y que fuera de este hombre no

---

322. Vid. Decl. Sól. VII, 106, nota 270.

323. Ef. 5:30. El *Fleisch von seinem Fleisch und Beine von seinen Beinen* es de la versión de Lutero, quien incorporó el agregado: *ek tēs sarkòs autoū kaì ek tōn ostéon autoū*. Como la Vulgata: *de carne ejus et de ossibus ejus*.

324. Respecto de las secciones 77, 78 y 79, cf. el informe enviado por Chemnitz, Selneccer y Kirchner, en 1581, desde Erfurt donde estuvieron reunidos para elaborar una apología de la FC, a los príncipes electores del Palatinado, de Sajonia y de Brandenburgo. Se lee allí: *Was die Ubiquitat betrifft, so lassen wir es in diesem Leben dabey bewenden, dass wir 'ex verbo Dei' wissen, dass Christus mit seinem Leib sey und seyn könne, wo, wie und an welchem Ort er will, und zugleich mehr denn an einem Ort. Den er hat es in seinem Wort und Testament gesagt, wie dann auch das christliche Konkordien–Buch eigentlich allein und nicht weiter, denn auf die 'praesentiam Christi in ecclesia' und 'in Sacra Coena' geht. Lassen uns desswegen des Gegentheils Zetergeschrey von der 'ubiquitate generali', welche sie dem Konkondien–Buch andichten, nicht irren.* («En lo tocante a la ubicuidad, nos conformaremos en esta vida presente con saber, por lo que nos dice la palabra de Dios, que Cristo puede estar, y en efecto está, con su cuerpo dónde, cómo y en el lugar que quisiere, incluso en más de un lugar a la vez. Pues esto es lo que él mismo dijo en su palabra y testamento. Consecuentemente, también el *Libro de Concordia* se concentra en lo esencial sin ir más allá, es decir, en la presencia de Cristo en la iglesia y en la santa cena. No nos dejemos confundir, pues, por la tritería del bando contrario respecto de la «ubicuidad general» supuestamente defendida por el *Libro de Concordia* cit. en Gottlieb Jakob Planck, *Geschichte der protestantischen Theologie von Luthers Tode bis zu der Einführung der Konkordienformel*, vol. III, p. 799, Leipzig, 1800.)

325. WA XXVI, 332 sigte.

hay Dios, tiene que deducirse que también de acuerdo con el tercer modo sobrenatural, él está y puede estar en todos los lugares donde está Dios, y que todo enteramente está lleno de Cristo también por su naturaleza humana, no de acuerdo con el primer modo corporal y palpable sino según el modo sobrenatural y divino. En efecto, aquí debes tomar una posición firme y decir que Cristo según su divinidad, dondequiera que esté, es una persona natural y divina y se encuentra ahí también de un modo natural y personal, como lo demuestra en forma concluyente su concepción en el seno de su madre. Si debía ser Hijo de Dios, tenía que estar en forma natural y personal en el seno materno y hacerse hombre. Si está de un modo natural y personal dondequiera que esté, tendrá que ser allí también hombre, puesto que no hay dos personas divididas sino una sola persona. Dondequiera que esté, es la persona singular e indivisa, y donde puedes decir 'aquí está Dios', debes decir también 'Cristo el hombre está presente también'. Y cuando me mostrases un lugar donde estuviera Dios y no el hombre, la persona ya estaría dividida, porque entonces yo podría decir con toda veracidad 'aquí está Dios que no es hombre y nunca se hizo hombre'. Pero no me vengan con tal Dios. Pues de esto seguiría que el espacio y el lugar separan las dos naturalezas la una de la otra y dividen la persona que ni la muerte ni todos los diablos podían dividir ni separar. Con esto quedaría un pobre Cristo. Sería sólo en un lugar singular a la vez persona divina y humana, y en todos los demás lugares sólo Dios y persona divina, separados sin humanidad. No, compañero, donde me colocas a Dios, me debes poner también la humanidad. No se pueden separar ni dividir uno de la otra. Se han hecho una persona que no separa de sí la humanidad».

82

83

84

En el breve escrito «Acerca de las Últimas Palabras de David» que el Dr. Lutero compuso poco antes de su muerte, hallamos el siguiente pasaje:[326] «Según su otro nacimiento, el temporal y humano, le fue dado a Cristo también el poder eterno de Dios, pero en el tiempo, y no desde la eternidad. Pues la humanidad de Cristo no existe desde la eternidad, como la divinidad, sino que según nuestra cronología, Jesús, el Hijo de María, tiene actualmente 1543 años de edad. Pero a partir del instante en que fueron unidas en una persona la divinidad y la humanidad, este hombre, Hijo de María, es y se llama Dios todopoderoso y eterno, que tiene potestad eterna y que lo ha creado y lo sostiene todo, *per communicationen idiomatum*, por cuanto él es con la divinidad una sola persona, y también verdadero Dios. A esto se refiere al decir: 'Todas las cosas me fueron entregadas por mi Padre' (Mt. 11:27), y 'Toda potestad me es dada en el cielo y en la tierra' (Mt. 28:18). ¿A qué ME? A mí, Jesús de Nazaret, Hijo de María y nacido hombre. La tengo del Padre, desde la eternidad, antes de llegar a ser hombre. Pero cuando me hice hombre,

85

---

326. WA LIV, 49 sigte.

la recibí en el tiempo según la humanidad, y la mantuve oculta hasta mi resurrección y ascensión; éste fue el momento en que había de ser manifestada y declarada públicamente, como dice San Pablo en Romanos 1:4: 'Fue declarado y manifestado Hijo de Dios con poder'. Juan lo llama 'glorificado' (Jn. 7:39; 17:10; Ro. 1:4)».

86   Hay otros testimonios similares en los escritos del Dr. Lutero, particularmente en el libro «Que Estas Palabras Aún Permanecen Firmes» y en la «Confesión Mayor Acerca de la Santa Cena de Cristo». Conste que a dichos escritos, como a explicaciones bien fundadas del artículo acerca de la majestad de Cristo a la diestra de Dios y acerca de su testamento, hemos hecho referencia, en obsequio de la brevedad, tanto aquí como también en el capítulo la santa cena, como se mencionó en su oportunidad.

87   Por lo tanto, consideramos un error pernicioso el intento de privar de esta majestad a Cristo según su humanidad. Pues con esto se les quita a los cristianos su más sublime consuelo que les viene de la antes mencionada promesa acerca de la presencia y morada con ellos de su Cabeza, Rey y Sacerdote, el cual les prometió que estaría con ellos no sólo su mera divinidad, que para nosotros pobres pecadores es como un fuego devorador para el rastrojo reseco, sino que él, el hombre que habló con ellos, que en su asumida naturaleza humana experimentó toda suerte de tribulaciones, que por lo tanto también puede tener compasión con nosotros como con hombres y hermanos suyos—que él estaría con nosotros en todas nuestras angustias, también según la naturaleza conforme a la cual él es nuestro hermano y nosotros, carne de su carne.

88   Por tal motivo rechazamos y condenamos unánimemente, de boca y corazón, todas las enseñanzas erróneas que discrepan de la doctrina aquí expuesta, como contrarias a los escritos proféticos y apostólicos, a los símbolos genuinos reconocidos y aprobados y a nuestra cristiana Confesión de Augsburgo, a saber:

89   1. Cuando alguien cree o enseña que a raíz de la unión personal, la naturaleza humana es mezclada con la divina o transmutada en la misma.

90   2. Que la naturaleza humana en Cristo está presente en todas partes del mismo modo que la divinidad, como una esencia infinita, por el poder y la propiedad esenciales de su naturaleza.

91   3. Que la naturaleza humana en Cristo ha sido igualada y ha llegado a ser idéntica a la naturaleza divina en cuanto a su sustancia y esencia, o en cuanto a las propiedades esenciales de la misma.

92   4. Que la humanidad de Cristo está extendida localmente a todos los lugares del cielo y de la tierra—lo que ni siquiera se debe atribuir a la divinidad. En cambio, que en virtud de su omnipotencia divina, Cristo puede estar presente con su cuerpo que él colocó a la diestra de la majestad y del

poder de Dios dondequiera que le plazca;[327] especialmente allí donde con sus propias palabras prometió estar presente, como por ejemplo en la santa cena— esto sí le es enteramente posible a su omnipotencia y sabiduría sin transmutación ni abolición de su verdadera naturaleza humana.

5. Que la que padeció por nosotros y nos redimió fue la sola naturaleza humana de Cristo, con la cual el Hijo de Dios no tuvo ninguna comunión en cuanto a padecimientos.   **93**

6. Que en la predicación de la palabra y en el uso correcto de los santos sacramentos, Cristo está presente con nosotros en la tierra solamente según su divinidad, y que con esta presencia, su asumida naturaleza humana no tiene absolutamente nada que ver.   **94**

7. Que la asumida naturaleza humana en Cristo no tiene, de hecho y en verdad, comunión alguna con el poder, señorío, sabiduría majestad y gloria divinos, sino que existe una simple comunión de título y de nombre.   **95**

8. Estos errores y todos los demás que son contrarios y opuestos a la doctrina que se acaba de exponer, los rechazamos y condenamos como abiertamente discrepantes de la palabra inadulterada de Dios, de los escritos de los santos profetas y apóstoles, y de nuestra fe y confesión cristianas. Además, en atención a que la Sagrada Escritura llama a Cristo un misterio (Col. 1:27) contra el cual todos los herejes se estrellan la cabeza, exhortamos a todos los cristianos a no cavilar acerca de ese misterio con su presuntuosa y curiosa razón, sino a aceptarlo con sencilla fe con los amados apóstoles, cerrar los ojos de la razón, llevar cautivo todo pensamiento a la obediencia de Cristo (2 Co. 10:5), y a consolarse y por ello mismo alegrarse sin cesar por el hecho de que nuestra carne y sangre asumida por Cristo haya sido colocada en un lugar tan excelso a la diestra de la majestad y del poder omnipotente de Dios. De esta manera obtendrán con seguridad un consuelo duradero en todas las contrariedades y quedarán bien resguardados de todo pernicioso error.   **96**

IX. DESCENSO DE CRISTO AL INFIERNO

Y ya que incluso en los escritos de los antiguos doctores de la iglesia cristiana,[328] y también en los de algunos autores nuestros[329] se han hallado explicaciones dispares en cuanto al descenso de Cristo al infierno, nos atenemos una vez más a la sencilla formulación de nuestro Credo Apostólico[330]   **1**

---

327. Vid. Decl. Sól., VII, sección 106, nota 270.

328. Cf. Johann Gerhard, I, 362, cit. por Heinrich Schmid, *Die Dogmatik der evangelisch–lutherischen Kirche*, 7. ed., 1893, p. 289.

329. Cf. Erich Vogelsang, *Weltbild und Kreuzestheologie in den Höllenfahrtsstreitigkeiten der Reformationszeit*, en *Archiv für Reformationsgeschichte*, 38, 1941, pp. 107–119.

330. Texto lat.: *simplicitatem fidei nostrae in symbolo comprehensam* («a la simplicidad de nuestra fe comprendida en el símbolo»).

al cual nos remitió el Dr. Lutero[331] en el sermón que predicó en el castillo de Torgau en el año 1533[332] acerca del descenso de Cristo al infierno. Allí confesamos: «Creo en el Señor Jesucristo, Hijo de Dios, que fue muerto, sepultado, y descendió al infierno».[333] En esta confesión quedan diferenciados

2 como artículos distintos el sepelio de Cristo y su descenso al infierno. Y nosotros creemos con toda sencillez que la persona entera, Dios y hombre, después de ser sepultada, descendió al infierno, venció al diablo, destruyó la potestad del infierno, y le quitó al diablo todo su poder.

3 Pero «cómo sucedió—acerca de esto no hemos de inquietarnos con elevados y sutiles pensamientos». Pues este artículo es tan poco susceptible como lo es el precedente—acerca de cómo Cristo fue colocado a la diestra del omnipotente poder y la majestad de Dios—«de ser entendido con la razón y los cinco sentidos». Lo único que se nos pide es que lo creamos y nos atengamos a la palabra divina. Así retenemos la médula de la doctrina y el consuelo de que a nosotros y a todos los que creen en Cristo, «ni el infierno ni el diablo pueden tomarnos cautivos ni dañarnos».

X. CEREMONIAS ECLESIÁSTICAS QUE COMÚNMENTE SON LLAMADAS ADIAFORIA O COSAS INDIFERENTES

1 Entre algunos teólogos de la Confesión de Augsburgo se originó también una divergencia acerca de ceremonias y ritos eclesiásticos, que en la palabra de Dios no son ordenados ni prohibidos, sino que son introducidos en la iglesia con una buena intención, en bien del buen orden y decoro,[334] o para

2 conservar la disciplina cristiana. La una parte[335] sostenía que también en tiempos de persecución y en casos en que se debe hacer profesión de fe,[336] aun cuando los enemigos del santo evangelio no se ponen de acuerdo con nosotros en materia de doctrina, se pueden no obstante restablecer, sin cargo de conciencia, ciertas ceremonias que cayeron en desuso y que en sí son cosas indiferentes, ni mandadas ni vedadas por Dios, si los adversarios insisten en

---

331. Acerca del pensamiento de Lutero cf. p. ej. Paul Althaus, «*Niedergefahren zur Hölle*», en *Zeitschrift für systematische Theologie*, 19, 1942, pp. 365–384.

332. WA XXVII, 62–67.

333. WA XXXVII, 65, 3.

334. El término *Wohlstand* del original equivale a *Wohlanständigkeit*, «decoro», en el alemán de hoy día. El texto latino traduce con el término griego *eutaxia*.

335. Felipe Melanchton, Juan Bugenhagen, Jorge Maior y otros.

336. *Im Fall der Bekenntnus*. La traducción latina es más explícita: *quando confessio fidei edenda est* («cuando se tiene que hacer confesión de fe»). Expresión análoga es la de la secc. 10 de este capítulo: *zur Zeit der Bekanntnus* («en tiempos en que hay que hacer confesión de fe»). Cf. Epítome X, 11, nota 61.

ellas y si así se puede llegar a un buen acuerdo con ellos en cuanto a estas cosas indiferentes. La otra parte[337] empero argumentaba que en tiempos de persecución y en casos en que se debe hacer profesión de fe, de ninguna manera se puede proceder así sin cargo de conciencia y sin detrimento para la verdad divina, ni aun tratándose de cosas indiferentes, máxime si los adversarios tratan de reprimir, mediante violencia o compulsión o astucia, la sana doctrina para reintroducir paulatinamente su falsa doctrina en nuestra iglesia.[338]
    3

Para aclarar esta controversia, y componerla por fin mediante la gracia de Dios, damos al lector cristiano la siguiente sencilla información:
    4

Si con el rótulo y bajo la apariencia de cosas exteriormente indiferentes son presentadas cosas tales que en el fondo son contrarias a la palabra de Dios—pese al color diferente que se les dé—no se las debe considerar como cosas indiferentes, libradas al criterio individual, sino que deben ser evitadas como cosas prohibidas por Dios. Tampoco deben contarse entre las cosas indiferentes, genuinas y libres aquellas ceremonias que tienen la apariencia, o a las que se les da la apariencia, a fin de evitar persecuciones, como si nuestra religión no difiriese gran cosa de la de los papistas, o como si, a la postre, aquélla no fuese tan ofensiva para nosotros; o cuando tales ceremonias son interpretadas, reclamadas y entendidas en el sentido de que con ellas y mediante ellas, las dos iglesias contrarias[339] hayan quedado reconciliadas y unidas en un solo cuerpo, o como si mediante ellas se efectuara, o gradualmente habría de efectuarse, un regreso hacia el papado o una desviación de la doctrina pura del evangelio y la religión verdadera, o cuando existe el peligro de que parezcamos haber regresado al papado y habernos desviado, o estar a punto de desviarnos gradualmente, de la doctrina pura del evangelio.
    5

En este caso es de suma importancia aplicar lo que dice San Pablo en 2 Corintios 6:14, 17: «No os unáis en yugo desigual con los incrédulos, porque ¿qué compañerismo tiene la justicia con la injusticia? ¿y qué comunión tiene la luz con las tinieblas? Por lo cual, salid de en medio de ellos, y apartaos, dice el Señor».[340]
    6

Del mismo modo, tampoco son genuinas cosas indiferentes aquellas que no son sino ostentaciones vanas y necias que no aprovechan ni para el buen orden ni para la disciplina cristiana ni para el decoro evangélico en la iglesia.
    7

En cambio, respecto de lo que son en verdad cosas indiferentes, como
    8

---

337. Matías Flacius Illyricus, Nicolaus Gallus, Hesshusius, Juan Wigand y otros.
338. En el original: *unsere Kirche* (singular). Texto lat.: *ecclesias nostras* (plural).
339. Vid. BSLK, p. 1055, aparato crítico.
340. 1 Co. 6:14–17. Traducción del texto tal cual figura en la versión latina.

las que fueron explicadas antes,[341] nosotros creemos, enseñamos y confesamos que tales ceremonias no son en sí y de por sí un culto a Dios ni parte del mismo, sino que debe hacerse una clara distinción entre ellas y el verdadero culto a Dios, como se desprende de lo escrito en Mateo 15:9 (acerca de las tradiciones humanas): «En vano me honran, enseñando como doctrinas mandamientos de hombres».

9   Creemos, enseñamos y confesamos también que (en materia de cosas indiferentes genuinas) la congregación de Dios tiene en todo lugar, en todo tiempo, y debido a la misma naturaleza de las circunstancias, el pleno derecho, poder y facultad de cambiarlas, disminuirlas (lat.: abrogarlas) y aumentarlas (lat.: instituirlas), por supuesto sin ligereza ni ofensa, sino ordenada y adecuadamente, tal como en cada caso parezca más útil, más provechoso y mejor para el buen orden, la disciplina cristiana, el decoro evangélico[342] y la edificación de la iglesia. Cómo se puede además usar de consideración, en cuanto a cosas exteriormente indiferentes para con los débiles en la fe, y cederles con buena conciencia, lo enseña San Pablo en Romanos 14 y lo demuestra con su propio ejemplo (Hch. 16:3; 21:26; 1 Co. 9:19).[343]

10   Creemos, enseñamos y confesamos además que en casos en que se debe hacer profesión de fe, a saber, cuando los enemigos de la palabra de Dios intentan reprimir la doctrina pura del santo evangelio, toda la congregación de Dios y cada cristiano en particular, y ante todo los ministros de la palabra como los administradores de la congregación de Dios,[344] tienen el deber impuesto por la palabra divina de confesar públicamente, con palabras y con hechos, la doctrina y todo lo concerniente a la religión verdadera;[345] y en tal caso no deben ceder a los adversarios ni aun en estas cosas indiferentes, ni tampoco deben tolerar que los enemigos de ella las impongan por la fuerza o con astucia en su afán de adulterar el verdadero culto a Dios e implantar y

11   confirmar la idolatría. Pues así está escrito en Gálatas 5:1: «Estad, pues firmes en la libertad con que Cristo nos hizo libres, y no estéis otra vez sujetos al

---

341. Matías Falcius Illyricus cita (*Von wahren und falschen Mitteldingen*, cf. BSLK, p. 1056, nota 2) como «cosas intermedias» las siguientes: a) públicas, en la iglesia: himnos, cánticos, lecciones, personas, local, tiempo, vestimenta, toque de campanas; b) particulares: ayuno, oraciones en horas fijas, abstención temporaria de relaciones conyugales y de manjares exquisitos, austeridad en el comer en beneficio de la oración o de otro ejercicio cristiano.

342. En el original: *evangelischer Wohlstand*. Vid. Nota 334 in Decl. Sól., X, 1. Texto lat.: *ad eutaxian evangelica professione dignam* («para el decoro digno de quienes profesan su fidelidad al evangelio»).

343. BSLK y ed. Tappert indican, erróneamente, 1 Co. 9:10.

344. En el original: *als die Vohrsteher der Gemeinde Gottes*. Vorsteher = el que está al frente de . . . , el que dirige. Texto lat.: *tanquam ii, quos Dominus ecclesiae suae regendae praefecit* («como aquellos a quienes Dios puso al frente de su iglesia para regirla»).

345. *Was zur ganzen Religion gehöret*, literalmente: «lo que concierne a la religión en su totalidad». Texto lat.: *ad sinceram religionem*, i.e., religión íntegra, pura, genuina.

yugo de esclavitud». Además se lee en Gálatas 2:4–5: «Y esto, a pesar de los falsos hermanos introducidos a escondidas, los cuales se entraban para espiar nuestra libertad que tenemos en Cristo Jesús, para reducirnos a esclavitud, a los cuales ni por un momento accedimos a someternos, para que la verdad del evangelio permaneciese con vosotros». En este pasaje San Pablo habla de la circuncisión, que en aquel entonces había llegado a ser una cosa indiferente, no obligatoria (1 Co. 7:18–19), y que en otras oportunidades la usaba guiado por su libertad cristiana (Hch. 16:3). Pero como los falsos apóstoles, para confirmar su doctrina errónea, exigían la circuncisión y la empleaban abusivamente, como si las obras de la ley fuesen necesarias para la justificación y salvación, San Pablo declaró que no había cedido ni aun por un momento para que permaneciese la verdad del evangelio (Gá. 2:5). **12**

Así, San Pablo cede a los débiles cuando se trata de ciertas comidas y tiempos o días (Ro. 14:6). Pero a los falsos apóstoles, que querían imponer estas cosas sobre las conciencias como cosas necesarias—a éstos Pablo no está dispuesto a ceder ni aun en cosas que de por sí son indiferentes (Col. 2:16): «Nadie pues os juzgue en comida o en bebida, o en cuanto a días de reposo». Y cuando Pedro y Bernabé cedieron algo (más de lo debido) en un caso de éstos, Pablo los censura en presencia de todos como a hombres que en ese punto no andaban derechamente conforme a la verdad del evangelio (Gá. 2:14). **13**

Pues aquí ya no se trata de cosas exteriormente indiferentes que según su naturaleza y esencia son y permanecen de por sí asunto del criterio individual y que por ende no admiten mandato ni prohibición, sino que se trata en primer lugar del importantísimo artículo de nuestra fe cristiana, como lo atestigua el apóstol: «Para que la verdad del evangelio permaneciese con vosotros» (Gá. 2:5); y esta verdad es obscurecida y tergiversada mediante tal obligación o mandato, por cuanto en ese caso dichas cosas indiferentes son exigidas públicamente para confirmar la falsa doctrina, superstición e idolatría y para reprimir la doctrina pura y la libertad cristiana, o al menos son abusadas por los adversarios para tal fin y entendidas en este sentido.[346] **14**

Además, se trata aquí también del artículo de la libertad cristiana, artículo cuya fiel conservación el Espíritu Santo encarga a su iglesia tan encarecidamente por boca de su santo apóstol (Pablo), como acabamos de oír. Pues tan pronto como se debilita este artículo y se compele a la iglesia a la observancia de tradiciones humanas como si éstas fuesen imprescindibles, y como si su no observancia fuese una falta y un pecado, se está allanando el **15**

---

346. Texto lat.: *ita ab ipsis recipiuntur et in hunc abusum et pravum finem restituta credentur* («así son recibidos [aceptados] por ellos, y se cree que fueron restaurados para tal abuso y finalidad depravada»).

camino a la idolatría y de esa manera se multiplican después las tradiciones humanas y se las tiene por un culto a Dios, considerado no sólo igual, sino aun superior a los propios mandatos divinos.

16   Sucederá también que cuando se cede y se busca acuerdo en cosas indiferentes sin haber llegado antes a una unificación cristiana en la doctrina, los idólatras se verán robustecidos en su idolatría, a los creyentes verdaderos en cambio se les dará ofensa, se les contristará y se les debilitará en su fe, cosas que todo cristiano está obligado a evitar, por amor de la salud y salvación de su alma; pues escrito está, en Mateo 18:7: «¡Ay del mundo por los tropiezos!» y en Mateo 18:6: «Cualquiera que haga tropezar a alguno de estos pequeños que creen en mí, mejor le fuera que se le colgase al cuello una piedra de molino de asno, y que se le hundiese en lo profundo del mar».

17   Ante todo empero es de recordar lo que dice Cristo en Mateo 10:32: «A cualquiera, pues, que me confiese delante de los hombres, yo también le confesaré delante de mi Padre que está en los cielos».

18   Esto ha sido en todo tiempo y en todas partes la fe y confesión, respecto de tales cosas indiferentes, de los más eminentes teólogos de la Confesión de Augsburgo, en cuyas pisadas nosotros hemos entrado y en cuya confesión pensamos permanecer, mediante la gracia de Dios. De esta confesión dan cuenta los siguientes testimonios extraídos de los Artículos de Esmalcalda que fueron compuestos y firmados en el año 1537.

19   Los Artículos de Esmalcalda («Sobre la iglesia») dicen[347] al respecto lo siguiente: «No les concedemos que ellos sean la iglesia y tampoco lo son. Y no queremos oír lo que ellos mandan o prohíben bajo el nombre de la iglesia. Pues gracias a Dios, un niño de siete años sabe qué es la iglesia, es decir, los santos, los creyentes, y 'el rebaño que escucha la voz de su Pastor' (Jn. 10:3)». Y poco antes[348] («De la Ordenación y Vocación»): «Si los obispos quisieran ser verdaderos obispos y tener preocupación por la iglesia y el evangelio, se podría permitir, en virtud del amor y de la unión pero no por necesidad, que ordenaran y confirmaran a nosotros y a nuestros predicadores, dejando, no obstante, todas las mascaradas y fantasmagorías[349] cuya esencia y pompa[350] no son cristianas. Pero como no son ni quieren ser verdaderos obispos, sino señores y príncipes mundanos que ni predican ni enseñan ni bautizan ni dan la comunión ni quieren realizar ninguna obra o función de la iglesia y, además, persiguen y condenan a aquellos que cumplen tal función

---

347. Art. de Esmalcalda, Parte III, Artículo XII, 1, 2.

348. Art. de Esmalcalda, Parte III, Artículo X, 1, 2.

349. En el original: *unchristliches Lesens*, corregido en *Wesens* en al aparato crítico de BSLK, p. 1060. Según A. Götze, *Glossar*, «*lesen*» es «lectura», y también «historia».

350. *Gepr ängs* en el original. A. Götze, *Glossar*: «geprenge», ceremonial.

en virtud de su llamado, la iglesia no debe quedar sin servidores por causa de ellos».

Y en el artículo cuatro los Artículos de Esmalcalda[351] dicen: «Por lo 20 tanto, no podemos admitir como cabeza o señor en su gobierno a su apóstol, el papa o anticristo.[352] Pues su gobierno papal consiste propiamente en mentiras y asesinatos, en corromper eternamente las almas y los cuerpos».

Y en el Tratado sobre el Poder y la Primacía del Papa,[353] que figura 21 como apéndice de los Artículos de Esmalcalda, y que también fue firmado de propio puño y letra por los teólogos entonces presentes, aparecen estas palabras:[354] «[Nadie debe] asumir señorío o autoridad sobre la iglesia, ni cargar a la iglesia con tradiciones, ni permitir que la autoridad de alguien valga más que la palabra».

Más adelante dice:[355] «Ya que ésta es la situación, todos los cristianos 22 deben cuidarse de no llegar a ser partícipes de las impías doctrinas, blasfemias e injustas crueldades del papa. Antes bien, deben abandonar y detestar al papa y a sus adherentes como al reino del anticristo, tal como lo ordenó Cristo: 'Guardaos de los falsos profetas' (Mt. 7:15). Y Pablo manda que se debe evitar y abominar a los falsos predicadores como a cosa maldita (Tit. 3:10) y escribe en 2 Corintios 6:14: 'No os unáis en yugo desigual con los incrédulos; porque ¿qué comunión tiene la luz con las tinieblas?' Es un asunto serio 23 disentir del consenso de tantas naciones y ser llamados cismáticos. Pero la autoridad divina ordena a todos a no asociarse con la impiedad y la crueldad injusta».[356]

Referente a esa cuestión, también el Dr. Lutero instruyó a la iglesia 24 ampliamente en un tratado especial[357] acerca de lo que debe opinarse en materia de ceremonias en general y cosas indiferentes en particular, como ya lo hiciera en 1530.[358]

---

351. Cf. Art. de Esmalcalda, Parte II, Artículo IV, 14.

352. En el original *Antechrist*. Trad. lat.: *Antichristum*. Lutero escribió *Endechrist* o *Endchrist*, «Cristo del final». Cf. Ph. Dietz, «*Wörterbuch zu Dr. Martin Luthers Deutschen Schriften*»: *Endchrist = der am ende des erlösungszeitalters, vor der wiederkunft christi auftretende mensch der sünde (2 Ts. 2:3–10)* («el hombre del pecado [2 Ts. 2:3–10] que aparecerá al final de la era de la redención, antes de la segunda venida de Cristo»). Vid. Art. de Esmalcalda, Parte II, Artículo IV, 10.

353. Tratado sobre el poder y la primacía del papa.

354. Tratado . . . , 11.

355. Tratado . . . , 41, 42.

356. Traducción de la traducción alemana.

357. *Ein Bericht an einen guten Freund von beider Gestalt des Sakraments aufs Bischofs zu Meissen Mandat, 1528* («Informe a un buen amigo acerca del sacramento con ambas especies, por mandato del obispo de Meissen»). WA XXVI, 560–618.

358. Cartas enviadas por Lutero a Augsburgo, desde junio de 1530 hasta septiembre del mismo año.

25 Dadas todas estas explicaciones, cualquiera puede entender cuál es la conducta que, sin perjuicio para la conciencia, deben seguir en cosas indiferentes la congregación cristiana, el creyente individual, y ante todo el ministro de la iglesia, especialmente en tiempos que exigen una profesión de fe, para no provocar a Dios, no atentar contra el amor, no apoyar a los enemigos de la palabra de Dios ni dar escándalo a los débiles en la fe.

26 1. Por lo tanto, rechazamos y condenamos los siguientes errores: Cuando tradiciones humanas en sí y como tales son consideradas un culto a Dios o parte del mismo.

27 2. Cuando tales tradiciones se imponen como necesarias, y por la fuerza, a la congregación de Dios.

28 3. Rechazamos y condenamos como falsa la opinión de quienes sostienen que en tiempos de persecución se puede ceder en cosas indiferentes a los enemigos del santo evangelio, o hacer un acuerdo con ellos; pues esto va en detrimento de la verdad.

29 4. También lo consideramos un pecado punible cuando en tiempos de persecución se actúa contrariamente a la confesión cristiana, sea en cosas indiferentes o en la doctrina o en cualquier otra cosa relativa a la religión, por causa de los enemigos del evangelio.

30 5. Rechazamos y condenamos también la abolición de tales cosas indiferentes, como si la congregación de Dios no tuviese plena autoridad de usar, en libertad cristiana, una o varias de estas cosas, en todo tiempo y lugar, según las circunstancias imperantes, y para el mayor provecho de la iglesia.

31 Por ende, las iglesias no se condenarán mutuamente por la diversidad de ceremonias cuando, en uso de su libertad cristiana, una iglesia tiene más de estas ceremonias que otra, o menos, si por lo demás concuerdan en la doctrina y en todos los artículos de la misma, así como también en el uso correcto de los santos sacramentos. Pues aquí rige el dicho bien conocido: «La discordancia en el ayuno no destruye la concordancia en la fe».[359]

XI. LA ETERNA PREDESTINACIÓN Y ELECCIÓN DE DIOS

1 En cuanto a la eterna elección de los hijos de Dios, hasta el presente no se suscitó entre los teólogos de la Confesión de Augsburgo ninguna discusión pública que haya causado ofensa o abarcado vastos sectores. Sin embargo, en otras partes hubo una muy grave controversia acerca de este artículo, y alguna agitación se notó también entre los nuestros. Además, los teólogos no siempre se valen de las mismas expresiones al tratar el asunto. Por eso,

---

359. Cf. Ireneo contra Víctor, Eusebio, *Historia Eclesiástica*, V, 24, 13.

quisimos hacer lo que esté a nuestro alcance para prevenir, mediante la gracia divina, discusiones y divisiones futuras entre nuestras generaciones venideras a raíz de este artículo; y para tal fin nos pareció conveniente presentar también aquí una explicación de dicho artículo, para que también respecto de la eterna elección todos sepan qué es nuestra común doctrina, fe y confesión. Pues la **2** doctrina acerca de este artículo, siempre que se la presente sobre la base y según el modelo de la palabra de Dios, no puede ni debe ser tenida por inútil e innecesaria, y mucho menos por ofensiva o perniciosa; por cuanto las Sagradas Escrituras mencionan este artículo no en un lugar solo, e incidentalmente, sino que lo tratan en muchos lugares, con insistencia y profusión de detalles. Además, el abuso y la mala interpretación no deben ser motivo para **3** omitir o rechazar la doctrina de la palabra de Dios, sino que por el contrario, precisamente para evitar todo abuso y mala interpretación es imprescindible exponer la interpretación correcta a base de las Escrituras. Presentaremos, pues, en los siguientes puntos, en sencillo resumen, el contenido de la doctrina referente a este artículo.

En primer término, debe diferenciarse claramente entre la eterna pres- **4** ciencia de Dios y la eterna elección de sus hijos para la bienaventuranza eterna. Porque el preconocimiento y previsión, esto es, que Dios sabe y ve todas las cosas antes de que ocurran, lo que se llama la presciencia de Dios, se extiende sobre todas las criaturas, malas y buenas, quiere decir, que Dios ya de antemano ve y sabe lo que es o lo que será, lo que sucede o sucederá, sea bueno o malo, por cuanto para Dios todas las cosas, pasadas o futuras, son manifiestas y presentes. Así está escrito en Mateo 10:29: «¿No se venden dos pajarillos por un cuarto? Con todo, ni uno de ellos cae a tierra sin vuestro Padre». Y el Salmo 139:16 dice: «Mi embrión vieron tus ojos, y en tu libro estaban escritas todas aquellas cosas que fueron luego formadas, sin faltar una de ellas». Asimismo Isaías 37:28: «He conocido tu condición, tu salida y tu entrada, y tu furor contra mí».

Por otro lado, la eterna elección de Dios, o predestinación, no se extiende **5** sobre los fieles y sobre los impíos en común, sino solamente sobre los hijos de Dios, que han sido elegidos y destinados para la vida eterna antes de la fundación del mundo, como dice San Pablo en Efesios 1:4–5: «Nos escogió en Cristo, habiéndonos predestinado a la adopción de hijos, por medio de Jesucristo».

La presciencia o preconocimiento de Dios prevé y preconoce también lo **6** malo, pero no en el sentido de que fuese la misericordiosa voluntad de Dios que lo malo acontezca; antes bien, lo que la perversa y mala voluntad del diablo y de los hombres se propondrá y hará, o quiere proponerse y hacer, esto todo lo ve y lo sabe Dios de antemano; y su preconocimiento observa su orden también en las cosas u obras malas, de manera tal que Dios fija a lo malo, que él no quiere ni aprueba, su meta y medida, determinando hasta dónde debe ir y hasta cuándo debe durar lo malo, y cuándo y cómo él habrá de impedirlo y castigarlo. Y todo esto lo gobierna Dios de modo tal que al fin todo redunda en gloria para su nombre divino, en bien de sus escogidos y en confusión y vergüenza de los impíos.

7   El principio empero y la causa del mal no es la presciencia de Dios—pues Dios no obra ni efectúa lo malo, tampoco lo apoya y promueve—sino la voluntad depravada y perversa del diablo y de los hombres, como está escrito en Oseas 13:9: «¡Te perdiste, oh Israel, mas en mí está tu ayuda!» y en el Salmo 5:4: «Tú no eres un Dios que se complace en la maldad».[360]

8   La elección eterna de Dios empero no sólo prevé la salvación de los electos y tiene presciencia de ella, sino que, puesto que procede del propósito de la gracia de Dios en Cristo Jesús, es también una causa que procura, obra, ayuda y promueve nuestra salvación y lo que a ella se refiere; y sobre esa elección eterna está fundada nuestra salvación de modo tal que «las puertas del Hades no prevalecerán contra ella» (Mt. 16:18) como está escrito en Juan 10:28: «Nadie las arrebatará de la mano de mi Padre», y en Hechos 13:48: «Creyeron todos los que estaban ordenados para vida eterna».

9   Esta eterna elección u ordenación de Dios para la vida eterna tampoco debe ser relacionada tan sólo con el secreto e inescrutable consejo de Dios, como si no incluyese más o no perteneciese a ella otra cosa ni hubiese que considerar en conexión con ella nada más que el hecho de que Dios haya previsto quiénes y cuántos habrían de ser salvos y quiénes y cuántos habrían de ser condenados, o que Dios haya pasado revista a los hombres determinando: Éste debe ser salvado, aquél condenado; éste deberá perseverar hasta el fin, aquél no deberá perseverar.

10   Pues de ese concepto erróneo, muchos extraen y conciben pensamientos absurdos, peligrosos y nocivos, que ocasionan y fomentan o seguridad carnal e impenitencia, o desaliento y desesperación, al punto que tales hombres caen en cavilaciones aflictivas y peligrosas, y hasta llegan a afirmar: Por cuanto Dios preconoció (predestinó) a sus escogidos para la salvación ya antes de la fundación del mundo (Ef. 1:4), y por cuanto el preconocimiento (o elección) de Dios no puede fallar ni puede ser impedido o cambiado por nadie (Is. 14:27; Ro. 9:11, 19), por tanto: Si yo he sido preconocido (elegido) para la salvación, nada me puede dañar en ese respecto, aun cuando impenitentemente cometo toda suerte de pecados e infamias, desprecio la palabra y los sacra-

---

360. En XI, 62, la cita aparece en otra forma. Comp. traducciones recientes: *Dios Habla Hoy*: «Voy a destruirte, Israel, y nadie podrá evitarlo»; *Biblia de Jerusalén*: «Voy a destruirte, Israel, ¿quién vendrá en tu socorro?»; Hermann Menge: *«Das ist dein Verderben gewesen, Israel, dass du von mir, deinem Helfer, nichts wissen willst»* («Esto fue tu perdición, Israel: el no querer saber nada de mí, tu Auxiliador»).

mentos, y me desentiendo por completo del arrepentimiento, la fe, la oración y la vida piadosa; antes bien, tengo que salvarme y me salvaré, porque el preconocimiento (la elección) de Dios no puede menos que cumplirse; por otra parte, si no he sido preconocido (elegido), de nada me valdría ocuparme en la palabra, arrepentirme, creer, etc.; pues el preconocimiento (la predestinación) de Dios no lo puedo impedir ni cambiar.

Pensamientos tales pueden asaltar aun a corazones piadosos, pese a que por gracia de Dios poseen arrepentimiento, fe y el buen propósito (de llevar una vida piadosa), y se ponen entonces a cavilar: Si no has sido preconocido (elegido y predestinado) para la salvación, todo (tu empeño y todo tu trabajo) es en vano; y esto ocurre especialmente cuando se fijan en la propia debilidad de ellos y en los ejemplos de aquellos que no perseveraron (en la fe hasta el fin), sino que se volvieron apóstatas (recayeron de la verdadera piedad en impiedad y se hicieron apóstatas). **11**

A esa falsa idea y peligroso pensamiento debemos oponernos con el siguiente argumento claro, sólido e infalible: Por cuanto toda la Escritura inspirada por Dios ha de ser útil no para crear seguridad carnal e impenitencia, sino para enseñanza, para represión y para corrección (2 Ti. 3:16), y por cuanto todo lo que la palabra de Dios nos dice, fue escrito no para que por ello fuésemos llevados a la desesperación, sino para que por medio de la paciencia, y de la consolación de las Escrituras, nosotros tengamos esperanza (Rom. 15:4), por tanto, queda fuera de toda duda que el sentido exacto y el uso correcto de la doctrina del eterno preconocimiento (predestinación) de Dios no puede ser de ninguna manera el de crear o aumentar impenitencia o desesperación. Acorde con esto, las Escrituras, al enseñar esta doctrina, lo hacen siempre en forma tal que nos remiten a la palabra (Ef. 1:13; 1 Co. 1:21, 30–31); nos exhortan al arrepentimiento (2 Ti. 3:16); nos instan a llevar una vida piadosa (Ef. 1:15 y sigtes.; Jn. 15:3–4, 16–17); fortalecen nuestra fe y nos hacen seguros de nuestra salvación (Ef. 1:9, 13–14; Jn. 10:27–28; 2 Ts. 2:13–14).[361] **12**

Por esto, si queremos pensar o hablar correcta y provechosamente de la elección eterna o de la predestinación y ordenación de los hijos de Dios para la vida eterna, debemos acostumbrarnos a no especular respecto a la absoluta, secreta, oculta e inescrutable presciencia de Dios, sino a considerar cómo el consejo, el propósito y la disposición de Dios en Cristo Jesús, que es el verdadero «libro de la vida»,[362] se nos ha revelado mediante la palabra. Esto quiere decir que toda la doctrina acerca del propósito, consejo, voluntad y **13**

14

---

361. Cf. *Obras de Martín Lutero*, ed. Paidós, Buenos Aires, vol. IV, p. 164. Cf. también BSLK p. 1068, nota 3.

362. Fil. 4:3; Ap. 3:5; 20:15. Vid. Decl. Sól. XI, sección 70, nota 386.

disposición de Dios con respecto a nuestra redención, vocación, justificación y salvación debe ser considerada en conjunto. Así San Pablo trata y explica este artículo en Romanos 8:29–30 y Efesios 1:4–5, y así lo hace también Cristo en la parábola (de las bodas reales) (Mt. 22:2–14). Allí se dice que Dios en su propósito y consejo ordenó y dispuso:

15   1. Que la raza humana está verdaderamente redimida y reconciliada con Dios por medio de Cristo, quien con su perfecta obediencia y su inocente pasión y muerte mereció (obtuvo) para nosotros la justicia que vale ante Dios[363] y la vida eterna.

16   2. Que esos méritos y beneficios de Cristo se nos deben presentar, ofrecer y distribuir por medio de su palabra y los sacramentos.

17   3. Que por su Espíritu Santo, mediante la palabra, al ser ésta predicada, oída y conferida en el corazón, él será eficaz y activo en nosotros, convertirá los corazones al arrepentimiento y los conservará en la verdadera fe.

18   4. Que justificará a todos los que en arrepentimiento sincero reciben a Cristo en la verdadera fe, y en su gracia los adoptará por hijos y herederos de la vida eterna.

19   5. Que también santificará en amor a los que así son justificados, como dice San Pablo en Efesios 1:4.

20   6. Que también los protegerá en la debilidad de ellos contra el diablo, el mundo y la carne, los conducirá y guiará por las sendas divinas, los volverá a levantar cuando hayan tropezado, los consolará en la pena y la tentación y los preservará para la vida eterna.

21   7. Que también fortalecerá, aumentará y sostendrá hasta el fin la buena obra que ha empezado en ellos, si ellos se adhieren a la palabra de Dios, oran con diligencia, permanecen en la gracia de Dios y usan fielmente los dones recibidos.

22   8. Que por fin salvará para siempre y glorificará en la vida eterna a aquellos que ha elegido, llamado y justificado.

23   En este consejo, propósito y disposición Dios ha preparado la salvación no sólo en general, sino que también en su gracia ha considerado y escogido para la salvación a todos y a cada uno de los electos que han de ser salvos por medio de Cristo, y también ha ordenado que de la manera que se acaba de mencionar, mediante su gracia, dones y eficacia los traerá a la salvación, los ayudará, alentará, fortalecerá y conservará.[364]

24   Todo esto está comprendido, según las Escrituras, en la doctrina acerca de la elección eterna de Dios para la adopción de hijos y la salvación eterna,

---

363. Ro. 1:17; 2 Co. 5:21. Vid. Epítome III, 5, nota 28.

364. Respecto de la FC y la predestinación absoluta de los salvados, y respecto de la posición «missouriana» y la polémica de Dieckhoff (*Der missourische Prädestinatianismus und die Konkordienformel*, 1885) cf. p. ej. E. F. Karl Müller, *Symbolik*, 303, 304 y nota 18.

y todo esto, sin exclusión u omisión alguna, debe entenderse si se habla del propósito, presciencia, elección y disposición de Dios para la salvación. Y si, respecto de este artículo, ajustamos nuestros pensamientos a lo que dicen las Escrituras, podremos mediante la gracia de Dios atenernos a él con toda sencillez.

A la explicación más detallada y al uso provechoso de la doctrina acerca de la presciencia (predestinación) de Dios para la salvación pertenece también esto: Si son salvados solamente los electos cuyos «nombres están escritos en el libro de la vida» (Fil. 4:3; Ap. 20:15), ¿cómo se puede saber, y de qué manera se puede conocer quiénes son los electos que se pueden y deben consolar con esta doctrina?   **25**

En este punto no debemos juzgar según nuestra propia razón, tampoco según la ley ni según apariencia exterior alguna; tampoco debemos atrevernos a sondar el abismo secreto y oculto de la predestinación divina, sino que debemos fijarnos bien en la voluntad revelada de Dios; pues «Él nos ha dado a conocer el misterio de su voluntad, y lo ha manifestado por medio del aparecimiento de nuestro Salvador Cristo Jesús, para que fuese predicado» (Ef. 1:9–10; 2 Ti. 1:9–11).   **26**

Ese misterio empero nos es manifestado a la manera como dice San Pablo en Romanos 8:29–30: «A los que Dios predestinó, a éstos también llamó». Ahora bien: Dios no llama inmediatamente, sin medios, sino por medio de su palabra, por lo que él también mandó predicar el arrepentimiento y la remisión de pecados (Lc. 24:47). Esto lo atestigua también San Pablo cuando escribe en 2 Corintios 5:20: «Nosotros somos embajadores en nombre de Cristo, como si Dios rogase por medio de nosotros; os rogamos en nombre de Cristo: Reconciliaos con Dios».[365] Y a los huéspedes que el Rey quiere tener presentes en las bodas de su Hijo, los hace llamar por los servidores enviados por él (Mt. 22:2–14), a algunos a la hora primera, a otros a la hora segunda, tercera, sexta, nona, y hasta a la hora undécima (Mt. 20:1–16).   **27**

Por lo tanto, si deseamos considerar con provecho nuestra elección eterna para la salvación, tenemos que asirnos tenaz y firmemente de esto: Así como la predicación del arrepentimiento es universal, es decir, atañe a todos los hombres (Lc. 24:47), asimismo lo es la promesa del evangelio. Por esto Cristo mandó que en su nombre se predicase el arrepentimiento y perdón de pecados entre todas las naciones. Pues Dios amó al mundo y le dio a su Hijo unigénito (Jn. 3:16). Cristo quitó el pecado del mundo (Jn. 1:29); dio su carne por la vida del mundo (Jn. 6:51); su sangre es la propiciación por los pecados de todo el mundo (1 Jn. 1:7; 2:2). Cristo dice: «Venid a mí todos los que estáis   **28**

---

365. En el original: . . . *und Gott vormahnet durch uns* («y Dios exhorta por medio de nosotros . . .»).

trabajados y cargados, y yo os haré descansar» (Mt. 11:28). A todos los ha encerrado Dios en la desobediencia, para tener misericordia de todos (Ro. 11:32). Dios no quiere que ninguno perezca, sino que todos vengan al arrepentimiento (2 P. 3:9). Él es el Señor de todos, rico para con todos los que le invocan (Ro. 10:12). Ha sido manifestada una justicia divina, alcanzada por medio de la fe en Jesucristo, para todos los que creen (Ro. 3:22). Esta es la voluntad del Padre, que todo aquel que cree en el Hijo, tenga vida eterna (Jn. 6:40). Asimismo, Cristo ordenó que a todos aquellos a quienes se les predica el arrepentimiento, les sean anunciadas también estas promesas del evangelio (Lc. 24:47; Mr. 16:15).

29   Y este llamado de Dios, dirigido a nosotros mediante la predicación de la palabra, no lo debemos tener por engaño,[366] sino que hemos de saber que en este llamado Dios revela su seria voluntad de iluminar, convertir y salvar mediante su palabra a los así llamados. Pues la palabra por medio de la cual somos llamados, es un ministerio del Espíritu que nos da el Espíritu o mediante el cual nos es dado el Espíritu (2 Co. 3:8), y es poder de Dios para salvación (Ro. 1:16). Y por cuanto el Espíritu Santo quiere ser eficaz por medio de la palabra, fortalecernos, dar poder y capacidad, por esto Dios quiere que aceptemos, creamos y obedezcamos la palabra.

30   Por tal motivo, a los electos se los describen en los siguientes términos (Jn. 10:27-28): «Mis ovejas oyen mi voz, y yo las conozco, y me siguen, y yo les doy vida eterna»; y en Efesios 1:11, 13; Romanos 8:25: «Los que han sido predestinados, conforme al propósito del que hace todas las cosas» oyen el evangelio, creen en Cristo, oran y dan gracias, son santificados en el amor, tienen esperanza, paciencia y consuelo en la aflicción. Y a pesar de que todo esto se manifiesta en ellos de un modo muy débil, tienen sin embargo hambre y sed de justicia (Mt. 5:6).

31   Así el Espíritu Santo da testimonio a los electos de que son hijos de Dios; y como ellos no saben orar como se debe, el Espíritu mismo hace intercesión por ellos, con gemidos que no pueden explicarse con palabras (Ro. 8:16-26).

32   Además, también las Sagradas Escrituras atestiguan que el Dios que nos ha llamado es tan fiel que, habiendo él comenzado en nosotros la buena obra, la seguirá manteniendo también y perfeccionando hasta el fin, siempre que nosotros mismos no nos apartemos de él, antes bien retengamos hasta el fin la obra comenzada, para lo cual él mismo nos ha prometido su gracia (1 Co. 1:8; Fil 1:6; 1 P. 5:10; 2 P. 3:9; He. 3:6, 14).[367]

---

366. *Spiegelfechten*, el alemán («finta»). Texto lat.: *non existimemus esse simulatam et fucatam* («no pensemos que es simulada y falsa»).

367. 1 Co. 1:8; Fil 1:6 y sigtes.; 2 P. 3:9; He 3:6, 14. En su libro *Prädestination und Perseveranz*, Neukirchener Verlag, 1961, p. 112 y sigtes. Jürgen Moltmann incluye un breve comentario sobre la cuestión de la perseverancia en la FC.

Esta voluntad que Dios ha revelado es lo que debe interesarnos; a ella **33** debemos seguir y meditar sobre ella, porque mediante la palabra, por la cual él nos llama, el Espíritu Santo concede la gracia, el poder y la facultad para que podamos hacer todo esto. Pero no debemos tratar de sondar el abismo de la oculta predestinación de Dios, según se nos dice en Lucas 13:24, donde alguien pregunta: «Señor, ¿son pocos los que se salvan?» y Cristo contesta: «Esforzaos a entrar por la puerta angosta». Así dice Lutero: «Sigue tú el orden observado en la Epístola a los Romanos: Interésate primero en Cristo y su evangelio, para que puedas reconocer tu pecado y la gracia del Salvador, y después lucha contra el pecado, como San Pablo lo enseña en los capítulos 1 a 8. Luego, cuando en el capítulo 8 hayas entrado en tentación a raíz de penas y aflicción, esta experiencia te enseñará, cap. 9, 10, 11, cuán consoladora es la predestinación de Dios»[368] (Prefacio, Epístola a los Romanos).[369]

Mas el que muchos son llamados, y pocos escogidos (Mt. 20:16; 22:14), **34** no se debe al hecho de que el llamamiento de Dios hecho mediante la palabra tuviese el sentido como si Dios dijera: «Verdad es que exteriormente, por medio de la palabra llamo a mi reino a todos vosotros a quienes doy mi palabra; pero en mi corazón hago extensivo mi llamamiento no a todos, sino sólo a unos pocos. Porque mi voluntad es que la mayor parte de aquellos a quienes llamo por la palabra, *no* sean iluminados y convertidos, sino condenados ahora y para siempre, por más que al llamarlos por la palabra les declaro otra cosa». Esto sería atribuirle a Dios voluntades contradictorias.[370] **35** Vale decir, que en esta forma se enseñaría que Dios, la Verdad eterna, está en contradicción consigo mismo (diciendo una cosa, y meditando otra en su corazón), cuando en realidad Dios castiga aun en los hombres el vicio de declararse por una cosa y abrigar en el corazón una opinión distinta (Sal. 5:10–11; 12:3–4). Si admitimos en Dios un proceder tal, queda completamente **36** socavado y destruido el necesario y consolador fundamento de nuestra fe por el cual se nos recuerda enfática y diariamente que la palabra de Dios, por la cual él trata con nosotros y nos llama, es la única fuente de la que hemos de aprender y deducir qué es su voluntad respecto de nosotros; y que debemos

---

368. El texto alemán usa la palabra *Versehung* (= Vorsehung), lit. «la previsión». Texto lat.: *in praedestinatione*. Ed. Tappert, p. 622: *«foreknowledge»* conocimiento por anticipado.

369. Ed. de Erlangen LXIII, 135.

370. Además de lo que se indica en BSLK, p. 1074, nota 1, cf. también E. F. K. Müller, *symbolik*, p. 303, nota 17. Al referirse al hecho de que la FC rechaza la idea de que Dios no quiere seriamente que todos los hombres vengan a él (cf. Epítome XI, 18), el autor expresa la siguiente opinión (nota 17): «Éste es el punto en que se ve con claridad la diferencia con respecto a Lutero. R. 807 (BSLK, p. 1074, rengl. 6–8): *Hoc enim esset Deo contradictorias voluntates affingere*. En todo lo demás, en cambio, la FC concuerda con el libro *De Servo Arbitrio* al cual apela expresamente».

creer firmemente, sin asomo de duda, lo que esa palabra nos asegura y promete.

37 Por esta razón, Cristo no sólo hace anunciar en forma general la promesa del evangelio, sino que la ratifica mediante los sacramentos[371] que él agregó a la promesa a modo de sello, y la garantiza así a cada creyente en particular.

38 Por el mismo motivo retenemos también la absolución privada, como queda dicho en la Confesión de Augsburgo, Art. XI, y enseñamos que es mandato divino creer tal absolución y no dudar de que, si confiamos en la palabra de la absolución, estamos reconciliados con Dios tan verdaderamente como si hubiésemos oído una voz del cielo, como lo expresa la Apología.[372] Este consuelo nos sería quitado completamente si del llamamiento que se nos dirige por medio de la palabra y los sacramentos no debiésemos deducir qué es la voluntad de Dios respecto de nosotros.

39 Además, se nos invalidaría y quitaría también aquel fundamento (de nuestra religión) de que el Espíritu Santo quiere con toda certeza estar presente con la palabra predicada, oída y meditada, y ser eficaz y obrar por medio de ella. Por ende es del todo falsa la opinión a que aludimos anteriormente, a saber, que en el número de los electos—llamados por la palabra—deban ser contados aun aquellos que desprecian, desechan, blasfeman y persiguen la palabra (Mt. 22:5-6; Hch. 13:40-41, 46);[373] o que endurecen sus corazones al oír la palabra (Hch. 4:2, 7); que resisten al Espíritu Santo (Hch. 7:51); que impenitentemente perseveran en los pecados (Lc. 14:18, 24); que no creen sinceramente en Cristo (Mr. 16:16); que sólo pretextan una apariencia externa (de piedad) (Mt. 7:15; 22:12); o que buscan otros caminos para llegar a la

40 justificación y salvación, fuera de Cristo (Ro. 9:31). Antes bien: Así como Dios dispuso en su eterno consejo que el Espíritu Santo, mediante la palabra, llamara, iluminara y convirtiera a los electos, y justificara y salvara a todos los que aceptan a Cristo en fe verdadera, así él hizo en su eterno consejo también la disposición de endurecer, desechar y condenar a los que fueron llamados por la palabra, si ellos rechazan la palabra y resisten persistentemente al Espíritu Santo que mediante la palabra quiere obrar y ser eficaz en ellos. Ésa es, pues, la explicación de que muchos son llamados, pero pocos escogidos (Mt. 20:16; 22:14).

41 Pocos, en efecto, reciben la palabra y la siguen; la gran mayoría desecha la palabra y no quiere venir a las bodas (Mt. 22:5; Lc. 14:18-20). El rechazamiento de la palabra no se debe a la predestinación divina, sino a la voluntad

---

371. Cf. BSLK, p. 1074, aparato crítico.

372. Cf. Apología XI, 2, versión alemana de Justus Jonas.

373. Texto lat.: *externa tantum specie pietatem prae se ferunt* («llevan delante de sí una piedad que lo es sólo por su buen aspecto exterior»).

perversa del hombre, que desecha y pervierte el medio e instrumento que Dios ofrece al hombre cuando lo llama al arrepentimiento por el Espíritu Santo, que mediante la palabra desea producir eficazmente la fe en el corazón del pecador. Todo esto lo expresa Cristo en las conocidas palabras: «¡Cuántas veces quise juntar a tus hijos, . . . y no quisiste!» (Mt. 23:27).

Por lo tanto, muchos «reciben la palabra con gozo»; pero en el tiempo de la prueba se apartan (Lc. 8:13). Pero el motivo no es que Dios no quiera conceder su gracia a aquellos en quienes ha empezado su buena obra, para que perseveren[374] en la fe; pues esto sería contrario a lo que San Pablo expresa en Filipenses 1:6. Antes bien, el caso es que dichas personas se apartan obstinadamente del santo mandamiento de Dios, entristecen y agravian al Espíritu Santo, vuelven a mezclarse en la inmundicia de este mundo y hacen de su corazón nuevamente una morada para el diablo. Con todo esto hacen que el último estado sea peor que el primero (2 P. 2:10, 20; Ef. 4:30; He. 10:26; Lc. 11:25). **42**

Hasta ese punto nos es revelado en la palabra de Dios el misterio de la presciencia (predestinación);[375] y así permanecemos y confiamos en esa doctrina; ella resulta para nosotros altamente provechosa, saludable y consoladora; pues confirma en forma categórica el artículo de la justificación, es decir, de que somos justificados y salvados de pura gracia, a causa de Cristo solo, sin obras o méritos algunos de nuestra parte. Pues antes de todos los siglos, antes de comenzar nuestra existencia, aun antes de la fundación del mundo (Ef. 1:4), cuando nosotros, por supuesto, no podíamos hacer una sola buena obra, fuimos llamados a la salvación conforme al propósito de Dios, por la gracia que nos fue dada en Cristo Jesús (Ro. 9:11; 2 Ti. 1:9). Además, esa doctrina da en tierra con todas las opiniones y enseñanzas erróneas acerca de los poderes de nuestra voluntad natural; pues en su consejo celebrado antes de la fundación del mundo, Dios decidió y ordenó que él mismo, por el poder del Espíritu Santo, produciría y obraría en nosotros, mediante la palabra, todo lo que se refiere a nuestra conversión. **43** **44**

Así esa doctrina proporciona también el excelente y glorioso consuelo de que Dios estaba tan interesado en la conversión, justicia y salvación de todo cristiano y había determinado todo esto con tanta fidelidad que, antes de la fundación del mundo (Ef. 1:4), deliberó sobre mi salvación y en su inescrutable propósito[376] ordenó cómo habría de traerme a ella y conservarme en ella. Además, Dios quería obrar mi salvación con tanta certeza y seguridad **45** **46**

---

374. Cf. BSLK, p. 1076, nota 5 (al texto alemán): *donum perseverantiae* («el don de la perseverancia»). Texto lat.: *gratia ad perseverandum* («la gracia para que perseveren»).

375. En el original: *Versehung* (= Vorsehung), cf. sección 33, nota 847. Texto lat.: *praedestinationis*. El texto latino traduce *Vorsehung* con *praescientia, praedestinatio* y *electio*.

376. 2 Ti. 1:9.

que, ya que por la flaqueza y maldad de nuestra carne podría perderse fácilmente de nuestras manos y ser arrebatada de nosotros por la astucia y el poder del diablo y del mundo pecador, él la dispuso en su eterno propósito, el cual no puede fallar ni ser trastornado, y la depositó, para ser preservada, en la mano todopoderosa de nuestro Salvador Jesucristo, de la cual nadie podrá

47 arrebatarnos (Jn. 10:28). Por eso dice también San Pablo en Romanos 8:39: «Nada nos podrá separar del amor de Dios, que es en Cristo Jesús Señor nuestro».[377]

48 Además, esta doctrina proporciona un consuelo íntimo para los que se hallan en la aflicción y la tentación. Pues enseña que Dios, en su consejo celebrado ya antes de la fundación del mundo, determinó y resolvió ayudarnos en todas las necesidades y penurias de la vida, otorgarnos paciencia para llevar la cruz, darnos consolación, fortalecer y estimular la esperanza y producir

49 todos aquellos resultados que han de contribuir a nuestra salvación. De igual modo, esta doctrina, según la trata San Pablo de una manera tan consoladora en Romanos 8:28–29, 35–39, nos enseña, que antes de la fundación del mundo, Dios determinó mediante qué cruces y sufrimientos él habría de conformar a cada uno de sus escogidos a la imagen de su Hijo y qué provecho habría de traer para cada uno la cruz de la aflicción, porque los escogidos son llamados según el propósito. De esto Pablo concluye que él está completamente seguro y no abriga la menor duda de que «ni la tribulación, ni la angustia, ni la muerte, ni la vida, etc., nos podrá apartar del amor de Dios que es en Cristo Jesús nuestro Señor» (Ro. 8:28–29, 35, 38, 39).

50 Este artículo también proporciona el confortante testimonio de que la iglesia de Dios existirá y permanecerá pese a todos los ataques del Maligno;[378] e igualmente enseña cuál es la verdadera iglesia de Dios, a fin de que no nos ofendamos por la gran autoridad y majestuosa apariencia de la iglesia falsa (Ro. 9:8 y sigte.).[379]

51 De este artículo se extraen también serias advertencias y amonestaciones,

---

377. El texto latino es más explícito: *Ideo Paulus certitudinem beatitudinis nostrae super fundamentum propositi divini exstruit, cum ex eo, quod secundum propositum Dei vocati sumus, colligit neminem nos posse separare a dilectione Dei, quae est in Christo Iesu Domino nostro.* («Por esto Pablo edifica la certeza de nuestra bienaventuranza sobre el fundamento del propósito divino; en efecto: del hecho de que nosotros hemos sido llamados según el propósito de Dios, Pablo infiere que nadie nos puede separar del amor de Dios que es en Cristo Jesús, Señor nuestro».)

378. Mt. 16:18. En el original: *Pforten der Hellen* («puertas del infierno»). Texto lat.: *inferorum portas*, puertas de los infiernos». *Reina–Valera*: «las puertas del Hades»; *Dios Habla Hoy*: «el poder de la muerte»; texto griego: *pylai hadou.* Acerca del cambio de significado de «inferi», «inferna», «Hölle», «cheol» y «hades» (mundo de los muertos) a «geena» (el infierno bíblico) vid. p. ej. el comentario suplementario «Descensus ad inferos» de Paul Althaus, *Die christliche Wahrheit*, op.cit., p. 479.

379. Texto lat.: *magna illa falsae ecclesiae auctoritate et augusta illius specie* («por aquella grande autoridad de la iglesia falsa y su augusta apariencia»).

como Lucas 7:30: «Los fariseos y los intérpretes de la ley desecharon los designios de Dios respecto de sí mismos»; Lucas 14:24: «Os digo que ninguno de aquellos hombres que fueron convidados, gustará mi cena»; asimismo, Mateo 20:16 (22:14): «Muchos son llamados, mas pocos escogidos»; también Lucas 8:8, 18: «El que tiene oídos para oír, oiga»; «Mirad, pues, cómo oís». De esa manera, la doctrina acerca de este artículo puede ser usada provechosa, consoladora y saludablemente (y puede ser aplicada de muchas maneras a nuestro uso).

Es empero imprescindible diferenciar claramente entre lo que en la palabra de Dios se revela con palabras expresas, y lo que no se revela respecto de este asunto. Pues fuera de lo revelado en Cristo que acabamos de exponer, Dios calló y ocultó muchas cosas de este misterio y las reservó exclusivamente a su sabiduría y conocimiento. Y a nosotros no nos corresponde sondar ese misterio o dar lugar a nuestros propios pensamientos, deducciones y cavilaciones acerca de él, sino que debemos atenernos a la palabra revelada. Esta advertencia es una imperiosa necesidad. **52**

Pues nuestra curiosidad siempre halla mucho más placer en ocuparse en tales indagaciones[380] (acerca de cosas ocultas y abstrusas) que en lo que la palabra de Dios nos ha revelado al respecto, porque no lo podemos poner en consonancia. Por otra parte, nadie nos mandó ponerlo en consonancia. **53**

No hay duda, pues, de que Dios previó con toda exactitud y certeza antes de la fundación del mundo, y aún hoy sabe quiénes de los que son llamados creerán o no creerán;[381] también quiénes de los convertidos perseverarán en la fe y quiénes no perseverarán; quiénes volverán después de haber caído (en graves pecados) y quiénes caerán en el endurecimiento (perecerán en sus pecados). Sin ninguna duda, Dios conoce también el número exacto de personas que habrá por ambos bandos. Sin embargo, ya que Dios ha reservado este misterio para su sabiduría y no nos ha revelado nada sobre él en su palabra, y mucho menos nos ha mandado investigarlo con nuestro pensamiento, sino al contrario nos advierte seriamente que desistamos de hacerlo (Ro. 11:33 y sigte.), no debemos razonar en nuestro pensamiento, ni sacar conclusiones arbitrarias, ni inquirir con curiosidad sobre estos asuntos, sino adherirnos a su palabra, a la cual nos dirige él. **54 55**

Así también queda fuera de toda duda que Dios sabe y ha determinado para cada persona el tiempo y la hora en que él la quiere llamar y convertir (y en que él volverá a levantar al que ha caído). Mas como tal cosa no nos **56**

---

380. Texto lat.: *ut magis iis, quae abstrusa et arcana sunt, indagandis . . . delectemur* (que hallemos más deleite en indagar aquellas cosas que son oscuras y ocultas).

381. Acerca del rechazo de la idea de que estas palabras dan pie a la *praedestinatio ex praevisa fide* («predestinación en previsión de la fe, y a base de esa previsión») cf. E. F. K. Müller, *Symbolik*, p. 304, nota 18.

ha sido revelada, rige para nosotros la orden de insistir siempre en (la predicación de) la palabra, pero de dejar librados al criterio de Dios el tiempo y la hora exacta (Hch. 1:7).

57 Igualmente, cuando vemos que Dios deja predicar su palabra en cierto lugar, y en otro lugar no; la quita de un lugar y permite que quede en otro; asimismo, cuando vemos que uno es endurecido, cegado y entregado a una mente réproba, mientras otro, que por cierto se halla en la misma culpa, es 58 convertido, etc.—en estas y otras preguntas similares, Pablo (Ro. 9:14 y sigte.; 11:22 y sigte.) nos fija cierto límite al cual nos es lícito llegar, es decir, nos exhorta a considerar el triste fin de los impíos como el justo juicio de Dios y el castigo por los pecados. Pues si un país o pueblo que despreció la palabra divina es castigado por Dios de tal modo que las consecuencias se hacen sentir aun en las lejanas generaciones, como por ejemplo en el caso 59 de los judíos, ello no es sino una bien merecida pena por los pecados. De esta manera, con el ejemplo de ciertos países y personas, Dios muestra a los suyos con toda seriedad qué habríamos merecido todos nosotros, de qué seríamos dignos, por cuanto nos comportamos en desacuerdo con la palabra de Dios y a menudo contristamos grandemente al Espíritu Santo. Y Dios quiere que, amonestados por tales ejemplos, vivamos en temor de Dios, y reconozcamos y alabemos la bondad que el Señor usa para con nosotros sin y aun contra nuestro merecimiento, al darnos y preservarnos su palabra, y al no endurecernos ni desecharnos.

60 Pues por cuanto nuestra naturaleza está corrompida por el pecado, y es merecedora y culpable de la ira divina y la condenación eterna, por tanto Dios no nos debe ni su palabra ni su Espíritu ni su gracia; y si él nos confiere estos dones de pura gracia, ¡cuántas veces sucede que los rechazamos y nos hacemos indignos de la vida eterna! (Hch. 13:46). Y ese su juicio justo y bien merecido, Dios lo hace patente en determinados países, pueblos y personas, a fin de que nosotros, al ser comparados con ellos (y hallados tan similares a ellos)[382] aprendamos a reconocer y alabar tanto más diligentemente la inmensa e inmerecida gracia en los vasos de misericordia (quiere decir, en aquellos en quienes se manifiesta la misericordia).[383]

61 No se hace empero ninguna injusticia a aquellos que son castigados y reciben el merecido pago por sus pecados; pero a los demás, a quienes Dios da y preserva su palabra, por la cual los hombres son iluminados, convertidos y conservados en la fe—a los demás, pues, Dios extiende su inmerecida gracia y misericordia, sin ningún mérito por parte de ellos.

---

382. Texto lat.: *ut nos cum illis collati et quam simillimi illis deprehensi* («a fin de que nosotros, al ser comparados con ellos y ser considerados tan similares a ellos»).
383. Ro. 9:23; 11:5.

Si seguimos en este artículo hasta este punto, permanecemos en el buen **62** camino, como está escrito en Oseas 13:9: «Te perdiste, oh Israel, mas en mí está tu ayuda».[384]

Pero en lo que respecta a las cosas que aquí estamos considerando, cosas **63** que se elevan a alturas inaccesibles y van más allá de esos límites, debemos seguir el ejemplo de San Pablo y callar y recordar sus palabras: «Mas antes, oh hombre, ¿quién eres tú, para que alterques con Dios?» (Ro. 9:20).

Que en este artículo no podemos ni debemos investigarlo y sondarlo **64** todo, lo atestigua el gran apóstol San Pablo (con su propio ejemplo): Después de haber debatido largamente acerca de este artículo a base de la palabra revelada de Dios, por fin arriba al punto donde señala lo que Dios reservó, concerniente a este misterio, a su oculta sabiduría; y allí Pablo corta el hilo de su argumentación prorrumpiendo en las palabras (Ro. 11:33–34): «¡Oh profundidad de las riquezas de la sabiduría y de la ciencia de Dios! ¡Cuán insondables son sus juicios, e inescrutables sus caminos! Porque ¿quién entendió la mente del Señor?», quiere decir, ¿fuera y más allá de lo que él mismo ya nos ha revelado en su palabra?

Por consiguiente, esa eterna elección de Dios ha de ser considerada en **65** Cristo, y no fuera de Cristo o sin Cristo; porque «en Cristo»—así lo atestigua el apóstol San Pablo—«Dios nos escogió en él antes de la fundación del mundo» (Ef. 1:4 y sigte.), como está escrito: «Nos hizo aceptos en el Amado» (Ef. 1:6). Esa elección empero es revelada desde el cielo mediante la palabra predicada, cuando el Padre dice, Mt. 17:5: «Éste es mi Hijo amado, en quien tengo complacencia; ¡a él oíd!» Y Cristo mismo dice (Mt. 11:28): «¡Venid a mí todos los que estáis trabajados y cargados, y yo os haré descansar!» Y respecto del Espíritu Santo, Cristo afirma (Jn. 16:14): «Él me glorificará; porque tomará de lo mío, y os lo hará saber». Así que la Santa Trinidad **66** entera, Padre, Hijo y Espíritu Santo, dirigen a todos los hombres hacia Cristo como el Libro de la Vida en el cual han de buscar la eterna elección del Padre. Pues esto lo ha resuelto el Padre desde la eternidad: A quien él quiere salvar, lo quiere salvar por medio de Cristo. Esto lo recalca Cristo mismo en las **67** siguientes palabras en Juan 14:6: «Nadie viene al Padre, sino por mí»; además, en Juan 10:9: «Yo soy la puerta; el que por mí entrare, será salvo».

Cristo empero, como el Hijo unigénito de Dios, que está en el seno del Padre (Jn. 1:18), nos ha anunciado la voluntad del Padre y por ende también la eterna elección para la vida eterna; he aquí sus palabras al respecto, Marcos 1:15: «Arrepentíos, y creed en el evangelio; el reino de Dios se ha acercado»; Juan 6:40: «Esta es la voluntad del que me ha enviado, que todo aquel que ve al Hijo, y cree en él, tenga vida eterna»; Juan 3:16: «De tal manera amó

384. Vid. la misma cita, pero en formulación diferente, en XI, 7.

684

Dios al mundo, etc. que ha dado a su Hijo unigénito, para que todo aquel que en él cree, no se pierda, mas tenga vida eterna».

68 Es la seria voluntad de Dios que todos los hombres oigan estas palabras (esta predicación) y vengan a Cristo; y a los que vienen, él no los echará fuera, como está escrito en Juan 6:37: «Al que a mí viene, no le echo fuera».

69 Y para que podamos venir a Cristo, el Espíritu Santo obra en nosotros la verdadera fe por medio de la palabra oída, como lo atestigua el apóstol Pablo diciendo (Ro. 10:17): «Así que la fe es por el oír, y el oír, por la palabra de Dios», a saber, cuando es predicada con toda claridad y pureza.[385]

70 Por consiguiente: El hombre que quiera ser salvo, no debe mortificarse y afligirse a sí mismo con pensamientos respecto del consejo oculto de Dios, cavilando si realmente ha sido elegido y ordenado para la vida eterna. Éstos son pensamientos con que el Maligno suele atacar y atormentar a los corazones piadosos. Antes bien, los que quieran ser salvos deben oír a Cristo, quien es el «libro de la vida» y de la eterna elección para la vida eterna de todos los hijos de Dios.[386] Este Cristo atestigua a todos los hombres sin distinción alguna que la voluntad de Dios es que acudan a él todos los hombres trabajados y cargados por sus pecados, a fin de que sean confortados y salvados (Mt. 11:28).

71 De acuerdo con esta doctrina de Cristo, los hombres deben dejar sus pecados, arrepentirse, creer su promesa y confiar por entero en él; y como esto no lo podemos hacer de nosotros mismos con nuestras propias fuerzas,

72 el Espíritu Santo quiere obrar en nosotros el arrepentimiento y la fe mediante la palabra y los sacramentos. Y para que podamos lograr esto y perseverar en ello hasta el fin, debemos implorar a Dios que él nos conceda su gracia que nos prometió en el santo bautismo, y no debemos dudar de que él nos la comunicará conforme a su promesa (Lc. 11:11 y sigtes.): «¿Qué padre de vosotros, si su hijo le pide pan, le dará una piedra? ¿o si pescado, en lugar de pescado, le dará una serpiente? ¿o si le pide un huevo, le dará un escorpión? Pues si vosotros, siendo malos, sabéis dar buenas dádivas a vuestros hijos, ¿cuánto más vuestro Padre celestial dará el Espíritu Santo a los que se lo pidan?»

73 Y dado que en los electos, que ya llegaron a la fe, mora el Espíritu Santo como en su templo, no ociosamente, sino impulsando a los hijos de Dios a obedecer los mandatos del Señor, igualmente, también los creyentes no deben

---

385. Vid. Catecismo Menor, Padrenuestro, 5.

386. Fil 4:3; Ap. 3:5; 20:15. En el texto latino, esta frase reza como sigue: *Christum potius audiant et in eum ut in librum vitae intueantur, in quo perscripta est omnium filiorum Dei electio ad vitam aeternam* («Antes bien, oigan a Cristo y dirijan sus miradas a él como al libro de la vida, en el cual está registrada [o: escrita enteramente, sin abreviaturas] la elección de todos los hijos de Dios para la vida eterna»).

permanecer ociosos, y mucho menos deben resistir la obra del Espíritu Santo, sino que deben ejercitarse en todas las virtudes cristianas, en toda piedad, modestia, templanza, paciencia, amor fraternal; deben, además, empeñarse seriamente en hacer firme su llamado y elección (2 P. 1:10), para que duden de ella tanto menos, cuanto más sientan en sí mismos el poder del Espíritu Santo. Pues el Espíritu da testimonio a los electos de que son hijos de Dios (Ro. 8:16). Y a pesar de que a veces caen en una tentación tan grave que se imaginan no experimentar ningún poder del Espíritu que habita en ellos, de modo que se ven inducidos a decir con David (Sal. 31:22a): «Yo decía en mi alarma: Cortado estoy de delante de tus ojos», no obstante, y sin atender a lo que ellos experimenten dentro de sí mismos, deben (consolarse y) proseguir diciendo con David lo que éste añade inmediatamente en la cita ya mencionada (Sal. 31:22b): «Sin embargo tú oías la voz de mis ruegos cuando clamaba a ti». **74**

Y como nuestra elección para la vida eterna se basa no en nuestra piedad o virtud, sino exclusivamente en el mérito de Cristo y la misericordiosa voluntad de su Padre, quien no puede negarse a sí mismo, ya que su voluntad y esencia no cambia—por tanto, si sus hijos caen en desobediencia y pecados, él vuelve a hacerlos llamar al arrepentimiento mediante la palabra; y por la palabra, el Espíritu Santo quiere ser eficaz en ellos para obrar la conversión; y cuando ellos, verdaderamente arrepentidos, se vuelven otra vez a Dios mediante la fe sincera, él quiere manifestar siempre de nuevo su corazón paternal a todos los que temen (tiemblan ante) su palabra y de corazón se convierten a él. Pues así está escrito en Jeremías 3:1: «Si alguno dejare a su mujer, y yéndose ésta de él se juntare a otro hombre, ¿volverá a ella más? ¿No será tal tierra del todo amancillada? Tú, pues, has fornicado con muchos amigos; mas ¡vuélvete a mí, dice Jehová!» **75**

Además: Es cierto y seguro lo que se dice en Juan 6:44: «Nadie puede venir a Cristo, si el Padre no le trajere». Pero el Padre no quiere hacer esto sin medios, sino que a tal efecto él ha instituido su palabra y sacramentos como medios e instrumentos regulares (ordinarios); y no es la voluntad ni del Padre ni del Hijo que un hombre haga caso omiso de la predicación de su palabra y la desprecie, y en cambio espere que el Padre le traiga (hacia el Hijo) sin palabra y sacramentos.[387] Es verdad que el Padre trae con el poder del Espíritu Santo; pero, según su orden usual, ese traer con el poder del Espíritu Santo se verifica mediante el oír su santa y divina palabra, como mediante una red con que los electos son arrancados de las garras de Satanás. Por lo tanto, cada pobre y mísero pecador debe dirigirse a la palabra, oírla con frecuencia y atención, y no dudar de que el Padre quiere atraerlo hacia **76**

77

---

387. Vid. Decl. Sol. II, 80.

el Hijo. Pues el Espíritu Santo quiere hacer eficaz su poder mediante la palabra: Esto es el «atraer» del Padre.

78   Ahora bien: Es sabido que no todos los que oyen la palabra, la creen también, por lo cual llevarán más abundante condenación. Pero la causa de ello no es que Dios no haya querido darles la salvación. Los culpables son ellos mismos, porque oyeron la palabra no con intención de aprenderla, sino sólo para despreciarla, blasfemar contra ella y denostarla, y porque resistieron al Espíritu Santo que quería obrar en ellos por medio de la palabra, como fue el caso con los fariseos y su secuaces en los tiempos de Cristo.[388]

79   Por esa razón, el apóstol San Pablo diferencia con especial claridad entre la obra de Dios, quien sólo[389] hace vasos para gloria, y la obra del diablo y del hombre, quien, por instigación del diablo, y no de Dios, se hizo a sí mismo un vaso de deshonra; pues así está escrito en Romanos 9:22–23: «Dios sufrió con mucha y larga paciencia vasos de ira, dispuestos ya para perdición, a fin de dar a conocer también las riquezas de su gloria en vasos de misericordia, que él ha preparado antes para la gloria».[390]

80   Aquí, pues, el apóstol dice claramente que Dios «soportó con mucha paciencia los vasos de ira», pero no nos dice que él los hizo vasos de ira; pues si tal hubiera sido su voluntad, no habría sido necesaria esa «mucha paciencia» por su parte. La culpa de que esos vasos de ira hayan sido dispuestos para perdición la tienen empero el diablo y los hombres mismos, y no Dios.

81   Pues toda disposición o preparación para condenación se debe al diablo y al hombre, mediante el pecado, y de ninguna manera a Dios. Dios no quiere que hombre alguno sea condenado; ¿cómo habría de disponer o preparar él mismo a un hombre para la condenación? Pues como Dios no es causa del pecado, tampoco es causa del castigo y de la condenación. La sola y única causa de la condenación es el pecado: Pues «la paga del pecado es muerte» (Ro. 6:23). Y así como Dios no quiere el pecado ni se complace en el pecado, así tampoco quiere la muerte del pecador (Ez. 33:11), ni se complace en la condenación de los pecadores. Pues «el Señor no quiere que ninguno perezca, sino que todos procedan al arrepentimiento» (2 P. 3:9). Así está escrito también en Ezequiel 18:23 y 33:11: «¡Vivo yo! dice Jehová el Señor, que no quiero la muerte del impío, sino que se vuelva el impío de su camino, y que

---

388. Mt. 23:26 y sigte.; Lc. 11:39 y sigtes.; Jn. 7:48; 8:13; 9:16, 41; 12:42.

389. En el original: *Der allein Gefäss der Ehren machet.* El *allein* es algo ambiguo; puede ser adjetivo (solo) y también adverbio (solamente). El carácter de adjetivo queda confirmado por el texto latino: *qui solus facit vasa honoris* = el único que hace vasos para gloria.

390. Respecto de una crítica que pone en tela de juicio el acierto de la interpretación de la FC véase p. ej. Wilhelm C. Linss, «*Biblical interpretation in the Formula of Concord*», en *The Symposium on Seventeenth Century Lutheranism*, vol. I, St. Louis, 1962, p. 132.

viva». Y San Pablo confirma con claras palabras que por el poder y la acción 82 de Dios, los vasos de deshonra pueden ser convertidos en vasos para honra, 2 Timoteo 2:21: «Así que, si alguno se limpia de estas cosas, será instrumento para honra, santificado, útil al Señor, y dispuesto para toda buena obra». Aquel empero que tiene que purificarse, debe haber sido antes impuro, y por ende un vaso de deshonra. En cambio, respecto de los vasos de misericordia, el apóstol dice claramente que el Señor mismo los ha «preparado para la gloria», (Ro. 9:23) cosa que no dice de los condenados: A éstos no los ha preparado Dios para ser vasos de condenación, sino que esto lo han hecho ellos mismos.

Hay otra cosa que debe tenerse bien en cuenta: Si Dios castiga el pecado 83 con pecados, es decir, si él al final castiga con endurecimiento y obcecación a los que una vez habían sido convertidos, por cuanto luego cayeron en seguridad carnal,[391] impenitencia y pecados intencionales, ello no debe interpretarse como si nunca hubiese sido la buena y seria voluntad de Dios que esas personas llegasen al conocimiento de la verdad y fuesen salvadas. Ambas cosas son la voluntad revelada de Dios:

Primero, Dios quiere aceptar en su gracia a todos los que se arrepientan y crean en Cristo.

Segundo, Dios quiere castigar a los que intencionalmente se apartan del santo mandamiento,[392] se dejan enredar otra vez en las contaminaciones del mundo (2 P. 2:20), engalanan su corazón para Satanás (Lc. 11:25 y sigte.), y hacen ultraje al Espíritu de gracia (He. 10:29); además, él quiere endurecer, obcecar y entregar a condenación eterna a los tales si persisten en su iniquidad.

Conforme a esto, tampoco Faraón—de quien está escrito (Éx. 9:16; Ro. 84 9:17); «Yo te he mantenido en pie para esto mismo, para hacerte ver mi poder, y para que sea celebrado mi nombre en toda la tierra»—tampoco se perdió porque Dios no quería concederle la salvación, o porque Dios había hallado placer en que se condenara y se perdiera. «El Señor quiere que ninguno perezca» (2 P. 3:9); tampoco «quiere la muerte del impío, sino que se vuelva el impío de su camino, y que viva» (Ez. 33:11).

Pero el que Dios endureciera el corazón de Faraón, de modo que Faraón 85 siguiera pecando continuamente, y se endureciera tanto más cuanto más se le amonestaba, esto fue un castigo por su pecado anterior y la cruel tiranía que ejerció sobre los hijos de Israel de muchas y distintas maneras, en forma inhumana y contra las acusaciones de su propia conciencia. Y después que

---

391. Ed. Tappert: «*impurity*». En el original: *Sicherheit* (seguridad). Texto lat.: *securitatem carnalem*.

392. El texto alemán impreso en 1580 tiene *Gebet* (oración). El mismo error (*Gebet* en vez de *Gebot*, mandamiento) se halla también en unas cuantas copias manuscritas. Correcta la traducción latina: *a sancto mandato* = del santo mandamiento.

Dios mandó que se le predicara su palabra y se le anunciara su voluntad, Faraón no obstante persistió en su obstinada malicia contra toda amonestación y advertencia, finalmente Dios tuvo que retirar de él su divina mano; y en consecuencia, el corazón de Faraón se endureció del todo, y Dios ejecutó en él su justo juicio; pues no otra cosa que el fuego infernal (Mt. 5:22) fue lo

86 que Faraón había merecido. La única razón por la cual San Pablo aduce aquí el ejemplo de Faraón es, por lo tanto, la de evidenciar cómo se manifiesta la justicia de Dios para con los impenitentes y despreciadores de su palabra. De ninguna manera Pablo opinaba o quería dar a entender que Dios le había negado la salvación a Faraón o a alguna otra persona, o que en su consejo oculto haya predestinado a alguien a la condenación eterna, para que el tal no pueda ni deba ser salvo.

87 Mediante esta doctrina y explicación de la predestinación eterna y salvadora de los hijos escogidos de Dios se le da al Señor toda la gloria que le pertenece a él, porque en Cristo nos hace salvos impulsado por su pura misericordia, sin ningún mérito o dignidad de nuestra parte, sino según el propósito de su voluntad, como está escrito en Efesios 1:5–6, 11: «[Él nos ha] predestinado para ser adoptados hijos suyos por medio de Jesucristo, según el puro afecto de su voluntad, para alabanza de la gloria de su gracia, con la cual nos hizo aceptos en el Amado».[393]

88 Por lo tanto, es un error craso enseñar que la causa por la cual Dios nos elige para la vida eterna no es únicamente la misericordia de Dios y el santísimo mérito de Cristo, sino también algo en nosotros. Pues Dios nos escogió en Cristo no sólo antes de haber hecho nosotros algo bueno, sino también antes de haber nacido (Ro. 9:11); aún más, antes de la fundación del mundo (Ef. 1:4); «y para que el propósito de Dios, conforme a elección, estuviese firme, no por parte de obras, sino de aquel que llama—le fue dicho: El mayor será siervo del menor. Así como está escrito: Amé a Jacob, mas a Esaú le aborrecí» (Ro. 9:11–13; Gn. 25:23; Mal. 1:2–3).

89 Además, cuando se enseña a la gente que deben buscar su eterna elección en Cristo y en su santo evangelio, como en el «libro de la vida» (Fil. 4:3; Ap. 3:5; 20:15), esta doctrina no da a nadie motivo alguno para que desespere o para que lleve una vida indecorosa y disoluta. En efecto, el evangelio no excluye (de la salvación) a ningún pecador penitente, sino que invita y llama al arrepentimiento, al reconocimiento del pecado y a la fe en Cristo a todos los pecadores afligidos y agobiados por sus iniquidades, y les promete el

90 Espíritu Santo para purificación y renovación. Así, el evangelio da a los hombres afligidos y atribulados el más firme consuelo, a saber, la certeza de que su salvación no está puesta en las manos de ellos—de lo contrario, la

---

393. Vid. también Ro. 8:28.

perderían mucho más fácilmente que Adán y Eva en el paraíso, aún más, en cada hora y momento—sino en la misericordiosa elección de Dios que él nos ha revelado en Cristo, de cuya mano nadie nos arrebatará (Jn. 10:28; 2 Ti. 2:19).

De ahí se desprende que si alguien presenta la doctrina respecto a la **91** misericordiosa elección divina de tal modo que los cristianos acosados por la duda no puedan extraer consuelo de ella, sino que antes bien sean incitados a la desesperación, o de tal modo que los impenitentes sean confirmados en su depravación, no hay la menor duda de que tal doctrina se está enseñando no según la palabra y la voluntad de Dios, sino según el criterio ciego de la razón humana, y la instigación del diablo. «Cuanto fue escrito anteriormente», **92** declara el apóstol Pablo en Romanos 15:4, «para nuestra enseñanza fue escrito; para que por medio de la paciencia, y de la consolación de las Escrituras, nosotros tengamos esperanza». Pero si esta consolación y esperanza nos es disminuida o totalmente arrebatada por ciertos textos citados de las Escrituras, entonces no cabe duda de que las Escrituras han sido entendidas e interpretadas en completa discrepancia con la voluntad e intención del Espíritu Santo.

A esta sencilla, correcta y provechosa exposición, sólidamente basada **93** en la voluntad revelada de Dios, nos adherimos; de todas las elevadas y sutiles preguntas y disputas huimos y las evitamos; y lo que es contrario a estas exposiciones sencillas y provechosas, lo rechazamos y condenamos.

Nada más diremos con respecto a los artículos impugnados, que durante **94** tantos años fueron discutidos entre los teólogos de la Confesión de Augsburgo, por cuanto algunos incurrieron en errores, lo cual dio motivo a serias controversias, es decir, disputas religiosas.

Esta nuestra exposición servirá para que cualquiera, amigo y adversario, **95** pueda inferir claramente que no estamos dispuestos a sacrificar parte alguna de la eterna e inmutable verdad de Dios por causa de la paz, tranquilidad y unidad temporal—como que tampoco está en nuestro poder hacerlo. Por otra parte, tal paz y unidad tampoco podría ser duradera, puesto que se dirige contra la verdad e intenta sofocarla. Mucho menos estamos dispuestos a adornar (disimular) y encubrir corrupciones de la doctrina pura, y errores manifiestos y condenados. En cambio, deseamos anhelosamente, y por nuestra **96** parte estamos dispuestos de todo corazón a promover con todas nuestras fuerzas, una unidad de índole tal que la gloria de Dios quede incólume, que no sea entregado nada de la verdad divina del santo evangelio, que no se ceda en nada ni al error más mínimo, que los pobres pecadores sean llevados a verdadero y sincero arrepentimiento, confortados mediante la fe, fortalecidos en la nueva obediencia, y de tal manera justificados y eternamente salvados por el solo mérito de Cristo.

XII. OTRAS FACCIONES Y SECTAS QUE NUNCA ACEPTARON LA CONFESIÓN DE AUGSBURGO

1   Hay ciertas sectas y facciones que nunca se adhirieron a la Confesión de Augsburgo y que no se mencionan expresamente en esta nuestra exposición, tales como los anabaptistas, schwenckfeldianos, neoarrianos y antitrinitarios.

2   Sus errores han sido condenados unánimemente por todas las iglesias que profesan la Confesión de Augsburgo. En esta exposición prescindimos de mencionarlos particular y especialmente. La razón es que por esta vez nuestro único propósito fue el de refutar ante todo las calumnias de nuestros adversarios, los papistas.[394]

3   Nuestros adversarios alegaron descaradamente, difamando por todo el mundo a nuestras iglesias y a los maestros de la misma, que no existen dos predicadores que concuerden en todos y cada uno de los artículos de la Confesión de Augsburgo, sino que están tan desunidos y separados entre sí que ya ni ellos mismos saben qué es la Confesión de Augsburgo y su sentido

4   propio y real. Por esto no hemos querido limitarnos a hacer una confesión común con unas pocas palabras o nombres (firmas de nuestros nombres) solamente, sino que antes bien, hemos querido presentar una declaración cabal, clara y detallada acerca de todos los artículos que fueron motivo de discusión y controversia entre los teólogos adherentes a la Confesión de Augs-

5   burgo exclusivamente. Y esto lo hicimos con el fin de que cada cual pudiera entender que no hemos querido ocultar o encubrir maliciosamente todas estas

6   cosas (estas controversias y falsas opiniones) o llegar a un acuerdo sólo aparente, sino que nuestra voluntad ha sido remediar a fondo esa cuestión y manifestar nuestra opinión al respecto de una manera tal que aun nuestros adversarios mismos se viesen obligados a reconocer que en todo ello permanecemos en el sentido correcto, sencillo, natural y propio de la Confesión de Augsburgo. Y por cierto es nuestro ferviente deseo permanecer firmes en ella, mediante la gracia de Dios, hasta nuestro fin; y en cuanto de nuestro servicio depende, no consentiremos ni toleraremos calladamente que algo contrario al sentido propio y real de la Confesión de Augsburgo sea introducido en nuestras iglesias y escuelas en las cuales el omnipotente Dios y Padre de nuestro Señor Jesucristo nos ha puesto por maestros y pastores.

7   Pero para que no se nos achaquen tácitamente los errores condenados

---

394. Texto lat.: *Noluimus autem de illis erroribus in hoc scripto, nisi incidenter, agere, propterae quod hoc tempore scopum illum praefixum habuerimus, ut potissimum adversariorum pontificiorum calumnias refutaremus.* («Sin embargo, en este escrito no queríamos tratar aquellos errores sino de paso, ya que en aquel tiempo nos habíamos fijado como objetivo el refutar ante todo las calumnias de los antagonistas papales»).

de las antes mencionadas facciones y sectas—errores que, según la usanza   **8**
de tales espíritus, se infiltraron mayormente en aquellos lugares y tiempos
donde no se daba lugar a la palabra pura del santo evangelio, sino que se
perseguía a todos los sinceros maestros y confesores del mismo; donde aún
reinaban las densas tinieblas del papado; donde la gente pobre y sencilla, que
no podía menos que ver la manifiesta idolatría y doctrina falsa del papado—
en su ingenuidad aceptaba, por desgracia, todo cuanto llevaba el nombre de
evangelio y no era papista[395]—para que los tales errores no se nos achaquen,
no hemos podido abstenernos de testificar contra ellos también públicamente,
ante toda la cristiandad, afirmando que no tenemos participación ni comunidad
con estos errores, ya fuesen muchos o pocos, sino que los rechazamos y
condenamos en su totalidad como falsos y heréticos, contrarios tanto a los
escritos de los santos profetas y apóstoles como también a nuestra cristiana
Confesión de Augsburgo, sólidamente fundada en la palabra de Dios.

Artículos erróneos de los anabaptistas

Rechazamos y condenamos la doctrina errónea y herética de los ana-   **9**
baptistas, que no puede ser tolerada ni en la iglesia ni en el orden público ni
en el privado; ellos enseñan que

1. Nuestra justicia ante Dios se basa no meramente en la sola obediencia   **10**
y mérito de Cristo, sino en nuestra renovación y en nuestra propia piedad en
la cual andamos ante Dios; y esta piedad o justicia los anabaptistas la fundan
mayormente sobre sus propias ordenanzas peculiares y sobre una espiritualidad
elegida por ellos mismos, como sobre una especie de nueva monjería.

2. Los niños no bautizados ante Dios no son pecadores, sino justos e   **11**
inocentes, y en esa su inocencia se salvan sin bautismo, del cual no han
menester. De tal suerte, los anabaptistas niegan y rechazan la doctrina entera
respecto del pecado original, y lo que con ella se relaciona.

3. Los niños deben ser bautizados no antes de haber alcanzado el uso   **12**
de la razón y de poder confesar ellos mismos su fe.

4. Los hijos de los fieles, por haber nacido de padres cristianos y cre-   **13**
yentes, son santos e hijos de Dios aun sin bautismo y antes de él—razón por
la cual los anabaptistas ni aprecian debidamente ni favorecen el bautismo de
los párvulos, contrariamente a las expresas palabras de la promesa, que rigen
solamente para aquellos que guardan el pacto de Dios y no lo desprecian (Gn.
17:4–8; 19–21).

---

395. La traducción latina añade: *Quorum malorum pontificia tyrannis, quae sinceram doctrinam persequitur, vel praecipua causa est* («todo lo cual son males cuya causa principal es sin duda la tiranía papal que persigue la doctrina pura»).

692

14   5. Aquella congregación en que todavía se hallan pecadores, no es una verdadera congregación cristiana.

15   6. No se debe escuchar ni presentar un sermón en templos en que anteriormente se decían misas papales.

16   7. No se debe tener trato con los ministros que predican el evangelio en acuerdo con la Confesión de Augsburgo y que censuran los errores de los anabaptistas; tampoco se les debe prestar servicio ni hacer para ellos trabajo alguno, sino que deben ser esquivados y evitados como a falseadores de la palabra divina.

17   8. En el Nuevo Testamento, el gobierno civil no es un estado acepto a Dios.

18   9. Un cristiano no puede desempeñar con conciencia limpia e ilesa un cargo en el gobierno civil.

19   10. Un cristiano no puede usar con conciencia ilesa el cargo de magistrado en contra de los malvados, si las circunstancias así lo requieren, ni pueden los súbditos apelar a la fuerza pública.

20   11. Un cristiano no puede, con buena conciencia, prestar juramento ante los tribunales, ni puede emplear el juramento para expresar su fidelidad a su príncipe o soberano hereditario.

21   12. El gobierno civil no puede aplicar con conciencia ilesa la pena capital a los malhechores.

22   13. Un cristiano no puede, con buena conciencia, tener en su poder o poseer propiedad, sino que tiene la obligación de entregarla al erario común de la congregación.

23   14. Un cristiano no puede ejercer con buena conciencia el oficio de posadero, comerciante o cuchillero.

24   15. Los esposos tienen el derecho de divorciarse a causa de la fe (por diversidad de religión); una parte puede abandonar a la otra y contraer enlace con una persona de su mismo credo.

25   16. Cristo no asumió su carne y sangre de la virgen María, sino que la trajo consigo desde el cielo.

26   17. Cristo tampoco es Dios verdadero y esencial, sino que sólo tiene más y mayores dones y gloria que otros hombres.

27   Hay entre los anabaptistas otros artículos más de índole similar; pues están divididos entre sí en muchos bandos (sectas), de los cuales uno tiene más, el otro menos errores; por lo que toda su secta no es en realidad otra cosa que una nueva clase de monjería.

Artículos erróneos de los schwenckfeldianos

28   Rechazamos y condenamos también los errores de los schwenckfeldianos, quienes enseñan que

1. Todos aquellos que creen que Cristo según la carne, o su asumida na-   **29**
turaleza humana, es una criatura, carecen del conocimiento del Cristo Rey
de los cielos. Mediante la exaltación, la carne de Cristo asumió todas las
propiedades divinas de un modo tal que en poderío, fuerza, majestad y
gloria, él es igual al Padre y al Verbo eterno en todo respecto, en grado y
posición de esencia, de manera que la esencia, propiedades, voluntad y
gloria de las dos naturalezas en Cristo son las mismas. La carne de Cristo
pertenece a la esencia de la Santa Trinidad.

2. El ministerio eclesiástico, esto es, la palabra predicada y oída, no es   **30**
un medio con que Dios el Espíritu Santo enseña a los hombres y obra en
ellos el conocimiento salvador de Cristo, la conversión, arrepentimiento, fe
y nueva obediencia.

3. El agua bautismal no es un medio con que el Señor sella la adopción   **31**
de hijos y efectúa la regeneración.

4. El pan y el vino en la santa cena no son medios con que Cristo dis-   **32**
tribuye su cuerpo y sangre.

5. Un cristiano verdaderamente regenerado por el Espíritu de Dios   **33**
puede, en esta vida presente, guardar y cumplir a perfección la ley divina.

6. No es una verdadera congregación cristiana aquella en que no está en   **34**
vigor la excomunión pública o no se observa el procedimiento acostumbrado de la excomunión.

7. El ministro de la iglesia que por su parte no es en verdad renovado,   **35**
justo y piadoso, no puede enseñar con provecho a otros ni puede administrar
los sacramentos correcta y verdaderamente.

Artículos erróneos de los nuevos arrianos[396]

Rechazamos y condenamos el error de los nuevos arrianos los cuales   **36**
enseñan que Cristo no es Dios verdadero, esencial y natural, de una esencia

---

396. Además de la literatura mencionada en BSLK, p. 1089, nota 4, vid. *Concordia
Triglotta, Historical Introductions*, pp. 233-235; P. Wrzecionko, «*Vernunft und Wahrheit in Denken
der Sozinianer und der altprotestantischen Orthodoxie* («Razón y verdad en el raciocinio de los
socinianos y de la ortodoxia vetero-protestante») en *Neue Zeitschrift für systematische Theologie
und Religionsphilosophie* (vol. 14, 1972, pp. 172-196), y la bibliografía de ese ensayo, especialmente la de las notas 3, 9 y 10. Como grupos que tienen afinidad con el socinianismo (designación
derivada del nombre de Fausto Socino o Sozzini, reformador religioso italiano, 1537/39-1604),
Wrzecionko registra además a los siguientes: *ecclesia minor* (a diferencia de la *ecclesia major*, que
sería la reformada), antitrinitarios o unitarios, arrianos, hermanos poloneses y (ocasionalmente)
cristianos. De interés especial de este artículo es lo que se dice en cuanto a la función hermenéutica de la compresión de «persona» en la doctrina de la Trinidad (p. 184): Los socinianos
aplican el concepto «persona» (*substantia completa singularis intelligens*, cf. A. Wiszowaty,
Religio rationalis, 1685, ed. de Z. Ogonowski, Varsovia, 1960, p. 22) sin más ni más a la Trinidad,
en lugar de aplicarlo solamente a la *subsistentia* de las tres personas; y así llegan a la conclusión
de que Dios sólo puede ser «una persona». (La ortodoxia protestante en cambio—así comenta el
autor, remitiendo a Selneccer, *Institutio*, I, 76—aplica su definición de «persona» a la «subsistentia», mas no a la esencia de las personas de la Trinidad, la *incommunicabilitas*.)

eterna y divina con Dios el Padre, sino sólo adornado con divina majestad inferior a y junto al Padre.

Artículos erróneos de los nuevos antitrinitarios[397]

37   1. Algunos antitrinitarios rechazaron y condenaron los antiguos, aprobados símbolos, el Credo Niceno y el de Atanasio, ambos en cuanto a su contenido y terminología, y en su lugar enseñan que no hay una esencia eterna y divina en el Padre, el Hijo y el Espíritu Santo, sino que hay tres personas distintas, Padre, Hijo y Espíritu Santo, y por esto cada persona tiene su propia esencia separada de las otras dos. Algunos enseñan que las tres personas en la Trinidad, así como cuales quiera otras tres distintas y esencialmente separadas personas humanas, tienen el mismo poder, sabiduría, majestad y gloria, mientras otros enseñan que las tres personas en la Trinidad no son iguales en su esencia y sus propiedades.

38   2. Que sólo el Padre es genuinamente y verdaderamente Dios.[398]

39   Todos estos artículos y otros similares, y cualquier cosa que se deriva de ellos o los sigue, nosotros rechazamos y condenamos como falsos, erróneos, heréticos, contrarios a la palabra de Dios, a los tres credos, a la Confesión de Augsburgo y la Apología, a los Artículos de Esmalcalda, a los Catecismos de Lutero. Todos los cristianos piadosos han de y deben eludir éstos con el mismo afán con que aman el bienestar de sus almas y su salvación.

40   Por esto, en la presencia de Dios y de toda la cristiandad, entre nuestros contemporáneos y nuestra posteridad, deseamos testificar que la presente explicación de los artículos ya controvertidos y aquí explicados, y ninguna otra, es nuestra enseñanza, nuestra creencia y nuestra confesión mediante la cual, por la gracia de Dios, apareceremos con corazones intrépidos ante el tribunal de nuestro Señor Jesucristo y por la cual daremos cuenta. No hablaremos, ni escribiremos nada, privada o públicamente, contrario a esta confesión, pero sí intentamos, por la gracia de Dios, atenernos a ella. En vista de esto hemos,

---

397. De acuerdo con la sección 37, los «*nuevos antitrinitarios*» son trinteístas. BSLK (p. 1099, nota 1) cita a Matteo Gribaldo y G. V. Gentile. Cf. Epítome XII, 29: *Das ist gar eine neue Sekten, zuvorn in der Christenheit nicht erhöret* («Esta es una secta enteramente nueva, que antes no se conocía en la cristiandad»).

398. La cuestión planteada en FC XII, 37 y 38 aparece en Johann Gerhard (*Loci Theologici* I, 194) en forma de una hipótesis con una alternativa lógica: *Si alia fores essentia patris, alia filii, alia spiritus S., utique alterutrum sequeretur, scil, vel non esse unum verum Deum, vel filium et spiritum s. a vera Deitate excludi* («Si una fuese la esencia del Padre, otra la del Hijo, y otra la del Espíritu Santo, evidentemente se produciría una de dos: o no habría un solo Dios verdadero, o el Hijo y el Espíritu Santo quedarían excluidos de la verdadera Divinidad»).

deliberadamente, en temor de Dios e invocándolo a él, subscrito nuestros nombres con nuestras propias manos.

Dr. Jaime Andrae, susbcribió

Dr. Nicolás Selnecker, subscribió

Dr. Andrés Musculus, subscribió

Dr. Cristóbal Koerner, subscribió

David Chytraeus

Dr. Martín Chemnitz

ÍNDICE GENERAL

Las referencias son a página y sección. La primera cifra se refiere a la página; las que siguen al punto se refieren a la sección. Por ejemplo, en la palabra «Abel», 110 indican la página, y 202 indican la sección.

665.8; son la obra de niños y tontos, 283.55; no son necesarias para la salvación, 187.113; 210.20; no valen para la justificación, 47.40; 157.31; 212.30; 326.3; la justificación de la ley estaba sujeta a ellas, 157.31; el reino de Cristo no existe en ellas, 153.13; es una sandez judía buscar la justificación en ellas, 58.58; 187.114; 204.18; 208.10; 255.28; 261.52; el velo de Moisés, 100.133; *ver también* Moisés; con ellas se obscurece a Cristo, 208.10; 210.20; 283.54; las ceremonias sirven para la edificación de la gente, 43.3; 249.3; 283.55; orden en la iglesia, 47.40; 58.54; 158.33; 207.1; 528.1; 530.3; 663.1; uniformidad en las ceremonias no es por cierto necesaria, 30.2; 48.43; 152.10; 157.30; 209.18; 530.7; 670.31; ceremonias universales, 157.30;

b) Su valor: No son de derecho divino, 159.40; en el Antiguo Testamento algunas ceremonias tenían que retenerse, 212.32; en el Nuevo Testamento fueron abolidas, 58.58; 208.10; 243.11; 247.64; respecto a ellas la iglesia es libre, 47.40; 187.113; 531.10; ella puede cambiarlas en cualquier momento, 530.6; 666.9; Cristo no ordenó el establecimiento de ceremonias, 58.61; los apóstoles abogaron en favor de la libertad, 243.42; 666.11; los obispos no tenían el poder de establecer ceremonias necesarias, 55.28; *ver también* Obispos; mas deben ser retenidas siempre y cuando que no conduzcan al pecado, 207.1; *ver también* Ordenes Eclesiásticas; ceremonias bajo el papado, 283.55; 310.14; entre los evangélicos, 41.2; 47.40; 213.40; 249.1; *ver* Tradiciones Humanas; Adiaforia.

Certidumbre, certidumbre de la gracia es el evangelio, *ver* Evangelio, 1b; puede ser recibido únicamente por la fe, 115.224; 177.61; 205.20; es segura, 205.20; ella sola puede dar paz, 91.90; 177.64; 182.87; los sacramentos tienen

la seguridad de Dios, *ver* Sacramentos; Promesa; Evangelio.

César, Cayo Julio, 118.241.

Cipriano, 38.5; 41.22; 137.322; 224.2; 230.36; 233.4; 308.1; 335.14 y sigte.; 338.27; 520.1; 623.37; 617.11.

Circuncisión, no fue dada para justificación, 110.201; 205.19; no es adiaforia, 667.12; circuncisión espiritual, 174.46.

Cirilo de Alejandría, 163.3; 558.54; 617.11.

Cisma, en nuestro tiempo, 498.4; *ver también* Controversias.

Clemente, 345.71; *ver también* SeudoClemente.

Cofradías, 34.3; 305.21.

Columna, de la verdad es la iglesia, no el papa, 154.20; 156.27; de sal, 565.20.

Comerciantes, los cristianos pueden ser comerciantes, 537.18; 692.23.

Comidas, distinción (diferencias) de alimentos, *ver* Tradiciones Humanas; 63; 56.38; 212.30; la distinción de alimentos es tradición humana, 128.283; 158.35; por ende no es servicio divino, 277.26; es adiaforia, 667.13; si se considera meritorio es contrario al evangelio, 32.4; el alimento en la santa cena, 481.23.

Compulsión, en la conversión Dios no coerce al hombre, 574.60; 477.73; el regenerado está libre de la compulsión de la ley, 516.2; 609.5; su nueva obediencia no está bajo compulsión, 511.3; 512.10; 595.4; 597.12; 598.17; Dios no quiere obras que son obligadas, 598.17; el impulso del Espíritu no es compulsión, 575.64.

Comunión de los santos, asamblea o comunidad son más correctas que comunión, 444.47 y sigte.; confraternidad interna y externa de la iglesia, 151.3; 152.12; 641.12; sus líderes son ministros de la palabra, 666.10; es la madre que engendra y da a luz a cristianos mediante la palabra, 443.42; el Espíritu la usa para promover la palabra, 445.53; las congregaciones de

la persona, 320.37; se recibe el perdón no porque uno se ha confesado, 184.95; no *ex opere operato*, 170.12; la confesión no es un mandato, 492.14; no de la Escritura, sino de la iglesia, 44.12; debe ser libre de la coerción, 165.5; 490.1; 493.21; en el papado es un tormento del infierno; su consuelo no se enseña, 491.3; 493.25; sabemos que es una bendición practicarla, 491.4; la coerción no es necesaria, 493.23; 494.32; su gran valor, 492.13; 493.26; en el papado era incierta, 320.37; no se debe permitir el abandono de la confesión, 44.1; 323.1; se abusa de la libertad respecto a la confesión, 491.5; el que no se confiesa no es cristiano, 494.29 y sigte.; instrucción para la confesión; fórmulas de confesión para condiciones, 364.20; confesión entre los Padres,186.112; intervención de los monjes en la práctica de la confesión, 60.2;166.8; *ver también* Absolución.

Confesión de la fe, pertenece a la forma externa del reino de Cristo, 109.193; confesión de los santos pone a Cristo en contraste con el reino del diablo, 108.189; demuestra el poder de nuestra fe, 147.384; nuestras obras deben ser nuestra confesión, 108.189; la invocación a Dios es nuestra confesión, 392.70; la confesión de Pedro como el fundamento de la iglesia, 338.25; *ver también* Símbolos.

Confesión privada, *ver* Confesión, Absolución.

Confesión Tetrapolitana, 614.1; 617.9; 612.12.

Confianza, fe es confianza, *ver* Fe, pertenece a la imagen de Dios, 70.18; al contenido de la ley, *ver* Ley, Mandamiento, el Primer; Cristo la demanda, 140.339; debemos confiar sólo en él, 228.31; 606.22, es obediencia debida 134.308 y sigte.; y culto, 87.57; *ver también* Culto, Adoración, Fe, 3a; confianza en las buenas obras, *ver* Obras,

3a; Cristo, B4; confianza en santos, *ver* Santos, *ver también* Fe.

Confirmación, no es sacramento, 203.6; los obispos se la han reservado, 346.73; confirmación de obispos, 335.15

Confutación Romana, 64; sus autores son sofistas descreídos, 189.123 y sigte.; 221.2; saben nada de Cristo, 149.398; condenan la clara palabra de Cristo, 168.2, el artículo principal acerca del perdón de pecados por fe mediante Cristo, 149.398;178.67; 221.2.

Congregación, *ver* Comunión de los santos.

Congruidad, Mérito de, *ver* Mérito.

Conocimiento, está relacionado con la fe, *ver* Fe,
— de Dios, pertenece a la justicia original, 70.18; los paganos también tienen cierto conocimiento de Dios procedente de la ley natural, 606.22; el conocimiento propio de Dios es recibir gracia de él, 87.60; recibimos conocimiento de él bajo los terrores y los consuelos de la conciencia, 142.351; *ver también* Dios;
— de Cristo, el verdadero conocimiento de Cristo y de la fe en él es el fundamento de la iglesia, 154.20; no en el papado, 443.43; *ver también* Cristo, B2a;
— del pecado, *ver* Pecado; Pecado Original.

Consagración, en la santa cena, *ver* Santa Cena, c; de sacerdotes, *ver* Ordenación.

Constanza, Concilio de, 309.7; 322.3.

Controversias: En cuanto a religión, en éstas la iglesia ha de juzgar, no el papa, 343.56; ya había controversias en el tiempo de los apóstoles, 541.7; en la iglesia antigua los credos las decidían, 540.4; controversia respecto a la Reforma, *ver* Iglesia, c; la unidad de la iglesia deber ser sostenida, 24; no debe ocurrir ninguna separación por razón de la santidad de los sacerdotes, 161.49; los obispos son responsables del cisma, 60.74; 116.233; 206.2; 346.72 el

153.13; qué quiere decir crear un corazón nuevo, 574.60; 579.81.

Cordero de Dios, 95.103; 300.2; 301.1; 303.7; 320.38.

Corrupción, de la naturaleza humana, *ver* Naturaleza; causa de la corrupción, *ver* Predestinación.

Costumbre, *ver* Tradiciones Humanas; Usos.

Creación, Criaturas, 438.9 y sigte.; Dios nos creó para redimirnos y santificarnos, 447.64; Cristo nuestro Creador, 624.44; somos criaturas de Dios, 438.13; lo que Dios crea no puede ser malo, pero esto no disminuye el pecado original, 76.43; ya desde la Caída la naturaleza del hombre es la creación de Dios, 499.2; 500.4; 547.2; 553.32; 554.34; la obra y la creación de Dios deben distinguirse de la obra del diablo, 503.25; 548.3; 555.42; 686.79; el hombre no puede alterar la creación y el orden de Dios, 39.7; el deseo del hombre de tener una esposa es creación de Dios, 237.7 y sigte.; 239.19; 326.2; la creación y el orden de Dios marchan hacia el matrimonio, 50.20; *ver también* Matrimonio; el gobierno es creación de Dios, 215.1; la presciencia de Dios se extiende a todas las criaturas, 671.4; Dios y Cristo están presentes en toda la creación, 525.16; 635.101; 657.68; permite que toda la creación nos sirva, 439.14; las criaturas son las manos, los conductos de sus dones, 385.26; es idolatría buscar de las criaturas ayuda y consuelo, 384.21.

Credos, de la iglesia antigua, 539.30; 662.88; 694.39; el Credo Apostólico, 18; 29.6; 77.1; 86.51; 300; 359; 379; 437; 497.3; 542.4; el Credo de Atanasio, 19; 300; 497.3; 542.4; 694.37; el Credo Niceno, 18; 77.1; 497.3; 542.4; 543.5; 694.37.

Criada, las tareas de su llamamiento son correctas, santas, buenas, 406.145; *ver también* Criados.

Criados: Sus deberes, 406.143; 418.225; según la Tabla de Deberes, 370.10; no están allí sólo por su trabajo, 410.170.

Crisipo, 143.360.

Crisóstomo, 43.18; 44.11; 182.88; 338.28; 580.86; 623.37; 631.76.

Cristianos, se distinguen de todos los demás por los artículos de la fe, 447.66; los cristianos y los asuntos civiles, 32.1 y sigte.; 161.50; 215.1 y sigte.; *ver también* Estados; Vocación; Autoridad; Propiedad; Matrimonio.

Cristo

A. La persona de Cristo, 18–21; 28; 523; 642;

1. Cristo, la segunda persona de la Trinidad, 18; 19.3 y sigte.; el único y eterno Hijo de Dios, 441.29; el Verbo, 77.1; engendrado, no hecho, 18; 20.21; por él todas las cosas son hechas, 18; nuestro Dios y Salvador, 634.89; nuestro Creador y Redentor, 624.44; está en el seno del Padre, 275.13; 683.67; la eterna verdad y sabiduría misma, 624.43; 625.47; la justicia esencial de Dios, 582.2; 592.53; espejo del corazón del Padre, 447.65; Dios se ha derramado a sí mismo por completo en nosotros, 440.26; la Trinidad entera lo señala, 683.66;

2. Dos naturalezas en Cristo, 20.28; 77.1; 523; 642; Cristo es un misterio que simplemente debemos creer, 663.96; el mayor misterio después de la Trinidad, 526.18; 649.33;

a) Cristo, verdadero Dios y hombre, 20.30; 519.11; 635.94; Dios verdadero, esencial y completo, 538.28; 643.6; 692.26; la Deidad ha asumido la humanidad (no se ha cambiado en humanidad), 20.33; Cristo ha recibido de María su carne y sangre, no las trajo del cielo (contra los anabaptistas), 28.1; 536.3; 692.25; la carne de Cristo no pertenece a la naturaleza de la Trinidad (contra los seguidores de Schwenckfeld), 537.21; 693.29; tiene la misma naturaleza que nosotros, aunque sin pecado, 555.43;

b) La unión personal, la unión hipostática, 20.32; 500.5; 507.1; 555.43; 644.11;

649.31; la unidad de la persona no quiere decir confusión de las naturalezas; las dos naturalezas son inseparables e inmezclables en la persona de Cristo, 644.7; inmutables, 623.36; son tan inmezcables como dos tablas encoladas, 524.9; 645.14; cada naturaleza retiene sus atributos, 644.8; su unidad es comunión y unión, 647.22; las naturalezas están unidas como el cuerpo y el alma, 20.35; y como el fuego y el hierro, 524.9; 646.18; 656.64; 657.66;

c) Intercambio de las propiedades, 649.31; es un intercambio real en contraste con un intercambio meramente verbal, pero no un intercambio físico, 656.63; substanciado por la unión hipostática, 656.64;

1. Los atributos de una naturaleza se atribuyen a la persona, 650.36;

2. En el oficio de Cristo la persona actúa según las dos naturalezas, 652.46;

3. La naturaleza humana es elevada por medio de la unión personal con la naturaleza divina, 653.50 y sigte.;

En cuanto a 1: No se debe entender en sentido figurado, a saber, que «Dios es hombre y el hombre es Dios», 646.19; María es la madre de Dios, 524.12; 647.24; «la muerte de Cristo es la muerte de Dios», 651.44;

En cuanto a 2: El oficio es asunto de la persona por medio de ambas naturalezas, 652.46; la naturaleza humana sola no puede mediar, 593.56; donde las obras son separadas, la persona tiene que ser dividida, 651.43; la Deidad y la humanidad no deben ser separadas, 661.84; el Cristo entero es nuestra justificación, 507.3; 582.4; 584.15; 592.55; no según su Deidad como la justicia intrínseca de Dios, 507.2; 582.2; no según su naturaleza humana, 507.2; 582.3; Cristo mismo sufrió, no meramente su naturaleza humana, 647.20; el Cristo entero descendió al infierno, 524.13; 664.2;

En cuanto a 3: La naturaleza divina es inmutable, 652.49; la naturaleza humana es elevada mediante la unión con la naturaleza divina, pero no tiene majestad divina fuera de la unión personal, no como un atributo esencial, 655.61; el Hijo de Dios la había recibido desde la eternidad, el Cristo hombre mediante su nacimiento aquí en este tiempo, 661.85; Cristo es igual a Dios según la naturaleza divina, no es según su naturaleza humana, 655.61; la gloria de la naturaleza divina se manifiesta a sí misma mediante la naturaleza humana, 657.66; la gloria de la naturaleza humana se media mediante el Espíritu, 658.72; Cristo ya la había recibido en el seno de su madre, pero la guardó en secreto en el estado de humillación, 648.26; oculta en la forma de un siervo, 657.65; revelada empero cuando él quiso, 648.25; después de la resurrección la forma de siervo fue puesta a un lado, 648.26; fue elevada según la carne a la diestra de Dios, 645.12; 649.28;

d) La presencia de Cristo según su humanidad: El cuerpo de Cristo tenía tres maneras de estar presente en un lugar: Física, espiritual y divina, 635.99 y sigte.; él es, como Dios que es, inmanente y trascendente sobre todas las criaturas, 635.101; también omnipresente según su humanidad, 660.81; donde ella está, el Cristo hombre está también, 661.82; su cuerpo no está en un solo lugar en el cielo, 640.119; el Cristo entero está presente en su iglesia, 659.77; la presencia de Cristo en la santa cena, 517.2; ver Santa Cena.

B. La Obra de Cristo

1. Su vida, 18–21; 28.1 y sigte.; 71.1; 300; 359.3, 4; 440.25; su nacimiento virginal, 524.12; 643.6; 647.24; útero cerrado, 635.100; fue concebido y nació sin pecado alguno, 441.31; descenso al infierno, 528; 663; la segunda venida, 33; 218;

2. Como Redentor, 28; 77; 300–301; 359; 440;

a) El lado práctico de la fe en Cristo: Causa final de su historia es el perdón de los pecados, 86.51; todo tiene que estar relacionado con el artículo del perdón, 86.51; reconocer a Cristo es conocer su beneficio de buscar el perdón de los pecados, 85.46; 103.154; 265.72; *ver también* Memorial de Cristo; Cristo no puede ser conocido sin el reconocimiento de nuestra miseria, 86.50; la doctrina correcta del pecado original conduce a esto, 548.3;

b) El Redentor, 300-301; causa de la salvación, 94.98; Salvador de la naturaleza corrupta, 82.30; inimitable reconciliador y mediador, el único Salvador, supremo sumo sacerdote, trono de gracia y abogado, cabeza, pastor, 35.9; 37.2; 91.80; 180.76; 226.17; 652.47; 660.78; permanece el mediador también para los que han nacido de nuevo, 104.162; 105.165; 136.317; 208.12; sólo por causa de él Dios es un Dios de gracia para con nosotros, 91.81; 105.165; nuestro sumo sacerdote, 91.82; 105.165; 139.333; 146.376; 228.24; 262.58; el sacrificio por nosotros, 28; 107.179; 203.8; 253.22; 261.55; *ver* Cordero de Dios; propiciador, 35.9; 91.82; 177.63; Señor de vida, 441.30; el Libro de Vida, 532.6; 533.13; 673.13; 683.66; 684.70; 688.89; el propiciatorio, 479.86; mi Señor, 441.27, 31;

c) Redención: El mérito de Cristo es el precio que paga por los pecados, 86.53; su muerte es la satisfacción por la culpa y por la muerte eterna, 42.7; 192.140; el pago genuino, 194.147; el único sacrificio debidamente expiatorio, 42.12; 252.22; 261.53; su obediencia es nuestra redención, 507.3; 582.4; se nos cuenta por justificación, 582.4; 583.9; 584.14; 592.55; y por cierto la obediencia activa y pasiva, 584.15; cubre también los pecados del que ha nacido de nuevo, 586.22; 588.32; uno se puede asir de él como mediador sólo por la fe, 107.180; su mérito se

obtiene no por nuestros esfuerzos o por dinero, sino por la fe, 306.24;

d) Cristo y la ley: Los escolásticos no lo permiten como mediador, sino como dador de la ley, 79.15; 149.392; debemos ser reconciliados la mitad por él, la otra mitad por nuestras obras, 120.251; de ser así, no se diferencia de los filósofos, 79.13; es prometido de la ley, 132.297; la ley lo presagiaba, 253.22; 257.34 y sigte.; no quiere abolirlo, 125.269; donde las Escrituras hablan de él, él está encerrado, 145.372; los profetas dieron testimonio de él, 91.83; 126.273; 177.65; 221.2; por la fe en él los patriarcas llegaron a ser bendecidos, 87.57; 179.73; 261.55; la ley es nuestro ayo para llevarnos a Cristo, 613.24; él es el Señor de la ley, 589.15; el fin de la ley, 82.30; 145.372; 613.24; nos ha redimido de la maldición de la ley, 107.179; 515.2; 613.23; y de sus estatutos, 289.15; 530.4; 666.11; no dio leyes nuevas, 79.15; 275.17; toma por cierto la ley en sus manos y la explica espiritualmente, 411.182; 514.7; 604.10; une la ley y el evangelio, 123.264; 603.4; su muerte nos conduce a estar primeramente bajo la ley, 514.9; pero ahí él realiza una obra «ajena», 515.10; 604.11; 605.12; su debido oficio es la redención, la gracia, 127.277; la «ley de Cristo» no es ley, sino el impulso del Espíritu, 611.16; *ver también* Ley;

3. Cristo el Señor de la iglesia: Él es cabeza de la iglesia, 151.5; 309.9; 624.44; 652.47; 660.78; una iglesia bajo Cristo, 24.4; 25.10; 152.10; 157.30; 445.51; su reino es espiritual, 200.176; 215.2; 338.31; la gobierna por medio de su justicia, su sabiduría etc., 441.30; por medio de su Espíritu 151.5; realiza su obra diariamente en su iglesia, 152.9; su presencia en la iglesia, ver A2c; como sumo sacerdote él intercede por nosotros, 139.333; 227.24; 306.26; *ver también* Iglesia;

4. La gloria de Cristo: La suprema ado-

ración de Cristo es buscar el perdón por medio de él, 103.154; 132.299; la gloria de Cristo se sostiene por medio de la doctrina de la justificación por la fe, 129.285; 509.10; 588.30; los papistas lo han despojado de su gloria, 208.10; 341.44; 342.48; hollarlo con el pie, 98.120; y sigte.; sepultarlo, 18; 91.81; su gloria fue herida por los escolásticos mediante sus doctrinas de la ley, 179.75; de la capacidad de la naturaleza humana, 28.3; 69.10; 102.146; 312.11; del amor que justifica, 114.221; de las obras, 104.157; 112.209; 113.213–215; 125.269; 136.317; 221.4; de los méritos condignos, 137.324; por medio de tradiciones humanas, 45.4; 56.36; 194.145; 208.5; 341.48; por medio de ritos y ceremonias escogidos personalmente, 208.10; 209.18; por medio de votos monásticos, 51.37; 274.11; 278.30; por medio de la misa, 42.10; 271.98; por medio de la adoración de santos, 226.14; 228.31; 306.26.

Cristobál, San, 230.35.

Cruz, (tribulación, sufrimiento), donde está la palabra de Dios, no está muy lejos la amada y santa cruz, 458.65; los que confían en Dios sufren dolor y necesidad, 388.42; no es siempre castigo por pecados, 195.151; sino una señal de gracia, 197.158; la disciplina de hijos mediante la cual ejercita a los santos, 195.151; es para hacernos obedientes, 214.45; para matar el pecado restante, 195.152; debemos crucificar al viejo Adán, 598.19; mediante la cruz Dios quiere hacer a sus electos como la imagen de Cristo, 680.49; es la obra extraña de Dios, 197.158; puede ser contada entre los sacramentos, 204.17; es la mortificación correcta, 47.31; 214.45; pertenece a los sacrificios del Nuevo Testamento, 256.30; es una ofrenda de gracias, no un mérito, 254.25; 246.47; pertenece a la confesión de fe, 258.38; causa dolor al viejo Adán, 458.66; la fe murmura contra ella, 106.170; el que carece de fe no la soporta, 36.34; ningún cristiano la lleva en completa obediencia, 105.167; la vida monástica es huir de ella, 414.197; el reino de Cristo está escondido bajo la cruz, 153.18; ver también Aflicciones, Mortificaciones.

Cualidades, en la doctrina del pecado original, 560.62; ver también Pecado Original; cualidades finitas (dones creados): La naturaleza humana de Cristo no tiene sólo cualidades finitas como los santos, 653.52.

Culpa, del pecado original, ver Pecado Original; Dios trata diferentemente con culpa igual, 682.57; perdona la culpa también sin castigo, 187.118; primeramente es perdonado el pecado, entonces viene el castigo, 124.267; ver también Pecado; Perdón.

Culpable, Dios no nos debe la vida eterna, 140.342; 682.60; toda persona es culpable delante de él, 95.103; 313.1; nuestra naturaleza es culpable de la ira de Dios, 682.60.

Culto, 395.84; ver también Adoración; Mandamiento, Tercer; Sacrificio; a) Culto (adoración) interno; Dios quiere que se le rinda culto en espíritu y en verdad, 255.27; el culto supremo penetra hacia adentro en el corazón, 265.74; es un culto espiritual (contra el opus operatum), 268.88; el Primer Mandamiento lo pone de relieve, 100.133; todo servicio divino debe ser dirigido al Primer Mandamiento, 277.25; el culto del evangelio (fe) es aceptar lo que Dios ofrece; de la ley, ofrecer obras a Dios, 86.49; 134.310; el culto debido y supremo es reconocer uno sus pecados y buscar el perdón, 103.154; 134.310; desear aceptar la promesa, 115.228; fe, ver Fe, 3a; con sus frutos, 103.155; conocer ningún otro consuelo y confianza sino en él, 384.16; invocarlo de corazón, 37.3; 256.29; temor, fe, invocación, acción de gracias, 268.88; matar al Viejo Adán y renacimiento, 265.71 y sigte.; b) Culto externo: ver Ceremonias; Tradiciones Humanas; Días Santos; no hay gente sin servicios divinos, 284.17; servicios divinos externos no hacen a nadie piadoso y justo ante Dios, 47.40; 209.15; 212.36; sirven para ejercicios físicos y disciplina, 210.20; en esto la iglesia debe ser independiente, 212.32; 529; 664; Dios desea sólo aquellos servicios que él ha establecido mediante su palabra, 286.70; Dios prohibe servicios escogidos personalmente, 209.14; se oponen a Dios, 51.35; contrarios al Segundo Mandamiento, 269.89; 270.92; llamados «vanidad» por los profetas, 308.2; Dios los destruye, 387.35; nadie debe establecer ritos ingeniados personalmente, 209.15; ni el papa, 155.23; 333.6; ni los obispos, 53.2; 212.31; 287.6; ni el oficio de las llaves, 171.22; 200.176; el reino del anticristo es de por sí un culto a Dios fraudulento, 209.18; por consiguiente, el papado es anticristiano, 259.41; 341.44; en él se establecen constantemente, como en Israel, nuevos servicios divinos, 209.15; 210.23; en la renovación de servicios levíticos, 56.36; 261.52; por esta razón apareció la doctrina de los méritos, 283.55; y su ansiedad de conciencia, 112.212; 129.285; 130.288; tienen gran esplendor ante la gente, 211.24; pero obscurecen el culto correcto, 52.49; y la gloria de Cristo, 149.392; 209.18; el culto correcto es: Oír y adiestrarse en la palabra de Dios, alabar a Dios, cantar y orar, 395.84; el culto principal es predicar el evangelio, 213.42; culto razonable en el canon de los griegos, 270.93; las velas y cosas similares no son esenciales al culto, 261.51; servicios divinos falsos, *ver* Santos; Misa; Votos; abandonar cónyuge e hijos, empleo terrenal, 281.42;

c) culto en el sentido más amplio: Se debe servir a Dios en sus mandamientos, 53.57.

Culto levítico y el sacerdocio no son incumbencia de la iglesia cristiana,

56.36; 58.58; 203.7; 241.27; 243.41; 255.26; fueron precursores de Cristo, 257.34; 261.53; *ver también* Culto; Sacerdote.

Curia, etimología de la palabra «iglesia», 444.48; la curia romana teme a un concilio cristiano independiente, huye de la luz, 296.3.

Daniel, conocía y predicaba la promesa acerca de Cristo, 123.262; enseñó a confiar en la compasión de Dios, no en las obras, 138.331; 139.337; desempeñó altos puestos y logro riquezas sin cometer pecado, 217.9; su descripción del Anticristo, 155.24; 210.19; 240.25; su palabra referente a la abominación de la desolación se aplica no a los evangélicos sino al papado, 260.45.

Dardos, de fuego del maligno, 464.104; 109; 534.13.

David, ocupaba el puesto de rey sin pecado, 217.9; sus guerras, etc., eran obras santas, 109.191; en ello hay un ejemplo para el emperador, 37.1; un ejemplo de la debida probreza evangélica, 282.46; no confiaba en sus méritos, sino en la gracia de Dios, 87.58; su contricción, 172.36; 175.56.

Débiles en la fe, no indignos de participar de la santa cena, 520.9; 630.69.

Decretales, enseñan negocios y ceremonias terrenales, pero nada acerca de Cristo, 310.14.

Dejar, mujer e hijo, etc., 53.55; *ver también* Vocación; Monjes; Perfección.

Demóstenes, 267.81.

Derecho, humano y divino, 141.345; el derecho divino o la ley no puede ser abrogado por la autoridad, leyes o votos humanos, 50.23; 160.41; 200.175; 282.51; derecho divino o humano del papado, 307.1; 309.7; 310.13; 328.5; 332 y sigte.; *ver también* Papa; el derecho al poder episcopal, 344.65; *ver también* Obispos; el oficio del sumo sacerdote fue por derecho divino, 340.38; ceremonias, días festivos no son por derecho divino, 159.41; también enu-

luntad y esencia, 685.75; en todo lugar y en todas las criaturas, 657.68; hay muchas maneras de su presencia, 519.14; 635.97; su diestra está en todo lugar, 519.12; 635.95; es la omnipotencia de Dios la que llena el cielo y la tierra, 649.28; Dios mismo, no sus dones, mora en los fieles,510.18; 594.65; Dios, Padre, Hijo y Espíritu Santo, 592.54; con toda la plenitud de la Deidad, pero no unidos física o personalmente, 658.70; todos los eruditos no son tan sabios como la divina majestad en su dedo menique, 480.12;

c) Dios es sólo el bien eterno, 384.15; una fuente eterna e imperecedera, 456.56; Dios significa aquel a quien uno debe buscar para todo lo que es bueno, 382.2; 383.10; no permite que sea captado excepto en su palabra, 88.67; debemos preocuparnos respecto a su voluntad revelada y no escudriñar las cosas ocultas, 677.33; *ver también* Predestinación; el evangelio nos enseña a conocerle de otro modo que la ley, 606.22; sólo puede ser conocido en Cristo, 36.23; 101.141; 447.65; captado por el corazón, 383.13 y sigte.; en eso aceptamos su gracia, 87.60; la que duda nunca experimenta lo que Dios es, 182.89; ambos se acompañan: La fe y Dios, 382.3, la fe hace a Dios y a ídolos, 382.2; tener a Dios es confiar y creer en él de corazón, 382.2; 383.10; 384.18; 386.28; quiere decir dedicarse uno a Dios, 101.142.

2. Las obras de Dios

a) Creador: Lo que esto significa, 438.13; la presciencia de Dios, *ver* Presciencia; Dios no es creador o causa del pecado, 34; 221; 252.4; 548.7; 554.38; 555.40; 672.7; no desea el mal, 671.6; creó al hombre justo y santo, 607.23; su obra respecto al hombre debe ser distinguida de la obra del diablo, 503.25; 548.3; 555.42; 686.79; *ver también* Pecado Original; Naturaleza;

b) Señor: *ver* Ley; Mandamientos; Dios desea que le temamos, amemos, confiemos en él, le sirvamos, etc., 52.48; 78.8; 99.124; 99.30; 356.2; 382.4; 439.19; desea que sea temido, no menospreciado, 387.34; desea ser honrado por la aceptación de su promesa en fe, 86.49; 87.60; *ver también* Culto; mediante el invocarlo en la necesidad, 78.8; 448.2; nadie puede hacer eso por naturaleza, *ver* Naturaleza; Dios es fuego consumidor, 138.329; *ver también* Juicio;

c) Redentor: Dios no desea la condenación de nadie, sino que todos sean bienaventurados, *ver* Predestinación; él castiga sólo para reformar, 198.164 y sigte.; realiza una obra extraña a fin de llegar a su obra propia, 175.51, 53; 197.158; es misericordioso para los que confían en él de todo corazón, 386.32; se entrega a nosotros por completo y de lleno, 448.69; su gloria consiste en hacernos bienaventurados por su pura misericordia, 688.87; que da mucho más que lo que cualquiera puede captar, 456.56; se le da la gloria mediante la doctrina correcta del pecado original, 548.3; la justicia por las obras hace a Dios un ídolo, 384.22; algunos hacen a mamón su Dios, 382.6; a los santos dioses, 225.11; el papa desea ser un dios terrenal, 155.23; 308.4; 310.13; *ver también* Papa.

Disciplina, disciplina externa de la ley, *ver* Ley, b; buena, pero distinguirse de la piedad interna, 220.9; *ver* Justicia, Civil; los evangélicos no la prohíben, 47.29; disciplina eclesiástica, *ver* Jurisdicción; Excomunión.

Discípulo, *ver* Apóstol.

Dispensación, el papa dispensa en cuanto a dónde debe permanecer firme, pero es estricto en cuanto a leyes humanas, 246.56; la dispensación de votos demuestra que ellos no son de procedencia de la ley divina, 50.23.

Disensión, en la iglesia, *ver* Controversias.

Distinción, entre ley y evangelio, ver Ley, a; entre alimentos, *ver* Alimentos;

de días, *ver* Días Santos, de recompensa, *ver* Recompensa.

Doctrina, la iglesia necesita una forma consecuente de doctrina, 542.1; 544.9; 545.14; la doctrina correcta acerca del evangelio; sus señales, *ver* Iglesia, 2c; en esto los obispos deben unirse, 309.9; la norma de doctrina es la Escritura sola, 497.1;498.7; 542.1; la doctrina verdadera santifica el nombre de Dios, la doctrina falsa lo profana, 360.5; 391.64; 453.39, 41; 454.47; el diablo no quiere soportar la doctrina verdadera, 457.62; la doctrina de los evangélicos se funda en la Escritura y no es contraria a la iglesia cristiana, 31.1; 60.5; las partes más importantes de la doctrina, *ver* Artículos de Fe.

Dolor, *ver* Castigo.

Domingo, 397.78; transformación del sábado a domingo, 56.31; 58.55; 56; el domingo no es una institución necesaria, 58.55, 56; la Escritura ha abrogado el sábado, 58.55, 56; pero debe ser retenido por razón de orden, 395.85; la manera correcta de santificarlo, 396.87; el trabajo necesario no se prohibe, 396.86; su profanación, 398.96; *ver también* Días Santos.

Domingo, Santo, 112.211.

Dominicanos, han ocasionado idolatría con el rosario, 383.53; su doctrina falsa acerca del bautismo, 322.2.

Donatistas, 30.3; 156.29; 161.49.

Duda, no debemos dudar de la gracia de Dios, 136.320; 509.9; ni de la elección, 684.70; 685.73; el que duda injuria a Cristo, 102.149; no puede orar, 111.204; 182.89; 451.22; 462.92; 466.123; no está preparado para recibir la santa cena, 366.10; la duda conduce a la desesperación, 137.321; 182.89; los adversarios hacen dudar a las conciencias, 98.119; 341.44; la duda de la presencia de Dios, 100.135; 105.167; *ver también* Fe, Certidumbre, Conciencia.

Duns Escoto, Juan, 178.68; 193.143; 194.148; 322.3.

Eck, Juan, 235.11.

Éfeso, Concilio de, 655.59; 659.76.

Ejercicios, externos no son meritorios, 211.24; 214.47; 279.36; no cambian el corazón, 158.36; pero el cristiano debe ejercitarse en ellos, 47.32; 214.46; 244.48; son confesiones de fe, 284.58; ordenados en la ley de Dios, 111.207; ejercicios de los nazaritas, 284.58; de los santos, 211.24; 276.21; dar limosnas es un ejercicio espiritual, 127.278; como lo es la obediencia bajo la cruz, 214.45; eso es verdadera adoración, 341.44.

Electos, Elección, *ver* Predestinación; elección de obispos, ministros, *ver* Obispos, Ordenación.

Elemento, *ver* Sacramentos; Santa Cena.

Elemento material del pecado original es la concupiscencia, 68.4; *ver también* Pecado Original.

Elías y Eliseo, no recibieron el Espíritu sin los Diez Mandamientos, 325.11.

Emperador, debe seguir el ejemplo de David y luchar contra los turcos, 37.1; su posición con respecto al papa, *ver* Papa.

Encratitas, 243.45; 245.50.

Enfermedad, el pecado original es una enfermedad innata, 28.2.

Entusiasmo, Entusiastas, 204.13; 232.43; 323.3; 324.6; 454.47; 476.61, 63; 480.12; 505.13; 561.4; 571.46; 579.80; 620.22; 636.102, 103; aquellos que, sin la palabra de un Mediador esperan la iluminación inmediata del Espíritu Santo, 505.13; 561.4; 579.80; se jactan de que poseen el Espíritu sin la palabra, 323.3; por su propia preparación, 204.13; desdeñan la palabra hablada y el oficio de la predicación, 204.13; condenan la palabra hablada, pero ellos mismos no guardan silencio, 324.6; abusan de la doctrina de la impotencia del hombre, 571.46; el entusiasmo procede del diablo, 324.5, 9; es sembrado en Adán y Eva y todos sus descendientes, 324.5, 9; es la fuente de toda herejía, 324.9; el papado es en-

palabra y sacramento es el diablo, 325.20; la palabra es el oficio del Espíritu, 676.29; oficio y obra del Espíritu, 573.55; y sigte.; el Espíritu es el endoso del sermón, 179.71; donde existe la palabra, allí realiza él su obra, 173.44; 323.3; 443.38; 446.58; 504.4; 561.5; 569.37 y sigte.; 685.77; por palabra y sacramento, 264.70; 503.1; 595.65; 584.16; el Espíritu sabe lo que dice, 97.108; palabra y sacramento son sus medios e instrumentos, 504.4; 505.13; 507.19; 561.4; 572.48; 577.72;

b) El Espíritu y la iglesia, 150; 442; *ver también* Iglesia, el Espíritu obra mediante la congregación, 443.37; 447.61; está con ella hasta el último día, 445.53;

c) El Espíritu es recibido mediante la fe, 36.27; 85.45; 92.86; 98.116; 99.125; 127; 100.32; 131.293; 223.15; por la gracia, no por las obras, 223.13; el regenerado lo recibe, 106.175; 181.82; la promesa del Espíritu es válida también para niños, 162.2 y sigte.;

d) El impulso del Espíritu no es por la fuerza, 575.64; sino espontaneidad, 597.12; 609.3, 6; 612.17; 614.25; la voluntad convertida es su instrumento, 506.18; sólo tenemos los primeros frutos del Espíritu, 576.68; la carne no deja de estar en oposición a él, *ver* Carne; podemos perderlo, 31.7; por pecados deliberados (contra la conciencia), 223.13; 513.19; 576.69; por falta de amor, 113.219; no está donde el pecado hace lo que quiere, 321.44; apariencia falsa del Espíritu, 612.20; debemos retener sus dones, 577.72;

e) realiza su obra sin cesar hasta el día final, 445.53; 447.61; y sigte.;

C. El Espíritu de Cristo: Presente en la santa cena (doctrina de los sacramentarios), 617.11; como mediador de la unión con el cuerpo de Cristo en la santa cena, 518.15; 616.5; gobierna la iglesia como el cuerpo de Cristo, 151.5; 153.16; 153.18.

Espíritus, malos, como espíritus de los difuntos, 304.16.

Espiritualidad, falsa, de los monjes, 49.11 y sigte.; 51.38; 52.43; de los anabaptistas, 536.5; 691.10; de los célibes, *ver* Matrimonio de los Sacerdotes.

Espontaneidad, del espíritu en los fieles, 523.10; 575.64; 597.12; 598.18; 609.6; de obras, 595.3, 4; *ver también* Obras; no es perfecta, 512.13; 612.18.

Estados (en la vida); un estado bueno y perfecto es aquel que tiene el mandato de Dios, 53.57; que procede de la palabra deDios, 397.93; el estado espiritual (clerical), especialmente el monaquismo, ha sido elevado sobre todos los demás, 49.13; 218.13; puede ser el estado de perfección, *ver* Monjes, a; otros estados o puestos se explican como mundanos, impíos, condenables, 217.9 y sigte.; pero el estado común de ser cristiano vale más que el espiritual (clerical), 414.97; todos los estados deben procurar la perfección cristiana, 280.37; los estados (puestos) tienen la palabra de Dios y su mandato, 49.13; debemos usarlos en esta vida, 215.2; en su vocación sirven a Dios conforme a sus mandamientos, 49.13; el evangelio lo exige, 33.5; temer y confiar en Dios en el estado que uno ocupa es perfección, 52.49; *ver* Perfección; Dios ha exaltado el estado de paternidad y maternidad, 399.105; 403.126; la paternidad y el gobierno son estados divinos, 411.82; *ver también* Padres; Padre; Autoridad; Matrimonio; los estados espirituales (monaquismo) son impíos, 397.93; porque son escogidos sin la palabra de Dios, 218.13; 417.221; se han levantado mediante el burlar sus mandamientos, 400.12; tabla de deberes para todos los estados, 368 y sigte.; en la confesión cada persona debe debe ver su estado según los mandamientos, 364.20; quien conoce los Diez Mandamientos puede juzgar todos los estados, 377.17; agravios en los estados civiles, 298.12; *ver también* Vocación;

los cuatro estados de la voluntad humana, 503.1; 560.2.

Estoicos, 617.8; 577.74.

Eucaristía, 263.66; 266.76.

Eunomianos, 27.5.

Eusebio de Cesarea, 558.54.

Eutiques, 526.18, 21.

Evangelio, 78.5; 321; 513; 602.
1. Naturaleza del evangelio, 606.20; diferentes conceptos del evangelio: a) en el sentido general: La doctrina entera de Cristo; b) en sentido especial: En contraste con la ley, 514.6; 603.3.
a) En cuanto a la doctrina entera de Cristo, abarca arrepentimiento y perdón de los pecados, 87.62; 171.29; 283.54; 514.6; 603.5; enseña primeramente el debido arrepentimiento, 283.54; 320.41; es necesario para el arrepentimiento, *ver* Arrepentimiento; pero eso es su oficio ajeno mediante el cual él llega a su propio oficio, *ver también* Cristo, B;
b) En el sentido estrecho, es enteramente la proclamación consoladora de la gracia (perdón de los pecados), 321; 514.7; 515.10; 604.9; 605.12; 606.21; la promesa, 78.5; 98.121; 104.159; 108.186; 148.388; de la gracia, del perdón de los pecados, de la justificación mediante la fe sola por causa de Cristo, 30.2; 84.43; 87.62; 97.110; 126.274; 167.2; 274.11; 277.23; 509.9; 589.39; su totalidad es: El perdón de los pecados por medio de la fe en Cristo, 274.13; la absolución es la voz del evangelio, 125.271; 167.2; 173.39; 177.61; 185.105; 274.13; se debe presentar el evangelio a la conciencia aterrorizada, 56.33; ofrece a Cristo y la pura gracia, 180.76; lleva a uno a necesitar a Cristo, 131.291; todo el evangelio se afinca en el segundo artículo, 442.33; sin el evangelio nada conoceríamos acerca de Cristo, 443.38; obliga a uno a recalar la doctrina de la fe, 46.19; fomenta la fe ya que no tenemos mérito, 138.334; es mandamiento de Dios a creer en su gracia

gratuita, 115.228; 141.345; 180.76; 182.88; 606.19; da de muchas maneras consuelo y ayuda contra el pecado, 314.8; 321; es válido a todos con su promesa, *ver* Predestinación (universalidad de la gracia); 675.28; 678.37; su promesa pertenece propiamente a toda la iglesia, 337.24; ya había sido dado a Adán, 175.53; fue el consuelo de todos los patriarcas; *ver también* Patriarcas; 179.73; ley y evangelio, *ver* Ley; no se debe cambiar en predicación de arrepentimiento o de ley, 515.11; 608.27; enseña una justicia diferente de la ley, 84.43; diferente de la razón, 116.230; debe distinguirse de la filosofía, 79.16; en el papado fue hecha doctrina de la ley, 608.27; así fue abrogado el evangelio, 180.77; 182.89; los adversarios lo pisotean mediante una doctrina de obras, 97.110; pasando por alto la fe, 98.121; mediante la Misa, 269.91.
2. Relaciones:
a) Evangelio e iglesia; *ver* Iglesia; es el debido fundamento de la iglesia, 154.20; la señal externa de la iglesia, 30; 150.400; 152.10; 154.20;
b) el evangelio y el Espíritu Santo, *ver* Espíritu Santo, B2a; es una proclamación externa y oral, 470.30; pero el Espíritu Santo obra mediante el evangelio, 443.38; 565.18; 584.16; es un medio por el cual es dado el Espíritu, 29.2; sólo prohibe la venganza privada, 217.7; permite el matrimonio, 246.61;
c) el evangelio y el gobierno terrenal, *ver* Oficio; Autoridad; enseña un ser y una justicia internos y eternos, 32.4; no trae nuevas leyes al gobierno terrenal, 216.3; no derroca el gobierno terrenal, 216.5; 54.10; 216.6; sino que endosa la autoridad y el gobierno, 216.5.

Excomunión, deben diferenciarse la excomunión «mayor» y la «menor», 325; cuanto mayor es un castigo civil, tanto menor es una excomunión completamente cristiana, 325; la excomunión menor excluye de la comunión de la iglesia y de los sacramentos al pecador impenitente, 151.3; 165.4; 344.60; 346.74; todo pastor tiene el poder de imponer la excomunión menor, 288.12 y sigte.; 346.74; los obispos han agobiado las conciencias con el uso injusto de la excomunión, 53.2; los papas han atormentado a los reyes con ella, 339.35; queda repudiada la aserción de que una congregación no es verdaderamente cristiana sin la excomunión (los seguidores de Schwenckfeld), 328.26; 693.34.

Facciones, espíritus facciosos, 116.232; 232.43, 309.7; 320.42; 454.47; 466.2; 467.7; 473.47; 474.55; 480.7; 536; 583.6; 690; facciones en la congregación de Corinto, 114.224; *ver también* Sectas.

Fálaris, 150.399.

Fanáticos, *ver* Entusiastas, Facciones.

Fariseos: Cristo los reprocha porque enseñan preceptos contrarios al mandamiento de Dios, 283.52; no lo reconocen como al Cristo, 103.154; sólo vieron el rostro velado de Moisés, 116.229; así se volvieron hipócritas presuntuosos, 514.8; justicia farisaica, 79.16; oración farisaica, 138.332.

Fe, 1. Naturaleza, 85.48; 382; la razón no entiende lo que es la fe, 210.22; 316.18; no la fe en general, sino la fe personal en la salvación, 85.45; 173.45; 176.60; 205.23; no el conocimiento de la historia, sino la confianza, 36.23; 85.48; 115.227; 139.337; 140.338; 173.45; 508.6; el conocimiento de ella lo tiene el diablo y los hombres impíos también, 36.23; 120.249; 133.303; 139.337; no es asunto del entendimiento, sino de la voluntad, 133.304; 135.312; no conocimiento vano, sino poder activo, 88.64; 94.99; 98.115; 120.249; quiere decir desecharse uno a sí mismo y arriesgar todo para obtener la promesa, 87.59; aceptar la prome-

sa, 123.263; la certidumbre de la promesa, 97.112; es la así propiamente llamada fe, 97.113; la certidumbre de la gracia en Cristo, 36.23; 102.148; 141.350; ver también Cristo, B2a; una confianza viva y deliberada en la gracia en Dios, 597.12; 36.26; la respuesta y confesión del cristiano al Primer Mandamiento, 438.10; los dos se acompañan: La fe y Dios, 382.3; la confianza y la fe del corazón hacen tanto a Dios como a los ídolos, 382.2; si la fe es recta, entonces tu Dios es recto también, 382.3; la fe y la esperanza, 135.312;

2. Origen, *ver* Conversión, 87.61; 437; trasciende la naturaleza, 133.303; *ver también* Pecado Original; Mandamientos; la fe no es cosa fácil y un poder humano, 120.250; no ocurre sin una lucha en el corazón, 133.303; 141.350; ocurre con dificultad aun a los santos, 222.8; nadie tiene fe en Dios como debe tenerla, 140.342; no es mi obra y preparación, 85.48; sino la obra del Espíritu, 29.2; 33.3; 88.64; 94.99; 98.115; 146.376 y sigte.; 361.8; 443.38; 447.65; 458.67; 510.19; 546.15; 566.25; 684.69; por medio de la palabra, 90.73; 324.7; 447.62; 684.69; por medio del Evangelio y el sacramento, 29; 31; 158.36; 173.42; 202.5; 234.10; 262.59; 264.70; por medio del oficio de la predicación, 30;

3. Efecto salvador, el único medio de asirse de la gracia de Dios, 36.28; 85.44, 48; 99.129; 508.5; 584.10; 589.38; 509.41; 601.35; la fe y la promesa se acompañan, 86.50; 151.346; 208.11; son correlativas, 137.324; según uno cree, así le será hecho, 365.28; mediante la fe Cristo se hace nuestro, 118.239; 145.367; Dios mora en los fieles, 510.18; *ver también* Morada Interna de Dios, de Cristo; la fe es necesaria para la absolución, *ver* Absolución; al uso de los sacramentos, ver Sacramentos; Santa Cena; Bautismo; es la norma de la justificación y de la vida nueva, 131.291;

a) Como norma de la justificación, *ver*

Justificación, b; la fe es justicia, tanto por atribución como por ordenanza; 134.307; es el comienzo, el centro y el fin de la justificación, 601.34; no justifica como una fe modelada por el amor, 97.109; 114.221; no como una buena obra, sino porque aprehende el mérito de Cristo, 115.227; 140.338; 584.13; no es de por sí misma una obra meritoria, 87.56; es contada como justicia, *ver* Justicia; es la realidad que Dios llama justicia, 93.89; es la justicia del corazón, 94.92; la fe en Cristo debe ser elevada sobre todas las obras, 45.4; adoración más importante, 86.49; 87.57, 59; 103.155; 115.228; 168.3; 209.16; 341.44; porque él se da a sí mismo, 86.49; Dios da lo que es suyo, 134; Dios demanda fe, 183.94; el que no tiene fe hace a Dios mentiroso, 132.297;177.63;

b) Como norma de nueva vida, 108.125; 131.291; la verdadera fe procede del verdadero arrepentimiento, 586.26; ella no es posible sin el arrepentimiento, 510.17; 594.64; existe en la penitencia, 85.45; 101.142; 141.350; 152.353; la fe es el consuelo del arrepentimiento, *ver* Arrepentimiento, Penitencia;

c) No puede existir junto a la mala intención, 509.11; 586.26; 590.41; 597.15; no puede existir debido al pecado mortal, 88.64; 97.109; 101.144; 321.43; no entre los que viven en la carne, 101.144; produce al Espíritu Santo, *ver* Espíritu Santo; limpia, cambia y renueva el corazón, 94.99; 99.125; 128;284; 157.31; 287.8; da vida, 88.64; 95.100; 131.293; 157.31; 174.47; 265.73; 288.10; produce el renacimiento, es nueva vida, es vida y poder en el corazón, 88.64; 98.115; 120.250; 146.374; 157.31; 158.36; fe y buenas obras, 34; 327; la doctrina de la fe no prohibe las buenas obras; al contrario, enseña a hacerlas, 36.35; produce buenos frutos y buenas obras, 90.74; 97.111 y sigte.; 110.203;

223.15; 589.36; por ella el corazón es impulsado a las buenas obras, 36.26; ellas no la preceden sino que la siguen, 119.236; 590.41; como un buen árbol, produce buenos frutos, 596.8; lo que no procede de la fe es pecado, (*ver bajo* Ro. 14:23); la fe santifica y sirve a Dios, las obras sirven a los hombres, 406.147; la fe se conoce por sus obras, 103.155; 590.42; son su testimonio, 108.184; mediante las obras de los fieles Cristo revela su reino, 108.189; pues la fe es algo vivo y creativo, 119.246; 120.250; 596.10; es madre y fuente de las obras, 596.9; produce frutos, 88.64; 198.165; 223.15; es activa mediante las obras, 509.11; no puede existir sin las obras, 509.11; no puede existir sin el amor, 101.141; 594.64; o de lo contrario es falsa, 113.219; 327.3; no una fe viva, sino una fe muerta, 120.248; 590.42; 594.1; el cumplimiento de la ley sin la fe, 597.12; *ver* Ley; cumple lo que el bautismo significa, 477.74; 478.84; aun la fe todavia tiene que luchar con el pecado, *ver* Vida, Nueva; la doctrina falsa de los entusiastas, 320.42; debe crecer por medio de las tentaciones, 141.350; *ver también* Aflicciones; en los terrores de la conciencia, 101.142; por razón de la vida carnal alguien la pierde, 141.348; 225.13; por razón del pecado deliberado, 481.19; 597.15; 600.31; por falta del amor, 113.219; aun así, las obras no han de sostener la fe, 601.34;

4. La doctrina de la fe debe ser recalcada en la iglesia, 46.20; 52.48; es la parte principal de la vida cristiana, 34.8; 58.52; el artículo más verdadero, seguro y necesario, 149.398; pues imparte el conocimiento de Cristo y consuelo a la conciencia, 98.118; es la palabra misma del Evangelio, 167.2; la razón no la entiende, 124.265; menospreciada por personas no probadas, 35.15; completamente abandonada en el papado, 443.43; obscurecida por la

doctrina de las obras, *ver* Obras; por la doctrina de la penitencia (enumeración de pecados), 167.9; 315.14; 317.20; por la misa, 170.16; 262.60; las tradiciones humanas, 45.13; los obras monásticas, 112.211; el papado, 340.37; 5. Su Contenido, *ver* Artículos de la fe; la verdadera fe cristiana, 19.1; 21.40; el que no sostiene esto completa y puramente está eternamente perdido, 19.1; la fe es equivalente al Credo Apostólico, 352.3, 5; 353.7, 8; 359; 367.2; 367.5; 379; 437; asida lo más concisamente: La fe trinitaria, 438.7; separa a los cristianos de los paganos, los turcos, etc., 447.66; debe ser enseñada por el Espíritu, 448.67; la fe y los Diez Mandamientos (la primera y la segunda parte), 433.316; 437.2; 448.67 y sigte.

Febris, 229.32.

Filosofía, filósofos: La influencia de la filosofía en los escolásticos corrompió a la doctrina cristiana, 68.4; 69.12; 78.9; 146.376; 148.390; 178.68; 582.8; la diferencia entre la filosofía y el cristianismo es abolida por la doctrina de las obras, 79.12; la filosofía no sabe nada de la corrupción de la naturaleza humana, 312.4; 574.60; enseña la justicia externa de las obras, 134.306; 222.9; sólo ve el rostro velador de Moisés, 115.229; sus pensamientos acerca del amor son los sueños de hombres vanos, 84.37; pero no inocentes, 36.30; 219.5.

Focas, emperador, 337.21.

Fórmula de la Concordia, 497; no era la intención de que fuera una nueva confesión, 543.5; una repetición de las doctrinas evangélicas originales, 546.19; era la intención aclarar la opinión unánime de la iglesia respecto a artículos en controversia, 546.16.

Franciscanos: Monjes descalzos; la historia de Juan Hilten, 272.1.

Francisco de Asís, 112.211; 250.7; 276.21.

Frutos de arrepentimiento, *ver* Arrepen-timiento, c; de la fe, *ver* Fe, 3c; ilustración del árbol y sus frutos, 568.32; *ver también* Cruz; Pecado Original; Espíritu.

Función, *ver* Oficio.

Gabriel (ángel), 325.13.

Gelasio I (Papa), 38.7; 623.37.

Gerson, Jean Charlier, 46.12, 15; 53.59; 211.28; 240.20; 275.16; 279.36; 297.6; 473.50.

Gente Común, 226.16; 302.5; 374.4.

Gloria, de Dios, *ver* Dios; de Cristo, *ver* Cristo, B4; de los santos, *ver* Santos.

Gobierno: Terrenal y espiritual, *ver* Reino de Dios, de Cristo; son los dos dones supremos de Dios en la tierra, 53.3; no deben ser confundidos, 53.4; 54.12; 215.2; la grandeza de Dios obra en los dos mediante sus santos, 230.36; el gobierno terrenal es ordenanza y don de Dios, 282.46; 361.14; 439.15; aun por medio de tiranos Dios da bendiciones, 308.3; el gobierno terrenal protege el cuerpo y la propiedad, 54.10; debe ser ejercido con delicadeza, 118.243; menospreciado por los monjes, 53.55; el evangelio no trae leyes nuevas al gobierno terrenal (contra Carlstadt), 216.3, 6; el gobierno terrenal no fue dado a los discípulos, 338.31; *ver también* Príncipes; Espada; gobierno espiritual, *ver* Poder eclesiástico; Obispos; el anticristo ha de tener gobierno en la iglesia, 151.4.

Gozo, sólo la fe da gozo, 95.100; 597.12; entre los cristianos alterna con los terrores de la conciencia, 576.68.

Gracia, inicial, 79.17; 104.162; la gracia que es agradable a Dios es fe, 98.116; ayuda de gracia, 71.23; universalidad de la gracia, *ver* Predestinación, b; Dios no da la gracia sin la palabra, 323.3; por medio del bautismo, 162.2; 472.41; por medio de la palabra y del sacramento, 205.19; los sacramentos son también señales de la gracia, *ver* Sacramentos; las aflicciones son señales de la gracia, 197.158; Dios no nos debe la gracia, 79.11; 140.342; no puede ser ganada por las obras, aun después de la justificación, 208.12; ninguna preparación es posible para obtener la gracia, 505.11; 561.3; 578.77; *ver también* Sinergismo; sólo aquel que reconoce su desdicha ansía obtener la gracia, 73.33; se recibe por la fe, 42.13; 57.49; 261.55; sólo la fe puede asirse de ella, 85.44; 104.163; 113.216 y sigte.; *ver también* Fe, la gracia y la fe se acompañan, 86.55; 147.381; el pecado original y la carne nos hacen desesperar de la gracia, 69.8; 106.170; gracia en el sentido común: Nuestros pecados no permiten que Dios sea un Dios de gracia, 299.14; Dios es un Dios de gracia a los que confían en él de todo corazón, 358.22; 386.32; gracia durante las comidas, 367.6 y sigte.; *ver también* Misericordia; Promesa; Justificación.

Gregorio I (el Magno), 43.17; 224.3; 250.6; 270.94; 336.19; 519. 15; 659.75.

Gregorio Niseno, 647.22.

Guerra, causada por el diablo, 460.80; hacer guerras justas se permite al gobierno cristiano, 32.2; 215.1; 217.7; las guerras de David fueron guerras santas, 109.191; por lo tanto el emperador debe hacer guerra a los turcos, 36.1.

Guillermo Peraldo (de París), 220.9.

Habilidad, natural del hombre, *ver* Naturaleza; Voluntad.

Hércules, 265.72; 384.18.

Hereje, Herejía: Surge por la discordia en la iglesia, 116.232; 118.241; el entusiasmo es la fuente de todas las herejías, 324.9; contra ellas surgen las Confesiones, 542.4; los evangélicos son reprochados injustamente de herejes, 37.1; 320.41, el mundo considera como herejes a los predicadores piadosos, 424.262; es válida la ordenación hecha por herejes, 325.2.

Herramienta, *ver* Medios.

Hierro, candente: Ilustración de la unión de las naturalezas, 524.9, 646.18; 657.65; 657.66.

Hijo, de Dios, *ver* Cristo; el Hijo de Dios y el Hijo del hombre son un Cristo 523.5; 526.20; *ver también* Cristo A2b.

Hijos de Dios, una vida nueva, una vida en la ley, no bajo la ley, 516.6; el Espíritu los impulsa a la obediencia; 609.6; 684.73; aun así no son perfectos, 104.160; 512.13; 610.7; por esta razón necesitan la ley, 610.9; *ver* Ley, Tercer Uso; *ver también* Santo; Regeneración.

Hilario, 228.30; 338.27, 29; 647.22.

Hilten, Juan, franciscano en Eisenach 272.1, 2.

Himno, himnos alemanes en la misa 42.3; 391.25.

Hipócritas, su relación con la iglesia, *ver* Iglesia; con los sacramentos, *ver* Sacramentos; Santa Cena; la predicación de la ley produce hipócritas 514.8; juzgan a Dios, 185.108; *ver también* Malvados, Impíos.

Historia, enseña cuán poderoso es el reino del diablo, 76.49; la historia de la vida de Cristo: Su propósito es el perdón 86.51; las fiestas cristianas sirven para que las recordemos, 159.40; el conocimiento de la historia de Cristo no es lo mismo que la fe, *ver* Fe, 1.

Hombre: El hombre natural, *ver* Naturaleza; . Voluntad; Pecado Original; el viejo hombre, ver Adán; el nuevo hombre, 363.12; 575.63; 579.81; *ver también* Vida, Nueva; Regeneración, el hombre interno en los fieles, 609.3; *ver también* Ro. 7:22; el hombre no puede deshacer el mandamiento y orden de Dios, *ver* Mandamientos; Orden; hay que obedecer a Dios antes que a los hombres, ver Hch. 5:29; naturaleza humana, humanidad de Cristo, *ver* Cristo A2.

Horas, Canónicas, 39.41; 374.3.

Hugo de San Víctor, 73.29.

Humano, *ver* Hombre.

Humildad, mediante la quinta petición (el Padrenuestro) Dios quiere conservarnos en humildad, 461.90; María, un ejemplo de humildad, 228.27; la «humildad» de los monjes obscurece la justificación por la fe, 52.47; la humildad de la enumeración de pecados supone merecer la gracia de Dios, 316.19.

Hurto (ladronismo, latrocinio), el arte más común y el mayor bando en la tierra, 419.228.

Hus, Juan, 473.50.

Ídolo, Idolatría: Mediante la justicia por las obras se hace a Dios un ídolo, 384.22; el objeto de la fe es o Dios o un ídolo, 382.2; 384.18; 386.28; los paganos hacen de sus sueños un ídolo, 384.20; el ídolo más común en la tierra es mamón (riquezas), 382.6; la idolatría existe en los corazones de aquellos que buscan ayuda de criaturas, santos o demonios, 384.21; idolatría con los santos, 226.16; 283.53; 306.26; 341.47; con los ángeles, 306.26; la mayor idolatría es la justicia por las obras, 384.22; crece de las leyes humanas y eclesiásticas, 209.14; 667.15; es la obra del anticristo en la iglesia, 271.98; la misa es idolatría, 271.98; 303.11; la mayor idolatría en el papado, 301.1; idolatría del rosario, 283.53; el mundo emplea idolatría, 384.17; idolatría del papado, 301.1; 498.4; del monacato, 283.54, 56; ver también Dios; Fe; Culto (Adoración).

Iglesia, 30; 150; 326; 442.32 y sigte.; su nombre, 444.48; una, santa, católica y apostólica, 18 y sigte.; católica, 152.10; 178.66;

1. Naturaleza de la iglesia, 150.1 y sigte.;
a) La Iglesia y Cristo: ver Cristo, B3; es el reino de Cristo, 153.16; 162.2; ver también Reino de Cristo; cuerpo de Cristo, 151.5; 152.12; 156.29; 628.59 y sigte.; todos somos un cuerpo en Cristo, 163.3;
b) La Iglesia y la palabra; está edificada en el oficio de proclamación (la con-

fesión de Pedro), 338.25; congregada mediante la ley y el evangelio, 572.50; su verdadero fundamento: El evangelio puro, 154.20; eso tiene que permanecer en ella, 98.120; el conocimiento correcto de Cristo y la fe, 155.22; la doctrina correcta del arrepentimiento, 168.3; 231.41; el Espíritu, 155.22; no puede existir sin la doctrina correcta y saludable del perdón por medio de la fe, 98.119; 222.6; no puede existir sin la verdad, 154.20; es la columna de la verdad, 66.19; 222.6; el testigo de los profetas es su testigo, 91.83; 178.66; sus señales: La palabra y los sacramentos, 30; 150; 151.3; 154.20; 162.2; 207.4;

c) Vida interna: No un reino externo, 152.10; 153.13; repudiado el concepto católico de la iglesia, 155.23; más bien un reino espiritual, 153.13; una comunión interna de bendiciones eternas, 151.5; 153.16; pero no un estado platónico, 154.20; la madre de los cristianos, 443.52; la asamblea de santos, de creyentes, 18; 30; 150.1 y sigte.; 152.8, 11; 153.16; 360.5; 376.13; 444.47; 445.49; santos o creyentes la forman, 152.10; 153.18; 326.2; los que tienen fe y el Espíritu, 153.13; 156.28; la comunión de fe, temor y amor a Dios, 151.5; es santa, 152.8; tiene el Espíritu Santo, 152.11; 152.13; 155.22; lo tendrá siempre, 152.22; en ella hay perdón de pecados, 152.8; 446.55; su santidad no consiste en paramentos y cosas semejantes, 326.3; la justicia por las obras separa a uno de ella, 446.56; el amor es la única unión, 116.232; permanecerá hasta el fin, 30; 152.9; ver también Comunión de los Santos;

2. Su forma:
a) Su forma de siervo: El reino de Cristo, aún oculto bajo la cruz, 153.17; con frecuencia oprimido por los impíos en la iglesia, 152.9; los impíos son miembros de la iglesia, pero sólo en la comunión externa, 30; 151.3; de nombre,

no de hecho, 152.10; miembros muertos de la iglesia, 151.5; no pertenecen a la verdadera iglesia, sino al reino del diablo, 153.16; no son miembros de Cristo, sino del diablo, 154.19; 156.29; la verdadera iglesia es creyentes, iluminados por el Espíritu Santo, etc., 152.11; 153.18 y sigte.; 155.22; la iglesia permanece a pesar de los impíos, 152.9; la doctrina falsa de los anabaptistas, 537.9; 692.14; de los seguidores de Schwenckfeld, 538.26; 693.34; ilustraciones de la red y de la era, 151.1; 154.19; la palabra y los sacramentos permanecen eficaces, 30; 151.3; 154.19; aun los impíos actúan en lugar de Cristo, 156.28; pero no los maestros que son anticristos, 161.48;

b) Su organización: Sus confesiones, *ver* Símbolos; sus órdenes eclesiásticas, *ver* Órdenes Eclesiásticas; Tradiciones Humanas; Ceremonias; la iglesia no tiene poder contra los profetas, 92.83; 178.66; sus oficios: La iglesia es más que sus ministros, 334.11; la iglesia está edificada en la predicación, 338.25; nadie debe predicar sin un llamamiento válido, 32; 206.1; la iglesia tiene el mandato de Dios de elegir predicadores, 204.12; y por consiguiente el derecho de ordenar, 345.67, 69; 346.72; el papa aplica el oficio de las llaves a la autoridad terrenal, 339.36; contiene la predicación del evangelio y la administración de los sacramentos, 54.5; se da a toda la iglesia, 337.24; 345.68; la iglesia no tiene un oficio sacerdotal según el tipo levítico, 203.7; el oficio del sacerdote del Nuevo Testamento es un oficio del Espíritu, 262.59; Cristo, el único sacerdote, 37.2; 262.58; la iglesia tiene el sacerdocio, 345.69; el oficio de obispo se relaciona a sí mismo con las bendiciones espirituales, 54.8 y sigte.; no tiene poder sobre la iglesia, 60.73; 288.14; las iglesias deben obedecer a los obispos en asuntos espirituales, 55.19 y sigte.; 58.52; sin embargo, a Dios se debe más obediencia, 55.21 y sigte.; 206.2; todos los pastores tienen el oficio de obispo, 344.61 y sigte.; los obispos deben ser seleccionados por las congregaciones, 335.13 y sigte.; 345.70; el papa quiere ser cabeza de la iglesia, 155.23; 310.13; no él, sino Cristo es cabeza de la iglesia, 151.5; 307.1; 309.9; 445.51; 652.47; 660.78; ella no necesita ninguna cabeza terrenal, 309.7; *ver también* Oficio; Papado;

c) Unidad de la iglesia y de las iglesias: No se funda en la uniformidad de ceremonias o tradiciones, 30; 48.43; 157.30; 209.18; 467.7; 670.31; sino en el evangelio y el sacramento, 30; 156.28; 157.30; 162.2; en unanimidad de doctrina, 542.1; 545.14; un evangelio, un Cristo, un bautismo y sacramento, un Espíritu, 152.10; 157.31; una iglesia bajo Cristo, 24.4; 25.10 y sigte.; 445.51; unidad de la verdadera fe, 157.30; 530.7; 670.31; el amor es el vínculo unificador, 116.232; se debe luchar por la unidad de la iglesia, 24 y sigte.; por razón de la disciplina y la paz, es buena la similaridad de forma en las ceremonias universales, 158.33; 213.38; la unidad encuentra un límite en Dios y la conciencia, 25.10, 13; en la verdad, 689.95; es destruída por la tiranía de los obispos, 116.233; la división en la iglesia debe ser según el mandato de Dios; 341.42;

La iglesia de Cristo está entre aquellos que enseñan el evangelio (y administran debidamente los sacramentos), 150.400; 207.4; los papistas no son la iglesia, 178.66; 326; 444.45; 668.19; «nuestra iglesia reformada», 543.5; las «verdaderas iglesias evangélicas», 541.7; están bien establecidas con la palabra y el sacramento, 298.10; su celo en la predicación y en la instrucción, 162.2; 213.40; 260.48; el uso fervoroso del sacramento, 165.3; 213.40; tiene más servicios divinos cristianos, 213.39; está de acuerdo con la iglesia cristiana universal, 37.1; 60.5;

La iglesia romana, 163.2; 233.4; 335.15; 617.11; el concepto romano de la iglesia, 155.23; la iglesia romana no es el papa, los cardenales, etc., 148.390; la doctrina evangélica concuerda con ella por completo, 37.2;

La iglesia griega, 163.2; 233.4; 308.4; 335.15; 617.11; tiene las dos especies en la santa cena, 233.4; no tiene misas privadas, 250.6; entre ellos la misa es acción de gracias y no satisfacción, 268.88; 270.93; se llama liturgia o synaxis, 266.79;

La iglesia en el Oriente y en el Occidente, 334.12.

Iluminación, el Espíritu de Dios la realiza, 676.29; 678.40; el que menosprecia los instrumentos del Espíritu no ha sido iluminado, 574.58; doctrina falsa de los anabaptistas, 204.13; 505.13; 579.80; de los seguidores de Schwenkfeld, 693.30.

Imán, repudiado como analogía por pecado original, 501.15; 552.20.

Imagen de Dios en Adán, 70.18; 515.2; perdida por la Caída, 549.10; en nosotros, 152.351; se repudia el que una imagen esculpida de una piedra sea una ilustración del hombre en la conversión, 581.89; es la voluntad de Dios hacer a los creyentes a imagen de Cristo mediante la cruz, 680.49.

Imágenes de los santos, ver Santos.

Impenitentes: Se les debe predicar la ley, 605.12; 607.24; ver también Ley; el juicio de Dios sobre ellos, 687.83.

Imposición de las manos, 204.12.

Impulso, nuevo, espiritual, 99.125; 120.250; 141.349; la carne lo impide, 108.189; el impulso del Espíritu no es coerción, 575.64; 609.2; 612.17.

Imputación, ver Justicia de Cristo.

Incienso, el mejor es la palabra y el mandamiento de Dios, 375.10.

Incredulidad, el mayor pecado, 602.2; implantado hondamente en nosotros, 100.135; no le gusta orar, 456.58; la ley la reprocha, 602.2; 606.17; 606.19; las obras de los incrédulos son pecados, 596.8; ver también Pecado; ellos también reciben el cuerpo y la sangre de Cristo en la santa cena, 522.37; 620.27; ver Santa Cena, c; ver también Fe.

Incontinencia, ver Castidad.

Indulgencias: Distribución de los méritos de los santos como satisfacciones por los pecados, 227.23; se dice que remiten satisfacciones por pecados, 191.35; 317.24; se puede aplicar sólo a la penitencia pública de la iglesia, 200.175; pero son aplicadas por la iglesia al purgatorio, 170.15; 171.26; indulgencias para los muertos, 170.15; 306.24; en el ejercicio de la confesión, 44.5; la incertidumbre de la salvación es resultado de las indulgencias, 318.27; un gran fraude, 341.46; inventadas sólo por el amor al dinero, 317.25; malentendido del nombre, 200.175.

Infierno: Cristo lo ha destruído por nosotros, 441.30; 530.4; 648.25; 664.2; el Espíritu Santo nos lleva a él y nos saca de él, 611.12; los padres pueden ganarse el infierno por la pobre disciplina que ejercen sobre sus hijos, 410.176; sus puertas son impotentes contra nuestra elección, 532.5; 672.8; contra la iglesia de Dios, 680.50.

Indigno, los que administran y reciben la santa cena, ver Santa Cena, c, d.

Instrumentos, ver Medios.

Intención: La fe no puede ser combinada con la mala intención, 509.11; 587.26; 590.41; buena y mala intención en la santa cena, 312.9; ver también Obstáculo.

Intercesión, de ángeles, ver Ángeles; de los santos, ver Santos; de María, ver María; de los cristianos unos por los otros, 452.28; los feligreses de una congregación por su pastor, 424.28; del pastor por la congregación, 374.3.

Ínterin, 583.5; 599.29.

Intermediarios, ver Adiafora.

Interpretación: El intérprete más verdadero de su palabra es Cristo mismo,

ticia es segura, no la gracia como en el juicio de Dios, la gracia es segura, 141.345; *ver también* Día; Postrimería; Ira de Dios; Castigo; Aflicciones;
—de Cristo, en su segunda venida, 18 y sigte.; 20.37; 29.6; 33; 218.1; 300; 359; 379.12; 440.25;
—humano; (a) juicio espiritual, *ver* Obispos; Poder Eclesiástico; en el poder de las llaves Cristo ha confiado a la iglesia el juicio supremo, 337.24; *ver también* Oficio de las Llaves; Absolución; (b) juicio civil, 424.258; abuso del nombre divino ante un juzgado, 390.53; juramentos ante un juzgado, *ver* Juramento.
Julián el Apóstata, 216.6.
Juno, 229.32.
Juramento, 389; permisible a los cristianos, 32.2; 215.1; 537.15; 692.20; Cristo mismo hizo un juramento, 392.65; hacer juramento por el bienestar de nuestro prójimo es una obra justa y buena, 392.66; no debe ser un lazo de pecado, 51.39; queja sobre juramentos falsos, especialmente en asuntos matrimoniales, 390.53; 392.68; Dios castiga los juramentos falsos, 392.68.
Jurar: El sentido de la prohibición en el evangelio, 392.65; *ver también* Juramento.
Jurisdicción, de obispos, *ver* Obispos; la jurisdicción consiste en excomunión, 344.60; 346.74; *ver también* Excomunión; todo pastor debe tener jurisdicción, 346.74; los casos matrimoniales pertencen a las autoridades civiles, 347.77.
Juristas, 320.41; 424.261; 430.299.
Justicia de Dios; Cristo es la justicia esencial de Dios, *ver* Cristo; la diferencia entre la justicia esencial y la justicia justificadora de Dios, 592.54; la justicia de Dios se prueba a sí misma en la impenitencia de los pecadores, 682.57; 686.78; 688.86; *ver también* Predestinación;
—de Cristo: Se nos imparte a nosotros,

134.305; 251.12; nos es contada, 508.4; 510.21; 585.17; 586.23, 25; esta justicia no es la justicia esencial de Dios, antes bien la obediencia de Cristo, *ver* Cristo, B2c;
—del Hombre: (a) Justicia original: Su naturaleza, 69.9; 70.15 y sigte.; 549.10; 552.27; (b) Justicia externa (civil) y justicia interna deben ser distinguidas, 220.9; la justicia de la razón y la del evangelio, 116.230; 134.306; la de la ley y la del evangelio, de la fe, 86.49; 149.394; La justicia civil, 69.12; 81.21; 107.181; 117.238; 219.4; hasta cierto punto, dentro de nuestro poder, 69.12; 129.288; 219.4; Dios la exige, 81.23; 82.26; pero raramente existe, 219.5; la premia con dones materiales, 81.23; pero no es suficiente ante Dios, 220.9; *ver también* Ley; Obras; Justificación; los adversarios la enseñan únicamente según el ejemplo de la filosofía, 78.9 y sigte.; *ver también* Ley; Evangelio;
La verdadera justicia: En ella tratamos con Dios, 114.224; su naturaleza, 70.15 y sigte.; no somos justos mientras huimos de Dios y estamos airados con él, 106.176; es obediencia lo que Dios acepta, 134.308; nadie es justo delante de Dios, 137.326; 313.1.
La justicia delante de Dios, del evangelio, de la fe, *ver* Justificación; depende únicamente de Cristo, 691.10; Cristo es nuestra justicia, 92.86; 134.305 y sigte.; 507.1; 606.22; según las dos naturalezas, 507.2; 582.2; 592.55; no por la morada de la justicia esencial de Dios, sino antes bien en que su justicia se nos cuenta a nosotros; *ver* justicia de Cristo; la justicia de otro, 134.305; de su mérito, 227.19; de su obediencia, 582.4; 593.56; se nos cuenta a nosotros por amor de Cristo por medio de la fe, 582.4; procede de la fe y de la conciencia, 51.36; la fe es la justicia de Dios que se nos cuenta a nosotros, 29.3; 93.89; 97.114; la fe es nuestra justicia, 45.5; 94.92 y sigte.; imputada,

la justificación, 141.348 y sigte.; los justificados no viven en pecados mortales, 85.48; pero aun así pueden perder el Espíritu, 31.7; la doctrina de la justificación de los adversarios procede parcialmente de la razón, parcialmente de la ley, 129.287; ellos eliminan a Cristo, 130.290.

Justiniano, 347.77.

Justino el Mártir, 623.37, 39.

Justo, *ver* Justicia; Justificación.

Juventud, debe ser criada no sólo con azotes y fuerza, sino también en el temor y honra de Dios, 393.75; 436.33; tabla de deberes para los jóvenes, 370.12; deben aprender el catecismo, 352.6; 378.3; 381.26; 434.321; 490.85; deben asistir a la predicación, 381.26; deben ensayar cánticos y salmos en el servicio público, 214.43; 381.25; deben adiestrarse en la oración, 452.28; someterse a preguntas en la confesión, 167.9; son especialmente tentados por la carne, 464.107; deben casarse con honradez, 417.218; los votos monásticos durante la juventud, 41.24; 49.8; 50.28.

Lapsos (caídos) deben ser aceptados de nuevo si se arrepienten, 31.8; la costumbre de la iglesia antigua, 187.113.

Latín, idioma en la misa, 249.2.

Legos, (laicos), pueden pronunciar la absolución, 345.67; cáliz para los legos, 232; 521.24; 638.110; el catecismo, «la Biblia de los legos» (laicos), 498.5; 544.8.

León I, 519.15; 623.37.

León X, 73.35; 149.397; 171.26; 178.67.

Lepra: El pecado original como lepra espiritual, 548.6; 554.33.

Ley, *ver* Mandamientos, Obras, Justicia, 27.1; 54.12; 32.2;

1. Concepto de la ley: 313.1; 515.1; 513.1; 602.1; 608.1;

a) La ley natural y revelada; la ley está escrita en el corazón de los hombres, 448.67; 515.2; 609.5; la sentencia de la ley, 174.48; la ley natural concuerda con los Diez Mandamientos, 78.7; la

ley divina y eterna, 572.50;

b) La ley ceremonial, la ley civil y la ley moral, 78.6; la ley ceremonial, 212.32; 284.58; con sus sacrificios son un tipo de Cristo, 253.21; 257.34; 258.36; tuvo que cesar cuando se ofreció el verdadero sacrificio, 253.23; 256.30; los cristianos están libres de ella, 56.36 y sigte.; 58.59; 243.41; 261.52; 275.15 y sigte.; 284.58; la ley civil: La fe no trae una nueva ley al gobierno terrenal, 216.3; los cristianos deben obedecer las leyes que existen (contra Carlstadt), 216.3; la ley moral, *ver* lo siguiente:

2. Contenido y cumplimiento, *ver también* Justicia; las dos tablas, 70.14; 99.131; 114.224; 116.231; 220.7; exige más que respectabilidad externa, 78.8; 83.35; obras no satisfacen, 144.362; exige un buen corazón internamente y buenas obras externamente, 100.136; obediencia completamente perfecta y pura, 613.22; verdadero temor y amor a Dios, 82.27; 179.75; 193.142; amor a Dios y al prójimo, 130.289; el amor es el cumplimiento de la ley, 102.147; 104.159; 107.181; 131.294; la razón puede comprenderla hasta cierto punto, 78.7; *ver también* Justicia, Civil; la razón cree que puede ser cumplida, 313.3; volverse justo por medio de ella, 78.7; 124.265; pero sólo se relaciona con obras externas, 80.18; 83.35; 100.134; 124.265; excede a todas las capacidades de la razón, 78.8; 82.27; nadie puede guadarla, 80.18; 84.40; 99.128; 182.88; 193.142; 577.75; sólo por medio de Cristo se puede cumplir, 99.126; 100.135; 104.159; 108.184; 124.266 y sigte.; 130.290; 132.299; 134.305; 172.37; 181.86; llegó a su cumplimiento primeramente por obra de Cristo, 604.10; mediante el Espíritu, 85.45; 89.70; 99.126; 131.293; 181.82; cumplida por la fe, 85.46; 99.126 y sigte.; 104.159; 121.256; 125.270; 132.295; 146.377; 181.82; después de la redención (el perdón); 145.368; 181.80 y sigte.; después

de la justificación, 144.366; 145.368; por el renacimiento, 85.46; 99.126; 106.175; 113.219; 121.256; 135.315; aun después del renacimiento no se puede cumplir, 102.146; 505.12; 579.79; nunca podemos satisfacerla en la carne, 132.296; acusa sin cesar a los que han nacido de nuevo, 105.167; aun los comienzos del cumplimiento agradan a Dios sólo por medio de la fe, 104.161; 134.308; 145.368; 505.12; 538.25; 579.5; 93.33;
Doctrinas falsas: Obras de supererogación, *ver* Obras; Consejos, Evangélicos; cumplimiento de la ley con respecto a la esencia de los actos, 219.2; sin Cristo, 130.290; justicia meritoria de los que han nacido de nuevo, 505.12; 579.79;

3. Naturaleza y oficio de la ley, 606.17; revelación de la voluntad justa de Dios, 513.3; 611.11; 611.15; un espejo de la misma, 609.4;

a) Ley y Evangelio, 78.5; 513.1; 602.1; la doctrina de la ley y el evangelio es una luz extraordinariamente hermosa, 513.2; 602.1; toda Escritura tiene estas dos partes, 78.5; 95.102; 108.186; 175.53; desde la fundación del mundo, 87.57; 607.23; *ver también* Patriarcas; deben ser diferenciadas cuidadosamente, 607.24; su contraste, 78.5; 104.159; 108.186; 121.257; 126.274; 175.53; enseñan un conocimiento diferente de Dios, 606.22; una justicia diferente, 84.43 y sigte.; 116.230; *ver también* Justicia; la ley está de acuerdo con la razón, 78.7; 124.265; por lo tanto, los adversarios se enlazan a la ley, 78.7; sólo enseñan la ley, no el evangelio, 115.229; 129.287; 172.34; la ley o las obras son el fundamento de su doctrina, 320.39; la ley no justifica, no gana la gracia, 71.1 y sigte.; 98.122 y sigte.; 180.79; 208.9; 275.14; 301.4; Dios mismo no honra así la ley, 278.30; servidumbre a la ley no es necesaria para la justificación, 57.48; su oficio es castigar el pecado y enseñar las obras, 606.18; revelar y castigar el pecado, 95.103; 96.106; 121.256 y sigte.; 174.48; 175.53; 313.4; 513.4; 604.11; 606.17; acusar, condenar y aterrorizar, 83.37 y sigte.; 98.122; 107.179; 172.34; 182.88; castiga la incredulidad, 606.17, 19; condena nuestra naturaleza o persona, 548.6; 553.31; es descarga de rayo de Dios, 314.2; proclamación de su ira, 605.12; muestra la ira de Dios, 90.79; 99.128; 132.295; 605.12; produce ira, 84.38; 111.204; 121.257; 122.260; 125.270; 137.326 y sigte.; 182.88; produce muerte e infierno, 314.7; excita a enemistad contra Dios, 313.2, 4; produce ira, 313.5; conduce a la presunción o desesperación, 133.301; 182.89; 314.7; 604.10; produce contrición, 573.54; el evangelio debe sobrevenir y producir el debido arrepentimiento, 121.257; arrepentimiento y fe, 175.56 y sigte.; 572.50; 573.54; de modo que los dos deben ser recalcados hasta el extremo, 607.24; Cristo los junta, 603.4; Cristo permite que los dos sean predicados, 572.50; el Nuevo Testamento retiene el oficio de la ley, 313.1; la ley no es abolida por la fe, sino que es sostenida, 98.123; 106.175; 226.15; Cristo y la ley, *ver* Cristo, B2d;

b) los dos usos de la ley, 313.1; los tres usos, 515.1; 608.1; el primer uso: *ver* Justicia, civil; reprimir los pecados crasos mediante la disciplina externa, 313.1; la ley como guardián, 81.22; empeora a algunas personas, 313.2; hace falsos santos, 313.3; el tercer uso: Dada a los injustos, no a los justos, 81.22; 609.5; los que han nacido de nuevo no están bajo la ley, 612.17; viven en la ley, 516.6; se gozan en la ley según el hombre interno, 580.85; 598.19; 609.4; 612.18; pero no están sin la ley, 609.5; deben guardarla, 99.124; 100.136; deben capacitarse en la ley, 515.2; 609.4; requieren lo siguiente: Seguir al Espíritu, 610.9; es un espejo para los fieles, 609.4;

732

y protección para con los pobres, 422.247; deberes de los príncipes, 422.249;

Octavo Mandamiento, 423; prohíbe reprochar públicamente al prójimo, 425.265; se excepciona al gobierno, a los predicadores y a los padres, 426.274;

Noveno y Décimo Mandamientos, 429; prohíben la codicia, 429.293; su relación al Séptimo Mandamiento, 430.296; no fueron instituidos para pillos, sino para las más piadosas personas, 430.300;

Conclusión de los Mandamientos, 432.

Mandamientos Humanos, ver Tradiciones Humanas.

Mano, la diestra de Dios, ver Dios, 1.

Maniqueos, 27.5; 219.2; 502.17; 502.19; 502.22; 505.8; 548.3; 550.16; 552.26; 552.27; 553.30; 558.55; 577.74.

Mantua, Concilio de, 292; 296.1; 544.7.

Marción, 526.23.

Martillo, de Dios (la ley), 314.2.

María, la virgen pura, 28.1; 300; 647.24; ver también Cristo, B1; madre de Dios, 524.12; 647.24; como intercesora, 228.25; ha depuesto a Cristo, 228.28; fraude con imágenes de María, 229.34.

Matrimonio, 39; 236; 414.199; un derecho natural, un orden divino de la naturaleza, 238.9; ya establecido en la creación, 204.14; su propósito: Dios creó al hombre para la procreación, 39.5; 238.13; para mantener la castidad, 39.2 y sigte.; 40.13; 239.19; 416.212; doblemente necesario desde la Caída, 238.13; para ser estimado como un estado divinamente bienaventurado, 415.206; entre los creyentes es un estado santo y puro, 241.28; no impuro, según enseñan los monjes, 241.26; 244.47; los patriarcas eran más puros que muchos célibes, 247.64; superior a todos los demás estados, 415.209; tiene, por cierto, el mandato de Dios y Dios lo bendijo antes que los demás estados, 415.208; la virginidad es un don superior, pero ni la virginidad ni el matrimonio jus-

tifican ante Dios, 242.37; 248.69; quien no tiene el don de conservar la virginidad debe casarse, 50.20; prohibir el matrimonio es doctrina del diablo, 41.20; 47.28; 247.63; despreciar el matrimonio es anticristiano, 240.25; no se debe quebrantar, 240.23; 247.63; 249.71; el divorcio es permitido en el Antiguo Testamento, 429.295; 431.305; prohibido en el Nuevo Testamento, 431.306; tampoco por razón de la fe (contra los anabaptistas), 537.19; 692.24; deberes de los casados, 211.25; 357.11; 369.6 y sigtes.; 414.199; ver también Padre; Padres; su vocación es una obra justa y buena, 211.25; abuso del nombre divino en asuntos matrimoniales, 390.53; 292.68; no es un sacramento, 204.14; los asuntos matrimoniales están bajo la jurisdicción de los obispos, 55.27; pero los príncipes deben participar en el asunto, 55.27; pertenece en la esfera de la autoridad civil, 347.77; los estatutos eclesiásticos son injustos, 347.78; volver a casarse y matrimonios secretos, 347.78; de los sacerdotes y del celibato, 39; 236; 326; la prohibición del matrimonio de los sacerdotes es simplemente una ley humana, 246.56; es simplemente una ley papal, 240.25; injusta, 326.1; 347.78; contraria a la palabra de Dios y su mandamiento, 40.16; 416.213, 216; contraria a la ley divina y natural, 237.6; 246.60; es deshacer el matrimonio, 40.11; 236.3; 240.23; también contraria a los concilios y cánones, 40.11; 236.3; 237.6; 240.23; el celibato es doctrina del diablo, 246.58; 247.63; anticristiana, 240.25; 325.1; en la iglesia antigua los sacerdotes se casaban, 39.8; 248.67; aun Pío II lo favorecía, 40.11; el celibato fue impuesto por la fuerza, 39.10; muchos sacerdotes inocentes fueron ejecutados, 41.20; 236.3; 246.57; 248.70 y sigte.; nadie se hace más santo por el celibato que por el matrimonio, 241.26; 242.367 no es la verdadera pu-

para guardar los nuevos preceptos y consejos, 53.60; 273.9; 277.24; 280.39; *ver también* Consejos, Evangélicos; para estar en el estado de perfección, 49.16; 52.45, 48; 277.24; 280.39; 414.197; según Gersón, un estado que adquiere perfección, 279.36; los monjes desdeñan otros estados y sus obras, 216.4; 218.13; 244.47; 277.24; 433.314; vencerían ellos mismos el pecado, 315.14; se consideran a sí mismos sin pecado, 318.28; desean ganar la vida eterna, 192.137; 273.9; 277.24; 278.28; 285.62; aun vender méritos superfluos, 52.43; 143.360; 228.29; 277.25; 280.39; 318.28; *ver también* Méritos;

b) Crítica: La controversia, 273.9; el monaquismo no gana el perdón o la vida, 275.14; 277.23; 278.28; 280.40; es apostatar de Cristo, blasfemar a Cristo, 275.17; 278.30; 279.34; idolatría, 281.44; 283.56; la vida monástica no llena los consejos evangélicos, 277.26; no tiene el mandato divino, 218.13; no es un servicio divino, pues carece de la palabra de Dios, 277.23; una santidad inventada y fútil, 285.62; 462.118; santidad farisaica, 319.29; obra pueril, 34.3; son mejores las obras de las vocaciones según los mandamientos de Dios, 402.118; 406.144 y sigte.; obras monásticas contrarias al mandato divino, 402.119; 416.213; no han ganado a ningún hermano, 427.278; todas las obras de los monjes no son buenas o nobles como el levantar Dios una paja, 468.12; todo el monaquismo es una farsa, 275.16; 277.25; 414.197; su castidad es lascivia, 236.1; 243.44; 245.50; 284.59; 416.214; su pobreza, 281.45; descripción de su vida, 272.4 y sigte.; monjes son culpables de la muerte de personas inocentes, 273.7; de los abusos de la misa, 213.40; 250.7; ha chocado con los derechos de los pastores, 60.2; 116.8; Hilten predijo la caída del monaquismo, 272.3; anabaptistas, nueva forma del mona-

quismo, 692.27; *ver también* Monasterio; Votos; Estados.

Morada, de Dios en los fieles, 657.68; Dios mismo mora en ellos, no meramente sus dones, 510.18; 594.65; el Espíritu Santo, 512.15; 513.19; 684.73; el Dios trino, 592.54; la morada de Cristo o de la justicia esencial no es nuestra justificación, sino que la sigue, 510.16; 582.2; 592.54.

Mortificación, una buena disciplina externa, sin embargo no es justicia, 47.29; 214.45; la cruz del cristiano es verdadera mortificación, 47.31; 214.45; *ver también* Cruz.

Muerte, aflicciones de la muerte, 83.36; 194.146; sufrir y sentir la muerte, 314.2; no es siempre castigo; sirve para despojarnos de la carne pecaminosa, 195.151; 197.159 y sigte.; muerte espiritual, *ver* Naturaleza; muerte de Cristo, su significado salvador, *ver* Cristo, B2c.

Muertos, nada se nos ha ordenado respecto a los muertos, 303.12; no prohibimos oraciones por los muertos, 270.94, 96; se deben repudiar las misas y las indulgencias por los muertos, 42.8; 170.15; 251.11; 263.64; 269.89; 283.53; 303.12; los monjes ponen capuchas monásticas sobre los muertos, 143.361.

Mundo, no conoce a Dios, 447.63; no cree, 388.42; no reconoce a Dios como creador y señor, 439.21; condena la verdad y a los hijos de Dios, 424.262; está lleno de idolatría, 384.17; lleno de blasfema, error, facciones, maestros falsos, 76.49; 454.47; el error de la doctrina de obras se apega mucho a ella, 111.206; 112.212; no conoce las obras verdaderas, 429.290; 433.313; abusa los dones de Dios, 439.21; considera como justas algunas cosas que son injustas, 431.304; un establo lleno de ladrones, 419.228; se hace cada vez peor, 40.12; nos conduce a lo malo, 362.18; 463.103; la carne confía en él, 106.170; huir de él no es entrar en mo-

391.63; el honor debido del nombre de Dios es confiar en él e invocarlo, 392.70; 449.8; ser bautizado en el nombre de Dios quiere decir ser bautizado por Dios mismo, 467.10; su nombre está en ello, 470.26; dado a nosotros, 453.37; el nombre de Cristo dado a nosotros (Hch. 4:12) quiere decir: Él es la causa de nuestra salvación, 94.98; en el nombre de Cristo debemos orar, 138.333; y nosotros recibimos el perdón de los pecados, 126.273; 177.65.

Norma, la única norma de doctrina es la palabra de Dios, 497.1; 498.7; 542.3; *ver también* Doctrina.

Novacianos, 31.8.

Nuevo Nacimiento, *ver* Regeneración.

Obduración, como castigo divino, 682.57; 687.83; obdurecer el corazón, 533.12; *ver también* Predestinación.

Obediencia

a) A Dios: Todos los hombres están obligados a prestarla, 595.4; se manifiesta en el sacrificio del cuerpo, 197.160; en la aflicción quiere decir someterse uno a la voluntad de Dios, 78.8; *ver también* Cruz; la debida obediencia es aceptar la promesa, 115.228; obediencia al evangelio: Fe, obediencia a la ley: Obras, nueva obediencia de los que han nacido de nuevo, 134.308; *ver también* Ley (tercer uso); Vida, Nueva; los que han nacido de nuevo están sujetos a ella, 511.3; 512.10; resultados mediante el evangelio y la ley, 611.10; agrada a Dios por causa de Cristo, 134.308;

b) A padres, *ver* Mandamiento, Cuarto; al gobierno, *ver* Gobierno; en su obediencia al gobierno pagano, los cristianos muestran su amor, 216.3; a obispos, *ver* Obispos; al papa, *ver* Papa; a las órdenes monásticas, 275.16; 276.21; *ver también* Votos; obediencia a Cristo, 593.56, 58; *ver también* Cristo, B2c.

Obispos,

a) Naturaleza del oficio episcopal, 53;

206; 286; 344.60; se refiere a asuntos espirituales, no a asuntos corporales, 54.7; consta de proclamación del evangelio, administración de los sacramentos, disciplina de la iglesia, 55.19; 288.13; 344.60; es el poder de las llaves, 54.5; *ver también* Oficio de la Predicación; Pastores; poder y autoridad eclesiásticos; obispos deben juzgar doctrina, 55.19; ordenar, 344.62; ejercer disciplina (poder de juicio espiritual), 346.74; *ver también* Jurisdicción; Excomunión; no tienen poder sobre la iglesia, 60.74; ni poder real para formular nuevas leyes, 288.14; no deben establecer nuevos ritos, 212.31; contra los profetas, 178.66 y sigte.; contra el evangelio, 56.32; 287.6; 288.14; 290.20; no son servicios divinos nuevos, 212.13; al contrario, sólo el ordenar de la iglesia, 289.15; las congregaciones deben obedecerlos en asuntos espirituales, 55.19 y sigte.; 58.52; pero no cuando sus enseñanzas son contrarias a la Escritura, 55.21 y sigtes.; 290.21; 346.72; 347.79; hay que obedecer a Dios primero, 55.19; 59.72; 206.2, 4; su autoridad terrenal no es un derecho divino, sino humano, 54.18; sus bienes deben ser legados al servicio de la iglesia, 347.80; son todos iguales según el derecho divino, 309.9; 344.61; todos los pastores son obispos, 344.62; sus diferencias son de orden humano, 344.63; deben ser seleccionados por las congregaciones como en tiempos antiguos, 335.16; 345.70; primacía del papado, *ver* Papado;

b) Perversión del oficio papal bajo el papado; quieren ser príncipes seculares, 325.2; 668.19; sobre emperador y reyes, 53.2; han abusado las propiedades de la iglesia, 347.80; han abusado su autoridad espiritual al introducir nuevos servicios y tradiciones, 53.2; 159.41; 344.66; prohíben la copa a los laicos en la santa cena, y el matrimonio a los sacerdotes, 59.67; tiranizan al pueblo, 53.2; 59.70 y sigtes.; 116.233;

las obras, 29; 34; 42.13; 77 y sigte.; 98; 179.72; 181.84; 208.6, 10; 221; 301.4; 471.33; 493.21; 507; 510; 582; 594; *ver también* Justificación; triple razón: Gloria de Cristo, *ver* Cristo, B4; tranquilidad de conciencia, *ver* Conciencia; conocimiento de Dios, 111.205; las obras excluyen la gracia, 93.88; hacen superfluo el nacer de nuevo, 79.12; incierto el perdón (la promesa), 108.187; 184.95; 222.10; es vano confiar en las obras, 81.21; 193.142; 320.39; malvadas (malas, inicuas, perversas), 193.142; son idolatría y blasfeman a Cristo, 384.22; hacen imposible a la oración, 466.122; pero de por sí no son perjudiciales a la salvación, 510.2; 513.17; 595.3; 601.37; b) Verdadero valor: Las obras son dignas de alabanza, 81.23; 110.200; 596.8; meritorias con respecto a otros dones temporales y eternos, 144.365; *ver también* Recompensa; santas entre los creyentes por razón de la fe, 108.189; son señales de la promesa y del perdón, 126.275; una indicación de la salvación, 602.38; pero aun las obras de los fieles son impuras, 108.189; 596.8; 613.22; la ley demuestra eso, 613.21; en todas las obras necesitamos misericordia y perdón, 131.323; por causa de Cristo su deficiencia no se nos cuenta, 327.2; son agradables a Dios sólo por causa de Cristo y de la fe, 106.172; 120.252; 125.269; 134.308; 145.372; 147.385; 241.32; 568.32; 596.8; 613.22; cuando las Escrituras las alaban, Cristo, la justicia del corazón y la fe se incluyen, 144.365; 145.372; de modo que las obras de los santos eran obras de su fe, 110.203;

4. Necesidad, 510; 594; no son necesarias para la salvación, 512.16; 598.22; *ver también* 3, arriba; contrarias a los anabaptistas, 599.27; fundamento de su necesidad, 108.189; la voluntad, el mandato y el orden de Dios, 29; 200.174; 511.8; 596.7; 597.14; a la gloria y alabanza de Dios, 200.174; ne-

cesidad de orden, no de coerción, 512.10; 597.16; necesarias como fruto del Espíritu, de la fe y del arrepentimiento, *ver* 2, arriba; la meta de la justificación, 141.348; para confirmar nuestra vocación celestial, 223.13; 600.33; pero ellas no conservan la fe y la salvación, 141.348; 512.15; 600.33; de este modo la gente debe ser amonestada a hacer buenas obras, 513.18; en ellas no se debe buscar recompensa, sino la voluntad y la gloria de Dios, 110.198; 144.364.

Odio, a Dios, el hombre natural odia a Dios, 69.11; 73.29.

Oficio, *ver también* Estado; Vocación; 32; 215; doctrinas falsas de los anabaptistas (prohibido a los cristianos), 537.13 y sigte.; 692.18 y sigte.; todos los oficios en el cristianismo conducen hacia el perdón, 445.54; la devoción al oficio es perfección cristiana, 277.27; el verdadero cumplimiento del oficio es posible únicamente por medio de Cristo, 36.33; oficio del emperador, de príncipes, requiere preservación de la doctrina cristiana, 232.44; oficios de la iglesia; de obispos, *ver* Obispos; de sacerdotes, *ver* Sacerdotes; de la predicación, 29; 54.5 y sigte.; 288.13; 289.18; Dios instituyó el oficio de la predicación, 29.1; 203.11; por esta razón la ordenación puede ser llamada un sacramento, 203.11; por medio de él Dios quiere predicar y realizar su obra, 204.12; 289.18 y sigte.; él ha prometido su eficacia, 573.56; no se limita a ciertas personas y lugares y la persona nada tiene que *ver* con él, 338.26; el oficio mayor de la iglesia, 213.42; la iglesia está edificada sobre él, 338.25; es señal de la iglesia, 154.20; el oficio primario de los días santos, 395.86; los evangélicos lo consideran de mucho más valor que los adversarios, 90.73; los anabaptistas lo desdeñan, 204.13; el único oficio dado a los discípulos, 289.18; 338.31; igualmente a todos ellos, 333.9; 337.23; a los obispos,

su palabra, 450.16; 451.21; se basa en el perdón de los pecados, 462.92; debe proceder de la fe, 225.13; 227.20; 466.120; el que no cree en la promesa, afrenta a Dios, 451.21; 466.122; eso quiere decir susurrar una oración dependiendo de la casualidad, 450.12; 466.119; sentir la necesidad debe proceder de completa seriedad, 451.24, 26; por esta razón se repudian las oraciones de los monjes y los sacerdotes, 449.7; 451.25; las vanas palabrerías y la oración, 453.33; debemos orar con diligencia, 451.27; 452.29; 571.46; recurrir siempre al oído de Dios, 448.2; acostumbrarnos a la oración diaria (por la mañana, etc.), 366; 367; 380.16; no querer orar es culpa de la incredulidad, 456.58; la oración es fruto del arrepentimiento, 192.139; un sacrificio puro y santo, 256.32; el supremo culto a Dios, 255.29; todo se consagra por medio de ella, 241.30; no hay oración más noble, que el Padrenuestro, 451.23; debemos orar por bendiciones espirituales, 458.68; 564.15; 684.72; por la fe y el cumplimiento de los mandamientos, 448.2; por el fortalecimiento de la fe, 564.16; cuando hay necesidades físicas, 465.111 y sigtes.; la suma de todas nuestras oraciones es contra el diablo, 465.113, 116; debemos orar por otros, 374.3; 452.28; oraciones dirigidas a los santos, *ver* Santos; por los muertos, *ver* Muertos.

Oración de la Mañana, 336.1 y sigtes.

Oración de la Noche, 376.4.

Oráculos sibilinos, 236.3.

Orden, de Dios, es inmutable, 595.4; los hombres no pueden alterarlo, 49.18; 237.7; 476.60; debe tenerse en honor, 479.19; 471.38; 476.62; por los órdenes externos Dios desea realizar su obra en nosotros, 470.30; la naturaleza y su curso es orden de Dios, 161.50; 216.6 y sigte.; como lo es el impulso sexual, 237.7; 239.19; matrimonio, *ver* Matrimonio; todos los órdenes terrenales, autoridad, propiedad, negocio, 32;

161.50; 216.5; *ver también* Creación; el orden de Cristo no puede ser cambiado por la iglesia, 235.14; no es asunto indiferente, 235.15; es las dos especies en la santa cena, 38.12; 233.2; orden eclesiástico, *ver* Orden de la Iglesia; orden civil (autoridad, propiedad, etc.) es el orden de Dios, 32.1; 161.50; 216;5; debe retenerse, 286.2; orden de la salvación, 589.40; 674.15.

Órdenes, se inventan diariamente nuevas órdenes para obtener méritos, 45.2; los monjes venden sus méritos, 228.29; con sus obras no han ganado a ningún hermano, 427.278; *ver también* Monjes.

Ordenación, 203.11; 325; 344.64; como un sacramento, 203.11; originalmente sólo el respaldo de una congregación de siervos escogidos, 345.70; la iglesia tiene el derecho de ordenar, 337.24; 344.66 y sigte.; remonta al establecimiento de su oficio de la predicación, 203.11; al poder de las llaves, 337.24; el derecho de los pastores de ordenar, 344.65; el derecho de los obispos de ordenar, 344.62; 346.73; se puede dejar a su discreción, 325.1; 668.19; el derecho del papa para ordenar, 332.5; es válida la ordenación hecha por herejes, 325.3; *ver* Obispos.

Ordenanza, de Dios para la salvación, *ver* Predestinación; Monjes.

Orígenes, 216.6; 338.27.

Ornamento eclesiástico, no gana la gracia de Dios, 210.21; el verdadero ornamento eclesiástico es la predicación correcta, el uso correcto del sacramento, 261.51.

Pablo, el Apóstol, patrón de los evangélicos, 215.50; sus aflicciones, 195.151 y sigtes.; sus peligros, actos y predicaciones (sermones) son obras santas, 109.190; habla acerca de la fe de manera diferente de los sofistas, 285.67; no fue ordenado o respaldado por Pedro, 334.10; Santiago no se opuso a él, 120.252 y sigte.; se llama a sí mismo padre de sus congregaciones, 408.159; también hizo juramentos, 392.65.

Pablo III, Papa, 296.1.

Pablo de Samosata, 645.15 y sigte.; samosatenos, 27.6.

Padre: Dios coloca junto a él a los padres y a las madres, 399.105; 403.126; su estado se funda en el mandato de Dios, 469.20; 471.38; eso es la corona en la cabeza del que es padre, 469.20; gobernar la casa pertenece al oficio de la paternidad, 405.142; el mandato de Dios es honrarle, 357.7, 8; 379.4; 399; 435.327; la paternidad tiene la promesa de recompensa, 110.197; 145.367; diferentes clases de padres; padres de sangre, de oficio, padres espirituales, 408.158; *ver también* Padres; vocación del padre, 45.10; 370.11; debe mantener a su esposa, a sus hijos y criados en la disciplina cristiana, 211.25; acentuar el catecismo con ellos, 356; 378.4; 380.17; 490.87; enseñarles a orar por la mañana y por la noche, 366 y sigte.; su vocación fue menospreciada en el papado, 45.9; es una obra apropiada, 211.25.

Padre de la patria, 405.142.

Padres, de la iglesia: Su fe y sus obras, 112.211; su autoridad: Se puede interpretar mal, 270.95; a veces edificaron rastrojos en el fundamento de la iglesia, 154.21; de sus palabras no se deben hacer artículos de fe, 304.15; sus escritos deben estar subordinados a las Escrituras, 497.1; la doctrina evangélica está de acuerdo con ellos, 36.1; 148.389; los padres de la iglesia evangélica, 627.58; *ver también* Patriarcas.

Padrenuestro, el, 360; 380; 448; no hay oración más noble que el Padrenuestro, 451.23; los pastores deben recitarlo por sus feligreses, 374.3; nos muestra la necesidad que debe impulsarnos a orar, 451.24; 451.27; 466.119; todo el Padrenuestro es una confesión, 491.9; tenemos dos absoluciones, 492.12; nos ayuda a guardar los Diez Mandamientos, 433.316; 437.3; las primeras tres peticiones, 458.68.

Padrinos, 328.4; 347.78; 353.11.

Paganos: La iglesia está separada de ellos no por ordenanzas civiles, sino por el Espíritu, 153.14; tienen conocimiento de Dios por la ley natural, 606.22; origen de su idolatría, 384.18; quieren obtener gracia mediante sus sacrificios, 111.207; mediante sus sacrificios humanos, 129.288; 253.23; mediante expiaciones, 187.114; sus servicios divinos son falsos porque no son ordenados por Dios, 209.15 y sigte.; también a ellos Cristo ha sido prometido, 123.262.

Palabra de Dios, en la doctrina acerca de Dios (logos), 27.1; 623.36; 646.16; como revelación, Escritura, *ver* Escrituras; Evangelio;

a) Su certidumbre y poder: Contrarios a la razón, 562.8; no puede mentir, no puede fallar, 205.20; 475.57; 519.13; el Espíritu sabe lo que dice, 97.108; la verdad eterna, 545.13; ella sola establece artículos de fe, 304.15; norma y regla de toda doctrina, 544.9; *ver también* Escrituras; el poder de Dios, 203.11; 376.11; la palabra viva y creadora, 399.101; nunca parte sin fruto, 203.11; más de cien maestros de mil artes, 376.12; vence al diablo, 375.10; 399.102; 385.76;

b) Su efecto: Dios no obra sin la palabra, 505.13; e igualmente el Espíritu, *ver* Espíritu Santo, B2a; sólo por medio de la palabra Dios se deja (su voluntad) ser conocido y comprendido, 88.67; 209.17; y nos allegamos a Cristo, 443.38; 445.52; (el tercer artículo) por medio de la palabra viene el reino de Dios a nosotros, 455.53; Dios nos llama y nos convierte por medio de ella, 572.50; 677.33; 679.44; por ella la fe es dada, *ver* Fe, 2; la palabra concede el perdón de los pecados, 482.31; consuela la conciencia, 492.14; 107.180; 172.35; 174.49; 179.72; da nueva vida

juicio de Dios, 190.129; no quiere reformarse, 296.3; no permite que asuntos religiosos sean juzgados de una manera ordenada, 342.49; ata a su pueblo con juramentos contrarios a la palabra de Dios, 343.55; defiende su error con la fuerza y el asesinato, 340.40; 342.49, 51;

c) Su censura: Evidencia contra el poder terrenal del papa, 338.31; el emperador acostumbraba confirmar su elección, 336.20; evidencia documental contra la primacía del papa, 333.7; evidencia de la historia, 334.12 y sigtes.; en el tiempo de los apóstoles nadie tenía poder especial, 333.8; 337.24; la iglesia existió por más de quinientos años sin tener papa, 308.4; originalmente el papa ni ordenaba ni confirmaba, 333.15; no presidía en los antiguos concilios, 335.17; el Concilio de Constanza depuso a papas, 309.7; el Concilio de Nicea estableció sólo cierta parte de la iglesia bajo el obispo de Roma, 334.12; Jerónimo y Gregorio se opusieron a la primacía, 336.18 y sigte.; la autoridad del papa no es por derecho divino, 307.1; 309.7; 310.13; 335.16; Melanchton estuvo dispuesto a concederle derecho humano, 328; no es la cabeza de la iglesia, 307.1; 309.9; la iglesia no necesita cabeza en la tierra, 308.5; la autoridad del papa no es obligatoria a la iglesia, 148.390; no tienen poder contra los profetas, 178.66; es sólo el obispo o el pastor de la iglesia en Roma, 307.1; no es de utilidad en la iglesia; no ejerce ningún oficio cristiano, 308.6; el reino del papa y el reino de Cristo son muy disímiles, 156.26; el papado es entusiasmo, 324.9; es del diablo, 308.5; un apóstol del diablo, 310.14; 669.20; Anticristo, 155.24; 209.18; 309.10; 310.14; 340.39; 669.20, 22; anatema, 340.38; por lo tanto, nadie debe obedecer al papa, sino desecharlo, 310.14; 311.16; 340.38; 343.57; 543.7; 665.6; 669.20; e igualmente, no hacerse uno culpable,

341.41; 434.59; 669.22; separarse del papa está en conformidad con el mandato de Dios, 311.14; 341.41; el papa mismo debe ser reprochado, 343.56.

Papado, ver Papa.

Paraíso, 549.10.

Pascua, no se celebraba simultáneamente en todo lugar antes del Concilio de Nicea, 48.43; 157.32; 160.42.

Pastores, ver Predicadores: Oficio; originalmente eran escogidos por la congregación, 345.70; la ordenación era sólo una aprobación, 345.70; pastores y obispos son iguales según el derecho divino, 344.61; cada pastor tiene el derecho de ordenar en la iglesia, 344.65; debe tener la jurisdicción común, 346.74; no debe entrometerse en castigos terrenales, 325; intromisión de los monjes en el oficio pastoral, 60.2; 166.8; matrimonio de los pastores, ver Matrimonio; Tabla de Deberes, 368.2; deben adiestrarse en el catecismo, 312.41; 352.6; 374.3; 377.19; orar por sus feligreses, 374.3; quejas contra su incompetencia y negligencia, 352.2; 374.1; 376.13; los pastores son un don de Dios, 338.26; 345.67; las congregaciones deben obedecerles, 58.53; honrarles y preocuparse por ellos, 408.161; algunos piensan que no los necesitan, 374.6; ver también Predicador.

Patriarcas, tenían la ley y el evangelio, 613.23; se hicieron justos mediante la fe en la promesa de Cristo, 87.57; 175.54; 179.72 y sigte.; sus sacrificios fueron hechos en fe, 111.206.

Paz, con Dios, quiere decir una conciencia feliz y tranquila, 94.91; la recibimos por medio de la justicia de Dios, 113.216; por medio de Cristo, 129.285; no por las obras, sino por la fe, ver Obras; Fe; la paz en la iglesia no puede ser comprada sacrificando la verdad, 689.95.

Pecado:

a) Su causa: 34.221; no es Dios, 532.4; 548.7; 553.31; 554.38; 555.40; 672.7;

penitencia, pero dícese que es suficiente, 316.16; un pensamiento inventado desprovisto de fe y de Cristo, 316.18; la verdadera penitencia es contrición, y para colmo contrición pasiva, 314.2; eso quiere decir sentir la ira y el juicio de Dios, 171.29 y sigtes.; 174.46; 185.107; el castigo del pecado, 195.150; sentir uno su propio pecado, 171.29; cierto desesperar de nosotros mismos, 320.36; dar a Dios lo que le pertenece, 185.107; sufrir y sentir la muerte, 314.2; mortificación, 174.46; tal penitencia no es incierta, 320.36;
b) Su relación al arrepentimiento y a la fe: La penitencia y la fe forman las dos partes del arrepentimiento, 31.3; 167.1; 171.28; 183.91; la penitencia y la fe son compañeras, 174.47; la penitencia no gana el perdón, 91.83; 149.397; 169.8; 172.32; 175.54; 176.59; 201.178; 315.12; ni aun con amor, 179.75; pero prepara a uno para recibir el perdón, 314.5; se ase de la promesa por medio de la fe, 181.80; recibimos el perdón no por razón de la penitencia, sino por razón de la palabra de Cristo, 149.397; la fe es lo que distingue la penitencia de David de la de Saúl, 172.36; la de Pedro y la de Judas, 169.8; la penitencia de los patriarcas, de Adán, de David, de la mujer pecadora, 175.54 y sigtes.; de Saúl, 169.8; la penitencia debe preceder a la justificación por medio de la fe, y no pertenece a ella, 509.11; 586.23; los frutos la siguen con necesidad interna, 190.131; ver también Arrepentimiento.
Pentecostés, 58.54; 159.40.
Perdonar, a, ver Oficio de las Llaves.
Peregrinaciones, 34.3; 44.5; 60.2; 170.14; 193.144; 304.17; 305.18.
Perfección: Los monjes alegan estar en un estado de perfección, 52.47; 273.9; 277.24; ver también Monjes; se dice que las tradiciones humanas hacen una vida perfecta, 45.9; ver también Tradiciones Humanas; la perfección no consta de tradiciones o adiaforia,

278.27; o de renunciar a propiedad y vocación, 32.4; 217.9; 281.45; o de celibato y pedir limosna, 52.48; cada uno debe buscarla en el estado a que ha sido llamado, 280.37; seguir a Cristo en su vocación, 282.48; crecer en la fe y en su propia vocación, 52.48; 277.27; el zapatero de Alejandría, 280.38; la perfección consta de la fe y del temor a Dios, 32.4; 52.48; 217.9; del crecimiento en el arrepentimiento y en la fe, 142.353; nunca podemos lograr la perfección, 125.270; 131.292; 193.142; 505.12; ver también Ley, 2; la doctrina falsa de los anabaptistas, 31.7; de los seguidores de Schwenckfeld, 538.25; 693.5; ver también Estados; Ley.
Permiso, de Dios, 503.25; 532.4; 671.6.
Persecución: En el tiempo de la persecución, nadie debe avenirse a un compromiso en asuntos de adiaforia, 530.4; 531.11; 665.3; 670.28; una confesión clara es especialmente necesaria, 599.29; persecución de la palabra divina en el mundo, 424.262.
Persona, en la Trinidad, ver Dios, 1a; Cristo, A1; en cristología, ver Cristo, A2; persona de Cristo: Nuestra justicia se funda en la persona de Cristo, 592.55; la fe lo ve, 593.58; la persona humana: Toda la persona es corrupta por razón del pecado original, 502.20; 548.6; 549.11; 557.53; ver también Naturaleza; la persona tiene primero que ser justa antes de ser capaz de hacer buenas obras, 587.27; 596.8; ver también Justificación; Fe; Obras; Dios no se fija en la persona cuando oye la oración, 450.16.
Pertinax, 267.81.
Piadoso, 105.167.
Piedad, externa, filosófica, ver Justicia, Civil, 81.22; 220.9; interna: Sólo el Espíritu Santo puede efectuarla, 220.9; no procede de un servicio divino elegido personalmente, sino de la fe y de la confianza, 51.36.
Piedra de toque, las Sagradas Escrituras, 498.7.

del Espíritu, 573.55; aun la predicación de hombres impíos no está desprovista de poder, 154.19; 156.28; nadie debe predicar sin un llamamiento válido, 32; 206.1; ordenación, 325; *ver también* Ordenación; los predicadores que predican falsamente abusan y profanan el nombre de Dios, 390.52; 453.41; pecan contra el Octavo Mandamiento, 425.263; no están en el lugar de Cristo, 161.48; los predicadores evangélicos enseñan diligentemente las partes más necesarias de la doctrina y la vida cristianas, 214.43; tabla de deberes para predicadores, 368.2; deben tener paciencia para con la gente, 116.234; no mezclar los castigos terrenales, 325; la gente debe honrarlos y cuidarlos, 408.161; orar por ellos, 452.28; tener paciencia con ellos, 116.234; algunos piensan que no son necesarios, 374.6; que los predicadores sufran de hambre, 408.162; quieren gobernarlos, 116.233; 429.289; el mundo considera herejes a los predicadores piadosos, 424.262; *ver también* Pastores; Maestros; Siervos de la Iglesia.

Preparación, para la gracia imposible a los hombres, 579.78; los entusiastas (iluminados) aspiran a esclarecimiento mediante sus propias preparaciones, 204.13; preparación para la santa cena, 366.10; 483.36; 522.38; 641.124.

Primacía, del papa, *ver* Papa.

Príncipes, oficio del príncipe, *ver* Gobierno; el oficio terrenal de los príncipes es menospreciado por y bajo el papado, 45.9 y sigte.; 211.26; los cristianos pueden ser príncipes sin pecado, 32.2; al igual que Abraham y David, 217.9; la mayor incumbencia de los príncipes debe ser fomentar la gloria de Dios, 343.54; sostener el evangelio, 232.44; como los principales miembros de la iglesia deben abolir agravios, 343.54; en lugar de los obispos dispensar justicia, 55.27; deben desterrar a los que no quieren

aprender el catecismo, 353.11; su oficio es la protección de sus súbitos, 36. 1; deben poner una hogaza en su escudo de armas, 549.75; pecados de príncipes contra el Séptimo Mandamiento, 419.230.

Privilegios, del clero, 286.1.

Procesión, con el sacramento, es erróneo, 38.12; 637.108.

Proclamación: Dios reúne a su iglesia mediante la proclamación, 572.50; Cristo gobierna su reino, 215.2; no hay Espíritu ni iglesia sin la proclamación de Cristo, 338.25; 444.45; el sermón es el medio del Espíritu 504.4; 538.22; 572.52; 577.71 y sigte.; 693.30; por medio de ella Dios obra la fe, 256.32; 573.54; 577.71; abre el libro de la vida (Cristo) para nosotros, 533.13; por medio de la obra de Cristo ella se hace nuestra, 306.24; 482.31; 572.52; el que quiere ser salvo debe oírla, 572.52; el que la desecha, se pierde, 573.57; todo el mundo debe oírla, 684.68; Dios está presente con su gracia en la proclamación pura de su palabra, 573.55; debe haber en la iglesia proclamación que da esperanza segura, 98.119; su correcto contenido: El evangelio, Cristo, el perdón de los pecados, 260.48; *ver también* Palabra de Dios; Evangelio; la proclamación pura del evangelio es la señal de la iglesia, 30; 154.20; la proclamación pertenece al sacrificio del Nuevo Testamento, 256.30; 258.38; por medio de ella se ensalza el nombre del Señor, 256.32; la mayor adoración, 213.42; la porción superior en la santa cena, 257.35; el adorno correcto en la iglesia, 261.51; la falta de proclamación y la proclamación falsa en la iglesia de los papistas, 213.41 y sigtes.; 259.44 y sigtes.; 283.54; entre los evangélicos la predicación es celosa y correcta, 214.43; 260.48; concurrir al sermón sólo por curiosidad es pecar contra el Tercer Mandamiento, 398.96; predicar acerca del catecismo, 381.26; 442.32.

Profetas, dones de Dios, 338.26; estimados altamente por Dios y un tesoro

chas vírgenes, 242.35; 247.64; «todas las cosas son puras para los puros» (Tit. 1:15), 242.34; 243.41; 247.64; nuestra pureza es siempre imperfecta, 104.160 y sigte.; 432.310; no nos hace justos delante de Dios, 92.86; 104.160; *ver también* Castidad.

Purgatorio, 170.13; 171.26; 187.118; 191.132; 194.147; 196.156; 198.167; 263.64; 269.90; 303.12; 317.22; 318.26.

Rabo del Dragón, la misa, 303.11.

Ratisbona, Dieta de, 26.17.

Rayo de Dios, la ley, 314.2.

Razón: La naturaleza humana permanece después de la Caída, 219.4; 574.59; ciega e incapaz en cosas divinas, 33.4; 78.9; 82.27; 31; 316.18; 360.6; 503.2; 561.5; 567.26; 570.43; 574.59; ha nublado el entender a Dios, 562.9; la palabra de Dios es contraria a ella, 562.8; hostil a Dios, 82.32; la ley se dirige a ella, no entiende el evangelio, 562.9; su justicia es diferente de la del evangelio, 78.9; 116.230; 134.306; hasta cierto punto puede puede asirse de la ley, 78.7; 99.130; puede cumplirla externamente, puede vivir honorablemente, 78.8; 81.23; 83.35; 219.4; 552.24; 567.26; *ver también* Ley, 2; Justicia, Civil; pero no verdaderamente, 78.8; 82.27; 83.35; 220.7; decide que alguien se hace justo por medio de la ley, 116.230; la doctrina de la razón acerca de la justificación, 129.288; no entiende la corrupción del pecado original, 129.288; 313.3; 500.10; 549.8; 559.60; no sabe lo que es la fe, 210.22; 316.18; no puede asirse de Cristo, 636.102; 651.41; 610.3; o su presencia en la santa cena, 522.42; 637.106; o la predestinación, 532.9; 534.16; 675.26; 689.91; sus súplicas no deben desviarnos, 625.45; debemos cautivarla en obediencia a Cristo, 522.42; 663.96; «la vieja bruja, la abuela del *alloeosis*», 651.41; Errores del escolasticismo: La razón es

correcta por naturaleza, 312.4; 315.10; puede amar a Dios sobre todas las cosas, 78.9; 79.17; 179.75; su doctrina acerca de la justificación es la mitad de una doctrina de la razón, 129.287; *ver también* Naturaleza.

Recabitas, 284.59, 61.

Recepción Oral, 517.2, 3; 615.3; 616.6; 621.32; 627.56; 629.63; 633.86; *ver también* Santa Cena, a; ha de distinguirse de la recepción espiritual, aunque sin ella es perjudicial, 628.61; con la boca, aunque de una manera espiritual, 636.105.

Recompensa, *ver* Mérito: Dios recompensa las buenas obras (virtud) con dones físicos, 81.23; con dones físicos y espirituales, 142.355; 200.174; en esta vida y en la futura, 109.194; 145.367; diferentes recompensas en la gloria, 142.355; 145.368; pero la recompensa no es el perdón, etc., 109.194; 144.365 y sigte.; de qué manera se llama a la vida eterna una recompensa, 143.357; 144.362, 365 y sigte.; en la proclamación de las recompensas, se demuestra la gracia, 144.365; la recompensa no ha de ser un incentivo, 110.198; 144.364; 200.174.

Reconciliador, reconciliación: El concepto del reconciliador, 226.117; Cristo es el único reconciliador, *ver* Cristo, B2b; no los santos, *ver* Santos; no los sacerdotes de la misa, 262.57; la reconciliación no ocurre mediante las obras, *ver* Obras; ni mediante tradiciones humanas; *ver* Tradiciones Humanas; ni sacrificios *ex opere operato*, 256.30; la justificación y la justicia en la reconciliación, 104.161; 582.4; 588.30; sus señales son los sacramentos, 173.42; el amor, cumplimiento de la ley, las obras que lo siguen son agradables a Dios por amor de Cristo, 127.278; 145.368; 172.37; 181.80 597.14; *ver también* Obras; Dios mora en los reconciliados, 592.54.

Red, una ilustración de la iglesia, 150.1; 154.19; de la palabra de Dios, 685.76.

terrenal de Cristo antes de la resurrección (milenio) es repudiado, 33.5; del Anticristo (del papa), 155.23 y sigte.; 209.18; 240.25; del cielo, Cristo, 537.20.

Renacimiento, *ver* Regeneración.

Renovación: Su relación a la conversión, 174.46; *ver también* Conversión; a regeneración, 585.21; a justificación mediante la fe, 509.8; 589.39; no pertenece a la justificación, sino que la sigue, 585.18; 587.28; permanece imperfecta en esta vida, 586.23; 588.32; 610.7; 612.18; el hombre será renovado completamente sólo en la resurrección, 613.24; las aflicciones sirven a la renovación, 196.153; *ver también* Regeneración; Vida, Nueva.

Resistir, a: Los que continuamente resisten no se convierten, 574.60; 580.83; *ver también* Conversión; la resistencia permanece aun en los que han nacido de nuevo, 580.84; el cristiano que resiste al Espíritu pierde la fe y la gracia, 600.31.

Resumen, suma, sumario, de la doctrina, 37.1; 544.9; de la doctrina y de la vida, 380.19; de la fe, 119.245; del evangelio, 171.29; del segundo artículo, 440.26.

Resurrección de los muertos, 196.153; 218.1; 446.59 y sigte.; 500.10; 556.46 y sigte.; 613.24; la resurrección diaria significa el nuevo hombre mediante el bautismo, 476.65; se realiza por la fe, 120.250; 174.46.

Reyes, *ver* Príncipes.

Rito, *ver* Ceremonias, Tradiciones Humanas.

Roca, de la iglesia, el ministerio que se funda en la confesión de Pedro, 338.25.

Roque, San, 383.11.

Roma: La «santa sede» en Roma, 189.124 y sigte.; 317.24; es la cabeza de todos los ladrones, 419.230; el mundo es mayor que Roma, 336.18; la lujuria de Roma, 236.2; 245.50.

Sábado: El nombre, 394.79; *ver también*

Domingo.

Sabiduría: Sabiduría oculta de Dios, 683.64; Cristo es sabiduría esencial, 624.43; 625.47; la sabiduría divina pertenece a la imagen de Dios en el hombre, 70.18; al hombre le falta desde la Caída, 82.32; la sabiduría del mundo (1 Co. 1:21), 562.10; 572.51.

Sacerdote, sacerdocio: Jesucristo, el único sumo sacerdote, 37.2; 262.58; el sacerdocio levítico es sólo un prototipo de su sacerdocio, 261.53; no hay tal sacerdocio en el Nuevo Testamento, 203.7 y sigte.; el sacerdocio del Nuevo Testamento es un ministerio del Espíritu, 262.59; el ministerio no es sacrificio, sino proclamación, 203.7; los romanistas han vuelto a hacer del sacerdote un mediador mediante el sacrificio de la misa, 262.57; 269.89; la iglesia verdadera tiene el sacerdocio, 345.69; todos los pastores son sacerdotes y obispos, 344.61 y sigte.; el matrimonio y no matrimonio de los sacerdotes, *ver* Matrimonio de los Sacerdotes; los sacerdotes pueden poseer propiedad, 161.50; 217.11; sacerdote y sacramento, *ver* Sacramentos; Santa Cena; copa para los laicos, *ver* Santa Cena, f; oficio del sacerdote considerado más importante que el del laico, 234.9; entre los evangélicos, los sacerdotes se ocupan de su propio ministerio, 260.48.

Sacramentarios, 517.2 y sigte.; 520.21; 522.41 y sigte.; 523.3; 614.1; 615.2; 619.18; 621.29; 627.56; 628.59; 629.67; 633.88; 639.91; 636.105 y sigte.; 638.111 y sigte.; 640.119; 642.1 y sigte.; 643.4; 649.28; 650.38.

Sacramentos, 31; 201;
a) Su naturaleza, 264.68 y sigte.; son señales externas que tienen el mandato y la promesa de Dios, 202.3; contiene dos cosas: La señal externa y la palabra de Dios, 264.69; la cosa principal no es la máscara externa, sino la palabra, 469.19; 474.54; eso hace que la acción,

o los elementos, sea un sacramento, 321.1; 363.10; 366.8; 468.18; 480.10; es la palabra visible, 202.5; los espíritus sediciosos miran a los sacramentos, aparte de la palabra de Dios, como obra nuestra, 479.7;

b) Su efecto: Los sacramentos y la iglesia, *ver* Iglesia; ningún cristiano puede existir sin los sacramentos,466.1; no son simplemente señales de profesión, 31; 201.1; sino señal, testigo y sello de la gracia divina, 264.69; del pacto (el Nuevo Testamento) y de la gracia, 173.42; 204.14; 626.50; de las promesas, 205.20; 264.70; 678.37; del perdón, 173.42; 260.49; de la elección, 533.13; externamente expresados como una señal, 202.3; 462.98; a fin de consolar la conciencia, 43.15; 126.276; 462.98; la palabra y la señal comunican la misma cosa, 202.5; el sacramento es como un cuadro, 202.5; el Espíritu y la fe son dados mediante el evangelio y los scramentos, *ver* Espíritu Santo; Fe; Medios; los sacramentos nutren la fe en la palabra, 173.42; ofrecen el mérito de Cristo y la gracia, 205.19; 573.57; 674.16; dan el perdón de los pecados, 173.42; 264.70. 265.75; 445.54;

c) Su debido uso, 204.18; 264.68; fe y no *opus operatum*, 31; 43.15; 169.12; 171.25; *ver también* Misa; la fe y no el sacramento nos hace justos (Agustín), 205.23; mediante la misa se pervierte vergonzosamente el uso del sacramento, 269.91;

d) Su validez, *ver* Santa Cena; eficaz por razón de su institución y el mandato de Cristo, 30.2; el sacramento es nada fuera del uso para el cual fue instituído, 631.73; 633.85; 637.108; el sacramento no considera nuestra dignidad o santidad, sino la palabra de Dios, 481.16; 487.61 y sigte.; no la fe o la incredulidad, sino la palabra de Dios y el orden divino, 620.25; 621.32; 634.89; no depende de la persona del sacerdote, 30.2; 151.3; 154.19;

481.16; aun personas impías funcionan en lugar de Cristo, 156.28; 161.47; aun los incrédulos reciben el verdadero sacramento, 474.54; nadie sin un llamamiento público debe administrar los sacramentos, 32; eso pertenece al oficio ministerial del Nuevo Testamento, 203.7, 8; al oficio de las llaves, 54.5; al oficio del obispo, 288.18; 344.60;

e) número de los sacramentos, 201; el arrepentimiento como sacramento, *ver* Arrepentimiento, d; Absolución, el papa quiere tener el poder de cambiar los sacramentos, 333.6; los monjes han instituido un nuevo sacramento, 143.361; *ver también* Bautismo, Santa Cena.

Sacrificio: El concepto del sacrificio, 251.9; 252.14; la diferencia entre el sacrificio y el sacramento, 252.16 y sigtes.; el sacrificio es una obra que damos a Dios, 252.18; dos tipos: El sacrificio propiciatorio y el sacrificio eucarístico, 253.19; sólo existe un verdadero sacrificio propiciatorio: La muerte de Cristo, 42.10; 253.22; 261.53; *ver también* Cristo, B2c; no necesitamos otro, 208.8; 261.52 y sigtes.; el sacrificio diario, 257.35; 260.49; 269.91; quiere decir el sacrificio diario del corazón, 258.38; los sacrificios levíticos en la ley eran prototipos del sacrificio de Cristo, 253.22; 257.34; 261.54; tuvieron que cesar cuando ocurrió el verdadero sacrificio, 203.8; 253.23; la matanza de víctimas quería decir matar al viejo Adán, 257.34; un sacrificio *ex opere operato* no ocurre en el Nuevo Testamento, 255.27; 262.59; los profetas (y los salmos) ya estaban en contra de él, 111.207; 149.395; la misa no es sacrificio, *ver* Misa, a; los sacrificios del Nuevo Testamento son fe, acción de gracias, proclamación, cruz, etc., 256.30; las buenas obras, los peligros y las dificultades del predicador son sacrificios, 108.189 y sigte.; agradar a Dios por medio de la fe, 108.189; 613.22; el sacrificio de Israel, *ver* Israel; de los patriarcas, 110.200; de Abraham, 112.209; 625.46; de los paganos, 111.206; de alabanza, 256.33; *ver* Sacrificios Humanos.

Sal, en agua santa, 128.282.

Salmos, valúan la fe como el culto supremo, 87.57; deben ser aprendidos junto al catecismo, 381.25.

Salterio, es simplemente contemplar y ejercer el Primer Mandamiento, 377.18.

Salud, del cuerpo, parte de la justicia original de Adán, 70.17.

Salvación, Salvo; ser salvo quiere decir perdón de los pecados, entrar en el reino de Cristo, 470.25; la causa de nuestra salvación es la elección de Dios, *ver* Predestinación; él nos salva por medio de Cristo, *ver* Cristo, B2; no podemos cooperar, *ver* Sinergismo; la salvación está dentro de las mismas condiciones que la justificación, 592.52; *ver* Justificación; la necesidad y el peligro de las buenas obras para la salvación, *ver* Obras, 3a; la salvación se puede perder, 600.31; descansa sobre la elección, 688.90; en las manos de Cristo, 679.46.

Salvador, Cristo el único, 37.2.

Samosatenos, 27.6.

Sangre de Cristo, por medio de ella tenemos redención, 95.103 y sigte.; 126.273; 177.63; 302.3; 359.4; 452.31; tenemos perdón de los pecados, 365.1 y sigte.; 381.23; 479.3; con ella somos rociados, i.e., hecos santos, 258.36; 38; 655.59; es la satisfacción debida, 320.38; el pago por la muerte eterna, 194.147; más poderosa que el pecado, 102.149; *ver también* Santa Cena.

Santificación: Su relación con la justificación, 589.39; no es forma, parte o causa de la justificación, 591.48; sino que la sigue, 585.21; 587.28; 590.41; aquí en la tierra sólo incompleta, pero crece, 446.57; el tercer artículo, 442.35; quiere decir conducir a Cristo, 443.39; mortificar y avivar, 258.38;

Cristo santifica la iglesia, 151.5; el matrimonio y el alimento son santificados mediante la palabra de Dios y la oración, 241.30; santificar el nombre de Dios, 360.3; 391.64; 453.35; santificar los días santos, 357.5; 394.78; quiere decir palabras, obras y vidas santas, 396.87; para que el hombre deba volverse santo, 397.94; *ver también* Renovación; Vida Nueva.

Santo, Dios nos llama santos por razón de Cristo, 326.1; la palabra de Dios nos hace santos, 397.92, 94; la fe nos hace santos, 406.147; la iglesia es santa, 151.7.

Santos

a) En sentido general: Comunión de los santos, *ver* Iglesia; las obras no hacen santos, pero la palabra de Dios sí los hace, 397.92; no pueden producir obra alguna como los Diez Mandamientos, 433.312, 315; 436.333; no pueden guardar la ley perfectamente, *ver* Ley; la fe les es difícil, 220.8; no temen y aman a Dios como deben, 277.25; también tienen pecados, 138.328; no están en pecado mortal, 85.48; permanecen parcialmente santos, 446.58; no se hacen justos por las obras, 110.203; sino por la fe en el evangelio, 179.72; Dios los utiliza de diferentes maneras, 110.198; mediante la cruz y la aflicción, 195.151; sus sufrimientos, proclamaciones y obras son sacrificios eucarísticos, 254.25; por medio de ellos Dios obra grandes cosas, 230.36; su testimonio indispone a Cristo contra el reino del diablo, 108.189; santos según el orden de Caín (hipócritas), 612.16;

b) En el sentido especial: Invocación a los santos, 34.3; 36; 224; 306; los papistas hacen dioses de sus santos, 225.11; los hacen mediadores y a Cristo lo hacen juez, 226.14; 228.27 y sigte.; a mediadores en lugar de Cristo, 27.2; 283.53; así se le quita a Cristo su gloria, 226.14; 227.23; 228.31; 306.25 y sigte.; su invocación no se funda en las

a) La voluntad natural: El error de los escolásticos: Es buena y libre por naturaleza, 69.12; 79.17; 312.11; 315.10; entonces Cristo ha muerto en vano, 82.29; 312.11; queda repudiada la doctrina de los estoicos y de los maniqueos de que no existe la voluntad, 505.8; 577.74; en asuntos externos la voluntad tiene cierta libertad, 33; 219.4; 550.12; 567.26; 568.31; pero no en asuntos espirituales, 220.7; 562.7; 563.12; 568.32; es enemiga de Dios, y desea lo malo, 504.3; 549.11; 561.5; 564.17; por disposición y naturaleza es completamente mala y corrupta, 564.17; sólo es capaz de lo malo, 562.7; espiritualmente muerta, 504.3; 563.11; 574.61; huye del castigo de Dios, 133.304; la voluntad en la conversión, ver Conversión; no puede por su propio poder aceptar la gracia o cooperar, 505.9; 562.7; es puramente pasiva en la conversión, 506.18; 581.89; es como una piedra o un bloque de piedra, 565.19; aun peor, 566.24; 574.59; lucha contra la conversión, 565.18;

b) La voluntad después de la conversión: Desea lo bueno, 575.63; los bautizados tienen una voluntad liberada, 576.67; la voluntad coopera como instrumento del Espíritu, 506.18; no como dos caballos tirando de un carretón, 576.66; aun de ese modo todavía lucha contra la ley de Dios, 565.18; la doctrina de la incapacidad de la voluntad no debe conducir a la indolencia, 571.46.

Votos (monásticos), 48; 272; 327; la controversia, 273.9; debe ser voluntaria e incoercible en asuntos posibles, 50.29; adiaforia y ejercicios corporales, 276.21; no pueden abrogar el orden y el mandato de Dios, 39.6; 41.22; 49.18; 282.51; ningún voto puede cambiar la naturaleza humana, 237.8; 239.16; los votos contrarios al mandato de Dios son sin efecto ni valor, 51.39; son servicio divino falso, 51.38; 285.65; se alega que merecen el perdón de los pecados, 274.11; 285.65; son contrarios al evangelio, 32.4; 341.48; blasfeman a Cristo, 52.42; 274.11; 278.30; se consideran idénticos al bautismo, 49.11; 276.20; eso es blasfemar a Dios, 327.1; no son obligatorios, 51.35; 283.57; 285.66; son una cárcel, 48.2; hay muchas opiniones impías acerca de ellos, 53.60; el voto de castidad (ver Matrimonio) ha ocasionado mucho escándalo, 40.16; es anticristiano para aquellos que no tienen el don de la continencia, 282.51; prohidos por el Sexto Mandamiento, 51.35; 417.216; quedan repudiados los votos y cánones inútiles de los papas, 274.9; votos hechos en la juventud, 41.24; 49.8; 273.9; límite de edad, 51.30; votos en la ley de Moisés, 284.58; ver también Monjes, Monasterio.

Vulgario, 163.2.

Wiclef, 217.11; sus seguidores, 156.29.

Zapatero, 389.47; el zapatero de Alejandría, 280.38.

Zenón, 79.15.

Zuinglio, 647.21; 650.38 y sigte.; sus seguidores, 517.1; 643.2; ver también Sacramentarios.